九州弥生文化の特質

中園　聡 著

九州大学出版会

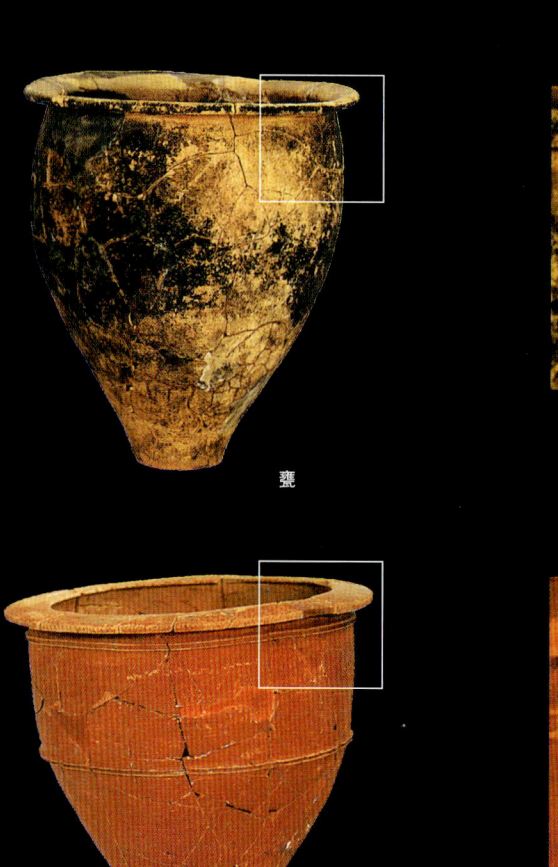
甕

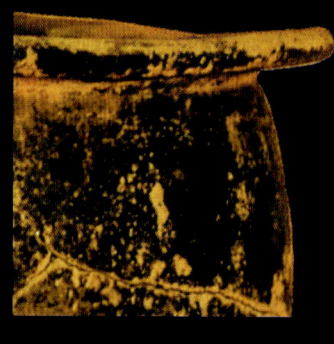
丸みをもつ口唇部

丹塗甕

稜角付口唇部と
稜角付突帯

広口壺

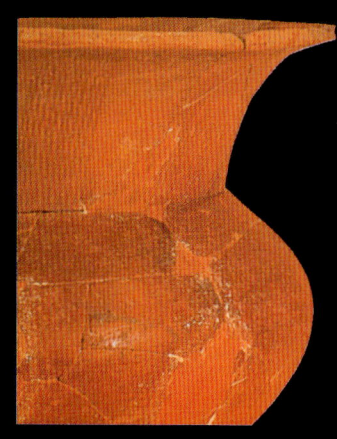
稜角付口唇部と
口頸部の分割暗文
胴部は横方向のミガキ

口絵3　須玖Ⅱ式の器種と部位の特徴（第5章参照）

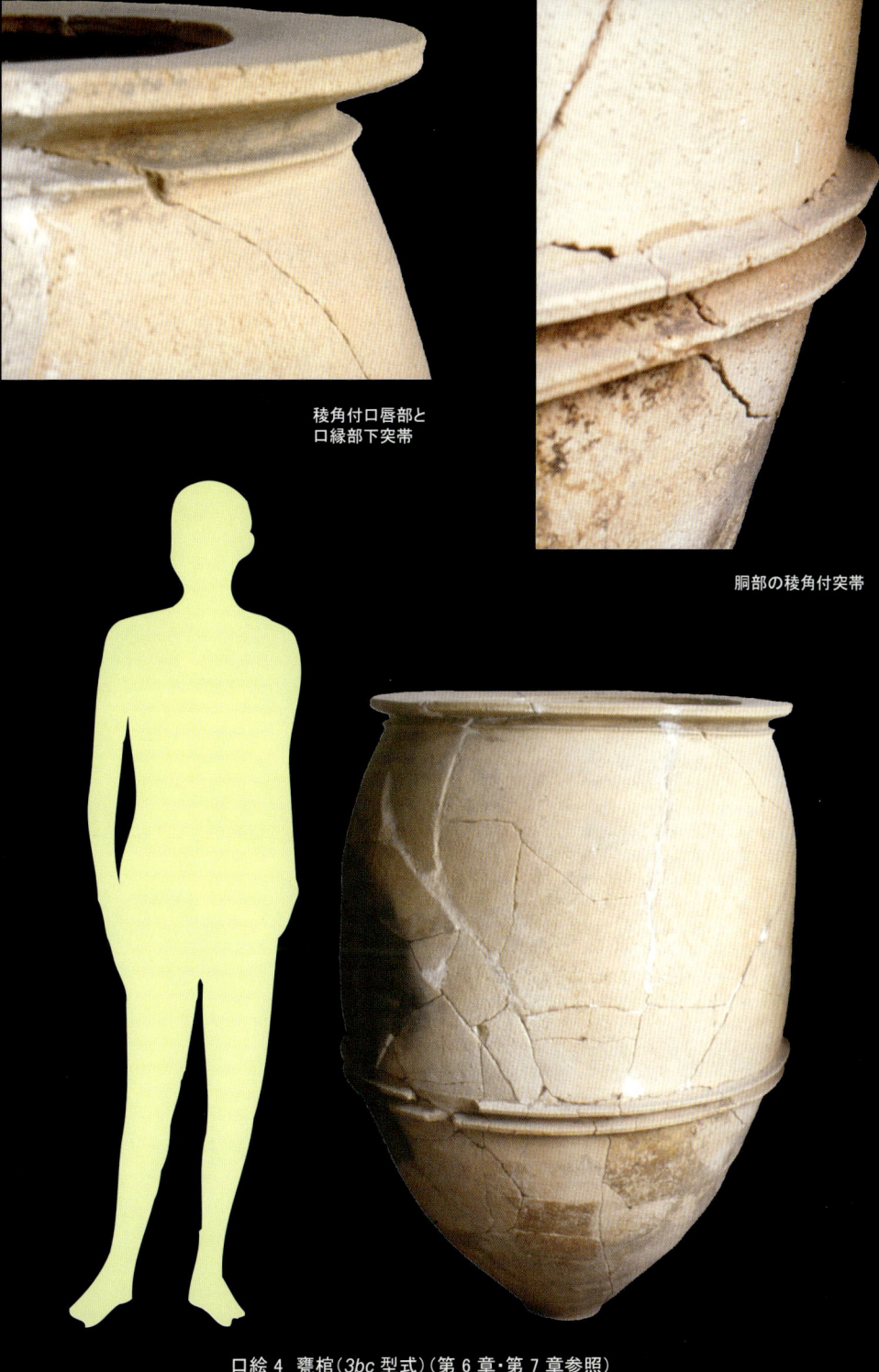

口絵 4 甕棺（*3bc* 型式）（第 6 章・第 7 章参照）

口絵5　火葬骨が検出された前期の甕棺墓：福岡県松ヶ上遺跡（第7章参照）

口絵6　弥生土器との折衷の可能性のある土器：沖縄県宇堅貝塚（第9章参照）

序

　本書は，九州とその周辺地域の弥生時代，とりわけ紀元前1世紀を中心とする時期についての考古学的解釈に主眼をおいた研究である。紀元前1世紀は相対年代でいえば弥生時代中期後半に該当し，北部九州を中心として政治的・文化的にも極めて特色のある弥生文化が展開した時期である。北部九州の弥生文化はしばしば「先進的」あるいは「国際化の時代」と称されており，吉野ケ里遺跡などに示されるように，一般社会においても認知されつつあるように思われる。ただし，「先進性」は必ずしも「典型性」とはイコールではない。当該期の諸社会を視野に入れると北部九州社会のあり方はそれらの最大公約数的なものであったとはいいがたく，むしろある種の特殊性を有する文化内容であった，というのが筆者の理解である。

　九州においてそのような特色ある文化・社会が形成され，醸成されたのはなぜであろうか。またそれは歴史的にどのような意味をもち，どのような役割を果たしたのであろうか。本書ではそうした問題を解明するために，① 縄文時代後晩期以来の歴史的脈絡，② 南西諸島を含む東アジア的脈絡，③ 土器と墳墓などを用いた実証的分析，④ 理論的・方法論的考察などから，九州弥生社会の実像の解明と新たな解釈の提示を企図したものである。

　また，従来看過されがちであった様々な問題も扱っている。例えば，九州弥生文化の問題は，北部九州以外の九州地域の様相についてあまりふれられないまま語られてきた。これでは九州弥生文化の正しい理解につながらないだけではなく，北部九州の弥生文化とは何かということに対しても不適切な解釈に結びつく危険性がある。また，その最も基礎となる九州全域の土器編年あるいはさらに広域の土器編年についても齟齬が生じたまま解釈が先行してしまっている。したがってそのような基礎的部分についても本書の中で解決を試みている。さらに，土器の蛍光X線分析という理化学的分析も積極的に導入して考古学的解釈の重要な部分に役立てたことも本書の特色の一つであろう。

　なお，文中で「紀元前1世紀」という実年代もしばしば用いるが，そうした記述には以下のような理由がある。まず九州弥生文化の大きな特色の一つとして，大陸・朝鮮半島や南西諸島という弥生文化の外にある異世界との交渉が挙げられるが，こうした交渉が最も隆盛をみたのがまさにこの時期である，という点である。また第二に，大陸系遺物から実年代が直接的に推定可能であるという，弥生時代においては特殊な位置づけを九州地方に与えるという意味において，九州弥生文化の特色を象徴する表現たりうるからでもある。

　弥生文化をどのように解釈すべきか——本書は硬直化した感さえある弥生文化の研究に従来と多少とも異なる観点を導入しつつ，より適切な解釈を試みようとしたものといってもよい。それに

は新たなモデルや切り口が必要となるが，あえて禁欲主義的姿勢はとらず，より高次の解釈を目指した。すべては，より豊かな解釈と議論のためである。本書の試みが弥生時代論の発展，ひいては考古学界のさらなる躍進に寄与できれば幸いである。

　本書は以下の 10 の章に分かれている。簡単に内容を紹介する。
　第 1 章「問題と方針」では，本書全体に関わる問題点と方針および本研究の特色を示す。大枠としての本書の基本的方針を提示している。
　第 2 章「理論と方法」では，本研究と関わる基本的な理論・方法について議論する。分類の方法，様式論の定義，認知考古学的視点等をとりあげ，また重要な用語の確認を行っている。
　第 3 章「弥生文化の成立」は，弥生時代中期後半にいわば極を迎える九州弥生文化を考察する重要な前提として，弥生文化がどのようにして開始され成立したかという問題を，縄文時代後晩期から論じる。西北部九州の玄界灘沿岸部におけるエリート（統率者）の権威獲得競争の観点から，弥生時代開始に関するモデルの精緻化を行う。
　第 4 章「土器の分類・編年と様式の動態」は，属性分析や多変量解析を用いつつ九州の弥生時代中期土器を中心とした編年の再検討を行い，従来の傾斜編年モデルを実証的に否定するとともに，瀬戸内・畿内地域と九州編年の併行関係の補正を行う。これにより，広域での同時性の把握が可能になる。さらに九州内各地の様式が相互にどのような関係にあるかを検討し，九州弥生土器の実態と特色に迫る。
　第 5 章「紀元前 1 世紀における九州弥生土器様式の特質」では，須玖 II 式を特徴づける丹塗精製器種群を中心に検討し，従来の祭祀土器説に対する批判を行う。そして東アジアの脈絡の中で，大陸的食器体系のシンボリックな意味を一定の理解のもとに体現した土器様式であったことを明らかにする。さらにその時期の九州の文化と社会を考察し，土器が社会に内在する階層関係の維持・強化に機能したことを論じる。
　第 6 章「墳墓にあらわれた社会構造」は，北部九州の弥生墓制を特徴づける甕棺墓の分析を中心としたものである。甕棺墓成立以前の弥生時代の最も古い時期の支石墓等からの変遷や，北部九州以外における九州各地の墳墓の様相についてもふれ，甕棺墓が特殊化した墓制であることを述べる。中期後半期の甕棺墓について，副葬品を含む様々な属性を分析し，5 段階の階層構造があること，また北部九州を中心に同心円状の空間的成層も確認できること，甕棺墓の副葬品システムが周縁地域のエリートにおいても貫徹していることなどを明らかにする。さらに，そうした階層表示法が大陸との接触による刺激伝播による可能性も指摘する。
　第 7 章「土器の生産・分配・消費と葬送行為」では，未解明であった弥生土器の生産─分配システムについて，蛍光 X 線分析を用いた胎土分析から実証的に明らかにすることを試みたものである。その結果，弥生土器製作が各集落または集落群内で行われたことや，集落規模やその性格によって土器の生産─分配システムに違いがある可能性を論じる。また甕棺と小型土器の胎土が一致することや，甕棺の上甕・下甕の胎土の類似度についても検討している。さらに，甕棺の詳細観察

による製作技法の復元や，葬送行為の推定も行う。以上をもとに甕棺の調達と葬送儀礼の関係についても考察を及ぼしている。そして，北部九州の中期甕棺墓が社会における階層関係の確認とその再生産に機能したことを明らかにする。

　第8章「『都市』・集落と社会」においては，弥生時代的集落の成立について概観し，環濠の有無や規模あるいは集落内の施設に注目して墳墓の階層性との対応を論じている。北部九州以外では環濠集落の成立が遅れることなども弥生時代的墓制や土器様式のあり方と相関があることを指摘している。また，畿内等との比較から中期後半には西日本一帯で大規模環濠集落が出現していることを確認する。

　第9章「異文化との交渉」では，大陸・朝鮮半島との関係のみならず沖縄諸島をはじめとする南西諸島との交渉の役割についても重点的に論じている。弥生時代開始期前後の交渉のあり方から中期後半の前漢王朝との接触に至る遠隔地交渉に焦点をあて，その基本的性質と，意味の変容について述べる。すなわち，紀元前1世紀後半の漢王朝との朝貢関係の樹立とそれに呼応した弥生社会内での政治的・文化的変化は，縄文時代晩期以来の遠隔地交渉拡大の半ば意図的，半ば意図せざる帰結であることを指摘し，複雑でアクティブな過程があったことを論じている。

　第10章「総合的考察――紀元前1世紀における九州弥生文化の特質――」は，以上の検討結果を総合して紀元前1世紀の九州弥生文化の特質へと収斂させたものである。甕棺墓の副葬品システムの解釈や，九州と畿内の関係について，一部弥生時代後期に踏み込んで論じている。ここで，弥生人的解釈にもとづきながらも大陸的政治・文化の達成を目指す北部九州の特殊性が把握され，それが長期的な先進文化との接触によるものであることが明らかにされる。さらに，そうした一定の極を迎えた北部九州がその後政治・経済・文化の優位性を畿内に譲る結果となったことについて考察し，様々な「環境」変化に際して既存のシステムを変革することなく対応しようとして袋小路に入っていった北部九州のあり方を，E.サーヴィスのモデルから説明する。

　本書は，2001年に九州大学に提出された博士学位論文である。今回最小限の修正を加えたが，学位論文提出後の知見や研究については，ごく一部を除いてふれることができなかったことをご了承いただきたい。
　出版にあたり日本学術振興会平成15年度科学研究費補助金（研究成果公開促進費）の交付を受けた。また，経費の一部は平成15年度津曲学園学位論文出版助成による。

　2003年10月

中　園　　聡

目　次

序 i

第1章　問題と方針 1
第1節　本書のテーマ 1
第2節　弥生時代観の相対化 3
1. 縄文か弥生か──「実証」と二分法── 3
2. 外部文化からの「影響」と階層化 5
3. 禁欲主義を超えて 7
第3節　学際的研究 8
第4節　その他関連する諸問題 9

第2章　理論と方法 11
第1節　考古学的諸概念・方法論の整理と再検討 11
1. 考古資料と分類学 11
2. 分類の方法 15
第2節　様式をめぐる問題 23
1. 従来の様式概念 23
2. 階層的様式把握 27
3. 様式論の再定式化 28
第3節　認知考古学とハビトゥス・モーターハビット 33
1. プロセス考古学とポストプロセス考古学 34
2. 物質文化と認知 36
第4節　その他の概念と方法 42
1. スキーマの概念 42
2. 伝播の概念 44

第3章　弥生文化の成立 47
第1節　土器と製作者 48
1. はじめに 48

2. 弥生土器の特徴 48
　　3. 弥生土器の成立と展開 53
　第2節　壺の導入と展開 60
　　1. はじめに 60
　　2. 壺の分析 62
　第3節　生業と食生活 79
　　1. はじめに 79
　　2. 農耕と飼育 79
　　3. 狩猟と漁撈 85
　　4. 食生活 91
　第4節　その他の物質文化 93
　　1. 金属器 93
　　2. 磨製石器と打製石器 94
　　3. 環濠集落 96
　　4. 渡来人 97
　　5. 墳墓と埋葬 100
　第5節　弥生文化成立の諸問題 101
　　1. はじめに 101
　　2. 主体性論争 101
　　3. 縄文時代から弥生時代へ 102
　　4. 考察――弥生時代成立に関するモデル―― 105

第4章　土器の分類・編年と様式の動態 115
　第1節　分類と編年 115
　　1. はじめに 115
　　2. 編年の現状 115
　　3. 様式間の関係 127
　第2節　型式分類 131
　　1. 資料と方法 131
　　2. 型式分類 132
　第3節　時間的検討――編年―― 207
　　1. 地域別の編年 207
　　2. 九州内および瀬戸内・畿内との併行関係 225
　第4節　空間的検討――様式間の関係―― 237
　　1. クラスター分析による検討 240

| | 2. 各器種の空間的存在状況 .... 242 |
| | 3. 考察――様式の動態・様式間の類似度―― .... 245 |

第5章　紀元前1世紀における九州弥生土器様式の特質 253

第1節　須玖Ⅱ式土器における丹塗精製器種群の性格 253
　　1. は じ め に 253
　　2. 資料と方法 256
　　3. 検　　　討 256
　　4. 考　　　察 261
　　5. ま　と　め 275

第2節　須玖Ⅱ式土器の器種構成の特質 276
　　1. 弥生土器の器種の特質 276
　　2. 須玖式の形態パターンと形態生成構造 277

第6章　墳墓にあらわれた社会構造 281

第1節　九州の弥生墓制 281
　　1. 北部九州の墓制の展開 281
　　2. 北部九州をとりまく地域の墓制 295

第2節　甕棺墓の分布と地域性 303
　　1. は じ め に 303
　　2. 甕棺墓の分布 303
　　3. 甕棺墓の地域性 305
　　4. お わ り に 310

第3節　中期後半の甕棺墓にみられる階層性 310
　　1. は じ め に 310
　　2. 分析の対象と方法 312
　　3. 分 析 結 果 313
　　4. 考　　　察 337

第7章　土器の生産・分配・消費と葬送行為 355

第1節　土器と甕棺の胎土分析 355
　　1. は じ め に 355
　　2. 従来の胎土分析 356
　　3. 弥生土器の胎土分析 361
　　4. 甕棺の胎土分析 371
　　5. 考　　　察 419

第2節　甕棺の製作技法 423
　　　　1.　はじめに 423
　　　　2.　従来の諸説 424
　　　　3.　甕棺の詳細観察 425
　　　　4.　甕棺表面の布圧痕 447
　　　　5.　考　　察 452
　　第3節　甕棺墓の葬送行為 459
　　　　1.　はじめに 459
　　　　2.　甕棺の埋設過程 459
　　　　3.　考察——葬送行為の復元—— 473

第8章　「都市」・集落と社会 481
　　第1節　環濠集落と階層化 481
　　　　1.　環濠集落の開始と展開 481
　　　　2.　北部九州の都市的大規模集落 484
　　　　3.　西日本の都市的大規模集落 503
　　第2節　九州におけるその他の集落 506
　　　　1.　はじめに 506
　　　　2.　薩摩半島西部の集落 508
　　　　3.　大隅半島の集落 511
　　　　4.　まとめ 514

第9章　異文化との交渉 515
　　第1節　沖縄貝塚時代後期社会との交渉——九州系弥生土器とその解釈—— 515
　　　　1.　はじめに 515
　　　　2.　九州における弥生土器の様相 516
　　　　3.　南西諸島における貝塚時代後期土器の様相 520
　　　　4.　沖縄諸島の弥生土器関連資料 525
　　　　5.　考察——沖縄諸島の弥生土器のもつ意味—— 535
　　　　6.　おわりに 547
　　第2節　弥生土器と朝鮮系無文土器の折衷——韓国勒島遺跡を中心に—— 547
　　　　1.　はじめに 547
　　　　2.　無文土器と弥生土器 548
　　　　3.　分　　析 551
　　　　4.　考　　察 560

第3節　遠隔地交渉とその意義 564
　　　1. はじめに 564
　　　2. 土器の模倣・折衷例の比較 564
　　　3. 中期の朝鮮半島との交渉 566
　　　4. 遠隔地交渉の意味の変質 570
　　　5. まとめ 576

第10章　総合的考察——紀元前1世紀における九州弥生文化の特質—— 579
　第1節　各章のまとめ 579
　　　1. 各章の要約 579
　　　2. 紀元前1世紀の様相 585
　第2節　副葬品システムと社会関係 586
　　　1. 副葬品システムとその解釈 586
　　　2. 紀元前1世紀の北部九州社会のイメージ 590
　第3節　九州と畿内 592
　　　1. 土器様式の排他性と要素の浸透 592
　　　2. 墳墓その他の文化要素と階層 593
　　　3. 弥生時代後期の北部九州と畿内 596
　第4節　「中心地」の転換 599
　　　1. 解釈の枠組み 599
　　　2. 弥生時代の文化・社会変化への適用 600
　　　3. 「古代化」の早さ 605

結　語 607

文　献 611

索　引 629

第1章

問題と方針

　本章では，従来の解釈の問題点をふまえつつ，本書がとるべき基本的方針を記述する。なお，個別具体的な問題については各章でとりあげることになるが，ここでは全体に関わる問題点と方針を提示し，本研究の特色を明らかにしたい。

第1節　本書のテーマ

　序でもふれたように，本書は弥生時代中期後半に政治的・文化的にも極めて特色のある弥生文化が展開した九州地域を，縄文時代後晩期以来の長期的視点とその周辺地域との関係において考古学的にいかに適切に解釈するかに焦点をあてたものである。土器と墳墓に重点を置いた実資料の分析に理論的アプローチを加えつつ，九州弥生社会の実像を解明し，新たな解釈を提示することを企図している。

　当該地域がそのような特色ある文化・社会を形成するに至った要因は，時間的・空間的広がりの中で考えるべきであろう。縄文時代後晩期以来の歴史的脈絡および東アジア的脈絡から説明しようとするのはそのためである。これまで九州と大陸・朝鮮半島の関係はしばしば扱われているが，同様なレベルで沖縄諸島を含む南西諸島地域との関係をとりあげたものは稀有である。南西諸島は，九州弥生文化の理解をするうえで本格的に扱うべき重要地域と考える。したがって，日本列島と大陸・朝鮮半島との関係だけでなく南西諸島地域も視野に含めているが，これは本研究の特色の一つでもある。そして紀元前1世紀後半に，ある意味で極に達する九州弥生社会の政治的・文化的特質を考察する材料とし，その後の日本の歴史的展開にどのように影響したかについてもふれようと思う。

　弥生時代の研究において，北部九州は「畿内」とならんで重要なフィールドとされ，これまでよく研究が行われてきた地域である。北部九州での長期にわたる研究の蓄積の結果，金属器の使用や生産をはじめ多方面での「先進性」は目をみはるものがあり，また支石墓や甕棺墓の存在など，特徴的なものがあることがよく認識されるようになっている。本書では文化・社会を考察する主な素材として土器と墳墓を扱うが，それらが洋の東西を問わず考古学の重要な対象となってきたように，その重要性については論をまたないところであろう。また，それを支えるコンテクスチュアルな情報として集落その他の資料もとりあげることになる。

　さて，弥生文化研究の代表的位置づけがなされて久しい北部九州は，九州弥生文化の典型である

という認識さえ生じるに至っている。このような認識はある意味で正しいが，北部九州以外の九州地域における弥生文化の様相は必ずしも単純ではなく，九州全域での共通性と地域ごとの特殊性とが複雑に絡み合った状況がある。しかし残念ながら，これまで九州地域の弥生文化を論じる際に，各地域の実態が正しくとらえられてきたとはいいがたい。それは第一に弥生文化研究全体の動向として，地域ごとの個別的な研究に偏りがちであった点が挙げられよう。また，各地の実態が九州全体の中でどのような関係をもつのか，さらに弥生文化全体の中でいかなる意味をもつのか，という体系的脈絡づけに対して，十分な努力がなされてこなかった点を指摘しなければなるまい。

　九州の弥生文化に対する理解は，当該地域において行政的緊急調査が本格的に行われ始める以前，すなわち1960年代半ばまでにすでに基本的枠組みがほぼ完成しており（e.g. 森，1966），今日まで40年近くにわたって踏襲されてきた。初期の学説がこのように長期間維持され得たのは，先学の先見の明に負うところが大きいのはいうまでもない。しかし，近年の急激な開発に伴い爆発的に増加した膨大な資料・情報群により，その権威ある枠組みもいまや変更を余儀なくされていると筆者はみる。実際のところ，これらの蓄積を詳細に検討すれば，実態にそぐわない議論がそのまま残存し続けていることや，資料・データの真価が置き去りにされたままのものが多くあることがわかる。もはや弥生文化研究の枠組みを再検討すべき時期に至ったというのが筆者の主張である。この点について本書ではいっそう具体的・明確にし，より適切な九州弥生文化の実像に迫りたいと考える。伝統的な解釈の枠組みを再検討することにより，変更すべき点は変更していくことこそが先学の主張の真価を享受することになりはしないだろうか。

　九州だけでなく弥生時代関係の研究全般に目を転じても，やはり，1970年代以前に確立した学説ないし説明の枠組みをそのまま踏襲する形で議論されている現状を指摘できる。すなわち，生業の形態を起点とした発展段階論や，それをより強調する極端な伝播論・環境決定論，そして理論やモデルが先行しないもしくは無意識的な形での素朴な「実証主義」の姿勢がそこにはある。詳細は後述することになるが，こうした極めて限定された少数の「定石」ともいえる枠組みで弥生文化は繰り返し説明されてきたのである。もちろん以上のような考えも，定石であるからには一定の説得力を有していたのであり，そのことで学説や説明の枠組みを長年にわたって維持してもきた。しかし，本書ではあえて従来とは多少とも異なった見方を提示し，新しいモデルや解釈の枠組みを積極的に提示するよう努めるつもりである。いうまでもなくモデルというものは，選択肢の幅を広げ，議論を豊かにするものである。そして，さらなる知的跳躍への源泉でもある。我々は自らをとりまく様々な固定観念や先入観から完全に自由になることはできないが，その努力をすることはできる。異なる視点での研究は，もとより活発で豊かな議論の形成に役立つはずである。

　もちろん，本書の立場は単に論の新奇性や多彩さを追求するものではない。ここで目指したのは，斬新であり，かつ従来よりも妥当性の高い解釈である。ただし，このことは不必要な禁欲主義に徹することを意味しない。論を進めるにあたって厳密な論理構成や明確な証拠が前提となることは当然であるが，これまでの多くの研究がとらわれてきたように，有力な傍証に対してさえひたすら背を向けて，考古学的証拠から保証されるベーシックな記述にとどめるという，過度に抑制的な

姿勢はとらない。むしろ可能なかぎりの情報を駆使して高次の解釈につなげるよう試みたい。また本書中で行った個別の議論については，それぞれのトピックという限定を超えて，弥生時代観，ひいては考古学一般というメタレベルにおいてどのように寄与できるか，という点に配慮するつもりである。

第2節　弥生時代観の相対化

1.　縄文か弥生か──「実証」と二分法──

　考古学は，物質文化を素材として人類の過去の総体を復元する学問である。人類社会に何がしかの学問的貢献ができるとすれば，超長期的歴史を提示することや，文献では遡りえないまたは遡りにくい古い時代，あるいは記録に残りにくい部分の研究をもとに現代や将来を予測し，適切な指針を得ることは重要な目的といえよう。弥生時代は考古学が取り扱う時代の中でも革命的時代であるという認識は，戦後考古学で培われてきたものであるが，近年の新たな資料を踏まえて，ますますその認識が高まりつつあるところである。この革命的時代はどのような理由から，いかにして引き起こされたか，その要因とメカニズムを記述することは，現代人にとって大いに資するところがあるというのが筆者の考えである。

　しかし，一般に弥生時代を革命的時代と呼ぶとき，その含意は変化を拒んだ縄文時代ないし縄文社会との比較において，新しい文化と生業・社会システムを導入した変革の時代というところにある。またそれは，「日本農耕社会の生成」の時代として，現代日本の形成の礎となった時代も意味する。これは現代人のアイデンティティーとも結びついており，「日本人の原郷」という認識の普及とも関係している。ただし，地域と状況によっては，三内丸山遺跡に示されるように，むしろ縄文時代にアイデンティティーを投影することもある。国策との関連も指摘されるように (Fawcett, 1990)，古代の明日香に対してのこともある。ここで明らかなのは，現代人は「遠い昔」に対してアイデンティティーを投影しやすいこと，また，その対象は相対的であるということである。

　こうした弥生時代観の形成には，考古学者はもちろん関係している。カナダの McGill 大学で『日本考古学の社会的・政治的脈絡の研究』で学位を得，日本考古学と社会の関係を研究している C. Fawcett (1990) は，「日本の考古学は 1960 年代後半以降，日本人の新しい文化的なアイデンティティーを創り出すために利用されてきた」と述べている。

　弥生時代観は，そうした社会の要請に多かれ少なかれ関わってきたことは間違いなかろう。この弥生時代観は，縄文時代との不連続は強調しても，古墳時代への不連続の強調にはあまり作用していないようにみうけられる。考古学的証拠からもそれはいえるとされており，たしかに弥生時代墳丘墓から前方後円墳へのギャップは，前方後円形の墳丘墓などの調査成果から埋まりつつある。近年では縄文時代からの連続性にも注目する動きはあるが，基本的には，弥生時代と縄文時代を対照的に位置づけてきたといえるであろう。

上記のように，弥生時代観は縄文との対照で成り立っている側面が強い。たしかに，縄文時代は弥生時代とはある程度異なる生業や社会システムをもっていたということは，多くの考古学的証拠から推測できることである。しかしながら，考古学的証拠から導き出された解釈が再帰的に考古資料の解釈を規定してしまっている側面があることには注意しなければならない。もとより，このようなプロセスはあらゆる学問にみられるものであろうが，考古学者は嘘をつかない物的証拠を扱うゆえに真実に到達しやすいという楽観的意見は，理論や方法を考えることで得られる一種の自省を促す機会さえ抑制しているように思われる。

とくに縄文 vs 弥生という二分法は問い直す必要があろう。そもそも，縄文や弥生という単位は実体的なものではない。そのような単位があらかじめ存在していたから考古学者が認識できるのではなく，縄文と弥生の定義を様々な形で学習することによって考古学者間に確信が憑依したものにすぎない。朝日新聞社の高橋徹は，「考古学は本当に進歩したか」という座談会の中で，縄文時代の遺跡から稲が出土しても報告書中でさりげなくしか取り扱われなかった例がいくつかあるとして批判している（大塚ほか，1992 所収）。縄文土器に籾圧痕が確認されてもなんとか土器の年代を下げたくなる衝動にかられるなど，方法論的懐疑の域を超えた事実関係の歪曲がもしあるとすると，その原因の一端はこの縄文 vs 弥生という二分法にある。そろそろこのような二分法ではなく，黒色磨研土器様式を中心とするその前後の時期を一連のプロセスと認識したほうが，より実態に即した実りある研究が展開できるであろう。

弥生時代の開始や発展について語るとき，必ずといっていいほど稲作農耕が第一番目に数えられる。弥生文化の記述にあたって稲作農耕の始まりという章から書き起こす本や論文は非常に多い。この点こそが縄文時代との決定的な差であると認識されているのである。これは狩猟採集民であり階層分化が未発達である縄文時代と，（稲作）農耕民であり階層化が起こった弥生時代，という認識上の対照性をよく示している。ところがその一方で，青森県や岡山県などで縄文時代の米あるいは土器に付いた籾・米の圧痕が見出されつつある。縄文時代後半期の層から炭化米が検出されたこともこれまでにあった。それらの事実が歪曲もしくは過小評価されてきたことは上に述べたとおりである。こうした米関連の資料は，プラントオパール分析の結果と整合性をみせつつある[1]。こうした状況を鑑みれば，縄文時代の少なくとも後晩期に関しては，イネの栽培はすでに間接的証拠の域を超えているものと思われる。その他の植物栽培もイネ同様行われていた可能性が高いと思われる。

もちろん，どのような栽培形態であったか，またそれが社会経済を支えるうえでどのような意味をもったのかなど議論されるべき問題は多々ある。しかし，もし縄文の農耕あるいは稲作を否定する立場をとるとすれば，もはやこうした様々な証拠を排除できるだけの説得力をもった別の証拠や説明が必要となる段階にまで至っていると筆者は考える。

S. M. Nelson は，朝鮮半島の初期農耕についての論文の中で，植物栽培の存在に対して決定的な証拠を欠くような場合に，直接的な証拠がなければ農耕の存在を頑として否定する「悲観主義者」と，間接的証拠から論理的にその存在を想定しようとする「楽観主義者」の二者に考古学者を

分類した (ネルソン, 1993)。いかに「悲観主義者」といえども，朝鮮半島において植物遺存体がほとんど発見されていないからといって，植物利用そのものを否定しはしない。ならば植物栽培についても，直接的証拠の欠如をもって存在を否定しようとするのはおかしい。間接的証拠を積み上げて論じるべきであると彼女は主張する。証拠がないことは栽培がなかったことを立証するものでない，という彼女の主張に照らせば，我々日本の考古学者の多くは自らが「悲観主義者」であることを自覚するであろう。

我々はここから，日本考古学における「実証」とは，動かしがたい証拠が眼前に出現することにほかならないことを認識し，自らがそのような素朴な実証主義に陥りがちである実態を直視することを学ぶ必要がある。L. J. Hodgkinson も，日本の研究者が無意識ながら日本人に固有の歴史的・文化的コンテクストに影響されており，ひいてはそれが米の特別視や「栽培＝完全農耕」という研究態度に表れていることを強調している (ホジキンソン, 1993)。M. J. Hudson (1990) は，「生業」と銘打った『弥生時代の研究』第 2 巻(雄山閣)でもイネ以外の農耕の記述は約 6 ページにすぎないことを指摘している。

このように，現実に縄文時代の遺跡からの「微証」が得られつつあるが，論理的にそれを認めることができるとすれば，弥生時代の成立のプロセスという観点からはこれまでの解釈や説明は間違っていたということになり，その後の歴史的展開についても自ずと説明のしかたが異なってくるかもしれない。こうした点からも，弥生時代研究者は，少なくとも多様な異なる意見にも傾聴する必要があるということができる。

そもそも日本考古学では，「いかにあったか」という真実の追究に心血を注いできたが，それに没頭するあまり，かえって歴史的実態から乖離していった可能性を否定できないと筆者は考える。同じ資料を用いて研究しても，観点が異なればまったく違う歴史を構築することがときに可能である。このことは前述した稲作や農耕の問題だけではなく，資料の取り扱い方や解釈のしかたという考古学的行為一般に敷衍できる。上記のような，日本文化の外に位置する外国人研究者の意見に注意を払うだけでも，我々日本の考古学者は自身の意識的・無意識的信念を相対化する機会を得ることができる。意図的に異なる観点から考古学に取り組むことは学界の活性化にとって何より有益なことであるし，またその中にこそいっそう深く納得でき感銘を受けるような「真実」が浮かび上がるかもしれない。結果として豊かな解釈への選択肢を増やすことにもつながるのである。

したがって筆者は後の章で，従来とは多少とも異なった観点から，しかもよりよい解釈・説明を可能にしうる仮説を積極的に提示していくことになる。

2. 外部文化からの「影響」と階層化

縄文 vs 弥生の二分法という論点に戻れば，筆者は縄文時代と弥生時代の文化・社会システムは異質な面が強いとみている。しかし，両者に一貫したあるいは共有される要素はかなりの範囲で存在するとも考えている。したがって縄文時代と弥生時代の差を認識しつつも，連続性のある部分にこそとくに注意を払いたい。筆者の理解によれば，農耕は弥生時代を迎える久しく前(少なくとも

縄文時代後半期)から行われている。また縄文時代後半期に社会が階層化を果たしていたという見方 (e.g. 渡辺, 1990) にも論理的に賛同することができる。筆者はこうした社会の階層分化が弥生時代に至ってさらに発達したとみなしている。階層分化が弥生時代の開始に伴って生じたとする説は，農耕のそれより立証困難であろうとみる。従来支配的である，農耕の開始が余剰の蓄積を生み，それが社会の階層分化を促したとする説を支持するなら，弥生時代の最も早い時期には階層化が未発達であったということにもなろう。

もちろん縄文から弥生への連続的な変化を支持する筆者の立場においても，階層化は相対的にみれば進行するととらえている。本書においても後の章で階層化の進行プロセスにふれるが，階層化がもっとも如実に示される段階である紀元前1世紀後半の北部九州社会に焦点を当て，考古学的に論じていくことになる。しかしそのような変化のプロセスが前提としてあって，弥生時代との対比を行わんがために，より未発達な方向へと縄文時代像が故意に歪められることがあってはならないと考える。そもそも縄文時代が従来いわれるような生業を狩猟・採集だけに依存する社会ではなかったとすれば，また水稲農耕を文化・社会変化の原動力ではなくむしろ「可能性賦与者」(サーヴィス, 1977b) とみなすならば，発展形態としての弥生時代像そのものがゆらいでしまう可能性もある (縄文時代後晩期の固定的イメージを変える試みとしては，松本, 2000a などがある)。

縄文時代を固定的なイメージでとらえることは，結果として弥生時代研究自体を硬直した画一的なものにならしめる危険性をはらんでいる，と筆者はみる。本書では，縄文時代に一定の農耕・階層分化があったとする柔軟な前提に立ち，弥生時代の検討に役立てることとしたい。これは縄文時代から弥生時代に向かって，飛躍を含みながらも大局的にみれば一貫した連続的変化のプロセスを想定する立場をとる，ということでもある。しかしこのことは弥生時代の成立が外部文化からの「影響」なのか，それとも自社会内での特別な事情または要請なのか，という立場のうち前者を筆者があらかじめ否定することを表明するものではない。むしろ一定の外部的「影響」については肯定する立場に立つ。ただし，その「影響」がどうして弥生時代の成立として発現したのかという説明のほうが重要であると考えている。外部的「影響」か，内発的要因かということがよく議論されるが，そうした二者択一よりも，両者が複雑に絡み合った結果として弥生時代像をとらえるほうが生産的であると考える。

いうまでもなく文化・社会的システムというものは，ときに長期的持続の傾向をみせることもあるが，基本的には変容を常とするものである。刻々と変化する環境(文化的・社会的・自然的)がまずその一因として挙げられよう。またこうした周囲の事情の変化に対応して変容・発展する文化・システムも要因の一つとして指摘できる。そのような「周囲の事情」には本書では，中国や朝鮮半島などの社会的・政治的状況変化も含めることができよう。ただし文化・社会変化を解釈するにあたって，こうした社会・政治的脈絡ですべてを説明することはできない。たしかに，弥生時代中期後半(紀元前1世紀)の九州あるいはその他の地域において，そうした周囲の脈絡が大きく影響したことは事実であろう。しかし実際に行為することを通して変化を発現させてきたのは，常に人々(行為者)であったことを忘れてはならない。

3. 禁欲主義を超えて

　近年では弥生時代に関連して,「王権」の成立,「国家」の成立,「都市」の成立などのテーマが関心を集めているが (e.g. 都出(編), 1998), 一部には, 学史上の定義に照らして誰もがそれと認定できる時代や状況においてしかそれらを認定できないとし, 検討すること自体を頑なに否定するむきもある。しかしそうした立場に固執するようであれば, 考古学の存在意義は半減するといわざるをえない。それは一見科学主義を装った禁欲主義にすぎないのである。学問的判断に対して慎重さを欠くべきでないのはいうまでもないが, 不必要に抑圧的態度を自らに課すようでは学問的貢献, ひいては社会的貢献という意味において十分な研究の達成などもとより望むべくもない。

　考古学の最大の特徴は物質文化を用いる点である。それゆえ, 文献史料など何らかの記録がない時代(先史時代)や, それが乏しい, あるいは外部の文明社会の記録に多くを頼らざるをえないような時代(原史時代)に対しても様々な貢献を重ねてきた。考古学は実質的にあらゆる時代を対象とできる唯一の学問領域であるといってよい。こうした理解に立てば, 考古学的研究から人類史的諸モデルを構築することは可能であるし, 積極的に行うべきことである。これまで考古学はしばしば他の学問分野から理論や概念を借用し研究を活性化させてきたが, 逆に考古学的証拠を用いてそうした理論や概念をより適切に改良し, 洗練された形に改めたうえで諸分野に発信することも可能であると考えられる。周辺領域から借り受けるだけではなくそのような形で貢献していくことも, 次なるステップとしてわれわれ考古学者は目指すべきであろう。

　「歴史」的に解釈しようとする以上, すべての段階にそれより前の段階があったことを想定しなければならない。「前段階」は特徴的なある段階と比較するときわめて短期間であったり, 逆に長期的であったりするかもしれない。また, きわめて萌芽的であって, 一見, 後続する段階の解釈にとって重要な意味を有するようには思われないかもしれない。しかし完成した段階とは何かということを真に理解するためには, 本来このような比較対照を欠くことはできないはずである。その意味で萌芽的段階はむしろ意義ある検討材料なのである。兆候としては微かであったり容易にはとらえがたいにしろ, この段階を無視することなく正しく取り扱うことが次代の有効な解釈を可能にする鍵となろう。

　本書が九州の中期後半に焦点をあてた理由はここにもある。この時期の記述においてすでに「国」,「王」,「都市」などの言葉が用いられてきた。それは一つには, 我々考古学者の中に, 後の国家形成過程の研究に貢献しようとする意識があったためと考えられる。とくに紀元前1世紀後半の北部九州には, その意味で列島において最も先駆的と思われる考古学的現象がみとめられる。またこの地域は対外交渉に一定の重点を置く一方で, 最も特異な発達を遂げた段階に至っては, 空間的に比較的小さな範囲でまとまりをもった社会としてとらえることができる。そのような北部九州社会の空間的完結性については従来指摘されることがほとんどなかったが, 筆者は非常に興味深いものととらえている。

第3節　学際的研究

　考古学があらゆる学問分野と結びついているということについては，もはや多言を要さないであろう。近年とくに自然科学との連携は盛んになってきており，骨や植物遺体のDNA分析や，加速器質量分析による高精度 ^{14}C 年代測定，残留脂肪酸分析などを用いた「ハイテク考古学」の成果はマスコミをにぎわしているし，日本では「文化財科学」という分野も認知されるにいたっている。

　筆者はかつて，20世紀最後の10年間の日本考古学について，パラダイムの変換が予感され，ますます学際的研究が盛んになるであろうことを予測した。そして，それまでの学問領域の相互不可侵性をこえて相手の方法論の中味に踏み込んで理解しなければ，真の学際的研究とはいえない旨を述べておいた(中園, 1990b)。

　以来，10年以上が経過した。欧米では80年代以来プロセス考古学 vs ポストプロセス考古学という認識論的議論が渦巻いたが，それとは大いに距離をおいた伝統的日本考古学のパラダイム変換についての上記の見通しは，希望的な予測であった。自然科学との学際的関係についても，相互の真の理解はゆるやかに進行しているという希望は捨てきれないものの，いまだに「報告書の飾り」(松下, 1989)として自然科学的分析の結果が収録されることもしばしばであり，当初の期待より先送りの感は否めない。そのような中，筆者なりに努力を行ってきたが，そうした試みの一つが胎土分析の応用である。蛍光X線分析による胎土分析の方法については，第7章で具体的に述べることにする。

　次に，弥生時代研究に限ったことではないが，考古学は物質文化を扱うために，文字史料の解釈よりも数段手間がかかる。物質文化をして語らしめるためには，研究者の経験と知識と勘(カン)が必要である。考古学者の能力の中には，一般的に鑑識眼が伴っている。しかし，そうしたカンに甘んじて考古資料の意味するものを，直感的に，直截にみる傾向があったことは反省されなければならない。これは研究の様々なレベルの段階に存在する問題であるが，例えば土偶が出土すれば「豊穣祈願を意味する」などの発言がなされることもその一種である。R. Pearson (1992)は「日本考古学の性質」と題する論文の中で，日本の考古学者は論理の階梯を端折るくせがあるという旨の指摘をしていることに注意しておく必要がある。研究者間では現象と解釈の間に言わずもがなの前提のようなものがあり，それが多様で豊かな議論の可能性にとって障害となっていることも多い。Pearsonもいうように，論理を端折ればコンテクストの異なる外国の読者には理解できないのである。

　学派的違いはあっても，ある程度互いに議論ができるためには論理の階梯を正しく設けることが前提である。したがって，本書でもできる限りそのような方法をとりたい。これは考古遺物の分類や型式学整理など，考古学的作業としては最もベーシックな段階においても必要なことである。上で考古学者の「カン」についてふれたが，我々が日常において考古学的作業をスムーズに進めるために重要なものであることはもちろん否めない。しかし，そのカンだけに頼ってア・プリオリに，

物質文化のある要素のみを重要とみなすかどうかの判断がなされるとすれば，それは問題である。土器の分類においても，何の説明もなく，ある単一の属性のみが取り上げられることが往々にしてある。そのようにして得た分類結果がいかに正しいものであっても，カンを共有しない研究者には結果の妥当性を共有する手だてがない。我々は正しい結果を呈示するだけではなく，コンテクストを異にする研究者達に評価や再検討の道を開くために，計画的に分析や解釈を進め，そこで用いた情報を過不足なく公開・伝達していく必要がある。そのための努力を惜しんでいてはならない。

　ここで述べたことは後の章で，土器の分類と編年を行う際や，甕棺墓の分析において実践を通して示すことになる。そこでは複数の要素間の関係に着目する。また属性分析や統計，コンピュータを用いた多変量解析なども積極的に用いていく。これらの方法論の背景となる技術や理論については次章で詳述する。

第4節　その他関連する諸問題

　先述のように弥生時代中期の北部九州について論じる際には，その周辺地域が俎上にのぼることはほとんどなかった。北部九州は当時の日本列島の中では際だった存在であり，九州地域の弥生時代研究はその中心部を検討することでひとまず満足されてきたきらいがある。しかしもちろん，それでは不十分であると筆者は考える。北部九州をとりまく周辺地域の文化は，北部九州と一定の関連を持ちつつも，一方では固有で独自の面も有しており，地域間でのあり方も決して一様ではない。そもそも北部九州社会の特質自体，周辺地域の社会との比較を通さなければ真の意味で理解されることはないはずである。

　こうした北部九州に焦点化する研究傾向は，北部九州の土器とその周辺地域の土器編年間の齟齬も生み出したと筆者は考えている。土器編年という基盤が得られなければ，異なる時期を併行と見誤り，実態にそぐわない不適当な議論(本書ではこれをとくに「遅れて伝播モデル」と呼ぶことにする。このモデルについては後に詳論する)がなされることになる。実際そのような無益な議論がなされてきた可能性を否定できない。したがって本書では，土器編年については綿密に行うこととする。本書では北部九州だけでなく周囲をとりまく九州の諸地域の状況を，徹底の度合いに濃淡はあるかと思うが，できるかぎり取り入れ比較検討することにする。そうすることで北部九州の状況そのものもまた，よりよく理解されるはずだからである。また周辺地域の土器編年については，初期的な個別研究にとどまっている現状があり，北部九州を含めた上でそれらを一度体系的に整理し理解しておくことが是非とも必要である。

　九州と大陸との関係については，これまでにもしばしば論じられてきた。とくに，弥生時代成立に関する問題や，前期末以降の青銅器の副葬に関連する朝鮮半島との関係，そして弥生時代中期後半の中国との関係については大きな関心が払われてきた。しかしその成果は，具体的な遺物や遺構に大陸的な要素が看取されるという程度の記述にとどまるものも多く，これは問題視すべき点である。

九州と南西諸島との関係については,「貝輪交易」をめぐる問題(木下, 1996 ほか)を除けばほとんど議論されていないといわざるをえない。弥生時代併行期の南西諸島, とりわけ弥生系の遺物を多く出土する沖縄諸島との関わりについては研究の必要性が決して小さくないはずであるが, その社会の実態や, 弥生社会とどのような関係を結んでいたか, あるいは交渉を通じてどのような影響を受けたかなど, 基本的な問題が未だまったく明らかにされていない。本書ではこの点を積極的に論じ, また最終的に, 弥生社会にとって南西諸島との交渉がどのような意味を持ったかということについても考察する。これは弥生文化への取り組みとしては新しい点であり, 本書の特色の一つでもある。

　本章においてこれまで述べてきた諸問題をふまえて, 以下の章で九州とその周辺地域を主な対象としながら分析・検討を行うことになる。北部九州の弥生社会ないし文化は, 紀元前 1 世紀において最も特殊かつ突出したものとして位置づけることができよう。本書ではとくに, こうした北部九州の特殊な状況がなぜ引き起こされたのかという問題に重点をおいて論じることになる。ただしその前提として分析には九州全域を含める。

　最後に「九州」が本書のフィールドとして選択された背景をここで再度整理すると, 第一因として, まず上述した, 北部九州地域に顕著な九州弥生社会の特殊性を非常に興味深いものとする筆者の認識が挙げられる。第二に, 当該期の九州地方は全域に及ぶ一定の文化的まとまりがみられる一方で, 北部九州とは異なる様相を示す周辺地域が存在しており, その実態を適切に把握しておくことこそが九州弥生社会全体を理解するうえで肝要である, という点を指摘できる。第三に, 九州地方は地理的に, 西日本地域, 朝鮮半島, 南西諸島という3種の異なる社会と連続した配置をとっており, 重要な文化的結節点であるということができる。第四に, 当該期に北部九州と中国・朝鮮半島間で開始された交渉が, 九州全域はもとより南西諸島や西日本全域などの遠方に対しても重大な変化をもたらしたと考えられる点で, 注目される地域であるためである。

注
1) 最近では岡山県朝寝鼻貝塚で縄文時代前期に遡るとみられるプラントオパールの発見もある(岡山理科大学, 2001)。前期のものの評価は今後の課題であるが, 縄文時代後晩期のプラントオパールについてはすでに一定の蓄積がある。

第 2 章

理論と方法

　本章では，本研究全体に関係する包括的な理論と方法について記述する。まず「様式」・「型式」など，分析・記述に関わる重要な考古学的諸概念・方法論の整理を行う。これらの概念には多様な理解がなされており，必ずしも考古学者間で共通した認識があるとはいいがたい。さらに，従来の様々な立場をもってしても依然として解決すべき問題点が多く含まれているように思われる。また，社会学や認知科学由来の概念等，本書にとってはきわめて重要な意義を有するが考古学者にとってはなじみの薄いものについても紹介する。あわせてそれらの諸概念が考古学研究一般に対していかなる貢献をする可能性を有するかについても言及したい。

　これらの理論・方法と諸概念について筆者の考えを明らかにし基本的な共通認識を構築することは，以下に続く章への導入としての役割を果たすものである。

第 1 節　考古学的諸概念・方法論の整理と再検討

1. 考古資料と分類学

　考古学者は，意識する・しないにかかわらず，物質文化またはその要素間の相関に基づいて，基本的な解釈を行おうとする。そして，その前提として分類がある。ここでは研究法においてもっとも基本的な「分類」と「相関関係への着目」について論じる。これは考古学が対象とするあらゆる事物や現象におよぶ広い意味から，型式や様式を認定し整序するという狭い意味まで関係している。

　考古学における層位学が地質学に由来するように，考古資料の分類に強く関連する型式学は，もともと進化論や生物の分類学 taxonomy と強く結びついていた。しかし，残念ながら 20 世紀のとくに後半期における分類学の進展には一部の研究者を除いてあまり関心をもってこなかった。日本考古学では土器の分類・編年などをはじめ，型式学の重要性は認識されてきたし，その実践結果である精緻な編年網は世界的にみても突出したものといえよう。型式学は日本考古学の「お家芸」という自覚をもった研究者も多く，その認識はある意味で間違ってはいない。ところが型式学の洗練という観点からいえば，問題がないわけではない。例えば，型式分類に際して計量的方法の重要性の自覚や，その普及度に関しては必ずしも十分とはいえず，生物分類における「計量革命」についても，それにいち早く対処しようとしたのは欧米においてであった (e.g. Clarke, 1968)。北欧など欧

米の考古学では多変量解析を用いた分類は比較的盛んに行われているし，分類についての様々な試みがなされている。

　自然科学と人文・社会科学諸分野が有機的相互関連をもっているアメリカでは，分類学とのアナロジーによって考古遺物を体系的に分類・記述しようとする試みが営々となされてきた。その初期のもっとも体系的かつ挑戦的な試みとして，1927年からニューメキシコ州のペコスで開かれたペコス会議をあげることができる (Kidder, 1927; Willey and Sabloff, 1974 (小谷訳, 1979))。この結果として，L. Hargrave は生物界のリンネ式階層分類と対比するかたちで考古遺物が体系的分類を示した。ちなみに，生物分類と同じように，考古遺物のタイプを「記載」する試みさえ行われている。このようにアメリカでは，1920年代から40年代にかけて，生物分類にならった考古遺物の分類・記載について，おどろくほど真剣な取り組みが行われた。

　これは，日本にヨーロッパ流の考古学の方法論が紹介され，様式論の萌芽・形成期にあたる時期である。もちろん，考古資料は人工物が主であり，生物の分類と対比することはアナロジーとしては可能でも，人工物は製作者・使用者の認知と解釈が介在するという点で生物とは論理を異にする。そのため安直な当てはめには問題がある。しかし，諸外国でも考古資料の分類あるいは型式学について，民族考古学的調査も含めて理論的・方法論的検討がいろいろと行われてきたことは注意しておくべきである。

　分類学ではリンネのヒエラルキー分類以来，分類単位をある階級に所属させるための根拠を与えようとする努力が営々としてなされてきた。その努力は数量分類学 numerical taxonomy (体系的には，Sneath and Sokal, 1973) へと引き継がれた。ところがこの問題は，日本考古学においては長い間，次に述べる佐原真の発言のように単発的に注意にのぼってきたにすぎなかった。

　さて，型式学は生物分類とのアナロジーから出発したが，佐原は1971年の弥生時代研究の動向を記すなかで，北部九州の「土器の大別・細別についての基本方針がかたまっていない」と批判したうえで，「生物学の綱・目・科・属・種の分類で，属と比較するのは属，種は種と比較するのであるのと同様，原の辻上層式に対比して論ずるべきは須玖Ｉ・II・III式，狐塚Ｉ・II式のいずれでもなく，それぞれをまとめた須玖式であり，西新式であると思うがいかがであろう」(佐原, 1972a: 6) と述べている。これは分類の水準差に関するものでは日本考古学では稀少かつ明確な記述であり，永く記憶にとどめるべきである。しかしながら，この重要な提言が事実上黙殺されたかたちとなっているのは，いうまでもない。

　たしかに，考古学的分類単位どうしを比較する際に，分類の水準差についてほとんど注意が向けられず曖昧なままであったことは事実として認めなければならないが，たとえ分類の水準を考慮したとしてもそれが対比可能な同一水準であることを確認する基準さえもたないままであったことは反省すべきである。

　考古学的活動は分類行為の連続といってさしつかえない。型式分類など，分類自体が目的として明確に意識される場合だけでなく，我々は常に，土か石か金属か，人工物か否か，遺構か地山か，遺構が切っているのか切られているのか，遺物のどの部位か，土器のどの型式か……と無数の判断

を行っている。こうした無数の判断こそは，レベルこそ様々に異なるが，すべて分類行為にほかならない。分けるということは，事物を意味ある形に整理しまとめるという，外界と関わる上での基本的な認識活動なのである。このような分類を行うのはヒトだけではない。すべての生物は，食べ物か否か，同性か異性か，敵か味方かなど何がしかの判断を生存のために繰り返しているのである。

考古学者の分類にはそのようなヒトとしての，つまり生物としての生得的認知能力に裏打ちされた基本的レベルから，型式分類のような，訓練によって遂行可能となる高度に専門化された知的なレベルまで，多段階的なレベルの分類があると考えられる。考古学的方法論の刷新を求めるとき我々が第一に問題にしなければならないのは，高次のレベルに位置する専門的分類作業のほうであろうが，人類に普遍的な生得的分類能力に注意を払うことは決して無駄ではない。なぜなら我々は考古学者である前にヒトであって，専門的分類作業の根底には生物学的基盤をもつ分類能力があると考えられるからである。以下で考古学的分類の性質について，必要に応じてヒトの分類傾向（認知傾向）に言及しながら整理していくことにする。

人間はしばしば，事物にはその「本質」をよく表す「典型」があると考える。「典型的個体」を実際には目にしたことがない場合でさえ，無意識のうちに眼前のサンプルをもとに本質や典型の存在と姿——それはしばしば，各サンプルの中間的・平均的特徴を有する個体である——を想定する。これは認知科学の知見が示すところである。このことはおそらく，現生人類の認知的特性であり，自然な認知のあり方なのであろう。考古学的分類も，しばしばそうした認知あるいは「常識」の延長線上にある。土器型式の標式として，「典型的」1個体が設定されることはしばしばであるし，普通，「標式遺跡」がある。それは，生物の分類学でいう「模式標本 type」にあたる。模式標本はインデックスとしては有効であるが，あくまで便宜的なものとしてとらえておかねばならない。

そうした事物の集合に「本質」を認める考えは，「本質主義 essentialism」と呼ばれ，分類学ではそれに基づく類型によって分類を行うことを「類型分類」・「類型主義」という。プラトンにはじまるとされる本質主義であるが，分類学ではそうした本質主義は厳しく排除されるのが普通である。わずかでも本質主義的傾向が看取されると「類型主義者」・「本質主義者」の烙印が押され，研究者としては再起不能を意味するという（高木，1978: 107；ほか）。実際に生物の種内変異のあり方をみると，典型的（本質的）な1個体を決定しがたいケースがしばしば確認される。我々人間が認識しているように，つまり典型的個体を中心に配して，そこから遠ざかるにつれ典型性の低い個体が配置されるような美しい同心円状のカテゴリー構造を形成するようには，自然界は必ずしもつくられていないといわれている。

むろん類型分類にも一定の有効性がある（中尾，1990）。ただし考古学ではしばしば，このような「本質主義」もしくは「類型主義」が，検討されることなく容認されがちなのであって，その点は問題視されなければならない。まだ見ぬ本質的個体の実在についても積極的に認める態度をとり，「将来，より適切な個体が発見されれば順次置換されるべきである」という楽観主義的趣旨の発言

がなされることもある。これは，今はまだパーフェクトな本質的個体が見つかっていないが，そのうちきっと見つかるであろう，という勝手な期待にすぎない。これは2つの問題が解決されなければ成り立たない。まず，何をもって「本質」とするのかという問題，そして，本質をよくそなえた個体とはどのようにして認定されるのかという問題である。すべての個体を発掘し尽くしても，そのような本質的個体など存在しないかもしれないのである。

　ただし，分類学における「模式標本」は，それなりに重要な意味をもっている。模式標本となった個体は，何らかの意味でその分類単位を代表するものである。そうした模式標本に照らして分類を行う類型分類と，考古学の型式分類とはよく似た面があるが，模式標本を絶対化する傾向があるのはとくに考古学の特徴であろう。型式をよりよく示す本質的個体を求めてあくなき追求をすることと，最初に発見されたあるいは学史的に型式が命名される材料となった個体あるいは個体群を絶対視することとは，一見異なるようであるが同じことである。分類学がそうであるように，便宜上のものとして模式標本を設定し活用することは有効であるが，それが本質的個体であるとか，本質的個体が存在すると思い込むことはむしろ非科学的である。考古学者はこの区別を明確に意識すべきであろう。

　また考古学者は境界例の分類について頭を悩ませがちである。近接するカテゴリー(分類群)間の特徴を複数あわせもつような個体の存在をもって，個々のカテゴリー化(分類)の不完全性を指摘する声すらある。このような誤った理解は，上位レベルカテゴリーの設定に消極的な態度をとらせがちであり，考古学的に重要な議論をしばしばふいにしている可能性は否めない。

　しかしながら現実には，0か1かというデジタルな判別が可能なカテゴリーがすべてではない。また，あるカテゴリー(分類単位)の成員が，種なり亜種なりの分類単位のすべてに共通する特徴をもっているとは限らず，通常は多かれ少なかれ一定の変異幅がある。極端な場合，分類単位に属するすべての個体が共有する特徴が1つもないこともありうる。これは「家族的類似性 family resemblance」として知られているものであるが，それでも我々は類似性を有する1つのグループと現実にみとめているのである。その場合，すべての特徴を備えた「本質」的個体を抽出するのは不可能なことである。

　考古学者は，型式分類をするにあたって，漠然と「レンガ積み」のような分類単位を想定しがちであり，また，型式を実体的なものと考える傾向がある。すなわち，いくつかの独特な特徴すべてを有する個体群から構成され，同様に構成される他の個体群と排他的に定義できるとするものである。このような型式観は，型式を，分類学でいうモノセティック monothetic な分類単位とみなしていることになる。一方，各個体が特徴の「大部分」を共有するということで定義する場合は，ポリセティック polythetic な分類単位ということになる (Sokal and Sneath, 1963)。D. L. Clarke (1968) がいうように，モノセティックな分類をするという考古学者の理想にもかかわらず，実際のところそのような場面に遭遇できないでいる。考古学者が対象としているものは，生殖的隔離などさえない人工物であることを考えれば，モノセティックな分類はいっそう求めがたいことを認識すべきであろう。

生みの親と育ての親のように，社会的に母親といえる人物を複数もつ人は，だれか一人を母親と決めたがる傾向が強いということは，心理学的にも明らかにされている。人間は，相対主義的思考はよほど意識的でなければできない。「私と同様にあなたも正しい」というわけには，なかなかいかないのである。考古学者といえどもそのベースをもっており，分類にあたって方法をさほど意識しなければ本質主義的な分類をするのは当然であるし，そのやり方や結果が自然に思えるのも不思議ではない。しかし，学問的にはそれで十分とするわけにはいかない。日常と同じ用語が学問用語として用いられる場合，日常の意味内容と同じではない。学問という「非日常性の文脈」で用いられるからである (村上，1979)。分類学における分類の方法や概念が日常のものとは異なるように，考古学という学問の場においても同様である。

横山浩一は，型式学(型式論)は「考古資料の分類学である」と言明した (横山，1985)。これは，分類の方法論というものを，考古学者の意識にのぼらせる意図もあったものと考えられる。上述したように本書の認識も基本的に同様であり，以下の章で行う土器の型式分類等にあたって，分類の方法を意識している。実際に，土器研究においては編年を念頭においた型式分類であることが多いため，型式分類にあたっては，とくに制約がない場合は時間的変化を意識しつつなるべく多くの属性をとりあげて，その変異のあり方を検討する。具体的には下記のような属性分析や多変量解析を用いて，変異のあり方がどのようなものかがわかるようにしている。型式のイメージを想起しやすくするため，「標準的」個体を提示することは行っているが，あくまでそのような意味合いのものであって，それ以外の変異を含まないということではない。それは属性分析による属性間の相関図などで確認できるようにしている。

2. 分類の方法

ここでは「なま」の資料としての考古遺物を意味ある単位として抽象するための，分類の方法について検討し，とるべき方法を明らかにする。

考古遺物の意味ある分類を行うには，考古学者のすぐれた鑑識眼が前提となる。したがって，資料に対する深い理解と経験は不可欠である。考古学者はとくに自分が専門とする遺物であれば，その型式や時期の詳細を瞬時に同定することができ，場合によっては一部の破片でも十分可能である。このように，考古学者はすぐれた鑑識眼と遺跡での層位学的検証とのフィードバックから型式を設定してきた。とくに日本考古学では，縄文時代以降の土器に関しては世界に比類ないほどの編年網を築きあげるにいたっている。

しかしながら，分類の方法について自覚的あるいは明示的な研究が行われてきたとはいいがたく，日本ではせいぜい1980年代からごく少数の研究者によってその努力がなされてきたに過ぎない。さらに，本来はそれら技術面だけでは不十分であり，考古学者自身の認知的側面についてはいまだ置き去りにされたままである。実際の分類にあたっては対象の理解から大脳の情報処理にいたる複雑な認知のプロセスが介在しているからである。考古学者の認知の側面についてはこれまで正面から論じられたことはなく，現在ようやく認知考古学の一つの試みとして，本格的研究が着手さ

れはじめたにすぎない(時津, 2000a)。

　したがって技術的側面と認知的側面を峻別した検討が必要と考えるが，ここではいまだ不十分である前者の側面の検討を行う。計量考古学的方法は後の章で土器の分類や様式の構造の検討，甕棺墓の副葬品や階層関係の検討に応用されることになる。

　計量考古学のうち本書にとくに関係するものの方法と，その応用の際の可能性と限界，留意点を以下でさらに論じる。

(1) 方法の自覚

　同一の対象について，同一の目的をもって分類がなされる場合でも，研究者によって多少とも異なる結果が生じることがある。それを実際に適用した場合，当然のことながら，より有効なものが優れた分類であると判断されるが，どのような分類法であれ人間の認知に依拠する以上，分類に外部的な真の客観性を期待するわけにはいかない。したがって，分類の方法や基準を明示することによって反証可能性や再現性を保証することが重要である。

　分類の方法・過程が明示された論文はさほどない。しかし，明確な自覚のもとに分類の手順や方法を示したものもいくらかはある。分析手順・方法の明示について，非明示的(感覚的)なものと，明示的(分析的)なものに大きく分かつと，非明示的な論文は，きわめて多い。なかには，たんに論文中に手順・方法を明示していないにすぎないものもあるかもしれない。また，そのほとんどが感覚的な分類であったとしても，すべてを信用できないとして片づけることもできない。逆に，分析手順・方法を明示したものであっても，必ずしも分類が成功しているとは限らない。しかし，問題にすべきは結論の正しさばかりではない。なぜ正しいのか，あるいはなぜ誤ったのか，ということに対する評価の可能性が与えられているか否かこそが問題にされるべきなのである。非明示的な論文ではそれが不可能であるがゆえに問題である。

　考古遺物の型式学では，類型主義あるいは本質主義的性格が強く，日本考古学も伝統的にそうである。また，意識的な戦略ではなく，まったく無意識的に行われているものである。しかし上で述べたように，どこかに本質というものがあって，それが型式としてたちあらわれると考えるのは，ある意味で危険なことである。そのようなものは存在せず，探し求めてもむだかもしれない。分類にあたって勘に頼るにせよ数量分類など他の「客観的」方法を用いるにせよ，むしろ型式という単位は研究者の便宜のために資料群から抽象されるものと理解すべきである。

　つまり，考古学における分類はもとより，いかなる分類においても「究極の客観性」を付与できるという考えは，もはや幻想にすぎない。我々は，多かれ少なかれあらかじめ存在するさまざまな脈絡から完全に自由になることなどできないのである。

　そこで，筆者は分類作業を行うにあたって次のような思い込みを捨て去るべきだと主張している(中園, 1991b, 1996c)。

1) 主観あるいは先入観なしに対象を観察し記述すれば，唯一の真実に接近できるという幻想
2) ひいては，資料の蓄積を待てばいつしか究極の分類に到達できるというありがちな幻想

3) 型式をはじめ，あらゆる分類単位は外部世界に客観的に存在しているという幻想

しかし，それでも属性分析や多変量解析など数量分類を採用し，型式分類を推し進めようとするのにはいくつかの理由がある。第一の理由は，研究者の「鑑識眼」が何に依拠しているのかという一般的な問いにひとつの答を用意することにもなるからである。ここでは「鑑識眼」そのものの有効性を否定するものではない。ちなみに，筆跡鑑定において，「永年の経験に基づく判断は必ずしも主観的であるとはいえない」という裁判所の判例もある。さらに，その鑑識眼をもってしても捉えられなかった思いがけない，しかも納得のいく着目点を発見できるかもしれない。たとえば，型式分類に際して基準とされることも少ない底部に関する計測値の例のように，有効な要素が見出されることもしばしばである。このように探索的に用いることもでき，型式学的作業に新たな視点を加えることにもつながる可能性がある。横山浩一が述べたような，特徴点ではなく薄切り状や格子目状に機械的に分割して形状を計量化する「全数比較」の意義 (横山，1985: 72) は，この究極の延長上にある。

次の理由としては，我々は機械的に要素に分解するような認知の仕方はしないにもかかわらず要素に分解(還元)するのは，そこに本質が見出せるなどと考えているからではなく，多くの研究者間に共通の議論の場，つまり「共約可能性」をもたらすのに有効な手段と考えられるからなのである。このような方法に対する大きな誤解の1つは，対象を熟知していないから機械的な手順をとっているのではないかということである。しかし，感覚的アプローチをとるか分析的アプローチをとるかということと，分類の対象を熟知しているか熟知していないかということとが，それぞれイコールで結ばれるというのは誤解であり，また，そのことをもって方法自体を否定する理由ともなるまい。とくに土器等の編年に用いようとする場合，対象に対してよほど熟知し洞察力をもっていないと満足のいく成果はあがるものではないことは指摘しておきたい。藤尾慎一郎は，筆者らの研究を評して，前もって属性変異を細分・抽出する際に「分類者の経験と知識に大きく依存している事実は，考古学的な力量を備えた人が細分した時点で，すでに分類の大半の目的は達成されていることを示している」(藤尾，1993: 72) といっている。変異の抽出からその整理のしかた，そしてその解釈と，分析者の判断が常に入っているといってよい。したがって，積極的に「恣意的」な計測点の選択や属性の抽出を行うのである (中園，1996c)。

本書で扱う数量考古学的手法の一種である属性分析や多変量解析は，そのような理解に立脚している。それぞれの分析は国内外で行われている。また多変量解析を用いた考古資料の分類でまとまったものとして，国内では例えば帝塚山考古学研究所や統計数理研究所によって一連の『考古学におけるパーソナルコンピューター利用の現状』，『考古学における計量分析』などに多く収録されている。まだまだ少ないながらも着実に研究例は増えてきているといえる (村上，1995)。近年，日本では日本情報考古学会が結成され，その機運は高まってきてはいるが，分類手法に関しては問題があるものも多く，いまだ模索段階といえる。

筆者が行ったものとしては，土器の型式分類 (中園，1988, 1991b, 1992, 1993a, 1993d, 1994, 1996c) や甕棺墓の階層差の分析 (中園，1991a) などがあり，一貫して上記のような分類法についての姿勢を

とりつづけてきたつもりである。

(2) 属性分析

　資料における個々の個体や個々の属性の間には，目には見えないがたしかに，ある関係が存在するということは確信できる。もっともわかりやすい例では，遺跡において雑然とした柱穴と柱穴との間に，ある関係を見いだすことができれば，ただちにそれは掘立柱の建物となる。同じようなことは，竪穴住居と竪穴住居との間の一見無意味な空間にも，遺跡間のそれについてもいえるであろう。すでに述べたように，考古学においては，意識するとしないとにかかわらず，さまざまな対象の間の関係を知ることから始めなければならない。

　そのためには対象間の相関——多次元的な相関——をみることによって，関係を捉えることをしてきたといってよいであろう。すなわち，相関のあるなしとその程度によって，関係の強さや質を捉えることをしてきたといえるのである。このやり方は，基本的には正しいと筆者は信じる。ただし，いくつかの方法的な注意項目がある。すなわち，ある対象間に有意な相関があると認定できる場合でも，その対象間に，須恵器の杯と身のような直接的な関係があると即断することは危険であるということである。もちろんその場合でも，対象間には目に見えない「関係」があるわけであるが，そうでない場合，それぞれの対象は，それぞれ別のなにものかによって別のものとの「関係」がより直接的に存在し，そうした複数の「関係間の関係」によって相関を引き起こす場合があるからである。それは，いわば見かけ上の「関係」ともいえる。したがって，対象間の「関係」の強さには程度差があるが，相関の強さが即，「関係」の強さを示すとは必ずしも限らない。そのような解釈に陥る危険性を回避するためには，なおさら，相関関係について他の多くのものと検討し，総合的または多次元的に捉えることによって妥当性を高めるしかないと考える。

　本書の分類においては以下で述べるように諸属性間の相関を検討することになるが，一方，分類目的以外においても，相関に着目する。これはあえていうまでもなく，考古学者はもとよりあらゆる学問の場，そして日常の場でも自然に行われていることといえる。しかし，それを「非日常性の文脈」たる考古学の研究の場面においても，十分意識しながら行うことが重要である。

　型式分類の方法としては，最も簡便なものに属性分析がある。属性分析とは，対象のもつ様々な属性を計画的にとりあげ，要素に分解して明示的に分析を施すものである。多変量解析等を用いた計量分析もその中に含まれる。変異ごとの観察数や計測値など基本的に統計操作の可能な基礎データが作成されることになる。また単一の属性だけではなく，複数の属性の組み合わせからクロス集計表を作成し，属性間の相関の有無や強弱を検討することができる。

　属性分析の中でも，筆者が「狭義の属性分析（以下では単に属性分析とする）」と呼ぶ方法は（中園，1996c），あらかじめ各属性の変異の前後関係を型式学的に推定した外的基準を設け，その上でマトリクスを使って属性間の相関を検討するというものである。ルディメントや前後のものとの類縁関係から変化の方向を推定することが可能なことがあり，層位学的検討以前に変化の方向についての妥当性を高めておくことができる。これをまとめれば，大まかに表1のようになる。横山浩一

表1 層位学的確認直前における変異の組列と変化の方向に対する有効性判断のための諸類型

類型	変化の方向と相関	判　　断
I 類	大半が整列・方向の限定可能で方向も一致	かなり有効(層位学的にダメ押し)
II 類	大半が整列可能。一部方向の限定可能で矛盾なし	有効(層位学的に決定必要)
III 類	大半が整列可能。方向の限定不可能だが矛盾なし	有効？(層位学的に決定必要)
IV 類	方向の限定可能だが逆。整列自体に乱れなし	有効？ 変化の方向の限定に関する型式学的想定に誤り。乱れがなければ方向の限定についてのみ再検討(層位学的に決定必要)
V 類	矛盾・乱れあり	型式学的整理に誤り。変異の整列について再検討

* 上の5つはあくまで類型であるから様々な段階をとりうる.

(1985)が解説しているように，田中琢(1983)が方格規矩四神鏡系倭鏡の分類で行った属性分析にも共通するもので，理解はされやすいが，一般に外的基準を設けることの少ない属性分析においては特殊なものともいえる (cf. 中園, 1991b; 中村, 1991)。この手法に類似したものは戦後の欧米でもみとめられ，日本では平田(1978)や高橋(1982)などで試みられたものがあるが，直接には田中(1982)や田中・松永(1984)等をはじめとする手法の系統に含まれるものである。また，遺物にとどまらず古墳の石室などにも用いられ始めている(加納, 1988; 土井, 1989)。このように，原理的には，型式学的方法が採用できるあらゆる遺物・遺構について使用可能な簡便な方法である。

これは日本では少ないながらも近年次第に普及しつつある方法で，問題点もあるが詳細な情報を直に「読みとる」ことが可能なことは大きな利点である。その反面，2属性間のみの検討の繰り返しが多いので，各属性間の総合的な関係の判断やデータ構造の特性の把握には制限がある。

また，この手法に対する批判点としては，マトリクスにおいて個数を示すことなく量を記号で表示するものがあることである。この批判は一面ではあたっている。しかし筆者は感覚的ながらも，個数そのものというよりもむしろ，「標準化した組み合いの強さ」に個数を勘案したものというつもりで表示してきた。したがって実数で何個を基準にしているかということとは意味が異なるのである。この点をさらに明確にするためには，条件がそろえば実際の個数(観測度数)を統計処理した値を示すこともできる。すなわち，観測度数(n_{ij})だけでなく統計的な期待値($E_{ij}=n_i.n_{.j}/N$)とその残差($n_{ij}-E_{ij}$)を求め，$(n_{ij}-E_{ij})^2/E_{ij}$で標準化した値をマトリクスの各セルに表示するものである(中園, 1991b, 1994)。

(3) 多変量解析

一方，多変量解析は，コンピュータの使用が事実上前提となるが，総合的な判断に役立つもので

ある。多変量解析を用いる方法は，非計測的属性を用いるものと計測的属性を用いるものとがある。前者は数量化III類が代表的で，多次元的な検討ができないという属性分析の難点を克服するものである。実際には属性分析と補完的に用いられることが多い。後者は形態に関わる多数の部位の計測値について，主成分分析を代表とする手法で分析しデータ構造や対象の類似度を検討したり，クラスター分析を代表とする手法で対象の分類を行ったりするものである。

　本書で分析の対象となるのは，形態などの諸類型や存否といった非計測的(質的)データと，サイズ，プロポーションや量比に関する計測的(量的)データである。前者には数量化III類を用い，属性分析の属性と同じものを一括して解析している。一方，後者には，主成分分析によるデータ構造の読みとりや，クラスター分析を行っている。型式分類の妥当性を直截にみるため判別分析を行ったものもある。なお，筆者の分析は属性分析と多変量解析のうちどちらか一方のみを用いるのではなく，可能な場合は両者を用い，それぞれの特長を補完的に生かしつつ信頼性を高めることに特徴がある。

　数量化III類は，非計測的(質的)データに用いられるものである。外的基準があらかじめ用意されておらず，カテゴリーとサンプルからなる表において，個体とカテゴリーを並べかえることによって相関を最大にするという考え方で行われる。したがって，土器等はアイテム・カテゴリーデータの場合が多く，順序構造をもつことが確認されれば，属性分析による推定を積極的に裏付ける，あるいは相互に補完されることになる。数量化III類を用いた研究の場合，一般には順序構造が問題にされることは少ないが，型式分類に利用する際には意識すべきであろう(第4章第2節の甕棺の分析を参照)。数量化III類による属性間の関係と寄与の仕方についての情報は，属性の重み付けなどについても有効な手助けとなる。したがって，数量化III類は考古遺物の分類にあたっては大いに利用されるべきであろう。数量化III類および主成分分析による属性間の関係と寄与の仕方についての情報は，分類に対して答を用意する手助けとしてかなり有用であるといえる。

　主成分分析は計測的データを用いた分析で，考え方は数量化III類に似ている。やはり属性間の関係やデータ構造全体において，どの程度説明に役立っているかという寄与率なども知ることができる。実際には非計測データという特殊なものに用いられる数量化III類と違って，国内外の様々な分野で用いられる信頼度の高い方法である。形質人類学では主成分分析の2次元散布図の布置をながめることでカテゴリー化し，分類に役立てることがしばしば行われているが，主成分分析の直接の目的は分類というよりもデータ構造の把握にあると思われる。また，類似した方法としては古くから用いられている因子分析があり，心理学などではしばしば用いられているが，各因子に実体的な意味を付与することが前提とされているきらいがある。筆者は数理的根拠が明らかであり，かつデータ構造を把握できるという意味でむしろ主成分分析を採用している。

　筆者らは，古墳時代中・後期の西日本で出土した須恵器器台を主成分分析で解析したことがある(大西・中園，1993)。データは各部位の計測値である。第1主成分と第2主成分スコアの2次元散布図では，別群のプロット(A群)から離れて直線的に布置される群(B群)がみられた(図1)。B群はかつて「陶質土器」と称された，日本列島において最も古い須恵器の一群であり，型式学的に変異

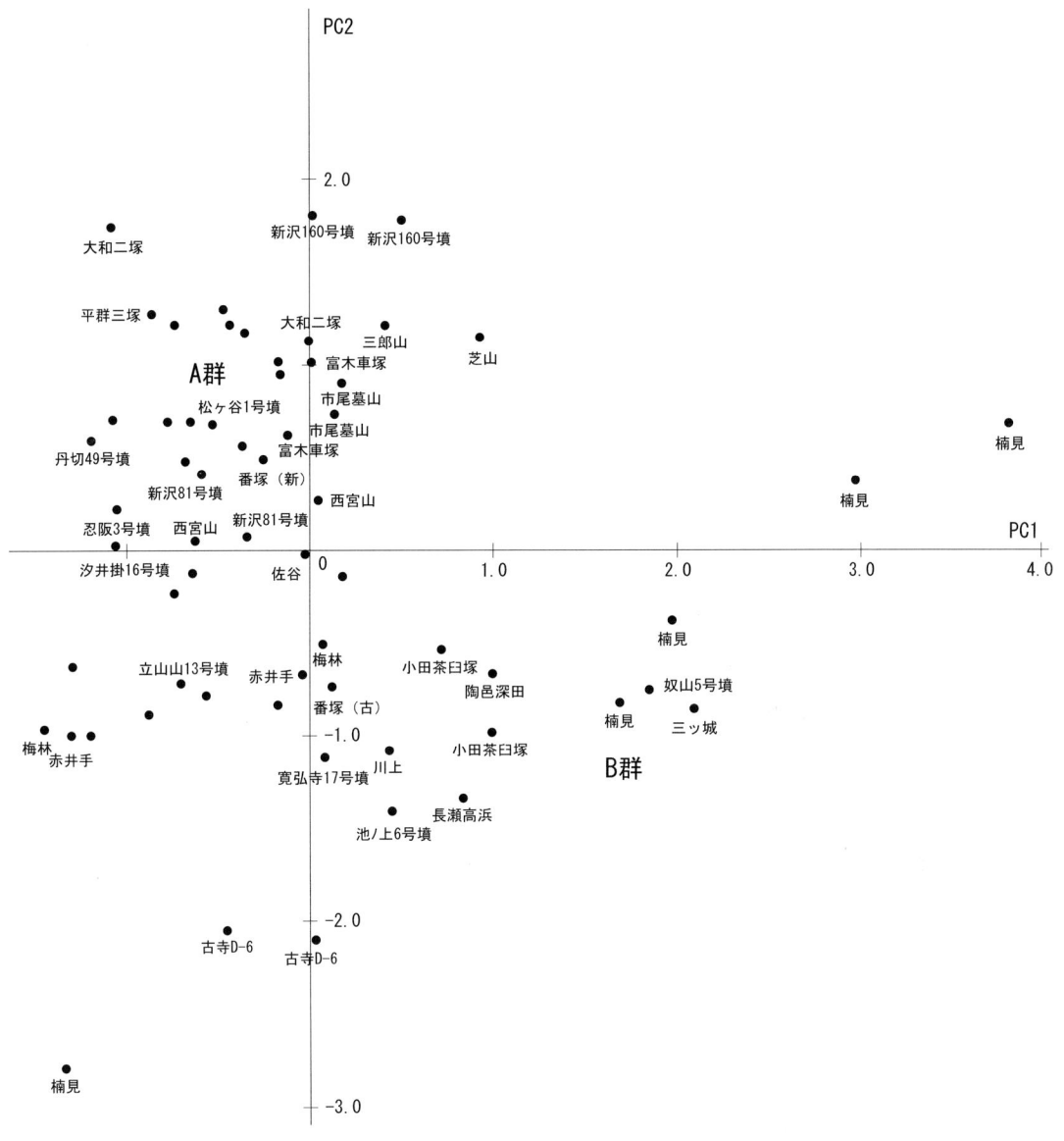

図1 須恵器器台の主成分分析(大西・中園,1993より)
第1・第2主成分スコアを2次元散布図にプロットしたもの.

が大きく不安定である.一方,A群はより新しい時期のものであり,広域で型式学的に類似性が高いものである.換言すれば規格化が高いといえる.このような形態上の体制の違いがB群の直線的布置として反映したものと考えられよう.したがって,主成分分析の際には異種のデータ構造を発見するのにも役立ちうる.

なお,クラスター分析は,分類の手法として様々な分野で用いられている.デンドログラム(樹状図)は視覚的効果が大きいが,クラスター分析自体が内包する方法論上の問題と選択する手法,事前のデータ加工の方法などクリアすべき点が多々あり,過信するわけにはいかない.例えば,考

古資料で形態を問題にする場合はサイズ・ファクターをどう処理するかという問題があり，選択を間違うとかなり異なる分類結果が生じることになる。そのため事前のデータの加工はとくに注意を要する。ところが，サイズ差が時期差を反映することもある。これまでいきなりクラスター分析のみを施して型式を認定しようとする研究もみられたが，事前に主成分分析などを用いてデータ構造を把握しておくことが最低限必要であろう。したがって，クラスター分析は資料によってデータの処理や分析手法の選択が変わってくるはずである。多変量解析に対する楽天的な考えは捨て去るべきであるが，とくに遺物の分類を目的とする場合にはクラスター分析は注意が必要であり，いましばらく適用事例を積み重ねて使用法を洗練させる必要があろう。

　属性分析と多変量解析は，その内容や具体的な手順などは，対象に応じて適切に行われるべきである。しかし，とくに制約がない限り両者はそれぞれの特長を生かしながら併用されることが望ましいといえよう。

(4) 計測的属性を用いた多変量解析の効用

　器形が単純かつ連続した変異の場合，個々を言語的に表現し区別することは絶望的に困難である。その意味でも個体の器形を表現しうる計測的変異を用いた分類が有効で，主成分分析は属性の意味ある変動を読みとるのに大きな効果がある。したがって，この方法は非言語的な連続した変異を適切に分類するのに役立ち，分類の妥当性を高めることができるといえる。同様に，甕棺の全体的な器形の変動や底部の厚さなど通常ではとりあげるのが困難なものについても有効である。

　このことは，これまでほとんど型式学的検討の対象とされなかった単純な器形のものについても，同様の方法を用いて有効な型式分類ができることを示唆している。弥生土器など多くの器種から構成されるものは，ややもすると目立ちやすく型式学的検討がしやすい器種を中心に議論が行われがちであったが，多くの器種に検討が施されることにより土器研究への大きな貢献が期待できる。

　筆者の型式分類に関する研究（中園，1991b；ほか）について，肯定的な評価（山岸，1993；藤尾，1993；村上，1993，1995；ほか）と，結果が従来の分類案とさほど変わらないという側面を捉えたどちらかというと消極的な評価がある（禰冝田，1992；溝口，1995a: 189, 1995b: 91）。もちろん研究戦略や論文の文脈にもよるので一括して論じられない面はあるが，現状の日本考古学において数量分類法に対する理解と位置づけが揺れていることを示している。計量的方法に対する消極的な姿勢の中には拒否反応からくる場合もあるとすれば，看過できない。「いたずらに新しい手法に対して拒否反応を示すことなく，実験的な試みを重ねてゆくべきである」（横山，1985: 72-73）。また，村上征勝の整理と提言にあるように，考古学と統計学の相互理解を深めるよう努力がなされるべきである（村上，1995）。

　属性分析と多変量解析の関係は上で述べてきたとおりであるが，数量分類にあたって多変量解析を用いる多くの利点のうち，以下の3つを強調しておきたい。

1) 分類にあたって研究者の経験的な知識と勘にもとづく予測が必要なことには変わりないが，

多変量解析によって，人間の能力をこえる多次元的な要素を扱うことにより，それまで見過ごされていた新たな着目点が発見される可能性がある。
2) 分類の結果を他者へ呈示・伝達するための手段として有効である。この場合の「他者」には学問的伝統を異にする国内外の研究者を含む。職人技としての性格の強い土器分類についてさえ，広くその妥当性の検討が可能になりうる。
3) 分類結果が研究者の帰属する集団や地域や対象や時代によって相違をみせることは，それ自体興味あることであるが，その相違は多変量解析の項目の選択やその水準に影響することであろうし，さらにそれが結果に影響するという再帰的循環をもっているものと思われる。つまり，計算処理のレベルでは同じデータを入力すれば必ず同じ結果が得られるという性質のゆえに，そこにあらわれたデータや結果の違いは立場や意図の違いを鮮明に示すとみることができる。そうであれば，多変量解析を用いた数量分類が，考古学においてどのような意義あるいは価値をさらに有するのかは明白である。これによって，「考古学とはなにか」という学問の本質にも関わる問題への入口が示されるはずである。

考古学を含む諸科学は新たな変質のうねりの中にあり，ポストプロセス考古学の主張にあるように，考古学も自省的に捉えなおされるべき時である。それには研究者各人が自らのよって立つ基盤を自覚する必要があるが，多変量解析を含む数量分類について推進することは，方法を含めた自らの営みがどのようなものであったかということに気付くことにほかならず，ひいては学問の変革という大きなプログラムの一端を担うに違いない，ということである (中園, 1996c)。

第2節　様式をめぐる問題

1. 従来の様式概念

(1) 小林行雄の様式論

「様式」といえば，日本では小林行雄 (1933a, 1933b) の「様式論」を想起する研究者が最も多いであろう。ただし，日本考古学の「様式論」にも長い歴史があり，小林様式論以前にも中谷治宇二郎をはじめとして数人が論じている。小林行雄は次のように述べる。「型式分類に3つの段階を設けるという方法は，必ずしも中谷氏の卓見に俟つまでもなく，濱田博士の紹介せられたペトリー氏の方法も亦，Class, Type, Variety, の3段階から形成せられている様である。しかしながら，此の方法の漸く行われんとする機運を作られた点に於いて，その創始者としての名誉は恐らく中谷氏に捧げらるべきものであろう」(小林行雄, 1933a: 231-232)。小林行雄自身は中谷にプライオリティーを認めると同時に若干の差異があることも主張している。いずれにせよ，現状では小林行雄の様式論が広く受けいれられたかたちとなっている。また，後で論じるが，しばしば小林行雄の様式論に対立するものとして扱われている小林達雄の「様式論」も提出されている (小林達雄, 1977)。

しかし，小林行雄の様式論は現在の日本考古学において最もポピュラーであるにもかかわらず，

「様式」という言葉の意味するところは，小林行雄の当初の理念とはやや異なったものとなっているようにみえる。その理由として，定義に対する解釈の違いもあろうが，小林自身が概念の実際の運用にともなって，変容をもたらしたともいえよう。その結果，実際の場面では，「様式」という用語は，「器種のセット」とほぼ同義に捉えられている。しかし，たんに「セット」というほどの意味合いならば，あえて「様式」と呼ぶ必要はなかろう。

　弥生土器は日本各地で一様に時間的に I～V の 5 つの様式に分けられている。現在ではこれをもとに弥生時代を I～V 期という統一した時期区分を使用する動きが活発である。これは，山内清男が縄文土器の編年において，「自分は各大別も亦できれば同数位の細別型式を含むものとしたいと思う」(山内，1937)，という信念のもとに編年網の整備を行ったことと一脈通じるところがある。ここで，明らかになるのは次の 2 点である。

　1)「様式」のもつ側面のうち時間的な側面が重視されていること。
　2)「様式」は，理念はともかく，実践面において厳密な意味での分類単位 taxa という性質を具備したものとはいいがたいものであり，機械的な分割がとられていること。

　なぜ，弥生土器の「様式」は，各地で一様に 5 つずつ設定されているのだろうか。なぜ，各地で数が同じで，なぜその各地域の「様式」はそれぞれ同名の「様式」と併行するのだろうか。——このことは，小林行雄流の「様式」概念に照らしてみるとき，きわめて不自然であり，理論面と実践面での矛盾を露呈している部分であると考える。

　佐原真(1964)は，小林行雄の立場を発展的に継承し[1]，技術的な様式論を実践的に深化させた。この考えに対しては，岩永省三(1989)が，土器製作の技術的体制が基本的に変化しなかった地域では用いることができないという意味の明快な批判を行っている。したがって，たとえこの種の「技術的様式論」が成り立つとした場合でも，南部九州のように技術が大きく変化したとは認めにくい諸地域においてさえも一律に 5 つの「様式」が設定されているのはおかしいことになる。ましてや「技術→形態」の一方向的規定関係に基礎をおくこと自体，前提とすべきものではなく，未解決で多くの問題をはらんでいるのである。

　小林行雄以後，実際には「地域的様式」よりも時間的側面すなわち「時間的様式」に注目されてきた(都出，1983)。このことは，上で述べた，地域ごとに「様式」の数が一律であることと無縁ではない。もちろん，学史の早い段階における編年重視の姿勢は肯定できる。しかしそのことが，その後の研究の主方向を決定づけてしまったともいえよう。また，たとえ「地域的様式」を扱っても，「ある地域における様式」という程度の意味であることが多く，「時間的様式」に比べても浅薄なものであった。理念としては，「例えそれが如何にあろうとも，一の対象は芽生した土地をもつ限り，ある時の日の光に生い立つ限り，常に地域と時代との二つの様式をもつ」(小林行雄，1933a: 237) はずであるが，結局のところこの名言は，「存在するすべてのものは時間と空間のうちに位置づけられる」というほどの意味にしか解釈されることがなかった。

　また，形式 form は，用途と機能にもとづく概念で，時空を越えた使用に関する概念[2]でもある。近年は，佐原真らによって「器種」と呼びかえる提唱もある(佐原，1983b)。古典的な用語法では，

甕，壺，高杯，鉢などといったものが形式にあたる。なお，溝口孝司 (1987a) は，型式組列の意味で「器種」という用語を使用して，用途を規定条件とする形式と区別している。その一方で，あらゆる階梯の型式組列を形式と呼ぶむきもある[3]。

そもそも，形態と用途・機能との関係という点は問題がある。形態と用途・機能は，一対一対応の関係にはない。用途・機能を全うする範囲でならばあらゆる形態をとりうる。また，同一の形態でも，同一の用途・機能をもっているという保証はない。同一器種の用途の通時的変化や，一つの形態で複数の用途に使われるものなどは，形態と用途・機能の関係はどうであろうか。用途・機能と形態との関係は，関係の程度と質で捉えられるべきものであって，規定するといってもさまざまな水準をとりうる。同一の型式組列に属するというのならば，型式組列は型式学的な型式の組列であって，用途・機能に規定されないものということになる。このように，多くの問題を抱えた難しい概念であるが，用途・機能は直接反映しているというよりも「示唆される」という程度に考えておき，用途・機能よりも型式組列という点を重視し，これを「器種」と仮に呼びたい。この問題自体は本書の主要なテーマからはずれるけれども，小林行雄の様式概念は実際の運用にともなって「たんなるセット」の概念と化したと上で評したのと同様に，「様式論」を構成する主要3概念，「型式・形式・様式」を単純に理解することこそが，その様式概念を理解することであるかのようになってしまっているという現実があるように見受けるため，ここで取りあげたのである。

(2) 小林達雄の様式論

小林達雄の様式論は，小林行雄の様式論としばしば対比されている。小林達雄の様式論には，「型式 type・様式 style・形式 form」の主要3概念がある点では，小林行雄の様式論と同様であるが，問題は3概念中の「様式」概念にとりわけ集中している。

小林達雄は次のように記述している。型式は「土器の形態を決定するさまざまな属性によって認定される。一方，それらの形質的な属性のうち，とくにその型式に独特な雰囲気や効果を醸しだしている気風がある。たとえば，各型式の枠をこえて，文様モチーフや胎土や色調や底部のつくりなどの細部の工夫や施文具およびその用い方等々の趣向において認められる共通の気風が様式 (style) である」(小林達雄，1977: 167)。「様式は，共通の気風をもつ型式の組合わせ」(ibid.: 167)，とも記している。また，小林達雄の考えは，のちの次のような発言にも明確にあらわれている。「酒徳利，盃，花瓶，急須などの型式があります。それらのタイプには共通して，『あっ，これは備前焼だ』という特有のムードがあります。そういうものを様式というふうにいうわけです」(小林達雄，1985b: 69)。

小林達雄の様式概念についての批判は多いが，まず，このように「雰囲気」，「気風」，「ムード」という言葉で表現されている点が大方の不信感をあおっているようである。また，小林達雄の様式概念に一定の評価を与えるものはあるが，そうしたもののいずれもが，一方で彼の「様式」の語が混乱を招くという旨の批判を行っており (e.g. 横山，1985: 69)，なかでも佐原真は強く叫んでいる。「この型式群を，小林達雄はあらたに『様式』とよび始めた。そして若い世代の人びとのあいだで

は，たちまちのうちにこの様式を使うことがひろまっている。かつて紅衛兵が手をあげてポケット版の毛語録を振ったように。はなはだ迷惑な話だ。小林行雄『様式』と達雄『様式』とは，発音のみでなく文字まで一致して違う概念を意味する。これが混乱でなくてなんだ。私は，達雄『様式』は内容的にはかっている。わるいのは名前だけだ。たとえば『スタイル』とでもよびかえてくれればよい，とおもう」(佐原，1983b: 9)。これは佐原の「わかりやすい用語を」という運動の一環での特殊な言い回しであるから，少し割り引いて考えなければならないが，このような拒否反応がある。しかし，佐原がいうほどに小林達雄の様式が使用されているとは思えない。ともあれ，意味内容が異なりながらも同じ「様式」という言葉が用いられているとすれば，実際の運用にあたって躊躇するのは当然ともいえよう。しかし，後述するように，言葉を変えれば済むという単純な問題ではないと考える。

　小林達雄はまた次のようにいう。「様式は，共通の気風をもつ型式の組合わせであり，地域的にひろがり，時間的に存続する。様式内における型式の具体的な組み合わせの実際は，どの遺跡も個性的で，みな異なっている。組み合わせの比率はもちろんのこと，ある特定の型式をまったく欠く組み合わせ例の実際がある。換言すれば，様式は空間的な変化をとるものであることを示す。また個々の型式の出現や消滅にいたる動勢を超えて様式は存在するのである。様式の帰趨は，個々の型式の帰趨に関係しながらも，それによって様式の存亡にまで直接かかわるとは限らない。すなわち，様式は，さらに時間的に変化するものであることを示す」(小林達雄，1977: 167)。「非常に広い地域にまたがる，いわゆる広域型の様式があります。そうかと思うと極めて限定された地域の，局地型の様式もございます。／あるいはそれの継続期間をみていきますと，極めて長い期間継続する長命型の様式もあります」(小林達雄，1985b: 69-70)。「縄文時代の全期間を通じて継起出没した約70の土器様式の分布のあり方を全部重ねていくと，いろいろなところで境界が出てくるわけですが，その境界が最も集中的に出てくるところと，まれに出てくるところがあります」として「その様子」(ibid.: 77) を模式図化している。小林達雄は以前から同様な主張をしている (小林達雄，1977: 167)。

　このような考えは，これまで十分に評価されてこなかったが，様式は年代上の単位という側面をもちつつも，むしろ流動する実態の側面のほうに関心が向けられていることに注意したい。これは小林達雄の編年表に時間的・空間的な伸縮が表示されていることに端的にあらわれている。似た考え方としては，すでに小林行雄が，「様式現象は大きくも，また小さくも現れる。一の様式は更に幾つかの様式に分かれ，或は他の様式と共に新しい様式を組立てる。そうしてすべてのものが同じ速度をもって働き，同じ密度をもってその様式を細分して行くとは限らない」(小林行雄，1933a: 237) と記述していたことは注目すべきである。

　しかし，小林達雄のほうが時間的・空間的に脈動する様式という，より実際的なあり方を示している。小林行雄の様式が，その意図に反して，実際には「固定的」で静的なものになったことと比べれば，小林達雄のほうがより進展させているといえる。もちろん，小林行雄の時代は集成図づくりが急務であったため，そのような形をとらざるをえなかったのであろう。ともあれ，小林達雄の

そのような考えは，ある意味で小林行雄がめざしたものを実現したという評価が可能なはずである。しかし，現状をあえて手厳しく批判するならば，もはや集成図づくりから脱却したと認識される昨今であるが，そのわりには理論と実践面とのギャップがあるようにみえる。また，結果的には，小林行雄も小林達雄も，様式は型式から成り立つとしてしまっていることは共通している。小林達雄が小林行雄の3概念に依拠しているというのは，たとえ山内「型式論」を排除するための方策であったとしても，型式を様式設定の基礎的単位として認めることになってしまったことは，看過できない問題と考える。

2. 階層的様式把握

様式に異系統のものが混在した状態を考えることは実際的であるが，小林行雄の概念にはそのような状態が含まれていないとする指摘もある（田中良之，1982; 岩永，1989）。小林達雄の様式概念のほうには，「異系統」の存在を許容する用意がなされていないわけではない（小林達雄，1977:168）。そもそも，様式の平均的な姿を描き出すことは可能であるが，その「本質」を明示することはできない。およそ分類は，連続的で変化するものを区分けすることであって，「本質」を抽出しようとすると永遠に不毛の細分を続けなければならなくなるであろう。したがって，様式概念は「系統」の差も包摂するものであるべきである。これこそ，ここで述べる様式の階層的把握の概念と密接に結びつくものなのである。

すでに述べたように，小林行雄の様式論は，初期の段階は小林達雄の様式論の主張ときわめて通じるところがあり，一般的・包括的・理念的であるが，新しくなるにつれて，型式によって構成されるものへと実体的になっている。このように小林行雄の様式論は「変質」しているため，同一人物の主張ながら前半／後半と分けて考えたほうが把握しやすい。そこで，それぞれを「前期小林行雄様式論」／「後期小林行雄様式論」と呼ぶことにする[4]。すると，小林達雄様式論は前期小林行雄様式論と類似しているといえるのである。一般に，小林行雄と小林達雄の様式論が対立しているようにみられているのは，後期小林行雄様式論ともっぱら比較しているからなのである。

さて，田中良之らが注意している分類単位としての「様式のレベル差」（田中，1982; 田中・松永，1984）は，小林達雄様式論（前期小林行雄様式論）に萌芽的にみられる次元の概念をいっそう明確化し発展させたという学史的位置づけが可能であろう。田中らは小林達雄よりも小林行雄の様式論に基礎をおくことを主張しているが，それは後期小林行雄様式論である。これは，従来の縄文の山内清男流「型式論」vs弥生の小林行雄の様式論という一般的理解に立ったうえで，山内流では説明概念が不足しすぎることに対して小林行雄の様式論を導入したという図式で理解できよう。このことは，小林達雄が山内を批判するにあたって対立候補として小林行雄様式論を取りあげ，小林行雄様式論を擁護して自らの様式論を正当化するのに用いたのと同様である（小林達雄，1975: 48-63）。様式のレベル差についての田中良之流の概念は有効なものであるが，田中らが自覚するのとは異なって，正確には後期小林行雄流の様式ではなく，前期小林行雄様式論あるいはより洗練されたものとして小林達雄様式論に導入することにこそ，その真価が発揮できるものと考える。小林達雄流の様

式概念における階級差を修正・発展させることにより，フレキシブルな使用ができるようになるのである。

なお，田中らが提唱する様式のレベル差の用語は多義的であるという指摘がある (松本, 1996)。筆者は上述のように，様式を階層的にとらえ，上位階層の様式に包括される低位階層の様式があるとする見方について高く評価することにしたい。ただし，上位の様式と低次の様式は相対的に決まるものであり，必ずしも固定できないことと，そうした分類学的単位としての様式は，多階層（マルチレベル）と認識すべきことを強調しておきたい。

階層的様式把握の一貫としてミクロレベルの様式について考える。後述する一の宮式は山ノ口式とかなり類似している。筆者は「型式」の概念を必ずしも固定的に考えたくはなく，実践的に使用されることが重要であると思うが，「型式」の指し示す意味がまったく相対的なものではないこともある程度一般的に認められていることと思う。筆者は型式の下位に亜型式 subtype という用語を採用したことがある (中園, 1988)。これは属性変異の組み合わせによる分離（相互識別）の程度にもとづいたものであり，ある程度の固定は可能であるし有効であろう。

3. 様式論の再定式化

(1) 一の宮式の素朴さ

ここでは，様式の階層的把握に関連して，実例をもとに従来の議論で不鮮明な点を指摘し，様式についての新たな定義を与えたい。

日本考古学における様式概念の再検討を行うが，様式概念全般におよぶ包括的再検討を行うにはいくつかのステップを踏む必要があると考える。そこで，様式の定義とその認定の基準，および様式の階級分類的まとめあげという，とくに重要と思われる視点に焦点をあてることにしたい。ここでは，一の宮式土器を取りあげることにする。なお，ここでの検討は，あくまで日本考古学の研究史的脈絡に沿うものであって，考古学における様式論一般を論じるものではない。

河口貞徳は，1951年の報告時から，一の宮式を当時南部九州の中期土器として知られていた「大隅式」の一群と理解していた (河口, 1951)。後に，河口は大隅半島西部に所在する山ノ口遺跡の調査成果をもとに，「大隅式」と称されていた一群から「山ノ口式」を分節した。なお，ここでいう「山ノ口式」は，のちに筆者の検討から「山ノ口 II 式」として再定義されるものであるが（第4章参照），本項では「山ノ口式」で通す。

河口による一の宮式の特徴に関する記述は次のとおりである。長くなるが論旨の都合上引用する。

「胎土は砂粒を多く含み雲母粉を含むものもあり，黒褐色，粗造である」。「断面三角形のつまみ上げ式の絡縄凸帯を以て飾られている点が，この遺蹟の特徴である。壺形土器は口頸部がよく発達した広口壺で上縁が内外に張り出し頸部胴部に三条の平行凸帯を飾っている。頸部から胴部への移行する部分はなだらかであり，胴が張っている。底部はすわりのよい平底である」。「甕形土器は胴部にふくらみを有し，なだらかな曲線を描いて下り底部は充実した脚台を附している。口縁部は著

しく発達し上面は内外に張り出し口縁部内面には口縁部附着の際の痕跡をとゞめている。口縁部に近く一条乃至三条の絡縄凸帯を附している」。「此の形式の土器は大隅式に類似しているので，大隅式として記述したが細部にわたると差異点もある。即ち凸帯が大隅式では断面梯形あるいは三角形であるのに対して，絡縄凸帯をなし，口縁部が大隅式では外反して内部への張り出しがみられないが，一の宮では内部への張り出しが著しく，又大隅式では全体がよく整っているが，一の宮の土器は素朴である」(河口，1951)。

「山ノ口遺跡出土の土器は，一の宮式土器と並行の時期で中期後葉に属し，山ノ口式と呼ばれる」(河口，1986)。

「山ノ口式と一の宮式は地域差であろうと考えるんです。それは先に言った成川遺跡の住居址の中で山ノ口式と一の宮式が同じく並行して出ているという例がありますので，これは一つの証明になる事実ではなかろうかと考えるわけです」(河口ほか，1986 の中での河口の発言)。

一の宮式の分布範囲はかなり狭く，薩摩半島東部の中でも鹿児島市域ほどであろう (中園，1986a)。河口を除いて，山ノ口式と一の宮式は時間的前後関係でとらえる意見が強かったが，後の章で分析されるように山ノ口式と一の宮式の同時性は明らかである。器形の類似性が強いことや，セット関係の共通性などからみても，河口が「地域差」と考え同一の「様式」と捉えたことは妥当性が高い。一の宮式は山ノ口式に包括される単位と言いかえることも可能であろう。

河口が「一の宮の土器は素朴である」という言葉で大隅式との差異を述べたのは興味深いことである。

1) 非常に感覚的で抽象的な言葉であり，それを定義とするには「非科学的」とさえ思えるにもかかわらず，この言葉がまさに一の宮式の「本質」をついているように思えるのはなぜであろうか。

2) だれしも一の宮式を明確に分離できるのはなぜであろうか。

薩摩半島南部の成川遺跡で多数の山ノ口式が出土した中で，1片の一の宮式甕が混じっていることさえ認定されているのである。たしかに，少なくともこれまで，一の宮式という単位の設定自体には疑問がはさまれたことはなく，わずかな訓練を経れば誰にでも区別できるものである (図2)。

このように認定可能であり，重要と思われることが，前述したこれまでの様式論における概念では対応できない，または不十分であることは否めない。

さて，一の宮式は，通常の型式分類に用いる属性と属性変異の選択にもとづくかぎり，山ノ口式と明確に分離できるものではなかろう。それは，一の宮式を特徴づける変異がそう多くはなく，むしろ山ノ口式との類似性のほうがはるかに大きいはずだからである。つまり，一般に類似性は，異質なものとの対比から相対的に決定されるものであり，ほぼパラレルタクソンに属するとみられる他のものと比較すれば，一の宮式と山ノ口式は著しい共通性を保持しているといえるのである。当然，器種構成レベルにおいてもそうであり，両者の間で器種に違いはみられない。

上で河口が報文で述べた一の宮式の特徴を記したが，そこでは大隅式に包括して述べられるほどの類似性があることもわかる。また，翌年，従来の大隅式に略一致するとした河口の「第一」の

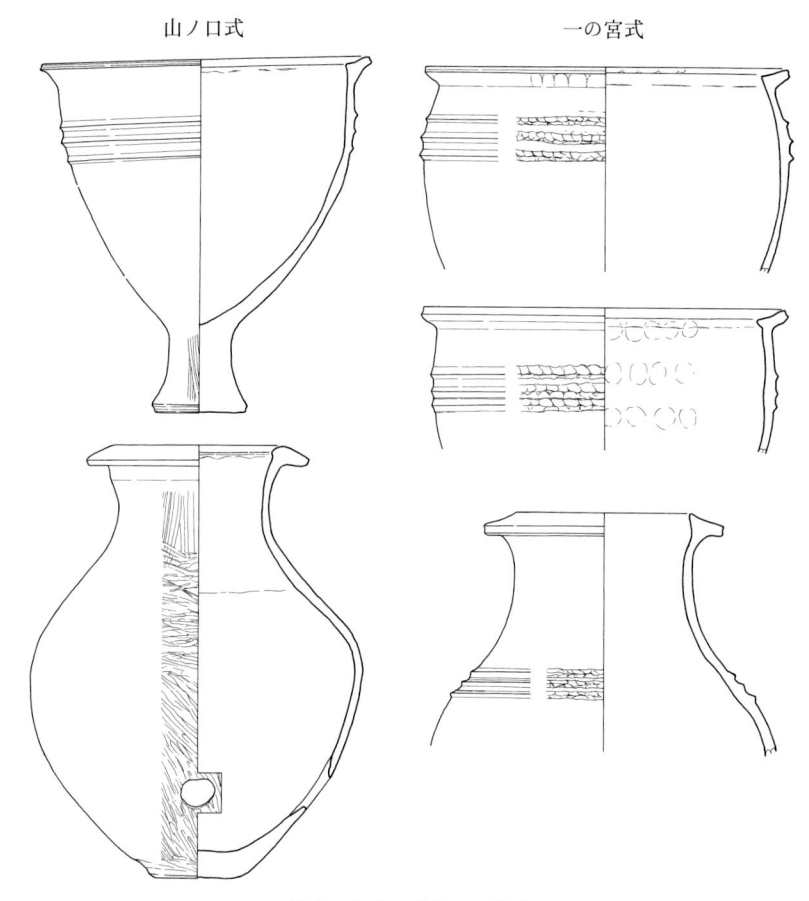

図2 山ノ口式と一の宮式
筆者実測.

「2様式」の中でも，一の宮式はその中に包括されるものとして捉えていることがわかる（河口，1952）。

　それにしても，実際に一の宮式は明確に山ノ口式から区別されてきた。時期差と考える説においては，なおさら両者が明確に区別されていたはずである。したがって，定義がさほど十分ではなく認定基準が感覚的なものだとしても，現実に区別可能であることは重要である。なお，本当に一貫した基準が得られないのでは明らかに類型分類である。類型分類も長所がないわけではないが，できることなら一貫した基準を求めたい。このことについては，次で扱う。

（2）「素朴さ」の表現——様式概念の再定式化——

　ここに至って一の宮式の「素朴さ」の様式論的把握を行う準備が整ってきた。しかし，それだけでは素朴さを言い尽くしていることにはなるまい。たしかに素朴さを直接言い当てることは難しいことである。

　では，一の宮式と山ノ口式を，なぜ，どのような基準で区別しているのだろうか。それには河口

が当初, 一の宮遺跡の報文中で示した諸特徴——絡縄突帯, 口縁部内外面のユビオサエ, 暗い色調——のほかに,「ゆがみ」の要素があることと思われる。絡縄突帯は一の宮式の指標としてだれしも挙げる, もっとも基本的で共通したものと理解されている。一般に, 分類の指標としてもっとも優れたものとしては, 他の個体群と排他的で, 自らの個体群にはすべて共通するものであるとされる。そこで, 研究者各自の自我から「対外的な」言い回しとなって表現しなければならない段になると, この指標が採用されるのであろう。しかし, それだけでは素朴さを言い尽くしていることにはなるまい。それを的確に言い表そうとしても, 素朴さを直接言い当てることはむずかしいし, そこには「主観」あるいは「非科学性」から逃れえないのではないかという不安がつきまとう。しかし, 完全に言い当てることは不可能でも, 近似させることは可能である。

およそ西欧近代的な意味での「科学」において, 現実には, モデル, 類推, 隠喩が重要な機能を有していると考えられる。これらは, 議論に説得力をもたせるうえで必要とされるし, 通常は論文と呼ばれるものの「作法」である。他人の心の中を覗いてみることができないかぎり, 必要とされ続けるであろう。我々は, 地球の自転も, 膨張する宇宙も, 電流も, 実際に見ることはできないがアナロジーを用いることで確信に至るのである。我々は, なにものも直接言い当てることはできないし, それには必ず類似の概念を用いる。逆に, それらがなければなにごともできない。

以上のように考えると, 我々が, 感覚的に感じることを適切な方法で表現できれば「科学性」はまったく失われないことになる。したがって,「素朴」だという「雰囲気」や「ムード」として我々が「確かに」感じるものを説得力ある形で——つまり類似の概念で——指し示すことを放棄すべきではない。それを放棄すると, 本当に「様式」は「セット」という程度のものになってしまうのである。

小林達雄の様式は, 一般に小林行雄の様式の時間的なものも空間的なものもその複数を統合したような,「大様式」として理解される傾向がある。しかし, 筆者が解釈する限りそうしたものはごく一面を捉えたものにすぎず, むしろ小林達雄のいう「雰囲気」や「気風」や「ムード」こそが重要な意義をもつのである。「気風」とはよくいい当てたもので, これ以上の的確な言葉をあてがえないとも思われるが, 考古学的な現象としてはどのように把握されるのであろうか。この点の不明確さこそが, 小林達雄流の様式論に対する過小評価の原因となっていたのである。じつは小林行雄も自ら, 様式設定上の技術は美術品の鑑識眼のようなものだとして曖昧さがあることを述べているために, 杉原荘介が「概念の説明としては明らかに不徹底なものであり, この考えにおいてはその矛盾は永久に克服されることもないであろう」(杉原, 1943)として, 様式という用語を用いなかった。これに示されるように, 小林達雄流の様式論のみが小林行雄流よりも基準が曖昧ということはなかったはずである。

筆者は, これをクリアするために, 次のように考えたい。「気風」とは, 考古遺物が属性以下に細分できないものであるかぎり, 諸個体を貫くパターン化された(有意な)諸属性, によって定義可能なものである。この見方に立つ限り, 型式は様式を構成する最小単位であるとする一般的理解を否定し, 型式を介在させなくても様式設定が可能になるのである。つまり, 上位 ↔ 下位にさまざ

まな階級の様式が設定できようが，いずれも「パターン化された(有意な)諸属性」に還元できることになる。

　定義を可能にしたこと，ひいては研究者間の相互了解を可能にしたことによって，小林達雄様式論の「科学性」は保証されたことになる。もはや「雰囲気」や「ムード」という曖昧さを理由に批判される必要はない。ただし，小林達雄がたとえポーズとしても，小林行雄と同じ主要3概念を基礎としていることは，批判されなければならない。「雰囲気」や「ムード」で表される様式は，型式のセットとしては表現できない。それらは，型式に還元されるものというよりも，属性に還元されるものである。その結果，上で述べたマクロレベルもミクロレベルも，パターン化された(有意な)諸属性という点で，一貫した基準が求められることになる。すなわち小林行雄や小林達雄の様式とは「区分けの基礎」が違うことになる。その重要な点は，「雰囲気」や「ムード」というものは，個体群はもとより個体にも備わっているものであり，それが分析レベルでも扱うことが可能になるという点である。この見地からは属性変異の組み合わせに階層差を求めることになる。これは田中・松永(1984)が型式を使用せず属性の組み合わせから一挙に広域の様式まで論及している点など，実践レベルではここでの様式の定義に従ったほうが有効である。問題意識にもよるが，還元できるものは常に属性変異なのである。つまり，きわめて大きな様式にもきわめて小さな様式に関しても通じる基準が「雰囲気」や「ムード」である。

　さて，一の宮式は，器種の差を貫く「素朴」という言葉で言い表しうるような単位であった。これは暗い色調，絡縄突帯，著しいユビオサエの痕跡，歪みなどの一連の「パターン化された(有意な)諸属性」のセットが器種の差を越えて存在している，と言い表すことが可能である。すなわちミクロレベルの様式ながら，型式を介さず「一の宮様式」として様式の階級の中に位置づけることができると結論するのである。

　佐原は，弥生土器を世界的な視野でとらえ，北方ユーラシア系採集民の土器と関連づけて述べている(1983b)。これなどは，個体にみられる要素というよりも，個体群を貫く「セット関係」という属性の水準に焦点をあてたものである。本書での定義によれば，このような超広域的な同一性についても適用することができる。このような超大様式(たとえば北方ユーラシア系)↔超小様式(たとえば個人様式)という多段階(マルチレベル)で把握することができる。いみじくも小林行雄は，様式を「斉一性概念」で表現したが，ここでいう斉一性とはいいかえれば同一性である。本書での様式の階層は属性による斉一性に階層差を求めたことにほかならない。

　様式は，時間と空間をもつ。考古学は，長期的歴史 long-term history を扱えることに学問としての独自性・重要性があると確信する。ところが，時期(様式)を究極まで細分して，我々が日常感じとることが可能な実体まで行き着くことをめざしたあくなき追求が，今ももっぱらなされている。しかし，たんなる一時一時の「できごと event」のもつリアリティーとは異質のリアリティーもあるのである。したがって，long-term history こそ考古学のもつ強みである。この特徴は他の社会科学にはみられず，観察不可能で経験することも不可能である。しかし，個々人が経験することができない長期変動があることはおそらく多くの考古学者が認めるであろうし，そうした視点が

興味ある重要なものだということも認められることであろう (後藤, 1983; Hodder, 1986; ほか)。

では, 長期的歴史を扱うにはどのような準備が必要となるのであろうか。概念的整備としては, あらゆる時間・空間を対象とした考察を行うのに適した概念として様式概念を再定義しなければならないであろう。そのためには, 様式は一貫した「区分けの基礎」に基づいて分類され, 全体的には階層構造として把握されるものであるべきである。ここでの様式の新たな定義によって, このようなことを行う初期的な準備ができたように思う。ここでは実例をもって問題点を指摘し解決への糸口を示したことになる。

第3節　認知考古学とハビトゥス・モーターハビット

以上, 分類や型式・様式に関する概念の整理と, 方法について論じたが, 本節では, 本研究に関係する認知考古学についてふれる。またハビトゥスとモーターハビットという分析・解釈上の概念について検討し, 考古学研究一般にする貢献の可能性と本書とのかかわりを述べる。あわせて本書のとるべき立場についても明らかにしたい。

本書では, 考古学的諸現象の背後に何があるのか, 復元あるいは想定しうる範囲でできるだけ積極的に解釈を行いたい。そのためには, 認知考古学的方法も採用する。ただし, 本書では全幅にわたって認知考古学的視点をとることはせず, 必要に応じて認知考古学的解釈や用語を用いることにしたい。解釈に我々の「常識」が適用できるとするのはあまりにも楽観的な見方である。どこまでが常識が通用するのか, どこからが通用しないのか, それを峻別するために, 民族誌や文献など「カンニング」のできる材料を用いてきたともいえる。また, 下に述べるプロセス考古学のように, 人類普遍の一般法則などを見つけ出そうとする試みは, 多くの批判もあるが基本的には重要なことである。同様に, 考古学的に把握されるあらゆる人間活動の痕跡は, 人間の認知を通じて行われたものであることを想起すれば, それに着目しつつ考古学的諸現象を分析・解釈しようとする認知考古学も重要なものである。

従来の考古学的解釈の中には, 「土器が土器に影響を与える」というような人間不在の議論があまりにも多すぎたように思われる。考古学的諸現象に介在する人間の存在を抜きにして語ることは, 一見科学的であり, 客観的な装いをとっているけれども, それに終始するのでは考古学としては本末転倒であろう。たしかに人間を抜きにして土器の類似度や排他性, あるいは伝播などについて論じることはできる。またその理由としてはドイツの第二次大戦前・戦中におけるコッシナ理論の政治的悪用のように, 考古資料のまとまりを安直に具体的人間集団などの実体に対応させることは, 非科学的あるいは危険であるという認識もあると思われる。しかし, 都出比呂志 (1989: 344) が正しく主張するように, 考古学的現象の背後にある具体的な要因の追求を怠るべきではない。

したがって, 考古学的現象を読み解く方策を, 理論・方法に留意しつつ考える必要がある。

1. プロセス考古学とポストプロセス考古学

　ここで認知考古学登場の素地となる，欧米考古学が経験したプロセス考古学，ポストプロセス考古学の葛藤について述べる。

　1960年代にアメリカのL. R. Binfordによって開始されたニューアーケオロジー運動は，プロセス考古学ともいわれる (Binford, 1962)。「歴史」と訣別し，「人類学としての考古学」を主張するプロセス考古学は，「科学」的であり人類普遍の法則の発見を目指して様々な試みがなされた。

　プロセス考古学は日本では概ね批判的に紹介されることが多く，否定的立場をとる研究者が多いが，近年の縄文時代貝塚の調査や，旧石器研究でみられる遺物廃棄パターンと行動についての研究，狩猟・採集にかかわるモデル，環境と活動領域の関係，食料資源とカロリー計算などにみられるように，無意識のうちにもプロセス考古学の影響を受けているといえる。また，文化進化論もプロセス考古学と深く結びつくものであり，階級社会の発生や国家の成立の議論についても必ずしも無関係ではない。さらに，民族考古学 ethnoarchaeology やコンピュータの利用などについての技術面においても，プロセス考古学の恩恵を受けているといえよう。したがって，プロセス考古学に対して最も遠く位置づけられがちな日本考古学でさえ，その影響が現にあることになる。このように世界の考古学に対してプロセス考古学は様々な貢献をしたが，最も大きな貢献は，考古学の理論についてであろう。どちらかというと無自覚的であった理論について，正面から論じられるべきものとした意義は大きい (e.g. Leach, 1973)。理論について何がしか論じる考古学者の多くは，プロセス考古学を肯定するにせよ否定するにせよ，プロセス考古学に対して借りがあるといえよう。

　プロセス考古学への批判として，1980年代にイギリスを中心にポストプロセス考古学が起こった (Hodder, 1982, 1986; Hodder (Ed.), 1982; ほか)。ポストプロセス考古学の貢献も多岐にわたるが，重要なものとしては人間を外界の刺激に対する単なる反応物としてとらえず，意思をもち能動的・戦略的に振る舞うものとして位置づけたことである。また，西欧近代の知を相対的に位置づけようとしたことである。「社会学者の社会学」のように，考古学あるいは考古学者集団自体をも問題とした。伝統や文化的規範に縛られ解釈が規定されつつも，それを戦略的に使用して規範の枠から逃れようともする考古学者の姿をみてとることができる。メタレベルでの考古学の認識を可能にし，それが必ずしもタブーでなくなった点は高く評価できる。

　最近では，両者の対立は沈静化してきたようであるが，プロセス考古学側はポストプロセス考古学の批判をある程度受けいれ，その対処としていくつかの試みがなされるようにもなってきた。下でふれる認知考古学もそうして出てきたものである (Renfrew and Zubrow (Eds.), 1994; ほか)。認知考古学は認知科学と関係をもっており，「科学」的である。したがって人間の認知に還元する説明ないし解釈として，ポストプロセス考古学者の一部には眉をひそめる者もある。

　こうした議論を眺めれば，考古学者の研究活動そのものを考えるメタレベルの検討が必要になる。既述のように，この視点もポストプロセス考古学によって初めて唱えられたものである。ここで確認しておきたいのは，考古学のデータとその解釈の関係である。考古学においてデータの蓄積

は重要なことである。しかしデータが蓄積され，それを適切に分析すれば妥当な解釈に至るであろうか。答えは否である。

例えば，旧石器では水洗法の採用により石器製作時の微細剝片の回収が可能になっており，石器製作の場が検証できるなど大きな効果があがっている。この方法が採用されるかどうかで遺跡から得られる情報に大きな差が出る。また，貝塚の発掘などでも地点ごとの取り上げ者によって回収できる自然遺物に著しい差が出ることもしばしばである。このように調査時の目的意識や，個人的関心または能力による差は，当然データに影響する。つまり，データの使用の時点だけでなく，データが蓄積される時点ですでにバイアスがかかっているといえる。このことからも，データの蓄積さえあれば究極の真理に到達できるという楽観論は退けられるし，解釈の立場が異なればなおのことである。

ポストプロセス考古学は，ある意味で相対主義の考古学といえるが，ポストプロセス考古学においては相対主義の「烙印」を押されないように回避しようとしている (Hodder, 1986; Shanks and Tilley, 1987a, 1987b)。しかし筆者の立場は何ものをも認めない破壊的相対主義，すなわち懐疑主義ではなく，他者を認める相対主義のよい面を強調したい。しかしながら，筆者はポストプロセス考古学への帰依をするものではない。プロセス考古学に対してもそうである。幸か不幸か，日本考古学はプロセス対ポストプロセスという欧米における考古学的立場の峻烈な対立の図式の外にありつづけている。日本考古学は，現在，世界的にみても膨大で詳細な考古学的データを蓄積しており，自らの伝統をふまえつつ資料の新たな解釈の実践によってこうした対立の図式を超えることができるし，またそこに唯一の活路があると考えている。

それではどのようにして研究を進めればよいのであろうか。プロセス考古学，ポストプロセス考古学，あるいは認知考古学など他の立場は，それぞれ大枠で異なっているといえる。しかし，まず，自らのよって立つ理論や方法に自覚的であることによって，学問的立場や研究者の文化によらずにある程度の理解を得ることは可能であると考える。こうした複数の立場が存在すること，そして議論を応酬することは，それだけで健全であり発展的である。実際に，プロセス考古学がポストプロセス考古学に対処する動きは，そのようなものと考えることができる。一方，理論・方法に無自覚である場合の弊害は大きく，考古資料からなぜそのように解釈できるのかということが，コンテクストが異なる考古学者には理解できなくなる。したがって，議論自体が成り立たない場合が生じることになる。これは現在の日本考古学が抱える問題である。

もちろん，いかなる考古学者も自らのパラダイムを自覚することは困難であるが，少なくともその努力をすることは可能であるし，また自覚的に方法を選択し，それを記述することで他者の理解に役立てることはいっそう容易である。したがって，議論の基盤を得るためにも，本書では最低限の実行をするつもりであるが，とくに土器や墳墓などに対しては分析的方法をとることを強調したい。

なお，墳墓にみられる諸要素と実際の各種の社会規制・社会構造との対応関係について，その有無と程度を示した J. O'Shea (1984) の研究などは非常に重要なものである。ポストプロセス考古学

者もいうように，物質文化に社会の実体がそのまま投影されているとは限らず，物質文化を積極的に利用して現実の強調や，転倒・隠蔽，自然化をすることは考えられることである。これについては，O'Shea によるアメリカ先住民の墓地の研究や，近世墓の研究(時津，2000)からも，社会的階層など縦列的成層に関してはあらわれやすいと考えられる。しかし，それも同時代のコンテクストに依存するであろう。したがって，分析から得られた結果がいかにも社会的階層を反映していると考えられる場合，それが成り立つ可能性は大であろうが，念のためそれに対応する住居や集落，あるいは用いている食器など，その他の物質文化との相関の有無をみることで，ある程度確実性を高めることが可能であろう。いずれにせよ要素間の関係を多次元的に確認することが重要であり，ア・プリオリに単一の要素のみを指標とすることはできるだけ避けるべきである。

2. 物質文化と認知

(1) 認知考古学の意義

認知考古学に対するポストプロセス考古学からの拒否反応があるにもかかわらず，ポストプロセス考古学による人間回復の主張は，認知考古学の中では最も重要な部分に位置していると考える。考古学的資料の大半は人間の認知が介在している。認知は人間の外界認識の基本であり，いうまでもなくあらゆる人間にそなわったものである。また，考古学者も自らの認知を通して考古資料を解釈する。過去と現在の二重の意味で考古学は認知と関わっているのである。そのような意味で，認知考古学はあらゆる考古学的現象を対象とすることができ，認知考古学の果たす役割は大きいと考える。したがって，認知考古学に対して，人間の心や精神を探る考古学的立場という認識は，かなり狭いものであるといわざるをえない(松本，2000a)。また，認知考古学的立場は，人類とくにホモサピエンス・サピエンスに普遍的(生得的)な事柄と，相対的(獲得的：文化的・社会的)な事柄にも注意を払うことになる。それを峻別することで議論の基盤を得ることもできる。

例えば，筆者はジェンダー論には深く共感するものであるが，そのジェンダー論においても，社会においてさまざまな男女差が成立するメカニズムについて十分な理解がなされているとはいいがたい。たしかに，そのほとんどは文化を含む諸環境において後天的に学習されるものであり，実際に確認される男女の空間認識の差を右脳と左脳の機能差のような生物学的な遺伝子に還元する考え方には疑問を感じる。また母性本能や狩猟本能のような「本能」とされているものもかなり問題があるというのも多くのジェンダー論者が主張するとおりである。しかし，生得的な部分と獲得的な部分とを科学的に峻別することは完全に不可能というわけではなく，むしろそれを最初から切り捨ててしまうことはジェンダーの本質的理解と問題解決の障害ともなりうると考える。このように，生得的か獲得的かという区別は，難しいけれども重要なことであり，さらに獲得的な部分についても，ある文化に特徴的にみとめられるのか，それとも個人的なものかなどについても留意する必要がある。土器の属性の性格についてもそのあたりが十分に認識されてこなかったことは問題であろう。

ポストプロセス考古学における認知考古学の拒絶の本質は，そのサイエンスとしての科学性と，

それをプロセス考古学が取り込んだことにあろう。サイエンスとしての認知考古学という見方は，コンピュータサイエンスと結びつき，情報工学や様々な理系分野を含む「認知科学」のイメージが強いことにもあろう。たしかに，認知考古学には科学的に人間の認知にアプローチする側面がある。しかし，なぜ認知「考古学」であるかといえば，たんに考古学の一派であることを表明しているだけでなく，時間的・空間的な文化の連続や広がり，その継続と断絶における人間の意志と決断の介在など重要な考古学的問題の本質的解明には，獲得的(後天的)学習としての文化だけでなく人間に共通する認知的基盤をも把握し，その両者を峻別し，かつ包括した議論が必要だからなのである。しかしながら，上で引き合いに出したジェンダー論の問題点のように，人類に共通する生物学的基盤を門前払いにしているのがポストプロセス考古学であるともいえる。

　科学性を失うことなく人間を回復する必要がある。それには認知考古学的思想に貫かれなければならない。人間不在の議論を本格的に超えようとするならば，認知考古学しかない，というのが筆者の立場である。

　なお，欧米の認知考古学では人類進化を扱うものもあり――これも以上の見地から重要な視点ではあるが――，そうした認知的基盤と法則発見主義のプロセス考古学的立場とが結びつきやすいのは当然のこととも言える。しかし，何が後天的で何が先天的なものなのか両者を知ることが重要なのである。文化という後天的なもの――認知科学の用語では「獲得的認知」――を扱ってきた考古学にとって，両者を総合的に知ることがいっそう求められるはずである。この立場は多少欧米の認知考古学と論調または主眼にずれがあると思われる。したがって，認知考古学と呼ばないほうがよい別物であるという考えもあるかもしれない。しかし筆者らの推進する認知考古学は，プロセス考古学とポストプロセス考古学を超克する真の人間理解に立った考古学の思想であり，両者のよい面を理解しとりいれつつもどちらか一方に帰依し包括されるものではない。そういうものとして，認知考古学を主張したい。

　ポストプロセス考古学が認知考古学をサイエンスであるとして批判するならば，それは認知考古学の一面もしくは狭義の認知考古学を批判しているにすぎないといえる。認知考古学はプロセス考古学とポストプロセス考古学の対決を根本から解決する哲学的立場ということもでき (松本, 2000a)，それこそが認知考古学の真価としなければならない。したがって，認知考古学はプロセス考古学でも，ポストプロセス考古学でもなく，ましてや理論軽視の考古学でもなく，考古学における新たな哲学的基盤といっても差し支えないものである。

(2) ハビトゥスとモーターハビット

　筆者は，「ハビトゥス」や「モーターハビット」という概念も用いている。これはもともと認知科学分野の用語というわけではないが，認知考古学にも関係する重要なものである。

　ハビトゥス habitus は，フランスの人類学者であり社会学者でもある P. Bourdieu が定義した概念であり，社会的環境と条件の中で学習によって身につけられる行為や知覚の性向を指す。構造として人間の行為を制約する一方で，(実践)行為を通してそれ自体が変化していくものでもある。

Bourdieu は階級構造と仕草の関係などに焦点を当ててこの概念を用いたが，すでに社会学や人類学，教育学や心理学などの分野でも用いられつつある。考古学的文脈では，例えばある文化に特有の，土器の器面調整のしかたと隣接文化との関係などへの適用が可能であり，筆者はモーターハビットとハビトゥスという用語を用いて論じたことがある (中園，1993a，1994)。その際，両者の適用の妥当性について認知科学的に説明できるということを示唆しておいた (中園，1994)。

それを受けて松本直子は，それらの概念と認知科学との関係を検討している (松本，2003)。松本によれば，外界との双方向的なインターアクションを行うシステムであるという点において，A. Giddens の構造化理論や認知心理学におけるスキーマとの類縁性を積極的に指摘し，これらの概念間の差異を強調しがちな一部の風潮を批判している。松本はまた，学際的な研究の進展を望むのであれば，両概念の共通点を明らかにするほうが差異の強調よりも生産的であると述べているが，筆者も同様の認識を持っている。

モーターハビット motor habits とは，経験を通して文化的・社会的に修得された筋肉運動のパターンであり，我々が日常生活をスムーズにこなすために，さまざまな局面で機能しているものである。例を挙げれば，自転車の乗り方や，キータイピング，楽器の演奏，最も基本的なところでは二足歩行のしかたさえもモーターハビットの所産である。考古学的文脈においても土器作り，石器製作，水の入った壺の運搬など，様々な身体的活動の中にみとめることができる。モーターハビットの修得には一定期間を有するが，いったん獲得されてしまうと意識することなく自動的に行うことが可能になり，忘れにくいという性質をもつ。この性質は一方で，修正や模倣が難しいという性質にもつながる。これらの性質に着目することで，異系統の要素が1個体に混ざった「折衷土器」の製作者が本来どの文化で土器製作を学習したのかという推定 (第9章第2節参照) や，異文化間で外見が非常に類似した土器がある場合の製作者の判別 (第3章第2節参照) などが行えることになる。

双方の概念とも文化・社会的に集団単位で獲得され，行動のしかたに方向性を与える構造であるということができるが，ハビトゥスとモーターハビットの関係は，ハビトゥスが新しい情報の受容・拒絶の仕方に関わる，より包括的なものであるのに対し，モーターハビットはその中に包括される，とくに筋運動をともなう身体的な活動領域をさす，と整理することができる。

筆者は朝鮮半島南部の勒島遺跡に認められる後期無文土器と北部九州中期弥生土器との模倣・折衷の現象を問題としたが (中園，1993a: 以下「折衷論文」とする。本書第9章第2節参照)，そこでは無文土器と弥生土器は，サイズ・製作技法・器形などに本来的な差異があり，弥生土器の製作技法を習熟した人物と無文土器の製作技法を習熟した人物とは，土器製作にあたっての「態度 attitude」に本来的な違いがあることが示唆された。弥生土器製作者による無文土器製作，または無文土器製作者による弥生土器製作あるいは折衷という特殊な局面において，どの部分を模倣しているのかとか，どのような仕方で模倣をしているかという点で違いが生じていることがわかった。たとえば，明らかに無文土器の製作技法を身につけた人物が口縁部の外見だけ弥生土器を模倣した土器を作っていたりするわけである。また，明らかに弥生土器の製作技術をもった人物が，形態は弥生土器のままサイズだけを無文土器に合わせて作ったりもしている。つまり，ひとことで模倣あるいは折衷

といっても，どの部分をどのようにまねるのか，という点で構造的な差異があるようなのである。その要因として，両者の異なった文化において形成される認知構造における差異と，製作者または使用者が社会的にどのような立場におかれているのかなど個人が置かれた社会的コンテクストに関わる戦略上の差異ということが考えられた。

　澤下孝信(1994, 1995)は，以上の概念を用いた筆者の論(中園, 1993a, 1994)に対し，用法に誤りがあるとして批判を行った。澤下の主張によれば，「ハビトゥスの概念には行為が含まれるという中園の理解には問題があるといわざるを得ず，むしろ，ハビトゥスは『描かれざる設計図』(小林行雄, 1933a)や『範型』(小林達雄, 1977)，"mental templates"(Deetz, 1967)といった従来の考古学上の諸概念と同様のものとみなしたほうがよさそうである」(ibid.: 49)と述べている。つまり，ハビトゥスは個人の行動様式を規制する不変の静的構造にすぎず，したがって変化を理解する上では不適切な概念であるという主張である。

　しかし，Bourdieu は，ハビトゥスを「持続的で置換可能なディスポジションの体系であり，過去の経験を統合することによって，あらゆる時点で知覚，評価，行為の母胎として機能するもの」と定義しており，『範型』のような静的なイメージとは大きく異なるダイナミックな性格を備えた概念である (Bourdieu, 1977)。人類学者の田辺繁治はこれについて，「ディスポジションは日本語化するのにきわめて困難な概念であるが，『組織化行為の結果』，身体の習慣的状態，性向，傾向，性癖などの意味を含んでいる。すなわち体質化した(クセとなった)心身のスタイルである」と述べている(田辺, 1989: 110-111)。このように，モーターハビットを包括する概念としてハビトゥスを用いることは，少しも誤りではない。

　現在の人類学や社会学において，ハビトゥスという概念が無意識的に知覚や行為を方向づけるものとして，容易に意識されたり変化したりしないものとして用いられている点については，澤下の指摘どおりである。しかし，ハビトゥスは置換可能であり，新たな実践を生み出す母胎として機能するものである。数千年にわたる時間幅を研究対象とする考古学的研究においては，そのハビトゥスが変化するさまが見えてくるはずであるし，その変化過程についての理論化は，社会科学の中にあっては考古学者こそやらなければならない仕事であろう。また，ハビトゥスはあらゆる文化に普遍的に存在するものであるから，文化間の接触やそれにともなう変化に際して無関係ではありえない。澤下は「ハビトゥスは情報の拒絶，すなわち現状維持の解釈には有効性をもつと考えられるが，情報の受容のケースでは必ずしも有効とはいえない」(ibid.: 53)とも述べているが，むしろ新たな情報を受容するときにこそ，その受容の仕方を決める基盤となるのがハビトゥスなのである。

　また，モーターハビットについて澤下は J. N. Hill (1977) の論文を引用して，「中園はモーターハビットを文化的にパターン化された意識しない身体の動きと理解している。ところが，J. N. Hill によると，モーターハビット motor-habits とは，無意識的で，学習されることも共有されることもなく，しかもほとんど変化しないもので」，「明らかに個人レベルでの行為，さらには個人の行為に際しての癖と関連づけて理解すべき概念であって，文化的にパターン化された行為を意味するものではない」(ibid.: 49-50)としている。つまり，モーターハビットについては学史的に，学習も共

有もされない個人的なクセと理解するのが正しいとし，文化的・社会的構造としての性質は認めていない。文化・社会的に獲得されたものについては，別に「モーターハビット・パターン」の語を用いなければならないとする。

しかしこれらは一般的なハビトゥス，モーターハビットの理解とは大きく異なるものである。そもそも Bourdieu によれば，ハビトゥスとは「持続的で伝達可能な性向の体系で，（社会・文化によって）構造化された構造であり，また構造化する構造としての機能ももつ。これによって，日常的に頻繁に遭遇する場において，ほとんど意識することなく適切な行為を為すことができる」という言い方もされている。これによれば，ハビトゥスとはそれ自体が変化する構造であって，澤下が指摘するような静的な構造としての性格はもとより持ち合わせてはいない。

ただしそれでも，ハビトゥスは社会や文化の「再生産」を論じてはいても，変化そのものを説明してはいない，という批判が現にあることはたしかである。この点に関して Bourdieu は，ハビトゥスは現状を循環的に再生産するだけの静的なものではなく，既存の構造が緊張や矛盾をはらんだ局面においては，行為を実践しようとする個人に対し，それを維持するか否かを選択させることのできる，生成的なものであるとする。またむしろそのような選択のパターンさえ規定するのがハビトゥスであるとする。つまり，変化を構成する個人の本来自由な行動選択・戦略に一定の傾向，パターンを文化的・社会的に付与していくのがハビトゥスであり，こうした理解に立てば，どうしてそうなったのか，あるいはそうならなかったのか，という歴史上の変化の説明原理として，ハビトゥスは十分機能しうると考えることができよう。

このような認識は考古学者にも一部では拡がっており，西秋良宏(1998)は，ハビトゥスを「既存体系の伝達や新規の状況への対処にあたってカギを握る個々人の型である」としている。また松本は，「ハビトゥスは特定の社会・文化の中で個々人が身につけるものであり，常に個人的なものであると同時に文化の伝達や変化の具体的なプロセスが生じる場でもあるのである。この二重性を正しく把握することが，これらの概念を適切かつ有効に使用するための条件となる」と述べ，ハビトゥス概念の有効利用の方向性について論じている(松本，2003)。

次にモーターハビットの定義であるが，まず初期の使用例として，人類学者 F. Boas (1927) は，モーターハビットを文化的に形成された，パターン化された身体の動きを指す用語として用いている。後に含められることになる「学習されない個人的クセ」については触れていない。たとえば，川田順造は文化の中には変わりやすい部分と変わりにくい部分があるが，どういう部分がなぜそうなのか，また両者はどのような関係にあるのか，という重要であるが難しい問題について，「リズム」という視点から論じている。その際に，Boas のモーターハビットという概念を，「多少とも条件づけられた身体の動かし方」として引用している。川田は，このモーターハビットをさらに深層にあって条件づけているきわめて変化しにくいものとして文化特有のリズムに注目しているのである(川田，1987)。また R. Spier (1967) は，さまざまな作業を行う際の動作や姿勢の文化差について論じる際にこの概念を用いている。

Spier は，モーターハビットが人類に生得的な習慣化という個人的なプロセスを踏むものであり

ながら，一方でそれが集団の中で学習され，共有される際の文化としての側面をもつ，との認識を明確にしている。またSpierはここで「モーターハビット」と「モーターハビット・パターン」という2つの表現を用いているが，モーターハビットは，個人的なものも文化的なものも含む包括的なものとして，モーターハビット・パターンの方はモーターハビットがパターンとしてみられる場合，すなわち文化的に共有されている場合を指している。

このような2つの表現は，その後，考古学者のD. Arnold (1985) にも受け継がれているが，文化的なものとそうでないものという区別にはなっていない。Arnoldの用法では，動作に関係する筋肉運動のパターンについてモーターハビット・パターンがあてられている。また文化的に習得されたものに対して，モーターハビットという用語がそのまま用いられている。このように，モーターハビットという概念は，もともと文化的に獲得される身体の動きを表す一般的な用語として使用されている。もし学習も共有もされないもののパターンであれば，文化的には無意味であろう。だからこそ，Hillは『先史時代における個人』というテーマで編集された本の中で，「個人を抽出する」という特殊な限定的用法を認識したうえで，わざわざ「個人的モーターハビット」といっているのであって，また，あえて「個人的モーターパフォーマンス」という用語に言いかえてもいるのであろう。ちなみに，澤下が引用している部分は，Hillが偽文書鑑定に関する文献を引用している部分で，他人の筆跡などを意図的に真似ようとしても簡単にはいかないということについて述べているものである。ここでは，共通の学習を通しても残る個人差が焦点となっているのであって，この問題意識に即したかたちで「個人的モーターパフォーマンス」という用語が用いられているのである。したがって，この定義をモーターハビットという概念全体に適用するのは本末転倒であるし，Hillの本意でもないであろう。

澤下はArnold (1985) を論拠に，「折衷論文」の中のモーターハビットという概念は，Arnoldのモーターハビット・パターンに近いとして文化的でないもの＝モーターハビット，文化的なもの＝モーターハビット・パターンであるとするが，それは正しくないことになる。モーターハビットは，文化的に共有されるものであり，「学習されることも変化することもない個人的なクセ」というのはかなり特殊な用法であるということになる。

以上から澤下のハビトゥス・モーターハビット概念とその意義に対する理解とが，一般に認識されているものとは一致しないことが確認されたであろう。それに何より問題なのは，澤下の理解に立てば，たしかにこれらの概念は澤下自身が懸念するように，考古学的研究にとって生産的なものにはなりえないということである。しかしこれまで述べてきたように，本研究で用いる両概念は，定義と意義の理解において澤下とはまったく異なるものである。その意味で澤下の批判は，斥けることができよう。

ハビトゥス，モーターハビットの理解については，澤下のような立場も含めて，考古学者間でまだ相当に揺れており，研究への積極的取り込みは行われていない現状を指摘できる。概念の定義や解釈をめぐる論議は歓迎されなければならないが，小林行雄様式論や山内清男型式論に対してもしばしばそうであるように，原典の記述を過度に重視する訓古学的なものであってはならない。それ

よりもむしろ，考古学的研究へよりよく応用するための共通理解を構築するという目的に向けて努力されるべきであろう。

第4節　その他の概念と方法

ここでは，本書で関係する理論や概念，方法のうち，上で述べてきた以外に考古学に馴染みが薄いもの，あるいはあらかじめとくに強調しておくべきものについて簡単に記すことにする。

1. スキーマの概念

(1) スキーマ

スキーマに関しては，松本が認知考古学に関する総合的研究の中で解説し（松本，2000a: 59-64），その考古学的運用を行っているので詳しくはそれを参照されたいが，本書でも用いるため，ここでふれておく。

スキーマとは，心理学用語で，認知的な図式のことであるが，認知考古学的にも有効な用語である。何かをしたり，考えたりするときに必要な意味の体系ということもできる。日本人は，正月といえば，雑煮，おせち，鏡餅，凧揚げ，初日の出，初詣，お年玉，富士，鷹，松，書初め，年賀状，清々しさ，などを想起するであろう。こうした本来モノ・行為・概念として一連のものを構造化し，抽象化したものがスキーマである。この例を「正月スキーマ」と呼べば，正月スキーマの中にはサブカテゴリーとして，「食べ物」である雑煮，おせち，鏡餅があり，「初夢」である富士，鷹がある。このようにスキーマは階層的に把握することも可能である。

スキーマは経験的に獲得されるものであるので，多分に文化的である。異文化に属する人にとっては，なぜ雑煮といえば凧揚げが想起されるのか，あるいはなぜ富士，鷹が関係するのか理解しがたいが，日本文化においては分かちがたく結びつくものなのである。したがってスキーマは，一般的意味において無関係のものを結びつけるものともいえる。

また，スキーマによって日常生活をスムーズにこなすことができ，他人の話などもよく理解できる。よく引き合いに出される例として次のものがある。「レストランで食事をした」といえば，レストランに入り，席に案内され，メニューを見て，オーダーし，食べた後にお金を払って出た，ということは自明のことである。このように文化を共有する範囲では通用するが，ひとたびその文化を離れると通用しなくなる (Bartlett, 1932)。

異文化においては，別のスキーマがある。その場合，他の文化に由来する要素を自らのスキーマに照らして再解釈することになる。伝播には変容がつきものであるが，スキーマ理論を用いればなぜ一見無関係なものが採用されるのかという部分の合理的な説明にも用いることができる。また，縄文時代の埋甕と弥生時代の壺棺のように形態的に大きく異なったものの関係についても論じることができる (松本，1997)。したがって，これは型式学の限界をも超えるものといえる。型式学では形態や機能といった可視的な部分を対象とするものである。このようにいうと，考古資料の分析学

として包括的にとらえる立場からすると，型式学を狭くとらえすぎるという批判もあるかもしれないが，型式学に欠如していた部分を補うことになる，と言い直すこともできる。なお，筆者は型式学にそこまでオールマイティーな方法論としての意義を付与するのは無理であるし，型式学の重要な役割である整理・分析・解釈の方法としての意義さえも失いかねないと考える。したがって，スキーマ理論で対応すべきところは，それを用いるべきであろう。

異文化において文化要素が受容される際の変容については，参照される自文化におけるスキーマに依存する。本来異文化から受容したハンバーガーから，日本では「ライスバーガー」が考案された。パン(バンズ)の代わりにごはんで具をはさんだものまでハンバーガーショップで売り出されたことになる。しばしば日本の日常生活で主食はごはんかパンかとされるように，ある意味で参照・置換可能なカテゴリーの置き換えがおこり，パン(バンズ)でパテを挟むというハンバーガーの「本質」まで変容させてしまった。ライスバーガーに「きんぴら」が挟まれたものの着想も，いわば「ごはんスキーマ」の活性化 activate といえるであろう。通常の型式学では，なぜパンではなくご飯なのか，あるいはなぜパテではなく「きんぴら」なのかは説明が難しい。その他にも「いちご大福」のように本来の和菓子スキーマでは認知的に不協和を生じるものがなぜ成立するのか，ということもスキーマ理論から説明できるであろう。このように，スキーマは有効な概念である。

人は経験を通じてスキーマを形成していく。これは多分に抽象的なものであり，構造とも関係するが，構造はどちらかというとすでに静的イメージがもたれている。スキーマは経験を通じて獲得されるとともに，経験を通じてスキーマを変容させてもいく。こうした意味でスキーマとハビトゥスは似た概念ということができるが，より認知という側面を強調する場合はスキーマという用語を用いることにする。

(2) イメージスキーマ

日本の考古学者が編年図を作る場合に，上段が古く下段が新しくなるように配置することは常識化した伝統といえる。国際的にみてこれは必ずしも一般的ではなく，欧米では逆に配置するのが普通である。考古学における層位学は地質学に起源し，日本でも下の層が古く上の層が新しいということは発掘現場でも骨身にしみて理解されている。したがって，欧米では編年図の上・下関係と層序の物理的上・下関係が一致しており，日本では一致しないことになる。G. L. Barnes (1990) は西洋における考古学と日本考古学の時間認識・時間に関する用語法との間に根本的な違いがあることを明らかにし，天孫降臨説話などとの関連で説明しようとしたことがあるが，欧米の考古学者は地質学的な知見から本来認知的に自然な感覚を矯正している可能性がある。これは認知考古学的にも興味深いテーマの一つである。実際には上・下の物理的位置関係にないもの(ここでは古・新の時間)を上・下として認識することはしばしばあり，これは「イメージスキーマ」(Lakoff, 1987) と呼ばれる。このような「上・下」のイメージスキーマは人間に共通する認知的基盤の一つであり，たいていは，上が古い・先である，上が偉い・高貴である，とされる。これは個人の成長と認知発達の問題にも関係していると思われる。いまひとつは，下から上へと文字を読む民族はいないとい

う，リーディング・ライティングハビットとの関連もあろう。このような側面もスキーマで解釈することができ，たいていの王陵や宮殿が同時代においてなぜ大きく造られるのか，ということもイメージスキーマとの関連で説明できよう。

イメージスキーマは普遍的な認知的基盤であるから，そこに立脚すれば考古学的解釈の完全な相対性から脱することができ，より蓋然性の高い解釈を導き出すことが可能になろう。ただし，ポストプロセス考古学の提言を思い起こせば，他の諸現象との対応は確認されなければならない。

2. 伝播の概念

(1) 伝　播

弥生文化を構成する様々な文化要素は，しばしば伝播として説明される。本書でも実質上伝播としてとらえる場合が多々あるため，とくに解説をしておく。

「伝播 diffusion」は考古学においてしばしば用いられる用語である。遺物や遺構，様々な文化について空間的に論じる際に，この伝播という言葉が用いられ，基本的には，ある文化要素が別の文化に受容されることを意味する。「伝播」の対象としては，文化のコンプレックス，型式や型式を構成する一部の属性(情報の伝播)，中にはモノそれ自体の移動を指す場合もある。また，極端な例では，誤用の可能性もあるが人間の移動を指すものまであり，その適用範囲はきわめて広い。

「AからBへ伝播した」という形で記述されることが多いが，伝播の「中味」，すなわち実態としてどのような現象があったのかということや伝播のメカニズムについては触れず，たんに伝播という言葉のみに終始する論文も多く認められる。しかし「伝播」の局面で介在する人間をブラックボックスに入れた，人間不在の議論はできるだけ避け，なるべく伝播の中味に迫ることとしたい。これは本書に関わる認知考古学的思想と関わっている。

また，伝播は，伝播主義が政治的に利用されたことや，年代測定によって批判されたことなどから，欧米の考古学において，はやらなくなったように，それが危険視あるいは軽視される動きもある。しかし，伝播は考古学的にも，我々の実体験からも現実にしばしば起こる過程であることは疑いようがない。一方，「発明」は外部からではなく自文化の中で起こるものであり，伝播と対立する概念として位置づけられているが，自生か伝播かという議論がしばしばあるように，たしかに区別が難しい場合がある。

(2) 刺激伝播

また，伝播といっても，その性質は多岐にわたっており，A.L. Kroeber のいう「刺激伝播 stimulus diffusion」あるいは「着想伝播 idea diffusion」として知られるものもある (cf. Renfrew, 1973 (大貫訳，1979))。具体的内容は伝播せずとも，刺激や着想として情報のみが伝播することを指し，植物栽培や，原子爆弾の開発などの例がよく知られている。刺激伝播や着想伝播は，実際にしばしば起こっている重要な過程と考えられる。日本考古学ではこうした用語が用いられることはほとんどなく，「伝播」について刺激や着想も含意する包括的な用語法というよりも，むしろ文化要

素のうち型式や属性などの考古学的により直接的に把握しやすいものに限られる傾向があるように思われる。このことはそうした，より抽象的ないし不可視の伝播を無視あるいは軽視するということであれば問題である。刺激伝播と，そうでない「通常の」伝播との峻別は思われるほど容易ではなく，それが考古学的にどのように把握されるのかという検討も必要であろうが，少なくともそれを措定して議論を進めることも有効であるため選択肢に加えるべきであろう。

(3) 物質文化の擬人化

「影響」という言葉は考古学においてよく用いられる。「A 文化から B 文化への影響がみられる」，「A 地域の影響がみられる」，「A 式土器の成立は B 式土器の影響なしには考えられない」といった言い回しがごく普通に行われている。

要するに，伝播に関する用語である。ただし，基本的に伝播は異なる文化からの移行であるのに対して，「影響」は「壺の要素が甕の要素に影響した」というふうに同一文化内で用いることもできる。そのような現象があることは認められるし，記述上の便宜であれば問題はない。しかし，単に「影響」として片付けてしまい，その背後にある具体的要因や「影響」が引き起こされるメカニズムについてふれられることが少ないのは看過できない。「影響」は当然人間の行為の結果であり，上記のハビトゥスによる取捨選択の結果である。あたかもモノが自らの意思で影響を及ぼす，あるいは影響を受けるような印象さえ受ける人間不在の「影響」について，筆者らは「物質文化の擬人化」と呼んでいる。したがって，本書では「影響」という言葉は極力用いず，使用する場合も注意を払ったうえで行うことにする。

注
1) 佐原の継承がどのようなものであれ，佐原と小林行雄の学問的脈絡からみて「正当な」継承であったとみられ，かつ，大方の見方からいっても「発展的」としてさしつかえないように思う。
2) 煮炊きに用いるとか，貯蔵に用いるという発想は，現在の考古学者自身の経験や見聞(民族誌)にもとづいている。そのような方法を認定するには，時空を越えたアナロジーを容認せざるをえない。ただし，考古学的脈絡を考慮した十分な批判を行わなければならない。
3) 例えば，寺沢薫などである。
4) 本節は中園(1993)をもとにしたものであるが，その最もベースとなるものは，筆者が九州大学大学院博士後期課程に在学していた折，「日本考古学における様式概念の再検討——一の宮式を素材として——」というテーマで提出したレポートである。その次年度に伊藤純により小林行雄の様式概念の変化過程に注目した学史的整理が発表された(伊藤，1992)。筆者の考えを公表したのは1993年であり，小林行雄様式論の変化過程への注目については伊藤にプライオリティーが認められるべきである。

第 3 章

弥生文化の成立

　弥生時代中期後半，すなわち紀元前 1 世紀の特徴ある九州弥生文化がどのような性質をもつものであったか，という課題を考察する前提として，いかにして弥生文化が始まったのかということについてふれておくことは重要なことである。以下に主な問題をとりあげ，検討する。

　弥生時代の成立には，在来の縄文人の戦略が重要な役割を果たした——本章では筆者のこのような立場が論証される。すでに定説となっているように，弥生文化の成立には朝鮮半島からの外的インパクトがあったのは確実である。よくいわれるように，現象的には大陸文化の「伝播」といえるが，そのような静的・無機的な用語で片付けられるものではない。まず，縄文時代にはいかなる文化・社会があり，どのような理由で縄文時代のシステムが変わり弥生時代へ突入したのか，それについて行為者たちの姿を無視することなく明らかにしなければならない。

　弥生時代の開始期は，水稲耕作，支石墓，大陸系磨製石器，金属器などが出揃った板付Ⅰ式土器の時期にあるとされてきた。九州においてそれを遡る時期の農耕や米の存在については肯定的意見もあったが (森，1966: 35-39)，水田の発見など決定的な証拠に欠けていた。しかし，1978 年に福岡市板付遺跡で板付Ⅰ式の前にあたる刻目突帯文期 (夜臼式) に遡る水田が，木製農具を伴って発見されるに至り (山崎，1979，1980)，縄文時代晩期に位置づけられてきた刻目突帯文期に完成された水田と木製農具が存在することは大きな話題となった。同様な成果は佐賀県唐津市菜畑遺跡でも確認され，大陸系磨製石器も明らかに伴っていることが確認された (中島・田島(編)，1982)。その後続々とそれを支持する証拠がそろっていった。このように，弥生時代の指標とされた上記の要素すべてが刻目突帯文土器の時期に見出せることが 1980 年前後の短期間に判明していったのである。

　こうした発見は，板付Ⅰ式からを弥生時代とする考えに再考を迫ることとなった。大変革の時期をもって弥生時代とすると，かつていわれていたような板付Ⅰ式をもって弥生時代とするのではなくて，そのもう一段階前の刻目突帯文期から弥生時代とすべきだという意見があり (佐原，1983b；橋口，1985a；春成，1990；ほか)，弥生時代「早期」あるいは「先Ⅰ期」と呼ばれることが提唱された。土器にみられる諸要素の変化からもそれは確認されている (田中良之，1986)。早期説に与せず従来どおり縄文時代とする見方もあるが (e.g. 高倉，1995)，近年は早期説が優勢になってきているようである。筆者も早期説に賛同するものである。文化内容からみて少なくとも九州においてはこの時期からを弥生文化とすべきであり，そこからを弥生時代とすべきであると考える。後に弥生文化がおよぶ地域まで含めて弥生時代と呼ぶ必要がないのはもちろんである。したがって，本書ではかつて縄文時代晩期末や後半とされていた刻目突帯文土器 (山ノ寺式や夜臼式) の時期からを弥生時

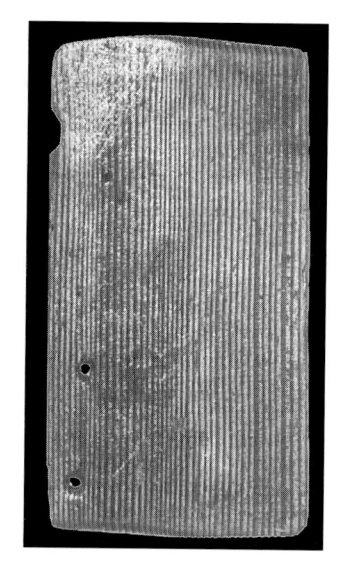

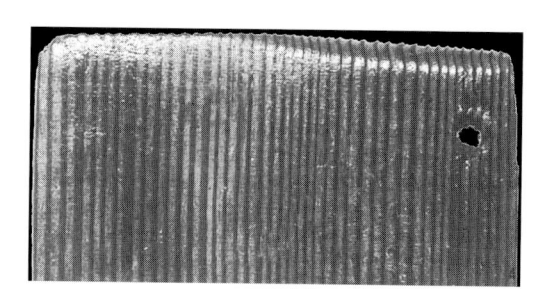

図2 ハケメ工具（福岡市教育委員会（編），1991を改変）
福岡市比恵遺跡出土．ハケメ工具として確実視される貴重な例．

図3 弥生時代前期初頭頃の刻目突帯文系甕にみられるハケメ

的に盛行した，世界的にみても大型の土器で，後期でいったん激減するが後期終末まで存在する．弥生時代早期の大型壺が型式変化したものと考えられる．縄文時代に認められないばかりか，弥生時代にも九州西半を除いて他の地方には認められない．

8) **ハケメの存在** 土器表面の調整を行う際に，土器表面を木の板を使った工具でなでる（図2）．その際に木目によってついた平行線である．北部九州の弥生土器のほとんどすべてに行われた調整技法といっても過言ではない．北部九州で最も先に採用され，その後広く普及した弥生土器に特徴的な調整である．最終的に研磨によって仕上げられた土器でも，下地はいったんハケメが行われているのが普通である．刻目突帯文土器には少量だが，その後盛行する（図3）．朝鮮半島の無文土器にも弥生土器ほど顕著ではないが認められる．なお，縄文土器でもごく一部

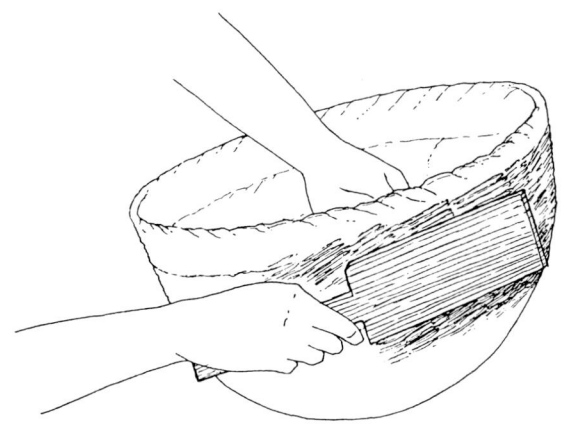

図4 タタキ技法

にみられるが，時期的にもかけ離れており単発的に行われたにすぎず，直接の関係はないと思われる。

9) **タタキ技法の存在** タタキ技法は世界各地にみられる技法で，利き手に羽子板のようなタタキ具を持ち，もう一方の手にアテ具を持って，土器の器壁を叩き締めながら成形する技法である（図4）。タタキの後にナデなどの表面調整を行えばすり消されるので，一見しても不明であることが多い。縄文土器にはみられないが，九州〜東海の弥生土器では詳細に観察すればしばしばみとめられる。北部九州の例が全国でももっとも古く，報告例は稀であるが弥生時代前期には確実に存在している。それに先行する刻目突帯文土器の時期にも壺にタタキ技法がみられるという指摘があり，その時期まで遡る可能性がある。なお，弥生土器に併行する時期に朝鮮半島では無文土器が存在するが，そこにもタタキ技法が認められ，両者の間に関係があったものとみられる。おそらく無文土器に起源する技法であろう。タタキ技法は後期に顕著になり後期終末以降まで存続する。

10) **歪みが少なく端正** 弥生土器は歪みが少なく端正なものが多い。とくに北部九州はその傾向が顕著である。上から見たとき正円に近く，口縁部などの端部の仕上げがヨコナデで丁寧に仕上げられ凸凹や歪みが少ない。なお，これについて轆轤のような回転台の出現と捉える見方もあるが，東南アジアなどの民族例では人間が土器の周囲をぐるぐるまわるものがみられるため，断定できない。また，同じ遺跡から出土した同時期の土器では，各器種でサイズが安定する傾向が相対的に強い。

11) **明るい色調** 縄文土器は暗褐色の暗めの色調を基本とするのに対し，弥生土器は橙色系で明るめの色調を呈する。とりわけ北部九州の弥生土器はその傾向が強い。また，縄文時代晩期には黒色磨研土器と呼ばれる表面が黒色に近い色調を呈する精製土器があるが，弥生土器には早期の一部に認められる以外は，基本的に存在しない。黒色磨研の技法を用いないことも弥生土器の特徴といえよう。ちなみに弥生時代に併行する朝鮮半島の後期無文土器の中にも黒色磨研

図5 弥生時代前期の甕の外面にみられる粘土帯の接合痕(矢印部)

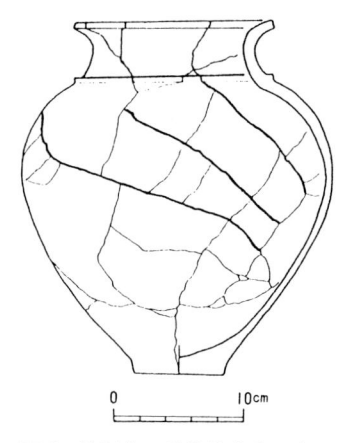

図6 横隈井ノ浦遺跡出土の壺にみられる斜めの接合痕

の壺などがみられ，弥生土器との違いが明瞭である。

12) **丹塗土器の存在** 北部九州の早期から前期初頭の壺や，中期後半には丹塗をした土器が多数存在する。丹(ベンガラ)とは赤色顔料で，主成分は酸化第二鉄である。大半は丹塗ののち研磨されており，焼成後ではなく焼成前の着色である。こうした技法は縄文土器には基本的にみられず，また弥生文化の中でも全面丹塗の土器が安定して存在するのは全国的にみても珍しい。

13) **その他の特徴** 縄文土器も弥生土器も製作にあたっては，基本的には巻き上げ法または輪積み法が用いられている。積み上げ方は，とくに深鉢・甕のような粗いつくりの土器でよく観察できるが(図5)，縄文土器は細い粘土紐を用いたものが多いのに対し，弥生土器は幅広の粘土帯を用いたものが多い。ただし，福岡県横隈井ノ浦遺跡出土の中期初頭の壺で，斜めに粘土帯を接合したものがあるなど(図6)，弥生土器の基本的製作技法についても全幅にわたって判明しているわけではない。

なお，縄文土器と弥生土器とは別系統の土器というより，むしろ形態や技法などの点から連続する要素が看取できる。一例として，把手付きの土器が未発達であることは縄文時代と弥生時代を通じて共通する点であり，同時期の中国をはじめとする大陸の土器とは際だった差異をみせている。朝鮮半島でも把手はさほどみられないが，無文土器の中に牛角形の把手の付いた壺が安定して存在することは日本列島の土器とは異なった特徴である。

また，弥生時代成立期(早期)の後半から弥生時代前期にかけて，主として赤色顔料で壺や高杯などに幾何学文を描いた彩文土器がある(図7)。これも弥生土器の特徴の一つであるが，縄文時代の漆器製作の伝統と一部関連するものであろう。

北部九州の弥生土器は概して大きい。縄文土器と比べて相対的に大き

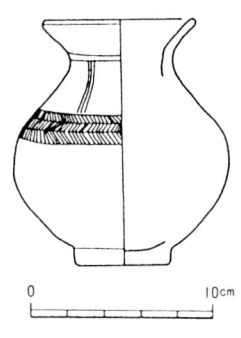

図7 弥生時代前期の彩文土器
福岡県小郡遺跡出土．

なものが多く，また弥生時代の他地域や朝鮮半島の土器と比較しても大きい。もっとも顕著なのは中期の甕においてである。

3. 弥生土器の成立と展開

(1) 弥生土器の出現

研究史上，弥生土器の最も古い様式として認定されてきたのは板付Ⅰ式である。当初，壺の型式学的な検討により「東 菰田式」と呼称されていたが(森，1942)，器種のセット関係など解明されるべき問題を残していたため，のちに良好な資料が見出された福岡市板付遺跡(森・岡崎，1961)の名をとって板付Ⅰ式とされたのである。

板付Ⅰ式は，甕・壺・高杯・鉢・甕用の蓋などから構成され，壺の口縁部・肩部に段をもち，胴部に幾何学文を施す。赤を主に用いた彩文土器が小型壺に多くみられるのも特徴である。甕は，外反する口縁(如意形口縁)をもつシンプルな器形で，口縁端部に刻目を施す。この後，いわゆる遠賀川式土器が成立する。遠賀川式は，日本列島西半部全域に分布する斉一性の高い様式で，弥生時代前期を特徴づけるものとなっている。北部九州に成立した板付Ⅰ式は，その起源として位置づけられるのである。

その直前の様式が刻目突帯文土器と総称される。刻目突帯文土器は厳密には，刻目突帯を施す特徴的な甕について用いられる名称であるが，同時期の壺・鉢・浅鉢などを含めて様式名として用いられることもある。

刻目突帯文土器は学史的には縄文時代晩期後半，すなわち縄文時代の最後の土器と位置づけられてきた。ところが先述のように，1980年前後に福岡市板付遺跡や佐賀県菜畑遺跡で刻目突帯文期の水田や木製農耕具，大陸系の磨製石器が検出されたことから刻目突帯文期の見直しが行われ，文化内容としては弥生時代に含める方がよいとする考え方が強くなってきた。また，土器についても刻目突帯文土器様式は縄文土器の伝統を引き継いでいるばかりでなく，弥生土器への橋渡し的様相があることが注目される。さまざまな文化要素が揃って変化する「弥生革命」(e.g. 春成，1990)とでもいえるような画期は刻目突帯文期であり，これをもって弥生時代早期とする研究者が増えつつある。

刻目突帯文期はたしかに画期であり，縄文土器との比較からは差異ばかりが目立つようであるが，刻目突帯文土器のさらに前の段階の縄文時代晩期土器にいくつかの漸進的な変化と捉えられる部分もある。晩期を通じて進行する無文化の現象や器種の精粗の分化，赤みのある明るい色調への変化などである(松本，1996，2000a)。このような「前触れ」とでもいえるような変化も徐々に起こりつつあったのである。

(2) 壺の出現

弥生土器の成立という観点でいえば，刻目突帯文土器様式は器種組成においてそれ以前の縄文土器と大きく異なる点が認められる。もっとも顕著なのは西北部九州における壺の出現である。これ

図8 弥生時代早期(刻目突帯文期)の土器
左 甕, 中 小型壺, 右 大型壺. そのほか鉢, 浅鉢がある.

については, 次節で詳論するので, ここでは概観するにとどめる。

　この時期の壺には小型・大型がある(図8)。朝鮮半島で支石墓にしばしば供献されている小型壺(丹塗磨研土器)は, 焼成前に丹(ベンガラ)を用いて赤く着色され, その上から研磨して仕上げられたもので, つるつるとした光沢をもつ。西北部九州に刻目突帯文土器様式が成立するやいなやこれが導入される。古手のものは形態・サイズ・色ともに朝鮮半島のものと非常に類似したものが多く, 一見して見分けられないほどである。支石墓の供献に用いられ, 使用法も朝鮮半島と共通している。この器形は縄文時代の西日本には基本的には存在しておらず, この時期になって朝鮮半島から導入されたことは明らかである。

　一方, 大型壺もこの時期に出現し, 小型壺と同様な分布範囲をもつ。基本的には小型壺をやや縦長にして拡大したような形態をなし, しばしば埋葬用の棺として用いられている。こちらはそっくりなものを朝鮮半島に見出すことはできず, 小型壺の受容があってこそ大型壺の成立が可能であったことになる。

　縄文時代晩期の土器は深鉢・鉢・浅鉢など器種の数が増すとはいっても, いずれもどことなく似通っている。それはいずれも, 胴部でいったん屈曲して頸部が外反するというパターンを共有しているからである。次節で「形態パターン」と呼ぶのがそれである。壺形土器の導入はそうしたパターンに変化を加える大きな画期であった。弥生土器が器種分化への道を歩み出した端緒として評価できよう。こうして朝鮮半島に起源する新たな小型壺は縄文時代以来の伝統の中で咀嚼され, かの地にない大型壺をも生み出しえたのである。

　壺は弥生文化には必ず伴うといってもよく, 弥生土器を特徴づけるものとなっている。この基本的な形態パターンの出現という点からも, 刻目突帯文期は重要な意義をもっているのである。

弥生土器の焼成法は，おそらく「覆い焼き」によるものであることがわかりつつあり，遺構としても確認されるようになってきている。これにより，開放型の野焼きによる縄文土器の焼成から大きく変化し，熱効率と燃料効率のよい経済的な土器焼成が可能になったとされている（久世ほか，1997；小林正史ほか，2000；ほか）。残念ながら弥生時代早期の確実な報告例はないが，小型壺がいち早く出現した西北部九州では，少なくとも壺においてこの焼成法が採用された可能性は考えておいてよかろう。なお，縄文時代晩期の黒色磨研土器については，おそらく様式を構成する深鉢など他の器種とは焼成法が異なっていたものと考えられる。焼成にも様々な過程と方法が考えられ，焼成段階の最後のほうで取り出し，熱いうちに籾殻などの中に入れるなどの方法が考えられるが，実際にどのようなものであったかはまだ不明である。したがって，縄文時代晩期の焼成法についても一つの方法だけを単純に想定することは適当とはいえない。そうした焼成法のバリエーションが弥生土器の焼成法とどのような関連をもつのかは，今後の課題である。ただし，弥生時代早期においても小型壺の中には黒色磨研を施したものがみられ，また浅鉢などにも一定量確認される。わずかでもこうしたものが残存し，消滅していく過程が早期の中にあることは，縄文土器製作技法が突然転換したのではないということを示す点でも重視しなければならない。

(3) 弥生土器の展開

前述のように，朝鮮半島の土器の要素を導入したことが弥生土器成立の引き金となり，早期の刻目突帯文土器を経て，だれもが確固たる弥生土器と認定する前期の板付Ⅰ式の成立や，遠賀川式土器の広域展開につながったのである。これが日本列島西半各地で地域的特色のある中期土器の母胎となっていった。

ここで，北部九州での弥生土器の展開をみることにする。なお，便宜のために筆者の弥生時代の実年代観をあげておけば，大陸系遺物からみれば中期が紀元前2世紀から紀元前後までとみられる。中期の開始時期の詳細を決定するのは容易ではないが，中期後半期が紀元前1世紀代であることは疑いないため，紀元前2世紀が中期前半期にあたる公算が高い。この方法で確定できる「点」は，中期と後期の境が紀元前後にあることと，3世紀半ばに古墳時代が開始されたということである。したがって，後期が紀元前後からせいぜい3世紀半ばまでである。弥生時代前期，ましてや早期（刻目突帯文期）については大陸系遺物が少なく，出土したとしても年代を直接推定する手がかりが薄弱なことから，明確な年代は提示しにくい。なお，筆者は従来，紀元前3・4世紀は弥生時代前期にあたると想像しており，早期については，かなり変更の余地があるが概ね紀元前4・5世紀くらいと考えてきた。放射性炭素年代測定法によれば，さらに古い年代が得られている資料もあり，検討を要する。

〔補記：2003年に公表された国立歴史民俗博物館の研究チームによるAMS法を用いた放射性炭素年代測定の結果は，早期の始まりが紀元前1000年頃まで遡る可能性が指摘されるなど，従来の年代観と大きく食い違うものであった。筆者の早・前期についての実年代観は弥生時代研究者の中でも古くみるものであったが，それよりはるかに遡る年代が得られたことになる。この評価は今後

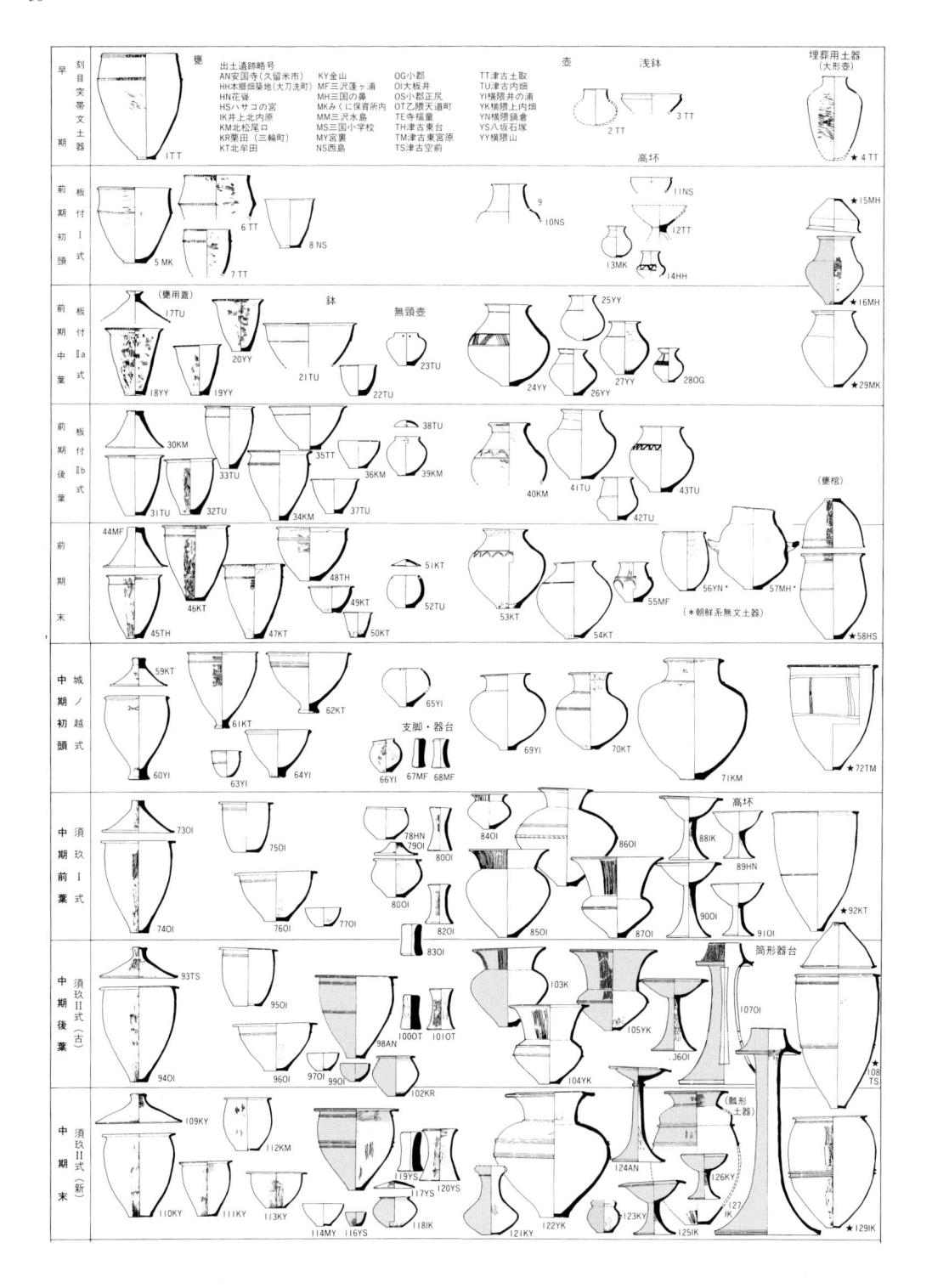

時期	型式	出土遺跡略号
早期	刻目突帯文土器	AN安国寺(久留米市) KY金山 OG小郡 TT津古土取 壺 浅鉢 埋葬用土器(大形壺)
		HH本郷畑墓地(大刀洗町) MF三沢蓬ヶ浦 OI大板井 TU津古内浦
		HN花鍔 MH三国の鼻 OS小郡正尻 YI横隈井の浦
		HSハサコの宮 MKみくに保育所内 OT乙隈天道町 YK横隈上内畑
		IK井上北ノ原 MM三沢水晶 TE寺福童 YN横隈鏡倉
		KM北松尾口 MS三国小学校 TH津古東台 YS八坂石塚
		KR栗田(三輪町) MY宮裏 TM津古東宮原 YY横隈山
		KT北牟田 NS西島 TS津古空前 高坏

(図版：弥生土器編年表。早期〜中期末にわたる各型式の土器実測図を掲載)

- 早期 刻目突帯文土器
- 前期初頭 板付I式
- 前期中葉 板付IIa式
- 前期後葉 板付IIb式
- 前期末
- 中期初頭 城ノ越式
- 中期前葉 須玖I式
- 中期後葉 須玖II式(古)
- 中期末 須玖II式(新)

(*朝鮮系無文土器)
(甕棺)
(甕用蓋)
鉢 無頸壺
支脚・器台
筒形器台
(瓢形土器)

第 3 章 弥生文化の成立

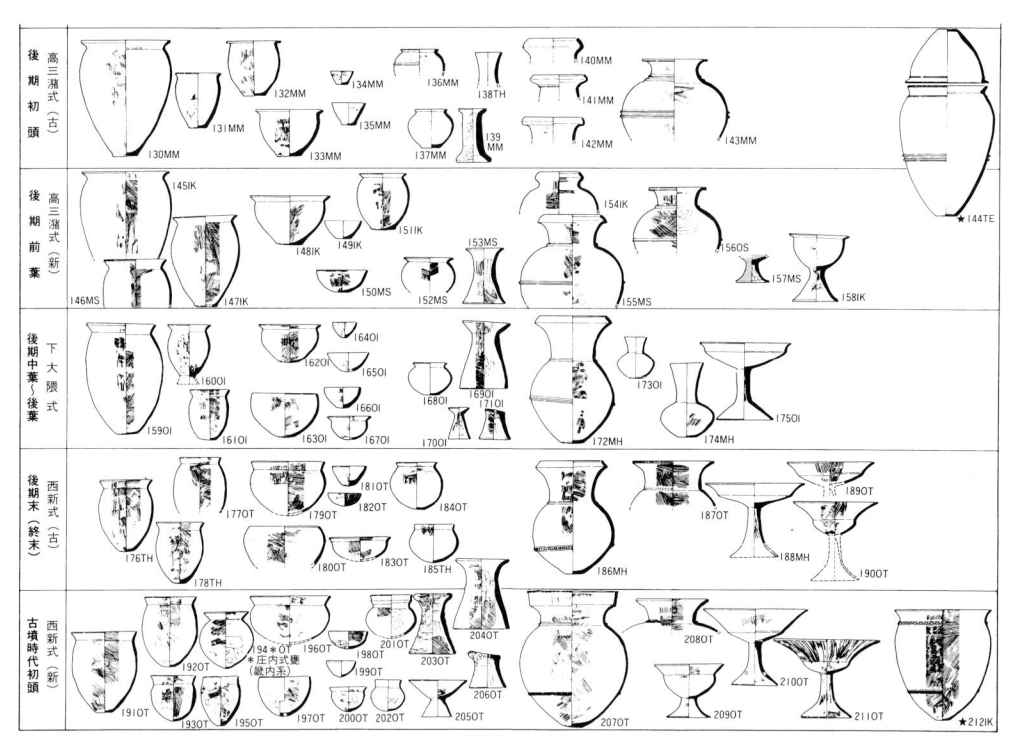

図 9 小郡市を中心とした地域の弥生土器編年図(縮尺 1/25, ★は 1/50)(中園 1996b より)

の検討にまたなければならないが,考古学者にとって先史時代の年代を推定するうえで世界標準ともいえる重要な方法によって得られた年代であり,いたずらに拒否反応を示さず虚心坦懐に再検討すべきであろう。また,年輪年代のさらなる整備が望まれる。なお,本書の議論で最も重要な弥生時代中期後半については,大陸系遺物,年輪年代,放射性炭素の各法ともに概ね一致する年代が得られている。]

北部九州では次のような変化をする。

刻目突帯文土器(早期)→ 板付 I 式(前期初頭)→ 板付 II 式(前期中頃～後葉)→ 名称なし(前期末)→ 城ノ越式(中期初頭)→ 須玖 I 式(中期前半)→ 須玖 II 式(中期後半)→ 高三潴式(後期初頭～前葉)→ 下大隈式(後期中頃～後半)→ 西新式(後期末～古墳時代初頭)である (cf. 森, 1966; 小田, 1972-1973)。このうち,板付 II 式は,「板付 IIa 式」,「板付 IIb 式」に細分され,また前期末は確固たる名称はないが,「板付 IIc 式」と呼ばれることや,地域によっては「亀ノ甲式」または特徴的な甕だけを指して「亀ノ甲タイプ」と称されることもある。前期土器については近年,吉留秀敏(1994)や田崎博之(1994)の再検討があるが,以上の学史的変遷と大筋では異なるものではない。

筆者は筑前・筑後・肥前の三国境に近い福岡県小郡市を中心とした地域の編年図を作成したことがあるので(中園, 1996b),それを掲げる(図 9)。玄界灘沿岸と比較すればとくに早期から板付 I 式にかけてなど多少地域性が強いが,それはある意味で北部九州の平均的姿ともいうことができ,概

ね北部九州の弥生土器の内容をイメージするのに役立つと考える。以下，この地域を中心に弥生土器の変遷を概観してみる (ibid.)。

刻目突帯文土器様式については，津古土取遺跡では比較的多くの土器が出土している。なお，その直前の黒川式土器も出土しており，縄文時代晩期から継続して営まれた遺跡である。このような遺跡の継続は，近いところでは朝倉郡高原遺跡で認められる。津古土取遺跡では刻目突帯文期の甕，大型壺を用いた埋葬もそれぞれ1基ずつ出土している。近隣では佐賀県鳥栖市村田三本松遺跡などでも大型壺を用いた埋葬が認められる。

刻目突帯文土器，すなわち甕は型式学的に明らかに縄文時代晩期の深鉢の系譜をひいている。瀬戸内地域に起源するもので，東部九州には黒川式の段階に刻目のない突帯文土器が出現する。突帯文という要素は在地のものではないと考えられるが，胴部の屈曲は北部九州も含めて西日本的に広域で共通する要素である。この時期の浅鉢も晩期の系譜をひくものであるが，壺はこの時期に登場する新しい器種であるといえる。

また，西島遺跡で貯蔵穴とみられる竪穴遺構が2基検出されており，その中から土器が出土している。うち1基は刻目突帯文土器から板付Ⅰ式への過渡的様相を呈している。また，みくに保育所内遺跡で発見された貯蔵穴からは板付Ⅰ式と考えられる小型壺と刻目突帯文系の甕が出土している。こちらは西島遺跡と違って，突帯文系の甕が残っている。ただし，この甕は上端に断面三角形の突帯を貼り付け，口縁としたもので，胴部屈曲部のつくりからも新しく変化した傾向を見出すことができる。刻目突帯文期の新しい段階から板付Ⅰ式の古い段階には両方の系統の土器が共存することが多く，やや複雑な様相を呈する。

そのほか板付Ⅰ式の時期に該当する土器は，津古土取遺跡，大刀洗町本郷畑築地などの出土土器の一部にも認められる。また，三国の鼻遺跡では弥生時代の壺棺墓が発見されているが，板付Ⅰ式からⅡa式までのものが主体である。

板付Ⅱ式土器は，板付Ⅰ式と基本的には大きな変化はないが，壺のはっきりした段や屈曲が，なだらかになることをはじめ，多少の器形や文様の変化が認められる。この様式になると出土数が爆発的に増える。これは北部九州一円での現象である。土器棺については，大型壺が発達して，より埋葬に適した形態に変化している。この程度まで変化した埋葬専用の壺を甕棺と呼ぶようになる (橋口, 1979e)。甕棺の数はさほど多くはない。

前期末から中期初頭も分布状況はほぼ同じであり，板付Ⅱ式期から継続する遺跡も多い。前期末の土器はとくに決まった名称はないが，甕の口縁部の断面形が三角のものについては，とくに「亀ノ甲タイプ」と称することが多い。この地域では，刻目突帯文土器の系統に連なる甕は板付Ⅰ式からⅡa式の段階にかなり衰退するが，前期後半 (板付Ⅱb式) から前期末になると再び増加してくる。

これは，小郡地域が微妙な位置にあることを示している。福岡平野では刻目突帯文系の甕はほとんど消滅し，板付式系の如意形口縁甕にとってかわられるのに対して，筑後南部・佐賀平野以南から鹿児島県までは弥生時代に入っても，刻目突帯文土器の系譜をひく甕が製作され続けている。そ

うした地域では如意形口縁をもつものは少ない，またはほとんどないのである。

　小郡地域は両地域の狭間に位置するため複雑な変動をする。福岡平野では弥生時代中期初頭の城ノ越式で甕の口縁部断面が三角形または逆L字形のものが成立するが，そうした傾向が福岡平野より南にあるこの地域ではやや早く始まったといえる。中期初頭の城ノ越式については，前期末の土器と様式的に区別するのがむずかしいとする意見もある (藤尾，1984a)。また，甕棺がかなり発達し，金海式甕棺と呼ばれる大型の甕棺が普及する。金海式やそのやや変容した型式がこの地域にも分布しているが，後の段階と比べるとまだ数は少ない (片岡，1983)。

　この金海式甕棺は，海を隔てて朝鮮半島南部の金海会峴里貝塚でも発見されていることは注目される。このように，朝鮮半島と北部九州との間で交流が活発に行われた証拠がみられる時期でもある。前期後半から中期初頭にかけて北部九州には弥生土器に混じって無文土器が出土する遺跡がある。福岡市博多区の諸岡遺跡や，小郡地域では三国丘陵に横隈鍋倉遺跡・三国の鼻遺跡をはじめとして点在し，佐賀平野では小城郡三日月町の土生遺跡などいくつかの遺跡で認められる (e.g. 片岡，1999)。無文土器が出土する遺跡はまんべんなく存在するのではなく，一定量出土するのはほぼ上記の地域内の特定遺跡に限定される。おそらく移住者が関与しており，この時期の九州では青銅器の製作がはじまることなども示唆的である。

　中期初頭の城ノ越式には筒形をした小型の器台が出現し，バットのグリップエンド状の底部をもつ甕が盛行する。器台はこれ以降，弥生時代を通じて存在し続ける。

　中期土器の代表は須玖式である。しばしば美術的には，金属的な美しさと精美な簡素さをもった土器と評される。古新に二分され須玖I式とII式と呼ばれる。甕の口縁部断面は逆L字形またはT字形で，壺にもしばしばこの要素が採用される。須玖II式でも新しい時期には口縁部断面が「く」の字状を呈する東九州系のものが多少混じってくる。文様はほとんどみられず，突帯をめぐらす程度である。須玖式は器種の多さが特徴であり，中期も下るにつれてそれが顕著になる。また，とくに須玖II式では丹塗土器が発達する。甕棺墓の脇に掘られた「祭祀遺構」などから多量に発見されるが，こうした丹塗土器には多様な器種がある。須玖式に併行する時期の甕棺は，汲田式 → 須玖式 → 立岩式と変化する。甕棺の盛行期である。

　須玖式の遺跡は，小郡地域ではわずかな微高地までほとんど集落や墓地で埋めつくされるといっても過言ではない。そのうち小郡若山遺跡・小郡(官衙)遺跡・大板井遺跡は，全体で拠点的な大集落を形成していた可能性があり，筆者は「小郡・大板井遺跡群」と呼んでいる (第8章参照)。付近で対比できるものとしては鳥栖市の安永田遺跡など柚比丘陵の遺跡群や，甘木市の栗山遺跡などを含む平塚遺跡群などがある。なお，小郡市北部の三国丘陵の遺跡は，前期〜中期初頭には多くの集落があったが，その後減少しており，中期後半から後期になるとまた増加しだす。中期には小郡・大板井遺跡群などに集住した可能性も考えられる。

　後期の土器は，中期までの丹塗土器が衰退し，それまで存在した多くの器種が消滅し，新しい器種が出現する。甕棺については消滅の傾向がある。甕はみな口縁部断面が「く」の字状を呈するようになる。後期の土器は概して仕上げが粗く，中期のものと比べてやや粗雑な印象を受ける。中期

ながら一連の生起展開をしたものと考えられる。

　橋口達也(1987)は福岡県新町遺跡の壺を中心としてこの時期の編年案を提示しているが，そこに示された胴部文様の変化の想定とほぼ同じといえよう。なお，それらの沈線文とは別に，彩文による短線文(J)と有軸羽状文(K)も文様の変異としてあげておく。

　また，丹塗については，朝鮮半島の無文土器の壺では外面は丹塗であるので，丹塗があるものが古いと考えられる。ただし経験的にいえば，胴部文様の有無や丹塗の有無のように有無を問題とする場合，数の多少を問わなければ，無いものは常に存在すると思われる(中園，1988，1991a)ので，それを加味して解釈する必要があろう。

　以上の変化の方向に関する仮説が正しければ，古いものは古いものどうしで組み合わさり，新しいものは新しいものどうしで組み合わさり，中くらいのものは中くらいのものどうしで組み合わさって，一つの個体を形作っているはずである。すると，マトリクスで表現すれば対角線上を中心

		口頸部形態							
		A	B	C	D	E	F	G	H
胴部文様	無	3 2.31	5 3.87	1 0.29	8 0.65				
	A			1 8.10					
	B			2 16.20					
	C				2 3.27				
	D				2 3.27				
	E					1 2.25	1 1.63		
	F					1 5.82			
	G					3 12.50	1 0.27		
	H					1 4.82			
	I					1 0.67	1 1.63	1 10.60	
	J					1 4.82			
	K					1 0.27	3 14.40		

図13　小型壺口頸部形態と胴部文様の関係

第 3 章　弥生文化の成立

		口頸部形態							
		A	B	C	D	E	F	G	H
丹塗	有	1 0.27	2 1.00	1 0.05	4 1.07				
	無	2 0.07	3 0.25	3 0.01	8 0.27	5 0.25	6 0.30	4 0.20	1 0.05

図 14　小型壺口頸部形態と丹塗の有無の関係

に高頻度の分布がみられることになる。なお，頻度は観測度数(個体数)をそのまま示すことを避け，観測度数 (n_{ij}) から期待値 ($E_{ij}=n_i.n._j/N$) とその残差 ($n_{ij}-E_{ij}$) を求め，$(n_{ij}-E_{ij})^2/E_{ij}$ で標準化した値を用いる(中園，1991a)。なおこのとき，経験的に負の方向にふれていると考えられるものは表示しないことにする。

　分析結果は次のようになる(図 12〜図 14)。いずれも横軸に口頸部形態をとっている。まず口頸部形態と底部形態とは，ほぼ対角線上に分布しているといえる(図 12)。このことは型式学的な変化の方向についての仮説の妥当性を示唆している。

　次に口頸部形態と胴部文様についても同様で，ほぼ対角線上に分布が認められる(図 13)。これも同じく変化の方向についての仮説の妥当性を示唆するものである。また，連弧文の成立過程についても想定の正しさを示しているといえよう。古い傾向があると推定した無文のものについては，それを支持する結果が出たといえる。沈線文とは同一系列に含めなかった彩文については，彩文 J が口頸部形態 F と，彩文 K は口頸部形態 G と多く組み合っている。彩文 J は沈線文 H と，彩文 K は沈線文 I とほぼ重なる時期と判断できる。

　口頸部形態と丹塗の有無(図 14)をみると，口頸部形態のうち古いと推定したものと丹塗があるものとが組み合う傾向があり，新しいものになると丹塗がなくなっていくことがわかる。これもさきの仮説を支持する結果である。

　以上の結果から，最初に想定しておいた変化の方向について，いずれの場合も矛盾がないことがわかった。これは，このような型式学的方法を用いて編年を行う場合の有効性の判断に対する簡単な指標(第 2 章表 1)によると，最も有効性のある部類(I 類)に該当するものである。さて，分類の便宜のために，型式学的に一系列とみなすことができ最も同定のしやすい口頸部形態をもとに分類することにする。組み合わせの様相の類似性から，5 つのグループ(I〜V 群)，細別すると 7 つのグループに分けることが可能であろう。口頸部形態 A を Ia 群，B を Ib 群，C を II 群，D を III 群，E を IVa 群，F を IVb 群，G・H を V 群とする。G・H を 1 つにまとめたのは，底部形態との間に乱れがみられるためである。

　次に，多変量解析を用いた計測値による検討を行う。図のように，19 項目の計測点を設定した(図 15)。これを主成分分析で解析する。

　分析結果は以下のとおりである(表 1)。固有値・寄与率・因子負荷量の読みとりから，経験的に

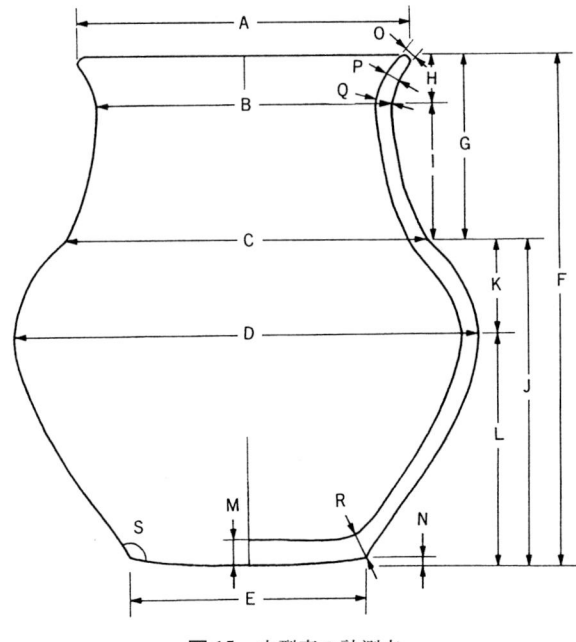

図15　小型壺の計測点

表1　小型壺主成分分析値

変量	主成分			
	1	2	3	4
A	0.880	-0.085	-0.235	-0.180
B	0.760	0.369	-0.094	-0.268
C	0.952	0.207	-0.180	-0.101
D	0.783	0.437	-0.131	0.235
E	0.532	0.642	0.255	-0.059
F	0.956	0.043	-0.098	0.167
G	0.858	-0.167	-0.315	-0.268
H	0.508	-0.719	-0.139	0.271
I	0.763	0.144	-0.303	-0.441
J	0.757	0.227	0.137	0.524
K	0.128	0.348	-0.208	0.854
L	0.816	0.607	0.307	0.052
M	0.235	-0.300	0.673	0.026
N	-0.321	0.723	0.126	-0.048
O	0.459	0.309	0.190	-0.008
P	0.584	-0.503	0.105	0.046
Q	0.335	0.179	0.733	-0.190
R	0.554	-0.516	0.502	0.035
S	-0.358	0.868	0.111	-0.061
固有値	8.107	3.546	1.874	1.594
寄与率	0.427	0.187	0.099	0.084
累積寄与率	0.427	0.613	0.712	0.796

第3章　弥生文化の成立

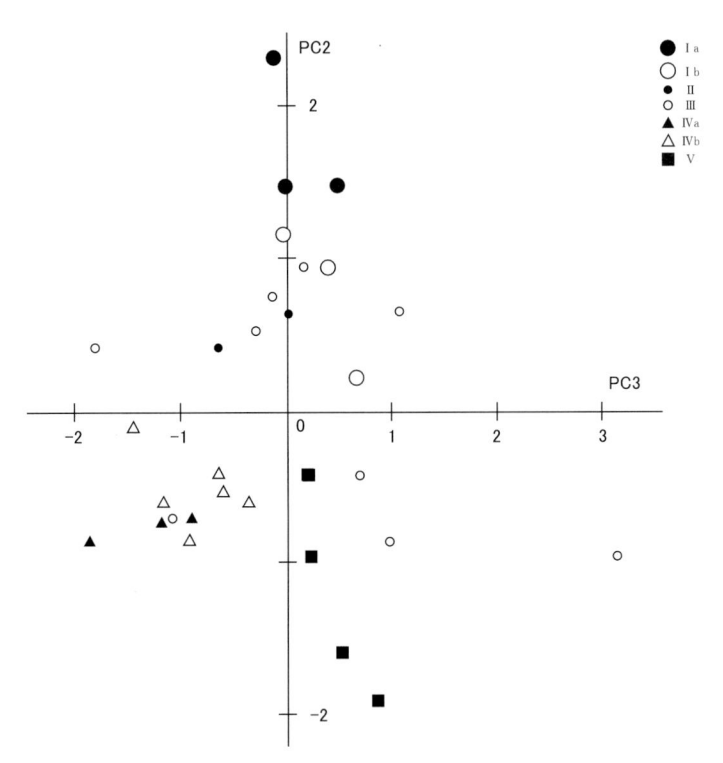

図16　小型壺の第2・第3主成分の2次元散布図

せいぜい第3・4主成分までが意味のあるものと判断される。ここまでの累積寄与率は約80%であり，全体の8割を説明していることになる。第1主成分の因子負荷量は，サイズの大小に関係する項目がいずれも正の値を示しており，おおまかにサイズ・ファクターと考えられる。それに対して第2・第3主成分はシェイプ・ファクターとみられる。

　第2主成分は，大きな値の変量をひろってみると，E（底部径），N（底部外面の高さ），S（底部角度）で正の値，逆に負の値でH（口縁部の長さ），P（口縁部の厚さ），R（底部角の厚さ）で大きな値が出ている。底部と口縁部に関する情報が強く出ている点は興味深い。立ち上がりの弱い凸レンズ状の底をもち口縁部が厚く短いものから，いわゆる円盤貼付状の平底で口縁部が薄く長くのびるものという方向の差異を表しているものと解釈できる。第3主成分は，M（底部内面の高さ），Q（頸部の厚さ），R（底部角の厚さ）で正の大きな値が，G（口頸部の長さ），I（頸部の長さ）などにおいて負のやや大きな値が出ている。底部と，頸部の長さに関するものと考えられる。

　そこでこの第2・第3主成分のスコアを2次元散布図にプロットした（図16）。さきの7つの群に分けて示しているが，上の方に古いもの，下の方に新しいものが分布している。つまり，ほぼY軸方向に沿って時間的変化がよく表されていることになる。これはさきの分析結果ともよく対応しているといえる。

　同じデータを用いてクラスター分析を試みた（図17）。これまでの分析結果とほとんど矛盾なく，

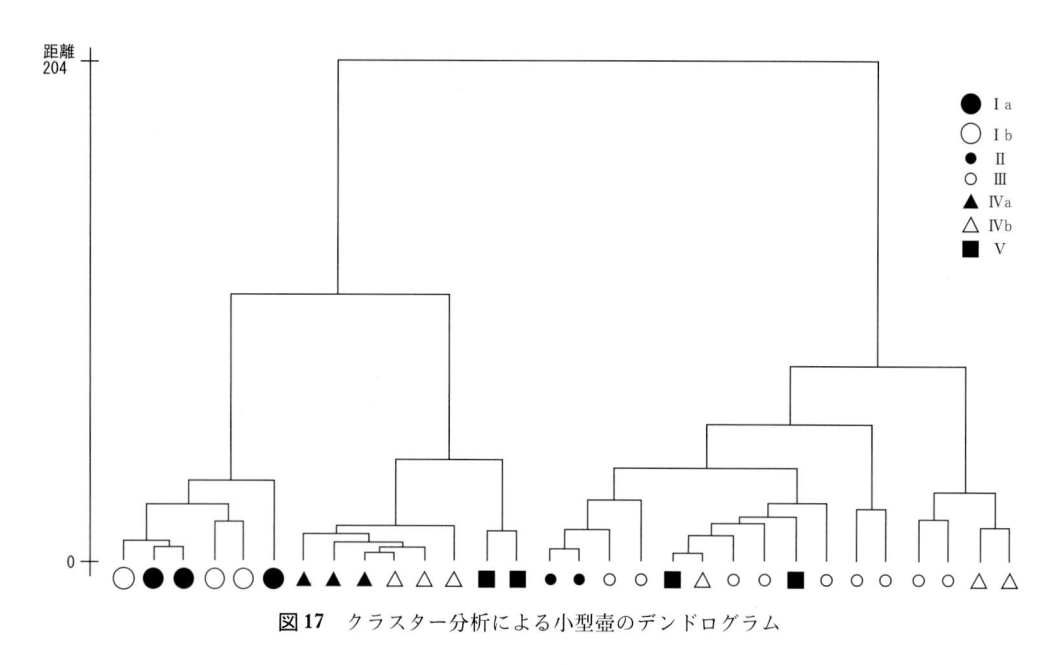

図17 クラスター分析による小型壺のデンドログラム

　各群がよくまとまっている。
　以上の分析結果から，各群は時間差を表す分類単位と考えられ，型式と呼ぶにふさわしいと判断できる。そこで，各群の名称をそのまま型式と呼びかえることにする。その編年図を示す（図18）。古いものは無文で丹塗，しだいに文様が出現して，口頸部がのび，口縁部・底部に段をもつなどの特徴が顕著になっていく。なお，これらの諸型式は，支石墓などの副葬品として出土することが多く，他の器種とのセット関係が捉えにくいことが多い。本来ならば層位学的方法によってダメ押しをすべきであるが，困難な面が多い。そこで次善の策として，小型壺を出土した墓群の展開の定向性に基づいて判断することが考えられる。これについてはすでに橋口が新町遺跡で自らの編年案で行っており（橋口，1987），成功していると思われる。橋口の編年案と比較すればここでの編年は，分類の線引きのしかたや数に違いがあるが，主要な型式変化の流れなど大筋では似ているといえ，信頼性をさらに高めることができたと考える。地域性が強い土器が多いものの，佐賀県久保泉丸山遺跡の墓群にこれを適用してもある程度うまくいくようである。さらなる検証は今後に託したい。
　抽出された諸型式のうち，ⅠからⅢ型式までが刻目突帯文土器に伴うもので，Ⅳa，Ⅳb型式が板付Ⅰ式に伴うもの，Ⅴ型式が板付Ⅱa式に伴うものに該当すると考えられる。ただし，板付Ⅰ式や板付Ⅱa式の捉え方は研究者間で不一致が多く，単一の器種では時期を同定できない場合も見受ける。該期の器種ごとの型式分類など，基礎作業が不十分な現状では無理からぬことであり，今後の検討が急がれる。したがって，上記の板付Ⅰ式や板付Ⅱa式という捉え方にはかなり感覚的な面があることをことわっておかなければならない。しかし，その分を差し引いても時期をイメージするのには有効であると思われるので，さしあたって用いてよいと考える。
　小型壺は，朝鮮半島のものと比べて初期の頃は非常に類似度が高く，時間の経過とともに差異が増していくといえる。大形壺の分析は省略するが，基本的には小型壺の比率を変えて縦長に変換し

第 3 章 弥生文化の成立

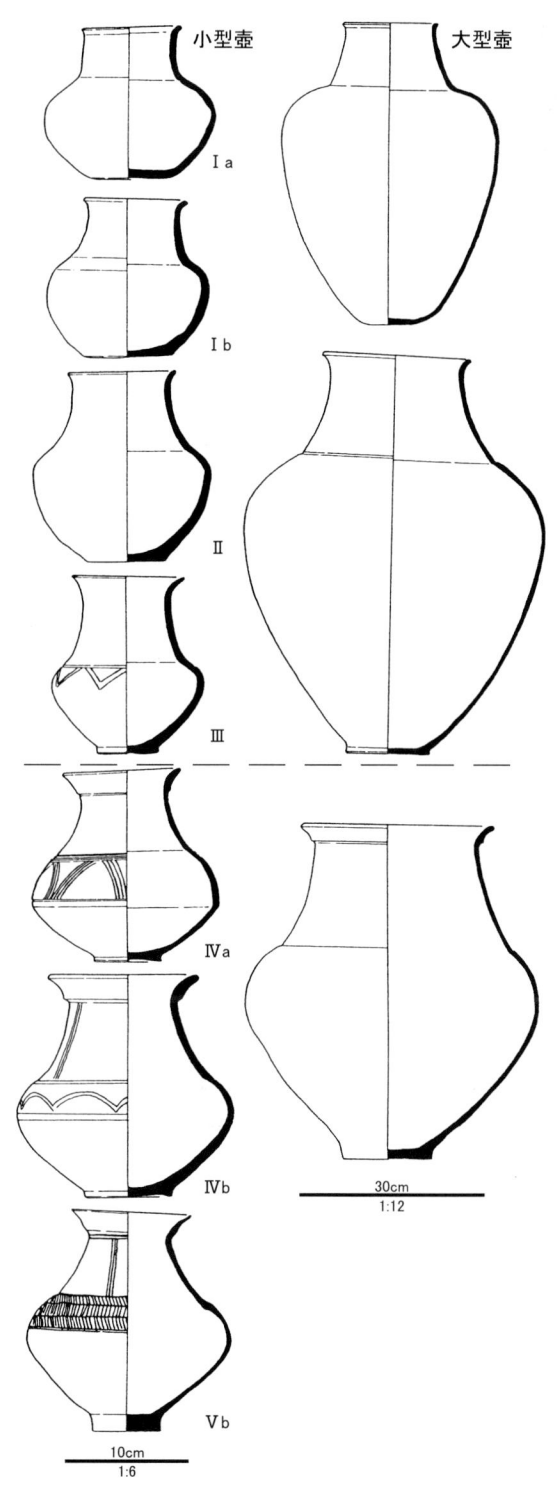

小型壺　　　大型壺

Ⅰa

Ⅰb

Ⅱ

Ⅲ

Ⅳa

Ⅳb

Ⅴb

30cm
1:12

10cm
1:6

図 18　編年図（小型壺 1/6，大型壺 1/12）

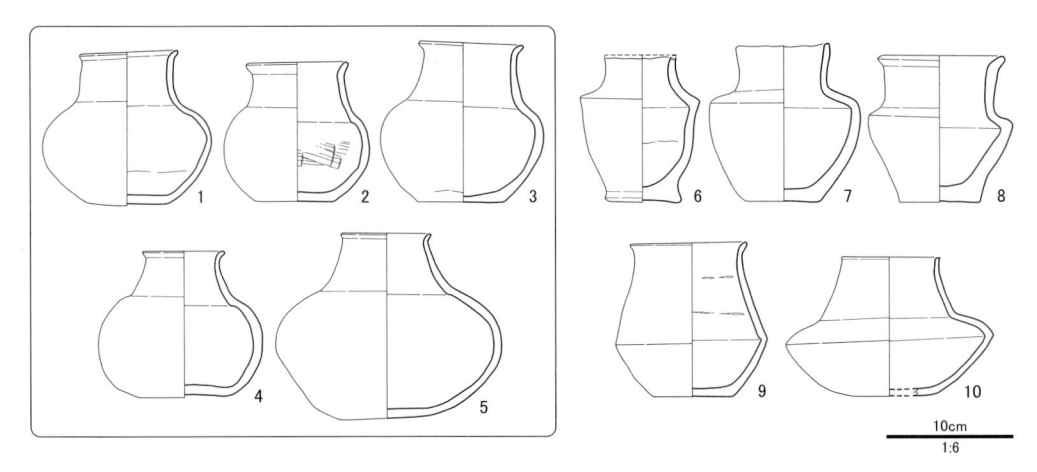

図19　I・II型式期の小型壺にみられる地域的変異

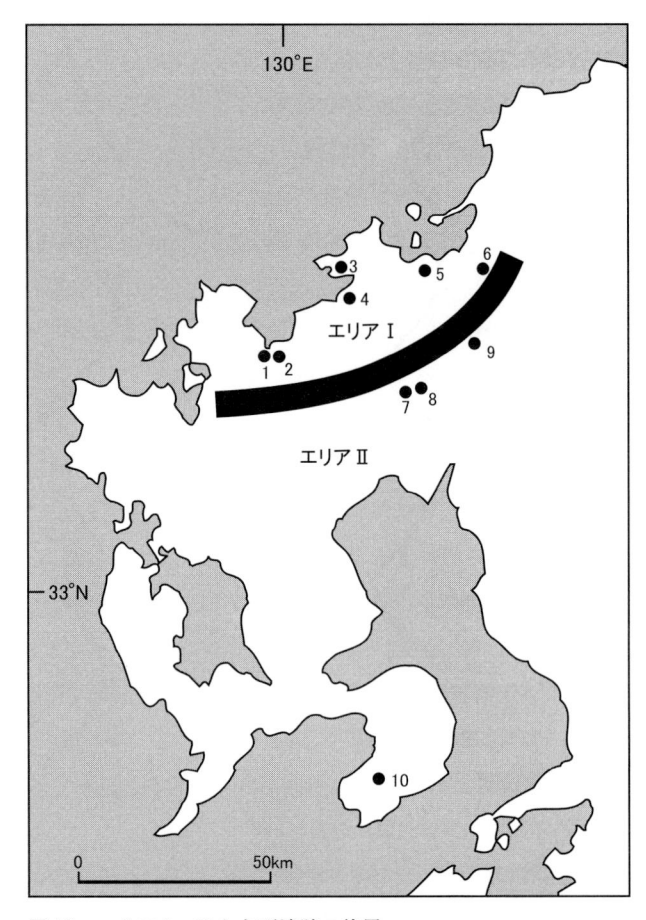

図20　エリアI・IIと主要遺跡の位置
　　　1 菜畑遺跡，　2 宇木汲田遺跡，　3 新町遺跡，　4 石崎曲り田遺跡，
　　　5 有田遺跡，　6 板付遺跡，　7 礫石遺跡，　8 久保泉丸山遺跡，
　　　9 村田三本松遺跡，10 原山遺跡

たような形態をとる。基本的には無文であるが，時間的な形態変遷には小型壺とある程度共通性があるとみられる（図18）。

　以上が壺における典型的な変化のプロセスである。ここで扱うべき壺形土器の出現期はⅠ型式の時期にあたる。ただし，Ⅰ型式だけでは資料数が制約されることと，厳密な時期を押さえられない限り地域色あるいは個性の強い個体を扱えないことになるので，やや時期幅をもたせてⅠ・Ⅱ型式をまとめて扱うことにする。

(2) 地域的変異

　次に，地域的な変異を検討する。Ⅰ・Ⅱ型式の時期にあたる小型壺を示す（図19）。いま検討の対象にしている地域は，福岡・佐賀・長崎県を中心とする九州西北部であるが，その中には，この図の上段に示したような典型的な形態のものが多数ある。これらは，朝鮮半島のものと類似性が比較的高いものである。その一方で，下の段に示したように胴部が扁平なもの，胴部に屈曲をもつもの，古いにもかかわらず平底のものなど，少々変わった形態のものが一定量みられる。それらが占める割合は地域的に異なっている。

　それを地図上に示す（図20）。福岡・佐賀県の北部，つまり朝鮮半島に面した玄界灘沿岸に，上の段に示した朝鮮半島類似のものが多くみられる。この地域をエリアⅠと呼ぶ。そして，それをとりまく長崎（島原半島など）・佐賀平野・筑後平野などの地域には，胴部に屈曲をもつものなどがより高い頻度でみられる。この地域をエリアⅡと呼ぶ。

(3) 形態パターンと形態生成構造

　エリアⅡの地域に多い少々変わった形態の壺についてさらに詳しくみていきたい。図19-6は長崎県原山遺跡の2号支石墓から出土した小型壺である。頸のしまった器形でサイズも小さいもので，また支石墓へ供献してあったという点で，朝鮮半島でみられる小型壺と同様の扱いを受けたものとみなせる。共伴土器からみて，時期的にも古いものである。ところが，屈曲した肩をもって外に張り出した平底をもつ点など，小型壺としては異質な特徴をもっている。このような土器が先ほどあげたようにこの他にもいくつか認められるわけであるが，それらはどのようにして成立したものと考えるべきであろうか。

　また大型壺は，基本的には小型壺の比率を縦長に変換したような形態といえる。小型壺と違って，そっくりなものを朝鮮半島に求めることは難しく，九州において新しく作り出されたものといえる。すると，小型壺と共通性が高いわけであるから，小型壺の受容があってこそ，その成立は可能になったはずである。それでは朝鮮半島にはないこの種の大型壺が，どのようにして成立したのであろうか。大型壺が小型壺を導入するやいなや成立したのはどうしてなのであろうか。

　ここで，先行する九州の縄文時代晩期の土器について検討してみることが解釈の助けとなる。

　晩期の土器には，深鉢，鉢，浅鉢などの安定した器種がある。しかし，これらの器種は，基本的に胴部でいったん屈曲して頸部が外反するというパターンを共有している。たいへん大まかにいえ

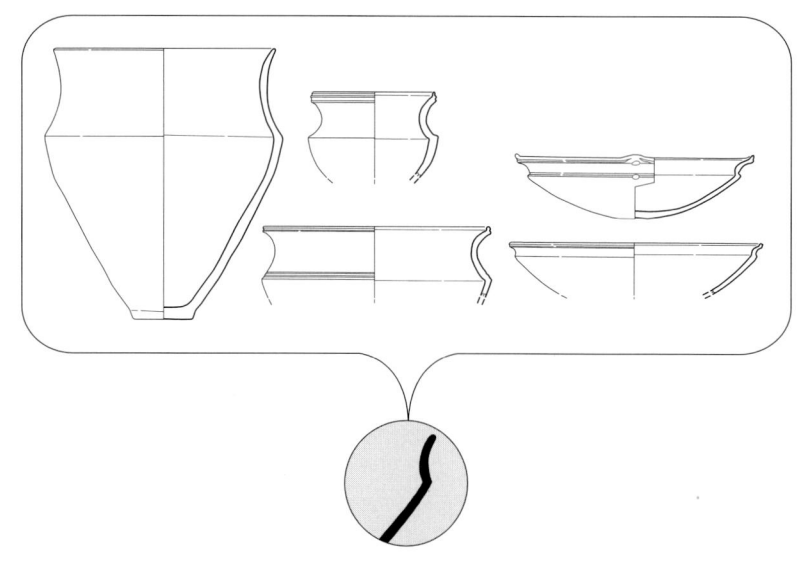

図21 九州縄文時代晩期土器の形態パターン

ば，たんに各部の比率やサイズを変化させることによって，器種を作り分けているわけである（図21）。こうした複数の器種に共通する形態上の基本パターン——この場合はいったん屈曲するということであるが——それを「形態パターン」と呼ぶことにする（松本，2000a）。つまり，九州の晩期の土器においては，一つの形態パターンを基本としてバリエーションを生み出しているということができる。

　ちなみに，時期の下る弥生時代中期の須玖II式の精製器種について考えてみると，口縁部や頸部や胴部などのパーツの置換，取り替えによって新しい器種を生成する規則があることがわかる。

　すると，ここでの事例のように，ひとつの形態パターンによって器種を生成する場合があったり，パーツの置換によって器種を作り分けたり，またそのほかにも土器の形態を生み出すにあたって様々な規則があることになる。それは文化的な特徴のひとつであるといえよう。そうした規則を「形態生成構造」と呼ぶことにする。

　形態パターンの観点からみれば，壺は基本的には緩い「S」字状の断面形であり，明確な外方への屈曲をもつ晩期の諸器種の形態パターンとは異なっている（図22）。同時期の刻目突帯文土器の甕には屈曲するもの，単口縁で砲弾形のものがあり，浅鉢も法量，口縁部形態などに器種分化はうかがえるが，基本的には外方への屈曲をもつ伝統的な形態パターンを有する器種である。したがって，小型壺の導入は，新たな形態パターンの出現を意味しているわけである。

　ここで，さきほどの原山遺跡などにみられる屈曲のある小型壺について考えれば，晩期の伝統的形態パターンを有しているといえる。そこで，エリアI，エリアIIという地域的な比率の差異はあっても，伝統的形態パターンもある程度維持されていたということができる。また，大型壺についてみると，小型壺と同じ形態パターンである。小型壺が導入されるとさっそく作り出された器種と考えられる。これは，「S」字状の新しい形態パターンに対応する場合に，伝統的な形態生成構

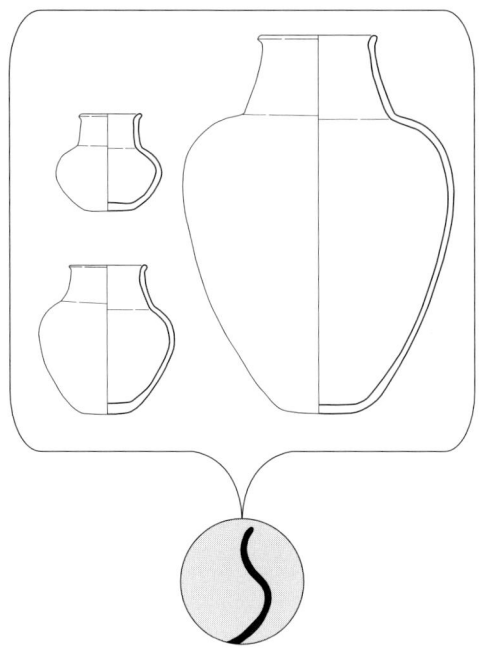

図 22 壺の形態パターン

造の適用により解決したものと解釈できる。つまり，先ほど指摘したように，縄文時代晩期には同じ形態パターンの各部の比率を変化させて器種を作り分けるという形態生成構造があったわけである。壺の導入によって新しい形態パターンが増えたが，その比率を変化させて新しい大型壺を作り出したということは，伝統的な形態生成構造が変容しつつも，存続していたことになる。

(4) モーターハビットと認知構造

　土器の情報の伝達にあたっては，形態・大きさ・色つや・手触り・重さなど様々な要素が，比重を異にしながらトータルに関係すると考えられる。また一般に，新しい情報に接したとき，受容者は，文化的・社会的環境の中で自らの経験からの連想・想起(その基盤になるものが認知構造)に基づいて価値を判断して，受容する／しないを選択していく。その際には，受容者が気づかなかったり，誤解したり，意図的に変換したりすることもある。もちろん，受容対象の情報の質と量も，関係する大きな要因である。以下で土器の属性と，それに関する情報伝達の容易さ，地域性のあらわれ方，意味などの関係についての研究を概観してみよう。

　田中良之と松永幸男は，後期中葉の縁帯文土器の地域色を分析した結果，文様帯によってその地域性のあらわれ方が異なることを明らかにした(田中・松永，1984)。その後，その理由について「象徴的意味」の違いによるものであろうと述べている(田中・松永，1991)。溝口孝司(1987a, 1987b)も，土器の属性による地域色の違いを分析的に提示し，その意味について考察している。

　こういった研究は，土器の地域色が必ずしもたんなる製作者の移動といった事象に還元できるものではなく，相互のコミュニケーションを通して，土器製作者がいろいろな要素を取り入れたり，

あるいは取り入れなかったりする複雑な過程が介在していることに注意を向けさせてくれる。

深澤芳樹(1986)は，近畿地方の弥生土器を用いて属性ごとの空間的変異を示し，伝達のされやすさとの関係を記している。また，林謙作は，じかに目に見えてみようみまねのできる要素 overt elements と，見ただけではわからず，みようみまねの利かない要素 covert elements という視点から素山上層1式と2式との関係について論じている(林，1990)。これは，土器が備えている属性の性格による情報伝達の容易さの差異に着目して，製作者間の関係について論じる一つの方法を提示した点で大きな意味があるといえよう。

家根祥多(1984)は，弥生時代開始期の土器製作における接合技法について，刻目突帯文土器の縄文土器的な内傾接合から板付I式の弥生土器的な外傾接合への変化を，無文土器からの系統関係に求めた。土器の外見からは判断しにくい粘土紐の接合法を問題にした点は，本書と関係する重要な視点であったという点で特筆に値する。

深澤・林・家根らの研究は，容易に模倣できない要素に着目することによって，製作者集団と土器の関係に接近することができることを示している。このように，模倣のしやすさ/しにくさという点はこれまで提示されてきたといえるが，その取捨選択がなぜ・どのようにして行われるのかという理由づけについては今なお薄弱であるといえよう。筆者はハビトゥス habitus やモーターハビット motor habits の概念を用いてその点を解決しようとしたことがある(中園，1993a; 第9章第2節参照)。ともかく，土器をさまざまな属性から構成されているものとして把握し，その動態の差異を分析的に検討することによって，製作者間の相互交渉の在り方や価値・意味の問題に接近しようとする研究が蓄積されてきている。さらにこのような研究を進展させ，上で指摘した問題点を解決するためには，このような土器を製作し，情報を伝達・受容した個人の認知構造と行為に関する概念的整備を行うと同時に，考古資料の分析を進めることが必要であろう。

さて，ここでは小型壺の頸部の研磨(ミガキ)に着目してみよう。すでに知られているように，朝鮮半島の小型壺にみられる頸部の研磨は大半が縦方向である[1](後藤，1980)。それに対して，九州では横方向の研磨が多く，調整技法において差異がある(図23)。一見したところそっくりであるにも

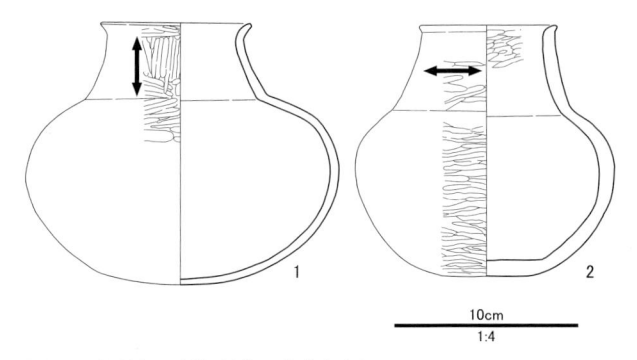

図23 小型壺の頸部研磨の方向(1/4)
1 韓国・石谷里遺跡(沈，1990)，2 日本・久保泉丸山遺跡(東中川(編)，1986を改変)

かかわらず，磨きの方向などの土器製作・調整方法の詳細において差異がみられるという現象が，どのような原因で生じているのかということについて考えてみる。

　土器づくりのような熟練を要する作業には，一定の作り方の手順によって肌身にしみ込んだ「ワザ」が重要な役割を果たしている。いわば「体でおぼえた技術」というべきものである。それは，特定の筋肉運動と結びついていて，通常はほとんど意識せずに実行できる。習得するには訓練を繰り返し繰り返し長期にわたって行うことが必要であるが，いったん習得されればそう簡単には変わらないものである。これについて，モーターハビットという概念を適用することができる。

　縄文時代晩期以来の精製器種にみられる研磨の方向は，いずれも横方向に施されている。晩期の土器製作者は，精製器種である浅鉢を横方向に研磨するにあたって，姿勢，土器の持ち方，研磨具の持ち方，そしてその動かし方やスピードなどなどといった点で，文化的に獲得されるモーターハビットを共有していた。新しい精製器種である小型壺を製作するに際しても，研磨の方向を変えることに特別意味があると考えないかぎり，研磨という作業は既存のモーターハビットによって行うとみられる。小型壺頸部の研磨方向の違いは，朝鮮と九州における土器製作のモーターハビットの違いを示している。

　そこで，次のように結論できる。すなわち，九州での壺の製作者の大半は，伝統的な縄文土器製作技術に連なる技術を習得していた者達であったということである。

　なお，古手の小型壺の中にも胴部内面に貝殻条痕を残すものがみとめられる。貝殻条痕は縄文時代以来の伝統であり，刻目突帯文をもつ甕の調整に多用される調整法である。これは従来ほとんど重視されていないが，上記の推定を支持することといえよう。

(5) 先行する変化

　土器製作技術の伝統の持続度合いにまで論を及ぼしたことになるが，その当否について慎重に判断するためには，この時期の歴史的脈絡(コンテクスト)について考える必要がある。田中良之と武末純一は，九州において刻目突帯文土器様式の直前にあたる黒川式土器の中にごく稀にみられる孔列のあるものについて，刻目突帯文期の外来要素の大々的な導入に先だって，朝鮮半島からの情報が入ってきていたものと評価している(田中，1986；武末，1987d(1991))。そして，それが折衷土器の中のマイナーな要素として現れることから，この時期には渡来人は存在しつつも在来文化の規制下にあったとしている(田中，ibid.)。この孔列文土器については，現状では鹿児島県など南部九州での出土例が目立ち(下山，1987)，新たな問題を提起しているといえよう。その性格についてはまだ検討すべき点が多い。

　福岡県糸島郡を中心とする玄界灘沿岸地域では，縄文時代晩期前半以降，黒色磨研の比率が低下することや，そのほかの土器の色調が明るく赤みが強くなるという橋口達也や松本直子の指摘がある(橋口，1988；松本，1991，1993，1996)。松本が行った晩期前半における地域ごとの深鉢の色調についての分析結果を示す(図24)。マンセル記号によるデータを数量化III類によって解析したものであるが，パターンの第1次元解の変異幅が地域ごとにハコヒゲ図で示されている。解析結果の読み

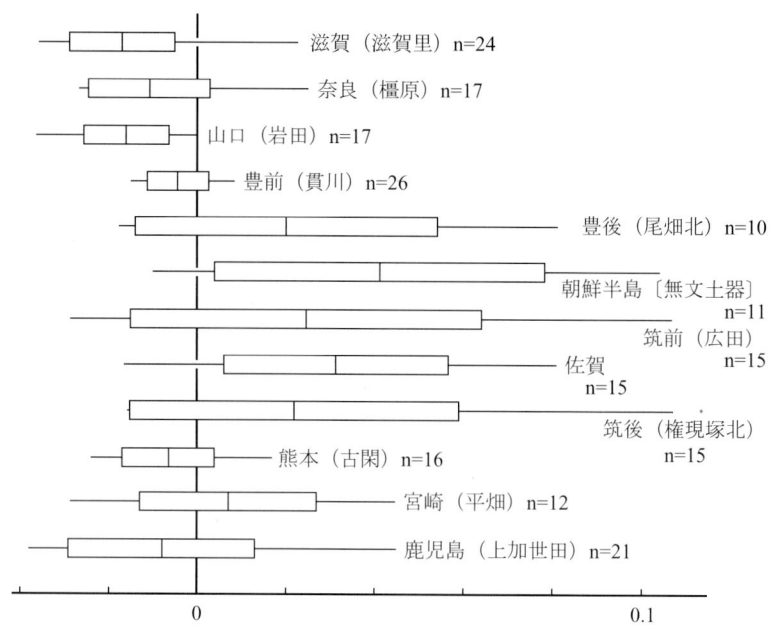

図24 縄文時代晩期前半における深鉢の色調分析結果(松本, 1996を改変)
数量化III類のパターン第1次元解に基づいた箱ヒゲ図.

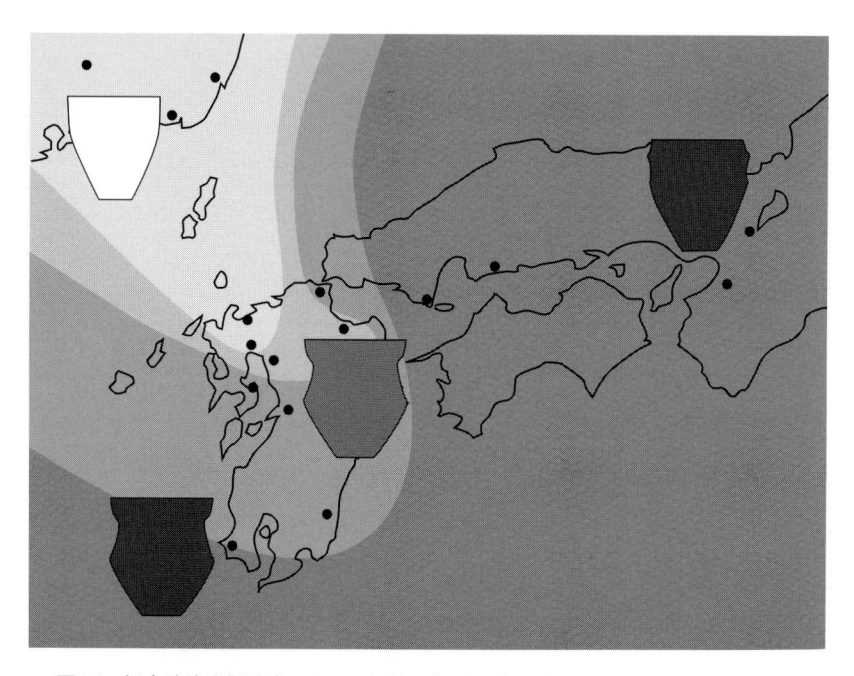

図25 縄文時代晩期前半における深鉢の色調の地理的クライン(松本, 1996を改変)
数量化理論III類のパターン第1次元解に基づく.

とりの結果，グラフの右の方にいくほど鮮やかな橙色で，左の方にいくほど鈍いくすんだ黄灰色になると解釈できる。すると，一番鮮やかな橙色を呈するのが朝鮮半島南部のもので，それに近いのが玄界灘沿岸の筑前や佐賀，豊前などといった九州北部の地方という結果が出ている。九州の中・南部や奈良・滋賀県方面では，くすんだ黄灰色が基調となる。要するに，朝鮮半島から離れるほど，色調においても差異が大きくなるということになる。松本はこの値をもとに等高線を引き，朝鮮半島からの土器の色調のクラインを図式的に示している（図25）。

松本は，このような色調の地理的な勾配はそれより前の段階には認められず，晩期前半になって急に朝鮮半島の色調に近づく地域が出てくると述べた。

この変化はとくに粗製深鉢に顕著であるが，この地域では深鉢の形態においても砲弾形を呈するものがみられ，サイズも小さくなる傾向がある。こうした点で，この地域における粗製深鉢の変化の方向は，小型で砲弾形を呈する朝鮮半島の無文土器甕の成立過程と，ある程度パラレルといえる。こうしたさまざまな属性における，いわば朝鮮半島化または無文土器化は，九州において朝鮮半島に最も近い部分から，しかも晩期も前半からすでにゆっくりと開始されているようである。色調は，すぐれて視覚的な属性であり，一見すれば情報を得ることができる。発色に対して複雑な焼成法の伝達が不可欠である場合を除けば，渡来人の直接的関与はあまり必要ではない。

このような歴史的コンテクストをふまえれば，朝鮮半島に近いエリアⅠにおいて朝鮮半島のものと類似した小型壺が新たな形態パターンとして出現することは妥当性が高いと考えられる。また，エリアⅡにおいては変容した小型壺が存在しているが，これは，伝統的な形態生成構造に則ったものと捉えることができ，より間接的な受容であることを意味している。

(6) 縄文人と渡来人

以下，煩雑になるのを避けるため，「縄文人」，「弥生人」，「渡来人」などの言葉を便宜的に用いることにする。

まず，以上の分析から復元できる当時の北部九州の状況についてまとめると次のようになる。晩期前半の段階から，粗製土器などあまり目立たないところから，しかも朝鮮半島に近いところにおいて，長期的に変化が進んでいたのであり，それが急激に発現したのが壺の出現期，すなわち刻目突帯文期であったわけである。実際に，九州における小型壺の製作者が，縄文土器の製作技術に習熟した人物であったということは，先ほど明らかにしたとおりである。しかも，要素の導入のプロセスがかなり長期にわたることや，導入した要素にしばしば変容が加えられていることなどを考えれば，必ずしも多数の渡来人が一度にやってきたというモデルを立てる必要はなくなる。

家根（1993）は，粘土紐（帯）の接合技法は容易に伝播しないということから，粘土帯を外傾接合する土器は無文土器であり，その製作者は渡来人もしくはその子孫であるとする見解を出している。この説にはいくつかの問題点がある。たしかに，粘土の接合技法は土器製作時のモーターハビットとも関係するものであり，簡単に変えることは難しいであろう。しかし，まったく不可能であるわけではない。また，土器作りをどのような形で誰から習うのか，という問題と，渡来人と在地の縄

文人が如何なる関係を結んだか，という問題が明らかでない以上，縄文人，あるいは遺伝的にその系譜を引く人々が外来の製作技術を習得した可能性は否定できない。ともかく，壺と甕で新しい要素のあらわれ方，伝統的要素の残り方に差がみられることは興味深いことであり，さらに検討していく必要があろう。

田中(1991)は，縄文から弥生への変化に関する文化変化の問題も含めて，該期の渡来人をめぐる問題について再検討を行っている。田中は，考古学的および形質人類学的分析から，渡来は黒川式期には認められ，夜臼式期に連続あるいは増加するが，その人数は人口の少なかった在来人を凌駕しない程度であろうとしている。また，突帯文期に渡来人のコロニーが存在しないことや，朝鮮半島系の実用磨製石鏃が流入していないことなどから，渡来は平和裡に行われたとし，それは「渡来人側においては，それ以前からの交流と移住を通じて移住先の情報を蓄積していたこと，在来者側には，黒川式期を通じて流入・蓄積された稲作農耕とその文化への期待が存在したことを示す」と述べている。

この田中の見解は非常に的確であると考える。今後この議論を発展させるためには，田中がここで「情報の蓄積」と呼んでいるものが具体的にはどのようなプロセスであるのか，また，「期待」という言葉で示しているものがどのようにして，なぜ形成されるに至ったのか，という点について，より具体的に検討していくことであろう。そのためには，「在来伝統や規制の健在」(ibid.)というものを，行為者個人のレベルに引き下げてその仕組みを説明していくことが有効である。

どの部分をどう変容させているかということは，受容者の土器をめぐる認知構造と，その背景にある様々な歴史的・文化的要因とに深く関係している。新しい要素の受容には，受容者の認知構造と，それに基礎を置いた「価値判断」が介在する。弥生時代開始期において，むりやり朝鮮半島からの諸要素をうけいれさせられたとは到底考えられない。すると，急速にみえる導入の背景には，朝鮮半島系の文化や要素などに対して好ましいもの，とりいれられるべきもの，という正の価値，プラスの評価が認められたからにほかならない。

弥生時代開始期の問題は，縄文人と弥生人，あるいは縄文人と渡来人という二分法に則って，常に漠然とした対象にレッテルを貼った形で論じられてきた。また，縄文人は縄文的な儀礼や伝統，生活スタイルに頑迷に固執し続けるだけの未開集団というイメージが根強くある。しかし，ここで述べたような見方をとると，そのような議論は揺らいでくるであろう。つまり，それまでの伝統によって培われた文化をもちながら，それをベースにして新しい状況に積極的に対処することによって，新しい時代を切り拓いていった集団としての「縄文人」の姿が浮かび上がってくるからである。このように考えることによって，弥生文化を正しく理解することが可能となり，ひいては縄文社会の正当な評価へのきっかけになるであろう。

このようにみてくると，これは縄文人主体論ともいえるが，それを一方的に支持するものではない。縄文人の「認知的側面」を重視する点で従来のものとはベクトルを異にするからである。言いかえれば，縄文人が，既存の社会と朝鮮半島の社会・物質文化との間で，認知構造を介してそのハビトゥスを変容させていったという点こそが，弥生文化形成を考えるうえで重要なのである。以上

で検討した壺の導入のプロセスから読みとることができるのは，長期にわたるこうした文化変化の
ドラスティックな局面に立ち会った九州の人々が，自らの文化伝統の中で構築された認知構造を基
盤として対応した一側面ということになろう。

第3節　生業と食生活

1. はじめに

　前節では壺の成立の局面に着目したが，後の議論のためにもここではさらに弥生時代の生業と食
生活がどのようなものであったか，必要に応じて縄文時代と対比しながら概観し，弥生文化のイ
メージに厚みをもたせておきたい。

　先史・原史時代の生業は，狩猟・漁撈，採集，牧畜（飼育），農耕の4つに大きく分類される。一
般に，縄文時代が狩猟・採集による獲得経済，弥生時代は農耕による生産経済というイメージが強
くもたれている。このように，伝統的な考え方では両者は対立的に捉えられがちであったが，そう
単純なものではないであろう。むしろ生業システムが1万年にわたって安定と変換を繰り返しなが
ら比重を変えつつ移行していく過程として把握するほうが，より実態に即した無理のない解釈が可
能である。

　日本の考古学研究史上，稲作は重要な問題として扱われてきた。昭和に入ったころまでに弥生時
代に稲作が行われていたという証拠と農耕社会としての認識が提示されつつあったが (e.g. 山内,
1932; 森本, 1933d, 1933e)，とりわけ戦後すぐに学界をあげて取り組まれた静岡県登呂遺跡の発掘に
おいて，整然とした水田跡をはじめ農耕集落全体の様相が明らかとなり大きな衝撃を与えた。戦前
からの稲作についての問題意識は，戦後揺らぎつつあった「日本人」としてのアイデンティティー
の確認という欲求とも相俟って，いっそう情熱を傾けて継承されたのである。その後の各地での発
掘調査の進展に伴いイネ以外の作物栽培の証拠も発見されていったが，いきおい他の作物に比べて
稲作が過度に強調されていった感は否めない。

　以上は，「狩猟・採集の縄文文化」と「農耕（稲作）の弥生文化」という単純な認識が培われてき
た理由のひとつである。弥生時代は農耕社会であることにはまちがいないが，弥生時代の生活の中
で生業の4つの形態は緊密に組み合わさってシステムを構成しているのであって，その意味でどれ
ひとつとして無視できるものはないのである。以下それらについてみていくことにする。

2. 農耕と飼育

(1) 農　　耕

　まず，大きな関心がもたれてきた稲作について述べる。伝来ルートについてはいくつか説がある
が，弥生時代開始期において朝鮮半島南部からの文化要素の伝播が認められることなどから，中国
の揚子江下流域から朝鮮半島西南部を経て北部九州にもたらされたという「間接渡来説」が，今の

ところ考古学者の間で優勢となっている。

　イネの品種については，インディカとジャポニカが知られているが，日本では朝鮮や中国北半と同様，現在もジャポニカが栽培されており，弥生時代においてもそうであった。なお，インディカとジャポニカはそれぞれ長粒米と短粒米として知られているが，近年の研究成果では長粒か短粒かという従来の基準は適合度がかなり低く，必ずしも判断の基準にできないことが明らかになっている。むしろプラントオパールと呼ばれる機動細胞の形態計測かDNAのどちらかであれば高水準での判別が可能である(e.g. 宇田津ほか, 1993)。また，遺存状態のよいコメやイネについてDNAを抽出することが最近の技術では可能になっている。そうした見直しの結果，たしかに日本の米はジャポニカであるが，その中でも熱帯ジャポニカ(ジャワニカ)か温帯ジャポニカかということがさらに問題になっている。現在，日本で栽培されているものは基本的に温帯ジャポニカであるが，弥生時代には熱帯ジャポニカと温帯ジャポニカの両者が混在した遺跡が多数あることがわかりつつある(佐藤, 2001)。このように，イネの伝来ルートの研究は新たな局面にある。後述するように縄文時代のイネの存在が明らかにされつつあるが，プラントオパールの形態が後のものと異なるという指摘[2]もあり，伝来ルートの解明が待たれている。

　先述のとおり，従来縄文時代晩期後半に位置づけられてきた刻目突帯文期は，福岡市板付遺跡や佐賀県唐津市菜畑遺跡をはじめとして完成された水田設備や木製農耕具も出現しており，後続する弥生時代前期と文化内容にほとんど断絶が認められないことから，弥生時代の開始期として認識する見方が強まっている。これにより非農耕社会としての縄文時代観は延命した形となっている。

　しかし近年の研究成果から，縄文時代にも農耕が存在したことがしだいに認められつつある。イネ栽培の証拠自体は，西日本では縄文時代後期後半にはかなり認められる。九州でも例えば福岡市四箇東遺跡や熊本県鍋田遺跡では後期後半のイネのプラントオパール，長崎県筏遺跡では後期後半の籾圧痕，福岡県法華原遺跡では後期末御領式期の米粒などが検出されている。晩期前半では熊本県上ノ原遺跡，大分県大石遺跡で稲籾が検出されており，晩期後半では熊本県ワクド石遺跡の稲籾と籾圧痕，長崎県百花台遺跡，礫石原遺跡などで米粒が見出されている(e.g. 春成, 1990; 上村, 1994; ほか)。熊本県上南部遺跡(C地点)などでも晩期前半の土器胎土中から多量のイネのプラントオパールが検出されている(藤原, 1988)。また鹿児島市の鹿児島大学構内遺跡では縄文時代中期に遡る可能性が考えられる層(4410 ± 90 y.B.P.)からイネのプラントオパールが検出されている(古環境研究所, 1994)。このように，コメの出土や土器の製作時に表面に偶然籾が付着した「籾圧痕」，イネのプラントオパールが少なくとも晩期初頭以前から存在することや，扁平打製石斧や「打製石包丁」・「打製石鎌」など農耕用とみられるものが石器組成に組み込まれてくること(高木正文, 1980)などから，後期後半は農耕的な様相が看取できる。また，土壌中や土器胎土中などからプラントオパールの検出の努力がなされ，やはりそのころからイネが栽培されていたと主張されてきたのである。

　農学あるいは文化人類学・民族学など考古学に関連する学問においては，「照葉樹林文化論」をはじめ，弥生時代を遡って何がしかの農耕があったとする見方が多く提出されてきた。その中には

稲作も含まれている (佐々木, 1971; 中尾・佐々木, 1992)。上記のように考古学的発掘調査からも縄文時代後半期の籾圧痕やイネ遺体が断片的にではあるが知られていたにもかかわらず, 縄文時代の農耕には考古学者が最も懐疑的であった。断片的であれ, 証拠があるものに対して検証を十分に行うこと自体についても消極的であった。それには様々な理由が考えられるが, 日本の考古学者が長期にわたって保持してきたハビトゥスや, 戦後考古学の実証主義的パラダイムと関係しているのは間違いないであろう。このこと自体, 非常に重要なテーマであるが, 第1章で少しふれているためここでは深入りしない。ただ, 弥生時代社会論がコメづくり優先・経済優先主義の戦後の時代的産物であり, 翻って獲得経済という縄文時代観にも影響を与えたという趣旨の指摘があることを述べておこう (藤尾, 1995)。

一方, 近年では縄文時代後期から弥生・続縄文時代に属する東北地方や北海道の遺跡でウォーターフローテーションを用いた先史植物学的調査が行われており (D'Andrea, 1995a, 1995b; D'Andrea et al., 1995), 青森県風張遺跡において縄文時代後期末の住居跡からコメが検出されている。少なくともこの時期には東北地方にコメが存在したことになる。このように, 従来の農耕起源に再考を迫るような結果も示されている。したがって, 西日本でも新しい調査法の採用によってさらに多くの古いコメが検出されるのは時間の問題であろう。その一端を示すのが岡山県南溝手遺跡で, プラントオパール分析等から縄文時代後期後半にイネが栽培されていたという結果が出ている[3]。また, イネのプラントオパールや籾圧痕は, 岡山県内の縄文時代中期に属する土器の胎土中からも検出され, さらに岡山県朝寝鼻貝塚では, 縄文時代前期の層からもイネのプラントオパールが検出されているという (岡山理科大学, 2001)。前期の例については, 他の多くの遺跡で発見されているわけではないので評価が難しいが, 先述の鹿児島大学構内遺跡におけるイネのプラントオパールの検出例も考えあわせると, これら古い時期のイネ資料は無視できず, 今後注意すべきである。

こうした最近の縄文時代のイネに関する証拠が, 東北や岡山に集中して発見されることを疑問視するむきもあるが, 計画的に栽培植物を探す努力がなされているかどうかにかかわる問題のように思われる。むしろ, それらの発見を受けて積極的に住居跡の土壌の水洗を行うなどの取り組みがなぜなされないのかということに注意すべきであろう。いずれにせよ, そうした最近の一部での取り組みと従来の断片的証拠を合わせれば, 栽培の形態はともかくイネの栽培自体は縄文時代の少なくとも後半期には広汎に行われていたと推定しなければならない。

以上のように, イネの栽培はかつて考えられていたものよりもはるかに遡ることは明らかである。縄文時代の農耕の存在についてはもはや疑う余地はないと考える。ただし, 弥生時代の稲作とは形態やシステムがかなり違っており, また稲作への偏重の度合いも異なるものであったことも間違いなかろう。縄文時代の遺跡立地や栽培植物に関する様々な情報を総合すれば, 縄文時代後期後半以降はとくに畑作を中心とする農耕に一定の高い比重があった時期と考えられる。しかし, 今のところ明確な水田遺構が確認されているのは弥生時代早期からであり, 専用の木製農具や大陸系磨製石器などもこの時期からである。おそらくは, このころが朝鮮半島から新しい形態の水稲農耕に関する知識や技術が体系的に導入された時期であることは間違いなかろう。したがって, おおまか

図26 佐賀県菜畑遺跡出土の弥生時代早期イノシシ(またはブタ)
の下顎骨懸垂の出土状況(中島・田島(編), 1982より)

生文化博物館(編), 1996)。また, 現在の全国の在来品種, 日本列島の中で北海道と南西諸島という離れた地域どうしのイヌは遺伝的に近く, 両地域に挟まれる地域のイヌは朝鮮半島のイヌに近いという。形態的にも前者は縄文時代のイヌと類似しており, 後者は弥生時代のイヌと類似する。したがって, 弥生時代に新しい品種のイヌが朝鮮半島から導入され, 日本列島全域に広がっていた縄文時代以来のイヌを混血により遺伝子的に凌駕していったと考えるのが妥当である。

　注目すべきは, その分布が高顔・高身長の大陸的形質をした「渡来系弥生人」の分布に重なっていることである。したがって, 「弥生革命」において朝鮮半島から文化複合の選択的受容という歴史的脈絡を考えれば, イヌは同一の経路で持ち込まれたものと考えられる。なお, 弥生時代の遺跡からは食用にされたとみられるイヌの骨も発見されている。そこで弥生時代に入ってきたイヌについては, 食用にするという新たな習慣とともに食用犬として持ち込まれた可能性が指摘されている。そうであれば, 弥生時代のイヌは「生業家畜」と見なすこともできる。

　弥生時代早期には, イノシシ(またはブタ)の下顎骨に穴をあけて数個を棒に懸垂したものがみられるようになる。佐賀県菜畑遺跡の弥生時代早期の例(図26)をはじめとして, 奈良県唐古・鍵遺跡のものが知られていたが, さらに岡山市南方(済生会)遺跡で弥生時代中期の「イノシシ類」下顎骨を12個連ねた良好な資料が発見された。シカの頭骨も中央に置かれている点など祭祀の場面の

復元に役立つものである(岡山市教育委員会,1995;扇崎・安川,1995;安川・扇崎,1995)。これらも家畜の可能性がある。狩猟によるのか家畜なのかでだいぶ評価は変わりうるが,これは弥生時代にはかなり普及する風習である。縄文時代にはみられないとされており,他の文化要素と同様,朝鮮半島からもたらされた風習の一つである可能性が指摘されている。今後検討を要する課題である。

3. 狩猟と漁撈

(1) 狩　猟

　海岸部の遺跡では縄文時代に多い貝塚が弥生時代には非常に少なくなり,規模も縮小する。貝の採集時期は普通,春から夏にピークがあるが,これは農繁期と重なることと関係があるという説が出されている。他の要因も考えられるが,一考の価値がある。一方,冬は縄文時代以来の狩猟シーズンであるが,農閑期でもあるため弥生時代においても大型獣を中心とした活発な狩猟活動が行われたことが十分考えられる。

　弥生時代の狩猟用具としては,縄文時代以来の伝統のある弓矢がその代表であるが,出土例からみると弓は木弓であり,矢は石鏃・磨製石鏃が遺跡で出土する代表であるが,石鏃は弥生時代中期前葉以降,かなり減少する。これによって狩猟活動の減少をイメージするむきもあるが,それは必ずしも正しくない。北部九州では中期後半になると鉄鏃が使用されており,鉄鏃に材質が転換したことと関係すると思われる。鉄製品は錆びて遺存しにくいという性質があるため,実際は現実に確認できるよりもはるかに多く存在していたはずである。その時期には鉄鏃を模倣したとみられる扁平磨製石鏃が九州各地で出土する。弥生時代後半期においても狩猟対象はある程度変化した可能性はあるものの,狩猟活動も活発に行われたとみてよかろう。なお,鏃には骨製や角製などもある。それらは残存することが非常に稀であるが,鏃の中で一定の比率を占めていたことは疑いない。

　縄文・弥生時代を通じて狩猟対象は,大型獣ではイノシシ・シカが主体である。縄文時代においては両者の割合はほぼ拮抗しているか,もしくは若干シカが多い程度であるが,弥生時代の西日本ではイノシシの割合が増加する。これはシカのほうが,棲息域が山地性で個体数も少ないため,狩猟のためにはより積極的な活動を必要としたからという見方もある(金子,1988)。農耕により大きな比重がある社会では,このような説明も説得力がある。しかし,従来イノシシと認定されてきたものの中にブタとすべきものが混じっているかもしれないことや,イノシシ自体を飼育していた可能性も十分考えられる。

　そのほか遺跡で出土する動物遺存体から,狩猟対象となったと考えられるものを,九州を中心に列挙すれば,まず哺乳類ではタヌキ・オオカミ・ノウサギ・ムササビ・アナグマ・テンなどが出土する。便宜的に海棲哺乳類についてもここでふれるが,海岸部を中心にクジラ・ジュゴン・マイルカ・ニホンアシカなどが出土している。鳥類は,ツル目・コウノトリ・カモメ・フクロウなどがみられるがあまり多くない。

　丘陵や山麓はもっとも活発に狩猟が行われた地域とみてよかろう。例えば,福岡県小郡市周辺の三国丘陵は典型的であるが,弥生時代前期はもちろん中期初頭まで,狩猟用としての打製石鏃やそ

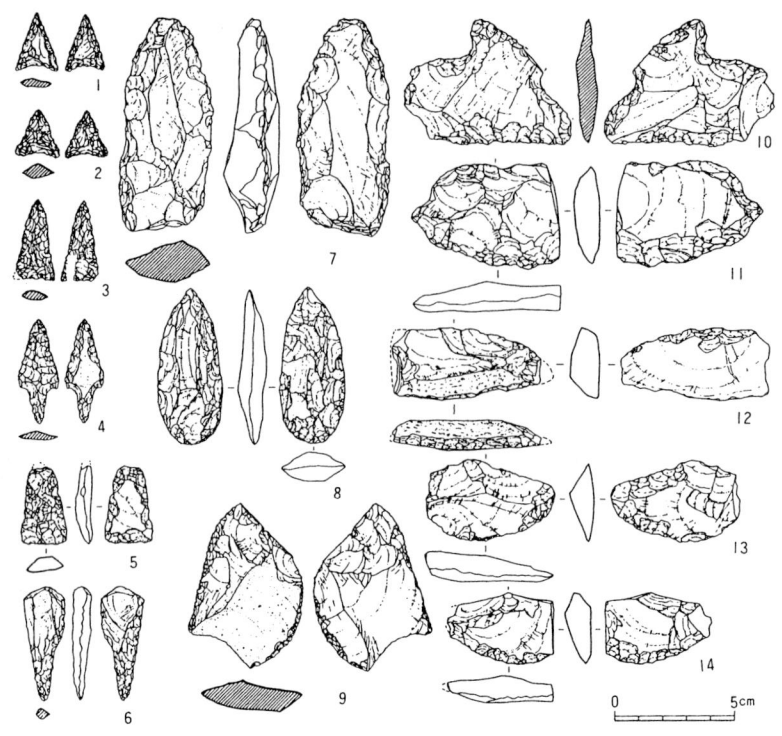

図 27 福岡県小郡市内出土の弥生時代前期〜中期初頭の打製石器
1〜5 石鏃，6 石錘，7〜9 削器，10 石匙，11〜14 搔器

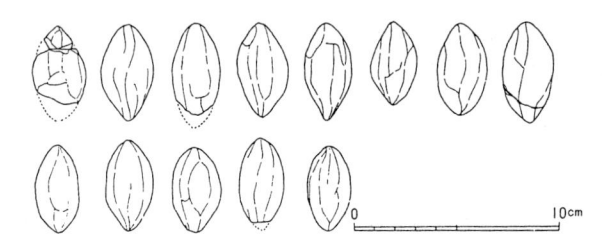

図 28 土製投弾
多数一括して出土することがある．福岡県小郡市北牟田遺跡出土．

の解体具としての用途が考えられる石匙・スクレイパーなどの打製石器群がセットとして存在している (図27)。石匙は明らかに縄文時代以来の伝統的な石器であり，これが弥生時代中期初頭までは安定して出土することは重要である。こうした石器群からみれば，この時期のこの地域では狩猟の比重が他と比べてやや高かった可能性がある。もちろん石包丁なども安定して出土し，谷水田が営まれていたと考えられている。また，この地域では紡錘形の土製投弾が多く出土していることも注目される (図28)。民族誌からの類推で狩猟用と考えられているもので (八幡(編), 1982)，三国丘陵にある津古中台遺跡などではこの投弾が袋などに入れられたことを想像させるようなまとまった状態で出土している。今日では激減してしまったが，当地に飛来するカモはその対象の一つと考えられ

る。なお，弥生時代の遺跡からは鳥形木製品や鳥の絵を描いた資料も存在することなどから鳥に対する信仰が存在したとする意見がある（e.g. 春成，1990）。そうだとすれば，遺跡からの鳥の出土が概して少ないことは信仰的・象徴的意味から狩猟が規制されていたとする説も成り立とう。

骨は本来，腐朽・分解しやすいので，残存するには一定の条件が揃わなければならない。そうした条件の中で，津古土取遺跡の弥生時代前期に属する貯蔵穴の中から出土したものなどは狩猟および食生活の一部を知る貴重な証拠である。なお，貯蔵穴の埋土中から土器・石器などが多く出土することに示されるように，貯蔵穴がゴミ捨て穴として利用されたと考えられるものも多く，なかには貯蔵穴の廃棄に伴う祭祀的な行為などによるものもあるかもしれない。本例はしたがって，貯蔵穴本来の機能とは関係ない。この貯蔵穴から出土した骨は，イノシシ・貝類・鳥類があり，この地域での狩猟活動の一部を推定するよすがとなる（図29）。ここでイノシシとされているものは前述のとおりブタの可能性もある。そのほか，同様に津古内畑遺跡などでも貯蔵穴の中から動物骨が見出された例があり，今後こうした資料の分析が進めば，丘陵部での狩猟対象や狩猟の季節性などを具体的に論じることができるようになるであろう。

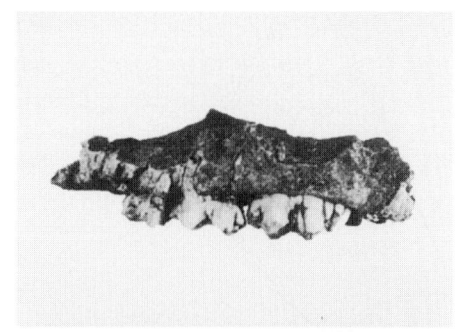

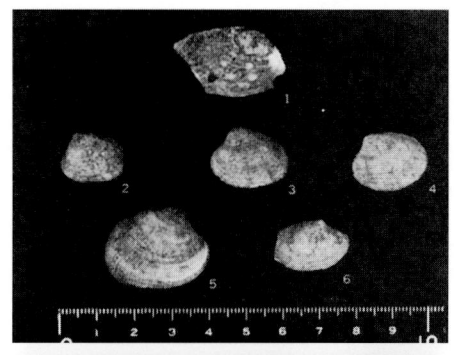

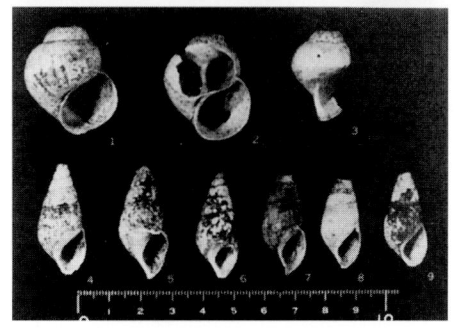

図29 福岡県小郡市津古土取遺跡貯蔵穴出土の動物骨・貝類
上 イノシシ，中 貝類：1 マツカサガイ，2〜6 アサリ，下 貝類：1〜3 マルタニシ，4〜9 カワニナ

なお弥生土器には時折，シカとみられるヘラ描きの絵がある（図30）。縄文時代にはイノシシの造形はあってもシカの表現はほとんどなく，逆に弥生時代になると土器にシカの絵が描かれることがあるがイノシシの絵はなくなる。すでに述べたように，弥生時代にはイノシシに比べてシカの出土量が相対的に減るので，絵画資料だけみていると，あたかもシカを多く狩っていたかのような，現実と異なったイメージになってしまう。つまり，絵画資料ではとくに好まれる対象があり，著しい不平等を生じているのである（春成，1990: 86-92）。このことは，動物それぞれに対して，弥生時代人ならではの象徴的な意味が付与されているということを表しており，おそらくは神話などにも反映していたであろう。先にあげたイノシシ（またはブタ）の下顎骨を懸垂したものについても，農耕または狩猟の祭祀用かシンボルとしての機

能を果たしたものかもしれない。このように，動物をめぐる問題は，たんに生業としての狩猟についてだけ考えればよいものではなく，弥生時代の精神活動を知る手がかりにもなるのである。

(2) 漁　撈

弥生時代の漁撈具としては，石製・鹿角製・鉄製の釣針，石製・土製の錘，石製・骨製・角製のヤスなどが代表的なものである(図31)。また，漁撈に関係するものとして舟・櫂の出土もみられる。なお，釣や網用の糸や艫綱のようなロープが存在したはずであるが，遺存しにくいため材質などは不明である。以上のものは材質を別にすれば，基本的には縄文時代から存在していたものである。縄文時代同様，海岸地域の遺跡から多く出土している。

前述のとおり弥生時代は貝塚が少なく，その多くは小規模である。しかしながら，その貝塚から出土する魚骨や骨角器，貝などから漁撈の対象を知ることができる。

弥生時代中期から後期になると，玄界灘沿岸などに「漁村」とみなせる集落が出現すると認識されている(下條，1989b)(図32)。玄界灘沿岸の「漁村」的集落において「九州型石錘」と呼ばれる滑石製の錘が発見されるのは特徴的である(図33)。この錘は「天秤釣り」に用いられたものと考えられている。このように洗練された漁具のもう一つの例として大阪湾から瀬戸内海東部沿岸地域で出現する専用のタコ壺がある。数十個単位の延縄として使用されたと推定されている。

遺物として出土するものから復元される漁法は，釣漁・刺突漁・網漁・罠漁があり，貝などはとくに道具を使わない直接漁が行われたであろう。

罠漁の資料としては，海水域においてはタコ壺(イイダコ壺)がその一種である。九州では明確でないが，弥生時代中期(第III様式)以降の大阪湾に顕著である(和田，1988)。河川などの淡水域においては筌(図34)・梁・エリなどが用いられた。

弥生時代には佐賀県菜畑遺跡，長崎県壱岐原の辻遺跡，

図30　土器にヘラ描きされたシカの絵(花立山調査実行委員会，1982より)

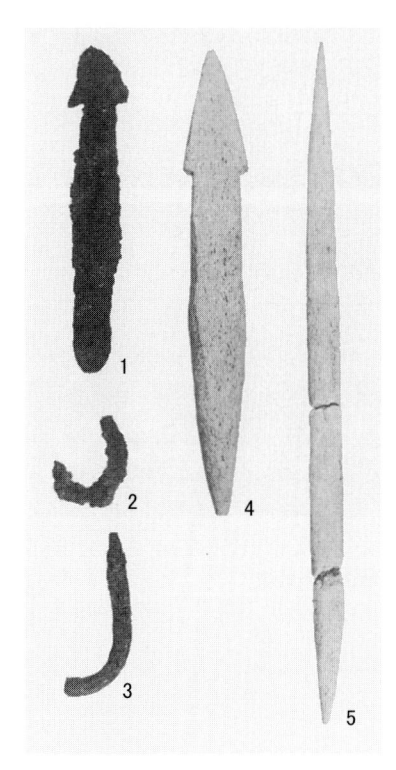

図31　弥生時代の漁撈具
　　　壱岐カラカミ遺跡出土：1 鉄製銛，2・3 鉄製釣針，4 鯨骨製銛，5 鯨骨製ヤス

第 3 章　弥生文化の成立

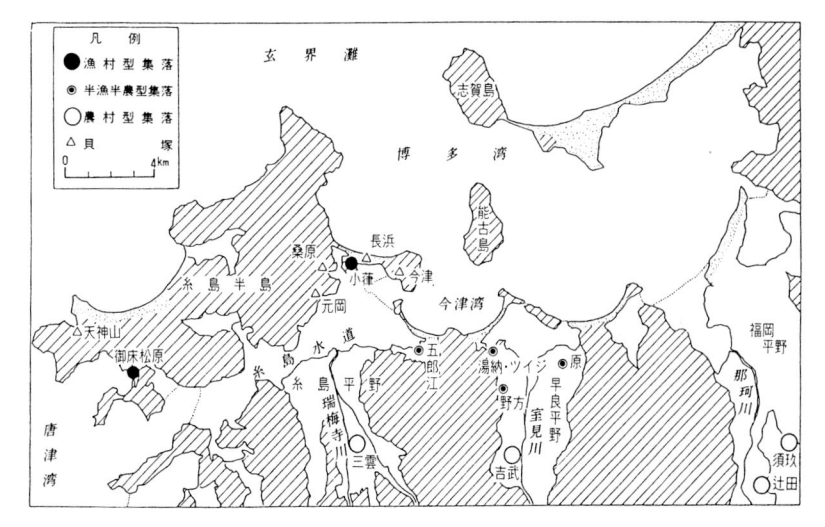

図 32　漁村とみなされる集落遺跡（下條，1989b より）

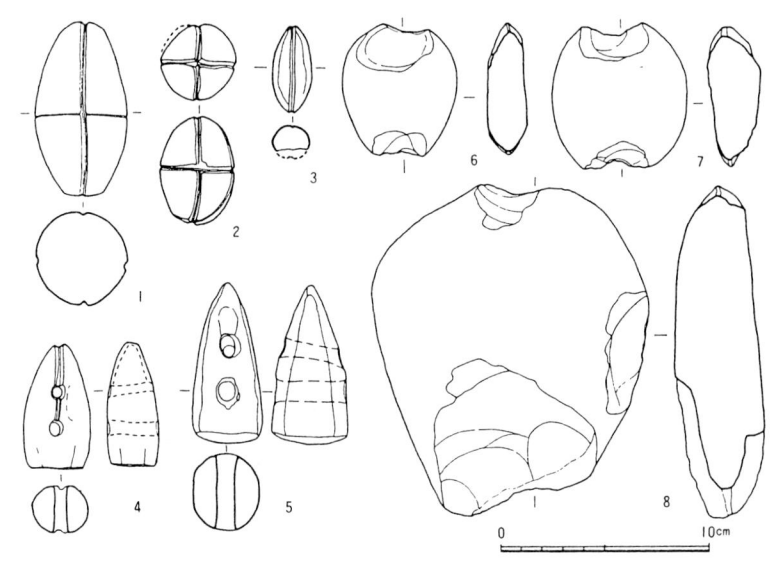

図 33　九州型石錘の出土例（志摩町教育委員会，1983 より）
御床松原遺跡：1〜3 有溝石錘，4・5 九州型石錘，6〜8 打欠石錘

　福岡県御床松原遺跡などで出土しているような，鉄製や鯨骨製のアワビオコシとみられる道具（図35）もあり，『魏志倭人伝』に記載されているように潜水漁が行われたことを示すものかもしれない。
　なお，筑後平野北部の小郡市大板井遺跡では弥生時代中期後半の須玖II式土器に伴って鉄製釣針が出土している（図36）。鉄製釣針としては非常に古い部類に属する。内陸部の遺跡であるので，この地域に居住する人々の漁撈活動を反映しているかどうかは疑問である。しかしこうした釣針が沿岸部では使用されていたことが示唆される。

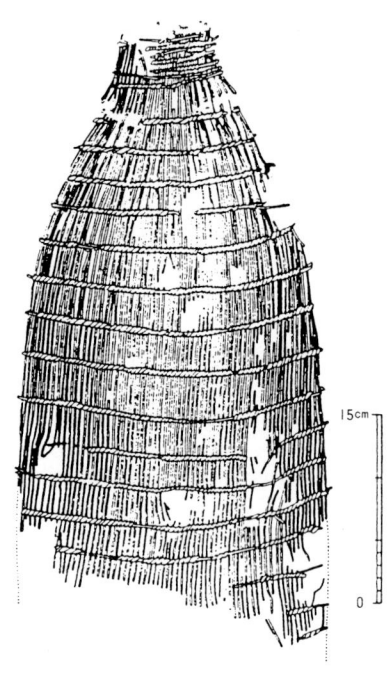

図 34 筌（福岡県教育委員会（編），1979 より）
福岡県春日市門田辻田遺跡出土．

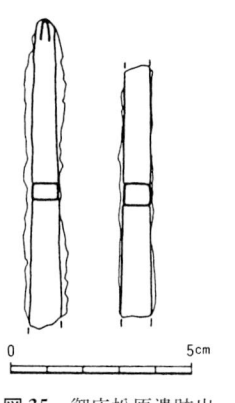

図 35 御床松原遺跡出土の鉄製アワビオコシ（志摩町教育委員会，1983 より）

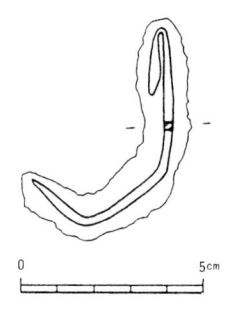

図 36 福岡県小郡市大板井遺跡出土の鉄製釣針（片岡（編），1982 より）

(3) 採　集

　縄文時代において食料の中で重要な役割を果たしていたとみられるドングリやクリなどの堅果類は，弥生時代にも多く利用されている。とくにドングリは縄文時代の植物食を特徴づけるものであり，それが弥生時代まで継続するのは興味深い。そのほかオニグルミ・トチノキ・アサ・カキ・ヒシ・アケビ・サルナシ・シソ・サンショウ・ヤマモモ・野生のブドウ・カヤなどもみられる（粉川，1988）。また，遺跡での証明は難しいがワラビ・ゼンマイなどの山菜類や，根菜類をはじめとして多数の食用植物が利用されていたと考えられる。採集活動については消極的なイメージがもたれているが，生業の一部として重要な意味をもっていた。北部九州の丘陵地帯で検出される弥生時代前半期の貯蔵穴からはドングリをはじめとして採集によって獲得されたと考えられるものが多く出土している。

　以上，生業について概説してきたが，それぞれに対して季節によって比重のかけ方が異なるはずで，また生業への従事者も年齢や性別などによる役割分担がなされた可能性もある。また，生業についてカロリー摂取や栄養バランスの問題として考えることもできる。さらに，おいしさ・貴重さ・作業に従事することへの誇りや楽しみなども生業を考える上で不可欠と考えられる。したがって，ひとくちに生業といっても，栄養摂取の問題から社会の仕組み，さらには価値や精神の問題まで含まれるのであって，生業を個々ばらばらに考えるよりも全体で一つの生業システムを構成しているとみることによって，弥生文化の正しい理解につながるはずである。

4. 食生活

　塩はしばしば人間の生存に絶対必要なものといわれるが，それは必ずしも正しくない。極北のエスキモー[5]やオーストラリア先住民のように伝統的に「塩」という品目と縁遠い民族も存在しており，狩猟民や遊牧民は肉などの動物性食品によって補給可能だからである。それに対して，生業において農耕の比重が高い場合はナトリウム摂取のために塩が必要な場合が出てくるとされる。ただし，人間は生理的調節機能によってある程度ナトリウム分の欠乏を補うことができるといわれており，むしろ塩という品目は生存のかてというよりも，文化的な嗜好，象徴的価値，経済などの面に注目すべきものなのである。

　弥生時代においては中期後半（第IV様式）に瀬戸内海をはじめ海岸部で製塩土器が出土する地域もあるが（e.g. 白石，1988），北部九州の弥生時代では明確な製塩土器は発見されていない。しかし，藻焼きに使用される藻に付着するホンダワラが甕の中から見出されていることなどから，藻焼きのような製塩法であった可能性を考えるむきもある。

　こうした製塩がどのような体制・規模で行われたかは明らかではないが，海岸部では製塩も生業の一つに組み込まれていた可能性がある。そうであれば，内陸部には塩は交易によってもたらされたとみてよかろう。なお，以下で述べる調理において，塩による味付けが行われたかどうかは資料的には不明である。

　先史・原史時代の食物調理法についてはまだ十分な研究はなされていない。コメについては古墳時代以降，蒸器である甑が安定して存在することから類推して，蒸して食べたのではないかという意見もある。弥生時代前期から甕の底部に穿孔したものがみられるが，多くは焼成後に一孔を穿ったものであり製作当初から意図された形態とはいえず，また外から火を受けたものも多いため，甑としての用途については疑問視するむきもある。そこで，米についても通常の甕によって炊飯されたのではないかという見方が強まっている。なお，弥生土器の調理法については小林正史の一連の研究がある（e.g. 小林・柳瀬，2000）。

　弥生時代の甕は煮炊きに用いられたことは明らかである。多くの甕は通常，外面に帯状に色調の変化が認められる。底部には変色などは認められずもとの色を呈し，底部の少し上が直接火を受けて酸化により赤変して表面がはじけ，その上は炙られて煤が付着する。さらにその上は胴部がややすぼまるため火の影響をあまり受けずもとの色であり，口縁部は再び外に張り出すため下面から端部にかけて煤が付着する。これが弥生時代の甕一般に認められる（図37）。

　また，甕用の蓋も先端に煤が付着する。甕用蓋は北部九州では弥生時代早期にわずかに認められるが，弥生時代前

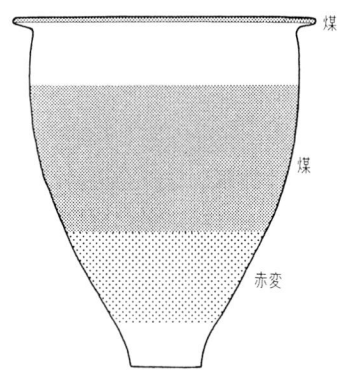

図37　弥生時代甕の煮炊き痕跡模式図

期初頭から中期末までは安定して存在する。甕用蓋の有無が「ご飯」・「お粥」・「雑炊」などの炊き方に関係するという指摘もあるが，実証が不十分である。また後期以降，土器蓋ではなく木蓋に転換した可能性もある。

　甕の外面には保存状態のよい個体の場合はふきこぼれの痕跡がしばしば観察される。甕の内面は，口縁部付近はもとの色だが，それ以外には内容物の焦げつきがしばしばみられる。内面を詳細に観察すれば器表が擦れて摩滅したものが認められる。これは内容物をかきまぜたか，使用後洗うことによるものと考えられる。なお，煮炊きに用いられた土器は甕が主である。

　甕の内面を観察すると底近くに焦げつきが残っていることがあり，それによって煮炊きの対象がわかる。しばしば認められるのが炭化した穀物であり，これまでに見出されたものとしては，コメがもっとも多いが，アワや，コメとアワの混ざったものなどがある。甕にふきこぼれの痕跡があるものと，こうした内容物との間に相関が認められる (柳瀬, 1997)。米はかつていわれたようなもっぱら「お粥」として食すよりも，むしろ「ごはん」が多かったと推定される。また，その他の動物性・植物性食物についても甕を用いた煮炊きが行われていたはずであるが，痕跡を見出すのが難しい。また，焼けた骨があることから，焼くという調理法も当然存在したはずである。

　土器の内容物は，穀物であれば焦げつきを肉眼あるいは顕微鏡観察することで判断できるが，それ以外の内容物，たとえば肉や魚を煮た場合などは，観察ができない。そうしたものの推定には脂肪酸分析法による土器に残存した脂肪酸の同定が有効かもしれない。しかし，熱による変質や経年による分解，汚染など様々な問題点が指摘されており，それらの解決がなされなければならない。

　酒については，弥生時代には当然あったと考えられ，おそらく縄文時代にはすでに存在していたものと考えられるが，その証拠を見出すことは非常に困難である。

　ドングリ類の多くは，粉末にして水さらしなどでアク抜きを行ったと考えられる。ドングリ類は弥生時代の貯蔵穴などでも多く出土しており，縄文時代以来利用されたものといえる。

　なお，食器と考えられるものについては，土器の椀(小型の鉢)などがあるが，北部九州ではとくに弥生時代中期後半以降に多くなる。木器は土器に比べて残りにくいため，軽視されがちであるが，おそらく本来かなり多く存在したものと思われ，食器として多用されたであろう。高杯は盛る容器であるが，土器と木器がある。高杯を用いて手で食べるという内容の『魏志倭人伝』の記載は，弥生時代の食事の実態とさほどかけ離れていないように思われる。

　食べるということは，単なる生命維持行為ではない。誰とどこでどのように食べるかというのはシンボリックな行為でもあり，社会的行為でもある。したがって，そのような見地からの検討も今後必要である。ブタの飼育についても日常の食用ではなく，祭宴などの際に用いられるべきものであったかもしれない。他の食物についても様々な検討が加えられるべきである。

　調理の場については，現代の各家庭での調理と食事の場面が思い浮かべられるためか，① 婦人によって，② 住居の中で，③ 世帯ごとに行われる，と漠然と考える傾向があるが，いずれも証拠はほとんどない。むしろ，北部九州の弥生時代の住居内にみられる炉は小規模で，さほど熱による変質を受けていないので，基本的には住居の外で行われていたと思われる。吉備地方の弥生時代に

おいてもそれと同様な指摘があり（柳瀬, ibid.），概ね各地でそのような状況であったと考えられる。とくに北部九州の中期土器は標準サイズのものでもかなり大きく，通常の竪穴住居の構成員で使用するには大きすぎると思われる。福岡県大板井遺跡II区などで集落内の屋外に一定範囲地面の焼けた部分が発見されているが，土器焼成遺構でないとすればこのようなものが候補として考えられよう。おそらく共同で行った可能性も十分にある。また，食事を家の中でとったかどうかも不明で，共同でとったのかもしれない。調理，食事が人前で行われることであったとすれば，その機能が問われなければならない。したがって，食事一つをとっても社会的行為であったことだけは確かといえよう。

　遺跡から食用になりうる動植物が発見されたり，栽培や飼育の痕跡が検出されたりしても，厳密にいえば，弥生人がそれを本当に口にしたかどうかはわからない。実際に血や肉や骨となりそれを動かすエネルギーとなった食料については，人骨中の組織タンパク質（コラーゲン）を抽出して，炭素・窒素同位体（^{13}C・^{14}N）の量を測定することで，その人物が生前どのような食生活をしていたか推定することができる。今後，動植物遺体の検出法や同定法がさらに洗練されていくであろうが，こうした新しい方法と合わせて検討することで，食生活の実態がさらに明らかにされるであろう。

第4節　その他の物質文化

　弥生時代早期に，水稲耕作に伴う様々な物質文化が登場するのは周知のとおりである。関連するあらゆる設備，道具，知識，イデオロギーがセットとして完成されたかたちで導入されたというのも，もはや大方の賛同を得ている。本来は，そうしたものをすべて本格的に検討し尽くす必要があるが，本節では，重要なものとして金属器，磨製石器と打製石器，環濠集落，渡来人，墳墓と埋葬をとりあげて若干の検討を行うことにする。渡来人は物質文化とはいえないが，他の物質文化と密接に関わっており，また重要なテーマであるのでここで扱うことにする。

　渡来的でないものが多く存在しているのも事実であるし，また渡来的とされているものにおいても属性レベルに着目すれば在来要素もうかがえるものがある。そうした視点から検討することにする。

1.　金属器

　金属器の登場と普及も弥生時代を特徴づける重要な要素である。弥生時代には青銅器と鉄器がほぼ同時に出現し，共存する。世界史的にみれば，新石器時代→青銅器時代→鉄器時代と進行するとされているが，青銅器時代を経ずに両者の併存がみられる。また，真の金属器時代ともいえず石器の併存も認められ，学史的に「中間時代」（中山, 1917），「金石併用期」（浜田, 1917）などの位置づけがなされた所以である。なお，北部九州を中心に，九州においては弥生時代中期前半には石器の激減の兆候が認められ，中期後半以降は利器の使用としては「鉄器時代」に入っているといえる。また，弥生時代早期に北部九州を中心として出現した多くの大陸的要素の中に，わずかではあるが

鉄器が認められる。金属器の使用・生産の時期や普及度については，地域差は大きいが，列島規模でみれば弥生時代は金属器使用が開始された時代といってよい。

長崎県では縄文時代後期後半や晩期後半（黒川式）かとされる鉄器が計3点知られているが，評価は未確定である（川越，1997）。それに対し，弥生時代早期には少ないながらも一定の評価がなされた資料が存在する。弥生時代早期の金属器とされるものは，福岡県曲り田遺跡の鍛造鉄斧，北九州市長行遺跡の鋳造鉄斧がある。長行例は黒川式まで遡る可能性も指摘されている。以前から有名な熊本県斎藤山遺跡の鋳造鉄斧は，前期前半頃に下ると考えられているがやはり古い例である。ただし出土層位に問題があり，評価が難しい。福岡県津屋崎町今川遺跡では鉄鏃や銅鏃，遼寧式銅剣の茎部分を再加工したとみられる鑿も出土しており，前期前半頃とされている。青銅器は，銅剣・銅矛・銅戈が弥生時代を特徴づける武器または武器形祭器として知られているが，北部九州の主に前期後半以降にみられ，鉄製品に比べるとやや遅れる傾向がある。

こうした早期～前期前半の金属器はもちろん貴重なものであったであろう。それを保有すること自体が権威の象徴となった可能性は考えられるが，のちの武器・威具・祭具というよりもむしろ実用品としての側面が看取される。とくに木器の加工痕の分析から，土木に関する杭の加工には鉄製工具も使用されたことがわかっており（宮原，1988），鉄斧が使用されたと推定される。そして農具については未製品の観察から，鉄器よりも大陸系磨製石器が使用された可能性が高いことも推定されている。なお，早期段階の鉄器使用は北部九州に限られるようである。畿内においては，杭の加工に鉄器が使用され始めるのは前期からとされ，本格的な鉄器使用は中期後半まで下りそうである（ibid.）。

縄文時代後期後半～晩期の断片的鉄器資料も積極的に評価してよいならば，大陸との交渉が何らかのかたちで行われていた証拠となろう。しかし，北部九州では弥生時代の早い段階に土木工事に伴って，鉄器が出現したとみられ，目的的に使用されるべく導入されていると考えられる点こそ重要な画期といえよう。おそらく水田の開拓，用水路の工事，新しい集落形態である環濠集落の工事に用いられたものと考えられ，それがいかに重要なことであったかを示唆していると考える。

2. 磨製石器と打製石器

弥生時代早期の北部九州にはすでに多様な大陸系磨製石器がセットで存在していることが明らかになっている。木工具としての柱状片刃石斧，扁平片刃石斧，伐採用の太型蛤刃石斧，磨製石剣・柳葉形磨製石鏃などの武器，石包丁，石鎌などの農具がある。こうしたものが早期にそろって出現し，定着する。またそれらは朝鮮半島との類似性が強く，弥生文化の成立について多くのことを語る材料として注目されている。しかしそれらの印象があまりに強烈であるため，つい大陸系磨製石器に目を奪われがちである。ところが，その一方で，伝統的な打製石器も多く存在しているのである。

打製石鏃はその代表で，弥生時代前半期の北部九州では鏃の主流である。前節でも述べたように，石匙，スクレイパーなども存在している。つまり，その時期の狩猟用の石器は打製石器であっ

たということになる。形式としては縄文時代の石器と同じであることは重要である。朝鮮半島の新石器文化においては磨製石器の各種がそろっているが，一方，併行する縄文時代には打製石器類が基本であった。縄文時代には磨製石器が使用されてはいるが，安定した磨製石器といえるのは，石皿などを除けば石斧類だけであり，その他の磨製石器は石棒，石刀など，実用品とはいえないものである。これは朝鮮半島と日本列島の石器の著しい違いといえる。弥生時代においても，上記のような新来の大陸系磨製石器は受容されたが，工具や農具，武器類などであり，狩猟用の石器類は受容・定着しなかったのである。

したがって，縄文時代からの伝統が部分的に保持されていることになる。こうしてみると，弥生時代の石器の受容は朝鮮半島の石器文化を全幅にわたってとりいれるのではなく，選択的であったということができる。やはりこれは受けいれ側の人々が「縄文文化」の系譜に連なる者達であったことを示唆している。

またこのことは，言い換えれば，石器カテゴリーに含まれる狩猟関係石器というサブカテゴリーは排他的であったということであり，それはほぼ確実であろう。これは弥生時代早期における人々の認知構造の一端を示すものともいえる。狩猟者としての「誇り」を維持しようとしたのかもしれない。すでに指摘されているように，実際には縄文時代は植物質食料への依存度が高かったと考えられる。もちろんその中には農耕も含まれるであろう。それでも狩猟は活発に行っていた。それはたんなる生活のかて以上の象徴的意味があったと想定される。縄文人の食料に関わる認知的カテゴリーの中で，農耕・採集と，狩猟とは，異なるカテゴリー化と意味の付与が行われていたと考えられる。とすれば，そのカテゴリーが弥生時代開始期にも維持されたといえるのである。

木工具としての扁平片刃石斧は，実際のところ木製農耕具の加工用として導入されたのではないかとする意見があり(宮原，1988)，注目される。水田とそれに関連する諸設備の開拓・開発などが早期には盛んであったと考えられるが，木工具も木製農耕具を通じてそれに結びつくことになる。こうした作業に大陸系磨製石器は投入されたのであり，鉄斧についてもそうであった。認知的カテゴリーからいえば，縄文時代晩期の農耕と新しい形態の農耕とは，同一ないし類似カテゴリーであり，触れ合うものであったと考えられる。農耕と狩猟はもともと対立カテゴリーまたはまったく異質なカテゴリーであったために，狩猟用石器は維持されたのかもしれない。さらにいえば，弥生時代の開始とは，「縄文人」にとってもともと朝鮮半島の文化の完全な模倣を希求した結果ではなかったことになる。

なお，北部九州の弥生時代前期代と考えられる石器は讃岐岩質安山岩が多くみられるが，たとえば，筆者が調査に携わった福岡県小郡市大板井遺跡で出土したものは，岩石学的同定の結果，数十km隔てた佐賀県多久市周辺の鬼ノ鼻山付近で産出されたものであった(唐木田，1995)。弥生時代前半期においてもそうした打製石器製作に適した原材の流通・交換または採取のシステムが，多少変化したとはいっても基本的には維持継続していたと考えられることも，打製石器製作・使用の維持と一体で考えなければならない。

いずれにせよ，弥生時代の開始においては，少なくとも朝鮮半島の文化の完全な模倣は意図され

ていなかったということができる。もちろん彼らにとっては意図せざる結果として紀元前1・2世紀の中期文化を迎えるわけであるが，なぜ弥生文化は無文土器文化にならなかったのかという理由の淵源はそのあたりに求めることができるかもしれない。

3. 環濠集落

近年まで環濠集落の実例は弥生時代前期初頭を遡る例がなかった。そこで単なる水田農耕ではなく，環濠集落の出現を農業経済構造の確立の指標とみなして，板付Ⅰ式から弥生時代とすべきであるとする考えがあった（武末，1991）。しかしその後，福岡市那珂遺跡で刻目突帯文単純期に確実に遡る二重環濠が検出されたことで，やはり弥生時代早期にすでに環濠集落の出現があることが明らかになった。環濠集落の出現は地域によって列島内でかなり差があり，またそれは，その地域での弥生文化的諸要素が構造的にそろう段階と概ね一致するようである。

環濠集落の特徴としては環濠の内側に住居があり，墓地は環濠内にはないのが特徴である。縄文時代の集落は墓地と共存することがしばしばであるが，弥生時代の場合は区別されるのが原則である。環濠集落にはこうした規則が貫徹しており，縄文時代の集落とは異なる論理があったことがうかがえる。

したがって，それまでの集落と異なる構造・景観をもつ環濠集落を営むには，大がかりな作業が必要となる。環濠集落の形成には，開墾，環濠の掘削，住居，土塁，柵など集落施設の建設，道路を含む周辺の環境整備などが必要であるが，こうした作業は少人数でできるものではない。「村人」総出の土木工事であったか，近隣の「村人」も合同しての工事であったと想像される。すでに述べた鉄斧などを用いての土木工事が展開されたことであろう。

そのような環濠集落について，朝鮮半島に由来するものであると以前から考えられてきたが，それを証明する確実な証拠が朝鮮半島では得られていなかった。しかし，1990年に韓国慶尚南道検丹里遺跡でV字溝を楕円形にめぐらせた集落が確認され，その全貌が明らかにされた[6]。環濠の内外に住居跡がある点はやや異なるが，やはり支石墓は住居跡と区別されており，弥生時代の環濠集落との類似性が注目される。これによって弥生時代の環濠集落の構造が朝鮮半島に由来することが証明された。

福岡市板付遺跡は，弥生時代前期の環濠集落として著名であるが，近年外濠とみられる大型のV字溝が確認され，6,700m^2を囲んでいることが推定されている。板付遺跡でそれを遡る早期段階の集落構造は明確ではないが，前期段階のような墓地と生活空間の明確な分離はなされていない可能性があり，縄文時代晩期の集落構造と何らかの関係を考えるむきもある（山崎，1986）。この遺跡では，明確な環濠集落の成立は弥生時代前期初頭からということになろう[7]。

弥生時代早期〜前期初頭段階の環濠集落はその実態がよくわかっていないこともあり，板付遺跡の板付Ⅰ式期の環濠が想起されやすい。それは学史的に古く知られたということと，板付遺跡と同様なV字溝をもつ環濠集落がその直後から西日本に広がりだすためであろう。しかし，断片的証拠からは，いくつかのパターンがあるといえそうである。

早期の集落には福岡県粕屋町江辻遺跡のように，住居跡が環状に配置されるものがある．住居跡群をとりまくように溝跡が検出されており，また調査区の一部で大溝が検出されている．これらの溝は環濠的性格をもつものである可能性はあるが，定型化したV字溝をもつ典型的な環濠集落とはいいがたい内容である．おそらくこの大溝の外側に水田が広がっていたものと考えられる．この遺跡の住居跡は朝鮮半島系の竪穴住居の特徴とされるいわゆる松菊里型住居であり，掘立柱建物群もみられるにもかかわらず，一方で環状配置という縄文時代的な要素が残存するものもあったことは注意される．あたかも伝統的要素と外来的要素が折衷したような集落である．さらにこの遺跡は晩期中頃から後半（古閑式～黒川式）の土器の出土がみられることから，若干地点をずらして継続して営まれた集落である可能性があることも注目される．こうした北部九州の環状配置の住居跡あるいはそれをうかがわせる集落は，確実なところでは前期前半まで下降する例が認められる．

弥生時代早期の集落の内容がわかる例は，福岡県曲り田遺跡や江辻遺跡など非常に少ない．曲り田遺跡は早期の中でも江辻遺跡より若干先行すると考えられるが，方形の竪穴住居跡が非常に複雑に切り合っている．松本はこれを縄文時代後晩期の九州にみられるあり方との類似性に着目し，住居築造パターンに縄文時代後晩期から連続性がみられるとしている（松本，2000a）．たしかに縄文時代後晩期には，同じ場所に幾度も繰り返して竪穴住居を建てるパターンがしばしばみとめられ，確固たるパターンとして認定できる．曲り田遺跡は，支石墓の存在や，朝鮮半島的な丹塗磨研壺，鉄斧の出土など，朝鮮半島的要素が認められる遺跡であるが，それでも住居の築造パターンに縄文時代からの継続的要素が認められたことになる．また江辻遺跡もそれとはあり方を異にするが，住居構造自体が朝鮮半島的であるにもかかわらず，やはり環状配置という点で縄文時代後晩期との連続性が認められた．集落の内容がわかる早期の遺跡においては，パターンはどうあれ，縄文時代からの伝統が何かしらのかたちで残存していることになる (ibid.)．那珂遺跡の環濠内部の集落構造が明確でないので，それがどうであったのか問題であるが，おそらく弥生時代早期の集落は渡来的要素と伝統的要素とが折衷したものということができよう．

こうした早期の集落に，渡来人が居住していたかどうかを直接示す手がかりはないが，いずれにせよここでもいえることは，弥生時代早期の集落は，縄文時代晩期の集落と異なる要素も多いけれども，継続する要素がみられ，朝鮮半島の集落と同じものではないということである．

4. 渡 来 人

弥生時代開始期の様々な考古学的証拠からみて，朝鮮半島からの渡来人がいたであろうという考えは，現在おそらく考古学者の多くが認めていることだと思われる．この考えの成立に最も大きな役割を果たしたのは，形質人類学の立場からの金関丈夫の渡来説であった（金関丈夫，1955, 1966, 1971）．様々な論争をへて，北部九州弥生人は高顔・高身長であり，朝鮮半島からの渡来人との混血の結果という考えは概ね形質人類学者も認めているようである．考古学側からは春成秀爾の渡来説が有名である（春成，1973）．現状では考古学者にとっても，様々な物質文化とともに人の渡来はほぼ認定されている．ただし，渡来人の数や渡来の要因・内容に関しては議論がある（田中良之，

1991；ほか）。

　金関説が提出された時点では弥生時代前期の古い人骨資料が得られていなかったが，近年，まだ少数ではあるが弥生時代早期～前期前半の資料が得られつつあり，議論の新たな局面をむかえている。その嚆矢となったのは弥生時代早期から前期の墓地である福岡県志摩町新町遺跡の調査であった（橋口，1987a）。この墓地には支石墓を含んでおり，玄界灘沿岸部の遺跡であるため，渡来的形質をもつ人骨の出土を期待するむきがあったが，実際に出土した人骨から低顔・低身長であり縄文人的形質をもつと判断された。さらに縄文時代晩期と共通する型式の風習的抜歯が行われていることも判明したのである。

　これは，渡来人が少人数にとどまっていて決して大量の集団渡来ではなかったとみる研究者にとっては朗報であった。なお，あまり議論にのぼっていないが，この新町遺跡においては，同一の墓壙内から複数の人骨の出土がみられ，一次葬の被葬者以外に別の改葬・集骨された人骨も納められている（ibid.）。これは注目すべきであると考える。改葬・集骨も縄文時代からの伝統である可能性が考えられ，これも縄文時代からの文化的連続性を示唆する資料となりうるからである。そのためにも朝鮮半島南部の支石墓においてそうした埋葬例が多くあるかどうか，今後精査する必要があろう。

　また，長崎県五島に所在する宇久松原遺跡でも支石墓から人骨が検出されたが，縄文人的形質と風習的抜歯をもっていた。さらに，佐賀県呼子町大友遺跡においては弥生時代早期以降の支石墓が多く検出され，まとまった人骨資料が得られている（宮本（編），2001）。ここではいずれも低顔・低身長で風習的抜歯を伴っており，縄文人的形質をもった人骨であった（中橋，2001）。また，改葬・集骨例もみられる。なお少し時期が下るが，福岡市雀居遺跡から検出された弥生時代「前期中頃」とされる土壙に埋葬された女性人骨（第7次調査2号土壙墓人骨）は，渡来人的形質をもっており注目される（中橋，2000）。ただし，この個体が風習的抜歯をもっていることはやはり注意すべきである。

　いまのところ弥生時代早期の支石墓出土人骨で形質・抜歯が判明しているものは，いずれも縄文人的形質をもっており，また風習的抜歯もみられることになる。支石墓の分布自体が西北部九州に偏っており，その地域では弥生時代中期の甕棺人骨においてさえ縄文人的形質がうかがえるため，福岡平野や佐賀平野あるいはそれ以東の，甕棺墓において渡来的形質をもつとされる地域で，早期人骨の形質がどうであったかを探る必要がある。渡来的形質がみとめられた雀居遺跡は，早期より時期が下るものでありおそらく支石墓でもない。しかし甕棺が定型化する以前の弥生時代の早いころに，渡来的形質をもった人物が北部九州にいたということも確認されたといえよう。さらに人骨資料の蓄積がなければ判断がむずかしいところがあるが，少なくとも弥生時代成立期の集団大量渡来については成り立たないのではないかと思われる。

　支石墓分布域のうち玄界灘沿岸においては，そもそも支石墓が分布することはもちろん，副葬用の丹塗磨研の小型壺や大陸系磨製石器の存在が顕著であった。こうした地域において縄文人的形質と風習的抜歯をもつ人骨しか発見されていないことはやはり重視しなければならない。もちろん，この地域にも渡来人的形質をもった早期人骨が出土する可能性は残されているが，あったとしても

第 3 章 弥生文化の成立

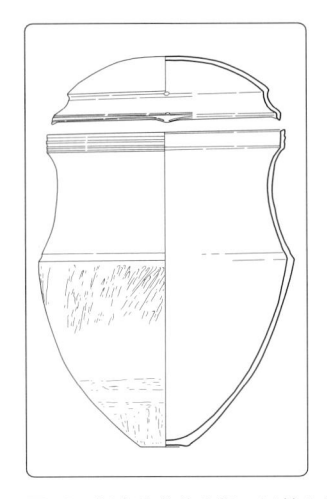

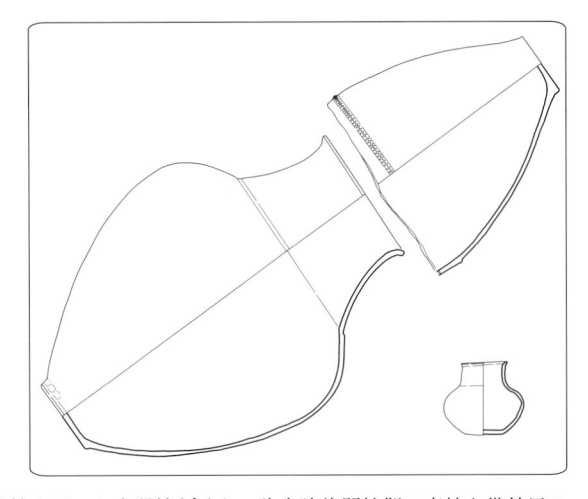

図 38 縄文時代後晩期の深鉢と浅鉢を用いた土器棺（左）と，弥生時代開始期の壺棺と供献用の小型壺（右）（松本, 1997 を改変）
　壺という新しい形態パターンが，埋葬と密接に結びつくとともに，土器棺の埋置角度も直立から斜位へと変化する．

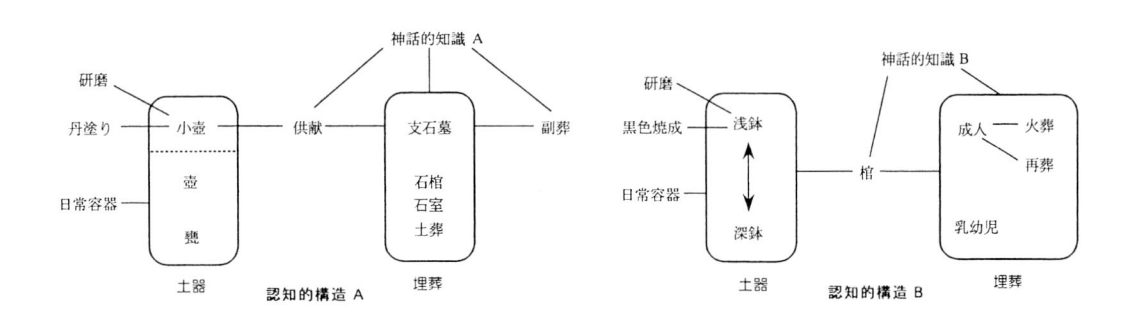

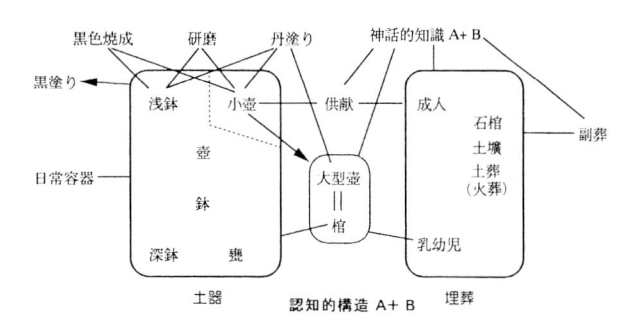

図 39 弥生時代開始期における土器と埋葬に関する異系統スキーマの融合（松本, 1997 より）

少数であろうということをこれまでの資料は示唆している。

5. 墳墓と埋葬

やはり弥生時代早期に出現する新しい墳墓形態としては支石墓が代表的である。縄文時代晩期の九州の墓制は不明確であり，埋甕程度しか顕著なものはない。弥生時代の墓制にみられる標石や深い墓壙などのような考古学的に把握しやすいものではなかった可能性がある。したがって，支石墓の出現は弥生時代的墓制の初源としても画期であるといえる。

朝鮮半島ではほぼ全域で支石墓が盛行するが，日本列島の支石墓は西北部九州を中心に分布している。ここで注意すべきは，いまのところ福岡平野部では発見されていないことである。朝鮮半島の支石墓と比較すると，上石は概してかなり小型である。上部構造は，上石が支石によって支えられるものが多く，その点では朝鮮半島のものと共通する要素である。また，小型壺の供献も共通する要素である。しかし，下部構造は木棺のほか箱式石棺や土壙，甕棺（壺棺）など多様であり，朝鮮半島と異なる要素が多くみられることは注目できる。したがって，概略の形態や，支石墓を築造し小型壺を供献するという行為には類似性が認められるけれども，埋葬主体部の形態や具体的葬法には差異が認められるということになる。

支石墓の主体部ともなる大型壺は，前述のように朝鮮半島に直接起源するものではなく，小型壺の導入とともに縄文時代晩期からの伝統的な土器スキーマに則って新たに創出されたものである。縄文時代晩期には存在しなかった大型壺を「なぜ」埋葬用としたのか，あるいはなぜ埋葬用として製作したのかということについては，松本(1997)が認知考古学的立場から土器と埋葬に関する異系統スキーマの統合という観点で有効な解釈を行っている（図38・図39）。伝統的認知構造を変化させながら新たな事態に対処していった在来集団がイメージされる。

支石墓の構造に関しては，上記のようにさまざまな点で「ミックス」や「変容」がうかがわれるものであり，その仕方は縄文時代晩期以来の伝統的認知構造を措定してこそ説明できるものである。

支石墓の築造については，大きな上石の採取・運搬・部分的加工など，それ以前の墓制よりかなり大がかりなものであったと思われる。とくに長い距離を大勢で運搬することは顕著性のある行為である。また，上石を墓の上に据えつけ，朝鮮半島的な小型壺を供献することは，葬送儀礼の場で顕著性のある行為といえる。

弥生時代中期に盛行する甕棺も弥生時代早期の大型壺が形態変化を経て成立したと考えられ，大型壺の埋葬への使用は定型化した甕棺成立への端緒となるものであった。弥生時代中期の甕棺墓には上石（標石）を用いるものがあり，支石墓の要素は甕棺墓に継続しているといえる。

第5節　弥生文化成立の諸問題

1. はじめに

　以上，土器・人骨・集落・生活・石器・金属器・墓制などをみてきた。こうした様々な点において弥生時代開始期には前代と大きく異なる様相がみとめられる一方，縄文時代晩期以来の伝統が継続する要素や，前代からの認知構造を変化させながら独自の変容を遂げていったものも少なくないことがわかった。

　どのように弥生時代が成立したのか，そしてその理由はなぜなのかという問題を，縄文時代後晩期社会にも焦点をあてながら論じることにする。この問題については，いわゆる実証性という観点からは難しい問題がある。これまでも弥生時代の成立に関するモデルは思弁的なものが多かったように思われる。資料が乏しい中では，いたしかたないことでもあった。モデルとは，将来の実証あるいは発展的な解釈が行われるべく存在するものだという観点からいえば，仮に思弁的であっても積極的にモデルが提示されてきたことは評価されよう。現にそれをもとにした様々な議論があるからである。したがって，ここでも従来とはやや異なった，しかしより多くのことを説明できると思われるモデル＝仮説を提示していきたい。

2. 主体性論争

　弥生文化の成立過程に関する問題は，日本考古学の主要なトピックとなって久しく，その重要な論点に，縄文文化から弥生文化への変化をどう解釈するかということがある。その論調は研究者によって異なっているが，在来の「縄文人」が内的に社会・文化的変化を生起せしめたのか，それとも，外的な力によるものなのか，という問題が常に取り上げられている。

　現在では，縄文文化なしには弥生文化は成立しなかったという点については疑う余地はないし，弥生時代開始期に朝鮮半島からの様々な文化要素の伝播があり半島からの人の渡来もあったということについても，大方の賛同が得られている。

　「彼はよく働くが酔っぱらいだ」というのと「彼は酔っぱらいだがよく働く」というのとでは，状況は同じなのだが，表現のしかたで彼の印象はまったく異なったものになる。上記の縄文文化から弥生文化への変化に対する解釈は相反するものであるが，だれしもどちらの要因もあると考えているのは間違いない。しかし，どちらの要因のほうが重要であるか白黒を判断せざるをえないというような研究者の性向が日本の考古学界にあるようである。そのために，表現のしかたにおいて明らかに二派が形成されている。ありがちな典型例は，「縄文時代に植物利用が盛んに行われ農耕をうけいれる準備がたとえできていたとしても，やはり渡来人が水稲耕作技術と農耕社会を持ち込んだことで弥生時代が始まったのだ」という種類の論述と，「たしかに渡来人は大きな役割を果たしたかもしれないが，外来の文化を積極的に受けいれ，弥生文化の形成を担ったのは縄文人である」

という種類の論述のようなものである。よって立つ証拠はほとんど似たものであっても，評価において2通りあるもののように思える。2つの立場は，単純な図式で示せば「渡来人 vs 縄文人」といういわば主体性論争ということができよう。

春成は，「縄文時代の人びとは「渡来集団」といかなる社会的な関係を結び，彼らから「影響」をうけ，みずからの社会を変革させていったのか，そのいっぽう朝鮮南部の人びとはいかなる必然性があって日本列島に渡海移住してきたのか，何を単位とする集団でその規模はどの程度であったのか，そして彼らはその後いかなる途を歩んでいったのか，等々」(春成, 1973: 5) という重要な疑問を提示している。30年近く経った現在，この問題にどれほどの答が見出され，あるいは解決の方策が示されているだろうか。

いまだに，たんなる主体性論争の枠をも抜け出ていないのではないかとさえ思えるふしがある。しかし，在来の伝統で保持されるものも多いことから，縄文人を圧倒するほどの大量集団渡来があったことを想定する考古学者はほとんどいないものと思われる。したがって，問題は，渡来と外来のインパクトは認めつつ「いかにして」縄文人が弥生文化を成立させたのか，というところにある。

該期の変化の内容をいかにして把握し，説得力ある形で実証していくかということが大切である。春成がいうように，もはや「どちらが」ではなく「どのように」という状況の把握を的確に行われなければならない。そして，そこから高次の解釈へ向かう理論的・方法論的枠組みを確立することが目下の急務なのである。

そこで，まず集団と物質文化の関係が問題になる。型式や様式がそのまま，ある種の集団を表すと考えられがちである。しかし，そうとは限らないし，実際には非常に複雑であることはもはや疑う余地はない。考古学者が陥りやすい誤りは，ある型式が別の型式に「影響」を与えるというように，考古学的痕跡自体を擬人化することである。そうした痕跡は人間行動の結果であって，これまでのような行為者が不在あるいは希薄な議論は根底から改められるべきである。

前節までに行ってきた検討で様々な事実と解釈が導き出されたが，これをいかに解釈するのかについて以下で述べていきたい。

3. 縄文時代から弥生時代へ

(1) 縄文時代

縄文時代を一言で定義づけようとすると，日本列島における新石器文化という以外は明確な定義はしにくい。弥生時代の10倍以上の長期にわたっており，文化の内容的にも変異が大きく，時間的・空間的に共通する何らかの指標を抽出することはそう簡単ではないからである。

概ねいえることは，西日本と東日本とでは様相に差があるということである。しかし，環状に竪穴住居が配される集落構成や，土偶，石棒その他の非日用品などは，質・量を問わなければ広域で共通している。その他，木器・漆器などの工芸品が発達することや，土器においても口縁部が平縁でなく波頂部をもつものや複雑な文様をもつものが発達することなども縄文文化の特徴である。ま

た，実用の用途をもつ石器については，大陸の新石器文化に認められるような磨製石器の盛行はなく，石斧等を除けば，石鏃，スクレイパー，石匙などは打製石器であり，むしろ打製石器が多いといえる。これまであまり強調されていないことであるが，縄文時代の特徴的な石器に石匙がある。石匙は縄文時代早期以来日本列島の大部分に存在するもので，ある意味で縄文文化の指標となる石器であると考える。朝鮮半島の新石器時代にもごく一部を除いて存在しない。なお，縄文時代に併行する南西諸島の貝塚時代前期文化においても存在しない。貝塚時代全般にわたって剥片石器自体がきわめて未成熟である。貝塚時代前期を縄文文化に含めるかどうかは議論の余地があるが，いずれにせよ以上のように様々な要素に着目すれば，通常，縄文文化の範囲とされている地域には一定の特徴が共有されており，それ以外の地域とは排他性があるといえよう。

　もちろん，要素によっては朝鮮半島新石器文化と共通するものもあり，よく知られているように縄文時代前期の九州の轟・曽畑系土器や西北九州型の漁撈具などは，朝鮮半島との類似性ないし共通性が顕著にうかがえるものである。また，朝鮮半島で九州の阿高式系土器や九州産黒曜石の出土がみられる。このように，とくに九州においてはその地理的近さもあり，時期によって違いはあるが朝鮮半島との交流はかなり活発であったとみてよい。よく知られている山形県三崎山出土の縄文時代後期末〜晩期とされる青銅製刀子は，最近，中国殷代の原料と同一成分であることが判明している（平尾ほか，2001）。また時期に疑問ももたれているが先述の長崎県下での縄文時代後晩期の鉄器などを合わせても，列島の縄文文化は，外部の情報に対して完全に閉鎖的というわけではなかったことだけは確かである。

　しかし，ここで重要なのは，それでも九州の縄文文化は朝鮮半島の新石器文化と同じではなく，少なからず論理を異にしているということであり，西日本あるいは東日本も含む縄文文化と論理を共有しているということである。縄文時代晩期前半の熊本県上南部遺跡では住居跡が環状に配されており，百を超える土偶が出土している。少なくとも縄文時代後晩期においてはイデオロギー的にも縄文文化の内部では，ある共通性があったことが推定される。

(2) 縄文時代晩期と階層化社会

　こうした縄文文化的論理をもちながら弥生文化成立を迎えることになる。弥生文化成立の前にあたる時期は縄文時代晩期である。晩期の開始より少し前から九州中部域を中心として大規模な集落が形成され，定着する。また当時のセトルメント・システムの解明は不十分であり検討の余地が大きいが，集落には大きな集落とそれをとりまく中小の集落があり（島津，1991），集落間の格差や集落間のネットワークの存在が考えられる。竪穴住居跡にも大型・中型・小型があり，建物の機能差または格差の存在が推定される。つまり晩期の開始前には，いわゆる東日本の縄文文化的な様々な要素が強くみられるようになるという，弥生文化の成立への方向性とは逆行するような状況になる。おそらくこの時期の九州では複雑で一定の成熟度をもった地域社会と社会組織そしてイデオロギーが成立・定着したであろうと思われる（松本，2000a）。土偶や石棒，石刀などといった，いかにもイデオロギーと関係しそうなもののほかに，扁平打製石斧をはじめとする東日本とも共通する実

図40 久保泉丸山遺跡の墓群（東中川（編），1986より）
支石墓の下部構造を表示したもの．支石墓に先立つとみられる黒川式期の埋葬（★印）も墓群に重複する．

第3章 弥生文化の成立

　その時期の北部九州はやはり朝鮮半島との活発な交流があったと考えられる。北九州市貫川遺跡の黒川式に遡る可能性のある石包丁（前田・武末，1994）もそれを示唆するものの一つかもしれない。北部九州では朝鮮半島と長期間にわたる交渉と経験の蓄積があり，それでいて朝鮮半島の文化システムとはおそらく異なった，自らの文化システムを維持し続けていたと考えられる。朝鮮半島との交渉は様々な形を考えうるが，そのうちで最も重視されるのが，社会の統率者たちによる遠隔地からの情報とモノの入手・獲得である（cf. 松本，ibid.）。その具体的手段・方法は明らかにしにくいが，階層化社会を前提とすれば，個人の地位の安定と社会システムの安定のために行われたと考えるのは妥当性があろう[8]。おそらく，こうした遠隔地交渉はこのあとしだいに対象を変えていくと考えられ，朝鮮半島の情報と物資の入手のほかに，弥生時代早期に開始されると考えられる貝輪をめぐる沖縄諸島との交渉につながっていくとみられる。後者については第9章で論じることにする。

　北部九州では，こうした朝鮮半島の情報・物資の獲得を統率者達は競争的に行った可能性がある。海を渡ったとすれば，実際にそれにしばしば関与したのは縄文時代からの文化的コンテクストからみても西北九州沿岸民ではなかったかと筆者は考える。その競争の行き着く先に弥生文化の成立があると考えられる。したがって，松本（2000b）もいうように，弥生時代の成立は統率者主導による外来文化獲得運動の延長にあるといえるのである。とすれば，弥生時代開始期に朝鮮半島系の文化要素がみられるのは，統率者やその構成員が居住する縄文時代晩期以来の集落がみられる地域である蓋然性が高いことになる。

　上の分析から，西北部九州の中でも島原半島など，玄界灘沿岸から遠い地域（エリアII）では，早期の古い段階の小型壺の形態は朝鮮半島のものと異なっていた。そして玄界灘沿岸西部（エリアI）に朝鮮半島とよく似たものが分布していた。このことから，早期の支石墓が分布する地域の中にも，より間接的に墓制や土器を受容した地域があることが示唆される。先述のとおりこうした早期の支石墓分布域には前段階の縄文時代晩期の遺跡が存在している。例えば，佐賀平野の久保泉丸山遺跡は早期の支石墓群で有名であるが，その墓群に重複して黒川式の深鉢を用いた「倒置単棺」も認められることは注目すべきである（図40・図41）。支石墓群が形成される前に黒川式期の集落が存在した可能性も考えられるが，もし黒川式期から墓地としての認識があるとすれば，連続性という点から重視されなければならない。いずれにせよ本遺跡では黒川式以前の晩期の遺物も多く，ここでも支石墓が縄文時代晩期から継続した集団によって採用された可能性を示唆している。在来集団による戦略的受容がうかがえると同時に，エリアIとIIなど地域によっては朝鮮半島系文化のインパクトの強弱や戦略的獲得の達成度などの違いによって，やや異なる状況が生まれ，またスキーマにも

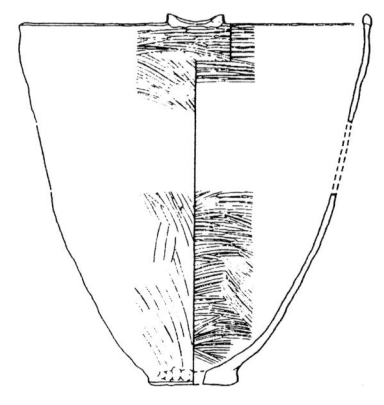

図41　久保泉丸山遺跡出土の黒川式期の「倒置単棺」（東中川（編），1986より）

若干の差異が生じた可能性が考えられる。それは、エリアIIにみられる刻目突帯文土器の伝統が弥生時代前期まで継続する傾向が強いことなどにも反映していると思われる。しかし、総じて早期段階の支石墓分布域では縄文時代晩期の集団をベースに、渡来的要素の獲得を図る点では類似した対応がとられたということができよう。

弥生時代早期において、支石墓や丹塗磨研の小型壺、その他板付I式の祖型とも称されるバケツ形の器形の甕などは、玄界灘沿岸でも西部に多くみられる。学史的に福岡平野の板付遺跡のインパクトが強く、弥生文化の発祥の地、あるいは朝鮮半島的文化要素の多いところは福岡平野の中心域というイメージももたれているが、重要な要素が福岡平野ではなくむしろ西部に集中している状況は重視されなければならない。その意味では、従来玄界灘沿岸西部は正しく評価されてこなかったように思われる。そうした地域にある、例えば佐賀県唐津市の菜畑遺跡、福岡県では曲り田遺跡などでは、弥生時代早期より遡る遺物が出土しており、継続的にその周囲に居住がみられる遺跡であることは重要である。また、西北部九州一帯に早期段階の支石墓とそれに付随する要素がみられることも注目され、とりわけ西北部九州でも唐津～糸島の玄界灘沿岸地域には大陸系磨製石器なども明確にみとめられる。

いまのところ、弥生時代開始期の渡来人集団のコロニー的遺跡は九州のどこにも発見されていない。おそらくそれはないであろうとするのが大方の見方である。しかし渡来はあったというのも大方の共通した見方である。それでは渡来人はどこに居住したのであろうか。

おそらく、このような玄界灘沿岸西部を中心として、縄文時代晩期から継続した集落内部に居住したと考えるのが無理のないところであろう。福岡平野は晩期の海退と沖積作用によってしだいに進出可能になったと考えられており、実際、黒川式期までの遺跡は基本的にその縁辺部にしか分布していない。晩期の福岡平野は、集団ネットワーク間の一種の緩衝地帯であった可能性も考えられよう。板付遺跡では早期でも比較的古手の小型壺などが出土しているが、この地が本格的に利用されだすのは早期の最古段階よりも後になると思われる。以上のことから、弥生時代開始期に渡来人が来たとすれば、またそれが統率者による異文化要素導入戦略のコンテクストに関係するものであれば、その初期の段階には福岡平野ではなく、それより西の地域であったと考えるほうが自然である。

さらにいえば、渡来人は、遠距離交渉をより効果的に具現化するためのものであった可能性も考えられる。そうであれば、渡来人は好んで迎え入れられたであろう。渡来人の形質が実際のところどの程度在来集団と異なっていたかは不明であるが、人類学者が想定するような高顔・高身長のいわゆる渡来人的形質であれば、当時の人々にとっても一目でわかる顕著性のある形質であったと考えられる。また統率者の権威と結びついているのであれば、渡来人ならだれでもよいのではなく、その出自が「高貴」あるいは正当であるかどうか、傑出した能力があるかどうかなどが重要な選択基準であった可能性が考えられる。

そもそも人間は、外界認識の認知的基盤として上・下のイメージスキーマをもっているが (Lakoff, 1987)、神は天におり、王座は高い位置にあり、高貴な人に対してはへりくだり身を低く

し，優勝者は表彰台の上に立つなど，上・下が「偉さ」のイメージと結びついている。背の高さも「偉さ」のイメージと結びつきやすいと考えられる。また，人間の情報処理システムの中で，顔の認識に特化したモジュールがあるとされ，とくに顔は人間の認知にとっては最も基盤的なものである。人間は微妙な差異を検知できるハードウェアを有しており，瞬時にして見分ける能力を有するのである。ただし顔に対する好悪感は相対的な面があり，どういう顔立ちがよいかという決まりは必ずしもない。渡来人的形質である背の高さや面長の顔立ちは，統率者を想起させる渡来人のイメージを形成し，そうした外見もある種のシンボルとしての機能を果たした可能性もある。

想像をたくましくすれば，弥生時代成立期において初期には統率者（エリート）との婚姻関係が結ばれた可能性も考えられ，それが弥生時代成立期の社会内での階層的上昇運動，あるいは集団間の競争関係とあいまって，その一環として渡来人との婚姻は好んで行われた可能性も想定できる。そうであれば渡来人とも認知的に結びつくような物質文化も，同様に獲得合戦が行われたであろう。やや長期的にみればこのようなエミュレーション emulation によって，選択性をもって渡来人的形質が拡散していった可能性が考えられる。しかしながら，渡来人的形質が真に拡散するためにはしばらくの時間を要したであろうし，当初渡来人あるいはその形質にそのような意味が付与されていたとすれば，遺伝子の即座の拡散は抑制されたかもしれない。このような理由から，初期の渡来人は西北部九州，わけても玄界灘沿岸西部を中心とする地域の，統率者周辺に積極的に受けいれられたが，渡来者は選りすぐりの人物であり，数はきわめて限定的であったというモデルがここでひとまず提示できる。

ところが，このモデルは多少難点を含んでいる。すでに述べたように，長崎県を中心とする西北部九州では支石墓はみとめられるものの，この時期の顕著な大陸系磨製石器や水田遺構・農具もなく，また多くの遺跡はエリア II にあたっており，より間接的な外来文化の受容であったことがうかがえる。したがって，人骨資料を含むあらゆる証拠は，むしろエリート層による渡来人の積極的受けいれというモデルが，少なくとも西北部九州の支石墓分布域全域で成立するのは困難であることを示しているように思われる。じつのところ現在の資料からは，弥生時代早期の渡来人の存在を示す具体的証拠は九州のいずれにおいても皆無といえるのである。したがって，黒川式期前後からの渡来を想定する田中 (1991) らの意見は，興味深いが現状では証明しがたいのも事実である。しかしそれでも将来，早期の渡来の証拠が出るとすれば，西北部九州一帯の中でも，唐津〜糸島地域が考えられよう。もちろん，この地域でさえ，現在得られている早期人骨は縄文人的形質であることはいうまでもない。また，上記の新しいモデルにおいて縄文時代以来の伝統的集団の統率者が，なぜあえて渡来人との婚姻で権威を高める必要があったのかという疑問もある。むしろ，権威の「正当性」という点からは，自らの地位を脅かすことにもなりかねないからである。

以上のような難点を克服していっそう妥当性の高いモデルにするために，以下でさらに検討してみよう。

西北部九州の弥生時代開始期初期は，様々な面で革新的状況にあったように一見映るが，縄文時代晩期から継続した戦略の側面をもち，基本的には伝統的社会の維持・発展が主たる目的であるが

ために，既存の構造自体の崩壊につながることは避けられたと考えられる。これは朝鮮半島の文化要素が選択的（限定的）に受容されていることをよく表している。結局，西北部九州においてはいち早く朝鮮半島的文化要素が導入されたにもかかわらず，渡来的形質が定着することなく，また少なくとも弥生時代前期以降において政治的優位性をもつこともなく，さらには環濠集落などもさほど発達しなかった。このように西北部九州では，社会の顕著な構造変革という観点からはきわめて保守的であったということができる。したがって，このことが西北部九州は弥生時代前期以降，集落構造，埋葬における改葬・集骨，縄文人的形質の強さなど様々な面で，九州の中でも相対的に「弥生化」の度合いが低いことの大きな要因の一つとなったといえよう。こうした弥生時代開始期前後の戦略・志向性が，逆に社会内の本質的構造変革を阻害し，新しい戦略をとる他地域の集団が優位に踊り出ることとなったといえるであろう（さらなる議論は第10章参照）。

　西北部九州では弥生時代開始期の異文化導入戦略が一定の成功をおさめ，列島内でも一時的に突出したものとなりはしたが，それはあくまでも構造の維持が前提であったとまとめることができる。このように，構造維持のための異文化要素の導入という戦略もしくは志向性があったことをふまえなければ，西北部九州の「先進性」とその直後からあらわれる「後進性」を理解することはできないと考える。これを，弥生時代開始における「**構造維持志向型異文化導入モデル**」と名づけることにする。

　弥生時代早期の開始に少し遅れて広大な福岡平野に進出した集団も，渡来的要素の強いコロニーがないことからすると基本的には縄文人からなる集団であったと考える。その初期に渡来人も含まれていたかどうかは不明であるが，前期中頃とされる福岡平野で最も古い人骨に渡来的形質がみとめられることは，それ以前に渡来人が存在したことも示唆している。福岡平野への進出の要因は人口圧というよりも，やはり，より優位に立とうとする集団間の競合と権威獲得競争があったと思われるが，その内容は西北部九州のそれとは多少とも異なっていたであろう。福岡平野周辺では，早期に東辺の江辻遺跡では円形のいわゆる松菊里型住居が存在し，やや遅れて福岡平野中心部に新たに出現した那珂遺跡に環濠（二重環濠）が存在する。また，福岡平野の中心部では雀居遺跡や板付遺跡（環濠は前期初頭）などの集落も出現し，以後に継続する。このように福岡平野では集落に何がしかの渡来的要素が確認できるが，環濠にしても松菊里型住居にしても，このあと弥生時代的な顕著な要素として中期にも発展・継続し，また東方へ拡大していくものである。さらに，墳墓においては支石墓ではなく木棺墓や土壙墓であり，とくに木棺墓は東方へ拡大する要素とみてよい。この地域で支石墓がみとめられないことも興味深い点である。支石墓について排他的であるのは，支石墓を採用した西北部九州の集団との差異化を図る戦略であったのかもしれないが，支石墓とは異なった墳墓スキーマないしは葬送イデオロギーを形成しつつあった可能性がある。渡来的要素において支石墓が欠落し，集落など他の要素は変容しつつも本格的に採用されている。西北部九州と福岡平野では，そうした渡来的要素の社会的な統合のしかたや，その度合いが異なっているといえよう。

　このような福岡平野における早期～前期前半の渡来的要素のあり方と，雀居遺跡の渡来的形質をもつ人骨の存在とは調和的である。渡来人は早期のある段階以降，福岡平野に比較的多く入ってき

たことは疑いなかろう。また，後の甕棺人骨が渡来人的形質をもつ地域であることからも，渡来人とは排他的関係ではなく，混血が行われたと考えてよかろう。もちろんコロニー的遺跡の不在や，渡来的要素の選択的受容という点を鑑みれば，在来の弥生人の数が優勢であったといえよう。したがってその数や，とくに果たした役割については西北部九州でのそれとは異なっていたと考えざるをえない。福岡平野での以上のような様相こそ，文化・社会の本格的な構造的変化を示すものであったといってよい。

　福岡平野中心部においてこのように多くの大型の集落を出現させた集団は，もともと伝統的に地域に根づいた集団ではなく，また縄文時代晩期の集団間関係を維持しようとしたものでなかったと考えられる。この地に進出した集団は，福岡平野の縁辺部もしくは福岡平野を越えた他地域からの集団またはそれが統合されたものであった可能性がある[9]。このような新しい土地の開拓と地域社会の新規の形成という点で西北部九州とは異質なあり方であったといえる。福岡平野に新たに居住した人々は少なくとも既存の構造の変革をいとわなかったことになる。また，先に提示したモデルの素案には，積極的な渡来人の受けいれという仮説が入っていた。西北部九州を理解するモデルである「構造維持志向型異文化導入モデル」では，渡来人自体の受けいれには排他的もしくは消極的であったことになるが，むしろ福岡平野においては渡来人の積極的受けいれという考えは成り立ちうる。

　新形態の集落の建設，大陸的水田と新しい農耕システムの導入などにおいて，新出の「寄せ集め」的集団の統合をはじめとして，いっそう高度な統率力が必要とされたと考えられる。水稲耕作の実施によって有力層が析出していくというよりも，逆に水稲耕作を含む新たな文化・社会システムの導入を達成することで集団の権威・優位性を高める戦略をとったとみられる。こうした目的意識を達成するにふさわしい指導力や知識などの傑出した能力をもった統率者が必要とされたのではないかと考える。構造維持を志向せずその変革を決断した，もしくは変革志向のハビトゥスをもった福岡平野の集団においては，技術や知識をもった渡来人は歓迎されたとみられる。エリートは自らの周囲に渡来人をおいたり，婚姻関係を結んだりした可能性も考えられる。そうであればモデルの素案に示したように，その渡来人は選りすぐりの人物であったと考えられ，朝鮮半島におけるエリートの血筋をひく人物であった可能性もあろう。西北部九州の場合と異なり，エリートが渡来人の遺伝子の拡散を極端に抑制したという仮定は必ずしも必要ない。初期の段階においてはそうした抑制が働いたかもしれないが，弥生時代前期にかけてエミュレーション的にしだいに下位の構成員に遺伝子が拡散したと考えられる。また，エリートは渡来人や渡来系の人物を集める努力をしたかもしれない。それを実行できたエリートは，より信望を集め，権威を増大することができたとも思われる。

　いずれにせよ渡来人の受けいれについては比較的寛容であったはずである。既述のように，そうした渡来者または渡来的形質・ハビトゥスをもった人々に対して，望ましいもの・好ましいものとしての象徴的価値が見出されたことも，前期にかけて比較的短期間に渡来的形質が拡散しえた要因であろう。ただし，様々な文化面からみて渡来的文化要素は選択的であって，あくまでも在来伝統

を基盤にしている。在来人が主体的に，自らのハビトゥスを用いまたそのハビトゥスを変換しながら適応していったのが弥生文化の開始・成立であったことを強調しておきたい。雀居遺跡の人骨が抜歯風習をもっていることもその証左の一つである。

　以上のように福岡平野における様相の解釈を行ったが，集団の権威の増大をはかるために外来的要素を選択的に採用しつつ，目的的に構造変革を達成していったあり方を想定した。これを，弥生時代開始における「**構造変革志向型異文化導入モデル**」と呼ぶことにする。

　構造変革志向型異文化導入モデルに従えば，福岡平野の社会において渡来人は厚遇されたことになる。朝鮮半島からの移住に関していえば，D. W. Anthony (1990) は，移住先で羽振りのよい者を頼ってさらに次なる移住者達が集まってくるという例を述べている。おそらく弥生時代早期から前期を通じてそのようなプロセスが存在したものと想定される。したがって，システマティックな水稲耕作による人口増大もたしかに要因ではあろうが (e.g. 田中, 1991)，渡来的形質の急激な拡散にはそうした特別な選択がかかっているとみるべきである。自然的要因よりも文化的要因をより強調しておきたい。

　クックが18世紀後葉のハワイに着いたとき，原住民の女性が白人に殺到したように (サーリンズ, 1993)，渡来者に対する肯定的イメージに文化的コンテクストが加味されれば大きな効果が生じうる。なお，当時の通婚形態や婚姻形態は不明であり，一夫一婦制の存在についても，婚姻にもとづく子孫の残し方をしたかどうかについても，断定は全くできない。したがって，渡来した人々の数が在来者に対して非常に少なくても，混血の急激な進行を可能にするなんらかの形態を想定することで説明できる。

　こうした新文化要素の積極的導入による構造変革と渡来人の受けいれの結果として，以下のような展開が生じたといえよう。

　以上では福岡平野とそのごく周辺部を一括して福岡平野として扱ってきたが，詳細にみると，福岡平野のすぐ西に隣接して「早良平野」ともいわれる小地域がある。支石墓分布域としては東端といえる地域であるが，吉武高木遺跡など吉武遺跡群にみられる青銅器を副葬する厚葬墓が，前期末頃に出現し中期前半段階までに存在する重要地域である。福岡平野でも板付田端の墳丘墓のように前期末頃の厚葬墓が存在しているが，そのころまでは早良平野と福岡平野の中の代表的集団は，拮抗するか早良平野のほうがやや優勢にみえる。やはり早良地域でも確実に早期とはいえないが，遅くとも前期前半までには環濠集落が形成されている。最も早く支石墓を導入したエリアⅠ地域には，吉武高木遺跡に相当する厚葬墓である唐津市宇木汲田遺跡がある。しかし，この地域では甕棺の埋置角度が急傾斜のものや倒置甕棺があるなど，甕棺墓において主流とならない葬法がとられ，甕棺分布域としては周辺的現象とみられている。したがって，大まかに傾向としていえば福岡平野とエリアⅠのうちでも福岡平野に隣接したごく東端域において，政治的優位性をもった集団が析出していくといえよう。

　北部九州への渡来の時期は限定できないが，早期に限られたものとはいえず，前期に継続したであろう。結局のちに渡来人的形質を残しえなかった玄界灘沿岸西部と，新たに開発された福岡平野

の集落とでは，そのような遺伝子拡散の背景に異なる事情があったのであろう。ただし，現在前期前半期の人骨はほとんど知られておらず，渡来系の形質がどれほどみられるかは不明であるし，また，渡来説のもともとの根拠が北部九州の中期を中心とする甕棺人骨であるため，前期後半ごろから明確になる朝鮮系無文土器を多く出土するコロニー的集落が西北部九州には存在しないことが示唆するように，前期後半ごろの渡来の効果も加味すべきである (cf. 田中，ibid.)。したがって，前期前半の渡来的形質をもつ人骨の量比についての実証は，今後の課題である。しかし，数の多少を別にすれば，そうした古い時期の渡来については大方が想定しているところである。そうであれば，弥生時代成立期にはコロニー的集落が存在しないことこそ在来集団に戦略的に受けいれられたことを示し，単なる「移住者」ではなかったことを示唆している。なお，渡来人的形質は遠賀川式の東方への拡散と一致するかのように中国地方や近畿地方に広がっている。新来の文化要素もしくは文化コンプレックスの受けいれに際して，そうした遺伝的要素も物質文化とともに重要な価値が付与された可能性さえ考えられよう。

　以上をもとにして，弥生文化成立のメカニズムを推定すると次のようになろう。
1) 異文化要素の導入は統率者を中心とする在来集団の文化・社会システムの維持，他集団との競争のための戦略として始まったが，
2) 九州北部，とりわけ西北部九州沿岸において，その戦略が高じて弥生時代早期前後の朝鮮半島とのよりインパクトの強い直接接触の結果，
3) しかもそれを好んで受けいれたがために，縄文時代以来の伝統的スキーマに何がしかの変更が加えられていき，
4) 統率者たちは地位の維持および他集団より優位に立つ戦略として，自らの文化・社会システムの変更を採用し，半ば意図的，半ば意図せざる帰結として，
5) ドラスティックに弥生文化が成立したといえる。
6) いち早く朝鮮半島的文化要素が導入された西北部九州では，構造維持という戦略上の特性のために，むしろ社会内の本質的構造変革を阻害し，
7) 後出の福岡平野周辺に進出した新興の集団は，それと異なる戦略，すなわち積極的に社会内の構造変革を促進することで他集団への優位を勝ち取る戦略をとった。

以上のようにいえるであろう。

　したがって，弥生時代の開始について，何も知らない縄文人たちの社会に，海の向こうから突然大挙して砂浜に異人たちが上陸したことが契機である，というようなイメージは誤りであると断じてよかろう。そのような「イベント」ではなく，「プロセス」としてとらえなければうまく説明できないのである。

　弥生時代開始期は，伝統的遠隔地交渉のより直接的な延長である「構造維持志向型異文化導入モデル」に該当する西北部九州と，伝統的遠隔地交渉の意義に則りつつも積極的構造変革をいとわなかった「構造変革志向型異文化導入モデル」に該当する福岡平野という，大きく二種があったことを認識すべきである。弥生時代の開始は在来集団の統率者を中心とした人々が，縄文時代晩期以来

行ってきた社会的戦略の結果であったと結論づけられる。

注
1) 筆者の実見でも確認されている。
2) 高橋護氏教示。
3) 高橋護氏教示。
4) 動物解剖学の西中川駿氏によると，縄文・弥生時代のウマとされてきたものの大半は骨の年代測定の結果，後世のものとみなすべきであるという。ただし，まったく存在しなかったのではなく，長崎県出土の弥生時代後期のものはほぼ確実ではないかとのことである。
5) 「エスキモー」という呼称については差別的含意があるが，地域により自称語が様々であることや，それがゆえに総称として「イヌイト」と呼ばれるのを嫌う集団もあるなどの理由から，ここでは「エスキモー」としておく。
6) 調査中に現地をつぶさに観察した。
7) なお，板付遺跡の環濠出土の土器は，環濠の埋没時期を示すものであり，掘削年代が遡る可能性を考える立場もある (高倉，1995)。
8) 福岡市雀居遺跡では刻目突帯文土器に伴って，朝鮮系無文土器の可能性のあるものと，大洞 C_2 式とみられるものが出土している (松村(編)，1995)。遠隔地のものを入手した例といえよう。この無文土器は無文土器後期の円形粘土帯土器より古い松菊里式である可能性が考えられている。なお，筆者は北部九州をはじめ西日本で報告例が出てきた「松菊里式」については，一部を除いて在来の土器との判別が難しい点などあり，慎重を期す必要があると考えている。
9) 福岡平野に進出した集団が，どこから来てどのような性質をもったものであったか，具体的・実証的研究を今後進めなければならない。黒川式段階において熊本北部の遺跡の途絶がみられるなど，それ以前の文化・社会システムが崩壊した可能性があるが，九州内でのこうした崩壊・再編の動きとの関連も考慮しながら検討していく必要があろう。

第4章

土器の分類・編年と様式の動態

　本章では，九州の弥生時代中期土器を対象として型式分類と編年を行い，以後の分析・考察の基礎とする。また，問題の多かった九州内での併行関係や瀬戸内・近畿地方との併行関係についても検討し，解決を図る。そのうえで，様式の動態の検討や，さらに様式の階層的関係の把握という様式論的実践も行う。

第1節　分類と編年

1. はじめに

　九州の弥生土器については，従来意識的な型式分類はさほどなされてこなかった。また，「城ノ越式（じょうのこし）」や「須玖式（すく）」などの様式名はすでに学史的過去のものであるかのように，ほとんど使用されない状況が続いている。それに代わって，「中期初頭」や「中期中頃」などといった表現がしばしば用いられ，その内容がどの様式を指しているのか不明であったり，あるいは実際につき合わせてみれば研究者によって異なる様式を指していたりすることも起こっている。1980年代半ば以降にはごくまれであるが様式名の使用を復活させる兆しが出てきたが，いまだに広く用いられるには至っていない。これは型式・様式などの重要概念とその手続きの重要性への理解が不十分なためではないかと考える。

　また，属性分析や多変量解析などの分析的手法を用いた分類はほとんど行われていない。したがって，従来の考えの検証という意味でもこれらの手法を用いることにする。さらに，併存する様式間の併行関係についてもさほど検討されておらず，じつのところきわめて大きな問題をはらんでいる。九州以外の地域との併行関係についても問題が決着しておらず，それも含めて近年の新しい資料も用いながら総合的に見直す必要がある。

　本節では，九州の中期を中心とする弥生土器編年の現状をみながら分類と編年に関する問題点を整理する。

2. 編年の現状

　九州の弥生土器の編年研究は周知のように長い歴史がある。九州全域を見渡した総合的なものとしては，完成度や後続する研究への影響力の強さからみても森貞次郎(1966)によるものが一時期を

にあたっては極めて少数の個体の断面形態を型式学的に配列し，それを経験的に区分しているにすぎないことなど，問題点もみられる。

　この研究のもう一つの貢献は，「型式」という用語の使用にとどまらず，「須玖Ⅰ式」や「須玖Ⅱ式」という名称が用いられたことにある。それ以前にも森や小田らはこうした用語を用いたが，1970～80年代になると北部九州では使用されない傾向にあり，「中期中頃の土器」とか「中期後半の新しい段階の土器」などの表現が用いられることが流行していた。そのため，その内容がどの様式を指しているのか不明であったり，「中期中頃」の中味が実際には研究者間で異なったりしており，混乱がみられた。「型式」と「形式」の用語は研究者ごとに任意な選択が許され，「様式」にいたってはほとんど使用されていなかったのである。九州では総じて様式の概念は普及していなかったといえよう。したがって，田崎の研究は用語法においても注目すべきものであったといえよう。しかしながら，こうした用語法が今日においても研究者間に十分普及しているとはいいがたいことは，すでに述べたとおりである。

　田崎は，須玖式を「遠賀川以西系」と「遠賀川以東系」に分けた。この考えは前述のようにその少し前からあったが，命名して内容を示したことは注目できる。田崎はそれぞれの「系」が独自の型式をもっており，それが安定して存在するとしたうえで，他の地方と比べて北部九州地方としてのまとまりもあるとして，「両地域に共通するものと相互に補完して北部九州地方の中期土器の器種を構成している」と評価し，「北部九州地方全域で弥生時代中期土器を「須玖式」と呼んでよかろう」とした（田崎，1985 : 197-198）。その後，武末純一（1987c）が須玖式の概説を行っている。遠賀川以西地域と以東地域に分けて解説しており，その点では，田崎の見解と同様である。そこでは小地域色があることや，他地域との関係が述べられている。しかし，依然として，須玖式と周辺地域との比較研究はほとんどなく，その関係は不明な点が多い。

　なお，田崎編年においては中期初頭の「城ノ越式」という伝統的な名称が用いられていないが，その理由は示されていない。その点については注意が必要である。

　中期と後期の境についても議論がある。すなわち須玖式と後期の高三潴式との区別である。片岡(1985)が整理した福岡県金山遺跡の土器群の位置づけに象徴されるように，それを中期末（須玖式の最新段階）とみる井上裕弘(1981)・高倉洋彰(1982b)・武末(1982)と，後期初頭（高三潴式）とみる柳田康雄(1983, 1987)や片岡(1982, 1985)の意見に分かれている。筆者の見方からすると前者はオーソドックスなものであり，後者はむしろ年代という外部的基準のほうが様式に先行しているように思える。後期高三潴式は甕の口縁部が「く」の字状を呈するという森らの学史的指標をもって，「く」の字状口縁をもつものを後期に下ろすという論拠もしばしばみられるが，すでに検討したように，様式とは共通の気風・雰囲気をもつものであって，継起連続する甕の「く」の字状口縁の角度に本来還元されるものではない。様式ではなくたんなる編年的指標として「く」の字状口縁を用いる立場であっても，「く」の字状口縁の定義自体があいまいであり，上記のように現に同じ資料を異なる時期にふりわけてしまっているのである。この問題となる資料の時期においては，実際のところ丹塗研磨の精製土器が健在であり，器種構成も須玖式と変わらない。これを高三潴式に含め

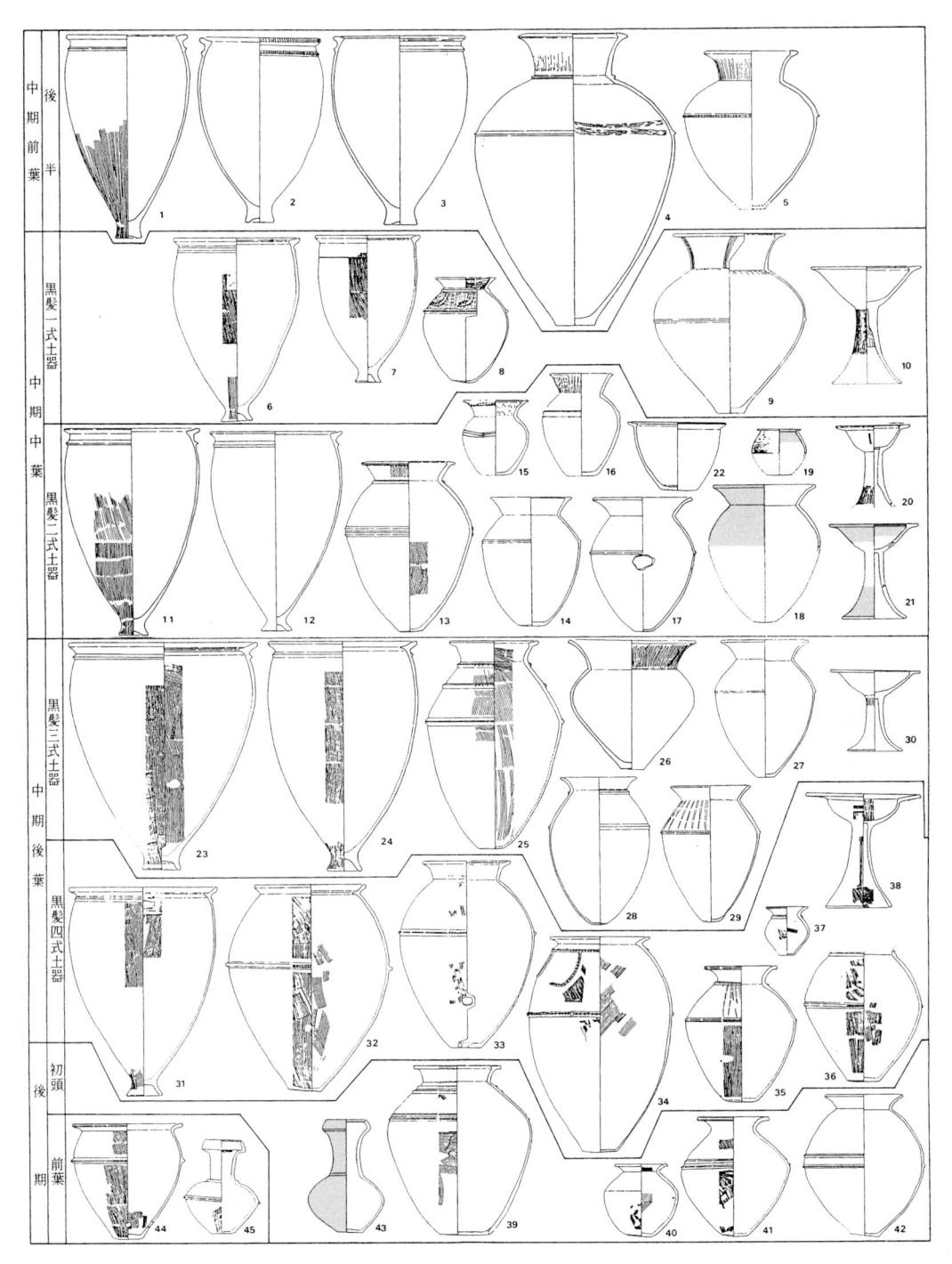

第4章 土器の分類・編年と様式の動態

図1 西健一郎による黒髪式土器の編年（西，1983より）

るのでは高三潴式の様式としての意味が喪失しかねない。現在，報告書には「中期末から後期初頭」とする判断保留の記述も多くみられ，こうした混乱は資料の増加に起因するというより，むしろ「様式」という概念に対する意識の希薄さにあると考える。

(2) 中部九州

遺跡の調査報告などで個別的な検討は行われているが，よくまとまったものとしては，西健一郎(1983)による編年がある（図1）。方法としては，分析的な型式学的分類作業は施されていないが，個々の資料の型式学的前後関係は考慮されているようである。同時性認定の方法やその細分段階がいかにして決定されるかについては明示されておらず，多分に経験的・直感的な面がある。良好な一括資料がさほどない中部九州においては，個々の資料の型式学的操作に頼らざるをえなかった点は逆に評価してよかろう。したがって，たとえば甕に着目すると型式学的には前後関係に矛盾がないように思われる。ただし，段階が細かく分かれており，異なる器種との同時性の説得力には難があるように思われる。また，筆者の立場からすると，たんに「中期中葉」などとするだけでなく，「黒髪一式～四式」という名称も用いられていることは評価できるが，文中でこうした様式名の明確な運用がなされていない点は残念である。

西の論文で特徴的なのは，黒髪式と呼ばれてきた土器群をすべて中期におさめているということである。森(1966)らに代表される，黒髪式の全部または一部を後期とみなす「遅れて伝播モデル」は伝統的にあったし，また強いものであった(小田，1972-1973)。これに対して緒方勉は，中期が空白になるという論理的な根拠と具体的な共伴資料とを提示して，素直に考えれば，「弥生中期的様相をもった黒髪式土器を，弥生後期にまで引き下げる不自然さはなくなろう」(緒方，1978:76)として中期説を唱えていたが，さほど影響を与えはしなかった。西の編年はこの考えを編年図でビジュアルに補強したことになろう。

西の編年以後，黒髪式をめぐる研究では大きな進展がみられない。ただしその後，清田純一(1991)により熊本県城南町宮地丘陵における編年案が提示されており，黒髪式という名称は用いられていないけれども内容的には黒髪式は中期におさめられている。このように実質上黒髪式を中期とする考えは地元の研究者を中心に提示されており，少なくとも西編年以後，中期説への明確な反論は出されていない。西編年が発表される以前から現在に至るまで，地元の研究者においては実際の運用面で中期説が非常に浸透していることがうかがえるが，公式には黒髪式の位置づけは未確定のまま放置されている。それに関して，黒髪式と本来異なる形態をもつ明らかな後期土器までも黒髪式と呼称することも行われているが(武末，1982)，これは「遅れて伝播モデル」によって黒髪式を積極的に後期に位置づけることが本来困難であることを示しているように思われる。

(3) 南部九州

南部九州地域は，資料的にはいまだに不十分な感は否めないが，弥生土器編年は，河口貞徳によって1981年までに一応の完成をみた(河口，1981)。この河口編年によって南部九州の弥生土器編

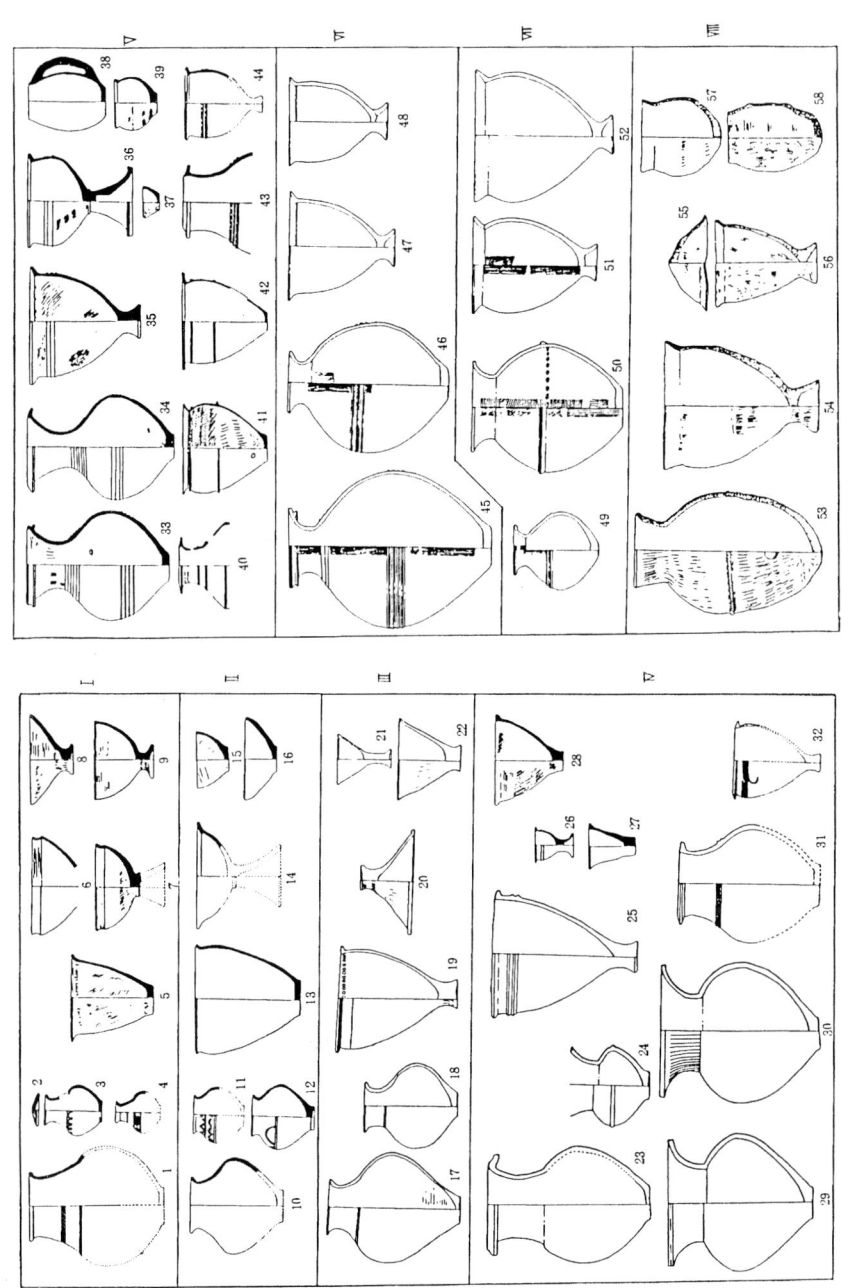

第4章　土器の分類・編年と様式の動態

図2　河口貞徳による南部九州の土器編年（河口, 1981より）

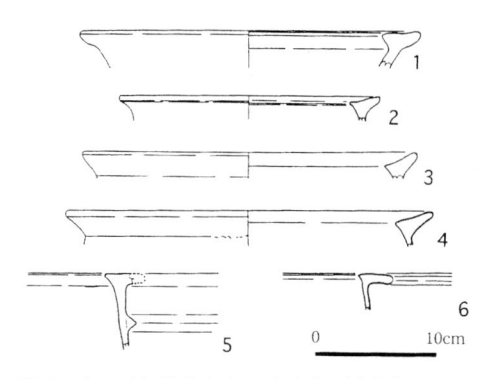

図3 中町馬場遺跡出土の黒髪式と須玖式
1 黒髪式の壺，2～4 黒髪式の甕，5・6 須玖式の甕

年の全容がはじめてビジュアルに示された。立ち遅れの目立った南部九州の弥生文化研究が，この明確な時間軸の設定により，おおいに発展することを予感させるものであった。

河口編年は南部九州の弥生土器の全期間にわたるものであり，第Ⅰ～第Ⅷ様式の8つの様式に分けられている（図2）。第Ⅰ・第Ⅱ様式が前期とされ，それぞれ高橋Ⅰ式・高橋Ⅱ式と呼ばれている。第Ⅲ～第Ⅴ様式は中期とされ，第Ⅲ様式は入来式として中期前半に，第Ⅳ様式は吉ヶ崎式と呼ばれ中期中葉に位置づけられている。第Ⅴ様式は中期後半とされ，山ノ口式および一の宮式と呼ばれているものである。第Ⅵ～第Ⅷ様式は後期とされ，それぞれ松木薗Ⅰ式，松木薗Ⅱ式，中津野式と呼ばれている。森(1966)の考えによれば，山ノ口式は後期に下るとされ，一の宮式はそれに後続する後期後半の土器とされている。これに対して河口は両者を中期後半として同時期と考えていることから，かなり異なった見方であるといえる。

河口をはじめとする見解では，前期の高橋Ⅰ式から後期終末の中津野式まで一貫した系統関係にあるとされている。

1984年，筆者は薩摩半島西方の東シナ海にある上甑島に所在する中町馬場遺跡（鹿児島県薩摩郡里村）の発掘に参加する機会を得た。この調査では刻目突帯文土器から古墳時代の土器まで多くの資料が得られた。ここで筆者が注目したのは，肥後を中心として分布するといわれている，いわゆる黒髪式とみられる土器が多く出土したことであった。さらに，須玖式土器も若干みられた（図3）。中町馬場遺跡と同じ甑島列島に所在する大原・宮薗遺跡の報文中で，河口は「山ノ口式は南九州に広く分布し，本遺跡もその分布圏に含まれる可能性がある」，「山ノ口式はこの地域内に遺跡が存在するものと思われる」（河口，1974）と述べていた。ところが，中町馬場遺跡で実際に出土したものの中で，汎南部九州的分布をもつと理解されてきた山ノ口式については，どう欲目にみてもわずか3・4片を数えるのみであったのである。

河口編年は研究史上一時期を画するものとはいっても，完成度からいえば初期的なものであることは否めない。他地域との併行関係についても曖昧な面がある。南部九州では研究史上，外来系土器の存在やその入り方に関してはあまり注意にのぼってこなかったといってよい。したがって，以上のような中町馬場遺跡での知見がどのような意味をもつものであるかについては，早急な結論は出しかねた。

そこで，中町馬場遺跡でのあり方が，周辺の南部九州地域とどう違うのか，あるいは共通する点があるのか，という点を確かめることが必要である。もし，中町馬場遺跡でみられたような黒髪式の存在が，中町馬場遺跡とごく限られた周辺地域でのいわば局地的な現象ではなく，南部九州地域の中に，ある一定の広がりをもって存在しているとすれば，従来の編年観に再考を促すことにもな

るのである。

　では，南部九州地域に分布すると理解されてきた山ノ口式が本当にそのようなあり方をするのかどうか，あらためて検討することにしよう。山ノ口式は大隅半島においては，山ノ口遺跡（河口，1960，1962），王子遺跡（立神，1985），中ノ原遺跡（新東，1990）など各地で遺跡の主体をなしているのが確認できる。一方，薩摩半島では，南端に所在する成川遺跡で大きな遺跡を形成している（出口ほか，1983）が，他ではほとんど発見されていない。薩摩半島東部では，ごく狭い地域に一の宮式と呼ばれる土器が存在しているが，山ノ口式とほぼ併行関係にあり，いわば山ノ口式の地域色ともいえるものである（中園，1986b）。したがって，一の宮式を含めて山ノ口様式は，大隅半島全域から薩摩半島東部・南部に分布するものであるということができる。ところが，薩摩半島西部では山ノ口式が主体となる遺跡は全く発見されていない。つまり薩摩半島西部は，山ノ口式に関しては空白地域となることを押さえておかなければならない。

　本田道輝によって，この問題に関して注目すべき見解が発表されている。それは，薩摩半島西部に所在する松木薗遺跡で得られた資料の発表と考察においてである。本田は，南部九州の後期土器として松木薗Ⅰ式・Ⅱ式を設定していたが，新たに発見された松木薗遺跡1号住居址内で主体となって出土した土器は，松木薗Ⅰ式の「直接の祖形」であるとし，「松木薗0式」と仮称した（本田，1984）。重要なのは，この「松木薗0式」が南部九州の在地土器の系譜をひくものではなく，肥後系統であることが示唆されている点である。それまで考えられていた系譜関係では，山ノ口式→松木薗Ⅰ・Ⅱ式となるのであるが，本田の説に従えば山ノ口式と松木薗Ⅰ式は系譜的に不連続となる。本田が「松木薗0式」と仮称して肥後系統の可能性を示唆しつつ注意を喚起したものは，まぎれもなく肥後，すなわち中部九州地域に分布の中心がある黒髪式の様式に含まれるものであると筆者は考える。1号住居址内ではこれが主体であり，山ノ口式は，わずかに甕（図4-7・8：同一個体か）のほか大甕が1点出土しただけであったのである（図4）。この住居跡内からは黒髪式甕・大甕のほか前掲の山ノ口式甕・大甕および丹塗の須玖Ⅱ式袋状口縁長頸壺が出土している。出土状況から，これらの土器は「廃棄後しばらく時間をおいて一括して廃棄されたもの」と推定されている。本田は「松木薗0式」と山ノ口式の同一遺構内での共存という事実から，両者は少なくともある時期併存して存在したものとみなし，南部九州では「少なくとも中期後半頃から，地域を異にする異系統の土器が存在した可能性が強い」と説いた（ibid.）。

　本田の見解は卓見であると思われるが，この時点では他遺跡での事例が不足してい

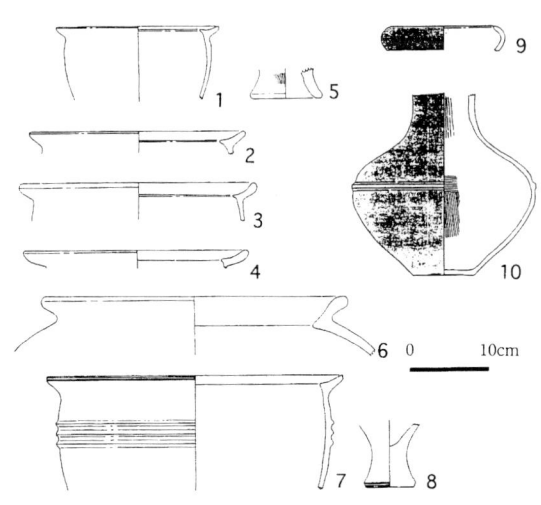

図4　松木薗遺跡1号住居址出土土器（本田，1984より）
1〜6黒髪式，7・8山ノ口式，9・10須玖Ⅱ式

たことから，それだけをもって南部九州全体を2つに分かつ土器群の存在を主張するところまで敷衍するにはやや無理があった。こうした知見が市民権を得るにはいま少しの論証を必要とする。

薩摩半島西部が山ノ口式の空白地域であることはすでに指摘したとおりである。このことは本田説を補強するものである。次に，本田により山ノ口式とほぼ併行するとされた「松木薗0式」の分布についてみることにしよう。「松木薗0式」とは黒髪式に該当すると思われるが，その設定について本田は「松木薗0式」にさらに先行するとみられる同系統の土器をあげており，自ずと「松木薗0式」の時期を知りうる。「松木薗0式」は黒髪式と形態上の差異は特段存在せず，そのものとみてよい。つまり「松木薗0式」というものは南部九州における黒髪式の，ある時期の名称であるということができる。

南部九州における黒髪式(「松木薗0式」段階)は，松木薗遺跡以外では入来遺跡で多く出土している。入来遺跡の報文(河口，1976)の中で，須玖式とされているものの中に黒髪式が含まれており，採集資料にもある。また牟田尻遺跡1号土壙(池畑・牛之浜，1976)でも黒髪式のみが単独で出土している。他にもこの地域では表面採集などによってかなり発見されている(中園，1985)。こうした状況から黒髪式は薩摩半島西部に濃密であるといえる。

一方，同じ薩摩半島であっても，一の宮式や山ノ口式が主体となって分布している東部地域では，黒髪式は混在するかむしろ客体的なあり方しか示さず，さらに東にいって大隅半島では，管見では，1点も発見されていない。このことはきわめて注目すべきであり，本田の見通しが妥当であったことを示している。今はこの問題に関してはこのくらいにとどめておいて，南部九州では地域を異にした，山ノ口式と黒髪式という2つの系統の土器群が存在していたとみられる，ということを記憶しておくことにしよう。

当初筆者が問題視した中町馬場遺跡の例に戻ると，やはりそれは中町馬場遺跡のみの単発的な現象として理解するよりも，南部九州において薩摩半島西部全域に広がりをもつ現象と併せて考えなければならない。

以上から，河口編年における山ノ口式(第V様式)と松木薗式(第VI・第VII様式)とは系譜的な連続はなく，2群の地域的様式が1本に接ぎ木された形であるといえる。したがって，その一元的編年観は再考が必要である。こうした問題点から，編年を精緻なものとしていく一方で，地域的な様式の偏りとその分布範囲の広狭の動態に目を向けるべきとの指針が得られた。

九州では前期において，甕は大きく2系統に分かれることが知られている。一つは，いわゆる亀ノ甲タイプ，高橋II式，下城式などと呼ばれているもので，刻目突帯文土器に起源するものであり，もう一つは板付I・II式の甕に代表されるような如意形口縁のものである。こうした認識はかなり古くからあるが，九州の中期の甕は地域によってどちらかの系統が主体となって成立し展開していくという考えは，河口によって明確に示されている(河口・出口，1971)。このうち如意形口縁の系統に属す甕は，南部九州では前期段階に，薩摩半島西部の高橋貝塚を中心にごく少数存在しているのみであり，中期土器としてはすべて刻目突帯文土器の系統に連なるものである。

なお，河口編年による山ノ口式までの系統関係にはほぼ同意できる。ただし，松木薗I・II式の

祖型を山ノ口式に求めたことが問題であり，すでに述べているように，山ノ口式と松木薗I・II式との間には系譜的に直接の繋がりはないと考えられる。では，山ノ口式に後続するものは何であろうか。

大隅半島を中心として薩摩半島東部におよぶ山ノ口式の分布域において，山ノ口式の直後に土器がなくなるとは考えにくい。筆者はその点に注意して山ノ口式の後に位置づけられる土器がないか探した。はたして，型式学的に後出する土器が大隅半島を中心として存在することが判明している（中園，1986b；ほか）。これは，すでに本田がその存在の可能性を予見していたものであり（本田，1984: 7），それが実際に確認できたことになる。おそらく，少なくともその系統の古い段階においては山ノ口式とほとんど同じ分布域をもつものと考えられる。筆者はその中でも山ノ口式の直後に位置づけられると思われるものを多く出土した大隅半島の高付遺跡（中村・吉永，1984）の名をとって「高付タイプ」と仮称し，山ノ口式→「高付タイプ」という系譜の図式を示すことで，山ノ口式→松木薗式ではないことを強調しようとした（中園，1986b）。その後，「高付式」と正式に命名され（中村直子，1987），現在に至っている。

山ノ口式の系統が高付式を経て存在しているにもかかわらず，従来注目されてこなかった理由は不明である。出土数が少ないということのほかに，松木薗式から古墳時代のいわゆる成川式に繋がる組列の中に割り込ませることが一見困難であることも一因であろう。したがって，高付式は無理に山ノ口式に含められることさえあった。

以上の考えの正しさは後の分析で明らかになるであろうが，黒髪式が中期後半に分布域を拡大した結果，南部九州内で2つの様式が併存して展開する——ということを認識することで，従来の研究者の「南部九州」の土器は同一系統であるという認識に再考を促すことになろう。

こうした系統関係の問題とともに南部九州の編年で最も重要なのは，河口によって中期後半とされてきた山ノ口式をめぐるものである。森らの「遅れて伝播モデル」では山ノ口式は後期に下降されていた。ある意味で権威付けされた主流の後期説に対し，河口ひとりは中期説を主張しつづけているという図式になる。鹿児島県鹿屋市王子遺跡の調査を契機として，1980年代には山ノ口式と瀬戸内第IV様式が併行関係にあるらしいことが明らかになってきた。後述する「調整案」に基づいて，瀬戸内第IV様式は九州の高三瀦式，すなわち後期初頭から前葉に併行するとみなされてきたことから，山ノ口式を後期に下ろす考えが再燃してきた（石川，1984）。また，山ノ口式を，瀬戸内第IV様式を伴わない中期の段階と，伴う後期の段階に二分できるはずという，いわば折衷案も出され，中村耕治（1986）は実践している。一方で河口は，山ノ口式の須玖II式との共伴関係をもとに中期説を主張してゆずらないが，なしくずし的に後期説や中期・後期二分説のほうが普及しつつあるようである。この，山ノ口式をめぐる問題は，瀬戸内地域と九州との併行関係にもかかわる重要な問題である。なお，山ノ口式と共伴する瀬戸内第IV様式については，なぜか「遅れて伝播」という考えを提唱する研究者は一人もいない。

わっていない。すると田崎は，須玖式という分類単位と，それに含まれる「遠賀川以東系」と「遠賀川以西系」という下位の分類単位を認めたことになる。

このように，結果として階層的な分類をとっている研究事例は枚挙に暇がないほどある。ところが，果たして自覚をもった階層的分類はどの程度なされてきたのであろうか。念のためにいえば，ここでいう階層分類とは，多段階の階層構造をもった体系的分類の必要事項を具備した，もしくは少なくともそれを意図したものである。自覚的な階層分類を行えば，本来ランクの違う単位を同一のランクにおいてしまうはずはない。

須玖式が地域的に細分できるという考えは，たしかに田崎論文以前から存在していたものであり，最近の報告書や論文の記述をみれば，多くの人が認めている。ところが，こうした研究の多くは，様式の下位の分類階級というよりも，細かな地域差に関心の中心があるようである。つまり，須玖式を空間的にどのように細分するかというレベルの探求に関心が持たれているのである。しかし筆者は，これらの研究でほとんどふれられていない重要な問題があると考える。

つまり，九州には，北部九州の須玖式以外にも，中部九州の黒髪式や南部九州の山ノ口式などの地域的な様式が知られているにもかかわらず，須玖式とこれらの様式との関係は，実際にはほとんど検討されていないのである。須玖式と，中部九州の黒髪式や南部九州の山ノ口式などは，同じ分類階級の様式であろうか。それとも須玖式より下位のレベルの「遠賀川以東系」や「以西系」と対比すべきものなのであろうか。また，九州の外の瀬戸内地方や近畿地方の土器様式とのレベル差はどうであろうか。そのような疑問が次々と生じてくる。

この，様式の分類階層にかかわる問題が解決できない場合，本来ならば比較・対比することもできないのである。たとえば，空間的様式の範囲について語るとき，対比するにふさわしくないものどうしであれば，範囲の広・狭についての判断さえできなくなるのである。従来の研究ではこの問題がさほど重視されないことが多かったことには，反省がせまられよう。

したがって，様式の階層的関係にも注意して以下の検討を行う必要がある。

(2) 各様式の併行関係

各地域の中での様式の実態については，比較的イメージがつかみやすくなってきたが，それらをふまえた各地域相互の関係についてはほとんど研究されていない。九州の土器様式を総合的に記述したものは，すでに述べたように森貞次郎 (1966) や小田富士雄 (1972-1973)，橋口達也 (1979a) などかなり少ない。それに比べて，各地域内での研究は多い。これは，土器の地域性に関する研究が全国的に活発化したこととも連動しているものと思われる。

これらはいずれも，北部九州から「周辺」地域への時間をかけた「伝播」をその主たる説明概念としたものであるが，「遅れて伝播モデル」の適用にはなんら根拠が示されていないとの批判は免れない。すでにみたように中部九州では，後期とされていた黒髪式は実際の共伴例から須玖式に併行するはずという緒方勉の批判があり，南部九州でも，河口は，森が後期に位置づけた山ノ口式は共伴例からみて須玖式に併行すると強く主張している。このように複雑な状況を呈している。

そもそも，同時期において分布中心から離れた周辺部では密度が希薄になることは十分に考えられることである。しかしそうした現象を「伝播」と呼ぶのは不適当である。「伝播」とは受容のプロセスが含まれており，解釈を多分に含む用語であって，現象をそのまま言い当てる用語ではないからである。したがって本来は，いったん「地理的勾配」とでも呼んでおいて，時間的要素がどの程度関係しているかを検討する余地を残したうえで，時間をかけた「伝播」かどうかを決定するべきである。その点で，従来のものは同時期における地理的勾配を，常に時間差に置き換えてしまうものであり，ア・プリオリズムであるといわざるをえない。

1980年代以降の研究には，地域間の関係を総合する動きはほとんどなかったといっても過言ではない。たしかに一方では微視的な研究を推進する必要はあろうが，一方で巨視的な視点は置き去りにされたままであったことは，問題である。おそらくは，地域間の併行関係その他で生じている問題のほとんどは，この置き去りにされた巨視的な視点に還元される可能性が高いであろう。いままさに「地域細分主義」的解釈をこえた「総合」をすべき時が到来しているといえよう。微視性/巨視性を常に再帰的に考えてこそ多くの問題は解決されるものと信じる。

別の問題としては，様式名の使用が盛んではなく地域間の対比もあまりなされていない現在では，県境に隣接する遺跡間で同じ様式の土器が異なる名称で呼ばれるなどの奇妙な現象さえ起こっている。たとえば福岡県南部で須玖式に混じって出土する黒髪式は，黒髪式という名称は一切使用されず，須玖式の地域色程度に考えられているきらいがある。そこには黒髪式は熊本県で出土するものであるという先入観と，研究者自身のアイデンティティーが如実に投影されているようであり，深刻な問題である。様式名を使用し，地域間での比較を盛んにすることがいかに重要かを物語っているといえよう。なおこのことは，理由はともあれ，黒髪式は須玖式の地域色ととらえてもさほど問題を感じないくらい類似性があるということも示している。つまり，黒髪式と気付きさえしなければ須玖式と共伴している「何か」が自然に中期土器と認識されていたことは，黒髪式の本来の年代を考える上で非常に暗示的である。またこれは須玖式と黒髪式がどのような関係にあるのか，様式の階層の問題にも関わることなのである。

(3) 瀬戸内・畿内の様式との併行関係

1977年，高地性集落の総合的研究をするにあたって，地域間の併行関係のずれが問題になった。これを解消するべく「北九州と畿内の弥生土器編年の調整」が行われた（小田・佐原，1979）。それによれば，結論的には，前期，中期，後期という名称を使うと学史的にずれが出てしまうが，『弥生式土器集成』の各地のⅠ～Ⅴ様式は幸いほぼ併行と認められるので，Ⅰ～Ⅴ期と呼びかえればよい，ということになる。以下，この考えを「調整案」と呼ぶことにする。したがって，北九州第Ⅱ様式の城ノ越式は，瀬戸内・畿内の第Ⅱ様式と，第Ⅲ様式の須玖式は第Ⅲ様式と，第Ⅳ様式の高三潴式（原ノ辻上層式）は第Ⅳ様式と併行ということになる。

しかしこのときは，第Ⅱ様式，第Ⅲ様式，第Ⅴ様式相互の共伴によって，相互に時間の一点を共有することがわかっていただけであり，第Ⅳ様式については共伴例がなく，それが不明で

あったことは注意しなければならない。また，第 III 様式とのクロスデーティングを行った資料は，九州では須玖 I 式期に該当する可能性があり，北九州第 III 様式の古いものと瀬戸内・畿内の第 III 様式との併行を示唆したにすぎない可能性も指摘できる。

「調整案」が発表された翌年にあたる 1980 年度の日本考古学協会大会では，「青銅器の生産」をテーマとしたシンポジウムが行われたが，議論の性質上，九州，畿内，その他の地域の間での併行関係は，不徹底とはいえ強く意識されていることがわかる。シンポジウムに先立つ公開講演において岡崎敬は，「畿内の前期が九州の前期と並行すると思ったら，大まちがいです……このごろ太宰府と関西で若い研究者の方がそういう問題について，盛んに詰めておられますが，これはまだまだ大きく残された分野があります」と述べ，自身の具体的な考えは示さなかったものの，併行関係についての齟齬が障壁となることを指摘した。シンポジウムの席上，司会を担当した金関恕は，「佐原・小田案」の内容を示しながら，パネラー間の意思の疎通をはかり混乱を防ごうと努力している。加えて，下條信行は，「佐原・小田案」に若干の異議をとなえ，III 期を「須玖」という言葉で一括せず細分して記述したほうがよいということを示唆した (日本考古学協会 (編)，1989)。この指摘は以下で述べることに関連して注目しておきたい。

ともあれ，その後，『弥生文化の研究』 (雄山閣刊)，『岩波講座日本考古学』 (岩波書店刊) などをはじめとして，広域を対象とする記述を必要とする場合にはこの「調整案」が採用されることが多い。1986 年に行われた弥生時代の青銅器とその共伴関係をテーマとした研究会でも，年代の統一のために採用されている (第 20 回研究集会事務局 (編)，1987)。このように，「調整案」は地域間の比較をする際に重要な役割を果たしているのは明らかで，非常によく使われているのが現状である。

一方，豊岡卓之は九州第 III 様式の後半と畿内第 IV 様式が重なる公算があることを主張し (豊岡，1985)，のちに多少の留保はとりながらも明確に図示している (豊岡，1989)。鹿児島県王子遺跡で瀬戸内第 IV 様式が山ノ口式と共伴したことから年代についての議論がおこる中，筆者も九州内の各様式の併行関係および九州と瀬戸内・畿内の併行関係の検討を行い，1986 年から九州の中期後半は瀬戸内・畿内の第 IV 様式に併行することを述べてきた (中園，1986a，1986b，1987，1993b，1996a，1977；ほか)。下條も「北部九州の中期末は，凹線文土器 (畿内第 IV 様式) 期にぎりぎり併行していると考えている」と表明している (下條，1989a)。また，問題の多かった西部瀬戸内の編年を整理・検討した中村友博 (1993) は，柳井田式との共伴関係等から須玖 II 式の下限が第 IV 様式まで下るとしていることは重要な指摘である。なお，武末純一は「畿内 IV 様式の上限が須玖 II 式平行期までさかのぼるか否かは，なお今後の課題として残されている」(武末，1987c) として須玖 II 式と第 IV 様式との一部が重なる可能性もあるとの含みをもった発言をしている。このように須玖 II 式と第 IV 様式との併行関係を大きくみるものからごく一部がふれあう程度とみるものまで差はあるものの，従来の併行関係の案を見直す動きがあることははっきりとみてとれる。しかしながら，上でみたように公式には「調整案」が用いられているのが現状といえる。

「調整案」は地域間の比較に一定の尺度を与える点で重要なものではあるが，もし，併行関係の認識にずれがあるとすれば異なった歴史像が描き出されてしまう危険性が十分にある。したがっ

て，再検討を要する重要な問題である。

第2節　型式分類

1. 資料と方法

　ここでは，九州における弥生時代中期の土器編年を検討する前提として，まず型式分類を行う。用いる資料は，九州各地の中期土器である。ただし，みてきたように，九州内の併行関係については複雑な状況があるため，上で問題にした資料をすべてカバーする必要がある。したがって，「遅れて伝播モデル」では中期土器からはずれてしまう黒髪式や山ノ口式なども当然ながら含めなければならない。こうした中期土器の可能性が少しでもあるものは検討の俎上にのせるべきである。したがって，日向の中溝式（石川編年の「IVb期」）も扱うことになる。また，前期についてはしばしば「前期末～中期初頭」といわれるように，前期と中期の境目が難しいため，明らかに中期のものだけを扱っていては編年または様式としてみる場合に完結性がなくなってしまう恐れがある。以上の理由から，少なくとも前期末から検討する必要がある。つまり中期を十分カバーする範囲の時期を扱うことにする。

　その方法については，すでに示したように「属性分析」や多変量解析を採用する。ただし，中には資料数の不足その他の制限から，型式分類を断念したものや類型分類的にならざるをえないものもある。そして，分類した諸型式をもとに編年を行う。この際，ある程度の有意な地域差があることが想定できるので，便宜的に，まとまりがあるであろうと思われる地域ごとに視点をすえて編年を行うことにする。次に，それらの併行関係を共伴資料によって推定し，九州における年代的な段階設定を行う。

　たんなる年代学的な単位ではなく「様式」を問題とするとき，あらかじめ地域を区分したうえでそれごとに編年を行うのは，本来は好ましくない。また，地域ごとの編年と全体の段階設定とは同時に行うことも可能である。しかし，ここでの作業を簡単にするために以上のような手順をとることにする。

　そのうえで，段階ごとの様相を検討する。ここでは，九州における各型式の存在状況をみる。後の議論のために，とくに中期後半期については，遺跡（遺跡群）ごとの型式の存在比率を求めたうえで遺跡間の類似度から「地域」を割り出す。こうした過程を経て，時間的・空間的に，動的で「流動する」様式を把握することができよう。

　次に九州以外の他地域との併行関係を，共伴例あるいは同時性を示す資料を用いて検討し，瀬戸内・畿内との年代的比較を可能にさせる。こうした諸地域との対比から様式の階層的把握も行いながら，九州の様式と瀬戸内・畿内とを比較し，その独自性や共通性などを検討する。そして総合して，様式の動態についても記述する。

2. 型式分類

(1) 甕

　甕は，いうまでもなく単一の型式ではないし，時間的なものはともかく，地域的変異がはっきり存在することが従来の知見から予想される。ところで，弥生時代前期において従来，大きく2系統が知られている。

1) いわゆる「亀ノ甲タイプ」や，「高橋II式」，「下城式」などと呼ばれているもので，弥生時代早期の刻目突帯文土器に起源するとされているもの。口縁部は断面三角形でしばしば口唇部に刻目をもつ。亀ノ甲タイプと高橋II式は胴部付加要素として口縁部と同様な三角突帯をもつものも多く，明らかに刻目突帯文土器に起源するものと考えられる。下城式には胴部付加要素はほとんどなく，口縁部が直口でバケツ状の器形を呈する。口縁部からわずかに下ったところに突帯をもつ点が特徴である。

2) 板付I・II式や遠賀川式の甕に代表されるような如意形(断面が孫の手状を呈する)口縁のもの。口唇部に刻目をもつものが多い。

　この2系統の認識はかなり古くからある。その中で，九州の中期の甕は地域によってどちらかの系統が主体となって成立し，展開していくという考えは，河口貞徳によって明確に示された(河口・出口，1971)。同様の考えは，のちに藤尾慎一郎によって受け継がれ(藤尾，1984b)，片岡宏二や田崎博之らの編年研究(片岡，1983；田崎，1985)でも両者の系統を意識したものとなっている。ここでも，この考えに基本的には同意して分類作業を行う。九州の中期甕の起点にこの2つをおく。ただし，「亀ノ甲タイプ」と高橋II式はほぼ同じ型式という意味あいで表現されることが多く(河口・出口，1971；橋口，1979a；藤尾，1984b；ほか)，形態上顕著な違いはない。両者を見分けることは実際には難しく，同一様式とみなしてよいと考える。一方，それらと下城式は分離して考えられている。そこでこれらを分けておく。

　都合，中期の甕の起点と考えられるものは3つということになる。便宜的に次のように呼ぶことにする。いわゆる「亀ノ甲タイプ」(ここでは高橋II式も含む)を起点とするものを，「亀ノ甲系統」，如意形口縁甕を起点とするものを「如意形口縁系統」，下城式を起点とするものを「下城系統」とする。ただし，下城系統については，実態があまりわかっておらず，ここでの分析の対象からはとりあえず除外しておく。

① 亀ノ甲系統甕

口縁部形態(図6)　抽出した変異群は，3系列に配列しまとめることができる。起点には前期にみられるいわゆる亀ノ甲タイプの口縁部をおくことができる。

I類：小さな断面三角形の口縁のもの。外側への突出は器壁の厚さをこえない。
II類：大きな断面三角形の口縁。外側への突出は器壁の厚さを大きく凌駕し，上面の外側下方への傾斜が強いもの。
III類：II類より外側へののびが大きいもので，口唇部は尖らず断面は付け根が太いU字型に近い形を呈するもの。上面が太いが，下面はヨコナデのため稜線がつかないもの。

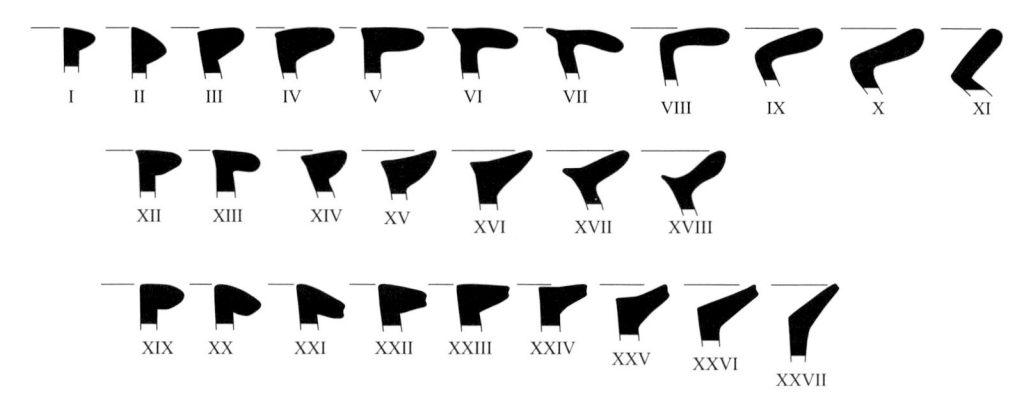

第4章　土器の分類・編年と様式の動態　　　133

図6　亀ノ甲系統甕口縁部形態

IV類：外側に発達し，上面が内傾するもので，付け根部が太いが，下面はヨコナデのため稜線がつかないもの。
V類：いわゆる逆L字口縁。外側への張り出しは，付け根部が太くはならず，ほぼ同じ太さのもの。
VI類：V類に似るが，やや強いヨコナデにより，付け根部が薄くなるもの。外側先端はやや垂れ，内面に突出を形成する。上面にわずかにうねりを生じる。
VII類：内側の突出が下面に変換点をもち，斜め上方へ発達したT字形に近いもので，強いヨコナデにより，付け根部の厚さが非常に薄くなり，外側先端が巻き込むように大きく垂れるもの。上面が大きくうねる。
VIII類：外側に強く反転するもので水平に近い。内面に突出はなく稜をもたないもの。薄く，外面屈曲部のヨコナデはVII類同様顕著である。
IX類：VIII類に似るが，「く」の字状にやや起きたもの。内面に稜線がある。
X類：IX類に似るが，背面がややくぼむもの。
XI類：急角度に起き，匙状のふくらみがないもの。
XII類：大きく，両辺が外ぶくらみの断面三角形口縁。
XIII類：のびはXII類と同程度であるが，若干下方へ垂れるもの。
XIV類：のびはXII・XIII類と同程度で，上面が内傾し，下面の丸みがないもの。上面はくぼまず，直線的かややふくらむ。
XV類：上面は内傾し，ややくぼみ，下面は大きくふくらむもの。外側へののびは，XII～XIV類に比べて発達する。
XVI類：上面は内傾し，ややくぼみをもち，下面のふくらみはないもの。付け根部へ向かって厚くなる。
XVII類：大きく内傾し，内面の突出が顕著で，上面はくぼむもの。強いヨコナデにより付け根部の厚さを減じる。
XVIII類：外側への張り出しがかなり起き，上面は強くくぼむ。付け根部は強いヨコナデにより薄くなるため，「匙」状を呈するもの。
XIX類：大きな断面三角形に近い口縁。XII類に近いが，下面付け根部に接合線が明瞭に残るもの。
XX類：XIX類に似るが，下方へ垂れたもの。上面はかすかに凸面をなす。
XXI類：XX類に似るが，上面は直線的。口唇部はくぼみをもつもの。
XXII類：断面台形の口縁で，口唇部にくぼみをもつもの。本類も下面の接合線は明瞭。
XXIII類：上面が水平なもの。他はXXII類と同様。
XXIV類：上面がくぼむもの。わずかに内傾するものも本類に含める。下面付け根部は明瞭な稜線がつくが，接合線は見えない。
XXV類：XXIV類に似るが，さらに起きてのびるもの。上面がくぼむものもある。
XXVI類：XXV類に似るが，さらに薄く，長くのびるもの。上面は直線的。
XXVII類：さらに起きたもので，口唇部は薄い。上面にわずかに凸面を生じ，胴部への移行が非常になだらかなもの。

I類をそれぞれの系列の起点とすると，系列中でI類との類似度が最も大きいものから小さいものへと配列することができる。わずかな乱れはあるが，次のようにまとめることができる。

$$
\mathrm{I} \begin{cases} \mathrm{II} \to \mathrm{III} \to \mathrm{IV} \to \mathrm{V} \to \mathrm{VI} \to \mathrm{VII} \to \mathrm{VIII} \to \mathrm{IX} \to \mathrm{X} \to \mathrm{XI} \cdots\cdots\cdots\cdots\cdots \text{系列 A} \\ \mathrm{XII} \to \mathrm{XIII} \to \mathrm{XIV} \to \mathrm{XV} \to \mathrm{XVI} \to \mathrm{XVII} \to \mathrm{XVIII} \cdots\cdots\cdots\cdots\cdots\cdots \text{系列 B} \\ \mathrm{XIX} \to \mathrm{XX} \to \mathrm{XXI} \to \mathrm{XXII} \to \mathrm{XXIII} \to \mathrm{XXIV} \to \mathrm{XXV} \to \mathrm{XXVI} \to \mathrm{XXVII} \cdots \text{系列 C} \end{cases}
$$

　ここで，説明の便宜上，II～XI類を系列A，XII～XVIII類を系列B，XIX～XXVII類を系列Cと名づける。わずかな乱れがあるため型式学的見地から各系列内の変異を，それぞれなんの矛盾もなく1系列のものとするには若干の疑問がある。それは，系列AにおけるVII類からVIII類への変化，系列BにおけるXIII類からXIV類への変化，系列CにおけるXX類からXXI類への変化が顕著である。

　まず，系列Aは，I→II→III→IV→V→VI→VIIまでは首肯できる。また，後期の「く」の字状口縁に最も近いのはXI類であり，VIII→IX→X→XIの変遷を無理なく想定できる。さらに，強いヨコナデにより付け根部が薄くなる点など相互の類似度の比較から，VII類とVIII類は近い関係にあることもいえる。ただし若干の矛盾点は，口唇部が下垂しつつあったものが一転して起きだすという点である。しかしながら，口縁付け根部のヨコナデが増大する過程とそれに伴う形態の変化という基準にもとづけば，内面の突出の消滅を除けば系列Aの変遷は首肯できる。よって，留保すべき点を残しつつも，ひとまず系列AはI類からXI類までを1系列と仮定して作業を進めることにする。

　次に，系列Bは，

$$
\mathrm{I} \to \mathrm{XII} \begin{cases} \mathrm{XIV} \to \mathrm{XV} \to \mathrm{XVI} \to \mathrm{XVII} \to \mathrm{XVIII} \\ \mathrm{XIII} \end{cases}
$$

と考えることもできる。

　系列Cは，

$$
\mathrm{I} \to \mathrm{XIX} \begin{cases} \mathrm{XXII} \to \mathrm{XXIII} \to \mathrm{XXIV} \to \mathrm{XXV} \to \mathrm{XXVI} \to \mathrm{XXVII} \\ \mathrm{XX} \to \mathrm{XXI} \end{cases}
$$

と考えることもできる。

　しかし，系列内での変異相互の類似度の比較によれば，それぞれ便宜的に1系列の変化としておくことは大局的見地からは許されようし，また繁雑さを避ける意味でも可能であろう。そこで一応，便宜的に3系列内での変異の順位は一線的としておく。いずれにせよ，他の属性との相関の検討により明らかにされるであろう。

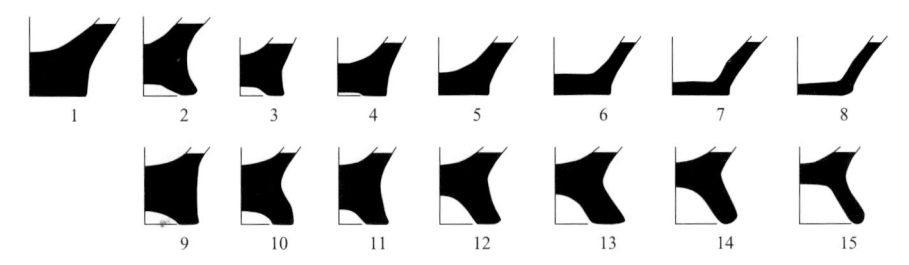

第 4 章　土器の分類・編年と様式の動態

図 7　亀ノ甲系統甕底部形態

底部形態（図 7）　底部形態も 3 系列にまとめることが可能である。ところが，口縁部形態における系列 C の底部については，前期を除いて中実の脚台状を呈するものであり，長期間にわたってそのような底部を維持し続けるのは九州でも南部地域だけであることがわかっている。しかし，中実の脚台状底部をもつものは完形資料が非常に少ないなど，他の属性との相関を検討することが困難であるので割愛する。よって，底部形態は口縁部形態 A・B 系列との共伴状況を検討するのに用いる。そこで，底部形態の 2 系列を提示する。

1 類：厚みをもつ平底。底部付近の外側への張り出しはない。
2 類：中位でくびれ，外側に大きく張り出す高い底部。底面にくぼみをもつ。
3 類：2 類に比べて厚みを減じ，外側は中位で屈曲点をもち，わずかに外方へ張り出すが，直立するもの。底面はくぼみをもつが接地面は平坦。
4 類：3 類よりも厚みを減じる。底面は中心部がわずかにくぼみ，周囲は輪台状で設置面は平坦なもの。外面に屈折点をもたない。
5 類：4 類よりも厚みを減じ，底面が平坦なもの。外面に屈折点をもたない。
以上の 1〜5 類は，いずれも内底部（内面見込み部）がゆるい U 字形を呈し，面・稜をもたない。
6 類：内底部に平坦面をもつもの。底面は平坦。外面は底面近くでわずかにカーブし，直立に近い。
7 類：6 類に似るが，底面の厚さが底面周囲の器壁より薄いもの。内底部周囲は強いヨコナデのためややくぼみ，相対的に内面中央部に緩い突出を生じる。外面は底面付近がカーブし，直立に近い。
8 類：7 類に似るが，底面がわずかに凸レンズ状にふくらんだもの。
9 類：厚く，外面は直立に近いが，わずかに外方へ傾斜したもの。底面にくぼみをもつ。
10 類：9 類に似るが，外面の中位が大きくくびれ，それより下位は外へふくらみをもつもの。底面はくぼむ。接地面は平坦。
11 類：外開きの底部で 10 類に似るが，外面界の外側へのふくらみがないもの。底面端部はシャープにとがる。底面はくぼむ。接地面は平坦。
12 類：外開きの底部で外面は 11 類に似るが，底面が大きくくぼんでいる。接地面は平坦であるが，端部はわずかに上方に面をなして浮く。
13 類：12 類に似るが，外開きの脚台状の厚みが接地部に向けて薄くならないもの。
14 類：端部が丸く，13 類に比べて脚台部の厚みを減じ，直線的にハの字状に開くもの。天井部にわずかに変換点をもつ。
15 類：薄く長い脚台をなし，ゆるく曲線的に外側へ開くもの。天井部に平坦面をもつ。

以上の変異は，前期に一般的にみられる底部形態である 1 類を起点とすることができ，

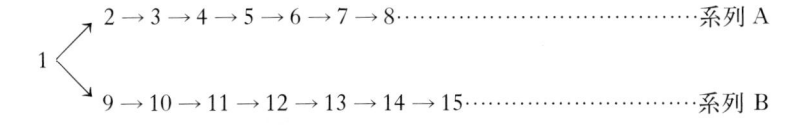

$$1 \begin{cases} 2 \to 3 \to 4 \to 5 \to 6 \to 7 \to 8 \cdots\cdots\cdots\cdots 系列 A \\ 9 \to 10 \to 11 \to 12 \to 13 \to 14 \to 15 \cdots\cdots\cdots\cdots 系列 B \end{cases}$$

という 2 系列にまとめられる。便宜的に 2〜8 類を系列 A，9〜15 類を系列 B と呼ぶ。

ただし，底部形態は，内面の形態や厚さなどが安易に図化されたものが多く，実測図と現物との間に開きがあるものがある。復元後には直接観察することができず計測も難しいことや，従来，編年においては口縁部形態がとくに重視され，相対的に底部形態は軽視されてきたこととも関係すると思われる。したがって，可能なかぎり観察により修正した。しかし，一定の資料数を確保するために実測図のみをもとにしたものも多くある。したがって，底部形態を必ずしも一義的に用いるわけにはいかない。

以上，口縁部形態および底部形態の変異と系列を想定した。ただし，系列によって抽出する属性変異の性質が異なるものがあるうえ，全体の変異数が多くなり繁雑になるため，やや変則的ではあるが，以下では系列ごとに，みられる属性とその変異をとりあげて検討することにする。口縁部形態および底部形態が型式学的に最も整理しやすいからである。口縁部の系列Aと底部の系列A，口縁部の系列Bと底部の系列Bがそれぞれ対になる。口縁部の系列Cに対応する底部はすでに記した理由からとりあげられなかった。口縁部での整理をもとに，各系列名(A～C)で呼び，系列ごとに属性の抽出・検討を行うことにする。

〔系列A〕

口唇部刻目の有無 口唇部刻目の有無を扱う。刻目が施される微妙な部位や工具の種類にはふれない。

α類: 口唇部に刻目をもつもの。
β類: 刻目をもたないもの。

以上は存否にもとづくものであるが，刻目をもつものは前期に普遍的にみられることから，$\alpha \to \beta$の変化が考えられる。

胴部付加要素 胴部にみられる「文様」の種類と有無に関して，以下の変異を扱う。

A類: 断面三角形の刻目突帯。
B類: 沈線。
C類: 三角突帯。刻目のないもの。
D類: 稜角付突帯(口唇状突帯)。すなわち，突帯の中央が沈線上にくぼむもの。
E類: 付加要素をもたないもの。

以上の変異については，純粋に型式学的見地からは序列の推定は困難である。よって，ここではそれを行わず，以上の変異を提示するにとどめる。

内面調整法 胴部内面にみられる調整法を扱う。下地のハケメを丁寧に磨り消しているものはハケメとせず，最終調整を対象とする。なお，外面調整法に関してはほとんどがハケメであるので扱わない。これら調整法に関しては工具の種類や方向，ストロークの長さなどバリエーションがあるが，煩雑になることと，観察により十分な資料をそろえることができなかったので，ここではふれない。

a類: ナデ。
b類: ハケメもしくは板状の工具によるハケメに類した調整痕。

ハケメは前期の甕にもそれがわずかにみられるが，明らかな後期の甕には内面ハケメ調整を残すものが非常に多い。a→bの変化を想定しておく。

第4章　土器の分類・編年と様式の動態

次に，以上の属性の相関を検討する。

口縁部形態と底部形態の関係（図8）　概ね図の左上から右下へ対角線状に多少重複しつつ移行しており，両属性で別々に想定した方向性が矛盾なく対応していることがわかる。すなわち，強い相関があるといえる。底部形態についてはすでに述べたような事情があり一義的には使えないので，口縁部形態における底部形態の共伴状況をもとに様相を検討する。

口縁部形態 I 類は，底部形態 1 類と多く組み合い，2 類との組み合わせは少量あるのみである。

II 類は，2 類に組み合わせの主体があり，1 類とは少量，3 類とは微量組み合うのみである。

III 類は，3 類と多く組み合い，4 類とも少量組み合う。

	底部形態							
口縁部形態	1	2	3	4	5	6	7	8
I	◎	△						
II	△	◎	+					
III			◎	△				
IV			+	○	○	+		
V				△	◎	△		
VI					+	◎		
VII						○	+	
VIII					+	○	○	
IX						△	◎	
X							◎	
XI							△	○

図8　亀ノ甲系統甕系列 A 口縁部形態と底部形態の関係

IV 類は，4・5 類と多く組み合い，3・6 類とは微量組み合う。また，V 類は，5 類と主体的に組み合い，4・6 類とも少量組み合う。IV・V 類は若干様相の違いがみられるが，重なりが大きく，他の変異の様相との比較からも，両類は似た様相を呈するということができる。

VI・VII 類は，VI 類で 5 類，VII 類では 7 類との組み合わせがわずかにみられるが，両類は 6 類に組み合わせの主体がある。

VIII 類は，6・7 類と多く組み合うが，5 類との組み合わせも微量みられる。

IX・X 類は，7 類と多く組み合い，IX では 6 類と少量組み合う。

XI 類は，8 類と多く組み合い，7 類とも少量組み合う。

以上の様相から，次の群に分けることができる。

I → II → III → (IV → V) → (VI → VII) → VIII → (IX → X) → XI

口縁部形態と口唇部刻目の有無の関係（図9）　両属性で別々に想定した変化の方向性が一致している。口縁部形態 I 類は α 類と多く組み合っており，β 類との組み合わせは少量である。II 類〜XI 類では β 類と組み合うが，II 類では I 類での様相が逆転し，β 類と多く組み合っており，α 類との組み合わせは少量である。III 類では α 類との組み合わせは微量あるのみである。

IV 類以下は，β 類とのみ組み合う。

以上から，I 類と II 類との間に大きな様相の変化があるということができる。

口縁部形態と胴部付加要素の関係（図10）　胴部付加要素 A 類は，口縁部形態 I 類とのみ組み合っている。C・E 類は，ほとんどの口縁部形態で出現している。ただし，E 類は I・II 類では少

		口唇部刻目	
		α	β
口縁部形態	I	◎	△
	II	△	◎
	III	+	◎
	IV		◎
	V		◎
	VI		◎
	VII		◎
	VIII		◎
	IX		◎
	X		◎
	XI		◎

図9 亀ノ甲系統甕系列A口縁部形態と口唇部刻目の有無の関係

		胴部付加要素				
		A	B	C	D	E
口縁部形態	I	◎	△	△		△
	II		◎	◎		△
	III			○		○
	IV		+	◎		○
	V		+	◎	+	◎
	VI			△		◎
	VII			△		○
	VIII					○
	IX			△		○
	X			△		○
	XI			△		○

図10 亀ノ甲系統甕系列A口縁部形態と胴部付加要素の関係

		内面調整	
		a	b
口縁部形態	I	◎	△
	II	◎	
	III	◎	+
	IV	◎	
	V	◎	
	VI	◎	+
	VII	◎	
	VIII	◎	
	IX	◎	
	X	○	+
	XI		○

図11 亀ノ甲系統甕系列A口縁部形態と内面調整法の関係

量みられるのみである。B類は，I類で少量，II類で多く組み合う。III類は，B類との組み合わせはみられないが，IV・V類で微量のB類と組み合っている。D類は，V類で微量組み合うが，他ではみられず，D類そのものがほとんど存在していないことがわかる。

ここでは，口縁部形態に対する胴部付加要素の組み合い状況より，I類，II類，III～XI類の3群に分かつことができよう。

口縁部形態と内面調整法の関係（図11）　I～X類はほとんどa類と組み合い，わずかにb類との組み合わせもみられる。XI類はb類と多く組み合い，様相に逆転がみられる。よって，I～X類とXI類との2群に分かつことができる。

以上の検討により，口縁部形態を指標に型式を設定する。口縁部形態I類は，系列Aのみならず系列B・系列Cの起点となると想定したわけであるから，ここでは型式名をつけることは保留し，系列Cまでの検討が終了したあとに行うことにする。そこで，口縁部形態II～XI類に関しては，II類を「A2型式」，III類を「A3型式」，IV・V類を「A4型式」，VI・VII類を「A5型式」，VIII類を「A6型式」，IX・X類を「A7型式」，XI類を「A8型式」とする。

〔系列B〕

口唇部刻目の有無　系列Aの場合と同様の変異を扱う。

α類: 口唇部に刻目をもつもの。
β類: 刻目をもたないもの。

以上は存否にもとづくものであるが，刻目をもつものは前期に普遍的にみられることから，$α→β$ の変化が考えられる。

胴部付加要素 系列 A の場合と同様の変異を扱う。

A 類：断面三角形の刻目突帯。
B 類：沈線。
C 類：三角突帯。
D 類：稜角付突帯。
E 類：付加要素をもたないもの。

以上も，系列 A の場合と同様に，変異の組列の推定は行わない。

胴部付加要素導入部位 胴部付加要素が胴部（体部）のどの位置にあるかを扱う。

① 類：口縁部より大きく離れるもの。
② 類：口縁部取付け部直下につくもの。

以上の属性の相関を検討する。

		底部形態						
		1	9	10	11	12	13	14	15
口縁部形態	I	◎							
	XII	+	◎	△					
	XIII		○	△					
	XIV			○	△				
	XV			+	◎	△			
	XVI				+	○	+		
	XVII							○	△
	XVIII								○

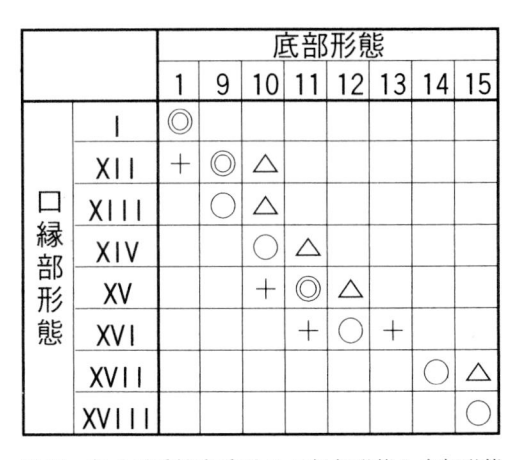

図 12 亀ノ甲系統甕系列 B 口縁部形態と底部形態の関係

口縁部形態と底部形態の関係（図 12） I 類は 1 類と多く組み合う。

XII・XIII 類は組み合わせの主体が 9 類にあるが，10 類とも少量組み合う。

XIV 類は組み合わせの主体が 10 類にあるが，11 類とも少量組み合う。

XV 類は 11 類と多く組み合い，10 類と微量，12 類と少量組み合う。

XVI 類は 12 類に組み合わせの主体があるが，11・13 類とも微量組み合う。

XVII 類は 14 類と多く組み合うが，15 類とも少量組み合う。

XVIII 類は 15 類と組み合う。

以上から，あらかじめ別々に推定した変化の方向性に矛盾がないことがいえる。また，以上から，両属性間には相関があるということができる。やや資料数が少ないことに起因するかもしれないが，口縁部形態 XVI 類と XVII 類の間，底部形態 13 類と 14 類の間に重なりがみられない。そのほかは重なりをみせつつも組み合わせの主体が順次移行している。

底部形態との組み合い状況から，口縁部形態は次のようにまとめることができる。

I → (XII → XIII) → XIV → XV → XVI → XVII → XVIII

口縁部形態と口唇部刻目の有無の関係（図 13） I 類は $α$ 類とのみ組み合う。

XII・XIII 類は $α$・$β$ 両類と組み合うが，XII 類においては同量で，XIII 類においては $β$ 類のほうが多いという若干の様相の変化がある。しかし，変異群全体の様相と比較すれば，似た様相を呈するといえよう。

XIV～XVIII 群は $β$ 類と多く組み合っており，XIV 類において微量の $α$ 類と組み合うほかは，

口縁部形態	口唇部刻目 α	口唇部刻目 β
I	◎	
XII	◎	◎
XIII	○	
XIV	+	◎
XV	○	
XVI	○	
XVII	◎	
XVIII		◎

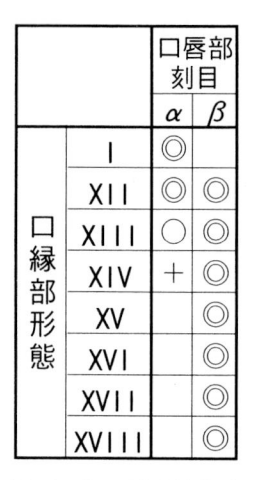

図13 亀ノ甲系統甕系列 B 口縁部形態と口唇部刻目の有無の関係

口縁部形態	胴部付加要素 A	B	C	D
I	◎	△	△	△
XII	△	◎	△	◎
XIII	△	○		○
XIV	+	○	○	○
XV	+	△	○	△
XVI	△		○	△
XVII		+	○	○
XVIII		+	○	○

図14 亀ノ甲系統甕系列 B 口縁部形態と胴部付加要素の関係

口縁部形態	付加部位 ①	②
I	◎	
XII	○	
XIII	○	
XIV	○	
XV	○	○
XVI	△	○
XVII	△	○
XVIII		◎

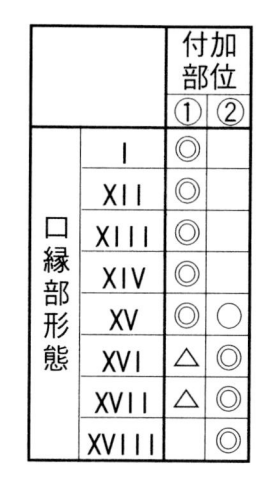

図15 亀ノ甲系統甕系列 B 口縁部形態と胴部付加要素導入部位の関係

α類との組み合わせはみられない。

　以上からも，推定しておいた変化の方向に矛盾はみられない。口唇部刻目との組み合い状況からみた口縁部形態は，次のようにまとめることができる。

I →（XII → XIII）→（XIV → XV → XVI → XVII → XVIII）

　口縁部形態と胴部付加要素の関係（図14）　胴部付加要素は，口縁部形態の変異群のかなり多くにわたって出現している。

　I類はA類と多く組み合い，B～D類と少量組み合っている。

　XII・XIII類はB・D類と多く組み合い，A・C類とは少量である。

　XIV・XV類はB類との組み合い状況に差異があるが，両類ともC類と多く組み合い，A類とも微量組み合っている。

　XVI～XVIII類は，B類との組み合わせが少なく，C類との組み合わせが多い。A類との組み合わせはみられない。これらは似た様相を呈しているといえる。

　以上より，口縁部形態は次のようにまとめることができる。

I →（XII → XIII）→（XIV → XV）→（XVI → XVII → XVIII）

　口縁部形態と胴部付加要素導入部位の関係（図15）　口縁部形態 I～XIV 類は①類とのみ組み合っている。

　XV類は①・②両類と多く組み合っているが，①類のほうが多い。

　XVI・XVII類は②類と多く組み合い，①類との組み合わせは少量である。両類は似た様相を呈する。

XVIII 類は②類とのみ組み合っている。

この結果も，口縁部形態の変異の配列が正しいことを示すものといえる。以上より，両属性間には強い相関があることがいえ，胴部付加要素導入部位との組み合い状況をもとに，口縁部形態を分けると次のようになる。

(I → XII → XIII → XIV) → XV → (XVI → XVII) → XVIII

以上の相関の検討より，系列 B については口縁部形態を指標に型式を設定する。最大限，下のように分類可能であろう。すなわち，口縁部形態 I 類をもつものは確実に分けられる。しかし，系列 A で述べたように，それに型式名を付けることはしばらく保留しておく。

この系列については，後で「甕 C」とすることから各型式名は「C」を冠し，XII・XIII 類を「C2 型式」とする。XIV 類を「C3 型式」，XV 類を「C4 型式」，XVI 類を「C5 型式」，XVII 類を「C6 型式」，XVIII 類を「C7 型式」とする。

〔系列 C〕

口唇部刻目の有無

α 類：口唇部に刻目をもつもの。
β 類：刻目をもたないもの。

他の系列と同様に，以上は存否にもとづくものであるが，刻目をもつものは前期に普遍的にみられることから，α → β の変化が考えられる。

胴部付加要素

A 類：断面三角形の刻目突帯。
B 類：三角突帯。いわゆる「絡縄突帯」を含む。絡縄突帯とは粘土紐をつまんで貼り付けただけのもので，ヨコナデによる仕上げを施さないものである。
C 類：断面「コ」の字状突帯。稜角付突帯を含む。
D 類：沈線。
E 類：櫛描文。
F 類：付加要素をもたないもの。

これに関しては変異の組列の推定は行わない。

胴部付加要素導入部位

① 類：口縁部より大きく離れるもの。
② 類：口縁部取付け部直下につくもの。

胴部装飾文（図 16）　胴部付加要素は，大半が胴部を水平にめぐるものである。しかし，中には口縁部と水平にめぐる突帯の間をつなぐ縦位突帯をもつものなどがあり，また，水平にめぐらずすれ違ったり，下方に垂下するものもある。このような装飾的な要素をとくに，便宜的に「胴部装飾文」と呼んでおく。

a 類：胴部を水平にめぐる胴部付加要素の導入部位と口縁部の

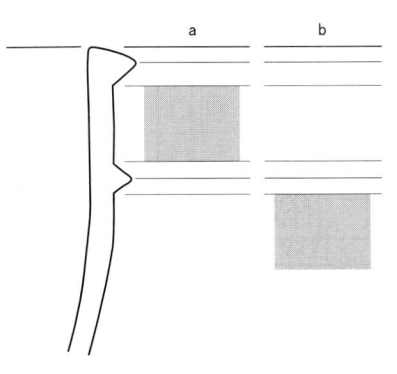

図 16　亀ノ甲系統甕系列 C 胴部装飾文

XXIV～XXVII 類にはみられない。

よって，次のようにまとめられる。

(Ⅰ→XIX→XX)→(XXI→XXII→XXIII)→(XXIV→XXV→XXVI→XXVII)

以上での検討の結果をもとに，口縁部形態を指標にして型式を設定する。口縁部形態Ⅰ類は他と分けることができる。この系列については，後で「甕D」とすることから各型式名は「D」を冠することとし，XIX・XX 類を「D2 型式」，XXI～XXIII 類を「D3 型式」，XXIV 類を「D4 型式」，XXV・XXVI 類を「D5 型式」，XXVII 類を「D6 型式」とする。

これまで口縁部形態Ⅰ類を指標とする単位について，型式の設定を保留してきたが，系列A・B・Cすべての系列の起点としてもふさわしい。そこで，口縁部形態Ⅰ類を指標とするものを型式と認定し，「1型式」と呼ぶ。以上から，A・B・Cそれぞれの系列は，1型式から分化したものであるということができる。

② 如意形口縁系統甕

次に，如意形口縁系統甕についての型式分類を行う。ここでは口縁部付近の属性を扱うことにする。

口縁部形態（図22）
Ⅰ類：ゆるく外反し，先細りのもの。
Ⅱ類：先細りとならないもの。
Ⅲ類：太さは同じで強く小さく屈折するもの。
Ⅳ類：逆L字状になり，先が太いもので，下面は直線的，上面はやや丸みをもつもの。
Ⅴ類：Ⅳ類に似るが，下面がくぼむもの。
Ⅵ類：上面・下面とも直線のもの。胴部上位が内傾する。
Ⅶ類：Ⅵ類に似るが，上面がわずかにくぼむもの。
Ⅷ類：Ⅶ類に似るが，下面に丸みをもつもの。
Ⅸ類：上面が直線的で，下面は丸みをもつもの。
Ⅹ類：「く」の字状に起き，上面にふくらみをもち，下面はくぼむもの。

前期の如意形口縁甕に最も近いのはⅠ類であるので，

Ⅰ→Ⅱ→Ⅲ→Ⅳ→Ⅴ→Ⅵ→Ⅶ→Ⅷ→Ⅸ→Ⅹ

の変遷が考えられる。

図22 如意形口縁系統甕口縁部形態

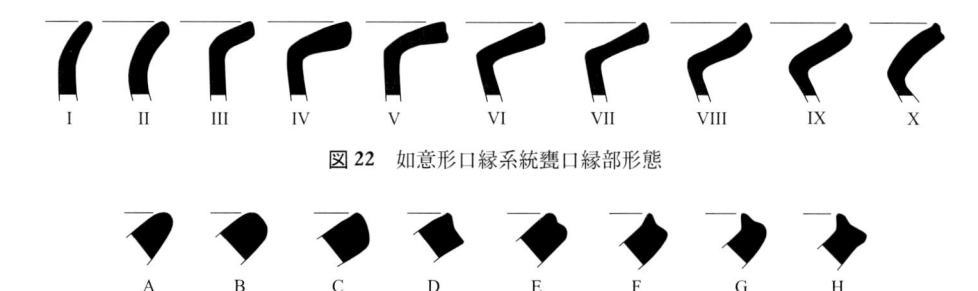

図23 如意形口縁系統甕口唇部形態

口唇部形態（図23）

A 類：尖りぎみのもの。
B 類：丸くおさまるもの。
C 類：丸みのある面をもつもの。
D 類：直線状に切れるもの。
E 類：わずかにくぼみ、両端が尖るもの。
F 類：先端がくぼみ、上方にわずかに跳ね上がるもの。
G 類：上方に跳ね上がるもの。
H 類：上方だけでなく下方にも拡張するもの。

	口唇部形態							
	A	B	C	D	E	F	G	H
I	○	△	△					
II	○	△	△					
III	+	◎	△					
IV		△	◎	○	○	◎		
V			◎	○	△	○	+	
VI			○	○	+	+	◎	
VII			○	△	+	+	◎	+
VIII						+	◎	
IX						+	◎	△
X						+	+	◎

図 24 如意形口縁系統甕口縁部形態と口唇部形態の関係

前期の如意形口縁甕には口唇部を跳ね上げるものはみられない。したがって、概ねA類からH類の方向へ変化するものと思われるが、前期においても口唇部の形態にはバリエーションが多いことなどもあり、前後が若干入れ替わるものがある可能性も考えられる。

両者の相関を検討する（図24）。両者には比較的強い相関がみとめられる。

口縁部形態 I・II 類は様相を同じくし、口唇部形態 A〜C 類と組み合うが A 類に組み合わせの主体がある。

III 類は B 類と多く組み合い、A 類と微量、C 類と少量組み合う。

IV・V 類は、IV 類においては B 類と少量、V 類においては G 類と微量組み合っているほかは、C〜G 類と幅広く組み合っており、様相が類似する。

VI・VII 類は C から G 類と幅広く組み合うが、主体が G 類にあること、E・F 類とは微量組み合うのみであることなど様相が似ている。

VIII・IX 類は G 類と主体的に組み合う。F 類と微量組み合い、IX 類では H 類との組み合わせが少量みられる。全体との比較からいえば、VIII・IX 類は概ね様相が似ているといえよう。

X 類は F・G 類と微量組み合うが、H 類と主体的に組み合っており、他と様相を異にする。

両属性とも概ね漸移的に組み合わせの主体が移行しており、事前の変化の方向についての推定がほぼ支持されよう。ただし口縁部形態のほうが、より顕著な属性であるため、口縁部形態に対する口唇部形態の組み合い状況から、

(I → II) → III → (IV → V) → (VI → VII) → (VIII → IX) → X

と6群にまとめることができる。それぞれを順に、「1型式」、「2型式」、「3型式」、「4型式」、「5型式」、「6型式」とする。

③　その他の甕

以上では、九州の中期の甕を亀ノ甲系統と如意形口縁系統にまとめて検討したが、すでに指摘しておいたように、下城系統も存在する。これは、口縁部に何の造作も加えない「深鉢形」を呈し、

口縁部下に刻目突帯を施すものが基本である。豊後を中心とする九州東半部で中期の早いころまでの存続を認めることは，異論はないであろう。宮崎平野でも前期段階には主体となり中期には急速に減少するが，マイナーな存在ではあるが存続しており，中期でもかなり新しい段階といえそうな土器との共伴例も存在している。顕著な属性の変化に乏しいためここでは型式分類は断念し，以後の分析にも使用しないが，下城系統甕の存在は認識しておきたい。ここでは，「下城式甕」と呼ぶことにする。

宮崎平野で問題となる「中溝式」の甕は，口縁部は外側に折れ，如意形口縁系統との類似性をみせているが，刻目突帯をもつことでそれとの著しい相違もある。また，口縁部を除くプロポーションが下城系統と類似していることから考えても，筆者は，東部九州の如意形口縁系統と在地的な下城系統とが「融合」した可能性を考えている。これについて仮に，口縁部が短いものを「1型式」とし，長いものを「2型式」としておく。

さて，これまでの甕についての検討により，型式組列にいくつかの系列があることが判明した。それをまとめ，あとの検討の便宜上，ここでの記述と多少順番を入れ換えて，次のように呼ぶことにする。

亀ノ甲系統のうち，系列Aを「甕A」，系列Bを「甕C」，系列Cを「甕D」とする。如意形口縁系統を「甕B」とする。中溝式の甕を「甕E」とする。

(2) 高杯A

高杯には，断面鋤先状の口縁部形態を呈するものと，杯部が椀形のものとが知られている（図25）。また，「台付椀」と称されるものも存在する。しかし，杯部が椀形の高杯と台付椀との呼び分けが研究者によって一定せず，その根拠も明らかにされてはいない。また，杯部が椀形の一群は，単純な器形であるため，抽出できる属性が少なく，検討にたえる十分な個体を確保することはむずかしい。よって，ここでは鋤先状口縁の高杯（高杯A）のみとりあげる。

とりあげる属性は，非計測的属性として，口縁部形態，脚裾部形態，丹塗の有無，杯部・脚部間の突帯部形態，器面調整であり，計測的属性としては器高である。

口縁部形態（図26）　ここでは口縁部形態の中に口唇部の形態も含むことにする。

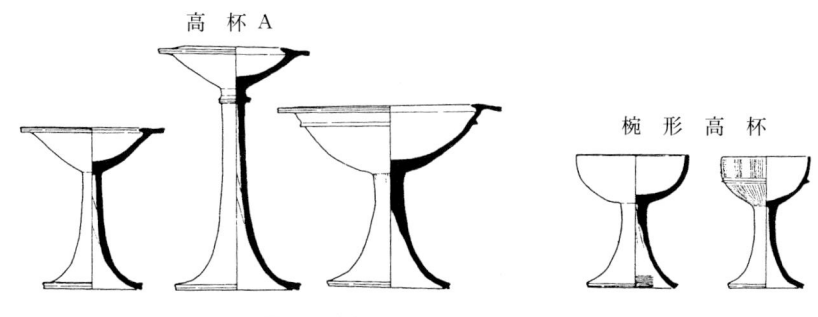

図25　高杯Aとそれ以外の高杯

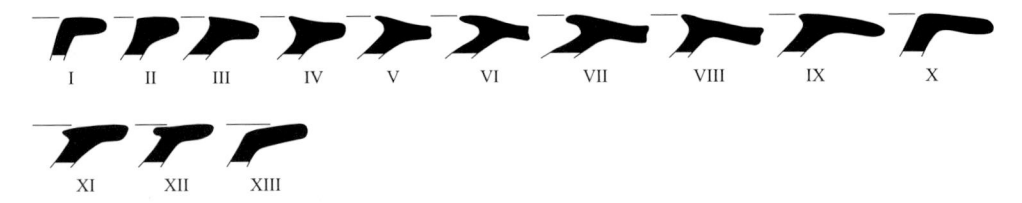

第4章 土器の分類・編年と様式の動態

図 26 高杯 A 口縁部形態

I 類: 逆 L 字状に短く外側へ折れるもの，内面に突出はない。
II 類: 外側の張り出しの付け根が先端に比べて厚く，内面はやや内側へ湾曲し，明瞭な稜線がつくもの。
III 類: 内面へゆるく小さく突出するが，突出部先端はとがるもの。
IV 類: 外側の張り出しは II・III 類に似るが，内面へ大きく斜め上方に突出するもの。
V 類: IV 類に似るが，外側の張り出しはやや薄く，口唇部にくぼみをもつもの。
VI 類: 内側の張り出しが発達しており，外側の張り出しとほぼ同じ長さで，その上面に丸みをもつ。外側の張り出しは，付け根部まで厚さがほとんど変わらず下面に変換点があるもの。口唇部はくぼむ。
VII 類: 外方に長く張り出したもので，口唇部は拡張し，くぼむもの。内側への張り出しは大きいが，VI 類のそれよりも小さく，上面に丸みをもつ。
VIII 類: 内側への張り出しは，尖るが小さく，上面の丸みはない。外方へ長く発達し，口唇部は拡張しくぼむ。
IX 類: 大まかな形は VIII 類に似るが，口縁部上面のうねりがなく，内側の突出は小さい。口唇部の拡張がないもの。
X 類: VII 類の内側の突出がないもの。
XI 類: 口縁部上面のうねりはなく，内傾し，内側に小さな突出があるもの。外側の張り出しはさほど大きくない。下面の杯部への移行は比較的なめらか。
XII 類: XI 類に似るが，下面の杯部への移行部に変換点をもつもの。口縁部の拡張はない。
XIII 類: XI・XII 類同様，上面が内傾する。内面の突出はない。

以上の変異は，型式学的に次のように 2 つの系列に配列することができる。

I ⟷ II ⟷ III ⟷ IV ⟷ V ⟷ VI ⟷ VII ⟷ VIII ⟷ IX ⟷ X
XI ⟷ XII ⟷ XIII

脚端部形態（図 27） 脚裾部の端部は口唇部と同様，バリエーションがある。
1 類: 先細りし，尖りぎみに丸くおさまるもの。
2 類: 細くはならず，丸みをもっておさまるもの。
3 類: 先端がくぼむもの。
4 類: 上下に拡張し，内面はヨコナデによりくぼむもの。
5 類: 4 類に似るが，上方の張り出しがないもの。

以上の変異は，相互の比較から，

1 ⟷ 2 ⟷ 3 ⟷ 4 ⟷ 5

の変化を想定しておきたいが，先端の拡張もしくは縮小過程を想定したとき，上方の張り出しのない 5 類を 3 類と 4 類の間に置くことは難しい。したがって，一応このように想定しておくのが妥当

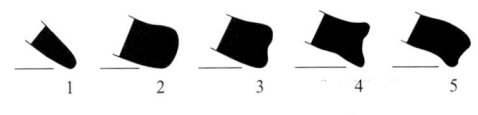

図 27 高杯 A 脚端部形態

であろう。

丹塗の有無

　a 類: 丹塗を施さないもの。
　b 類: 丹塗を施すもの。

　丹塗を施すものは中期において後出することが知られている。したがって，概ね

a 類 → b 類

という変化の方向が想定されるが，後期に主流となる外来系統（瀬戸内・畿内様式に起源）の高杯はもともと丹塗がみられないのが普通である。したがって注意が必要である。

杯部・脚部間の突帯部形態（図28）　杯部・脚部の取付け部付近の突帯を取り扱う。「リボン状突帯」などと通称されているものである。

　A 類: 突帯をもたないもの。
　B 類: 三角突帯。
　C 類: M 字状突帯。
　D 類: 高く突出した稜角付突帯。

　以上の変異のうち，B～D 類については，

B ⟷ C ⟷ D

の変化が考えられる。A 類と B～D 類との関係は，存否にもとづくものであるが，それらをあえて1系列と考えるなら，起点・終点は不明だが，系列の両端に A 類と D 類を配することができよう。

器面調整　ここでは，最終調整として器面に残っているものを対象とする。

　α 類: ミガキもしくは丁寧なナデ。
　β 類: ハケメ。

器高　全高の計測値である。

　次に，以上の属性間の相関を検討する。

口縁部形態と脚端部形態の関係（図29）　全形の復元ができる個体を用いなければ，個体内での組み合わせを知ることはできないため，個体数の確保が十分ではなく，口縁部形態の変異中には脚裾部形態が不明なものもある。よって，およその傾向を知るにとどめる。

　大まかには両属性で別に想定した序列の両端どうしが相関する傾向にあり，対角線上に分布している。よって両者にはある程度相関があるといえる。口縁部形態で想定した2つの系列の一方である I～X 類はそのことがほぼ確実である。もう一方の XI～XIII 類においては，脚裾を知ることができないため，不明である。

口縁部形態と丹塗の有無の関係（図30）　両者の間には強い相関があることがわかる。口縁部形態 I～IV 類は a 類（丹塗なし）と組み合い，その中でも IV 類は b 類（丹塗）ともごく微量組み合っている。V 類は a・b 両類と組み合うが，I～IV 類の場合と量的に逆転しており，b 類のほうが a 類を

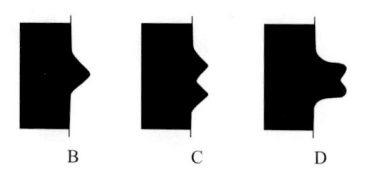

図28　高杯 A 杯部・脚部間の突帯部形態

図29 高杯A 口縁部形態と脚端部形態の関係

口縁部形態	脚端部形態 1	2	3	4	5
I		+			
II					
III	+		△		
IV		△	△		
V		△	○	△	
VI			+	◎	+
VII			△	◎	+
VIII			+	+	+
IX		+	△	+	+
X			+	+	+
XI					
XII					
XIII					

図30 高杯A 口縁部形態と丹塗の有無の関係

口縁部形態	a	b
I	+	
II	○	
III	○	
IV	◎	+
V	○	◎
VI		◎
VII	+	◎
VIII		◎
IX	+	◎
X		◎
XI	+	
XII	+	
XIII	○	+

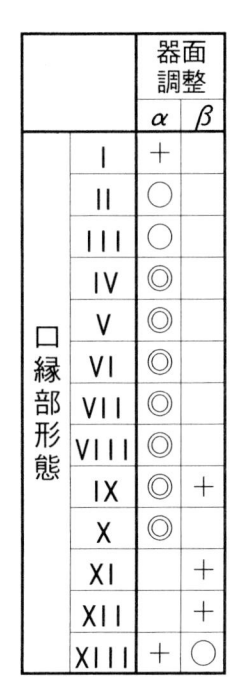

図31 高杯A 口縁部形態と器面調整の関係

口縁部形態	α	β
I	+	
II	○	
III	○	
IV	◎	
V	○	
VI	○	
VII	○	
VIII	○	
IX	◎	+
X	◎	
XI		+
XII		+
XIII	+	○

上回っている。VI〜X類はほぼb類とのみ組み合っている。VII・IX類においてごく微量b類と組み合っているが，これは丹塗の有無という属性が，存否によるものという性質上，a類（丹塗なし）がだぶることは当然ありうることであろう。その点を考慮しても，VI〜X類がb類との強い相関を示すことは注目できる。

XI〜XIII類については，資料数は少ないがa類と組み合っている。また，これらの中でも資料数が多いXIII類は，ごく微量のb類と組み合っている。

口縁部形態と器面調整の関係（図31） I〜X類は，器面調整α類とのみ組み合い，例外的にIX類がβ類と組み合っている。一方，XI〜XIII類はβ類と組み合う傾向にあり，XIII類にα類との組み合わせがみられる。しかし，そのことは，XI・XII類の資料数が微量であることに注意すれば，XI〜XIII類の中でXIII類とI〜X類との型式学的距離の近さを示すものとはいえない。XI〜XIII類がβ類と組み合うことを重視すれば，I〜X類の系列の端部に近いIX類においてβ類との組み合わせが微量みられることは，その端部とXI〜XIII類の型式学的距離の近さを示す可能性が考えられる。そのことと，丹塗の有無でみられる傾向とは一見矛盾する。つまり，XI〜XIIIと同様にa類と強く相関するのはI〜IX類であるからである。ところが，a・b類は存否にもとづくものであるため，a→b→aという組列も可能なのである。よってこのことが，器面調整との組み合い関係から推定したI〜X類におけるX類側と，XI〜XIII類の型式学的距離の近さを否定する材料とはならないことになる。むしろ，XI〜XIII類の中でb類と微量組み合うこと

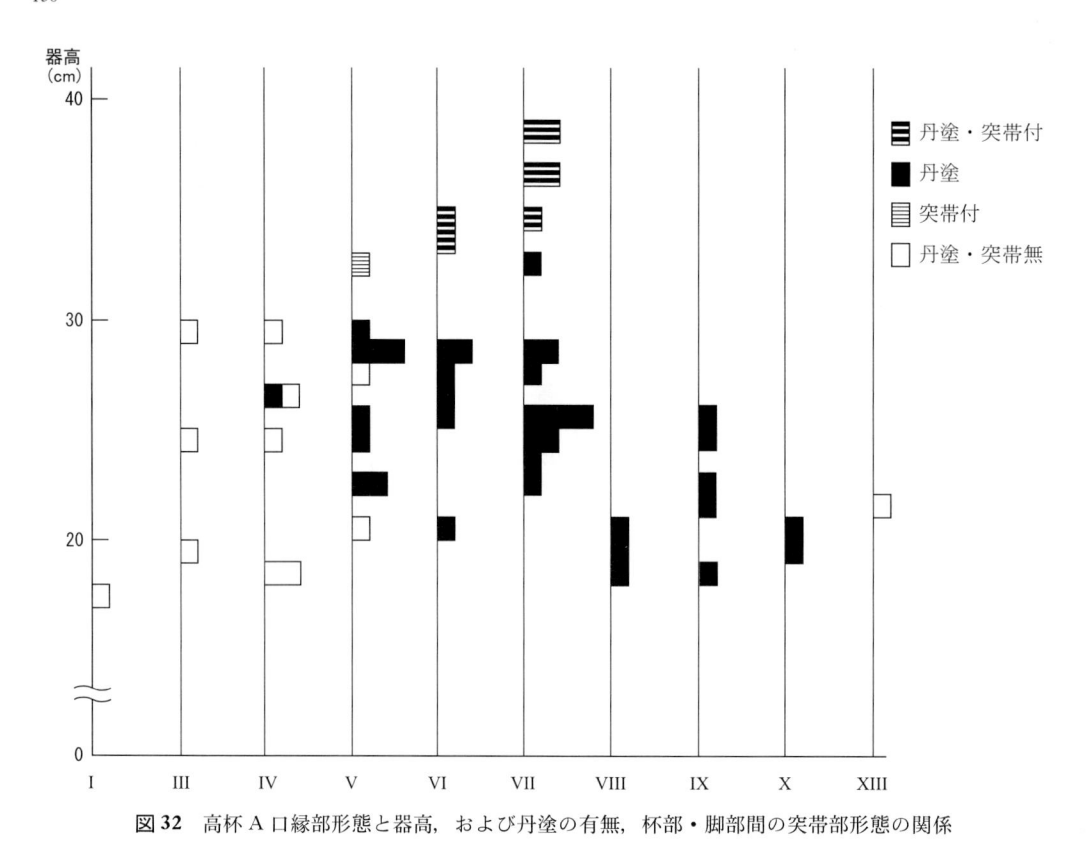

図 32 高杯 A 口縁部形態と器高，および丹塗の有無，杯部・脚部間の突帯部形態の関係

はb類の性質上注目でき，口縁部形態と器面調整での結果と矛盾しない可能性も高い。

口縁部形態と器高，および丹塗の有無，杯部・脚部間の突帯部形態の関係(図32) 器高を知ることができたのは，口縁部形態 I・III〜X・XIII 類のもので，II・XI・XII 類はそれができなかった。この口縁部形態別のヒストグラムから看取できることは，まず，すでにみた口縁部形態と丹塗の有無の関係については，丹塗の有無と器高は丹塗のないものがやや小さい傾向がかすかに認められるものの，ほぼ無関係といっておいてよいであろう。また，突帯をもたないもの (A 類) と突帯をもつもの (B〜D 類) は，器高によって明らかに差があることがわかる。つまり，器高が高いものに突帯が付き，低いものには突帯は付かない傾向があることが明瞭に読みとれる。突帯をもつものは器高 30 cm を超えるものである。また，突帯をもつものは，V〜VII 類に出現していることもわかる。その際，器高が高いものと低いものとの境界はふれあっておらず，とくに VI・VII 類ではそれが顕著である。V 類においては，ふれあっていないが，さほど大きさに差があるとはいえない。器高は，I・III〜X 類において，III・IV 類までは 30 cm を超えず，V 類では 30 cm をやや超えて突帯をもつものが出現する。しかし，突帯をもたないものは 30 cm を超えない。V 類の突帯をもたないものまでは 29 cm を上限とし，ほぼ一定である。しかし，VI・VII 類は VII 類において 1 例の例外はあるが，28 cm 台を上限とし，V 類までに比べてわずかに低くなっている。また，VIII〜X 類および XIII 類は低い。一方，すでに述べたように，突帯をもつものが V〜VII 類に

存在しているが，それは，Ⅴ→Ⅵ→Ⅶ類の順に高くなっている。それと，突帯をもたないものがⅤ→Ⅵ→Ⅶ類の順で小さくなっていることは無関係ではあるまい。つまり，Ⅴ→Ⅵ→Ⅶ類の順に両者の開きが大きくなっているといえる。以上はこれまでのⅠ～Ⅹ類の相関状況からみた方向性と矛盾がない。突帯部形態はⅤ類ではB類，Ⅵ類ではC・D類，Ⅶ類ではD類であり，これも，

(A⟷) B⟷ C⟷ D 類

という想定と矛盾がない。

　これまでの検討結果から，型式を設定する。口縁部形態Ⅰ～Ⅳ類を「1型式」とする。Ⅴ類において器高30cm未満で突帯をもたないものを「2a型式」，30cmをこえ突帯をもつものを「2b型式」とする。Ⅵ・Ⅶ類においては若干の様相の変化はあるが，明瞭に分離できず，Ⅷ～Ⅹ類との比較からも，Ⅵ・Ⅶ類は類似した様相を呈する。よって，30cmより小さく突帯をもたないものを「3a型式」，30cmより大きく突帯をもつものを「3b型式」とする。Ⅷ～Ⅹ類に関してはほぼ似たような様相であり，一括して「4型式」とする。Ⅺ～ⅩⅢ類はハケメをもつ点で他と区別でき，丹塗が行われない傾向が強い点も同様である。また，すでに行った検討より総合すれば，Ⅰ～Ⅹ類の系列のⅩ類側に近く，その系列からのほぼ1系列の変化とみなしてもさほど無理がない。よって，Ⅺ類～ⅩⅢ類を一括して「5型式」とし，時間的な関係は，

```
                2a 型式 ⟷ 3a 型式
1 型式 ⟷                            ⟷ 4 型式 ⟷ 5 型式
                2b 型式 ⟷ 3b 型式
```

また，型式変化の系列は，

```
                2a 型式 ⟷ 3a 型式
1 型式 ⟷
                2b 型式 ⟷ 3b 型式 ⟷ 4 型式 ⟷ 5 型式
```

となる。ちなみに，1型式～3a型式の過程は，方向が前者から後者ならば，もう一方の系列と比較して，型式の「脱出」の過程，すなわち「分化」の過程を示すものであり，その逆であれば，型式の「収斂」の過程を示すもの，ということになる (cf. 中園, 1988)。

　ここでは，時間的な方向の限定はできない。あとで行う出土状況による検証で最終的に変化の方向が特定されることになる。

(3) 甕用蓋

　甕の蓋とみられるものを扱う。「傘蓋」などとも称されるものである。基本的には外面は火をうけておらず，内面のごく周囲に焦げつきがあり，裾部端付近に煤が付着するのが一般的である。裾

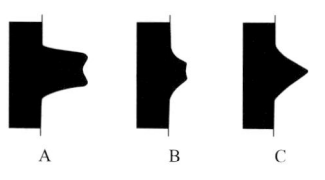

図44 丹塗甕胴部突帯部形態

	胴部突帯部形態		
	A	B	C
胴部突帯の数 1	◎		＋
胴部突帯の数 2		◎	＋

図45 丹塗甕胴部突帯の数と胴部突帯部形態の関係

	口唇部刻目	
	a	b
胴部突帯の数 1	◎	△
胴部突帯の数 2	△	◎

図46 丹塗甕胴部突帯の数と口唇部刻目の関係

B類：低い稜角付突帯。端部のくぼみは浅く，拡張はない。
C類：三角突帯。

胴部突帯の数　胴部突帯は1条のものと2・3条のものがある。後者を一括して扱うことにする。

1類：単数。
2類：複数。

口唇部刻目の有無　口唇部に施される刻目の有無を扱う。刻目があるものは概ね縦方向の整然としたものが多いが，詳細にみるとバリエーションがある。しかし，刻目の施し方や使用された工具についてはとりあげない。

a類：刻目を施すもの。
b類：刻目を施さないもの。

胴部暗文の有無　胴部に暗文が施されたものがある。概ね口縁部と胴部突帯間に施された縦方向の暗文である。

①類：暗文を施すもの。
②類：暗文を施さないもの。

以上の属性間の相関を検討する。

胴部突帯の数と胴部突帯部形態の関係（図45）　胴部突帯部形態C類は，A・B類に比べてごく少量しか存在しておらず，さほど安定している変異とはいいがたい。A・B類については，A類と胴部突帯の数の1類（単数），B類と2類（複数）が排他的に組み合っており，強い選択がはたらいていることがわかる。

胴部突帯の数と口唇部刻目の関係（図46）　この場合も，両属性間には強い相関が認められる。すなわち，1類とa類，2類とb類がそれぞれ多く組み合い，両群はわずかに重なりがみられるにすぎない。

胴部突帯の数と胴部暗文の有無の関係（図47）　1類は，①・②類とほぼ同量組み合い，2類は②類とのみ組み合っている。やはり両属性間には選択性が認められる。

胴部突帯部形態と口唇部刻目の有無の関係（図48）　C類は少ないが，b類との組み合わせがみられる。A類はa類と多く組み合い，b類とも組み合っている。B類はb類と多く組み合い，a類ともわずかに組み合っている。

以上より，C類は非常に少なく，また，わずかに組み合った例からみても，分類の指標とする

第 4 章 土器の分類・編年と様式の動態

	胴部暗文 ①	胴部暗文 ②
胴部突帯の数 1	○	○
胴部突帯の数 2		◎

図 47 丹塗甕胴部突帯の数と胴部暗文の有無の関係

	口唇部刻目 a	口唇部刻目 b
胴部突帯部形態 A	◎	○
胴部突帯部形態 B	△	◎
胴部突帯部形態 C		△

図 48 丹塗甕胴部突帯部形態と口唇部刻目の有無の関係

のは困難と判断できる。しかし，A・B 類においては有効性が認められる。また，胴部突帯の数はいずれの場合でも強い相関をみせ，分類の指標としての有効性が認められる。よって，胴部突帯の数をもとに型式を設定することができるかもしれないが，クラスター分析の結果との比較をまつことにする。とりあえず，1 類を指標として「1 群」とし，2 類を指標として「2 群」としておく。

多変量解析　次に多変量解析を用いた検討を行う。まず主成分分析を施して，それからクラスター分析を行う。ここでとりあげるすべての計測項目がそろう 26 個体を分析の対象とする。

計測に用いる項目は次の 11 項目である（図 49）。

　A：口縁部径
　B：口縁部幅
　C：口縁部下の胴部最小径
　D：胴部最大径
　E：底部径
　F：器高
　G：上部突帯取付け位置の高さ
　H：胴部最大径部の高さ
　I：下部突帯取付け位置の高さ
　J：底部内面高
　K：底面高

主成分分析の読みとりの結果，計測項目のうち，分類にほとんど意味がないと判断されたものを除いて，あらためてクラスター分析を行った。この場合経験的に，サイズによる影響をできるだけはぶきたい。そのため，あらかじめ Z 変換で標準化を行ったのち，群平均法を適用した。

その結果，デンドログラムは大きく左右 2 つの枝に分かれており，A・B の 2 つの群にまとめることができよう（図 50）。

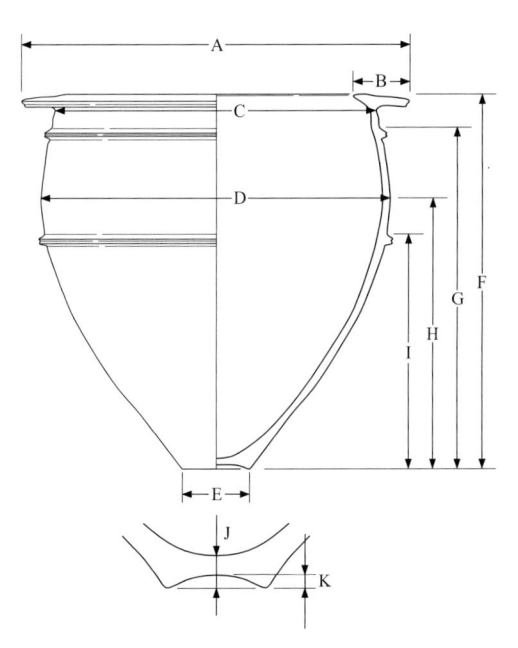

図 49　丹塗甕の計測点

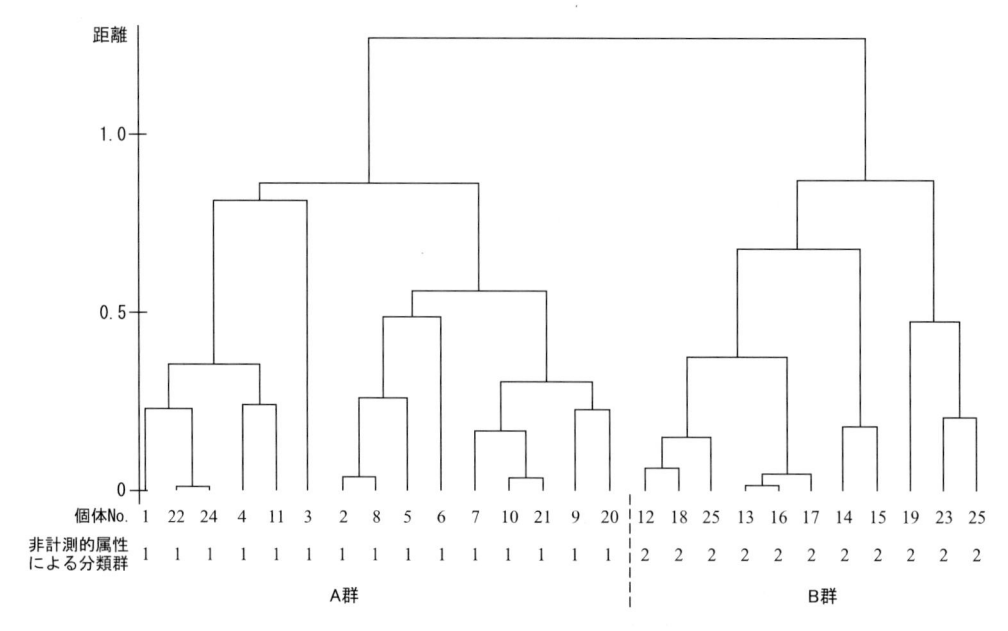

図 50 丹塗甕のクラスター分析結果
クラスター分析により抽出されたA・Bの2つの群と，非計測的属性から抽出された2つの単位とが一致している．

　非計測的属性で抽出された2つの単位と，ここで抽出された2つの単位とはまったく一致することが判明した。そこで，やはり2つの単位に分けることは妥当であると判断し，それらを型式として認定することにする。非計測的属性で1群としておいたものを「1型式」，2群としておいたものを「2型式」とする。ただし，2つの型式の時間的関係については，層位学的検討を経たうえで確定されなければならない。

（6）瓢形壺

　「瓢形土器」などと称されることがある，下半は甕形，上半は壺形をしたものである。瓢形壺は，完形で出土することがまれで，属性の抽出がむずかしい。しかし，瓢形壺とわかる資料は多く存在しており，それからみると，若干の変異が認められる。口縁部形態のわずかな変化，突帯部の「コ」の字突帯と三角突帯，上半部における丹塗の有無などであるが，このように変異そのものが少ないといううらみがある。これは，本来，通常のレベルでの型式分類の作業においては分類できないということを示す可能性も考えられる。ここでは，以上の理由から分析を断念するが，他の型式との感覚的比較から，暫定的に一つの型式としておく。

（7）壺　類

　ここでは壺類の検討を試みる。「壺類」の内容は多様である。ここで「壺類」としたのは，伝統的に一括して「壺」と呼称されているからにすぎず，それ以上の意味はない。従来，そういった壺類の中にも「無頸壺」や「長頸壺」などの名称はあったが，それ以上に変異は大きく，それぞれに

第4章　土器の分類・編年と様式の動態　　　　　　　　　　　　　　　161

明確に名前が付されることも、ましてそれが普及することもなかった。極端にいえば器種を示す用語がないのである。したがって、便宜的に名称をつける。なお、以下の分類・分析は多分に経験的・感覚的なものではあるが、大方の賛同が得られるものと思う。とりわけ「壺A」としたものについては詳細に分析を試みる。

① 壺A

須玖式の器種は多様であるが、一般に「壺」と包括的に呼称されるものにもいくつかの細分器種が認定できることは、大方が認めるところである。その中に「広口壺」と称されているものがあるが、ここで扱うものは広口壺の中でも玉葱を逆にしたような形の胴部にラッパ状に開く口頸部がつくもので、突帯等の装飾も、須玖式にしばしば見られる鋤先形の口縁部ももたない単純な器形のものである。基本的には胴部全面にミガキが施され、丹塗のものは丹塗後のミガキである。口頸部には縦方向の暗文がしばしば施される。おそらくは北部九州の多くの研究者にとって、「広口壺」といえば鋤先口縁をもつものや突帯を施すものも含み、器形もサイズもさまざまなものを含む、ある程度包括的な概念であると思われる。したがって、本書で用いるものについては、より限定的に「壺A」と呼ぶことにする。

田崎は、須玖式土器の編年を行ったが、任意に抽出した断面形を型式学的に配列し、それを経験的にいくつかに区切ることにより型式分類を行っている。ここで対象とする壺Aについても同様の方法で分析が行われている(図51)。図にはプロポーションの連続した変化が示されている。なお、左側数個は前期末から城ノ越式(中期初頭)のものである。方法的な問題点としては上にあげたとおりであるが、実際的な問題点としては図中11～13のように本来異なった型式組列に位置づけられるべきものが同一の組列中に介在している点があげられる。それらは、胴部に突帯をもち、しばしば肩部に数条の櫛歯状の沈線を施すなど特徴のあるものであり、胴部高と口径部の高さとの比率がはじめから異なった別の型式組列に位置づけられる一群である(本書の壺B)。また、同図の7も別のものであろう。これらは除外して分析を行うことにする。

一般に、属性変異の抽出にあたって、文様を施すものと施さないものなどのように、有無による区別を行う場合は容易に抽出できる。口縁部の断面が、三角形か逆L字形かT字形かというような区別をする場合も困難ではない。ところが、単純な形で連続的変化をする属性においては、個々の変異の定義が難しいため抽出が困難な場合がある。広口壺の場合、まさにこれがいえる。器形自

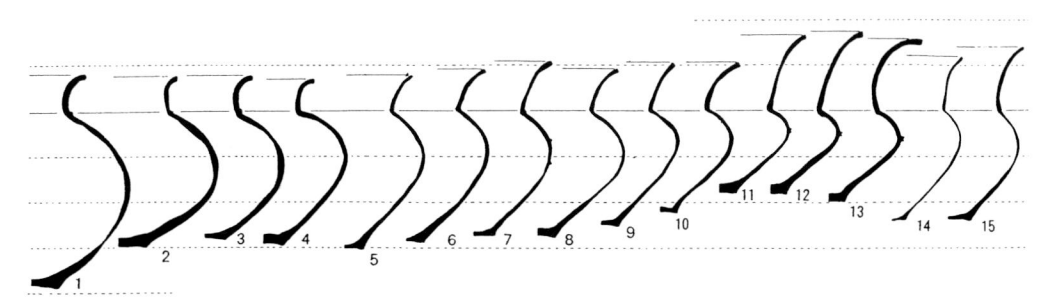

図51　田崎博之による須玖式広口壺の変異の組列(田崎、1985より)

図52 壺Aの計測点

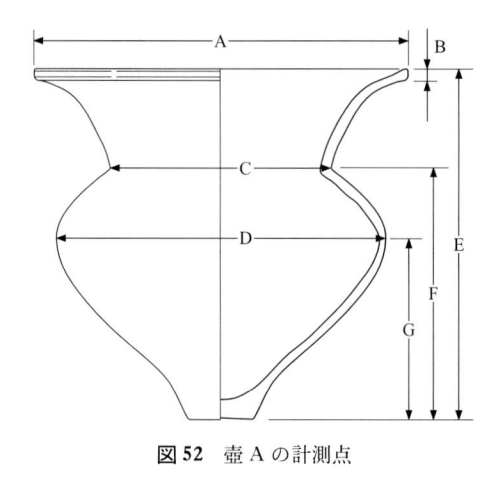

体はきわめて単純であるため，連続した変異の個々を言語的に表現し区別することは絶望的に困難である。したがって，個体の器形を表現しうる計測的変異を用いた分類が有効であると考える。

壺Aについて形態的特徴を表すとみられる計測点を設定し，計測を行う。それらの計測値について，まず多変量解析によって分析を行う。はじめに主成分分析を用いて変量間の関係の解析を行い，次にクラスター分析を行う。また，非計測的変異もとりあげて多変量解析により抽出された単位の結果を検討することにより，型式分類と変化の方向の推定を行う。なお，付加的に分類結果に判別分析を施すことにより確認を行う。

計測に用いる変異は，次の7項目である（図52）。

A: 口径
B: 口唇部幅
C: 頸部取付け部の幅
D: 胴部最大径
E: 器高
F: 胴部高
G: 胴部最大径部の高さ

以上A〜Gまで7項目が完全に揃う個体25個を分析する。この7項目の相関行列を用いて主成分分析を行う。

その結果（表1，表2），第1主成分は約41%，第2主成分は約38%を説明しており，2つで全体

表1 壺Aの主成分分析の固有値と寄与率

	主 成 分						
	1	2	3	4	5	6	7
固 有 値	2.866	2.686	0.501	0.354	0.346	0.190	0.056
寄 与 率	0.410	0.384	0.072	0.051	0.050	0.027	0.008
累積寄与率	0.410	0.793	0.865	0.915	0.965	0.992	1.000

表2 壺Aの主成分分析の固有ベクトル

	主 成 分		
	1	2	3
A: 口径	0.169	0.516	0.170
B: 口唇部幅	0.121	0.519	−0.216
C: 頸部取付け部の幅	0.348	0.387	0.270
D: 胴部最大径	0.461	0.154	−0.668
E: 器高	0.496	−0.097	0.617
F: 胴部高	0.373	−0.443	−0.118
G: 胴部最大径部の高さ	0.488	−0.292	−0.103

の約8割は説明されている。第3主成分は約7%の寄与率であり，せいぜい第3主成分までが意味をもつとみられる。

　第1主成分は，すべてにおいて正の値が出ており，大まかにいってサイズ・ファクターである。ここでの場合のようなデータを用いた場合，ふつうこのようなあり方をする。それに対する直交行列であるから，第2主成分以下は正と負の符号が混在するシェイプ・ファクターとなる。第2主成分は，口径，口唇部幅において正のやや大きな値が出ており，頸部取付け部径もそれに次いでいる。逆符号で胴部高が比較的大きな値を示している。なお，器高はほとんど関係がない。大まかにみてこの主成分は，口頸部の大きさと胴部の高さに関係しており，口頸部が大きいほど胴部の高さは低く，口頸部が小さいほど胴部の高さが高いことを示している。第3主成分は，器高において正の大きな値が出ており，一方，胴部最大径は逆符号で大きな値が出ている。これは器高が大きければ胴部最大径は小さく，器高が小さければ胴部最大径が大きいという関係を示しており，胴部高についてはあまり大きな値ではないが器高と逆符号であることは，頸部の伸びが全体の高さに影響していることを示している。

　以上のことをふまえ，クラスター分析による分類を試みる。ただし，頸部取付け部の幅は，北部九州においては地域によって差が出るため，時間的形態変化を重視した分類においては除外して考えたほうがよいと思われる。そこで，主成分分析に用いた7項目のうち，頸部取付け部の幅を除いた6項目で分析を行うことにする。なお，それらの変異ごとに平均0，標準偏差1に標準化（Z変換）したうえで，個体間の相関係数をデータとする。クラスター分析には群平均法を用いる。

　その結果，比較的良好なデンドログラムが得られた（図53）。これを，経験的にひとまず4つの群とみなし，左から順に，「1群」〜「4群」と呼ぶことにする。

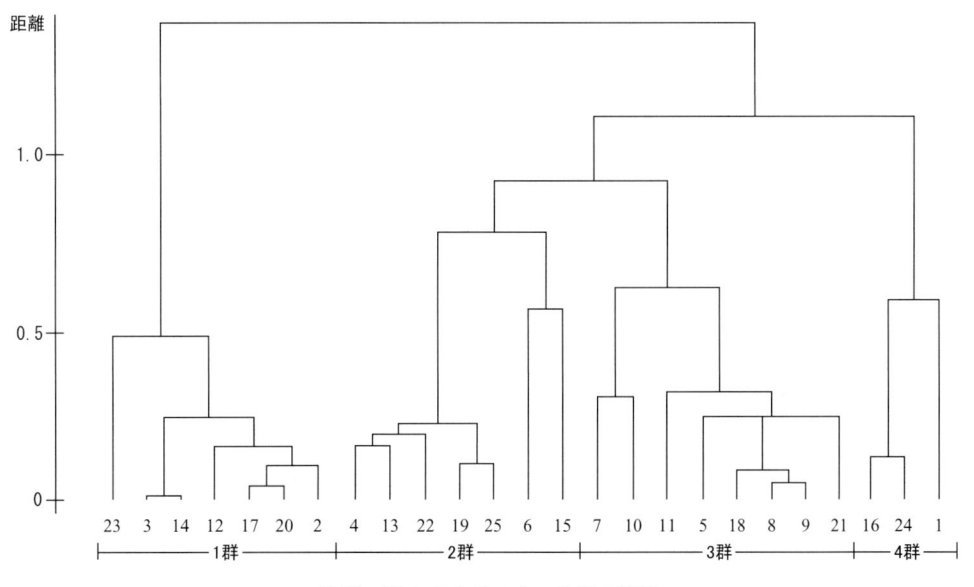

図53　壺Aのクラスター分析の結果

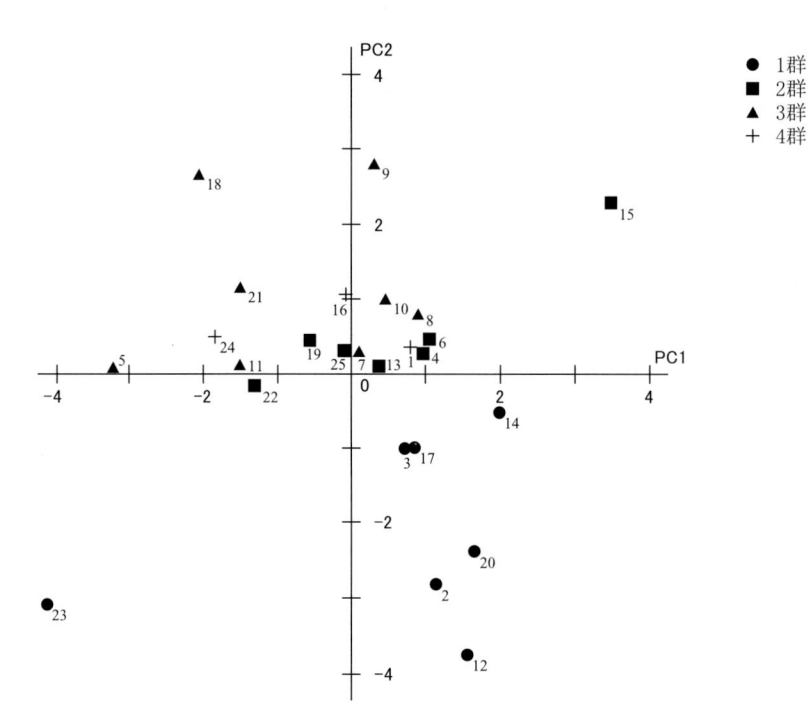

図54 壺Aの第1・第2主成分の2次元散布図

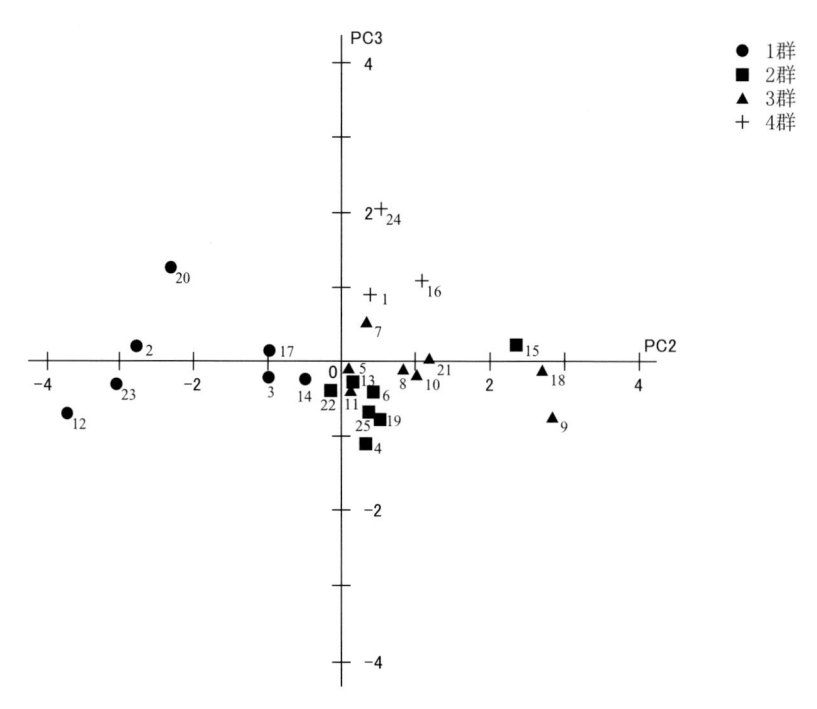

図55 壺Aの第2・第3主成分の2次元散布図

さて，さきの主成分分析スコアを2次元散布図にプロットし，クラスター分析で析出された4つの群との対応関係を示す。図54はX軸に第1主成分，Y軸に第2主成分を表し，各個体を布置したものである。X軸方向の変動はサイズによるとみられるため，あまりうまくいっていないようである。そこで，X軸に第2主成分，Y軸に第3主成分を表したのが図55である。クラスター分析の結果とかなりうまく対応していることがわかる。第2主成分と第3主成分におけるクラスタリングの布置が，型式学的な変化をより反映したものであるといえよう。

口頸部の立ち上がりに着目すると，前期のものは内傾し，中期初頭の城ノ越式は直立している。また，城ノ越式は口頸部の高さに比べて胴部高が著しく大きいという特徴があることがわかっている。そうしたことから，型式学的類縁度を求めれば，1群が最も古相を呈し，4群が最も型式学的な懸隔があり，最も新相と推定できる。

次に非計測的変異をとりあげる。非計測的変異は満足に揃わないが，顕著なものとしては丹塗の有無があげられる。丹塗は板付II式（前期後半）から城ノ越式（中期初頭）までは基本的に行われない。また，丹塗は須玖式でも新しいもの（須玖II式）に施されることが知られている。したがって，丹塗を施さないものは古く，丹塗を施すものは新しいと考えられる。ただし，有無に関する変異について注意すべきことは，たとえば，丹塗の有無が古新に截然と区別されるものではなく，たまたま施されなかった個体も常に存在する可能性がある点を考えれば，新しいものでも丹塗が施されないものが存在することは考えておかなければならない。

壺Aの属性には口頸部の暗文があるが，ほぼ等間隔に1本ずつ施されるもの（A）と，数本が1束になる分割暗文（B）とがある。これまで，ほとんど注目されていないが時間的変化を表している可能性がある。これも，施されないものがまれにある。

そこで両属性間の組み合わせについて確認する（表3）。すると，丹塗が施されないものには等間隔の暗文（A），丹塗が施されるものには分割暗文（B）が組み合う傾向が強いことがわかる。

非計測的属性とクラスター分析によって析出された4つの群との対応関係をみる（表4）。1群には丹塗はまったくなく，2群には7例中3例にみられる。3群では8例中7例とほとんどに施されている。4群はわずか3例しかなく判断がむずかしいが，3例ともにみられる。

1群 → 2群 → 3群 → 4群

の変遷が想定できそうである。また，暗文についてみると，暗文Aは1群と組み合っており，暗

表3　壺A丹塗の有無と暗文の関係

		暗文			
		A	B	無	不明
丹塗	無	7	3	1	1
	有	0	12	1	0

表4　壺Aクラスター分析による各群と丹塗および暗文の関係

		丹塗		暗文			
		無	有	A	B	無	不明
群	1	7	0	5	0	1	1
	2	4	3	2	5	0	0
	3	1	7	0	7	1	0
	4	0	3	0	3	0	0

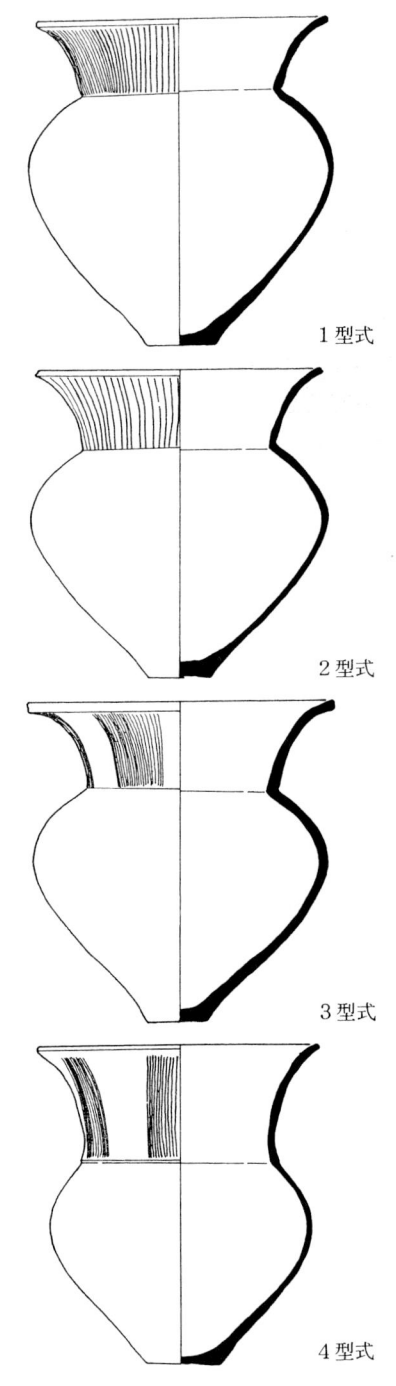

図 56 壺 A の諸型式 (1/8)
各型式の特徴を比較的よくあらわすものを図示した．スムーズな形態変化をしていることがわかる．

文 B は 2 群に現れ，3・4 群と強く組み合っている．このことは丹塗との対応からみた群の変遷のモデルとも矛盾しない．また，さきの形態的類縁度からみた変化のモデルとも矛盾しない．よって，1 群 → 2 群 → 3 群 → 4 群と変化したものと判断する．そこで，1 群を「1 型式」，2 群を「2 型式」，3 群を「3 型式」，4 群を「4 型式」とする（図 56）。

なお型式学的に，それより前にはいわゆる城ノ越式の壺があることが確実と考えられる．それは口頸部が胴部に比べて相対的に短く，立ち上がりがわずかに内傾するか直立するもので，底部も分厚い．これは 1 型式に連続する要素である．口頸部と胴部の境目が明瞭であり，そこに三角突帯を施すものが多い．もちろん丹塗はない．ただし，前期土器との区分については分析を施していないので保留することとし，これを一つの型式と認めて仮に「0 型式」とする．

試みに 6 項目の計測値（未変換）を用いた 4 つの群の多群判別分析結果を示しておくと，図 57 に示したように相互に識別が可能である．

壺 A は，その単純な器形のため計測的変異による型式分類が有効との予測をもって分析を行ったわけである．その結果，上記のように 4 つの型式を抽出することができ，一定の成功をおさめたといえよう．この方法は非言語的な連続した変異を適切に分類するのに役立ち，分類の妥当性を高めることができるといえる．

② 壺 B

これは，壺 A とは明らかに口頸部高／胴部高の比率が異なる．しかし同様の単純な器形である．よって抽出できる形態的属性は少ない．さらに，九州各地に認められるにもかかわらず壺 A と同様の分析を施すには数量的にも少なく，ここでは分析を断念する．

しかし，従来少なくとも，筑前西半・筑後・肥前西部（本書では「福岡・筑紫平野」と呼ぶ）では，丹塗のものが後出するとみられており，その点では意見の一致をみている．この地域では，丹塗のものには肩部に分割暗文や，それを櫛歯状に施した文様がほとんどについており，丹塗でないものにはそれがないという傾向が明確にある．

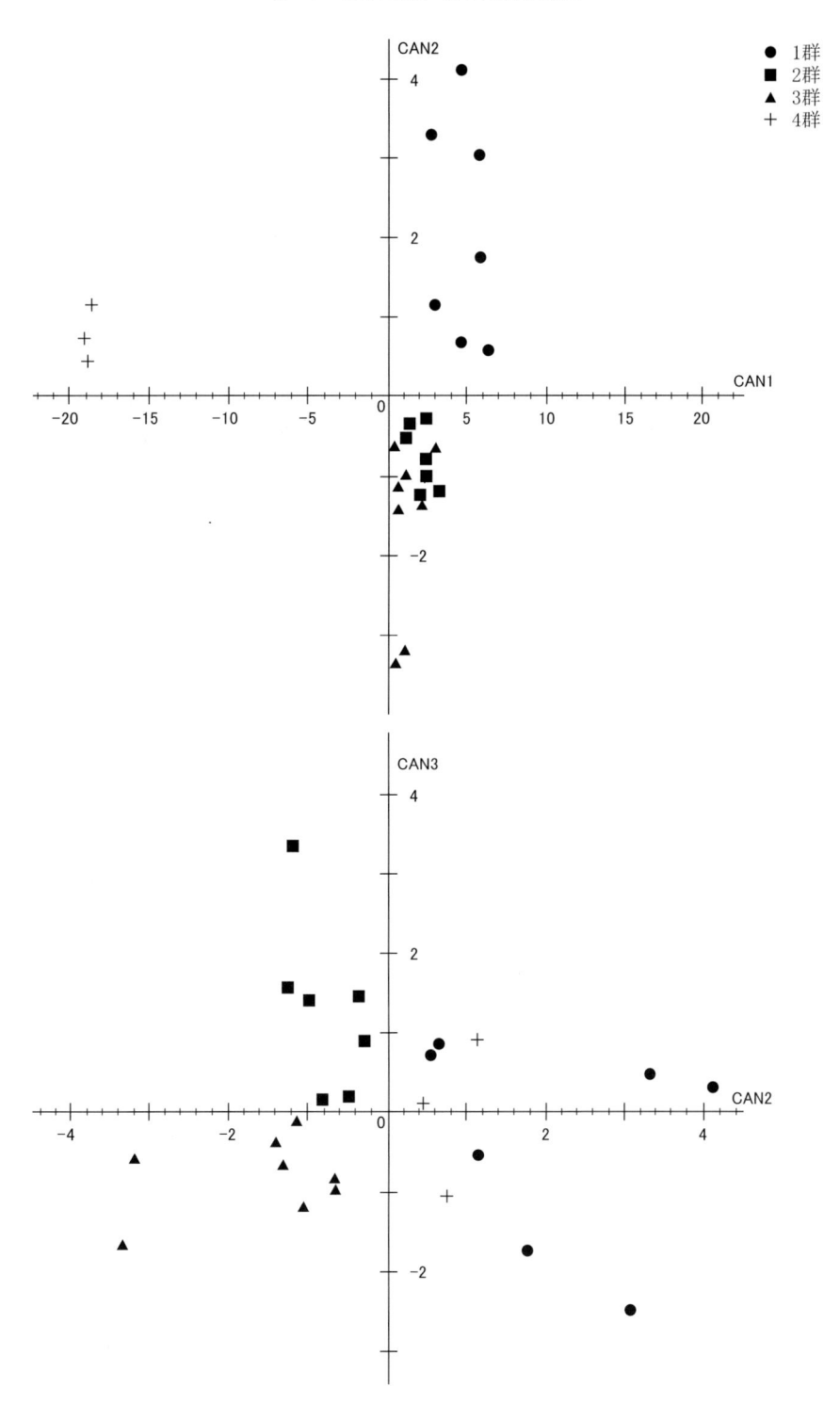

図 57　壺 A の正準スコアの布置
2つのグラフから，4つの型式が判別できることが読みとれる．

以上，丹塗のものが新しいという仮説に基づいたとき看取できる変異を述べたが，このうちで，福岡・筑紫平野以外の地域ではみられない，もしくはみられない傾向にあるのもこの丹塗である。肩部の分割暗文についても同様である。ところが，口頸部が強く外反する特徴を有するものは，各地に存在しており，上記の地域において丹塗のものが新しいとする仮説にしたがうならば，口頸部形態が分布域全体での時間的指標となるとみられる。そこで，口頸部形態を経験的指標として，便宜的に仮の型式名をつけることにする。

口頸部の外反が弱いものを「仮1型式」，強いものを「仮2型式」としておく。以下では，「仮」をはぶいて記述する。

③ 壺C

壺A・Bに似た器形を呈する。しかし，口頸部高/胴部高の比率は両者のほぼ中間に位置し，独立して安定したものと判断してよい。いわゆる鋤先状の口縁部をなすもので，口頸部の下半に突帯をめぐらすものも多い。丹塗を施す率はやや低い。

④ 壺D

やや縦長の逆玉葱状の胴部に外開きの口頸部がつくもので，そのような基本的な体制は，壺A〜Cと同じである。口縁部はいわゆる鋤先状で，口頸部と胴部の間の屈曲部から，胴部最大径付近にかけて数状の稜角付突帯が施されるもの。壺A〜Cに比べると大型であり，丹塗が施されるものは胴部上半までの場合がほとんどである。

⑤ 壺E

壺Dと同様に大型のものであり，また類似した点も多いが，口頸部から胴部への移行がなめらかで屈曲をもたない点が大きく異なる。したがってゆるいS字状をなす。口縁部は鋤先状である。肩部から胴部最大径付近にかけて数状の稜角付突帯を施す。頸部に分割暗文を施すものが多い。しばしば胴部上半まで丹塗が施されている。

⑥ 壺F

器形自体は壺Eに似ており，口頸部から胴部への移行がなめらかで屈曲がない。口縁部は鋤先状であり，下方へやや垂れるものや端部が拡張するものなどの変異があるが，一括しておく。頸部から主として口縁部，また胴部に浮文を添付するものも一定量認められる。頸部から胴部最大径付近にかけて多条の三角突帯や稜角付突帯を施す。壺D・Eと比べて突帯の数が多い。やや大型のものでは突帯導入部位が上位と下位に分かれているものもある。丹塗はあまり行われない。

いわゆる「安国寺式の祖型」とみなされるものもこの壺Fに入る。

⑦ 壺G

概略の器形は壺A〜C，とりわけ壺Cに似るが，口頸部高/胴部高が著しく異なり，胴部の高さの高いものである。胴部最大径が胴部中位にある。口縁部は鋤先状である。胴部最大径付近と肩部に2条ほどの三角突帯または稜角付突帯を施す。丹塗のものはさほどない。

⑧ 壺H

やや大型のものが多いが，逆玉葱形の胴部に，外反または直線的に外方にのびる口頸部をもつ。

胴部と口頸部の取付け部のなす角が小さく，強く内側に突出するかたちとなり数 cm の厚みがあるものがある。その部分の外面には三角突帯が取り付けられる。胴部最大径付近には，2 条，まれに 3 条の，大きめの「コ」の字突帯をもつものが多い。三角突帯の場合もある。口唇部は上方に拡張したものが多く，いわゆる「跳ね上げ口縁」の形をとるものが多い。丹塗は通常施されずごくまれにみられるだけである。

比較的小さな外反する口頸部をもつもので胴部が大きいものと，口頸部が直線的に外方にのび，胴部の張りがやや弱いものがある。一応，前者を「1 型式」，後者を「2 型式」としておく。なお，1 型式とするものには口縁部や胴部の形に多少バリエーションがあり，2 型式に近づいていると考えられるものがあるが，型式として分離するのは避けておく。

⑨ 壺 I

倒卵形で上位に最大径のある縦長の胴部に，短めの外反する口頸部がつくもの。口縁部端部をわずかに鋤先状に拡張するものもある。次の壺 J と比べると相対的に小型である。底部は小さく，平底か若干凸レンズ状を呈する。胴部最大径付近に通常 1 条の三角突帯を施すものが多い。突帯はしばしば刻目突帯である。稜角付突帯はつかない。丹塗はあまり施されない。

壺 I は前期の壺の系譜をひくものと考えられる。前期との類似度から型式学的に次のように類型分類を行う。「1 型式」は，口頸部はほぼ直立して外反する。胴部が張る。胴部突帯はない。底部は厚めの平底である。「2 型式」は，口頸部が緩く外反するが，胴部最大径と比べて口径ははるかに小さい。口縁部は小さな鋤先状を呈するものがあるが，口縁部外面には屈曲がなく，口縁部から頸部への境は不明瞭である。胴部に 1 条の刻目突帯をもつものが多く，底部は平底である。「3 型式」は，口頸部の長さと高さは胴部に対して小さく，緩く外反する。口縁部は小さな鋤先状に拡張するものがあるが，外面は稜が不明瞭である。胴部は倒卵形で胴部中位より上に屈折点があり，突帯を付加する。口頸部と胴部の境の屈曲部に突帯をもつものも多い。胴部突帯が刻目突帯であることも多い。底部の立ち上がりは外ぶくらみで，薄く比較的小さな凸レンズ状である。「4 型式」は，胴部はゆるい屈曲をもち，高さに対して径が大きい。口頸部は強く外反し，胴部との境の稜線がやや不明瞭になる。底部はやや広めの凸レンズ状である。

⑩ 壺 J

およその形態は壺 I とよく似ているが，相対的に大型である。口縁部は甕 C の口縁部に類似している。したがって，その変化は甕 C に対応している可能性がある。これも底部は小さく，平底か若干凸レンズ状を呈する。胴部最大径付近に三角突帯を施すが，加えて肩部や口縁部の取付け部にみられるものも多い。突帯はしばしば刻目突帯である。稜角付突帯はつかない。丹塗はほとんど施されない。

壺 J は，壺 I と同様，前期土器との類似度から型式学的に次のように類型分類を行う。「1 型式」は，口頸部はほぼ直立して外反する。胴部が張る。胴部突帯は低い三角突帯がつくことがある。底部は厚めの平底である。「2 型式」は，口頸部が緩く外反するが，胴部最大径と比べて口径ははるかに小さい。口縁部は小さな鋤先状を呈するものがあるが，口縁部外面には屈曲がなく，口縁部か

ら頸部への境は不明瞭である。胴部に1条の刻目突帯をもつものが多く，底部は平底である。「3型式」は，口頸部の長さと高さは胴部に対して小さく，直線的に外方にのびる。口縁部は小さな鋤先状に拡張するものがあり，外面には稜がつく。胴部は倒卵形で胴部中位より上に屈折点があり，突帯を付加する。胴部突帯が2条のこともあり，刻目突帯であることも多い。口頸部と胴部の境の屈曲部に突帯を持つものも多い。底部の立ち上がりは直線に近いわずかな外ぶくらみである。底部は薄く，比較的小さな平底かわずかに凸レンズ状をなす。「4型式」は，3型式に似るが，口縁部は小さな鋤先状で甕B系列のもののように上面がややくぼんでいる。底部の立ち上がりは外ぶくらみで，小さなレンズ状をなす。「5型式」は，4型式より口頸部が短く，直線的に外方にのびるもので，鋤先状の口縁部がつく。口縁部は上面がくぼみ，斜め上方に発達するものである。胴部は4型式よりやや径が大きい。底部は比較的大きめで緩い凸レンズ状か平底である。その他は4型式に似る。

⑪　壺K

壺EやFに似た器形である。口頸部から胴部にかけて屈曲をもたず，ゆるいS字形を呈する。頸部がきつく締まっており，相対的に胴部が張る。口縁部は「ヘ」の字状を呈し，斜め下方を向く。多条の三角突帯が施されることが多いが，稜角付突帯のこともある。突帯の導入部位は，通常，頸部から肩部にかけてと，胴部最大径付近の2か所である。丹塗は通常施されない。口縁部上面に浮文や沈線文を施すものがある。型式分類は壺Lとあわせて行う。

⑫　壺L

全体の形は，壺Kに非常に似ている。口縁部は「ヘ」の字状ではなく，いわゆる「二叉状口縁」である。突帯や他の属性に関しても壺Kと類似している。丹塗は通常施されない。口縁部付近に浮文や沈線文を施すものはない。

壺Kは壺Lに比べて量的に少なく，時期的にも比較的短期間に限定されるようである。ここでは，必要な場合を除き壺K・Lは一括して扱う。壺K・Lは下の壺M・Nと比べて時期差とみられる変異が少ない。これらは，これまで山ノ口式の壺の典型として認識されてきたものである。これら典型的なものを「2型式」とする。ところが頸部がさほど開かず短いもので，口縁部が下垂した逆L字状を呈するものがある。突帯は三角突帯でその導入部位は同じだが本数は少ない。これは下にあげる壺M・Nの3型式に口縁部等で類似した点である。これを2型式の祖型とみて「1型式」とする。また，2型式よりも頸部が外に大きく開き短いもので，多条突帯を施すものを「3型式」とする。稜角付突帯も多くみられる。

⑬　壺M

壺K・Lと比べて相対的に小型である。口縁部は壺Kと同じ「ヘ」の字状である。器形もそれらに似るが，頸部が短く，突帯はいっさいもたない。丹塗は通常施されない。型式分類は壺Nとあわせて行う。

⑭　壺N

全体の形は，壺Mに非常に似ている。口縁部は壺Lと同じ「二叉状口縁」である。他の属性は

壺 M と同じである。

　壺 N は壺 M に比べて量的に少なく，時期的にも比較的短期間に限定されるものと思われる。ここでは，壺 K・L と同様，壺 M・N は一括して扱っておくことにする。壺 M・N は前期の壺からの系譜をひくとみられるものであり，前期段階のものを「1型式」，頸部と肩部の境に沈線を施し，頸部がさほど内傾せず直立するかそのまま緩く外反して口縁部となるものを「2型式」，口縁部は逆 L 字形もしくは小さな「へ」の字状のものが現れ，頸部と肩部の境に 1〜2 本の突帯や沈線を施すか櫛描文をもつものを「3型式」，さらに頸部がのび口縁部が「へ」の字状のものを「4型式」，頸部と胴部の境目が不明瞭で頸部が短く，口縁部が「へ」の字状のものを「5型式」，口縁部が縮小して小さな「へ」の字状を呈し，頸部がさらに短くなったものを「6型式」とする。口縁部上面に沈線が施されることがある。この後，口縁部はさらに縮小し口唇部といってよいものになり，これが櫛描文等の施文部位となる。また，頸部も縮小しそれ自体が口縁部というべきものになってくる。

⑮　壺 O

　壺 I を小さくしたような形状をとる小型のものである。ただし，径に対して高さが低い。口縁部端はほぼ水平に拡張するものが多く，壺 J の口縁部をきわめて小さくしたような形であるが外方への突出はほとんどみられない。口頸部と胴部の境に 1 条の三角突帯を施すものが多い。丹塗は通常施されない。

⑯　無頸壺

　無頸壺は九州でも広範な地域に分布が知られているが，口縁部を中心に若干の変異がある。口縁部の変異をもとに，型式学的に配列を試みれば，およそ 4 系列があることが想定できる。各系列を A〜D 系列とし，それぞれを便宜上，「無頸壺 A」〜「無頸壺 D」と呼んでおく。ここではとくに，資料的に豊富な無頸壺 A を中心に検討の対象とする。

〔**無頸壺 A**〕

　とりあげる属性は，口縁部形態，底部形態，丹塗の有無，調整法である。無頸壺 A には，口縁部に蓋を取り付けるための紐綴じ穴とみられる焼成前穿孔が，2 孔並んで口縁部の対称的な位置にあるものがある。

　口縁部形態（図 58）　口縁部の断面形を扱うが，口唇部の形も含める。
　I 類：内面に稜線をもって「く」の字状に屈曲し，口唇部は尖り気味になるもの。
　II 類：断面が三角形を呈し，上面は内傾するもの。
　III 類：下面のヨコナデが目立ち，逆 L 字状を呈するもの。本類も付け根部が厚い。上面はわずかに丸みを帯び，やや内傾する。

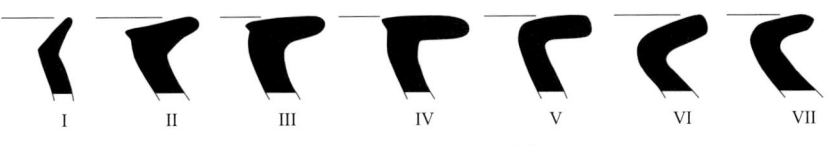

図 58　無頸壺 A 口縁部形態

Ⅳ類：強いヨコナデのため厚みを減じ，付け根部にむかって厚くならないもの。上面は水平である。
以上，Ⅱ～Ⅳ類は内面上端にごくわずかな突出がある。内面のそれより下位は丸みをもつ。
Ⅴ類：水平に折れ，口唇部は面をもつもの。
Ⅵ類：Ⅴ類の口縁部が起きたもので，「く」の字状をなすもの。
Ⅶ類：小さく外反するもので，「く」の字状をなすもの。

以上の変異は，相互の類似度の比較から，

Ⅰ；Ⅱ ⟷ Ⅲ ⟷ Ⅳ；Ⅴ ⟷ Ⅵ ⟷ Ⅶ

の3群の型式学的変遷が考えられる。ここで，Ⅱ～Ⅳ類とⅤ～Ⅶ類の関係は甕の口縁部の系列Aと似ている。したがって，これを1系列のものと仮定すれば，Ⅳ類とⅤ類の類似性からⅡ～Ⅳ類とⅤ～Ⅶ類が連鎖できる。すると，

Ⅱ ⟷ Ⅲ ⟷ Ⅳ ⟷ Ⅴ ⟷ Ⅵ ⟷ Ⅶ

となる。Ⅰ類は型式学的にⅡ類またはⅦ類とのヒアタスがあり，1系列か否かは確定できない。ただし，Ⅰ類は前期の無頸壺の口縁部に類似する。

底部形態
1類：平底もしくはわずかに底面がくぼむもの。
2類：底面がややふくらむいわゆる凸レンズ状の底面。

前期のものは平底であり，後期のものは凸レンズ状である。これらとの類似度の比較からすれば，1類のほうが古く，2類のほうが新しいと考えられる。

丹塗の有無
A類：丹塗を施さないもの。
B類：丹塗を施すもの。

明らかに前期・後期とわかるものにはA類はみられない。しかし，前期と後期に存在する無頸壺と同一系列と考えてよければ，中期の全般にわたって存在することになる。すると，丹塗土器は中期の後半にみられるということがわかっているので，B類のほうが後出する可能性が考えられる。ただし後期には丹塗はみられないことも考慮すると，検討対象の最後のほうに位置づけられるものには丹塗がないものも含まれることも想定できる。

調整法　外面の最終調整を扱う。
a類：ナデもしくはミガキ。
b類：ハケメ。

前期のものにはハケメはみられないことから，

a → b

の変化が考えられる。

次に，最もよく型式学的に配列できる口縁部形態をもとにしながら，各属性の相関を検討する。

口縁部形態と底部形態の関係(図59)　口縁部形態Ⅰ～Ⅵ類は1類と多く組み合い，うちⅥ類に

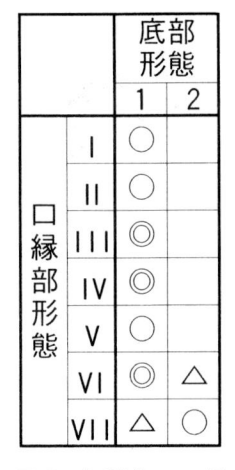

第 4 章　土器の分類・編年と様式の動態

		底部形態	
		1	2
口縁部形態	I	○	
	II	○	
	III	◎	
	IV	◎	
	V	○	
	VI	◎	△
	VII	△	○

図 59　無頸壺 A 口縁部形態と底部形態の関係

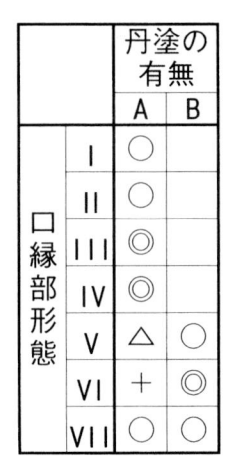

		丹塗の有無	
		A	B
口縁部形態	I	○	
	II	○	
	III	◎	
	IV	◎	
	V	△	○
	VI	+	◎
	VII	○	○

図 60　無頸壺 A 口縁部形態と丹塗の有無の関係

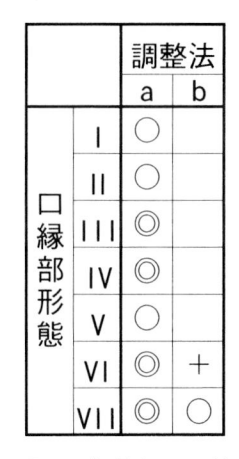

		調整法	
		a	b
口縁部形態	I	○	
	II	○	
	III	◎	
	IV	◎	
	V	○	
	VI	◎	+
	VII	◎	○

図 61　無頸壺 A 口縁部形態と調整法の関係

おいては 2 類との組み合わせが少量みられる。VII 類では様相が逆転し，2 類との組み合わせが多くみられ，1 類との組み合わせは少量である。

口縁部形態と丹塗の有無の関係（図 60）　口縁部形態 I～IV 類は，A 類とのみ組み合う。

V・VI 類は，B 類に組み合わせの主体がある。両類はやや様相の差があるが，A 類とも若干の組み合いがみられる。

VII 類は，A・B 両類と同量組み合う。

以上，口縁部形態は，組み合わせの様相から 3 群が認められる。

口縁部形態と調整法の関係（図 61）　I～VII 類はすべて a 類との組み合わせがみられる。I～VI 類はほぼ同じ様相とみることができるであろう。

VII 類は B 類とも多く組み合っており，I～VI 類と様相を異にする。口縁部形態は以上の様相をもとに，2 群にまとめることができる。

以上の組み合い関係の検討より，口縁部形態は，

(II ⟷ III ⟷ IV) ⟷ (V ⟷ VI) ⟷ VII

と 3 群にまとめられる。ところで I 類は，II～IV 類の様相と類似しているため，両者は比較的近い関係にあることが推定できる。したがって，両者は時間的にも近接した関係にある可能性も考えられることになる。しかしながら，さきに述べたように口縁部形態において型式学的なヒアタスがあるため分離しておきたい。将来，計量的な属性を用いて分析を行えば，口縁部以外の形態的な類似性を詳細に検討できるものと考える。なお，I 類は II～VII 類の中に割り込ませることはできず，しかも II～IV 類の様相と類似しているということは，これらと併行するかそれより古くなる可能性を示唆する。II～IV 類の中でも II 類は三角形に近いものであり，しかも上面が内傾する。これは I 類に近いともいえる。そこで，I 類は II 類に先行するものである可能性を考えておきた

い。

　これまでの検討結果をもとに，型式を設定する。口縁部形態Ⅰ類を指標とする「1a型式」，Ⅱ～Ⅳ類を指標とする「1b型式」として分けておく。Ⅴ・Ⅵ類を「2型式」，Ⅶ類を「3型式」とする。各型式は，より古く位置づけられるものから順に，

(1a型式 → 1b型式) → 2型式 → 3型式

となると考えられる。

〔その他の無頸壺〕

無頸壺B

　口縁部が薄く，直線的に外方に折れ曲がる特徴をもつ系列のことである。端部が若干跳ね上がるものを含むなど，甕B（如意形口縁）の口縁部に似ていることが指摘できる。胴部は中位が相対的に強く突出したものが目立つ。無頸壺Aに比べて丹塗を行うものはやや少ない。紐綴じ穴は，壺Aのように2孔セットのものもあるが，無頸壺Bでは1孔を口縁部の対称的位置にもつものを多く含むのが特徴である。

　ここでは型式分類は行わない。全体的なプロポーションは，無頸壺Aと類似する点も多いが，計測的項目を用いて分析を行えば胴部の張りなどに差が出るものと思われる。

無頸壺C

　これは破片ではかなり出土しているが，全形を知りうる資料はほとんどなく，分類に有効な形態的属性をとりあげることも不能であるため，型式設定は行わない。これも口縁部形態に特徴があり，付け根が太く端部が丸くおさまるもので，斜め上方にのびるものである。口縁部断面形態の上面がくぼむものがあり，甕Cの口縁部形態の系列と類似点が見出せる。丹塗を施すものはほとんどなく，胴部上半や口縁部上面に丹彩文を施したものが少数みられる。紐綴じ穴のあるものは，無頸壺Aと同じく2孔を並べたものであり，無頸壺Bのような1孔ずつのものはみられない。

無頸壺D

　無頸壺Cと同様の理由から型式設定は行わない。これも口縁部形態に特徴があり，付け根が太く端部が平坦またはくぼむもので，斜め上方にのびるものである。甕Dの口縁部形態の系列と類似点が見出せる。丹塗を施すものはない。紐綴じ穴はみられない。

⑰　長頸壺

　長頸壺としては大きく3種類が知られている。まず，以前から須玖式の代表としてしばしばとりあげられてきた袋状口縁長頸壺がある。これは基本的に外面に丹塗が施される。これを「長頸壺A」とする。この中には袋状を呈する口縁部の直下に突帯があるものとないものとがある。この口縁下突帯は三角突帯が多い。器形は，頸部と胴部の境があまり明瞭ではないものが多いが，とりわけ，なで肩状に移行し境がないものがある。なで肩状の器形のものには頸部から肩部にかけて稜角付突帯が数条，間隔を空けて施されるのが普通であり，また，そのようなものはそれぞれの突帯間に暗文を施すものが多くみられる。それは玄界灘沿岸西半の糸島地域を中心に分布し，壱岐などで

もみられるものであり，小地域性と考えられる。ここでは区別せず「袋状口縁長頸壺」として一括しておく。

次に，袋状口縁長頸壺（長頸壺 A）と直接対比されるもので，袋状口縁を取り去った形状をなすものがある。口縁部直下に突帯がめぐる特徴がある。多くは三角突帯である。頸部がとくに長くのび，口縁部下に稜角付突帯を複数施すものも一部ある。丹塗が施されるものが多いが，ないものも一定量みられる。長頸壺 A との分布域に差があることがすでに指摘されており（田崎，1985；武末，1987c），これを「長頸壺 B」とする。

南部九州に分布するもので，「山ノ口式の長頸壺」として知られてきたものがある。頸部がかなり細く，胴部は算盤玉状を呈する。頸部から胴部への移行は明瞭な屈曲を持たず，この部分に多条の三角突帯を施す。胴部最大径に稜角付突帯を施すものがある。丹塗はあまり行われない。これを長頸壺 C とする。

〔**長頸壺 A**〕

体部形態，口縁部形態，丹塗の有無，調整法をとりあげる。この長頸壺 A については型式分類を完結させるため，明らかに後期とされているものも含めて検討する。

体部形態（図 62）

I 類：胴部は大きく張り，頸部との境には変換点がないもの。
II 類：胴部が丸みを帯び，頸部との境に変換点があるもの。
III 類：胴部が長く，頸部が短いもので，頸部は直立する。
IV 類：胴部が大きく，上位で一旦くびれるが，すぐ外反するもの。

I ⟷ II ⟷ III ⟷ IV

という型式学的変化が想定できる。

口縁部形態（図 63）

1 類：丸みを帯びて内湾するもので，外面下位に肥厚があるもの。
2 類：1 類の肥厚がないもの。
3 類：外面に稜線をもつもの。

後期の複合口縁壺は，口縁部外面に稜線をもつものが多いという特徴はよく知られていることから，その点を重視すると，

1 → 2 → 3

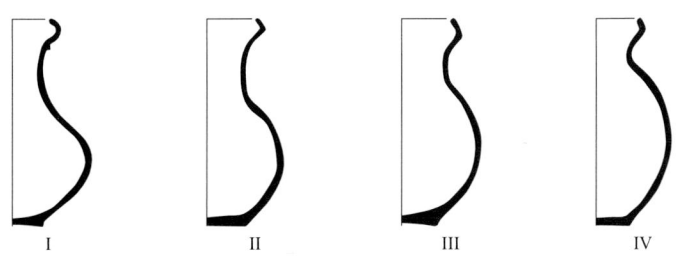

図 62 長頸壺 A 体部形態

という変化が考えられる。しかし，1類と2類の類別に関しては，若干曖昧な点があることは否めない。そのため，この属性を一義的に使用するには注意を要する。

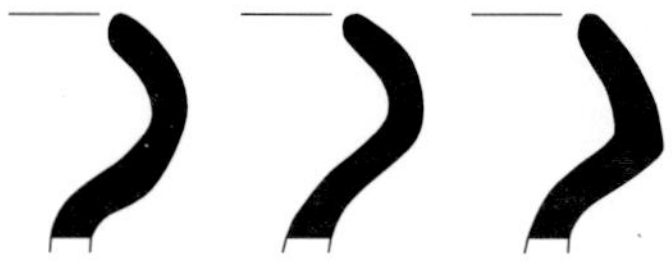

図63　長頸壺A口縁部形態

丹塗の有無

A類：丹塗のもの。
B類：丹塗のないもの。

調整法　体部外面の最終調整である。

a類：ミガキもしくは丁寧なナデのもの。
b類：ハケメ。

これも後期の複合口縁壺はハケメを施すことが知られているので，

a → b

という変化が想定できる。

型式学的に最もよく整理できた体部形態との相関を検討する。

体部形態と口縁部形態の関係（図64）　I類は1・2類と組み合うが，1類との組み合わせが多くみられる。

II類は2・3類とほぼ同量組み合っている。

III・IV類は3類とのみ組み合う。

よって，体部形態を指標に，

I → II →（III → IV）

の3群にまとめられる。

体部形態と丹塗の有無の関係（図65）

I類はA類と多く組み合い，B類とは少量組み合う。

II類はB類と多く組み合い，A類とも少量組み合っている。

III・IV類はB類との組み合わせがみられるのみで，A類との組み合わせはまったくない。

		口縁部形態		
		1	2	3
体部形態	I	◎	○	
	II		○	○
	III			◎
	IV			◎

図64　長頸壺A体部形態と口縁部形態の関係

		丹塗の有無	
		A	B
体部形態	I	○	△
	II	△	○
	III		◎
	IV		◎

図65　長頸壺A体部形態と丹塗の有無の関係

		調整法	
		a	b
体部形態	I	◎	+
	II	○	○
	III	△	◎
	IV	△	◎

図66　長頸壺A体部形態と調整法の関係

以上より，体部形態は，

I ⟷ II ⟷ (III⟵ ⟶ IV)

の3群にまとめられる。

体部形態と調整法の関係(図66)

I類はa類との組み合わせが多く，b類との組み合わせはごく微量である。

II類はa・b両類と組み合う。

III・IV類はb類と多く組み合い，a類との組み合わせは少量である。

よって，体部形態は，

I → II → (III → IV)

の3群にまとめられる。

以上から，あらかじめ想定しておいた型式学的序列に矛盾はなく，3群にまとめられるといえる。そこで，体部形態を指標として，I類を「1型式」，II類を「2型式」，III・IV類を「3型式」とする。

〔長頸壺B〕

この器形が，長頸壺Aの袋状口縁を取り去ったような形であることはすでに述べたが，前期の壺の器形を受け継いだものとする意見があり，新古に二分されている(武末，1987: 20)。前期の壺に起源を求める考えはユニークではあるが，にわかには受けいれがたい考えである。しかし，型式分類に関して，新古二分する考えは有効であるかもしれない。ここでは分析は断念するが，そのような経験的判断を尊重することにし，太頸で丹塗を施さないものと，細頸で丹塗を施すものの2つに類型分類しておきたい。詳細な分析は，計測的項目を多用した将来の分析にゆだねたいが，ここでは仮に前者を「1型式」，後者を「2型式」と呼んでおく。

〔長頸壺C〕

これは資料数がきわめて少ないため，型式分類は断念し，一つの型式と考えておく。なお，明らかに後期のとみられるものには，やや頸が短く，頸部と胴部の境が比較的明瞭なものがあることが知られている。

(8) 器　台

器台は，丹塗が施されずハケメ仕上げのものが通常よく知られている。相対的に小型でハケメがほとんど施されない粗製のものもあるが(片岡，1982)，ここでは除外する。この器台は被熱痕をもつものがあり甕の煮炊きの際に3個セットで用いる支脚とする意見もあるが，実際には被熱痕をもつものはかなり例外的なようである。土器の椀や木製の椀などをのせる「器台」と筆者は考える。以下の分析では非計測的属性をとりあげるが，きわめて単純な器形であるため，言語表現が難しい器形を詳細に検討するには将来計測的属性を用いて多変量解析を行う必要があろう。

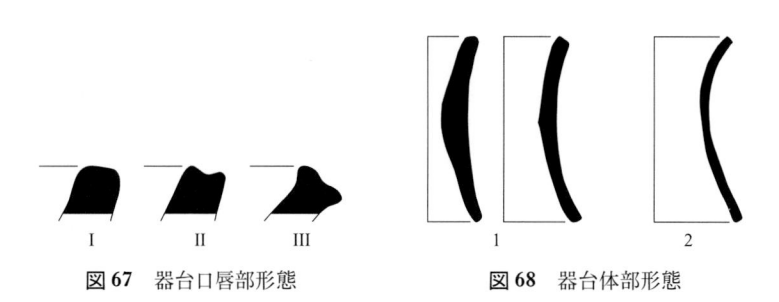

図 67　器台口唇部形態　　　　図 68　器台体部形態　　　図 69　器台口唇部形態と
　　　　　　　　　　　　　　　　　　　　　　　　　　　　　　　体部形態の関係

口唇部形態（図 67）
　I 類：端部が丸みをもつ，もしくは平坦に近いもの。
　II 類：端部がくぼむもの。拡張はない。
　III 類：端部がくぼみ，拡張するもの。

型式学的には

I ⟷ II ⟷ III

という序列が考えられる。

体部形態（図 68）
　1 類：中ほどでくびれるもの。ただし，径が小さく厚みがあるものと，径が大きく薄いものがある。後者は次の 2 類に近い。したがって本類は 2 つに分けられようが，ここでは計測を行っていないので一括しておく。
　2 類：上位にくびれをもち，裾部径が口縁部径を凌ぐもの。

　器台は後期を通じて存在しているが，それはかなり上位にくびれがあり，裾部径が口縁部径を大きく凌ぐ。このことから，型式学的に，2 類のほうが後出する可能性が考えられる。
　両属性の相関を検討する。
　口唇部形態と体部形態の関係（図 69）　口唇部形態 I・II 類は，体部形態 1 類と多く組み合っているが，I 類のほうが 2 類との組み合わせがほとんどみられないのに対し，II 類のほうは少量みられ，様相に若干の差がある。
　III 類は 2 類とのみ多く組み合っており，I・II 類と大きな相違をみせる。
　そのため，相互の様相の比較からは I・II 類をまとめることも可能であろうが，変異の解説で述べたように，1 類には本来分離可能な 2 種類が含まれている可能性がある。感覚的には，そのうち新相を呈するものとは II 類が組み合っているように思われる。そのことと I 類と II 類の間にみられる若干の様相の差異とをあわせて考えれば，分離しておいてよかろう。また，型式学的に整理・序列がうまくいくのは口唇部形態のほうなので，口唇部形態を指標として，I 類をもつものを「1 型式」，II 類を「2 型式」，III 類を「3 型式」としておく。
　1 型式と 2 型式の分離の妥当性については将来の計量的分析にゆだねることにしたい。

(9) 甕　棺

　甕棺の型式分類については，これまで，多くの研究者が見解を提示してきた。甕棺の編年研究で，今日の編年案の直接的な基礎となっているのが森(1968)の示したものであることは，大方の認めるところである。その後の資料数の増加にともなういくつかの編年案は，森の編年の大筋における妥当性を支持してきたといえる。しかし，本来，対象の分類によって安定した分類単位 taxa を抽出し，型式などのしかるべき認定を行うべきであるが，不安定な単位も型式と認識してきたのが実状である。このことは階層的分類という意識が薄弱であったことと関係するであろう。これまで研究上の主な目標とされてきたのは，時間的細分であったため，各研究者が設定したタクサがはたしてどの程度安定したものであるのかは，もはや保証の限りではなくなっている。

　こうした甕棺編年の中で，現在，比較的多くの研究者の賛同を得ているものは，橋口(1979e)の編年案(以下，「橋口編年」と略称)である。型式分類にあたっての手続きが明示的でないという問題はさておき，結論として提出された橋口編年は，事実上の編年的整理においてかなりの有効性をもってきたことは認めてよい。念のためにいえば，型式分類の過程が明示的でないのは橋口論文にかぎったことではなく，当時(現在も)あまた発表された編年研究ではごく一般的であって，むしろ，そうした中において発展継承できるとみられる編年案としては稀少なもののひとつなのであるから，その意味では高く評価しておくべきである。

　甕棺編年自体に関しては，いくつか問題を抱えているが一例をあげれば，従来前期末とされてきた「金海式」については，共伴土器から中期初頭に下るとの見解(柳田，1983)と中期説を否定する見解(橋口，1979e)とが鋭く対立している。これは共伴する日常容器を前期とするか中期とするかという認識の違いに還元される部分も大であるが，金海式と日常容器との共伴関係が少ないところにも起因する。日常容器の編年の整理が先決というのは片岡(1983)が正しく説くところであり，土器編年が十分に整理されていない現段階では水掛け論に終始するしかない[1]。また，併行する土器の認定についても大まかな同意は得られているが，これまで共伴状況に関する適切な分析も施されてはおらず，十分とはいえないのが現状である。これをはじめ，甕棺編年に関する諸々の問題の大半は，併行する土器編年が整理されなければ根本的な解決は不可能であると考える。

　ここでは，弥生時代中期を中心として九州西半部に盛行する甕棺の型式分類を行う。ただし，ここでいう「甕棺」とは，甕棺墓の土器としての棺体のことであり，墳墓自体を指すものではない。また，いわゆる専用甕棺(「甕棺」と略す)を扱い，他の器種を転用した転用甕棺は含めない。従来，「砲弾形」や「樽形」を呈するものがその代表的なものであるが，橋口達也は，その系列と別に，「丸味を帯びた甕棺の一系列」を分節し(橋口，1979e)，現在，大方の賛同を得ている。本書でもそれに従う。前者の系列を「系列Ａ」とし，後者の系列を「系列Ｂ」とする。ただしここでは，系列Ａについて集中的に分析作業を施すことにし，系列Ｂに関しては補足的に述べるにとどめる。

　甕棺が確実に定型化したとされる「金海式」からを材料とする。下限は急激な減少がみられる後期のいわゆる「桜馬場式」や「三津式」である。こうした甕棺の基本的な存続期間までを扱うことにする。資料は，当該期の専用甕棺のうち，観察可能であったものまたは報告済みでここでの分析

を行うのに十分な情報が得られたもので，かつ完形か属性変異の抽出にあたってまったく欠損がないものを収集した．極端な地域的変異とみられるものも除く[2]．データベース化しここで資料とできたのは1,026個体である．

　方法は，非計測的属性を用いた狭義の属性分析と，多変量解析を用いる．多変量解析は，非計測的属性については数量化III類，計測的属性については主成分分析とクラスター分析を採用する．なお，ここでは属性分析のマトリクスにおいて，実際の個数(観測度数)を統計処理した値も示す．観測度数 (n_{ij})，統計的な期待値 $(E_{ij}=n_{i.}n_{.j}/N)$ とその残差 $(n_{ij}-E_{ij})$ を求め，$(n_{ij}-E_{ij})^2/E_{ij}$ で標準化した値をマトリクスの各セルに表示する．なお属性間の関連の強さはクラメールの連関係数 $V=\{(\chi^2/N)/\min(r-1, c-1)\}^{1/2}$ を用いてみてみる（N_{ij} は (i, j) のセルの度数．$n_{i.}$ は行の周辺度数，$n_{.j}$ は列の周辺度数．N は総度数．r は行の数，c は列の数)．

[系列A]

　以下では，前期・後期の甕棺との類縁度の比較にもとづき変化の方向を推定することにする．

　口縁部形態（図70）　口縁部の断面形態に着目する．32個の変異にまとめた．

1類：外反する口縁の上面を肥厚させ，段をもつもの．肥厚部上面は内傾する．
2類：弱く外反した口縁で，肥厚部が厚く，上面がほぼ水平かやや外傾するもの．
3類：外反はほとんどまたは全くしていないが内面にわずかなふくらみがあるもの．肥厚部は内側に突出する．
4類：3類の内面のふくらみがないもの．
5類：外面は3・4類に似るが，内面の突出が非常に弱く，肥厚部の痕跡がないか屈折点を定めにくい緩やかな突出のあるもの．
6類：外面は3〜5類に似るが，内面にも同程度の突出があるもの．内面突出から胴部への移行は強い屈折点をもたずなめらか．
7類：外面は3〜5類に似るが，内面に薄手の先細りの突出があるもの．
8類：外面の突出に比べ，内面の突出の長さが外面のそれを凌駕し，内面の突出は付け根が厚く，先端に向かって細くなるもの．
9類：8類に似るが，内面の突出が強調され，端部が丸くなるもの．
（以上，3〜9類は上面が内傾する傾向が強い）
10類：外面の突出度は小さいが，内面の突出は大きく，付け根と端部の厚さがほぼ変わらないもの．内面の端部は丸くおさまる．上面の傾きは，内傾か水平であるがかすかに外傾するものも含める．
11類：10類に似るが，上面が外傾するもの．傾斜はきつくない．
12類：10類に似るが，上面が強く外傾するもの．
13類：12類の外面の突出部下面が強くえぐれるもの．12類に比べて外面突出部はやや長い．
14類：内面の突出は先細りで，外面の突出が発達するが，内面のそれよりも短いもの．
15類：14に似るが，外面の突出はさらにのび，内面のそれとほぼ同じ長さのもの．
（以上，10〜15類は上面が外傾する）
16類：内外の突出の長さがほぼ同じで，上面が水平なもの．外面の突出は下面がえぐれる．内面の突出は先細りするもの．
17類：16類に似るが，外面の突出の下面が強くはえぐれず先細りのもの．いわゆる典型的なT字形口縁．
18類：17類に似るが，内面の突出がさほど強くなく外面の突出が強いもの．上面はほぼ水平．
19類：18類に似るが，上面が内傾するもの．
20類：19類に似るが，上面が丸みをもつもの．口縁部の付け根にかけて厚くなる．上面は内傾だが微かに外傾のものも含める．
21類：20類に似るが，外面の突出は先細りとはならずに，付け根部はえぐれ，口唇部近くでふくらむもの．

第 4 章　土器の分類・編年と様式の動態

図 70　口縁部形態

図 71　体部形態

図 73　口縁部下突帯の形態

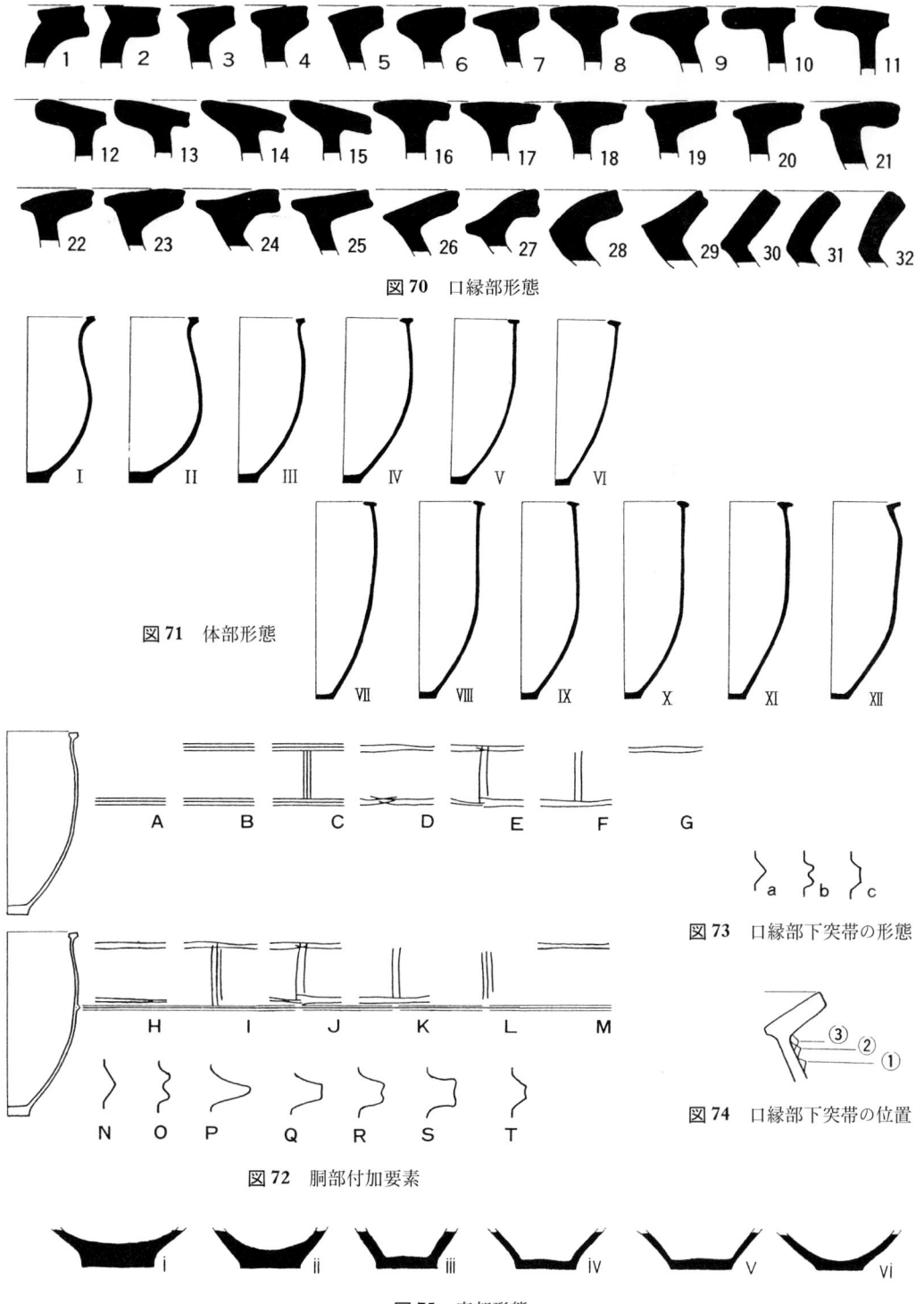

図 74　口縁部下突帯の位置

図 72　胴部付加要素

図 75　底部形態

図 70〜75　甕棺系列 A における属性および変異の抽出と型式学的整理

22 類：20 類に似るが，上面がはっきりと内傾するもの。内面の突出は小さいが，やや大きいものも含める。
23 類：外面の突出が大きく発達し先細りで，内面の突出は小さく上面が内傾するもの。
24 類：23 類に似るが，外面の突出の下面は強いヨコナデのため中位に変換点をもつもの。
25 類：外面の突出は比較的薄めで直線的にのびるが，口唇部よりも付け根部のほうが厚く，内面に小さな突出があるもの。
26 類：25 類に似るが，厚めで傾きのやや強いもの。内面の突出は屈曲点をもつほどではない。
27 類：上面が強く内傾するもので，口唇部はやや拡張し厚さは付け根部とさほど変わらない。これも外面の突出の下面は強いヨコナデのため中位に変換点をもつ。
28 類：厚みをもった「く」の字状口縁で，口唇部まで厚さがほとんど変わらないもの。上面は丸みをもつ。内面の突出はないが，屈曲部には強いヨコナデによってつまみ出された明瞭な稜線をもつ。
29 類：上面は強く内傾し，口唇部よりも付け根部のほうが厚い。内面はつまみ出される。
30 類：直線的にのびる「く」の字状口縁で，口唇部よりも付け根の方がわずかに厚いかほとんど同じもの。内面の突出は，せいぜい上面の傾斜の延長線上にあり屈曲点をもつものではなく，非常に短い。
31 類：傾斜の強い「く」の字状口縁で，丸みをもちながら外反し，口唇部まで厚さがほとんど変わらないかわずかに厚くなるもの。
32 類：31 類に似るが，さらに起き，先太り部のもの。口唇部にはヨコナデによるくぼみがほとんどなく，平坦面をもちながらわずかに凸状をなすもの。

　型式学的に若干の乱れはあるものの，おおまかに型式学的に序列づけることが可能である。すると，ほぼ図示した順に，1 類から 32 類の方向か，逆に 32 類から 1 類への方向の 2 つが考えられる。ところが，前期の壺の外反口縁に最も近いのは 1 類であり，後期の「く」の字口縁に最も近いのは 32 類である。1 類と 32 類は類縁度からいえば両極にあたるのである。また，その 2 つの極からほぼ順にスムーズな類縁度の勾配が認められるわけであるから，おそらく 1 類から 32 類の方向へ変化する可能性が高いと考えられる。このようにさまざまな変異はあるが，傾きや口唇部と付け根部の厚さの関係，内面の突出の特徴などに着目すると，それぞれの類似度の強弱がみえてくる。これらの中には，厳密な意味でそれぞれが前後関係をもって継起するとは必ずしも考えられないものもあるが，大まかな流れとしては首肯できよう。少なくとも変異の序列の順位に逆転があると積極的にいえるものはない。

　以上から，主幹となる系列の変遷とそれから派生もしくは併行連動し変化する変異があることと，大局としての変化の流れが想定できる。

体部形態（図 71）

Ⅰ 類：胴部が張り，体部上位でいったんくびれ，口縁部へむけて大きく反転するもの。胴部上位はふくらまない。
Ⅱ 類：胴部が張り，胴部上位にふくらみをもち，口縁部下で小さくくびれるもの。
Ⅲ 類：やや丸みをもった胴部で，上位でやや内傾し，それがわずかに反転あるいは反転傾向があるもの。
Ⅳ 類：Ⅲ 類に似るが上位の反転がないもの。
Ⅴ 類：Ⅳ 類に似るが上位が直立するもの。Ⅳ 類より細身の傾向あり。
Ⅵ 類：外開きのもの。Ⅴ 類よりさらに細身の傾向あり。
Ⅶ 類：細身で外開きの点は Ⅵ 類に似るが，上位で内傾するもの。Ⅵ 類より器高が高い傾向あり。
Ⅷ 類：胴部の下位で屈曲し上方に長くのびる器形で，上位の立ち上がりが直線的でほぼ直立するもの。
Ⅸ 類：Ⅶ 類に似るが上位でゆるく外反するもの。
Ⅹ 類：Ⅶ～Ⅸ 類に似るが，胴部下位で屈曲したあと内傾するもの。
Ⅺ 類：胴部中位が直線的に立ち上がるが，上位で若干内湾するもの。胴部下位の立ち上がりが急で長い。
Ⅻ 類：いわゆる樽形。胴部中位の立ち上がりは直線的かふくらむもの。上位で内傾し，変換点をもつ。太

さや形態に細かな変異はあるが著しく恣意的になるのでまとめておく。

　甕棺の編年や型式分類を実践するにあたって，この属性は少なからず貢献してきたと思われるにもかかわらず，記述においてはしばしば補足的な地位におかれてきた。それは，九州の弥生土器の編年は一般に口縁部をア・プリオリに重視し，胴部は副次的に取り扱う習慣が強いため，胴部形態の記述に不慣れなこと，たとえ直感的にある程度把握できたとしても具体的で端的な言葉で言い表しにくいこと，などが考えられる。たしかに，胴部の張りの程度や胴部下位のふくらみも段階的にとりあげることができれば申しぶんないが，かなり恣意的になりかねないため，ここでは可能と思われる範囲内で行う。そのような制約があることを記憶しておかなければならない。この問題は後で行う計測的分析に持ち越されることになる。

　型式学的に，

$$I \to II \to III \to IV \to V \to VI \to VII \to VIII \cdot IX \cdot X \to XI \to XII$$

という変遷が考えられる。

胴部付加要素（図72）

　次のような変異がある。

A類：体部中ほどに2～3条の沈線をめぐらすもの。
B類：A類に加え口縁部下にも同様な沈線をめぐらすもの。
C類：B類の上下の沈線間に2～3条の縦位の沈線を施すもの。
D類：モチーフはB類と同じであるが，よりくずれており，沈線の幅が一定せず，線のつなぎ目がずれるもの。
E類：モチーフはCであるが，同様にくずれたもの。
F類：C類やE類に用いられる口縁部下の沈線のみ。線はくずれる。
G類：口縁部下の沈線のみ。線はくずれる。
H類：D＋N。
I類：モチーフおよび沈線のくずれかたはEと同じだが，E下端の横位の沈線に代わって三角突帯を施すもの。
J類：E＋N。
K類：F＋N。
L類：Nと口縁部との間に縦位沈線を施すもの。この沈線はくずれる。
M類：モチーフはB類に似るが，下位の沈線に代わり三角突帯を施すもの。沈線はくずれる。
N類：三角突帯。突帯の突出度に変異があるがここでは弁別は断念する。
O類：M字突帯。
P類：外側に強く突出する大きく長い三角突帯。端部がわずかに上か下に湾曲するものもある。
Q類：Pの端部が平坦なもの。
R類：端部がくぼむ台形突帯（稜角付空帯）。
S類：R類の端部が上下に拡張するもの。
T類：P～S類よりも低く，付け根の幅の割に端部が狭い小さな台形突帯。
なし：胴部付加要素がないもの。
（A～C類は沈線文，D～G類はくずれた沈線文，H～M類はくずれた沈線文プラス三角突帯，N～T類は突帯。N～T類は条数でさらに区別）

　変異の幅は大きく，沈線によるものと突帯によるものとがある。さらに，両者を組み合わせたものもある。甕棺は前期の壺から分化して成立するものとみられており，前期の壺には，頸部と肩部

との境に2~3条の沈線を施したものが多く認められる。以上に最も近いのは，A類~C類である。後期には沈線文はなく，突帯である。よって型式学的に沈線文→突帯という方向を定めることができる。また，後期の突帯は，三角突帯よりも断面「「コ」の字状」や「口唇状（稜角付）」のものが卓越していることから，突帯の断面形態の変異を1系列と推定するかぎり，三角突帯（N類）はそれらから型式学的に最も遠く（古く）位置づけられなければならない。

沈線のうち，D~G類はA~C類よりくずれたものであり，同様のくずれた沈線と三角突帯（N類）が組み合わさったH~M類が存在する。なお，D~G類のモチーフとH~M類の沈線文のそれとを比較すれば，後者は前者に突帯が加わったにすぎないことがわかる。これにより沈線文と突帯文とを型式学的に連接することができたが，述べたようにくずれた沈線文のモチーフと同一の諸変異が突帯と組み合わさった群にも認められることは，両者の同時性を暗示している。また，突帯については比較的スムーズに配列できるが次の諸点に注意が必要である。N類→P類の変化は主に突出度の変化にもとづく確認できる両極をとりあげたものであるが，とくにN類には突出度のごく弱い小さなものから突出度のやや強いものまでを含んでいるため，型式学的にみて時間的変化を示すものを含み込んでいることに注意すべきである。O類は低く小さないわゆる「M字状」のものであるが，突出度や幅などからN類の近くに位置づけられるように思えるけれども，他の変異と同一の系列に含むことは困難と考える。

以上を総合すれば，型式学的に，大まかに，

(A・B→C)→(D~G)・(H~M)→N→(O)→P→Q→R→S→T

という序列が想定できる。また，突帯についてはその数の変異も取り扱うことにする。

口縁部下突帯の形態（図73）

a類：三角突帯。
b類：M字突帯。端部中央がくぼむ。
c類：台形突帯。
なし：他の文様を施さないもののうち，口縁部下突帯がないもの。
（突帯は条数でさらに区別）

前期の壺は通常，口縁部下に突帯はなく，後期の甕棺にはそれがある。しかし，後期のものは台形状のものが最も古いという想定しかできない。ただし，a類は断面三角形の小さなものから大きなものまで幅があり，あたかも胴部付加要素におけるN~P類の変異と対応するようにもみえる。しかし，胴部形態ほど差が明確でないことからa類として一括しておく。そのような事情から，a~c類について型式学的に無理に序列をつけることは避けるべきと考える。なお，突帯の数も取り扱うことにする。

口縁部下突帯の位置（図74）

① 類：口縁部から離れた位置。
② 類：口縁の付け根直下。口縁部下面との間に指一本分ほどのヨコナデを施すものも含む。
③ 類：口縁の付け根と体部にまたがるもの。

第 4 章　土器の分類・編年と様式の動態　　　　　　　　　　　　　　　　　　　　　185

時間的変化を示すと考えた場合，型式学的に

① ⟷ ② ⟷ ③

という 2 とおりが考えられる。ただし，この属性は口縁部の取付角と大いに関係するとも考えられ，個々の観測値の独立性を犯す可能性が考えられないわけではないので若干注意が必要である。

底部形態 (図 75)　底部の断面形態に着目する。

　i 類：径が大きく分厚いもの。立ち上がりは胴部下半にむけて大きく開く。内底部は平坦面をもつが胴部下半との間に屈曲点はない。
　ii 類：i 類よりも径が小さく，概略 U 字形を呈するもの。胴部下半の立ち上がりや厚さなどに変異があるが，判別にあたって著しく恣意的になるとみられるので一括する。
　iii 類：内底面については，平坦か中高で胴部下半からの屈曲が明らかなもの。
　iv 類：iii 類よりも立ち上がりが弱く，内底面は iii 類よりも広い平坦か中高なもの。底部の厚さは薄手。
　v 類：iv 類に似るが内底部から胴部下半への屈曲点が外底面の幅を凌ぐもの。立ち上がりは iv よりも弱い傾向あり。
　vi 類：v 類に似るが，内底部は丸みを帯び，胴部下半の立ち上がりは弱いが直線状でなく外にふくらむ。

型式学的にスムーズに配列でき，

i ⟷ ii ⟷ iii ⟷ iv ⟷ v ⟷ vi

という序列が推定できる。前期と後期の甕棺との類似度からいえば，前者から後者の方向に変化するものと理解される。ただし，この属性は観察が比較的むずかしく，図化にあたっても安易な表現がなされがちな部分でもある。重要な属性と考えるが，したがって今のところ一義的な使用は難しいと考える。

口縁部刻目　口唇部に施された刻目の有無と状態を扱う。中でも口唇部の上端と下端の両方に施されているものでは，それぞれ別々に施されているものと同時に施されているものとがあるが，ここでは一括する。

　α 類：口唇部の上端・下端のどちらか一方に刻みを施すもの。
　β 類：口唇部の上端と下端に刻目を施すもの。施文方法としては上下別々に施すものと上下同時に施すものとがあるが一括する。
　γ 類：口唇部の全体にわたる刻目。
　なし：刻目を施さないもの。

以上の変異については変化の方向の推定は難しい。

胴部刻目　胴部突帯に施された刻み目の有無を扱う。

　あり / なしを扱う (沈線文や無文のものは含めない)。

以上あげてきた属性の相関状況は，次のとおりである。ここでは，2 つの属性ごとの検討を繰り返す。全資料にわたって共通する属性をもち，事前の型式学的整理がうまくいったものの一部は，各セルの中を先述の標準化値で表示した (図 76)。その場合，各セルの上段は観測度数 (個体数)，下段は標準化値を示す。標準化値のうち，経験的にマイナス方向にふれていると判断できるものは斜体字で示している。この場合，プラス方向にふれているものが重要であるが，値の大小によってセ

												胴	部	付	加	要	素				
		A	B	C	D	E	G	H	I	K	L	M	N1	N2	N3	O1	P1	P2	P3	Q1	Q2	Q3
口縁部形態	1	2 62.73	9 252.30	1 4.41	1 2.25	0 0.16	0 0.02	0 0.02	0 0.03	0 0.02	0 0.03	0 0.02	0 3.93	0 2.87	0 0.02	0 0.23	0 0.06	0 2.14	0 0.05	0 0.03	0 1.06	0 0.06
	2	2 32.47	10 165.73	8 212.85	3 14.45	0 0.28	0 0.03	0 0.03	0 0.06	0 0.03	0 0.06	0 0.03	1 5.26	0 5.20	0 0.03	0 0.42	0 0.11	0 3.87	0 0.08	0 0.06	0 1.92	0 0.11
	3	0 0.15	0 0.72	0 0.38	8 89.53	8 152.80	0 0.04	1 23.04	0 0.08	1 23.04	0 0.08	0 0.04	9 0.04	3 2.28	0 0.04	0 0.57	0 0.15	0 5.21	0 0.11	0 0.08	0 2.58	0 0.15
	4	0 0.06	0 0.28	0 0.15	3 33.36	0 0.15	1 98.01	0 0.01	1 31.36	0 0.01	0 0.03	0 0.01	5 0.47	1 1.06	0 0.01	0 2.77	0 0.06	0 2.00	0 0.04	0 0.03	0 0.99	0 0.06
	5	0 0.08	0 0.39	1 3.20	1 1.36	1 3.20	0 0.02	0 0.02	1 23.04	0 0.02	1 23.04	0 0.02	11 6.61	0 3.77	0 0.02	2 9.21	0 0.08	0 2.80	0 0.06	0 0.04	0 1.39	0 0.08
	6	0 0.02	0 0.09	0 0.05	0 0.08	1 18.05	0 0.00	0 0.00	0 0.01	0 0.00	0 0.01	1 1.00	3 2.55	0 0.90	0 0.00	0 0.02	0 0.02	0 0.67	0 0.01	0 0.01	0 0.33	0 0.02
	7	0 0.11	0 0.52	0 0.27	0 0.44	0 0.27	0 0.03	0 0.03	0 0.05	0 0.03	0 0.05	0 0.03	24 42.60	1 32.20	0 0.03	1 0.85	0 0.11	0 3.74	0 0.08	0 0.05	0 1.86	0 0.11
	8	0 0.18	0 0.85	0 0.45	0 0.72	0 0.45	0 0.04	0 0.04	0 0.09	0 0.04	1 9.20	0 0.04	38 63.09	6 0.61	0 0.04	0 0.16	0 0.18	0 6.14	0 0.13	0 0.09	0 3.05	0 0.18
	9	0 0.15	0 0.72	0 0.38	0 0.61	0 0.38	0 0.04	0 0.04	0 0.08	0 0.04	0 0.08	0 0.04	3 90.35	7 0.00	0 0.04	2 3.59	0 0.15	0 5.21	0 0.11	0 0.08	0 2.58	0 0.15
	10	0 0.13	0 0.61	0 0.32	0 0.51	0 0.32	0 0.03	0 0.03	0 0.06	0 0.03	0 0.06	0 0.03	22 23.79	10 2.81	0 0.03	1 0.56	0 0.13	0 4.41	0 0.10	0 0.06	0 2.19	0 0.13
	11	0 0.28	0 1.31	0 0.69	0 1.11	0 0.69	0 0.07	0 0.07	0 0.14	0 0.07	0 0.14	0 0.07	43 37.46	24 0.89	0 0.07	0 3.69	1 1.85	0 9.48	0 0.21	0 0.14	0 4.71	0 0.28
	12	0 0.34	0 1.63	0 0.86	0 1.37	0 0.86	0 0.09	0 0.09	0 0.17	0 0.09	0 0.17	0 0.09	48 32.23	36 25.91	0 0.06	2 0.39	0 0.34	2 8.09	0 0.26	0 0.17	0 5.83	0 0.34
	13	0 0.34	0 1.63	0 0.86	0 1.37	0 0.86	0 0.09	0 0.09	0 0.17	0 0.09	0 0.17	0 0.08	10 6.24	46 57.87	0 0.09	1 0.07	1 1.28	29 25.32	0 0.26	0 0.17	1 4.00	0 0.34
	14	0 0.25	0 1.17	0 0.61	0 0.98	0 0.61	0 0.06	0 0.06	0 0.12	0 0.06	0 0.12	0 0.06	4 8.50	19 5.25	0 0.06	0 0.92	0 0.25	23 25.31	1 3.74	0 0.12	14 23.07	0 0.25
	15	0 0.23	0 1.07	0 0.57	0 0.90	0 0.57	0 0.06	0 0.06	0 0.11	0 0.06	0 0.11	0 0.06	4 7.37	16 3.02	0 0.06	1 0.03	2 13.62	22 26.27	0 4.05	0 0.11	7 2.60	1 2.58
	16	0 0.09	0 0.43	0 0.22	0 0.36	0 0.22	0 0.02	0 0.02	0 0.04	0 0.02	0 0.04	0 0.02	0 5.65	7 2.01	1 48.02	0 0.34	0 0.09	8 7.92	0 0.07	0 0.04	5 7.97	0 0.09
	17	0 0.16	0 0.76	0 0.40	0 0.64	0 0.40	0 0.04	0 0.04	0 0.08	0 0.04	0 0.08	0 0.04	0 10.07	2 3.89	0 0.04	0 0.60	0 0.16	20 38.60	0 0.12	0 0.08	13 38.85	1 4.41
	18	0 0.16	0 0.74	0 0.39	0 0.62	0 0.39	0 0.04	0 0.04	0 0.08	0 0.04	0 0.08	0 0.04	4 9.82	0 1.40	0 0.04	0 0.58	0 0.16	15 17.47	1 6.45	0 0.08	11 26.31	0 0.16
	19	0 0.11	0 0.54	0 0.28	0 0.45	0 0.28	0 0.03	0 0.03	1 0.06	0 0.03	0 0.06	0 0.03	0 7.12	0 3.39	0 0.03	0 0.42	0 0.11	0 2.53	0 0.08	6 14.73	1 8.67	0 7.20
	20	0 0.17	0 0.81	0 0.43	0 0.69	0 0.43	0 0.04	0 0.04	0 0.09	0 0.04	0 0.09	0 0.04	0 10.81	0 7.89	0 0.04	0 0.64	0 0.17	3 1.41	0 0.13	0 0.09	2 0.29	0 0.17
	21	0 0.04	0 0.20	0 0.11	0 0.17	0 0.11	0 0.01	0 0.01	0 0.02	0 0.01	0 0.02	0 0.01	0 2.70	0 1.97	0 0.01	0 0.16	0 0.04	1 0.15	0 0.03	0 0.02	2 2.21	0 0.04
	22	0 0.17	0 0.80	0 0.42	0 0.67	0 0.42	0 0.04	0 0.04	0 0.08	0 0.04	0 0.08	0 0.04	0 10.56	0 7.71	0 0.04	0 0.63	0 0.17	4 0.53	0 0.13	0 0.08	5 1.62	0 0.17
	23	0 0.13	0 0.63	0 0.33	0 0.53	0 0.33	0 0.03	0 0.03	0 0.07	0 0.07	0 0.07	0 0.03	0 8.35	0 6.10	0 0.03	0 0.50	0 0.13	0 2.76	0 0.10	0 0.07	0 2.25	0 0.13
	24	0 0.11	0 0.50	0 0.26	0 0.42	0 0.26	0 0.03	0 0.03	0 0.05	0 0.05	0 0.05	0 0.03	0 6.63	0 4.84	0 0.03	0 0.39	0 0.11	0 3.61	0 0.08	0 0.05	0 1.79	0 0.11
	25	0 0.06	0 0.28	0 0.05	0 0.23	0 0.15	0 0.01	0 0.01	0 0.03	0 0.01	0 0.03	0 0.01	0 3.68	0 2.69	0 0.01	0 0.22	0 0.06	1 0.50	0 0.04	0 0.03	0 0.00	0 0.06
	26	0 0.06	0 0.39	0 0.20	0 0.33	0 0.20	0 0.02	0 0.02	0 0.04	0 0.02	0 0.04	0 0.02	0 5.16	0 3.77	0 0.02	0 0.31	0 0.08	1 1.16	0 0.06	0 0.04	0 1.39	0 0.08
	27	0 0.07	0 0.35	0 0.19	0 0.30	0 0.19	0 0.02	0 0.02	0 0.04	0 0.02	0 0.04	0 0.02	0 4.67	0 3.41	0 0.02	0 0.28	0 0.07	0 2.54	0 0.06	0 0.04	1 0.05	0 12.36
	28	0 0.03	0 0.31	0 0.07	0 0.11	0 0.07	0 0.01	0 0.01	0 0.01	0 0.01	0 0.01	0 0.01	0 1.72	0 1.26	0 0.01	0 0.10	0 0.03	0 0.93	0 0.20	0 0.01	0 0.46	0 0.03
	29	0 0.02	0 0.09	0 0.05	0 0.08	0 0.05	0 0.00	0 0.00	0 0.01	0 0.00	0 0.01	0 0.00	0 1.23	0 0.90	0 0.00	0 0.07	0 0.02	0 0.67	0 0.01	0 0.01	0 0.33	0 0.02
	30	0 0.04	0 0.17	0 0.09	0 0.14	0 0.09	0 0.01	0 0.01	0 0.02	0 0.01	0 0.02	0 0.01	1 2.21	0 0.23	0 0.01	0 0.13	0 0.04	0 1.20	0 0.03	0 0.02	1 48.02	0 0.60
	31	0 0.03	0 0.15	0 0.08	0 0.12	0 0.08	0 0.01	0 0.01	0 0.02	0 0.01	0 0.02	0 0.01	0 0.96	0 1.43	0 0.01	0 0.12	0 0.03	0 1.07	0 0.02	0 0.02	0 0.53	0 0.03
	32	0 0.04	0 0.20	0 0.11	0 0.17	0 0.11	0 0.01	0 0.01	0 0.02	0 0.01	0 0.02	0 0.01	0 2.70	0 1.97	0 0.01	0 0.16	0 0.04	0 1.47	0 0.03	0 0.02	0 0.73	0 0.04
Σ		4	19	10	16	10	1	1	2	1	2	1	252	184	1	15	4	137	3	2	68	4

図76 甕棺系列A属性間の

第4章　土器の分類・編年と様式の動態

相関図

188

		体 部 形 態												Σ
		I	II	III	IV	V	VI	VII	VIII	IX	X	XI	XII	
口縁部形態	1	8 384.16	8 100.91	0 1.04	0 2.23	0 1.43	0 1.82	0 1.37	0 1.03	0 0.41	0 0.56	0 1.28	0 4.12	16
	2	2 10.57	22 445.88	5 8.94	0 4.04	0 2.60	0 3.31	0 2.49	0 1.87	0 0.73	0 1.02	0 2.32	0 7.45	29
	3	0 0.38	4 10.13	33 363.61	2 2.18	0 3.50	0 4.45	0 3.35	0 2.51	0 0.99	0 1.37	0 3.12	0 10.04	39
	4	0 0.15	1 0.47	13 147.43	1 0.57	0 1.35	0 1.71	0 1.29	0 0.96	0 0.38	0 0.53	0 1.20	0 3.86	15
	5	0 0.20	0 0.72	5 9.62	16 58.30	0 1.88	0 2.39	0 1.80	0 1.35	0 0.53	0 0.74	0 1.68	0 5.40	21
	6	0 0.05	0 0.17	3 21.60	2 2.41	0 0.45	0 0.57	0 1.43	0 0.32	0 0.13	0 0.18	0 0.40	0 1.29	5
	7	0 0.27	0 0.96	4 2.57	23 93.54	1 0.91	0 3.19	0 2.40	0 1.80	0 0.71	0 0.98	0 2.24	0 7.20	28
	8	0 0.45	0 1.57	0 3.00	32 102.16	10 8.39	0 3.44	0 3.95	0 2.96	0 1.17	0 1.61	0 3.68	0 11.84	46
	9	0 0.38	1 1.37	0 2.55	26 77.70	13 25.79	0 4.45	0 3.35	0 2.51	0 0.99	0 1.37	0 3.12	0 10.04	39
	10	0 0.32	0 1.13	0 2.15	12 11.90	18 76.42	3 0.15	0 2.83	0 2.12	0 0.84	0 1.16	0 2.64	0 8.49	33
	11	0 0.69	0 2.42	1 0.27	25 63.64	38 157.66	7 0.15	0 6.09	0 4.57	0 1.80	0 2.49	0 5.67	0 18.27	71
	12	0 0.86	0 3.00	0 5.75	4 5.57	12 2.14	63 279.36	7 0.04	1 3.84	0 0.68	0 3.09	0 7.03	0 22.64	88
	13	0 0.86	0 3.00	0 5.75	0 12.27	0 7.89	26 25.37	33 85.79	17 22.72	3 0.27	5 1.18	3 2.31	1 20.68	88
	14	0 0.61	0 2.15	0 4.11	0 8.78	0 5.65	9 0.46	20 39.47	15 29.61	7 1.45	4 1.74	8 16.21	0 16.21	63
	15	0 0.57	0 1.98	0 3.79	0 8.08	0 5.20	6 0.06	15 20.24	13 23.04	8 29.01	8 17.41	7 1.20	1 12.99	58
	16	0 0.22	0 0.78	0 1.50	0 3.21	0 2.06	0 2.62	5 4.66	6 13.80	1 0.30	1 0.04	10 36.19	0 5.92	23
	17	0 0.40	0 1.40	0 2.68	0 5.71	0 3.68	2 1.53	4 0.07	8 10.88	5 15.08	4 4.55	17 57.39	1 8.64	41
	18	0 0.39	0 1.36	0 2.61	0 5.58	0 3.59	0 4.56	4 0.09	5 2.30	1 0.00	0 15.11	6 60.16	22 0.68	2	40
	19	0 0.28	0 0.99	0 1.89	1 4.04	0 2.60	0 3.31	0 2.49	0 0.40	0 0.73	5 15.53	10 25.42	13 4.11	29
	20	0 0.43	0 1.50	0 2.87	0 6.13	0 3.95	0 5.02	0 3.77	0 2.83	0 1.12	1 0.83	4 0.07	39 67.68	44
	21	0 0.11	0 0.38	0 0.72	0 1.53	0 0.99	0 1.25	0 0.94	0 0.71	0 0.28	0 0.39	0 0.88	11 23.59	11
	22	0 0.42	0 1.47	0 2.81	0 5.99	0 3.86	0 4.90	0 3.69	0 2.77	0 1.09	2 0.16	1 1.73	40 75.73	43
	23	0 0.33	0 1.16	0 2.22	0 4.74	0 3.05	0 3.88	0 2.92	0 2.19	0 0.86	0 1.19	0 2.72	34 72.86	34
	24	0 0.26	0 0.92	0 1.76	0 3.76	0 2.42	0 3.08	0 2.32	0 1.74	0 0.68	0 0.95	0 2.16	27 57.84	27
	25	0 0.15	0 0.51	0 0.98	0 2.09	0 1.35	0 1.71	0 1.29	0 0.96	0 0.38	0 0.53	0 1.20	15 32.15	15
	26	0 0.20	0 0.72	0 1.37	0 2.93	0 1.88	0 2.39	0 1.80	0 1.35	0 0.53	0 0.74	0 1.68	21 45.07	21
	27	0 0.19	0 0.65	0 1.24	0 2.65	0 1.70	0 2.17	0 1.63	0 1.22	0 0.48	0 0.67	0 1.52	19 40.71	19
	28	0 0.07	0 0.24	0 0.46	0 0.98	0 0.63	0 0.80	0 0.60	0 0.45	0 0.18	0 0.25	0 0.56	7 15.02	7
	29	0 0.05	0 0.17	0 0.33	0 0.70	0 0.45	0 0.57	0 0.43	0 0.32	0 0.13	0 0.18	0 0.40	5 10.67	5
	30	0 0.09	0 0.31	0 0.59	0 1.25	0 0.81	0 1.03	0 0.77	0 0.58	0 0.23	0 0.32	0 0.72	9 19.23	9
	31	0 0.08	0 0.27	0 0.52	0 1.12	0 0.72	0 0.91	0 0.69	0 0.51	0 0.20	0 0.28	0 0.64	8 17.13	8
	32	0 0.11	0 0.38	0 0.72	0 1.53	0 0.99	0 1.25	0 0.94	0 0.71	0 0.28	0 0.39	0 0.88	11 23.59	11
Σ		10	35	67	143	92	117	264	88	66	26	36	82	1026

		口縁部刻目				Σ
		α	β	γ	なし	
口縁部形態	1	3 75.93	12 168.75	0 0.16	1 13.06	16
	2	3 0.56	16 157.60	0 0.28	10 10.84	29
	3	0 0.27	13 68.68	1 1.01	25 3.64	39
	4	1 8.10	3 7.56	1 4.82	10 1.17	15
	5	0 0.14	3 4.16	1 3.20	17 0.36	21
	6	0 0.03	0 0.23	0 0.05	5 0.02	5
	7	0 0.19	0 1.31	1 1.97	27 0.02	28
	8	0 0.31	0 2.15	0 0.45	46 0.20	46
	9	0 0.27	0 1.82	0 0.38	39 0.17	39
	10	0 0.23	0 1.54	0 0.32	33 0.14	33
	11	0 0.48	0 3.32	1 0.14	70 0.18	71
	12	0 0.60	0 4.12	0 0.86	88 0.38	88
	13	0 0.60	0 4.12	0 0.86	88 0.38	88
	14	0 0.43	0 2.95	0 0.61	63 0.27	63
	15	0 0.40	0 2.71	0 0.57	58 0.25	58
	16	0 0.16	0 1.08	0 0.22	23 0.10	23
	17	0 0.28	0 1.92	0 0.40	41 0.18	41
	18	0 0.27	0 1.87	0 0.39	40 0.17	40
	19	0 0.20	0 1.36	0 0.28	29 0.12	29
	20	0 0.30	0 2.06	0 0.43	44 0.19	44
	21	0 0.08	0 0.51	0 0.11	11 0.05	11
	22	0 0.29	0 2.01	0 0.42	43 0.18	43
	23	0 0.23	0 1.59	0 0.33	34 0.15	34
	24	0 0.18	0 1.26	1 2.11	26 0.02	27
	25	0 0.10	0 0.70	0 0.15	15 0.06	15
	26	0 0.14	0 0.98	0 0.20	21 0.09	21
	27	0 0.13	0 0.89	0 0.19	19 0.08	19
	28	0 0.05	1 1.36	1 12.40	5 0.37	7
	29	0 0.03	0 0.23	1 18.05	4 0.10	5
	30	0 0.06	0 0.42	2 50.23	7 0.24	9
	31	0 0.05	0 0.37	0 0.08	8 0.03	8
	32	0 0.08	0 0.51	0 0.11	11 0.05	11
Σ		7	48	10	961	1026

第 4 章　土器の分類・編年と様式の動態

		底 部 形 態						Σ
		i	ii	iii	iv	v	vi	
胴部付加要素	A	3 92.16	0 1.36	0 1.45	0 0.90	0 0.06	0 0.07	4
	B	16 314.69	3 1.87	0 6.89	0 4.30	0 0.28	0 0.35	19
	C	6 80.70	4 0.11	0 3.63	0 2.26	0 0.15	0 0.19	10
	D	2 3.07	14 13.53	0 5.80	0 3.62	0 0.23	0 0.30	16
	E	1 0.95	9 9.28	0 3.63	0 2.26	0 0.15	0 0.19	10
	G	0 0.04	1 1.28	0 0.36	0 0.23	0 0.01	0 0.02	1
	H	0 0.04	1 1.28	0 0.36	0 0.23	0 0.01	0 0.02	1
	I	0 0.08	2 2.56	0 0.73	0 0.45	0 0.03	0 0.04	2
	K	0 0.04	1 1.28	0 0.36	0 0.23	0 0.01	0 0.02	1
	L	0 0.08	2 2.56	0 0.73	0 0.45	0 0.03	0 0.04	2
	M	0 0.04	1 1.28	0 0.36	0 0.23	0 0.01	0 0.02	1
	N1	2 5.23	208 175.66	42 26.68	0 14.25	0 0.92	0 1.17	252
	N2	2 3.73	60 0.09	120 42.67	2 37.71	0 2.69	0 3.41	184
	N3	0 0.04	0 0.34	1 0.36	0 0.23	0 0.01	0 0.02	1
	O1	0 0.58	11 6.86	3 1.09	1 1.68	0 0.22	0 0.28	15
	P1	0 0.16	1 0.10	3 1.66	0 1.90	0 0.06	0 0.07	4
	P2	0 5.34	7 35.52	113 88.58	16 7.24	1 0.50	0 2.54	137
	P3	0 0.12	0 1.02	2 0.76	1 0.15	0 0.04	0 0.06	3
	Q1	0 0.08	0 0.68	0 0.10	1 0.45	1 31.36	0 0.04	2
	Q2	0 2.65	2 19.23	49 24.02	17 24.76	0 0.99	0 1.26	68
	Q3	0 0.16	0 1.36	2 0.21	2 13.44	0 0.06	0 0.07	4
	R1	0 0.19	0 1.70	2 0.02	0 1.13	0 0.07	3 94.09	5
	R2	0 3.35	3 23.48	23 21.46	56 68.68	3 2.40	1 0.22	86
	R3	0 0.04	0 0.34	0 0.36	1 2.58	0 0.01	0 0.02	1
	S1	0 0.39	0 3.39	0 3.63	3 0.24	2 22.82	5 121.77	10
	S2	0 5.73	0 49.86	11 33.57	127 264.47	6 6.89	3 0.03	147
	S3	0 0.16	0 1.36	0 1.45	4 10.68	0 0.06	0 0.07	4
	S4	0 0.04	0 0.34	0 0.36	1 2.58	0 0.01	0 0.02	1
	T1	0 0.19	0 1.70	0 1.81	0 1.13	1 12.36	4 16.99	5
	T2	0 0.19	0 1.70	0 1.81	1 0.01	1 12.36	3 94.09	5
	なし	7 37.49	18 10.69	0 9.06	0 5.65	0 0.37	0 0.46	25
	Σ	40	348	372	232	15	19	1026

		体 部 形 態												Σ
		I	II	III	IV	V	VI	VII	VIII	IX	X	XI	XII	
胴部付加要素	A	1 23.04	3 58.43	0 0.26	0 0.56	0 0.36	0 0.46	0 0.34	0 0.26	0 0.10	0 0.14	0 0.32	0 1.03	4
	B	6 121.77	13 234.65	0 1.24	0 2.65	0 1.70	0 2.17	0 1.63	0 1.22	0 0.48	0 0.67	0 1.52	0 4.89	19
	C	1 8.10	8 172.58	0 0.65	0 0.11	0 0.90	0 1.14	0 0.86	0 0.64	0 0.25	0 0.35	0 0.80	0 2.57	10
	D	1 4.41	1 0.37	13 137.54	0 0.68	0 1.43	0 1.82	0 1.37	0 1.03	0 0.41	0 0.56	0 1.28	0 4.12	16
	E	0 0.10	0 0.34	10 134.50	0 1.39	0 0.90	0 1.14	0 0.86	0 0.64	0 0.25	0 0.35	0 0.80	0 2.57	10
	G	0 0.01	0 0.03	1 12.36	0 0.14	0 0.09	0 0.11	0 0.09	0 0.06	0 0.03	0 0.04	0 0.08	0 0.26	1
	H	0 0.01	0 0.03	0 0.07	1 5.28	0 0.09	0 0.11	0 0.09	0 0.06	0 0.03	0 0.04	0 0.08	0 0.26	1
	I	0 0.02	0 0.07	1 5.82	1 1.85	0 0.18	0 0.23	0 0.17	0 0.13	0 0.05	0 0.07	0 0.16	0 0.51	2
	K	0 0.01	0 0.03	1 12.36	0 0.14	0 0.09	0 0.17	0 0.09	0 0.06	0 0.03	0 0.04	0 0.08	0 0.26	1
	L	0 0.02	0 0.07	0 0.13	2 10.57	0 0.18	0 0.13	0 0.17	0 0.13	0 0.05	0 0.07	0 0.16	0 0.51	2
	M	0 0.01	0 0.03	1 12.36	0 0.14	0 0.09	0 0.05	0 0.09	0 0.06	0 0.03	0 0.04	0 0.08	0 0.26	1
	N1	0 2.46	1 6.72	20 0.76	104 135.1	65 79.55	56 25.86	5 12.76	0 16.21	0 6.39	0 8.84	0 18.19	0 64.84	252
	N2	0 1.79	1 6.28	3 6.77	27 0.07	22 1.83	42 0.16	12 43.57	5 0.00	7 0.02	8 0.05	0 3.06	2 43.43	184
	N3	0 0.01	0 0.03	0 0.07	0 0.14	0 0.09	1 9.20	0 0.06	0 0.03	0 0.04	0 0.08	0 0.26		1
	O1	0 0.15	0 0.51	0 0.00	6 7.31	4 5.20	1 0.29	1 0.07	1 0.00	0 1.01	0 0.53	0 1.20	0 3.86	15
	P1	0 0.04	0 0.14	0 0.26	0 0.56	1 1.00	1 0.63	2 8.10	0 0.26	0 0.10	0 0.14	0 0.32	0 1.03	4
	P2	0 1.34	0 4.67	0 8.95	0 19.09	0 12.28	3 10.20	26 17.28	34 72.02	10 12.29	15 21.59	37 61.97	12 14.68	137
	P3	0 0.03	0 0.10	0 0.20	0 0.42	0 0.27	0 0.34	1 2.11	1 3.45	0 0.08	1 7.20	0 0.24	0 0.77	3
	Q1	0 0.02	0 0.07	0 0.13	0 0.28	0 0.18	0 0.23	0 0.17	0 0.13	0 0.05	0 0.07	1 4.41	1 0.47	2
	Q2	0 0.66	0 2.32	0 4.44	0 9.48	1 6.10	7 5.88	12 0.23	7 13.32	8 16.21	20 13.17	13 39.09	0 1.16	68
	Q3	0 0.04	0 0.14	0 0.26	0 0.56	0 0.36	0 0.46	0 0.34	0 0.26	0 0.10	0 0.14	2 8.82	2 0.91	4
	R1	0 0.05	0 0.17	0 0.33	0 0.70	0 0.45	0 0.57	2 5.73	0 0.32	0 0.13	0 0.18	0 0.40	3 2.27	5
	R2	0 0.84	0 2.93	0 5.62	0 11.99	0 7.71	0 9.81	0 5.52	6 0.04	2 0.01	3 0.00	11 2.48	63 75.48	86
	R3	0 0.01	0 0.03	0 0.07	0 0.14	0 0.09	0 0.11	0 0.09	0 0.06	0 0.03	0 0.04	0 0.08	1 2.11	1
	S1	0 0.10	0 0.33	0 0.65	0 1.39	0 0.90	0 1.14	0 0.86	0 0.64	0 0.25	0 0.35	0 0.80	10 21.48	10
	S2	0 1.43	0 5.01	0 9.60	0 20.49	0 13.18	0 16.76	0 12.61	0 9.46	1 2.00	2 1.94	2 8.09	142 311.70	147
	S3	0 0.04	0 0.14	0 0.26	0 0.56	0 0.36	0 0.46	0 0.34	0 0.26	0 0.10	0 0.14	0 0.32	4 8.56	4
	S4	0 0.01	0 0.03	0 0.07	0 0.14	0 0.09	0 0.11	0 0.09	0 0.06	0 0.03	0 0.04	0 0.08	1 2.11	1
	T1	0 0.05	0 0.17	0 0.33	0 0.70	0 0.45	0 0.57	0 0.43	0 0.32	0 0.13	0 0.18	0 0.40	5 10.67	5
	T2	0 0.05	0 0.17	0 0.33	0 0.70	0 0.45	0 0.57	0 0.43	0 0.32	0 0.13	0 0.18	0 0.40	5 10.67	5
	なし	1 2.41	8 60.14	16 126.69	0 3.48	0 2.24	0 2.85	0 2.14	0 1.61	0 0.63	0 0.88	0 2.00	0 6.43	25
	Σ	10	35	67	143	92	117	264	88	66	26	36	82	1026

190

Table 7: 胴部付加要素 × 口縁部刻目

		α	β	γ	なし	Σ
	A	3 / 294.03	0 / 0.19	0 / 0.04	1 / 2.02	4
	B	1 / 5.82	15 / 223.70	0 / 0.19	3 / 12.31	19
	C	0 / 0.07	10 / 193.24	0 / 0.10	0 / 9.37	10
	D	1 / 7.20	8 / 70.08	0 / 0.16	7 / 4.26	16
	E	0 / 0.07	4 / 26.51	1 / 8.10	5 / 2.04	10
	G	1 / 98.01	0 / 0.05	0 / 0.01	0 / 0.94	1
	H	0 / 0.01	0 / 0.05	0 / 0.01	1 / 0.00	1
	I	0 / 0.01	1 / 9.20	0 / 0.02	1 / 0.40	2
	K	0 / 0.01	1 / 18.05	0 / 0.01	0 / 0.94	1
	L	0 / 0.01	0 / 0.09	0 / 0.02	2 / 0.01	2
	M	0 / 0.01	0 / 0.05	0 / 0.01	1 / 0.00	1
胴部付加要素	N1	0 / 1.72	1 / 9.87	1 / 0.87	250 / 0.83	252
	N2	0 / 1.26	0 / 8.61	2 / 0.02	182 / 0.54	184
	N3	0 / 0.01	0 / 0.05	0 / 0.01	1 / 0.00	1
	O1	0 / 0.10	0 / 0.70	0 / 0.15	15 / 0.06	15
	P1	0 / 0.03	0 / 0.19	0 / 0.04	4 / 0.02	4
	P2	0 / 0.93	0 / 6.41	0 / 1.34	137 / 75.34	137
	P3	0 / 0.02	0 / 0.14	0 / 0.03	3 / 0.01	3
	Q1	0 / 0.01	0 / 0.09	0 / 0.02	2 / 0.02	2
	Q2	0 / 0.46	0 / 3.18	0 / 0.66	68 / 0.29	68
	Q3	0 / 0.03	0 / 0.19	0 / 0.04	4 / 0.94	4
	R1	0 / 0.03	0 / 0.23	0 / 0.05	5 / 0.02	5
	R2	0 / 0.59	0 / 4.02	1 / 0.03	85 / 0.25	86
	R3	0 / 0.01	0 / 0.05	0 / 0.01	1 / 0.00	1
	S1	0 / 0.07	0 / 0.47	0 / 0.10	10 / 0.04	10
	S2	0 / 1.00	1 / 5.02	4 / 4.62	142 / 0.13	147
	S3	0 / 0.03	0 / 0.19	0 / 0.04	4 / 0.02	4
	S4	0 / 0.01	0 / 0.05	0 / 0.01	1 / 0.00	1
	T1	0 / 0.03	0 / 0.23	0 / 0.05	5 / 0.02	5
	T2	0 / 0.03	0 / 0.23	0 / 0.05	5 / 0.02	5
	なし	1 / 4.05	7 / 29.05	1 / 2.41	16 / 2.35	25
	Σ	7	48	10	961	1026

Table 8: 体部形態 × 底部形態

		i	ii	iii	iv	v	vi	Σ
体部形態	I	10 / 236.80	0 / 3.39	0 / 3.63	0 / 2.26	0 / 0.15	0 / 0.19	10
	II	26 / 446.42	9 / 0.69	0 / 12.69	0 / 7.91	0 / 0.51	0 / 0.65	35
	III	3 / 0.06	64 / 74.93	0 / 24.29	0 / 15.15	0 / 0.98	0 / 1.24	67
	IV	1 / 3.76	137 / 161.49	0 / 42.33	0 / 32.34	0 / 2.09	5 / 2.65	143
	V	0 / 3.59	79 / 73.23	13 / 12.43	0 / 20.80	0 / 1.35	0 / 1.70	92
	VI	0 / 4.56	45 / 0.71	72 / 20.63	0 / 26.46	0 / 1.71	0 / 2.17	117
	VII	0 / 3.43	6 / 19.06	82 / 78.63	0 / 19.90	0 / 1.29	0 / 1.63	88
	VIII	0 / 2.57	4 / 15.10	60 / 54.37	0 / 11.2	0 / 0.96	2 / 1.22	66
	IX	0 / 1.01	2 / 5.27	23 / 19.53	1 / 4.05	0 / 0.38	0 / 0.48	26
	X	0 / 1.40	0 / 10.29	1 / 27.52	32 / 3.25	3 / 0.53	0 / 0.67	36
	XI	0 / 3.20	0 / 27.81	0 / 35.03	62 / 0.11	20 / 1.20	0 / 1.52	82
	XII	0 / 10.29	1 / 87.55	23 / 55.25	206 / 358.52	15 / 32.15	19 / 40.71	264
	Σ	40	348	372	232	15	19	1026

Table 9: 底部形態 × 口縁部刻目

		α	β	γ	なし	Σ
底部形態	i	6 / 121.60	26 / 311.37	0 / 0.39	8 / 23.18	40
	ii	0 / 0.79	21 / 1.37	5 / 0.76	321 / 0.08	348
	iii	0 / 2.54	0 / 17.40	0 / 3.63	372 / 1.59	372
	iv	0 / 1.58	1 / 8.94	3 / 0.24	228 / 0.53	232
	v	0 / 0.10	0 / 0.70	1 / 4.82	14 / 0.00	15
	vi	0 / 0.13	0 / 0.89	1 / 3.45	18 / 0.00	19
	Σ	7	48	10	961	1026

Table 10: 体部形態 × 口縁部刻目

		α	β	γ	なし	Σ
体部形態	I	4 / 220.64	6 / 65.07	0 / 0.10	0 / 9.37	10
	II	2 / 12.91	23 / 278.20	0 / 0.34	10 / 15.83	35
	III	1 / 0.63	15 / 45.01	2 / 2.80	49 / 3.02	67
	IV	0 / 0.98	3 / 2.04	3 / 1.86	137 / 0.07	143
	V	0 / 0.63	0 / 4.30	0 / 0.90	92 / 0.39	92
	VI	0 / 0.80	0 / 5.47	0 / 1.14	117 / 0.50	117
	VII	0 / 0.60	0 / 4.12	0 / 0.86	88 / 0.38	88
	VIII	0 / 0.45	0 / 3.09	0 / 0.64	66 / 0.28	66
	IX	0 / 0.18	0 / 1.22	0 / 0.25	26 / 0.11	26
	X	0 / 0.25	0 / 1.68	0 / 0.35	36 / 0.15	36
	XI	0 / 0.56	0 / 3.84	0 / 0.80	82 / 0.35	82
	XII	0 / 1.80	1 / 10.43	5 / 2.30	258 / 0.46	264
	Σ	7	48	10	961	1026

Table 11: 口縁部形態 × 口縁部下突帯

		a1	a2	a3	b1	b2	c1	なし
口縁部形態	11	1	1	0	1	0	0	68
	12	3	2	0	2	0	1	80
	13	14	7	0	2	0	4	61
	14	15	1	0	5	0	9	33
	15	21	3	0	1	0	7	26
	16	10	1	1	4	0	3	4
	17	14	2	0	7	1	6	11
	18	20	4	0	11	0	1	4
	19	16	1	0	10	0	1	2
	20	31	1	0	9	1	0	2
	21	8	0	0	3	0	0	0
	22	25	0	0	15	1	1	1
	23	26	1	0	5	1	0	1
	24	21	0	0	3	0	1	2
	25	12	0	0	2	0	0	1
	26	15	0	0	4	0	0	2
	27	11	1	0	4	2	0	1
	28	5	0	0	2	0	0	0
	29	3	0	0	1	0	0	0
	30	7	0	0	2	0	0	0
	31	6	0	0	1	0	0	0
	32	4	0	0	7	0	0	0

第4章 土器の分類・編年と様式の動態

表11 口縁部形態 × 口縁部下突帯の位置

口縁部形態	①	②	③
11	3	0	0
12	8	0	0
13	27	0	0
14	30	0	0
15	32	0	0
16	18	1	0
17	30	0	0
18	29	7	0
19	21	7	0
20	18	24	0
21	6	5	0
22	18	24	0
23	7	26	0
24	7	18	0
25	7	7	0
26	4	15	0
27	2	16	0
28	3	3	1
29	0	4	0
30	1	6	2
31	2	4	2
32	0	6	5

表12

表13 口縁部下突帯 × 口縁部下突帯の位置

口縁部下突帯	①	②	③
a1	156	125	7
a2	22	2	0
a3	1	0	0
b1	58	41	3
b2	3	3	0
c1	33	1	1

表14 口縁部下突帯 × 底部形態

口縁部下突帯	ii	iii	iv	v	vi
a1	4	106	159	9	10
a2	3	19	3	0	0
a3	0	1	0	0	0
b1	4	34	51	4	9
b2	0	1	5	0	0
c1	2	29	3	0	0
なし	280	182	11	2	0

表15 体部形態 × 口縁部下突帯の位置

体部形態	①	②	③
IV	1	0	0
V	3	0	0
VI	6	0	0
VII	38	0	0
VIII	43	1	0
IX	22	0	0
X	19	2	0
XI	60	10	0
XII	81	160	10

表16 底部形態 × 口縁部下突帯の位置

底部形態	①	②	③
ii	13	0	0
iii	166	24	0
iv	89	130	2
v	3	9	1
vi	2	10	7

表17 帯胴目の部突 × 口縁部刻目

		α	β	γ	なし
帯胴目の部突	あり	0	0	0	4
	なし	0	4	8	925

表18 口縁部形態 × 胴部刻目

口縁部形態	あり	なし
2	0	1
3	0	14
4	0	8
5	0	15
6	0	4
7	0	26
8	0	46
9	0	39
10	0	33
11	0	71
12	0	88
13	0	88
14	0	63
15	0	58
16	0	23
17	0	41
18	0	40
19	0	29
20	0	44
21	0	11
22	0	43
23	0	34
24	0	27
25	0	15
26	0	21
27	0	19
28	1	6
29	1	4
30	1	8
31	0	8
32	1	10

表19 胴部付加要素 × 胴部刻目

		あり	なし
胴部	H	0	1
	I	0	2
	K	0	1
	L	0	2
	M	0	1
	N1	0	252
	N2	0	184
	N3	0	1
	O1	0	15
	P1	0	4
	P2	0	137
	P3	0	3
付加要素	Q1	0	2
	Q2	0	68
	Q3	0	4
	R1	0	5
	R2	0	86
	R3	0	1
	S1	2	8
	S2	1	146
	S3	0	4
	S4	0	1
	T1	1	4
	T2	0	5

表20 胴部・付加要素 × 口縁部刻目

		A1	A2	A3	B1	B2	C1	なし
	N1	2	0	0	0	0	0	250
	N2	23	9	0	4	0	6	142
	N3	0	0	1	0	0	0	0
	O1	0	0	0	0	0	0	15
胴部	P1	0	0	0	0	0	0	4
	P2	58	10	0	12	0	12	45
	P3	2	0	0	1	0	0	0
	Q1	0	0	0	2	0	0	0
付加	Q2	30	1	0	17	0	11	9
	Q3	1	2	0	1	0	0	0
	R1	3	0	0	0	0	0	2
	R2	53	1	0	24	1	4	3
要素	R3	0	0	0	0	0	0	1
	S1	4	0	0	1	1	0	1
	S2	105	1	0	33	2	1	5
	S3	2	0	0	0	1	0	1
	S4	0	1	0	0	0	0	0
	T1	3	0	0	2	0	0	0
	T2	2	0	0	3	0	0	0
	なし	0	0	0	0	0	0	0

属性間の連関 (V)

	1	2	3	4	5
1：口縁部形態	1.000	0.614	0.777	0.381	0.480
2：胴部形態		1.000	0.652	0.504	0.482
3：底部形態			1.000	0.663	0.405
4：胴部付加要素				1.000	0.614
5：口縁部刻目					1.000

いずれも $p < .001$

ルを濃淡で示した。大きな値をとるものほど濃い色である。その基準は，濃いほうから，50 以上，10 以上 50 未満，10 未満でプラス側，マイナスは白の 4 段階である。

これらの図の読みとりから，型式学的に序列が推定できたものについては，2 次元的検討のいずれの場合においても想定に矛盾のあるものはないと判断できる。それは，図をみれば組み合わせの分布が対角線上に多少の重複をしつつ中心が移行しており，両属性で独立して想定した変化の方向が矛盾なく一致しているといえるからである。口唇部刻目については，変化の方向の想定を断念したが，それでも，いずれの場合でも意味のある採用のされ方をしているということができる。また仔細にみると，隣接する属性変異間でほとんど様相を同じくするものもありグルーピングできることがわかる。以上から，いずれの場合も属性間には強い相関があると判断できよう。試みにクラメールの連関係数(V)を用いて属性間の相関の強さを示しておく(図 76 末尾)。

全個体に共有されない属性としては，胴部に突帯をもつものについて検討する「胴部刻目」，属性の抽出にあたって胴部付加要素から無理に分離して検討することにした「口縁部下突帯の形態」，口縁部下突帯をもつものについて検討する「口縁部下突帯の位置」がある。これらは上での属性で拾えなかった情報をさらに得るために設定したものである。いずれとの検討においても意味のある関連が認められた。

変化の方向について矛盾がなかったこと，そして変化の方向を想定することができなかったものとの組み合い関係の検討においても変化の方向の想定に再考を迫るような場合はなかったといってよい。このことは事前の型式学的整理(序列づけ)がかなり適切なものであったことを如実に語っている。なお，「あり・なし(存・否)」という変異を含み込んだ属性の検討では，「なし」は量の多少を問わなければ多くの変異と組み合う傾向があることが看取できた。

これまでの検討結果を総合して，個体群の分類単位の抽出を行う。ここでは型式としての認定は行わず，多変量解析の結果とあわせて判断することとし，後の型式設定を意図した「群」としておく。

個体群全体を分類するにあたり，型式学的に最もよく整理でき，かつ曖昧になる危険性の少ない

群	口縁部形態	体部形態	胴部付加要素	口縁部下突帯の形態	口縁部下突帯の位置	底部形態	口縁部刻目	胴部刻目
1 群	1, 2	I, II	A～C	なし		i	あり	
2 群	3～6	III	D～M, N	なし		ii	なし	
3 群	7～11	IV, V	N, O	なし		ii	なし	
4 群	12	VI	N, O	なし	みられる	ii, iii	なし	
5 群	13～19	VII～XI	N, P, Q, R1	a～c	①	iii	なし	
6 群	20～28	XII	R2, S	a～b	①, ②	iv, v	なし	
7 群	29, 30	XII	S	a～b	①～③	iv～vi	みられる	みられる
8 群	31, 32	XII	R1, S1, T	a～b		vi	みられる	みられる

図 77　属性間の抽象化した組み合い関係

ものとしては，口縁部形態，次に胴部形態，底部形態があるとみられる。ただし上で述べたように，胴部形態は変異の抽出自体が必ずしも十分だとはいえないし，底部形態についても同様に重要な属性であるが一義的に用いることはできない。これらの事情を勘案しながら各属性の抽象化した組み合い関係を示すことにする(図77)。

これらの群の変遷は，

$1 \to 2 \to 3 \to 4 \to 5 \to 6 \to 7 \to 8$

となろう。

これだけの統計的な作業ではまだ十分ではない。次で行う数量化理論III類の結果を勘案する必要があろう。

では多変量解析を用いて，非計測的属性・計測的属性双方による形態分類を試みる。前者に対しては数量化III類を用いるが，これは上で行った分析と直接的な関連があり比較を行う。後者に対しては主成分分析とクラスター分析を用いる。上の分析では，胴部の張りの程度や胴部下位のふくらみなど，必要と認められながらも著しく恣意的になるのを避けるため十分にとりあげることができなかった属性がある。ここではそれを含めた全体的プロポーションも扱うことになる。

数量化III類においてとりあげるカテゴリーは，上の分析で使用した属性のうちで資料群全体をカバーできないものを除き，さらにカテゴリーは，可能なものについてはアイテムごとに型式学的類縁度から群にまとめる。都合，図78中に記したカテゴリーをもつアイテム・カテゴリーデータとなる。資料は，後で主成分分析・クラスター分析に用いるものと同じ80個体である。主成分分析・クラスター分析は多数の計測点が必要であり，いずれの分析においても計測不能な欠損値がないように，すべて揃った個体である。

第3固有値解までの散布図は，属性変異に有意なまとまりがあることを示すだけでなく，I—IIで2次曲線状，IIIで3次曲線状にきれいに分布していることがわかる(図78)。アイテムごとにみても，その曲線上に沿ってカテゴリー(属性変異)が，想定した変異の変化の方向にしたがって順に分布している。これはデータが順序構造をもつ場合に特徴的にみられるものであり，想定した変化の方向の正しさも示していると考えてよい。図79からカテゴリー間の関係とそれに対応するとみられるパターン(個体)が読みとれ，以上の結果は上での検討結果と符合している。

次に主成分分析を行う。測点は17項目設定した(図80)。項目の設定については，各主要な計測点(A～J)のほか，最大高を8等分した各点(K～Q)で径を測っている。後者の設定はS. Shennanの概説書も参考にした(Shennan, 1988)。ここでは，形態を記述するのに意味があると大方の賛同を得るとみられる特定の計測点と，機械的に等分割した「全数分析」に近い計測点，という2種類の計測点の設定のしかたをしたことになる。全項目にわたって欠損のない80個体を任意に抽出し資料とした。ここでは，とくに後者の計測点の設定により，これまで保留してきた全体の器形の変動について問題とすることができる。

主成分分析の得点を表にした。固有値と寄与率(表5)をみると，固有値で1.0以上あるのは第1

194

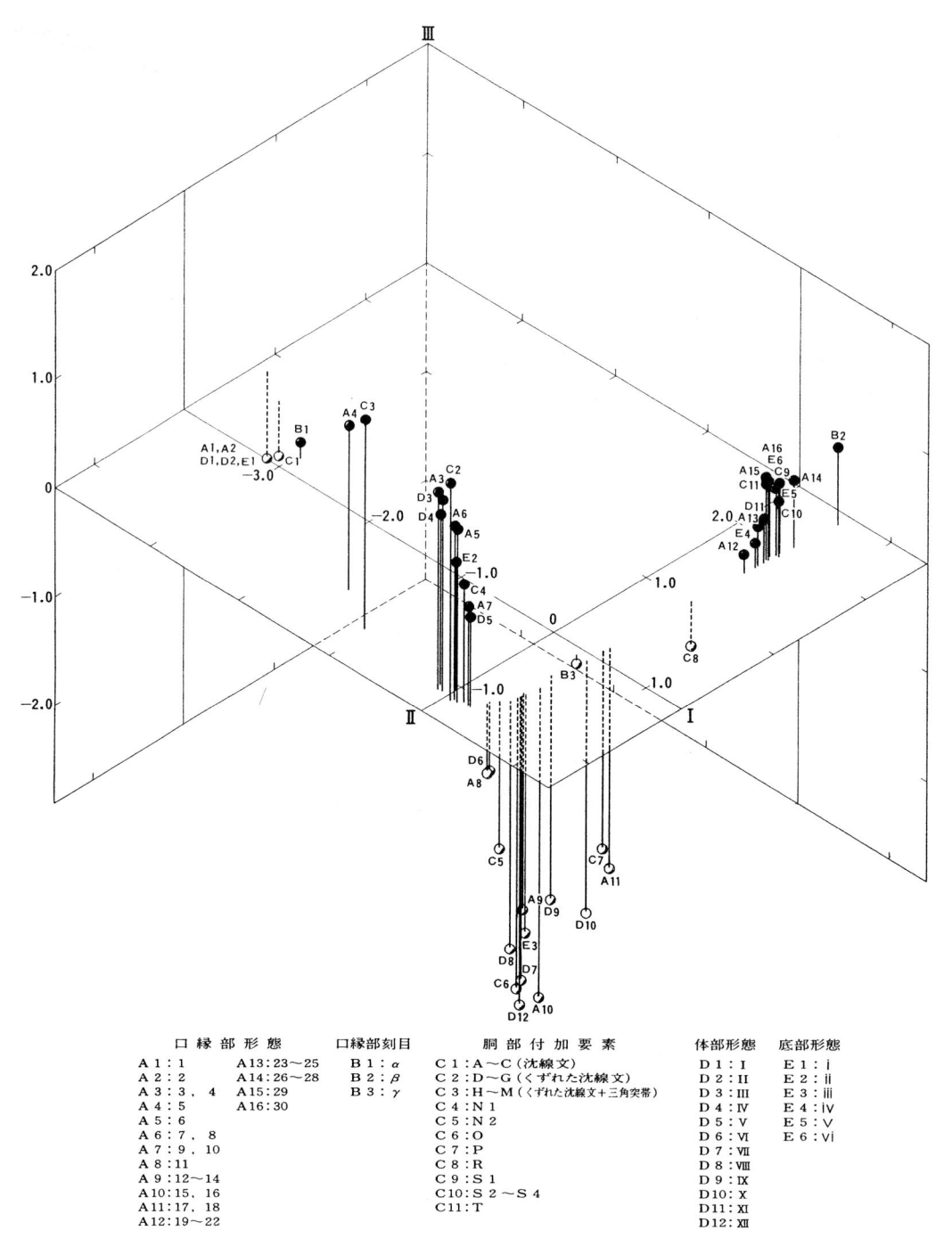

口縁部形態		口縁部刻目	胴部付加要素	体部形態	底部形態
A 1 : 1	A13 : 23〜25	B 1 : α	C 1 : A〜C (沈線文)	D 1 : I	E 1 : i
A 2 : 2	A14 : 26〜28	B 2 : β	C 2 : D〜G (くずれた沈線文)	D 2 : II	E 2 : ii
A 3 : 3, 4	A15 : 29	B 3 : γ	C 3 : H〜M (くずれた沈線文+三角突帯)	D 3 : III	E 3 : iii
A 4 : 5	A16 : 30		C 4 : N 1	D 4 : IV	E 4 : iv
A 5 : 6			C 5 : N 2	D 5 : V	E 5 : V
A 6 : 7, 8			C 6 : O	D 6 : VI	E 6 : vi
A 7 : 9, 10			C 7 : P	D 7 : VII	
A 8 : 11			C 8 : R	D 8 : VIII	
A 9 : 12〜14			C 9 : S 1	D 9 : IX	
A10 : 15, 16			C10 : S 2〜S 4	D10 : X	
A11 : 17, 18			C11 : T	D11 : XI	
A12 : 19〜22				D12 : XII	

図78 甕棺系列A数量化理論III類によるカテゴリーの3次元散布図

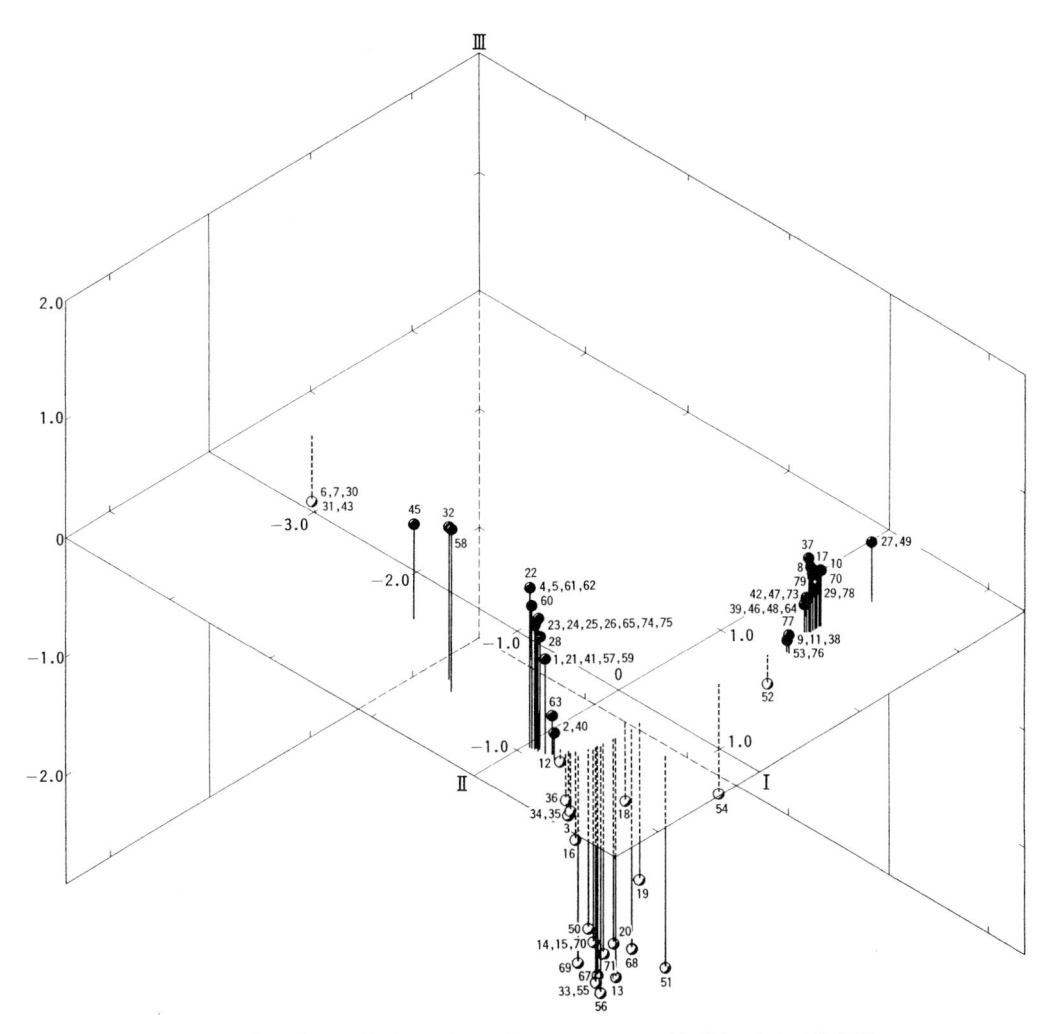

第4章 土器の分類・編年と様式の動態   195

図79 甕棺系列A 数量化理論III類によるパターン（個体）の3次元散布図
　　　各個体番号は図81・82と同じ．

　から第4主成分である．寄与率については，第1主成分が約48%，第2主成分で約24%を説明しており，ここまでで約72%を説明している．第3・第4主成分は，いずれも10%未満の寄与率ではあるが，第3主成分で累積寄与率が80%を超えている．以上，経験的指標を総合すれば，せいぜい第4主成分までが意味あるものと判断できよう．

　因子負荷量（表6）については，第1主成分では，ほとんどの項目で正の値が出ており，小さな値はあるが負の方向に大きな値はないことから，大まかにいって全体的なサイズの大小を示すサイズ・ファクターと解釈できる．それに対して次からはシェイプ・ファクターとみられる．すなわち，第2主成分は，径に関する項目に着目すると，胴部径Cを境にそれより上と下では符号が逆転し，しだいに絶対値が大きくなっている．これはいわば，「頭でっかち」か「下ぶくれ」かというプロポーションを示すものと解釈できる．また「頭でっかち」は器高や口縁部幅が大きく，口縁

図 80　甕棺系列 A 計測点

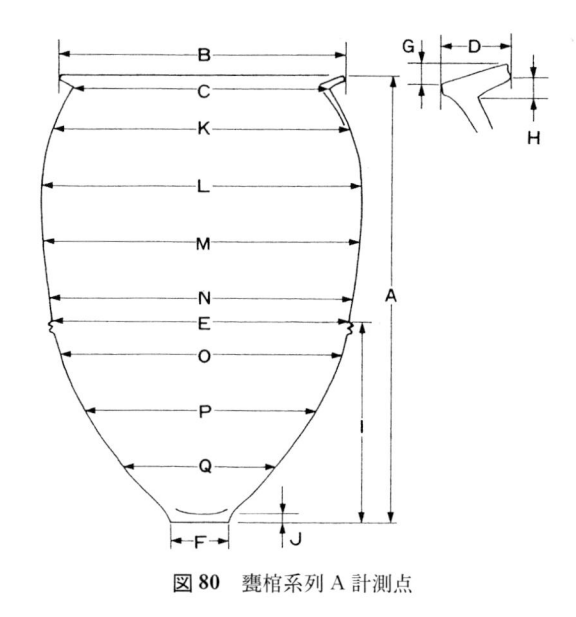

表 5　甕棺系列 A 主成分分析固有値と寄与率

	主　成　分				
	1	2	3	4	5
固　有　値	8.108	4.048	1.620	1.123	0.633
寄　与　率	0.477	0.238	0.095	0.066	0.037
累積寄与率	0.477	0.715	0.810	0.876	0.914

表 6　甕棺系列 A 主成分分析因子負荷量

変量	主　成　分			
	1	2	3	4
A：器高	0.573	0.550	−0.372	0.094
B：口径	0.288	0.852	0.310	−0.116
C：口縁取付部径	0.162	0.879	0.269	−0.275
D：口縁幅	0.282	0.570	−0.554	0.349
E：突帯幅	0.956	−0.084	0.137	−0.016
F：底径	0.376	−0.051	0.390	0735
G：口縁上部の差	0.586	−0.667	−0.187	−0.238
H：口縁下部の差	0.540	−0.574	−0.121	−0.405
I：突帯取付高	0.548	0.405	0.250	0.080
J：底部の厚さ	−0.065	−0.343	0.845	−0.056
K：胴径 A	0.653	0.679	0.077	−0.226
L：胴径 B	0.930	0.238	−0.023	−0.168
M：胴径 C	0.978	−0.010	−0.007	−0.073
N：胴径 D	0.971	−0.117	0.023	0.024
O：胴径 E	0.949	−0.204	0.029	0.098
P：胴径 F	0.874	−0.359	−0.032	0.135
Q：胴径 G	0.861	−0.395	0.009	0.136

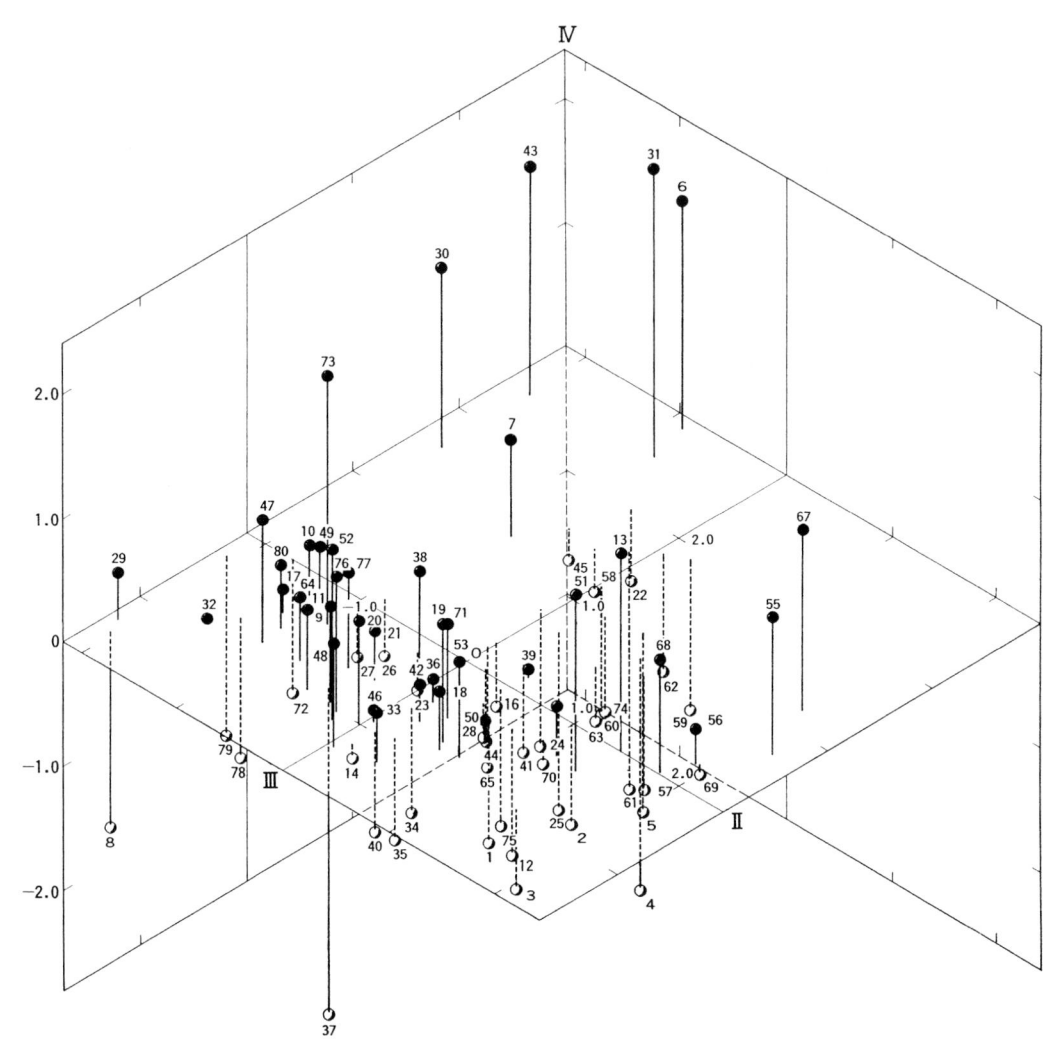

図 81 甕棺系列 A 主成分分析による第 2〜4 主成分の 3 次元散布図

部が外側に垂れる傾向があり，「下ぶくれ」は逆に器高・口縁部幅が小さく，口縁部が外上方にのびる傾向があることを示している。第 3 主成分については，底部の厚さが突出した正の値を示しており，逆符号で口縁部幅がやや大きな値を示していることが注目できる。つまり，底部径の大きいものは口縁下部の差が小さく，底部径の小さいものは口縁下部の差が大きい「く」の字形を呈する傾向がある。以上のように読みとれる。

サイズ・ファクターとみなした第 1 主成分を除外し，第 2〜第 4 主成分の 3 次元散布図を示すと図 81 のようになる。ほぼ群ごとに近いところに位置しているのがわかる。7 群と 8 群とが分離されているなど第 4 主成分も有効であるといえる。以上のことは，さきの群へのまとめを支持する結果といえよう。

次に，同一のデータを用いてクラスター分析を行う。Q モード相関係数に基づき，群平均法を

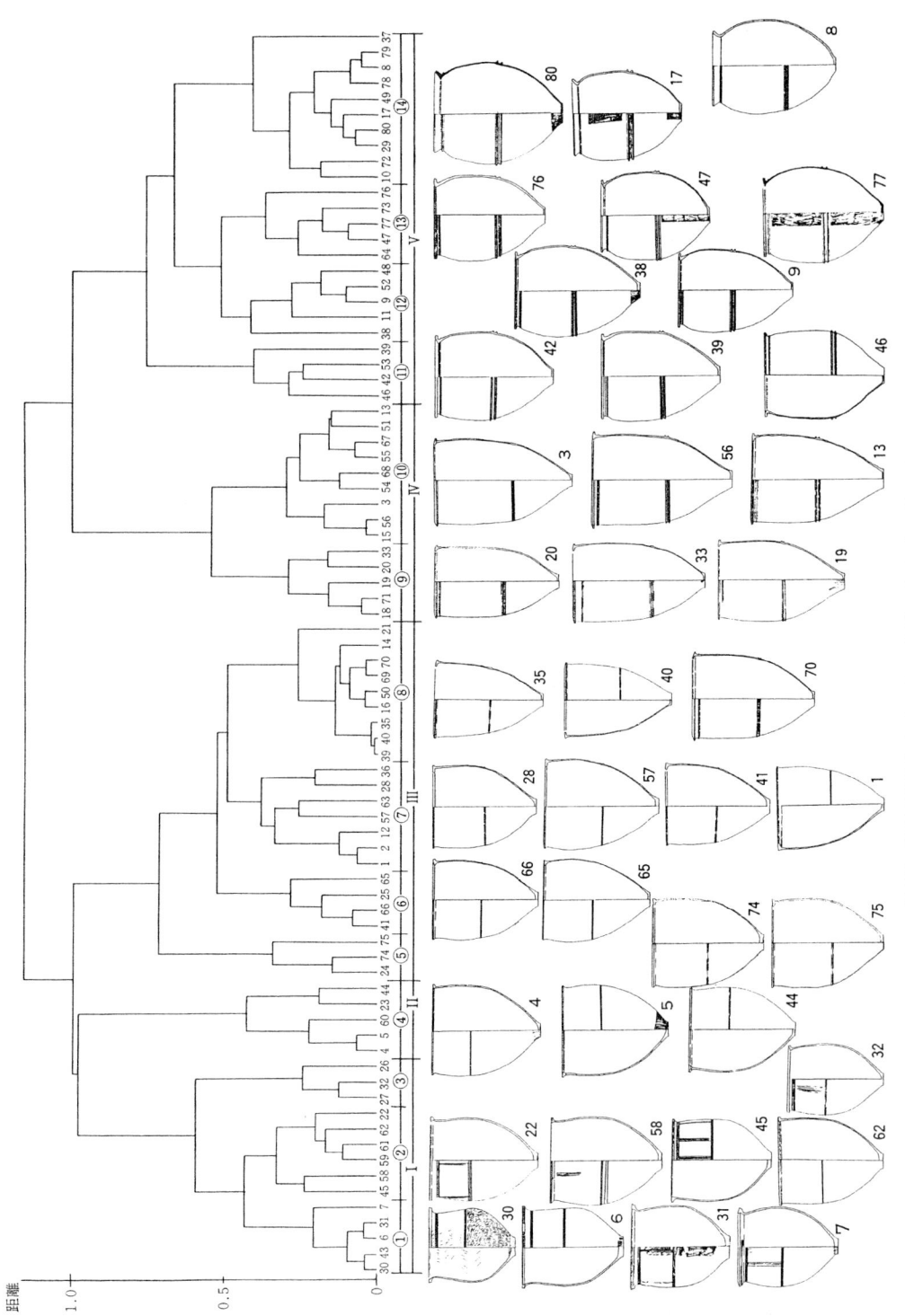

図82 甕棺系列Ａクラスター分析によるデンドログラム

適用する。その結果，比較的良好なクラスターが形成された(図82)。

デンドログラムから高水準で大きく5つのクラスターが観察でき，便宜的にそれぞれ左から順にクラスターI～クラスターVとする。さきに設定しておいた1群～7群と比較すると，クラスターIは1群・2群と，クラスターIIは2群と，クラスターIIIは3群・4群と，クラスターIVは5群と，クラスターVは6群～8群と対応している。2群がま

表7 甕棺系列A各群とクラスターの対応関係

クラスター	サブクラスター	群
I	①	1群
	②・③	2群
II	④	2群
III	⑤～⑦	3群
	⑧	4群
IV	⑨・⑩	5群
V	⑪～⑬	6群
	⑭	7・8群

たがって存在するクラスターI・IIを除けば，各クラスターの中に1つあるいは3つの群が完結しておさまっていることは注目できる。

5つのクラスターの中には明瞭なサブクラスターを形成しているものがあり，図示したように低水準で14のサブクラスターが認められる。これらのクラスターと，各群との対応関係を表に示した(表7)。この表から明らかなように，いずれも境界において矛盾がない。

個々のサブクラスターをみてみよう。サブクラスター②と③は，2群の一部ずつに対応するが，1群と対応するサブクラスター①とともにクラスターIを形成している。ところがクラスターIIも2群の一部に対応する。すなわち，2群はクラスターIとIIという水準で分離されたことになる。これは，2群の中に，形態において，より1群と近いものとそうでないものとが存在することを示している。そこで胴部付加要素に着目すると，サブクラスター②・③は9例中5例がくずれた沈線文をもっており，クラスターIIのものでは突帯のみである。このように文様においても，古相を呈するものが形態における古相の1群と組み合っていることは妥当性がある。このことから，2群は古相のものと新相のものという時期差として分離できる可能性がある。

クラスターIIIは4つのサブクラスターを含むが，サブクラスター⑤・⑥・⑦は3群に対応し，⑧は4群に対応する。さらに詳細にみれば，サブクラスター⑧とより低次でまとまっている⑦は，3群の中でも形態的に新相を呈するものであり，⑤・⑥は古相を呈するものとみられる。しいていえば，⑤→⑥→⑦の順に変化するようにみられるが，3群として一括しているものの中には，より古相を呈するものと新相を呈するものとがあることは認定できよう。クラスターIVは，5群に相当する。サブクラスター⑨・⑩を含むが，この差はよりスリムなものとそうでないものの形態差として形成されているようである。

クラスターVは4つのサブクラスターを含むが，⑪・⑫・⑬は6群，⑭は7・8群に相当する。⑪・⑫は橋口(1979)のKIIIb式に，⑬はKIIIc式にほぼ該当する可能性があるが，橋口がKIIb式の例としてあげているものがKIIIc式とクラスターを形成するなど異動があり，橋口の分類基準を補強することにはならない。しかし，およそ胴部のプロポーションの差がサブクラスターを構成させているので，6群が器形において差があるものを含んでいることは疑いない。サブクラスター⑭は7・8両群を含んでおり分離できなかった。両者を分かつには底部形態が有効であったが，

ここでの計測ではそれを表すような有効な計測点の設定ができなかったことが原因であろう。このことは逆に，底部付近の形態を除く器形が7・8両群で，ある程度類似していることも示している。

以上の分析結果を総合して型式の設定を行う。まず，最初の分析では変化の方向の想定に矛盾がなかった。このことは第2章に示した表1のI類に該当するといえ，ある程度の安全性が確保できたといえよう。主成分分析を用いた分析では，さきの分析で曖昧になりがちであった全体の器形に関する情報を得ることができた。クラスター分析で析出された各クラスターは形態に基づくものであるが，時間的変異とみなせるものもあったが，一方，型式学的にみて時間的変異とは認定しにくいものもあった。これは，たとえば，同時期における地域差などの空間的変異，あるいは製作集団の違いなどに基づく差異などの可能性もある。とすれば，このクラスター分析で析出されたものは純粋に形態差にもとづく遠近を示していることになる。その点も考慮した上で，ここでとくに必要な時間的側面を表す型式を設定しなければならない。

1群と2群との諸属性の組み合い関係に基づけば，全個体群との型式学的距離からみて，両群は分離できるとみなせる。ただし2群は，クラスター分析の項で明らかになったように，型式学的古新の傾向で二分できる可能性がある。特徴的な指標としてくずれた沈線文があるが，存否に基づく分類ではそれがたまたま施されなかった場合を考慮すれば，同一基準での分類が不能になる。形態による差異とくずれた沈線文とが相関しているとみなせるため，形態を併せれば判別は可能であろう。ただし，それは今回の主な目的ではないので判別式等の提示は行わない。

3群についてはクラスター分析で抽出した形態差と，時間差が相関していることを指摘したが，うち新相を呈するものは4群とやや近い関係にある。3群と4群を合わせて一つの型式と認定することも考えられようが，両者を形態的特徴から判別できているのでそのままにしておく。3群は2群と同様に新古に分かつことが可能であるとみられる。5群については，クラスター分析において2つのサブクラスターを形成したが，顕著な時期差とは認めにくいので型式としての分離を保留しておく。6群については，橋口のKIIIb式とKIIIc式というかたちでの分離はむずかしかった。むしろクラスター分析では橋口の分類基準とやや異なる基準での分離ならば可能であることを示唆している。しかし，明確な分類基準を提示できないため一括する。7群・8群については形態的属性から明確に分離できる。クラスター分析ではおそらく計測点の問題から分離できなかったが，底部付近の形態を含む形態的属性からは分類が可能である。

さて，以上の検討から明らかなように，橋口編年に修正が必要な部分があることが判明したが，大筋においてはむしろ橋口編年の有効性を追証したといえよう。橋口編年による名称はすでによく知られており想起しやすいため，ここでいたずらに新しい型式名を命名することは避け，できるだけ橋口編年に従った型式名を与えることにする[3]。

系列Aについて次のように，命名・表記する。1群を「*1c*型式」とする。2群を「*2a*型式」とする。ただしこの型式は新古2つに細分可能とみられる。3群を「*2b*型式」とする。この型式も新古に細分可能とみられる。4群を「*2c*型式」とする。5群を「*3a*型式」とする。6群については新古2分できる可能性はあるが，型式としてはKIIIb式とKIIIc式を含み込むかたちとなるので，

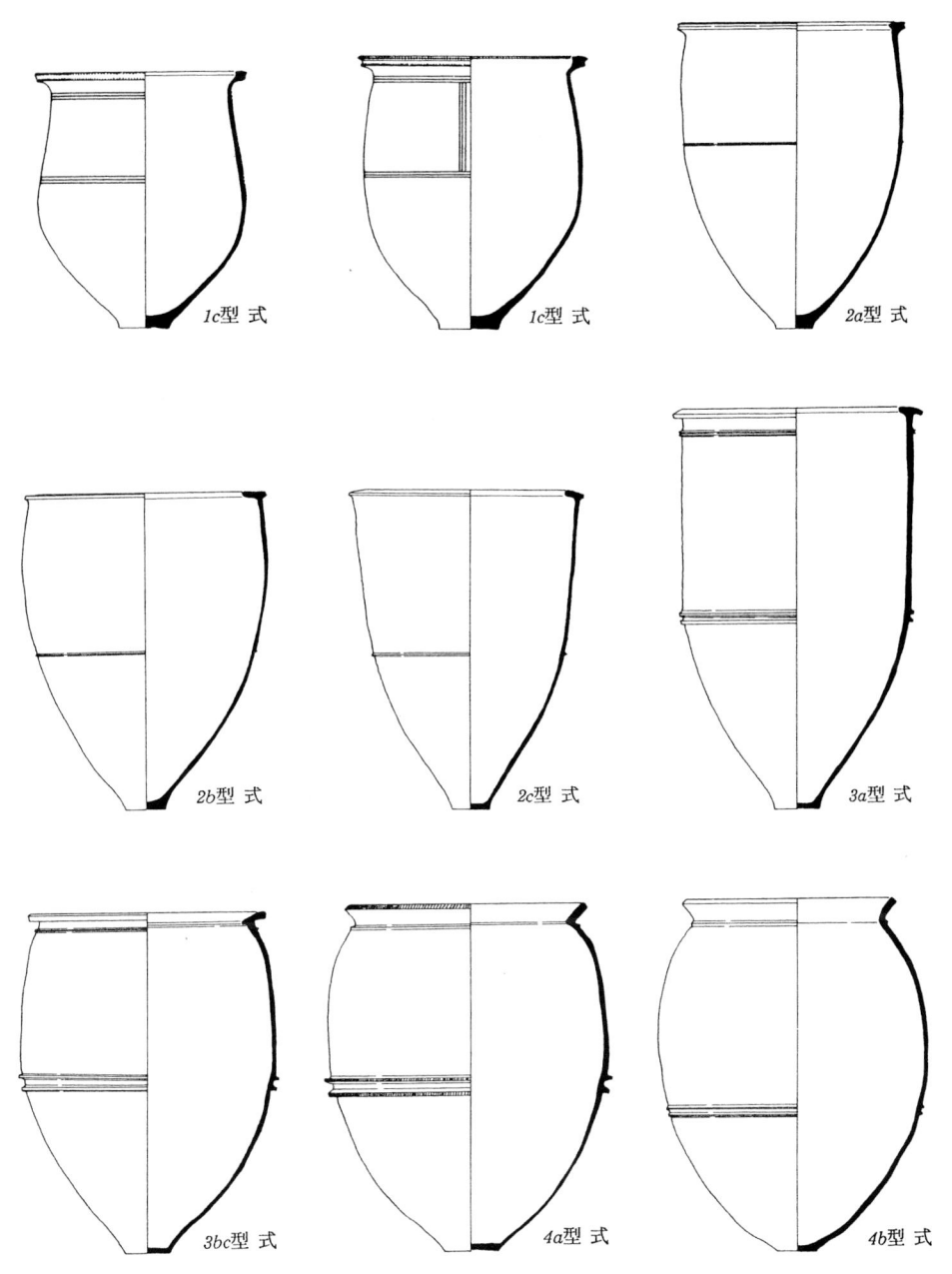

第 4 章　土器の分類・編年と様式の動態　　201

図 83　甕棺系列 A の諸型式 (約 1/20)
　　　各型式の特徴を比較的よくあらわすものを図示した．

仮に「3bc 型式」とする。新古に二分できる可能性もあるが，それぞれの内容は橋口編年の KIIIb 式と KIIIc 式に対応するとはいえないので注意が必要である[4]。7 群を「4a 型式」とする。8 群を「4b 型式」とする。

　ただし，以上の命名は前後の時期を含めた完結した資料群から分類階級の検討をするまでの暫定的なものであり，いまはそれぞれほぼ同一の分類階級に属する型式と考えておく。また，このように資料とした個体群が完結した（閉じた）ものではないため，ここで抽出した型式の最初のものと最後のものは統計的な意味での典型とはいえない可能性がある。以上の検討から抽出した各型式をイメージする助けとして，諸型式の図を提示しておく（図83）。

〔系列 B〕

　系列 B（橋口の「丸味を帯びた甕棺の系列」）については，ここでは分析を断念するが，口縁部形態，胴部突帯，口縁下突帯などの属性に着目し，系列 A の変異と比較対照することによって，各々の類縁度の比較から 3 つに類別する。便宜的にそれぞれ，古相を呈するものから順に，「KMIIb 式」，「KMIIc 式」，「KMIIIa 式」とする。「M」を補ったのは，橋口がこれらを「一系列」のものと認めながらも，通常の甕棺（ここでの系列 A）の型式組列のうちで併行する型式と同名で呼んでいるため，両者の区別をする必要があるからである。

　丸味を帯びた甕棺の系列が，橋口の KIIIa 式で「終わる」とみてよいのかどうかも問題のあるところである。KIIIa 式までは通常の甕棺との見分けが比較的容易にできるのであるが，KIIIb 式の時期以降はそうではない。これは，両系列の「系統の収斂」[5]を示す可能性が高く，換言すれば 1 つの型式における変異の幅が増したということになる。そこで，判別が容易でない場合も考えられることになる。また，橋口は丸味甕棺の型式の設定については明確に行っておらず，系列 A を基準として分類したかたちとなっている。ただし筆者は，この時期に属する丸味甕棺の分類を断念しており，今のところ橋口の分類あるいは経験的なものに完全に頼らなければならない。系列 A における橋口編年の IIIb 式と IIIc 式を一括することにした現在，系列 B についても「KMIIIbc 式」とすることにする。ただし，各時期において系列 A・B 両者を同時に論じる際には系列 A の名称で代表させることとし，なるべく「期」を補って時期を表していることを明らかにしたい。

(10)　筒 形 器 台

　長大な筒状の器台である。丹塗を施されているものが目立ち，しばしば須玖式の代表的器種として認識されている。これについてはさまざまな名称で呼ばれており，必ずしも安定していないが，ここでは，「筒形器台」という名称を採用する。なぜなら，この名称は固定したものとはいえないけれども，現在最も使用頻度が高く，かつ混乱をまねく恐れが少ないと考えられるからである。

　さて，ひとくちに筒形器台といっても大きく 2 つの器種を含むことは，すでに多くの研究者の認めるところであろう。これまで，調査報告書などで筒形器台「A」・「B」などとして記述されてきたものがそれである。大型で上下がラッパ状に開いた筒形の器形であることは全体に共通するが，

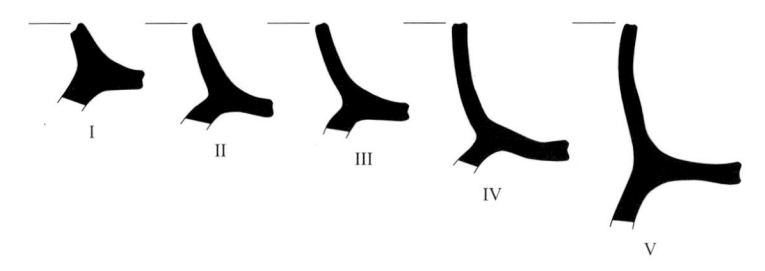

第 4 章　土器の分類・編年と様式の動態　　　203

図 84　筒形器台 A 頭部形態

さらにその上に截頭円錐形あるいは円筒形のものをのせた形をとるものと，そうでない単純な器形のものの 2 種が認識されてきたのである。ここでは，前者を「筒形器台 A」，後者を「筒形器台 B」とする。

〔**筒形器台 A**〕

頭部形態，丹塗の有無，体部の透しの有無を扱う。

頭部形態（図 84）　慣用的な表現にならい，上方への立ち上がり部を「口縁部」とし，横方向への鍔状ののびを「鍔状環縁部」とする。両部分を合わせて「頭部」と呼ぶ。

I 類：口縁部・鍔状環縁部ともに短いもの。
II 類：口縁部・鍔状環縁部ともにのびるが，口縁部は先細りのもの。
III 類：II 類とほぼ同じであるが，口縁部は先細りとならず，太さが変わらないもの。
IV 類：口縁部・鍔状環縁部ともに長くのび，口縁部の傾きは直立に近いもの。
V 類：口縁部・鍔状環縁部ともに長くのび，口縁部は直立に近いが，口縁部先端付近が外反する傾向にあるもの。完全に外反したものを含む。

以上でとりあげた変異を 1 系列のものと仮定すれば，型式学的に，

I ⟷ II ⟷ III ⟷ IV ⟷ V

という変化を想定できる。変化の方向がどちらの向きに限定されるかは不明である。

丹塗の有無

A 類：丹塗を施すもの。
B 類：丹塗を施さないもの。

体部の透しの有無

1 類：透しのあるもの。
2 類：透しのないもの。

以上の属性のほかに，脚裾部の形態も分類に有効な属性である可能性があるが，他の属性との組み合わせがわかるものが少ないのでここでは扱わない。以下で各属性の相関を検討するが，丹塗の有無と透しの有無はいずれも存否によるものである。変異の数からも，変異の序列が可能な点からも，型式学的に最も整理できるのは頭部形態である。そこで，頭部形態と他の属性の相関をみる。

頭部形態と丹塗の有無の関係（図 85）　頭部形態 I 類は A 類（丹塗なし）のみと多く組み合っている。

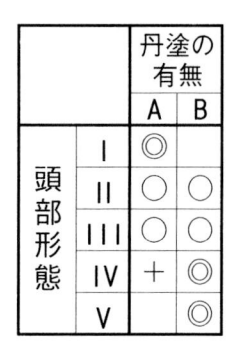

	丹塗の有無	
	A	B
頭部形態 I	◎	
II	○	○
III	○	○
IV	+	◎
V		◎

図85 筒形器台 A 頭部形態と丹塗の有無の関係

	透しの有無	
	1	2
頭部形態 I	◎	
II	○	△
III	○	△
IV		◎
V		◎

図86 筒形器台 A 頭部形態と透しの有無の関係

II・III 類は A・B 類双方と組み合うが，わずかに B 類のほうが多い。II 類と III 類では様相に差異がないことがわかる。

IV・V 類では，IV 類と A 類が微量組み合うが，ともに B 類と強く組み合う。したがって，IV・V 類は比較的似た様相を呈しているといえる。

よって，頭部形態の変化の方向は，I 類が起点となるのか V 類が起点となるのか方向が不明であるが，想定した序列は正しいということができ，また，以上より，

I ⟷ (II ⟷ III) ⟷ (IV ⟷ V)

の3つの単位にまとめることができる。

頭部形態と透しの有無の関係(図86)　頭部形態 I 類は 1 類(透しあり)とのみ組み合う。

II・III 類では，若干の差異はあるものの，1 類・2 類の両者と組み合い，うち 2 類のほうが少ない。

IV・V 類は 2 類とのみ組み合う。このことからも，頭部形態の序列に関する想定に妥当性があるといえ，

I ⟷ (II ⟷ III) ⟷ (IV ⟷ V)

の3つの群にまとめることができる。

以上の結果から，頭部形態を指標にして3つの型式が設定できる。頭部形態 I 類をもつものを「1 型式」，同様に II・III 類をもつものを「2 型式」，IV・V 類をもつものを「3 型式」とする。

1 ⟷ 2 ⟷ 3

の型式組列となるが，型式学的見地からは，変化の方向を特定することは困難である。したがって，層位学的検討にゆだねられることになる。

〔筒形器台 B〕

筒形器台 A のような頭部をもたず，口縁部は体部からそのまま連続して外反する単純なものである。口縁部や脚裾部が小さな鋤先状を呈するものがごく少数あるが，比較的小型のものであり，これを筒形器台 B に含めてよいかどうか難しいところであるが一応含めておく。いずれにせよ，分類の指標となる変異を取り出すのがむずかしい。また，この筒形器台 B は，筒形器台 A に比べてごく少数しか発見されていないことも分類上の難点である。丹塗はほとんどの個体に施されているため，その有無もとりあげられず，また体部の透しもない。こうしたことから，ここでは分析を

断念するが，便宜的また経験的に一つの型式と考えておきたい。

ただし，口縁部下に稜角付突帯をもつものともたないものがあり，また上記のように小さな鋤先状の口縁部や脚裾部などの変異についても同様である。したがって，将来の資料の増加にともなって，器種の分離や型式分類が可能になるかもしれない。

（11）大　甕

これは，南部九州や日向で「大甕」とされている大型の平底の土器である。慣用の表現にしたがって「大甕」と呼んでおく。

口縁部形態（図87）

　Ⅰ類：台形状の口縁部。上面がやや外傾する。
　Ⅱ類：Ⅰ類に似るが，上面がわずかに内傾するもの。
　Ⅲ類：付け根が太く，付け根部に稜線がつくもの。
　Ⅳ類：下面が内側に湾曲し，付け根部に稜線はつかないが変換点があるもの。
　Ⅴ類：細く，長くのびるもので，上面に丸みをもつ。付け根部には稜線はなく，胴部への移行がなだらかなもの。

後期の大甕は，口縁部が「く」の字状にのびるものでⅤ類に似る。また，以上の変異は甕Cと似ており，ある程度連動した変化の可能性もある。よって，

Ⅰ→Ⅱ→Ⅲ→Ⅳ→Ⅴ

の変遷が考えられる。

突帯部形態（図88）

　A類：断面三角形の多条突帯。
　B類：垂れた「コ」の字状突帯。
　C類：垂れずに水平につく「コ」の字突帯。
　D類：付け根が太く先端が細い大きな突帯。
　E類：ヨコナデの目立つ小さな突帯。

A類以外は1条の突帯であり，A類は形態，突帯の数ともに他と大きく異なっている。そのた

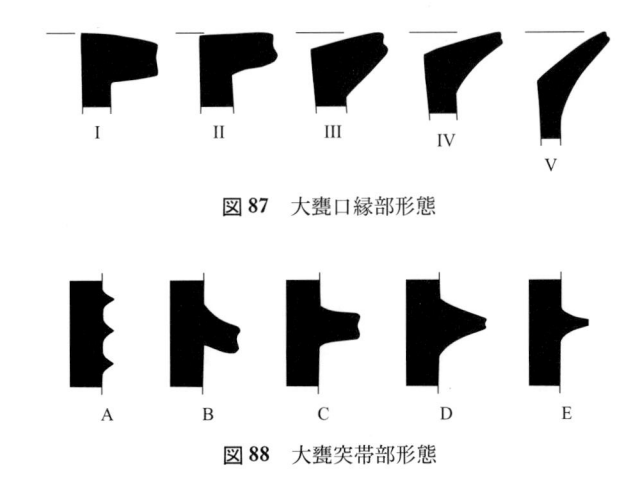

図87　大甕口縁部形態

図88　大甕突帯部形態

め以上すべてを型式学的に配列することは難しい。Aを除けば型式学的に配列可能である。B～E類に関しては，

B→C→D→E

の変化が考えられる。

突帯導入部位
① 類: 口縁部から大きく離れるもの。
② 類: 口縁部取付け部に接するもの。

口縁部上面付加要素の有無　口縁部上面に，棒状浮文やそれを沈線で表現したようなものなどの付加要素のあるものをみる。なお，口縁部が少なくとも半周は残存していなければそれらの付加要素がないことを確認できない。ところが破片資料が多いため困難な面がある。したがって，たまたま存在することが確認できたもののみをカウントすることになる。

以下，口縁部形態との相関をみる。

口縁部形態と突帯部形態の関係（図89）　口縁部形態Ⅰ類は突帯部形態A類とのみ組み合う。

Ⅱ類はB類とのみ組み合う。

Ⅲ・Ⅳ類は比較的似た様相を呈し，C・D類と主体的に組み合っている。

Ⅴ類はE類とのみ組み合う。

両者には強い相関があることがわかる。これらは，さきに想定しておいた変化の方向を支持するものである。

口縁部形態と突帯導入部位の関係（図90）　Ⅰ～Ⅳ類は，Ⅳ類において微量の②類と組み合っているが，①類と主体的に組み合っている。

Ⅴ類は，②類とのみ組み合っており，前者と排他的な様相をみせる。

		突帯部形態				
		A	B	C	D	E
口縁部形態	Ⅰ	◎				
	Ⅱ		○			
	Ⅲ		+	○	○	
	Ⅳ			○	○	+
	Ⅴ					◎

図89　大甕口縁部形態と突帯部形態の関係

		突帯導入部位	
		①	②
口縁部形態	Ⅰ	◎	
	Ⅱ	○	
	Ⅲ	○	
	Ⅳ	◎	+
	Ⅴ		◎

図90　大甕口縁部形態と突帯導入部位の関係

		口縁上面付加
口縁部形態	Ⅰ	◎
	Ⅱ	
	Ⅲ	
	Ⅳ	
	Ⅴ	

図91　大甕口縁部形態と口縁部上面付加要素の関係

口縁部形態と口縁部上面付加要素の関係(図91)　Ⅰ類にのみその存在が認められ，他には存在しない。

以上より，口縁部形態を指標として，Ⅰ類を「1型式」，Ⅱ類を「2型式」，Ⅲ・Ⅳ類を「3型式」，Ⅴ類を「4型式」とする。これらは，

1 → 2 → 3 → 4

の順に変化するものと考えられる。とすると，突帯部形態A類の多条突帯は，1条の「コ」の字状突帯に集約するものと考えられよう。

第3節　時間的検討——編年——

1.　地域別の編年

　前節で設定した各型式に基づいて編年を行う。ところで，これらの多様な土器群は，対象地域一円に雑然と広がっていたとは考えにくいし，すでにこれまでの学史は，地域的なまとまりがあることを教えている。したがって，地域的に一定の有意なまとまりがあるということを作業の前提として想定しておいてさしつかえなかろう。作業を効率よくするためにも，そうした前提のもとに進めていくことにする。ただし，もちろんその有効性のいかんは，次節の検討結果から判断しなければならない。

　福岡・筑紫平野，中部九州，南部九州，日向，東部九州(豊前)の各地域を中心とするとみられるものについて，表を作成する。これは，上での型式分類を共伴状況から確認することであり層位学的検証ともいえる。ちなみに，それぞれの表に出てこないものは少なくとも主体として存在していないとみてよい。

　それぞれがある独特の一連の型式組列をいくつかずつ保有していれば，ほぼ，ある水準での様式を指し示す可能性があるとみておいてよかろう。したがって，ここでの各名称は，そのような様式に該当する公算が強いことを前もって指摘しておこう。

　繰り返すが，ここで使用している様式の語は，いわば静的なものではなく動的なものである。様式は，通時的に空間を「流動」するのである。したがって，ここであげた各地域内で完結した形で中期を通して「固定的に」様式が存在していたとするのは危険である。そうした実態については，次章で検討する。

　その結果，それぞれについて有意な数段階を抽出できた。

(1)　福岡・筑紫平野

　筑紫平野においては，中期の様式は大きく5つ認識できる(表8)。

1)　甕A2型式と甕用蓋1型式，器台1型式，壺A0型式が有意に組み合っている。また，甕棺

表8　様式設定(福岡・筑紫平野)

		甕A									甕用蓋				器台			樽形甕A					椀
		如意	2	3	4	5	6	7	8	1	2	3	4	1	2	3	1	2	3	4	5	
城ノ越	栗原V区1号祭祀	○	○											○								
	八坂石塚Ⅰ・Ⅱ区14号土壙		○							○												
	蓬ヶ浦CF50貯蔵穴		○											○								
	蓬ヶ浦EF4貯蔵穴		○											○								
	北牟田80貯蔵穴	○	○							○												
	津古東宮原K12	○																				
須玖Ⅰ-a	小郡正尻13貯蔵穴		○											○								
	小郡正尻14貯蔵穴		○																			
	託田西分SE002井戸6・7層		○	+							○			○								
	八坂石塚Ⅰ・Ⅱ区6号土壙		○	+							○			○								
	姫方原FSK203土壙		○																			
須玖Ⅰ-b	大島27号貯蔵穴			○										○			○					
	大島30号貯蔵穴			○							○			○			○					
	博多30次SC89住居			○							○			○								
	大板井Ⅱ区13号祭祀			○								○		○			○					○
	大板井Ⅰ区6号祭祀			○										○								
	大板井Ⅰ区9号祭祀			○								○		○								
	大板井ⅠⅡ区14号祭祀			○																		
	井上北内原9号土壙			○								○		○								
須玖Ⅱ-a	大板井Ⅱ区10号祭祀			○								○		○			○	○				○
	大板井Ⅱ区34号住居			○										○								
	大板井Ⅱ区1号祭祀			○	○							○		○			○					
	大板井Ⅱ区2号祭祀				○									○								○
	牟田2A 2号土壙			○	○							○		○								○
	大板井Ⅰ区18号祭祀				○							○		○								○
	安国寺10号祭祀																○	○				○
	安国寺4号祭祀A																		○			
	姫方原FSK319土壙			○										○								○
須玖Ⅱ-b	栗原Ⅰ区4号住居					○								○								
	栗原ⅢⅠ区3号住居					○																
	栗原ⅢⅠ区21号住居					○																
	安国寺3号祭祀						○													○		
	安国寺4号祭祀D						○													○		
	安国寺6号祭祀					+	○													○		○
	井上北内原12号住居						○															
	金山3号住居														○							○
	金山4号住居						○						○		○							○
	金山6号住居						○								○							
	金山11号住居						○								○							
	姫方原FSB120住居						○															
	井上北内原8号土壙下層						○															
	安永田287区5トレ祭祀						○													○		○
	三国小学校2号住居						○													○		

第4章　土器の分類・編年と様式の動態

壺A						壺B		無頸壺				高杯A						筒形器台			丹塗甕		長頸壺			瓢形壺		甕棺					
0	1	2	3	4		1	2	1a	1b	2	3	1	2	3	4	5		1	2	3	1	2	1	2	3	1	2	2a	2b	2c	3a	3bc	4a
○																																	
○																																	
○																																	
○																																	
																													○				
	○																																
	○											+																					
	○																													○			
	○																																
○												+																					
	○																																
		○						○	○																					○			
						○			○																								
		○										○																					
		○										○																					
			●						○			○	●					○													○	○	
			●			●							●						●			○											
													●																				
													○																				
			●				○	○		○											●	●											
			○																														
								○																									
								○																									
								○																									
								●						●						●	●												
								●						●					●		●												
								●		●								●															
										○																○							
																										●							
																					●					●							
																							○			●							
									●					●						●	●	●											
									●																●								○

● 丹塗

したい。筒形器台1型式は丹塗をもたないので，ごく初期の安定しない短期間であったとしても，筒形器台は丹塗土器として出現したものではないことになる。なお，甕A4のみ，甕A5のみ出土した遺構では，前者が筒形器台1と共伴するなど若干様相が異なる。古・新に分けることができるかもしれないが，共通する型式もかなり多く，本来あらゆる型式の交代は重複しながら漸移的に起こるものであることを想起すれば，ここでは無理に分離しないことにする。

5) 甕A6・7型式が出現し，甕用蓋4型式，器台3型式，樽形甕A4型式，無頸壺2・3型式，高杯A4型式，筒形器台3型式，丹塗甕1・2型式，長頸壺A1型式，瓢形壺1型式が有意に組み合う。椀はやはり安定して存在する。甕棺は3bc型式と共伴例がある。一方，壺A・Bは，用いた共伴例では存在しなかった。しかし，他の遺跡・遺構では存在するので，全くなくなったわけではない。丹塗甕が安定して出土し，長頸壺Aや瓢形壺など丹塗器種において新しい器種が多く出現する。分析した以外にも多数の丹塗器種が出現している。

福岡・筑紫平野は資料数がよくそろっているため，それぞれの共伴関係がとくに明らかな遺構における各型式の構成比率(%)をもとに，相関係数を求めた(表9)。なお，上記5つの段階のうち1番目は除いている。また，資料数を確保するため，上記の同一器種で前後する型式がしばしば共存するものや，破片で判別が難しいものについては1つにまとめたものがある。

遺構の性質あるいはその他の理由から，本来その時期にあるべきセットがその遺構に存在していないということは当然考えられる。したがって，相対的基準で高い値を探していく。具体的にはプラスの値をとる数値で，器種ごとのセルの中で高い値をチェックすればよい。これにより各型式の共伴状況を統計的に確認できると同時に，たとえばセットと考えられる甕と甕用蓋は他の相関係数より高いかどうかもわかり，器種間の関係について知る手がかりにもなる。

その結果，器種ごとのセルの中だけに着目すると，いずれも概ね左上から右下へと相関係数の高いものがならんでいる。これは他器種の型式の時間的推移と連動していることを示している。また，器種間での型式の相関の高いものどうしの組み合わせは上記の5つの段階でみられた様相と基本的に一致している。したがって，さきの検討結果を支持するものと判断できる。

なお，器種間で比較すると，甕，器台，甕用蓋は相互に高い相関係数を示す。したがって，これらは共存することが多いということになる。また，甕と樽形甕もやや高い相関がある。一方，甕と筒形器台などはやや低い相関である。これは同一の場面ではあまり使用されないことを示すものかもしれない。それでも一定量は共伴することもわかる。筒形器台は無頸壺との相関がやや高い。これは無頸壺のような小型器種をのせて使用することを意味するのかもしれない。椀については型式分類していないのでここでは扱っていないが，そうした小型器種も含めるとさらに用途の推定は可能になろう。

次に，さきの5段階について，それらのさらに前と後に位置づけられる土器と比較する。さらに前には甕1型式を伴う土器群が存在する。甕1型式は平底であり突帯や口縁部に刻目をもつものも多いなど，甕A2型式とは明確に区別できる[6]。また，甕1型式と1段階目のセットとの共伴例はかなり少ない。そして甕1型式に伴う壺は頸部が内傾し胴部との境が明瞭ではないものであり，肩

部に沈線文をもつものも少なからず存在している。したがって，壺A0型式とは区別できる。そしてやはり1段階目のセットとの共伴は少ない。さらに甕1型式に伴う器台はなく，1段階目には器台はまだ出現していないといえる。こうした比較から両段階は明確に区別できるといえる。甕1型式を伴うセットは前期土器の属性にみられる変異をよく備えたものであり，比較的単純な器種構成であることのほかに，内傾する頸部をもつ壺，平底の甕，刻目，さらに加えれば雑なハケメなどが有意に結びついており，「パターン化された諸属性」が看取される。言い換えると前期様式の「雰囲気」をもっており，前期様式と考えて差し支えないものである。

それに比べて1段階目のセットは2段階目以降に続く要素をもっていることはもとより，器台という中期に通有の器種をもつことや，甕の脚台状の底部が高さを低くしていくことなどの連続性がある。壺の肩部に沈線文をもたない，甕の口縁部に刻目がほとんどなく，胴部突帯の刻目がないなどの共通性がある。また，甕においては甕Aのほかに，口縁部が小さな如意形になるものも地域によっては一定量みられる。この場合，多くはその他のプロポーションや突帯，底部などが甕A2型式とよく似ているものである。いまだ高杯が基本的にないなども中期的ではない。こうしたことから前期様式と中期須玖様式の過渡的様相を呈するといえる。

また，5段階目のセットの次には明らかな後期土器がくる。すでにみたように，この5段階目のセットは中期説と後期説に意見が分かれるものである。このセットは丹塗土器を多く伴い，様々な丹塗器種の創出が行われた時期でもある。一方，この直後にくる後期土器は，丹塗器種がかなり消滅しており，種類が限定され，また丹塗を施さないものも一定量ある。丹塗も簡略化され，厚めのスリップ上から磨きをかけるものが減少し，下地のハケメの上に薄い丹をかけるものも目立つ。あまり注意されていないことだが，甕用蓋がみられないことも大きな特徴といえ，大きな画期である。また鋤先口縁をもつ中期的な高杯は減少し，存続はするが粗雑化する傾向がある。壺A・Bも基本的に存在しない。こうした状況こそ，丹塗土器がなく，甕用蓋がなく，甕や鉢の調整法が粗くそろわないハケメや下地のタタキが顕著な，後期土器全体の様式的特徴である。それと比較すれば5段階目のセットはそうした一群よりもはるかに他の中期土器との様式的共通性をもっているといえよう。したがって，5段階目は後期土器と明瞭に区別できるものである。そもそも後期説は，その根拠に様式以外の年代観などを外挿したものであり，様式論的観点からは破綻するものである。

2～5段階目を比較すると，丹塗が施されない段階と施される段階に大きく分けられる。器種の増加傾向は中期を通じてあり，それぞれの段階で様相は漸進的である。甕や蓋，器台などの仕上げのハケメは整ったストロークの長いものである。また，突帯は壺など精製器種を中心に稜角付突帯が多くみられ，これら全体に共通する要素である。さらに，上からみるといずれも正円に近く，ゆがみが少ない。口縁部の付け根部や突帯の付け根には表面から接合痕が見えないほど丁寧なヨコナデが施されている。あとの章で論じるがこうした特徴は朝鮮半島の無文土器や南西諸島の土器と比べても著しく異なるものであり，瀬戸内・畿内の土器と比べてもある程度いえることである。また甕の標準サイズが日本列島の中でもかなり大きく，さらに橙色系の明るい色調もこれらの段階すべてに共通する傾向である。こうした全体を貫く特徴も加味すれば，全体を様式として認定すること

が可能である。これを総称して「須玖式」という様式名で呼ぶことにする。学史的にいわれてきたものとほぼ同じ内容であろう。

また，その中でも2・3段階目の丹塗が施されず器種がまだ少ない段階を「須玖Ⅰ式」，4・5段階目の丹塗を施す段階を「須玖Ⅱ式」という様式名で呼ぶことにする。丹塗土器を伴う段階を含めて須玖Ⅰ式とする見方や，あまり丹塗土器を考慮しない見方，あるいは須玖Ⅰ式とⅡ式は明確に分離できないとする見方などがあるようであるが，様式という観点からは以上のように分類するのが妥当である。

なお，須玖Ⅰ式は前述の様相の違いから，2段階目を「須玖Ⅰa式」，3段階目を「須玖Ⅰb式」，同様に須玖Ⅱ式は4段階目を「須玖Ⅱa式」，5段階目を「須玖Ⅱb式」という小様式に分けて考えることができる。

1段階目は，前期様式と中期須玖様式の過渡的様相であり，学史的に「城ノ越式」と呼び習わされてきた内容をもつものである。これを様式と認め，「城ノ越式」と呼称することにする。これは分類階級としては前期様式や須玖様式と同列に扱うことは難しい。むしろ須玖Ⅰa式古段階との共通性なども加味すると，様式としては，須玖式と含めて中期様式と呼んでよいものかもしれない。したがって，前期様式や須玖様式と同列の階級ではなく，むしろ，須玖Ⅰ式，須玖Ⅱ式と同じ階級と認識したほうがよかろう。

時期をいう必要があるときは，城ノ越式を「中期初頭」，須玖Ⅰ式を「中期前半」，須玖Ⅱ式を「中期後半」とする。「中期前葉」・「中葉」・「後葉」などの言葉を使用しないのは，「中期中葉」は丹塗土器を含む段階であったり，含まない段階であったり意味内容が異なりながらも，様式名を使用しない報告書や論文等で頻繁に使われており，誤解を招く恐れがあるからである。

後期については，分析を施していないので仮の様式名になるが，須玖Ⅱ式に後続する段階を，学史的名称を用いて「高三潴式」と呼ぶことにする。

以上の編年図については，簡略化したものだが第3章図9に示しているので参照されたい。

(2) 中部九州

中部九州においては，中期の様式は大きく4つ認識できる（表10）。

1) 甕C2型式，壺I1型式，壺J1型式が有意に組み合っている。甕の口縁部や突帯に刻目を施すものが多くみられる。ごく一部で器台もみられる。

2) 甕C3・C4型式，壺I2型式，壺J2型式が有意に組み合っている。器台が少量見られるようになる。上の段階と比べてそれぞれの型式が後続する型式に交代している。やや小さな鋤先口縁をもつ高杯もみられるようになる。壺類や高杯に須玖Ⅰ式と類似した要素が見出せる。

3) 甕C5・C6型式，壺I3型式，壺J3・J4型式が有意に組み合っている。高杯は安定してみられ，中には丹塗のものも散見される。やはり前段階と比べて各型式が後続するものに交代している。わずかに甕C7型式も伴出するが，本来共存するかどうか疑わしい。甕棺はKMⅢa式や甕A5型式の共伴例がある。また，丹塗の高杯A3型式の共伴も確認できる。これらの共

第4章　土器の分類・編年と様式の動態

表10　様式設定(中部九州)

		甕C						壺I				壺J					その他
		2	3	4	5	6	7	1	2	3	4	1	2	3	4	5	
上の原	上の原住居群	○						○				○					
	高野古閑K1	○										○					
黒髪I	矢護川日向J41	○	○						○				○				
	葉山FK10	○	○					○					○				
	矢護川日向J26		○														
	東園中学校K1		○										○				
黒髪IIa	矢護川日向J20			○					○					○			高杯A3●
	矢護川日向J3			○					○					○			
	谷頭J8			○	+												
	神水貯蔵穴			○	○								○				
	矢護川日向J31			○	○										○		甕棺KMIIIa
	神水IIJ1			○	○	+			○					○			
	谷頭J5			○	○	+			○					○			
	梅ノ木J2				○	?											
	神水K2								○								甕棺KMIIIa
	深堀甕棺								○								甕A5
黒髪IIb	谷頭J2				○	○							○				
	谷頭J5				○	○			○				○	○			
	矢護川日向J14				○	○								○			樽形甕A4●
	矢護川日向J37				○	○								○			樽形甕A4●
	大江南竪穴遺構				○	○								○			器台3
	梅ノ木J7					○			○								
	上ノ原甕棺													○			甕棺KMIIIbc
	大道端J3					○											甕A7
	大道小学校															○	高杯A4●　長頸壺A●

●:丹塗

伴資料はいずれも須玖IIa式にみられる型式である。

4) 甕C6・C7型式，壺I3型式，壺J4・J5型式が有意に組み合っている。甕C6型式は前段階からまたがっている。壺J4型式も同様である。甕C7・壺J5型式は新出のものである。高杯には丹塗のものが散見され，口唇部や突帯の要素に在地色の強い丹塗甕も存在する。共伴資料では丹塗土器としては樽形甕A4型式や，高杯A4型式，長頸壺Aがあり，その他の共伴資料は甕A7型式，器台3型式がある。また甕棺ではKMIIIbc式の時期と思われる地域色のあるものがみられる。これらの共伴資料はいずれも須玖IIb式にみられる型式である。

これらの各段階は型式が順次交代しており，時間的に有意な変化とみなせる。これら4つの段階のさらに前と後にくる土器と比較してみると，まず，前にくるものとしては甕1型式を伴うもので，甕や壺は，福岡・筑紫平野のうちとくに筑後・佐賀平野のものと様々な要素で共通性が高い。器種構成も類似している。甕や鉢などの調整法をみるとハケメを施す頻度はやや落ちるが，その他

は基本的に変わらない。また、ここでの1段階目のセットは城ノ越式とよく似ている。甕の口縁部の微妙な形態や、甕・鉢の口縁部・突帯部に刻目を施す頻度が高い点でやや異なるが、その他の部位や器種構成、壺の形態についても概ね類似しているといえる。したがって、前期段階の様式は基本的に筑後・佐賀平野のものと同じ様式に含めることができる。そして1段階目はそれに後続するものであり、型式学的にも城ノ越式に類似することから、城ノ越式に併行する可能性が高い。なお、1段階目の甕や鉢の底部が脚台状であることは城ノ越式と共通する要素であり、前期と画する大きな差異でもある。このあと、筑紫平野ではしだいに底部が薄く低くなっていくが、中部九州では逆にしっかりとした中空の脚台になっていく。従来黒髪式として知られる甕の大きな特徴とされてきたのはこの中空脚台である。まさにその始まりが1段階目の脚台状底部にあるといえる。前期との連続性は器種構成や底部以外の属性にみられるが、どちらかといえば中期的要素をもつともいえよう。前期様式と黒髪様式の間にこの段階を位置づけることができる。城ノ越式との類似性から、中期初頭とみてよかろう。これを様式と認定し、「上の原式」とする。

また、明らかな後期土器は口縁部が「く」の字状を呈し、底部の脚台は発達する。こうした様相と比較すれば、4段階目が最も近いといえる。しかし、後期のものは甕の口縁部は「く」の字状または、その内面にわずかに痕跡的な突出が認められるだけである。甕C6・C7型式は、口縁部は斜め上方にのびるためそれに近いともいえるが、口縁部上面がくぼみ、内面の突出も強いものであるため、型式学的にも一線を画せる。「く」の字口縁は後期を通じて存在し、しだいに長くのびていく。口縁部の形状からすると、4段階目のものは後期様式よりも中期様式的である。また丹塗土器は、明らかな後期のものでは相対的に発達せず、袋状口縁長頸壺の口縁部に稜線がつくものや強く内側に傾くものに丹塗を施される程度であり、器種が限られている。少量であっても数器種に及んで丹塗が施されるものがみられるのは4段階目までである。したがって、4段階目は中期様式的要素をもっているといえよう。

2～4段階目までは、時間とともに器種が増加する傾向があるが、器種の消滅がないこと、各型式が継起連続する点や、甕口縁部の上面が内傾し内外に突出すること、脚台状の底部をもつこと、タタキ痕がほとんど表面にみられない調整をすることなど共通点が多い。また、壺などの精製器種で稜角付突帯がみられること、鋤先状口縁をもった高杯があることなどの共通性から様式と認定し、大きく「黒髪式」と呼ぶ。

この黒髪式を詳細にみると、丹塗土器を伴わず器種構成が単純なもの(2段階目)と丹塗土器を伴い、器種が増加するもの(3・4段階目)とがある。後者では高杯が安定して存在している。そこで、前者を「黒髪Ⅰ式」、後者を「黒髪Ⅱ式」と様式名をつける。さらに黒髪Ⅱ式は甕C6型式を共有しているなど、分離が難しいところもあるが、仔細にみると上で述べたような差異がある。そこでそれらを低次の階級の様式とみなし、3段階目の様式を「黒髪Ⅱa式」、4段階目の様式を「黒髪Ⅱb式」と呼ぶことにする。それに後続する様式はとくに名称が定まっていないが、西(1983)が後期初頭とした熊本県囲貝塚出土土器などがそれにあたろう。分析を施していないため、仮の様式名として「囲式」と呼んでおく。

時期をいうときは以下のように呼ぶ。上の原式は城ノ越式との類似度が高く，併行すると考えられるため「中期初頭」とする。黒髪I式は，須玖I式との類似性があることや，次の黒髪IIa式が型式の共有・共伴から須玖IIa式に併行することが明らかであるので「中期前半」とする。黒髪IIa式はそのような理由から須玖IIa式併行であり，黒髪IIb式も型式の共有・共伴から須玖IIb式併行であるとみなせる。つまり，黒髪II式の存続期間はほぼ須玖I式の存続期間に一致することになる。したがって黒髪II式を「中期後半」とする。なお，囲式は「後期初頭」とする。

以上の検討から，従来黒髪式とされてきたものは，存続期間が須玖式と一致し，その最後でさえ須玖式の最後と一致することになる。したがって，長年の問題であった黒髪式の位置づけは中期土器として確定してよかろう。

(3) 南部九州・日向

南部九州と日向(宮崎平野)においては，以下のようにまとめられた(表11)。なお，ここでは薩摩・大隅だけではなく甕Dの分布範囲である日向まで含める。良好な一括資料が少ないため，遺構出土以外のものや溝出土資料も加えている。甕Eは宮崎平野に主体となって存在するものであり，それは表の下に別欄を設けて検討する。

1) 甕D2型式，壺MN2型式が有意に組み合っている。この段階は中期に盛行する多くの器種がいまだみられない。

2) 甕D3型式，壺KL1型式，壺MN3型式，大甕1型式が有意に組み合っている。甕D，壺MNは前段階のものに後続する型式に交代している。壺KLと大甕は新たに出現する器種である。なお，外来系のものとしては，瀬戸内第III様式かと思われる壺との共伴例がある。さらに，時期幅があると思われる溝内の出土で厳密には共伴といえないが，甕A4型式(須玖Ib式)，甕A5型式(須玖IIa式)，甕C4型式(黒髪I式)が出土している。

3) 良好な一括資料は1例しかない。しかしこれは焼失住居であり，住居内でのセット関係を知る貴重な資料である。甕D4型式，壺MN4型式が共伴している。また，壺A2型式もしくはA3型式にきわめて類似したものが完形で2点出土している。胎土等からみて在地製作と考えられるもので，丹塗はみられない。器形は通常の壺A2・A3型式と微妙に異なっているため正確な同定ができないが，頸部の暗文などからA3型式に近いと考える。また，壺Cに似た鋤先口縁をもち，胴部最大径部に稜角付突帯を施す小型の壺も共伴している。これも胎土から在地製作とみられ，頸部に丹彩文が施されている。須玖Ib式〜須玖IIa式にみられるものに酷似する。口頸部の形態など，どちらかといえば須玖IIa式に近いと考える。甕D4型式と壺MN4型式は前段階のものに後続するものであり，さらに次の段階に先行するものであることから，一時期としてみとめうる。

4) 甕D5型式，壺KL2型式，壺MN5型式，大甕3型式が有意に組み合う。一部甕D4型式もみられるが，基本的にいずれも前段階に後続する型式に交代している。壺KL2型式の中に瀬戸内第IV様式の要素である矢羽透しを沈線に置き換え口縁部の上面や胴部に施文したもの

表11 様式設定(南部九州・日向)

			甕D					甕E		壺KL			壺MN					壺F	壺A			壺B	
			2	3	4	5	6	1	2	1	2	3	2	3	4	5	6		2	3	4	1	2
日向・鹿児島	入来I	入来U字溝	○										○										
		鐙住居群	○										○										
		入来北東V字溝	○	+									○										
	入来II	高橋貝塚表土	○	○									○	○									
		入来南斜面		○										○									
		入来西南V字溝		○										○									
		前原北SA32号住居		○						○				○									
		水の谷SA03号住居		○						?				○									
		前原北SA39号住居		○						○				○									
		前原北SA53号住居		○										○									
		前原北SA55号住居		○						○				○									
		前原北SC37号住居		○										○									
鹿児島	山ノ口I	吉ヶ崎1号住居			○										○				○				
	山ノ口II	山ノ口B祭祀			+	○					○				○								
		前畑2住居			+	○																	
		山ノ口C祭祀				○									○								?
		王子8号住居			○	○					○				○								
		王子3号住居				○																	
		王子14号住居				○					○				○								
		王子15号住居				○					○				○								
		王子16号住居				○					○												
		前畑2掘建柱建物				○					○				○								
		王子26号住居				○					☆												
		王子27号住居				○																	
	高付	高付遺跡			+	+	○				+	○											
		塚崎遺跡				+	○																
日向	中溝	前原北SA22号住居						○										○					
		新田原6号住居						○										○					
		堂地東SA7号住居			?			+	○														
		堂地東SA12号住居			?				○														
		堂地東SA19号住居			+				○														
		樋田SA1号住居							○														
		新田原4号住居																○					
		新田原3号住居																○					

●：丹塗
☆：矢羽透し文

がある。また外来系の土器としては瀬戸内第IV様式に属する高杯や，凹線文をもつ口縁部が比較的多く共伴している。また，甕A7型式(須玖IIb式)の模倣かと思われるものもある。そのほか，無頸壺Dや椀も存在する。

5) 包含層資料しかないが，甕の主体はD6型式である。壺KL3型式，大甕4型式がみられ，主体は前段階の次の型式となっている。いずれも直前の型式を少量伴出しており，時期の近接性を示唆している。

以上，5つの段階のうち，1・2番目の段階は，南部九州だけでなく日向にも共通する。以上を通じて基本的に在地の丹塗土器はほとんどなく，高杯が全くないことは注目される。無頸壺，椀など

第4章　土器の分類・編年と様式の動態

大甕				長頸壺C
1	2	3	4	
○				甕A4 甕A5 甕C4
○				甕B5
				瀬戸内Ⅲ
		○		甕A7
	○			
	○			
				瀬戸内Ⅳ高杯
				瀬戸内Ⅳ
			○	
		+	○	

○				甕B5 長頸壺B? 瀬戸内Ⅳ
				高杯(須玖Ⅱb) 瀬戸内Ⅳ
				丹塗甕●
○				瀬戸内Ⅳ
				甕B5?

小型器種は4番目の段階になって明瞭になる。

6)　日向では甕Eが多くみられ，南部九州ではきわめて客体的にしか存在しない。甕E1・E2型式と壺Fが伴っており，一部南部九州のものとの共伴がみられる。それは甕D5型式や壺KL2型式，大甕3型式である。甕E1型式を伴うものとE2型式を伴うものの間で有意差はみられない。その他の外来系土器としては，瀬戸内Ⅳ様式と多くの共伴例がある。また九州内の土器とも共伴例があり，甕B5型式，高杯(須玖Ⅱb式)のほか長頸壺Bかと思われるものがみられる。丹塗甕との共伴例もある。なお，在地の高杯がないことに注目しておきたい。

以上の6つの単位については，まず1～5番目のセットは，各種の型式が一連の継起をする。それぞれ独自の型式のセットをもっており，様式として認定できる。それらの前段階には甕1型式に伴うセットがあり，それは筑後・佐賀平野から中部九州にかけてのものと非常によく似ている。とくに中部九州のものとはあらゆる属性において類似性が高い。しいて差異をあげれば，甕や鉢にはハケメが施されるものが少なく，やや色調が暗い程度である。こうした強い類似度から，それを前期と認めてよい。つまり筑後・佐賀平野から南部九州という範囲で類似性の高い土器群が前期末まで存在したということである。この様式を「亀ノ甲式」と仮称したい。

　　1番目のセットはそれに後続するもので，城ノ越式や上の原式と類似度が高い。広域で斉一性の高い亀ノ甲式が，各地で地域性のある中期様式へと差異化を深めるもっとも初めの段階にあたると考えられ，いまだ地域差は小さい段階といえる。様式のそうした型式学的距離からいっても城ノ越式や上の原式に併行すると考えられる。これは河口が入来式と呼んだもので，「入来Ⅰ式」とする。2番目のセットは従来「中期中葉」などと呼ばれていたもので，河口の第Ⅳ様式にあたり，実質的には3番目のセットもその中に入れられていた。この「中期中葉」は「入来式でも一の宮式でもないものはすべて『中期中葉』に寄せ集められたかたち」であり「『余りもの』を集めたものを『中期中葉』と呼び慣わしているのが現状」(中園，1986a: 58)でよく整理されていないという問題点があった。また3番目のセットは「吉ヶ崎式」と

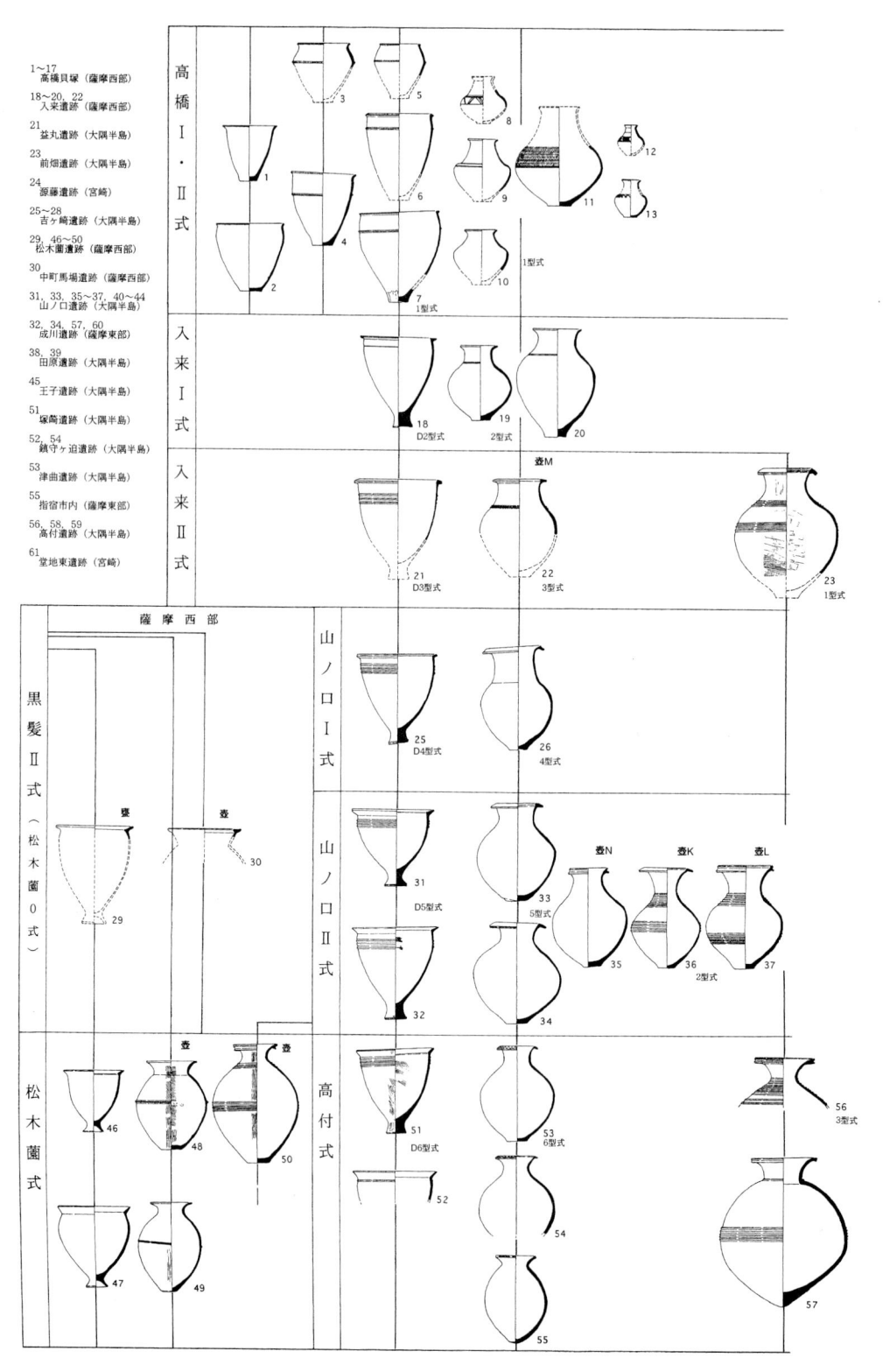

1〜17
　高橋貝塚（薩摩西部）
18〜20, 22
　入来遺跡（薩摩西部）
21
　益丸遺跡（大隅半島）
23
　前畑遺跡（大隅半島）
24
　源藤遺跡（宮崎）
25〜28
　吉ヶ崎遺跡（大隅半島）
29, 46〜50
　松木薗遺跡（薩摩西部）
30
　中町馬場遺跡（薩摩西部）
31, 33, 35〜37, 40〜44
　山ノ口遺跡（大隅半島）
32, 34, 57, 60
　成川遺跡（薩摩東部）
38, 39
　田原遺跡（大隅半島）
45
　王子遺跡（大隅半島）
51
　塚崎遺跡（大隅半島）
52, 54
　鎮守ヶ迫遺跡（大隅半島）
53
　津曲遺跡（大隅半島）
55
　指宿市内（薩摩東部）
56, 58, 59
　高付遺跡（大隅半島）
61
　堂地東遺跡（宮崎）

図92　南部九州地域編年図

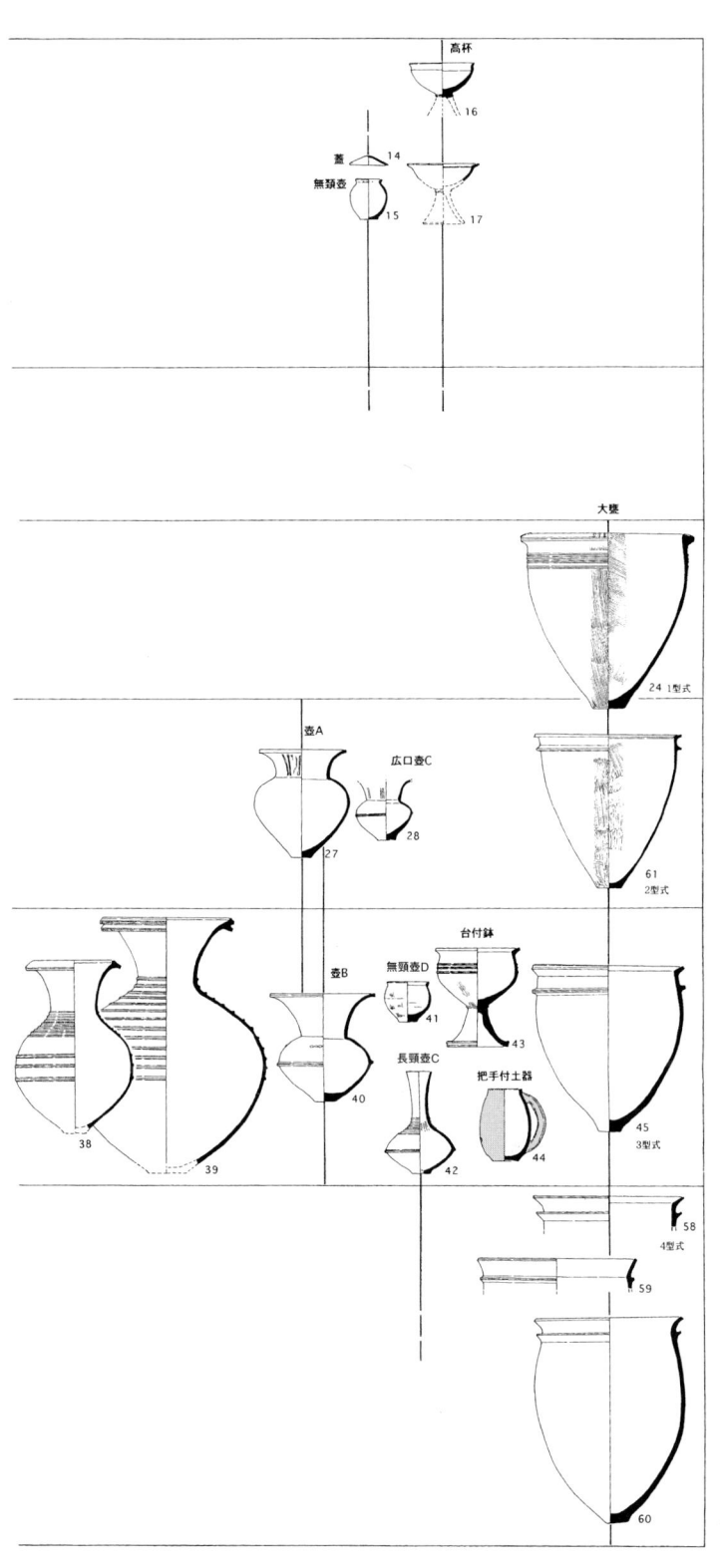

第 4 章　土器の分類・編年と様式の動態　　221

（中園，1997 を改変）

表12 様式設定(東部九州)

様式	遺構	甕B 2	甕B 3	甕B 4	甕B 5	壺A 0	壺A 1	壺A 2	壺A 3	壺B 1	壺B 2	壺F	壺G 1	壺G 2	壺G 3	壺G 4	壺H 1	壺H 2	高杯A 1	高杯A 2	高杯A 3	高杯A 4	高杯A 5
豊前I	馬場山A4貯蔵穴	○	○										○				○						
豊前I	下稗田H54貯蔵穴	○	○										○										
豊前I	下稗田F53貯蔵穴	○												○									
豊前I	下稗田D221貯蔵穴	○	○														○						
豊前II	下稗田AJ6		○										○				○						
豊前II	下稗田A1貯蔵穴		○										○				○						
豊前II	下稗田C28貯蔵穴		○										○				○						
豊前II	下稗田CJ5		○														○						
豊前II	下稗田C72貯蔵穴		○				○						○										
豊前II	下稗田B88貯蔵穴		○										○										
豊前II	下稗田A95貯蔵穴		○										○										
豊前IIIa	下稗田A96貯蔵穴		○	○						○					○	○	▽						
豊前IIIa	下稗田C109貯蔵穴		○	○												○	▽						
豊前IIIa	下稗田A106貯蔵穴		○	○													▽						
豊前IIIa	下稗田F6貯蔵穴		○	○												○					○		
豊前IIIa	下稗田F76貯蔵穴		○	○												●	▽			○	○		
豊前IIIa	下稗田C358貯蔵穴			○											○		▽				○		
豊前IIIa	下稗田B232貯蔵穴			○											○						○		
豊前IIIa	下稗田D49貯蔵穴			○													▽				○		
豊前IIIa	下稗田D200貯蔵穴			○												○					○		
豊前IIIa	下稗田C87貯蔵穴			○												○							
豊前IIIa	下稗田A158貯蔵穴			○																	○		
豊前IIIa	下稗田IK2			○				○															
豊前IIIa	馬場山K1			○													▽						
豊前IIIa	下稗田C341貯蔵穴			○												●						○	
豊前IIIa	前田山K35			○				○															
豊前IIIa	前田山K5			○				●															
豊前IIIa	下稗田D417貯蔵穴			○	○			?							○	○	▽						
豊前IIIa	下稗田F94貯蔵穴			○	○											○	▽					●	
豊前IIIb	樋尻道不定形遺構				○							○						○				●	
豊前IIIb	野口240号墓				○																	●	
豊前IIIb	野口139号墓				○																	●	
豊前IIIb	下稗田D86貯蔵穴				○							○											
豊前IIIb	下稗田ES1														○							●	
豊前IIIb	野口211号墓																					●	
豊前IIIb	野口237号墓											○						○					
豊前IIIb	野口236号墓																	○					
豊前IIIb	野口243号墓																	○				●	
豊前IIIb	野口259号墓																					○	
豊前IIIb	野口252号墓																					○	
豊前IIIb	樋尻道27号墓																	○					
豊前IIIb	前田山S21																	●					
豊前IIIb	前田山S3															○						●	
豊前IIIb	前田山K42											●											

▽:後出の要素
●:丹塗甕

第4章 土器の分類・編年と様式の動態　　223

も呼ばれているもので，それが「中期中葉」から分離されたことになり，2番目のセットについてはますます名称がなくなってしまう。この2番目の段階はやはり独自の型式からなっており，様式と認定しておきたい。そこで「入来Ⅱ式」と呼ぶことにする。これはかつて河口によって非公式ながら仮称されたことがあるということなので，それを採用する[7]。なお，入来Ⅰ式と入来Ⅱ式とをまとめて入来式とは呼ばないことにする。資料数の少ない現状では様式の階層関係の検討に若干無理があるからである。入来Ⅱ式までは南部九州から日向まで広域に分布する様式である。

　3番目のセットは類例が少ないが，独自の型式からなっており様式と認めうる。次の4番目のセットはいわゆる典型的な山ノ口式だが，広域に存在する入来Ⅱ式に比べて分布範囲は狭い。3番目のセットの段階ですでに分布域がそれと同程度に縮小しており，形態的にも山ノ口式に近いものである。したがって，ここでは3番目のセットと4番目のセットを大きく1つの様式と考えて「山ノ口式」とし，前者を「山ノ口Ⅰ式」，後者を「山ノ口Ⅱ式」と呼ぶことにする。なお，山ノ口Ⅱ式の中には，薩摩半島東部に存在する一の宮式も含められる。一の宮式については前の章で述べたが，山ノ口Ⅱ式に包括される小様式である。

　5番目のセットも様式として認められる。これを「高付(たかつき)式」とする。分布範囲は山ノ口Ⅱ式と同程度か，さらに縮小するものとみられる。

　時期をいうときは以下のように呼ぶ。入来Ⅰ式は城ノ越式，上の原式と併行すると考えられるため「中期初頭」とし，入来Ⅱ式は須玖Ⅰ式，黒髪Ⅰ式とほぼ併行関係にあると考えられるので「中期前半」とする。次の山ノ口Ⅰ式は共伴する須玖式系の正確な同定が難しいが，おそらく須玖Ⅱa式に併行すると考えるのが最も妥当であろう。また，山ノ口Ⅱ式は共伴する土器から須玖Ⅱb式と併行すると考えられる。これは，先行する山ノ口Ⅰ式を須玖Ⅱa式併行とみる考えを補強する。したがって，山ノ口式は「中期後半」とする。なお，高付式は明確な共伴資料がないが，須玖Ⅱb式より新しいとみて「後期初頭」としてよいであろう。ただし，後続する諸型式との比較検討を行っていないため，後期初頭に限定してよいかどうかは不明である。ここでは山ノ口式に連なる後期様式として，大きく「高付式」と呼ぶこととし，ここで検討した分の高付式は後期の古い段階のものとしてとらえておく。なお，本書中ではこの後期の古い段階のものについてたんに「高付式」と称することがあるので，文脈に注意されたい。

図92に南部九州の弥生土器編年図を掲げた。薩摩西部で山ノ口式に併行する黒髪II式(松木薗0式)および後期の高付式に併行する松木薗式も含めて示しているので参照されたい。

(4) 東部九州(豊前)

東部九州(豊前)においては,以下のようにまとめられた(表12)。

1) 甕B2型式を主体としてB3型式も伴う。それと壺G1・G2型式,高杯A1式が有意に組み合っている。この段階は中期に盛行する多くの器種がみられないが,高杯が伴うことは注目される。なお,甕B3型式が伴うのは厳密な一括資料でないためか,それともそれが実態なのかは不明である。

2) 甕B3型式,壺G3型式,壺H1型式が有意に組み合う。壺A1型式も伴っている。各型式は前段階の次の型式に交代している。とりあげた例には高杯は存在しなかった。前段階と比べて壺Gの型式が次のものに交代し,壺Hが新たに出現している。前段階にみられた甕B2型式は存在せず,B3型式だけになっている。

3) 甕B4型式を主体として壺A2型式,壺G3・G4型式,壺H1型式(壺H2型式に近い要素あり),高杯A3型式が有意に組み合う。また,壺B2型式や丹塗甕,長頸壺Bもみられる。樽形甕Bも一部でみられる。前段階の次の型式や新しい器種が出現しており,丹塗器種もみられるようになっている。

4) 甕B5型式,壺F,壺H2型式,高杯4型式,丹塗甕2型式,長頸壺Bが有意に組み合う。壺G4型式も存在する。丹塗器種も比較的安定して出土し,甕B,壺H,高杯Aにおいて次の型式が出現している。また壺Fは新出の器種である。その一方で,前段階と多少だぶる型式もある。

これらの段階は一連の変化とみなせる。1番目の段階は,2番目の段階に単純でみられる甕B3型式を甕B2と共存するかたちであるのは多少疑問がある。壺Gの古手とみられる型式を伴うが,高杯A1型式も存在している。高杯A1型式は福岡・筑紫平野ではかなり少なく,わずかな共伴例は須玖Ia式および須玖Ib式でも古相を呈するものである。したがって,須玖Ia式に併行する可能性もある。しかし,この種の高杯は東部九州地域のほうが古く出現し,高杯A1の存続幅が城ノ越式から須玖Ia式まで及ぶ可能性もある。この段階はその安定性も含めて将来の検討が必要であろう。さらに前段階は前期末とされており,おそらくこの段階は城ノ越式と多少は時間を共有することは確実だと思われる。ただし,須玖Ia式とも多少時間を共有する可能性を考えておかなければならない。

2番目の段階は壺A1型式が伴っており,須玖I式に併行するものとみられる。この段階の様相は前後と比較すれば安定しているといえる。3番目の段階は丹塗や新しい器種の出現などあり,壺A2型式や高杯A3型式が安定して出土することから,須玖IIa式に併行するとみられる。このことからいっても2番目の段階は少なくとも須玖Ib式と併行関係にあると考えられる。4番目の段階はやはり新たな型式が加わり,型式も変化しているが3番目の段階とだぶりもあるため,3番目

と4番目を大きくまとめることができよう。4番目の段階では高杯A4型式が安定して出土しており，須玖IIb式との併行関係がうかがえる。

　これら4つの段階はとりあえず様式として認定して差し支えないものであろう。なお，この地域の中期様式は基本的に福岡・筑紫平野のものと全く同じ名称で呼ばれていた。たしかに共有する器種や様相が似ていることもあるが，しかし甕の口縁部形態は一貫して異なっており，異なる器種もかなりある。こうした状況からすれば，中部九州や南部九州と比べても福岡・筑紫平野と同じ名称で呼ばなければならない特段の理由はみつからない。むしろ様式の階層という観点からいえば，異なる名称で呼ぶことも選択肢としては考えるべきであろうと思われる。したがって，ここでは一応別に様式名をつけることにする。ただしそれぞれの様式の内容を想起しやすい適当な遺跡名等はいまのところつけにくいので，仮に，1番目から順に，「豊前I式」，「豊前II式」とし，後の2つは型式のだぶりや丹塗という点での共通性などを考慮し，「豊前III式」としてまとめ，その中の時間をよく反映する小様式として「豊前IIIa式」，「豊前IIIb式」とする。

　時期の名称でいうときは，豊前I式は須玖Ia式と多少併行する可能性もあるが，城ノ越式にほぼ併行とみなして「中期初頭」としておく。豊前II式は須玖I式併行と考えられるため「中期前半」とする。豊前III式は須玖II式併行であるので「中期後半」とする。

　さて，ここにおいても，九州の他の地域と同様，後になるほど器種の数が増加する傾向があり，後半期には丹塗のものがみられるようになることがわかる。福岡・筑紫平野の丹塗が施される型式と形態上同一のものに着目すると，東部九州のほうが丹塗のないものが多く，福岡・筑紫平野のほうが器種と丹塗の対応関係がより厳密であることがわかる。福岡・筑紫平野に丹塗器種の種類が多いこともそれを支持する。

　以下に，それら様式間の併行関係を示す資料を具体的にあげながら，検討する。

2. 九州内および瀬戸内・畿内との併行関係

　上で述べたそれぞれの相互の併行関係は，様式的類似性，型式の共有，搬入土器，文様など要素などをもとに推定してきた。上であげた各地の様式の空間的位置もいまだ仮説的なものではあるが，便宜的にその単位を用いて相互の併行関係を具体的にみていく。

　なお，九州各地の様式間の併行関係だけでなく，瀬戸内・畿内との併行関係も確認する。資料の中には九州各地の土器と瀬戸内地域の土器とがいっしょに共伴するものがあり，そのようなものは幸いにも一括して確認できることになる。上ではそうした例を一部とりあげたが，各地域の様式の時間的前後関係やセット関係の確認に主眼があったため，そのような各地の土器の共伴例をカバーしたわけではなかった。ここで再度詳しく検討する。

　九州各地の様式は，隣り合う様式間では併行関係の把握は比較的容易である。とくに須玖式あるいは須玖式に起源する器種は，量の多少を問わなければ九州全域から出土する。須玖式が主体となる分布範囲においては他の様式との直接の共伴関係がわかる例は少ない。豊前も含めて北部九州では瀬戸内系の土器との間で排他性が顕著である。北九州市守恒遺跡出土の凹線文系高杯などは貴重

な資料だが，残念ながら伴出資料との関係が明確ではない。一方，北部九州をとりまく周辺地域には須玖式をはじめ他の様式との共伴が確認できる例がむしろ多い。とりわけ南部九州や日向においては九州各地の土器や瀬戸内系土器の共伴がみられるなど，同時性の把握にあたって恰好の地域といえる。

　西は，黒髪式の独自性を強調してはならず，在地系・折衷系・北部九州系の3つが統合して黒髪式を形成しているということを強調している(西，1983: 102)。このように，上で実際に検討したように，同時性の確認が一括資料で直接できる性質のものや，一つの個体における属性レベルでの共存を示すものなど，性質はさまざまあるということになる。また，遺跡においても厳密な共伴とはいいにくいものもあるが，それらを駆使しながら併行関係をおさえることになる。

(1) 北部九州・中部九州

　南筑後は北部九州的要素と中部九州的要素とが混在する地域である。福岡県瀬高町の権現塚北遺跡で，「南筑後KIc式」(橋口，1985b)とされる中期前半(須玖I式併行)とみられる専用甕棺の墓壙内に切り合って接する「小児棺」は，いずれも黒髪I式に含まれうる甕である。切り合い関係からは「小児棺」が後出するが，北部九州では甕棺に伴う「小児棺」はほぼ同時期であることが多く，この遺跡では黒髪II式に下るものは認められないことから，上での検討のとおり，須玖I式と黒髪I式の併行関係を示唆している。

　同じく瀬高町の大道端遺跡B区3号住居跡(図93)や大江南遺跡竪穴遺構(図94)等でも須玖IIb

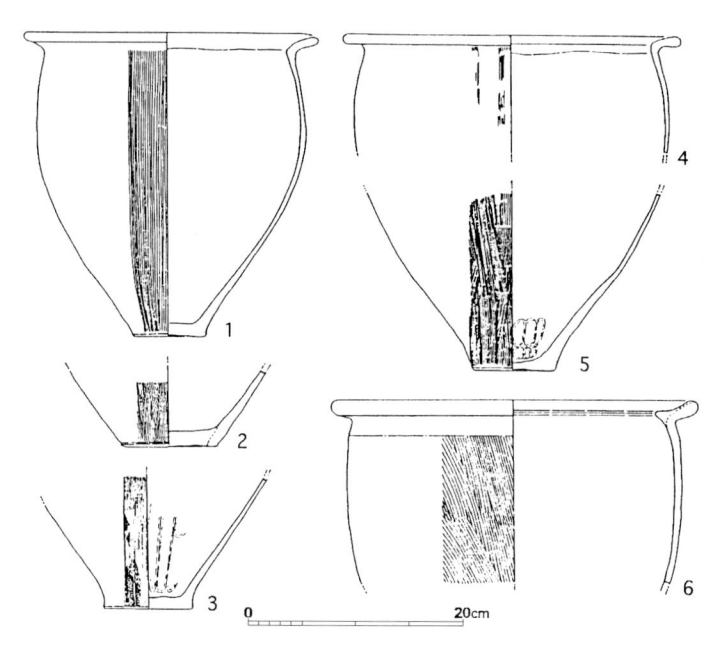

図93　福岡県大道端遺跡B区3号住居跡出土土器(関(編)，1977より)
　　　1〜5 須玖IIb式，6 黒髪IIb式

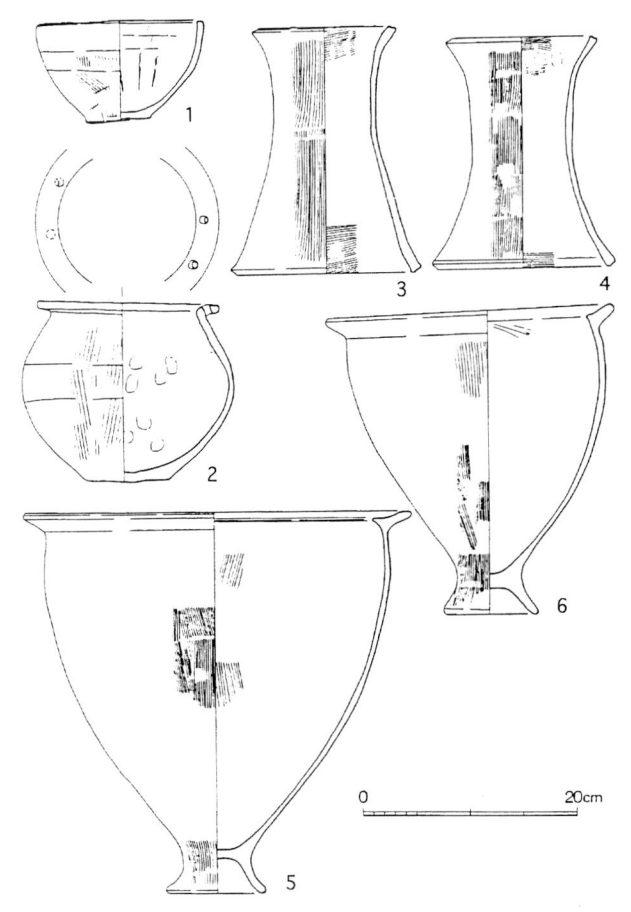

第 4 章　土器の分類・編年と様式の動態

図 94　福岡県大江南遺跡竪穴遺構出土土器（川述，1986 より）
1〜4 須玖 IIb 式，5・6 黒髪 IIb 式

式と黒髪 IIb 式とが共伴している。大江南遺跡の例は無頸壺（図 94-2）がやや新相のきらいもあるが，福岡県夜須町金山遺跡の資料を須玖 IIb 式とする本書の見地からすれば，器台は須玖 IIb 式にとどめておいてよかろう。したがって，無理に後期に下ろす必要はなく，やはり上で検討したように，両者の併行関係は確認できる。

　また黒髪式が主体となる分布域においては，熊本市神水遺跡第 3 次 11 号・19 号・23 号住居跡等で，黒髪 IIa 式を中心とする土器に伴って須玖 IIa 式に位置づけられる土器が出土している。また，熊本県大津町矢護川日向遺跡 20 号住居跡等でも同様である。こうしたことから須玖 IIa 式と黒髪 IIa 式は併行関係にあるということができ，以上から須玖 II 式と黒髪 II 式が併行関係にあることは強く示唆されよう。

　黒髪 II 式に後続する後期初頭の様式は，上で「囲式」と呼ぶことにしたが，熊本県八代市の下堀切遺跡出土土器もこの段階の良好な資料である（図 95）。なお，この遺跡では第 V 様式初頭とみられる山陽系の甕が多く出土し，同系の高杯も出土している（図 95-6〜11）。袋状口縁をもつ壺（4）

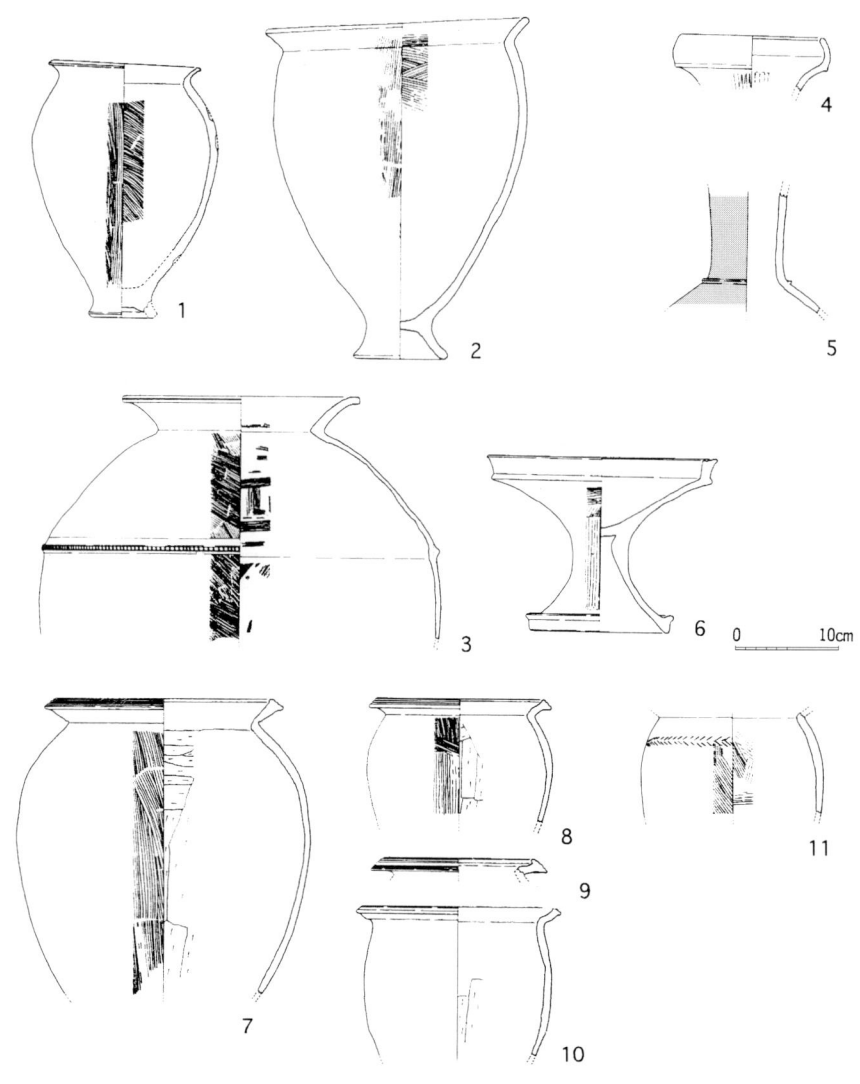

図95 熊本県下堀切遺跡包含層出土土器（吉永（編），1989より）
1～5 囲式，6～10 瀬戸内系第Ⅴ様式（古）

も出土しているが須玖Ⅱ式とは異なっており，やはり後続する後期初頭のものと考えて差し支えあるまい。また，熊本市神水遺跡でも型式学的にみて黒髪式に後続する壺と，中部瀬戸内系かとみられる第Ⅴ様式でも比較的古い段階のものとがセットになって，甕棺として使用されている。黒髪式に後続する土器（囲式）は，とくに壺において十分な整理が行われていないので，本例は参考にとどめておきたい。

　以上から中期後半代についていえば，須玖Ⅱ式と黒髪Ⅱ式の存続期間がほぼ一致するといえる。そうであればそれに直続する囲式がⅤ様式の初頭に併行するので，須玖Ⅱ式＝黒髪Ⅱ式＝第Ⅳ様式という関係を論理的に導き出せることになる。

第4章　土器の分類・編年と様式の動態　　229

(2) 南部九州・日向

　九州の中期土器様式の併行関係をさらに決定的にするのは，南部九州・日向の諸例である。薩摩半島西部にある鹿児島県吹上町の入来遺跡西南Ｖ字溝では，厳密には共伴ではないが，主体とする入来II式のほかに，須玖Ib式および須玖IIa式の可能性のある甕，そして黒髪I式の甕が出土している。また，宮崎県前原北遺跡SC37住居跡では入来II式に共伴して，肩～胴部に櫛描波状文を施し，口唇部がかすかに凹線状を呈する壺が出土している（図96-2）。この壺は型式的に微妙な点もあるが，瀬戸内第III様式に該当する可能性がある。入来II式＝須玖I式＝第III様式と捉えられれば，須玖I式と中山IV式（第III様式）とが併行するという従来の知見（小田，1979）とも矛盾しない。山ノ口式が入来II式に後続することはこれまでの研究史に照らしてもまったく異論は出ていない。入来II式は日向・大隅・薩摩という広域に分布する様式である。ところが山ノ口式が主体となる遺跡は，日向と薩摩半島西部には存在しない。これらの両地域で入来II式に後続する時期の遺跡がまったくないとは考えられないことから，入来II式からの直接の系譜がひけないものに転換したと考えたほうが自然である。その有力候補として薩摩半島西部では黒髪II式があげられ，日向では中溝式があげられよう。このように論理的に考えることができるが，実際の共伴例もそれを支持するのである。

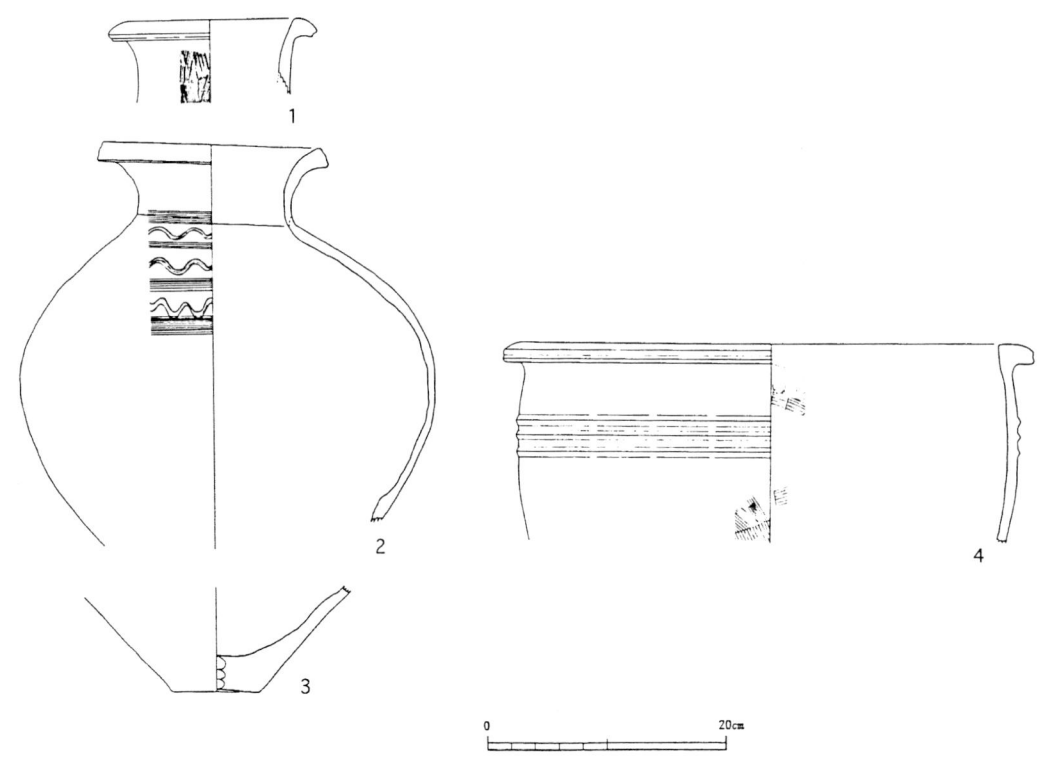

図96　宮崎県前原北遺跡SC37住居跡出土土器（長友(編)，1988より）
　　　　1・4入来II式，2瀬戸内系第III様式

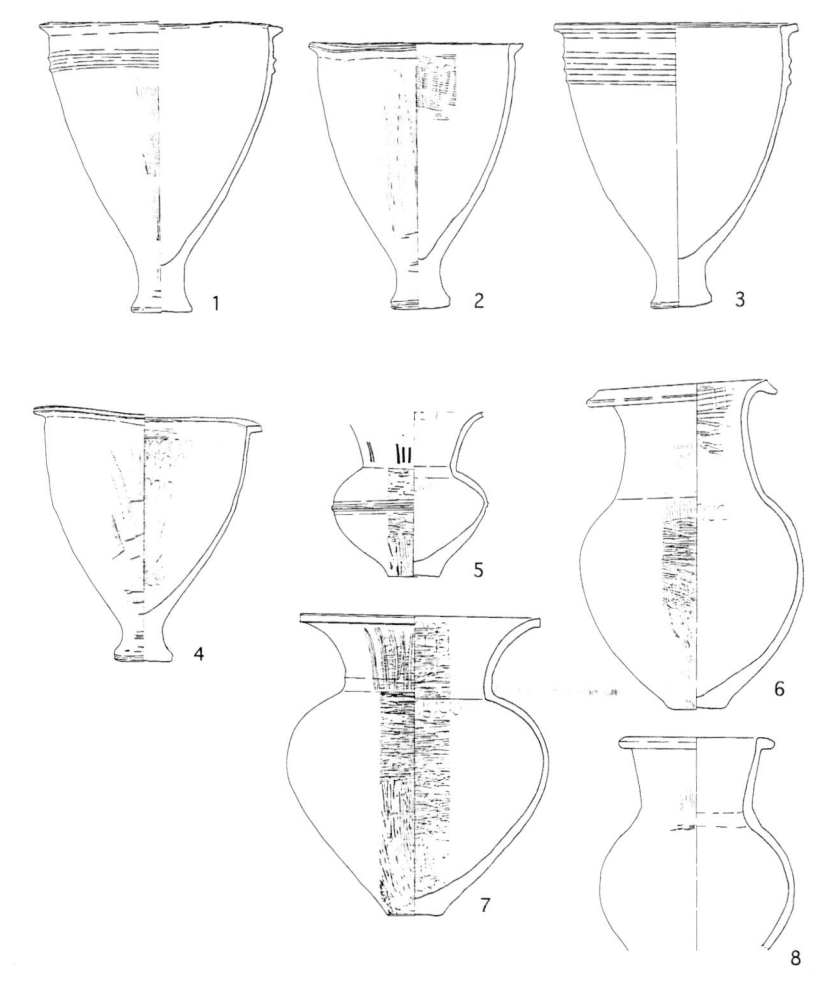

図97 鹿児島県吉ヶ崎遺跡1号住居址出土土器
5・7は，須玖Ib式または須玖IIa式に該当する在地製作の壺．おそらく須玖IIa式期であろう．その他は山ノ口I式．これらは焼失住居から出土した良好な資料である．

　山ノ口式の中でも古い段階に位置づけられるものは，大隅半島にある鹿児島県串良町吉ヶ崎遺跡の焼失住居から出土したものである（図97）．置き捨ての状態であり，土器もほとんど完形である．これはすでに述べた山ノ口I式の標準資料を出土した遺構である．さて，この一括資料の中に須玖Ib式か須玖IIa式の段階とみられる大小の壺が計3個ある（5・7）．そのうち小型壺（5）は報文中では認識されていないが，実見によれば外面に「分割暗文」に似た丹彩文が施されている．これらは須玖Ib式の段階に位置づける研究者もいると思われる資料である．いずれも胎土中に軽石らしきものや黒雲母を含んでおり，在地製作の可能性が高い．分割暗文は須玖IIa式段階にみられることや，これらの壺は口頸部の外反が強いことなどから，どちらかといえば壺A3型式に近いと判断される．したがって，須玖IIa式段階とするほうがよかろう．すると，山ノ口I式は須玖IIa式に併行するとみられる．

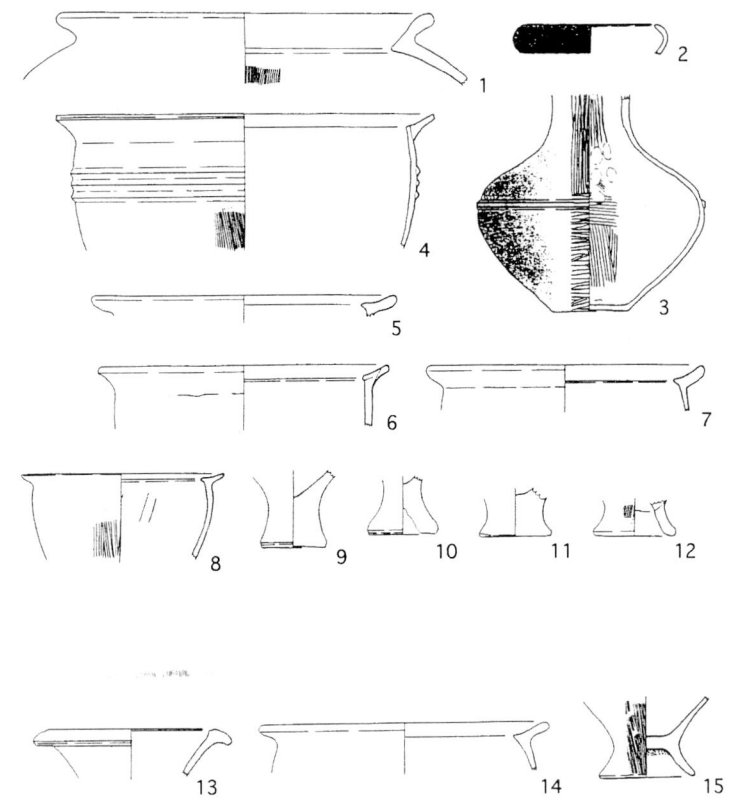

図 98 鹿児島県松木薗遺跡住居跡出土土器（本田，1984 より）
　　　黒髪 IIb 式，山ノ口 II 式，須玖 IIb 式の併行関係を示唆する重要な資料である．
　　　1 号住居址（1・5〜8・12 黒髪 IIb 式，2・3 須玖 IIb 式，4・9・10（・11）山ノ口 II 式）
　　　4 号住居址（13 山ノ口 II 式，14・15 黒髪 IIb 式）

　薩摩半島西部に位置する松木薗遺跡の 1 号住居址では黒髪 IIb 式が出土しているが，胎土からみて大隅半島からの搬入品の可能性のある山ノ口 II 式の甕（図 98-4）と共伴しており，両者の同時性がうかがえる。またこの住居では，須玖 IIb 式とみられる袋状口縁長頸壺（長頸壺 A）(2・3) がその山ノ口 II 式の甕に押しつぶされたような恰好で出土しており[8]，黒髪 IIb 式＝山ノ口 II 式＝須玖 IIb 式の併行関係が強く示唆される（図 98）。

　日向では堂地東遺跡の住居跡等でも中溝式に山ノ口 II 式が共伴しており，さらに凹線文や矢羽透しをもつ瀬戸内第 IV 様式も伴っている。また，小片ながら須玖 IIb 式の高杯（高杯 B）と思われるものも確認できる。鹿児島県国分市の上野原遺跡でも住居跡で山ノ口 II 式に中溝式が共伴している。このように中溝式と山ノ口 II 式は，日向と南部九州でクロスデーティングが可能であり，とりわけ日向においては枚挙に暇がないほどである。

　宮崎県新富町の新田原遺跡 6 号住居跡や 4 号住居跡では，下城式の系譜をひく甕（下城系統甕）や中溝式甕（図 99-5）が出土しており，山ノ口 II 式の大甕（6）や凹線文・矢羽透しをもつ瀬戸内第 IV

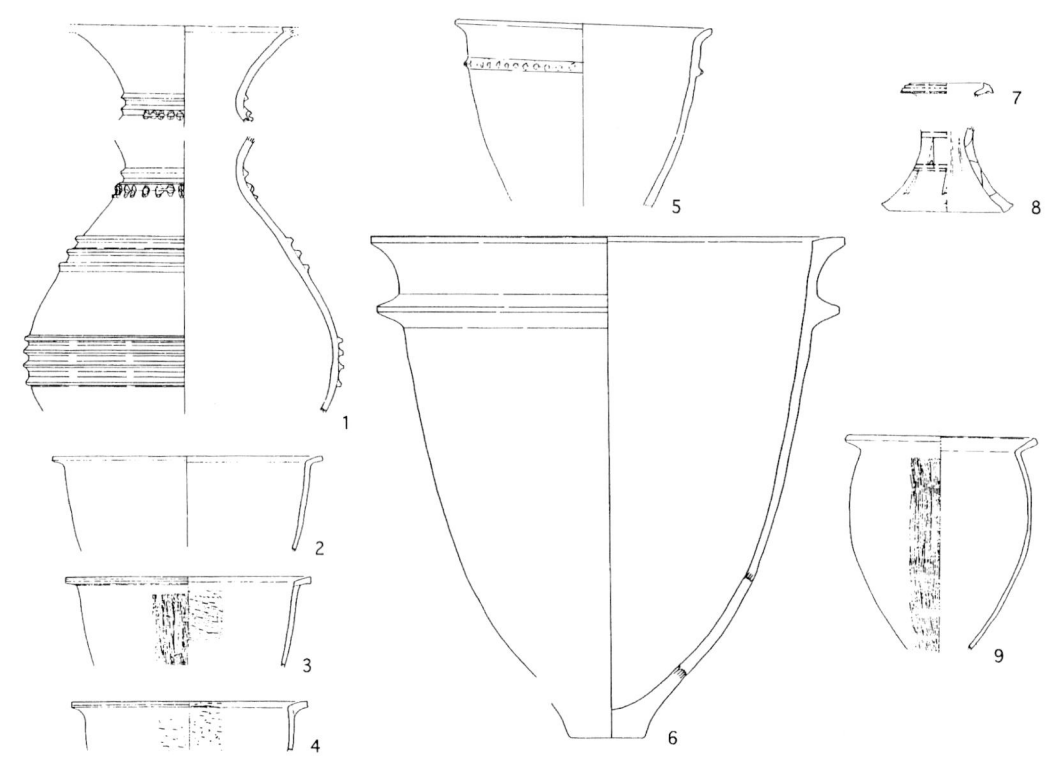

図99 宮崎県新田原遺跡6号住居跡出土土器(石川(編),1986より)
　九州の各様式と瀬戸内との併行関係を一度に把握できるような重要資料である．5 中溝式，6 山ノ口Ⅱ式，7・8 瀬戸内第Ⅳ様式，9 豊前Ⅲb式．1 は九州東半部にみられるステージⅡ(新)段階の壺で，特に豊後との関係を示唆する．2～5 は在地系．

様式(7・8)，および豊前Ⅲb式とみられる甕(9)も共伴している．さらに，豊後地方との併行関係を知りうるような壺F(1)も出土している．この壺は，プロポーションや多条突帯などが九州東半部に共通してみられるもので，多数の浮文を付すことや欠損した口縁部は本来口唇部が大きく拡張した鋤先状であったと推定されることなどから，豊後地方との関係を強く示唆する．このうち明らかに在地的な土器は2～5であるが，4は口縁部が山ノ口Ⅱ式と類似する．このように，とりわけ6号住居跡は黒髪式と須玖式以外はあらゆる様式に所属するものを出土しているといってよく，同時性を知る上で重要な遺構である．宮崎県国富町上ノ原遺跡では，住居跡で中溝式に瀬戸内第Ⅳ様式の高杯が3個伴い，黒髪Ⅱ式かと思われる小片も伴っている．また，宮崎県東郷町の樋田遺跡の住居跡で下城系統甕と中溝式に伴って須玖Ⅱb式とみられる丹塗甕が出土している．

　山ノ口式後期説を再燃させる契機となった，大隅半島にある鹿児島県鹿屋市王子遺跡の出土土器には，明らかに須玖式といえるものはほとんどないか，または皆無であり，かわりに凹線文や矢羽透しをもつ瀬戸内第Ⅳ様式(新)が住居跡で共伴している(図100)．この遺跡は山ノ口式だけの単純遺跡で，主体は山ノ口Ⅱ式にあり，遺構の切り合いもほとんどない．したがって，住居跡以外の包含層から発見された第Ⅳ様式土器も含めて，すべて山ノ口式(とくに山ノ口Ⅱ式)の時期に

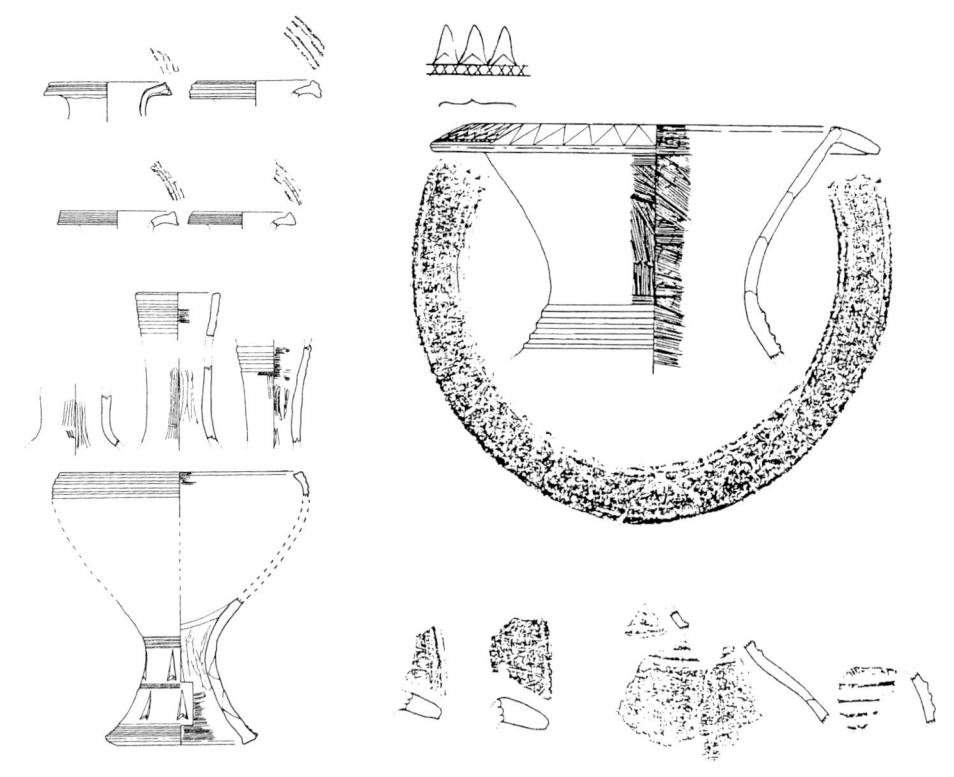

第4章　土器の分類・編年と様式の動態　　　233

図 100　鹿児島県王子遺跡出土の凹線文土器と，矢羽透し文をもつ山ノ口 II 式壺（立神，1985 を改変）
　　　本遺跡では多くの瀬戸内系土器が出土している（左）．在地の山ノ口 II 式壺の口縁部上面や肩部に，矢羽
　　　透しを模倣したことが明らかな細沈線文を施すものもみられる（右）．

該当する可能性が高い．また，すでに指摘したことがあるが，この遺跡から出土した山ノ口 II 式壺の数点には，口縁部上面や肩部に瀬戸内第 IV 様式の矢羽透しを模したことが明らかな細沈線による文様が施されている（中園，1993b）（図 100）．同様な資料は，薩摩半島南部の鹿児島県山川町成川遺跡から出土した山ノ口 II 式壺にもみられる．第 IV 様式土器との上記のような共伴関係だけでなく，こうした文様要素レベルでの採用があることからも，併行関係を強く示唆するものと考えなければならない．

　薩摩半島東部の鹿児島市一の宮遺跡では，住居跡で一の宮式に共伴して頸部凹線文をもつ壺が発見されている（図 101-1）．一の宮式は山ノ口 II 式に含まれる地域的様式である．胴部はハケメの上から雑なミガキをかけており，部分的にハケメがはっきりと見える．この凹線文をもつ壺は，技法的にも色調からも九州でみられるものとは明らかに異なっており，搬入品とみて間違いなかろう．山ノ口 II 式に併行するとみられる一の宮式でも第 IV 様式との併行関係を確認することができる．以上のように，あらゆる証拠から山ノ口 II 式が第 IV 様式に併行することは確実である．しかもこれらは，仁伍式に対比できるような瀬戸内第 IV 様式の新しい段階のものが多く含まれることから，第 IV 様式と山ノ口 II 式はその存続期間が大きく重複している公算が高い．

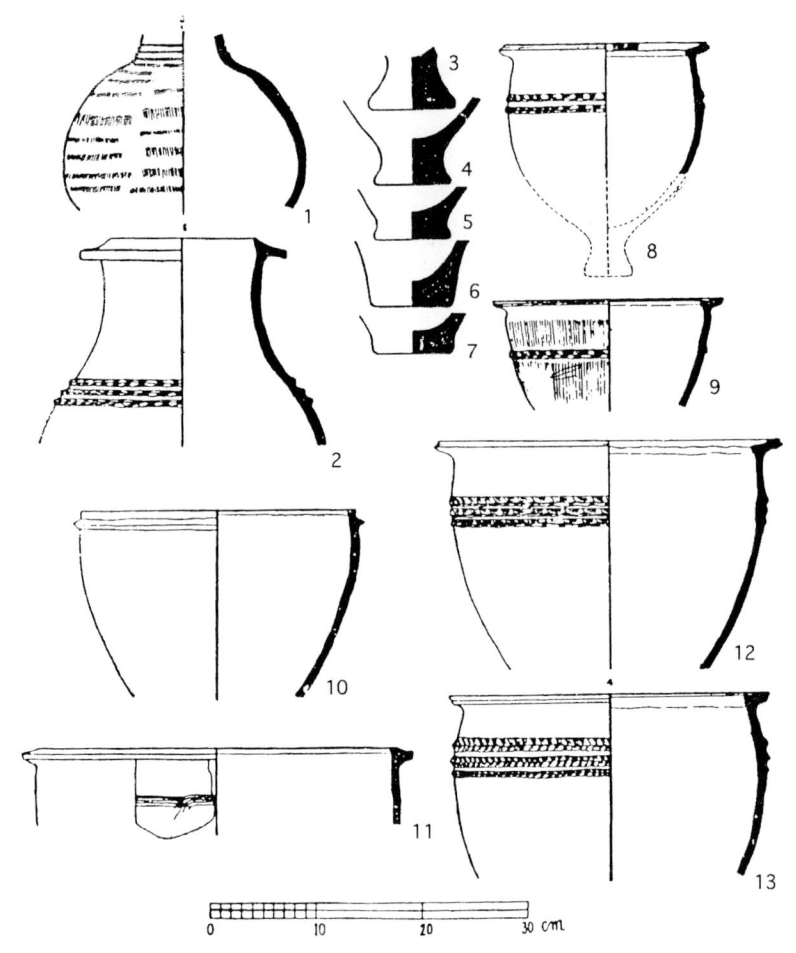

図 101 鹿児島県一の宮遺跡出土土器 (河口, 1951 より)
　　　　1 は住居跡で一の宮式と共伴した凹線文をもつ壺. 搬入品と考えられる. 一の宮式は
　　　　山ノ口 II 式に含まれる地域的様式であり, やはり第 IV 様式との併行関係を示す.
　　　　2・3・8・9・12・13 は一の宮式. 10 は下城系統甕の終末形態か. 11 は櫛描文をもつ
　　　　入来 II 式甕で, 薩摩半島東部では櫛描文を施すものがわずかにみられる.

　そもそも, 河口が当初から山ノ口 (II) 式を中期後半に位置づける根拠としてきた山川町成川遺跡での須玖 IIb 式の丹塗甕の存在や, 大根占町山ノ口遺跡で山ノ口 II 式と須玖 IIb 式に併行するとみられる丹塗甕とが共伴していることを無視するわけにはいかない。また, 鹿屋市前畑遺跡でも遺構や包含層から, 山ノ口 II 式と須玖 IIb 式と瀬戸内第 IV 様式が出土している。さきにあげた松木薗遺跡や樋田遺跡等の例を総合しても, 山ノ口 II 式は須玖 IIb 式と併行しているとみなさなければならない。

　以上, 中溝式と山ノ口 II 式と瀬戸内第 IV 様式 (新) の三者の共伴は繰り返し確認されており, もはや疑う余地はない。まとめれば,

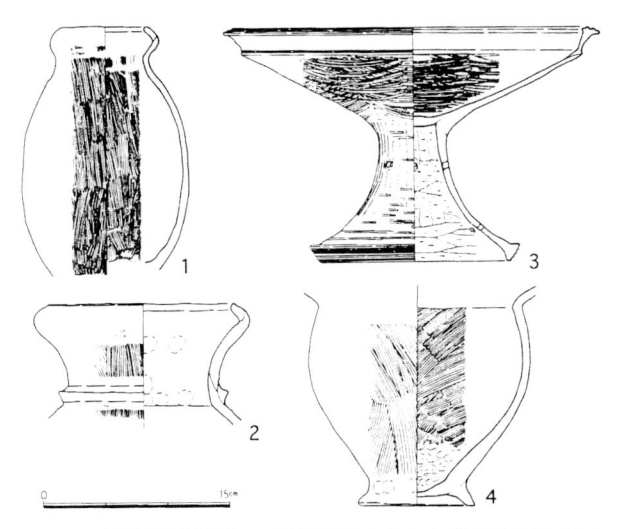

第 4 章　土器の分類・編年と様式の動態　　　　　　　　　　　　　　　　235

図 102　福岡市板付遺跡 F5d 区 SD31 出土土器 (杉山 (編), 1986 より)
1・2・4 高三潴式 (古), 3 山陽系第 V 様式 (古)

須玖 IIb 式＝黒髪 IIb 式＝山ノ口 II 式＝中溝式＝瀬戸内第 IV 様式 (新)

ということになろう。

　山ノ口 II 式に直続する後期初頭の高付式は, 鹿屋市高付遺跡で多くみられるが, この遺跡では第 V 様式初頭とみられる瀬戸内系の資料も多く認められる。また, 薩摩半島西部で黒髪 II 式 (松木薗 0 式) に直続するものは松木薗 I 式にあたるが, やはり松木薗遺跡でも瀬戸内系の第 V 様式初頭またはその時期の瀬戸内系の要素を強く示す土器が比較的多く出土しており, 出土状況から松木薗 I 式と第 V 様式の古段階とは併行にあると考えられる。松木薗遺跡では, それに加えて北部九州の後期初頭にあたる高三潴式の古い段階の袋状口縁壺も出土しており, これも同様に併行するものである公算が高い。

　福岡市板付遺跡 F5d 区 SD31 出土資料は高三潴式の古い段階のものであり, 山陽系の第 V 様式初頭の高杯が伴っている (図 102-3)。これは遺構の性格がよくわからないため厳密な同時性を示すとみなすには疑問もあるが, 豊岡卓之 (1985) が自説を披露する際の根拠とした対馬のハナデンボ 2 号石棺において, 後期初頭にあたる高三潴式の古い段階の袋状口縁長頸壺と第 V 様式の古段階とみられる高杯が出土していることとあわせて, 北部九州において併行関係を示唆する貴重な例といえる。さきにあげた中部九州の下堀切遺跡の例などからも, 九州においては高三潴式など確実な後期初頭の土器と第 IV 様式との明確な共伴例はなく, むしろそれらは第 V 様式の古段階との共伴例が認められたり, それを強く示唆するものばかりであることに注意すべきである。

　主な共伴例を表にまとめておく (表 13)。なお, 豊前 I 式・II 式は, 便宜的にそれぞれ城ノ越式, 須玖 I 式に含めている。

表13　主要な共伴例

遺跡・遺構	所在地	城ノ越式	須玖I式	須玖IIa式	須玖IIb式	高三潴式古	上の原式	黒髪I式	黒髪IIa式	黒髪IIb式	囲式	入来I式	入来II式	山ノ口I式	山ノ口II式	高付式	松木薗I式	中溝式	II様式	III様式	IV様式	V様式古	
下稗田I-D区109号貯蔵穴	豊前	○	+																○				
下稗田I-D区199号貯蔵穴	豊前	○																	○				
鹿部東町N-4区第III層	筑前	○	+													○			○				(高倉編, 1973)
下稗田A区162号第III層	豊前		○													○			○				
中山貝塚	広島市		○																				
ハナデンボ2号石棺	対馬			○													○						
板付F5d区SD31	筑前			○													○						
上の原住居群	肥後						○																
高野古閑1号甕棺	肥後						○																
矢護川日向41号住居	肥後							○															
矢護川日向26号住居	肥後							○															
神水第3次11号住居	肥後			○				+	○														(竹田編, 1993)
神水第3次19号住居	肥後			○				+	○														(竹田編, 1993)
神水第3次23号住居	肥後			○				+	○	+													(竹田編, 1993)
神水II1号住居	肥後			○				+	○	+													(緒方編, 1986)
矢護川日向20号住居	肥後			○					○														
深堀甕棺	肥後			○					○														
富の原2号住居	長崎			○					○														
富の原A地点3号甕棺	長崎				○			○															
上の原D-12-1号甕棺	肥後				○				○														
矢護川日向14号住居	肥後				○				○														
矢護川日向37号住居	肥後				○				○														
大道端B区3号甕棺	南筑後				○																		
大江南竪穴遺構	南筑後				○																		
下堀切遺跡	肥後										○						○						
神水9号甕棺	肥後										○						○						(大城編, 1986)
入来U字溝	薩摩										○												(河口, 1976)
鎧住居群	日向										○												
入来東北V字溝	薩摩										○	+											(河口, 1976)
入来西南V字溝	薩摩		○	+			○				○												(河口, 1976)
入来南斜面	薩摩										○												(河口, 1976)
前原北SC37住居	日向										○					?							
前原北SA53住居	日向										○												
吉ヶ崎1号住居	大隅		○								○												
山ノ口遺構	大隅			○								+	○										
王子遺跡	大隅											+	○			○							
王子27号住居	大隅												○			○							
一の宮遺跡住居	薩摩東部											+	○			○							
前畑2号住居	大隅			?								○	○			○							
前畑2号堀立柱建物	大隅												○			○							
前畑遺跡III層	大隅			○									○										
上野原住居	大隅												○					○					
樋田1号住居	日向			○														○					(谷口, 1990)
新田原6号住居	日向			○									○			○							
新田原4号住居	日向												○					○					
堂地東SA12住居	日向												?			○		○					
上ノ原T2-4住居	日向						?											○					
高付遺跡	大隅												+	○							+	○	
松木薗1号住居	薩摩西部			○				○															
松木薗4号住居	薩摩西部							○					○										
松木薗V字溝	薩摩西部				○								○				○						

表 14 各地の併行関係とステージの設定

		福岡・筑紫平野	東部九州	中部九州	南部九州 薩摩半島	南部九州 大隅半島	日向	瀬戸内
ステージ0	中期初頭	城ノ越式	豊前Ⅰ式	上の原式	入来Ⅰ式			第Ⅱ様式
ステージⅠ	中期前半	須玖Ⅰ式	豊前Ⅱ式	黒髪Ⅰ式	入来Ⅱ式			第Ⅲ様式
ステージⅡ	中期後半	須玖Ⅱ式	豊前Ⅲ式	黒髪Ⅱ式		山ノ口式	中溝式	第Ⅳ様式
ステージⅢ	後期初頭	高三潴式	豊前Ⅳ式	(囲式)	松木薗Ⅰ式	高付式	(＋)	第Ⅴ様式(古)

(4) 結 論

以上の検討結果から，表14のように段階を設定することが可能である。「調整案」では，広島市の中山貝塚と福岡県古賀市の鹿部東町遺跡で，須玖Ⅰ式と中山Ⅳ式（第Ⅲ様式）とが共伴したこと（小田，1979）も根拠として，「須玖式」が第Ⅲ様式併行とされている。「調整案」では須玖Ⅱ式の直接の共伴関係は示されておらず，第Ⅳ様式も九州の土器との共伴が示されていない。したがって，須玖Ⅱ式が第Ⅳ様式に併行する可能性は十分考えられるのである。

瀬戸内第Ⅳ様式の終わりと畿内第Ⅳ様式との終わりはほぼパラレルであると考えられているので，九州から近畿までの併行関係がこれで成立することになろう。結局，簡単にいえば，九州の中期と後期の境は，瀬戸内・畿内の中期と後期の境と一致するということになるのである。実年代については，甕棺墓出土の中国鏡の研究から，九州の中期と後期の境がほぼ紀元前後にあたる公算が高く，須玖Ⅱb式は紀元前1世紀後半にあたると考えてよい。したがって，論理的に瀬戸内・畿内の第Ⅳ様式も紀元前1世紀後半にあると考えなければならない。これは従来の瀬戸内・近畿地方の実年代観を大いに変えることになる。最近，大阪府池上曽根遺跡で畿内第Ⅳ様式の時期の年輪年代がBC 52年と報じられていることは，それを支持するものである。

九州内部での併行関係の検討は，結果として「遅れて伝播モデル」を否定したことになる。しかし，修正後の現時点でながめなおしても，なお「保守的」あるいは「遅れて伝播」したように見受けられる要素があることは否定できない。「遅れて伝播」という言葉がたんにそのようなありさまを言い当てるものであればよいのであるが，しかし，それをもとに共伴関係をも無視するような傾斜編年を組むわけにはいかないことはもはや納得されよう。

その一方で，九州全域で器種や文様要素などにパラレルな動きがあることも見逃すわけにはいかない。したがって，「遅れて伝播」の考えはもはや捨て去り，九州の中期土器群を「連動変化」するものと捉えなおしたほうがよいであろう[9]。

第4節 空間的検討——様式間の関係——

ここで，以下の分析のために，併行する様式を時間的に区切って年代上の区分とする。表14に示したように，主な検討対象となる須玖Ⅰ式に併行する時期と須玖Ⅱ式に併行する時期について，

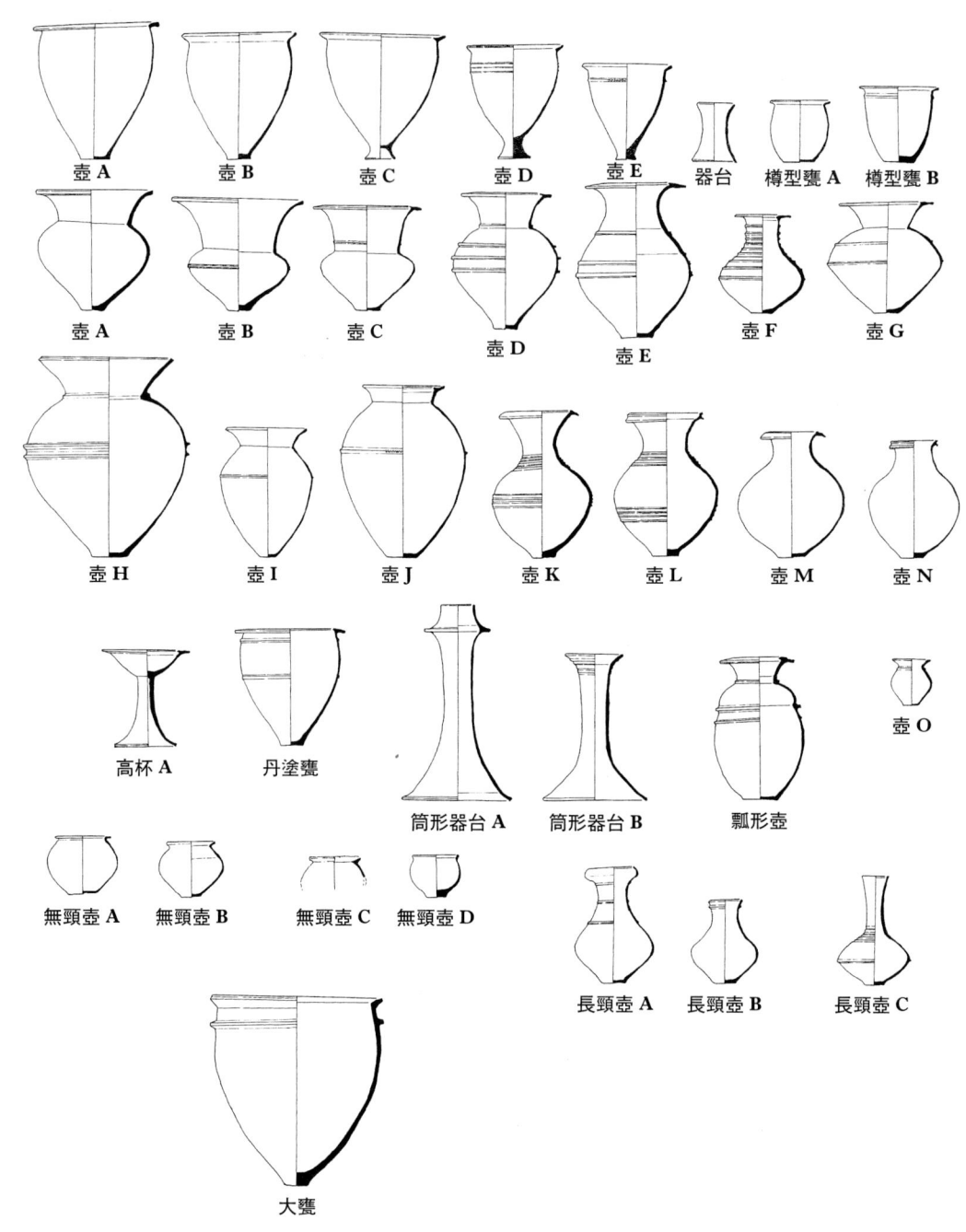

図 103　分析に用いた器種
このほか甕棺も含まれる.

第4章　土器の分類・編年と様式の動態　　　　　　　　　　　　　　　　239

図 104　分析に用いた遺跡・遺跡群の位置

前者を「ステージⅠ」，後者を「ステージⅡ」と呼ぶことにする。なお，それらより前の城ノ越式に併行する時期に言及するときは「ステージ0」，同じく後期の高三潴式に併行する時期を「ステージⅢ」とする。

ここでは空間的な関係について検討するが，とりわけ，ステージⅡについては詳細な検討を試みる。

1．クラスター分析による検討

九州内のステージⅡにおける検討を試みる。分析の方法は，各遺跡での型式の構成比率をもとにクラスター分析を行い，様式の単位の抽出を行う。つまり，各遺跡でどの型式が何％存在しているかをチェックする。そのとき，土器の個体数が少なければ，近接した複数の遺跡の資料を合わせ

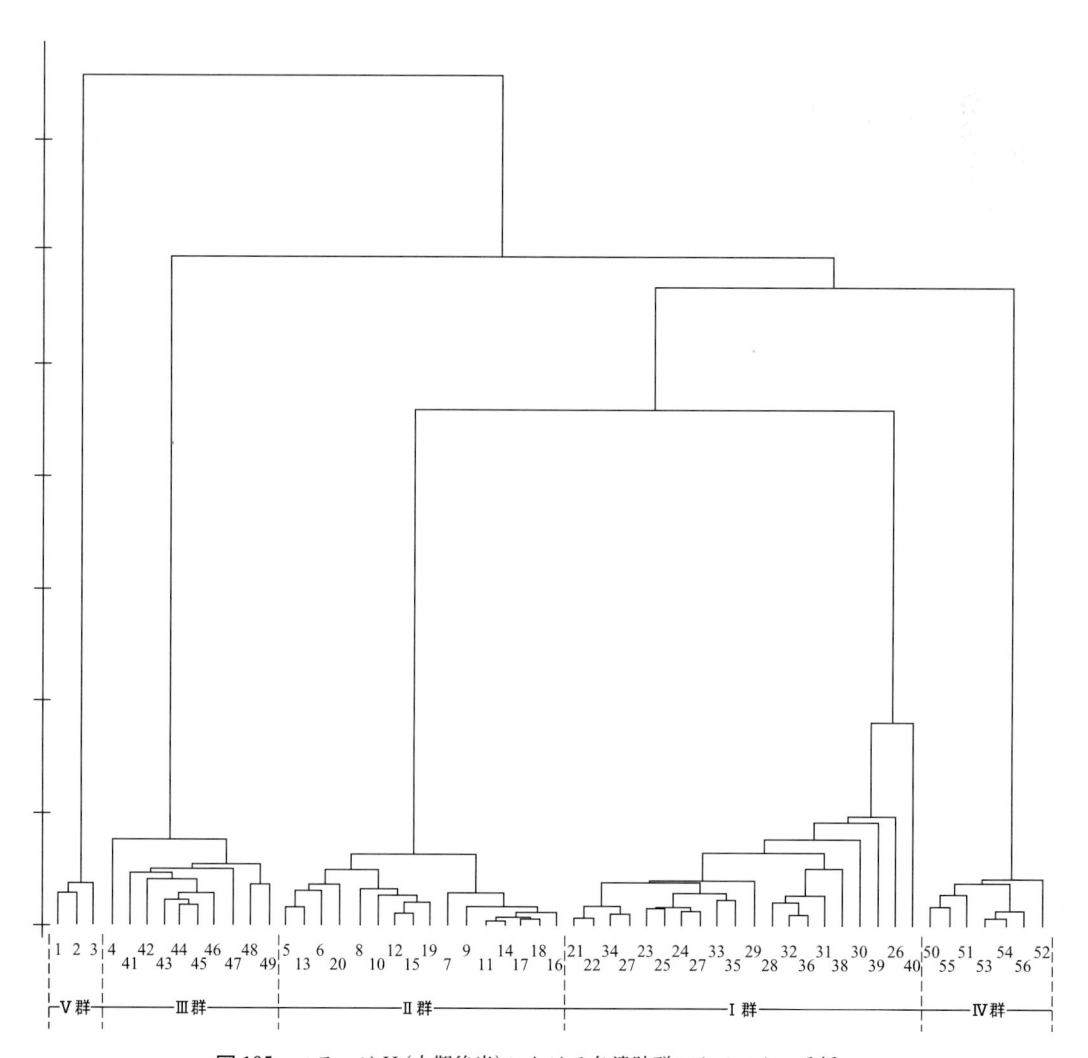

図105 ステージⅡ（中期後半）における各遺跡群のクラスター分析
番号は遺跡・遺跡群を示す．明瞭な5つのクラスターに分かれている．

第4章　土器の分類・編年と様式の動態　　241

て計算する。こうして算出したパーセンテージ・マトリクスを入力データとする。用いた器種の数は，上で検討した 37 器種である（図 103）。対象となった遺跡もしくは遺跡群は，56 か所である（図 104）。ただし，在地の製作ではなく，明らかに搬入品であると判断できる個体は計算には入れないことにする。非類似度の計算は，ユークリッド平方距離を使用し，クラスター分析法は，群平均法を使用する。

　分析の結果，図のような出力結果を得た（図 105）。

　図に示したように，5 つのクラスターが，きわめて明瞭に形成されていることがわかる。5 つのクラスターを，それぞれ I 群〜 V 群と呼ぶことにする。さて，ここで，明瞭なクラスターを形成できたということは，相対的に各クラスター内での類似度が高く，クラスター間の類似度が比較的低いことを表している。

　この図の下に示した遺跡番号は，地図上の遺跡番号と一致している。両者を比較すれば，各クラスターは，地域的なまとまりにそのまま対応していることが一目瞭然である。近接する遺跡・遺跡

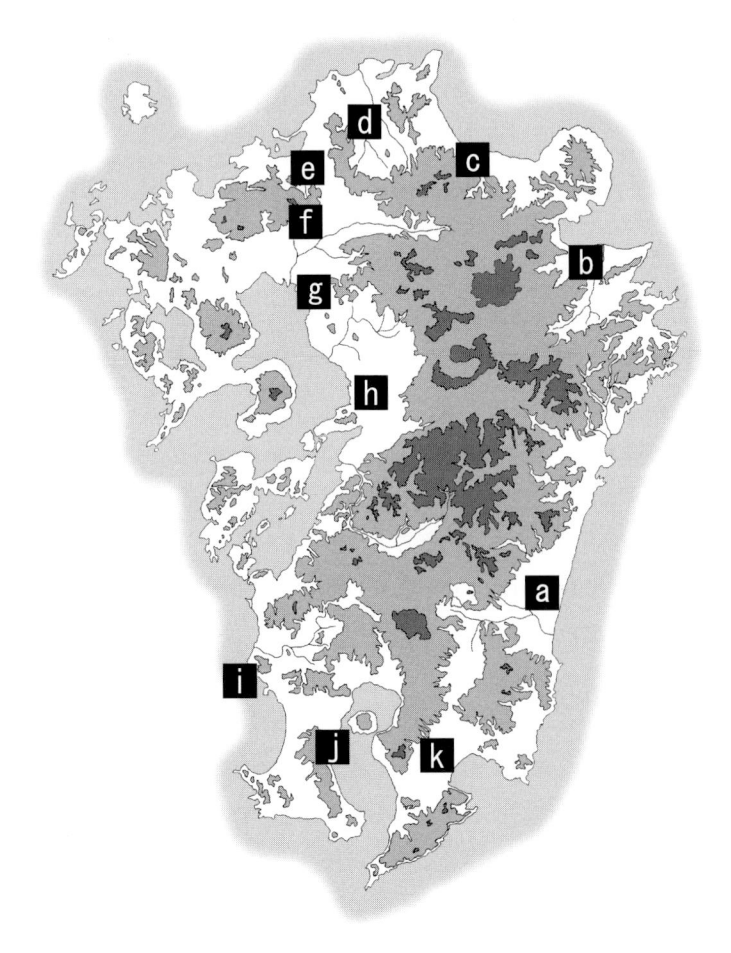

図 106　地域細分
a〜k の 11 地域．

群間で異なるクラスターに分かれるものはない。つまり各群は各地域的様式の地理的な分布範囲として把握できる。

これらのことから考えて，各器種は九州に雑然と存在しているのではなく，地域的に一定の秩序ある有意なまとまりをもっているということがわかる。これは，この分析の妥当性を示すものといえるであろう。したがって，空間的にも意味ある広がりをもつということができ，これまで分析対象としてきたものからは，ステージⅡにおいて九州には5つの様式が空間的に併存しているとみなすことができる。

問題とした須玖式のいわゆる「遠賀川以西系」（Ⅰ群）と「遠賀川以東系」（Ⅱ群）についても，他に比べて著しく近い関係にあるとはいえず，他とほぼ同様の距離があると評価できよう。すなわち，5つの同定度の距離を有した単位が析出されたわけである。したがって，Ⅰ群のものとⅡ群のものだけをまとめて，須玖式あるいは須玖Ⅱ式とすることは困難である。黒髪Ⅱ式（Ⅲ群），山ノ口式（Ⅳ群），中溝式（Ⅴ群），須玖Ⅱ式（Ⅰ群），豊前Ⅲ式（Ⅱ群）が併存することになるのである。このように5つの様式が併存するととらえるか，もし須玖Ⅱ式と豊前Ⅲ式をまとめるとすれば，黒髪Ⅱ式，山ノ口式，中溝式も加えて全体で1つの様式ということになる。この5つの様式のうち，どれかだけをまとめることはできないのである。

以上のことがクラスター分析から結論できる。

2. 各器種の空間的存在状況

上の分析で判明したのは，地域的に様式としてまとまっているということと，その数，そしてその階層的関係である。次に，具体的にどの器種が実際にどのように分布しているのかを検討するために，地域ごとの各器種の存在状況を表示する。こちらは，ステージⅡだけでなくステージⅠについても行う（図107・108）。

この図では，横に各地域を配列している。各地域は，図106に示したとおり，a地域からk地域の11か所である。

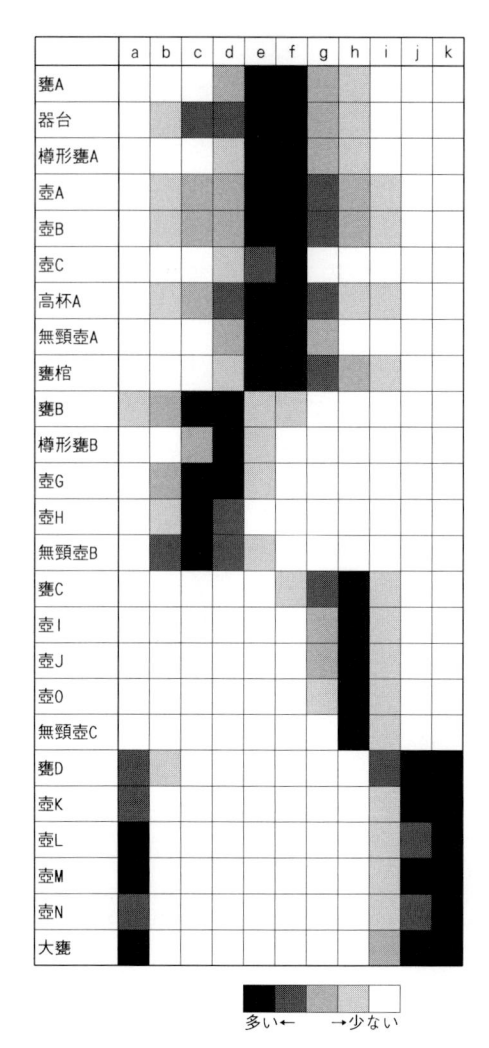

図107 ステージⅠにおける各器種の分布

第4章　土器の分類・編年と様式の動態

a：宮崎平野
b：豊後
c：豊前
d：遠賀川流域
e：福岡平野
f：筑紫平野（筑後平野・佐賀平野）
g：矢部川流域（南筑後）
h：熊本平野
i：薩摩半島西部
j：薩摩半島東部
k：大隅半島

このような手法をとる場合は，各地域の配列のしかたをどうするかが分析の成功を左右する。対象が，隣接しあいながら直線的に並んだ地域であれば問題ないが，平面的に隣接しながら広がるものを直線的に配列することはむずかしい。九州島は，幸い中央に山地があるため，遺跡はその周囲に分布する傾向がある。この特性を利用し，各地域は順に反時計回りに配列した。

各セルは濃淡によって量を示している。多いもの，やや多いもの，やや少ないもの，少ないもの，なしの5段階である。濃いものほど多いことを示す。

両図をみれば，まずいくつかの器種で構成される様式のまとまりがわかる。また各器種の分布とその分布中心がどこにあるかもわかる。器種によっては，広い分布範囲をもつものもあれば，比較的狭い範囲に分布するものがあること，すなわち分布の広・狭についてもわかる。

まず，ステージIについて検討する（図107）。濃く表示されている地域が4つある。e・f，c・d，h，j～aである。これらはそれぞれ独自の甕をもっており，e・fには甕A，c・dには甕B，hには甕C，j～aには甕Dがある。また各種の壺やその他の器種もそれぞれ独自のものをもっている。つまり

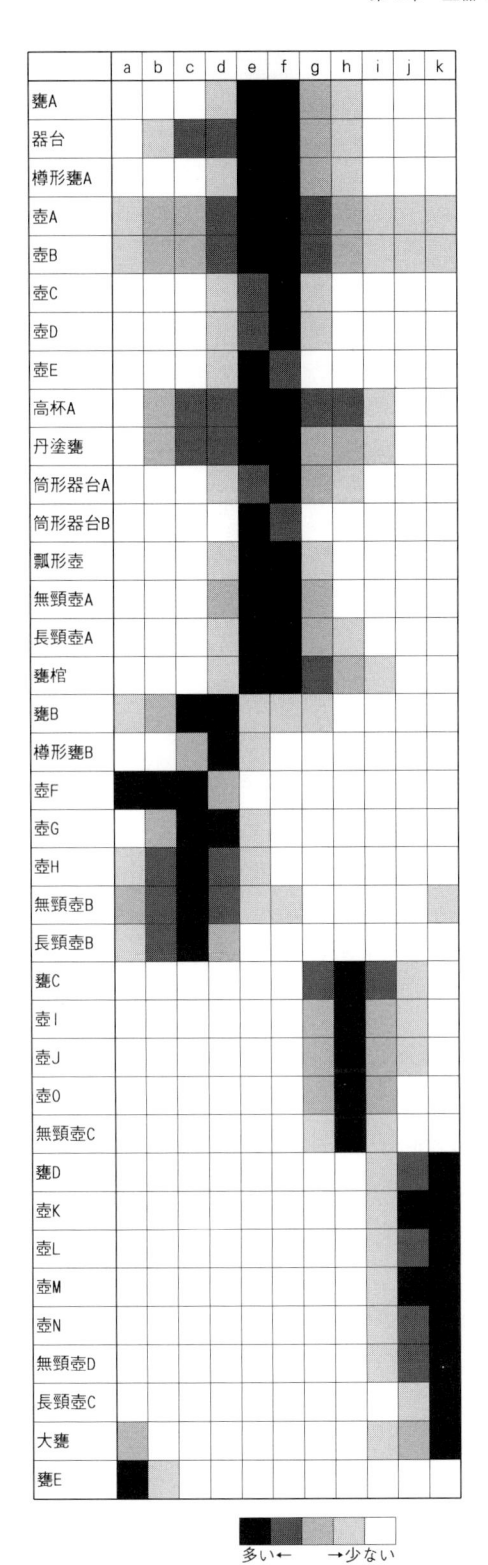

図108　ステージIIにおける各器種の分布

地域を異にして器種の組み合わせに有意な差があり，これらは地域的に並立する様式と考えることができる。これら4地域は各様式の分布中心（コア）となる地域といえる。それぞれ，須玖I式，豊前II式，黒髪I式，入来II式に該当する。やはり，これらは空間的にみても意味のある様式ということができる。

また，たとえば甕に注目すると，g地域では甕Aと甕Cが存在している。このように，各型式は重なりをもっているが，同時に各型式の甕の分布中心はお互いにずれている。そして各型式の分布中心では，ほかの甕はほとんど存在しておらず，かなり単純な様相を示すこともわかる。

このうちで，e・f地域に分布中心をもつ須玖I式の中でも，とくに壺A・壺Bおよび高杯Aは広域に共有されていることがわかる。

次に，ステージIIについて検討する（図108）。各型式の分布中心をみると，しばしば分布中心となっている5つの地域があることが明確にわかる。つまり，e・f，c，h，a，kの5つの地域である。各地域では，独自の甕をもち，無頸壺やほかの壺類なども基本的には各地域で独自のものがある。ただしa地域においては独自のものは甕Eだけであり，その他はc地域と共通する壺Fやe・f地域に起源する壺A・壺Bなどをもっている。a地域はステージIIで新しく出現した様式のコアであり，このあと後期には確固たるコアになる地域である。大局的にみると，e・f地域に分布中心をもつものには九州全域に共有されるものがある。それは壺A・壺Bである。また高杯Aや丹塗甕などもかなり広範囲に共有される。一方，筒形器台など限られた丹塗器種の中には分布がコア付近に限られるものもある。このように，広汎に分布するのはいずれもe・f地域に分布中心をもつもの，すなわち須玖II式の器種であることは注目される。他の様式は分布域が比較的限られている。

反対にe・f地域のコアにおいては，c地域に分布中心をもつものが多少みられるが，基本的にはその他の地域に分布中心がある器種はみられない。つまり，須玖II式はその器種の中に他地域に広く受容されるものがある反面，自らの様式中には他様式は少なくとも器種レベルでは取り込まないということがわかる。

ステージIとステージIIを比較すれば，両時期に共通する各器種は，分布の中心となる地域がほぼ動かないものの，分布の周辺で変動がみられる。とくに壺A・壺Bは分布範囲を九州全体に広げる。h地域を中心とする黒髪II式は，甕がf地域からみられなくなり，その反対にi地域で増え，j地域にもみられるようになる。つまり北が縮小する一方で南への拡大がうかがえる。また，それと連動するように，ステージIではj・k地域を中心としてa地域まで様式の中心がみられた入来II式は，ステージIIの山ノ口式になるとi・j地域でかなり減少し，a地域からもなくなる。つまり，分布域の大幅な縮小がみられるのである。このことはa地域での新しい様式のコアの出現とも関連すると考えられる。

ここではある程度分布域が流動しつつも，コアは安定して存在する各様式が通時的に把握できたことになる。また新たな様式の出現も指摘できた。では，入来II式から山ノ口式への分布域の縮小は何を意味するのであろうか。その原因は不明であるが，上記のように黒髪II式の北限の南下

と南方への拡大，日向での中溝式という新たなコアの形成，そして最南部の山ノ口式はかなり分布域が縮小したものとなる——これらは一連のものとして関連するに違いない。また，須玖II式のいくつかの器種，とくに丹塗精製器種は汎九州的に受容される。このこととも関連するものかもしれない。さらに北部九州においては，後述するようにe・f地域で甕Aの口縁部が「く」の字状に近い形態をとるものが出てくるなど属性レベルでの瀬戸内からの浸透がみられる。このことも関連するかもしれない。

ここで抽出された5つの単位は，さきにクラスター分析で抽出された5つの単位に一致する。したがって，これらの各々を地域的な様式と認めることも可能であろう。

しかし，図からわかるように，これらの様式は互いにきわめて厳密な境界をもつというわけではないことも認めなければならない。各型式の分布中心までは到達していないといっても，周辺部には深く浸透しているものがかなりあることに注目すべきである。これをみても，やはりクラスター分析の結果と同様に，この中から「遠賀川以西系」と「遠賀川以東系」のみを特別に取り出して，須玖式としてまとめる従来の見解には承服できない[10]。

3. 考察——様式の動態・様式間の類似度——

九州内の編年に関しては，北部九州から周辺への「遅れて伝播」という優勢な考えと共伴資料にもとづいた併行説とが鋭く対立しており，それに瀬戸内・畿内との併行関係が絡んで複雑な様相をみせていたが，以上の検討の結果，併行説が支持された。したがって「遅れて伝播」というよりもむしろ，各地においてほぼ同時に連動した変化を示すという認識が正しいものである。

また，懸案の九州と瀬戸内・畿内の併行関係については，「調整案」ではかえって齟齬をきたすと結論づけられ，より正確な議論のためには修正が必要であることがわかった。

さて，田崎らの遠賀川以東系と以西系の問題であるが，この2つだけをまとめて須玖式とする積極的な理由は見あたらない。たとえばh地域を中心とする単位も，c地域を中心とする単位との共通性をもっていると判断できるからである。また，むしろ専用甕棺に着目すれば，e・f地域とh地域とは甕棺を共有しているが，一方，c地域方面には甕棺は基本的に存在していないことも顕著な点である。つまり，c地域を中心とする単位とe・f地域を中心とする単位の類似度と同じ程度の類似度を，h地域を中心とする単位ももっているのである。したがって，他の分類単位とも同程度の類似性を保持しているということがいえるため，c地域を中心とする単位とe・f地域を中心とする単位，すなわち「遠賀川以東系」と「以西系」だけを1つにまとめることは無理と判断できる。

簡単にいえば，両「系」を須玖式と呼ぶなら，他地域の分類単位も同時に須玖式と呼ばなければならない。さもなくば，個々に区別した様式名で呼ぶかどちらかであり，その中間を認めることはできないということである。

以上より，ほとんど同程度の差をもった単位がステージIでは4つ，ステージIIでは5つ並立していたといえるのである。この単位こそ様式と呼ぶにふさわしいものである。

まとめれば，それぞれの様式はそれぞれ，確固とした様式の核をもっており，ある程度の自立性を認めることができるが，同時に，相互に区別する明瞭な地理的境界は見つけにくい，ということになる。中でも壺Aや壺Bは，非常に広範囲に分布しており，ほとんど九州一円に分布しているといっても過言ではない。このように，ここで抽出したそれぞれの様式の範囲を越えて，全体に共有されるものがあるということも注目しておくべきである。九州各地の地域的様式を全体としては類似した一つの単位としてくくることができる可能性を示唆しているからである。

多階層的な「ホロン」的視点 (Koestler, 1979) に立つかぎり，より大きい包括的な単位を考えることは必然である。これらの4つないし5つの様式の類似性を把握しようとすれば，当然それら以外のものとの比較が必要になる。そこで，九州内だけでなく，視野を広げて検討する必要がある。九州は，このような問題を考えるうえで非常に便利な地域である。なぜなら，弥生文化の範囲全体からみれば九州はその西端部にあたり，さらに，異質な文化をもつと考えられる地域，すなわち，北は朝鮮半島，南は南西諸島と隣接しているからである。

まず，東に隣接する本州をみてみる。中期において瀬戸内から近畿地方には，櫛描文を施す土器様式が並立しており，次の時期には凹線文を施す土器様式が並立する。それらの地域においても地域的な様式がいくつかあるが，それらは互いに型式レベルでの共有や器種レベルでの共有が若干あり，文様要素をはじめ細かな諸属性に共通性がみられることは明らかである。

ところが，九州の中期諸様式には，櫛描文や凹線文は基本的に導入されていない。翻せば，九州の様式は，瀬戸内・近畿に固有である櫛描文・凹線文をもたない，ということでも定義できることになる。もちろん，型式レベルの共有も基本的にはないといってよかろう。

一方，九州の様式については，丹塗研磨を施した精製器種がある。その分布中心は福岡・筑紫平野にあり多数のオリジナルな器種もある。数の多少を問わなければ九州全域に存在している。また，北部九州からの搬入品の丹塗精製器種を加えれば，さらに共通性は高まる。このような九州的な丹塗精製器種も，長門を除く瀬戸内・近畿には存在していないことはすでに明らかである。

こうしたことから，九州の各様式と瀬戸内・畿内の各様式との間には大きな断絶，排他性があるということが認識でき，同時に，九州内での諸様式の類似性と，瀬戸内・畿内での諸様式の類似性が認識できる。

ここで，九州の各様式を包括的にとらえる名称をつけなければならない。様式としての認定にあたっては，属性レベルにみられる共通性，あるいは器種構成などの面を考慮し，九州のステージⅠ・Ⅱを合わせて仮に「九州中期様式」と呼んでおきたい。ステージⅢの段階には九州に特有の各種の丹塗土器や精製器種がほぼ一斉に消滅あるいは衰退する。これはかなり急激な変化とみられ，ほどなく瀬戸内・畿内系の高杯を在地土器として製作・使用を開始する。複合口縁壺に関しても，型式学的にみて九州で自生するのは困難と考えられ，直接的には西部瀬戸内の複合口縁壺の要素が変容しているにすぎないともいえる。このように，九州においては，ステージⅡとⅢの間に大きな懸隔が認められるのである。よって，ステージⅠとⅡをまとめることが可能である。また，ステージ0の城ノ越式併行期については，今回十分な検討を行っておらず，また前期土器との

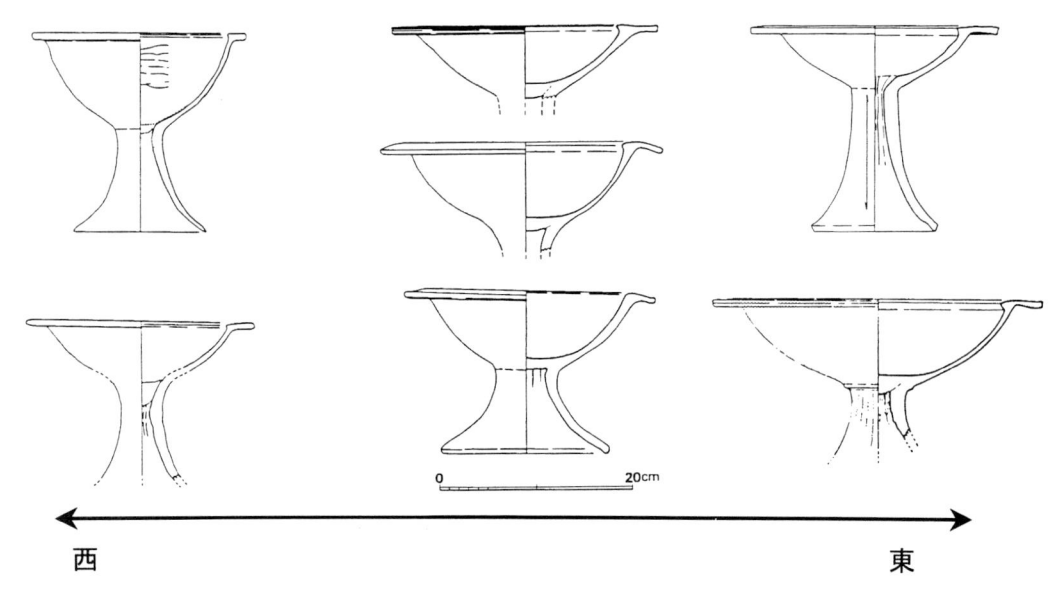

第 4 章 土器の分類・編年と様式の動態

図 109 九州の高杯に見られる円盤充填技法
　　左上のみステージ I. 他はステージ II 後半（須玖 IIb 式段階）．時期的に新しいものに多くみられ，空間的には東部九州（豊前）に多く，東から西へ地理的クラインがある．

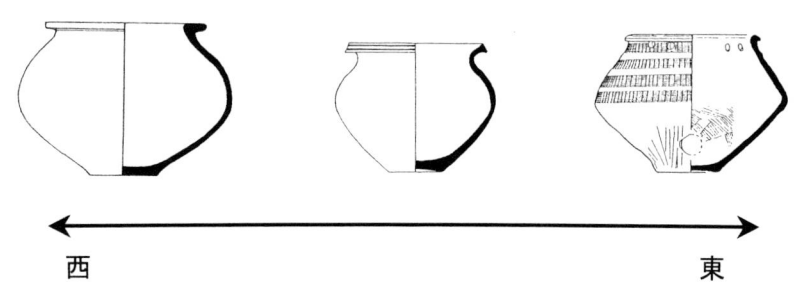

図 110 無頸壺の地理的類似度
　　左 九州，中 瀬戸内（山陽），右 畿内（河内）

比較も必要になるので，保留しておく．とりあえず，九州中期様式という包括的様式は，ステージ I・II の九州各地の様式から構成されるものとする．ちなみにこの九州中期様式こそ，九州の弥生土器研究の黎明期に「須玖式」と呼ばれていたものにあたることを想起すれば，様式的共通性があることが認識されよう．

したがって，九州中期様式というものは，4 つないし 5 つの様式から構成される上位の様式ということになる．では，九州中期様式と瀬戸内・畿内の様式とは完全に排他的なのであろうか．

型式レベルでの排他性は強いが，細かな属性レベルになると共通性も認められる．たとえば，北部九州でも瀬戸内地域に近い地域では，高杯の脚部と杯部の取付け方に，瀬戸内・近畿地方と共通した円盤充填技法が認められるという旨の指摘が，佐原真（1964）や武末純一（1987c）によってなされている．実際，九州北半でも東のほうに多くみとめられ，西のほうに向かって減少する．とくに

西　　　　　　　　　　　　　　　　東

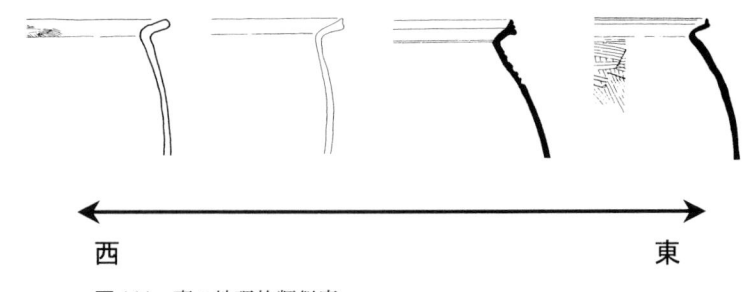

図111　甕の地理的類似度
　　　　左から，福岡・筑紫平野(甕A)，豊前(甕B)，瀬戸内，畿内．

ステージⅡの後半には多くなり，須玖Ⅱb式の中にも散見される（図109）。また，円形浮文などの貼付文も九州東半部を中心に散発的にみることができる点なども共通している。さらに，壺Fや壺K，Lなどにみられる多条突帯もまた共通する要素であろう。さらに，無頸壺という「形式」においても広域で共通しているといえる（図110）。加えて豊前地域における甕Bの口唇部の「跳ね上げ」についても，こうした視点でみれば，西日本の広域における地理的勾配の一端を示しているということができ，「遠賀川以西」に主として分布する甕Aにおいて，ステージⅡの中で鋤先状口縁から「く」の字状口縁にやや不自然な変化をみせるのもうなずける（図111）。この段階の甕Aは甕Bの要素をとりいれたものとすれば，甕Aは甕Bに近づく形で「系統の収斂」が起こったともいえる。このように細かな属性に着目すれば，たしかに広域にわたる共通性がみえてくるのである。別の言い方をすると，属性レベルにおいては櫛描文・凹線文，丹塗など非常に顕著性の高い属性は排他性が強い傾向があるが，そうでない属性では共有または変容がみられるということになる。ここでは，九州の様式と，瀬戸内・畿内の様式とは，異質な面も多くもっているが，そのような属性レベルの共通性ももっているということをはっきりと認識しておきたい。

　このようにステージⅡの九州は，北部九州東半で土器の要素レベルで瀬戸内からの浸透が認められる。その地域の土器の要素はさらに北部九州西半へと浸透していることになる。すでに述べたように，その南にある南筑後では黒髪式がほぼ一掃され，須玖Ⅱ式が分布域をやや南に拡大し，黒髪式は北部の分布圏を狭める。しかしその南部では黒髪Ⅱ式は分布域を南に広げることによって，入来Ⅱ式の分布域は縮小し山ノ口式になるとみられる（図112）。同時期，九州の東側では，下城式系の伝統的な甕が東北部九州系の「く」の字状の口縁部をもつ甕の要素に変わり，中溝式を成立させる。このように，九州は東北部から玉突き式に，要素を変化させたり分布域を南へとずらしたりしている。これはたんなる偶然とは考えにくく，九州島全域における弥生土器様式のダイナミックな動きとして捉えるべきものである。

　さて，九州の南に隣接する南西諸島をみてみる。当該時期に併行するのは貝塚時代後期と呼ばれる時期の前半期にあたる。この時期の土器は，一見して九州中期様式と異なっており，基本的には伝統的な沖縄貝塚時代の脈絡の中で受け継がれてきた土器様式と解釈してよい。刻目突帯文土器様式をその初源とする弥生土器成立の脈絡とは本来異なったものである。ただし，この時期の資料は

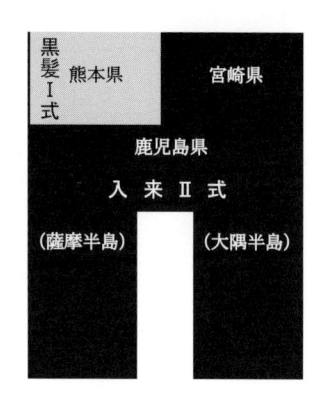

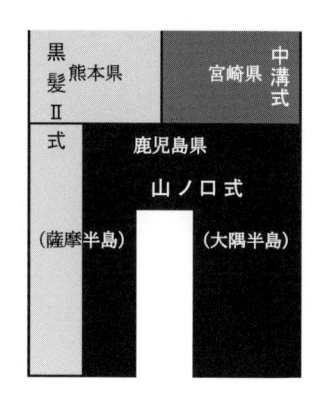

図112 南部九州の弥生時代中期土器様式の動態
ステージⅠでは，入来Ⅰ式は薩摩・大隅・日向の広域に分布するが，ステージⅡになると，その系統をひく山ノ口式の分布域は狭くなり，黒髪Ⅰ式の系統をひく黒髪Ⅱ式の分布域が薩摩半島西部まで広がり，日向では中溝式が成立する．

南西諸島において検討に十分な資料の蓄積がなく，本格的な編年にむけての研究は緒についたばかりであるため，具体的議論ができるにはいま少しの時間が必要であろう。第9章で述べるように，九州各地から搬入された土器の出土が知られるようになってきている。したがって，在地の土器製作者は，なんらかのかたちで九州の土器を知っていた可能性が高いが，土器製作面での技法の採用や器種構成などの面での類似などの具体的証拠は見出すことができない。つまり，両者は土器の製作や使用において排他的な関係にあったといえる。

さて，九州の様式は，無文土器の様式と隣接している。この関係はどうであろうか。結論的には，ほとんど連続性は認められない。ただし，この2つの様式の間には局部的に折衷がおこっていることが観察できる。例として朝鮮半島南部の勒島遺跡の出土資料をあげることができる（釜山大学校博物館（編），1989）。第9章で詳述するので，ここでは簡単に述べるにとどめる。これはステージⅠの段階のものである。

筆者が観察したところ，外見上，須玖Ⅰ式に近い形態をとりながらも，目だたない製作技法においては無文土器の技法を使っているものもある一方，外見上，無文土器の形態に近いものでありながらも，製作技法は弥生土器のものと考えられるものもあった。前者は無文土器の製作に本来習熟している在地の人物によるもので，後者は弥生土器の製作に本来習熟していた人物（移住者か？）によるものであると判断できる。この地域は，本来，無文土器様式の分布範囲であると理解できるので，普段は無文土器の製作をしている人物が弥生土器を作ろうとしているのは，無文土器製作の規制が緩んでいるように解釈できるかもしれない。しかし，そうした折衷はこのような周辺部でさえも少量にすぎないことと，弥生土器の製作技術をもった人物が無文土器を製作しようと努力しているということを考慮すれば，無文土器製作に関する伝統は揺らいでいないと判断せざるをえない。いずれにせよ，九州の様式と無文土器の様式とは大きな差異が見出せることは確かである。もちろ

んこの無文土器にも内部に並立する様式が存在すると考えられる。

　勒島の無文土器には無文土器としてはハケメあるいはそれに類似するものも比較的多くみられるが，須玖式とは異なって方向がさほどそろわずストロークの短いものがほとんどである。それでもハケメ様の調整が多いことは，属性レベルで弥生土器の調整技法を変容して取り込んでいる可能性がある。しかし，述べてきたようにごく周辺における少数の例に限られており，九州の様式と無文土器との間は排他的とみてよい。なお，勒島遺跡の土器については，武末が「須玖式は様式構造レベルでは受け入れられていない」という評価をしている（武末，1987c）が，この考えは正しいといえよう。

　さて，関係するものとして，韓国南部の金海市池内洞の袋状口縁長頸壺（長頸壺 A）についてもふれておく。この資料を実測・観察した結果，形態・調整・胎土のすべてにわたって，北部九州の須玖 IIb 式でみられるものと差異はなく，北部九州からの搬入品であることはまちがいないものと判断できた。ところが，この土器は墓壙内に供献されていたものとみられる（沈，1982）。北部九州においては，この時期，土器の墓壙内供献は一般的ではないため，北部九州での脈絡とまったく異なった意味が付与された——もっと積極的にいえば，無文土器社会固有の意味の付与をされた——ということができよう。

　無文土器の様式と九州の様式とは隣接してはいるものの，通常認識できる様式レベルでは類似性がないということになる。このように，南西諸島の土器様式や無文土器の様式と対比すれば，九州の様式と瀬戸内・畿内の様式とが相対的に近い関係にあるということがわかる。つまり，九州中期様式と，瀬戸内・畿内の様式とは，西日本あるいは弥生土器という大きな単位に含まれるのである。なお，これらの様式も完全に孤立しているものではなく，さらに高次の様式としてまとめられる可能性もある。

　これまで検討してきたことをまとめれば，無文土器，弥生土器，南西諸島の様式は，それぞれほぼ同レベルの大きな様式と捉えることが可能である。そしてさらに，それぞれその下にいくつかの様式をもっている，という図式が描ける。弥生土器の場合には，九州の様式と瀬戸内・畿内の様式を同一レベルと捉えるのが妥当と考えられ，さらにその下位にいくつかの様式があることになる。九州の様式の場合は，4つないし5つの様式で構成されるわけである。このように，少なくとも3つの階層的な様式が認識できる。なお，山ノ口式に包括される一の宮式のように，さらに下位の様式も存在すると考えられる。すると，少なくとも4つの階級が認められることになる。

　そもそも土器様式は，それ自体分類の単位ということができ，階層的に捉えることができる。また，一つの様式の中にも他の様式からの系統のものに起源するものが存在していることがあり，器種ごとに象徴的な意味が異なっていたともいえる。そのため，一つの土器様式の中にも，当時の人々が違う価値を与えていたものを含んでいるのである。このことは，精製土器と粗製土器の場合を考えると明確になる。外来の様式が進入してきたとき，粗製土器がまず外来のものに転換し，精製土器のほうが遅れて転換したという例がある（田中，1982）。この場合は，一つの集団が精製土器と粗製土器に対して異なった価値・意味を与えていたということになる。

九州中期様式の場合は，壺Aや壺Bでみられたように，広域で製作されているものがあり，そのような広域に分布するものは福岡・筑紫平野地域に分布中心をもつ。しかも，これらは甕などに比べて相対的に精製であるともいえる。北部九州起源のこの器種に，在来の他の器種と異なった価値が与えられていたからこそ，このようなありかたが起こるということもいえるかもしれない。

いずれにせよ，器種にはさまざまなレベル差があり，それらが複雑にかつ意味深く絡まりあって様式を構成しているというのは確かである。このような器種による受容のしかたの違いは，すなわち当時の社会に生きた人々の器種の認識と，意味と価値の付与のしかたを反映していると考えられるわけである。このような認識をしてはじめて，当時の人々の象徴や意識の側面にもアプローチすることができるようになるのである。また，土器様式についても，階層的に捉えることができるということを認めてはじめて，その単位が社会の何を反映しているのか，または反映していないのかを考えることが可能になろう。

たしかに，土器の分布圏が，部族とか政治組織とか通婚圏を反映するはずであるという考えは，以前から存在しているし，日本においては近年ますます強まっているようにもみえる。しかし，そのような社会的な実体と土器の分布圏とを安易に結びつけることは難しく，そのような普遍的な規則があるという前提で議論を進めることは，ある意味で非常に危険なことである。

まず，次のことを深く認識することが必要であろう。
1) 土器様式は，時間的・空間的な側面をもった分類単位である。
2) 土器様式は，類似度の大きな下位のレベルから類似度の小さな上位のレベルへという多段階のものとして階層的に把握できる。

土器様式は様々なレベルでとらえることができるため，どのレベルの様式がどのような意味をもつのか，そしてそれは社会的実体をそのまま反映するのかという対応関係についての疑問もある。少なくともいえることは，土器様式の意味を解釈するには土器様式からだけでは困難だということである。社会的・歴史的コンテクストの中に位置づけてこそ，解釈に少しでも近づくことができると考える。

田中・松永(1984)は，西日本縄文時代後期の土器様式に，最も大きな「ハイレベル」と，包括される「ローレベル」の2極があることを認めた。これは土器様式を階層構造として明確に捉えた稀有なものであったといえよう。しかし，ここでの検討では4つ以上の階級があることが示唆された。このように様式はマルチレベルの階層構造として捉えるべきである。

第2章で様式は必ずしも型式を最小単位とするものではなく，「パターン化された(有意な)諸属性」からなると定義した。そしてあらかじめ地域を区切ることの危険性も指摘しておいた。ここでは便宜的に型式の組み合わせから様式を設定し，地域的にもおよそのあたりをつけて分析をしたが，九州の細分地域での諸型式の出現状況からコアの存在や型式(形式)の分布の広狭が見出せた。つまり従来の「レンガ積み」的様式観にもとづくよりも，より適切に様式の実態に迫ることができたと考える。

ここでの作業はまだまだ粗いものではあるが，今後いっそう理論的整備と方法論的洗練を追求し

つつ実践を重ねなければならない。このような基礎的作業をもってはじめて土器様式の意味するものへの接近が可能になるであろう。

注
1) たとえば，藤尾慎一郎(1984a)は「前期末」と「城ノ越式(中期初頭)」の型式学的分離に問題点があることを示唆しているなど，これまでの先入観を捨てて再検討すべき点がある。
2) いわゆる「金海くずれ」(橋口，1979e)や南筑後の在地の甕棺などにみられる変異である。
3) 厳密にいえば，橋口編年の名称は「型式」名とはいいにくい。時間的側面が重視されており，複数の型式を含む「時期区分」としての意味あいが強いからである。
4) 橋口編年のKIIIb式とKIIIc式については，従来，「立岩式」として中期後半に位置づけられてきたものであり，これを細分したことになる。ところが橋口自身が，KIIIc式の説明で「KIIIb式とそうたいして変わらない」といっているように，他の型式と同一の分類水準では差異は見出せない。分類の基準が明確ではなく各々の定義は行われていないため，もし仮に橋口の分類が正しい場合でも型式の同定はやや難しい。ちなみに井上裕弘が甕棺の地域差と工人集団の関係を追求した論考(井上，1978a, 1985)の中で，橋口の両型式を分離せずに「立岩式」として記述していることは注目してよかろう。井上はその理由については記述していないが，論文の性質上，時期幅をできるだけ限定すべきことを明らかに自覚しながらも，あえて分離していないことは学史的に記憶しておくべきであろう。
5) 筆者はこのような現象について，「系統の収斂」という用語を用いて定義づけた(中園，1988: 60-62)。生物進化における用語とは意味あいが異なるので混同しないよう注意されたい。なお，ここでの事例に即していえば，系列間の変異が増大することによる「系統の収斂」といえる。
6) 甕が平底から脚台状になる変化の過程を追うことは難しい。型式変化においては属性がコマ送りのように少しずつ変化をする場合と，急激に変化してしまうものとがある。後者においては「ミッシングリンク」が存在する。これはイノベーションの問題としても意味がある。機能を全うするある形態が発明されるとき，その過程がいちいち遺物として発現するとは限らないのである。生物進化における「断続平衡説」を想起すれば理解しやすいであろう。イノベーションは人間の頭の中でイメージの連鎖として起こることであり，型式学において説明が難しい点については人間の認知に対する考慮が必要になろう。
7) 本田道輝氏教示。
8) 調査者の本田道輝氏教示。
9) 九州内での併行関係については，1960年代からの支配的な意見に対して，全体を見直す動きはなかなか起こらなかったが，実際には各地で実情に即して対処されてきたともいえる。以上の分析では結局のところ，総合して大きく整理し直したことになる。九州と瀬戸内地域との併行関係については「調整案」を修正することになった。ただし，地域間の比較のために共通のステージを設けようとする「調整案」の精神は学史的にみても重要なものであり，継承されるべきである。
10) 学史的にみれば，かつて九州全域において中期土器は「須玖式」と呼ばれていた。その後の研究で次第に「須玖式」が分離されていったことになるが，その際，研究者のフィールドがどこであるかということと，現在の行政単位や地理感覚などの研究者側のコンテクストが多分に影響していると考える。北部九州の土器様式に使用された名称のうち，東茘田式(後の板付I式)，遠賀川式，立屋敷式，下伊田式，城ノ越式，下大隈式，水巻町式など「遠賀川以東」地域またはその系統に属する内容をもつものが多い。そうでないものは，板付式，須玖式，高三瀦式，西新式くらいである。これは研究者が活躍した地域が「遠賀川以東」であったことと関係がある。北部九州の南端といえる南筑後の中期前半の土器は，黒髪I式またはその要素を多分にもつが，現在でもそれを黒髪式と称さず須玖式の範疇でとらえる傾向があるのも同様の理由であろう。須玖式を東西に二分する考えに賛同しても，それぞれを異なる様式名で呼ぶことには抵抗感をもつ研究者が多いようである。さらなる理由は，須玖式には丹塗土器という顕著なものがあることも影響していると考えられる。

第5章

紀元前1世紀における九州弥生土器様式の特質

　弥生時代中期後半，すなわち紀元前1世紀の北部九州の土器様式は，多数の丹塗器種に示されるように弥生土器様式の中でも際だったあり方をしているようにみえる。こうしたあり方は何を意味していると解釈すべきなのであろうか。前章では型式分類と編年，併行関係，様式の認定とその動態など，基礎的整理を中心として行ったが，ここではそれをさらに発展させたい。すなわち，土器をたんなる年代の指標としてではなく，文化や社会を読み解く手がかりとして位置づけ，それを実践することを試みる。

　須玖II式をはじめ九州の弥生土器については，器種構成や様式上の特色などが十分に検討・評価されてこなかったというのが筆者の見方である。その意味では，この時期の文化・社会を論じる際に，土器は置き去りにされてきたといえる。本章ではまず，須玖II式を特徴づける丹塗精製器種群について，祭祀土器であるとする定説を再検討し，批判する。そして須玖II式が東アジアとの関係においてどのような意味をもっているのかを論じる。その上で，西日本の弥生土器様式とはどのような歴史的意味があるのかを考察し，さらに九州の諸様式間の比較から，このような土器様式を生み出した紀元前1世紀の九州の文化・社会の状況を垣間見ることにしたい。

第1節　須玖II式土器における丹塗精製器種群の性格

1. はじめに

　日本列島の丹塗土器において，器種の豊富さと量の多さでもっとも卓越するのは，弥生時代中期後半代の北部九州である（口絵1・2）。この様式は「須玖式」と呼ばれ，九州の中期を代表する土器様式としてよく知られている。前章で検討したように，丹塗研磨された土器が盛行するのはその中でも後半期，すなわち須玖II式の時期にあたる。

　それら丹塗土器は「祭祀土器」としばしば呼ばれ，それを多く出土する遺構については「祭祀遺構」または「祭祀土壙」と認識されるのが現状である。鏡山猛（1952，1955）以来，丹塗土器や祭祀遺構について論じたものはいくつかあり，丹塗土器の性格についてはある程度明らかになっている（高倉，1973a，1979；藤瀬，1982；石橋，1982；小田，1982；ほか）。丹塗土器に関して中心的・総合的に論じたものとしては馬田弘稔による「弥生時代の土器祭祀について」（馬田，1982）があり，様々な例をあげつつ祭祀の観点からパターン化と解釈を試みた意欲的な論文である。この中には当時の最

新の知見も含まれ，様々な示唆に富む見解が示されているが，現在においてもそれに匹敵する総合的な研究はなされていないばかりか，指摘された様々な課題について検証がなされているとはいえないことは残念なことである。

このように丹塗土器に関して正面から扱った論文はさほど多くないが，遺跡ではしばしば目にするものであり，調査報告書中における記述や考察でふれられることは多い。そうしたものも含めて丹塗土器の性格についてどのように認識されているかといえば，次のようになる。

1) 甕棺墓などの墳墓に明らかに伴う土壙（いわゆる「祭祀土壙」）から多くの丹塗土器が出土する。
2) 丹塗土器は器種数こそ多いが，通常の甕などには丹塗は施されず，丹塗を施すものと施さないものとでは器形が排他的である。

このようなことから，甕などを「日常土器」，丹塗土器を「祭祀土器」とする二分法的なとらえ方がなされる傾向が強い。極論すれば，日常／祭祀という二分法が弥生時代の北部九州社会に存在したことが措定され，日常土器と祭祀土器という機能の差が丹塗の有無に還元されているのが現状である。少なくとも丹塗土器のいくつかについて，墳墓祭祀など儀式という特別な用途だけでなく日常的な使用を積極的に認めるはっきりとした主張はほとんどないといってよい。

筆者は1989年，北部九州の弥生時代中期土器の編年作業を行っていた際に次のような疑問を感じた。須玖II式は，細分器種の数でいえば丹塗土器のほうが非丹塗土器よりも圧倒的に多く，非丹塗のものは器種があまりに限定されており，少なすぎる。そのため，丹塗土器を祭祀土器として日常の生活の場面から遠ざけた場合，西日本の弥生土器として通常のセット関係を維持できるのかという疑問である。高杯にも徹底して丹塗が施されるため，これでは高杯さえ日常使用されなかったことになってしまう。また，丹塗器種の中には須玖I式の段階に丹塗が施されない器種としてすでに存在していたものも多い。須玖I式ではすべての器種が日常土器で，それと同じ器種でありながら須玖II式になって丹塗が施されるだけで祭祀土器とされるのは，はなはだおかしな話である。筆者はそのときから，日常土器vs祭祀土器という単純な二分法でとらえるのではなく，日常生活の場において丹塗土器を使用していた可能性を考えている。

須玖II式の丹塗土器をめぐる問題については，馬田の研究からだいぶ経った現在においても十分に議論し尽くされてはいないように思われる。これら丹塗土器を祭祀専用器種ととらえることに妥当性はあるのだろうか。もしそうでないとすれば，どのように考えればよいのだろうか。このことについてのオルタナティブを提示するとともに，また，丹塗土器と非丹塗土器はどのように異なるのか，諸要素をとりあげ比較する。それは，従来の日常／祭祀という二分法の当否はともかく，これまで認識されてきたような2つのカテゴリーに分類することはそもそも妥当かという検討になり，そして，土器製作者がどのようにカテゴリー化していたのかということにも，ある程度迫ることができると期待できる。それをふまえて，丹塗土器の出現の理由を違った角度から検討することにしたい。

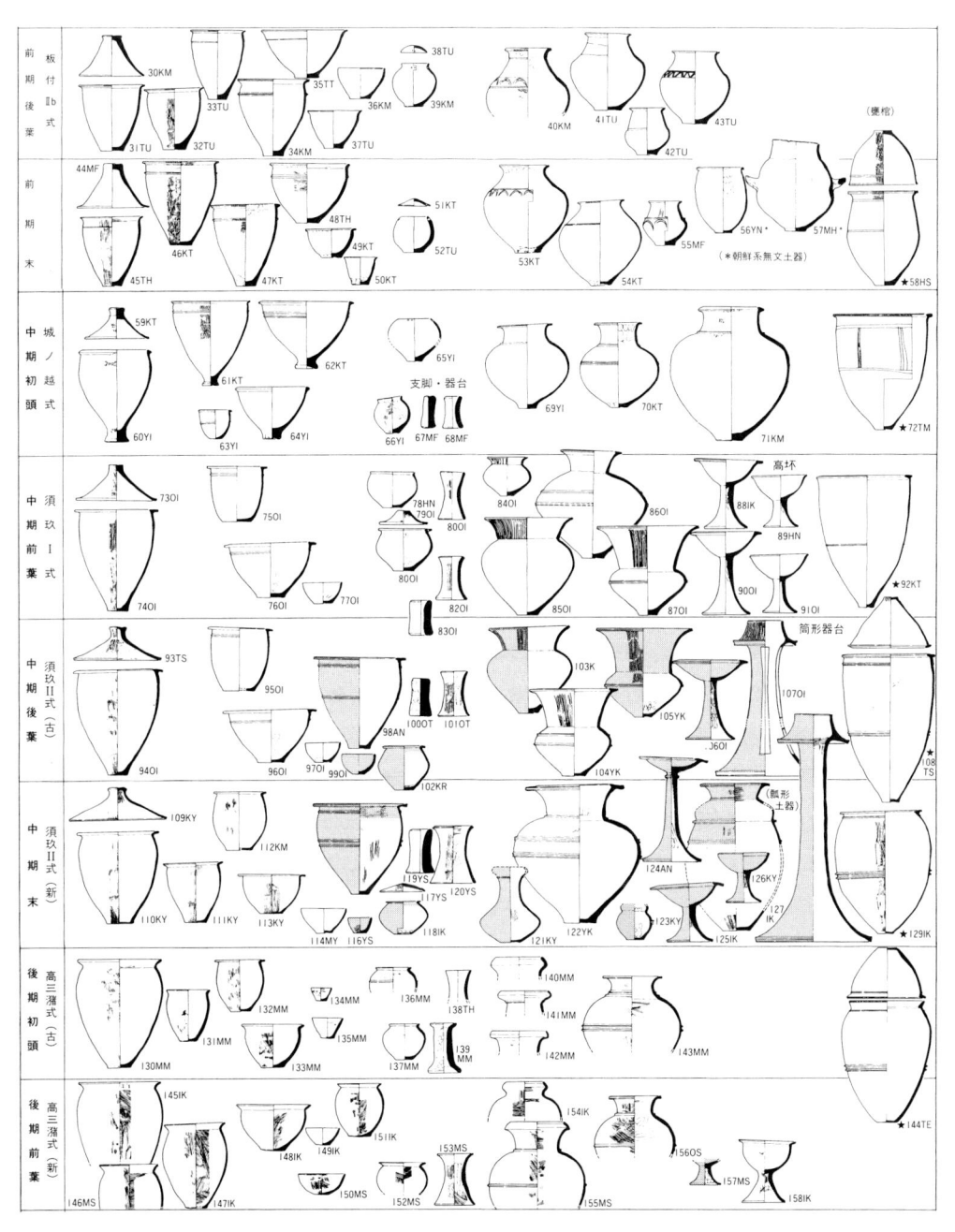

第5章　紀元前1世紀における九州弥生土器様式の特質

図1 編年図（中園，1996bより抜粋，改変）
中期とその前後を示している．

2. 資料と方法

　丹塗土器の基本的な出現・盛行の時期である弥生時代中期後半を扱う。北部九州地域で須玖式と称されてきた土器群は，系譜を異にする東西2様式に細分できることが指摘されており，田崎博之(1985)はこれを「遠賀川以西系」・「遠賀川以東系」と呼んでいる。この考えは現在もほぼ踏襲されており，とくに異論はないようである（武末，1987c；ほか）。しかし，前章で検討したように，須玖式の「遠賀川以西系」と「遠賀川以東系」は，黒髪式や山ノ口式などと様式的に同レベルの分類単位と考えられるため，両「系」のみを特別にまとめて須玖式と一括することはできない。そこで中期後半においては前者を須玖II式，後者を豊前III式と呼んで区別したところである。両様式とも丹塗土器を多く出土するが，より器種が多く，器種による丹塗と非丹塗の区別が貫徹しているのは前者である。

　したがって，ここで対象とするのは北部九州の福岡・筑紫平野（福岡平野・筑後平野・佐賀平野）を中心とする地域に濃密に分布する様式，すなわち本書でいう須玖II式である。この中にも細かな地域的様式があるが，検討に用いる地域は，問題を単純化するために豊前III式との接触が少なく，また須玖II式の分布の周辺部でもない地域が望ましい。そこで筑後平野北部を主な対象とする。さらにこの地域は，丹塗土器が非常に発達する地域としても知られていることもその理由である。この地域は，筑前・筑後・肥前の三国境付近にあたり，該期の遺跡としては福岡県小郡市大板井遺跡，朝倉郡三輪町栗田遺跡，甘木市栗山遺跡，久留米市安国寺遺跡，佐賀県鳥栖市安永田遺跡など著名な遺跡がある。この地域の土器の諸要素をとりあげ，器種ごとに頻度を検討する。これを一覧表に示すことにより，器種ごとの特徴や全体的な傾向などを把握しやすくしたい。なお，ここでは甕棺は扱わないことにする。

　対象地域に含まれる小郡市周辺の弥生土器編年図を参考のために提示しておく（図1）。なお，この図はごく簡単なものであり，須玖I式は細分せず一括している。また器種の数も須玖II式ではかなり増えるが，主要なものに限っている。しかし概要は理解されよう。

3. 検　　討

　まず，「日常土器」と「祭祀土器」とされているものについて，差異と共通点を明らかにしたい。そもそも，考古学的コンテクストからは，「丹塗土器」などと呼ばれるように，土器のもつ諸属性の中で丹塗であることが最も注目されている。つまり赤色であることをもって，この種の土器を代表させようとしているのである。もちろん，それだけの要素で選択されているのではないことは明らかである。ほかにも，しばしば報告書などで記載されるように，研磨されているということや胎土の違いなどもある。そしてなにより，形態に差があるということもある。ここでは，さらに細かく属性をとりあげて，いわゆる「日常土器」と「祭祀土器」との差異と共通点を検討する。

　須玖II式は器種を細分すれば，ある程度安定した器種に限っても30は下らない。しかし，ここではあまり細かく分けず，ここでの検討に必要な程度にとどめることにする（図2）。なお，前章で

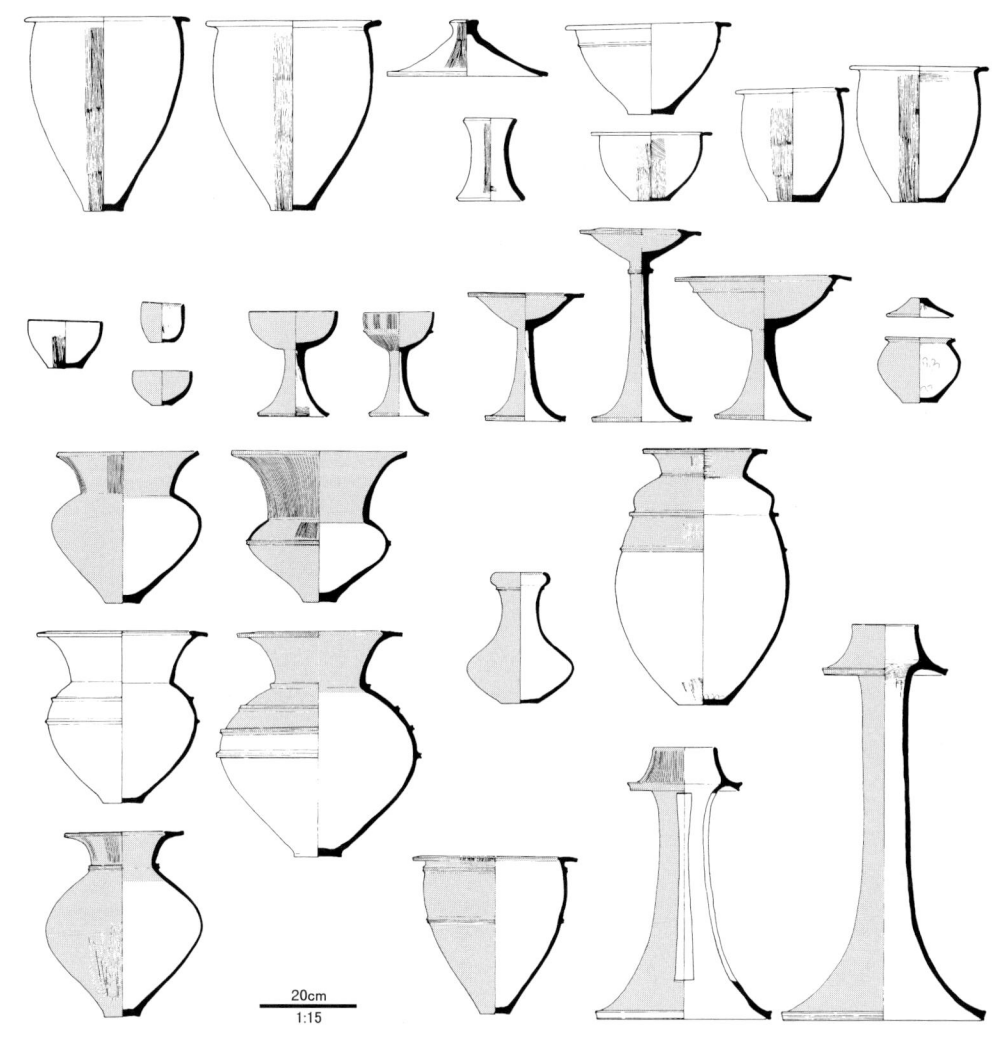

第 5 章　紀元前 1 世紀における九州弥生土器様式の特質　　257

図 2　とりあげる主要器種 (1/15)
とくに丹塗器種に関してはさらに増えるが，主要なものにとどめている．なお，甕棺は除外してある．

扱った諸器種は，編年や様式間の関係を検討するためにさらに絞ったものであったため，前章で須玖 II 式とした一群よりも数は多くなっている。本章では独自に器種名をつけているため，混同されないよう注意されたい。

とりあげる要素については，下記のとおりである。

(1)　とりあげる諸要素と変異

以下の諸要素と変異をとりあげることにする。

丹塗の有無（口絵 2）　丹塗が施されるか施されないか。丹塗は最終調整より前に行われ，スリップ状に掛けられた後にミガキなど仕上げの調整が施される。

口唇部（端部）形態　口唇部の仕上げ方。口唇部はヨコナデで仕上げられるが，端部を丸くおさめるもの（口絵3上）と，くぼませるまたは平坦におさめるもの（口絵3中，3下）とがある。後者のうち，くぼませる形状をとくに「凹唇状」と通称されることもあるが，ここでは異なる口唇部形態を扱っており用語上の混乱を避けるためにも，後者を「稜角付口唇部」と呼ぶことにする。それには口唇部を上または下あるいは上下に拡張するものも含める。また，高杯や器台，筒形器台などの，口唇部だけでなく脚端部や鍔部などの端部のおさめ方についても便宜的にこれに含めておく。

突帯部形態　突帯を持つものの場合，突帯の形態。三角突帯と，「コ」の字状をなす突帯がある。後者の場合，口唇部にみられるように先端をくぼませるものがほとんどであり，口唇部形態での呼称とあわせて「稜角付突帯」と呼ぶことにする（口絵3中）。ただし，突帯を複数箇所もつものの場合，頸部と肩部の間の屈曲部に施されたものなどは両者のなす角が小さいためそれに制約されることがある。このようなときはそれ以外の胴部突帯などに注目することにする。

突帯の本数　同一部位に突帯を1条しか施さないのか，それとも2条以上の多条施しているか。1条ずつ一定間隔をおいて多条施されているものは後者に含める。複数箇所施されているものの取り扱いは突帯部形態と同じ。

器面調整　外面の器面調整をとりあげる。ハケメ仕上げのものと，研磨仕上げのものがあり，また，ナデ仕上げのものがある。ハケメ仕上げのものは，通常縦方向の整然としたハケメが施されている。タタキ痕は通常きれいにすり消され，確認は難しい。弥生時代前期や後期にみられる雑然としたハケメではなく，また短くとぎれず整然と一気に施されたものが多いことから，仕上げとしての意図がうかがえる。また，研磨仕上げのものは，胴部中ほどから上半は研磨具を土器に対して横方向に往復させて施され，それを数単位繰り返して一周している（e.g. 馬田（編），1986）。胴部下半は縦方向または縦に近い斜め方向の研磨が施されている。ナデ仕上げのものは布状もしくは板状のナデ具（ナデ板）を用い，ヨコナデとするか斜め方向を基調としたリズミカルなナデ（板ナデ）である。ただし，ナデ仕上げのものはさほど多くない。

暗文の有無（口絵3下）　ナデ調整された器面に暗文が施されるものがある。大半は頸部や口縁部上面などに施され，見えやすい部分であることから，文様としての意図があったことは明らかである。鋤先状口縁の上面に施されるものは放射状に施される。壺の頸部に施されるものは縦方向の直線であり，一定間隔で施されるものと，数本を単位として施されるもの（分割暗文）の2種があるが，ここでは区別せず一括して扱う。

底部下面の形態　底部下面は，平坦になったもの，周囲を輪状に残して中心がややくぼむもの，低いドーム状を呈してくぼむものがある。底部外面の立ち上がりなど，器形にも左右される可能性があるため明瞭な判断は難しいが，ドーム状のものだけに着目し，参考として扱う。

胎土の色調　胎土の色調には，大きく分けて黄白色，黄褐色，明黄橙色，明灰黄色といった黄色みを帯びたものと，赤橙色，明赤褐色などの赤みが強いものとがある。後者は明らかに赤みを帯びた色調に発色させる意図がうかがえる。

胎土　胎土は，通常の弥生土器と同じく細礫と砂粒が混じったものと，泥質で細礫や砂粒があまり

第 5 章　紀元前 1 世紀における九州弥生土器様式の特質

混じらないものとがある。さらに細かく分けられる可能性はあるが，現段階ではこの 2 つに分けておく。

煮炊痕の有無　煮炊きに伴う痕跡の有無。すなわち，外面上半部に付着した煤，下半部の赤変・剥落，内面の焦げつきなど一連の特徴をみせるもので，煮炊き以外に二次的に火を受けたものは含めない。

(2) 器種ごとの変異の状況

以上を器種ごとに確認する (表 1)。表を一見すると変異の現れ方が一定のパターンをもっており，決してランダムではないことがわかる。大きくみれば，丹塗を施す器種とそうでない器種とに比較的明確に分かれており，丹塗を施す場合も施さない場合もある器種は一部あるだけで，多くは器種と丹塗を施す／施さないという区別がはっきりしている。また，丹塗を施したり施さなかったりする一部の器種においては，丹塗を施さないものも赤みを帯びた色調を呈することが多いなど，効果としては赤みを帯びて仕上がるようにされているものも目立つ。

丹塗の有無は器面調整との相関が非常に強く，丹塗を施さないものはハケメ仕上げ，丹塗を施すものは研磨仕上げである。口唇部やその他の端部形態と，突帯部形態との間についても相関が強く，丸みをもつものと三角突帯，稜角付のものと稜角付突帯が組み合わさる。前者は丹塗を施さないもの，後者は丹塗を施すものと組み合わさる。

表 1　器種ごとの諸要素と変異 (1)

	丹塗の有無		口唇部(端部)形態		突帯部形態		突帯の本数		器面調整			暗文の有無		底部下面の形態	胎土の色調		胎土		煮炊痕の有無	
	なし	あり	丸み	稜角付	三角	稜角付	1条	多条	ハケメ	ナデ	研磨	なし	あり	ドーム状	黄み	赤み	砂礫	泥質	あり	なし
甕	◎		◎		◎		◎		◎			◎			◎		◎		◎	
甕用蓋	◎		・	○					◎			◎			◎		◎		◎	
器台	◎		○	○					◎			◎			◎		◎			◎
鉢	◎		◎		○		◎		◎			◎			◎		◎		・	◎
樽形甕	◎		◎		○				◎			◎			◎		◎			◎
小型鉢(椀)A	◎	・	◎	・					◎	○		◎			◎		◎			◎
小型鉢(椀)B	◎	・	◎	・					◎	・	◎	◎			◎	○	◎	○		◎
椀形高杯A	・	◎	○	○							◎	◎			○	◎	○	◎		◎
椀形高杯B		◎	・	○	○	○	◎				◎	・	○		◎		◎			◎
高杯A	○	◎		◎					◎		○	◎			◎		◎			◎
高杯B		◎		◎		○	◎				◎	◎			・	◎	・	◎		◎
高杯C	・	◎		◎		○	◎				◎	◎			◎		◎			◎
無頸壺	・	◎	○	・							◎	◎		○	◎		◎			◎
広口壺A	・	◎	◎	・							◎	◎			◎		◎			◎
広口壺B	・	◎	◎	・							◎	◎			◎		◎			◎
広口壺C	○	◎	◎	○			○	◎			◎	◎			◎		◎			◎
広口壺D・E	○	◎							◎		○	◎			◎		◎			◎
袋状口縁長頸壺	・	◎	◎		○		◎				◎	○	○		◎		・	◎		◎
丹塗甕		◎	◎		○		◎	○			◎	◎			◎		◎		・	◎
瓢形壺		◎	◎		○	○	○			・	◎	○	○		◎		・	○		◎
筒形器台		◎	◎							○	◎	◎	○		◎		◎			◎

◎ 非常に多い〜多い，○ 普通，・ 少ない〜微量

暗文も丹塗との相関が強く，ドーム状の底部下面，赤みの強い胎土の色調，泥質の胎土も，程度の差はあるが丹塗を施すものとの相関が強い。突帯の本数も丹塗を施さないものでは多条突帯は採用されていないという点で差がみられる。

　なお，煮炊痕の有無については，当然甕に煮炊痕が集中することが想定されるが，やはり甕と甕用蓋，また支脚の一部に認められる。丹塗を施すものでは基本的に煮炊きは行われていないことがわかる。

　以上から器種と諸変異の間に強い選択がはたらいていることがわかる。表1の中で丹塗の有無などをアイテム，それに包括される有りと無しという2つの変異をカテゴリーとすると，一つのアイテムの中で2ないし3つのカテゴリーが均等に出現してはいない。そこには明らかに偏りがあり，その他のカテゴリーと緊密に結びついていることがみてとれる。そこで，いっそうわかりやすくするために表の変異の順番を入れかえると，大きく2群に分かれることが明瞭である（表2）。器種によって選択される変異に大きな差があり，しかも緊密に組み合わさる変異のセットがあるということがわかる。ただし2群間は完全に排他的ではなく，一部変異の共有があることも注意しておかなければならず，2つの群としてカテゴリー化することはポリセティックな意味で可能である。そこで，左上にまとまった器種と諸変異をⅠ群，右下にまとまった器種と諸変異をⅡ群と仮に呼ぶことにする。

　その2つの群がそのまま従来の「日常土器」と「祭祀土器」に対応するということはできない

表2　器種ごとの諸要素と変異 (2)

	丹塗の有無	口唇部(端部)形態	突帯部形態	突帯の本数	器面調整	暗文の有無	胎土の色調	胎土	煮炊痕の有無	丹塗の有無	口唇部形態	突帯部形態	突帯の本数	器面調整	暗文の有無	底部下面の形態	胎土の色調	胎土	煮炊痕の有無
	なし	丸み	三角	1条	ハケメ	なし	黄み	砂礫	あり	あり	稜角付	稜角付	多条	ナデ	研磨	あり	ドーム状	赤み	泥質	なし
甕	◎	◎	◎	◎	◎	◎	◎	◎	◎										
甕用蓋	◎	·	◎		◎	◎	◎	◎	◎		○								
器台	◎	◎	◎		◎	◎	◎	◎			○								
鉢	◎	◎			◎	◎	◎	·											◎
樽形甕	◎	○	◎	◎	◎	◎	◎												◎
小型鉢(椀)A	◎	◎			◎	◎	◎	◎	·					○					◎
小型鉢(椀)B	○	○			◎	○	◎	○		·			·	◎			○	○	◎
椀形高杯A	·	○			◎	○	·			◎	○			◎			◎	○	◎
椀形高杯B		·	◎	◎		·	·			◎	○			◎			◎	◎	◎
高杯A	○	·			◎	○	·			◎	◎	◎	○	◎			◎	○	◎
高杯B		·		◎	·		·			◎	◎	◎	·	◎			◎	○	◎
高杯C	·	◎	◎		·	·	·			◎	○			◎			◎	○	◎
無頸壺		○			◎	·	·			◎	○			◎	◎		◎	○	◎
広口壺A	·	·				○	○	·		◎				◎			◎	○	◎
広口壺B	·	·		◎		·	·			◎	○			◎			◎	○	◎
広口壺C	·	○	◎	·		○	○			◎	◎	◎	·	·			◎	○	◎
広口壺D・E	○	·				○	○			◎	◎						◎	○	◎
袋状口縁長頸壺	·	○				◎	○			◎	○						◎	○	◎
丹塗甕				◎		◎	○			◎	○						◎	○	◎
瓢形壺	·	·	○	◎	◎	○	·			◎	○						◎	○	◎
筒形器台						◎				◎		◎		◎			◎	○	◎

が，概ねⅠ群が前者，Ⅱ群が後者にあたっているといえよう。したがって，変異の現れ方は，ポリセティックなあり方をしながらも最も視覚的である丹塗の有無をもって両群の分類基準とされるのも首肯できることである。ここで確認しておきたいことは，器種と変異の結びつきが緊密であり，有意な2群に分かれるということは，大きく2つのカテゴリー分けを北部九州の須玖Ⅱ式の製作者たちが行っていた可能性が高いということである。製作者は，製作する器種に応じて，プロポーションや大まかな部位の形態だけでなく，口唇部や突帯部，脚端部にはどのような形態を採用するか，調整法はどうするかなど，細部にわたってかなり厳密に規則を遵守していることになる。また，そのカテゴリーは火にかけるものとそうでないものに概ね対応しており，土器の使用者においても類似したカテゴリー分けがなされていたということである。これは製作者・使用者の土器に関する認知構造を示唆する点でも重要であると考える。ただし，詳細にみると，明らかにⅠ群に分類される樽形甕については火にかけない傾向が強いため，この2つのカテゴリーは火にかけるかどうかという点に還元できるものではなく，それ以外に使用における何らかのシンボリズムを表していると思われる。

4．考　察

(1) 土器の変異の規則性とエラボレーション

上での検討で，器種ごとの変異に一定のパターンがあるということが明確になった。便宜的にⅠ群を「非丹塗器種群」，Ⅱ群を「丹塗精製器種群」と呼ぶことにする。

非丹塗器種群のうち甕は，突帯をもつものは三角突帯という特徴があるが，一部の地域を除いて突帯をもつものは大型品であり，通常のサイズのものは突帯を施さないシンプルなものがほとんどである。こうしたことも加味して考えれば，非丹塗器種群は丹塗精製器種群と比べてより簡素であるといえる。少なくとも突帯の種類を違えることで，非丹塗器種群と丹塗精製器種群の差異が強まっているといえる。

丹塗精製器種群は丹塗を施す点で，非丹塗器種群よりも工程が多い。丹の採取・精製（または入手），そして丹塗前の調整を含めると多くの手間がかかる。この時期の丹塗は，丹と液状の粘土を混ぜたスリップを用いている[1]。当然，形態を完成させたのちに丹塗のスリップを掛けるのであり，それを一定程度乾燥させた後，ミガキを行うという工程が入る。このミガキは分割研磨などの一定の規則をもってリズミカルに施される（馬田（編），1986）。さらに，その際に暗文も施される。このように非丹塗器種群に比べて丹塗精製器種群は工程が多いのである。

また丹塗精製器種群の稜角付突帯は，いったん三角突帯と同様に粘土紐を貼り付けたものをヨコナデによって整形したものである。稜角付にすることが三角突帯と比べて工程が多いとは言い切れないが，整形に際して多少技術が必要ではあろう。丹塗精製器種群にしばしばみられる多条突帯を付けるには明らかに多くの手間がかかる。突帯の本数が増えれば増えるだけ手間が増えることになる。そして非丹塗器種群のほうが，器形自体が複雑なものが多いことも看過できない。このように，非丹塗器種群に比べて丹塗精製器種群は多くの手間ひまがかかるものである。筆者は，こうし

た投入される手間ひまの程度に関係して、「エラボレーション elaboration の度合い」という概念を用いて認識している（次章参照）が、丹塗精製器種群は非丹塗器種群よりエラボレーションの度合いが高いということができる。

ここで、土器のもつさまざまな要素のうち、視覚的顕著性という基準で検討してみる。とりあげた諸変異のうち、外見上はっきり認識できるものとそうでないものがある。たとえば、全体的な器形・プロポーションは目立つものとしてよかろう。また、丹塗の有無についても、赤色の着色という点で非常に顕著性の高い、すなわち視覚に訴えるものであるといえよう。なお、現存する世界の諸民族の中で赤色という言語的・文化的カテゴリーをもたないものはごく例外的な一部にすぎない。また、該当する色彩名称がない場合でも、焦点色は記憶されやすい (Rosch, 1972)。言語が異なる場合でも、赤などの基本的な焦点色は一致することも確かめられている (Berlin and Kay, 1969)。したがって、認知考古学的にみて当然弥生人も赤色を認識していたはずであるし、丹塗土器には地域による微妙な色の変異はあっても、それらをすべて赤色として同一カテゴリーで認知していたと考えて間違いなかろう。また、器形や丹塗の有無に比べれば視覚性は劣ると考えられるが、突帯の形態や本数なども外見的にわかるものである。なお、ミガキやハケメといった表面調整についても、顕著性という観点からは形態や赤色よりは劣るかもしれないが、表面のつやや輝きという点からみると顕著性が著しく劣るとは考えられない。

ところが丹塗土器の場合、胎土の色調は、赤みがかる必要は必ずしもないのであるが、やはり胎土が赤みがかったものは丹塗土器に集中している。さらに、泥質の胎土と胎土の赤みの相関はかなり高いようである。また、胎土が泥質であるものも丹塗土器に集中的にみとめられ、含まれる細礫や砂粒の量についても差がみとめられる。したがって、製作者はわざわざそうした特別な胎土を調整した可能性が高い。

それは少なくとも土器としての機能を果たすうえで必須のものとは考えにくく、また丹の色を引き立てるのに役立つ可能性はあるが、その他の焼成時の制約などを含めた物理的・経済的理由で説明し尽くすのは無理である。胎土の特徴は製品の外見からはわかりにくい要素といえる。例えると、着物はその素材の質の良さや、織りや柄の精巧さ、デザインの美しさという点で安物と高級品という明確な差がある。これはエラボレーションの度合いの差といいかえることもできる。しかし外見上分かりにくい部分、すなわち裏地の質や縫い方の丁寧さ、肌触りや着心地なども重要な判定基準になっている。そのような見えにくいところまで念が入っているということもエラボレーションの度合いを高めるのに大きな寄与をしている。それは金のアクセサリーと金メッキのイミテーションの関係にも似ている。人間と人工物との相互関係という点に着目すれば、丹塗土器の胎土についても丹が施されていない内面などを見ると、すぐにその色や質はわかるものであり、目に見えるようにすることが本来の目的ではないかもしれないが、結果としてエラボレーション（つまり品質）の度合いの高さを示すことになっているといえる。そう考えると、丹塗精製器種群においては、胎土の特徴なども含めて多くの要素がエラボレーションの度合いを高める方向にはたらいているといえるのである。

第5章　紀元前1世紀における九州弥生土器様式の特質　　　263

　また，もし緻密な泥質の胎土や稜角付突帯などが直接エラボレーションの度合いには関係しないとしても，丹塗精製器種群としてグルーピングされるからには，そのグループの意味を支えるシンボリックな役割を果たしたのは間違いなかろう。エラボレーションの度合いの高さを顕著に示す要素も含めて，総体としてシンボリックな役割を担っていると考えられる。エラボレーションの度合いの高さはつまり相対的な価値の高さを示し，それに付随する何らかの意味を伴うと思われる。また遺跡においてそれを示唆する証拠もある。しかし，そのことをもって丹塗精製器種群がそのまま祭祀土器であるというわけにはいかない。

　ともかく，こうした変異の選択における規則性は，その器種を製作する際の動機づけや，土器製作にあたっての態度や取り組み方など，製作当初からの意識の差を反映しているといえよう。こうした土器要素の厳密な規則性は，土器製作者が丹塗土器に対する一定の理解をもっており，その理解が少なくとも大筋において，北部九州西半部（福岡・筑紫平野とその周辺）という一定範囲に共有されていた可能性を示唆している。それでは，さらにその周辺地域においてはどうであろうか。それをみることにより，丹塗精製器種群の本来の性格について考える一助としたい。

（2）周辺地域の状況

　前章でみたように，ステージII（中期後半）の九州には，北部九州西半（福岡・筑紫平野）には須玖II式，北部九州東半あるいは東部九州には豊前III式，中部九州には黒髪II式，南部九州には山ノ口式（山ノ口I式・II式），東南部九州（日向）には中溝式などがあり，これらが地域的に並立する。これらの九州内の各様式はもともと類縁度が高い。

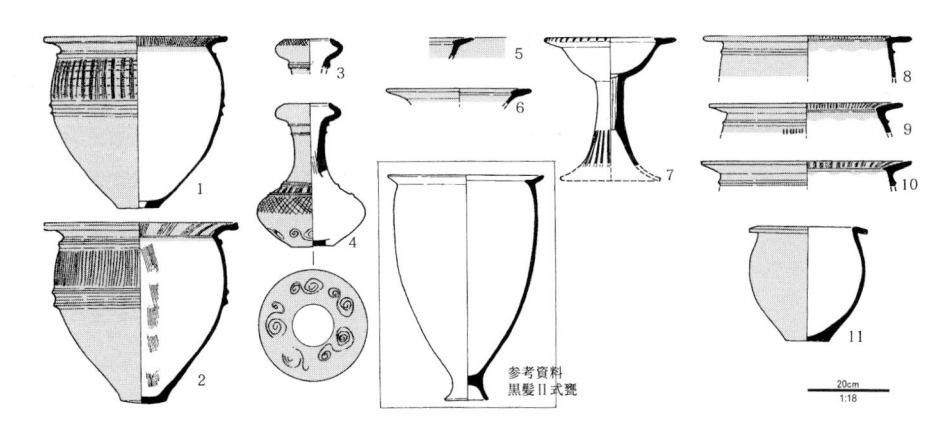

図3　周辺地域の丹塗土器関連資料（1/18）
　ここでは熊本県・長崎県にみられるごく一部の例を挙げる．丹塗甕や高杯などの口縁部をみると，わずかに上方に起きて「く」の字状に近く，口唇部も丸くおさまるものも多い．これは，従来のような新古の時間的関係で単純にとらえられるものではない．参考資料としてあげた同時期の黒髪II式の甕をみれば，この特徴は甕に近いことがわかる．また，暗文等にも地域色が顕著である．8〜11は在地の胎土とみられる．1・2丹塗甕，3・4袋状口縁長頸壺．以上，熊本県大道小学校遺跡（隈，1983を改変）．5・6高杯．以上，熊本市神水遺跡（緒方（編），1986を改変）．7高杯（彩文）．熊本県祇園地遺跡（小林・杉原（編），1964を改変）．8〜10丹塗甕，11無頸壺．以上，長崎県富の原遺跡（稲富・橋本（編），1987を改変）．

北部九州の土器は周辺地域に持ち込まれ，また模倣もみられるが，北部九州へは周辺地域の土器はほとんど持ち込まれていない。このように土器や土器の要素において北部九州から周辺地域へのいわば半透膜的浸透がある。丹塗土器については，量の多寡を問わなければ九州全域で認められるものである。その中には土器自体が移動したものもあるが，模倣ともいえる在地製作の土器も多く含まれる。以下にその例をあげる (図3)。

　熊本県北部に位置する山鹿市大道小学校遺跡では，丹塗精製器種群のうち丹塗甕と袋状口縁長頸壺，高杯が出土し，周囲で甕棺が発見されていることから，墓地に伴う祭祀遺構の可能性が推定されている (隈，1983)。この地域はすでに中部九州の黒髪 II 式の分布域に入っている。丹塗甕 (図3-1・2) は北部九州の丹塗甕 2 型式と一見似ているが，比較すると違いがある。胴部突帯が 2 条であり胴部が膨らむことなど，須玖 IIb 式との関係が考えられるが，うち 1 つは口縁下突帯も，2 条の胴部突帯も三角突帯である。北部九州のものは稜角付突帯であるため，これは顕著な違いといえる。また口縁部は「く」の字状を呈し，口唇部が丸くおさまっている。「く」の字状の口縁部を呈する丹塗甕は北部九州にも全くないわけではないが，それは稜角付口唇部をもつため，丸くおさまる本例とは異なっている。胴部上位にみられる分割暗文やミガキの状況も北部九州のものとは異なっている。袋状口縁長頸壺 (長頸壺 A) は 2 点出土している (図3-3・4)。完形のほうは，肩部突帯は稜角付であるが，比較的整然としていないミガキと，暗文で渦状と斜格子状の文様が描かれている。こうした暗文の要素や胴部下半という施文部位は他に例がなく，口縁部外面に斜格子状の暗文を施すほうの個体も含めて在地製作の可能性が高い。このように在地製作とみられるものは，黒髪式の分布域である中部九州一帯に分布している。

　同様の傾向は長崎県南部でも認められ，たとえば鉄戈等を副葬した甕棺墓で知られる長崎県大村市富の原遺跡では，甕棺墓と石棺墓に伴う祭祀遺構から多くの丹塗精製器種群が出土している (稲富・橋本(編)，1987)。この遺跡は須玖 II 式と広義の黒髪 II 式を出土しているが，在地系は基本的に後者である。この遺跡では胎土に黒雲母を含むものと含まないものに分かれ，黒雲母を含むものは搬入品と考えられている。この遺跡の丹塗精製器種群には黒雲母を含むものもあるが，黒雲母を含まない在地的胎土のものも多い。搬入品と判断されるものは細部の形態も北部九州のものと類似するが，在地的胎土をもつものの中には口縁部がやや起きるものや口唇部が丸いもの，三角突帯をもつものなどが多く含まれる。それはとくに丹塗甕において顕著である (図3-8～10)。また口縁部がやや上に起きている点も注目できる。

　このような傾向のものは熊本県や長崎県において顕著であり，量的には少なくなるが鹿児島県では甑島を含む薩摩半島の西部から南部においてもみとめられる。薩摩半島南部では成川遺跡出土の丹塗甕が注目されるが，観察の結果，形態や細部の特徴は上記の熊本県大道小学校遺跡のものに共通点が多くうかがえることから，中部九州からの持ち込みの可能性があると考える。大隅半島西部では鹿児島県山ノ口遺跡で丹塗甕が出土しているが，胎土の観察からも北部九州で製作されたものでないことは明らかである。また，暗文の技法も顕著に異なっている。口唇部は稜角付であるが，口縁部は内面の突出をもたず「く」の字状にやや起きており，口縁下突帯も胴部突帯も三角突帯で

ある[2]。本資料は，おそらく中部九州か南部九州で製作されたものと思われる。

　中部九州のステージ I (中期前半)の黒髪 I 式では，甕などの口唇部は丸くおさめることが非常に安定して行われ，その他の器種では稜角付もみられるが口唇部を丸くおさめるものも多い。突帯は三角突帯や三角突帯に刻みをもつものが多く，一部稜角付も認められる。しかし北部九州ほどの明確な作り分けはないようである。

　ステージ II (中期後半)の黒髪 II 式でもその傾向はあまり変わらない。とくに在地系の高杯においては，形態が須玖式に類似しつつも口唇部を丸くおさめるものが目立つのが特徴である。また鋤先状の口縁部は若干起きて上にのびる傾向がある (図 3-7)。在地系の黒髪式の甕は須玖式の甕よりも大きく上に起きており，高杯や壺などで鋤先状の口縁部が上方に起きるのはそのためと考えられる。また，甕の口唇部は須玖式同様，丸くおさまる。壺や高杯などの口唇部も丸くおさまるものが多いため，そうしたことからすると，口縁部や口唇部の形態，突帯などは，甕とその他の精製器種間で共通性がみとめられ，器種による差異化は北部九州ほど明瞭でないことは注目してよいであろう。そもそも丹塗土器の比率は北部九州ほど多くなく，また器種と丹塗の有無の相関は北部九州ほど高くない。甕や鉢，そして少量存在する器台などは丹塗が施されないが，北部九州で丹塗が通常施される器種でもそれが行われないものが一定量ある。たとえば高杯にも丹塗のものとそうでないものとが両方存在し，丹塗でないものの比率は北部九州を凌駕するのである。なお，高杯や無頸壺の一部に，全面丹塗ではなく丹が彩文状に施されたものが存在するのも特徴である (図 3-7)。丹の節約とも考えられるが，むしろ高杯の文様からみて木製高杯 (漆器) と共通する可能性がある。木製高杯と土器の高杯において共通する文様が認められるのは北部九州では前期であり，遅くとも中期初頭までである。また無頸壺と同じ形態の木製品はないと考えられ，たんなる木製品の写しではないことになる。この関係は北部九州の早期の新しい段階から前期の壺 (とくに小型壺) にみられる彩文と同様，それと同じ形態の木製品はなくても「容器」という類似カテゴリーによるスキーマの連鎖と関わっていると考えられる。こうした木製容器 (漆器) との文様の共通性がみられるのは，北部九州では基本的に前期までであり，中期に入ると急激に差異化が顕著になるといえる。すると，中期後半段階における中部九州では，木製容器と土器のカテゴリー分けも北部九州より緩かった可能性がある。

　いずれにせよ，非丹塗器種群 / 丹塗精製器種群のようなおよその関係は認められるけれども，北部九州のそれと比べると排他性はずっと弱いものであると結論づけられる。

　なお，南部九州においては，ステージ I の入来 II 式になると，前段階と比べて甕の口唇部が稜角付に似たものになり，丸くおさめるものはほとんどなくなる。器種は中部九州よりもさらに少なくなり，中期を通じて高杯さえ基本的に存在しない。南部九州で高杯が出現し，安定する兆候をみせるのはようやく後期後半になってからである。甕のほとんどはナデ仕上げか目立たないハケメ仕上げであるのに対して，壺のほとんどはミガキで仕上げられており，壺での煮炊きは基本的には行われていないことから，器種による明確な用途の違いは存在していたと考えられる。しかし，口唇部についてはいずれも稜角付に近い形態をしていることから，器種による口唇部の作り分けが明確

に行われているとはいえない。また，この時期の突帯は三角突帯か，小地域性として絡縄突帯があるくらいで，後者も基本的には三角突帯のヨコナデを省略したものにすぎない。これは須玖I式に併行する時期であり，すでに須玖I式では器種ごとに口唇部や突帯の作り分けが行われている時期にあたる。さらに胎土についても北部九州ほど器種による顕著な差は認められない。南部九州では次のステージIIの山ノ口式においても相対的な器種の増加などはあるが，基本的にこうした傾向は継続する。

　南部九州や東南部九州(日向)では丹塗土器はきわめて少なく，多少みられる丹塗土器には中部九州を含む九州北半部で製作されたものが多く含まれていると推察される。なお，南部九州から東南部九州(日向)においては弥生時代中期に高杯が基本的に存在せず，高杯の本格的な定着は東南部九州のほうが南部九州より若干早いようであるが後期後半以降である。いずれにせよこれらの地域では，中期において器種の数自体が少なく，古くから弥生土器の基本的器種の一つとみなされてきた高杯さえ様式中に存在しないことは注目しなければならない。

　以上を総合すると，弥生時代中期後半(ステージII)の土器は，北部九州(西半)→中部九州→南部九州と南下するにつれて，

1) 器種の数が減少する
2) 丹塗土器の数が減少する
3) 器種間での要素の排他性が弱くなる(さらに中部九州では木製高杯との排他性も弱くなり，南部九州では高杯自体が欠落)

などが指摘できる。これは北から南へと地理的勾配をなしているといえる。北部九州での変化が同時期の周辺地域にあたかも玉突式に及んでおり，南部九州は最も間接的であるようにみえる。これは器種の作り分けや，非丹塗器種群と丹塗精製器種群の作り分け，すなわち両カテゴリーに関する知識や理解の仕方に地理的な勾配があることを示している。このことは弥生時代中期の九州の社会を考えるうえで重要な手がかりとなると考える。また，こうした土器に関する新しい動きの最も明確な地域が福岡・筑紫平野であることから，「震源」はこの地域であると解釈される。さらにその地域の地理的・歴史的コンテクストを考慮に入れると，さらなる「震源」はその北隣，すなわち朝鮮半島や中国である可能性も出てくる。

(3) 丹塗研磨はなぜ採用されたか

　それでは，なぜ，土器の表面を飾るにあたって複雑な文様などではなく，赤く光沢のある丹塗研磨が用いられたのであろうか。そしてなぜ須玖II式において丹塗土器が出現・盛行したのであろうか。

　これまで，赤色顔料が墳墓の棺の中に用いられることや，人骨の顔面に付着していることなどから，赤色と埋葬や祭祀，儀式とのつながりがいわれており，また血の色との共通性から死と再生の観念に関係すると想像する考えもある。ところが丹塗土器についてのこうした伝統的理解のほかに，新しい切り口から重要な見解が出されている。

宇野隆夫は，食器としての観点から土器と木器の変革に注目しているが，その中で，「弥生的食器様式の特徴は，素材の性質をかなり無視した，強い目的意識的な食器様式を形成したことであり，土製食器と木製食器を一連の体系に編成しようとする指向をもつ」(宇野，1995: 10) としている。宇野は，その背景にあるものについて，中国の国家的な社会システムの高水準での理解があり，意識的にそれに近づこうとするありかたが「韓」に成立し，それが「倭」に及んだものと考えている。これは従来の弥生土器の解釈におけるまさしく盲点である。たんなる機能・用途の問題を超えて，弥生土器の社会的機能の理解，さらには弥生時代の本質にも迫りうる重要な考えであり，須玖Ⅱ式においてなぜ丹塗土器が盛行するかということを有効に説明するうえで説得力のあるモデルとなると思われる。

　当時の倭，とくに北部九州には，朝鮮半島のみならず楽浪や中国の情報が相当入っていたと考えるだけの証拠がある。それは縄文時代後晩期以来の朝鮮半島との接触を通じて形成された大陸に関する知識の延長にあるけれども，それがいっそう具体的かつ高度に意味をもって有機的に複合し「知識の体系」として形成されていたと考えられる。その理由については次章以下で論じることになる。もちろん，その理解は，歴史的・文化的コンテクストの異なる北部九州において，彼らの知識のフィルター，ハビトゥスを通して形成されたものであるはずである。また，北部九州弥生社会においても所属する階層などによってその理解は多少とも異なっていたと考えられる。

　次章で詳論するが，筆者は甕棺墓の分析を通して，北部九州の弥生中期後半においては，漢の政治システムや地方支配に対して様々なレベルで理解されており，それに近づくあるいはそれをモデルとする志向があると考えている (中園，1991a, 1993c)。「王」をはじめとするエリート層は，これまで想像されてきたよりもはるかに具体的な情報を入手し高度な理解をしていたと考えられ，その他の階層の人々も，より間接的であれ，漢や大陸文化について肯定的なイメージがもたれていた可能性が考えられる。

　そう考えると，丹塗土器について，そうした身分秩序をも含むシンボリックな意味が付与されている可能性を考えることは無理ではない。このように丹塗土器が中国的な食器体系の刺激を受けて成立した「刺激伝播」と考えることが可能であるが，丹塗土器は土器様式の中で相対的に高いランクに位置づけられはするものの，「食器様式」のような観点からすると必ずしも最高ランクと断じることはできない。宇野がいうように木製品・漆器等も加えた体系の中で考えなければならないからである。

　以下でやや詳しく論じることにする。

(4) 北部九州と大陸の関係

　須玖Ⅱ式の時期，すなわち中期後半には，北部九州では甕棺墓の副葬品の中に中国系文物が好んで取り入れられるようになる。多数の前漢鏡を副葬した甕棺墓はその主な例である。また，筆者 (1991a) がレベルⅠと呼ぶ須玖岡本遺跡D地点や三雲南小路遺跡の厚葬墓のように，30面以上の前漢鏡やガラス璧などが伴い，後者では金銅四葉座飾金具も出土しているなど，いわゆる王墓におい

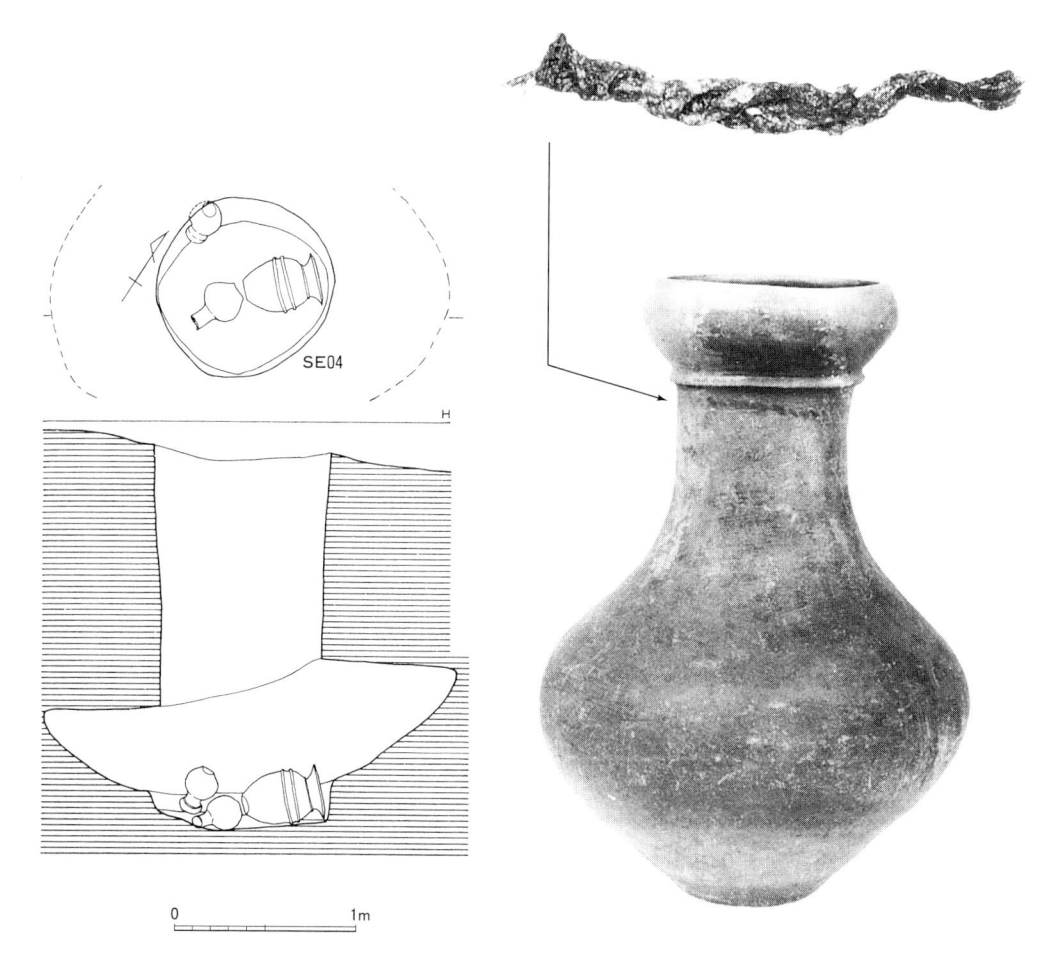

図6　丹塗の袋状口縁長頸壺の使用法を示す例
福岡市比恵遺跡6次調査において中期後半の井戸SE04から出土したもの．口縁部下の突帯の下に細紐が巻き結ばれていた（横山（編），1986を改変）．

る。たしかに器種分化とその用途の対応関係は，北部九州では強いと考えられるが，厳密な意味で真に単一用途の専用器種といえるのは，せいぜい専用甕棺とそれに用いられる専用の蓋の2器種くらいであろう。

　須玖I式では広口壺，無頸壺，高杯をはじめとして，後続する丹塗精製器種群に直接つながる器種がすでに存在している。もちろんそれらは丹塗ではない。それについて祭祀専用器種と考える意見はまったくみられず，むしろ日常用ととらえられている。時間の経過とともに意味がしだいに変容しうるとはいっても，丹塗を施すようになって突然，祭祀専用土器として日常の用からはずれることは考えにくい。須玖I式の初めから変化をしながら継続する安定した器種も多く，それらは様式中でもポピュラーなもので，少なくとも須玖I式までは日常使用されていたということに異論はないであろう。

須玖I式期の甕棺墓地として知られる福岡県筑紫野市永岡遺跡では，甕棺墓列の脇に「溝・竪穴」とされる土壙群がある (浜田・新原 (編)，1977)。これがもし須玖II式期の甕棺墓地であれば丹塗精製器種群を伴う土器群が出土し，即，「祭祀土壙」と称されるところであろう。しかし永岡遺跡の土器群はまだ丹塗が行われていないため，一見異なるように思われるが，実際には共通する器種を用い，また器の一部の欠損や分離が指摘されている点も須玖II式期の「祭祀土壙」にみられるものと共通する。そこには住居跡など生活遺構からも出土し，墳墓祭祀にも用いられる精製器種の実態がある。これは丹塗という属性さえ除けば須玖II式においてもかなり当てはまることである。したがって，製作時から非丹塗器種群と丹塗精製器種群というカテゴリーが日常／祭祀という二分法に合致すると考えるのは難しいであろう。須玖I式段階の精製器種がすべて儀礼専用であるとするならば話は別であるが，それは無理であろう。そしてなによりも，須玖II式において丹塗精製器種群を祭祀用として除外すると日常に用いる器種がきわめて限られてしまい，壺の大半や高杯などさえ日常土器ではないことになる。このようなことは考えにくいと思われる。

もちろん，中には筒形器台のように日常の用に供されるものかどうか疑問であるものもあり，瓢形壺を含む「複合土器」も存在している (馬田，1982)。したがって，祭祀や儀式のための土器が存在したことは大いにありうることであるが，しかしそれを認めるとしても，それをもって丹塗精製器種群すべてを祭祀土器とするわけにはいかないであろう。鏡山は祭祀土器としての丹塗磨研土器を記述する中で，丹塗磨研土器がすべて祭祀用とする必然の理由はないということを一部ではあるが認めていることも注意しておきたい (鏡山，1952)。

このように考えてくると，従来のように日常と祭祀という二分法で簡単に片づけるわけにはいかない。そもそも日常とは何で，祭祀とは何であろうか。いわゆる祭祀に限らず，我々は日々の暮らしの様々な場面で様々なモノをシンボリックに使用しており，弥生時代においても当然そうであったはずである。日常の中にも土器がシンボリックに機能する場面は多々あると思われ，むしろそれが日常のあり方である。その中には当然身分や財力などの表示に関係するものも含まれると考えられる。丹塗精製器種群は，非丹塗器種群や漆器，木製品などとともに食器・容器の体系の重要な一部を果たしたと考えられ，日常生活の場でも儀式の場でも大いに用いられたに違いない。

5. まとめ

以上，須玖II式の器種群はこれまでのような単純な，日常／祭祀という二分法で片づけられるものではないことが判明した。非丹塗器種群と丹塗精製器種群は，様々な属性の有意な組み合わせでもって両カテゴリー間の差異を強調していた。土器様式としてみれば，丹塗精製器種群は非丹塗器種群という対照なくしては意味をなさないと考えられる。そして丹塗精製器種群は，

1) 漆器を含む大陸的食器体系とその社会的に果たすシンボリックな意味が，
2) 大陸・半島情勢を背景として知られるに至り，
3) 在来の伝統をもとにして出現した。

そして，

4) 丹塗精製器種群は，祭祀専用土器ではなく日常生活の様々な場面で使用され，
 5) 木器・漆器とともに階層的秩序を構成して，
 6) 社会のあらゆる部分に内在する階層関係の維持・強化に機能した

と考えられることなどを述べてきた。

　このように考えれば，丹塗精製器種群が北部九州になぜ存在するのか，ということは必然的に理解されよう。

　なお，須玖II式で盛行した丹塗精製器種群は，後期に入ると急速に衰退する（図1）。瀬戸内方面からの土器要素の流入が顕著になるのもこの時期からである。さらに，朝鮮半島南部における瓦質土器の出現はまさに須玖II式の存続期間中であると考えてよく，朝鮮半島ではこれも容器の意味体系の中で重要な役割を担ったことであろう。こうした北部九州における土器様式の大きな変化は，周囲の動向と無関係ではないとみられる。

　いわゆる祭祀土壙については，土壙内の層位や切り合い，土器の細かなグルーピングと接合関係の検討，出土状態の細かな観察などが必要であり，一部でその重要性が認識され実践されている（石橋, 1982; 馬田, 1982; 立石・萩原（編）, 1983; 馬田（編）, 1986; ほか）。しかし，多くの場合はそれが十分とはいえないため，住居等生活遺構での土器の出土状態を正確に記録することとも合わせて十分な記録がなされることを要望したい。

第2節　須玖II式土器の器種構成の特質

1. 弥生土器の器種の特質

　弥生土器は縄文土器に比べて複雑な器種構成であり，弥生時代が新しくなるにつれて多種多様な器種が存在する。第3章で述べたように，弥生土器の器種の大きな特徴は，甕，壺，高杯，甕用蓋，器台の存在があり，九州には専用甕棺もみられる。このうち壺・甕・高杯は弥生土器を特徴づける基本的器種としてかねてから知られているが，中期以降発達する器台も基本的器種に入れることができる。甕は煮炊用であるが，その他は本来火にかけるものではない。土器は本来火にかけるものであり，素材の性質を無視したところに弥生土器の特徴があるといえる（宇野, 1995）。

　弥生時代早期の小型壺は，その当初から火にかけない土器として登場した。早期の小型壺のうち，佐賀県久保泉丸山遺跡では壺と筒形の土器を合わせたような「複合土器」が出土しており（図7左），また福岡市雀居遺跡のものはその下部だけ独立して単独の個体となっている（図7右）。これは小型壺の使用の仕方を推定するのによい材料といえる。もちろんこれらはきわめて例外的な土器であり，安定して存在していたとは考えられない。小型壺を使用する際には，下に器台を置き，その上に小型壺をのせていたものと考えられる。おそらく土器として残りにくい，木など有機質の材質で作られた器台が存在したものと考えられる。それを土器で写したものであろう。常にそのような使用法であったかどうかは不明であるが，少なくとも一部においては行われていたに違いない。

ここに弥生時代中期に出現する器台の淵源をみることができる。

そして，大型壺は小型壺が導入されるとすぐに成立したことも，第3章で述べたところである。大型壺も火にかけるものではなく，専用とまではいえないかもしれないが埋葬用の棺として用いられている。早期においては高杯形の台付鉢が少量であるが存在する。縄文時代後期にも台付鉢[3]があり，必ずしも弥生時代に特有といえないという主張もあるであろうが，高杯は弥生時代を特徴づける器種として成立していく。弥生時代の高杯が木器と共通した器形であるのはよく知られたことであり，必ずしも土器である必要のないところに土器を用いている点は重要である。このように，火にかけない土器が次々と成立していったのが弥生時代である。一方，甕のみは，内容物を煮炊きするという機能面では縄文時代の深鉢をはじめとする器種と基本的に変わらず維持され続けたといえる。

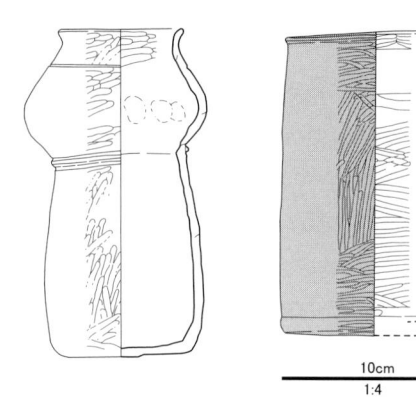

図7 弥生時代早期の器台使用を示す例
左 久保泉丸山遺跡出土の壺と「器台」を組み合わせた「複合土器」(東中川(編), 1986を改変),
右 雀居遺跡出土の器台(松村(編), 1995を改変)

中期の器台は，甕で煮炊きをするときに3個セットで支脚として用いたという考えがあるが，実際には被熱痕があるものはほとんどない。器台の出現は城ノ越式にある。城ノ越式の甕は底部が脚台状であり支脚付の甕ともいえるため，なぜ支脚が必要なのか説明ができない。これらの理由から，甕用の支脚としての用途は考えにくい。おそらくまさに「器台」として使用されたものと考える。城ノ越式には土器の椀はまだほとんどみられないが，木製の小型容器の器台として用いたと考えるのが妥当であろう。器台が増加するのは須玖I式からであり，土器の椀も多く出土するようになる。こうしたことと器台の使用は無関係ではないと思われ，食膳具としての器台の位置づけが可能であろう。やはり器台も火にかけないものとして存在しており，他の種類の器台，すなわち須玖II式の筒形器台などもそれが特殊化・精製化したものということができる。

須玖II式の特徴である丹塗精製器種群はいずれも火にかけるものではなく，同時期の多数の器種中，煮炊きに用いるのは，基本的に甕と甕用蓋だけということになる。

2. 須玖式の形態パターンと形態生成構造

(1) 形態パターン

第3章第2節でもふれた「形態パターン」という概念は，複数の器種に共通する形態上の基本パターンのことである。すなわち，いったん屈曲して外反する，屈曲をもたずゆるやかな「S」字状を呈する，椀形の部分にラッパ状の脚がつくなど基本的なパターンをさす。器種のうち各部の比率やサイズを変化させるものは同一の形態パターンということができる。形態パターンは，器種の用途とは必ずしも関係せず，形態上の基本的体制の違いに着目してバリエーションをとらえるもので

ある。

　須玖式の形態パターンについて考えてみる。甕の場合，大型のものには突帯がつき，中型・小型のものには突帯がつかない傾向がある[4]。サイズの差は完全に相似形ではなく，高さの変動のほうが幅の変動よりも大きい。しかし，これは問題なく同一の形態パターンであるといえる。しかし，甕・鉢・樽形甕・丹塗甕も同一の形態パターンということができ，甕棺もそれに含めうる。高杯Aのうち須玖II式で顕著になる大型のものと小型のものについても同一の形態パターンであり，杯部が大きく，杯部外面に1条の突帯のつく高杯などについてもその形態パターンに含めることが可能である。通常の器台と筒形器台を同一形態パターンといえるかどうかは問題だが，とりあえず同一としておく。壺A～壺Eについても大まかにいえば同一形態パターンである。甕用蓋・無頸壺用蓋・甕棺用の専用蓋が同一形態パターン。無頸壺も単独で1つとカウントし，長頸壺も1つとカウントする。そのほか，椀，瓢形壺はそれぞれ1つとする。このように数えあげれば，須玖式は主要器種でも10内外の形態パターンを有することになる。

　そのほか，須玖II式にはいわゆる複合土器があり，そのうち最も安定しているものは瓢形壺である。複合土器は，甕と壺，無頸壺と広口壺のように本来異なる器種を結合したものであるが，たんに個体と個体を結合したものではないことは，独立した個体と比べて比率や細部の要素に違いがあることからもわかる。小型の広口壺に脚台をつけたものなどもある。複合土器のバリエーションは多いが無数の組み合わせがあるのではなく，個体数は少なくてもそれぞれ安定して存在しており，注意深く選択されていることがうかがえる。複合土器はそのすべてが丹塗精製器種であるため，祭祀土器と考える意見がとくに強いが，祭祀土器というよりむしろ，この中には，おそらく稀少性にこそ意味がある器種も含まれているであろう。

　縄文時代晩期土器では，浅鉢・鉢・深鉢の作り分けがあるが，いったん屈曲して外反するという1つの形態パターンであり，形態パターンの種類は少ないことになる。しかし，縄文時代晩期土器の浅鉢・鉢・深鉢と，弥生土器の甕・壺・高杯・器台では，形態パターンは前者では1つ，後者では4つということになる。土器研究においてはしばしば器種の数が問題になることがあるが，形態パターンを異にするもののほうがいっそう器種間での差異が大きいということがいえよう。

　弥生時代早期には，新しい形態パターンをもつ壺が出現し，弥生時代前期になると高杯の形態パターンが加わり，さらに無頸壺も加わる。中期初頭には器台が加わるなど，基本的に形態パターンは徐々に増加してきたといえる。その延長に須玖式があり，形態パターンが一挙に増加したことになる。須玖式の中でも形態パターンは増加し，須玖IIb式で最多となる。単純化すれば，このようにとらえることができる。

　須玖式，とりわけ須玖II式に多くの形態パターンが存在することには，どのような意味があるのであろうか。個々の形態パターンにもとづいて作り出された器種においても増加がみとめられる。そのようにして作り分けられた器種は，突帯の導入の有無や各部位の比率，あるいは端部の形態や調整法などなど，かなり厳密な作り分けも行われているのである。

　こうした観点からみても，それら多くの器種を，食事を含む様々な社会的行為の中で使い分けて

(2) 形態生成構造

一方で「形態生成構造」という，時代や文化によって器種を生み出すにあたって様々な規則があることも示しておいた。縄文時代晩期の形態生成構造は各部の比率を変化させて器種を生み出すものであったが，早期段階に新しい形態パターンが登場しても，基本的形態生成構造は維持されたことにもふれておいた。それでは，須玖式の場合はどうであろうか。

たとえば，須玖式の壺には多くの器種があるが，大きくみて同一の形態パターンを有するものが多い。器種のバリエーションの生成については次のようになろう。各部の比率を変える点では縄文時代晩期や弥生時代早期と変わらないが，なおかつそのうちの特定のものと鋤先状口縁部を導入するかどうか，突帯をつけるかどうか，突帯をつけるならその本数はどうするかという点など，各部を厳密に選択することで安定した器種を生み出している。大まかな外形とパーツの間に強い相関があることになる。文様要素などとの相関は晩期以来みとめられるが，須玖式はパーツの置換という点でより明確で厳密になっている。

とくに須玖Ⅱ式の丹塗精製器種群にあっては，複合土器のように口縁部や頸部や胴部などのパーツの置換だけでなく，器形においても異なる器種に由来するものを組み合わせて新しい器種を生成する規則があることがわかる。こうした，パーツや器形の置換や複合という形態生成構造に則って，須玖式は新しい器種を次々と生み出していったということになる。

(3) 地理的変異

九州内のどの地域においても，弥生時代中期の中でも時期が新しくなるにつれて器種が増えていく。しかし，それには基本的に北から南への地理的勾配があり，同時期においては南部に行くほどさほど顕著ではなくなる。最も興味深いのは，前節でも取り上げたように高杯についてであり，南部九州や東南部九州（日向）では安定して存在しない。そして，各端部の形態や丹塗など，精製土器とそうでない土器との差も南部へ行くほど顕著でなくなる。

そうした器種の厳密かつ細かな作り分け・使い分けの存在は，そのような作り分け・使い分けが実際に社会的に機能したことを示唆する。土器における北から南への地理的勾配は，南へ行くほど，甕棺墓における厚葬墓あるいは甕棺墓自体が減少すること，弥生時代的墓制の成立・展開が遅れること，環濠集落の形成や展開が遅れるまたは未発達なことという地理的勾配と対応しているようである。また，これは北部九州〜南部九州という北—南の地理的勾配だけではない。東北部〜東部九州では丹塗精製器種群の器種のバリエーションが北部九州ほどではないこと，同一器種で丹塗研磨の頻度がやや低いことなど，北部九州に比べれば器種間のバリエーションの豊富さや属性の採用の厳密性に関する程度が低い。さらに東南部九州（日向）になると，丹塗器種はほとんど存在せず高杯もみられないことなど，いっそうその程度が低くなる。これも北部九州（福岡・筑紫平野）から

の距離に対応しており，したがって土器様式においては北部九州から南への地理的勾配だけでなく，九州一円において北部九州を中心として同心円状に地理的勾配が生じているといえる。またこれは，上述のように土器様式以外の厚葬墓や弥生時代的墳墓および環濠集落の有無などという地理的勾配にも対応している。とすれば，こうした様々な現象を横断するような統一的説明要因も考えうる。そこで前節で述べたこととも関連するが，福岡・筑紫平野を中心とした地理的勾配には，社会の複雑さ，すなわち，より複雑な階層化社会であるかそうでないかという関係と，その表現法（使用法）における大陸的使用法の理解と貫徹の程度を示しているといえよう。こうしてみると，福岡・筑紫平野のあり方は突出したものだということが理解できよう。

なお，北部九州地域は大陸文化に最も近い地域であり，丹塗精製器種群のようにその刺激をうけて土器様式に反映させているとしても，九州内での地理的勾配が階層化の程度ではなく，たんにその表現法が大陸的であったかどうかによるとする批判もあるかもしれない。しかし，南部地域に行くほど基本的に大陸的要素が減少するのみならず，複雑な社会ということを看取しうる証拠がきわめて希薄になってくる。このことを考えれば，やはり北部九州の中期後半では，容器・食器類の重層的差異化を必要とした複雑な階層化社会を想定しなければ解釈できない。階層化社会の維持・発展の重要な役割の一環を容器・食器類が担ったと推定できるのである。

ここでの検討では，土器における複雑さや顕著な精粗の重層性を必要とし，またそれが実際に機能した複雑な階層化社会の存在があった，ということが強く示唆されたことになる。

注
1) 弥生時代後期にみられるような薄い液状のものとは異なって，やや粘性があり厚みもある。
2) 筆者の観察による。詳細にみると口縁部の傾きも部分によって多少異なっており，やや歪みが生じていることになる。この点も異なる印象を受ける。
3) 九州では，南部九州の縄文時代後期に存在する市来式のいわゆる台付皿形土器などが代表的である。
4) 糸島〜唐津・壱岐では標準サイズの甕にも突帯がつく傾向があり，小地域の特徴といえる。これを除けば概ね大型のものに突帯がつく傾向がある。

第6章

墳墓にあらわれた社会構造

　弥生時代の九州の墓制としてよく知られているのは甕棺墓である。とりわけ北部九州の中期の甕棺墓は，研究史上，重要な意味をもってきた。なぜなら，甕棺は棺体自体が土器であるため型式学的に編年が可能であり，まれに大陸系の副葬品が出土することがあることから実年代の推定が可能なことと，大陸との関係を知ることができるからである。また墳墓研究一般に通じることだが，社会の復元に役立つと期待されてきたからである。

　前章においては，中期後半の北部九州の土器様式は突出したあり方をし，九州の諸様式にはそれを頂点とした地理的勾配が認められることが確認された。今度は，視点を墳墓にすえてその時期の九州の様相を検討する。中でも甕棺墓が何を意味するかということは，本章にとって重要な課題である。したがって，それに関する様々な属性をとりあげて重点的に分析を行い，諸属性の相関関係とコンテクストから紀元前1世紀の状況を読み解くことを試みる。なお，その前提として北部九州の弥生時代墓制の展開を概観するとともに，それをとりまく九州内各地の墓制と比較し，甕棺墓の位置づけを行う。

第1節　九州の弥生墓制

1．北部九州の墓制の展開

（1）弥生墳墓のはじまり

　北部九州の弥生墓制を語る場合，弥生時代の早期に遡らなければならない。第3章で述べたように，この時期には壺が土器のセットの中に新たに加わり，工具や農具として大陸系磨製石器が出現した。同時に玄界灘沿岸から西北部九州を中心として支石墓が出現する。支石墓の埋葬施設は木棺，箱式石棺，壺棺（甕棺），土壙などがあるが，いずれも上石[1]をのせる点で共通している。こうした上部構造や，小型壺を供献することが多い点などは，朝鮮半島南部と共通している。小型壺は，初期においては朝鮮半島南部と同一型式といってよいほど類似性が高いが，技法から在地製作であることがわかる。

　この時期の墓地としては，福岡県糸島郡新町遺跡や佐賀市久保泉丸山遺跡，長崎県南高来郡原山遺跡などが代表的なものである。この時期の墳墓がいわば九州弥生墓制の原型であり，弥生時代前期へと連続していく。支石墓の埋葬施設のバリエーションにはある程度地域的偏りがあり，新町遺

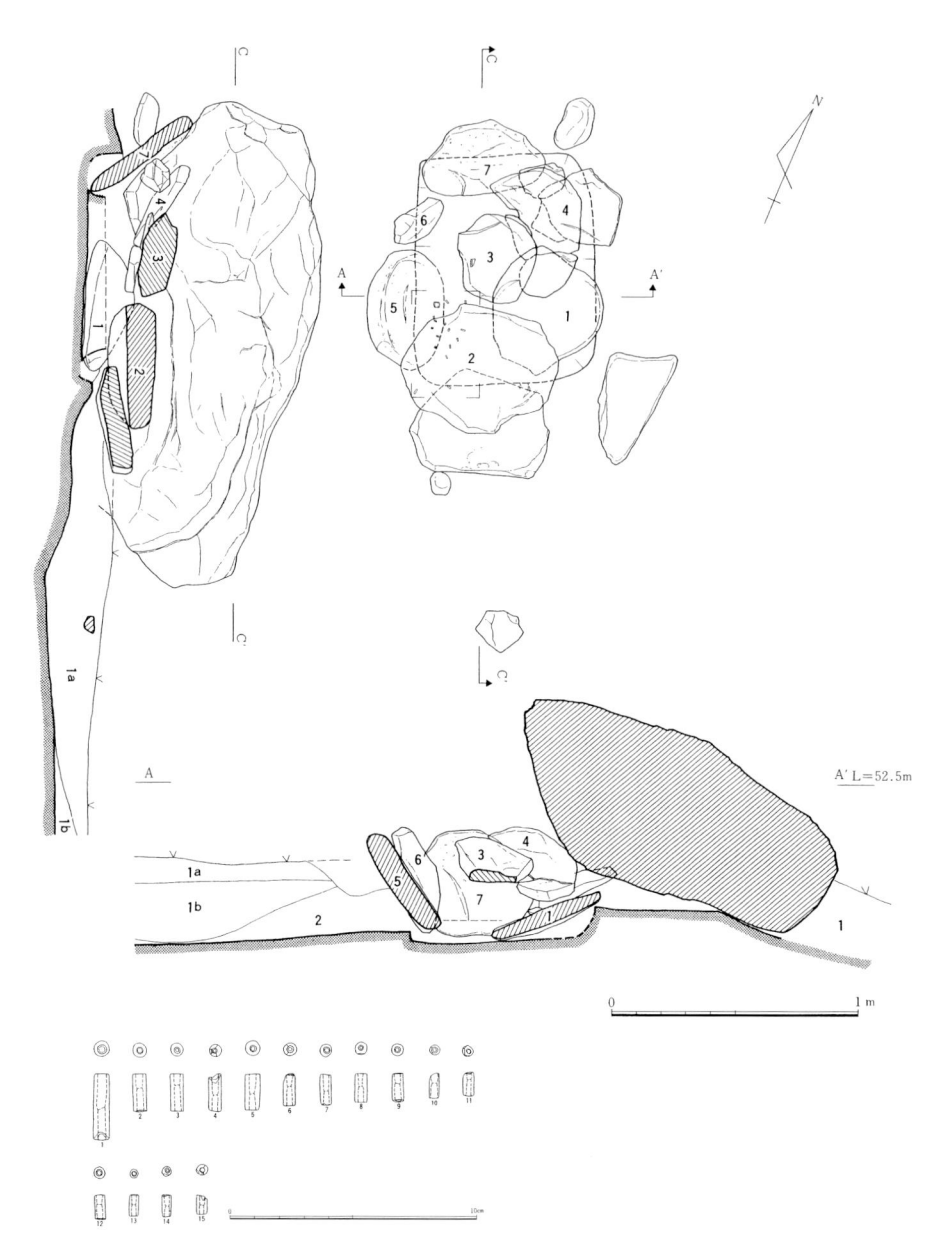

図1 長崎県西彼杵郡天久保遺跡3号支石墓とその副葬品（九州大学文学部考古学研究室，1997より）
上石は本来の位置からずれてしまっており，重みで下部の石棺の石にも傾きが生じているが，蓋石をもつ石棺であったことは確かである．石棺内部から大陸系管玉が15個出土している．

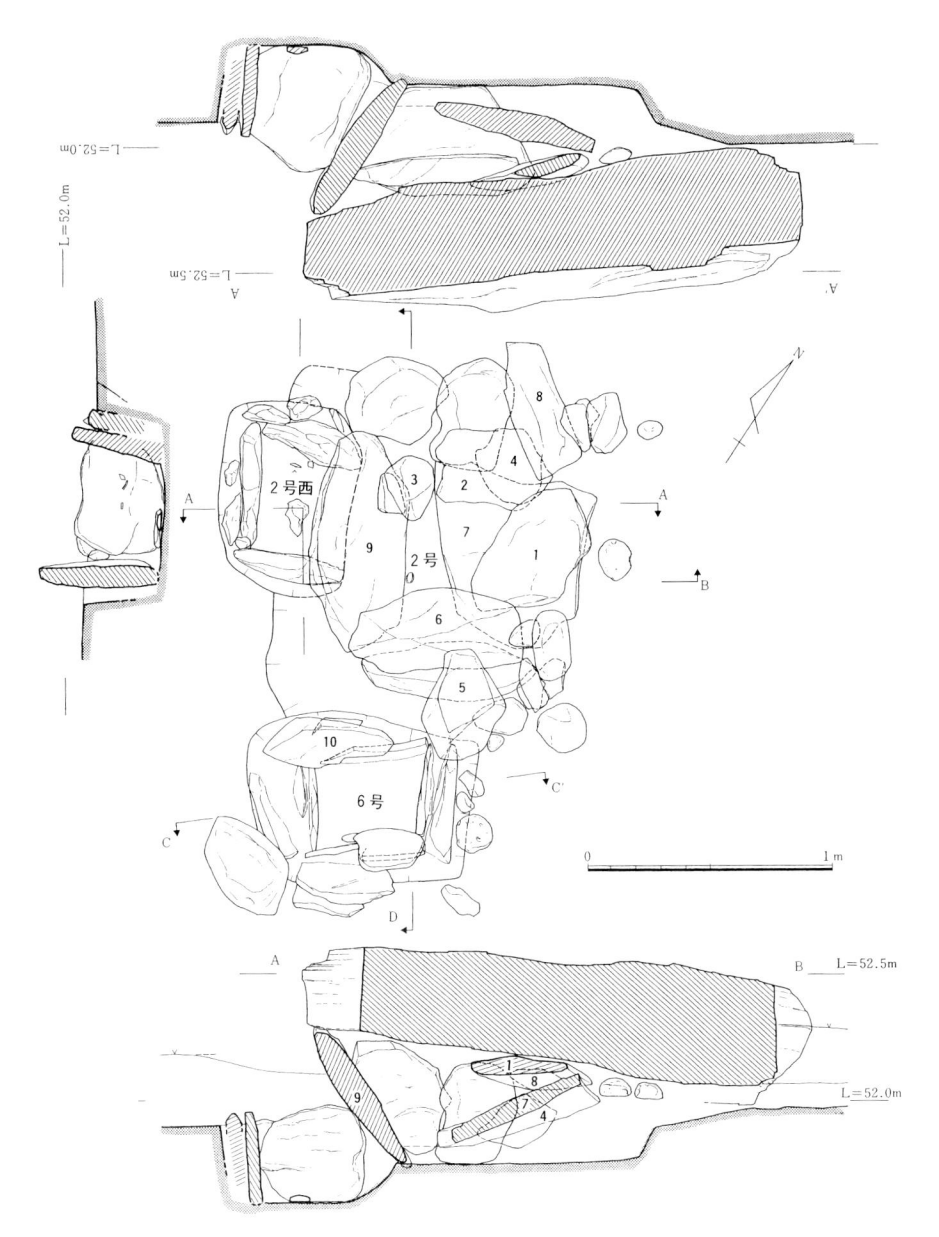

第 6 章　墳墓にあらわれた社会構造　　283

図 2　天久保遺跡 2 号支石墓と 2 号支石墓西石棺・6 号石棺（九州大学文学部考古学研究室，1997 より）
特定の石棺（2 号支石墓）に添わせるように 2 基の小型の石棺が検出されている．うち 2 号支石墓西石棺
は側壁の石を共有している．

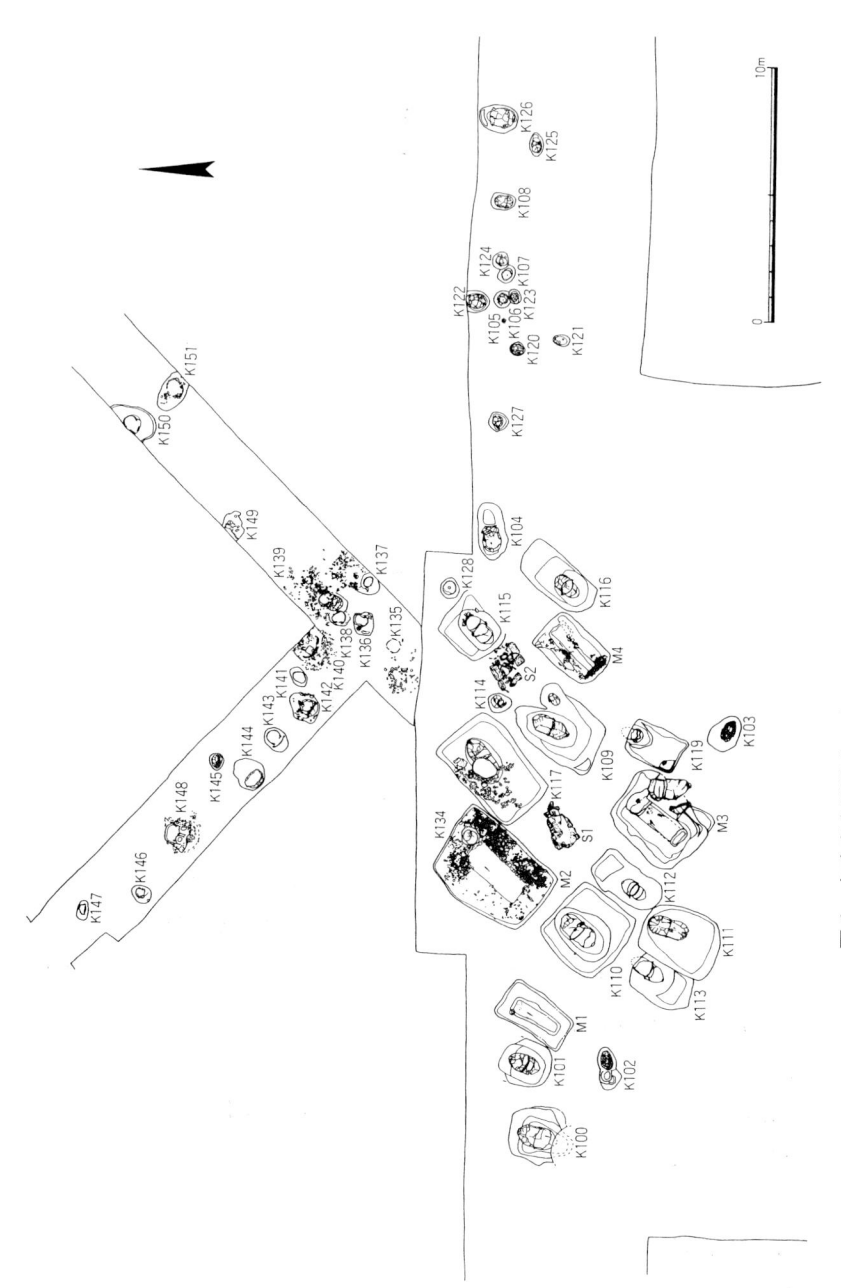

図6 吉武高木遺跡第4次調査墓地(力武・横山(編), 1996より)副葬品をもつ厚葬墓詳.

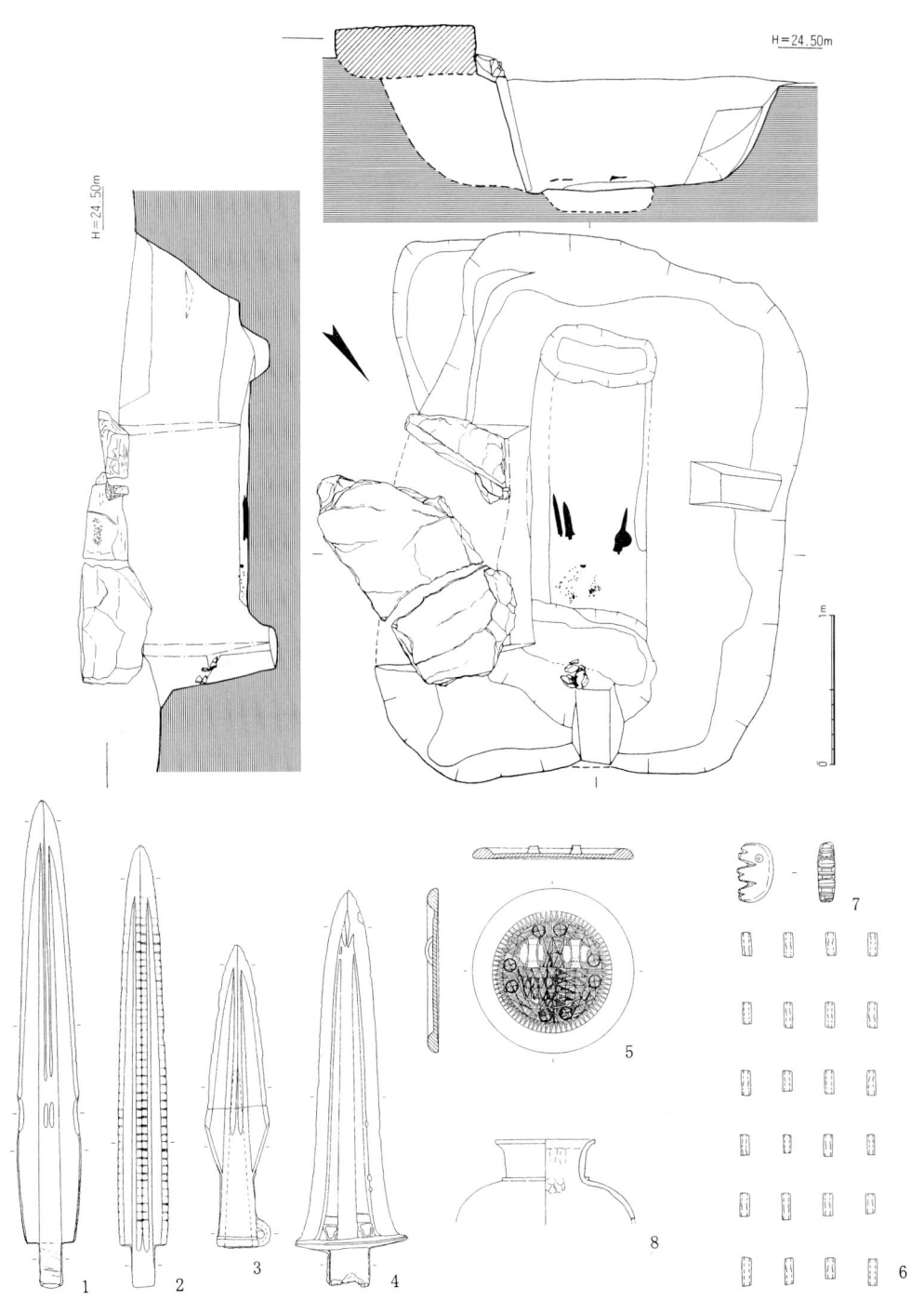

第 6 章　墳墓にあらわれた社会構造

図 7　吉武高木遺跡第 3 号木棺墓と副葬品（力武・横山（編），1996 より）
1・2 銅剣，3 銅矛，4 銅戈，5 多鈕細文鏡，6 管玉（一部），7 勾玉，8 副葬土器（小型壺）

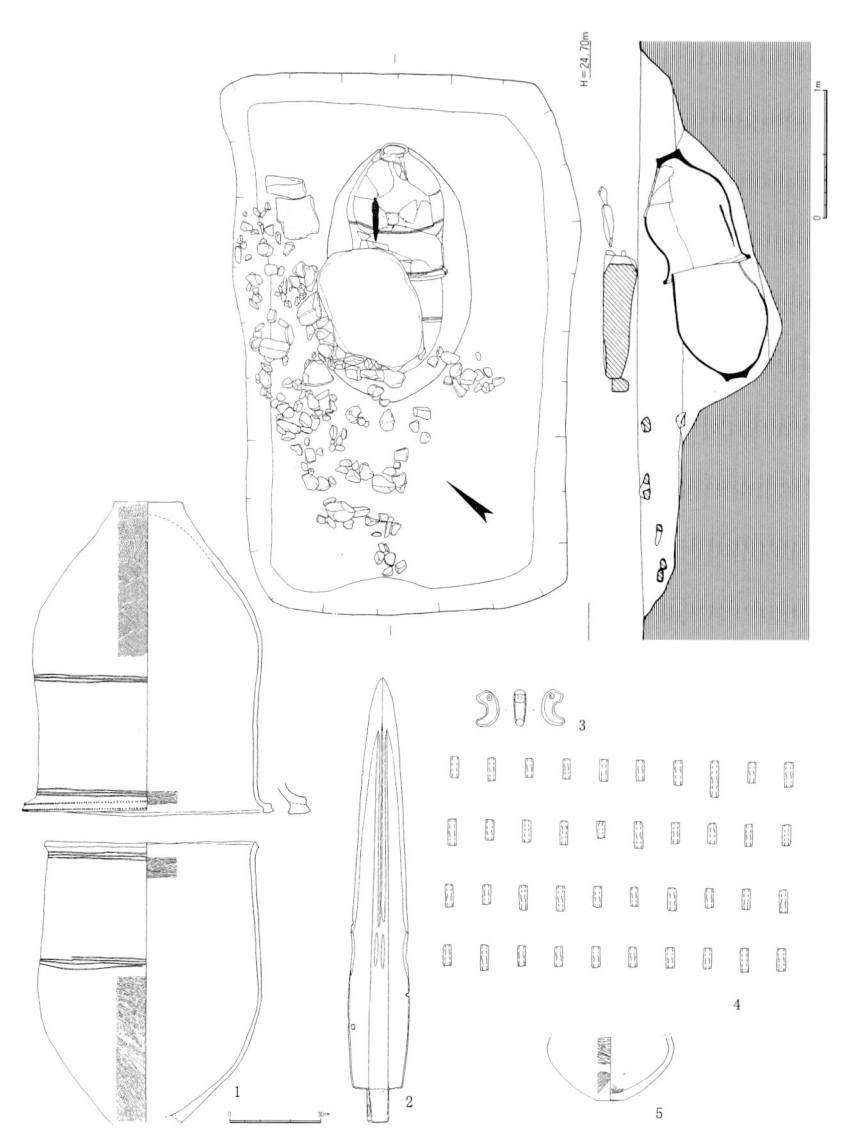

図 8 吉武高木遺跡 K177 号甕棺墓と副葬品 (力武・横山 (編), 1996 より)
1 甕棺, 2 銅剣, 3 勾玉, 4 管玉 (一部), 5 副葬土器

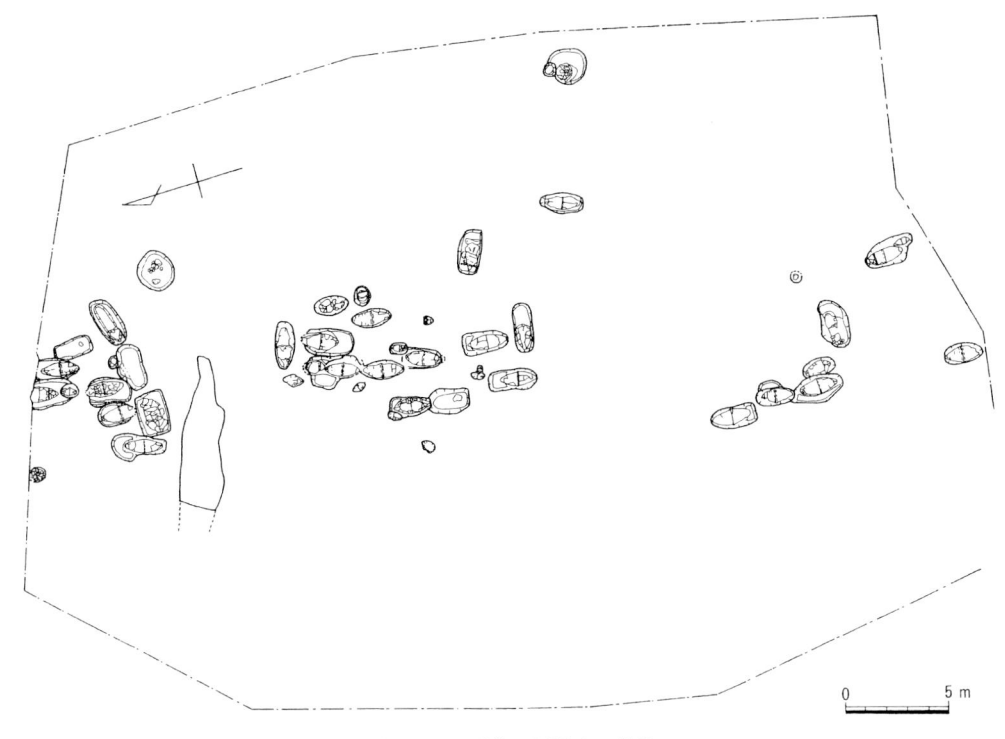

図9 小グループからなる列状に展開する墓地
福岡県瀬高町権現塚北遺跡の甕棺墓地（川述（編），1985 を改変）.

のうち3基から銅剣・銅矛がそれぞれ4点と3点出土しているなど，墳丘墓や同一墓群中に厚葬墓が集中することもみとめられる．この時期は副葬品としての朝鮮系青銅器の出現に特徴づけられるが，また，このような副葬品をもつ厚葬墓が集中する墓群とその他多数の副葬品をもたない墓群とに分かれる傾向が顕著になる時期でもある．

　中期の前半期（甕棺では $2b$・$2c$ 型式を中心）になると，甕棺分布域の中心部においてはその初期に木棺墓が認められるが，ほどなく墓地はほぼ甕棺墓のみで構成されるようになる．墓地は列状を呈することが多いが，仔細にみると群をなし長方形状を呈するものも多い（図9）．したがって，むしろ長方形区画もしくは低墳丘が列をなすものであった可能性も考えられる．さらに，列状墓地について列間の空間を墓道とみる意見もあるが（e.g. 溝口，1995a, 1997），必ずしもそうとはいいきれず，再考の余地があろう．佐賀県鳥栖市・基山町八ツ並金丸遺跡では列間の空間に切り通し状の道とみられる遺構が検出されており，墓道説には有利な証拠といえるが，一方，福岡県三井郡高樋塚添遺跡では帯状の空間にピットが多数存在している．筆者は調査時に現地で確認したが，ピットは墓群の両脇には一切存在せず，列間の空間にのみみとめられた（赤川（編），1997）．墓地と同時期に付属するものと考えるのが妥当である．墓道と考えられてきた部分がピット群で塞がれているということは，墓道ではないことを示唆している．おそらく木柱のようなものが立てられていたのではないかと考えられる．墓標かあるいは外表を飾るものかもしれない．調査者も対となるものはないか

図10 福岡県三井郡高樋塚添遺跡の甕棺墓地とピット（赤川（編），1997より）
列状墓地の帯状の空間にピット群がある．

など検討を行っているが，明確ではなかった[2]。いずれにせよ甕棺墓地には木柱などが樹立していた可能性が出てくることになる。このように墓道説はまだ検討の余地があり，今後の調査ではピット群の存在に留意して精査すべきである。筆者は，列状墓地の両側に並列するいわゆる祭祀土壙や溝が途切れ途切れであることこそ，列に対してむしろ直交する位置から甕棺墓にアクセスすることがしばしばあったことを示すものだと考えている。

　なお，この時期にも甕棺墓に上石が伴うものが少数ながら確認でき，そのような例には厚葬の傾向もみられる。支石墓からの伝統が変容しつつも継続していることがうかがえる。

　佐賀県神埼郡吉野ケ里遺跡では，多くの甕棺墓からなる列状を呈する墓群の北側に大型の墳丘墓が発見されている（図11）。墳丘中の甕棺墓群からは武器形青銅器やガラス管玉が出土するものがあるが，副葬品をもつものは大型の甕棺を用いる傾向がある（図12）。このような傾向は前段階でも認められるが，この段階でかなり顕著になる。

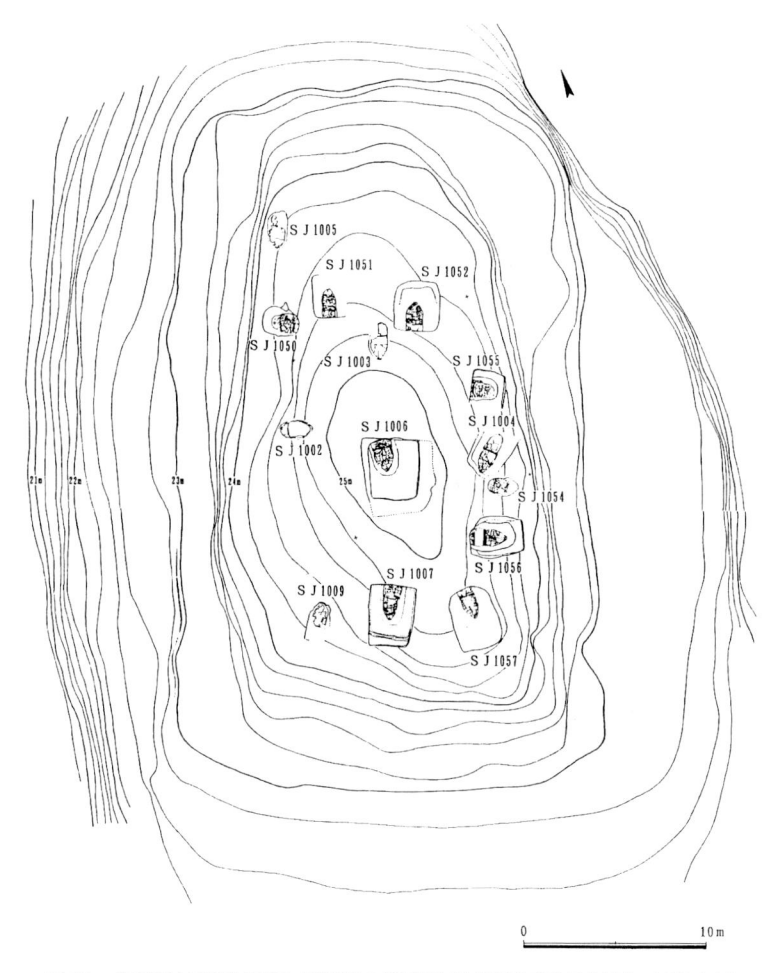

図 11 佐賀県神埼郡吉野ケ里遺跡の墳丘墓(佐賀県教育委員会(編),1997 より)

(3) 後半期甕棺墓

中期後半(甕棺では 3a・3bc 型式期)になると,甕棺墓地はきれいな列状というよりも概ね群集する傾向があり,また長方形区画をとるものがしばしばみられる。また,とりわけ厚葬墓においては墳丘墓と強い相関がある。墓地は基本的に僅少で,ほとんど甕棺墓から構成される。3bc 型式期では,それまでの武器形青銅器や南海産貝輪に加えて中国系の副葬品がみられるようになる。鏡は前漢鏡であり,いずれも舶載と考えられている。最も多量の副葬品をもつ墓としては,福岡県前原市三雲南小路遺跡 1 号甕棺墓と春日市須玖岡本遺跡 D 地点の大石下で発見された甕棺墓がある。両者ともに前漢鏡 30 余面をもち,ガラス璧,ガラス勾玉,ガラス管玉,武器形青銅器などを副葬している。前者では金銅四葉座飾金具も出土している。これらは突出した厚葬墓であるが,そのほかこの時期の副葬品としては鉄製武器や貝輪などがある。副葬品をもつ甕棺墓の中でも,副葬品の種類や内容にはかなり格差があり,被葬者の格差を示すとみられる。

甕棺が減少する傾向は集中副葬が顕著になる 3bc 型式期から認められるが,後期になると急激に

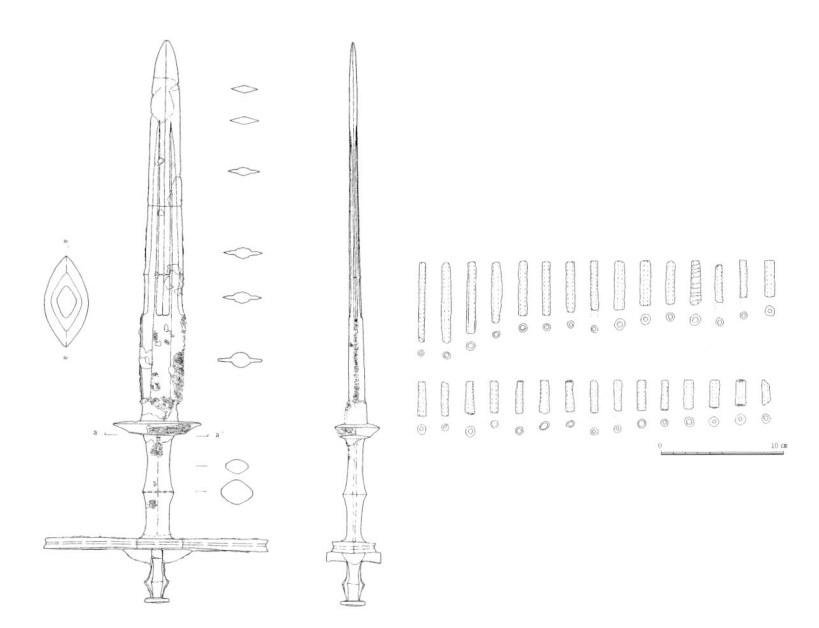

図 12 吉野ヶ里遺跡墳丘墓内の甕棺墓とその副葬品（佐賀県教育委員会（編），1994 より）
大型墳丘墓の中から検出された SJ002 号を示す．2b 型式であり，大型の棺体を用いている．
棺の内面全面に赤色顔料（朱）がみとめられ，銅剣やガラス管玉が副葬されていた．古い時期
のガラス管玉として注目される．

減少していく。その中にあって，佐賀県唐津市桜馬場遺跡，神埼郡二塚山遺跡，三養基郡三津永田遺跡，福岡県前原市井原鑓溝遺跡などの甕棺を用いた厚葬墓があり，後漢鏡や鉄刀，国産の巴形銅器・有鉤銅釧などを出土している。三津永田遺跡では上石も見出されている。支石墓からの伝統が変容しつつ継続した終末形態と考えられる。厚葬墓は甕棺墓に限定される傾向がうかがえ，概ね甕棺墓以外の木棺墓や土壙墓などに変化していく。

後期も後半期になると顕著な厚葬墓はほとんどなくなり，箱式石棺や石蓋土壙に転換する。甕棺も若干見られるがかなりマイナーである。この時期には中国系の副葬品は激減し，小型倣製鏡や鉄製農工具がみられる。その中で時期の比定に問題を残しつつも後期の中頃に上りうる厚葬墓として，福岡県前原市平原遺跡方形周溝墓（1号墓）がある。超大型倣製鏡や多数の後漢鏡が出土しており，区画内に埋葬主体が1つであることは注目できる。後期も終末になると福岡市宮の前墳丘墓があり，周囲と隔絶した墳丘は古墳時代への傾斜をうかがわせるが，古墳との間には一定の断絶がある。多量の副葬品を集中する墓はすでに存在しない。おそらくは少なくとも東は近畿までを含んだ広域における，政治状況の変化が大きな要因として考えられる。

2. 北部九州をとりまく地域の墓制

弥生時代成立期の墳墓については，北部九州・西北部九州を除いてはよくわかっていない。北部九州・西北部九州は共通して支石墓がみられる。それ以外の地域では東部九州などで早期の刻目突帯文土器を用いた埋甕の検出例があり，早期段階にはより強く縄文時代晩期の墓制を残していた可能性がある。

前期においては前期後半のものが多いが，おおむね九州南半を除く地域で土壙墓等の墳墓の発見例があり，また大型壺を用いた土器棺墓もそれに混在する。土器棺墓は板付Ⅰ・Ⅱa式段階に該当する比較的古いものも中部・東部九州でもみとめられる。ただしそうした地域では，成人埋葬用の専用甕棺としての発展がなかったことは注意しておくべきである。南部九州では弥生時代の墓地の発見例自体が僅少であり不明な点が多いが，薩摩半島西部の田布施平野において前期末の壺棺墓が1基見出されている。次節あるいは第9章でも述べるように，この田布施平野は弥生時代を通じて南部九州では突出したあり方をする地域であるが，前期末以降上石をもつ土器棺墓や甕棺墓が点在しており，支石墓の要素がみられる飛地的南限といえる (e.g. 西谷, 1997; 上村, 1997)。この小地域では早期に遡りうる丹塗の大型壺も発見されており，土器棺墓である可能性もある。宮崎県檍遺跡では，弥生時代前期の土器棺墓が検出されており，上部に石を置いた「覆石墓」が以前から有名である (森, 1961)。

中期には，甕棺墓分布域の中心部以外では木棺墓・土壙墓が多く，西北部九州では箱式石棺墓も卓越する。したがって，西北部九州は早期以来の伝統を保持しているといえよう。専用甕棺を用いた甕棺墓は九州の西半に点々と分布しており，最も南は薩摩半島西部に認められる。ただし，甕棺墓は単独，または他の墓制からなる墓地の中に存在しており，特異な存在といえる。甕棺墓が群をなすのは中部九州の北半までである。内容は以下で述べるが，こうした周辺部の甕棺墓には何らか

9号墓

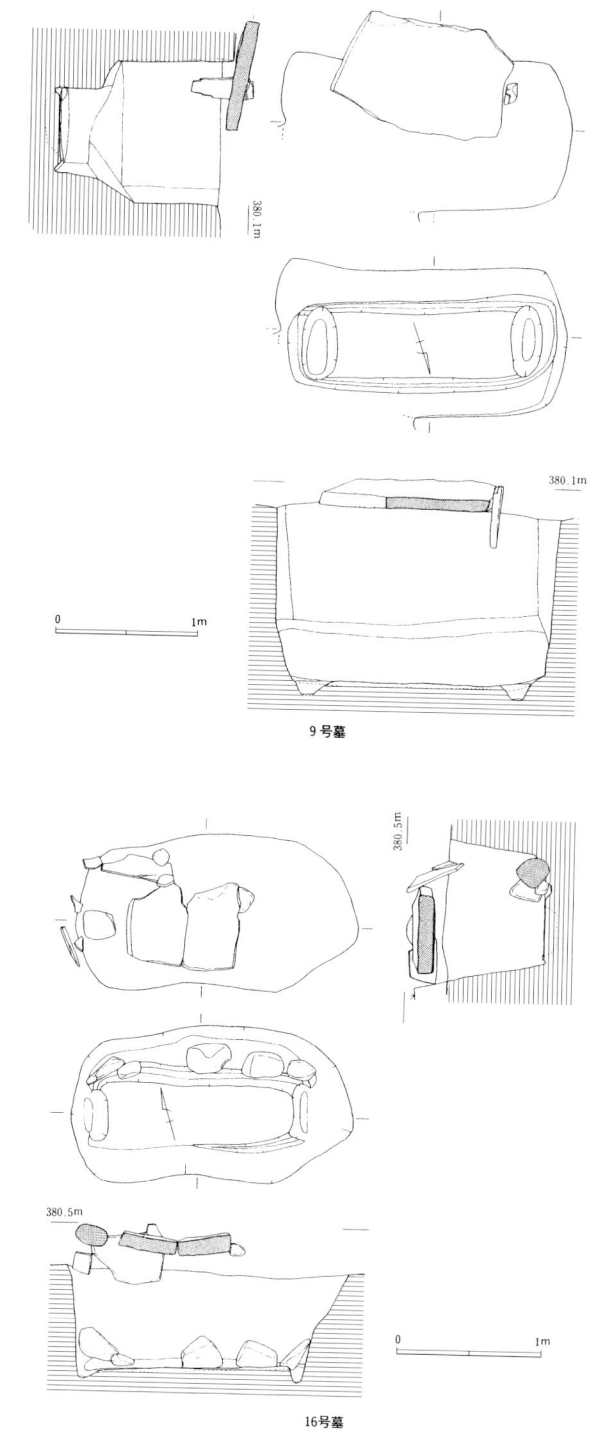

16号墓

図15 外部標識をもつ木棺墓
大分県日田郡五馬大坪遺跡の例（綿貫・坂本（編），1989より）．

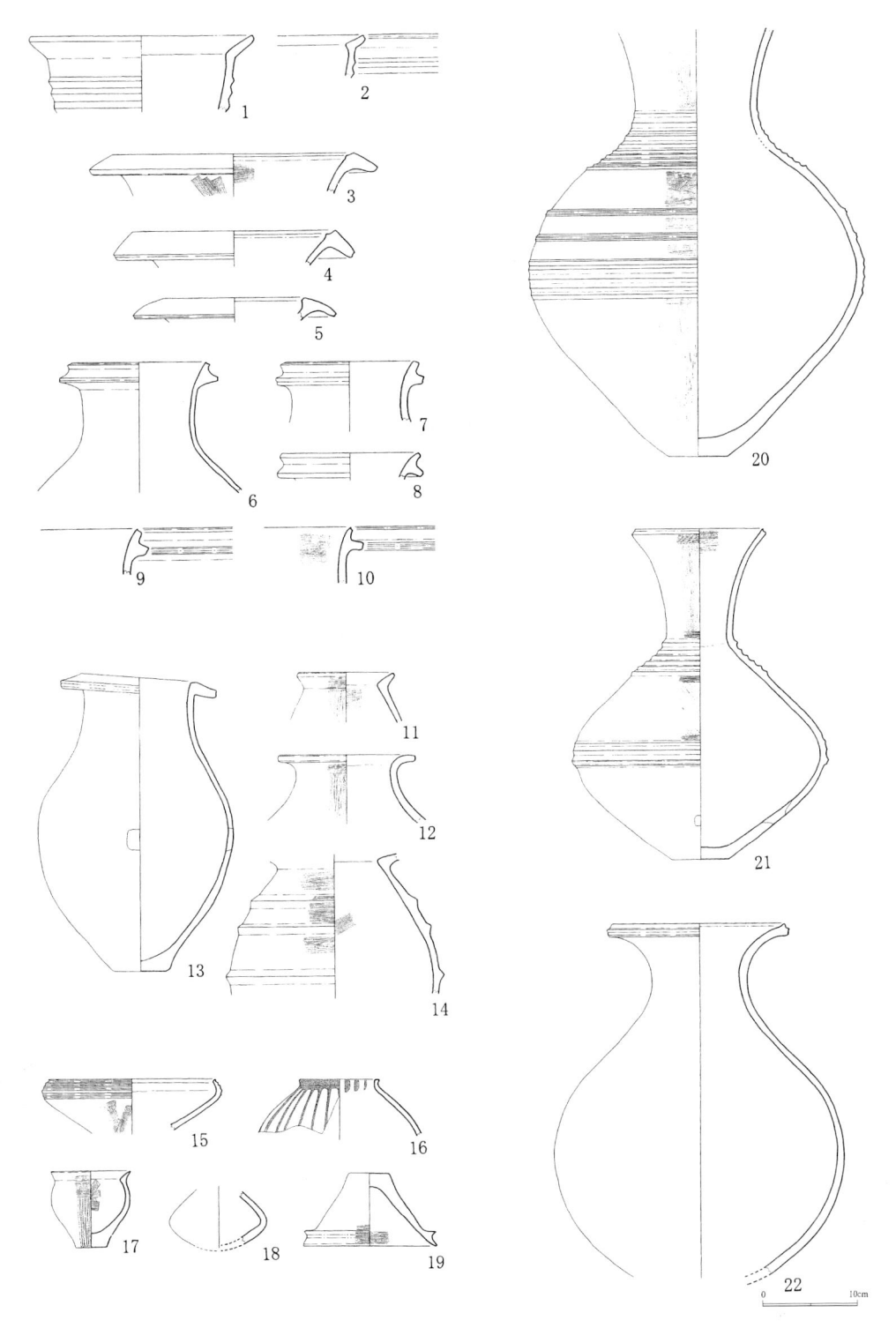

第 6 章 墳墓にあらわれた社会構造

図 18 京ノ峯遺跡出土土器 (松山町教育委員会 (編), 1993 より)
墓地に伴うものと考えられる. 山ノ口 II 式を主体とする. 16 は中部九州以南でみとめられる種類の丹彩文が施されている. 15 は凹線文をもつ瀬戸内第 IV 様式の高杯である.

体部からなり，主体部は多くが組み合わせ式の木棺とみられる。墓群は概ね帯状に展開するが，その周辺からは土壙も検出されており，土器は山ノ口Ⅱ式が単純な様相で出土している（図18）。周溝内に掘り込まれた横口式の土壙墓も存在するが，古墳時代後期の地下式横穴墓と類似し，また円形周溝墓という類例が見出せないとして，この周溝墓自体を弥生時代のものとは認定しないむきも強いようである。しかし，筆者は次のように考える。北部九州の弥生時代中期後半以降の墳丘墓において，周溝に切り込んだ土壙墓も存在しており，本遺跡の横口式土壙墓もそのような例であるか，もしくは古墳時代には南部九州において古墳の周溝に地下式横穴墓をつくるものがあることから，本例もマウンドと周溝という表象を古墳時代に利用された可能性も考えられる。なお，古墳時代の遺物は本遺跡からはまったく発見されておらず，弥生時代・古墳時代に関するその他の明確な遺構・遺物は上記の山ノ口Ⅱ式を伴う土壙以外に存在しない。このような証拠から，山ノ口Ⅱ式の時期の円形周溝墓である可能性が大であると考える。山ノ口遺跡で推定した円形周溝墓状の墳墓の具体的形態は，これと同様のものであったろう。そうであれば，本遺跡では山ノ口遺跡の場合と同じく住居跡など集落の存在を示す証拠が皆無であり，やはり集落と墓地が明確に分離されていることになる。

　山ノ口式の分布範囲である薩摩半島南端の揖宿郡山川町成川遺跡は，古墳時代の土壙墓群が有名であるが，それと重複して弥生時代中期後半の土器を出土する地点がある。完形の壺や丹塗甕も出土しており，丹塗甕を用いた土器棺墓と思われる遺構もある。立石を伴うことや山ノ口遺跡が「祭祀遺跡」という印象が強いこともあり，やはり墳墓ではなく祭祀遺構とみられているが（文化庁，1973；上村，1982；ほか），その後も墓地として展開することなども総合すると，おそらくこれも山ノ口遺跡や京ノ峯遺跡のように中期後半の墳墓と考えられる。したがって，成川遺跡は弥生時代中期後半から古墳時代にかけての墓地と考えられる。やはり薩摩半島南端にある枕崎市松ノ尾遺跡も墓地の構造・内容がよく似ており，山ノ口Ⅱ式もしくはそれよりやや新しい段階から古墳時代に継続する墓地とみられる。山ノ口遺跡，成川遺跡，松ノ尾遺跡は立石も伴っており，このうち成川遺跡と松ノ尾遺跡では後期段階の立石に土壙墓が伴うことが明らかであるので，中期後半の山ノ口Ⅱ式段階の立石についても同様に墳墓に伴う蓋然性が高いと考えられる。これも山ノ口遺跡が墳墓であるという筆者の考えを支持する。

　なお，薩摩半島西部においては前期以来点々と壺棺・甕棺墓が発見されており，吹上町入来遺跡で中期初頭（入来Ⅰ式）に形成されたとみられる環濠集落が発見されている（河口，1976）。おそらく墓制の主体は甕棺墓ではなく土壙墓あるいは木棺墓であろうと推測されるが，こうした状況から薩摩半島西部では早くから弥生時代的墓制・集落の形成が始まっていたとみられる。以上みてきたように，薩摩半島西部を除く南部九州の大半では，弥生時代前半期の墳墓と墓地が不明であり，中期後半になって初めてその証拠が出現することになる。弥生時代遺跡の調査自体が多くないため，いわゆる弥生時代的な墳墓・墓地の形成がどれくらい遡るかについては今後の調査・研究にまたざるをえないが，環濠集落の形成がきわめて遅れるあるいは未発達であることや土器様式に高杯が安定して出現するのも遅れることなど，弥生文化的要素の出現・定着が概して遅いことから考えるとさ

ほど遡らない公算も高い。

　なお，佐賀県西部や長崎県という甕棺分布域の周縁部においては中期の甕棺墓から改葬・集骨を経た人骨が検出されており，甕棺分布域を東に大きくはずれた山口県土井ヶ浜遺跡でも中期に改葬・集骨が盛んに行われている。甕棺分布域の周囲にはそのような習俗があったことは注意すべきである。逆にいえば，少なくとも西日本西部においては，単体の一次葬がほぼ貫徹していたのは甕棺葬が主体となる地域にすぎない可能性もある。伝統的葬法が変容しつつも残存していた可能性が強い。

　南部九州や，大分県の台地部，宮崎県では，弥生時代の集落については多く発見されているが，墓地となるとほとんど不明である。こうした地域は，弥生時代後期になると墓地が明確化してくる。土壙墓などが卓越し，石棺墓もみられるが，とくに後期の新しい段階になると古墳時代に継続するような箱式石棺墓（箱式石棺墓の変化形態とみられる南部九州の地下式板石積石室墓を含む）や土壙墓からなる墓地が明確になる。後期の墓地は，北部九州で前半期に甕棺墓が一部みとめられ，弥生時代終末期頃に甕棺墓が多少混在する以外は，概ね九州全域で土壙墓や木棺墓，石棺墓，石蓋土壙墓などになり，その意味では九州内の類似性がみられるといえよう。また，これは列島的にみても共通性が増したということである。

　つまり，墓制・葬法の点で弥生時代中期を中心とした北部九州の甕棺墓が，いかに特化していたものであるかが以上のことからわかるであろう。

第2節　甕棺墓の分布と地域性

1. はじめに

　ここでは成人の埋葬が可能な専用甕棺を用いた甕棺墓を扱う。対象とする時期は，主として成人用専用甕棺の成立以降，基本的な盛期までとする。その理由は以下のとおりである。すでに述べたように，甕棺は形態的には弥生時代早期の大型壺の系譜をひくが，前期後半頃成人用の専用甕棺となり，中期に盛期を迎え，後期に急速に減少する。その後も細々と系譜はたどれ，終末頃から古墳時代初頭には再び数が増すけれども，その段階では甕棺だけで墓群を形成しないことや古式古墳の周辺部に存在することなど，社会的意味はだいぶ変質したとみられるからである。

2. 甕棺墓の分布

　九州を西と東に二分した場合，甕棺墓は西側に分布し東側には全く分布しない。また西側を南北に二分すると北側に集中し，南側ではごく一部にみられるのみである。つまり九州を四分割すれば第II象限にほとんどが含まれてしまうことになる。ただし，対馬には甕棺が存在しないことに注意する必要がある。なお，第II象限から外れる南側の例については下でその実態と意義について論じる。

甕棺墓の盛期である中期を通じて甕棺墓が存在するところは，玄界灘沿岸では福岡平野東の縁辺部を除く福岡平野から唐津付近，そしてごく東の縁辺部を除く筑後平野および佐賀平野である。これらの地域では甕棺墓が普遍的墓制であり，分布にほとんど途切れがない。しかも厚葬墓から通常のものまで甕棺墓に階層が顕著に認められる。福岡県と佐賀県の境をなす背振山地をとりまく北・東・南の平野部こそが，甕棺墓の主体的分布域といえる。この逆C形を呈する地域を，便宜的に「コア地域」と呼ぶことにしよう。コア地域は田崎博之のいう遠賀川以西系の須玖式土器分布域，本書でいう須玖式の分布範囲に含まれる。

　宇土半島以北の熊本平野でも比較的多くみられるが，巨視的にみて木棺墓等が混在するのが実態である。こうした九州西半部の長崎，熊本，薩摩半島西部，および北部九州における甕棺分布の東限といえる嘉穂地域，日田盆地などを，便宜的に「周縁地域」と呼ぶことにする。周縁地域では甕棺墓の分布に明らかな粗密あるいは空白域が存在し，飛地的なあり方をするものもある。周縁地域は黒髪式の分布範囲，または須玖式と黒髪式の混在地域とかなり重なっている。また，立岩遺跡のある嘉穂地域もやはり周縁地域とみなしてよいが，この地域は豊前II・III式の分布域ではあるも

図19　甕棺墓の分布域

のの，コア地域に近接した位置にある。

　結局，甕棺墓は須玖式の分布域を中心とし，豊前II・III式の西縁部と黒髪式の分布域にまばらに分布するということになる(図19)。

　甕棺墓のデータベースを作成した藤尾慎一郎(1989)は，次のように4大別22地域を設定した。
1) 玄界灘沿岸(西北九州，唐津，糸島，早良，福岡・春日，粕屋)
2) 有明海沿岸(神埼，佐賀，小城，多久，武雄，島原，熊本，筑後南部)
3) 内陸部(嘉穂，二日市，朝倉，小郡・鳥栖，久留米)
4) その他(大村，日田，薩摩)

コア地域にはこのうち唐津，糸島，早良，福岡・春日，二日市，小郡・鳥栖，朝倉，久留米，神埼，佐賀，小城などが該当する。

　以下では大まかに地域分けして記述する。ただし各地で特色はあるが連続する要素も多く，地域で完結するものではない。また地域分けがそのまま実体ある社会的・政治的単位等に対応させられるわけではない。

3. 甕棺墓の地域性

(1) コア地域

　コア地域では，専用甕棺成立期から安定して存在する。玄界灘沿岸地域で顕著であり，筑後北部や佐賀平野にも古手の甕棺墓はあるが盛行は多少遅れるようである。

　中期初頭頃に該当する金海式甕棺($1b$・$1c$型式)は，朝鮮半島南部の金海会峴里貝塚でも発見されており，特殊例にせよ甕棺葬が及んでいる事実は興味深い。この時期から細形銅剣・銅矛・銅戈の副葬が始まるが，それは玄界灘沿岸諸地域に顕著である。後述するように，甕棺墓分布の飛地的存在である薩摩半島西部の高橋貝塚に甕棺墓が存在した可能性があることも注目すべきである。

　継続する$2a$型式から$2b$型式の段階にかけて，コア地域を超えて筑後南部，熊本などでも甕棺墓がよくみられるようになる。いずれの地域も程度の差こそあれ，この時期までは同一地域内でも個体差が相対的に大きい。甕棺の製作技術や生産体制のあり方，墳墓儀礼を含む象徴的・社会的意味の問題など興味深い背景があるに違いない。

　唐津では宇木汲田遺跡，福岡平野西部(早良)では吉武高木遺跡，福岡平野では板付田端遺跡など，中期初頭までに厚葬墓群が形成され，その後，均質に発展したと思われているコア地域の玄界灘沿岸部でさえ，詳細にみると小地域ごとに様相に微差がある。例えば，福岡市西端部(今宿付近)以西の糸島・唐津地域では，比較的古手の甕棺で，伏せて用いる倒立甕棺や急傾斜のものがある。典型的な甕棺墓と比べると周辺的ともいうことができ，こうした現象は西北部九州地域の玄界灘沿岸部にも連続する要素である。

　$2c$型式，$3a$型式の段階にはコア地域全域で甕棺墓の盛期を迎える。糸島では中期後半の$3bc$型式の時期になると甕棺墓自体がきわめて減少する。その中で「伊都国王墓」といわれる糸島の三雲南小路遺跡1・2号甕棺墓が超大型の立岩式甕棺($3bc$型式)を用いている点は興味深い。後期前半

段階でも糸島の井原鑓溝遺跡や唐津の桜馬場遺跡のような厚葬墓があり，エリートの墓には甕棺が連続して採用されている。なお，さらに新しくなると糸島では福井式甕棺等特色ある甕棺があるが，冒頭に記したようにもはや意味は変容をとげている。

　福岡・春日でも中期後半でも新しい段階の 3bc 型式期には，いまだ甕棺墓は墓群こそ形成するが数が減少している。しかし一方で，「奴国王墓」といわれる春日市須玖岡本遺跡 D 地点甕棺墓の存在や，門田遺跡辻田地区のような厚葬墓群で甕棺墓が採用されていることは注目される。なお，福岡平野から筑後平野にぬける二日市地峡部以南の筑紫野市，小郡・鳥栖などでは，多少減少しつつも大きな墓地が営まれている。

　後期には，コア地域全体でいったん甕棺は激減し，後期前半においては井原鑓溝遺跡，桜馬場遺跡のほか，佐賀平野では神埼の二塚山遺跡や三津永田遺跡などで後漢鏡等を副葬する厚葬墓に甕棺が採用されている。しかし糸島の平原遺跡方形周溝墓（1号墓）など甕棺を主体としない厚葬墓の出現にみるように，甕棺墓がエリート層の墓制ではなくなってしまうのである。

　なお，甕棺の地域性については，井上裕弘 (1985) が立岩式 (3bc 型式) を6つの地域的類型で捉えたように，コア地域内でも小地域ごとに特徴が抽出できる。胴部上位の内湾度や底部から胴部下半への立ち上がりなどプロポーションに地域差があり，とくに 3a 型式以降では口縁下突帯の有無や，外面調整におけるハケメ仕上げの有無など，要素の変異のあり方は顕著な指標となる。しかし地域ごとには完結せず，要素の有無や多寡など地域を横断する連続的な地理的クラインとしても捉えられるものである。

　3a・3bc 型式期では木蓋の単棺があるが，一部に石蓋もみられる。筑後中部や嘉穂など，コア地域内の周辺域や周縁地域にみられる特徴である。また，佐賀平野や筑後平野のごく東部など，コア地域内の周辺域には墓壙の中に石囲など石を持ち込む例もある。さらに，砲弾形等を呈する通常の甕棺に対して，「丸味を帯びた甕棺」(橋口，1979e) と呼ばれる汲田式 (2b・2c 型式) から出現し立岩式 (3bc 型式) で消滅する系列 (本書の系列 B: KMIIb～KMIIIbc 式) が併行するが，そうした地域では丸味を帯びた甕棺の使用がやや目立つ傾向がある。これも熊本などの周縁地域に連続する要素である。

　以下では周縁地域の様相を概観する。

(2)　西北部九州

　西北部九州では弥生時代早期から大型壺を用いた壺棺が多くみられる。成人棺として甕棺が確立した以後も継続して甕棺墓は認められるが，それは西北部九州でも北半で顕著である。ただし総数としては少ない。

　長崎県大村市富の原遺跡の中期後半を中心とする墓地は，石棺墓群の中に，少数から構成される甕棺墓群がある。石棺墓群は副葬品をほとんど持たないのに対し，甕棺墓の副葬品保有率は非常に高い。副葬品には鉄戈等がみられ，副葬品をもつ階層が甕棺を採用していると考えられる。なお，同一甕棺内から複数人骨の出土も認められ，該期の北部九州と異なって改葬・集骨が行われている

ことがわかる。その人骨の形質は在地的である可能性が指摘されており，在地のエリート層による甕棺墓の採用と考えられる。また，佐賀県呼子町大友遺跡10号甕棺墓でも改葬・集骨があり，甕棺分布域の周辺部にあたる西北部九州においてはこうした葬法が類型として認められる。甕棺墓の構造や副葬品に関する秩序は北部九州的なものを取り入れつつ，具体的な遺体の取り扱いやそれに関する儀礼のプロセス等が若干異なることが考えられる (中園, 1991a)。

(3) 嘉　穂

嘉穂地域でもコア地域に近い側には，数は多くないが 2b・2c 型式の甕棺が認められる。厚葬墓群のある鎌田原遺跡では中期前半以降の甕棺がみられるが，主体は木棺墓である。嘉穂地域の代表的遺跡として有名な立岩遺跡の近辺は，3bc 型式の甕棺墓の集中がある。しかし甕棺墓は厚葬墓として採用されており，甕棺墓はこの地域に普遍的な墓制とはいいがたい。棺自体もその巨大さや口縁部の特異な形，全面ハケメ仕上げなど特色あるものである。後期段階の甕棺はきわめて少数で，立岩式期にエリート層の墓としてのみ甕棺が存在するこの地域の特徴を際だたせている。

(4) 日　田

筑後平野の東端である浮羽郡や朝倉郡の東部では甕棺墓の周辺的現象が認められるが，日田地域はそこを筑後川づたいに東へ遡った大分県日田市にあたる。甕棺墓の数は少ない。また導入も早くなく 3a 型式以降であり，後期段階にもみられるが，中期後半でも新しい段階にあたる 3bc 型式で注目すべきものがある。吹上遺跡では 3bc 型式の甕棺墓群が存在しており，副葬品をもつ厚葬墓群である。銅戈，鉄剣，貝輪などがみられる。墓壙の大きさや棺内の赤色顔料，墳丘墓的墓群構成などエリート層の墓域とみなせる。エリート層の墳墓としての甕棺墓の採用は嘉穂の立岩遺跡等と似た面がある。鏡がないことや3個の甕棺を使用した連結甕棺，銅戈の存在，貝輪の副葬などは周辺部の厚葬墓の特徴をよく示している。

(5) 筑後南部・熊本

熊本県中部の宇土半島までが甕棺墓の分布域である。筑後南部から熊本県北部にかけては一部古い甕棺が存在するが，2a 型式から 2b 型式にかけてやや増加する。この地域の古手の甕棺には強い地域色がみられるが，斉一性が強くなる汲田式の新しい段階以降でもプロポーションなどに微細な特色を見出すことができる。また 3a 型式期においても，熊本で胴部突帯に刻目を施す例があるなど，黒髪式土器との関わりを示唆する。したがって，この地域の甕棺の大半は在地の製作者の手によるものであろう。

立岩式の時期になると急激に減少し，代わって熊本では在地色の強い黒髪式的要素を持った甕棺が出現する。しかしそれも多くはなく，基本的にはほぼこの時期で終息するといってよい。

(6) 薩摩半島西部——南限の甕棺墓——

　南部九州は甕棺墓分布の南限にあたる。ところがこの地域の甕棺墓の実態についてはあまり知られていない。九州の南半は甕棺墓が飛地的に存在するのみで，しかもまんべんなく疎に分布するのではなく，とくに南部九州における甕棺発見地は薩摩半島西部の「田布施平野」とよばれる地域に集中している。また可能性のあるものを含めても甕棺関連資料は全て薩摩半島に限られる。また南部九州でこれまで発見されている甕棺のほとんど全てが丸味を帯びた甕棺であるのは注目すべきである。

　鹿児島県金峰町の下小路遺跡の甕棺墓はその中でも比較的よく知られたものである(図20-1)。上甕は外面に煤の付いた日常用の大型の甕で北部九州の須玖IIa式に属す。下甕は丸味を帯びた甕棺でKMIIIa式に属す。被葬者はゴホウラ製貝輪2個を着装していた。注目すべきは下甕の器高は96cmを測り，甕棺分布域の飛地的南限であるにもかかわらず，この時期の丸味を帯びた甕棺全ての中で最大であることである。また，上甕の特徴は筑後平野から佐賀平野にかけての地域から持ち込まれた可能性を示している。下甕も同地域に多いものである。下甕も搬入品とすれば上甕・下甕ともに同じような地域の特徴を示していることは注目され，セットで持ち込まれた可能性がある。この甕棺墓には標石とみられる大石を伴うことや，周囲のトレンチ調査では他の墳墓は未発見で集団墓から隔絶している可能性があることなども含めて，厚葬墓としての要件を満たしていることも注目される。なお，被葬者は他の周縁地域の例から類推すれば在地のエリートかと思われる。

　筆者は高橋貝塚出土資料(吹上高校と鹿児島県収蔵品)の中に，中期初頭もしくはそれに先行する時期の甕棺口縁部とみられる破片があるのを見出した。したがって，専用甕棺の成立からかなり早い段階で南部九州にも甕棺墓が出現している可能性がある。なお高橋貝塚の所在する玉手神社境内には大石があり，支石墓もしくは甕棺の上石(標石)の可能性がある。なお，下小路遺跡と高橋貝塚はわずか300mほどしか離れておらず，両者は同一集落の一角にあたろう。

　吹上町入来遺跡では，甕棺片が2個体分まとまって出土しており，後世の再埋置の可能性がある。本来セットで，1基の甕棺墓であったと思われる。どちらも丸味を帯びた甕棺である(図20-2)。口縁部片は発見されておらず，このうち少なくとも1個体は口縁部が打ち欠かれていた可能性が高い。他にも同遺跡では丸味を帯びた甕棺の破片が出土している(図20-3・4)。これらはKMIIb式からKMIIIa式に属する。この遺跡では甕棺の上石(標石)かとみられる大石も存在している。

　なお，吹上町の白寿遺跡では，さほど特筆すべきものとはいえないが，前期末(もしくは中期初頭)の壺棺が1基出土している。また，同遺跡では中期後半の黒髪II式段階の中型棺も出土している。この遺跡にもやはり甕棺の標石かとみられる大石がある。

　このように薩摩半島西部の金峰町・吹上町には甕棺関連資料が点在している。採集品でも甕棺の口縁部とみられるものがあり，支石墓の可能性が指摘されている大石が集中するのもこの地域である。3bc型式期以降の甕棺は未発見であるが，おそらくその時期の甕棺墓の分布が縮小することと関係があろう。ただし金峰町松木薗遺跡(図20-7)や薩摩半島南端の山川町成川遺跡(図20-5・6)で3bc型式に併行する黒髪IIb式の大型甕の口縁部片があり，口縁部を打ち欠いて甕棺として使用さ

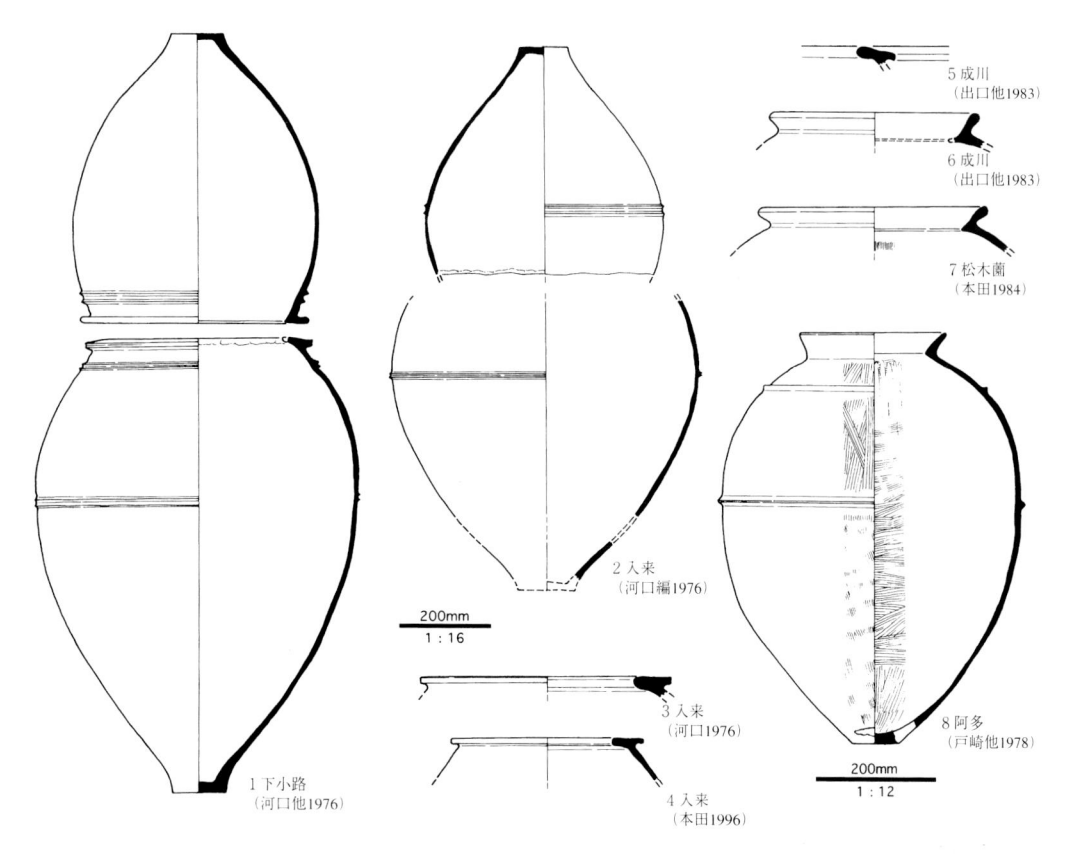

第6章 墳墓にあらわれた社会構造　309

図20　南限の甕棺関連資料 (1・2 は 1/16，他は 1/12．各報文より改変引用)

れたものの可能性もあろう。なお，成川遺跡では筒形器台など丹塗精製器種群の一部が出土しており，丸味を帯びた甕棺の口縁部とみられる破片 (図 20-5) も出土している。甕棺として使用されたかどうかはわからないが，成川遺跡のこれらの口縁部 2 片が甕棺として用いられた可能性がわずかでもある資料の南端である。なお，後述するように，最近，沖縄で丸味を帯びた甕棺とみられる口縁部片が出土している。

　後期の稀少例としては金峰町阿多貝塚 1 号甕棺墓がある (図 20-8)。おそらく単棺で，器高は 65.5 cm で大型とはいえないが甕棺としての埋置法をとる。器形は壺に近く，薩摩半島の後期前半の土器様式である松木薗式の範疇でとらえられよう。なお，松木薗式の大型壺や大甕は甕棺に使用されうるが，専用甕棺としての使用は疑わしく，今は実例もない。なお，成川遺跡などで後期後半以降の大甕を転用した甕棺墓が知られるが，大甕は専用甕棺ではなく墓制としての普遍性もない。なお，この大甕について北部九州後期の甕棺の型式名である「三津式」と呼ぶむきもあるが，「三津式」とは明らかに形態が異なっていることと，専用甕棺でもないことから，この呼び方は適当とはいえない。

　では，なぜ飛地的に薩摩半島西部に甕棺が集中するのであろうか。高橋貝塚ではゴホウラ製貝輪の半加工品や南島土器等が出土しており，南西諸島と北部九州を結ぶ中継基地であった可能性が指

摘されている。近年，沖縄で刻目突帯文土器など弥生時代開始期の遺物が出土しており，中には丹塗磨研壺と思しきものもみられる。これは従来の考えに再考を促すものであり，突帯文期には沖縄諸島まで広範な交渉が行われていたといえる。薩摩半島西部では金峰町下原遺跡や高橋貝塚という，こうした古い時期の遺跡が飛地的に出現している。南西諸島との直接交渉の要因には北部九州での需要があったものと考えられる。これについては第9章で詳述する。なお，最近，沖縄県名護市に所在する大堂原貝塚で比較的小型の丸味を帯びた甕棺の口縁部片が出土していることが明らかになった（第9章第1節参照）。筆者の観察によれば，諸特徴からおそらく筑後南半・佐賀平野・熊本北部・長崎のいずれかで製作されたものと考えられ，有明海北部周辺地域のものとみられる。ただし，南部九州などの中期土器も出土しており，それらの持ち込みと同じ経緯で持ち込まれたものであろう。おそらくこの個体は甕棺墓として使用されていないと考える。したがって，甕棺墓としての使用が確実にあるのは薩摩半島西部までであり，可能性としてはせいぜい薩摩半島南端が考えられる程度である。

　上述のような理由から，将来もし北部九州で弥生時代早期や前期の古い段階の墓から古式の銅剣等の副葬例が発見されるとすれば，南海産貝輪等も同時に発見されるかもしれない。薩摩半島西部，具体的には高橋貝塚周辺は南西諸島と北部九州の中継基地としての性格があり，そうしたコンテクストでここに甕棺が出現するものとみられる（第9章参照）。

　以上のように考えてくると，甕棺関係資料が集中する田布施平野地域の歴史的意義が理解できる。将来，九州南半部において鏡や青銅製・鉄製武器などの副葬品をもつ甕棺が出土するとすれば，第一候補はこの地域をおいてほかにあるまい。

4．おわりに

　以上みてきたように甕棺墓の各地での消長・展開には差があり，地域個々の特徴がある。しかしその動態の背後には統一的にとらえうる何かがあるように思われる。例えば中期後半の様相からは，周縁地域では各地で厚葬墓に限定して甕棺墓が採用されている。この時期の甕棺墓に，副葬品やその他の要素による顕著で統一性のある階層表示システムがあることは，次節で詳細に検討するところであり，地域をこえたエリート間の紐帯などすぐれて政治的な側面をみてとることもできるのである。しかしこうした側面に限定されず，甕棺墓の様相のさらなる積極的な読み解きが広く行われることを期待したい。

第3節　中期後半の甕棺墓にみられる階層性

1．はじめに

　本節では，分析的手法により甕棺墓が示す社会構造等の情報について，たとえあらくとも近似した内容を読み解くことを試みる。

素材として九州の弥生時代中期の甕棺墓を選択し，考察することにしたい。甕棺墓は，その研究史から明らかなように，棺体自体が土器であるため通常の土器と同じ型式学的操作を施すことが可能である。したがって弥生時代の墳墓の多くが有効な編年の指標となる敏感な属性の抽出がむずかしい中で，きわめて有利な条件をもっているといえる。甕棺墓はすでに豊富な調査がなされており，墓地の構成や展開を知る手がかりが多い点も見逃せない。またとりわけ，各種の副葬品が棺の内外から出土することがあり，その質と量の検討から多くの情報を得ることが期待できる。副葬品を出土する甕棺墓はごく少数であるが，その意味するところも興味深い。

　従来，甕棺をはじめとする墓とそれにまつわるさまざまな対象を扱った研究は多いが，政治史的視点をもったものが多く，家族・社会制度から国家形成過程を追うものなど比較的限定された問題関心がもたれてきた。現在でも活発に政治組織・社会構造を題材とした研究が相次いでおり，枚挙に暇がない（鏡山，1952，1953；高倉，1973b，1975a，1975b，1980；下條，1986，1991；柳田，1986b，1986c，1990；小田，1987，1990；寺沢，1990，西，1990；ほか）。

　こうした研究は北部九州弥生社会のイメージを豊かにし，近畿地方の研究者との討論によって弥生時代社会の理解に一定の役割を果たすのに役立ってきた。しかし，中国史書の記述との対応関係の期待から「国」・「クニ」・「王」などの言葉がカギ括弧付きで多用されているものが多いわりには，それらの「実証」法が考古学者に広く容認されるかどうかは疑問が残るところである。ただしそうした中で，高倉洋彰の初期の研究（高倉，1973b，1975a，1975b，1980；ほか）は用語法・論理において慎重であり，比較的着実な論証過程がとられている。発展段階論的視点という特定の立場にたちつつも，地域集団や社会階層の内容に分析的作業と類型化の手続きから近接しようとしていることは注目できよう。

　なお，従来の研究で陥りがちであった，考古学的対象とその示す意味との間に一定不変の対応関係があるというア・プリオリな確信をなるべく排除したい。またこれまで，墓域や墓群の形成の検討から特定集団・特定個人墓の析出という側面がとりわけ注目されてきたが（高倉，1973b，1982a；柳田，1986b；小田，1987，1990；寺沢，1990；ほか），甕棺の棺体から副葬品や外部構造までという甕棺墓の属性を多く取り上げて総合的に検討した研究は皆無に近い。甕棺の棺体における差異や，副葬品における差異については，後者の組み合わせ関係における規則性が明確に表示され論じられたのは，下條信行による研究（下條，1991）を待たなければならなかった。前者については，井上裕弘による精力的な地域色と製作集団の把握の試み（井上，1978a，1985）はあるが，ここであげたものと同様の目的に沿ったものとしては，意識にのぼっていた程度であろう。いずれにしても，副葬品だけではなく，甕棺墓をめぐる様々な属性を総合的に扱う研究が行われてこなかったことと，それを分析的に提示する努力がなされてこなかったことは批判されなければならない。

　これまでの研究の批判をさらに行えば，さまざまな考古学的脈絡の中で対象は，多様に意味を変化するということを前提とできるならば，これを見失いがちであることには反省がせまられる。社会現象と考古学的対象との対応関係についての追究も必要である。したがって，論理的であることはもとより，分析的に把握することも必要となる。

ここでは，上記の目的に沿いながら甕棺墓をめぐるさまざまなデータを読み解くことを試みる。墓には，我々が考古資料としての墓を通して一義的に知りうるであろうエティックな情報もあれば，当時の社会のエミックな情報[3]も潜んでいることは明らかである。したがって，両者を総合できれば申しぶんないが，方法的には分析をとおしてエティックな情報を収集することになる。そうした作業を通じて，部分的な故意の情報の歪曲があれば露呈することも期待できるし，当時の人々の意識の側面に切り込んでいけるかもしれない。とりわけ期待できるのは，当時の価値体系の一端にアプローチできる可能性があるということである。ここでの議論が，さきの実践研究の課題にも貢献することになれば幸いである。

2. 分析の対象と方法

(1) 対　象

本節では，とりわけ九州における弥生時代中期後半期に焦点をあてることにしたい。甕棺でいえば $3bc$ 型式期すなわち立岩式の時期である（口絵4）。ただし，通時的側面も最低限必要な範囲でみておくことが望ましい。専用甕棺は刻目突帯文土器様式期に成立する埋葬用の大型壺に起源すると考えられ，遅くとも前期末までに成人埋葬用の棺として確立すると考えられている。また，ここでは，ある程度の資料数の確保が必要である。したがって，甕棺が確実に定型化した $1c$ 型式からを材料とすることにする。また，甕棺墓の基本的な消滅については，後期のいわゆる桜馬場式やとくに三津式では急激な減少がみられる。墓制の転換以後まで含めた通時的な考察も，さまざまな点で有意義であると考えるが，ここでは，甕棺の基本的な存続期間である $3bc$ 型式までを扱うことにする[4]。

ここでは，第4章で系列Aとした専用甕棺を扱い，他の器種を転用した転用甕棺は含まないことにする。また，丸味を帯びた甕棺（系列B）も分析に含むことにする。ただし，砲弾形や樽形を呈する専用甕棺について分析を集中的に行い，丸味を帯びた甕棺に関しては補足的に述べるにとどめる。なお，第4章で述べたように，両系列は最終的に2つの系列とはみなしにくくなるものと考えられる。そこで，判別が容易である場合には分けて考えるが，そうでない場合には系列Aに含めて考えることにする。また，各時期において両系列を同時に論じる際には系列Aの名称で代表させることとし，型式名になるべく「期」を補って時期を表していることを明らかにしたい。

九州島全域を見渡せば，全域での共通性は確保しながらも数「様式」が並立していることが認定できる。全域にわたる時間軸の確保が必要であるので，第5章で設定したように須玖I式併行期を「ステージI」，須玖II式併行期を「ステージII」と呼ぶことにする。同じく後期の高三潴式併行期については「ステージIII」と呼ぶ。なお，ステージIは $2b \cdot 2c$ 型式期，ステージIIは $3a \cdot 3bc$ 型式期にほぼ該当するとみておく。

資料として扱う地域については，前節でみた当該期に甕棺墓が存在するすべての地域，すなわち旧国名でいえば，筑前，筑後，豊前西部，豊後東部，肥前，肥後，薩摩西部である。

分析の基礎となるデータについては，パーソナルコンピューターを用いてデータベース化を行った。データベース化を実施できた甕棺墓の数は，残りの悪いものを除いた730基である。それぞれ

について，次の項目をチェックした。

遺跡名，甕棺名，文献，時期(型式名)，棺体の上下の合わせ方の種類(合口，木蓋単棺，石蓋単棺など)，上甕の形態，上甕の器高，上甕の胴部上半打欠きの有無[5]，上甕内面の赤色顔料の有無，上甕の黒塗の有無，下甕の形態，下甕の器高，下甕の胴部上半打欠きの有無，下甕内面の赤色顔料の有無，下甕の黒塗の有無，副葬品[6]の有無と内容，石剣などの切先の有無，被葬者の性別，年齢，頭部赤色顔料の有無，その他備考として外部施設や特記すべき事柄
——以上，21項目である[7]。なお，紙面の都合上これをすべて分析せず，有意な分析のできるものに限定して論じる。

(2) 方　　法

諸属性間の相関関係を検討することにより，そのあり方をみることを方法の基礎とする。あらかじめきめ細かな属性の抽出ができていれば，もし，情報の歪みがあれば，相関状況の検討においてどこか一部に不整合としてあらわれるかもしれない。その際，存在状況，歴史的・文化的脈絡を十分考慮しなければならないことは，当然であろう。また，かなり制限はあるが，できるだけ印象や感覚からではなく，集計や数値化したデータを読み取る形式をとり，説得力をもたせたい。また，具体的には属性分析及び多変量解析を用いるが，これまでの手法と併せて使用すれば，有効性が増すと考える[8]。

3. 分 析 結 果

(1) 器高と副葬品の関係

まず，系列Aの器高と副葬品の有無の関係を，型式ごとにみることにする。

① 系列Aにおける器高と副葬品

はじめに，専用甕棺の型式(時期)別の器高を検討する(図21・22)。1c型式から3a型式に至るまで，その最頻値の位置が右に移動している。すなわち，しだいに大きくなっていることがわかる。また，各型式中でいちばん器高の大きなものに着目すると，それもしだいに大きくなっているのがわかる。とりわけ，3a型式においては顕著である。

3bc型式も比較的大きいが，最頻値の位置は3a型式より左にある。しかし，大きなものに着目すると，120 cmをはるかに超えるものがあり，この位置は3a型式と並んでいることは注目できる。

さて，各型式の小さなものは，60 cmくらいで一定している。このことは，甕棺が甕棺としての機能を果たす限界の大きさであると考える。したがって下限は一定しており，その最頻値と最大値が変わっているということがいえる。言いかえれば，各型式の変異はしだいに増大しているということになるのである。3a型式と比べても3bc型式は，変異の幅がかなり大きいということがわかる。

したがって，各型式を通じて変異の幅が広がっており，大きいものから小さいものまでの相対的

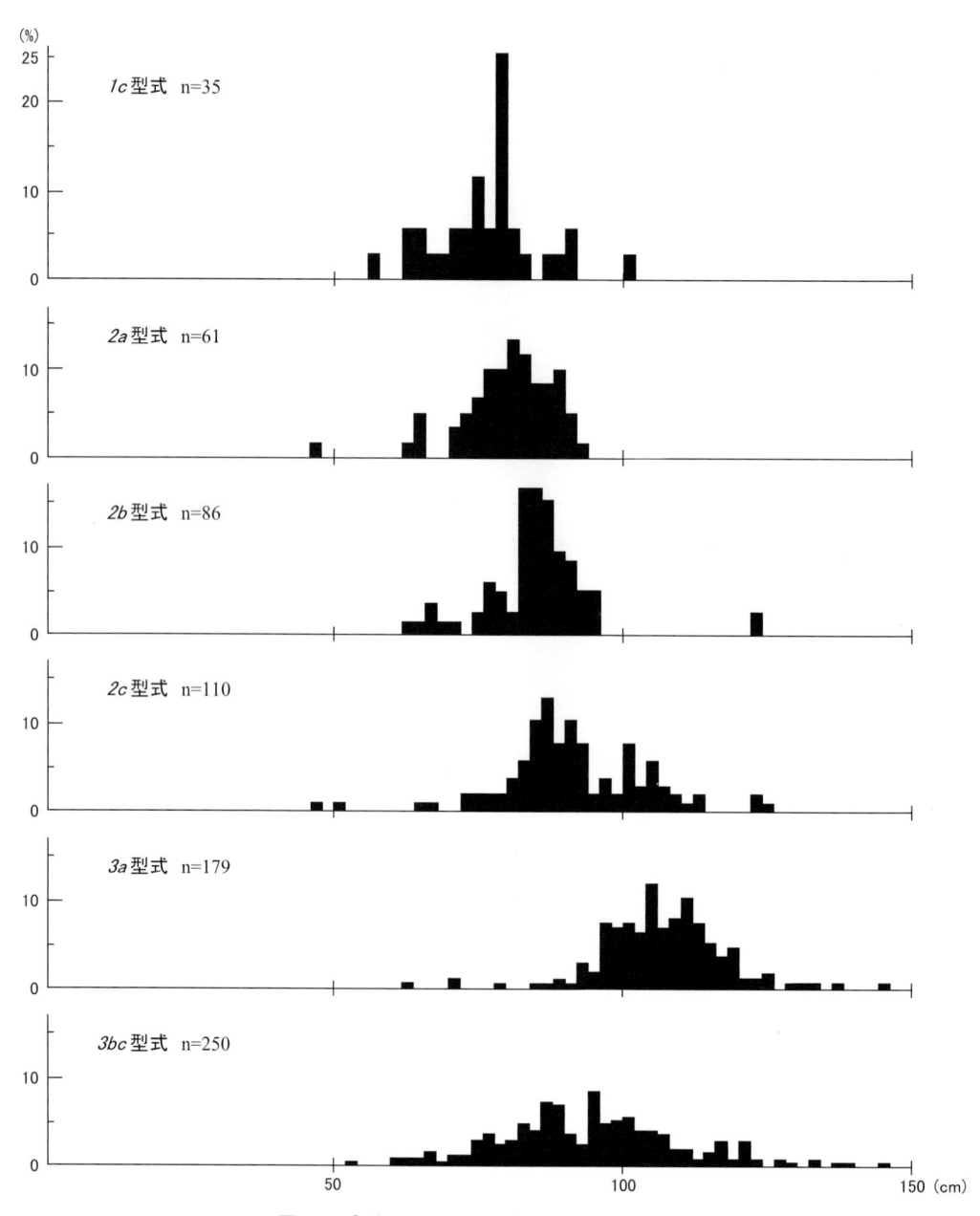

図21 系列Aにおける型式別器高ヒストグラム

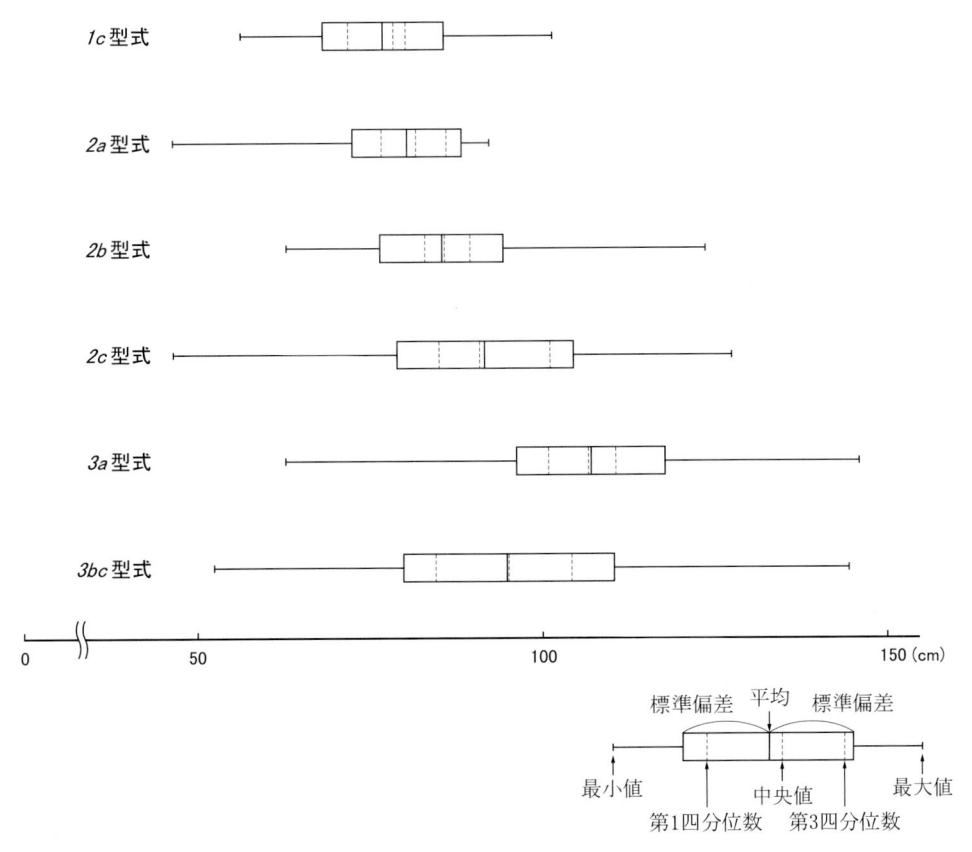

図22 系列Aにおける型式別器高についての箱ヒゲ図

な格差が増大するということがいえるのである。

次に各型式において，副葬品をもつものともたないものとにどのような違いがあるのか，または
ないのかの関係を検討する（表1）。

1c 型式 細形銅剣1本を副葬した福岡市飯倉遺跡の甕棺は，副葬品がないものの平均値とほぼ同じであるが，福岡市吉武高木遺跡では副葬品と大型の棺体の組み合わせがみられ（常松ほか（編），1986；力武・横山（編），1996），注目される。以上から，器高において副葬品をもつものともたないもので差がある可能性が大きいが，中には平均的な大きさのものもあり，おそらくは副葬品をもつものは器高が大きいという傾向が看取できる程度といえよう。

2a 型式 資料化を行った中には，副葬品をもつものがなかったため，ここでの議論はできない。ただし，全体の標準偏差を，前後の 1c 型式，2b 型式と比較してもあまり差がなく，さらに新しい時期のものと比べて分散がさほど大きくないことがわかる。また，1c 型式で副葬品をもつものは器高が大きい傾向があるが通常のサイズのものもあることや，次にみる 2b 型式でも同様なことがいえることからすると，この 2a 型式においてもそうである可能性が高いと考える。

2b 型式 副葬品をもつものは3基ある。いずれも，上下棺が同形の合口であり，副葬品がないも

表1 系列A・系列Bにおける器高と副葬品の関係

系列A

	全体 1c 型式		副葬品あり		副葬品なし	
	下甕	上甕	下甕	上甕	下甕	上甕
個数	19	16	2	2	17	13
最大値	92.0	101.2	77.4	101.2	92.0	89.2
最小値	65.8	56.3	75.6	80.0	65.0	56.3
平均値	77.2	76.4	76.5*	90.6*	77.3	74.4
標準偏差	7.36	10.17	0.90*	10.60*	7.77	8.34

	全体 2a 型式		副葬品あり		副葬品なし	
	下甕	上甕	下甕	上甕	下甕	上甕
個数	36	25	0	0	36	25
最大値	92.2	88.8	—	—	92.2	88.8
最小値	46.4	65.0	—	—	46.4	65.0
平均値	81.7	78.1	—	—	81.7	78.1
標準偏差	8.85	6.13	—	—	8.85	6.13

	全体 2b 型式		副葬品あり		副葬品なし	
	下甕	上甕	下甕	上甕	下甕	上甕
個数	50	36	8	7	42	29
最大値	123.0	123.0	123.0	123.0	95.8	93.9
最小値	62.8	64.8	67.2	80.0	62.8	64.8
平均値	85.7	84.5	88.4	90.7	85.2	83.0
標準偏差	9.04	8.96	14.74	13.51	7.36	6.64

	全体 2c 型式		副葬品あり		副葬品なし	
	下甕	上甕	下甕	上甕	下甕	上甕
個数	72	38	4	1	66	35
最大値	125.2	108.0	124.0	108.0*	125.2	106.5
最小値	51.4	46.5	96.0	108.0*	51.4	46.5
平均値	94.8	85.1	109.5	108.0*	94.0	84.1
標準偏差	12.17	10.25	10.52*	—	11.85	9.80

	全体 3a 型式		副葬品あり		副葬品なし	
	下甕	上甕	下甕	上甕	下甕	上甕
個数	169	10	9	1	158	9
最大値	145.7	119.1	132.0	100.0*	145.7	119.1
最小値	62.8	71.8	92.0	100.0*	62.8	71.8
平均値	107.1	100.3	107.8	100.0*	107.0	100.3
標準偏差	10.12	15.94	13.12	—	9.90	16.80

	全体 3bc 型式全体		副葬品あり		副葬品なし	
	下甕	上甕	下甕	上甕	下甕	上甕
個数	232	18	23	6	201	8
最大値	144.3	121.0	140.0	121.0	144.3	88.2
最小値	52.5	61.8	62.2	77.2	52.5	61.8
平均値	95.3	87.5	106.2	101.8	93.9	74.8
標準偏差	15.41	15.28	19.79	14.33	14.40	8.00

	全体 3bc 型式西北九州以外		副葬品あり		副葬品なし	
	下甕	上甕	下甕	上甕	下甕	上甕
個数	228	17	19	4	201	8
最大値	144.3	121.0	140.0	121.0	114.3	88.2
最小値	52.5	61.8	83.4	98.7	52.5	61.8
平均値	95.6	88.1	111.7	107.9	93.9	74.8
標準偏差	15.33	15.51	16.40	8.24	14.40	8.00

* 個体数が少なく統計学的に意味のない値を示す.

系列B

	全体 KMⅡb 式		副葬品あり		副葬品なし	
	下甕	上甕	下甕	上甕	下甕	上甕
個数	2	0	0	0	2	0
最大値	72.0	—	—	—	72.0	—
最小値	60.6	—	—	—	60.6	—
平均値	66.3*	—	—	—	66.3*	—
標準偏差	5.7*	—	—	—	5.7*	—

	全体 KMⅢa 式		副葬品あり		副葬品なし	
	下甕	上甕	下甕	上甕	下甕	上甕
個数	41	1	1	0	39	1
最大値	96.0	61.3*	96.0*	—	91.2	61.3*
最小値	42.4	61.3*	96.0*	—	46.6	61.3*
平均値	74.2	61.3*	96.0*	—	74.4	61.3*
標準偏差	11.70	—	—	—	10.27	—

	全体 KMⅡc 式		副葬品あり		副葬品なし	
	下甕	上甕	下甕	上甕	下甕	上甕
個数	12	0	1	0	12	0
最大値	83.2	—	75.0*	—	83.2	—
最小値	52.2	—	75.0*	—	52.2	—
平均値	66.5	—	75.0*	—	65.8	—
標準偏差	8.21	—	—	—	8.15	—

	全体 KMⅢbc 式		副葬品あり		副葬品なし	
	下甕	上甕	下甕	上甕	下甕	上甕
個数	36	0	1	0	35	0
最大値	102.9	—	76.2*	—	102.9	—
最小値	54.8	—	76.2*	—	54.8	—
平均値	80.0	—	76.2*	—	80.1	—
標準偏差	12.53	—	—	—	12.53	—

のと上下棺の平均サイズを比較すれば，有意な差があるということはできよう。佐賀県神埼郡吉野ケ里遺跡の墳丘墓の資料はかなり大きい(佐賀県教育委員会(編), 1990, 1994)。他の副葬品をもつもののサイズは，副葬品をもたないものと比べて卓越したサイズとはいえない平均的なものがある。ただし，副葬品をもつものの最小値が極端に小さくないことは注目しておいてよいかもしれない。この型式は副葬品をもつものともたないものとの間に器高において有意な差が見出されたが，重なりも大きいといえよう。

2c 型式 この型式には 86.0 cm 以上～89.0 cm 未満の級と，104.0 cm 以上～106.0 cm 未満の級という 2 つの最頻値があるようにもみえる。この時期から専用鉢と組み合わさるものが増加し，同形同大の合口から専用鉢との合口に転換する過渡期にあたるため，その両者がそれぞれサイズの小さい方と大きい方に対応しているようである。すなわちサイズの小さいものは同形同大のものを合口にして用い，サイズの大きいものは専用鉢を使用する傾向がある。副葬品をもつものには吉野ケ里遺跡墳丘墓出土の甕棺と福岡県筑紫野市隈・西小田遺跡第 3 地点 109 号甕棺があるが，これらの甕棺は大きい部類に属する。

さて，熊本県宇土市畑中遺跡の甕棺[9]は，上甕が専用鉢で，下甕は 114 cm の器高をもつ大型品であり，この甕棺は，熊本市神水遺跡第四調査区 7 号甕棺下甕とともに大きい部類に属する。いずれも，甕棺分布域の中心から外れた周辺部に位置することは注目してよかろう。

3a 型式 この型式では，下甕全体の標準偏差が 10.1 cm と大きくなっている。すなわち，分散が大きくなっていることを示している。

副葬品をもつもののうち，サイズが判明するものは 9 例であった。提示した数値からは副葬品をもつものともたないものとで差がないようにみえるが，前者が後者より大きい傾向はある。また，小さいものは西北部九州方面の周辺部に偏る傾向があり，これらに特有の玉類の副葬は古くからの伝統であると理解されるので，これら以外をみてみると，かなり大きいことがわかる。ちなみに福岡県嘉穂郡スダレ遺跡 1 号甕棺例は，器高が不明であるが，同 3 号甕棺の下甕と同様のものと推定されており，かつ，1 号甕棺の上甕は 3 号甕棺の上甕より「内径が 10 cm ほど大きい」(橋口, 1976)とされていることから，3 号甕棺下甕の 113.3 cm よりも大きい可能性が高い。スダレ遺跡は周縁地域に位置することは注意しておきたい。

したがって，以上のことから，3a 型式における副葬品をもつ甕棺は，概してサイズが大きいということができる。上甕に専用鉢を用いるものは下甕がかなり大型である。また，同形同大の甕棺個体を合口にしたものの中でも，副葬品をもつものは大型であるということが判明した。

ちなみに後で述べるが，福岡市蒲田遺跡 A 地区第 1 地点では「墳丘墓」ではないかと考えられる溝で区画された区域がある (図 23)。その中から出土した専用甕棺 (系列 A) 3 基は，137 cm，125 cm，115.2 cm と大きく，この型式中で最大級のものを含む。また小さいものでも，副葬品をもつ甕棺の平均値をこえていることは，注目してよいと考える。また，この地域が甕棺分布域の周縁地域(東限)に近いことも注目できる。

3bc 型式 副葬品をもつものともたないものとの差が顕著であり，前者のサイズが大きい。さら

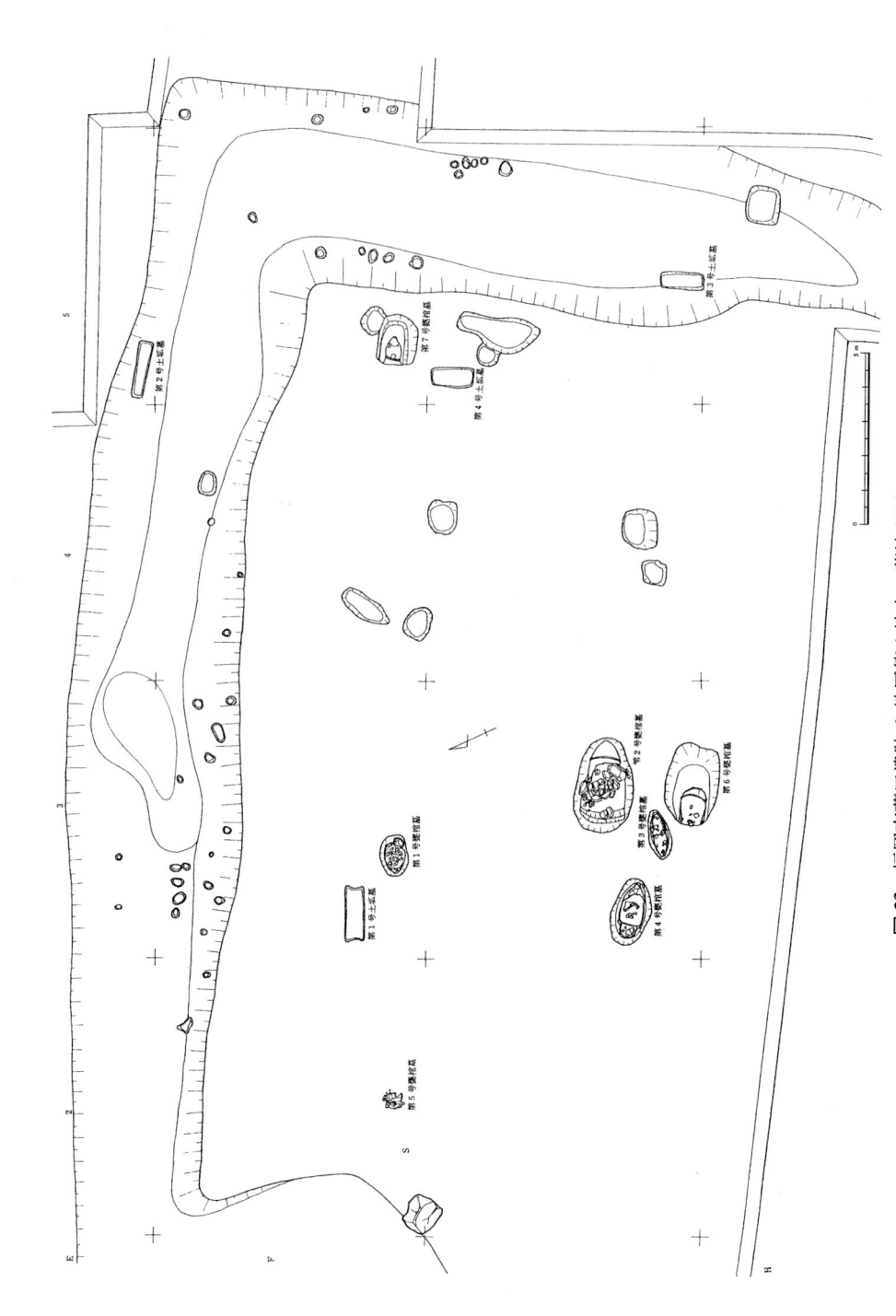

図23 福岡市蒲田遺跡A地区第1地点の墓地(飛高ほか,1985)
溝で区画された3a型式期の墓地.墳丘墓の可能性が考えられる.

に，副葬品をもつものの中でも 3a 型式で述べたような西北部九州の個体を削除してみると，下甕で平均 111.7 cm であり，副葬品をもたないそれが 93.9 cm であるので，非常に大きな差があるといえる。また，このとき，下甕全体での標準偏差は 15.3 cm であり，先行する型式のいずれよりも大きくなっている。したがって，この型式は分散が大きい。すなわちサイズにおける変異が大きくなっているということがいえる。

よって，この型式の時期には，副葬品をもつものは系列 A の中でも大型の棺体を用いており，副葬品をもつものともたないものとサイズの点でかなり有意な差をもっている，かつ，全体のサイズの変異が大きいことから，より差異が強調される結果となっているということがいえる。

ちなみに，西北部九州の個体を削除してみても，副葬品をもたないものの値は変化していない。このことは，西北部九州の専用甕棺が副葬品をもつ割合がいかに高いかを示している。

② 系列 B における器高と副葬品

以上は，系列 A についての検討であったが，次に，同様にして系列 B の場合をみることにする (表 1)。

KMIIb 式 サイズが判明しているのは，わずかに 2 例と少数である。この型式の甕棺は，本来非常に少ない。このことについては，この時期に系列が分岐して系列 B が出現し始めると考えられているが (橋口, 1979e)，そのような分岐直後の不安定な状況を表しているのかもしれない。表にみるように，この型式の甕棺は，おそらく，サイズが小さいということがいえるであろう。

KMIIc 式 サイズが判明する 12 例中，副葬品をもつものは佐賀県二塚山遺跡 59 号甕棺の 1 例であり，イモガイ製貝輪を出土している。器高 75 cm と大きめの部類に入るが，とりたてて大きい個体とはいえないであろう。全体に KMIIb 式と比べてサイズは同程度か，やや大きいと思われる。

KMIIIa 式 この型式では，標準偏差 11.7 cm で，先行型式に比べて値が大きくなっており，分散が大きくなっていることを示している。サイズが判明する 41 例中，副葬品をもつものは，ゴホウラ製貝輪 2 個を出土した鹿児島県日置郡下小路遺跡 (河口ほか, 1976) の 1 例である (図 24)。下小路遺跡例は，器高 96 cm を測り，この型式のうちで最大の値を示している。ちなみに，下小路遺跡は甕棺分布域の飛地的最南端と考えられ，このように，最も遠いところで，当該型式中最も大きいものが出土し，しかも副葬品を出土した甕棺であるということは，非常に興味深いことで

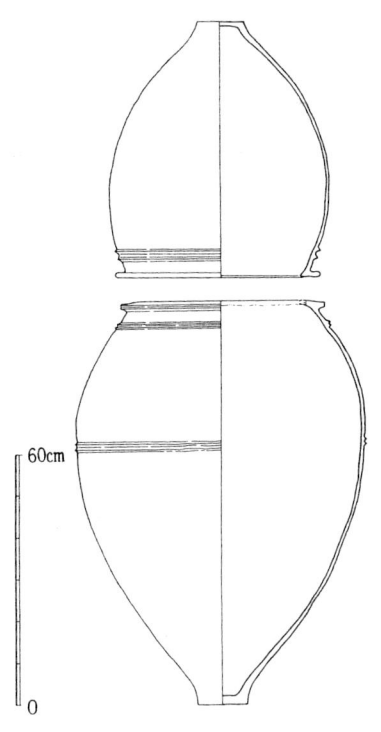

図 24 鹿児島県日置郡下小路遺跡出土甕棺 (1/18)
下甕の口縁部内面突出は打欠き (河口ほか, 1976 を観察により改変).

ある。

KMIIIbc式 サイズが判明する36例中，副葬品をもつものは，イモガイ製貝輪を出土した福岡県筑紫野市道場山遺跡1地点96号甕棺の1例である。この例は，副葬品をもたないものの器高の平均値が80.1cmであるのに比べれば，それよりやや小さいことになる。この型式の標準偏差は全体で12.5cmであり，先行型式に比べていっそう分散が大きくなっていることを示している。

さて，系列Bの各型式を通時的にみてみると，後出のものほど分散が大きくなりながら，サイズが大きくなっているということがわかる。副葬品とサイズとの関係については，それが判明するものは，わずかに3例しか存在しなかったため，あまりはっきりしたことはいえないが，副葬品とサイズとの間に系列Aの場合でみられたような，かなり明確な相関は認めにくいようである。ただし，副葬品をもつものは平均以下ということはないので，正の相関があるということはいえよう。なお，系列Aの場合は，被葬者の多くが成人であるが，一方，系列Bの場合は，成人から小児までとさまざまであることに関係するかもしれない。すると，系列Bのサイズは，副葬品との関係をあらわすより先に，被葬者の大きさまたは年齢による選択がはたらいている可能性がある。ただし，貝輪を着装した成人人骨が出土した下小路遺跡例は，系列Bでもサイズが非常に大きなものを用いていることから，丸味を帯びた甕棺の中でも成人を埋葬した個体のみで検討すれば，系列Aでの場合と同様に副葬品とサイズの有意な相関が見出せる可能性はあると考える。しかし，ここでは可能性の指摘にとどめざるをえない。

以上，甕棺のサイズ（器高）と副葬品との関係を検討してきた。その結果，系列Aでは，新しくなるにつれて，全体にサイズが大きくなるとともにサイズの変異が増大し，サイズがとくに大きいものに副葬品が組み合わさるという傾向があることが判明した。さらに，系列Bでは，サイズと副葬品との関係は資料的制約から明確な判断ができなかったが，サイズとそのとりうる変異の時間的変遷については同様な傾向が読み取れた。これらのことから，大きくみて，甕棺は，サイズと副葬品との間には相関があるということは明らかで，副葬品は新しい時期では大きいサイズのものと組み合わさる傾向が強いということができるであろう。また，通時的にみると，その傾向は，しだいに顕著になり，もっとも新しい3bc型式に極限に達することは注目できる。

③ 合わせ方と副葬品の関係

甕棺の組み合わせには，上甕に系列A，系列B，専用鉢，そしてその他の転用器種を用いるものと木蓋・石蓋で蓋をするものがある。また，上甕に系列A，系列Bを用いるものには，胴部上半部を打ち欠いて，下甕との大きさの調節をしているものがある。ここでは，以上の7種に注目しながら，型式ごとの合わせ方のバリエーションや通時的な変化を知るとともに，副葬品との相関をチェックすることにする。

これを表にまとめてみよう（表2）。時期ごとに，副葬品をもつものも含めた全体の例数と副葬品をもつもの，もたないものの例数を示した。1c型式や2a型式にみるように，古い段階のものは上甕がほとんど専用甕棺のみといえ，2b型式においても同様の傾向がある。2c型式では，上甕にはやはり専用甕棺が多いが，専用鉢も増えているのがわかる。他の種類も少量ながら存在してはいる

表2 下甕が系列Aのものと上甕の組み合わせ

		1c 型式			2a 型式			2b 型式		
		全体	副葬品あり	副葬品なし	全体	副葬品あり	副葬品なし	全体	副葬品あり	副葬品なし
上甕	系列A	21	4	17	34	0	34	38	7	31
	系列A打欠	0	0	0	1	0	1	5	4*	1
	系列B	—	—	—	—	—	—	0	0	0
	系列B打欠	—	—	—	—	—	—	2	0	2
	専用鉢	0	0	0	0	0	0	2	0	2
	転用品	2	0	2	2	0	2	2	0	2
	単棺	0	0	0	0	0	0	5	0	5

* いずれも佐賀県唐津市宇木汲田遺跡のもの.

		2c 型式			3a 型式			3bc 型式		
		全体	副葬品あり	副葬品なし	全体	副葬品あり	副葬品なし	全体	副葬品あり	副葬品なし
上甕	系列A	41	2	39	13	2	11	23	8	15
	系列A打欠	1	0	1	7	0	7	29	7**	22
	系列B	2	0	2	3	0	3	0	0	0
	系列B打欠	2	0	2	11	0	11	12	2***	10
	専用鉢	27	6	21	104	8	96	32	1	31
	転用品	0	2	0	8	0	8	48	1	47
	単棺	3	0	3	27	0	27	64	9****	55

** うち,5基が長崎県大村市富の原遺跡のもの.
*** ともに富の原遺跡のもの.
**** いずれも福岡県飯塚市立岩遺跡のもの.

が,この時期には専用甕棺を用いたものと専用鉢を用いたものの2種類が主流であることがわかる。3a型式では,専用鉢が専用甕棺を大きく凌駕してしまっており,この時期の最も主流になっている。次に単棺が続く。他の種類も少ないながら一定程度存在していることは注目できる。3bc型式では,3a型式における専用鉢の突出はなくなっており,2番目に多かった単棺がここでは最も多い。ただし,群を抜いているということはできず,この型式においては,比較的まんべんなく各種が存在しているといえる。転用器種の使用が比較的多いことも注目できる。また,ここで注意しておかなければならないことは,専用甕棺の胴部上半打欠きのものは,大きく打ち欠かれているため,厳密な型式の判別をしなければ,系列Aであるのか系列Bであるのかがはっきりしないものが多いということである。したがって,打欠きのある専用甕棺は,打欠きのない専用甕棺と同じカテゴリーでは捉えることができない可能性がある。

1c型式や2c型式までは,副葬品が出土するのは,その時期の主流をなす合わせ方をもつ甕棺であることがわかる。言いかえれば,これらの時期には,組み合わせが頻度の面からことさら特殊ではないものから副葬品が出土するということがいえるようである。ただし,これは,本来の合わせ方のバリエーションが少ないことと関係するということも可能であるので,これは評価の問題にな

る。したがって，この評価は，総合的な結論の場に持ち越すことになる。3a型式でもこの傾向が若干認められるが，13例しかない系列Aのうち2例(15.4%)が副葬品をもっており，主流である専用鉢の場合の104例中8例(7.6%)を凌駕している。これは，次に記述する3bc型式への過渡期的様相を示しているといえるであろう。また，3a型式で2番目に多い単棺からは，副葬品の出土例がないことにも注意してよかろう。3bc型式では，単棺が最も多く，転用棺がそれに次いで多い。比較的各種がまんべんなく存在しているが，系列Bについてはやや少ないようにみえる。しかし，さきに述べたように，この時期で系列Bと容易に判断できないものはすべて系列Aに含めていることに注意しなければならない。そのようにみれば，上甕に専用甕棺を用いているもの23例中8例(34.8%)に副葬品が認められることは，かなりの高率であるといわなければならない。これは，同型式中，他の上甕をもつものがせいぜい数%どまりであるのと比べても非常に高い値であり，また，他の型式の場合と比べても非常に高い値ということができる。これは，すなわち，この時期には上甕に系列Aを用いるということと副葬品をもつということの間に強い相関があることになる(図25)。すでに述べたように，この兆候は3a型式においてみられる。

　ところが，単棺については，福岡県飯塚市立岩遺跡を除けばいずれも副葬品をもたないことに注

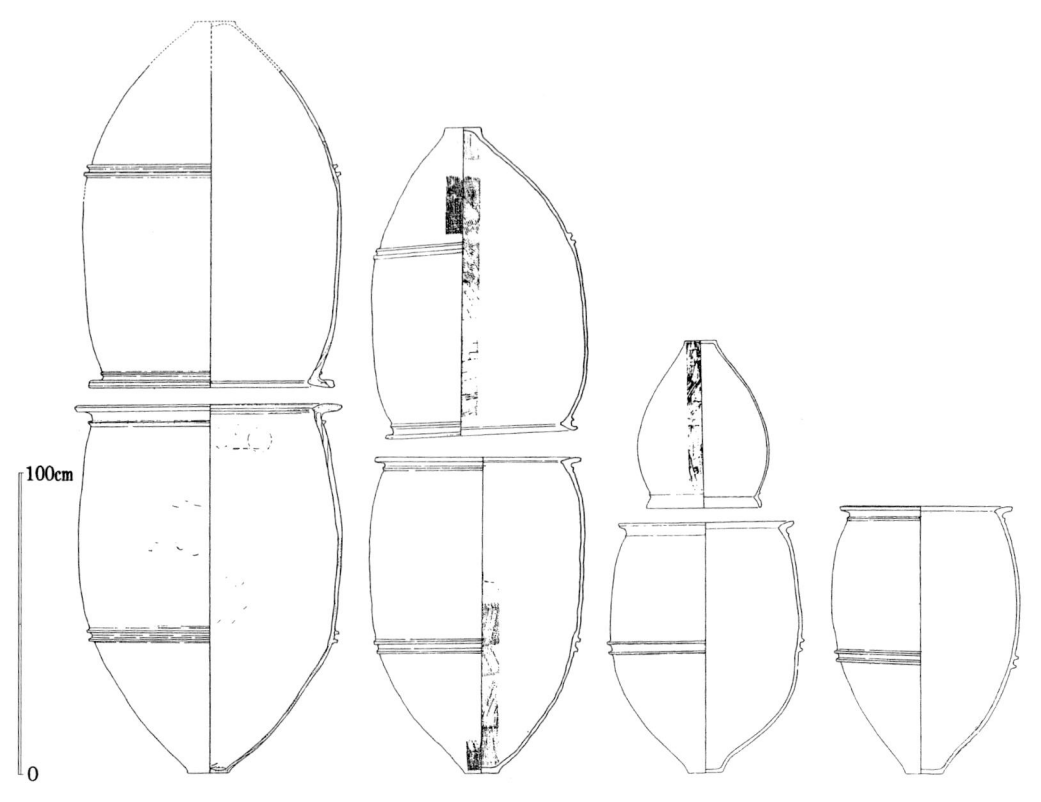

図25　3bc型式期における棺体のサイズと合わせ方の差(1/25)
　　　左は多数の副葬品をもつ三雲南小路遺跡2号甕棺．右は木蓋単棺．この時期は合わせ方，サイズにおいても差異をいっそう強調している．

意しなければならない。もちろん古い時期には単棺の存在する率は低いが，3a型式では増えており，3bc型式には最も多くなっていることを考えれば，少なくとも新しい時期には，副葬品と強い負の相関があることを示唆している。なお，立岩遺跡では，成人棺中，単棺が80%以上と非常に高率を占め，他にみられない様相を呈しており，本遺跡が甕棺分布域の周縁地域にあるということからも局地的な特色とみられる。

以上のことから，新しくなるほど合わせ方のバリエーションが増加することや，古い時期には，その型式の主流となる合わせ方のものから副葬品が出土する関係があり，新しくなると主流ではない特定の種類のもの——上甕に系列Aをもつもの——から高率で出土することなどが判明した。時期的に変容しながらも，副葬品と甕棺の合わせ方との間には有意な相関が認められたと結論することができる。

④　赤色顔料と副葬品の関係

甕棺内には赤色顔料[10]がみられることがある。これは土器の丹塗とは別である。この赤色顔料と副葬品の関係を検討する。本来被葬者の顔面に施されていたものが棺内に遺存したものと，棺内一面に施されたものとがある。厳密にいえば赤色顔料を施すタイミングが異なっており，意味をやや異にする可能性があるが，区別が難しいものも多いので，両者を一括して扱う。

赤色顔料と副葬品の有無　赤色顔料の有無と，副葬品の有無の関係を検討してみることにする。

赤色顔料は，吉武高木遺跡・吉武大石遺跡の1c型式の甕棺内にみとめられるように，古い段階にもわずかながらあることは確かである。その後継続するが，本格的に行われるようになったのは，3a型式期からと見なしてよい。

ここで対象とした甕棺墓730基のうち，84基がなんらかの副葬品をもつものである。これは全体の11.5%にあたるが，実際よりもかなり高い値であるとの印象を受ける。それは，データベース化を行うにあたって，副葬品をもっている個体をなるべく多く資料化するべく努力したためであろうと考えられる。ともあれ，ごく少数のものしか副葬品をもっていないことはたしかである。

さて，そのことをふまえて，赤色顔料と副葬品の有無の関係をチェックしてみる。まず，資料全体をみれば赤色顔料と副葬品には強い相関があることがわかる（表3）。χ^2検定の結果は，非常に高水準で有意である。赤色顔料も副葬品も，本来あったものが残存していない可能性はあるが，そのことを考慮しても高い値といえる。次に，ここで主な検討の対象としている3bc型式期をみれば，いっそう強い相関が看取される（表4）。

表3　赤色顔料と副葬品の関係

	副葬品	
	あり	なし
赤色顔料　あり	24	2
なし	42	629

表4　3bc型式期における赤色顔料と副葬品の関係

	副葬品	
	あり	なし
赤色顔料　あり	16	2
なし	13	238

赤色顔料と副葬品の有無とは，強い相関があるということができ，赤色顔料をもつものは，たいてい副葬品をもつという関係がなりたっていると判断できる。これは，副葬品をもたずに赤色顔料が単独で用いられることはほとんどないということも示しているといえる。それに対して，副葬品が赤色顔料を伴わないことはある。したがって，副葬品があるからといって必ずしも赤色顔料があるとは限らないという関係があることになる。赤色顔料が施されていたもので，それが検出あるいは気付かれないことがどの程度あるかはわからないが，この結果は，おそらく赤色顔料の採用決定にあたって強い選択がはたらいているといえよう。

　次に，赤色顔料がないもので副葬品があるものに着目しよう。赤色顔料が本格的に出現するのは，すでに述べたように3a型式と考えられる。そこで，3a型式より古いものは除外しなければならない。さらに長崎，唐津，佐賀平野西部にみられる伝統的な副葬品の所有形態というべきもの，すなわち，玉類のみの副葬のものもある。こうした西北部九州には基本的に赤色顔料はみられないので，赤色顔料の有無にはある程度，地域的な差異も反映している可能性がある。したがって西北部九州を除外すると，赤色顔料がないもので副葬品があるものは上記の表よりも多少減少することになる。赤色顔料があれば副葬品があるという傾向はいっそう高くなると考えられる。

　ちなみに，赤色顔料とは性質が異なるが，外面に黒塗（黒色顔料塗布）が行われたものがあること（井上，1978b；橋口，1979c）は注意にのぼって久しいが，いまだに観察項目として確固たる位置を占めているとはいえないため，ここでの分析は断念する。特別な取り扱いがあった可能性があるが（佐賀県教育委員会（編），1990），副葬品をもたない甕棺にも非常に多くみとめられることから，赤色顔料ほど強い規制はないように思える。

（2）　赤色顔料と副葬品の内容

　上では赤色顔料の有無と副葬品の有無に着目して検討を行ったが，ここでは，副葬品の内容が豊富で赤色顔料を施したものも多くみられる3bc型式期について，赤色顔料の有無と副葬品の種類・量との相関をみることにする。それをまとめたのが表5である。

　鏡はいずれも舶載鏡と考えられる前漢鏡であるが，赤色顔料をもつものともたないものとの間で比較的大きな差が出ていることがわかる。赤色顔料がある16例のうち，7割近くの11例が鏡をもっているのである。しかも，その11例のうち6例が複数の鏡を副葬していることは，注目できる。それに対して，赤色顔料がないもの13例のうちでは，鏡をもつものは2例しかなく，しかもそのうちで，複数副葬しているものはなかった。以上のことから，赤色顔料は鏡の有無と相関があ

表5　3bc型式期における赤色顔料と副葬品の内容との関係

| | | 鏡 | | | 武器型青銅器 | 鉄製利器 | | | ガラス璧 | ガラス璧再加工品 | ガラス勾玉 |
		全体	複数	単数		全体	複数	単数			
赤色顔料	あり	11/16	6/16	5/11	4/16	9/16	4/9	5/9	2/12	2/12	3/12
	なし	2/13	0/2	2/2	0/16	9/16	3/9	6/9	0/12	0/12	0/12

り，しかもその複数副葬と相関しているということがいえよう。

武器形青銅器も赤色顔料との相関がみられる。ただし，例数が少ない。これに対して，鉄戈などの鉄製利器は，比較的多くの例数がある。両者を，武器形をしたものとして同じカテゴリーとみれば，鉄製利器のほうが多いといえる。ただし，武器形青銅器については，ここで取り上げている $3bc$ 型式期より前に主要な副葬品であり，鉄製利器は $3bc$ 型式期から盛行出現してくる。そのため，非常におおまかにいえば前者から後者に交代するということがいえ，ここでの両者の差はそれを示すものとも考えられる[11]。鉄製利器と赤色顔料の関係については，いずれの場合もほとんど差がなく顕著な差は認められないと結論してよかろう。

ガラス璧，ガラス璧再加工品，ガラス勾玉については，例数は少ないものの，赤色顔料と強い相関があるようである。これらはそもそも非常に稀少な遺物であるため，わずかな差とはいえ，これは意味のある差であると考える。

貝輪については，例数も少なくはっきりしない。

また，こうした副葬品の個々の項目だけではなくて，そのセットを考えれば，多くの項目にわたる副葬品をもつものは，赤色顔料をもつ傾向が強い。赤色顔料をもたないもののうち，副葬品の項目はせいぜい3項目どまりであるのに対して，赤色顔料をもつものは6項目におよび，しかも膨大な数量を副葬するものが存在するのである。すなわち，多数集中副葬と赤色顔料とは強い相関があるといえる。

さらには，以上のことは，副葬品に投影された価値（重要度）の違いも示している可能性がある。とくに，鏡の存在状況は，これが他に増して特別な認識と取り扱いを受けたことを示唆しているということができよう。

ちなみに，副葬品ではないが，上甕・下甕ともに系列Aを用いている例をチェックすると，赤色顔料のあるものと組み合わさる傾向がある。さらに，こうしたものは内面全面に赤色顔料（とくに朱）を豊富に施している。

⑤ 副葬品間の相関

ここでは，副葬品相互の関係を分析する。副葬品をもつものの中でも，副葬品の量や質に差のあることは容易に認めることができるが，そのセット関係はまったくランダムなものであるのか，それとも別の関係が認められるのかを分析する。つまり個々の副葬品間の相関状況を検討するわけである。$3bc$ 型式期を主として扱う（図26〜29）。

さて，副葬品の種類は，ガラス璧，鏡，武器形青銅器[12]，鉄製利器[13]，ガラス勾玉，それ以外の玉類，貝輪の7項目をとりあげる。中でも鏡については，数に多少があり，これを区別しておいたほうがここでの検討に有効な結果を導き出せると考える。そこで，鏡の一括資料の出土数をみると，30面台，20面台，6面，2面，1面という不連続を伴った変異が認められた[14]。このうち6面以下のものは数がほぼ確定できるのに対し，30面台のものと20面台のものとは不確定ながらおよそ推定は可能である。30面台のものについては，数の正確な確定ができないが，30面台ということで一括しておいても不都合はないと考える。また，20面台のものについても数の正確な確定は

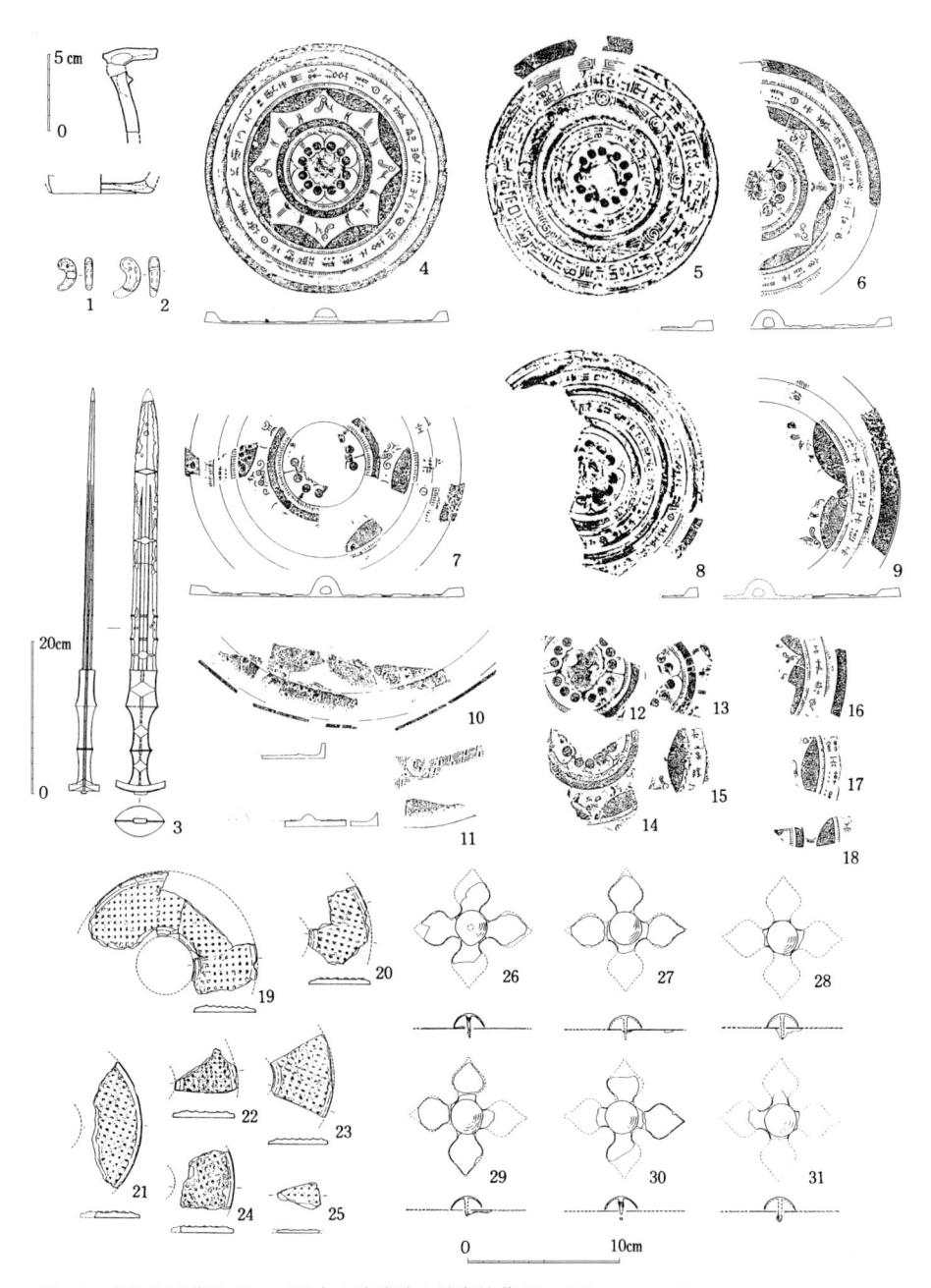

図 26 甕棺と副葬品 ①　三雲南小路遺跡 1 号甕棺墓（柳田（編），1985 より）
　　1・2 ガラス勾玉，3 銅剣，4〜18 鏡，19〜25 ガラス璧，26〜31 金銅四葉座飾金具，その他あり．

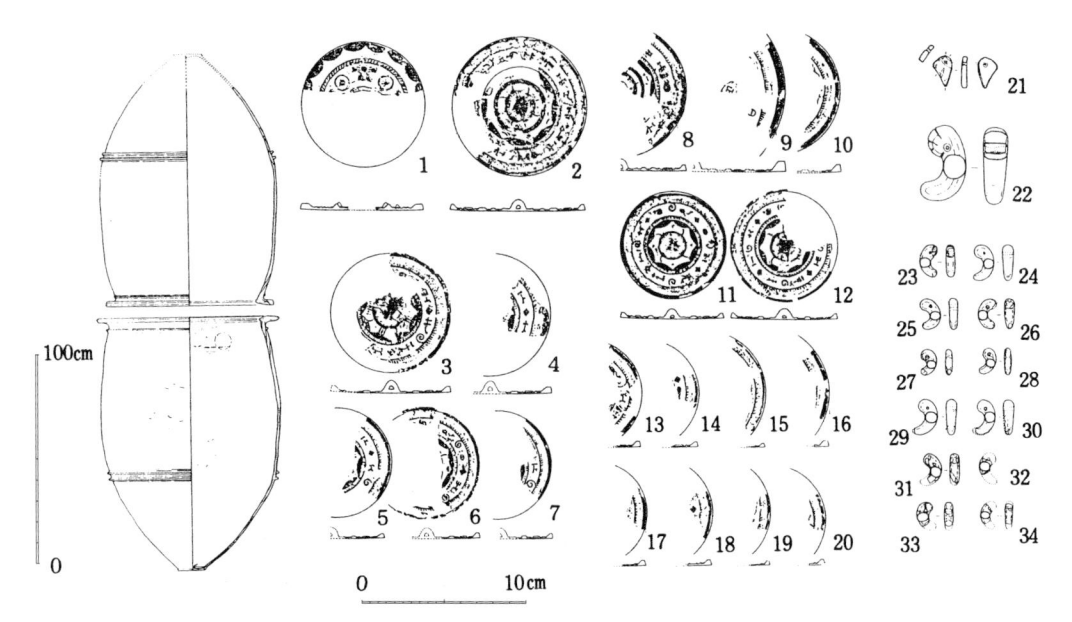

第6章 墳墓にあらわれた社会構造

図27 甕棺と副葬品 ②　三雲南小路遺跡 2 号甕棺墓（柳田（編），1985 より）
1〜20 鏡，21 ガラス璧加工品，22 硬玉製勾玉，23〜34 ガラス勾玉，その他あり．

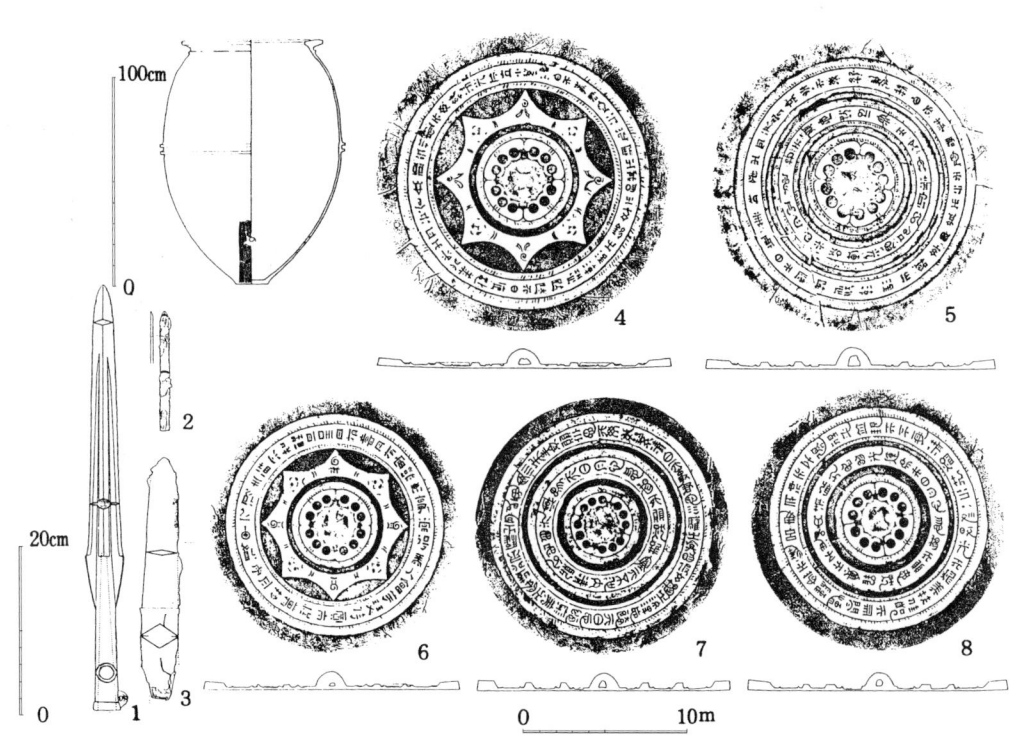

図28 甕棺と副葬品 ③　立岩遺跡 10 号甕棺墓（立岩遺蹟調査委員会（編），1977 より）
1 銅矛，2 鉄ヤリガンナ，3 鉄剣，4〜8 鏡，鏡は全部で 6 面あり．

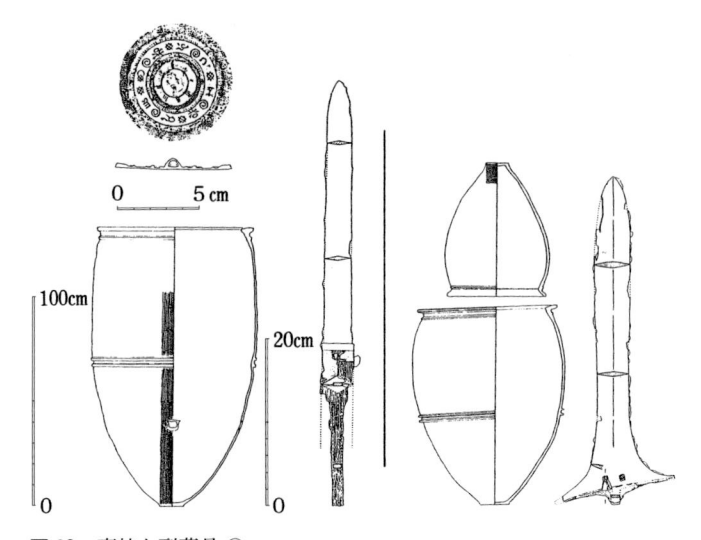

図 29 甕棺と副葬品 ④
左は立岩遺跡 39 号甕棺墓(立岩遺蹟調査委員会(編), 1977 より). 右は道場山遺跡 100 号甕棺(川述(編), 1978 より).

難しいが，30 面にきわめて接近するということはないとみなしてよさそうである．以上から 5 つに分けておく．

　比較的古い時期には資料数が十分に確保できているとはいいにくいが，内容的に複雑な様相ではなく，かなり単純であると判断できる．$3a$ 型式期でも武器形青銅器，貝輪，玉類といった単純なセットであり，量の格差も小さい．つまり，この段階ではまだ副葬品の内容にさほど大きな格差は見出せないが，$3bc$ 型式期になると，副葬品の種類や数，集中度にあきらかに差がでているということが判明する (表 6)．この表の読み取りから副葬品のセット関係にかなり厳密な規則が存在するということが想定でき，表に示したように 1～5 群の大きく 5 つの類型が抽出できよう．細かくみれば，1 群と 2 群はその中でも分けられそうである．しかし便宜的にここでは 5 類型としておこう．

　さてここで，数量化 III 類によって分析を試みる．表に示した資料 32 例について，14 カテゴリー (図 30 中に表示) を用いて行う．出力の結果は，固有値の上位 3 位をとりあげ，それに対応する値を 3 次元グラフに示した (図 30)．

　カテゴリーについては，ガラス璧・鏡 20 面以上・武器形青銅器複数・ガラス勾玉・他の玉類が緊密にまとまっている．鏡 6 面・銅矛単数および鏡 2 面・鉄製利器複数が II 軸方向に分離している．この I—II 平面で最低 3 つのクラスターを形成していることがみてとれる．III 軸方向には正の方向に貝輪が大きく振れており，他と区別できることを示している．以上からおよそのパターンが判明する．各サンプルの布置をこれと対照すると，対応が読み取れる．副葬品間の組み合わせ関係には，パターンがあるということができ，決して無秩序なあらわれかたをするのではない．さきの表と対照しても非常によく合致している．また，武器形青銅器と鉄製利器は比較的異なった位置

第6章 墳墓にあらわれた社会構造

表6 3bc型式期における副葬品の組み合わせ

		ガラス璧		鏡					鏡のサイズ			武器形青銅器				鉄製利器			ガラス勾玉		ガラス璧加工品		玉類		貝輪		
		あり	なし	>30	>20	6	2	1	なし	大	中	小	複数	矛1	他1	なし	>2	1	なし	あり	なし	あり	なし	あり	なし	あり	なし	
1	須玖岡本D地点	○		○						○	○	○				○			○		○		○		○		○	(1)
2	三雲南小路K1	○		○						○	○		○							○		○		○		○		○	1群
3	三雲南小路K2		○	○					○								○			○		○		○		○		○	(2)
4	立岩K10		○		○					○				○				○				○		○		○		○	(1)
5	峯K10		○			○				○							○			○		○		○		○		○	2群
6	門田辻田K24		○			○				○?							○			○		○		○		○		○	(2)
7	二日市・峯		○				○				○							○?			○		○		○		○		○	
8	立岩K35		○				○					○					○			○		○		○		○		○	
9	隈・西小田13-K23		○				○					○					○	○		○		○		○	○			○	
10	立岩K28		○				○					○					○	○				○		○		○		○	
11	立岩K34		○				○					○					○			○		○		○	○			○	
12	吉武樋渡K62		○				○					○					○			○		○		○		○		○	3群
13	立岩K39		○				○					○					○			○		○		○		○		○	
14	峯(大正15)		○				○					○					○		○			○		○		○		○	
15	田島K6		○				○					○					○		○			○		○		○		○	
16	二塚山K15		○				○		○			○					○			○		○		○		○		○	
17	立岩K36		○					○						○	○					○		○		○		○		○	
18	門田辻田K27		○					○						○	○					○		○		○		○		○	
19	中原K7		○					○						○	○					○		○		○	○			○	
20	立岩K41		○					○								○				○		○		○	○			○	
21	道場山1-K100		○					○									○			○		○		○		○		○	
22	栗山(大正14)		○					○									○			○		○		○		○		○	
23	富の原A-K2		○					○									○			○		○		○		○		○	4群
24	富の原A-K4		○					○									○			○		○		○		○		○	
25	富の原B-K16		○					○									○			○		○		○		○		○	
26	富の原B-K20		○					○									○			○		○		○		○		○	
27	吉武樋渡K64		○					○									○			○		○		○		○		○	
28	吹田(昭和34)		○					○									○			○		○		○		○		○	
29	下伊川		○					○									○			○		○		○		○		○	
30	道場山1-K48	○						○									○		○			○		○	○			○	
31	道場山1-K96	○						○									○		○			○		○	○			○	5群
32	栗山(大正14)	○						○									○		○			○		○		○		○	

にあり，両者は形態上の共通が多々あるにもかかわらず，たんなる材質転換以上のなにものかを意味する可能性を暗示している。

なお，鏡については，直径によるヒストグラムから，明らかに大・小の区別ができる（図31）。それぞれを便宜的に「大型鏡」と「小型鏡」とすれば，大きくみて両者の間には，大型鏡は多数のものと，小型鏡は少数のものと組み合う傾向がある。中には，福岡県前原市三雲南小路遺跡2号甕棺のように20面をこえるもので小型鏡ばかりで構成されるものもあるが，大局をみるとこの傾向が

(カテゴリー)

1:ガラス璧
2:鏡＞20面
3:鏡6面
4:鏡2面
5:鏡1面
6:武器形青銅器複数
7:銅矛単数
8:他の武器形青銅器単数
9:鉄製利器複数
10:鉄製利器単数
11:ガラス勾玉
12:ガラス璧加工品
13:他の玉類
14:貝輪

(パターン)

1:須玖岡本D地点，三雲南小路K1
2:三雲南小路K2
3:立岩K10
4:峯K10
5:門田辻田K24
6:二日市・峯
7:立岩K35
8:隈・西小田13−K23
9:立岩K28
10:立岩K34
11:吉武樋渡K62，立岩K39，峯(大正15)
12:田島K6，二塚山K15
13:立岩K36，門田辻田K27
14:中原K7
15:立岩K41
16:道場山1−K100，栗山(大正14)，富の原A−K2，A−K4，B−K16，B−K20，吉武樋渡K64，吹田(昭和34)，下伊川
17:道場山1−K48，道場山1−K96，栗山(大正14)

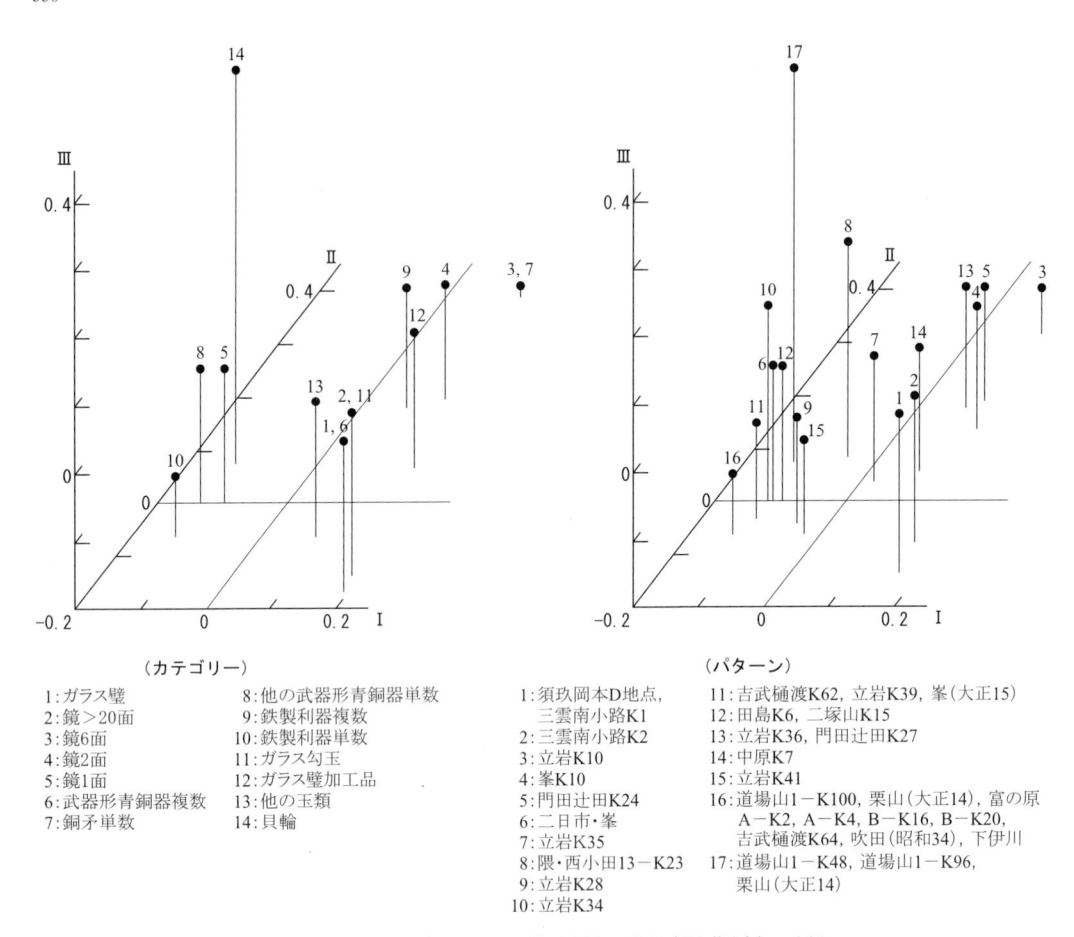

図30 数量化 III 類による副葬品(左)と出土甕棺墓(右)の分析

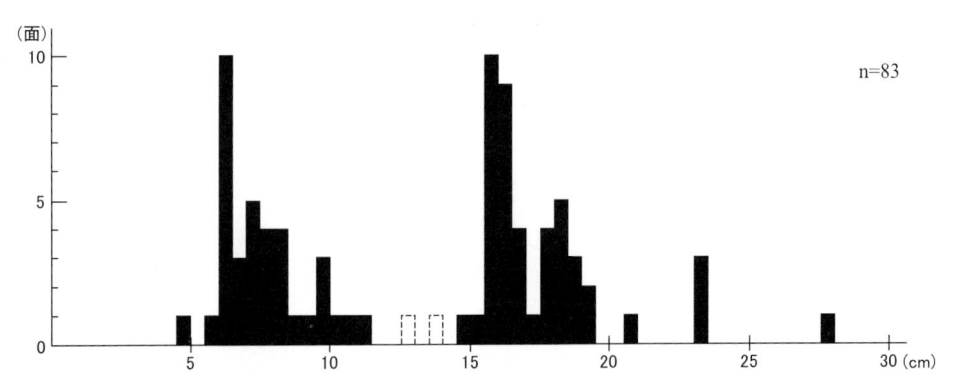

図31 3bc 型式期における甕棺出土鏡の直径ヒストグラム
明らかに大・小二分できることがわかる．なお，点線で示したものは門田遺跡辻田地区 24 号甕棺内に「影」として痕跡が残っていたものの径．したがって正確ではない．

第6章 墳墓にあらわれた社会構造

表7 3bc型式期における副葬品のセット関係

		ガラス璧	鏡	武器形青銅器	鉄製利器	ガラス勾玉	ガラス璧加工	玉類	貝輪
1群	(1)	あり	多数 30面台	複数(銅矛を含む)	なし	あり	なし	あり	なし
	(2)	なし	20面台	なし			あり		
2群	(1)	なし	数面 6面	銅矛1	あり(複数)	なし	みられる	みられる	なし
	(2)		2面	なし					
3群		なし	1面	なし(銅剣1)	あり(単数が多い)	なし	なし	まれにあり	みられる
4群		なし	なし	なし	あり(単数)	なし	なし	なし	(なし)?
5群		なし	なし	なし	なし	なし	なし	なし	あり

あることは明らかである。したがって，鏡の数には不連続な5段階が認められるだけではなく，それらを構成する鏡の大型と小型という点でも不連続性を強化しているようにみえる。また，岡村秀典 (1999) は，同様の目的により鏡を大型・中型・小型の3種に分けているが，経験に裏打ちされた3種の類別の信頼度は高く，表6中に示した鏡のサイズはそれを参考にしてある。その場合でも，やはり3種の出現のしかたは，副葬品の組み合わせの各群とほぼ対応しているといえる。

表6からの直接のデータの読み取りと，数量化III類を用いた検討とを総合すれば，ガラス璧・鏡20面以上・武器形青銅器複数・ガラス勾玉が緊密に結びついており，それらと鉄製利器および貝輪は排他的である。他の大部分の資料は鉄製利器を保有する傾向がうかがえるなどの規則が読み取れる。武器形青銅器と鉄製利器は排他性があるともいえる。これらに顕著にみられるように，副葬品のセット関係に有意な規則があると結論でき，表7に示すように大きく5つの群としてまとめることができる。

下條信行 (1991) は「「王」墓と副葬品の比較」を行っているが，上での分析結果は下條によるセット関係のまとめと比較的よく合致している[15]。ただし，その意義についての解釈は筆者と異なる点も多い。

⑥ 外部施設

甕棺墓の外部施設については，いまだによくわかっていないのが現状である。しかし，従来から，甕棺の棺体自体の切り合いが少ないことなどから，なんらかの外部標識があったことが想定されている。いわゆる「小児棺」は成人棺に伴う場合が非常に多い点，「小児棺」は特定の成人棺に意図的に伴わせられたと判断できること (田中・土肥, 1988) を考えあわせても，当然，外部標識の存在は想定されてよいと考える。福岡県筑紫野市隈・池の上遺跡 (柳田(編), 1984) で複数確認されたような標石[16]などがその候補となるであろう (図32)。しかしここでは，そうしたものではなく，より特殊であると考えられるものに焦点をあてることにする。

近年，福岡市吉武樋渡遺跡 (下村, 1986; 力武・横山(編), 1996; ほか) や，佐賀県吉野ケ里遺跡の調査などで，にわかに脚光を浴びてきたのが墳丘墓の問題である (柳田, 1986b; ほか)。吉留秀敏は，

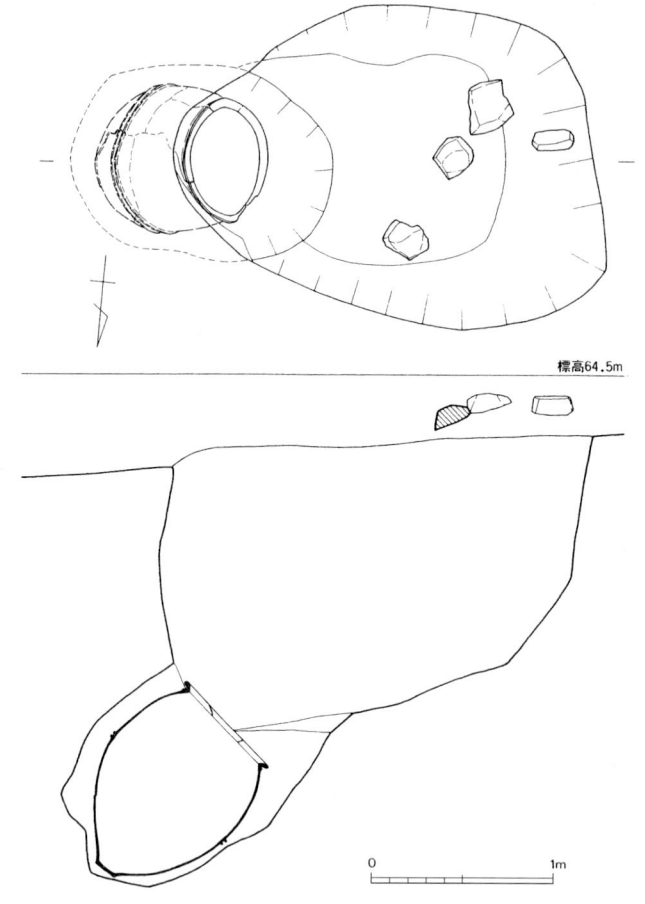

図 32 甕棺墓と標石
福岡県筑紫野市隈・池の上遺跡の 3bc 型式甕棺墓（柳田（編），1984 より）．

これに関して整理を行い，北部九州における各時期の主要な「区画墓」をあげている（吉留，1989b）。これを参考にすると，副葬品の出土が高率でみられ，両者の間に相関が高いことを示唆している。また，さきに述べた 3a 型式期を主体とする福岡市蒲田遺跡 A 地区第 1 地点例は，上部が大きく削平されていると判断でき，中心部の甕棺が消滅していると考えられるため，本来副葬品をもっていた可能性を否定することはできない。いずれにせよ，明確な区画墓(墳丘墓)には，きわめて高率で副葬品をもった甕棺墓が存在しているということができる。また，蒲田遺跡 A 地区第 1 地点で削平をまぬがれた甕棺墓は，3 基とも 3a 型式に属するが，さきに述べたように，この型式の中でかなり大きな部類に属する個体であることも注目すべきである。

このように，墳丘で区画された内部の甕棺墓は，副葬品の所有・有無・数量・棺体のサイズ，という点で，卓越したものであるということがいえる。

上部に巨石をもちおびただしい副葬品を出土したことで著名な福岡県春日市須玖岡本遺跡 D 地点の甕棺墓(図 33)も，周囲の甕棺墓から隔絶した位置に墓域をもつことと墳丘をもつ可能性が指

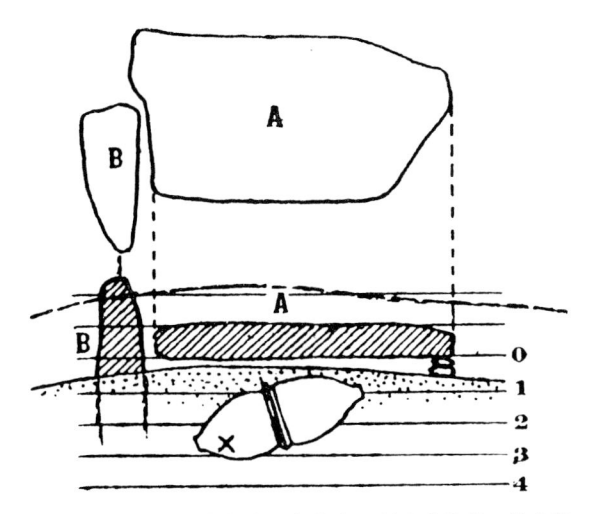

第6章　墳墓にあらわれた社会構造

図33 福岡県春日市須玖岡本遺跡D地点甕棺墓の推定復元図（島田, 1930より）

図34 福岡県前原市三雲南小路遺跡の墳丘墓（柳田（編）, 1985より）

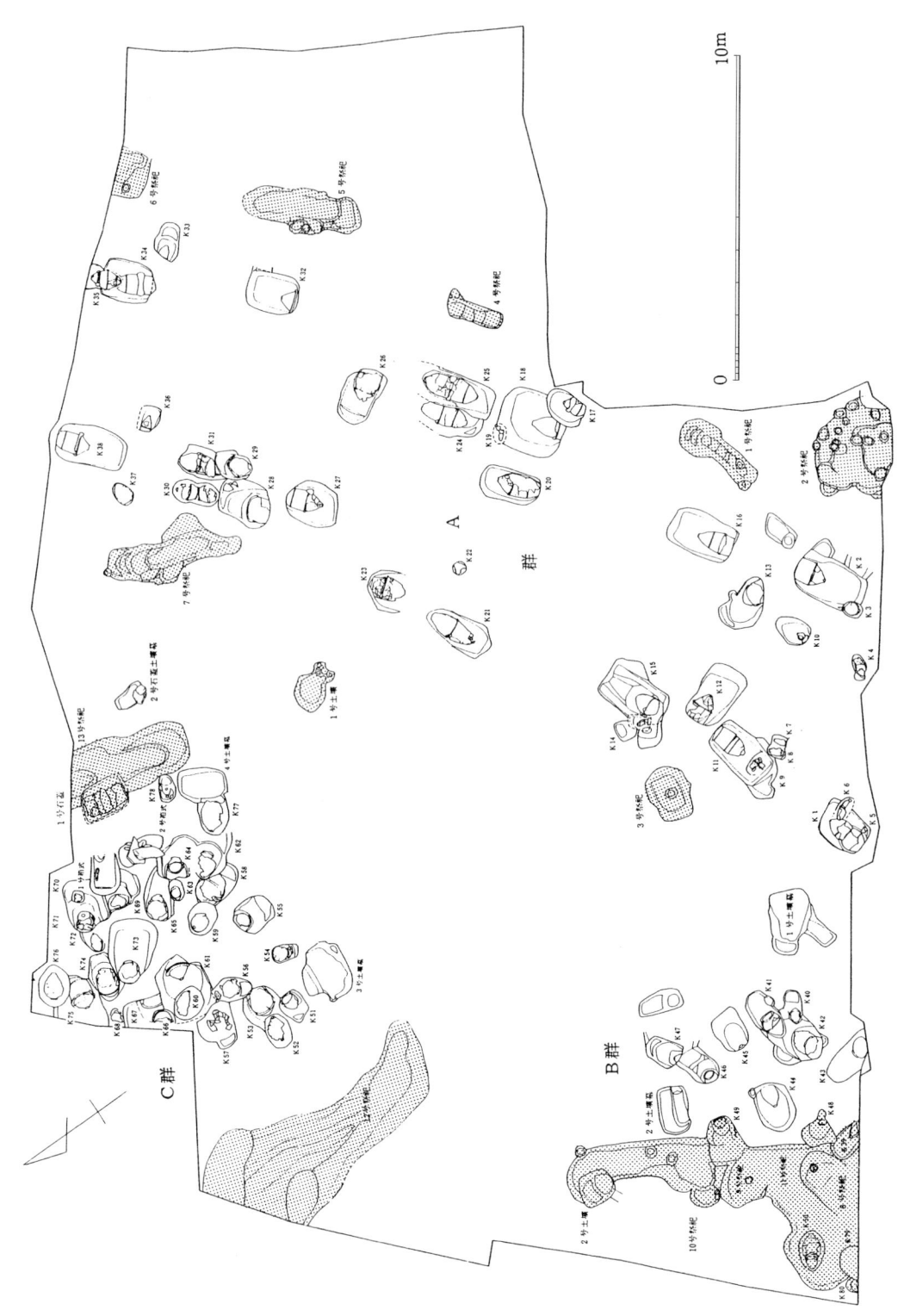

図 35 福岡県甘木市栗山遺跡の甕棺墓群 (1/200) (佐々木 (編), 1982 を改変)

摘されている（柳田，1986b；ほか）。また，同様におびただしい副葬品を出土した福岡県前原市三雲南小路遺跡の2基は，調査区内で直線的な溝が確認されている（柳田（編），1985）（図34）。この溝からは須玖IIb式以降長期間にわたる土器が出土している。東西約31m，南北約24mの長方形区画内には弥生時代から奈良時代を通じて遺構が存在しないという重要な指摘があり，『柳園古器略考』の記述をも参考にしながら墳丘墓であると結論されている（柳田，1985，1986b）。

これらは，周辺のかなり広い範囲に墳丘——少なくとも墓域——が存在するものであり，かつ，他の墓域とも離れている可能性が強いものである。

福岡県甘木市栗山遺跡の1次調査地区では，3つの墓群があるとされており，A〜C群と呼ばれている（佐々木（編），1982）（図35）が，それぞれ時期的な重複があり，とりわけB，C群では*3bc*型式期に大きく重複している。C群は，始まりはB群より1型式古く，*3a*型式である。C群は溝で区画された「区画墓」と認定されており（佐々木（編），ibid.；吉留，1989b；ほか），墳丘をもつ可能性がある。B群は，たしかにまとまりがあり，他と区別はできるものの，C群ほどのはっきりした墓域の造作は認定しがたい。さて，B群においては，専用甕棺は系列Bのみで構成されている点は特異である。一方，C群においては，同時期の*3bc*型式期には系列Bも存在するものの，系列Aも存在しており，両者の間に差が認められる。このことから，下甕における系列Aと系列Bとの差と，墳丘墓（区画墓）との間に相関が認められる可能性があると判断できる。加えて，B群からは副

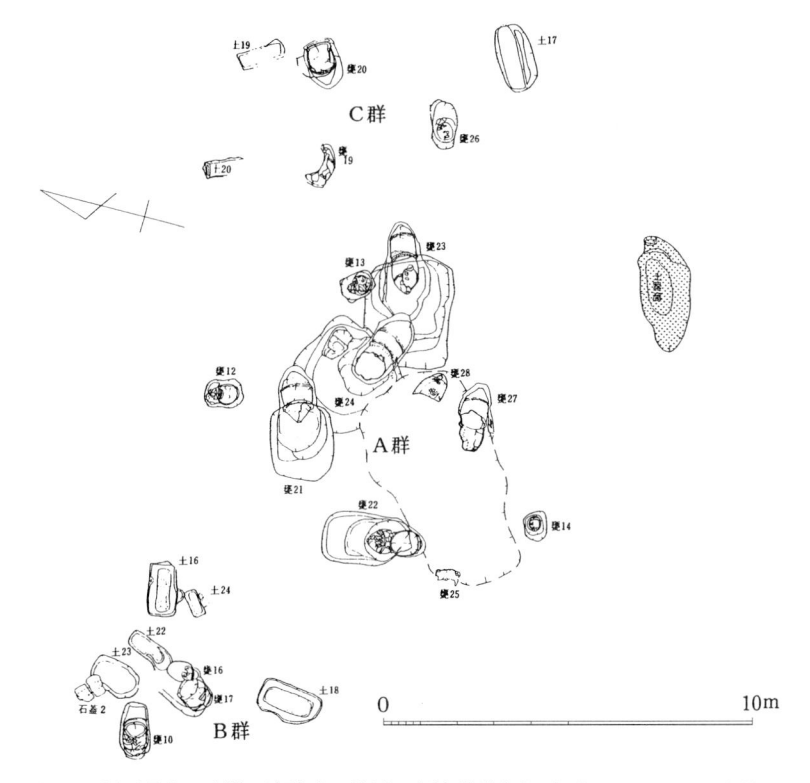

図36 福岡県春日市門田遺跡辻田地区の甕棺墓群（1/200）（井上（編），1978を改変）

表8 門田遺跡辻田地区における群による成人棺の様相の違い

群と甕棺		合わせ方			副葬品		下甕の器高(cm)
		同形同大	専用鉢	単棺	あり	なし	
A群	K24	○			○		120.0
	K23	○			○		105.6
	K27	○			○		103.5
	K22	○				○	88.0
	K28					○	?
	K21		○			○	105.5
	K25			○?		○	?
B群	K10			○		○	81.6
	K17			○		○	95.0
C群	K19			○		○	100.0
	K20			○		○	103.2

葬品の出土はないが，C群の古い段階（$3a$型式）に位置する1基や，須玖IIb式のいわゆる小児棺からは貝輪が出土していることも注目できる。

　福岡県春日市門田遺跡辻田地区では，$3bc$型式期の墓地が存在する。大きく一つの群にまとまる可能性もあるが，視覚的にはさらに3つの小群がみとめられる。それぞれ便宜的にA〜C群と呼ぶことにする（図36）。全部で11基の専用甕棺があるが，この内容を群ごとに表示した（表8）。この墓地では，系列Bが検出されておらず，いずれも下甕に系列Aを用いていることは注目すべきかもしれない。合わせ方については3種類がみられるが，上甕に同形同大の甕棺を用いているのはA群のみ，B・C群は単棺のみであり，きわだった差異をみせている。副葬品を出土した3基がすべてA群に含まれ，他の群では副葬品は出土していないことも著しい差である。加えて，A群の下甕は他の群と比べて著しいとはいえないまでも，大きいものを使用している傾向は読み取れる。また，この墓地で1例の検出例をみた上甕に専用鉢を用いたものは，A群に含まれることは注目できる。このことは後で議論することになる。この門田遺跡辻田地区では，上甕に同形同大の系列Aを用いているもの4例（40%），専用鉢を用いるもの1例（10%），単棺は多くとも5例（50%）であり，他の合わせ方はない。中でも専用鉢が少ないことは注目できる。さきにみたように$3bc$型式においては，通常，専用鉢が系列Aを凌駕するか，少なくとも同程度である。したがって，この墓地でのあり方は，やや特異であるということができる。

　また，春日市須玖岡本遺跡N地点では明らかな墳丘墓が検出されているが，多数の集中副葬で有名なD地点甕棺墓と比較的近い地点に存在しており，副葬品をもつものでも上甕に打欠きがあるものがあるなど，門田遺跡辻田地区の例と考え合わせると興味深い。

　以上のことから，ほぼ同時期に行われた近接した墓群間において，合わせ方，副葬品の有無，下甕の器高に有意な差がある可能性が指摘できる。

4. 考　察

(1) 諸属性の組み合わせとエラボレーションの度合い——差異の強調——

　以上で行ってきた分析から，甕棺とそれをとりまく多くの諸属性の組み合わせに，有無や質の面で顕著な差異が構成されており，それらがまったく無関係に組み合わさっているのではなく，なんらかの規則にしたがって有意味に構成されているということを強く示唆していると判断できた。これは従来，部分的に示唆されてきたことであるが（とくに下條，1991），いっそう明確に表すことができ，相互の関連も示すことができた。とりわけ $3bc$ 型式期には明確である。

　すなわち，下甕が系列 B やその他のものよりも系列 A のもの；上甕が専用鉢や転用土器から同形同大のものまで；系列 A でも小さなものから大きなものまで；副葬品がないものとあるもの；副葬品があるものでも，少ないものから多いものまで；副葬品のうちでも，鏡をもたないものとももつもの；鏡をもつものでも，1 面から多数まで；赤色顔料を施さないものと施すもの；ガラス璧をもたないものとももつもの；鉄製利器をもつものと武器形青銅器をもつもの；外部に巨石をもたないものとももつもの；墳丘墓ではないものから大きな墳丘墓まで（占有面積が狭いものと広いもの）；群集するものと単独のもの；など。

　そのほか，分析は行わなかったが，墓壙が小さなものと大きなものも上記のものと明らかに相関がある。

　これら，それぞれの属性における差異が，単独ではなく組み合って意味をなしているのである。ここでは，製作・入手・取り扱いにおける丁寧さ・精巧さ・困難さ・手の込み具合を兼ね備えた意味で，「エラボレーション elaboration」という概念を設定する。そして，エラボレーションの高低の程度を「エラボレーションの度合い」と呼ぶことにする。以上であげた諸属性のうち，それぞれにおける後者を基本的には，「エラボレーションの度合いが高いもの」と呼んでおこう。「エラボレーションの度合い」はたんなる労働投下量ではなく，それを包括することになる。エラボレーションの度合いは「価値」の高低とも関係するといえる。

　なお，鉄製利器と武器形青銅器については，一般的にはどちらのエラボレーションの度合いが高いともいいがたい。しかし，上でみた相関関係からは，他の要素と組み合って総合的なエラボレーションの度合いの高さに貢献していることになる。

　ここでエラボレーションの度合いが高いとしたもののほとんどすべてを満たすものとしては，三雲南小路遺跡の 2 基（とくに 1 号）と須玖岡本遺跡 D 地点の例が挙げられる。これまで，それぞれ「伊都国王墓」，「奴国王墓」とされてきたものである。これらは，甕棺墓の選択しうるエラボレーションの度合いの高いものをすべて選択した，エラボレーションの度合いが最も高いものということができる。ただし，ここでいうエラボレーションの度合いの高いものの 1 項目も選択しなかった甕棺墓が圧倒的に多いということは記憶しておかなければならない。大局的にみて，上であげた諸要素のうち，それぞれエラボレーションの度合いが高いものは高いものどうしが，エラボレーションの度合いが低いものは低いものどうしが組み合うという傾向はあるが，完全に二極に分かれるの

ではない。かつ，無秩序ではない，なにか有意味でありそうな組み合わせをとるということがいえる。すなわち，いくつかのランクがあるといえるのである。

また，すでにみたように，三雲南小路遺跡や須玖岡本遺跡D地点のように，周囲の広範囲に他の墓地が存在していないとみられるものがあり，それらは副葬品その他において最もエラボレーションの高い組み合わせをとる。また，門田遺跡辻田地区の場合のように，エラボレーションの比較的高い組み合わせをとる墓群に近接した墓群は，たんに副葬品をもたないだけでなく合わせ方において単棺を用いており，エラボレーションのギャップが通常より大きくなっている。すなわち，より誇張されているということができる。

副葬品においては，鏡の数は連続的に各段階があるのではなく，大きな不連続があって最大でも5段階しか確認できず，副葬品どうしの組み合わせはかなり選択的であると判断できる。器高においては，新しくなるほど変異の幅が大きくなり，3bc型式では極限をむかえるにもかかわらず，副葬品を出土するものは，器高が大きいものにかなり限定されている。つまり，エラボレーションの度合いの格差が最大になっている。これらのことと，みてきた諸属性の相関とは，解釈上矛盾する点がないと判断できる。よって，単純化してみれば，エラボレーションの度合いの高いものは他の属性においてもエラボレーションの高いものと組み合わさるという過程を繰り返し，低いものは低いものどうしで組み合わさる過程を繰り返すのであって，高いものと低いものとが組み合って相殺することはない。中程度のものは総体として中程度のものとなるように選択を繰り返す。結果として差異がきわめて強調されたものになる。その結果，それぞれの重なりあいがほとんどない――ギャップの大きい――全体としての「エラボレーションの諸ランク」が構成される，ということがいえるであろう。

これまでの検討結果から，3bc型式期における諸要素が有機的に組み合って意味を構成するとみなせる。貝輪を単独で出土する5群については，鉄製利器をもつ4群より「格落ち」するという証拠が薄弱である。ただし棺体にB系列を用いる傾向があるようであり，本来「格落ち」するものとして分けるべきかもしれないが一応ここでは一括しておく。以上の諸要素の組み合わせとして，副葬品をもたないエラボレーションの度合いの最も低いもの（6群とする）を含めて，大きくみて5段階のランクに分かれるということがいえよう。それを「レベルⅠ」～「レベルⅤ」と呼ぶことにす

表9　全体としてのエラボレーションの諸ランク

		副葬品のセット		棺体の器高	上下棺の組み合わせ	赤色顔料	墳丘	群集性
レベルⅠ	Ⅰ₁	1群	(1)	大 ↑	系列Aで同大 ↑	あり ↑	明確 ↑	低（単独）↑
	Ⅰ₂		(2)					
レベルⅡ	Ⅱ₁	2群	(1)					
	Ⅱ₂		(2)					
レベルⅢ		3群						
レベルⅣ		4群・5群		↓	↓	↓	↓	↓
レベルⅤ		6群（副葬品なし）		小	その他	なし	不明確	高（群集）

る（表9）。この結果，副葬品のセットのバリエーションと相関し，かつ基準が明確であるため，副葬品を指標として同定することも可能になろう。

なお，門田遺跡辻田地区のA～C群は全体で1つの墳丘に含まれる可能性もあろう。すると，近接する墓群間だけでなく，同一墳丘内でも副葬品をもつ厚葬墓との間で差が生じていることになる。またその差は上下棺の合わせ方等で差異を強調したものとなっている。このことは甕棺墓にみられる差異の表示の規則を乱すようにもみえるが，近接する墓群や近接する特定の埋葬に対して意図的に，ある「配慮」がなされた可能性も考えられる（時津，1999）。

(2) 地域的な差とエラボレーションの度合い

次に空間軸に沿った検討をしてみよう。すでにみたように，西北部九州の甕棺は地域色を示しており，しかもサイズは比較的小さい。また上甕には胴部上半を打ち欠いた甕棺や，転用土器を用いており，そうした点で北部九州の甕棺墓と比べてエラボレーションの度合いが低いものである。ところが，とりわけ長崎県大村市富の原遺跡にみられるように，墓地は基本的に石棺墓で構成され，このような甕棺はそのような中に非常にわずかな数だけ存在している（図37）。かつ，石棺墓や土壙墓がせいぜい玉を出土する程度でほとんど副葬品をもたないのに対して，甕棺墓はほとんどが副葬品をもつ（図38）。副葬品の数自体は少なく，エラボレーションの度合いがかなり高いと判断できた鏡についても出土例をみないが，この地域内での相対的なエラボレーションの度合いは高いと判断できる。また，棺体におけるエラボレーションの度合いと副葬品におけるそれとは，後者の方が相対的に高いと思われる。ちなみに人骨が確認された甕棺墓もあるが，その形質は「西北九州弥生人」であるという指摘がなされている[17]（松下ほか，1987）。

次に，甕棺分布の最南端とみられる鹿児島県下小路遺跡では，棺体は系列Bであり，系列Aでないことは棺体におけるエラボレーションの度合いの低さを示すと考えるが，それでも，棺体のサイズ自体は，KMIIIa式のうちで最も大型であることは注目してよい（図24）。また，副葬品としては，成人人骨に着装状態で発見されたゴホウラ製貝輪2個があり，外部施設として上石を伴うとみられることは重視できる。さらに，周辺部に設けたトレンチからは他の甕棺墓や墓は発見されておらず，単独で存在した可能性が強い。このことは，隔絶した墳丘墓や，三雲南小路遺跡の例にみるように周辺に埋葬のない空間が広がることと共通する可能性がある。以上のように，外部施設はいずれもエラボレーションの度合いが高いと判断できる。副葬品については，それがあること自体エラボレーションの度合いが高い。なお，本例は *3bc* 型式期の直前にあたり，副葬品に鉄器もほとんど加わらずバリエーションが少ない時期であることを割り引くべきであるが，しかし武器形青銅器をもたず，副葬品をもつものの中ではさほど高くないいわば並程度であろう。したがって，棺体のサイズが大きいけれども系列Bを用いている点と，上甕に甕を用いている点はエラボレーションの度合いが相対的に低いということができよう。

以上の例から，これら周辺地域では，甕棺全体のエラボレーションは中心部に比べてやや低いけれども，ほぼ確実に副葬品をもつといえる。さらに，外部施設や副葬品のエラボレーションの度合

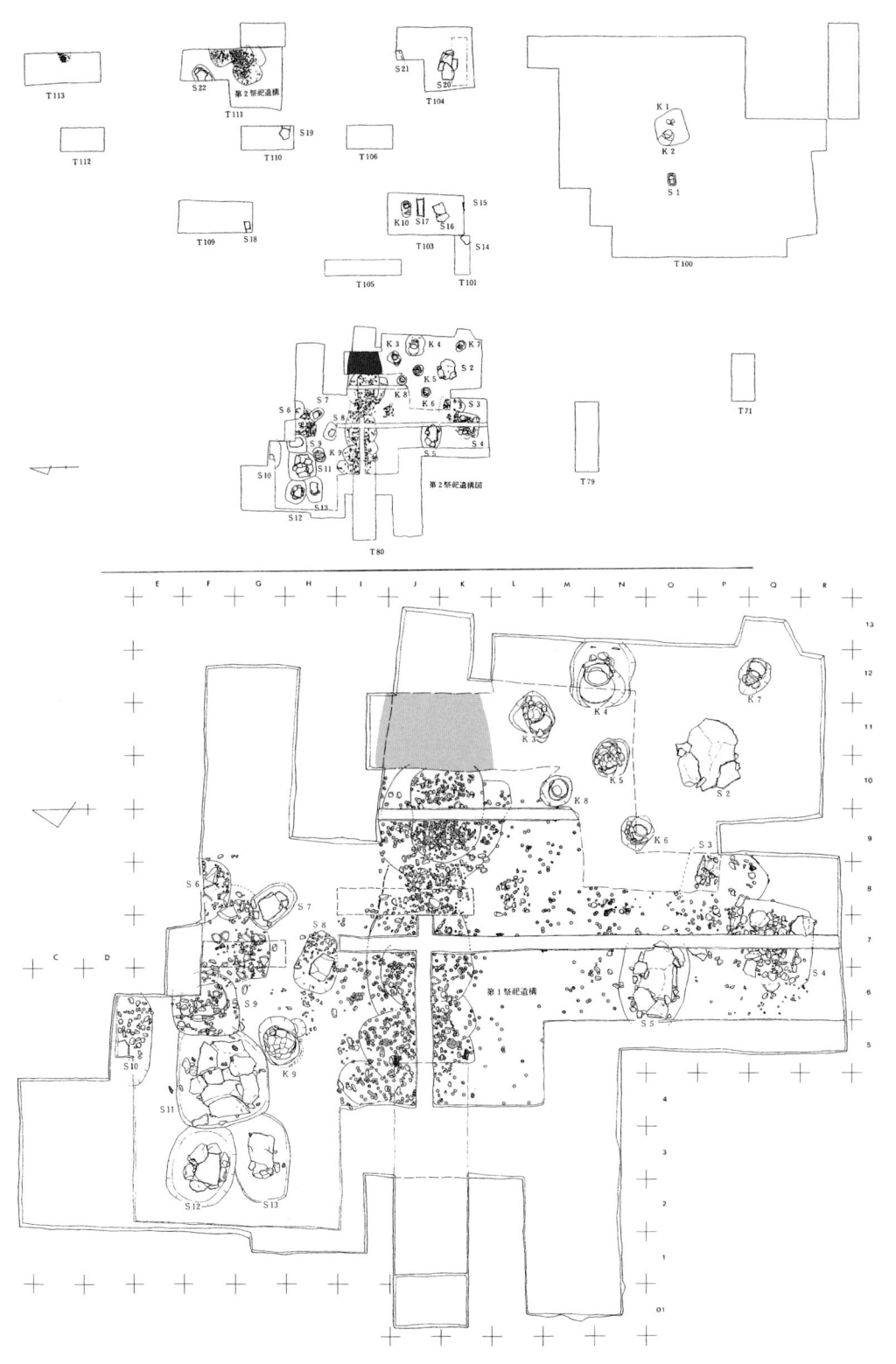

図 37 長崎県大村市富の原遺跡の墓地(稲富・橋本(編), 1987 より)
　箱式石棺墓を主体とする墓地であるが, 少数の甕棺墓がみられる. 甕棺墓からは鉄製利器を含む副葬品が出土する.

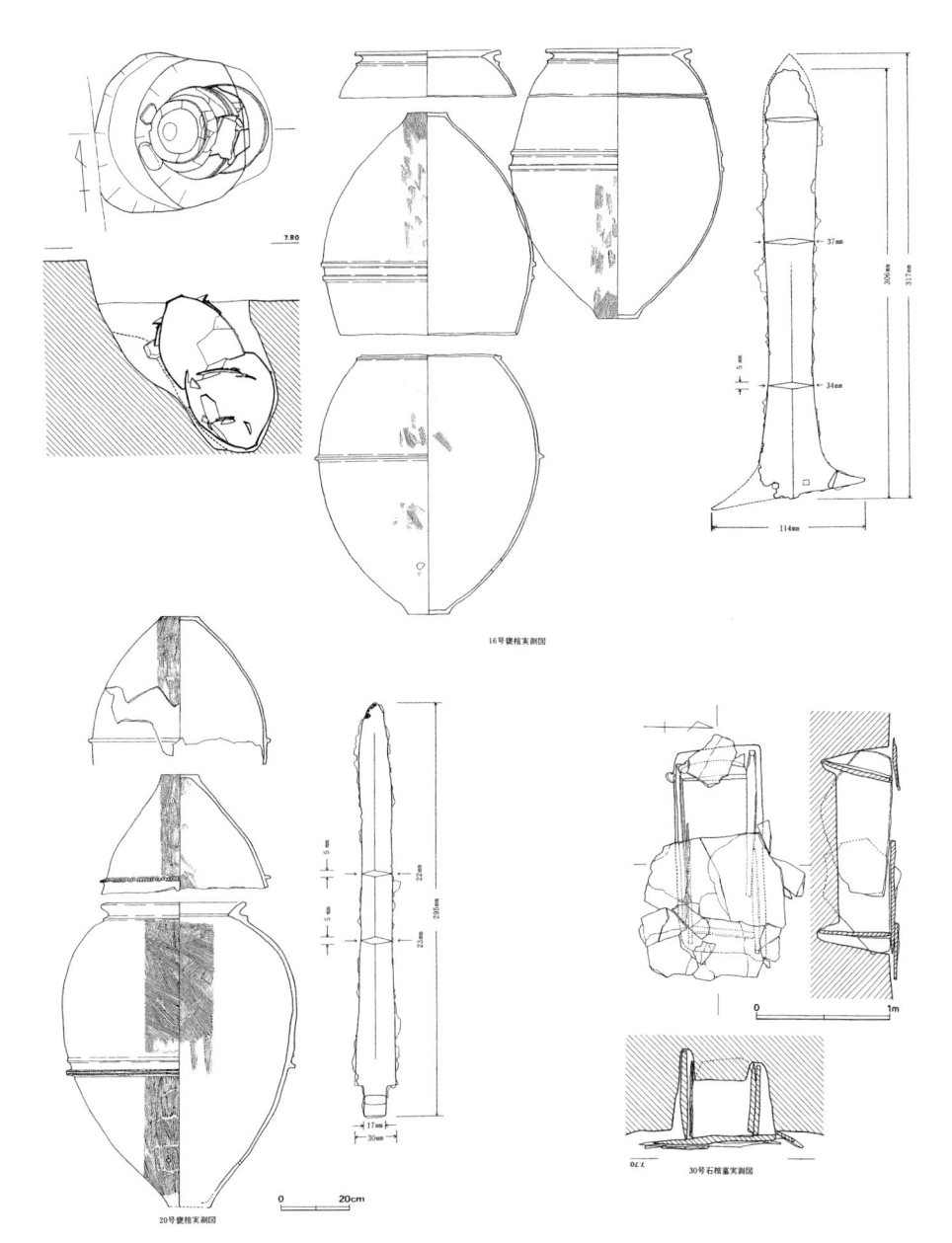

第 6 章　墳墓にあらわれた社会構造　　341

図 38　富の原遺跡の箱式石棺墓と甕棺墓（稲富・橋本（編），1987 より）
　　甕棺墓からは人骨が複数体分出土している．また，箱式石棺墓と甕棺墓とで副葬品に明らかな差があることがわかる．

いと比較して，甕棺の棺体自体のエラボレーションがさほど高くないといえるようである。これは，立岩遺跡の場合においても必ずしも例外ではなく，本来，甕棺以外の墓制が主流であるにもかかわらず，少数の甕棺墓から副葬品がかなりの高率で出土する。

　いずれにせよ，空間軸に沿ってみた場合，周辺部においては，甕棺の数，甕棺の棺体にみるエラボレーションの度合い，副葬品の内容，外部施設などに，地理的な「格落ち」が認められる。これは地域を絞ってみた場合にもいえることである。北部九州の中でも，二日市地峡部から筑後平野側に若干入った位置に所在する朝倉郡東小田峯遺跡10号甕棺墓の例のように，ガラス璧再加工品（垂飾），鏡2面，その他を出土し――この小地域においては副葬品のエラボレーションの度合いが最も高い――，赤色顔料を多量に用いながらも，上甕には上半打欠きの甕棺を用いているのである。同様なエラボレーションの低下は嘉穂盆地の立岩遺跡，佐賀平野の二塚山遺跡，唐津平野の田島遺跡，日田の吹上遺跡などにもみられる。

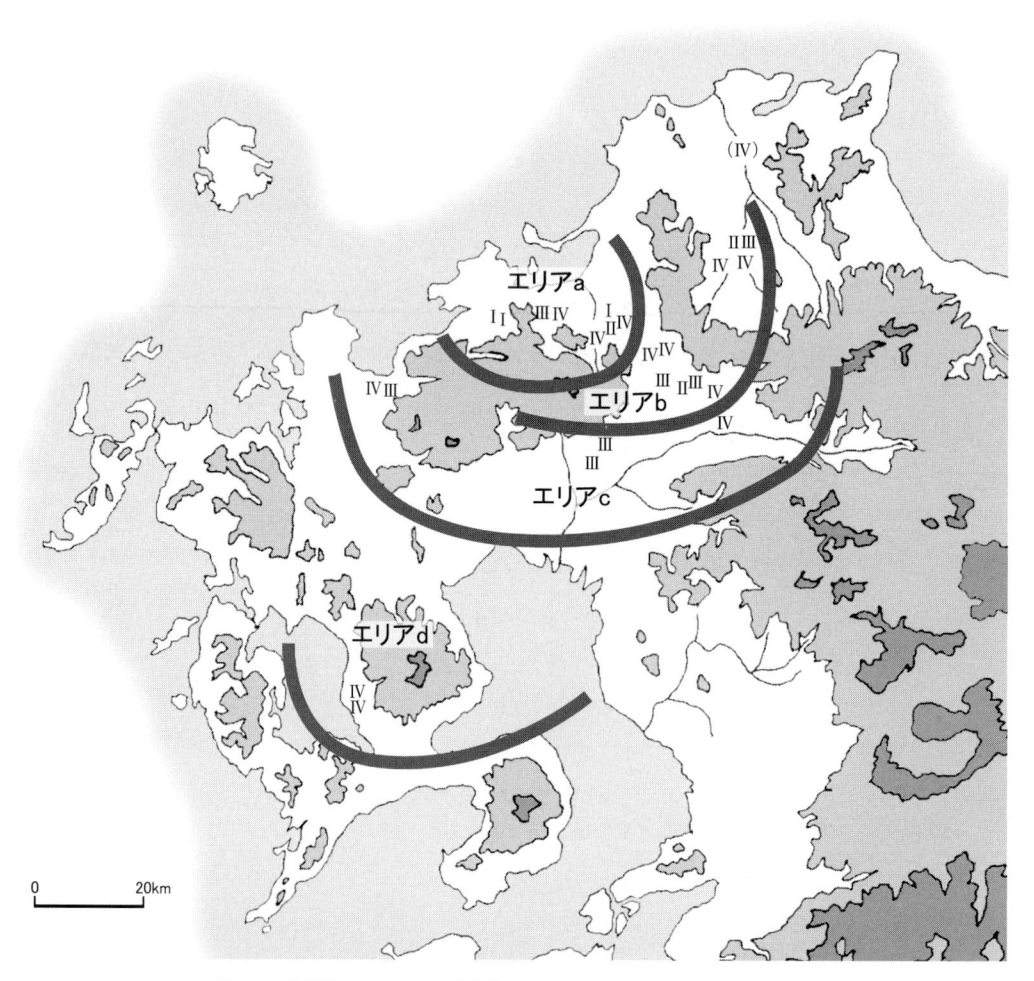

図39　空間的にみた 3bc 型式期のエラボレーションの諸ランク
I〜IV は各レベルに対応．レベル V は省略．

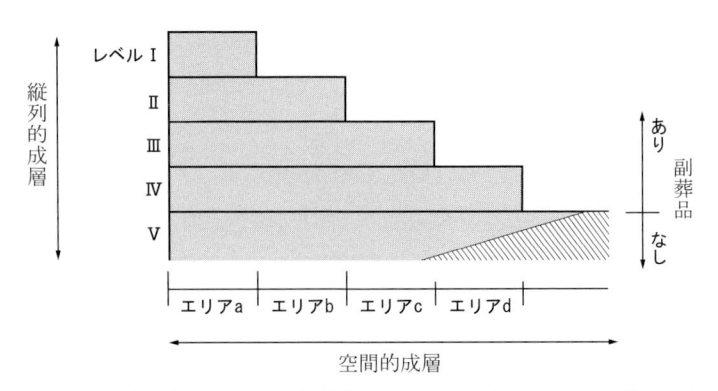

図40 空間軸を考慮した $3bc$ 型式期におけるエラボレーションの諸ランク
アミかけは甕棺墓，ハッチングは石棺墓や木棺墓など．

　空間軸を考慮したエラボレーションの度合いをモデル化してみよう。まず $3bc$ 型式期における全体としてのエラボレーションの諸ランクを分布図中に表示する（図39）。すると，福岡平野から糸島郡までの玄界灘に望む平野部にレベル I～レベル V が分布し，それを取り囲むかたちで順にレベル II～レベル V がある地域，レベル III～レベル V がある地域となっていることがわかる。それらの地域のさらに周辺は，甕棺墓以外の在地の墓が主流となって存在しながらも，その中に甕棺墓が存在する周縁地域である。西端においては長崎県富の原遺跡にレベル IV の甕棺墓が存在する。一方，東に隣接する地域では福岡県中間市上り立遺跡は，主体部が石棺であるが鉄戈・鉄矛・ゴホウラ製貝輪を出土しており，棺体以外はレベル IV に相当する（図中「(IV)」と表示）。このように，福岡～糸島平野という中心部から，周辺部へのエラボレーションの低下という地理的クラインが形成されている。そこでエラボレーションの度合いと分布範囲とから，便宜的に中心部からそれぞれ「エリア a」，「エリア b」，「エリア c」，「エリア d」と呼ぶ。これらの整理をもとに，地域とエラボレーションの諸ランクの関係をさらに抽象化して図示しよう（図40）。なお，前節でコア地域としたのはエリア a からエリア c までで，すなわち鏡をもつ甕棺墓が存在する地域に概ね一致する。

　下條信行は，北部九州は小平野を単位とする「小国」が連合して骨格を形成していたとしたうえで，「これらの国々は，決して相互に等位的関係で並存していたのではなく，副葬品の質，量，墓域の占有度の違いなどからみて，各国間に階層差が存在」しており，糸島，福岡平野の「第一地帯」，第一地帯間に点在する早良やそれをとりまく「第二地帯」，その外側に鏡などをもたない「第三地帯」があるとする（下條，1986: 152）。そのうえで「北部九州は国間の階層的序列によって構成され，面的には玄界灘沿岸の国を中核として，下位の国々はそのまわりを同心円状にシフトしている」(ibid.)と認識している。解釈はともかくとして，現象的にはここでの検討結果はこれを支持するものである。ただし，「地帯」の数は対応しない。また，下條のいう「第一地帯間に点在する」ものの捉え方にも差異がある。この点について筆者は，次節で提示する「縦列」・「空間」という次元にそった整理をすることになる。

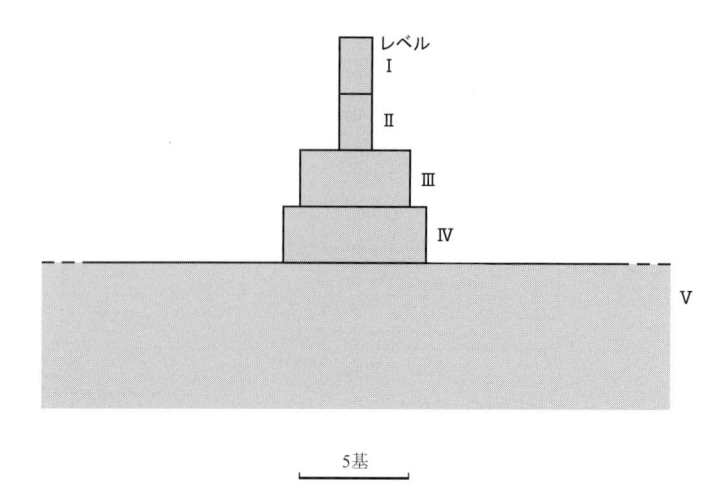

図41 *3bc* 型式期におけるエラボレーションの諸ランクの構成比
裾野の広いピラミッド形を呈する．

(3) 甕棺墓にみられるエラボレーションの度合いの意味するもの

　要素の発信と，それが文化というフィルターを通して解釈され変容して受け入れられる，もしくは拒絶されるという図式は，文化史的研究法でしばしばみられるものであるが，この種の議論が往々にして，ある水準における個々の特定の文化が各地に存在した，という程度にとどまりがちであることを容認するわけにはいかない。たしかに，九州においては，全体としての共通性を認めることもできる反面，視点の水準をかえれば文化に地域的な差異を認めることもできるけれども，ここまでの検討から甕棺墓におけるエラボレーションのランク差の表示法において一貫性のある「秩序」が認められ，変容がなかったことが認定できる。そこで，この秩序に地域を貫く一貫性がある理由を説明する必要がある。

　試みに *3bc* 型式期におけるエラボレーションの諸ランクの構成比を図示する（図41）。裾野が極端に広いピラミッド型をなすことがわかる。たしかに，この成層から社会における階層差をイメージすることはできるかもしれないが，これまでみてきた情報と社会的実態とを一気にリンクさせることは難しい。これまで，あえて「エラボレーションの諸ランク」という言葉を使用し，論理に不必要な，ア・プリオリな解釈が入ることを遠ざけてきた。いましばらくこの立場を貫いて議論を行おう。

　我々は，階級的特殊化，婚後居住規定，各種の通過儀礼，出自規制，等々が過去に存在していたことは措定できるが，ただ考古学的現象のどれがそれらの何にあたるかという議論だけでは不備である。J. Deetz もいうように，民族学者が観察される現象から高度に抽象したものがそれらであって，そのどこに我々のデータを仕分けするかというような試みでは不十分なのである (Deetz, 1972)。その意味でも，墓にみられる諸要素と各種の社会規制・社会構造との対応関係の有無と程度を示した J. O'Shea (1984) の研究は参考になろう。また，我々は，相対編年にもとづく（絶対年代でさえ）

年代観や「文化」の概念など，考古学的資料の性格を考慮した考古学独自の概念体系で議論を進めることができる。同じように，考古学的資料からとりあえず再構成できる範囲内にかぎっての「社会的実体」をもとに議論を進めることもできるはずである。資料から直接的に高度な抽象化を行おうとすることが，即たんなるデータの仕分けに陥る危険性がある以上，そうしたステップをふむことも必要であると思われる。

さて，甕棺墓において析出された「エラボレーションの諸ランク」は，社会における階級構造をそのまま反映しているという保証はないため，「エラボレーションの諸ランク」という一定の基準で示されるものを，あくまでも考古学的事象から再構成される水準での「社会的階層」とみておく。その秩序が，政治システムの中の「公職」に基づくものであるのか，儀礼的権威に関わるものであるのか，この両者を兼ねたものなのか，等々多くの側面が考慮されなければならず，いま断定的に結論することはできない。

ここで，さきに明らかにした，同一地域のエラボレーションの諸ランク（レベルI～レベルV）を「縦列的成層」，一方，空間的なエラボレーションの諸ランク（エリアa～エリアd）を「空間的成層」と呼んでおこう（図40）。

さて，上でのいずれの相関の検討においても矛盾した結果はなかったし，副葬品の種類，組み合わせ，量において，ほとんど例外のない整然とした秩序があることが判明したことは重要である。一方，甕棺墓の空間的検討から，各地方における一番エラボレーションの度合いの高い墓は，北部九州中核部（エリアa）よりも「格落ち」するということが判明した。すなわち，北部九州中核部にあるレベルIをしのぐ甕棺墓は地方には存在しないのである。しかし，その地域ごとにみれば，相対的に高レベルであることが明白で，かつ突出したものであった。

ここで注意すべきは，これら周辺地域でさえ，いずれも甕棺墓における諸要素が基本的に不変であるということである。地方においては，なぜ他の副葬品目であったり，地元の大型甕で代用したり，積極的に在地の埋葬主体を採用したりしてはいないのか。

エリアaは，「奴国」・「伊都国」としてこれまで一般に認められている範囲に該当するようである。それをとりまくエリアbに存在する立岩遺跡では，大半が明らかに在地製作とみなせる特色ある甕棺であるにもかかわらず，もっともエラボレーションの度合いの高い（レベルII_1）10号甕棺の棺体は，エリアa（とくに「奴国」）からわざわざ搬入されて使用されているという（井上，1985, 1990）。筆者は，いわば「奴国様式」の「特注品」には違いないが，必ずしも搬入品といえる証拠はないと考える。いずれにせよ，エリアaからエリアbへとランクに格落ち──「空間的成層」──が認められるということは，一種の地理的勾配といえる。通常の地理的勾配は，要素の欠落とか置換や付加などの変容がつきものである。しかしこの場合の「空間的成層」には，甕棺の大きさや副葬品の内容などの規則が周辺地域の甕棺墓にかなりの程度貫徹されているのであり，地方的変容がおこっていないという特殊な状況が看取できるのである。このようなあり方をみれば，「空間的成層」化という周辺部における甕棺墓の「格落ち」は，分布中心（エリアa）からの情報の欠落からくる自然的なものではないということになる。空間的「格落ち」のバリエーションがエリアa内

部での各ランクに，考古学的現象面ではほぼ対応しているとみなせるからである。

ちなみに，一方で，在地系の墓は土壙墓や木棺墓，石棺墓という地方的なものであって，副葬品やその他の属性との相関が有意ではない。しかも，長崎県富の原遺跡にみるように，両者が比較的近接した墓群をもちながらも相互の変容はほとんどおこっておらず格差が維持されている。このことについて，周辺部に北部九州中枢部からの「派遣」や「移住」を想定するよりもむしろ，その地方のエリート[18]が甕棺墓ならびにそれをとりまく諸々の秩序を採用したと考えたい。富の原遺跡B地点20号甕棺からは3体分の人骨が出土しているが，甕棺墓の主要分布域（コア地域）では基本的に認められない改葬・集骨が行われたものと判断でき，さらにはその被葬者が在地的形質をもつという見解が正しいとすれば，微弱ながらこれを支持することになろう。この例を風習的な改葬・集骨として認定することができるならば，厳密な意味では甕棺墓をめぐる属性のすべてが北部九州と同一ということではなくなる。なお，同じく西北部九州海岸部に位置する佐賀県呼子町大友遺跡10号甕棺でも改葬・集骨が認められていること（藤田・東中川（編），1981）も，在地的風習という可能性を支持することになろう。

こうしたことから，周辺地域においては墓の形態および構造，副葬品の内容などにおいてほとんど一致しているが，具体的な遺体の取り扱いまでは秩序が貫徹していなかったことになる。しかし，このような若干の変容は認められても，変容よりも秩序の安定のほうがはるかに大きいと考えられよう。各地域において相対的に抽出されるエリート層においては，北部九州の秩序を容認して導入するという点で，北部九州中核部（エリアa）のエリートに，より類似した価値体系が存在していた，と理解することができる。ただし，いわゆる「規制論」の立場からは，北部九州中核部のエリートが周辺のエリートに外部的強制力をもった強い規制を与えることによって厳密な秩序をもたらしたと考えられるかもしれない。しかし，ここでの分析だけでは北部九州中核部のエリート層がそこまで「政治力」を行使できたかは疑問であるし，なにより周辺部へ「順に」「格落ち」が認められることは，むしろ後で述べるように周辺部のエリートに浸透した価値観にもとづいたエミュレーション・プロセスの結果と理解できるのである。

立岩遺跡周辺は甕棺分布域の東のはずれに位置するが，橋口はこの遺跡特有の大型の甕棺について，「甕棺への憧憬」によるものと解釈している[19]（橋口，1976: 46, 1982b: 477）。もちろんこの言葉は比喩的に用いるべきであるが，その甕棺の背後にある諸々のものを想起すれば意味深長である。また，すでに紹介したように，立岩遺跡において最もエラボレーションのランクの高い10号甕棺墓（図28）は福岡平野中南部（エリアa）からの搬入品説も強く，筆者のように搬入品説に疑問を感じる立場からしてもわざわざその地域の様式で製作されていることには注目したい（図42）。春成秀爾はこれを婚入者と推定したうえで，地方首長の積極的な姻戚関係のとりむすびと考えており（春成，1987），井上裕弘もこれを受けて三雲南小路遺跡2号甕棺墓の被葬者も同様の女性の婚入者とみている（井上，1990）。たしかに三雲南小路遺跡の甕棺は，福岡平野中南部のものと類似しており，特大サイズであることから「特注品」であることはほぼ間違いなかろう。これも胎土分析を実施するまでは製作場所までは限定できないため，搬入品と言い切ることはできない。立岩遺跡10号甕棺

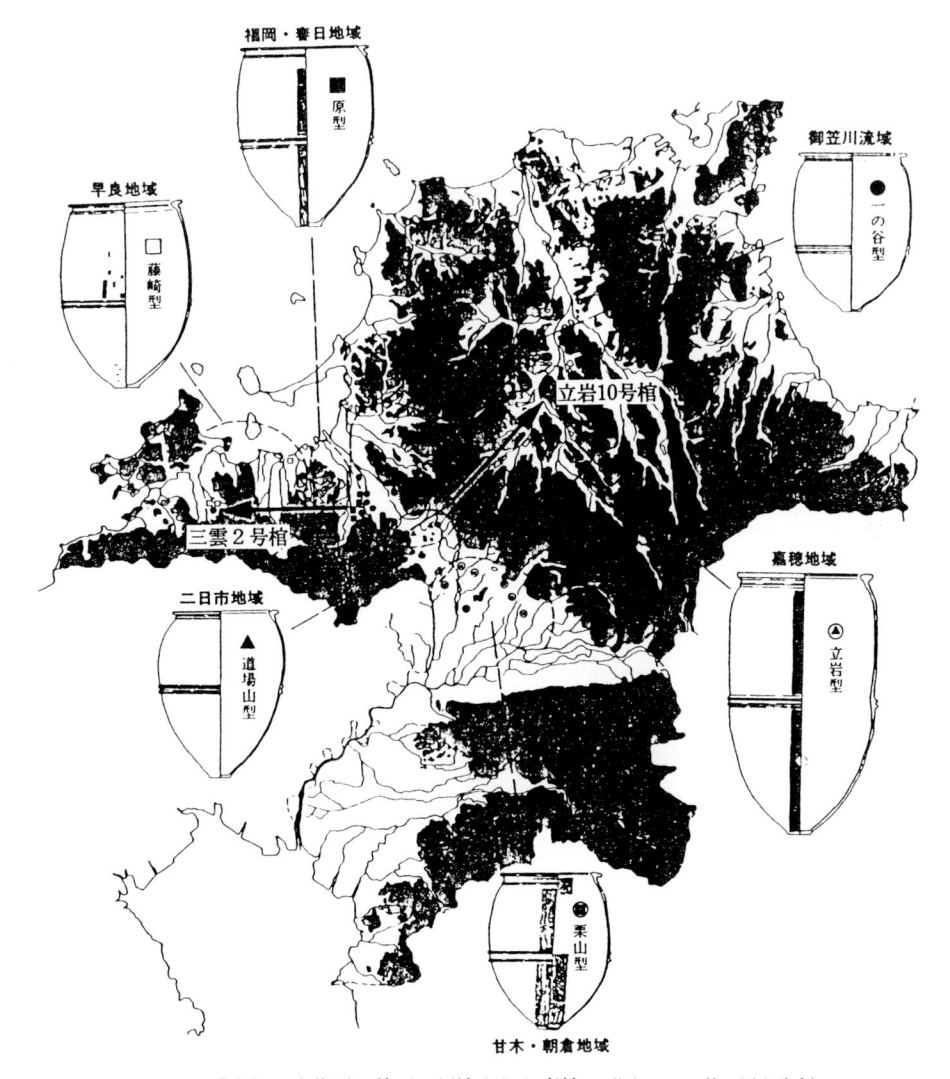

第6章　墳墓にあらわれた社会構造

図42　「甕棺工人集団と特別に調達された甕棺」（井上，1990第7図を改変）

墓の場合と同様，福岡平野西部など近いところではなく福岡平野中南部の様式であることに注目しておきたい。

　これら姻戚関係説や婚入者説はもちろんモデルとしては成立するが，多数の仮定を介在させなければ立論不可能であり，それらが逐一検証されなければ採択できるものではない。すなわち，まず，いずれも人骨は不明であるので残された墓の諸要素の中から女性という性別を表すものを特定する必要があるが，それすら行われていない。その点については，小型鏡が女性を象徴するとみるむきもある（岡崎，1977: 336; ほか）。しかし，上の分析でみてきたように，むしろ鏡の大小はランク差と対応するともみられる。さもなければ，小型鏡のもつ意味あいが各地で異なるとしないかぎり，小型鏡をもつことの多いレベルIIIが相対的な最高ランクにある周辺部においては，「チーフ」

は常に女性であったと主張しなくてはならなくなるかもしれない。そして，他地域から甕棺を遠路運搬する動機を婚入者の出身地と考えるほかないとするのも根拠がきわめて薄弱である。ほかに多くの可能性があると思われるにもかかわらず，考慮されていないからである。

　その点で橋口の「甕棺への憧憬」という解釈も一考の価値がある。春成らの説には，女性（とくに井上説），婚入者，甕棺の地域色＝出身地，などの仮定が必要であったが，それらの仮定を介在させなくても特定地域の甕棺を採用した理由を考えることは難しくない。すなわち，すでに述べたように，周辺部（エリア b～d）におけるエラボレーションの諸ランクを構成する秩序が中心部（エリア a）と共通し変容していないという特殊な現象があるが，このことと考え合わせれば，中心部のエリートの属性を変容せずに地方のエリートが積極的に取り込んだとするほうが，ひとまず無理のない解釈といえよう。地方のエリートにとって，甕棺が福岡平野中南部の様式であること，あるいはその様式を実現できる人物ないし集団に「特注」することが重要な意味をもっていた可能性がある。ここに少なくとも，地方のエリート「間」の価値体系に著しい差はなかったと推定することが可能になる。

　$3bc$ 型式期において貝輪は，レベル II_2 において 2 例観察されたほかは，他の副葬品を伴わない場合がみられ，それを「5 群」としておいた。5 群は棺体が系列 B のものと組み合うが，系列 B は系列 A よりエラボレーションの度合いが低いものであり，基本的に貝輪以外の副葬品とは結びつかない。ここで問題になるのは，貝輪はみてきたような諸ランクの構成に関わっているのかということである。貝輪は人骨同様に消滅することがありえるため，観察されるものは実際よりは少ないと推定されるが，福岡県中間市上り立遺跡石棺例を参考にすれば，貝輪は 5 群に相当するとみられるセット関係にも組み合っており，レベル II_2～レベル IV までが貝輪をもつ例があるといえる。ここで，レベル I・レベル II_1 では貝輪が発見されていないことが注意される。あるいは消滅した可能性も否定できないが，$3bc$ 型式期の貝輪の分布をみると，現状ではエリア a を取り囲むようにエリア b・エリア c 地域に分布している。このことと，$3bc$ 型式期に副葬品目に加わる鏡や鉄製利器などと異なって貝輪は，$3bc$ 型式期以前から脈々と副葬品目に入ってきたことを考え合わせれば，レベル I・レベル II_1 と，レベル II_2～レベル IV とは，貝輪の有無で区別される可能性が強まる。すなわち，周辺部のエリートには貝輪の伝統が保持されるともいえる。なお，武器形青銅器と鉄製利器で排他性があるように，貝輪は特定のものと排他性がある可能性もある。あるいは，土肥直美・田中良之 (1988) が，古墳時代において抜歯が，シンボルとしての副葬品が乏しい中小豪族の「相続」儀礼に結びついて採用されたと推定しているように，貝輪の採用がランクの標章として採用させられたというより代替的な威信財であった可能性がある。ただし日常生活において着装していたのではなく，ランクの属性として埋葬にあたり着装されたものとみなせよう。

　各地のエリートにおける価値観の等質化が，上で述べた甕棺墓をめぐる厳密な諸秩序の受入れを促したものと解釈できる。しかしながら，そのことだけでは中心部（エリア a）におけるエリートと同一の秩序——類似した価値体系——を，なぜ周辺部のエリートが採用したかという説明に直接的にはつながらない。そこで中心部よりも周辺部における社会戦略に焦点をあてなければならな

い。社会戦略という観点からは，北部九州の諸秩序を採用することによって，地方のエリートが自分達の権威や名声を高め，ひいては地位を安定化する機能を果たしたとも考えられる。彼ら自身が実際にそうした効果を意図したかしなかったかは別として，結果としてそのような支配に「利用」したと解釈できよう。機能主義的にいえば，地方において北部九州（福岡・筑紫平野）系の土器の搬入・製作・使用などの脈絡的情報も示唆しているように，社会の各階層に，ある程度いきわたった北部九州的要素に対する志向性をもっていることが必要となる。しかしそれはあらゆる階層で必ずしも同一である必要はない。エリート間における奢侈品の交換システム（図43）を通じて威信財が拡散したものとみられるが，厳密にはエリートも北部九州中核部と周辺部とでは戦略的地位は，エミュレーション emulation として知られる社会戦略[20] (Miller, 1985) の観点からとらえて矛盾ないものである。ただしこのことは，エリート間における価値観の等質化という考えと矛盾するものではない。また，述べたように階層間でやや異なった価値体系，ひいてはやや異なったコスモロジーをもっていたとしても，社会内で有効に機能すれば不都合はないであろう。

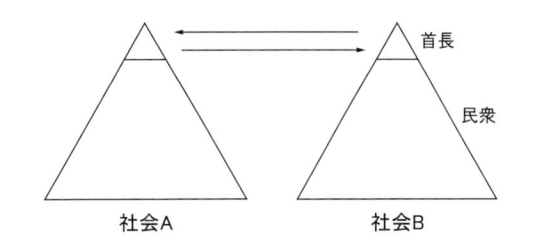

図43　2つの社会間における民衆は関与しないエリート間の奢侈品交換システムを示すモデル（Wells, 1980 より）

　一方，土器の様相から得られる情報を簡単に述べれば，九州のステージ II（$3a$・$3bc$ 型式期）においては地域的なまとまりはあるが，九州内での丹塗精製器種の共有にみられるように，とりわけ精製器種における九州と瀬戸内・畿内との排他性の高まりという点が指摘できる。しかし，表層的な排他性の一方で，すでに技法等の深層において後者からの具体的土器情報の流入が看取できる。この下位への「浸透」が，次のステージ III（後期）に上位の部分に急激に発現した――様式構造に変容をきたした――ということができる。こうした脈絡を考慮にいれれば，ステージ II における九州では瀬戸内・畿内地域の諸集団を「他者」として認識し，その葛藤が北部九州を中心とする九州内での「アイデンティティー」の形成を促進させた可能性が出てくる。しかし，あらゆる階層において同質の認識がもたれたとすることは困難であろう。なぜなら，これが「侵略」やそれに近いごく短期間の圧迫とは認定できないということが，まずあげられる。徐々に「浸透」するものであれば他者性の認識をもたらすかどうかは疑問である。また，階層ごとに「圧迫」の程度と質は一様ではないと思われる。

　ここで武器形青銅器に着目しよう。岩永省三は，その祭器化は北部九州中核部よりも周辺ひいては東方からおこり浸透したと理解でき，北部九州の中核部における「有力首長やそれに準ずる人間は，中細形武器形青銅器の副葬に固執」したが結局は変容していくと推定している[21] (岩永, 1988)。さて，$3a$ 型式期の甕棺墓は甕棺の盛行期の中でも分布範囲が最大になり[22]，南は薩摩半島西部の下小路遺跡に至る。ところが次の $3bc$ 型式期および次の $4a$ 型式期になると急激な縮小がみられるが，ここでもエリートの甕棺墓への「固執」がある程度看取できる。$3bc$ 型式期に副葬品をもつも

のは甕棺墓が基本であること，甕棺墓が極めて少なくなった 4a 型式期においてさえ突出した厚葬墓は甕棺墓であることがそれを支持している。3bc 型式期に甕棺墓が減少することについて，高倉は甕棺の被葬者に選択性が増し，「それまでの墓地には埋葬されなくなった人々の存在がうかがわれる」としている[23]（高倉，1973b）。結果としてステージ III の早い段階に甕棺墓自体がほとんど衰退し，他の墓制に転換してしまう。筆者はこれを墓制や祭祀などの東方からの流入と表裏一体のものであると考える。このプロセスは岩永の指摘する現象と連動するものとみられる。以上から，階層間での「圧迫」の差については，エリートにおいて「圧迫」がより強く作用したものと推定できる。さらには，上でエリート「間」における価値体系の等質性を述べたが，その中でもとりわけエリア a を中心としたレベル I～II$_1$ で強く看取できる。

　ここにおいて，おそらく弥生社会内部における他者性の認識によるアイデンティティーの形成と，エリート間におけるエミュレーションとが絡まりあって，エリア a～エリア d, そしてそれぞれのランクの地理的勾配――しかし秩序がかなり厳密に貫徹している――が形成されたと結論するのである。

　以上で明らかになったエラボレーションの諸ランクは，農耕社会の安定によって自然に達成される階層社会の形成という単純な進化モデルだけでは説明が不十分である。エラボレーションの諸ランクにおける「空間的成層」をもたらした秩序の背景に，周辺部のエリートのエミュレーション・プロセスを伴う価値の積極的受容があったと理解し，さらにそれを可能にしたのは北部九州以外におよぶアイデンティティーの一定の形成があったと考えた。しかし，こうした秩序はこの地域において完全に自生したものと言い切ることはできない。九州と威信財の内容や「取り扱い」に差があったとみられる畿内地域[24]を視野にいれれば，九州において「縦列的成層」が，なぜガラス璧や鏡や武器類などの副葬品で「表現」されなければならなかったのか，という疑問に一定の答を見出せるであろう。権威の象徴としての財の品目の類似性，さらにはそれを副葬品として用いるかどうかという「表現法」の具体性[25]という点において，巨視的にみて大陸・朝鮮半島からの情報の刺激伝播[26]の可能性は高いといえよう[27]。

　こうした解釈ができることを，これまでの脈絡的情報は示唆していると考える。

　本節では，「相関」を意識して整合性を高めるという立場をとってきた。とりたてて新しい方法とはいえないが，甕棺墓をめぐる秩序の抽出から「縦列的成層」・「空間的成層」という認識をもつことができ，解釈を加えることができた。このことについては，J. O'Shea のアメリカにおける研究によって，墓制にあらわれた変異のうち社会的ランキングは確認しやすい部類に属することが明らかにされているが (O'Shea, 1984: 250)，本節で明らかにした部分はまさにこのことに合致しているように思われる。さらに，その他の，民族誌等以外では確認が難しいとされている項目の確認については，エリート間の婚姻関係に関する説を引き合いに出すことで，ここでも実証レベルでの困難さが指摘できたと思う[28]。この点についても O'Shea の研究と矛盾しない。ただし本節では，出自規制，性差，等々を十分に論じたわけではないし，こうしたことも含めて他の側面も追究してみる必要がなくなったわけではない。ここでは，品目，個数，材質などの基準による採用の違いを明

らかにしたが，価値体系については，分析的に接近することは不可能ではないという見通しがもてるであろう[29]。

注
1) 支石墓上部の大石については本書では「上石」と呼ぶ。従来の呼称は字義からいって不適切であり，むしろ上石とするべきである。これはかつて九州大学で定期的に行われていた支石墓研究会(西谷，1997: 1)で出てきた認識であり，筆者はその立場を継承している。
2) 調査担当者の赤川正秀氏による。なお，本例に関しては高木暢亮(1999)も筆者と同様に墓道説の否定材料としている。
3) エミックとは被観察者的(内的)見方であり，エティックとは観察者的(外部的)見方である。ただし，前者が主観的，後者が客観的というわけではない。筆者は，永遠不変の客観性の存在を肯定するものではないが，我々は，エティックな方法とエミックな方法とを認識しておくことは有益であろう (Harris, 1979 (長島・鈴木訳，1987) をみよ)。なお，エミックは英語の発音に即して「イーミック」とすべきとの意見も時折聞かれるが，すでに定着しており，大きな問題でもないのでここでは「エミック」・「エティック」と呼ぶ。
4) 物的資料からその意味を読み取ろうとするとき，意味は常に同じ仕方であらわれてくるとは限らない。そこで，ある程度時期を限定する必要がある。だからといって，ここで限定した期間に意味や，その考古資料への投影の変化がないと仮定しているわけではない。その可能性も十分に考えておく必要がある。もちろん，歴史的脈絡というものは重要であることは承知できるし，「健全さ」が失われた，あるいは失われつつある時期を扱うことによって「健全」な時期の中身を知ることはできるであろう。しかし，ここでは，あまり長い時期幅をとることは，議論を複雑にしてしまいかねないので，必要最小限にとどめ，そのような種類の検討は別の機会に譲りたい。
5) 胴部上半を打ち欠くものを基本的には扱うが，口縁部内面のみに打欠きがあるもの等も区別して入力した。
6) 本書では，被葬者が着装していたものまでを含んで，棺内および墓壙内から出土した遺物を，便宜上，すべて一括して「副葬品」と呼ぶことにする。したがって，副葬，供献，その他の高度に評価の加わった用語の使い分けは，ここでは保留することにする。ただし，甕棺墓の墓壙が掘削される時点で，他の甕棺の棺体を破損し，補修に用いたとみられる土器がある。それは，副葬品としては扱わない。また，ここでは銅剣・石剣などの切先については副葬品に含めず，別の観察項目として取り上げている。
7) このほかに，当初はいわゆる小児用甕棺墓を伴うかどうかもチェックしていたが，報告書では伴う成人棺とセットで捉える認識が欠けているものが多く，判断にかなりの時間を必要とするとみられたため断念した。
8) 考古資料から読み取ることのできる情報には，さまざまなバイアスがかかる。欧米の，マルクス主義考古学者ほかの言 (たとえば，Faris, 1983; Kristiansen, 1984; Leone, 1984) をまつまでもなく，現実を歪めたあるいは転倒した形であらわれることさえ考えられる。もちろん，ことさらイデオロギー的「隠蔽」という一面ですべてを説明する必要はないのだが，そうしたことをも含めて，資料の通時的な物理的変質から個々の研究者をとりまく文化的・社会的環境までのさまざまな変容が絡みあったものとしてのバイアスがあるということは認めることができる。研究者によって「事実」および「客観的真実」さえも変化する，ということに気づくことは重要である (e.g. Hodder, 1986; Shanks and Tilley, 1987b; cf. Kristiansen, 1984)。また，たとえ「科学的」に行ったとしても，そこから導き出すことのできる解釈は，我々の考えのおよぶ範囲内でしかできないということも，たしかに認めなければならない。このことは，裏返せば，対象とする社会の理想や理念を抽出できる可能性をも示しているわけである。我々は，そうしたことを判断する情報を引き出すことは不可能ではない，と信じるに足る方法と技術とをもつことができると考える。
9) 甕棺内から不明鉄片を出土しているが，ここでは副葬品としては取り扱わなかった。銅剣・石剣等の切先を棺内から出土するものと同様のものである可能性があるからである。
10) 成分分析を行っていないものが多いため，便宜的にすべて「赤色顔料」と呼んでおく。
11) ただし，武器形青銅器と鉄製利器とでは，出土状況に若干の差がみとめられる。時間差を無視すれば，

12) 銅矛，銅剣，銅戈の3種である．便宜的にこう呼んでおく．
13) 鉄矛，鉄剣，鉄戈，鉄刀のほか，武器とするには異論があるとみられる鉄刀子，鉄ヤリガンナも含む．
14) 福岡市丸尾台遺跡（中原ほか，1970）では3面の例があるが，小児あるいは乳幼児に伴うとみられることや時期などに不確定な部分があると思われるなど，やや特殊であるのでここには含めないでおく．
15) ただし，下條の整理は副葬品に関してであり，筆者のような各種属性を総合的に扱っているのではない．
16) この遺跡は，丘陵から細く突き出た尾根の稜線上に位置する．そのため，後世の耕作などの削平をほとんど受けていない．このような好条件にめぐまれ，かつ，調査にあたって重機ではなく手掘りで表土を剥いでいる．したがって，検出面付近から塊石を用いた標石と考えられるものが多く出土したといえよう．以上は，筆者がこの遺跡の調査に参加した折に，調査担当者の柳田康雄氏から教示を受けた．この遺跡では，全体に墓壙がきわめて深く掘られており，たいへん残存度が高いことを示している．他の遺跡でも，このように旧地表面に近い部分が残存してさえいれば，同様な施設の存在が確認される可能性が高いことを示唆している．
17) 報告によれば，とりわけ男性人骨の大腿骨に強い柱状形成，脛骨・腓骨に扁平性があるとされる．頭蓋の遺存状態が悪く観察ができなかったこと，サンプル数が少ないこと，また後天的な影響などが問題として残ると思われるが，示唆的である．
18) ここでいう「エリート」とは，上流階級とでもいうべきものであって，「首長層」のように限定的な意味ではなく，その社会的性格を限定するものではない．個人の資質や優秀性などはまったく考慮の範囲外にある．また，考古学的に再構成される範囲での「エリート」であることは忘れてはならない．
19) 片岡宏二は，「甕棺コンプレックス」という観点から筑後北部における前期末～中期初頭の専用甕棺の受容過程について解釈している（片岡，1983）．当否の判断はさらなる検討を経てなされるべきであるし，立岩遺跡の場合と同列には論じられないが，モデルとしてはこれも十分考えられることである．
20) 劣性もしくは，下位の集団が優勢な集団の価値，行動様式，財などを積極的に取り入れようと運動することによって，上位集団へと上昇しようとする戦略である．しかし普通は，新しく獲得できたときにはすでに上位集団は別の新しいものを取り入れており，関係は維持される．D. Miller (1985) に詳しいので参照されたい．
21) ステージIIの新しい段階において九州でも銅鐸が鋳造されているとみられることや，この時期に春成秀爾その他が指摘するような近畿起源の信仰が入ったとも見なせること（春成，1989，1990；ほか）などは，メンタルな側面が土器の様式構造の変質をひきおこしたことの理由の一端を表しているであろう．こうしたことが認定できれば，土器や墳墓に現れてくる高度なエラボレーションとは表裏一体のもので，これらの複雑な絡みあいが新たな後期社会の形成の起源となったとみられる．
22) 藤尾慎一郎は甕棺墓の網羅的な資料化を行っている（藤尾，1989）が，甕棺墓の分布の拡大と縮小の様子がよくあらわれている．
23) かつて鏡山猛は，甕棺墓について「集落構成全員の墓地ではなく，或程度の選択が行われている」との分析結果を得ている（鏡山，1952）．甕棺墓の選択性については十分ありうると考える．
24) ここでは「取り扱い」の差を述べているのであって，所有の有無や多寡を述べているのではない．たとえば畿内地域に多量の鏡等が保有されていたとしても本章での論旨には影響はないし，墳墓への副葬がないからといって，保有までもしていないとするわけにはいかないからである．実際のところ北部九州に匹敵するような多数の鏡が畿内地域に存在していたと考えるのは無理があるが，論理的にはそのような可能性は考慮されてしかるべきである．注27参照．
25) 町田章は三雲南小路遺跡1号甕棺墓出土の金銅四葉座飾金具について考察をする中で，ガラス璧とともに漢の皇帝から葬具として下賜されたとしている（町田，1988）．王侯・功臣あるいは帰服した蕃国の王に与えられた葬具との具体的な類似性に着目し，「送り主の意図に反して金銅四葉座飾金具は木棺からとりはずし，本来の機能から逸脱し宝物の装身具として王の身辺を飾ったところに埋めることのできない文化の断絶を感じない訳にはいかない」(ibid.: 14) としながらも，この品目の具体性からも被葬者が伊都国

第 6 章　墳墓にあらわれた社会構造　　353

王であったことのより確実な証左とみている。いまだ解決されるべき諸点があるが興味深い指摘であり，可能性としては十分ありえよう。いずれにせよ，ここでは品目の類似性とそれを副葬品として用いるという点での具体性を重視しておきたい。

26)　具体的な思想や理念が伝播しなくても，漠とした情報があり必要と認められれば誘引的に類似したものを独自に達成できる，ということはすでに知られていることである。第 2 章参照。

27)　たとえば柳田康雄は，畿内地域において墳墓から抽出できる階層が九州ほどではないことを根拠として，ステージ II の九州は「4 層構造以上の階級社会を出現させているのに対し」，近畿地方は「2 層構造以上の社会分化が進行しなかった」(柳田，1990: 16) としている。墳墓には社会的ランキングがあらわれやすいという見地からすれば，この意見も成り立ちうる。筆者は，畿内社会の階層文化が墳墓にみられるものより複雑である可能性を論理的に認める一方，結論的には畿内社会の階層文化が九州ほどではなかったとみている。北部九州で副葬品や墳墓をとりまく諸属性が，副葬品をはじめとして墳墓にランキングの表示とうけとれる明確な秩序がみられることも，また社会的階層文化を強く促したのも大陸的刺激であると考えており，農耕による生産力の増大モデルはそれを可能にした条件の一つにすぎないとみている。

28)　存在した可能性のあるエリートの内婚などの有無は，考慮される必要がある。しかし，証拠としてあげられている要素はまったく不十分であるし，そもそもすでに述べたように，考古学的データの短絡的な「仕分け」には否定的にならざるをえない。

29)　なお，武末純一は弥生時代後期の青銅器の祭祀体系のモデル化を行っている (武末，1990)。こうした試みは注目できよう。

第7章

土器の生産・分配・消費と葬送行為

　本章では，通常の考古学的手法と胎土分析を用いながら，甕棺を含む弥生土器についての生産・分配・消費という一連のシステム(以下では生産—分配システムと略す)と，甕棺墓の葬送行為にかかわる復元を実証的に行う。それを通じて北部九州における弥生時代中期甕棺墓の特質が，階層関係の確認とその再生産にあるということを論じる。

　九州の弥生土器については，甕棺の工人論など土器もしくは甕棺が分業的に生産されていたという考えに立脚した研究もあるが，その前提自体が実証されているわけではない。弥生土器の生産—分配システムについては未解明の点が多いのである。そうした見地から筆者がここ数年来とりくんできた，弥生土器の胎土分析の成果により実証的に復元する。また，それによって以下で論じるように甕棺製作を一連の葬送儀礼の中に位置づける可能性があるなど，さまざまな重要な成果もあがっている。こうした胎土分析の応用例についても論じる。さらに，土器製作や葬送行為の復元・理解に役立つ諸例の検討も行う。

　なお，本章で扱う「土器の生産・分配・消費」というものと「葬送行為」とは，通常の考古学的議論では「土器の生産—分配システム」と「葬送システム」という別々のものとして扱われるのが普通である。しかし甕棺墓をめぐる葬送行為は，甕棺自体が土器であるがゆえに両者が密接に結びついているということができる。また，墓地で使用される土器についても，生産—分配システムだけでなく葬送システムと強く関係している。たとえばこのように，本書において重要な検討対象である北部九州中期後半の弥生社会を読み解くうえで，構造的に結びついていると考えられる土器と葬送行為とを統一的に扱う必要があるのである。そのような認識が重要であることは，以下の分析で示される。

第1節　土器と甕棺の胎土分析

1.　はじめに

　九州の弥生土器の胎土分析は従来ほとんど行われてこなかった。そのため，狭義の型式学的な方法によってしか弥生土器を分析ないし認識してこなかったといっても過言ではない。「狭義」としたのは，胎土は本来，土器型式の属性であり，広い意味で型式学的研究の対象となるものだからである。

たとえば九州の縄文土器の中でも曽畑式や阿高式の胎土中に特徴的に認められる滑石のように，特定の様式(型式)と結びつくものはそのよい例である。日本の型式学においては色調も無視ないしは軽視されがちな属性であるが，阿高式の多くが赤紫や赤褐色という赤味の強い色調を呈するように，縄文・弥生土器においても特定の様式(型式)と結びつく場合があり，意図的にコントロールされた可能性がある(松本，1996)。胎土は色調と同様に重視されておらず，これまでの研究は重要な属性を置き去りにしてきたことは惜しまれる。これは，日本の考古学者における認知の問題として，認知考古学的にも興味あるテーマであるが，ここではその点には踏み込まず，胎土分析によって得られる重要な諸情報を扱う。

筆者は蛍光X線分析による胎土分析を行ってきたが，胎土研究から得られる情報にはきわめて重要なものがあると確信している。胎土分析は土器の産地推定法である，という認識が一般的であるけれども，それは重要ではあるが胎土分析の一側面のみをとらえたものにすぎない。産地推定以外にも重要な情報が実証的に得られる，可能性をもった研究法であることを，分析を通じて痛感している。

本節では，土器の胎土分析の現状を概観したのち，筆者らが九州の弥生土器を中心として推進しつつある，蛍光X線分析による胎土分析の実践例を述べる。産地推定，土器の生産—分配システムの解明，葬送儀礼を理解する助けとしての胎土分析という新しい意義も提示したい。

2. 従来の胎土分析

(1) 蛍光X線分析を用いた胎土分析の方法

胎土分析において考古学的に意味ある分析結果を得るには，計画的に採取された試料を大量かつ長期間にわたって継続的に分析し，データを蓄積する必要がある。そのためには完全自動分析ができる安定性のきわめて高い分析装置が必要である。そこで，完全自動式の波長分散型蛍光X線分析装置が用いられる。岩石標準試料JG-1を1年以上繰り返し測定しつづけても，用いられるどの元素についても変動係数1～2%程度しかばらつかない。このように，化学的に非破壊分析で，迅速で，操作が簡便で，同時多元素分析ができ，完全自動分析ができるようになっている(三辻，1993a，1993b)。筆者は，大谷女子大学の三辻利一教授の協力により測定されたデータを用いている。以下，三辻の方法を紹介する。

適量の土器小片を採取し，土器片試料の表面の付着物や汚染を除去するために，タングステンカーバイド製の刃先をもつグラインダーで研削を行う。そしてタングステンカーバイド製乳鉢を用いて100メッシュ以下の粉末にする。その粉末試料を内径20mm，厚さ5mmの塩化ビニール製リングの枠に入れて約13tの圧力をかけてプレスし，錠剤試料を作成する。そして波長分散型蛍光X線分析装置(リガク製3270型機)を用いて，K，Ca，Fe，Rb，Sr，Naの6元素を測定する。分析値は%やppmではなく，JG-1の各元素の蛍光X線強度を使った標準化値で表示する。

この標準化値をもとにK—Ca，Rb—Srそれぞれの分布図を描いてそれを視察することや，判別分析などの統計解析が行われる。とくに，主に須恵器や埴輪などの窯跡を母集団にした2群間判別

分析は統計的根拠に説得力がある。必要に応じてFeやNaのヒストグラムも利用する。

以上，三辻の方法を簡単に述べたが，測定される元素の種類や分布図の提示の方法，統計処理の方法などはいずれも熟慮されたものである。筆者も基本的にはそれに従うが，須恵器等と異なって弥生土器の場合は研究の蓄積が不足していること，また産地推定とは異なった目的にも使用することなどから，適合した探索法を検討する余地がある。したがって，場合によっては主成分分析なども併用する。

(2) 須恵器の生産と流通

大規模須恵器窯跡群である大阪陶邑の調査は，古墳時代から古代の須恵器の編年研究などに画期的な成果をもたらしたと同時に，蛍光X線分析を用いた須恵器胎土分析の開始という点でも重要な意義をもっている。三辻は陶邑をはじめ全国の大量の須恵器を分析して窯跡群の「化学特性」を把握し，窯跡群の相互判別を行った。三辻の案出した研究法は須恵器の産地推定を可能にしたが，これには基本的に上記の分析法が用いられたのである。

胎土分析自体は世界的に行われている (Neff (Ed.), 1992)。しかしその中でも須恵器の胎土分析は，数多くの産地の推定が可能であるという点で最も成功しているということができ，貝の成長線分析やイネ科植物のプラントオパール分析とならんで，日本の考古学に関する仕事としては世界に誇れるものといえよう。これも，完全自動化された精度のよい分析装置で大量の試料が分析できることと，できる限り多くの含有元素を測定するのではなく，目的に即して有効な，鉱物学的にも根拠のある5元素ないし6元素に絞った結果であろう。すなわち，試料の採取・調整，機器分析，解析という一連の過程の中で，「精密さ」と「迅速性」と「取り扱いの容易さを備えたデータ」，そして「簡便かつ熟慮された統計解析」が行われた結果なのである。考古学的に最も「使える」胎土分析が本法である理由はそこにあると考える。さらなる理由を付け加えるとすれば，分析者の熱意と根気と考古学への関心の深さであろう。

集落跡や古墳は須恵器の消費地であり，その生産地の推定ができることの考古学的意義ははかり知れない。この研究の過程で陶邑と地方窯の関係が明らかになってきたことは，古墳時代の政治史を考える上でもっとも重要な成果といえる。すなわち，比較的古手の須恵器においては陶邑産須恵器が一元的に全国規模で供給されており，各地の在地産須恵器はそれを補完するような位置にあることが三辻によって指摘されているのである。考古学的にはそのようなモデルを提示した研究者もあるにはあったが，胎土分析から実証的に主張されるまではほとんど研究上影響を与えることがなかった。他の古墳時代中ごろの工芸・技術・軍事などさまざまな面での変革期にあって，須恵器にも高度に政治的意味合いがあることがわかってきたのである。

須恵器は朝鮮半島の陶質土器に起源する。日本列島出土の「陶質土器」とされてきたものの多くが，胎土分析の結果，朝鮮半島ではなく陶邑産須恵器の化学特性を備えていることも判明している。陶邑産須恵器は型式学的なさまざまな指標からある程度同定可能であるが，こと初期須恵器に関しては形態的変異が比較的大きく，未発見の窯が陶邑内にあることが想定されている (e.g. 三辻,

2000a)。その結果，いまや胎土分析の成果は考古学者の鑑識の指標自体にも影響を与えはじめてさえいるのである。

九州を代表する初期須恵器窯跡群である福岡県朝倉窯跡群の製品も，北部九州を中心とする地域では陶邑のミニチュア版的なあり方をすることがわかっているし，また陶邑産と朝倉産が混在する古墳では，前者が主で後者が従としての取り扱いがなされているようである。古墳時代の政治史やシンボリズムなどを考えるにあたって，須恵器の果たす役割を胎土分析は大いに高めているといえよう。このようなことも胎土分析の重要な成果である。

なお，古代の寺院などに用いられた瓦についても，須恵器と同様の方法で窯と消費地の関係がかなりの精度で解明されつつある。

(3) 埴輪の生産と流通

埴輪は古墳に樹立するために製作されたものである。したがって，一つの古墳から出土する埴輪は同時性が高い。また，多くの埴輪が一度に使用されるため，分析データの統計処理にも耐え，かつ同一古墳内の微細な差異にも注目することができる。さらに，新しい段階では埴輪は窯で焼成されており，須恵器と同様に生産地との対応関係を知ることができる。これにより，いわゆる天皇陵クラスの古墳の埴輪についても古墳と生産地との関係が判明しつつある。また，九州でも磐井の墓と推定されている福岡県岩戸山古墳と，立山山窯跡群の埴輪の胎土が完全に一致することなどもわかっている（三辻，1998，2000b）。

また，埴輪は製作工人集団組織や製作単位の問題などに関心が払われ，いくつかの古墳の例をもとに微細な癖など主に型式学的な観点から検討されてきた。この点も重要で，蛍光X線分析を用いた胎土分析とのクロスチェックを可能にする。分析の結果，同一古墳の埴輪の型式学的グルーピングと胎土のグルーピングとが対応することもしばしばであり，工人集団論に大きく寄与している。また，前方後円墳の主軸の左右で使用された埴輪の胎土が異なることも指摘されており，築造に関与した集団の問題や墳丘のシンボリズムを考えるべきであることを考古学者に認識させるに至っている。

(4) 弥生土器への応用の少なさ

以上のように古墳時代の須恵器や埴輪については胎土分析の適用例が多く，また研究法の完成度が高いことからかなりのことが判明しつつあるが，弥生土器の生産と流通の問題に関しては立ち遅れが目立つ。民族誌的類推によるものや，胎土分析としては岩石学的分析例があるが，さほど盛んとはいえない。そもそも弥生土器は須恵器のような窯は持たない。その点は縄文土器と同じである。もっとも，近年の研究では同じ「野焼き」でも縄文土器と弥生土器では焼成方法が異なっており，弥生土器の焼成には「雲南式」などと称される東南アジアの民族誌にみられるごく簡単な簡易窯が用いられたことが指摘されている。

いずれにせよ，これら低火度焼成の土器には胎土中に大小の砂礫が含まれており，須恵器と同じ

ような粉末法による胎土分析では，混和材の効果が明らかでないという不安がある。縄文土器や弥生土器で蛍光X線分析による胎土分析が敬遠されてきた大きな原因はそこにあると思われる。実際，須恵器においては同一の産地であれば試料間の差はかなり小さく，2次元分布図にプロットすると非常によくまとまる。それに対して，縄文土器や弥生土器ではばらつきが大きい。もっとも，これらは須恵器のように窯がないので，厳密な意味で同時に製作された個体群を分析することが難しいため，一遺跡から得られた試料に変異を含みやすいという難点もある。しかし，多くの遺跡について分析しても，変異の幅はやはり須恵器よりも大きく，本来の個体間の胎土自体が須恵器ほど均一ではないようである。

　なお，須恵器は高温焼成のため鉱物が消失しており，混和材の区別や抽出がそもそも困難であ

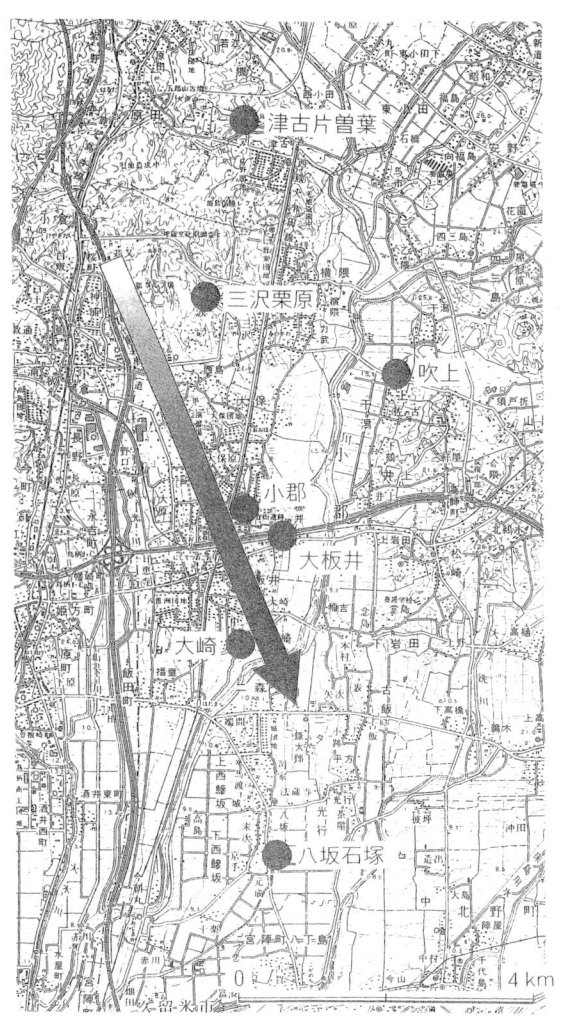

図1　分析に用いた小郡市内遺跡の分布と地形の傾斜
　　　(1/100,000)

表1　小郡市内出土土器分析値

遺跡	K	Ca	Fe	Rb	Sr	Na	備考
津古片曽葉遺跡	0.473	0.151	1.56	0.451	0.540	0.158	甕棺
津古片曽葉遺跡	0.499	0.145	2.07	0.394	0.555	0.092	甕棺
津古片曽葉遺跡	0.461	0.141	1.55	0.451	0.543	0.151	甕棺
津古片曽葉遺跡	0.558	0.147	1.95	0.492	0.558	0.170	甕棺
津古片曽葉遺跡	0.384	0.176	1.80	0.473	0.376	0.133	甕棺
津古片曽葉遺跡	0.543	0.139	1.49	0.488	0.510	0.153	甕棺
津古片曽葉遺跡	0.456	0.141	1.51	0.469	0.511	0.157	甕棺
津古片曽葉遺跡	0.236	1.140	3.56	0.214	0.545	0.193	甕棺
津古片曽葉遺跡	0.522	0.135	1.43	0.477	0.531	0.149	
三沢栗原遺跡	0.492	0.180	2.16	0.313	0.483	0.170	
三沢栗原遺跡	0.449	0.320	2.37	0.433	0.754	0.260	
三沢栗原遺跡	0.451	0.170	2.19	0.410	0.408	0.170	
三沢栗原遺跡	0.462	0.210	2.19	0.363	0.547	0.250	
三沢栗原遺跡	0.632	0.150	1.60	0.523	0.528	0.200	
吹上遺跡	0.450	0.322	1.63	0.405	0.584	0.297	
吹上遺跡	0.580	0.223	1.50	0.503	0.665	0.245	
吹上遺跡	0.496	0.217	2.21	0.382	0.477	0.281	
吹上遺跡	0.458	0.232	2.29	0.487	0.549	0.206	
吹上遺跡	0.464	0.478	2.26	0.433	0.894	0.277	
吹上遺跡	0.426	0.282	2.09	0.426	0.411	0.311	
小郡遺跡	0.510	0.334	2.84	0.404	0.557	0.166	
小郡遺跡	0.440	0.320	3.21	0.423	0.645	0.175	
小郡遺跡	0.480	0.184	2.25	0.348	0.514	0.214	甕棺
小郡遺跡	0.490	0.212	2.87	0.411	0.405	0.118	
小郡遺跡	0.500	0.233	2.43	0.488	0.614	0.226	
大板井遺跡	0.553	0.260	2.12	0.536	0.550	0.198	
大板井遺跡	0.442	0.370	1.43	0.451	0.671	0.249	
大板井遺跡	0.533	0.230	2.49	0.478	0.586	0.143	
大板井遺跡	0.489	0.490	2.08	0.460	0.739	0.387	甕棺
大板井遺跡	0.607	0.260	1.76	0.567	0.614	0.298	
大板井遺跡	0.430	0.670	3.65	0.371	0.846	0.251	甕棺
大板井遺跡	0.461	0.320	2.51	0.415	0.507	0.256	
大板井遺跡	0.460	0.230	2.33	0.481	0.441	0.220	
大板井遺跡	0.490	0.400	2.09	0.447	0.620	0.311	
大板井遺跡	0.513	0.250	2.28	0.513	0.561	0.280	
大板井遺跡	0.518	0.240	1.63	0.402	0.726	0.310	
大板井遺跡	0.534	0.330	2.53	0.479	0.843	0.312	
大板井遺跡	0.452	0.190	2.33	0.428	0.398	0.178	
大板井遺跡	0.347	0.420	2.70	0.323	0.441	0.220	
大板井遺跡	0.473	0.350	2.99	0.472	0.759	0.234	
大板井遺跡	0.393	0.230	2.04	0.374	0.323	0.155	
大板井遺跡	0.580	0.410	2.36	0.480	0.858	0.322	
大板井遺跡	0.358	0.560	2.65	0.302	0.611	0.249	
大板井遺跡	0.542	0.370	2.53	0.482	0.866	0.302	
大板井遺跡	0.430	0.440	2.95	0.347	0.640	0.233	
大板井遺跡	0.579	0.320	1.99	0.476	0.878	0.218	
大板井遺跡	0.614	0.210	3.10	0.456	0.674	0.322	
大板井遺跡	0.512	0.430	2.51	0.428	1.090	0.443	
大板井遺跡	0.574	0.320	2.43	0.487	0.854	0.311	
大板井遺跡	0.441	0.580	3.30	0.376	0.946	0.297	
大板井遺跡	0.431	0.530	1.48	0.286	1.240	0.327	
大板井遺跡	0.438	0.400	2.13	0.470	0.979	0.238	
大板井遺跡	0.462	0.410	2.07	0.441	1.060	0.294	
大板井遺跡	0.423	0.450	1.75	0.408	1.140	0.280	
大板井遺跡	0.505	0.280	1.73	0.474	1.170	0.140	
大板井遺跡	0.639	0.190	1.24	0.478	0.561	0.302	
大板井遺跡	0.430	0.400	1.71	0.412	0.978	0.270	
大板井遺跡	0.442	0.450	2.00	0.379	0.943	0.310	
大板井遺跡	0.489	0.210	1.78	0.763	0.681	0.167	
大板井遺跡	0.428	0.400	2.86	0.450	0.826	0.333	
大板井遺跡	0.402	0.160	1.24	0.431	0.751	0.119	
大板井遺跡	0.433	0.320	1.38	0.473	1.280	0.289	
大板井遺跡	0.431	0.380	1.84	0.435	0.743	0.253	
大板井遺跡	0.485	0.330	3.27	0.445	0.814	0.236	

遺跡	K	Ca	Fe	Rb	Sr	Na	備考
大板井遺跡	0.480	0.420	2.26	0.424	0.735	0.242	
大板井遺跡	0.482	0.230	2.06	0.491	0.655	0.173	
大板井遺跡	0.598	0.250	2.24	0.489	0.602	0.337	
大板井遺跡	0.569	0.220	2.53	0.559	0.723	0.204	
大板井遺跡	0.421	0.340	3.43	0.469	0.714	0.219	
大板井遺跡	0.539	0.320	2.68	0.450	0.941	0.288	
大板井遺跡	0.472	0.290	1.99	0.452	0.882	0.305	
大板井遺跡	0.427	0.370	1.73	0.381	1.190	0.197	
大板井遺跡	0.460	0.380	1.82	0.463	1.220	0.268	
大板井遺跡	0.509	0.390	2.44	0.496	0.969	0.291	
大板井遺跡	0.438	0.350	2.08	0.348	0.789	0.255	
大板井遺跡	0.499	0.250	1.42	0.583	0.667	0.329	甕棺
大板井遺跡	0.518	0.340	1.50	0.617	0.717	0.327	甕棺
大板井遺跡	0.483	0.510	2.48	0.474	0.791	0.400	甕棺
大板井遺跡	0.463	0.540	2.00	0.720	0.696	0.347	甕棺
大板井遺跡	0.589	0.200	3.20	0.438	0.519	0.223	甕棺
大板井遺跡	0.418	0.220	1.42	0.426	0.662	0.181	甕棺
大板井遺跡	0.472	0.320	1.61	0.434	0.691	0.204	甕棺
大板井遺跡	0.439	0.210	1.36	0.426	0.678	0.182	
大板井遺跡	0.526	0.130	2.16	0.463	0.446	0.144	甕棺
大板井遺跡	0.557	0.250	2.40	0.483	0.664	0.225	甕棺
大崎遺跡	0.470	0.273	1.47	0.511	0.802	0.386	
大崎遺跡	0.518	0.448	2.31	0.478	0.842	0.426	
大崎遺跡	0.552	0.228	1.50	0.532	0.552	0.264	
大崎遺跡	0.495	0.225	1.75	0.441	0.694	0.287	
大崎遺跡	0.453	0.265	1.67	0.497	0.597	0.222	甕棺
大崎遺跡	0.417	0.345	2.11	0.430	0.745	0.366	
大崎遺跡	0.419	0.264	1.10	0.403	0.715	0.264	
大崎遺跡	0.590	0.261	2.45	0.491	0.634	0.582	
大崎遺跡	0.549	0.155	2.67	0.489	0.482	0.201	
大崎遺跡	0.502	0.225	1.44	0.414	0.661	0.300	
大崎遺跡	0.475	0.189	1.72	0.576	0.476	0.184	
八坂石塚遺跡	0.403	0.633	2.37	0.518	1.630	0.176	
八坂石塚遺跡	0.481	0.517	2.18	0.490	1.290	0.447	
八坂石塚遺跡	0.421	0.611	2.14	0.447	1.600	0.360	
八坂石塚遺跡	0.485	0.529	1.16	0.650	1.500	0.337	
八坂石塚遺跡	0.479	0.421	1.93	0.428	0.925	0.317	
八坂石塚遺跡	0.430	0.568	3.26	0.459	1.140	0.256	
八坂石塚遺跡	0.553	0.495	1.54	0.609	1.500	0.285	
八坂石塚遺跡	0.458	0.503	2.07	0.435	1.260	0.300	
八坂石塚遺跡	0.445	0.641	2.30	0.479	1.570	0.314	

る。この点からも胎土分析に蛍光X線分析を用いざるをえない面もある。しかし，須恵器のほうがより専業的であり安定した系統的な素材の採取と調整がなされたであろうこと，高火度焼成等の技術的な点からも素材が厳選されていると思われることなどから，ある程度均一であるのは当然のことともいえよう。

また既述のように，須恵器の産地推定がよく知られているためか，胎土分析イコール産地推定の方法というイメージが強い。産地推定という目的からは，弥生土器のようにばらつきが大きいものは明確な答えが出にくいとも予想される。

以上のような諸要因のために，弥生土器の胎土分析に蛍光X線分析が用いられることはまれであった。

3. 弥生土器の胎土分析

上述のように，弥生土器の蛍光X線分析は積極的に行われてこなかった。しかし，筆者らは現

在，産地推定に限定せず，敬遠される原因であったばらつきが大きいことをもむしろ利用して，研究法を開拓しつつある。

筆者らの研究は，胎土分析と従来の考古学的方法との双方から情報を得ることを念頭においているため，三辻の方法に加えて，考古学的観察を事前に十分に行うことに特徴がある。したがって，型式や器種がわかるものを基本的には試料としている。

(1) 胎土分析の開始——福岡県小郡市——

まず，福岡県小郡市内の遺跡の胎土分析から着手した。小郡市は筑前・筑後・肥前の三国境にほど近い筑後平野の北部に位置する。花崗岩からなる山地から派生した北部の丘陵，中部域の段丘，南部の沖積平野というふうに，北が高く南に低くなる地形である。北部の丘陵の遺跡では地山は花崗岩ばいらん土である。中部域はやや複雑であるが，花崗岩に由来する砂礫の上に阿蘇4起源の鳥栖ロームがみられる遺跡が多い。南部は筑後川の支流宝満川の氾濫原またはそれに臨む微高地で，沖積層が厚く堆積している。そこで，計画的に南北に7か所の遺跡を選び，弥生時代前期後半から中期末を中心として試料を抽出した(図1)。必要に応じて実測を含めた考古学的観察を行ったのち，分析に供した。

分析値(表1)をK—Ca，Rb—Sr両分布図にプロットする(図2・図3)。その結果，どの遺跡も時期や器種による胎土の差は認められず，ばらついてはいるが遺跡ごとにまとまりがある。注目すべきは，K—Ca，Rb—Srの両分布図において，重複しつつも大局的には北部の遺跡から南部の遺跡へとCaとSr量が増加していることである。遺跡は北から順に，津古片曽葉遺跡 → 三沢栗原遺跡 → 吹上遺跡 → 小郡遺跡・大板井遺跡 → 大崎遺跡 → 八坂石塚遺跡となる。K—Ca分布図とRb—Sr分布図のどちらをみても，遺跡ごとにある程度まとまっており，また遺跡ごとにわずかなずれがあるということが注目される。詳細にみれば，CaとSrの軸の方向で差異がみられる。最も北に立地する津古片曽葉遺跡が最もCa，Srの値が小さく，次に三沢栗原遺跡，そして最も南の低地に立地する八坂石塚遺跡は逆に最もCa，Srの値が大きい。またその他の遺跡は中間的な位置にある。

試みに，測定した6元素を用いて主成分分析とクラスター分析を行った。主成分分析の第1・第2主成分の2次元散布図(図4)では，おおまかにいえば左下から右上へと遺跡の南北に対応するようにプロットが遷移している。小郡市の中部域に所在する大板井遺跡の試料は，ほぼ原点を中心に広く散布している。クラスター分析(ウォード法)を行ったところ，3〜4個のクラスターが形成された(図5)。便宜的に4つとみなし，左から順にI群〜IV群とする。クラスターにまたがる遺跡も多いが，北域の遺跡はI群に集中する傾向があり，最も北の津古片曽葉遺跡はすべてがI群に含まれる。逆に最も南の八坂石塚遺跡はIII・IV群であり，とくにIV群はこの遺跡だけで構成されている。中部域の遺跡はII・III群を中心とする。やはり大板井遺跡のとる変異の幅は大きい。このように，FeとNaを含む6元素でみても南北に化学特性の遷移があることがわかる。

以上のように，試料には時期差が含まれるにもかかわらず遺跡ごとに固有のまとまりを有すると

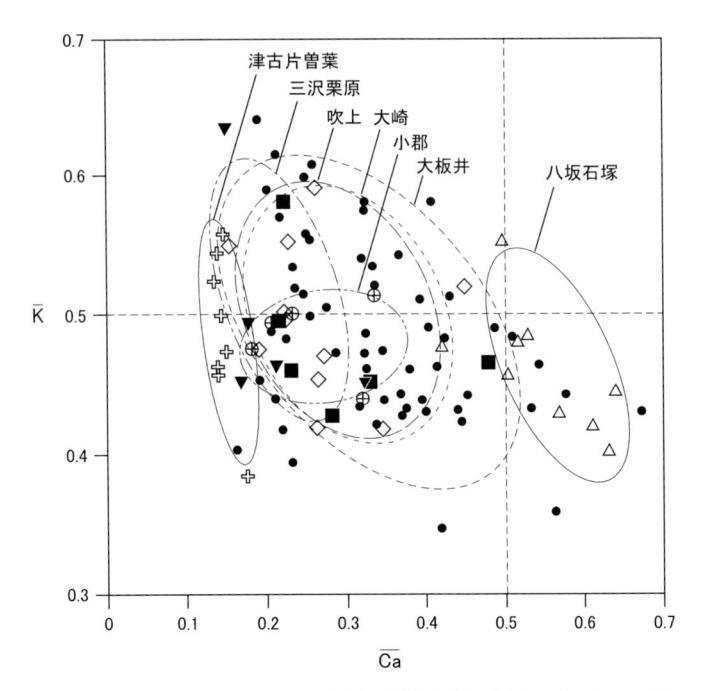

第 7 章　土器の生産・分配・消費と葬送行為　　363

図2　小郡市内出土弥生土器の K—Ca 分布図

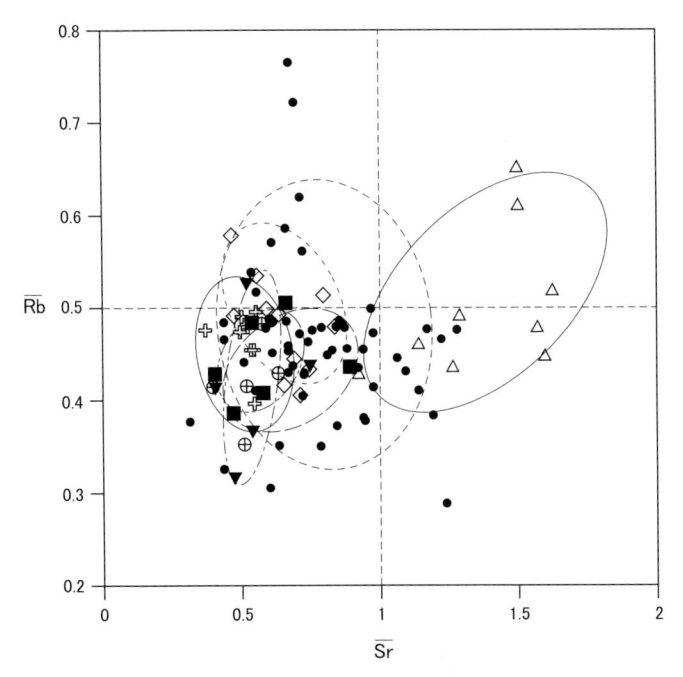

図3　小郡市内出土弥生土器の Rb—Sr 分布図

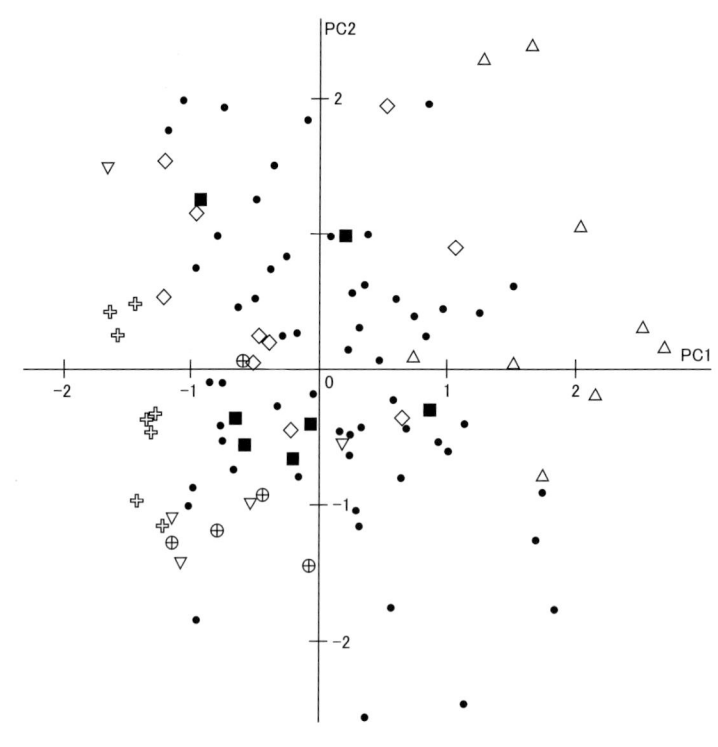

図4 小郡市内出土弥生土器の主成分分析結果

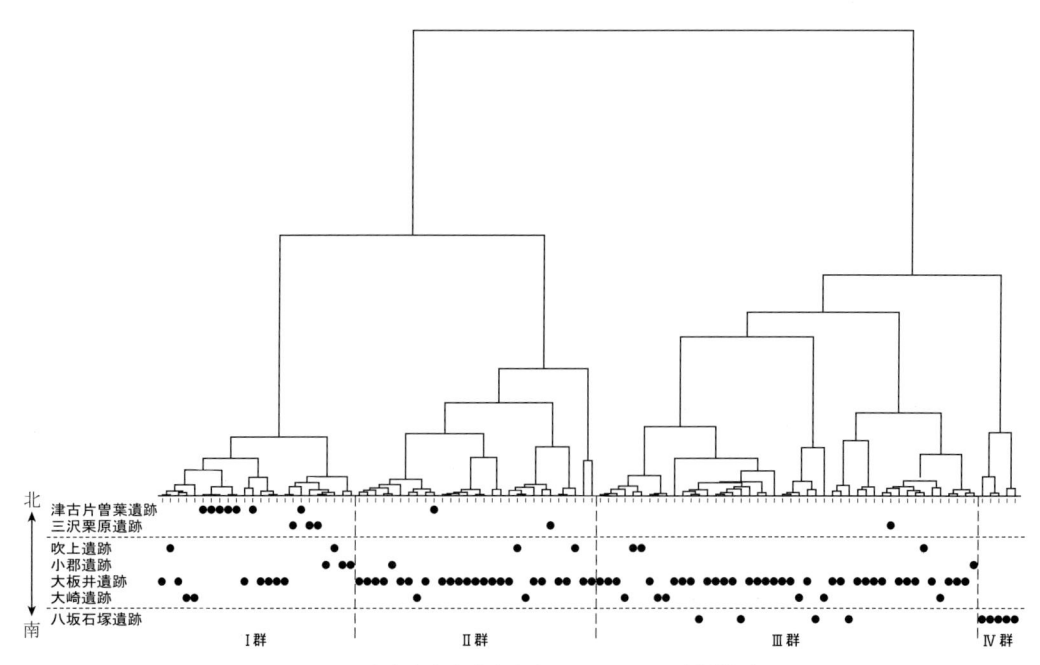

図5 小郡市内出土弥生土器のクラスター分析結果
凡例は図4に同じ．

いうことは，この化学特性の南北の遷移には時期的な効果は関与していないことになる。つまり，先述のような地質構造の南北の遷移が胎土に反映していると判断するのが自然であろう。したがって，遺跡の近隣で原料が採取され，多くはその集落の中で消費されたことを示唆している。これがわずか南北10 kmの中で認められることから，広域での専門工人集団からの供給あるいは大規模な土器の交易などは考えられず，少なくともこの地域の前・中期の弥生土器は，各集落もしくは集落群程度で比較的完結した土器生産と消費を行っていたと推定できるのである（中園ほか，1994；中園・三辻，1996）。小郡市北部の丘陵においても津古遺跡や西島遺跡をはじめとする複数の遺跡で弥生土器焼成遺構が検出されている。近年各地で発見されつつある弥生土器の焼成遺構が，拠点集落や集落群単位で認められることは，以上の分析結果を支持する。

以上の遺跡のうち，大板井遺跡の資料は他の遺跡よりも分布図上のばらつきが大きかった。これはたんに試料数が多いというだけで説明できるものではない。これが周辺の遺跡から持ち込まれた土器の存在を示しているのか，近くで採取できる材料にそもそもばらつきがあるためなのか，それとも両者の要因が合わさっているのか——大板井遺跡は前期後半から後期末まで継続する拠点集落と考えられるため，その評価とも関わってくる重要な問題である。

器種間の胎土については，須玖II式の丹塗土器でまれにFe量が若干多いものがあるが，器種間での明確な差は基本的には認められなかった。その後分析した多くの遺跡でも同様の結果が出ている。分析試料の中には甕棺も含まれているが，いずれも同一集落内の土器のプロットに重なっている（図6〜8）。つまり，甕棺とそれ以外の土器の間では化学特性に差異はなく，元素レベルでみるかぎり同じ組成であるということになる。このことは従来知られていなかった重要な点である。これは甕棺の生産—分配の体制が，日常土器のそれとはさほど異質なものではない可能性を示唆していよう。もし甕棺の「専門工人」がどこか外部に存在し，そこから供給しているのであれば，この

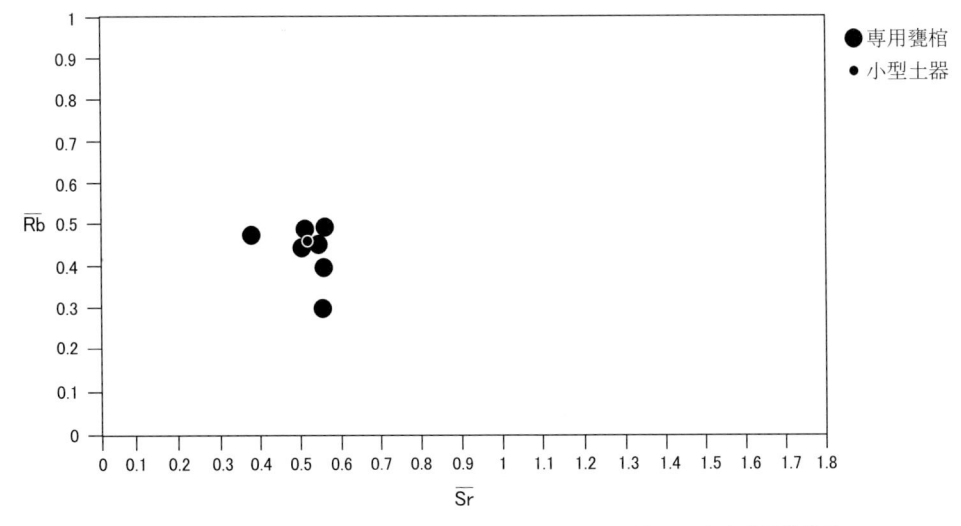

図6　同一遺跡における専用甕棺と小型土器胎土の比較 ①　津古片曽葉遺跡

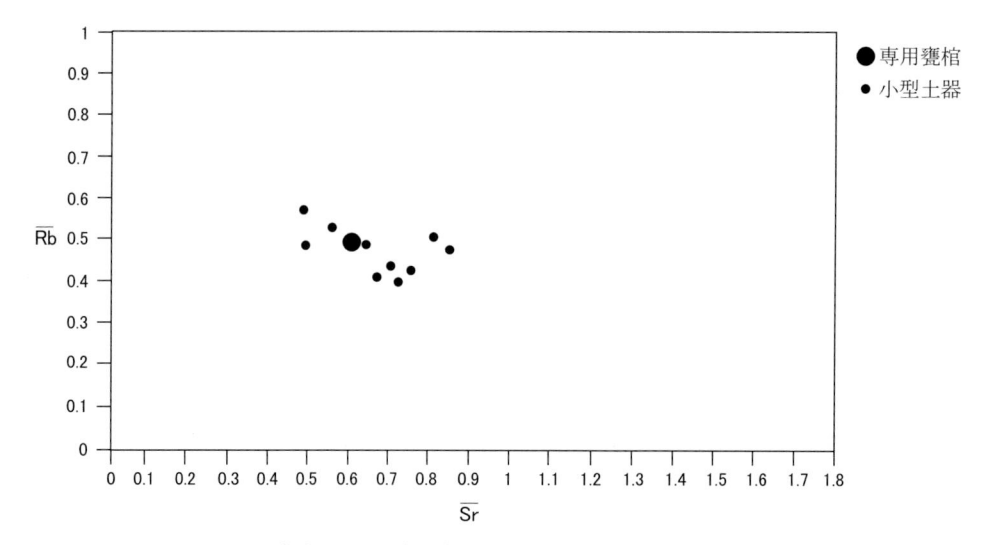

図7 同一遺跡における専用甕棺と小型土器胎土の比較 ②　大崎遺跡

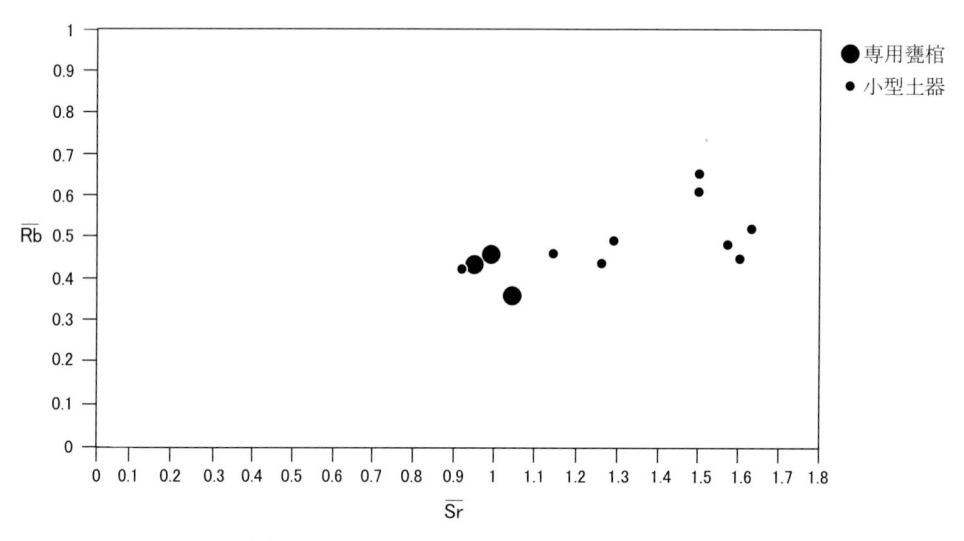

図8 同一遺跡における専用甕棺と小型土器胎土の比較 ③　八坂石塚遺跡

ようなあり方はしないはずである。なお，青銅器製作で一部に想定されている移動(巡回)工人説のように，甕棺製作の「わたり職人」がいれば話は別である。しかし，モデルとしては成り立つとしても，少なくともそれが常態であったと考えるのは無理があろう。ちなみに，青銅器の移動工人説には批判が出されており(春成，1992)，そのモデルとなったヨーロッパでの青銅器巡回工人説も批判されている[1] (Rowlands, 1971)。したがって胎土分析の結果は，甕棺とその他の土器とは基本的に同じ素材が用いられたということと，両者は異なる場所で製作されたものではないということを示唆しているといえよう。

また，試料に含まれる甕棺のうち，上甕と下甕がそろって分析できた大板井遺跡 XIa 区 1~3 号

甕棺の3セットについては，上甕と下甕間でいずれも胎土が比較的類似していた。これは当初からセットで製作された可能性も示唆しており，そうであれば甕棺の生産—分配システムの解明に寄与できることが予想された。そこで，後述する甕棺の計画的な分析に着手することになった。上甕と下甕の胎土の類似性を検討することは，この種の胎土分析の新たな応用法である。

(2) 胎土の地域差

弥生土器の日常的な生産—分配システムにあっては，長距離移動については考えにくいと想定できた。これは古墳時代の須恵器とは著しい違いである。しかし，特別な場合，個体の長距離移動はあったと考えられ，北部九州の土器が中部九州や南部九州で出土する例や，東部九州から大隅半島にかけてみられる中期の瀬戸内系凹線文高杯をはじめ，型式学的にそれと推定されるものは多い。胎土分析から須恵器のようにかなりの確度で産地推定ができれば申し分ないが，すでに述べたように弥生土器は須恵器より胎土の個体差が大きいことや，窯跡という確固たる母集団がそもそも得にくいといううらみがある。

前述のように近接した集落間でも胎土に微差があることが認められたが，地域間判別となると，たとえば九州の異なる県に所在する2つの遺跡間で胎土を比較しても，似た地質環境であれば明瞭に判別できない場合もしばしばある。したがって，地域間判別をふまえて搬入土器の検討を行う場合は注意が必要である。ただし，次のように地質環境が異なる場合は判別が可能である。

九州と南西諸島各地では，特徴的な化学特性をもち，他と判別しやすい地域もある。たとえば大分県の火山灰台地では K, Rb 量が少なく Ca, Sr 量が多い傾向がある（図9）。また，南西諸島では概ね Ca, Sr および Fe 量が著しく多いものが目立つ（図10〜12）。九州内で，これらの地域からの搬入や逆にこれらの地域に搬入されたものがあれば，判別できる可能性が高い。なお，もちろん

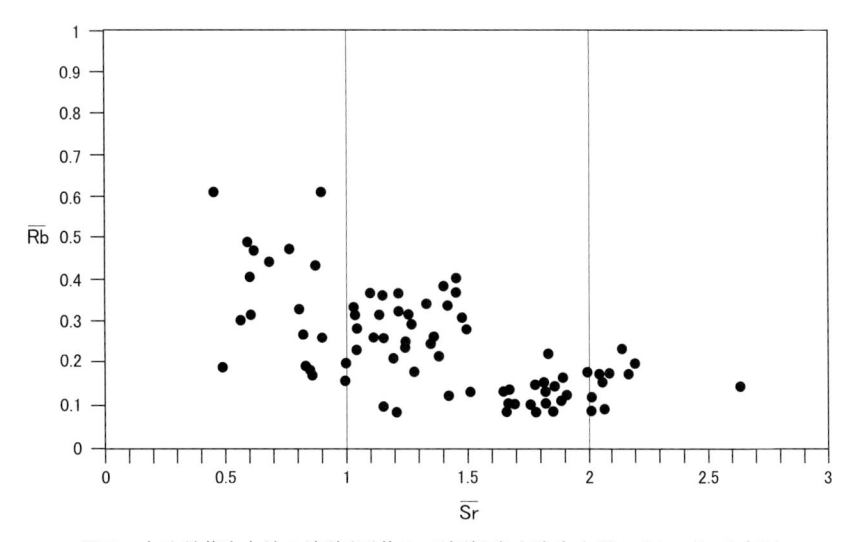

図9 大分県菅生台地の遺跡（石井入口遺跡）出土弥生土器の Rb—Sr 分布図

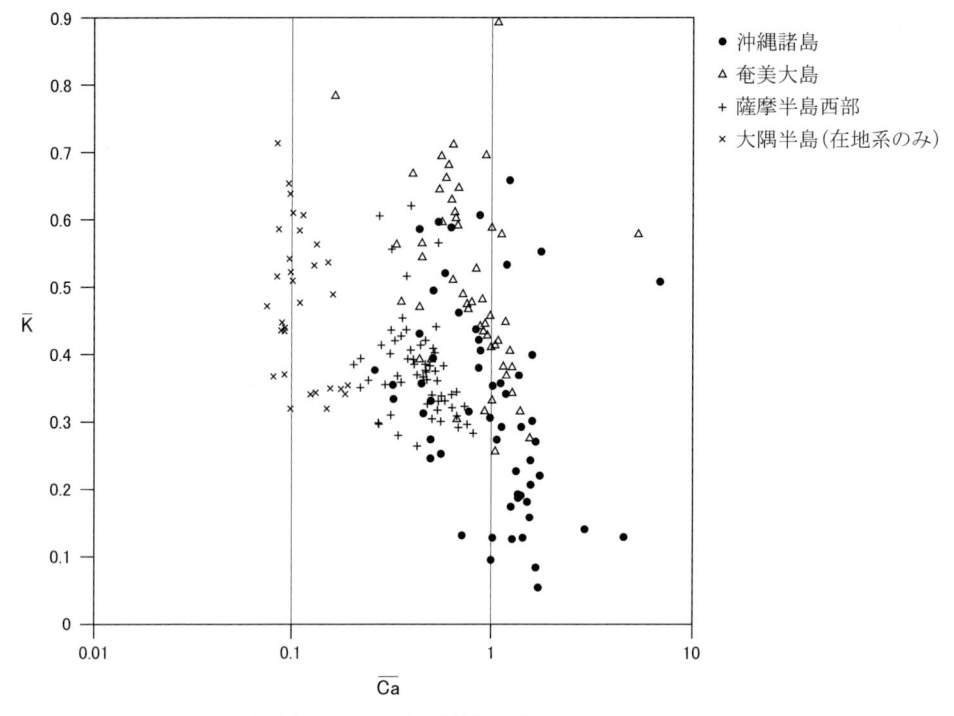

図 10 南西諸島出土貝塚時代後期土器の K—Ca 分布図
比較のため南部九州(薩摩半島西部・大隅半島)の弥生土器を含む.

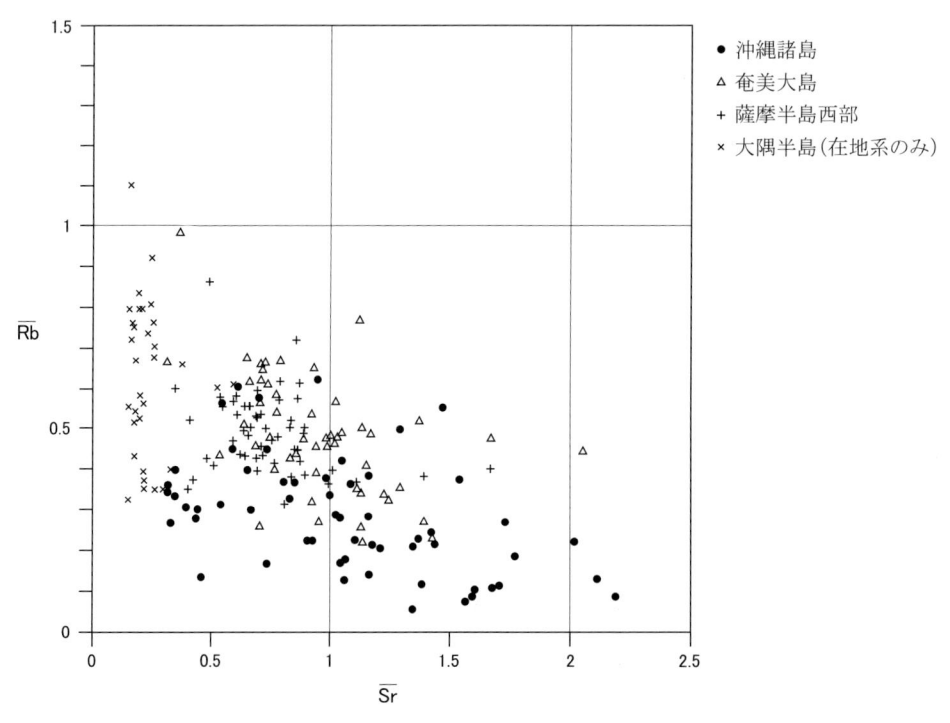

図 11 南西諸島出土貝塚時代後期土器の Rb—Sr 分布図

これらの特徴ある化学特性をもつ地域においても，集落間または小地域間で微差が認められることが多い。いずれにせよ土器の形態や技法などの観察と合わせて分析を実施する必要がある。

こうした小地域間での判別は，同一様式の分布範囲では特に意義がある。南部九州においては大隅半島と薩摩半島で顕著な差がある。両者は「シラス」など火山噴出物が表層にある点で共通するが，花崗岩をベースに大隅半島と，そうでない薩摩半島の差であろう。ところが大隅半島と屋久島のように同時期の花崗岩がベースとなる地域間では，明確な判別が困難な場合が想定される。この場合も，屋久島に搬入された薩摩半島の土器は判別できる可能性が高い（中園ほか，2001）。したがって産地推定の場合は，土器の観察を十分に行って地域の絞り込みをしたうえで胎土分析を実施しなければ，効果があがらないし誤判別も生じることになる。

弥生土器の地域間判別の可能性については今後も探っていく必要があるが，制約が大きいため須恵器と同様の研究戦略を用いることは難しい面がある。しかし，むしろそれを認識し，産地推定で不利な点を逆に利用することが胎土分析の可能性を拡大することにつながるという確信が得られた。甕棺へのそのような応用については次節で論じることになる。

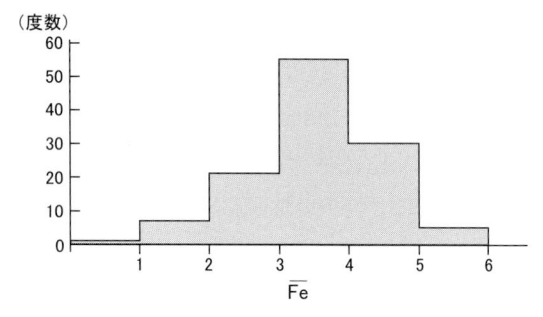

図12　南西諸島出土貝塚時代後期土器のFeのヒストグラム

(3) 胎土分析と集落

従来確かな証拠がなかった弥生土器の生産と流通について，解明の手がかりが得られたことは重要である。弥生時代前期と中期の北部九州では特定工人集団からの広域にわたる供給という考えを否定し，むしろドメスティックなイメージを喚起することになった。また甕棺とその他の弥生土器の胎土が同一遺跡で似ていることも重要である。ただし，なお問題は多く残っている。どの集落でも土器製作を行っていたとするには問題がある。しかし，特定の土器製作センターから旧郡単位をこえるような広域への分配がなされていた可能性は，きわめて低いということはほぼ確実であろう。実際にはそうした想定よりもかなり細かな単位であったことになる。

小郡市の場合，胎土分析を実施した7か所以外にも数十か所の遺跡が同時併存しており，そうした大小の集落いずれもが土器製作を行っていたかどうかは現段階では不明である。したがって分業論との関係でいえば，集落間分業については肯定も否定もできないのが現状である。また，集落の構成員のうち誰がどのような形で土器製作に携わったかも解明すべき課題として残っている。集落内分業の可能性はいまだに残っており，集落内における少数の特定個人が製作に携わった可能性は考えられる。これについては，微細属性に注目して個人を同定する作業を進めるなどして今後解決していかなければならない。

先述のように大板井遺跡においては，遺跡内での製作の可能性を残しつつも，周辺からの土器の分配の可能性が想定された。小地域における拠点的な集落ではそのようなモデルが成り立つことになる。

　なお，佐賀県吉野ケ里遺跡は佐賀平野における拠点的大規模集落の一つであるが，胎土分析を実施した結果，遺跡内の地区ごとに胎土の化学特性にずれが認められた (鐘ヶ江ほか，2001)。これは，大型とはいえ環濠で囲まれた一つの遺跡であり，地区ごとに差が認められるのはむしろ意外ともいえる。同一の「集落」の中でも土器の製作単位が複数あったことになり，しかもそれと分配が対応していることになる。つまり土器の生産—分配—消費まで貫徹した，少なくとも土器について排他性のある単位があることになる。なお，これは中期までではなく後期も含まれる。したがって，各地区は長期にわたって何らかの排他性を維持した集団であるということになる。なお，この胎土の差が地質条件に由来するのかどうかは断定できないが，極めて近い距離にある各地区で地質条件が異なるとは考えにくいことや，集落内で粘土や混和材の採取をした痕跡もないことから考えると，集団ごとに環濠外のそれぞれ別の場所で素材の採取を行っていた可能性も想定される。これは中期後半から発達する北部九州の大規模集落，すなわち，都市的な機能をもちはじめた集落の性格を考える上で重要なモデルとなろう。それと同時に環濠内の各集団が，それぞれ環濠外の別の集団から土器の分配を受けていた可能性も，周辺の遺跡出土土器の胎土分析を実施していない現状では否定できない。

　さらに，北部九州の弥生時代中期後半は，吉野ケ里遺跡のほかにも須玖・岡本遺跡群や比恵・那珂遺跡群のように拠点集落を超えた大規模集落が出現し，都市的性格が指摘される (久住，1999b，2000；吉留，1999a；中園，2000a)。こうした都市的集落の性格と機能については次章で述べるが，ここでは比恵・那珂遺跡群での胎土分析の結果からいえば，これらの集落では胎土の化学特性の差が吉野ケ里遺跡ほど明瞭ではなく，かつ集落全体で非常に大きな変異をとりそうだということがわかってきている。確実には今後の胎土分析の進展によらなければならないが，吉野ケ里遺跡よりも規模が大きいにもかかわらず，内部での土器の流動性が高い可能性がある。これは集落内部での構成員の流動性の高さを示すものかもしれないし，構成員は各地区に固定的であっても土器の流動性の高さを示すものかもしれない。またその場合，集落内外での土器の分業生産の問題にも一石を投じることになる。このモデルは，いずれにせよ吉野ケ里遺跡とは多少性格の異なった「集落」のあり方があることを示唆するといえよう。

　都市的集落とその周辺またはやや遠い小集落との間には，さまざまな格差が生じていたと考えられるが，土器の生産—分配システムについても異なったあり方が想定できることになる (cf. 小林青樹，1999)。これらの都市的大集落の成立は，北部九州を中心とする「王権」の成立と結びついていると考えられることもその想定の根拠である。こうした集落の性格にも着目した研究が必要である。なお，弥生時代後期の検討はまだ十分ではないので，生産—分配システムの時期的変化の解明はこれからの課題である。

4. 甕棺の胎土分析

(1) 甕棺胎土分析の経緯と前提

甕棺墓は北部九州を中心とした九州西半部特有の墓制である。甕棺はその埋葬主体として用いられた棺であり、土器としては世界的にみても非常に大きい部類に属する (口絵 4)。いうまでもなく甕棺は埋葬に用いられるとともに弥生土器であり、土器としてみれば通常の弥生土器と同様の研究法を用いることができる。

ところが、甕棺は非常に巨大であることや規格的であること、埋葬という特殊な場で使用される土器であることなどから、これまで特定専門工人集団が存在したという想定がなされてきた。他の弥生土器が仮にドメスティックな生産であっても、甕棺だけは誰でも製作できるようなものではなく、きわめて高度な技術が必要であろうから専業化されているはずであるというのが、研究者の大方の見方である (井上、1978a; 橋口、1993; cf. 藤田、1966)。加えて甕棺は埋葬にかかわる特殊なものであるから、製作者が異なってもよいという想定も加わっているものと思われる。

これには古墳時代研究の影響もあるように思われる。工人集団論との関係でいえば、古墳時代の埴輪や須恵器生産も専門工人によると認識する研究者は多い。武器・武具、馬具、その他の金属製品などについても専門工人の手になるという認識は、古墳時代においては受け入れられている。これには記紀等の記述などもヒントになっていると思われる。おそらくこうした考えは古墳時代に関しては当たっているであろう。しかし、弥生時代の分業論については、青銅器製作などを代表とする特殊なものを除けば、モデルとしては成り立っても、実証にはほど遠い感がある。甕棺の工人集団論については井上裕弘 (1978a) らの先駆的研究があり、それと関連して蛍光 X 線分析による胎土分析も行われたことがある (沢田・秋山、1978)。ところが、その後はほとんど甕棺の胎土分析は行われず、継続した研究がなされなかったことは惜しまれる。

甕棺は土器であるため生産―分配システムと結びついており、さらに埋葬に用いられるため葬送システムとも結びついている。この二重性によって、胎土分析を用いた甕棺の実証的研究は意味深長な結果を導き出せるのではないかと期待される。

これまでに実施した甕棺の胎土分析のうち主要なものを以下に記す (図 13・33 参照)。

(2) 栗山遺跡 2 次調査

前述のように、筆者らの甕棺の胎土分析は福岡県小郡市周辺から開始された。その過程で甕棺はその他の土器と基本的に同じ化学特性をもつことが判明し、遺跡周辺で製作されたものであることが示唆された。そのうち、甕棺の上甕と下甕の組み合わせが検討できた大板井遺跡例について、いずれも形態・胎土の化学特性が類似していたことから、上甕と下甕が 1 セットずつ同時に製作された可能性が示唆された。それをふまえて、小郡市の十数 km 西にある福岡県甘木市栗山遺跡 2 次調査 (松尾 (編)、1994) で出土した甕棺の胎土分析が行われた (三辻、1994; 中園ほか、1995)。したがって、甕棺の胎土分析の実施当初から、上甕・下甕の胎土の類似度の検討は主要な課題の一つであったこ

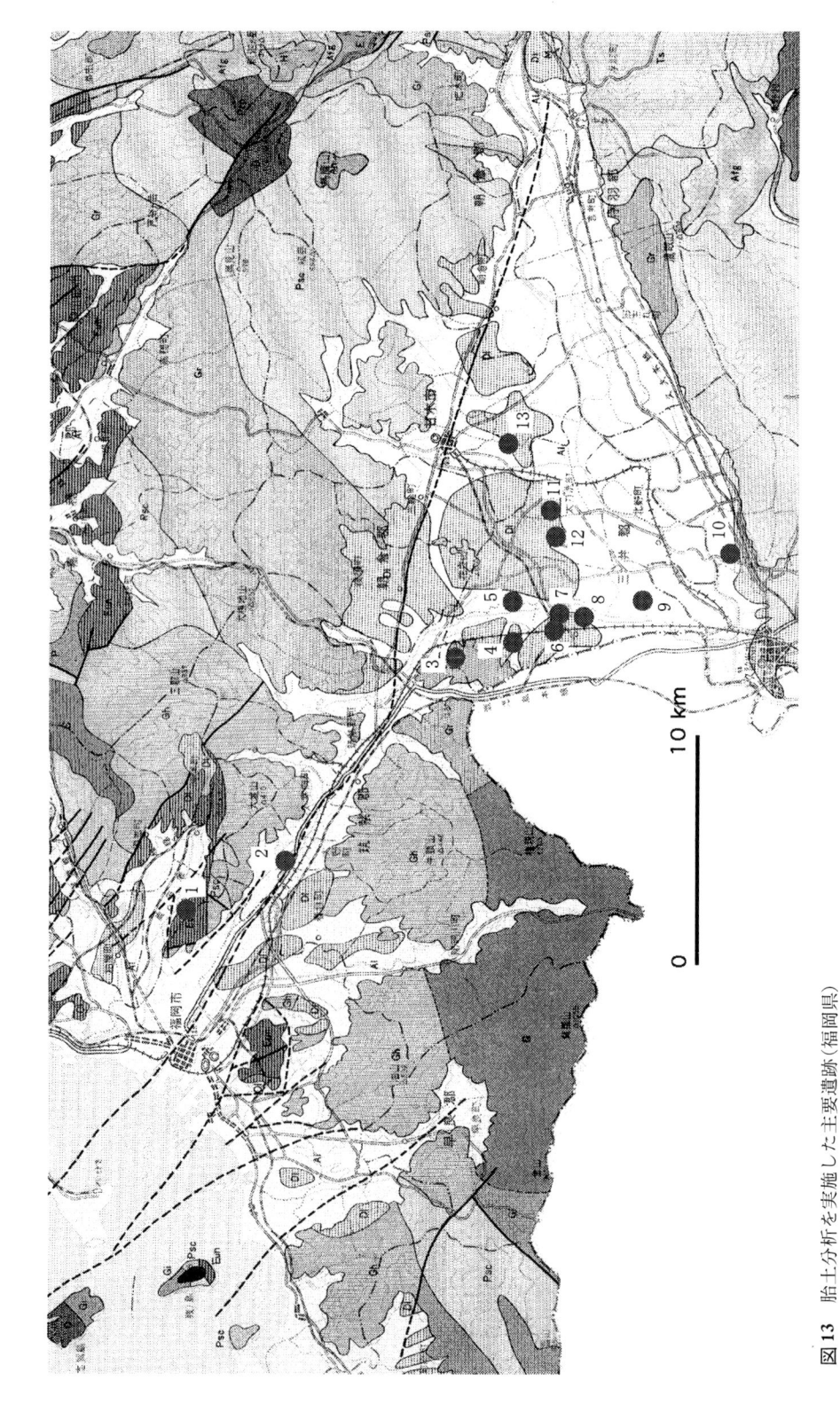

図 13 胎土分析を実施した主要遺跡（福岡県）
1 松ヶ上遺跡, 2 石ヶ遺跡, 3 津古片岩葉遺跡, 4 三沢栗原遺跡, 5 吹上遺跡, 6 小郡遺跡, 7 大板井遺跡, 8 大崎遺跡, 9 八坂石塚遺跡, 10 安国寺遺跡, 11 甲条神社遺跡, 12 高樋塚系遺跡, 13 栗山遺跡

第7章 土器の生産・分配・消費と葬送行為

とになる。

　一般に甕棺墓地では，大型の専用甕棺と，甕や壺などの小型土器を「転用」した「小児棺」といわれるものとがある[2]。両者の比較も胎土分析の課題である。

　栗山遺跡2次調査の墓群は，長方形区画を呈する墳丘墓と考えられるものである。時期は2c型式から3a型式を主体とし3bc型式を下限とする，中期前半から後半にかけて継続して営まれたものである。分析の対象としたのは，いずれもその中から出土した甕棺である。2c型式には特に甘木市周辺の地域性をもつ甕棺が多く，また3a型式は口縁部下突帯がないなど筑後平野北半を中心とする特徴がみられる。したがって，とりたてて遠隔地からの搬入と考えられるものは存在しなかった。試料としたのは，専用甕棺13基25個体（上甕・下甕が揃うものは12基）と小型土器使用の甕棺7基11個体（上甕・下甕が揃うものは4基）である。

　分析値（表2）をK—Ca，Rb—Srの両分布図にプロットする（図14・15）。上甕・下甕がセットと

表2　栗山遺跡2次調査の分析値（三辻，1994より）

	K	Ca	Fe	Rb	Sr	Na
K1上甕	0.501	0.067	1.70	0.585	0.183	0.125
K1下甕	0.492	0.133	1.43	0.547	0.306	0.178
K2上甕	0.472	0.225	2.61	0.328	0.510	0.212
K2下甕	0.490	0.252	1.68	0.354	0.580	0.254
K3上甕	0.393	0.324	2.58	0.430	0.783	0.210
K3下甕	0.367	0.285	2.95	0.406	0.636	0.196
K4上甕	0.447	0.230	2.07	0.558	0.407	0.204
K4下甕	0.400	0.200	2.03	0.421	0.409	0.163
K5上甕	0.428	0.320	2.09	0.335	0.448	0.230
K5下甕	0.489	0.410	2.64	0.467	0.777	0.227
K6(単棺?)	0.308	0.246	2.38	0.264	0.423	0.199
K7上甕	0.471	0.306	1.85	0.444	0.785	0.345
K7下甕	0.470	0.277	1.49	0.436	0.792	0.348
K8上甕	0.434	0.256	1.81	0.383	0.383	0.217
K8下甕	0.458	0.349	2.05	0.343	0.458	0.250
K9上甕	0.479	0.315	2.64	0.300	0.493	0.253
K9下甕	0.487	0.317	2.21	0.319	0.516	0.250
K10上甕	0.522	0.240	2.08	0.557	0.441	0.239
K10下甕	0.483	0.228	2.29	0.628	0.393	0.221
K11上甕	0.511	0.401	3.42	0.403	0.378	0.279
K11下甕	0.425	0.220	1.43	0.277	0.598	0.311
K12上甕	0.578	0.179	2.13	0.577	0.384	0.235
K12下甕	0.543	0.248	2.10	0.472	0.485	0.245
K13	0.567	0.242	2.22	0.649	0.472	0.208
K14上甕	0.497	0.257	2.09	0.412	0.462	0.247
K14下甕	0.405	0.152	1.50	0.427	0.401	0.088
K15上甕	0.518	0.245	1.78	0.494	0.427	0.289
K15下甕	0.544	0.282	2.68	0.292	0.488	0.222
K16	0.559	0.297	1.83	0.639	0.494	0.300
K17上甕	0.400	0.173	1.64	0.574	0.374	0.205
K17下甕	0.432	0.222	1.60	0.572	0.452	0.225
K18上甕	0.588	0.270	2.38	0.531	0.488	0.309
K18下甕	0.506	0.224	1.85	0.547	0.421	0.262
K19上甕	0.484	0.285	1.23	0.441	0.553	0.313
K19下甕	0.461	0.299	1.71	0.416	0.524	0.305
K20	0.507	0.223	1.73	0.561	0.447	0.258

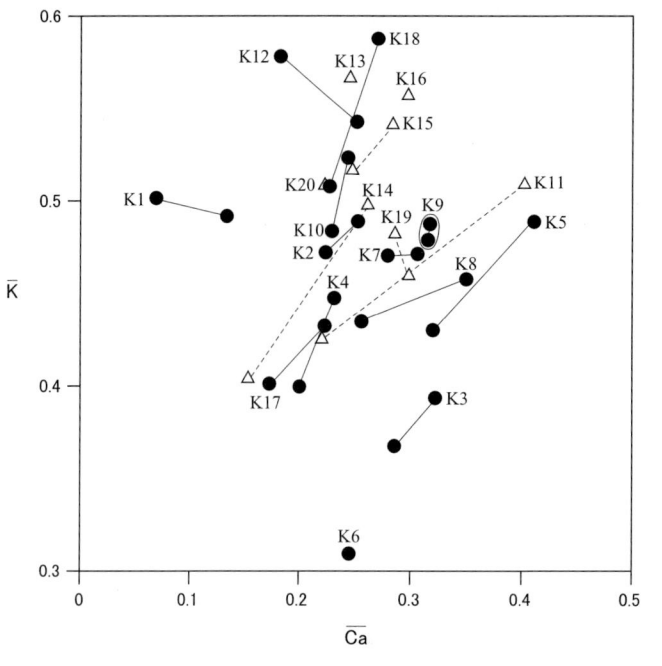

図14　栗山遺跡2次調査のK―Ca分布図

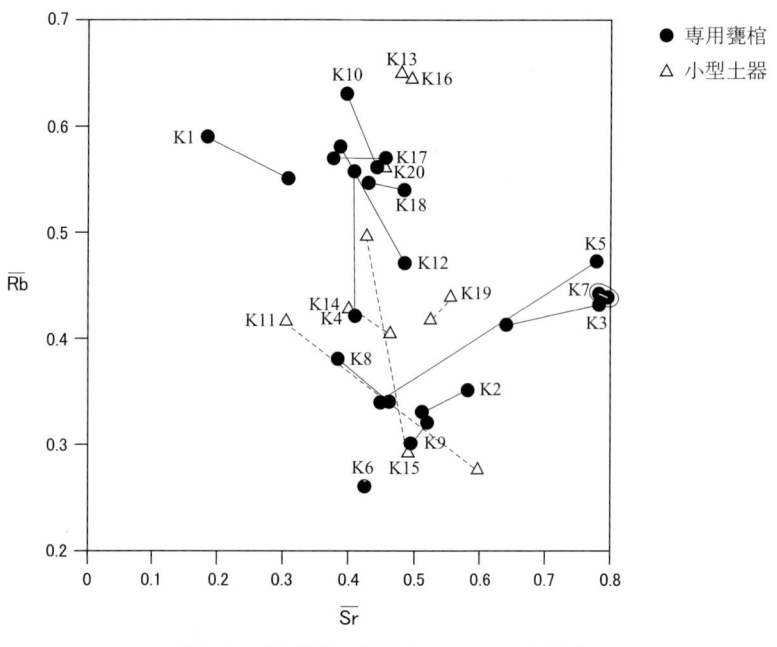

図15　栗山遺跡2次調査のRb―Sr分布図

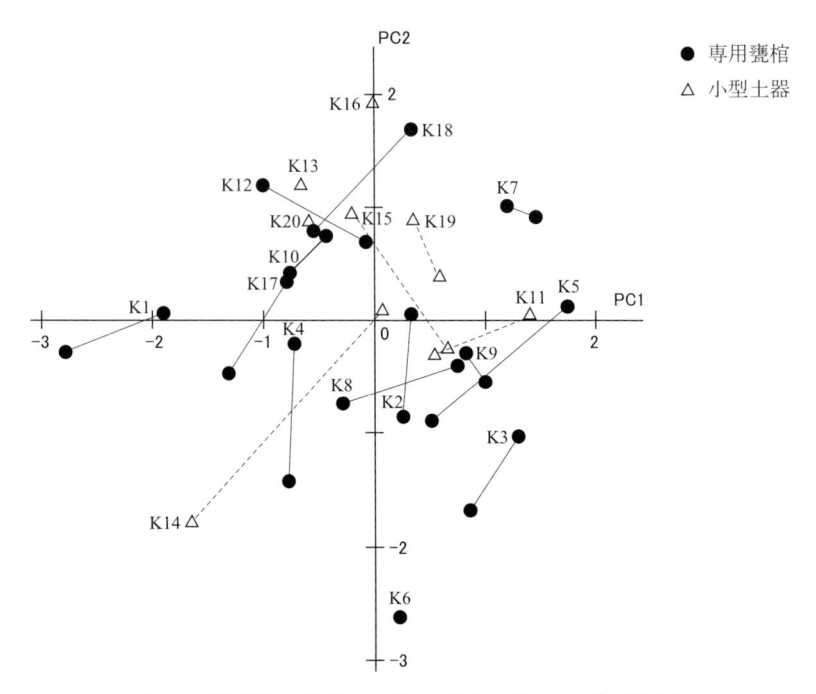

第7章　土器の生産・分配・消費と葬送行為

図16　栗山遺跡2次調査の第1・第2主成分の2次元散布図

なるものは線で結んでいる。専用甕棺はいずれも上甕・下甕のセットが極めて近い位置にプロットされていることがわかる。これは大板井遺跡の3基で示唆されたセット関係を支持するものである。また、小型土器使用の甕棺の中にはやや離れてプロットされたものがある一方、専用甕棺と同様、近くにプロットされたものがあるのは注意される。

ここでは上甕・下甕の類似性を問題にしているので、同時製作であれば Fe と Na を含む6元素すべての分析値が類似するはずである。そこで、全元素の分析値をデータとして主成分分析を行い、2次元に展開した(図16)。その結果、やはり専用甕棺は上甕・下甕が極めて近くプロットされているのがわかる。一方、小型土器使用のものでは、K14 がやや離れてプロットされている。これまでの研究から、一つの遺跡から出土した弥生土器の場合、須恵器の窯跡などよりは分散が大きいが、基本的にはまとまりがあることがわかっている。本遺跡でもそうである。他の遺跡と比較すれば同一遺跡ではそれなりに類似性があるにもかかわらず、その中でもセットとなる甕棺はとりわけ酷似することが判明したことになる。したがって、少なくとも本遺跡の専用甕棺においては、上甕・下甕としてセットで用いられているものは、製作当初からセットとして同時製作されたことが示唆されるのである。

加えて、同時に大量に同じ素材を用意しての大量製作の可能性についても否定的な結果といえる。これは甕棺の専門工人の存在を必ずしも否定するものではないが、少なくともそのあり方は須恵器や埴輪のような均質な素材を用いての大量製作とは異なるものであったと考えざるをえない。1基分ワンセットずつの製作であった可能性が考えられる。小型土器を用いた甕棺については K14

のようにやや離れているものがあり,「転用」の可能性を示唆するものである。

なお,詳細にみると,専用甕棺のうちK5の胎土は上甕・下甕でおおむね類似しているが,他よりも若干距離が大きい。後に本遺跡のK1上甕・下甕とK5上甕の3個体について,それぞれ多数の試料を採取し測定した。K1上甕と下甕についてはここで示した分析値とよく一致するが,このK5上甕については若干異なっており,ここで示した分析値のほうがむしろ外れ値とみられることが明らかになった。その結果,K5上甕と下甕の胎土はより近い値をとることになる(本節表12参照)。上甕・下甕の形態・技法はかなり類似性が高く,同時製作を示唆するものである。このK5は長方形区画の中心にある最も古い甕棺墓で,特大の墓壙を有するものであり,棺内からは朱が検出されている。「始祖」として特別な扱いを受けた甕棺墓であることが認定できると考える。

ちなみに,本遺跡では中期前半の甕棺は甘木市周辺の小地域性を示す,特色ある甕棺がみられる中で,このK5号については他地域と共通する2c型式の典型的な形態的特徴を備えていることは注目してよかろう。

以上,栗山遺跡2次調査の甕棺の胎土分析から,甕棺の上甕・下甕ワンセットずつの同時製作があったことが推定できた。この墓地の専用甕棺は上甕・下甕間で形態・技法が類似したものが多く,分析結果はそれと基本的に調和するものといえる。また3a型式の上甕には専用鉢が用いられているため,形態の比較がしにくい。しかし,色調や技法などはやはり似ていると判断できるものが多い。こうした専用鉢についても下甕とセットで同時製作されたものと判断できたことも成果である。このように,異器種間の類似性の判断についても胎土分析は有効であることを示している。

その後,栗山遺跡の別地点出土の甕棺で行った胎土分析では,上甕・下甕の類似性はこの2次調査地点のものほど高くなかった。本地点が墳丘墓の可能性があり,エラボレーションの度合いが高いことをふまえれば,栗山遺跡の墓群ごとの格差が上甕・下甕の類似度に反映している可能性が高いと考えられる。

(3) 安国寺遺跡

次に安国寺遺跡の甕棺の分析例を示す。安国寺遺跡は小郡市の南に隣接する福岡県久留米市に所在し,弥生時代中期後半の甕棺墓とそれに伴う「祭祀土壙」が多く検出された著名な遺跡である。現在国指定史跡に指定されている。甕棺は3a型式以降に属するもので,溝状を呈する「祭祀土壙」に囲まれた長方形をなす区画がみられる。甕棺墓はいわゆる集塊状をなす。

本遺跡でも小型土器と専用甕棺とがまったく同じ範囲にプロットされている(図17)。小型土器の中にはいわゆる小児棺と,その他の丹塗精製器種を含む土器が含まれているが,いずれも甕棺と同じ領域に重なっている。やはり甕棺だけが特別な生産―分配システムにあるという考えには否定的な結果といえる。

なお,この遺跡では上甕と下甕の合わせ目に用いられた目貼粘土を採取することができた。また墓壙壁下半にみられる地山の暗褐色粘質土も採取した。図17に示したように目貼粘土は地山の粘質土と完全に一致しており,目貼粘土は墓壙を掘るときに採取されたものを利用した可能性が高い

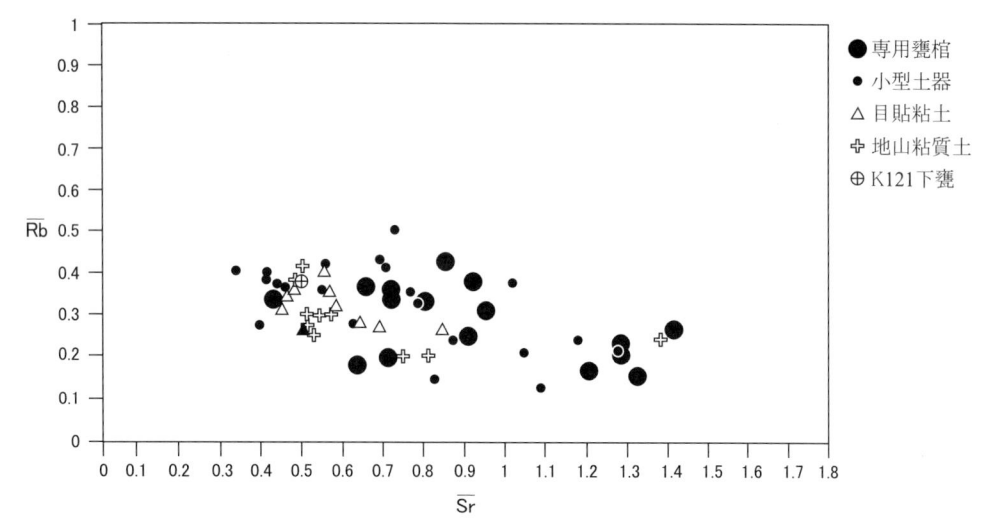

図17 安国寺遺跡の Rb—Sr 分布図

ことがわかった。これは甕棺墓の造営過程を復元する上でも重要な知見である。なお，目貼粘土・地山土と，甕棺・弥生土器の胎土との間には差異があり，少なくとも胎土そのものではない。混和材としての砂礫を混入すれば一致してくる可能性もあるが，ロームに起源すると思われるこの土を利用することは無理ではないかと考える。

なお，121号甕棺墓下甕は，筆者の現地での検討によると，未焼成または生焼けの状態で埋置されたらしく，明るい青灰色を呈する器壁は捏ねることができるほどやわらかい。一見しただけでは甕棺とは気付かないほどである。しかし詳細に検討したところ，口縁部や突帯部もあり，甕棺とし

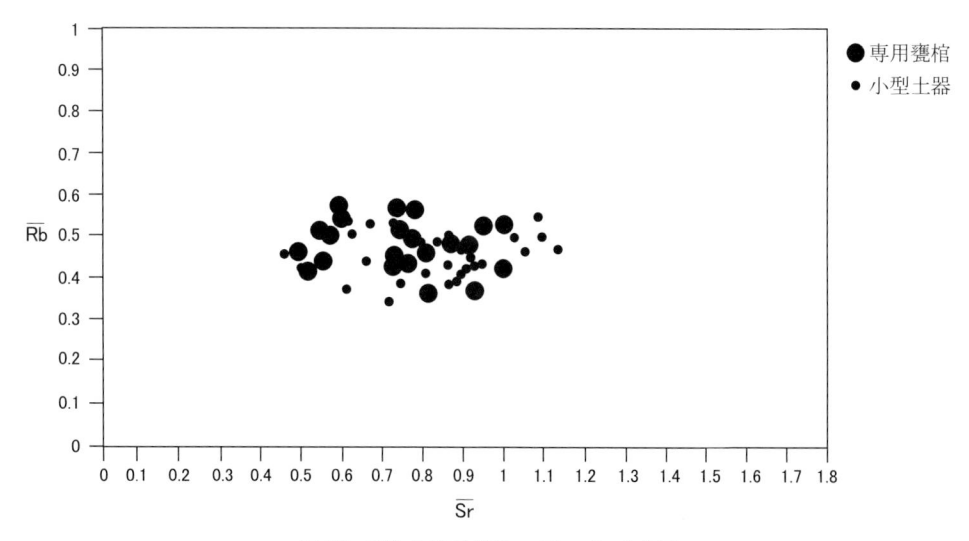

図18 石勺（瓦田）遺跡の Rb—Sr 分布図

て器形自体は完成されていたことがわかった。器壁断面には砂礫を含んでおり，それは他の甕棺と差異はない。これも本遺跡の甕棺と同じ胎土という分析結果が出た。未焼成や生焼けの状態で遠隔地から運ぶことは困難と思われ，そうであればこれも甕棺が遺跡の近くで製作されたという考えを支持する貴重な証拠である。この121号甕棺墓以外のものも胎土が一致するため，いずれも遺跡周辺での製作を示唆することになる。なお，この甕棺が呈する色調は，焼成前の色調をうかがうことのできる貴重なものである。やはり周囲の地山の粘質土とは明らかに異なるものであり，墓地外のどこか周辺から採取された粘土であることが推測される。

上甕・下甕のセットがわかる甕棺どうしはいずれも胎土が極めて類似しており，栗山遺跡2次調査における知見と一致する。

なお，福岡平野側で分析を行った3bc型式期を中心とする大野城市石勺(瓦田)遺跡例でも，専用甕棺とその他の小型土器とが完全に重なっている(図18)。これもやはり安国寺遺跡での検討結果同様，専用甕棺が特に他地域から持ち込まれたとするには否定的な結果といえる。また，専用甕棺の上甕・下甕の類似度も高い。

(4) 甲条神社遺跡

甲条神社遺跡は，福岡県三井郡大刀洗町に所在する甕棺墓地である(赤川, 1995)。大刀洗町は小郡市と甘木市に挟まれており，これまでの小郡市の遺跡や甘木市の栗山遺跡と比較するうえで重要である。なお，本遺跡はのちに2次調査が実施されたが(後述)，ここで検討するのは1次調査地区である。本遺跡の甕棺の時期は2b型式から3bc型式に及ぶ。墓地は河岸段丘上の縁辺部に添って展開するが，中期前半の2b・2c型式はいわゆる列状を呈し，その中には小区画(群)も認められる。一方，中期後半の3a・3bc型式は群にまとまり，いわゆる「集塊状」を呈する。

本遺跡で検出された甕棺墓23基のうち，23号と，13号の全壊状態で検出された上甕を除くすべてが分析に供された。つまり，上甕・下甕がセットでそろう21基(42個体)に13号の下甕を加えた43個体である。ここでは便宜的に，2b型式・2c型式を「古段階」，3a型式・3bc型式を「新段階」と称することにする。

分析値(表3)をK—Ca, Rb—Srの両分布図で示す(図19・20)。やや分布域が広いようにもみえるが，1つの遺跡から出土する弥生土器としてはとりうる幅である。したがって，この図の視察からは明らかな他地域からの搬入品と積極的にいえるものはない。「古段階」と「新段階」に分けたが，その時期差はK—Caにおいても，Rb—Srにおいても，古段階のものが左上に，新段階のものが右下の方に分布する傾向がある。このことは，時期的に胎土に差があることを示す。器種の差については，大型の専用甕棺どうしを合わせたものと，蓋に専用鉢を用いたものがあり，これらは上甕・下甕とも甕棺専用に製作されたものである。上甕・下甕に小型土器(鉢・甕)を用いたものもある。また，専用甕棺の蓋にそうした小型土器を用いているものもある。これら小型土器の中に，従来いわれてきたような転用品が含まれているとすれば，上甕・下甕の製作時期が必ずしも同時とはいえなくなり，上甕・下甕での胎土の差が顕著なものが一定量含まれる，という予想ができる。ま

表3 甲条神社遺跡分析値

	K	Ca	Fe	Rb	Sr	Na	肉眼での類似度
1号上甕	0.340	0.291	3.48	0.248	0.607	0.172	C
1号下甕	0.539	0.134	2.48	0.355	0.500	0.142	
2号上甕	0.459	0.147	1.43	0.542	0.461	0.299	A
2号下甕	0.528	0.131	2.54	0.378	0.509	0.127	
3号上甕	0.508	0.213	2.09	0.505	0.631	0.186	A
3号下甕	0.477	0.130	2.87	0.306	0.472	0.121	
4号上甕	0.533	0.149	2.22	0.460	0.554	0.157	A
4号下甕	0.526	0.179	2.47	0.501	0.561	0.166	
5号上甕	0.525	0.080	1.95	0.553	0.216	0.103	C
5号下甕	0.497	0.176	2.89	0.493	0.582	0.171	
6号上甕	0.520	0.089	2.54	0.416	0.413	0.077	A
6号下甕	0.534	0.108	2.79	0.478	0.424	0.090	
7号上甕	0.408	0.223	2.07	0.311	0.314	0.164	A
7号下甕	0.431	0.259	2.10	0.323	0.410	0.192	
8号上甕	0.490	0.354	2.19	0.366	0.802	0.279	C
8号下甕	0.581	0.146	2.58	0.382	0.558	0.143	
9号上甕	0.313	0.344	2.69	0.180	0.774	0.225	A
9号下甕	0.385	0.455	2.01	0.347	0.880	0.282	
10号上甕	0.413	0.499	3.54	0.299	0.711	0.319	C
10号下甕	0.416	0.267	2.06	0.338	0.424	0.228	
11号上甕	0.397	0.191	2.42	0.343	0.535	0.156	C
11号下甕	0.246	0.481	2.54	0.230	0.957	0.169	
12号上甕	0.439	0.242	2.49	0.349	0.683	0.241	B
12号下甕	0.412	0.307	1.99	0.395	0.717	0.265	
13号	0.448	0.213	2.45	0.422	0.583	0.138	
14号上甕	0.411	0.417	2.66	0.369	0.766	0.339	B
14号下甕	0.425	0.409	2.96	0.331	0.763	0.359	
15号上甕	0.314	0.357	2.21	0.227	0.976	0.255	C
15号下甕	0.372	0.309	2.56	0.296	0.448	0.221	
16号上甕	0.382	0.220	3.26	0.344	0.469	0.220	C
16号下甕	0.404	0.333	2.07	0.317	0.847	0.253	
17号上甕	0.414	0.352	1.73	0.405	0.687	0.268	C
17号下甕	0.433	0.293	1.72	0.438	0.684	0.275	
18号上甕	0.518	0.126	1.86	0.495	0.513	0.140	A
18号下甕	0.406	0.195	1.64	0.350	0.447	0.223	
19号上甕	0.420	0.210	1.85	0.300	0.536	0.209	B
19号下甕	0.389	0.174	1.78	0.359	0.436	0.299	
20号上甕	0.497	0.235	1.51	0.471	0.662	0.202	C
20号下甕	0.412	0.170	2.66	0.332	0.400	0.187	
21号上甕	0.518	0.142	2.36	0.436	0.497	0.148	C
21号下甕	0.561	0.145	1.58	0.513	0.516	0.173	
22号上甕	0.516	0.141	1.56	0.495	0.524	0.192	A
22号下甕	0.536	0.158	1.58	0.544	0.572	0.182	

た，上甕・下甕が同じ器種であっても，作りや色調が異なる場合にも，胎土が異なるものがあることが予想される。

　全体的にみると，K―Ca においても，Rb―Sr においても，専用甕棺と小型土器の分布は重なっている。さきにみた時期的な胎土の変遷に注目すると，古段階の専用甕棺と古段階の小型土器とは分布が重なり，また新段階の専用甕棺と小型土器も重なっている。すなわち，専用甕棺と小型土器の胎土は連動しており，専用甕棺と小型土器は各時期において同質の素材が使われていること

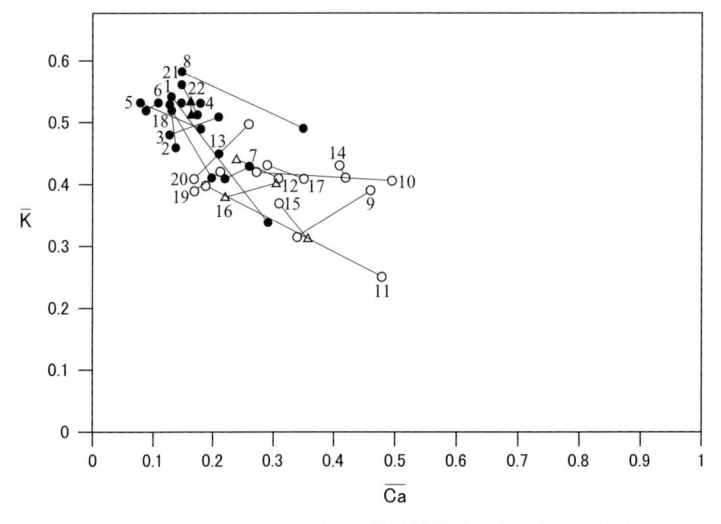

図19 甲条神社遺跡の K—Ca 分布図

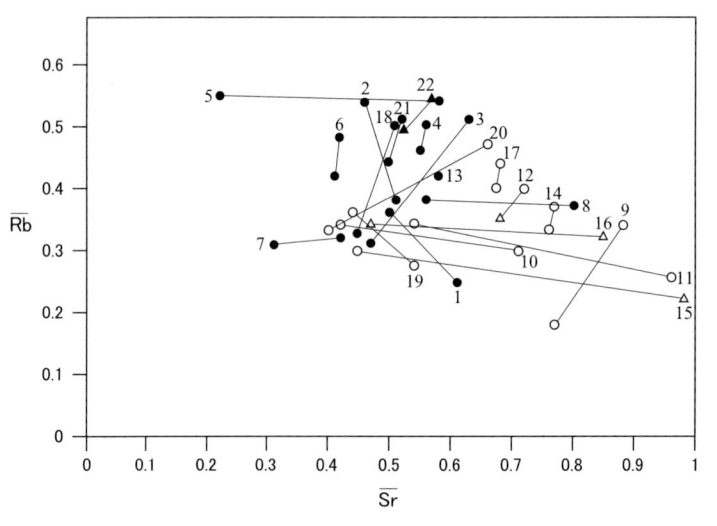

図20 甲条神社遺跡の Rb—Sr 分布図

を強く示している。小型土器が転用品——より正確にいえば甕棺専用として作られたものではなく日常雑器として製作されたもの——であれば，専用甕棺が日常土器と異なった生産—分配システムをもっていたという考えに対してはいっそう否定的な証拠となる結果である。

さて，上甕・下甕間の胎土の対応関係についてさらに検討する。あらかじめ，考古学的肉眼観察を行っておいたが，それをもとにして上甕・下甕間の類似度を便宜的に以下のように分けることにする。

A：器形・サイズ・細部の作り・色調・胎土において，非常によく似ているもの。ただし，上甕・下甕で違う器種を採用していることがあるが，微細な作りに加えていくつかの要素で強い類似性があるものも含む。

B：判断できないもの。器形は似ているが色調が異なるものや，器形が異なるため比較のための要素が不足するので判断できないものを含む。

C：器形・サイズ・細部の作り・色調・胎土において，明らかに異なるもの。通常これらの複数において有意に異なっているので判別がつく。したがって，たんに蓋として異なる器種を採用しているというだけではこれには含めないことになる。

この基準によって各甕棺墓を評価したものが表3に示してある。そして，上記の予想をさらに詳細かつ総合的に検討することも兼ねて，分析値の6変量すべてを使用して主成分分析を行った（表4）。

最も寄与率の高い第1主成分では，KとRbで正の，反対にCa，Sr，Naで負の大きな値が出ているという特徴がある。これを用いて各甕棺のスコアを表示すると図21のようになる。一見し

表4　甲条神社遺跡主成分分析値

	主成分		
	1	2	3
K	0.462	-0.126	0.542
Ca	-0.509	-0.145	0.180
Fe	-0.183	0.705	0.561
Rb	0.422	-0.416	0.370
Sr	-0.416	-0.268	0.469
Na	-0.378	-0.470	0.045
固有値	3.377	1.281	0.629
寄与率	0.563	0.213	0.105
累積寄与率	0.563	0.776	0.881

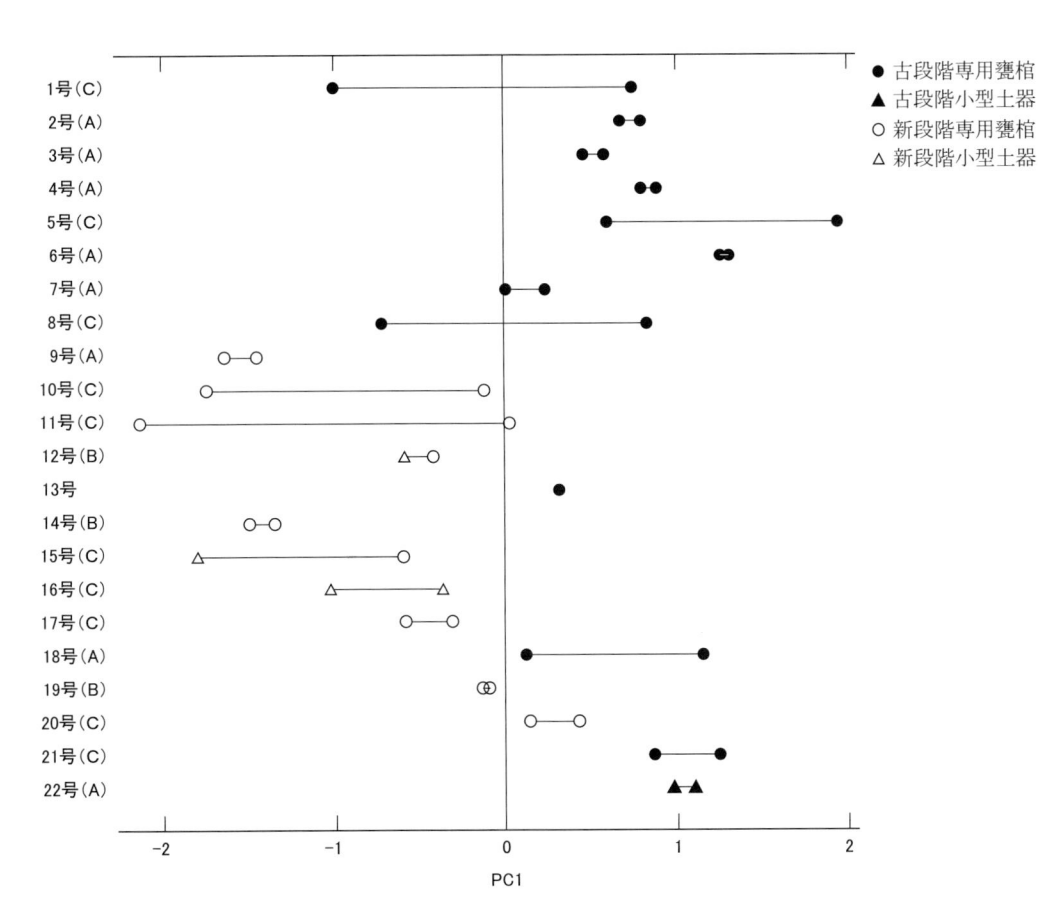

図21　甲条神社遺跡の各甕棺墓の第1主成分スコア

てわかるように，ほぼ0を境として，正の側に古段階のものが，反対に負の側に新段階のものが分布していることがわかる。1号・8号甕棺墓のように，古段階に属しながらも両側にまたがるものもある。ただ，注目すべきは，そのようなものは少数であることと，他の側にあるのが上甕・下甕のうち片側のみにとどまっている点である。このことから，古段階と新段階とでは，多少の重なりはあるけれども異なる胎土を用いる傾向が読みとれる。ただし，このことから即，外部集団からの供給と考えるのは危険である。上でも述べたように，本遺跡のデータは一つの遺跡から出土する弥生土器胎土のとりうる変異幅からみて，さほど違和感のない程度の差であるので，遺跡周辺の原料採取地の微妙な違いに起因する可能性が十分に考えられるからである。今後，周辺の遺跡との徹底した胎土の比較検討が必要である。

　上甕・下甕の対応関係について，図21にはA～Cの判定も示している。上甕・下甕2点間のスコアの差が小さいものほど類似性が強いことになる。この図の視察から次のようなことがいえる。あらかじめA判定をしていたものは，1基（18号）を除いていずれも2点間の距離が明らかに小さく類似している（2・3・4・6・7・9・22号）。反対にC判定のものは明らかに2点間の距離が大きいものが多く類似性が低い（1・5・8・10・11号）が，C判定のうち2点間の距離がやや狭い3基（17・20・21号）も，A判定のものと比較すれば距離が大きい。したがって，考古学的経験による判断とよく一致しているといえよう。しかし，肉眼によるこの程度の判断基準では胎土の違いを十分に判別することは難しい。したがって，実際には胎土の化学特性に差があるものでも，A判定としてしまう場合がありうる。18号の場合がそれにあたる。胎土分析とあわせた総合的な判断が必要なゆえんである。ただし，本例を同一の製作者が関与しないまったくの「他人のそら似」としてよいかどうかまでは，ここでは判断できない。

　判断ができずB判定とした3基（12・14・19号）については，いずれも胎土がよく一致している。12号は下甕が丸みをもった小型の専用甕棺で，上甕は日常使用される甕と同じものである。上甕の口縁部外面には煤らしきものがわずかに付着しているが，胴部下半の赤変など共出するべき二次的火熱痕がないことから，煤というよりも甕棺特有の黒塗である可能性は否定できない。すると，日常使用される甕と同じものといっても，この個体に関しては実際に日常使用されていた甕を転用したものではなく，甕棺に使用するべく下甕と同時に製作された可能性もあるといえる。また，14号についても上甕は鉢であるが日常容器ではないことから，下甕の丸みを帯びた甕棺の蓋としてふさわしいサイズをもつ鉢が製作された可能性が高い。19号は，上甕が大破していたため，調整法や器壁の厚さなどは類似していたが器形での比較ができなかったことによりB判定としたものである。胎土は上甕・下甕が同一といってよいほど類似しており，同時製作の可能性が高い。以上のように，伝統的な考古学的観察からは判断できない場合についても，胎土分析は重要な情報を与えることができる。

　また，口縁部を意図的に打ち欠くなどして上甕・下甕のサイズを調節している甕棺（5・10・11・17・20号）は，そのいずれもがC判定で上甕・下甕の胎土も一致しない。このことは，「間に合わせ」的な使用法であり，上甕・下甕で胎土が合わない専用甕棺も含めて，その意味するところ

が今後検討されなければならない。さらに，8号は，型式学的に古いものである。列状を呈する墓地の中でも長方形区画の可能性をもつ群の中心にあり，墓壙の規模も大きく，赤色顔料が人骨頭部に用いられている。さきに述べた栗山遺跡2次調査の5号甕棺墓（K5）と同様，この墓地の中では最もエラボレーションの度合いが高く，いかにも「始祖」的な取り扱いをうけている。このような甕棺墓において，上甕・下甕で異なる胎土と外見上微妙に異なる特徴とをもつことについて積極的な意味を与えてよいかどうかは，今後のさらなる研究に委ねられる。

　以上の分析の結果，甕棺の胎土が小型土器と類似した胎土をもっていることや，時間的に胎土が異なる傾向があることが判明した。遺跡内においてもとくに同一甕棺墓の上甕・下甕どうしが特に類似している点は，これまでの知見を追証することができた。しかし肉眼観察で特徴の異なる土器を採用した甕棺も比較的多くみられ，このような場合は胎土においても異なったものであることが判明した。もし，某所に甕棺の多数の「作り置き」がストックされていて，それを必要な都度調達するのであれば，同一遺跡の同時期には類似した甕棺が異なる複数の墓にみられるはずであるが，それが通常であったと考えるには今のところ否定的な結果である。しかし，C判定であり胎土も一致しないものが一定量あることも事実である。甕棺墓造営に際してどのような判断によりその違いが生じるのか，大変興味ある課題といえる。

　大板井遺跡や栗山遺跡2次調査などの所見とは異なって，本遺跡の甕棺墓の中には上甕・下甕セットで1基分ずつ製作されたとはいえない「間に合わせ」的なものが含まれていることになる。したがって，甕棺は上甕・下甕がワンセットで製作され，そのセット関係が維持された状態で埋葬に使用されるとは必ずしもいえないことになる。大板井遺跡の甕棺は，XIa区出土のものであり，この地区は周囲が削平されているが 2a 型式から 3bc 型式まで継続した墳丘墓の可能性がある（九州大学文学部考古学研究室（編），1995）。そして大板井遺跡は小郡市内に所在する弥生時代遺跡における拠点的な集落であると考えられる。また，栗山遺跡も平塚台地における拠点的集落の一角であり，別地点の甕棺墓からは前漢鏡などの出土も知られている。2次調査も墳丘墓の可能性が高いことや，隣接する調査区では併存する列状墓もみられることから，佐賀県吉野ケ里遺跡ほど極端ではないにしても階層差のある墓地構成がうかがえる。それに対して甲条神社遺跡の場合は，対応する集落の内容が明確ではないが拠点的な集落とはいえないのではないかと思われる。したがって，本遺跡において上甕・下甕間の不一致がみられることには，集落間における階層的な差が反映している可能性が考えられる。

（5）高樋塚添遺跡

　次に，福岡県大刀洗町高樋塚添遺跡の例について分析と検討を行う。本遺跡は甲条神社遺跡と同じ段丘上縁辺部に立地し，両遺跡の間は小さな谷を挟んでいるにすぎない。したがって巨視的にみれば一連の墓地といえるかもしれないが，両者の間は明らかに途切れている。考察においては近接する甲条神社遺跡の甕棺でさきに行った分析とも比較を行う。

　高樋塚添遺跡で検出された弥生時代中期の甕棺（15基29個体）と採集土器（1個体）の計30個が

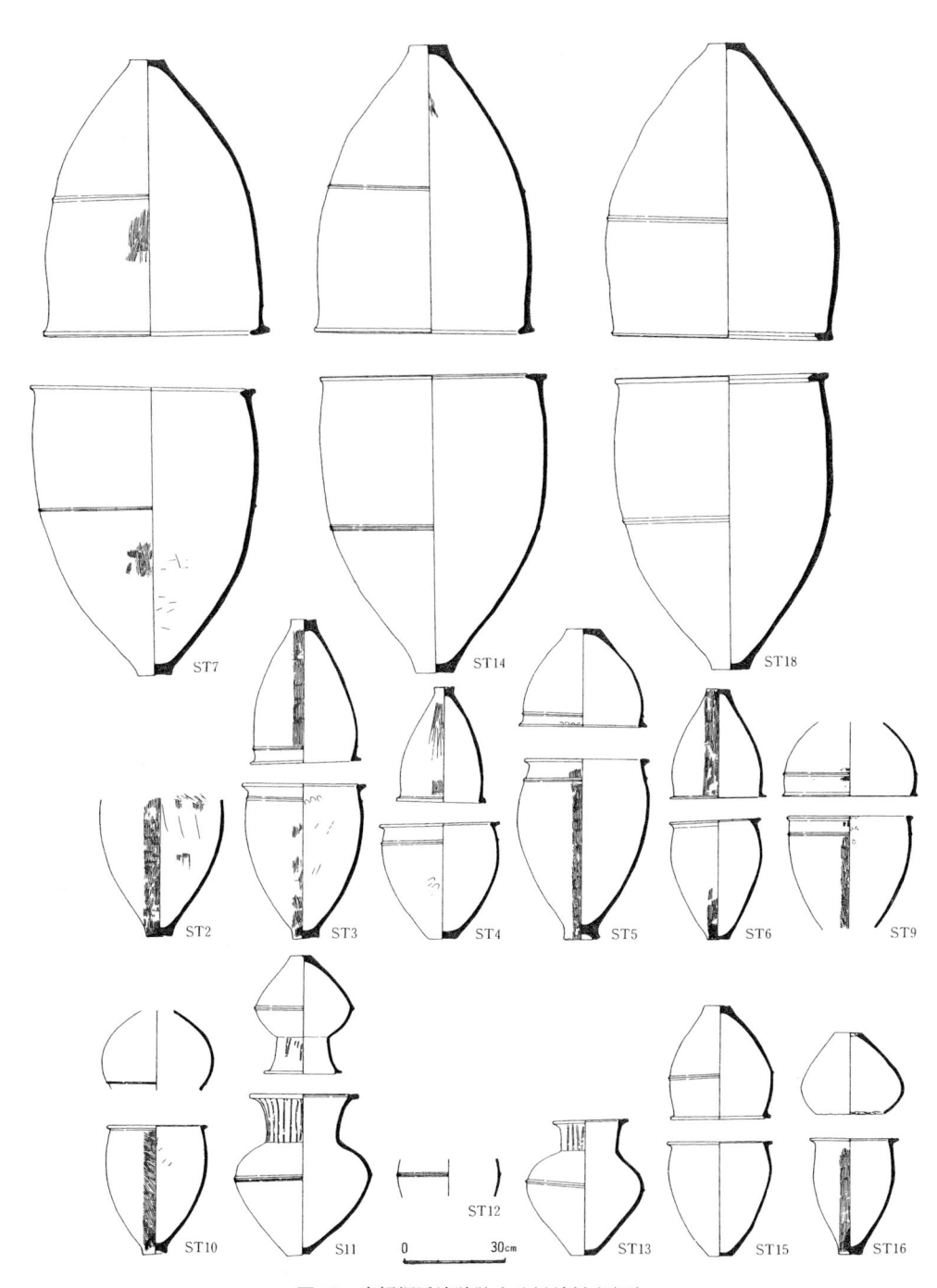

図 22　高樋塚添遺跡胎土分析試料 (1/20)

分析に供された（図22）。このうち，明らかに中期初頭のものが1基（ST9）あり，中期後半（須玖II式期）に属する可能性のある丹塗土器が1基（ST12）あるが，それを除くすべては中期前半（須玖I式期）に属する。甕棺墓についてはほとんどが小型土器を用いたいわゆる「小児棺」であり，成人用の専用甕棺を用いた個体は3基の合口甕棺（都合6個体）である。資料の採取部位は任意に行ったが，基本的に胴部の一部である。調整や胎土など大まかな観察を行った後に以下の測定に供した。

分析値は表5に示したとおりである。また，各元素の平均やばらつきの程度については表6に示

表5　高樋塚添遺跡分析値

	種類	時期	K	Ca	Fe	Rb	Sr	Na
ST2E（上甕）	小型土器	中期前半（須玖I式）	0.408	0.489	3.04	0.397	0.643	0.382
ST3E（上甕）	小型土器	中期前半（須玖I式）	0.485	0.463	2.54	0.429	0.718	0.258
ST3W（下甕）	小型土器	中期前半（須玖I式）	0.537	0.337	2.51	0.493	0.618	0.216
ST4E（上甕）	小型土器	中期前半（須玖I式）	0.458	0.254	2.29	0.394	0.494	0.205
ST4W（下甕）	小型土器	中期前半（須玖I式）	0.576	0.383	2.62	0.501	0.460	0.340
ST5上甕	小型土器	中期前半（須玖I式）	0.484	0.175	1.55	0.442	0.650	0.209
ST5E下甕	小型土器	中期前半（須玖I式）	0.529	0.390	2.91	0.438	0.626	0.314
ST6	小型土器	中期前半（須玖I式）	0.476	0.116	2.41	0.398	0.327	0.080
ST7上甕	専用甕棺	中期前半（汲田式）	0.246	0.858	3.00	0.202	0.499	0.181
ST7下甕	専用甕棺	中期前半（汲田式）	0.276	1.030	3.70	0.208	0.521	0.260
ST8			0.515	0.085	3.37	0.408	0.353	0.087
ST9	小型土器	中期初頭（城ノ越式）	0.426	0.281	1.92	0.348	0.514	0.261
ST10E（上甕）	小型土器	中期前半（須玖I式）	0.455	0.229	2.66	0.420	0.364	0.221
ST10W（下甕）	小型土器	中期前半（須玖I式）	0.438	0.247	1.67	0.400	0.504	0.319
ST11W（上甕）	小型土器	中期前半（須玖I式）	0.483	0.358	1.96	0.355	0.448	0.301
ST11E（下甕）	小型土器	中期前半（須玖I式）	0.523	0.384	2.27	0.341	0.524	0.306
ST12	小型土器	中期後半（須玖II式）	0.446	0.322	2.11	0.372	0.661	0.252
ST13（祭祀土壙）	小型土器	中期前半（須玖I式）	0.531	0.502	2.30	0.396	0.607	0.366
ST14上甕	専用甕棺	中期前半（汲田式）	0.510	0.105	1.76	0.507	0.468	0.114
ST14下甕	専用甕棺	中期前半（汲田式）	0.533	0.130	1.83	0.440	0.531	0.145
ST15E（上甕）	専用甕棺	中期前半（須玖I式）	0.625	0.266	2.42	0.518	0.495	0.284
ST15W（下甕）	専用甕棺	中期前半（須玖I式）	0.605	0.265	2.89	0.412	0.481	0.245
ST16W（上甕）	専用甕棺	中期前半（須玖I式）	0.410	0.215	1.72	0.409	0.429	0.169
ST17	専用甕棺	中期前半（須玖I式）	0.452	0.432	2.75	0.361	0.377	0.249
ST18上甕	専用甕棺	中期前半（汲田式）	0.509	0.109	1.66	0.532	0.449	0.118
ST18下甕	専用甕棺	中期前半（汲田式）	0.508	0.111	1.65	0.425	0.469	0.115
SK1（祭祀土壙?）	専用甕棺?	中期	0.542	0.148	1.14	0.491	0.550	0.212
SK2（祭祀土壙?）	専用甕棺?	中期（汲田式）?	0.570	0.193	1.73	0.583	0.602	0.246
SR7	小型土器?	中期	0.549	0.117	1.53	0.489	0.477	0.159
SR8	小型土器	中期前半の可能性大	0.447	0.227	2.68	0.439	0.395	0.222

＊STは甕棺墓.

表6　高樋塚添遺跡分析値の基本統計量

n=30

	平均値	分散	標準偏差	最小値	最大値
K	0.485	0.007	0.082	0.246	0.625
Ca	0.307	0.045	0.213	0.085	1.030
Fe	2.286	0.371	0.609	1.140	3.700
Rb	0.418	0.007	0.082	0.202	0.583
Sr	0.508	0.010	0.099	0.327	0.718
Na	0.228	0.007	0.081	0.080	0.382

n=28(外れ値をとる2個体を除く)

	平均値	分散	標準偏差	最小値	最大値
K	0.501	0.003	0.056	0.408	0.625
Ca	0.262	0.016	0.127	0.085	0.502
Fe	2.210	0.300	0.548	1.140	3.370
Rb	0.434	0.004	0.061	0.341	0.583
Sr	0.508	0.010	0.102	0.327	0.718
Na	0.228	0.007	0.083	0.080	0.382

している。なお，この表では下記の理由から，全試料の場合と，外れ値をとる2個(ST7)を除外した場合の2者を記す。

　分析値のK—CaとRb—Srの両分布図を示す(図23・図24)。この図の視察からは，他と様相を異にする2個があることがわかる。この2個は専用甕棺であるST7の上甕・下甕のセットである。Caにおいては，他はせいぜい0.5であるのに対して，これらは1.0内外と大きく外れており，Rbにおいては，他は0.35以上であるのに対して0.2程度とやや外れ，最低の数値を示している。これらはセットとなる甕棺であり，産地の違いなど意味のある差である可能性が高いと推定できる。なおこれらは上甕・下甕ともに角閃石を含んでいるが，とくに上甕は大粒の角閃石が目立ち，結晶片岩とみられる岩片を含んでいる。本遺跡の他の個体にも小粒の角閃石を少量含むものはあるが，基本的にはその大半は花崗岩系の鉱物・岩片からなっており，ST7の上甕は一見して違和感のある胎土である。このことからみてもST7は上甕・下甕とも同一の他地域から搬入された可能性が考えられる。ただし，鉱物の観察で，含まれる角閃石の様相などに差がみられるため，同じ素材を用いた同時製作とはいえないかもしれない。他の試料の分布状況は，経験上同一遺跡内でとり得る範囲を越えるものではなく，他地域からの搬入を明確に示すものはない。

　専用甕棺とそれ以外の小型土器との布置は重なりをみせており，胎土の意味ある差を積極的に見いだすことはできない。専用甕棺であるST14の上甕・下甕もST18の上甕・下甕も非常に近い位置にプロットされており，かなり類似しているといえる。胎土上からは同時製作をも示唆するものである。なお，外れ値を示すST7も上甕・下甕間で類似してはいるが，同時製作を示すほどの類似性としてよいかどうか疑問が残る。小型土器を用いた甕棺においては，類似度が高いものと低いものがある。

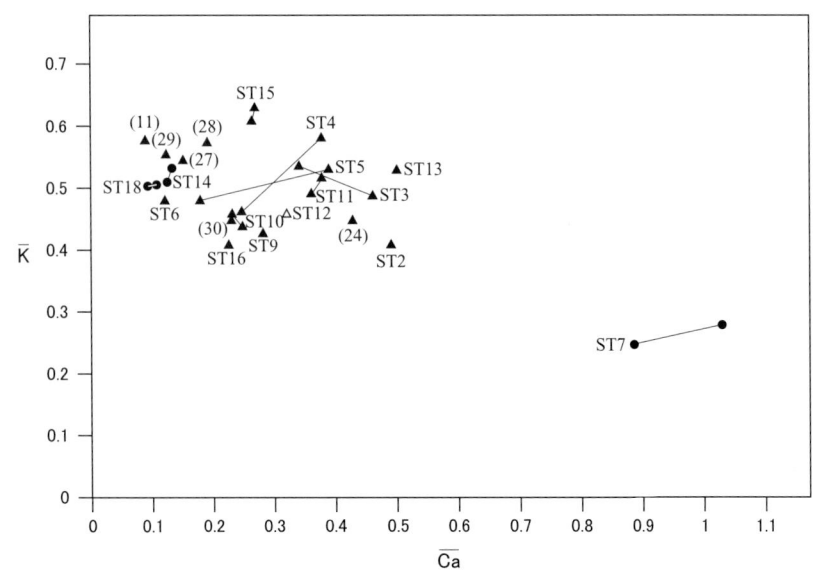

第 7 章　土器の生産・分配・消費と葬送行為　　387

図 23　高樋塚添遺跡の K—Ca 分布図

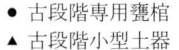

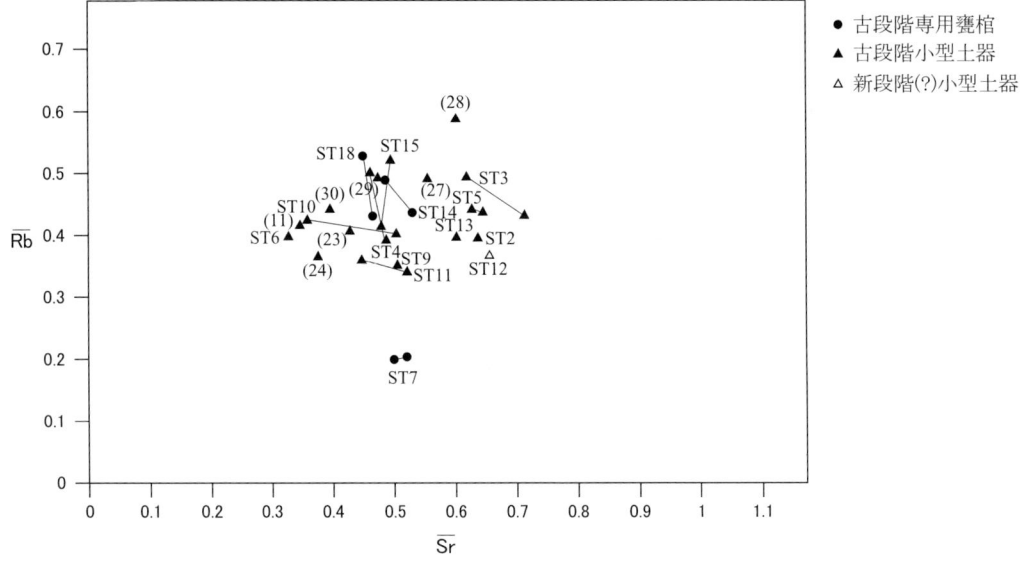

図 24　高樋塚添の Rb—Sr 分布図

　次に，総合的に検討するために 6 元素すべてを用いた主成分分析を行った。ただし，主成分分析においては外れ値が存在する場合，データの個数が少なければそれが主成分の規定に影響を与えてしまうことが考えられるので，上で外れ値と判断した 2 個を除外し 28 個で行った (表 7)。第 1・第 2 主成分スコアの 2 次元分布図を示す (図 25)。なお，第 2 主成分までの累積寄与率は約 69% であり，7 割がたが説明されていることになる。さきに述べたように，これらは分析値の散布が同一遺跡でとりうる範囲をこえるものとはいえないため，もともと比較的類似したものを 2 次元座標上に

表7　高樋塚添遺跡主成分分析値

	主成分		
	1	2	3
K	-0.174	0.578	0.483
Ca	0.604	0.109	0.062
Fe	0.316	-0.176	0.741
Rb	-0.344	0.563	0.123
Sr	0.298	0.494	-0.445
Na	0.546	0.251	-0.023
固有値	2.508	1.614	1.065
寄与率	0.418	0.269	0.177
累積寄与率	0.418	0.687	0.864

展開したことになる。

　それにもかかわらず，専用甕棺については ST8 や ST14 の上甕・下甕はいずれも近い位置にプロットされている。小型土器を用いたものでは ST11 なども近いが，他は全く異なるとはいえないものの，専用甕棺に比べて上甕・下甕の類似度は高くないようである。上甕・下甕の形態上の差異が大きいものが多いことからもそれは支持されよう。

　さらに，6 元素を用いてクラスター分析を試みた。これには外れ値をとる 2 個体を含めている (図 26)。非類似度はユークリッド平方距離を用い，手法は群平均法を用いた。クラスター分析は視覚的に直截に把握できる利点があるが，距離の計算や手法との組み合わせで結果が大きく異なるため，過信できない。したがって，詳細な検討には用いず，参考までに大まかな分類傾向を把握するのに用いたい。デンドログラムは高水準で 2 つに分かれており，外れ値を示した ST7 の上甕・下甕はやはり他と離れてその 2 個体だけで一

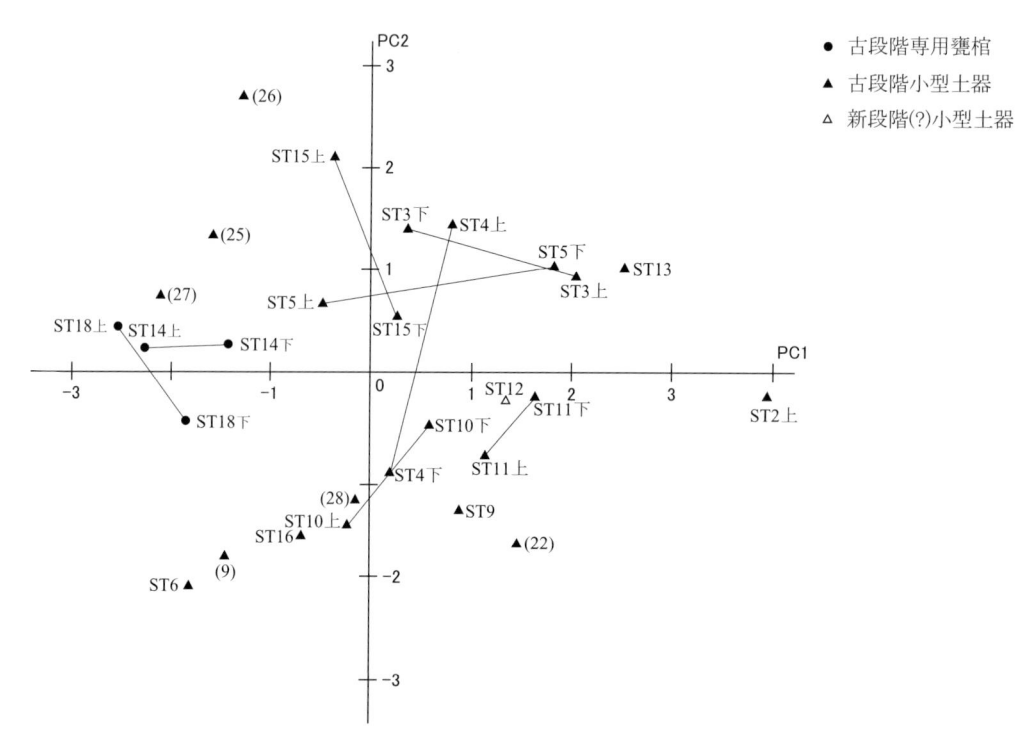

図 25　高樋塚添遺跡の第 1・第 2 主成分の 2 次元散布図

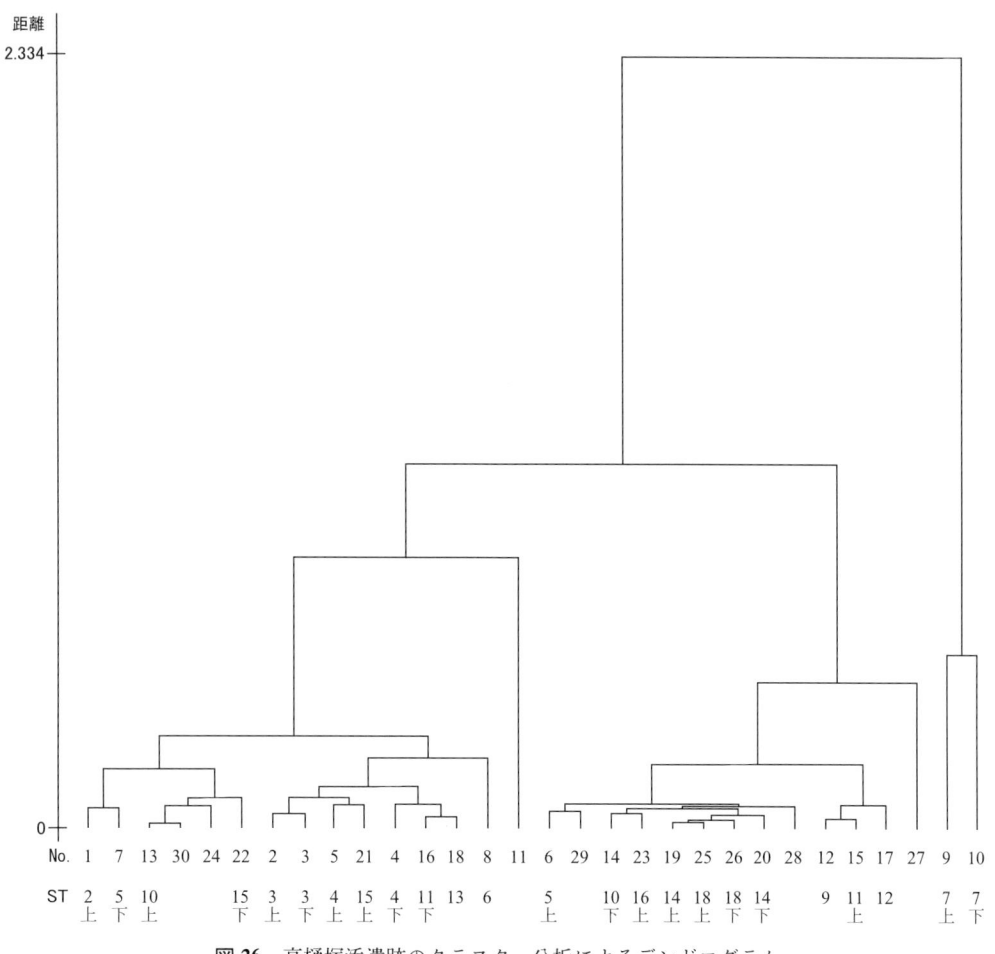

第7章　土器の生産・分配・消費と葬送行為

図26　高樋塚添遺跡のクラスター分析によるデンドログラム

つのクラスターを形成している。もう一方のクラスターは，左右2つのサブクラスターを形成しているようにみえる。このサブクラスターが示す意味は明確ではないが，専用甕棺（ST14とST18）はいずれも上甕・下甕がきわめて近い距離でクラスタリングされていることは注目できる。それに対して，小型土器を用いた甕棺については，やや離散が大きいようにみえる。上で行ったK—CaおよびRb—Sr分布図での散布状況や，主成分分析の結果とも総合すれば，やはり専用甕棺においては上甕・下甕の胎土の特性が類似しており，一方小型土器を用いた甕棺の離散状況からは本来セットではないものが使用された可能性が考えられる。

　さて，本遺跡では資料数などの制約があったが，近接する甲条神社遺跡での分析結果と比較し，考察を行いたい。両遺跡間はごく小さな谷で台地が切られており，連続する墓群とはいえないが，両者の間が無関係であるとは考えにくい。

　甲条神社遺跡では，古段階（中期前半＝須玖Ⅰ式）の甕棺と新段階（中期後半＝須玖Ⅱ式）の甕棺とでは胎土に有意な差が認められた。ただし，同一遺跡でとりうる変異の幅を必ずしもこえるもの

ではないことから，遺跡周辺で採取された素材が用いられ，資源の枯渇などで採取地が近隣の別地点もしくは別の層に変わった可能性もある。また注目すべきは，それぞれの時期で専用甕棺と小型土器との胎土の化学特性が一致しており，連動した変化をしていることである。このことは，専用甕棺が小型土器とは異なった生産集団をもち特定地域から供給されたと推定するむきには否定的な結果である。

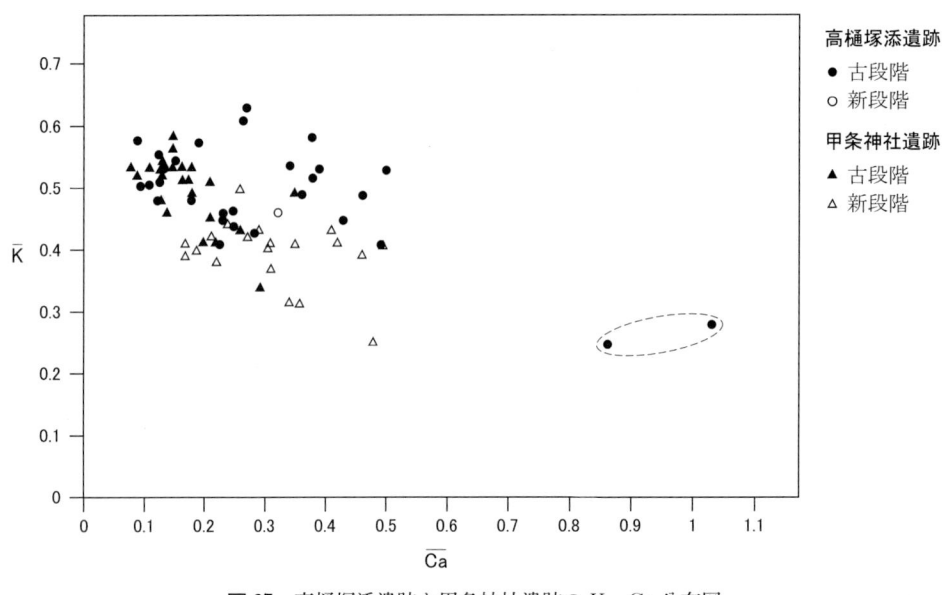

図 27　高樋塚添遺跡と甲条神社遺跡の K—Ca 分布図

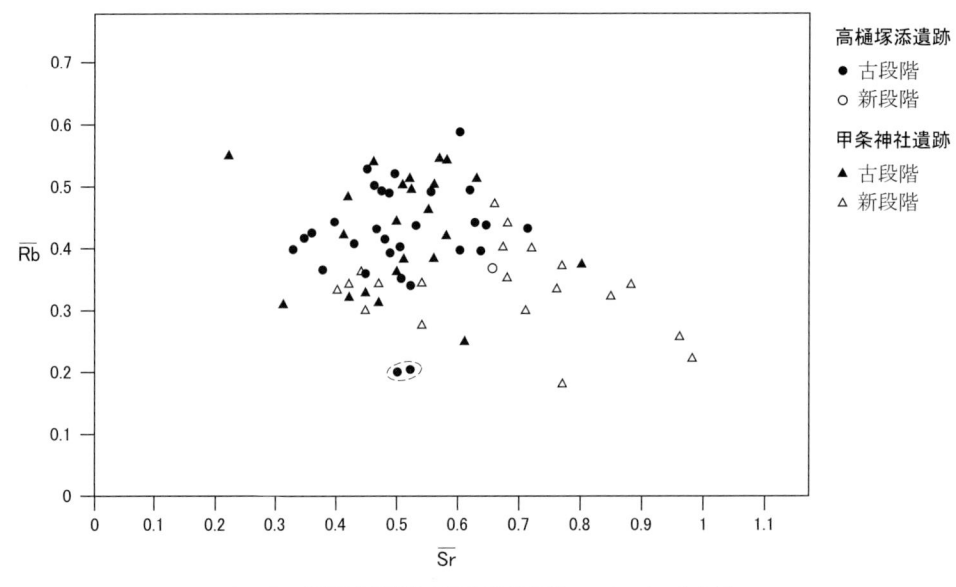

図 28　高樋塚添遺跡と甲条神社遺跡の Rb—Sr 分布図

第 7 章　土器の生産・分配・消費と葬送行為

表 8　高樋塚添遺跡と甲条神社遺跡の判別分析結果と正判別率
　　　古段階を比較したもの.

	高樋塚添	甲条神社	正判別率
高樋塚添	19	8	0.704
甲条神社	5	18	0.783

● 高樋塚添遺跡
▲ 甲条神社遺跡

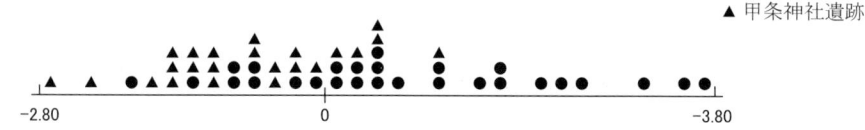

図 29　高樋塚添遺跡と甲条神社遺跡の判別スコア
　　　古段階を比較したもの.

　高樋塚添遺跡と甲条神社遺跡を重ねて K—Ca 分布図と Rb—Sr 分布図(図 27・28)を示す。前者では古段階がほとんどで新段階は 1 個体のみであったが，両者の古段階どうしは，ややずれはあるが重なりが大きい。このことは，古段階においては両者が類似した素材を用いていたことを示している。本来，古段階と新段階は傾向として分かれるが，重なりもある。高樋塚添遺跡の新段階に属する可能性のある 1 個体は重なりの部分に位置しているともいえ，それ以上の積極的な解釈は今のところ困難である。これが甲条神社遺跡の新段階のものと一致するとすれば，両遺跡の土器は胎土が連動して変化していることになるし，土器生産の単位等を考える際に重要な鍵ともなりうるため，ここではあえて解釈を保留したい。ただし，そのように類似した傾向のある両遺跡間の古段階のデータ(高樋塚添遺跡の外れ値を示す 2 個を除く)を 2 群間の線形判別分析で分析したところ，誤判別率は低くないがある程度の判別は可能であった(表 8・図 29)。したがって，近接する両遺跡間でも胎土に微妙な差があるといえよう。

(6)　甲条神社遺跡 2 次調査

　甲条神社遺跡と高樋塚添遺跡という近接した甕棺墓地の関係を考察するうえで，その後調査された甲条神社遺跡 2 次調査地点(赤川, 2000)の甕棺の分析について述べる。なお，本調査区は甲条神社遺跡 1 次調査の西側隣接地点であり，一連の墓群とみなすことができる。このため 1 次調査資料とも比較を行い，また高樋塚添遺跡の甕棺墓群のデータとも比較を行う。

　2 次調査で検出された中期前半の甕棺(3 基 6 個体)と弥生時代終末期の甕棺(1 基 2 個体)の計 8 個が分析に供された(図 30)。中期前半のものは ST201, 203, 204 の 3 基であり，いずれも専用甕棺である。1 次調査のほぼ同時期の甕棺と比較すると，3 基とも，通常みられる甕棺と顕著に口縁部が異なっており，胴部下半のふくらみなど，より地域色の強い形態であり，それぞれの間の差異も大きな個性の強いものである。また，いずれも上甕・下甕の関係は，外見的に類似性がある。な

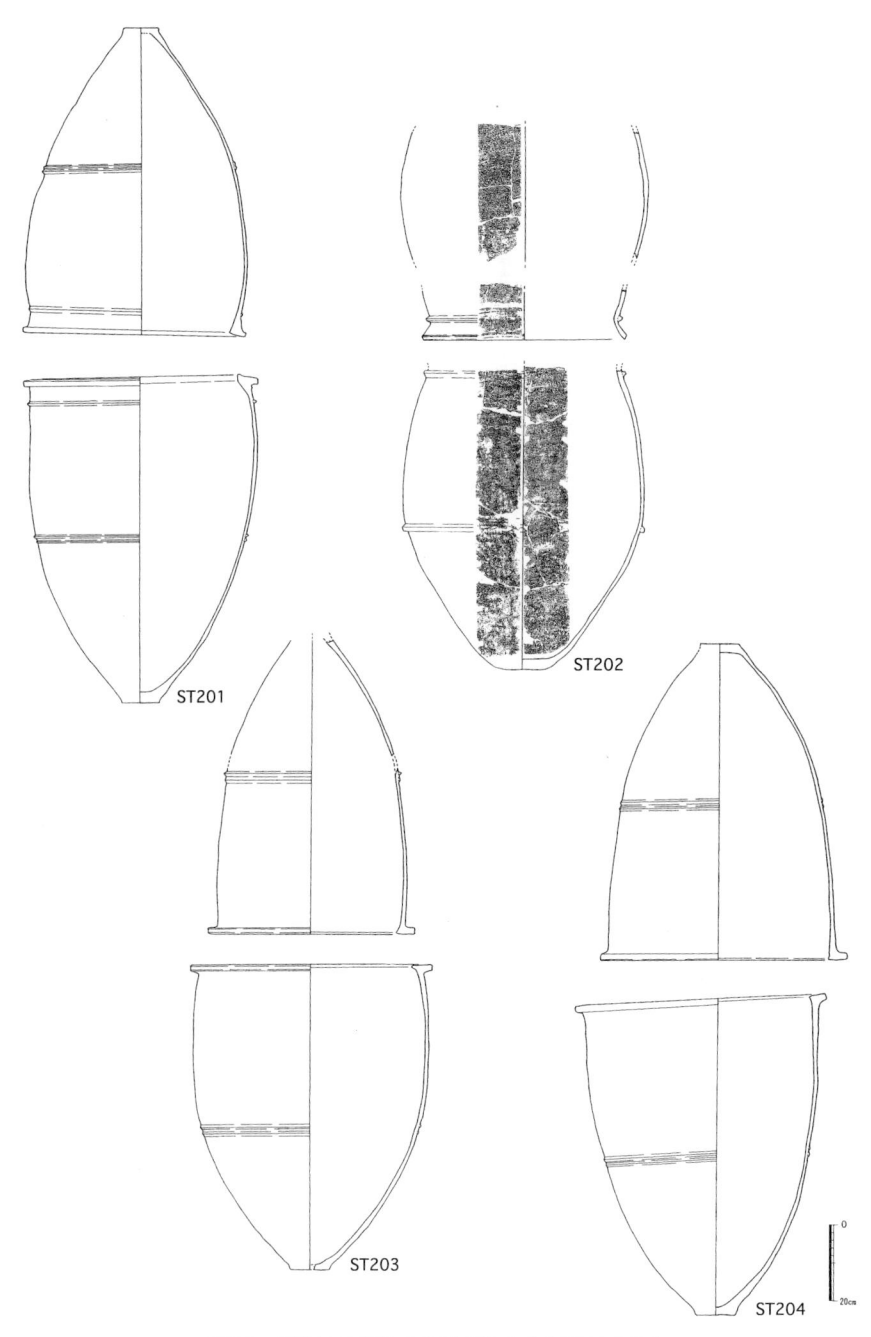

図30　甲条神社遺跡 2 次調査胎土分析試料 (1/20)

第 7 章　土器の生産・分配・消費と葬送行為

表9　甲条神社遺跡2次調査分析値

	種類	時期	K	Ca	Fe	Rb	Sr	Na
ST201E(上甕)	専用甕棺	中期前半(汲田式)	0.514	0.352	2.84	0.599	0.738	0.221
ST201W(下甕)	専用甕棺	中期前半(汲田式)	0.539	0.310	3.02	0.627	0.593	0.224
ST202E(上甕)	専用甕棺	後期終末	0.485	0.218	1.48	0.500	0.470	0.181
ST202W(下甕)	専用甕棺	後期終末	0.330	0.279	1.78	0.376	0.551	0.214
ST203E(上甕)	専用甕棺	中期前半(汲田式)	0.485	0.437	3.05	0.406	0.726	0.261
ST203W(下甕)	専用甕棺	中期前半(汲田式)	0.436	0.359	3.09	0.352	0.748	0.217
ST204E(上甕)	専用甕棺	中期前半(汲田式)	0.446	0.606	2.91	0.326	0.842	0.248
ST204W(下甕)	専用甕棺	中期前半(汲田式)	0.534	0.444	2.74	0.639	0.787	0.258

　お，ST202は弥生時代終末期であり，この時期の甕棺は1次調査でも，また高樋塚添遺跡でも出土しておらず，初めての分析例となる。これらの試料の採取部位は任意に行ったが，基本的に胴部の一部である。

　分析値は表9に示す。また分析値のK―CaとRb―Srの両分布図(図31・図32)を示す。

　ST201は他と異質なつくりであり，上甕と下甕では実測図にすると口縁部の断面形態には差があるけれども，その他はプロポーション，器壁がかなり厚い点，色調・胎土の特徴などについてはよく似ている。上甕・下甕間で外見上特徴がよく類似しているセットである。両分布図においても比較的近くにプロットされており，胎土もよく似ているということができる。

　ST203は残りがよくなく，実測図の図上復元の都合上，上甕・下甕間で径が一致していないが，本来同程度であった可能性が高い。他の特徴はかなりよく似ている。K―Ca，Rb―Srともに上甕・下甕は極めて近くにプロットされており，両者の胎土はほぼ同じといって差し支えなく，これも観察結果と符合する。

　ST204も上甕・下甕間で口縁部の細部に差はあるが，諸特徴が比較的よく似ている。ただし，K―CaにおいてはとくにCa，Rb―SrにおいてはRbの値に差がある。他の遺跡でもしばしばKとRbおよびCaとSr間で正の相関が認められるが，本例の上甕・下甕間についてもその関係がいえるため，なんらかの意味のある差であると考えられる。上甕・下甕間の胎土が真に同じであるなら開きが大きすぎるが，グラフ(図31・図32)をみればわかるように，大局的には両者は同じような位置にあるともいえる。本来全体としての類似性が高いと思われる一連の遺跡群の中においてもこのことがいえるため，両者は概ね似た傾向をもっているといえなくもない。しかし未だ上甕・下甕の類似度に関する絶対的な判断基準を模索中の現状では，これ以上の論及は避けておく。

　他と時期を異にするST202は，ST204と同様，上甕・下甕間では同一といえるほどは類似していないけれども，やはり概ね近い位置にプロットされている。また，グラフ(図31・図32)では1次調査の甕棺群の分布と重なっており，これらと類似した素材を用いているといえる。

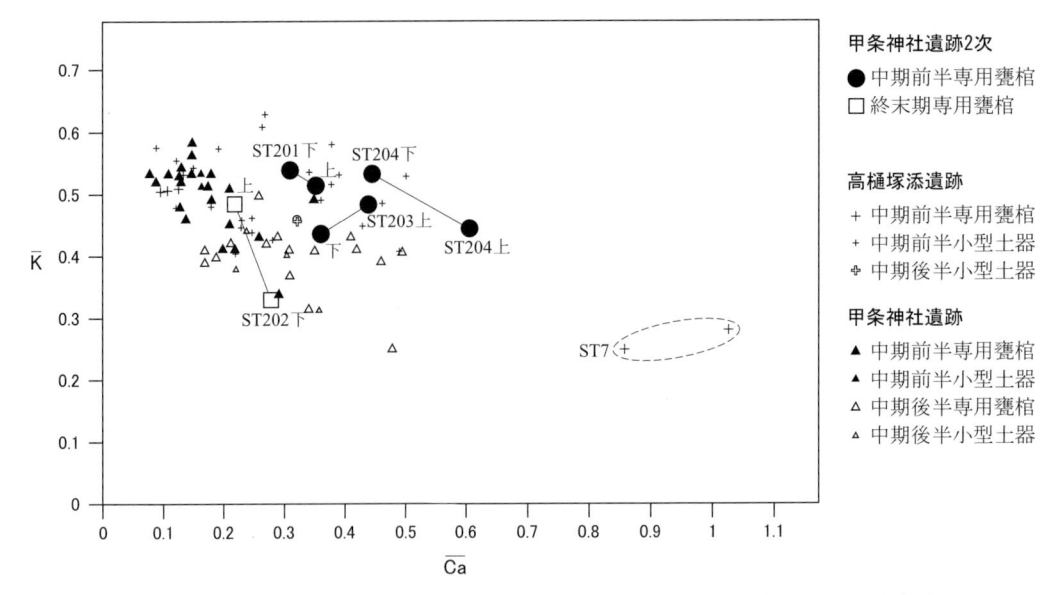

図31 甲条神社遺跡2次調査と高樋塚添遺跡・甲条神社遺跡1次調査のK—Ca分布図

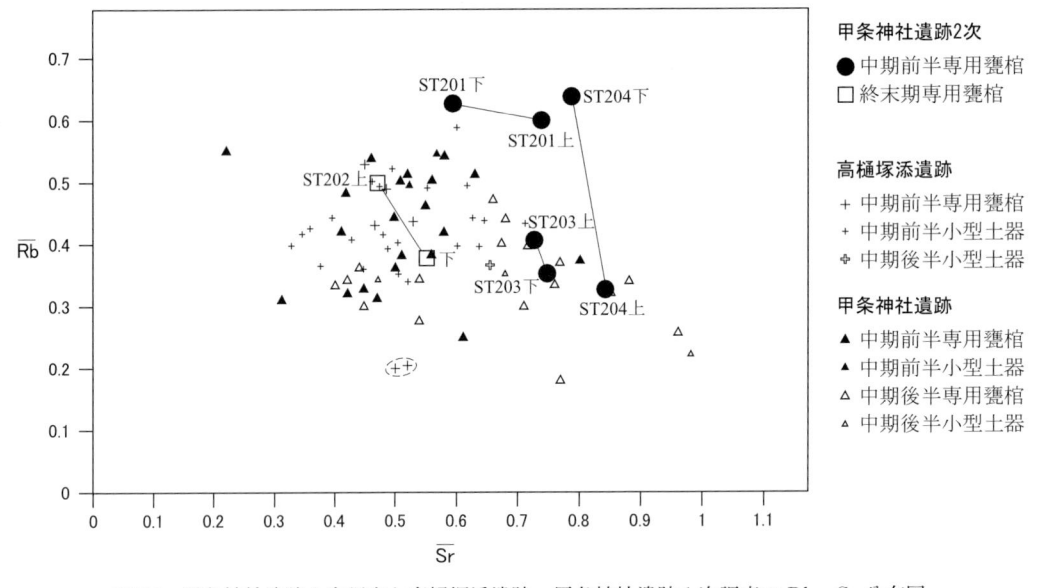

図32 甲条神社遺跡2次調査と高樋塚添遺跡・甲条神社遺跡1次調査のRb—Sr分布図

図31・図32には，1次調査分と高樋塚添遺跡のデータも重ねて示している。1次調査分では中期前半と後半とで胎土の化学特性に有意な微差があることを指摘した。まず甲条神社遺跡のものだけで比較すると，2次調査の中期前半の3基はK—Ca, Rb—Srのどちらにおいても図中のやや右にプロットされている。甲条神社遺跡の中期前半のものだけで比較してもこの傾向は変わらない。しかし高樋塚添遺跡のものも含めると，一定の傾向はあるけれども概ね3つの地点の胎土は類似したグループであることがわかる。

第7章　土器の生産・分配・消費と葬送行為

　なお，注意すべきは，同じ甲条神社遺跡の同時期(中期前半)に限っても1次調査分と2次調査分で微差があるいうことである。両調査区の墓地構成を仔細にみれば，1次調査区の列とは途切れており，また前の調査区は溝を伴う長方形区画である可能性がある。それに比べ，2次調査区は溝や長方形区画を示唆するものはない。2次調査分の3基は1次調査分と異なって，いずれも地域色が強く個性が強いものであることは既に述べた。これが意味のあるものだとすれば，列状に展開することの多いこの時期の甕棺墓群に内包されるサブグループを反映している可能性も指摘できよう。さまざまな面からみて1次調査区のほうがエラボレーションの度合いが相対的に高いといえよう。そうであれば，サブグループ間での差異は，あたかもさきに検討した吉野ケ里遺跡での遺跡内地点別の差のように，小集団ごとの生産―分配システムの差異を暗示するものかもしれない。

　なお，この胎土分析による微差は，粘土や混和材が同じものを使用しても，その分量など素地の調整法などによって生じた可能性もある。そのあたりは今後の検討課題である。

図33　糸島地域遺跡分布図(1/150,000)
　　　1 久米遺跡，2 木舟三本松遺跡，3 辰ヶ下遺跡，4 篠原新建遺跡，5 高祖榎町遺跡，6 高上石町遺跡

図 34 久米遺跡

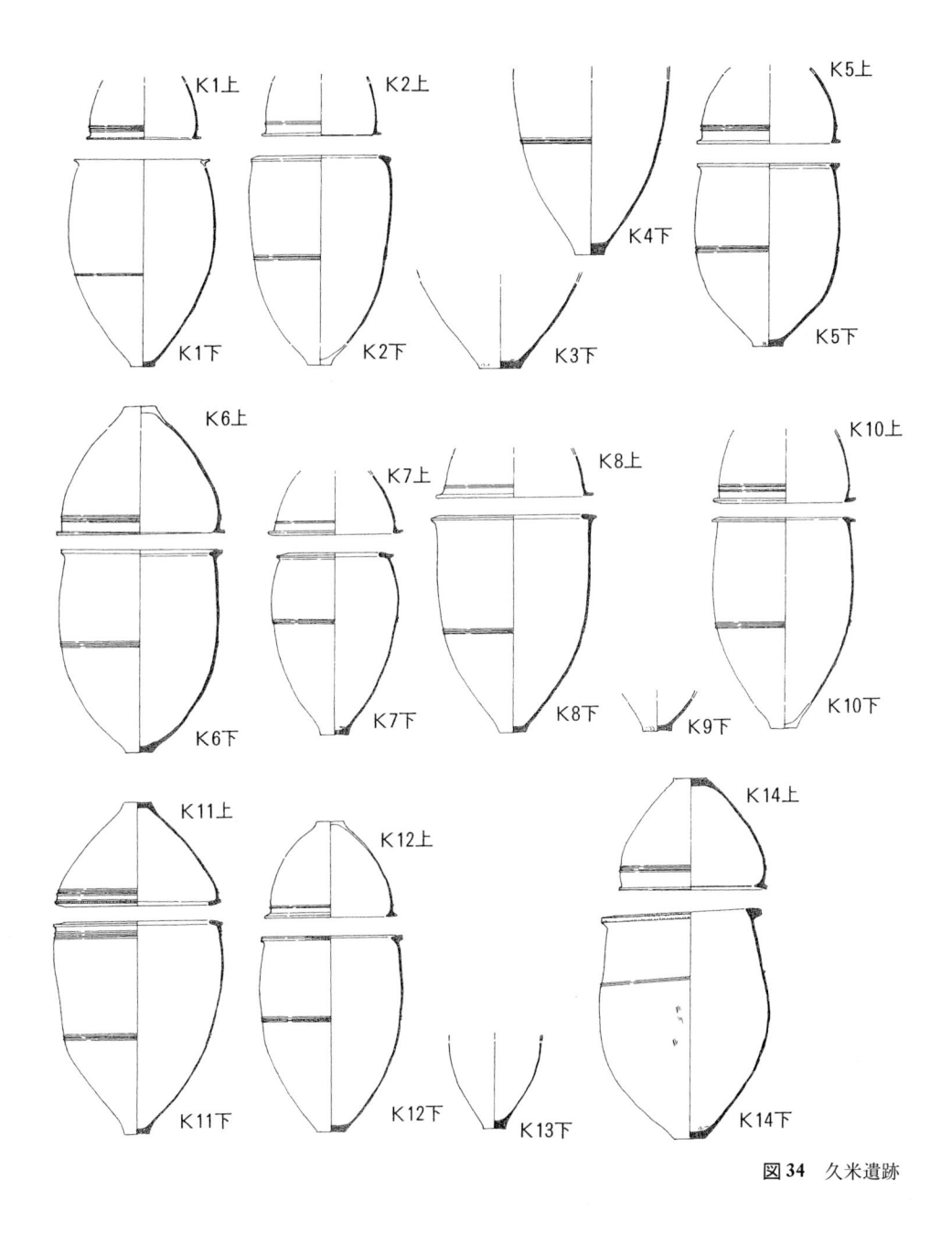

また，グラフ中に点線で囲んで示したように，高樋塚添遺跡 ST7 は搬入品と考えられる。これを除いた甲条神社 1 次と 2 次，そして高樋塚添遺跡を合わせたプロットの範囲がこれら近接する遺跡の弥生時代中期土器のとりうる変異とみて大過ないのではないかと考える。時間的にも直接の関係はない終末期の ST202 でさえこの群中にプロットされていることからしても，この群は一連の遺跡周辺の地質環境をよく反映しているものとみなしてよいかもしれない。

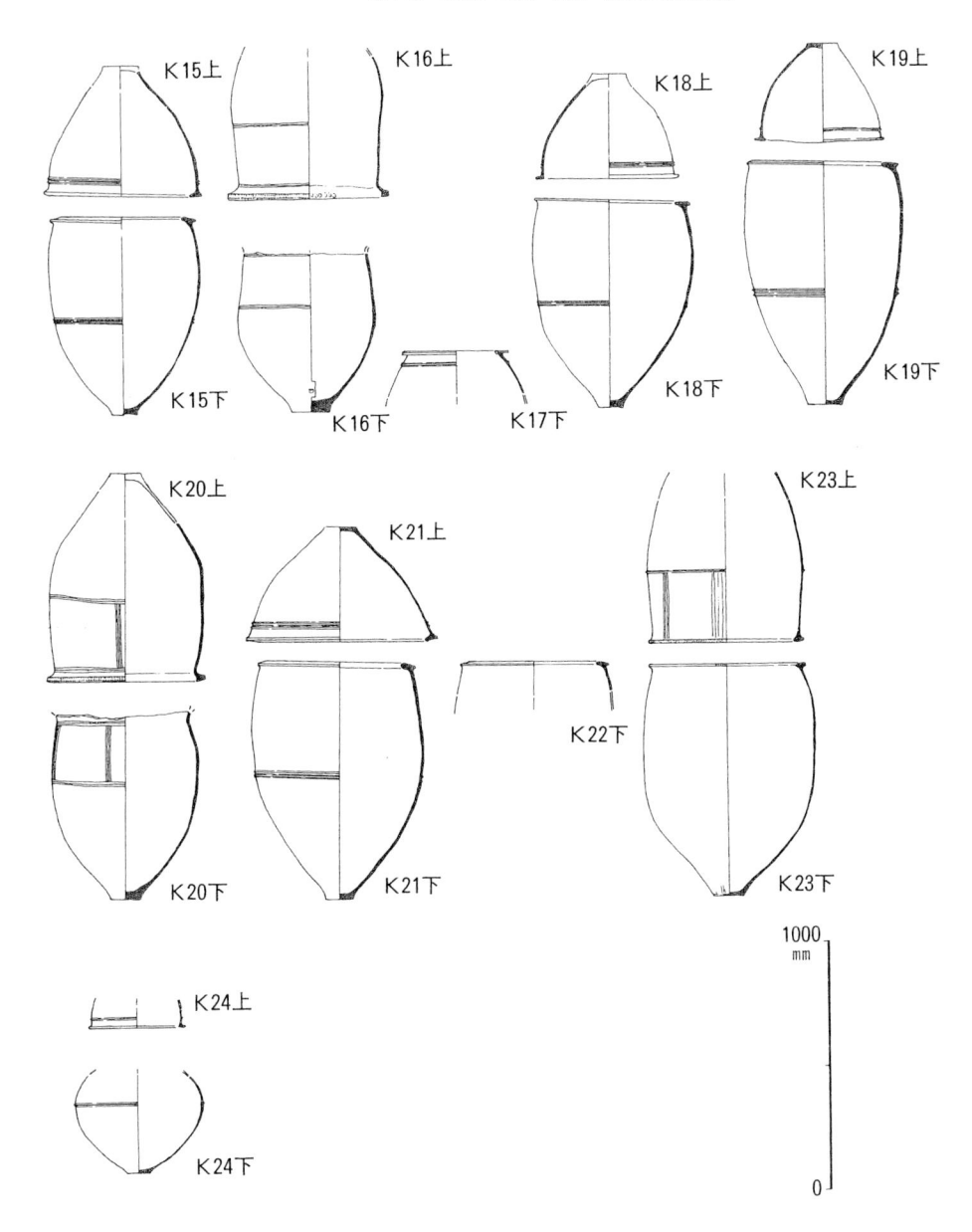

胎土分析試料

(7) 糸島郡周辺遺跡

ここでは筑後平野北部を離れて，別地域で行った甕棺の胎土分析について述べる。かつて「伊都国」があったとされ歴史的に重要な地域である旧糸島郡内における分析である。副葬品として細形銅剣と管玉(K-6)，細形銅戈(K-23)が出土した甕棺墓地である福岡県糸島郡志摩町久米遺跡(河合，1999)の甕棺の胎土分析を中心として検討し，旧糸島郡に属する近隣市町の甕棺の胎土分析結果も併せて考察する。

表10 久米遺跡と周辺遺跡の分析値

	遺跡	種類	K	Ca	Fe	Rb	Sr	Na
1	久米遺跡	K-1上甕	0.545	0.464	2.05	0.456	0.808	0.220
2	久米遺跡	K-2上甕	0.578	0.338	2.03	0.504	0.701	0.220
3	久米遺跡	K-2下甕	0.583	0.399	2.83	0.543	0.692	0.245
4	久米遺跡	K-3下甕	0.606	0.522	2.68	0.498	0.809	0.282
5	久米遺跡	K-4下甕	0.573	0.481	3.15	0.476	0.809	0.241
6	久米遺跡	K-5上甕	0.487	1.160	3.68	0.368	0.611	0.258
7	久米遺跡	K-5下甕	0.638	0.143	2.79	0.478	0.479	0.102
8	久米遺跡	K-6上甕	0.605	0.312	2.95	0.444	0.656	0.175
9	久米遺跡	K-6下甕	0.697	0.247	1.61	0.557	0.714	0.133
10	久米遺跡	K-7上甕	0.567	0.357	3.15	0.560	0.628	0.220
11	久米遺跡	K-7下甕	0.610	0.530	1.99	0.467	0.938	0.229
12	久米遺跡	K-8上甕	0.552	0.366	2.95	0.512	0.626	0.234
13	久米遺跡	K-8下甕	0.622	0.432	2.26	0.583	0.825	0.224
14	久米遺跡	K-14上甕	0.605	0.549	2.96	0.529	0.859	0.325
15	久米遺跡	K-14下甕	0.606	0.196	2.31	0.542	0.511	0.135
16	久米遺跡	K-10上甕	0.620	0.205	2.35	0.558	0.520	0.147
17	久米遺跡	K-10下甕	0.622	0.196	2.53	0.564	0.512	0.148
18	久米遺跡	K-11上甕	0.595	0.172	2.62	0.510	0.461	0.118
19	久米遺跡	K-11下甕	0.537	0.598	2.13	0.491	0.881	0.278
20	久米遺跡	K-12上甕	0.578	0.447	1.60	0.548	0.902	0.241
21	久米遺跡	K-12下甕	0.472	0.553	3.52	0.396	0.836	0.236
22	久米遺跡	K-13下甕	0.595	0.535	3.00	0.529	0.773	0.240
23	久米遺跡	K-9下甕	0.641	0.168	3.30	0.577	0.491	0.142
24	久米遺跡	K-15上甕	0.510	0.655	3.08	0.508	0.876	0.258
25	久米遺跡	K-15下甕	0.589	0.351	2.21	0.536	0.654	0.160
26	久米遺跡	K-16上甕	0.503	0.296	1.70	0.467	0.762	0.259
27	久米遺跡	K-16下甕	0.605	0.226	1.55	0.603	0.716	0.248
28	久米遺跡	K-17下甕	0.607	0.464	2.92	0.645	0.718	0.204
29	久米遺跡	K-18上甕	0.610	0.549	2.92	0.581	0.804	0.251
30	久米遺跡	K-18下甕	0.666	0.426	2.52	0.586	0.739	0.330
31	久米遺跡	K-19上甕	0.618	0.303	2.39	0.597	0.642	0.153
32	久米遺跡	K-19下甕	0.604	0.528	1.49	0.596	1.030	0.305
33	久米遺跡	K-20上甕	0.639	0.286	1.83	0.546	0.759	0.181
34	久米遺跡	K-20下甕	0.531	0.261	2.77	0.494	0.593	0.171
35	久米遺跡	K-21上甕	0.507	0.543	2.96	0.556	0.876	0.224
36	久米遺跡	K-21下甕	0.560	0.364	2.99	0.502	0.731	0.147
37	久米遺跡	K-22下甕	0.508	0.242	2.05	0.502	0.577	0.199
38	久米遺跡	K-23上甕	0.623	0.608	3.11	0.501	0.922	0.300
39	久米遺跡	K-23下甕	0.614	0.507	2.84	0.523	0.825	0.287
40	久米遺跡	K-24上甕	0.527	0.628	3.15	0.463	0.886	0.301
41	久米遺跡	K-24下甕	0.633	0.388	1.75	0.554	0.947	0.207
42	久米遺跡	土壙1出土土器1	0.582	0.281	2.08	0.587	0.737	0.237
43	久米遺跡	土壙1出土土器2	0.571	0.562	3.05	0.651	0.963	0.281
44	久米遺跡	土壙1出土土器3	0.674	0.351	2.86	0.506	0.644	0.188
45	久米遺跡	土壙1出土土器4	0.594	0.284	2.78	0.643	0.620	0.200
46	久米遺跡	土壙1出土土器5	0.611	0.387	2.73	0.445	0.735	0.180
47	久米遺跡	K-2目貼粘土	0.583	0.345	2.78	0.519	0.638	0.237
48	久米遺跡	K-6目貼粘土	0.507	0.165	5.59	0.410	0.306	0.016
49	久米遺跡	K-8目貼粘土	0.360	0.173	5.83	0.323	0.238	0.019
50	久米遺跡	K-9目貼粘土	0.344	0.230	5.62	0.310	0.247	0.027
51	久米遺跡	K-20目貼粘土	0.269	0.787	4.37	0.502	0.378	0.061
52	久米遺跡	K-21目貼粘土	0.426	0.209	5.28	0.442	0.274	0.038
53	久米遺跡	K-23目貼粘土	0.421	0.199	2.94	0.514	0.348	0.051
54	久米遺跡	K-24目貼粘土	0.750	0.175	3.45	0.646	0.388	0.046
55	久米遺跡	地山赤土	0.465	0.065	4.54	0.417	0.208	0.014
56	木舟三本松遺跡	K-1上甕	0.399	0.238	2.57	0.369	0.333	0.067
57	木舟三本松遺跡	K-1下甕	0.527	0.390	3.40	0.455	0.603	0.143
58	木舟三本松遺跡	K-12甕	0.497	0.480	3.16	0.446	0.723	0.197
59	木舟三本松遺跡	K-20甕	0.413	0.573	2.15	0.365	0.931	0.189
60	木舟三本松遺跡	K-30上甕	0.541	0.688	3.32	0.441	0.626	0.184
61	木舟三本松遺跡	K-30下甕	0.414	0.696	1.89	0.329	1.010	0.182
62	木舟三本松遺跡	K-31甕	0.567	0.513	2.46	0.486	0.744	0.211
63	木舟三本松遺跡	K-32甕	0.491	0.351	2.66	0.433	0.527	0.124
64	木舟三本松遺跡	K-33甕	0.409	0.587	1.78	0.379	1.130	0.208
65	木舟三本松遺跡	K-35甕	0.526	0.410	2.29	0.475	0.543	0.168
66	木舟三本松遺跡	K-37甕	0.510	0.568	3.93	0.416	0.488	0.144
67	木舟三本松遺跡	K-38甕	0.477	0.670	2.08	0.381	1.040	0.202
68	木舟三本松遺跡	K-42甕	0.516	0.364	3.11	0.409	0.554	0.135

第7章　土器の生産・分配・消費と葬送行為

	遺跡	種類	K	Ca	Fe	Rb	Sr	Na
69	木舟三本松遺跡	K-43甕	0.512	0.288	2.22	0.488	0.529	0.152
70	木舟三本松遺跡	K-44上甕	0.438	0.814	2.87	0.379	0.869	0.221
71	木舟三本松遺跡	K-44下甕	0.552	0.397	2.41	0.502	0.684	0.222
72	辰ヶ下遺跡	K-1上甕	0.336	0.177	2.87	0.351	0.393	0.062
73	辰ヶ下遺跡	K-1下甕	0.395	0.264	2.03	0.505	0.610	0.098
74	篠原新建遺跡	K-5上甕	0.491	0.564	3.03	0.376	0.871	0.242
75	篠原新建遺跡	K-5下甕	0.387	0.210	3.11	0.290	0.442	0.111
76	篠原新建遺跡	K-13上甕	0.413	0.549	1.82	0.285	0.959	0.259
77	篠原新建遺跡	K-13下甕	0.440	0.506	1.96	0.323	0.974	0.243
78	篠原新建遺跡	K-21上甕	0.479	0.269	2.40	0.335	0.543	0.173
79	篠原新建遺跡	K-21下甕	0.412	0.293	2.22	0.349	0.580	0.180
80	篠原新建遺跡	K-32下甕	0.426	0.414	2.31	0.387	0.736	0.210
81	篠原新建遺跡	K-42下甕	0.507	0.562	3.08	0.451	0.874	0.211
82	篠原新建遺跡	K-56下甕	0.477	0.433	1.53	0.402	0.833	0.246
83	篠原新建遺跡	K-58上甕	0.481	0.484	2.74	0.374	0.696	0.202
84	篠原新建遺跡	K-58下甕	0.497	0.393	2.43	0.495	0.730	0.177
85	篠原新建遺跡	K-68上甕	0.483	0.474	2.77	0.406	0.756	0.207
86	篠原新建遺跡	K-68下甕	0.475	0.470	2.72	0.449	0.737	0.182
87	篠原新建遺跡	K-70上甕	0.478	0.399	2.08	0.444	0.769	0.209
88	篠原新建遺跡	K-70下甕	0.469	0.399	1.87	0.377	0.811	0.235
89	篠原新建遺跡	K-73下甕	0.485	0.323	3.64	0.365	0.635	0.219
90	篠原新建遺跡	K-81上甕	0.429	0.395	3.37	0.329	0.774	0.180
91	篠原新建遺跡	K-81下甕	0.412	0.248	3.04	0.345	0.461	0.154
92	篠原新建遺跡	K-100上甕	0.453	0.372	3.12	0.375	0.710	0.256
93	篠原新建遺跡	K-100下甕	0.441	0.394	3.60	0.328	0.726	0.207
94	篠原新建遺跡	K-105下甕	0.444	0.328	4.21	0.320	0.575	0.153
95	篠原新建遺跡	K-205上甕	0.415	0.533	3.30	0.313	0.883	0.249
96	篠原新建遺跡	K-205下甕	0.473	0.606	3.13	0.443	0.893	0.232
97	篠原新建遺跡	K-208上甕	0.432	0.467	4.04	0.291	0.846	0.223
98	篠原新建遺跡	K-208下甕	0.419	0.261	4.94	0.346	0.470	0.160
99	篠原新建遺跡	K-210上甕	0.424	0.508	2.77	0.330	0.869	0.229
100	篠原新建遺跡	K-212下甕	0.441	0.465	2.00	0.425	0.809	0.180
101	篠原新建遺跡	K-213下甕	0.419	0.263	3.53	0.325	0.479	0.138
102	篠原新建遺跡	K-217上甕	0.464	0.476	3.03	0.349	0.789	0.193
103	篠原新建遺跡	K-217下甕	0.447	0.460	3.19	0.374	0.709	0.176
104	高祖榎町遺跡	K-1上甕	0.543	0.419	2.71	0.431	0.735	0.239
105	高祖榎町遺跡	K-1下甕	0.612	0.183	1.70	0.564	0.614	0.162
106	高祖榎町遺跡	K-2上甕	0.433	0.443	1.93	0.282	0.716	0.186
107	高祖榎町遺跡	K-2下甕	0.546	0.261	2.43	0.588	0.591	0.138
108	高祖榎町遺跡	K-3下甕	0.581	0.214	2.43	0.578	0.595	0.141
109	高祖榎町遺跡	K-4下甕	0.474	0.291	1.58	0.542	0.549	0.173
110	高祖榎町遺跡	K-5下甕	0.401	0.707	2.38	0.297	1.040	0.278
111	高祖榎町遺跡	K-6上甕	0.601	0.148	1.36	0.637	0.427	0.134
112	高祖榎町遺跡	K-6下甕	0.589	0.208	2.17	0.520	0.616	0.168
113	高祖榎町遺跡	K-7上甕	0.478	0.154	2.01	0.468	0.396	0.130
114	高祖榎町遺跡	K-7下甕	0.606	0.216	1.15	0.546	0.672	0.244
115	高祖榎町遺跡	K-8上甕	0.540	0.426	2.25	0.497	0.743	0.172
116	高祖榎町遺跡	K-8下甕	0.572	0.320	2.57	0.582	0.632	0.259
117	高上石町遺跡	K-5上甕	0.385	0.375	2.05	0.305	0.691	0.145
118	高上石町遺跡	K-5下甕	0.378	0.775	2.09	0.305	1.090	0.233
119	高上石町遺跡	K-8上甕	0.408	0.392	2.09	0.361	0.615	0.134
120	高上石町遺跡	K-8下甕	0.419	0.432	2.25	0.320	0.634	0.154
121	高上石町遺跡	K-13下甕	0.441	0.660	1.98	0.348	0.906	0.211
122	高上石町遺跡	K-14上甕	0.356	0.308	1.48	0.344	0.657	0.160
123	高上石町遺跡	K-14下甕	0.397	0.324	1.56	0.403	0.740	0.178
124	高上石町遺跡	K-19上甕	0.404	0.359	1.62	0.397	0.781	0.184
125	高上石町遺跡	K-19下甕	0.391	0.495	1.66	0.310	0.942	0.227

　久米遺跡のほか，比較のため周辺遺跡のものも分析した。前原市の篠原新建遺跡，高上石町遺跡，高祖榎町遺跡，糸島郡二丈町の木舟三本松遺跡，辰ヶ下遺跡である（図33）。これらはみな旧糸島郡に所在する。

　久米遺跡のものとしては，甕棺墓（24基41個体）と土壙1出土土器（5個体）の計46点の土器試料のほか，甕棺の上甕・下甕の合わせ目に使用された目貼粘土（8点）と地山赤土（1点）の計55点

図35　久米遺跡の K—Ca 分布図

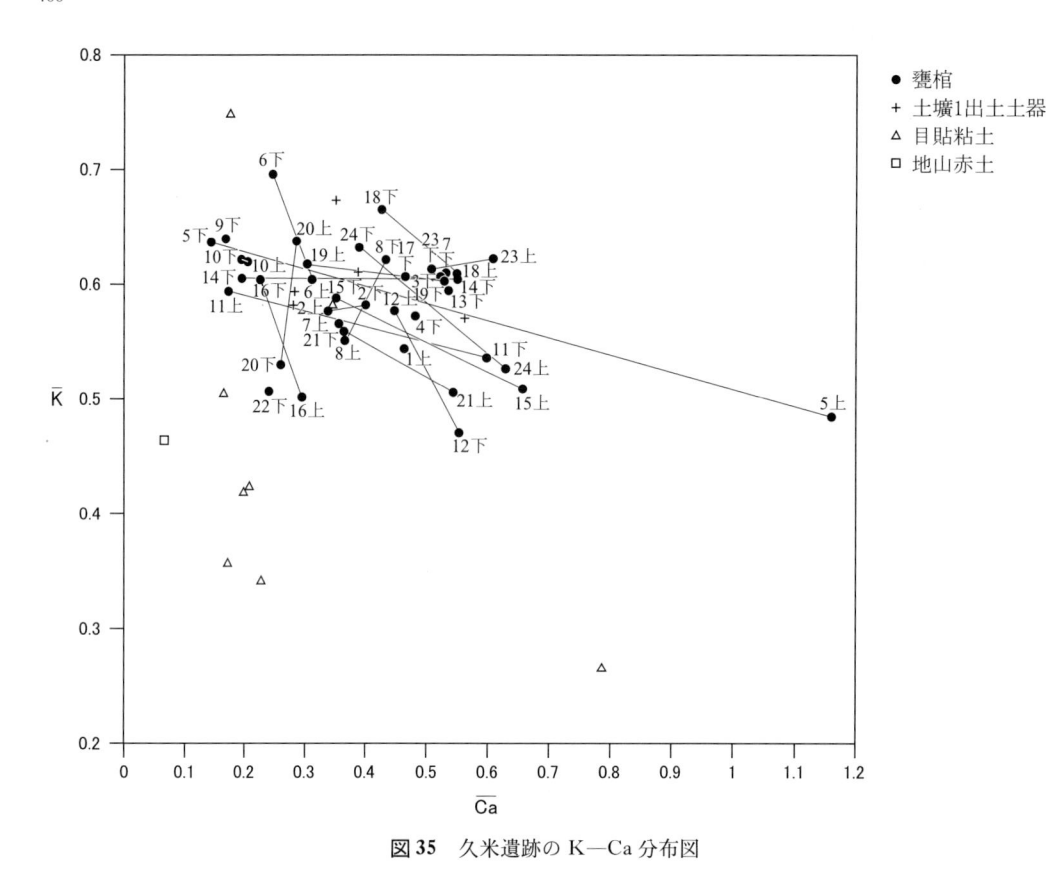

の土壌試料が採取され分析された (図34)。なお，土壙1は甕棺墓群中にあり，いわゆる祭祀土壙としての性格をもつと考えられる。出土土器の時期も須玖I式を中心としており，甕棺墓群の存続期間の中にあてはまる。また，周辺遺跡の甕棺 (46基70個体) が分析に供された。分析した資料はいずれも弥生時代中期前半を中心とする中期初頭から中期後半の古い段階に属するものである。甕棺の型式は 2a 型式から 3a 型式である。

試料の採取部位は胴部を中心としたが，採取しやすい任意の部位から各個体1点ずつ試料を採取したため，口縁部など別の部位を用いたものもある。

これらの甕棺と土器は，事前に形態，調整，色調，胎土などの基本的な考古学的観察を行った。観察にあたっては，上甕と下甕の同時製作の可能性を検討するために両者の類似度に注目して検討を行った。

遺跡周辺でどのような素材が採取できるのか検討する必要があるが，多くの遺跡同様，久米遺跡周辺では現在粘土の露頭などは見出せない。そこで次善の策として甕棺の合わせ目に用いられた「目貼粘土」と地山土の蛍光X線分析も実施した。

まず，久米遺跡での分析結果について述べる。甕棺の形態については，墓群全体としてはあまり類似性が高いとはいえず，1基ごとに特徴を有している。2b 型式くらいまでは，甕棺分布域一帯で

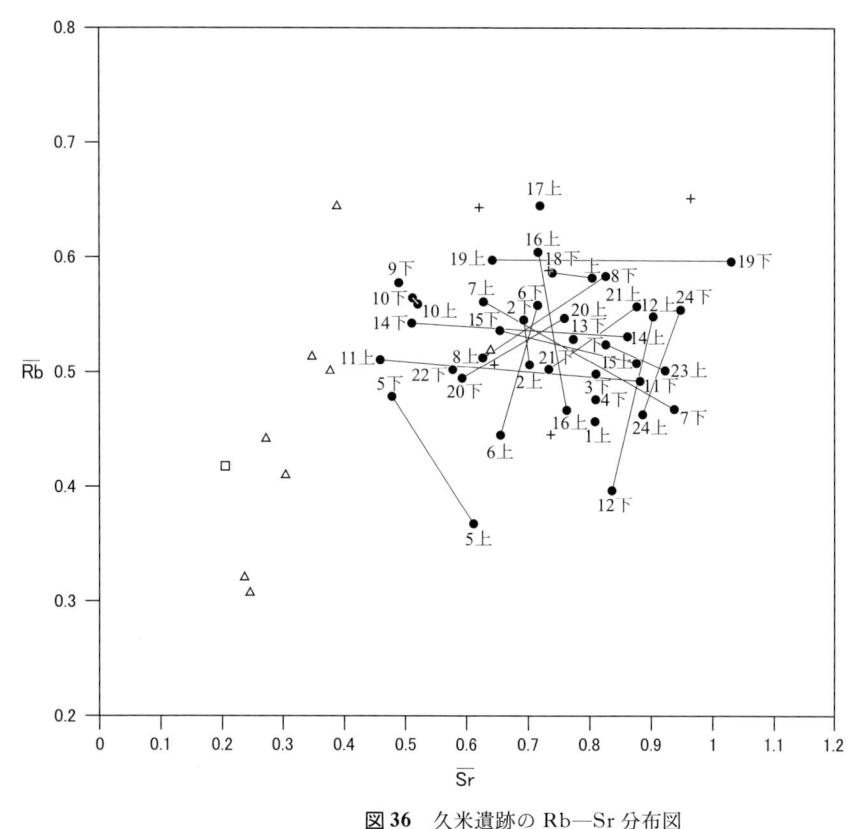

図36 久米遺跡のRb—Sr分布図

広くそのような傾向は認められ，必ずしもこの遺跡に特有のこととはいえない。久米遺跡の甕棺における個体別の変異は，大まかにいえば糸島地域にみられる該期の甕棺の変異に包括されるものである。糸島地域の地域性を強く表す個体も多いことから，その多くは久米遺跡近辺で製作されたものか，広くみてもせいぜい糸島地域で製作されたものであろうと推定される。なお，上甕に大型の鉢を用いたものが多い点も糸島地域の地域性ともいえる。

久米遺跡では専用の大型鉢を上甕にしているものが多いが，上甕と下甕の口縁部形態や口径が一致しないものが多い。また，口縁部の作りなどに差があるものも多い。したがって，こうしたものは本来上甕・下甕で器種が異なるという点を差し引いても，積極的に同時製作といえるほど類似したものはほとんどないといえる。そのような中でとりわけ注目されるのが，K-10の上甕と下甕である。それぞれ専用鉢，専用甕棺という器種の違いをこえて，外側に伸びて垂れ下がり気味の口縁部形態や突帯の形態を含めて非常に類似していることが注目された。なお，K-11は上甕・下甕の形態が比較的類似しているが，作りのくせが異なっており，上甕の口唇部に刻目を施す点でも差異がある。

また，K-20は型式学的にはK-23より古いとみられるが実際の切り合い関係は逆であり，また，K-23の上甕・下甕は専用甕棺でありながらも形態や文様に著差がある。このようなことか

ら，やはり中期前半でも古い段階以前においては形態的な変異の幅が大きいことを示唆している。また，K-16，K-20は専用甕棺どうしを用いているが，それぞれ下甕のサイズが上甕より小さく，その口縁部も打ち欠いて調整しているなど，上甕・下甕の類似度は低いといえる。

　分析値は表10に示したとおりである。分析値のK―CaとRb―Srの両分布図（図35・36）を示す。分布状況はばらつきがあるようにみえるが，この程度の散布は経験上同一遺跡でとり得る範囲を越えるものとはいえない。弥生土器の胎土分析の現状では，北部九州の中でも細かな産地を特定することは困難である。しかし，分析値が重なり合いながらも重心にずれをもつという程度ならば，条件が揃えば遺跡や小地域ごとの特徴を論じることは可能である。久米遺跡のKとRbは北部九州の弥生土器においては比較的高い値を示しており，本遺跡で固有のまとまりがあるといえる。

　K-10の上甕と下甕はK―Ca，Rb―Srのいずれの分布図でも非常に近い値であり，隣接してプロットされている。分析値はFe，Naでもきわめて類似しており，同一の胎土であるといってよい。これは事前の観察の結果を支持するものであり，両者は外見上からも胎土からも非常に類似しているといえる。したがって，両者はおそらく同時に製作されたものであり，同一製作者が関与していることはほぼ疑いないと考える。

　外見上様々な点にわたって上甕・下甕が非常に類似しているものは，分析値がこの程度類似していることが多い。経験上，この程度の類似性をもてば同一胎土であり同時製作は間違いないものと判断できよう。

　K-2の上甕と下甕も比較的近いところにプロットされている。器種が異なることもあり事前の観察では類似性が高いとはいいがたく，判断しかねた。ただし色調は類似している。分析値からは，両者は同時製作の可能性もあるがK-10ほどの類似性はなく，胎土の完全な一致とまではいいがたい。しかし，少なくとも両者が同一産地である可能性は示唆しているといえよう。なお，甕棺の胎土研究についてはいまだ研究途上にあり，どの程度の分析値の近さをもって同時製作を示唆する胎土の同一性とみなすかについては絶対的基準をもっていないため，分析例を蓄積しつつ考古学的観察と比較しながら明確にしなければならない。それについては，1個体における変異と個体間の比較をした例を後述する。

　K-18はRb―Srにおいては比較的近い値を示しているが，K―Caではわずかに離れている。形態からは上甕と下甕は砂粒の量や色調が似ているが，共通要素が積極的に見出せるわけではなく，むしろ突帯の本数や口径等の点で差異がある。6元素を総合した判断としてはK-2同様，少なくとも上甕と下甕が同一産地である可能性を示唆している。

　細形銅戈を副葬していたK-23の上甕と下甕の形態・文様は，著しく異なっている。分析値は一致してはいないがさほど離れておらず，やはり同一産地の可能性があろう。なお，副葬品をもつもう一つの甕棺墓であるK-6についても，上甕と下甕の分析値は比較的近いということはできるが同一とはいいがたい。口唇部刻目の有無という違いはあるが，外見上比較的類似しているとしたK-11については，Ca，Srにおいて上甕と下甕は大きな差があることから，明らかに同一胎土と

第7章　土器の生産・分配・消費と葬送行為

はいえない。

　その他の甕棺墓では上甕・下甕で分析値が一致しておらず，墓群全体としては外見的に上甕・下甕の類似性が高くないとした判断を支持する結果となった。

　また，K-5上甕はCa量が著しく多いなど，上甕・下甕の差が非常に大きい。

　なお，以上はいずれも上甕と下甕とを比較した際の類似度を評価したものであり，上甕・下甕が同時に調整された素地を用いて製作されたものかどうかを推定したものである。したがって，上甕・下甕で胎土が不一致としたものであっても同一集落内で製作された可能性が十分にある。前述のとおり，久米遺跡全体の胎土の化学特性はK，Rbで比較的高い値をとるという傾向をもっているからである。

　いわゆる祭祀土壙としての性格が考えられる土壙1から出土した土器5点については，どちらの分布図上でも甕棺の分布とほぼ重なっており，両者に有意な差を見出すことはできない。これはすでにみてきたように他の遺跡での分析例とも同様な傾向といえる。したがって，土壙1から出土した土器も甕棺も，同一集落ないしはそのごく近隣で製作された可能性を示唆している。

　目貼粘土・地山土の分析結果については，土器の胎土の分布とは明らかにずれが認められる。目貼粘土・地山土はCaとSrの値が小さい傾向がある。なお，目貼粘土のうちCaがとくに大きな

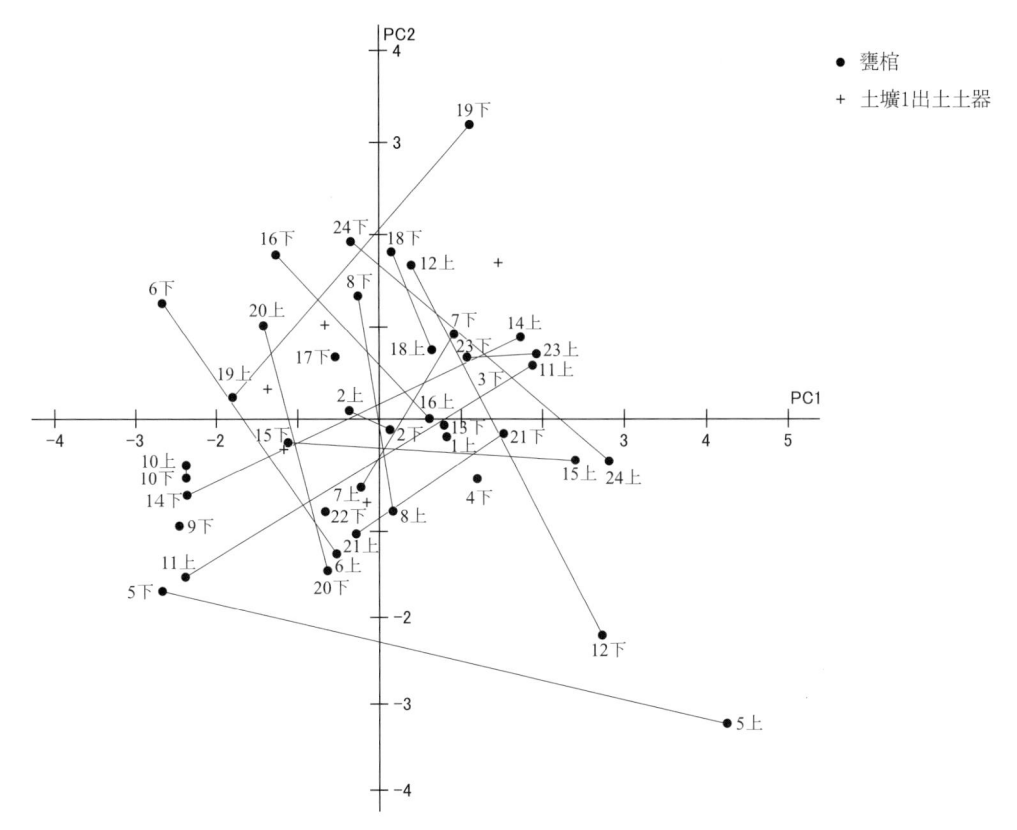

図37　久米遺跡の第1・第2主成分スコアの2次元散布図

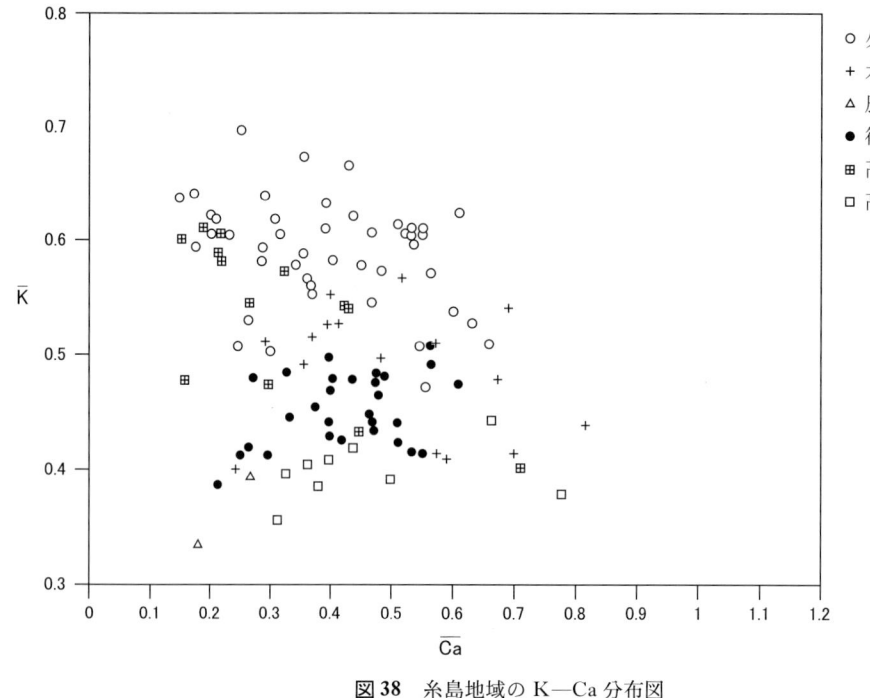

図38　糸島地域の K—Ca 分布図

値を示す1点は，Kにおいて小さな値を示しており，やはり土器胎土とは傾向が異なっている。なお，地山土はCaとSrにおいて最も小さい値をとるが，大きくみて目貼粘土と類似している。

　なお，筆者らのこれまでの調査では甕棺胎土と地山土とは一致するわけではない。しかし仮に地山土が利用できる場合でも，混和材としての砂礫混入の効果も考えられるため，素地としての粘土採取地が遺跡の近隣であった可能性を否定するものではない。なお，さきに述べた福岡県久留米市安国寺遺跡でも，久米遺跡と同様に暗褐色の地山土と目貼粘土とが一致もしくは似た傾向を示す。したがって地山に粘質土がある場合，墓壙掘削時に採取されて目貼粘土として利用されたと考えるのが妥当であろう。

　以上では主として K—Ca, Rb—Sr を用いた2次元分布図の視察を行ったが，より総合的に検討するために6元素を用いた主成分分析を行った。ただし，甕棺の胎土の類似度の評価を主目的とすることと，データの個数が小さいため主成分の規定への影響を避けるため，目貼粘土および地山土を除いた46点を用いた。第1・第2主成分スコアの2次元散布図を示す(図37)。なお，第2主成分までの累積寄与率は70％以上であり，7割がたが説明されている。さきに述べたように，これらは分析値の分散が同一遺跡でとりうる範囲をこえるものとはいえないため，比較的類似したものを2次元座標上に展開したことになる。

　やはり K-10 の上甕と下甕は非常に近くにプロットされており，同一胎土と判断される。K-2 の上甕と下甕も比較的近くにプロットされている。K-18 や K-23 も上甕と下甕が比較的近いとい

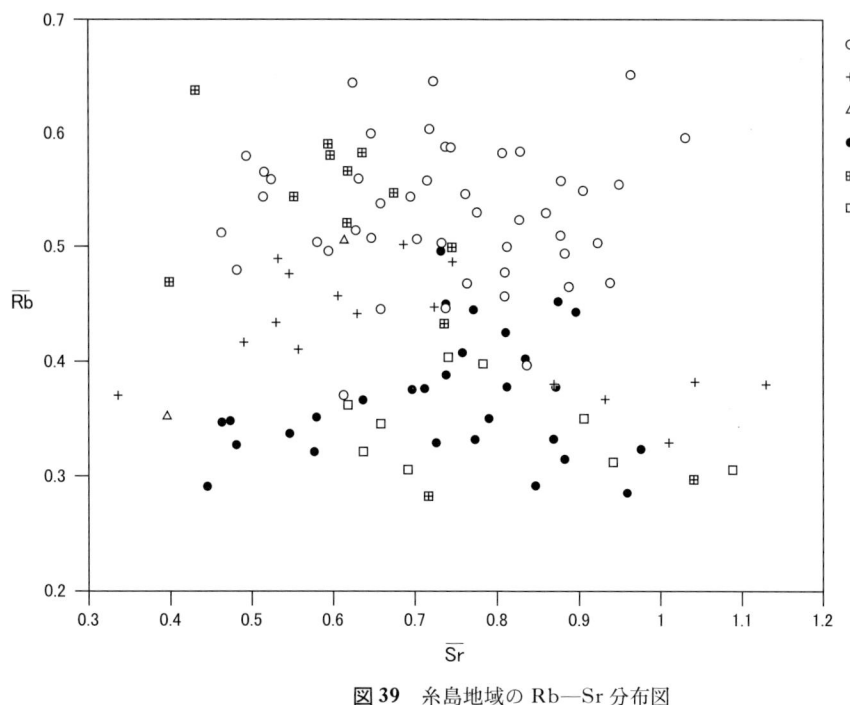

図39 糸島地域の Rb―Sr 分布図

えるが，K-23 は第 1 主成分方向に振れている。その他はあまり近いとはいえず，離れてプロットされている。これは上での検討と整合するものである。結論としては，上甕・下甕間で同時製作を示唆する同一胎土と考えられるものは，明確なものとしては K-10 のみであるということになる。

次に糸島地域の遺跡を含めて検討を行う。

K―Ca と Rb―Sr の両分布図を示す（図38・39）。なお，久米遺跡の目貼粘土・地山土は含めていない。どちらにおいてもランダムな散布ではなく，やはり遺跡ごとに一定のまとまりをもっていることがわかる。そのように群として把握した場合，K―Ca において久米遺跡は K が他よりも高い値を示している。次に高祖榎町遺跡，木舟三本松遺跡，篠原新建遺跡，高上石町遺跡，辰ヶ下遺跡の順で K が大きく重なりながらも低くなっている。辰ヶ下遺跡は数が少ないが，Ca の値も低いところにある。Rb―Sr では，久米遺跡は Rb の値が高い傾向があり，高祖榎町遺跡が大きく重なっている。木舟三本松遺跡がそれに次ぎ，篠原新建遺跡・高上石町遺跡は低い値を示す。なお辰ヶ下遺跡については何ともいえないが高い値はとらない。このようにみていくと，最も極端な例としては久米遺跡と，篠原新建遺跡・高上石町遺跡とを比べれば，そこには明瞭な差が看取できる。

通常 K と Rb の間には正の相関があるが，遺跡ごとの K の値の高低が Rb の値の高低とある程度対応している。このように，4 元素の比較からは遺跡ごとに特性があることがいえる。なお，参考までに Fe と Na の遺跡別のヒストグラムを提示しておく（図40）。遺跡ごとにピークがあり，それぞれの特性を示してはいるが，重なりもまた大きい。

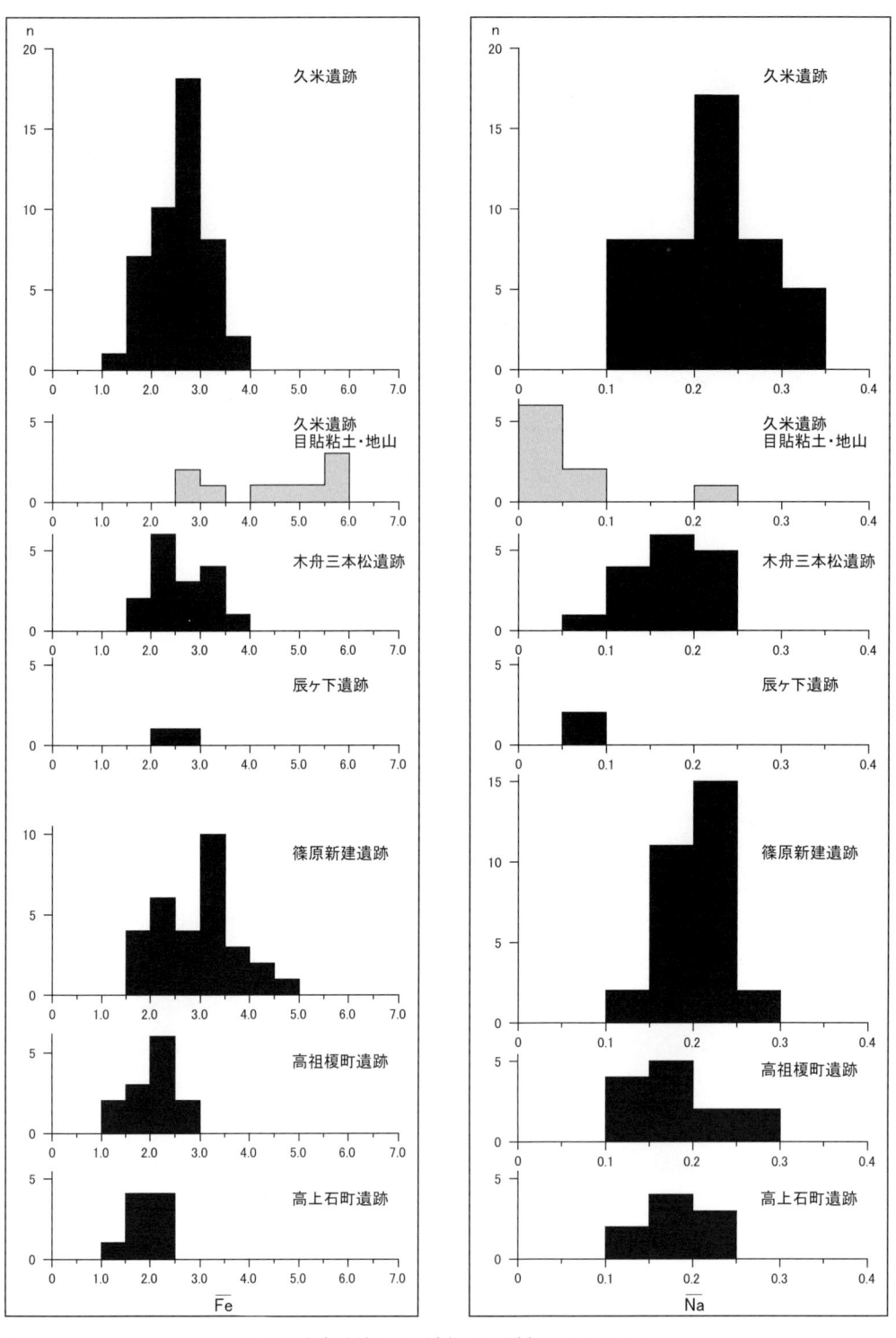

図40 糸島地域の Fe(左), Na(右) ヒストグラム

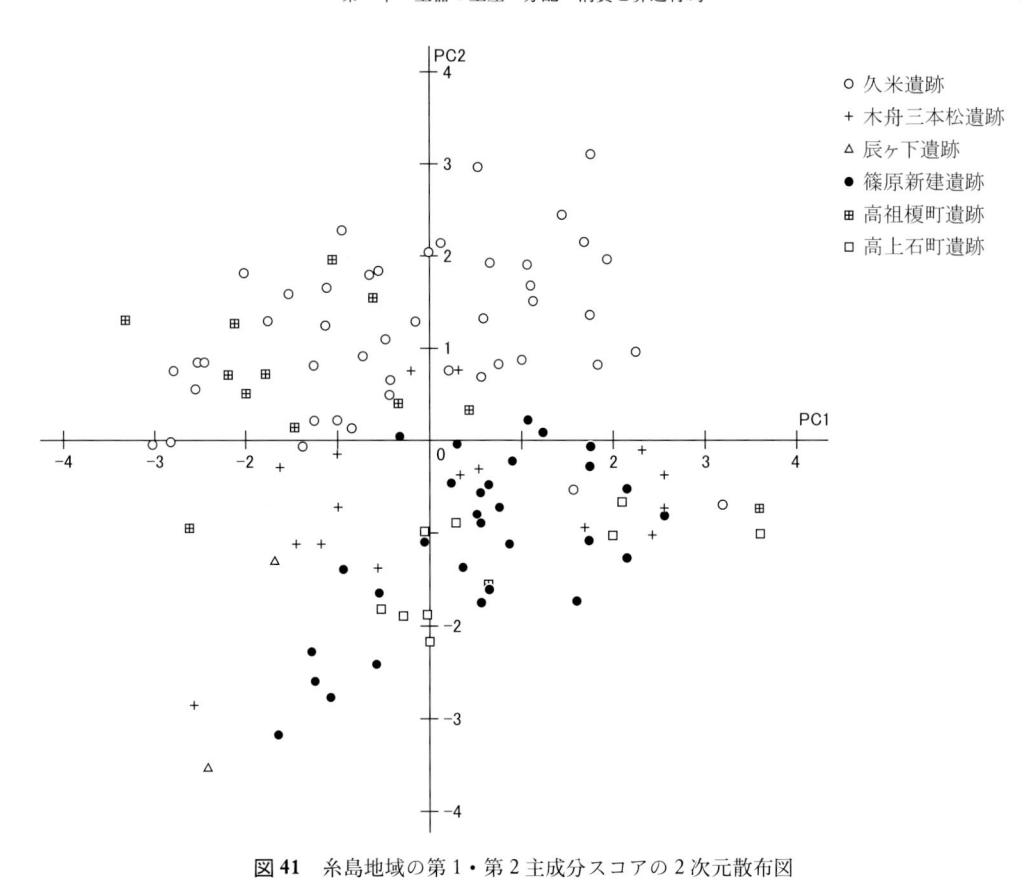

第 7 章　土器の生産・分配・消費と葬送行為

図 41　糸島地域の第 1・第 2 主成分スコアの 2 次元散布図

　次に 6 元素を用いた主成分分析を行った。やはり目貼粘土・地山土は除いている。第 1・第 2 主成分スコアの 2 次元散布図を示す（図 41）。なお，第 2 主成分までの累積寄与率は約 72% である。この図から，一見すると比較的明確に異なる 2 つのグループがあるようにみえる。つまり久米遺跡・高祖榎町遺跡と，篠原新建遺跡・高上石町遺跡の 2 群である。ただし高祖榎町遺跡は，久米遺跡と大きく重なりながらも第 1 主成分方向でマイナス側に布置されており，特性は異なっている。また，それら 2 群の中間に位置するように木舟三本松遺跡が布置されている。辰ヶ下遺跡の 2 点は図中第 3 象限に布置され，篠原新建遺跡・高上石町遺跡や木舟三本松遺跡と近い位置にある。この結果は，上で行った 2 次元分布図の視察の結果と矛盾しない。
　各遺跡の所在地を地質図に重ねてみる（図 42）。すると，久米遺跡は糸島型花崗閃緑岩，辰ヶ下遺跡は背後がやはり糸島型花崗閃緑岩ですぐ前面に沖積層があることがわかる。また，木舟三本松遺跡は周囲を糸島型花崗閃緑岩に囲まれた沖積層に立地する。高祖榎町遺跡の背後は嘉穂型黒雲母花崗岩である。それらに比べて篠原新建遺跡と高上石町遺跡は，堆積岩からなる洪積層に立地しており糸島地域においては特異なあり方をしている。以上の分析で久米遺跡とこの両遺跡とは胎土の化学特性に明確な差異を有していることが指摘できたが，それはこうした地質構造の違いを反映して

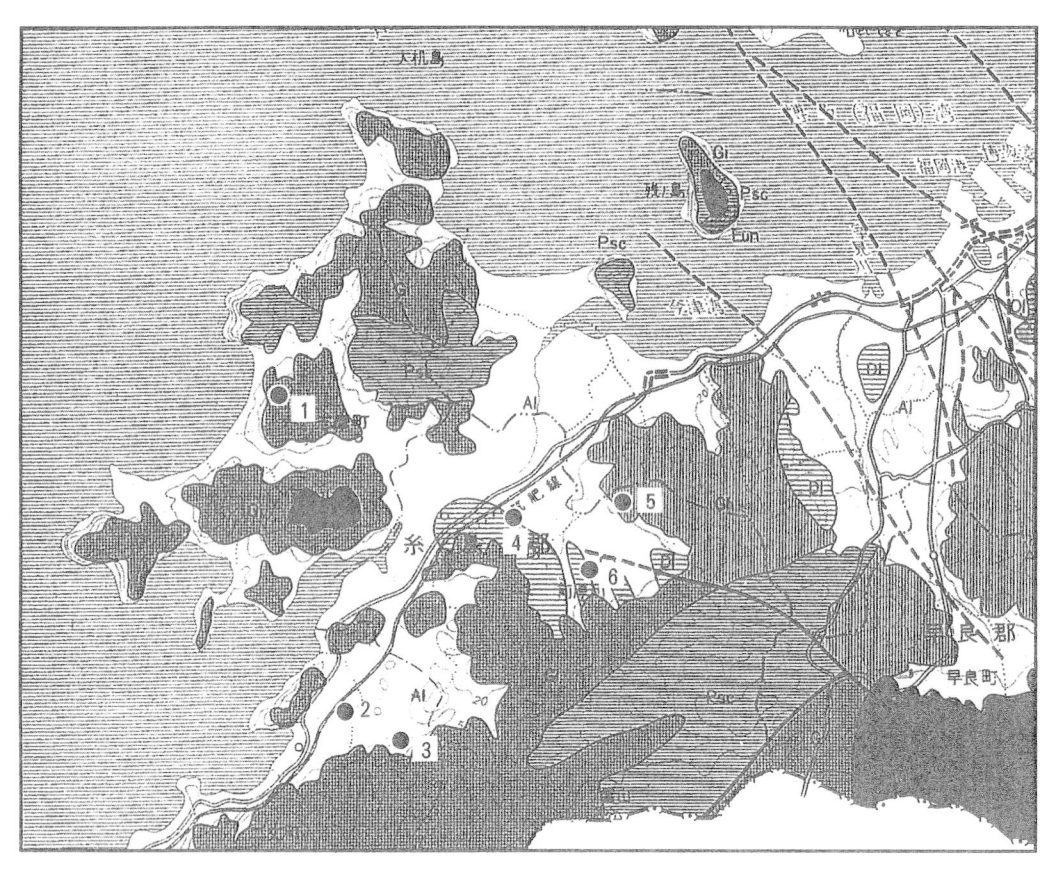

図42 糸島地域の地質と遺跡の位置
1 久米遺跡, 2 木舟三本松遺跡, 3 辰ヶ下遺跡, 4 篠原新建遺跡, 5 高祖榎町遺跡, 6 高上石町遺跡

いるものと考えられる。分析を行った他の遺跡についてもそれぞれの遺跡をとりまく地質環境が反映しているとみられる。

　他の遺跡の甕棺でも胎土の化学特性が遺跡ごとに一定の傾向をもったまとまりをみせることが多いことから、遠隔地に甕棺が移動することが常態ではなかったと考えてきた。この地質との対応という結果は、遺跡周辺での甕棺製作という考えをよりいっそう強固に支持するものといえよう。なお、分析値で外れ値をとるものや他の遺跡の値と似たものもあるので、多少の移動は考えておかなければならないが、それが甕棺の移動であるのか胎土の調整法や採取地点などの差によるものなのかは今後の検討に委ねられる。

　なお、久米遺跡は甕棺墓地としては前半期に属するものであり、2b 型式(汲田式の古い段階)として規格性の高い器形を呈する以前のものが多く含まれている。分析を行った他の糸島地域の遺跡もほぼ同時期のものであり、該期のこの地域の実態をある程度うかがうことができたといえよう。また、甕棺の胎土と地質環境の関係を指摘できたことは重要な成果といえよう。

(8) 松ヶ上遺跡

　これまでは中期の甕棺の分析を行ってきたが，前期段階の甕棺について検討を行う。前期は定型化する以前の甕棺が存在し，壺の「転用」や壺形の器形に近い甕棺も多い。この時期の甕棺についての情報を得るため，福岡県糟屋郡志免町に所在する松ヶ上遺跡から出土した土器について分析を行った。この遺跡は弥生時代前期以降，各時代の土器が出土している。甕棺については，板付Ⅱ式に併行する前期後半を中心とするものであり，中期段階ほどの定型化をみせない，個体差が比較的明瞭なものである。個体数が少ないため在地の胎土についての情報を得るべく，同遺跡出土の甕棺以外の土器についても胎土分析を行った。試料は甕棺と，同時期および中期の弥生土器，そして古墳時代以降中世にいたる土器74点である（図43・図44）。

　分析値は表11のとおりである。K—CaとRb—Srの両分布図を示す（図45・図46）。さらに総合的に検討するために，6変量を使用した主成分分析を行った（図47）。

　弥生土器はばらつきが大きいが，同一遺跡でとりうる変異の幅であり，積極的に他地域からの搬入といえるものはない。ただし，Ca量とSr量が大きく，やや外れたものがそれぞれあるが，これが他地域の胎土の化学特性を示すものか粘土への混入物によるものであるかの判断は難しい。また，甕棺と甕棺以外の小型土器を比較すると，重なりながらも後者でK・Rb・Sr量が大きく，Ca量が小さい傾向がある。小型土器には時期差があり新しいものが含まれるため，このあたりの要因については資料数や時期差の問題を含め，今後の計画的な研究に委ねたい。

　なお，甕棺の上甕・下甕間の胎土については，本来ならば微細な特徴の観察と併用することが理想であるが，本遺跡の場合，表面の風化剝落が著しく，プロポーション程度の把握しかできない。その結果，胎土においては合口甕棺5基のうち，K4，K7，K9の3基は上甕・下甕で非常に類似しており，K1とK2の2基は異なっているといえる。本遺跡の前期甕棺は胎土の特性にばらつきがあるにもかかわらず，とりわけK4とK7それぞれの上甕・下甕はまったく同一の胎土であり，同時製作の可能性が考えられる。しかし，K4は上甕・下甕で大きさが異なり，両者とも口縁部打ち欠きであり，形態にも差がある。K4の上甕・下甕は当初からセットとして製作された可能性もあるが，2個体以上同時に製作されたものが「分配」・「消費」の過程で他のものと混じらなければ，2個が偶然に選択された可能性も考えられる。

　これ以上の推定は難しいが，前期段階にも少なくとも一部は当初のセット関係が保持されたまま使用された甕棺がありそうだということはいえよう。それと同時に，形態・胎土とも上甕・下甕間で差があるものも一定量含まれており，本遺跡の場合，両者は半々である。他の遺跡での分析例がないため比較ができないが，一般に前期段階は甕棺の個体ごとの形態差が基本的に大きく，中期，特に2b型式もしくは2c型式以降に安定した器形がみられることとはだいぶ異なった状況である。本遺跡例も器形的には変異が大きく，ごく平均的な状況を示す可能性がある。なお，前期段階は北部九州でも木棺墓が主流であり，甕棺墓は木棺墓と共存するかたちで玄界灘沿岸部を中心としてみられるといって大過ない。本遺跡では甕棺の内部から火葬人骨が検出されたものがあり（K9），これをみても，中期への発展的展開がうかがえる前期の甕棺であっても，葬送に関して中期とは多少

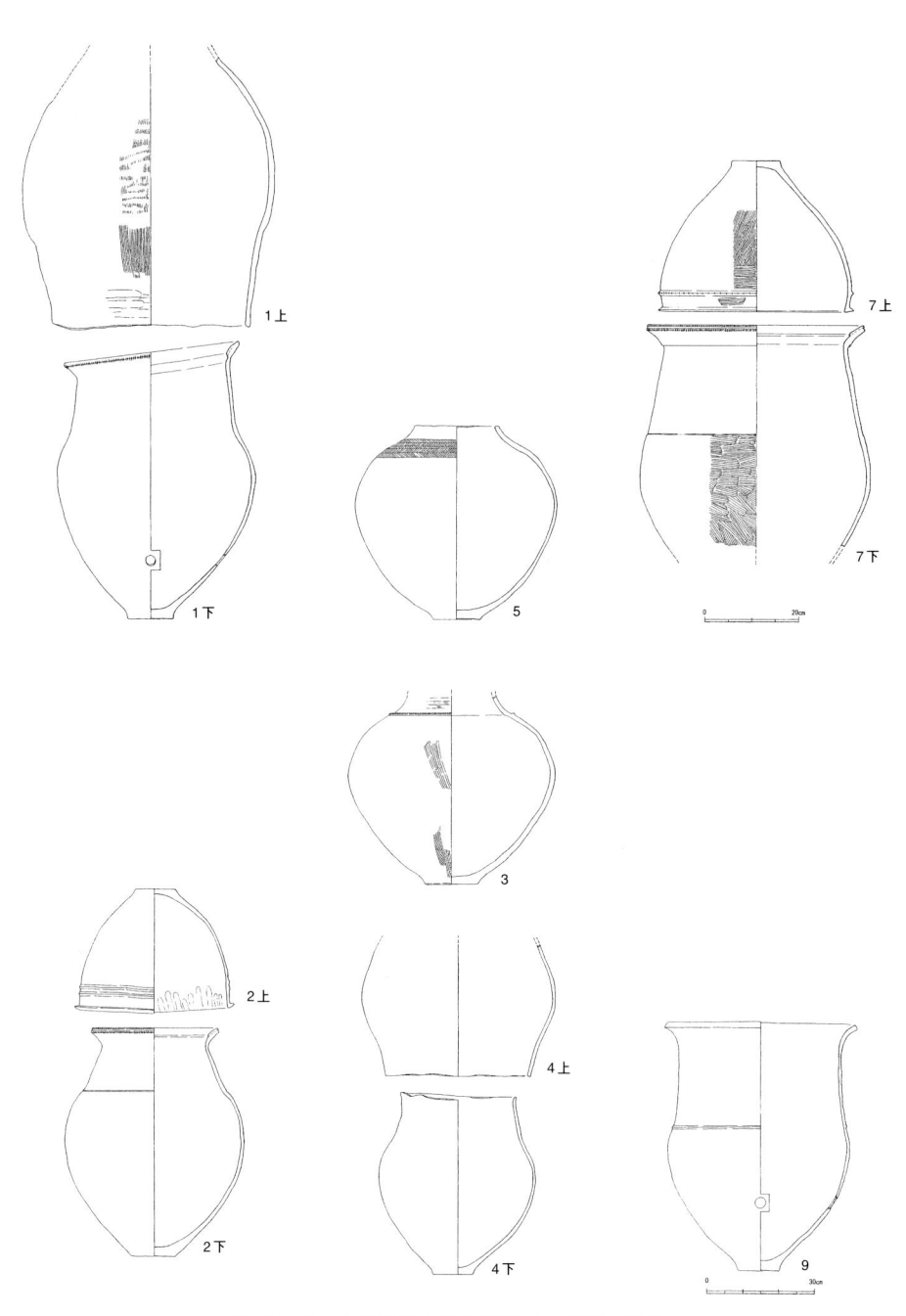

図43 松ヶ上遺跡胎土分析試料① 前期の甕棺

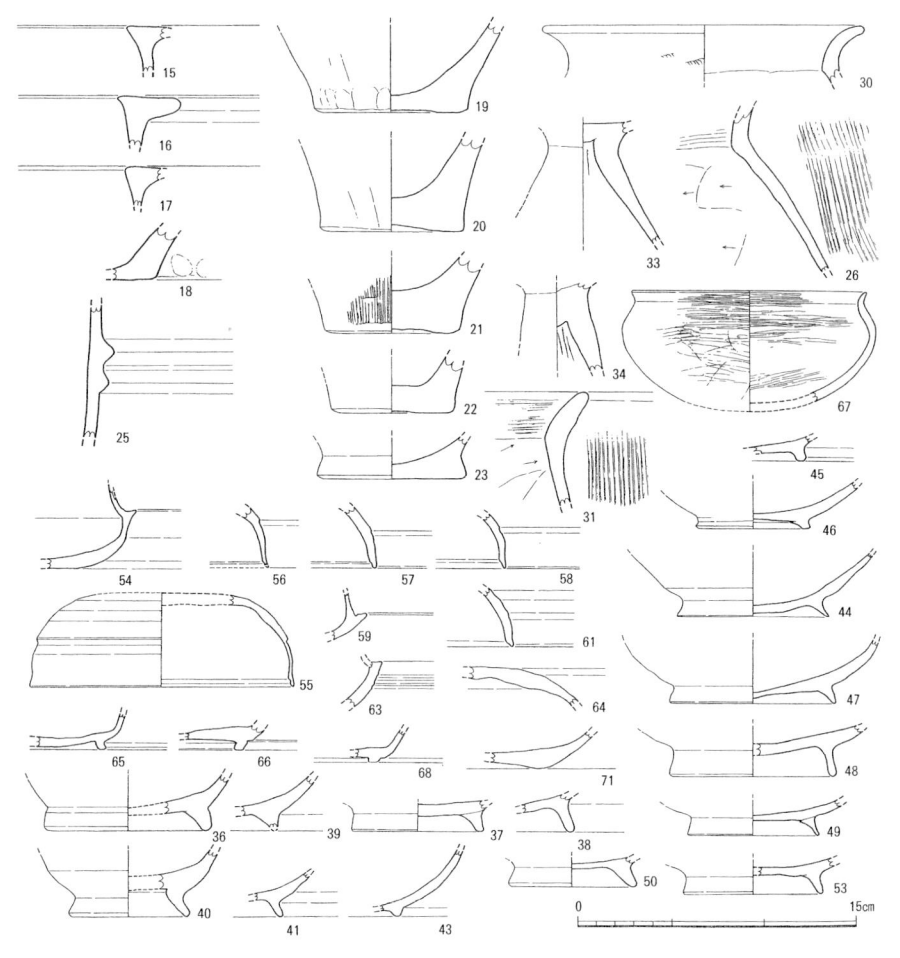

図44 松ヶ上遺跡胎土分析試料 ② その他の土器

とも異なった論理がはたらいているように思われる（口絵5）。したがって，栗山遺跡などでみられるような甕棺の定型化・規格化以後の墳丘墓等での厳密なセット関係の維持，という形はまだ成立していなかった可能性が考えられる。

　製作技術的に弥生土器の系譜に連なる古墳時代の土師器は，弥生土器よりもKとRb量が若干大きいなど差がある。古墳時代の土師器と歴史時代の土器とはFe量が後者で大きいが，K，Ca，Rb，Srは重なっている。これらは遺跡周辺の地質環境を考えれば，遠隔地からの搬入とはいえない。須恵器は2群あり，弥生土器などと重なるものと，全く重ならないものとがある。これまで蓄積された須恵器の胎土分析の成果からは，後者は化学特性が大阪陶邑のものと類似しており，古墳時代の脈絡を考えると遠隔地からの搬入の可能性が高い。陶邑を第一候補とすることができよう。一方，前者の須恵器は地元産の可能性がある[3]。ただし，福岡県大野城市を中心とする牛頸窯跡群の胎土とも一致しており，牛頸産の可能性もある。なお，古墳時代の土師器のうち1点は大阪陶邑領域と重複するものであり，搬入の可能性がある。

表11 松ヶ上遺跡分析値

	種類	K	Ca	Fe	Rb	Sr	Na
1	弥生前期甕棺K1上	0.379	0.658	3.16	0.307	0.534	0.217
2	弥生前期甕棺K1下	0.416	0.195	2.03	0.338	0.595	0.187
3	弥生前期甕棺K2上	0.385	0.913	2.80	0.307	0.624	0.258
4	弥生前期甕棺K2下	0.408	0.239	2.14	0.407	0.451	0.171
5	弥生前期甕棺K3	0.333	0.594	3.68	0.252	0.501	0.216
6	弥生前期甕棺K4上	0.478	0.388	2.29	0.439	0.556	0.248
7	弥生前期甕棺K4下	0.423	0.388	2.40	0.397	0.543	0.262
8	弥生前期甕棺K5	0.409	0.461	2.95	0.367	0.497	0.249
9	弥生前期甕棺K6	0.467	0.603	2.83	0.358	0.654	0.276
10	弥生前期甕棺K7上	0.349	0.652	2.81	0.355	0.536	0.237
11	弥生前期甕棺K7下	0.380	0.678	2.89	0.358	0.571	0.291
12	弥生前期甕棺K8	0.473	0.126	2.20	0.407	0.426	0.154
13	弥生前期甕棺K9上	0.325	0.613	3.94	0.232	0.473	0.208
14	弥生前期甕棺K9下	0.347	0.858	2.99	0.293	0.488	0.263
15	弥生中期前半 須玖I式 甕	0.511	0.394	2.74	0.482	0.846	0.342
16	弥生中期前半 須玖I式 鉢	0.398	0.279	2.43	0.428	0.874	0.265
17	弥生中期前半 須玖I式 甕	0.522	0.321	1.99	0.498	0.990	0.359
18	弥生前期後半 中期前半 甕?	0.488	0.367	1.62	0.468	0.888	0.433
19	弥生前期後半～末 甕	0.455	0.486	2.22	0.529	1.460	0.399
20	弥生前期後半～中期前半 甕	0.282	1.530	3.66	0.272	0.636	0.294
21	弥生中期前半? 甕	0.408	0.425	2.45	0.462	0.564	0.237
22	弥生中期前半	0.465	0.150	1.56	0.456	0.444	0.153
23	弥生前期後半～中期前半 甕	0.493	0.156	2.27	0.455	0.582	0.192
24	弥生前期 大型壺	0.414	0.324	2.83	0.403	0.552	0.263
25	弥生中期前半(汲田式新) 甕棺	0.484	0.343	2.47	0.458	0.511	0.223
26	古墳土師器 甕	0.536	0.160	2.27	0.535	0.503	0.206
27	古墳土師器 甕	0.513	0.167	1.83	0.612	0.545	0.343
28	古墳土師器 甕	0.453	0.343	2.51	0.590	0.596	0.297
29	古墳土師器 甕	0.477	0.211	2.25	0.490	0.473	0.199
30	古墳土師器 甕	0.465	0.306	2.88	0.529	0.573	0.263
31	歴史時代土師器 甕	0.473	0.330	2.04	0.644	0.799	0.322
32	歴史時代土師器 甕	0.487	0.237	2.19	0.639	0.623	0.293
33	古墳土師器 高杯	0.482	0.338	2.25	0.509	0.827	0.388
34	古墳土師器 高杯	0.487	0.347	2.16	0.571	0.731	0.389
35	古墳土師器 手づくね	0.439	0.329	2.31	0.463	0.658	0.257
36	歴史時代土師器 椀	0.414	0.394	4.15	0.434	0.471	0.339
37	歴史時代土師器 椀	0.502	0.340	3.27	0.569	0.592	0.426
38	歴史時代土師器 or 黒色土器A 椀	0.435	0.387	3.39	0.492	0.585	0.403
39	歴史時代土師器 椀	0.421	0.330	3.88	0.621	0.378	0.178
40	歴史時代土師器 椀	0.455	0.345	3.25	0.576	0.625	0.358
41	歴史時代土師器 椀	0.479	0.222	3.34	0.388	0.354	0.118
42	歴史時代土師器 糸切底杯	0.440	0.493	3.26	0.531	0.541	0.286
43	歴史時代黒色土器A 椀	0.521	0.327	2.66	0.588	0.804	0.512
44	歴史時代瓦器 椀	0.477	0.290	1.09	0.564	0.864	0.363
45	歴史時代瓦器 椀	0.446	0.551	3.49	0.525	0.529	0.240
46	歴史時代瓦器 椀	0.509	0.264	2.11	0.621	0.688	0.324
47	歴史時代黒色土器A 椀	0.380	0.441	3.12	0.353	0.544	0.165
48	歴史時代黒色土器A 椀	0.438	0.522	3.16	0.588	0.543	0.260
49	歴史時代黒色土器B 椀	0.439	0.477	3.26	0.576	0.546	0.229
50	歴史時代黒色土器A 椀	0.451	0.474	3.30	0.575	0.497	0.259
51	歴史時代土師器 杯	0.388	0.427	3.57	0.429	0.579	0.346
52	歴史時代土師器 杯	0.393	0.463	3.87	0.491	0.425	0.230
53	歴史時代黒色土器B 杯	0.430	0.398	2.87	0.578	0.580	0.302
54	須恵器 杯身	0.287	0.067	2.30	0.417	0.236	0.118
55	須恵器 杯蓋	0.461	0.185	1.61	0.598	0.520	0.217
56	須恵器 杯蓋	0.593	0.241	2.17	0.691	0.653	0.423
57	須恵器 杯蓋	0.548	0.388	2.40	0.637	0.851	0.540
58	須恵器 杯蓋	0.516	0.342	2.12	0.662	0.776	0.534
59	須恵器 杯身	0.559	0.377	2.41	0.647	0.790	0.515
60	須恵器 杯蓋	0.515	0.303	2.49	0.632	0.698	0.488
61	須恵器 杯蓋	0.570	0.098	2.30	0.805	0.317	0.167
62	須恵器 杯蓋か杯身	0.535	0.355	2.64	0.629	0.739	0.530
63	須恵器 有蓋高杯	0.341	0.032	2.78	0.454	0.176	0.093
64	須恵器 杯蓋	0.555	0.423	2.64	0.660	0.798	0.594
65	須恵器 杯身(高台付)	0.541	0.168	1.57	0.634	0.588	0.271
66	須恵器 杯身(高台付)	0.517	0.259	2.54	0.561	0.654	0.331
67	古墳土師器 手づくね	0.345	0.128	3.25	0.367	0.243	0.110
68	須恵器 杯身(高台付)	0.517	0.227	1.83	0.587	0.661	0.303
69	須恵器 甕	0.407	0.020	2.75	0.479	0.146	0.090
71	須恵器 平瓶?	0.416	0.275	3.39	0.389	0.515	0.152
70	須恵器 甕	0.599	0.250	2.70	0.695	0.562	0.417
72	古墳土師器 手づくね	0.459	0.402	3.15	0.604	0.570	0.268
73	古墳土師器 手づくね	0.495	0.325	2.58	0.614	0.638	0.320
74	古墳土師器 椀	0.420	0.351	2.86	0.577	0.479	0.151

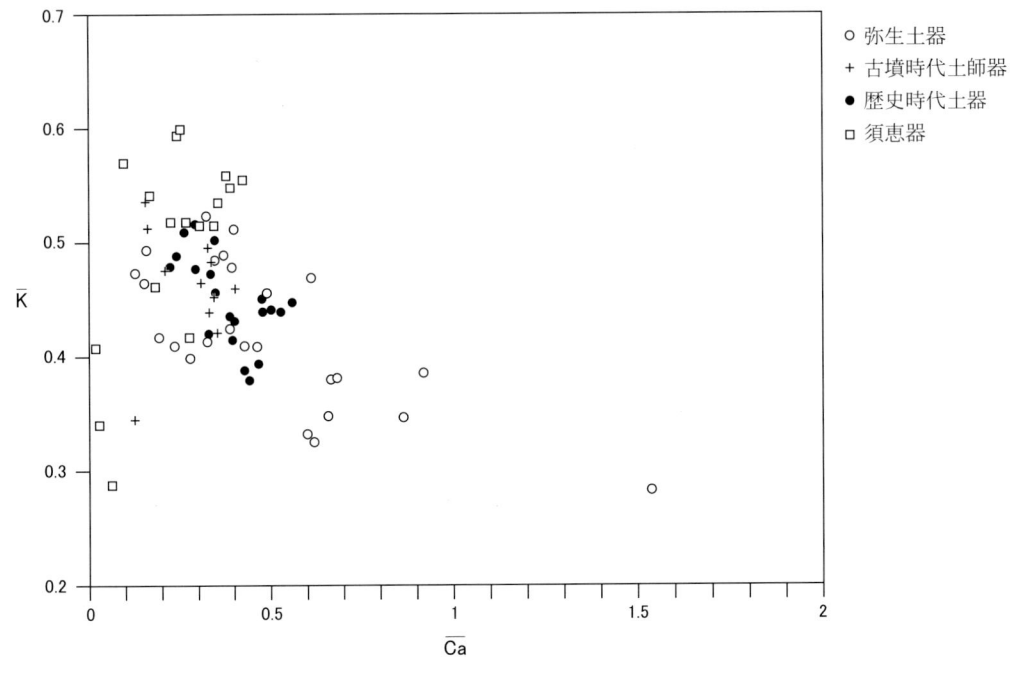

第7章 土器の生産・分配・消費と葬送行為

図45 松ヶ上遺跡の K—Ca 分布図

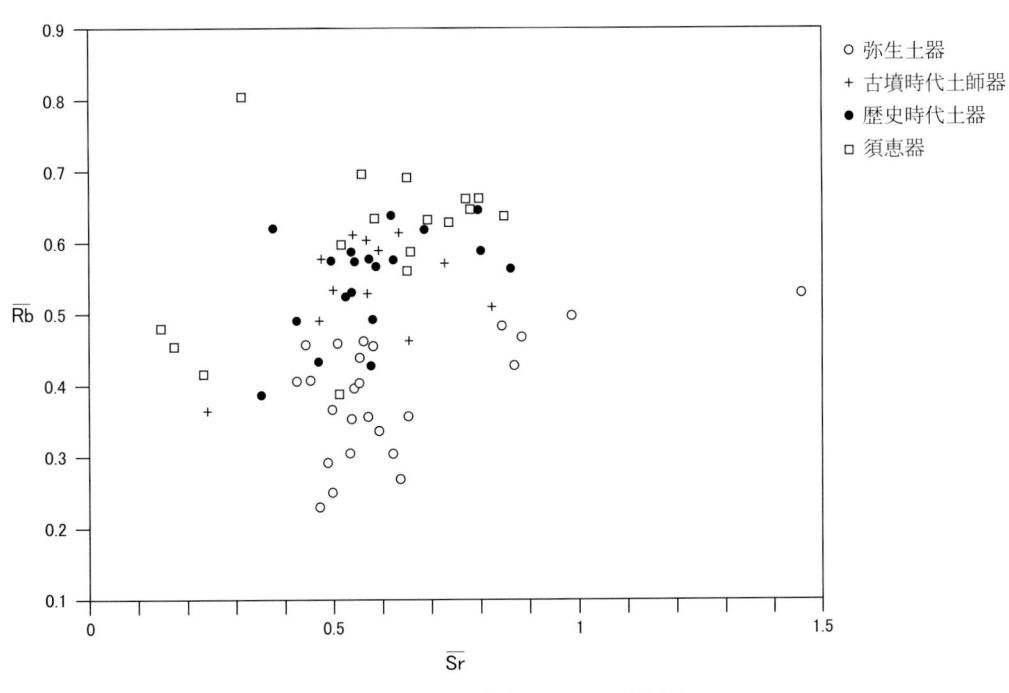

図46 松ヶ上遺跡の Rb—Sr 分布図

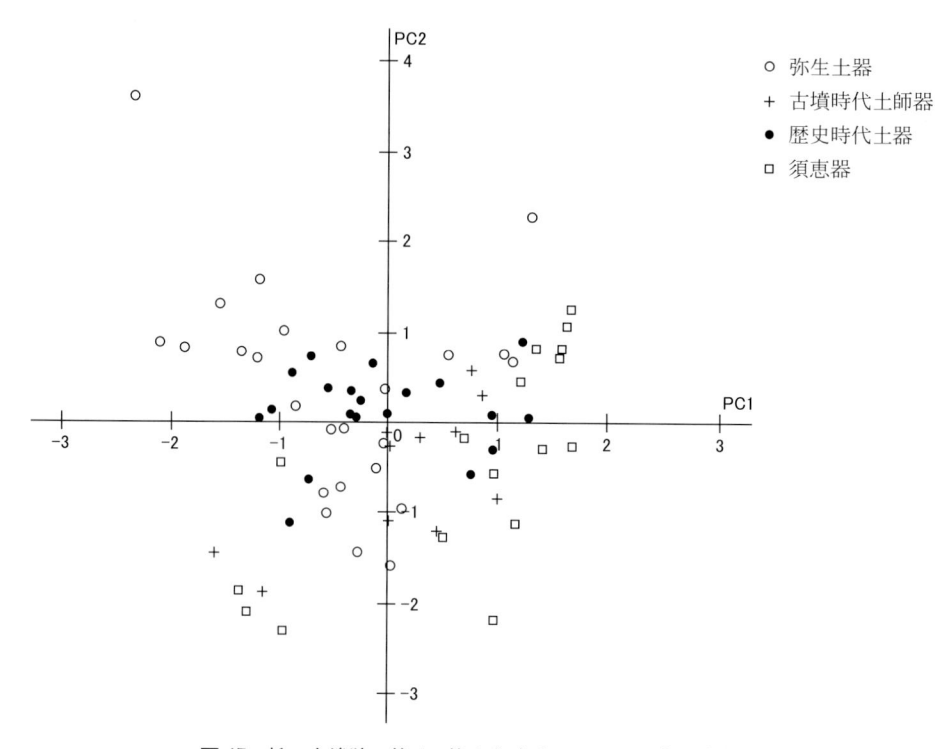

図47　松ヶ上遺跡の第1・第2主成分スコアの2次元散布図

　弥生時代以降の在地系土器の化学特性は弥生土器とは若干ずれがあるが，重なりもある。北部九州の福岡平野とその周辺の化学特性に含まれるものであり，大局的な地質環境が反映しているものと考えられる。

　本遺跡では弥生時代前期段階の甕棺の分析を行ったが，この時期の甕棺は相対的に少なく，甕棺製作が爆発的に盛行する中期段階との比較をする上でも今後貴重なデータとなろう。

(9) 甕棺胎土の均質性

　以上のようにして，弥生土器・甕棺の胎土分析が弥生時代の分業や生産—分配システムに実証的な貢献をすることがわかってきた。また，葬制・墓制，社会論などに発展しうる考古学的に重要な証拠をもたらす可能性も出てきたといえる。それだけに，基礎的な部分を検討しておく必要がある。胎土分析においては通常，試料の採取部位は任意であり，通常1個体内から1試料を採取して測定している。これまで1個体内で胎土は均質であることを前提としてきたし，セットとなる甕棺できわめて類似した胎土のものがあることはその前提を支持するものでもある。しかし，実際に甕棺1個体内で胎土が均質かどうかを意識的に検討した研究はなかった。そこで，1個体内の変異を確認することにした（中園ほか，1997, 1999）。また，上甕と下甕の胎土の類似度を評価する際，どれくらいであれば同一または異なる胎土と認定できるのかという客観的基準はまだ得られていない。それを検討するための基礎データ作りも兼ねて実施した。

第7章 土器の生産・分配・消費と葬送行為

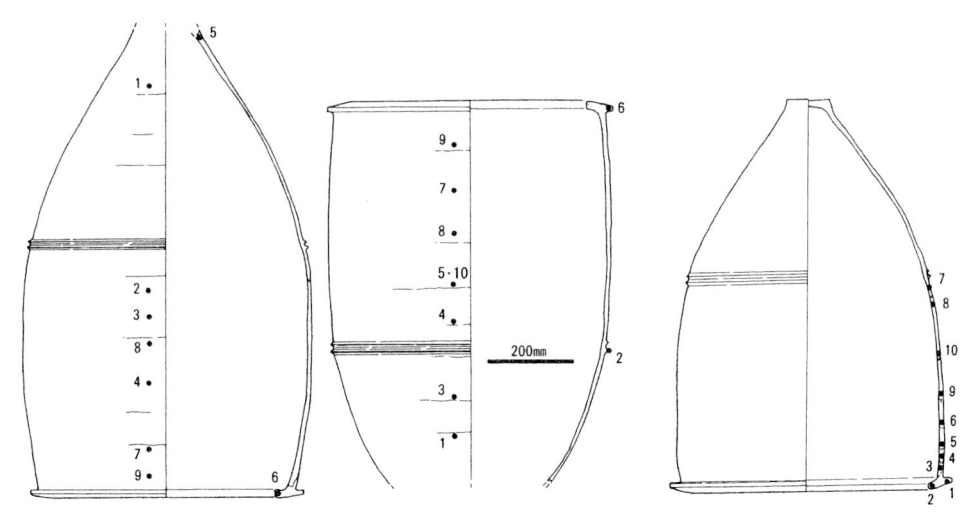

図48 甕棺胎土の均質性に関する分析試料の採取位置
左 栗山遺跡2次調査1号甕棺上甕，中 同1号甕棺下甕，右 同5号甕棺上甕

表12 分析値

	No.	K	Ca	Fe	Rb	Sr	Na
1号甕棺上甕	1	0.516	0.067	1.79	0.605	0.164	0.116
	2	0.521	0.064	1.74	0.484	0.143	0.129
	3	0.516	0.063	1.74	0.551	0.169	0.118
	4	0.529	0.073	1.76	0.564	0.177	0.120
	5	0.561	0.067	1.78	0.688	0.177	0.122
	6	0.530	0.082	1.94	0.585	0.191	0.121
	7	0.564	0.067	1.76	0.593	0.190	0.132
	8	0.374	0.049	1.58	0.592	0.174	0.079
	9	0.538	0.072	1.82	0.563	0.184	0.123
1号甕棺下甕	1	0.503	0.109	1.33	0.584	0.255	0.156
	2	0.506	0.124	1.51	0.528	0.300	0.183
	3	0.508	0.123	1.31	0.562	0.279	0.156
	4	0.490	0.105	1.24	0.546	0.261	0.138
	5	0.535	0.121	1.35	0.555	0.272	0.170
	6	0.432	0.133	1.68	0.450	0.261	0.147
	7	0.503	0.117	1.43	0.506	0.291	0.159
	8	0.534	0.126	1.35	0.539	0.282	0.168
	9	0.507	0.116	1.27	0.557	0.265	0.157
	10	0.494	0.113	1.26	0.550	0.278	0.156
5号甕棺上甕	1	0.413	0.450	2.57	0.337	0.762	0.232
	2	0.491	0.560	2.68	0.406	0.835	0.326
	3	0.460	0.557	2.77	0.370	0.804	0.292
	4	0.483	0.532	2.76	0.358	0.777	0.297
	5	0.458	0.526	2.68	0.363	0.810	0.299
	6	0.438	0.459	2.80	0.417	0.781	0.242
	7	0.427	0.421	2.64	0.399	0.753	0.212
	8	0.442	0.440	2.59	0.383	0.753	0.221
	9	0.421	0.463	2.69	0.402	0.770	0.237
	10	0.433	0.468	2.69	0.391	0.766	0.250

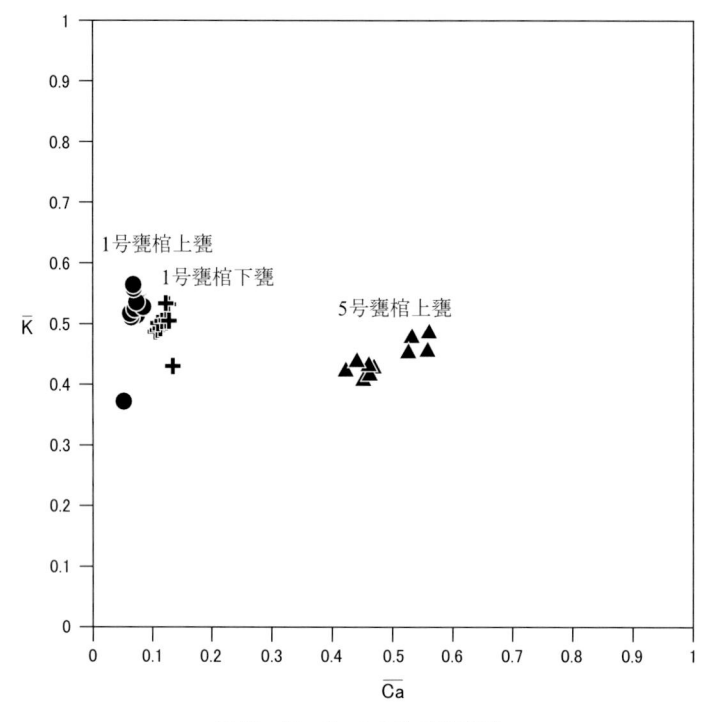

図49 K—Ca の2次元散布図

　分析に供する試料はできるだけ多数採取するのが望ましい。しかし遺物の破壊でもあるので，計画的かつ有効に，そして最小限にとどめなければならない。そこで，輪積みによる粘土帯の単位を意識し，できるだけ一つの粘土帯から1点ずつ採取するようにした(図48)。観察により粘土帯の接合痕が明瞭なものは問題ないが，中には甕棺表面に走る水平のひび割れや復元時の接合線を頼りに粘土帯を推定した部分もある。ただし，ひび割れや接合線が粘土帯の単位をよく反映するということは経験的に知られているので，こうした推定は大過ないものと考えている。それでも粘土帯が不明なものについては，実測図に採取位置を記録したのち採取した。

　用いた試料は，福岡県甘木市栗山遺跡2次調査出土の甕棺であり，1号甕棺の上甕と下甕，5号甕棺上甕の2基3個体を対象とした。すでにふれたように，これらの胎土分析は実施されているが，各個体でそれぞれ1点のみの分析しか行われていなかったものである。

　分析の結果(表12)，各元素の分布図の視察を行うと，K—Ca(図49)においても，Rb—Sr(図50)においても，各個体はよくまとまっており，3個体とも胎土にそれなりの個性があることがわかる。とくにCa, Srで個体間の差が出ている。これら4元素は日本の先史〜古代土器の胎土分析において有効性があることが，これまでの研究の蓄積から知られている。一方，FeとNaは補助的に用いられてきたが，ここでは胎土の個体内での均質性を問題にしているので，これらについてもみてみると，やはりどちらも正規分布に近くよく集中しているのがわかる(図51・図52)。それぞれ重なりも大きいが分布中心にずれがあり，やはりK—Ca, Rb—Srでの結果を支持している。

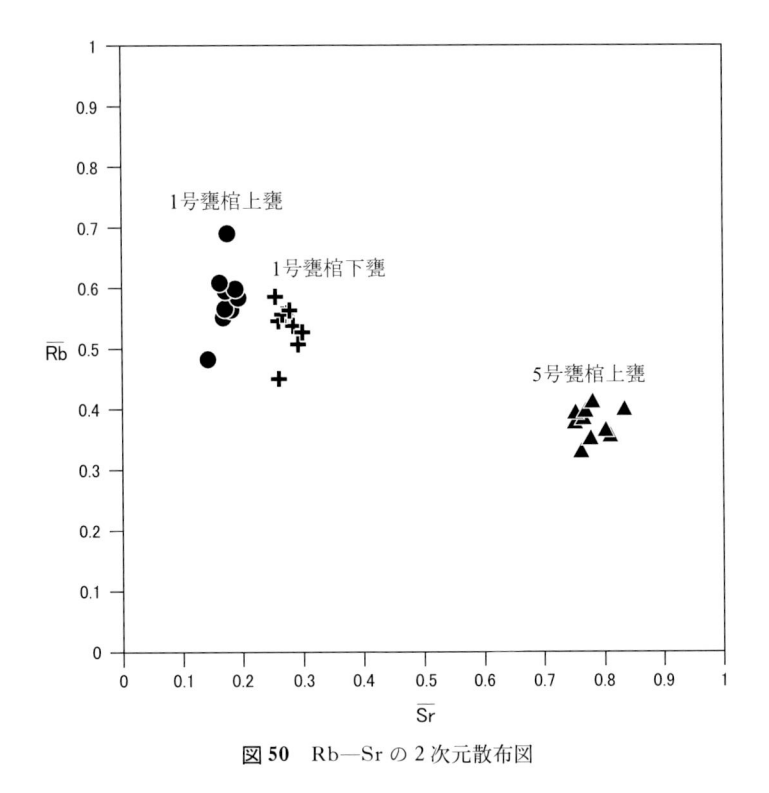

第7章　土器の生産・分配・消費と葬送行為

図50　Rb—Srの2次元散布図

　ちなみに，本法で同一試料を測定した場合の変動は非常に小さく，再現性がある。また，機器の測定誤差を含めた系統誤差は1個体内の変動よりもはるかに小さいことがわかっているので，考慮しなくてよい。

　1個体内においては基本的に測定値が類似しているといえる。多少分散はしているが，同一遺跡出土の別個体と比較すればかなりよくまとまっているといえる。甕棺といえども，基本的には比較的均質な同一の素材を用いて個体が製作されているということが確認された。また，逆にいえば，1個体の胎土にはこの程度の変動も見込まなければならないということになる。

　とくに上甕と下甕のセットを測定できた1号甕棺に関しては，当初行った1試料ずつの測定では，同一遺跡内の試料の中でも胎土が類似していると判断されたものであった。また器形等の類似性からみてもそれは首肯される。ここでの結果は，1号甕棺の上甕と下甕は各元素において非常に近接したところにプロットされており，当初の推定を支持する。それでも上甕と下甕の測定値が完全に混じり合い，区別がまったく不可能というわけではない点は重要である。つまり，厳密な意味で両者は完全に同じ胎土とはいえないのである。したがって，両者が同時製作で，1個体ごとに最終的な胎土の調整がなされた結果なのか，それとも本例は同時製作を意味しないのか，ということについてはここで明確な結論を出すことはできない。しかしながら，同一の遺跡の中でも上甕と下甕の器形が異なるものは通常相対的に離れた値をとることと比較すれば，栗山遺跡の甕棺の中でも上甕と下甕の器形が特に類似し，分析値もきわめて近い値をとる本例の意味するところは大きいよ

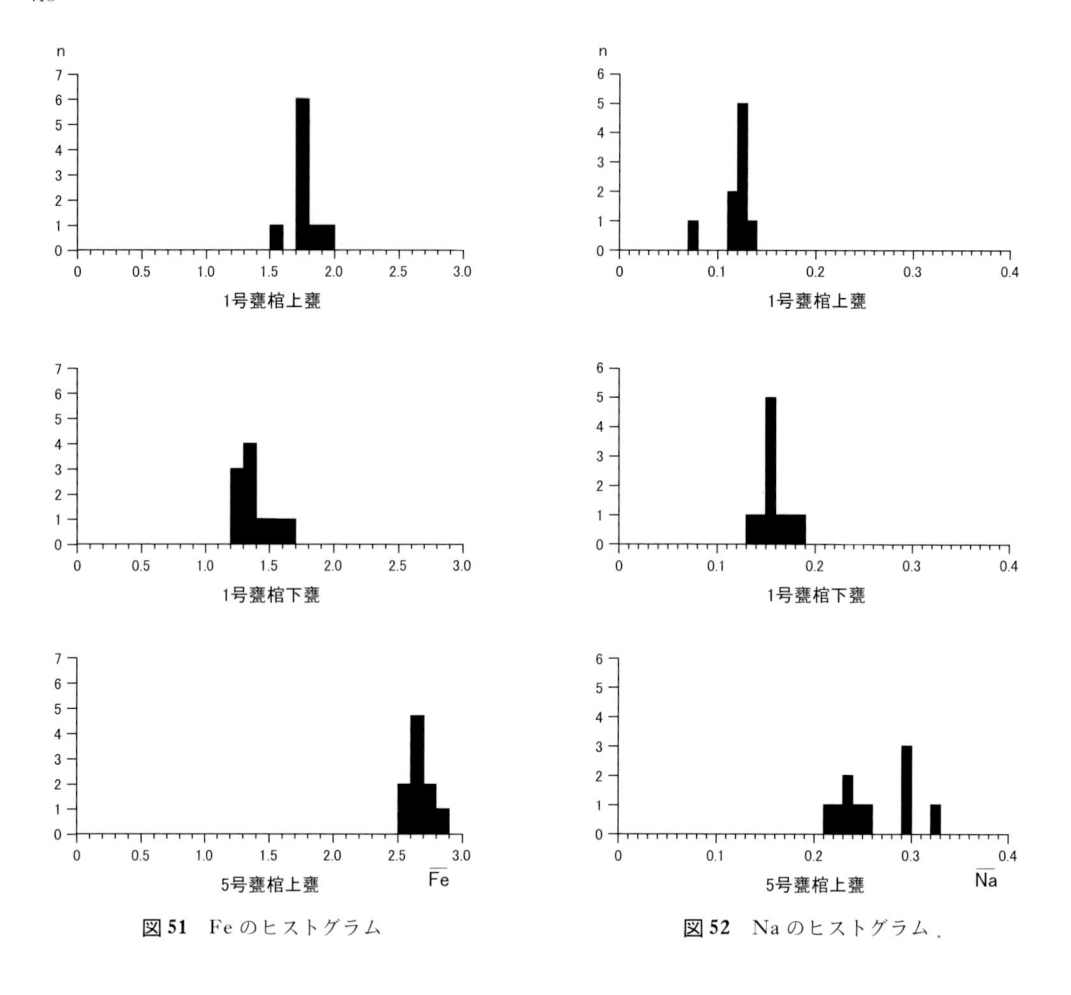

図51　Feのヒストグラム　　　　　　　図52　Naのヒストグラム

うに思われる。

　1号甕棺の分析結果は，セットとなる2個体を同時に製作した可能性を否定するものとはいえない。1号甕棺の上甕と下甕は外見の類似性は，同一人物による可能性も考えられる。同一人物が製作または同一人物が主導して相前後して製作された場合，粘土と混和材がまったく同じものであっても，両者を混ぜ合わせる際の微妙な量の差が微妙な個体差として反映する可能性がある。1号甕棺は主要4元素だけでなく，Fe，Naにおいても微差しか生じていないことは重要である。そうした素材の調整時のデリケートな差を反映している可能性を考えたい。これは，逆にいえば1個体の素材はかなり均質に練り合わされていることを示している。土器において異なる性質の素材が1個体に用いられる場合も指摘されているが，連続した多数の製作において用意した素材が切れて別に調整された素材を使用した場合や，発色等を考慮したなんらかの象徴的意味がある場合など，例外的な特殊な場合に限られるものであろう。

　もしくはセットとなる2個体は，同じ場所で異なる人物が相互に似せるように比較参照しながら同時進行で成形された可能性もある。その場合，最終的に同一人物によって仕上げられた可能性も

含まれる。

　甕棺の製作者が甕棺のみを固定的に製作するものであったとは考えにくく，甕棺以外の土器製作も行ったものと考えられる。それは，胎土分析でも基本的に両者は一致することが多いことに加えて，福岡県安国寺遺跡などで甕棺に丹塗精製器種に丹を塗布した際のものとみられる丹の飛沫の付着がみられることや，丹で汚れた手で焼成前の甕棺の突帯をさわった痕跡があることによって示唆される（立石・萩原(編)，1983；ほか）。甕棺の製作時にすぐ近くで丹塗土器が製作されており，同一人物が両者の製作にたずさわった可能性が高い。丹塗土器と甕棺とでは元素の化学特性は類似するが，胎土中の砂礫の大きさは異なることも多く，混和材の粒子をそろえたり粒子を破砕したりするなど，製作する器種に応じて調整法の異なる素材が用意されたと考えられる。したがって土器製作者にとって，製作しようとする土器の種類・サイズに応じて1個体に対してどれくらいの量の素材が必要であるか，経験的に把握されていたはずである。用意された少なくとも2個体分の素材は，熟練された「目分量」で「粘り」や「かたさ」を考慮しながら，最終段階での調整は1個体ずつ行われたと考えられよう。

　そうすると，これはすぐれて認知的な問題となる。土器製作工程において，輪積みによって1個体の土器がまさに製作されようとするとき，製作者の手の届くすぐ脇にその個体を作るにふさわしい分量の練りあわされた素材が置かれていたと考えられる。少なくとも分量に関して行き当たりばったりではなかったと思われる。1個分の分量の把握という土器製作全般にかかわる個人の認知が，甕棺という大型土器にも共通して適用されていた可能性が高いと考える。そうすると土器製作者は甕棺について，器種の差をこえて「土器カテゴリー」または丹塗土器を含めた「精製器種カテゴリー」として認知していた可能性が出てくる。これは必ずしも他の文化にも当てはまるとはいえないが，少なくとも丹塗土器と甕棺を同一人物が作り分けるという特徴をもつ北部九州の弥生土器製作においては，そのように想定するのが妥当だと考えるのである。

　今後も機会あるごとに同様な分析を蓄積していき，同一個体での均質性がどの程度かという問題と，個体間の類似性または差異の基準をどこに設けるかということを解決する必要がある。

5．考　　察

(1) 胎土分析からの知見

以上の分析の結果，様々な新知見が得られた。その主なものを以下に列挙する。

1) 甕棺とそれ以外の小型土器とでは，基本的に胎土の化学特性が一致する。
2) 甕棺も小型土器も遺跡周辺の素材が使用されたものと考えられる。
3) 時期に関わりなく，土器製作は各集落またはごく近隣の集落群内で行われている。
4) 大規模集落では，内部の集団ごとに排他的に土器の生産―分配システムをもっていた可能性がある。
5) 都市的大規模集落の中には，内部での土器の移動が特に激しいものが存在する可能性がある。

6) 甕棺の分配範囲は，小型土器のそれを越えるものではない。
7) 甕棺と小型土器の生産―分配システムは必ずしも異質なものではない。
8) したがって，甕棺にみられる地域性を工人集団組織の反映とみなすのは危険である。
9) ただし，小型土器，甕棺にかかわらず，専門工人の存在自体を否定することは今のところできない。
10) 甕棺の同一個体での胎土は比較的均質である。
11) 中期においては甕棺の上甕・下甕の胎土が一致する場合が多くみられ，上甕・下甕の同時製作と考えられる。
12) 甕棺の上甕・下甕の胎土が必ずしも一致しない墓地や墓群がある。
13) 甕棺の上甕・下甕が同時製作のもので構成される墓地・墓群はエラボレーションの度合いが高い。
14) 甕棺墓地間・墓群間での上甕・下甕胎土の一致・不一致は，集落間あるいは集落内の集団の格差に対応するとみられる。
15) 土器の生産―分配システムの違いは，集落間や集落内での格差を示す可能性がある。

以上，様々なことが判明・推定できた。甕棺を含む土器の生産―分配システムを実証的に解明する手がかりが得られたことは大きな成果といえよう。従来，土器の生産体制は，一地域においては一様であるとの想定が暗黙のうちになされてきたが，むしろ集落やその構成メンバーの階層的格差と関連付けて考える必要があることがわかった。これは弥生時代社会論において重要な意味をもつと考える。

弥生時代中期の北部九州は階層差が進んだ社会であり，前章でみたように，とくに中期後半には須玖岡本遺跡D地点や三雲南小路遺跡のような厚葬墓を頂点とする階層制が極度に発達しているとみられる。集落においても須玖・岡本遺跡群や比恵・那珂遺跡群に代表される都市的機能を備えた大集落も出てくる段階である。こうしたコンテクストと土器の生産―分配システムの諸パターンに関する様々な想定とは調和的である。これらのパターンの差は，集落の規模・被葬者のランクその他が複雑に絡み合った結果と考えるのが妥当であろう。

(2) 甕棺製作と葬送行為

甕棺の上甕・下甕の類似度から同時製作か否かという問題にふれたが，そこから派生する問題について論じる。

甕棺が製作時のセット関係を保って使用されているものが多くみられることは，製作時から使用の場面が想定されていた可能性が高いと考える。佐賀県鳥栖市大久保遺跡で確認された甕棺を焼成した遺構でも，甕棺は2個体が同時に焼成されていた (e.g. 湯浅, 1996)。このように埋葬という「消費」の場面でもセット関係を維持しているということは，成形，焼成，運搬，埋葬という諸段階を通じてセット関係が維持されていなければならないと考えられるのである。

そうであれば，甕棺製作の契機はいつの時点にあるのであろうか。

1) 生前[4]
2) 死が予想される逼迫した時点
3) 死の判定の後

という各段階が考えられる。もちろんそのうちの複数であるかもしれず，また長い間病床にある場合や，急死，事故死，戦死，刑死など様々な場合が想定され，それによっても異なることがあろう。しかし，少なくとも階層差に対応した甕棺の調達がなされており，三雲南小路遺跡2号甕棺墓のような厚葬墓にみられるように，遠隔地の甕棺の特徴をもった特大サイズの「特注品」といえるものが存在する。こうしたことから想像されるのは，とくにエリートにおいては特定個人の死が意識されつつ製作されたということである。少なくとも死を慮って甕棺の製作が行われたということが墳丘墓クラスではいえそうである。

死の予想あるいは死の判定の直後から製作が開始されたとすると，原料の調達・調整はいつなされたかという問題もある。2個体分の量はかなりのものであり，しかも採取直後に使用することは難しいと思われるからである。仮にこれは措くとしても，成形には時間がかかるはずであり，さらに乾燥は数日では到底無理と思われる。その間「殯」が行われた可能性も考えられ，葬送儀礼の複雑さなどとの関連から今後さまざまな角度から検討すべきである。また，原料調達から甕棺焼成までの甕棺製作に関わる一つ一つの段階が，一連の葬送行為・儀礼の諸段階の部分に組み込まれていた可能性も示唆されてくる。

また，使用時には製作時のセット関係を保っていないものも存在する。同形同大の専用甕棺どうしや，専用蓋と専用甕棺の組み合わせにおいても，本来のセット関係ではないものがある。甕棺の上甕と下甕で明らかな型式差がある場合もある[5]。さらに口径を合わせるために打ち欠く場合もあり，このような間に合わせ的な例も多い。つまり，甕棺は特定個人への使用が想定されないで製作され，ストックされているものがあったということになる。単棺として1個体で用いられた例もあることから，もともとワンセットで製作されたかどうかも定かではない。例外もあるが，こうしたものは基本的にはランクの低いものに使用されており，「殯」の有無や長短と相関がある可能性が考えられる。甕棺にもオーダーメイドの「高級品」から作り置きされた「安物」まで，諸ランクがあったことが想定される。より下位の階層においては，エリート層と同じ選択を不可能にする経済・伝統・規制に関わるなんらかの条件があったのであろう。

中期後半（3bc型式）にあたる三雲南小路遺跡2号甕棺墓は，棺のほぼ全形を知りうるが，超大型であり，明らかに特定個人のために特別に製作されたものである。甕棺墓にみられるランクのうち，これらトップクラスの「王墓」に次ぐエリートの甕棺も，「王墓」ほどではないが特別サイズの大型のものが用いられている。これらもエリートの墓に用いられるべく製作されたものであることは明らかであろう。

このように考えてくれば，上位ランクの被葬者は特別に製作された甕棺を用いるということと，下位の者はありあわせ的な甕棺の使用をするということとは，一貫性のある説明が可能になるのである。

前章で論じたように，中期後半の *3bc* 型式の時期になると，副葬品をもつものの中に，大型の単棺を用いるものや下甕は大型品で上甕は打ち欠きの甕棺を用いたものがある。こうしたものは，甕棺分布域の周辺部に位置する場合や，同一墓地内の近隣の墓群中により高いランクの墓が存在する場合などがあり（中園，1991a），墳墓という物質文化に表れた社会戦略（時津，1999，2000a）として解釈が可能であろう。また，「王権」の確立期にあたるこの時期にあっては，一部のエリート層においては社会的関係を確認したり強固にしたりするために，甕棺の移動や下賜，「工人」の移動の可能性も考慮しなければならないであろう。ただしそれは以上の分析が示すとおり，一般的ではなく特別な場合であったはずである。

以上のような問題はすぐれて考古学的であり，弥生時代社会論の核心にふれる部分でもある。これは胎土分析を実施した結果認識されたものであり，胎土分析の可能性を示す好例といえよう。また，考古学者は分析者に依頼するだけではなく，分析方法を熟知すること，分析結果の解釈に十分踏み込むことの重要性も示している（中園，1990b）。

(3) 今後の展望

当初は手探りで開始した弥生土器の胎土分析であったが，葬送儀礼を含む考古学的に重要だが通常の考古学的考察においては気付きにくい重要なテーマに展開することを示すことができたと考える。胎土分析イコール産地推定とするこれまでの認識を改めることにもつながるものであろう。これは，はからずも胎土分析の可能性を広げることにつながったと自負している。

また，胎土中の混和材の影響が不明なことなどから，縄文土器や弥生土器など低火度焼成の土器の蛍光X線分析は敬遠されがちであったが，むしろ混和材の影響を加味してもなおかつ遺跡内での類似性や個体間の類似性があることから，考古学的解釈に結びつけることができた。これも考古学者が研究に加わることで成し遂げられたことといえよう。

「目貼粘土」は墓壙のローム層と一致することもあり，埋葬時に採取された例が指摘できた。このように，胎土分析の方法を土器以外に応用することにより，より豊かな考古学的事実の復元が可能になると考えられる。

そして更なる貢献の可能性がある。世界の考古学に対してはこれまで日本考古学は重要な貢献をしてこなかった（Matsumoto et al., 1994）。このような中，現在日本では認知考古学が提唱されている（松本，2000a）。これは第3章でも述べたように，ポストプロセス考古学による反駁の中から生み出されたプロセス考古学側からの新理論という認識が強いが，日本で提唱されつつあるものは伝統的型式学をも取り込んだ，最も受け入れやすくかつラディカルな認識論的革命でもあると考える。21世紀の第1四半期のパラダイムを形作るものであろう。筆者もその唱導者の驥尾に付す一人として，土器などを素材とした異文化接触と物質文化の変容などを扱っている。一般的な見方としては，認知考古学と胎土分析は相容れない，もしくは無関係とされるであろう。しかし，認知考古学は，物質文化に必ず介在するにもかかわらず無視されがちであった人間の認知に焦点を当てて説明を行うものであり，あらゆる考古資料から再構築される過去について扱うものである。胎土分析を

用いた研究も認知考古学への貢献が期待される。

その可能性がうかがえるものに次の例がある。筆者らの共同研究の一環として，縄文時代晩期土器の蛍光 X 線分析の結果，晩期の古い段階では器種間で胎土には差がないのに対して，新しい段階になると，器種の差と胎土の差が対応していることが判明した。通常の胎土分析ではここまでで結論となるのだが，これは，土器製作にあたってどの器種を作るかという意思決定が，土器製作の動作連鎖 chaîne opératoire における原料の調整以後に行われるのか以前に行われるのかということについて，認知考古学的に応用できることを示した研究でもある (松本ほか，1999)。

以上のように，土器という静的な器物から，生き生きとした人間行動や，思考・認知のプロセスなどを読みとるのにも胎土分析が十分役に立つのである。胎土分析の応用可能性についてさらに検討を進めていく必要がある[6]。

第 2 節　甕棺の製作技法

1. はじめに

甕棺の製作技法については未解明な点が多い。タタキ技法の存在をはじめとして 1970 年代後半以降明らかになってきた知見もある。製作技法といえるかどうかは問題があるが，甕棺の黒塗についても同様である。甕棺の調査者は，顕著な特徴のある痕跡についてのみ記載することが多く，ときおり個人的な問題関心に基づいて観察結果を記載することがあったという程度である。中には詳細なすぐれた観察が記載された例もあるが (e.g. 馬田(編)，1982)，体系的に研究されることは，下に記すように残念ながらまれであった。

甕棺については，技法よりもその型式や年代を明らかにすることに主眼がおかれてきたし，今でもその傾向は強い。それは，各地の弥生土器編年の状況に関連してすでに述べたように，北部九州で 1980 年を前後する頃に起こった各時代の土器編年に関する膨大な研究活動の一環とその名残であったと位置づけることができる。

甕棺の製作技法については，甕棺という大型器種がどのようにして製作されたのかという関心は古くからある。近年では，埴輪研究などの系統をひく工人集団論・生産体制に関する研究や，弥生土器研究で盛んになった地域色研究とも結びついた，甕棺の地域色研究の一環としての技法研究もある。それでも製作技法の復元については，まだまだ不十分なのが現状である。

筆者の立場からいえば，以下の点で甕棺の製作技法の復元は重要である。まず，製作技法は基本的に身体技法と関連があるため，甕棺に残った様々な痕跡を詳細に観察することは，工具の種類や持ち方，製作者の姿勢と運動方向などを復元する上で必須である。また，すでに指摘したように甕棺製作は葬送システムの一環に関連する可能性が高く，セットとなる甕棺の製作者が同一人物であるのか，それとも異なるとすればいかなる関係にあったかなどを知る手がかりとなる可能性があるからである。

本節では筆者が行った観察結果の一部を紹介し，従来の知見もあわせて甕棺の製作技法について復元を試みる。

2. 従来の諸説

甕棺の製作技法について関心がもたれはじめたのは最近のことではない。古くは逆さに伏せた形での轆轤製作が想定されることもあった。その後，甕棺の基本的な製作技法が論じられ，概ね定着したのは1970年代も後半になってからのことであった (高島, 1977b)。甕棺製作の一連の工程が民俗例などとも比較しながら論じられ，この段階までに実際の観察例から甕棺は粘土帯を積み上げて製作されるということが明らかになった。高島忠平は粘土帯の幅は8cm前後としている (ibid.)。なお，粘土板を縦に貼り合せたものがあるとする意見が提示されたこともあるが実際のところほとんど見出せず，一般に認定されるにはいたっていない。

また，1980年代に入り，甕棺にタタキ技法が施されていることがわかってきた。甕棺は一般にタタキ技法が採用されており，むしろタタキ技法の採用こそが甕棺という大型土器の製作を可能にしたと主張されている (橋口, 1982b)。

甕棺の技術論，工人集団論や生産体制に関する研究は，埴輪研究などで推進されたものの影響を受けたものとみられ，遺跡内でのハケメの個体差や色調・胎土・粘土帯の幅などに注目したものである (井上, 1978a)。

福岡県飯塚市立岩遺跡では，大型かつ形態が特異で，器壁が厚く外面にはしばしばハケメがみられるものが多数あり，この遺跡独自のものとして報告された (高島, 1977a)。報文中で「大型甕C」とされているものである。また，橋口達也は甕棺の編年を行う中で，「KIIa式」(本書の 2a 型式)の「地方色ある甕棺」の存在を指摘した (橋口, 1979)。福岡県甘木市栗山遺跡1次調査出土甕棺・土器表面の技法なども報告されたが，甘木・朝倉地域では，中期後半には成形時に小型土器と同様のタタキが施されていることがわかっている (佐々木(編), 1982; 橋口, 1982b, 1993)。このように，甕棺分布域各地の地域性については比較的近年になって認識されるようになってきたが，基本的には地域色の範囲を専門工人集団との脈絡で把握する研究が行われる傾向にある (井上, 1985, 1990; 橋口, 1993)。そうした研究の中においては，形態だけでなくハケメやタタキなどの技法や，厚さ，色調などの特徴をもとに記述されている。

こうした脈絡と関連して，調査報告書中に甕棺の粘土帯幅を記録するものがある (橋口, 1979d; 馬田(編), 1982; ほか)。粘土帯幅については，佐原 (1973) や高島 (1977b) の復元以来ときどき注意されてきたが，近年膨大な甕棺の調査が行われている中でほとんど注意に上っていないのは惜しまれる。

甕棺外面にしばしばみられる黒塗については1970年代後半に注目された[7] (井上, 1978b; 橋口, 1979c)。これは主成分が炭素であるということと，焼成後に施されるということ以外は今のところ詳細は不明である。また，黒塗が部分的に横縞状に残っているものがまれにあり，以下の例にもその観察結果を記している。これについては最近その存在がはっきりしてきたが (井上, 1998)，研究

者間でほとんど認識が共有されておらず，いまだ黒塗の有無自体さえ観察項目として周知されているとはいえないのが実状である。

製作技法についてはまだ知られていないことも多い。とりわけ口縁部などの横ナデについては布を用いた可能性は示唆されるが(福岡県教育委員会, 1979)，多くの甕棺の最終調整時に行われるナデ工具についてはほとんど扱われたことはなく，実証的な解明はなされているとはいえない。その下地に施されているハケメについても，内外面の工具に差異があるかどうかや身体技法との関連については，検討の俎上にのぼらないことが常である。

なお，本書の立場からすると，身体技法をも含んだ観点から陶質土器・須恵器等の詳細な製作工程や「工房の風景」を復元しつつある白井克也が，最近甕棺の報告に際しても詳細な観察を行っていることは注目できる(白井, 1996)。報告書における限られた記述ではあるが，甕棺の製作技法や甕棺製作における「工房の風景」について未解明な点が多い現状では稀有な例である。このように，甕棺の報告時には詳細な観察が行われることを望みたい。

以下に筆者が甕棺の詳細観察を行った例と，甕棺表面に見出された布圧痕の観察例について記すことにする。

3. 甕棺の詳細観察

福岡県小郡市大板井遺跡 XIa 区出土の甕棺について詳細な観察を実施した。1～3号甕棺で，いずれも合口である。この3基6個体について記述する。時期(型式)は，1号甕棺が $3bc$ 型式でも新しい段階，2号甕棺と3号甕棺は $2a$ 型式に属するものである。

これらはいずれも復元時に，粘土帯接合部の観察を各段ごとに行いながら接合していったものである。なお，この3基は前節で胎土分析を実施した甕棺と同一のものである。

以下，古いものから，また完形に近いものから，3号，2号，1号の順に記す。

(1) 3号甕棺上甕

図 53～56 に示した。これは専用甕棺である。$2a$ 型式，すなわち城ノ越式甕棺(中期前半古段階)にあたる。ほとんど全ての破片が接合でき，完形に復元できた。器高は 960 mm である。土圧によるとみられる歪みが大きく，周長を円周率で割って口径を求めた。その値は 784 mm であり，同様にして内径は 696 mm と求められる。胴部最大径は 817 mm ほどである。底径は 139 mm である。$2a$ 型式の甕棺としてはきわめて大型といえよう。

胴部は大きく張り，胴部上半が緩く内傾する。口縁部は逆 L 字形に近く，上面が平らでわずかに内傾する。内側へのわずかな張り出しがある部分もあるが，全くない部分もあり，本来内面への突出を作ることは意図されていないものとみられる。口唇部は1条の凹線がめぐるが，それを挟んで上下の突出は面をなすところが部分的にある。そこではわずかに右下がりの水平に近いハケメが観察でき，ヨコナデ以前に口唇部はハケメ工具で端部を整形していたことがわかる。なお口唇部の一部に指紋が付着している(図 55)。口縁部内面はミガキではないが，工具によるミガキ様の，細す

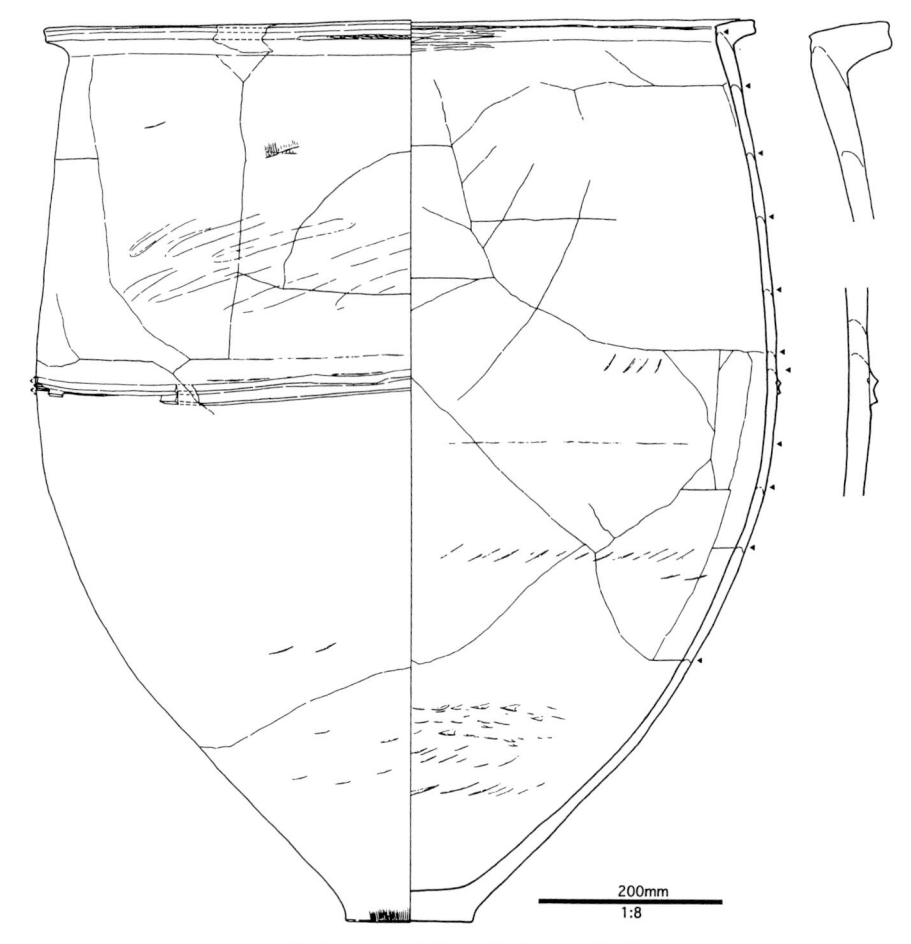

図 53　大板井遺跡 3 号甕棺上甕実測図

じ・横方向のナデがみられる。突帯は 2 条の三角突帯である。突帯は低く，先端がかなり尖り気味である。2 条の突帯の裾は接するかまたは若干重なっており，その一部の観察からは上側の突帯のほうが後で付けられた可能性が指摘できる。突帯がはずれた部分では下描きの沈線が 1 条観察できる。この沈線は一部で上下 2 条になっている部分が観察されるが，1 周まわった下描きの始点・終点の重なりであろう。

　復元時の観察とヒビや破片の形態によって，体部の 10 か所に粘土帯の接合痕またはそれを反映しているとみられる部分があったので図中に表現した (図 53 ◀印)。胴部中位以上の粘土帯はこれ以上増えることはないと思われる。胴部下半，とくに底部の近くは，割れ等はないため不明である。なお，このうち突帯取付け部上端付近に粘土帯接合痕があり，表面からも確認できる (図 56)。さらにその 20 mm 前後上にもう 1 本の接合痕がみられる。他の部分では粘土帯は 60〜80 mm 程度の幅があるのに対し，この段のみが特異である。このうち下側の接合痕は水平ではなく若干傾いており，一方上側の接合痕の上端はほぼ水平である。他の甕棺の例からも胴部中位の突帯部付近は作業

第7章　土器の生産・分配・消費と葬送行為　　427

上甕外面．異なる面から見たもの．土圧で変形している．外面黒塗．目貼粘土で被覆されなかった胴部下半は，とくに顕著に黒塗が遺存している．

図54　大板井遺跡3号甕棺上甕①

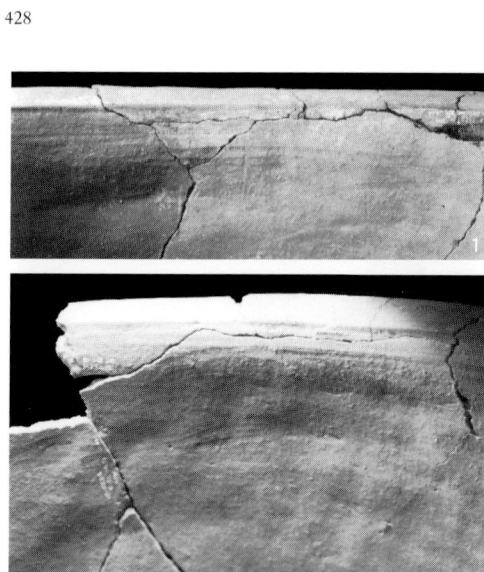

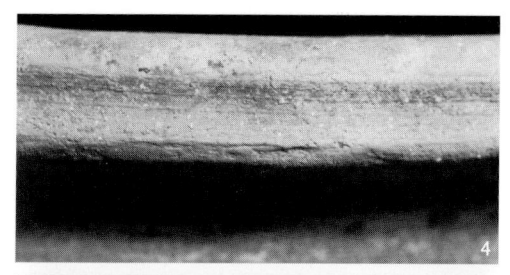

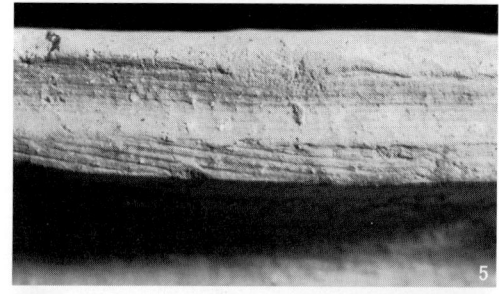

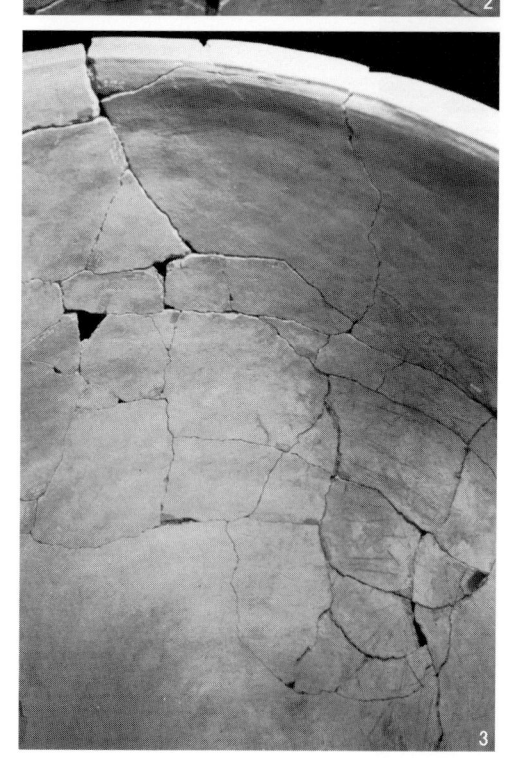

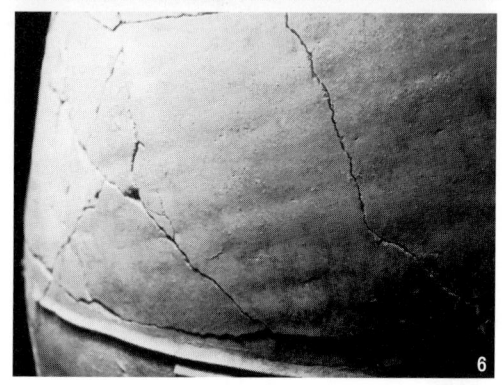

1　口縁部内面にはミガキではないが工具によるミガキ様の細い横方向のナデがみられる．

2　口唇部．ヨコナデ痕が明瞭である．

3　内面．斜め上から覗き込む．

4　胴部内面上半の調整．連続的な凹凸がみとめられる．その上から工具ナデにより平滑に仕上げられている．

5　口唇部（上側かど）にみられる製作者の指紋．仕上げのヨコナデ後に付着．調整は基本的にヨコナデ仕上げだが，下地にハケメ工具で先端をつぶした痕跡がある．

6　胴部外面上半．左下がりの連続的なシワが明瞭である．その上から工具ナデ．

図55　大板井遺跡3号甕棺上甕 ②

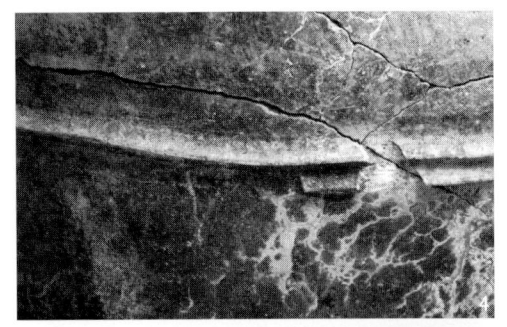

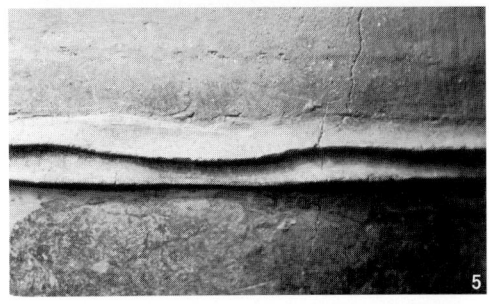

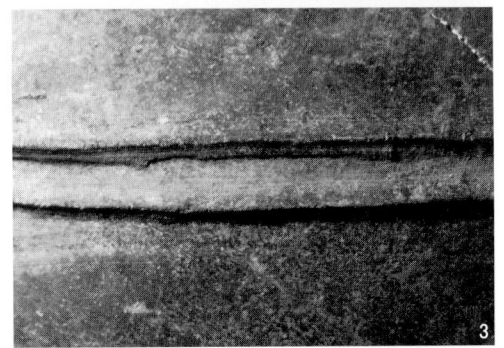

第7章　土器の生産・分配・消費と葬送行為

1　胴部外面下半．工具ナデ仕上げ．工具ナデによる粘土のたまりも認められる．
2　胴部上段にみられる粘土帯接合面（上端）．
3　胴部の2条三角突帯．ヨコナデ痕跡が明瞭．胴部との密着度は弱く，外れやすい．上側の突帯のほうが下側より後に付けられたことが重なり具合から推定される．
4　突帯がとれた部分にも黒塗りがある（写真左半分）．黒塗のタイミングをうかがう好例．右側の新しく外れた部分はもちろん黒塗はない．
5　突帯取付部上端付近に表面からも粘土帯接合痕が確認できる．この部分ではさらに22mmほど上にもう1本の接合痕がみられる．これは傾きを補正した粘土帯（紐）かもしれない．
6　突帯の下に1条の下描き沈線が確認できる．2条になった部分も確認されたが，1周まわった下描き沈線の始点・終点の重なりであろう．

図56　大板井遺跡3号甕棺上甕 ③

工程上いったん積み上げを停止し，若干乾燥させる部位である可能性がある。おそらく本例は，粘土帯を積み上げた時点，もしくはいったん停止し若干乾燥させた時点で，生じた傾きに気付いて水平に補正したものかもしれない。

胴部上半外面に左下がりのシワが連続的に観察され，いわゆる「棒状タタキ痕」とみられる。胴部の内外面は工具ナデで平滑に仕上げられている。ハケメの痕跡は現状では底部外面にわずかに認められるのみである。下地にハケメが施されていたことがうかがえる。「棒状タタキ」後ハケメ後工具ナデという外面調整の順序が考えられる。外面にみられるナデ工具の先端痕の傾きは，概ねやや左下がりである。内面も工具ナデ痕が観察されるが，胴部中位以下に多くみられる。先端痕の傾きは胴部中位ではやや強い左下がり，胴部下半上部では左下がり，一部に弱い左下がりのものがある。下部には集中的に認められ，水平に近いわずかに右下がりとやや左下がりが認められる。このうちわずかに右下がりのものはやや右上への抜き取り状の痕跡がある。これら下部の，工具痕の傾きの違いは工程差を示すものかもしれない。なお，円周が小さく曲率が大きいためか内面の底部近くの先端痕は長めである。

胴部下半から底部の一部にかけて黒斑がある。内面にも若干ずれるがそれとほぼ対応して突帯のすぐ下に達する幅40cm程度の大きな黒斑があるため，焼成時の接地面にあたると考えられる。外面の突帯上にも10cm大の黒斑がある。また，外面全面に黒塗が施されており，口縁部上面を経て口縁部内面に及んでいる。

突帯は胴部との接着力が弱く，現状でははずれやすい。これは製作時からのようで，突帯がはずれた部分に黒塗が施されたところがある（図56）。その部分は，突帯の破断面にも黒塗がみられるため，黒塗が施された時点ではすでに突帯がはずれてしまっていたことになる。焼成後，甕棺を墓壙に設置するまでのどの段階で黒塗が施されるのか興味深い。

色調は外面が5YR4/4（にぶい赤褐），内面が5YR5/6（明赤褐），断面は5YR4/2（灰褐）である。胎土は径2〜3mmの礫を多めに含んでおり，2mm以下の砂粒を多く含んでいる。鉱物は，石英，長石のほか有色鉱物を含んでおり，その中には黒雲母も若干含まれる。

(2) 3号甕棺下甕

図57〜59に示す。これも専用甕棺である。2a型式，すなわち城ノ越式甕棺（中期前半古段階）にあたる。口径は808mm，内径は714mmに復元できる。胴部最大径は820mmに復元できる。底部付近を欠くため器高は不明であるが，おそらく900mm程度であろう。上甕ほどではないがかなり大型である。胴部は大きく張り，胴部上半が緩く内傾する。口縁部は逆L字形に近く，上面が平らでわずかに内傾する。口縁部下面は付け根部が非常に分厚く，胴部への移行は比較的なめらかである。内側へごくわずか張り出す部分もあるが，全くない部分もあるため，内面への突出は本来意図されていないとみられる。口唇部に1条の凹線がめぐる点では一般的なものであるが，仔細にみると凹線を挟んで上側の突出は丸みがあるのに対して，下側の突出は面を形成している。突帯は裾を接する2条の三角突帯である。突帯は低く，先端がかなり尖り気味である。突帯の下描きの沈

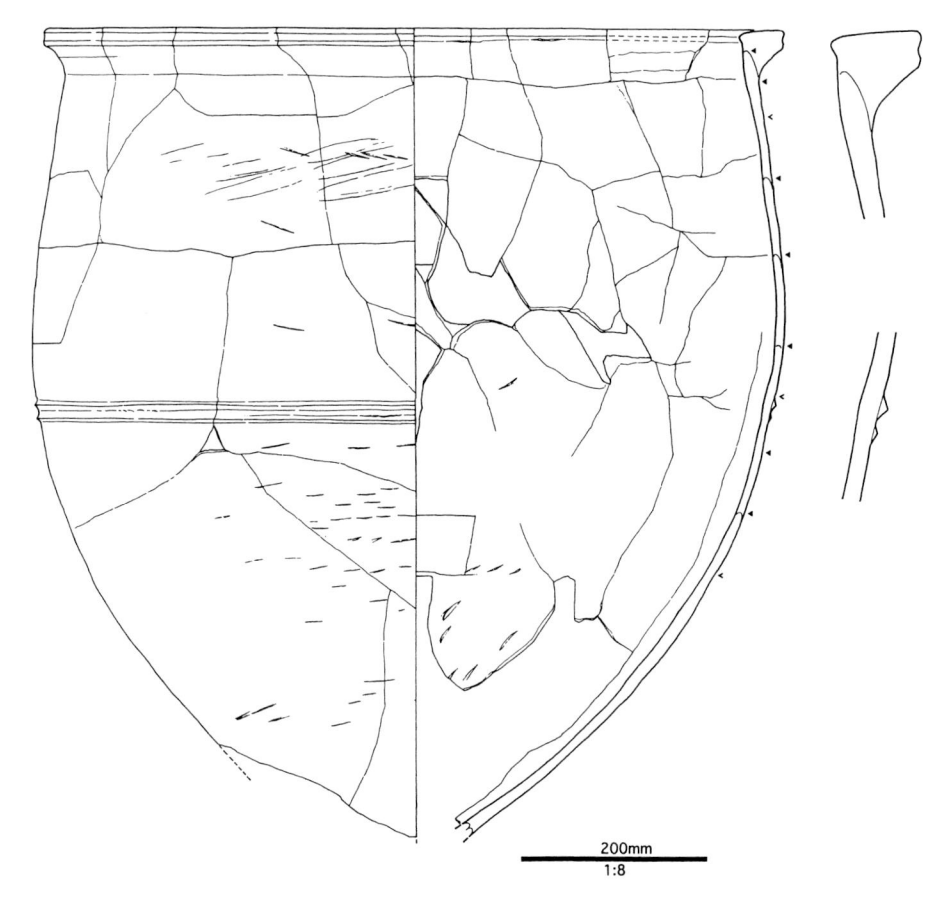

第 7 章　土器の生産・分配・消費と葬送行為　　431

図 57　大板井遺跡 3 号甕棺下甕実測図

線については，上側の突帯が一部はずれた部分のみでそれがないことを確認したにすぎず，沈線の有無は不明とせざるをえない。

　復元時に行った粘土帯の段ごとの観察と，ヒビや破片の形態によって，体部の 6 か所に明確に粘土帯の接合痕またはそれを反映しているとみられる部分があった。可能性のある部分を加えると 9 か所になる。粘土帯の段はさらに多くなるはずだが，現状では確認できない。胴部上半外面に左下がりのシワが連続的に観察され，いわゆる「棒状タタキ痕」とみられる。口縁部の内外面と突帯部はヨコナデが施される。胴部の内外面は工具ナデで平滑に仕上げられる。ハケメの痕跡は確認できないが，ナデ消されている可能性は十分ある。「棒状タタキ」（後ハケメ）の後工具ナデという外面調整の順序が考えられる。外面の，ナデ工具の先端痕の傾きは，胴部上位ではやや右下がり，突帯のやや下位では水平もしくはわずかに左下がり，胴部下位ではやや左下がりである。これは製作者の工具の持ち方や姿勢を復元する手がかりとなろう。内面も工具ナデ痕が観察されるが，胴部中位以下に多い。先端痕の傾きは左下がりである。

　胴部下半に大きな黒斑がある。また，外面の全面に黒塗が施されており，口縁部上面を経て口縁

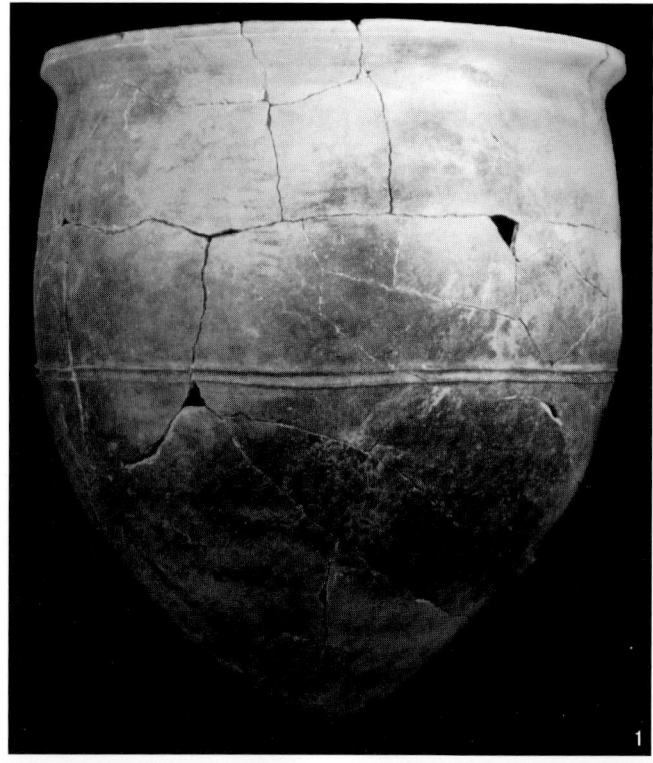

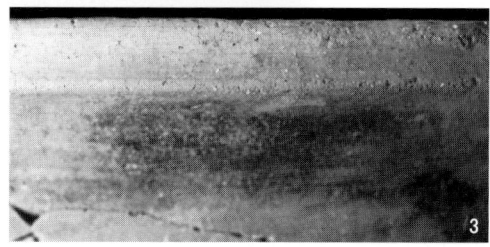

1 外面.外面全体に黒塗.胴部上半は目貼粘土で被覆されていたため器表がやや荒れている.黒塗もそれに対応して胴部中ほどから下のほうが残りがよい.仔細にみると胴部上半(写真のほぼ中央部分)に黒塗が横縞状にみえる部分があり注目される.同種の例はまれに確認される.

2 内面.縦にほぼ半截した状態で撮影したもの.内面は工具ナデで平滑に仕上げられている.内面は口縁部付近を除いては黒塗の痕跡はないようである.胴部下位,底部近くには黒斑がみられる.

3 口唇部.ヨコナデが施されている.胴部への移行はスムーズである.

図58 大板井遺跡3号甕棺下甕 ①

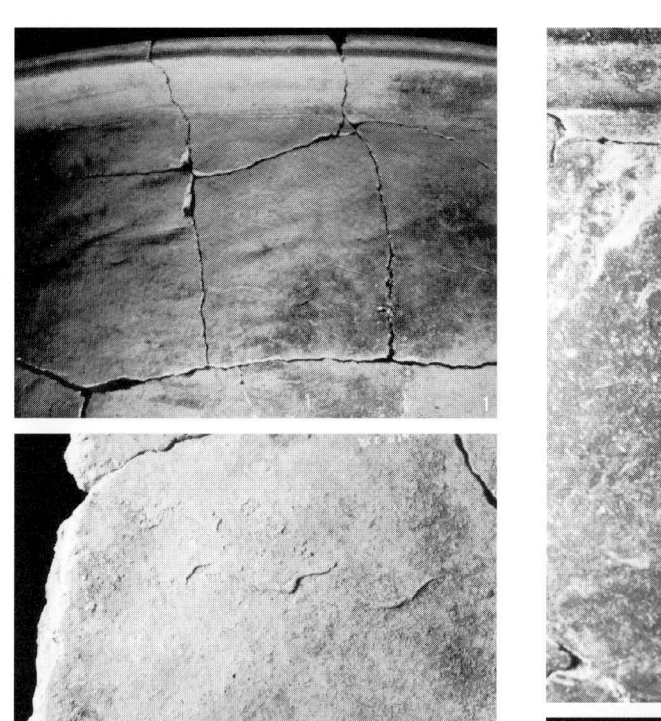

第7章　土器の生産・分配・消費と葬送行為　　　433

1　胴部外面上半．左下がりの連続的なシワが明瞭である．その上から工具ナデ．口縁部下面は胴部への移行がスムーズである．

2　胴部内面中位の調整．工具ナデ痕．突帯の上3cmほどの内面には粘土のたまりがみとめられる．全体に工具ナデによって生じた微細な擦痕が観察される．

3　胴部内面下半の調整．工具ナデの痕跡．先端の粘土のたまりと全体に微細な擦痕が観察される．

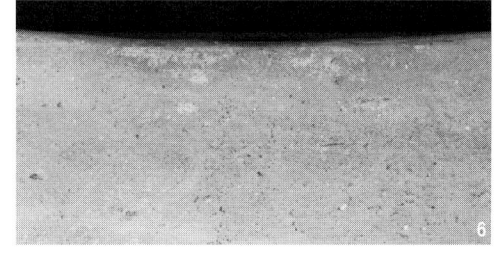

4　胴部外面下半．工具ナデ仕上げ．工具の先端痕が多くみとめられる．

5・6　口縁部内面．幅広くヨコナデが施されている．上は上端がわずかに内側に突出している部分．下は突出がまったくない部分．

図59　大板井遺跡3号甕棺下甕②

部内面に及んでいる。胴部上半の一部に黒塗の有無で横縞状にみえる部分があることは注目される（図58）。同種の例はまれに確認されるがそれと対比できるものであろう。その成因や性格など今後追求すべき課題である。ただし，多くの場合，縞状に塗り分けたというよりは縞状に残存しているようにみえる。つまり，腐朽しやすい有機質の紐状のものを巻きつけるなどしてその上から黒塗を施した可能性が考えられる。突帯が一部はずれた部分にも黒塗が施されている。黒塗は焼成後に施されたものと考えられるため，突帯はそれ以前にはずれていたことになる。

　色調は外面が5YR4/3（にぶい赤褐），内面が5YR5/3（にぶい赤褐），断面は5YR5/2（灰褐）である。胎土は径2〜3mmの礫を多めに含んでおり，2mm以下の砂粒を多く含んでいる。鉱物は，石英，長石のほか有色鉱物を含んでおり，その中には黒雲母を若干含む。

(3) 3号甕棺上甕・下甕の比較

　上甕・下甕を比較すると，どちらも同一型式に属し概ね似ているが，仔細にみれば細部に差がある。口縁部下のくびれや，口縁端部の形態，突帯の形態，突帯の位置にも微差がある。しかし胎土の特徴は両者ともよく似ている。下甕の外面下半において工具ナデ痕の数が多いなどの差はあるが，調整の種類や手順，方向などはよく似ているといえよう。同一製作者のもつ形態や調整などの変異の幅が不明であるので，同一製作者によるものかどうかは判断が難しいが，以上の差異は異なる製作者が相互に参照しながら製作した可能性が高いように思われる。なお，両者は胎土分析によれば，両者は同時製作と断定できるほどではないが比較的似ており，低い三角突帯を施すものが通常であるこの時期において突帯の数がそろうこと，そしてなによりもこの時期の甕棺としてはかなり大型のものであることから，あり合わせのものを調達したとは考えにくい。むしろ最初から組み合わせるべくセットとして製作された可能性が高いと考えられる。また，この3号甕棺は墓壙サイズが極めて大きく，墳丘墓の中心に位置する「始祖」的性格をもつ可能性があること，そして標石をもった「支石墓」である可能性が高いことから考えても，特定個人のために用意された「特注品」とみなせるであろう。したがって以上のことを総合すれば，上甕・下甕は異なる製作者が相互に参照しながら同時に製作したものと考えるのが妥当であろう。

(4) 2号甕棺上甕

　図60〜62に示す。これは専用甕棺である。2a型式に属し，すなわち城ノ越式甕棺（中期前半古段階）にあたる。口径復元値は750mmである。底部が欠損しているため，器高は不明である。胴部中位から下部が太く張り，胴部上位で若干すぼまっている。そして口縁部にかけてわずかに外反する。口縁部はあまり大きくないT字状をなし，上面はほぼ水平で，内面側突出は先端が尖り気味である。口縁部内面側突出には意図的とみられる打欠きが確認される部分がある。下甕ではいっそう明確に打欠きが確認でき，両者の打欠きは相互の墓壙埋置状態を意識しながら，ある程度対応する部分に施した可能性が高いように思われる。口縁内径復元値は，打欠き前で658mmであり，片側打欠き後のそれは646mm程度である。突帯取付け部は復元時で胴部中ほどよりも上位にあ

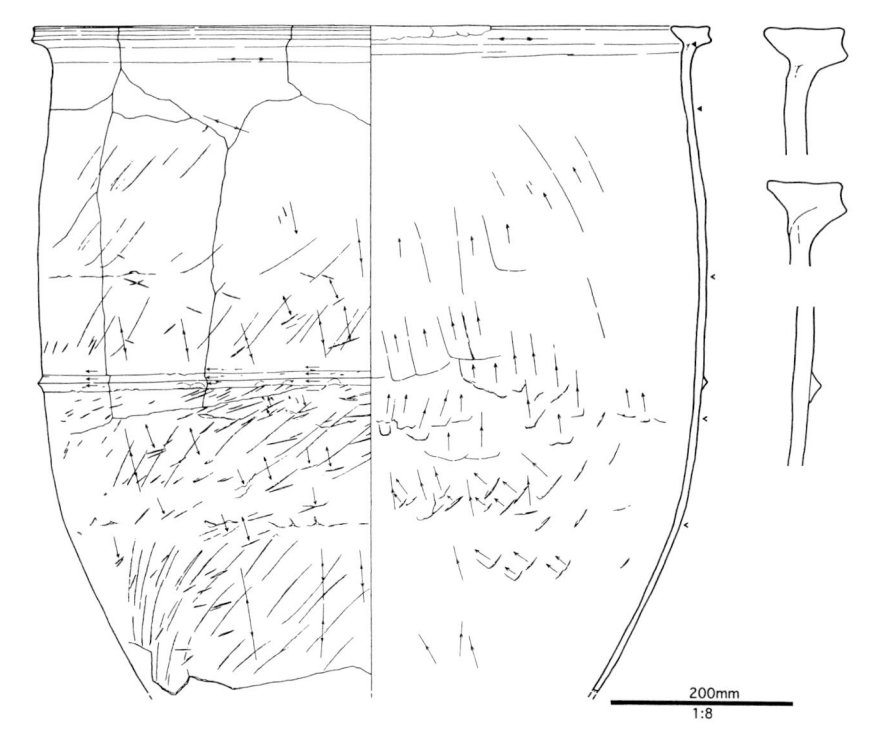

第 7 章　土器の生産・分配・消費と葬送行為

図 60　大板井遺跡 2 号甕棺上甕実測図

る。突帯は三角突帯が 1 条めぐらされるが，先端が尖った低い貼り付け突帯である。突帯貼り付けのタイミングは，以下に述べるように胴部調整が終わった後の工程上最後に近いときであるためか，水をあまりつけない状態でヨコナデされた突帯は，胴部への移行に小さな段差を生じた部分が多くある。また一部に観察される砂粒の動きから，ヨコナデは見かけ右から左方向であることがわかる。

　口縁部付近と突帯貼付部を除いて，破片の断面等からは粘土帯の接合は明らかではないが，図示したように表面に現れた粘土帯の接合線や，ヒビや破片の形態によって，体部の 4 か所が接合部を反映していると考えられる。外面に左下がりのシワが 7～8 段連続的に観察され，いわゆる「棒状タタキ痕」とみられる。内面にも左下がりのシワが観察され，やはり「棒状タタキ痕」に似る。口縁部と突帯部はヨコナデである。胴部の内外面は工具によるナデで平滑に仕上げられている。そのためハケメは現状ではみられないが，本来なかったとはいい切れない。外面の工具ナデ痕は 2 種類ある。1 つめはハケメの終端の要領で連続して残った鋭い線状をなす（a 類）。この工具痕はランダムではなく一定の単位が確認される。胴部下位以外は横方向に連続している。2 つめはこの痕跡を切って粘土のタマリが形成されたものである（b 類）。両者のナデ具痕は同一工具によっても生じると考えられ，工具の持ち方や器面とのなす角度，工具を止めるか抜くかなどの運動の違いによる可能性もある。突帯の貼り付けはこれら工具ナデの後である。外面は「タタキ」が施された後，最終

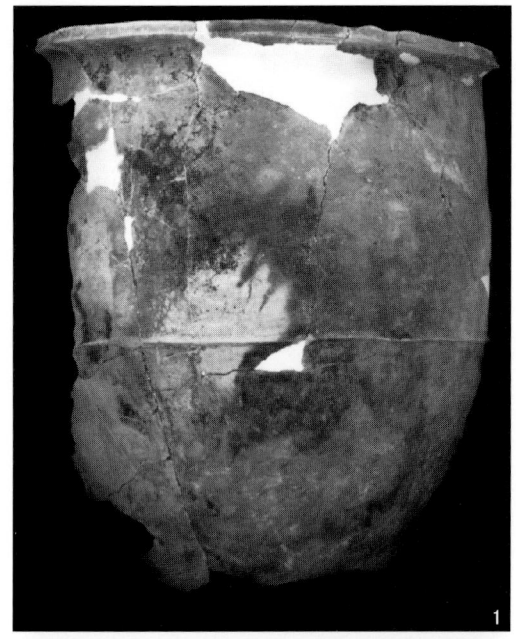

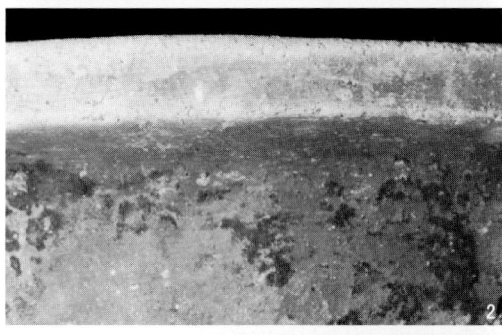

1　外面．全体に黒塗．大きめの黒斑あり．内面にもそれと対応する位置に黒斑がある．

2　口縁部外面．ヨコナデ痕が明瞭である．

3　突帯上部の調整痕．胴部は工具ナデ．その後に突帯を貼り付け，ヨコナデをしていることがうかがえる．突帯の付け根は小さな段が消されずに残っている．

4　突帯部．先端が尖った低い三角突帯．突帯はヨコナデ．胴部への移行はさほどなめらかではなく，貼り付け痕がみえる．ヨコナデ痕が明瞭で，仔細にみると砂粒の動きがみかけ右から左であることがわかる．

5　外面胴部下半．左下がりのシワが連続的に観察される．仕上げは工具ナデ．

図61　大板井遺跡2号甕棺上甕 ①

1 内面中位〜上半．口縁部上端から約14cm下まで黒塗．全体に工具ナデ仕上げの痕跡がみられる．また，その下地に左上がりの連続的なシワがみとめられる．
2 内面下半．やはり左下がりの連続的なシワの上に連続する工具ナデの痕跡がある．仔細にみると胴部中位以上とは工具ナデの端部痕に微差がある．

図62　大板井遺跡2号甕棺上甕 ②

的にこれらの工具ナデが施されるという順序である。内面も一面に工具ナデ痕が観察される。とくに胴部下半が密であり，ナデのストロークが短いまたは重なりが大きいことを示している。工具ナデ痕は外面同様2種類ある。胴部下半はa類が多いが一部b類もみられ，1か所で確認できた切り合いはb類がa類を切っているが，常にその関係がいえるかどうかは疑わしい。工具ナデの方向は基本的に下から上，正確には右下から左上へ動かしている。胴部下半ではこの傾きが強く，胴部中位以上では縦に近い。内面の工具ナデ痕はその始点に特徴的な痕跡が残ったものであり，外面がむしろ終点であると考えられるのと対照的である。そのためかa・b両類とも内面と外面では微妙に異なっている。内面のb類は，やはりa類の調整を繰り返すうちに工具先端にたまった粘土が，次の始点に残った可能性が高いように思われる。相互に近い位置にあるa類とb類は傾きが一致していることもその証左となろう。胴部中位以上のa類の痕跡は，始点に明瞭な段差を生じておらず，比較的なめらかであることが特徴である。これはおそらく，他のa類の部分と同一の工具を用いながらも，その持ち方や器面とのなす角度等の違いによって生じた差と思われる。

　残存部では胴部側面に大きな黒斑があることが確認できる。これは同一部分の表裏（外面と内面）であり，おそらくは横倒しの焼成ではないかと推察される。外面の全面に黒塗が施されており，口縁部上面を経て口縁部内面（上端から14cm程度）に及んでいる。

色調は外面が 5YR5/4（にぶい赤褐），内面が 5YR6/2（灰褐）であり，器肉は黒灰色を呈する。胎土は径 2～3mm の礫を多めに含んでおり，2mm 以下の砂粒を多く含んでいる。鉱物は，石英，長石のほか有色鉱物を含んでおり，やや大粒の黒雲母をやや多めに含むのが特徴的である。

(5) 2号甕棺下甕

図 63～66 に示す。これも専用甕棺である。上甕同様 2a 型式（中期前半古段階）に属す。口径復元値は 776mm である。底部が欠損しているため器高は不明である。器形は砲弾形に近いが，胴部下部が太く，胴部上半はほぼ直立しているがそのごく上位でわずかにすぼまっている。それに対応する内面も内面にわずかに膨らみが形成されている。口縁部は T 字状をなすが，上面が内側にやや傾斜し，内面側突出は先端が尖り気味である。口縁部内面側突出は意図的に打欠きが施された部分がある。墓壙埋置状態で床側が打ち欠かれているが，棺体内部に落ち込んだ口縁部片は打ち欠かれていないものがあるため，床側だけ打ち欠かれていたものと考えられる。口縁内径復元値は打欠き前で 673mm であり，片側打欠き後のそれは 665mm 程度である。口縁部内径はもともと上甕よりも下甕のほうが大きいが，甕棺設置時あるいはそれを予測して下甕側の口縁部内面の著しい突出を除去し，棺底をそろえることを意図したものとも思われる。突帯取付け部は復元時で胴部の中ほどよりも上位にある。突帯は比較的先端の尖ったやや低めの三角突帯が 1 条めぐらされている。

ヒビや破片の形態によって 3 か所に接合を反映していると思われる部分がある。外面に左下がりのシワが数段連続的に観察され，いわゆる「棒状タタキ痕」とみられる。内面にも左下がりのシワが観察され，やはり「棒状タタキ痕」に似る。口縁部と突帯部の内外面はヨコナデである。胴部の内外面は工具によるナデで平滑に仕上げられている。外面の一部にはわずかにハケメ（4 条／cm）の痕跡が確認でき，「タタキ」後ハケメを施し，その後に工具ナデを施すという外面調整の順序が考えられる。外面の工具ナデは 5 段確認できるが，いずれもほぼ縦方向に施されており，はっきりと確認できるものでは甕棺を正位置からみた場合，上から下への運動方向であることがわかる。しかし先端の傾きは段によって異なっており，製作者の工具の持ち方や姿勢という身体技法と強く関わっていることが推定される。なお，工具ナデの後に突帯が貼り付けられている。

内面は，斜め方向（右下がり）の工具ナデ痕が観察される。上甕同様，胴部下半が密であり，ナデのストロークが短いまたは重なりが大きいことを示している。工具ナデの方向は砂粒等の動きが観察できないため特定できないが，胴部の上位においてはカキアゲ状に右下から左上へ動かしている。工具ナデの痕跡から工具の形態を推定することは難しいが，湾曲のある内面でさえ工具の両端あるいは片側の端部の痕跡が確認できないことから，内面の曲面よりは湾曲の強い，緩い石包丁様の先端形態が考えられる。これは上甕においても同様である。なお，内面の突帯取付け部よりやや上に，図示したような幅 5mm の細いキズが 1 か所ついている。ナデ工具の側面など一部が偶然に触れた痕跡かもしれない。もしそうであれば収縮後で 5mm であるので，それよりわずかに厚い工具ということになろう。内面下位の 1 か所のくぼみに掌紋かと思われる痕跡がみられる。これが外面の「タタキ痕」に対応するものであれば，アテ具は掌である可能性も考えられる。突帯部内面が

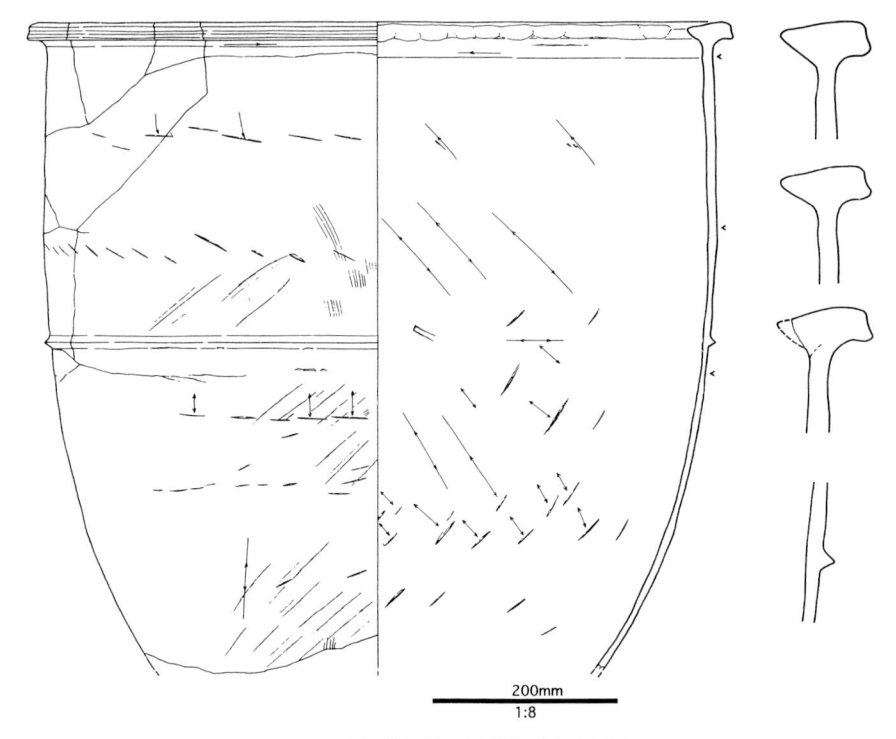

第 7 章　土器の生産・分配・消費と葬送行為

図 63　大板井遺跡 2 号甕棺下甕実測図

　最終的にヨコナデで仕上げられており，内面のナデ調整よりも新しい。外面ナデ調整が終わった後で突帯が貼り付けられているとみられるため，突帯がヨコナデによって仕上げられた後に，そのために張り出したまたは指等のオサエ痕のついた内面を平坦にするために，この突帯部内面のヨコナデは施されたとみることができる。それと口縁部付近のヨコナデとの前後関係は不明であるが，ともかく両者は調整の最終段階のものとすることができよう。
　胴部側面に大きな黒斑があることが残存部からわかる。これは同一部分の裏表（内面と外面）であり，上甕同様，横倒しの焼成と推察される。
　外面には全面に黒塗が施されており，口縁部上面を経て口縁部内面（上端から 8 cm 程度）に及んでいる（図 64）。内面のそれより下位にも黒塗らしき痕跡が部分的に確認でき，内面も全面黒塗の可能性もあるが，口縁部内面の黒塗部は下端の境界が比較的明瞭であり，胴部内面のものは明瞭ではないことから，黒塗を施す際にたれるなどして付着したと考えたほうがよいように思われる。
　色調は外面が 5YR5/4（にぶい赤褐），内面が 5YR6/2（灰褐），断面は 5YR5/1（褐灰）である。胎土は径 2～3 mm の礫を多めに含んでおり，2 mm 以下の砂粒を多く含んでいる。鉱物は，石英，長石のほか有色鉱物を含んでおり，上甕と同様，大粒の黒雲母をやや多めに含むのが特徴的である。

1 外面．全面黒塗．胴部に大きな黒斑がある．内面にもそれと対応する位置に黒斑がある．

2〜4 口縁部．内面に尖り気味の突出をもつ．2は外面．3は内面，4は内面斜め下から．口縁部はヨコナデ痕が明瞭である．外面は黒塗．内面はとくに4の写真にみられるように口縁部上端から約8cm下まで黒塗で，境界が比較的明瞭である．それより下位にも黒塗の痕跡はみとめられるが，意図的かどうかは不明．

5 口縁部内面拡大．内面側突出部成形時の粘土紐接着のため，連続した指圧痕を強いヨコナデで消している．

6 口縁部内面突出部の打欠部分．割れ口は多少摩滅しているが，打撃を繰り返すことによって打ち欠いているようである．

図64 大板井遺跡2号甕棺下甕 ①

(6) 2号甕棺上甕・下甕の比較

　上甕・下甕を比較すると，どちらも同一型式に属し概ね似ているが，仔細にみれば細部に差がある．口縁部下のくびれや，口縁端部の形態，突帯の形態にも微差がある．胎土の特徴は両者ともよく似ているが，分析値はRbにおいてやや異なっている．胎土分析の結果からは同時製作とするには無理があるように思われる．下甕ではハケメは確認されなかったが，上甕もすり消されずにわずかに残ったものが確認できたのみであり，おそらく下甕にもハケメが施されていたと考えるのが妥

第 7 章　土器の生産・分配・消費と葬送行為

1　内面中位～上半．全体に工具ナデ仕上げの痕跡がみられる．また，その下地に左下がりの連続的なシワが認められる．

2　内面の調整痕拡大．やはり左下がりの連続的なシワの上に連続する工具ナデの痕跡がある．

3　外面胴部上半の調整痕．ハケメを施した後，全体に規則的な工具ナデ仕上げをしている．ハケメはほとんどすり消されている．それらの調整の下地に，左下がりの連続的なシワが認められる．突帯部分は，胴部調整後に貼り付け，ヨコナデを施している．

図65　大板井遺跡2号甕棺下甕 ②

当であろう。下甕の外面下半のほうが工具ナデ痕の数が多いなどの差はあるが，調整の種類や手順，方向などは概ね似ているといえよう。しかし，上記のことを総合し，また，両者とも口縁部内面側突出に打欠きを施していることも考え合わせると，上甕・下甕の製作者が同一であったとは考えにくいと思われる。しかし，異なる製作者の分担による同時製作の可能性までは否定できない。

(7)　1号甕棺上甕

図67・図68に示す。専用の丹塗大型鉢である。歪みがあるため正確な数値は出せないが，復元値は口径522mm程度，胴部最大径の復元値は565mm程度である。底部片は発見できなかった。

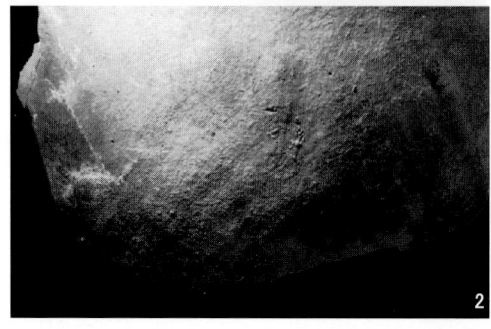

1　突帯の調整痕．胴部の最終調整は工具ナデ．その後に突帯を貼り付け，ヨコナデをしていることがうかがえる．
2　外面胴部下半．左下がりのシワが連続的に観察される．仕上げは工具ナデ．
3　外面胴部上半の調整痕拡大．わずかにハケメが観察される．工具ナデ先端痕との切り合いからハケメが工具ナデですり消されていることがわかる．

図66　大板井遺跡2号甕棺下甕 ③

　口縁部は，外反などはなく胴部上半からスムーズにのびてそのまま肥厚させておさめている．内面はわずかに段状になっている．口唇部は内傾しており，中央がややくぼんでいる．胴部最大径付近に1条の突出度のやや強い稜角付突帯をめぐらす．
　口縁部付近と突帯部はヨコナデであるが，外面は工具ナデで平滑に仕上げられている．胴部下半にわずかに工具ナデで消し残されたハケメが確認でき，工具ナデより前にハケメ(5条/cm)調整が行われたことがわかる．工具ナデは突帯より上側が特に丁寧に仕上げられている．この工具の先端痕は突帯の上側と下側で傾きが異なっており，工具ナデのタイミングは突帯の整形後であることがわかる．口縁部外面は上端から6cmをこえる幅広い範囲にやや強いヨコナデが施されており，内面は2〜3cmにとどまっている．内面は，より疎なハケメ(3〜4条/cm)の後工具ナデで平滑に仕上げられている．全体の調整が終わった後に内外面に丹塗が薄く施されるが，内面は全面に施されるのに対し，外面下位には丹塗は及んでおらず突帯下6cm程度までで止まっている．丹塗の方向は基本的に横方向であることが刷毛状の筋から推定できる．外面の丹塗の下端は，一部下方に垂れた痕跡があり，正位置で丹塗が施されたことがわかる．外面の丹塗範囲の境界付近から下はハケメの痕跡がわずかながら確認できることから，仕上げの相対的な粗さと丹塗の省略との間には認知的関係があるものと思われる．
　丹の色調は10R5/8(赤)，地の外面が7.5YR7/6(橙)，内面が7.5YR7/4(にぶい橙)であり，器肉

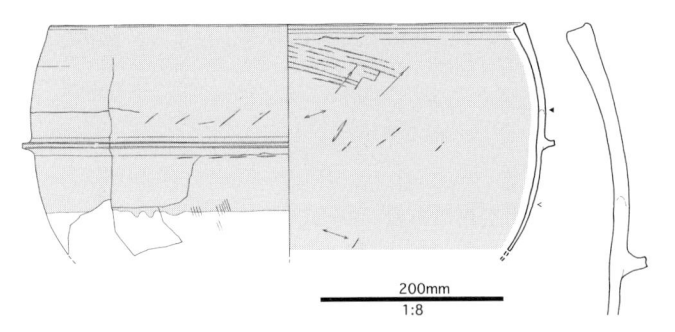

第 7 章　土器の生産・分配・消費と葬送行為

図 67　大板井遺跡 1 号甕棺上甕実測図

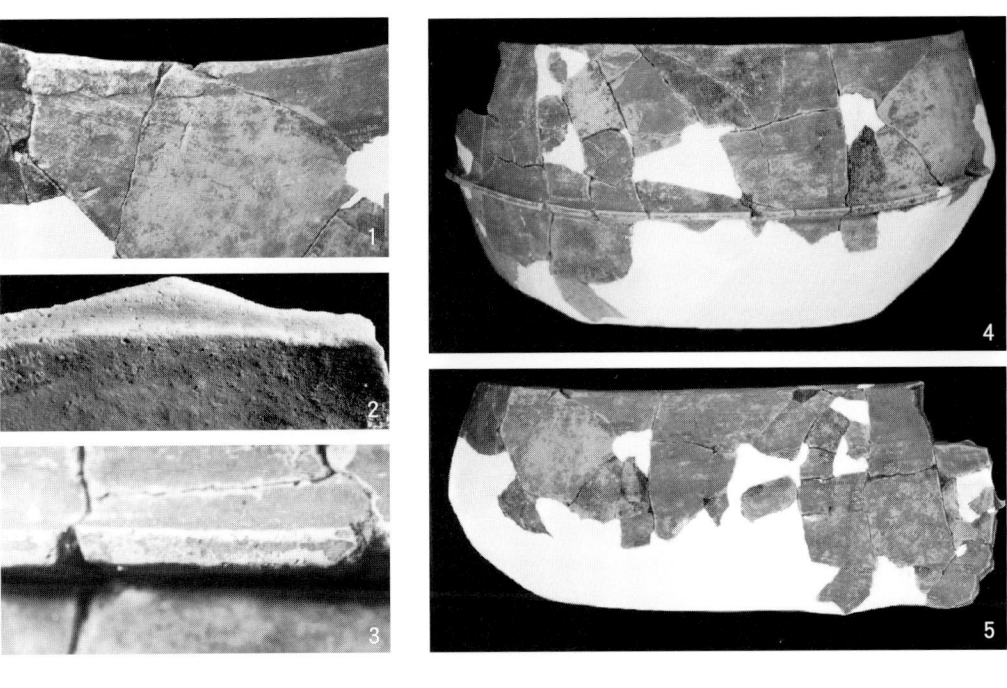

1　内面の拡大．口縁部内面には肥厚の際の粘土接合痕がうかがえるわずかな段状の部分がある．

2　粘土帯接合面．内面側から．

3　突帯部の拡大．突帯部の調整はヨコナデ．突帯は突出が比較的強く，先端にくぼみをもつ稜角付突帯である．

4　外面．胴部下位には丹塗は施されていない．

5　内面．全面丹塗である．

6　胴部外面の調整痕．工具ナデの先端痕が規則的にみられる．

図 68　大板井遺跡 1 号甕棺上甕

は黒灰色を呈する。胎土は泥質で，径 1 mm 以下の砂粒を少量含み，鉱物は石英，長石，角閃石を含む。

(8) 1号甕棺下甕

図 69〜71 に示す。これは専用甕棺である。3bc 式新相すなわち立岩式（中期後半の新しい段階）に属する。復元された胴部と口縁部片は直接接合できないが，口縁部片はまとまって出土し，一部棺内からも検出されたことから，口縁部打欠きの可能性はほとんどなかろう。器高は，図では 868 mm に推定復元したが，これより著しく大きくなることはあるまい。やや不正確とは思われるが口縁部の復元径は 587 mm，復元内径は 465 mm になる。胴部最大径は 677 mm に復元される。底径は 128 mm である。胴部突帯は断面コの字形の稜角付突帯で，2 条めぐらしている。復元時の観察で断面に図示したような擬口縁が確認できた。また，その位置は破片の形とも対応しており，少なくとも 5 段の粘土帯接合痕が確認できた。

外面は全面にハケメ（5〜6 条 / cm）が施されている。一方内面はごく疎なハケメ（8〜9 条 / 3 cm＝2〜3 条 / cm）であり，明らかに異なったハケメ工具を使用している。外面のハケメはほぼ

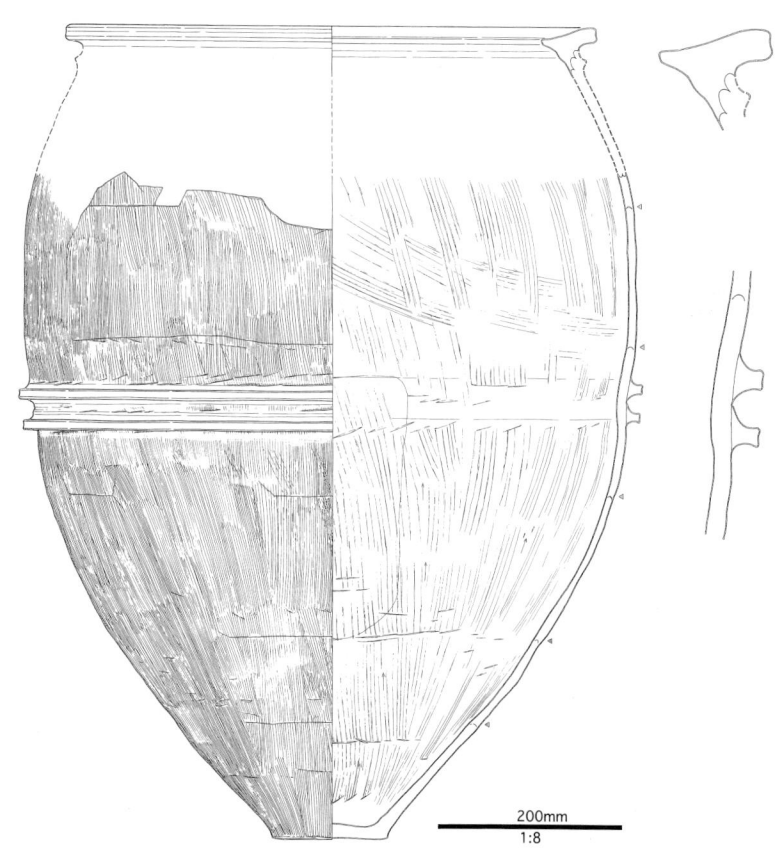

図 69 大板井遺跡 1 号甕棺下甕実測図

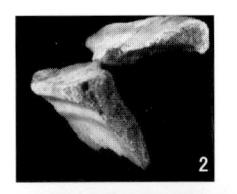

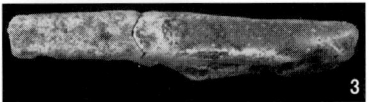

第7章　土器の生産・分配・消費と葬送行為

1　外面．全体にハケメが施される．胴部下半には土中環境によるとみられる鉄分が付着している．

2〜4　口縁部．2は断面，3は口唇部正面，4は口縁部内面．

5　突帯部拡大．突帯はヨコナデ．胴部調整はハケメであるが，突帯の上下で連続していないことが注目される．

図70　大板井遺跡1号甕棺下甕 ①

縦方向でわずかに左に傾いている。突帯のすぐ上位に規則正しく施されたハケメの先端痕は，ヨコナデで仕上げられた突帯に接しており，切り合い関係からハケメのほうが後であることがわかる。同時に，突帯より下位のハケメにも連続しない。突帯の下地にもハケメが施されることから，ハケメは突帯取付けの工程をはさんで前後2回施されたことになる。したがって，突帯上位のハケメは仕上げとしてなされたものと思われる（図70）。内面のハケメも縦方向であり，基本的には下から上への動きで施されている。内面のハケメ工具は，縦方向のハケメであるにもかかわらず工具の左右片側の端部痕さえないことから，先端の形状は石包丁様で，体部の曲率よりもカーブの強いものであったと推定される。口縁部はヨコナデである。底部内面は強いユビナデが施されており，周囲に

1 内面．全体に太筋のハケメが施される．中央部には赤色顔料が付着している．
2 胴部内面拡大．内面は太筋のハケメ．写真下半を横切る破片のラインは，粘土帯の接合痕を反映している．
3 底部内面（見込み）．周囲に指頭圧痕とみられる連続した凹凸がある．
4 底部外面．下端までハケメが及んでいる．
5 底面．ナデが行われているようであるが，さほど平滑ではない．

図71　大板井遺跡1号甕棺下甕 ②

指頭圧痕とみられる連続した凹凸がある．底面は本来無調整とは思われないが，通常のナデ等でみられる程度の平滑さはない（図71）．

　胴部外面下半～底面にあまり濃くない黒斑がある．黒塗の痕跡は発見できなかった．本来黒塗はなかったものと思われる．色調は外面が 7.5YR7/3（にぶい橙），内面が 7.5YR7/2（明褐灰），器肉は 7.5YR6/1（褐灰）である．胎土は径 2～3mm の礫をやや少なめに含み，径 2mm 以下の砂粒を含む．鉱物は，石英，長石のほか黒雲母等を含んでおり，角閃石も少量含む．

第7章　土器の生産・分配・消費と葬送行為　　447

外面全面にハケメが施されることなど，この時期における在地の甕棺の特徴を示しており，福岡平野等の甕棺とは明らかに区別できる。

(9) 1号甕棺上甕・下甕の比較

上甕と下甕は器種が異なるため，比較することが難しい。胎土は前者が泥質のものであり，一見すると明らかに異なるものである。ところが，胎土分析の結果は，両者で類似している。同時製作とは断定できないが，この胎土の類似性は注目できる。

4. 甕棺表面の布圧痕

福岡県三井郡大刀洗町甲条神社遺跡1次調査で出土した甕棺の観察中，20号甕棺の下甕の一部に布圧痕を見出した。甕棺の焼成前になんらかの要因で付着したものであることは疑いなく，この

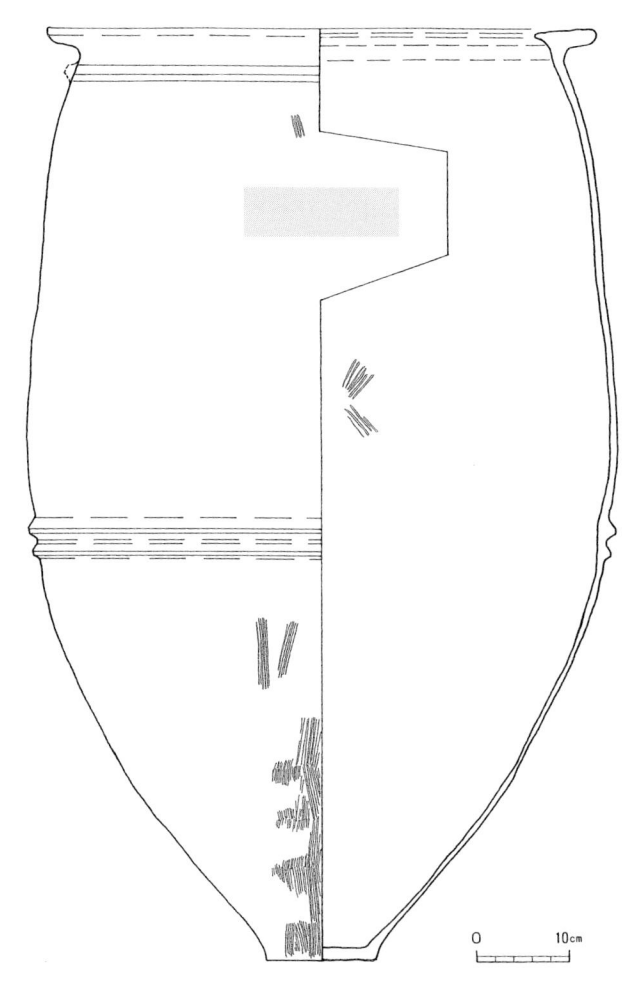

図72　甲条神社遺跡20号甕棺墓下甕にみられる布圧痕の位置
アミかけの部分.

ような例は従来ごくわずかな報告しかない。

　20号甕棺の下甕は，甕棺としては通常の形態をしており，特別なものではない。時期は弥生時代中期後半に属す。布圧痕は胴部外面にみとめられ，口縁部上面から約17cm下った位置に，縦5cm，横17cmほどの横長の範囲に点々と分かれて観察された(図72)。確実なもので7か所あり，それぞれを便宜的にa～gとする(図73～75)。

　大きな甕棺に付着した痕跡であるため，自由にとりはずすことはできない。分析と観察を容易にするため，歯科用印象材を用いた型取り(レプリカ法)を行い，それを電子顕微鏡等での観察に供した。この方法は，丑野毅らをはじめとして土器表面の植物種子の圧痕や文様などについて行われており，再現性もよく走査型電子顕微鏡による観察などにもたえる精度をもっていることが確認されている(丑野・田川，1991)。

　印象材としてColtoflax (Coltène AG製)を選定し，使用した。観察にあたっては，実物およびレプリカの肉眼と拡大鏡による観察を経て，走査型電子顕微鏡(日立株式会社製S-2460型，加速電圧：15～18kV，倍率40～80)を用いて行った[8]。

　この甕棺外面の最終調整はナデ仕上げである。器表部分を直接観察したところでは，凹部のみに布目が観察できるが，その他の部分はナデですり消されている。したがって，この布圧痕は意図的に残されたものではないと考えられる。

　圧痕は平織の布とみられ，布目の方向は，いずれも甕棺を正位置に立てたとき斜めであり，

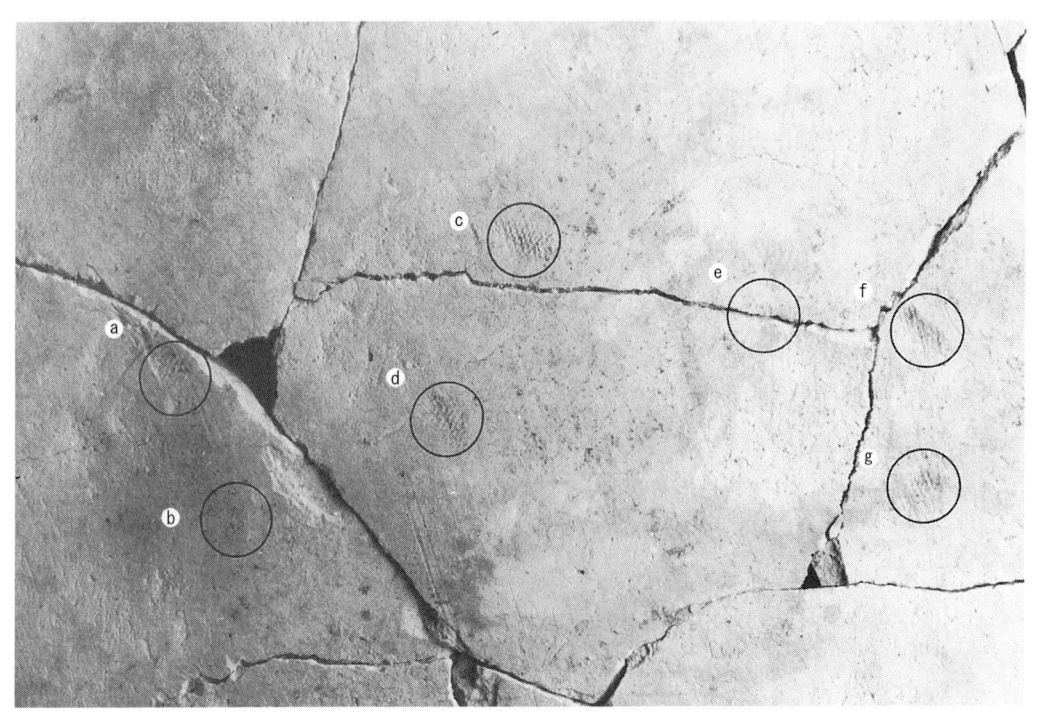

図73　布圧痕の付着状況

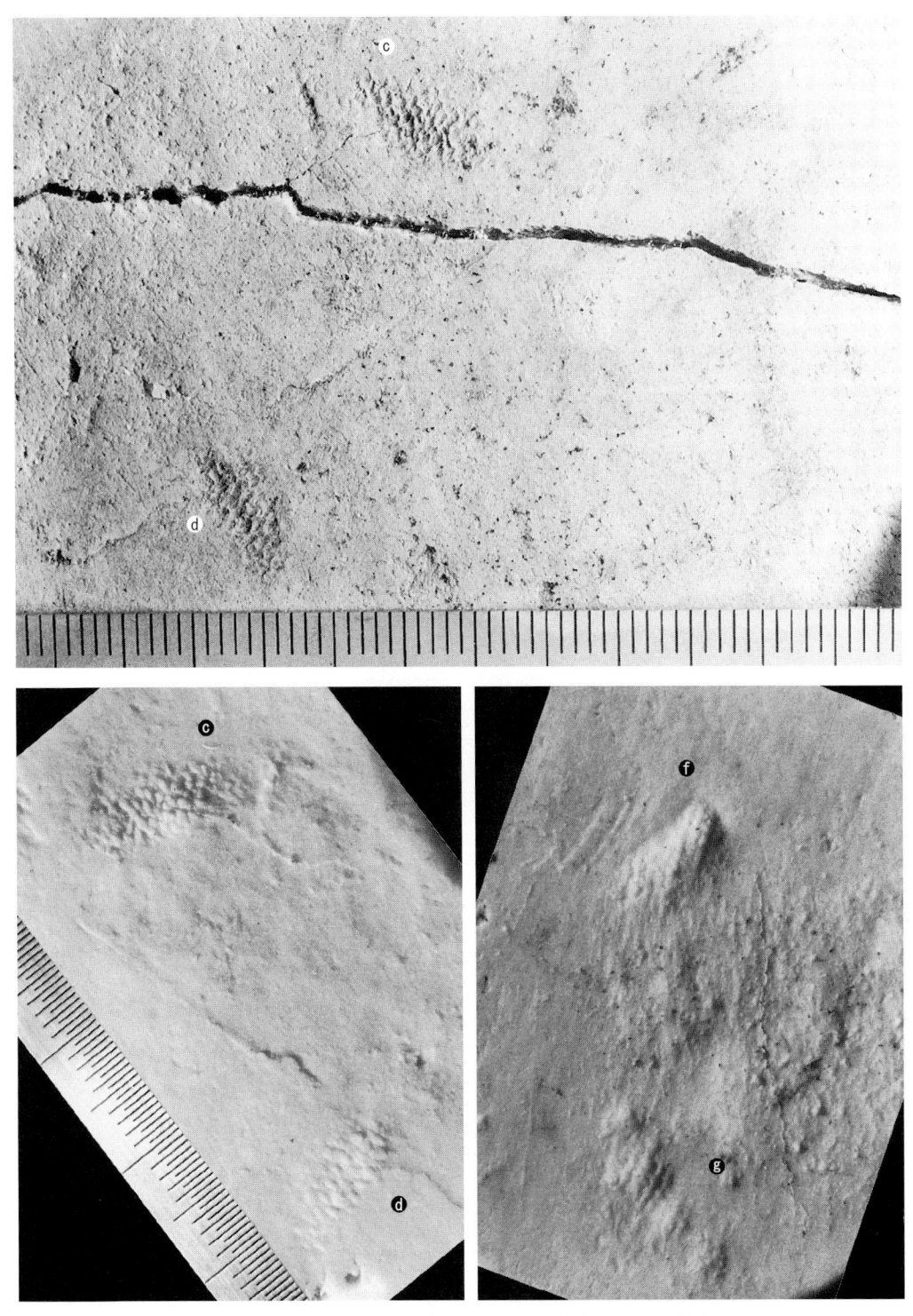

第 7 章　土器の生産・分配・消費と葬送行為　　449

図 74　布圧痕拡大 (c, d) と布圧痕のレプリカ（下段左 c・d，下段右 f・g）

図 75 電子顕微鏡写真
　　　上から下へ同一対象をずらしながら撮影. 撚りも見える.

a〜gすべてにおいて経緯の方向がほぼ一定している。したがって，これらは一枚の布がいっぺんについたか，一定方向で一連の動作を繰り返した結果のどちらかであろう。観察・計測の結果は次のとおりである。

1) 経緯糸本数：19×12本/cm程度，部分的に16×9本/cm
2) 経緯糸本数の比：1.58〜1.78
3) 現状の糸幅：経0.6-0.9mm，緯0.5mm
4) 撚り：いずれの部位でも経糸・緯糸ともに右撚り(S)である。

本例は甕棺という土器表面にスタンプとして残ったものであり，乾燥・焼成の段階を経ていることを考えれば，実際の大きさよりはある程度収縮しているはずである。収縮率は条件によって一定ではないのでその点注意が必要である。また，本例が甕棺の製作用具であるとすると，水分を含んで膨張している可能性も十分考えられるが，その場合の膨張率も一定したものではない。したがって，上記のデータはある程度の誤差が含まれているとみなければならない。それにしても，日本の弥生時代の絹から得られているデータと比較すると粗い傾向があり，むしろ麻などの植物質の布に近い値である。経糸・緯糸双方に撚りがみられることも，その証左である。日本の糸の撚りは右撚りのものが多いといわれており，本例もそれに合致する。また，単糸の太さが不均質であり，そうしたことを総合すると，絹ではなくむしろ麻などの植物質の布と判断されるのである。ただし，このような圧痕からこれ以上の材質の同定をすることは難しいと思われる。電顕写真でも100倍を超える高倍率の観察には耐えないので，単繊維の高倍率観察による同定は断念せざるをえなかった。

このような布圧痕がなぜ甕棺表面に残っているのであろうか。可能性としては次のようなものがあげられよう。

仮説a：甕棺の製作具(ナデ具)。
仮説b：甕棺の製作具(タタキ具)。
仮説c：製作者の衣服などが偶然についた。

個々の仮説について検討する。仮説aについては，福岡県小郡市北牟田遺跡5号甕棺墓上甕の突帯上部において，化粧土の下に包埋された状態で布片が出土した(福岡県教育委員会(編)，1979)。報告では，麻と思われるとされ，おそらくナデに使用されたものである。同甘木市栗山遺跡64号甕棺墓下甕の口縁部内面から布圧痕が見出されている(佐々木(編)，1982)。同様の用途と思われる。この例からも，甕棺の調整において布が使用されたことは疑いない。さて，本例の場合，圧痕部分がくぼんでいるところもあり，一部圧痕の上からナデが行われたと思われる部分もある。したがって，ナデ具とは断定できない。なお，内面はごく粗いハケメののち，すり消し状のナデが横方向に施されており，一周して上方へ抜いた痕跡が明瞭である。したがってこの部分が内面のナデの最終点である。圧痕があるのは残存部の器表全体の中でこの部分のみであり，内面のナデの最終点に対応する器表外面にまさに布圧痕があるのである。これが偶然の一致でなければ，外面に手を添えて内面のナデを行った様子が復元できる。内面のナデを終わり，手を上方へ抜き取るときに，もう一方の布を持った手でその外面を押さえていたことになる。

仮説bに関しては，甕棺は通常，タタキ技法が行われたことが指摘されている(橋口，1982b)。この甕棺では明確なタタキ技法は確認できない。これは表面が丁寧になでられているためと思われる。この点は多くの甕棺と同様であろう。本例がタタキ具であるとすれば，ナデ残しの部分にそれが残ったものということができる。しかし，圧痕の上下2個ずつが一対のようにみえることを重視すれば，垂直方向にも凸面であるにもかかわらず，タタキ具の中央部が付着せず，両端が付着しているのはおかしいことになる。また，それぞれの圧痕の外形が異なっていることも否定的な材料である。ただし，これはタタキを行う作業面に布が巻いてあったと想定した場合であり，実際上は，それでは布はすぐにすり切れてしまうため考えにくいことである。ところが把手部分やタタキ具を持つ手に布を巻いていたとすれば，このような圧痕がつくこともまったく考えられないことではない。というのも，上下を一対と考えた場合，3対が横に並ぶことになるが，それぞれの対の間の幅は約6cmずつであり，上下の圧痕の間も約3cmずつで一定しているからである。しかし，布の同一の部分が反復して圧痕として出現していないかぎり，この仮説が成立することは困難であろう。

仮説cは，甕棺製作中のアクシデントということになる。とくに甕棺の場合，大きいため内面の調整などやや無理な姿勢をとることはしばしばあったと考えられ，衣服の一部が付着することはありえよう。付着部位は胴部上半の凸面であり，付着しやすい部分である。身長からいっても無理はない。そうであれば，経緯方向がほぼ一定していることや，点々と付着していること，そして付着によるくぼみの深さが一定していないことなどが妥当性を帯びてくる。このようなことは衣服に緩くしわがよっている場合にありえよう。

以上3つの仮説を検討したが，ただ，仮説bについてはやや無理があるように思われる。仮説aとcは，aであれば，甕棺の調整工具と方法について復元する証拠となるし，cであれば，具体的な試料を得ることが非常に難しい着衣についての，断片的であれ重要な情報となる。ともあれ，いまのところaかcかを無理に判断するのは危険ではあるが，上で記したように，ナデ具と仮定したとき内面の調整痕等から復元できる動作は妥当性が高く，これは偶然の一致ではないように思われる。

土器表面は風化によって調整法さえ観察しにくいものが多いが，本例のように遺存状態がよいものについては，注意深い観察により同様の痕跡が観察できるものがあるかもしれない。また，粘土粒子は非常に細かいため，微細な痕跡を転写しうるものである。今後，甕棺や土器の観察時には注意すべきである。

5. 考　察

以上の観察に加えて筆者の観察経験とその他の報告例に基づいて，甕棺製作技法の復元を行う。なお，ここでは甕棺製作技法の総体ではなく，新たな知見や重要な事項に絞ることにする。

(1) タタキ

タタキに関してはこれまで指摘されてきた諸例から，もはや甕棺製作においてその存在は疑いな

いと考える。とくに数条の並行する凹みが一単位になっているものや，タタキメの切り合いが明確なものはその認定は容易である。弥生時代以降，小型土器に使用される木製の羽子板状のタタキ具やアテ具の現物は出土しており，また一部に土製のアテ具があることもわかっている。甕棺においても基本的には木製のタタキ具が使用されたものとみてよかろう。また，甘木・朝倉地方を中心として，小型土器にみられる羽子板状のタタキ具と同様なものを用いた甕棺がみられることも指摘されている。ただし，大板井遺跡ⅩⅠa区の2号・3号甕棺の上甕・下甕にみられるようないわゆる棒状タタキは各地の専用甕棺に非常に多く存在するものである。それがタタキであることが確実であれば，中には数本束になるとは認定できないものがあるため，単独の「棒状」を呈するものが用いられることがあったと考えられよう。ただし羽子板状のタタキ具で同様の痕跡が残ることも考えられるため，いまのところ羽子板状のタタキ具であった可能性も捨てきれない。

これについてこれまでにも注意されることがあった（中間（編），1978；橋口，1982b；馬田（編），1982）。その後，深澤芳樹は，ヤミ族が羽子板状のものと棒状のものを使用していることや，中国江西省角山窯址で商代の土製の羽子板状タタキ板と棒状タタキ板が出土していることをあげている（深澤，1998）。棒状タタキは九州以外では発見されておらず，棒状タタキが欠落して羽子板状タタキが西日本から東海へと伝播したとし，巨視的にみてこうしたタタキ技法は大陸系の技法の伝播といえ，孤立して成立したものではないという趣旨の見解を述べている（ibid.）。甕棺に残った痕跡が本当に棒状のタタキ具であったかどうかはともかくとして，これは卓見である。おそらくタタキ技法は弥生時代の前期の九州にはすでに出現しており，早期まで遡るかどうかはさらに検討を要するところではあるが，いずれにせよかなり古い段階に採用されたものである。縄文土器とは異なった弥生土器の大きな特徴の一つは，このタタキ技法の存在であることを痛感する。

深澤は身体技法との関係でタタキ技法を論じていることも注目される（ibid.）。これは九州の弥生土器の観察においてはほとんど論じられることはないが（ただし，馬田（編），1982：K80の記述をみよ），工具，工程，姿勢・身体技法はすべて密接に関係しているのであり，それは筆者の主張する製作者のモーターハビットとハビトゥスにも関わる重要な意味をもっている。「叩き締めの円弧」（佐原，1972b）の観点は土器製作を身体技法に関連して考えるのに役に立つ（横山，1980；深澤，ibid.；ほか）。この円弧の「中心高」は，壺は口縁部高・頸体部高・底部高，甕は口縁部高・底部高が普通だという（深澤，ibid.）。それらの部位は肘を固定する高さ（水平に移動する）と関係するものである。このとき，それらの高さでタタキを行う範囲について，すなわちそれらの「部位」が意識されている可能性が高いと思われ，そうであればその部位ごとに名前がついていた可能性もある。土器製作の問題はすぐれて認知考古学的課題となりうるのである。それらの名称なり部位の認識は器種を越えて存在したに違いない。当時の製作者の認知構造は，こうして実証的にアプローチできる問題となりうると筆者は考える。実際，種々の民族誌が示すように，土器は身体のイメージスキーマでとらえられやすく，「口」・「頸」・「肩」・「胴」・「尻（底）」のように身体になぞらえて表現されることは通文化的に認められる。したがって，弥生時代の土器製作者もこうした名称で呼んだ可能性は十分に考えられる。すると，こうした名称のいくつかは複数の器種に共通して用いられたはずで

ある。それはたんなる形態の呼び名にとどまらず，土器の部位の認識とその部位の成形・調整に関する諸知識にまで影響を与えた可能性がある。複雑な器種構成をとる弥生土器においても，製作者はそのようにして自分たちの作り分ける器種の体系を理解し，認知していたものと推定する。

　なお，アテ具に関しては不明な点が多く，大板井遺跡 XIa 区 2 号甕棺下甕で指摘したように，内面下位の 1 か所のくぼみに掌紋かと思われる痕跡がみられるため，アテ具は掌である可能性も考えられる。いずれにせよ須恵器の青海波のような文様はなかったものと思われる。また，橋口が指摘するように内面に棒状「タタキ」がみられるものがある（橋口，1982b）。上で観察したように，大板井遺跡 XIa 区 2 号甕棺上甕の内面にも同様の痕跡が認められる。内面にもタタキを施すのであろうか。これは，外面にタタキを施した後，内面にも施したものか，あるいは内面にみえるものは「タタキ」ではなくアテ具痕であるかのどちらかだと考える。上記の 2 号甕棺では外面は左下がり，内面も左下がりであり，タタキであれば共通することになり矛盾はしない。しかし，内面の「タタキ」はアテ具痕である可能性も否定できない。内面の痕跡がタタキ具であっても，接触面は凸面でなければならない。したがって，タタキ具としても外面と内面では異なるものを用いなければならないことになる。また，アテ具痕と考える場合も同様で，凸面をもたなければならない。そうであれば接触面が凸型の棒状のアテ具ということになり，外面の棒状タタキの傾きと逆に交差する形であてたことになる。これは，アテ具の使い方としては理にかなっているように思われるが，ただし 2 号甕棺下甕にみられる掌紋らしきものがついたくぼみがアテ具痕であれば，2 種類のアテ具が共存することになってしまう。今のところこうした内面の「タタキ」痕については胴部上半から口縁部直下までにみられるものであり，その部位で別のアテ具も使用すべき特別な理由はあるのであろうか。したがって，内外両面ともにタタキを行った可能性とともに，「内面棒状アテ具」とでもいうべきものの存在も想定しつつ今後十分検討していかなければなるまい。

　なお，外面のタタキメの傾きについては，大板井遺跡 XIa 区 2 号甕棺上甕・下甕と 3 号甕棺上甕・下甕の 2 基 4 個体で確認された棒状タタキ痕のすべてが左下がりであった。ところが他の遺跡の甕棺で確認されるタタキの傾きは，棒状タタキと羽子板状タタキの両者ともに基本的には右下がりが多くみられ，左下がりは甕棺体部のごく上位や，まれに胴部下半でもごく上位においてみられる程度である。「叩き締めの円弧」という視点から考えるとそれは妥当であり，円弧の中心高が胴部の上半上位と下半下位の少なくとも 2 か所にあることを示している。実際にはさらに複雑であるが。その場合，多くは右利きということになる。甕棺についてこの点についての数少ない記述としては，馬田弘稔による福岡県甘木市上川原遺跡 80 号甕棺下甕に関するものがあり，右利きの製作者によるものと推定されている（図 76）（馬田（編），1982）。

　大板井例では 3 号甕棺の上甕・下甕は胴部上半のタタキメしか観察できなかったので，一応除外すると，それでも 2 号甕棺上甕・下甕のように上から下までいずれも左下がりというものはあまりないと思われる。したがって，2 号甕棺は上甕・下甕ともに製作者は左利きであった可能性も考えられる。ただし傾きに変化がさほどないことからすれば，粘土帯の積み上げとタタキのサイクルが細かく繰り返された可能性もある。その場合，右利きであれば常にタタキを施す部分が肘よりも上

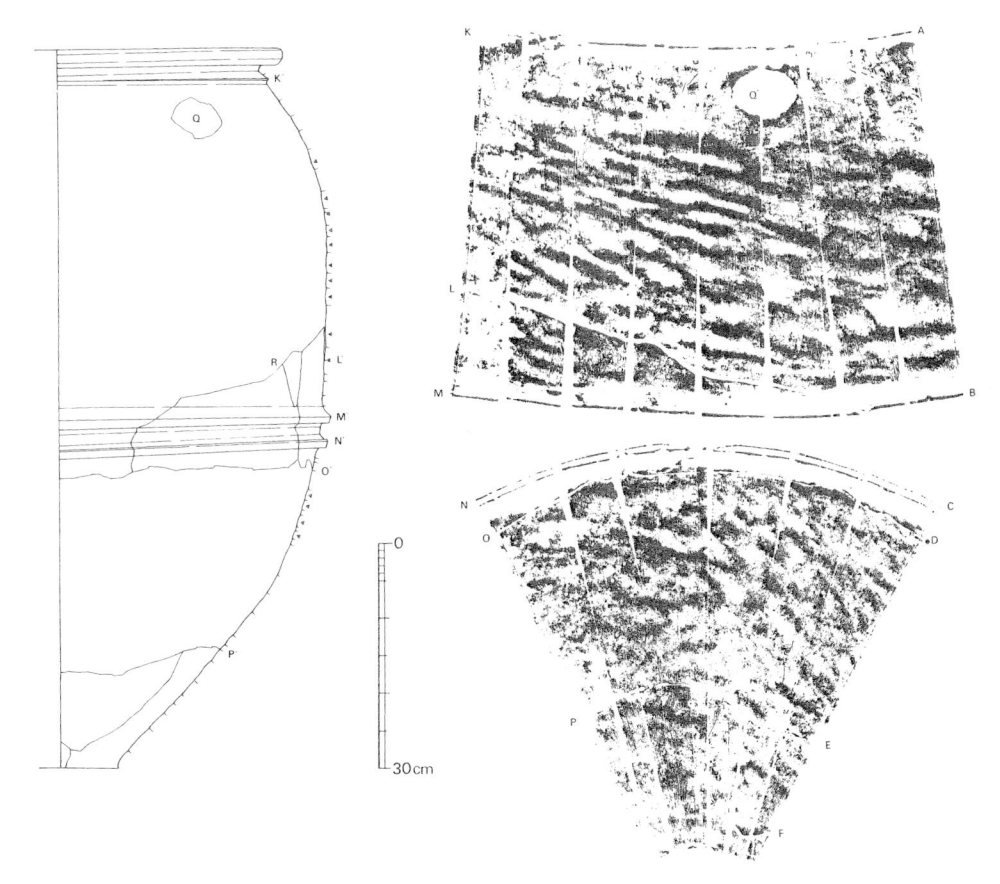

第 7 章　土器の生産・分配・消費と葬送行為

図 76　上川原遺跡 K80 号甕棺下甕にみられるタタキメ（馬田（編），1982 より）

にあったことになり，胴部下半においては腰をかがめるなどやや無理な姿勢をとったことになろう。逆に左利きであれば，タタキを施す部分より常に上に肘があったことになり，こちらはさほど無理のない姿勢だったことになる。上甕・下甕にみられる形態等の微差がそれぞれ異なる製作者によることを示すのであれば，左利きの異なる製作者がそろうことはあまりないと思われるため，製作の伝習，習得の過程において長年にわたるきわめて密接な関係にあった者たちという可能性が出てくる。粘土帯の積み上げとタタキのサイクルを細かく繰り返すという特徴ある手法を異なる製作者が行ったのであれば，それでも製作上のクセを共有するようなやはりなんらかの密接な関係を示唆する。したがって，いずれにせよ上甕・下甕の製作者たちは，たんなる「顔見知り」以上の関係であると考えられる。なお，D. Miller (1985) が現代インドで行った調査をみれば，一人の陶工が作る形態的変異の幅が意外に大きいことがわかる（図77）。したがって，左利きの同一製作者である可能性は捨てきれず，そうであれば観察結果に記した様々な微差は，短期間における同一人物のとりうる変異ということになる。

筆者は，韓国の勒島で出土した終末期無文土器の観察中に，ハケメとその下地のタタキメを比較

Dohni

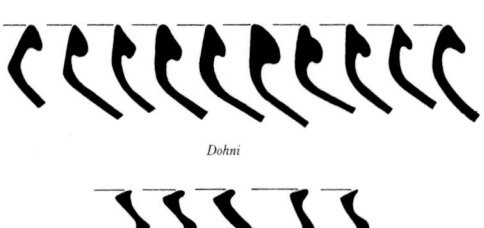

Dhakan

Mamatla

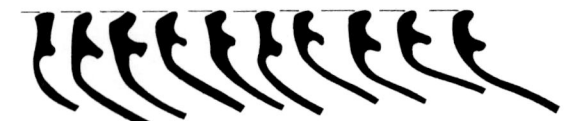

Matka

図 77　陶工の個人的変異（Miller, 1985 より）

したところ，両者が同一の工具である可能性が高いことを見出したことがある。ハケメとよく似たピッチで条線がみられ，刻みをいれた痕跡はとくになかった。無文土器と弥生土器では製作者の多少とも異なるハビトゥスに基づいた製作が行われていることは明らかである（中園，1993a）。したがって，直接参照はできないが，弥生土器製作においても，ハケメとタタキ具が同じであるなど柾目の一枚の板材で複数の用途に用いることがあった可能性も考えておかなければならない。そのほか同一工具の他の面なども用いられた可能性がある。

(2) 板ナデ

ナデ具には大きく分けて2種類あると考えられる。それは口縁部や突帯部のヨコナデなどに使用されるものと，甕棺表面のハケメのすり消しなどに使われるものである。前者については，口縁部や突帯部など断面の微妙な曲線にフィットする素材としては布や革などがあげられる。指の可能性もあるが，おそらく甕棺の場合は麻布のようなものではないかと考えている。後者は専用甕棺の器表にしばしばヘラ様の端部痕がついたものを指す。こうした工具ナデの痕跡から工具の形態を推定することは難しいが，湾曲のある内面でさえ工具の両端あるいは片側の端部の痕跡が確認できないことから，内面の曲面よりは湾曲の強い，緩い石包丁様の先端形態であることを推定した。また，大板井遺跡XIa区2号甕棺墓下甕の内面に観察された幅5mmの細いキズが，推定どおりナデ具の側面が当たった痕跡であるとすれば，収縮後で5mmであるので，それよりわずかに厚い工具と推定した。先端痕の観察でもおそらく板状の木片と考えられる。すなわち，石包丁のような形をし

た厚さ5～6mm程度の板と推定される。

　これを現存する伝統的陶器製作の例から考えてみる。横山浩一は，佐賀県横枕における現代の大甕の成形技法について調査している(横山，1982)。それによれば，甕の器壁をなでるための調整具は「フイテ」と呼ばれる板状の道具である。材質は杉である。甕の外面用が「ソトフイテ」，内面用が「ナカフイテ」であり，前者はわずかに内湾し，後者は外湾する。内面用のナカフイテの形態はまさしく石包丁のような形態であり，筆者の推定と一致する。したがって，このナカフイテとほぼ同じ形態の道具をナデ具として使用したものと考えられる。

　また，甕棺の外面と内面のナデ具痕は，石包丁でいえば刃部にあたる部分の形態が異なるはずである。甕棺の場合はほぼ直線状と考えられ，少なくとも内面用のように外湾するものとは考えにくい。ソトフイテの場合はわずかに内湾するものである。甕棺の場合も基本的にはこのように2種類が使い分けられていたと考えられる。ただし，ナデ具と確定できる現物は確認されていないため，本当に別の板であったのかどうかは不明である。同一の板の異なる辺を利用することも想定されるからである。なお，遺跡からは膨大な木製遺物が出土しており，板状のものも多い。すでに出土しているものの中におそらくナデ具も含まれている可能性も高く，必ず現物が確認されるものと信じている。

　ここで，こうした板状工具によるナデを「板ナデ」，その工具を「ナデ板」と名づけ，外面用のソトフイテにあたるものを「外ナデ板」，内面用のナカフイテにあたるものを「内ナデ板」と名づけることにしたい。

　甕棺以外の土器でもこうしたナデ板を使用した痕跡がみられることがあり，甕棺だけでなく他の土器でも同じ機能・用途・材質をもつ小型のナデ板が存在したと推定される。

　なお，布などを用いたヨコナデについては，すでに述べたように北牟田遺跡5号甕棺墓上甕の突帯上部の「化粧土」の下に包埋された状態で出土した麻とみられる布片が参考となる。これはヨコナデに用いたものの「置き忘れ」の可能性があろう。栗山遺跡64号甕棺墓下甕の口縁部内面に見出された布圧痕も直接的な証拠である(佐々木(編)，1982)。いずれも突帯や口縁部であることはその想定を支持する。なお，福岡県筑紫郡那珂川町の松木遺跡28号甕棺墓下甕の底部外面にも「成形時に付着したと考えられる布目状圧痕が残る」(澤田(編)，1984：56)とある。上で観察した甲条神社遺跡1次調査20号甕棺墓下甕の麻とみられる布圧痕が，もしナデに用いられたものの痕跡とすれば，器表のナデに用いられたものであり，布はヨコナデに限らずナデに使用されるものもあったことになる。

(3) 黒　塗

　井上裕弘は甕棺の黒塗のうち縞模様がみられるものについて，「カメ棺の体部に細い紐を巻きつけて刷毛状工具等により黒色顔料を横位に塗り付け」たものと推定している(井上，1998)。筆者の観察結果もそれに合致する。前期後半～末の甕棺には認められることから，早い時期から行われていたことがわかる。また，この縞模様については胴部上位にあるものが多いが，中には胴部の上か

ら下半までみとめられるものもある。

　黒塗は焼成後に行われたものと考えるのが妥当である。したがって，黒塗は焼成後から墓壙内への設置までの間に行われたことになる。また，大板井遺跡ⅩⅠa区3号甕棺上甕の観察からわかったように，突帯が外れたのは黒塗の前であることは確実である。しかも突帯の破断面は折れたことを示す形状である。その付近の突帯残存部にはゆがみやうねりもない。したがって，この部分がはずれたのは乾燥前とは考えにくい。この突帯は基本的な胴部の調整が終わった後に下描きの沈線を入れ，その後取り付けられたものであり，口縁部などの最終的な調整は残っていたかもしれないが，成形・整形の最終段階の取付けであったとみられる。他の部分に大きな動作で手を加える段階はすでに終了していたと考えられるため，突帯がはずれたきっかけは，この個体の製作と直接関係ないアクシデントさえなければ，やはり乾燥後から墓壙に設置するまでの過程にあると考えられよう。そのタイミングは以下の場合が考えられる。

　1) 製作された場所から焼成場所までの運搬時
　2) 焼成時
　3) 焼成場所から保管場所(ストックまたは葬送儀礼までの一時保管。保管場所が葬送儀礼の場である可能性も含む)までの運搬時
　4) 保管場所から葬送儀礼の場所までの運搬時
　5) 葬送に伴う(葬列など)墓地までの運搬時
　6) 墓壙内への設置時

　福岡県安国寺遺跡では甕棺の突帯を丹で汚れた手で触った痕跡があることを考えると，焼成前の運搬時に突帯付近に触れることがあったことが想像される。突帯付近は文様や屈曲などがない大きな体部にあっては注視点であると考えられ，また，突帯取付け部に乾燥単位があるため，製作者にとって認知的にも想起しやすい重要な部位と考えられる。甕棺の突帯が運搬用であるという説は大いに問題があり賛同できないが，したがって，運搬時にこの部分に触れることはしばしばあったと考えられる。また，運搬に際しては棺体に縄を巻くなど保護をした可能性も十分考えられ，そのようなタイミングでも突帯付近に触るまたは荷重がかかることはありうる。上に列挙したもののうち，どの時点で突帯がはずれたかは特定できないが，運搬時である可能性は高いと思われる。

　黒塗は焼成後に施されるため，上記の3から6が行われる直前までの期間に施されたことになる。口縁部内面まで施されるものも多いことから，遅くとも甕棺の設置時にはすでに塗布が終わっていなければならない。暗黙のうちに製作者が黒塗を施して「出荷」したかのように思われているが，製作者によって行われたのかどうかも，製作者が葬送儀礼の場に参加するのかどうかも不明である。黒塗は葬送儀礼の場面で施された可能性も残しておかなければならず，仮にそうであれば黒塗も一連の儀礼行為の一環ということになる。ただし，胎土分析の結果も勘案すると，甕棺の製作行為自体が葬送システムの中に組み込まれていた可能性は高いと考えられる。甕棺製作者が黒塗を行うのであれば，制作者にとって黒塗は甕棺製作の最後の工程ということになる。

第3節 甕棺墓の葬送行為

1. はじめに

　甕棺墓に関わる葬送行為に対しては関心がもたれていると思われるが，実際に遺跡の調査から様々な情報を得ての実証的かつ体系的研究は行われていないのが現状である。古くは鏡山猛（1952）の研究などもあるが，必ずしも継続して行われていないのは残念である。

　鏡山（ibid.）が指摘した「祭祀土壙」と甕棺墓との有機的関係についての把握が課題となっていたが，1970年代から80年代前半にかけての調査例の急激な増加で「祭祀土壙」やそこから出土する「祭祀土器」の実態が明らかになることによって，一つの発展を遂げた（高倉，1973a；小田，1982；石橋，1982；馬田，1982；馬田（編），1986；ほか）。この時期，甕棺墓地における「土器祭祀」という概念が広く普及したのは顕著な成果であった。「祭祀土壙」はしばしば不整形であり，祭祀のたびに「祭祀土器」を入れる穴を掘った結果，それが累積して不整形になったものであることが明らかにされるにいたったが（石橋，ibid.；立石・萩原（編），1983），現在，それを意識した土層の切り合い関係や土器の詳細な接合関係等の確認から，祭祀行為を明らかにする調査はきわめて稀である。ここでも先行研究が十分発展できているとはいえない。

　また，上で記したような甕棺製作を葬送システムの中に位置づける研究なども出ていない。さらに，甕棺墓の造墓過程の復元についてもほぼ同様である。どのように墓壙を掘削し，どのように甕棺を設置し，どのように遺体を入れ，どのように埋め戻し，そして地上施設はどのようなものをどのようにして設置し，どのように儀礼を行ったか。その一部が断片的に報告書等に記述されることはあっても，総合的に復元したものは稀有である（cf. 溝口，1995a，1995b）。

　ここではそうした葬送システムの中における甕棺墓の造墓行為について実証的に復元しようとするものである。なお，すべてを網羅的に復元することはできないため，その一部にとどまるが，これまでほとんど注意にのぼらなかった，甕棺墓壙の土層観察から得られた甕棺の埋設過程とそれに関わるさまざまな行為などについて論じる。まず，下に甕棺の埋設過程について述べる。

2. 甕棺の埋設過程

（1） 墓壙の調査法

　かつて甕棺墓は，ボーリングステッキで棺体を探し，その部分を上から一気に掘るのが普通であった。したがって，一般には墓壙への注意はほとんど向けられなかったといわれている。福岡県須玖岡本遺跡の調査が墓壙の計画的な検出の嚆矢とされ，1960年代には甕棺墓の調査法が一定の完成をみた。そして，竪壙を掘ってから横穴を穿って甕棺を挿入することが明確にされ，墓壙自体の切り合いの確認に役立ってきた。今でもその調査法が基本的に踏襲されており，伝統的な調査法となっている。

しかしその前から墓壙の認識はあった。鏡山は福岡県久留米市白口遺跡の甕棺墓壙の調査記録を紹介している。この観察は「九大研究生渡辺正気君と宮淵(隆)君の手になる」として，竪壙や横穴の構造があることが記述している。これは現在知られている甕棺墓壙となんら矛盾はない。また，乙益重隆が調査した熊本市松崎出土甕棺の墓壙の例や，古くは中山平次郎(1931)が福岡県井尻で幅1m余りの竪壙を穿ってこの穴に甕棺を埋めた痕跡が明瞭であることを記述した例も紹介している(鏡山，1952)。このようにかなり古くから墓壙の認識はあり，明瞭なときにはわかっていたのである。須玖岡本遺跡の例だけでなく，こうしたものも注目しておきたい。

現在普及している調査の過程は次のようになる。
1) 竪壙の平面形を確認する。
2) 竪壙を掘る(土層観察用のベルトは通常設けない)。
3) 竪壙の下部にある上甕を露出させる。
4) 竪壙・上甕の平面図と実測できる部分の甕棺主軸の断面見通し図を作成する。
5) 竪壙の一部を壊し，下甕を残しつつ甕棺の主軸に沿って下甕(横穴部)側を平面長方形に大きく半截する。半截は下甕最大径部までで止め，露出した部分の下甕の平面図および横穴の最大径部の平面図を前図に描き加え，主軸に沿う半截断面部にみられる下甕上半の輪郭と横穴天井部の輪郭を断面図に描き加える。
6) 横穴部の縦断面用の壁を壊して拡張し，平面長方形に下甕を大きく露出させる。このときも下甕最大径部までで止め，露出した部分の下甕の平面図および横穴の最大径部の平面図を前図に描き加える。
7) 目貼粘土を除去し，スタンプを残しながら上甕を取り上げる。上甕下部の断面図を描き加える。
8) スタンプを残しながら下甕を取り上げる。下甕下部の断面図を描き加える。
9) 上甕の下になっていた部分や横穴部下半の埋土を，スタンプを壊しながら除去し，墓壙底面を露出させる。墓壙底の断面図を描き加える。

以上が一般的な調査法である。7は5の前や，8と同時に行われたりすることもあるが，大きくは変わらない。それ以外の調査法がとられることはほとんどないといってよい。

墓壙自体については，たとえば，墓壙壁に工具痕が見出されることがあり，福岡県門田辻田遺跡などで鋤先の痕跡が見出されている(井上(編)，1978)。このような記載はまれにあるが，調査時の観察項目として周知されているとはいいがたい。また，棺体(特に上甕)の下に石がかませてあったり，墓壙中から石や土器が検出されたりした場合は注意されることが多いが，そのほか何か特記すべき事項がない限りはそれで終了ということになる。そうした場合，墓壙埋土がどうであるか，そして埋土と墓壙内の石や土器などの関係はどうかなどの確認はなされないことが多い。

上記の調査法では竪壙は一気に掘り下げられることが多く，半截したり土層観察用のベルトを残したりすることはほとんどない。その結果，墓壙埋土の記述さえまれであり，埋土の堆積状況となるとほとんどないのが実態である。したがって，大半の実測図では甕棺の棺体が墓壙底から浮いた

形で図化されている。棺体が大型の土器であり非常に目立ちやすくそれに関心が奪われやすいこと，木棺のように腐朽しないので土層から棺の痕跡を探す必要がないこと，そして調査法がルーチン化しすぎていることなどが原因としてあげられよう。

しかしながら一般に，墓壙のみならずあらゆる遺構は埋土の土層観察がなされるのが基本であり，甕棺墓の調査においてのみそれがなされないのは少々奇異に感じられる。近年では横穴式石室の墓道の土層についても追葬の情報を得るべく記録されることが少しずつ増えてきている。甕棺墓の場合，単体の一次埋葬であることも埋土の観察がなされないことに拍車をかけているように思われるが，古墳の竪穴式石室や粘土槨の構築過程，そしてその過程と儀礼行為との関係についても注意されるようになってきていることを考えれば，甕棺墓についてもそのような観点から調査される必要がある。前の章で検討したように，甕棺墓には厚葬墓といえるものから一般のものまで明らかにエラボレーションの度合いに差がみとめられるため，造墓行為からそれを検討することは重要な意義をもつはずである。

このような観点からすれば，まずは甕棺墓について棺体の設置・埋設のプロセスを実際の調査に基づいて明らかにする必要がある。その実例を以下で扱う。筆者が調査に関係し実践した福岡県小郡市大板井遺跡 XIa 区 3 号甕棺墓の例をまず述べ，次に補足的に 2 号甕棺墓を扱う(九州大学文学部考古学研究室(編), 1995)。また，そのような新たな調査法を検討していた折，大板井遺跡 XIa 区の調査と前後して福岡県甘木市栗山遺跡の 2 次調査で 5 号甕棺墓の調査がなされ(松尾(編), 1994)，比較することができた[9]。それについても述べることにする。

(2) 大板井遺跡 XIa 区 3 号甕棺墓の甕棺埋設過程

この甕棺墓の真上には「平石」と呼んだ花崗岩の大石があり，墓壙外のすぐ南には花崗岩の「立石」がある。かつて中山平次郎(1923)が「原始高級墳墓」とみて，須玖岡本遺跡 D 地点の「王墓」とも対比される支石墓の可能性を指摘したものにあたる。

図 78・79・表 13 に関連する図を示す。甕棺は，前節で述べたように上甕・下甕ともに $2a$ 型式である。墓壙は極めて大きく，長さ 435 cm，幅 238 cm の略長方形で，遺存のよいところで深さ 88 cm を測る。墓壙は削平を受けているので，本来はさらに大きかったはずである。この時期の甕棺墓壙としては特大である。

1～3 号甕棺墓が検出されたこの XIa 区は本来墳丘墓であった可能性が考えられ，XIa 区全体に土層観察用のベルトを残して調査をした(図 79)。そのうち東西ベルトは 3 号甕棺墓の墓壙の南端に近い部分を横断しているため，そのベルトは観察用にそのまま残した。また，墓壙内の発掘にあたっては，甕棺の埋設プロセスを復元することを念頭におき，長軸-短軸の直交するベルトを残しながら掘り進んだ。

墓壙内の北側に，墓壙の長軸に合わせて甕棺が据えられている(図 78)。前節で扱ったほぼ同形同大のかなり大型の甕棺を用いた合口甕棺で，主軸方位は N32°E, 傾斜角度は約 −12° である。合わせ目には黄褐色の目貼粘土が使用されている。この目貼粘土は非常に多量の粘土が用いられ，口

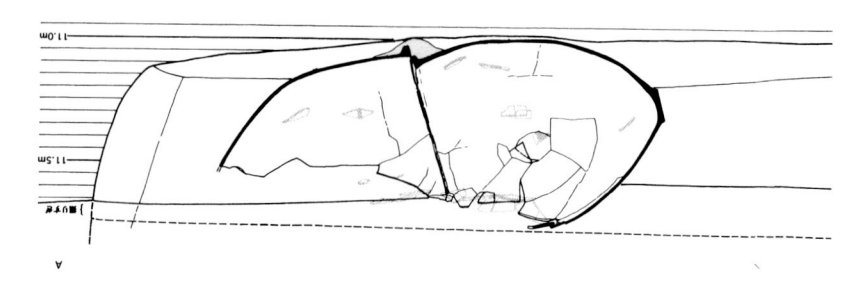

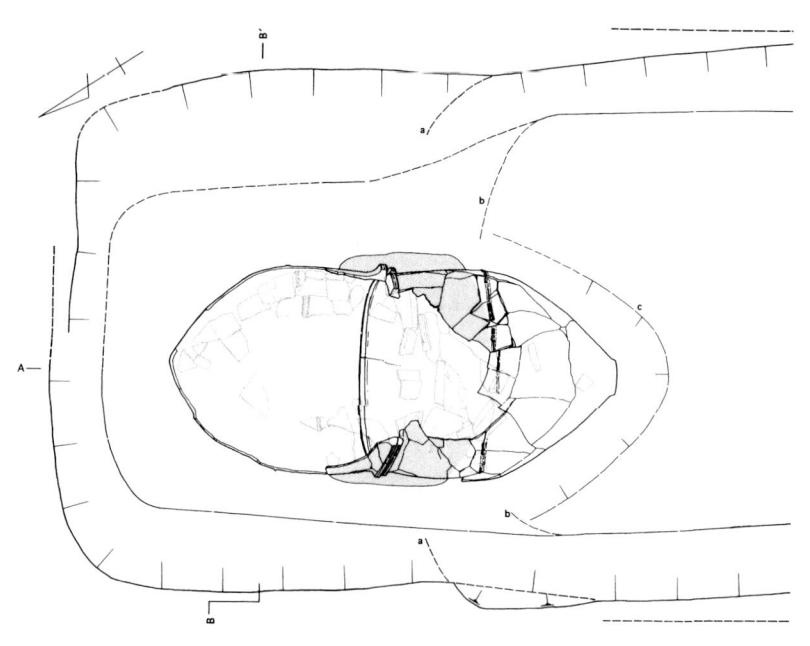

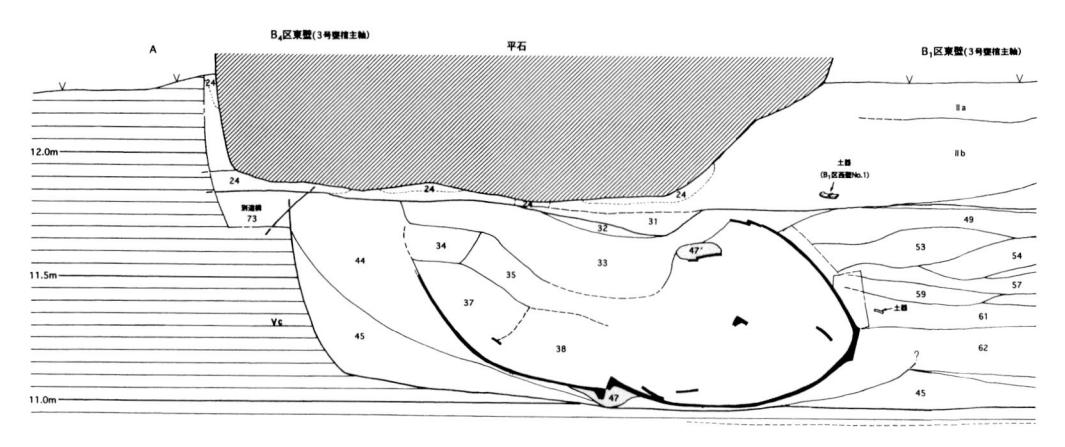

図78　大板井遺跡3号甕棺墓(1/30)
　　　土層は表13を参照．図中のaとbは，3号甕棺墓埋土Ⅰが埋められた

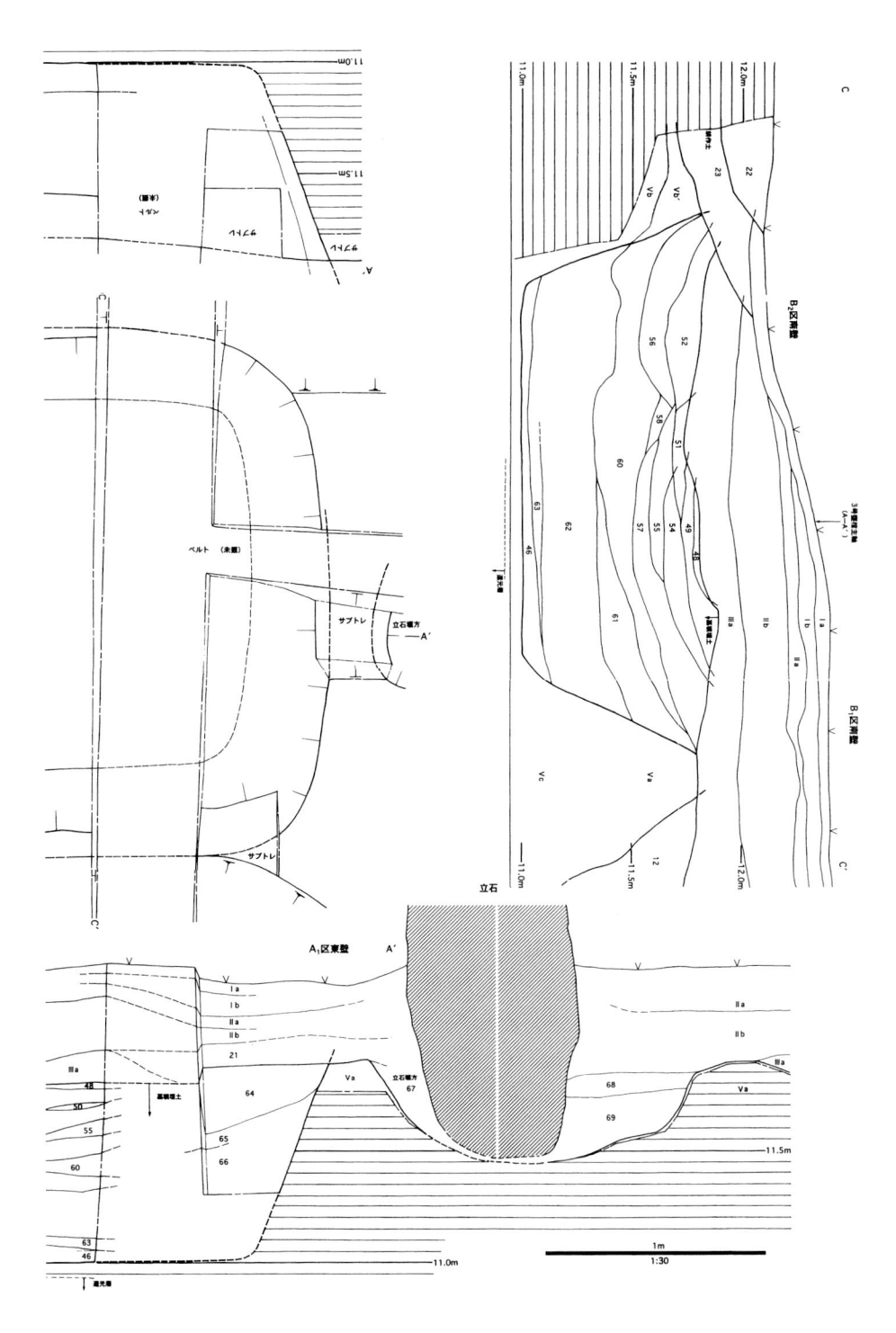

第 7 章 土器の生産・分配・消費と葬送行為

後のライン．cは，棺体の据えつけに際して埋土Ⅰを切る浅い掘り込みのライン．

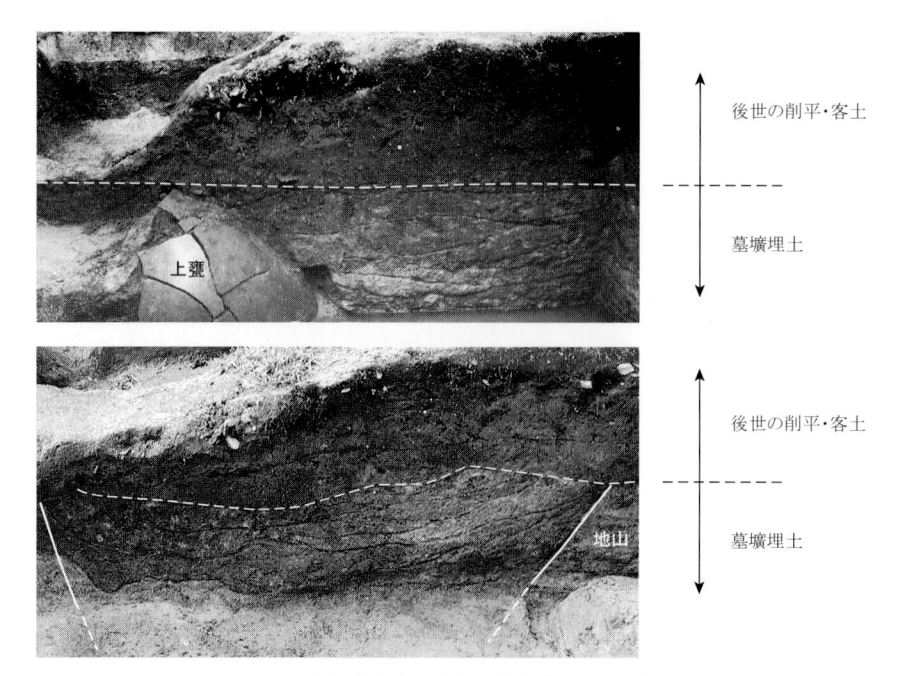

図79 大板井遺跡3号甕棺墓墓壙の土層写真

縁部付近にとどまらずそれぞれ胴部上半までかなり厚く被覆されている。被覆部の棺体表面はやや赤橙色に変色している。平石の直下の上甕は上半が破損して、破片が中に落ち込んでいるが、上甕は完形に復元できる。下甕は削平のため胴部の一部が欠損している。棺内底面は水分の多い状態であり、2号甕棺墓棺内で検出された藁状遺体に似たものがごく少量あった。副葬品は発見されなかった。ただし、後述するように本甕棺墓はエラボレーションの度合いの高いものであり、本来副葬品がなかったとはいいきれない。

　なお、平石は3号甕棺墓と主軸を同じくしており、いかにも標石のようであるが、発掘の結果からは、近代に運ばれてきた可能性が高く、明治期に近くから運ばれてきたという伝承を裏付ける結果になった。ところが、3号甕棺墓の墓壙南脇に近世に立てられた立石が、3号甕棺墓の本来の標石であった可能性が高いと考えられた。この立石は高さが2mほどあり、棺体のサイズ、墓壙の大きさ、また墳丘墓であればその中心埋葬の可能性があるなど、エラボレーションの度合いの高い3号甕棺墓にふさわしいものと考えられる。

　土層観察から甕棺の埋設過程が復元できた（図78、表13）。埋土は大きく2つに分けて認識できる。長方形の墓壙を掘った後、棺体を据えつける土台をつくり（45・46層。63層も?）、下甕をかなり埋め戻している。大まかにこれを一つの工程と考え、（39～46層。63層?）を埋土Ⅰとする。そして上甕設置時にその土台を切り込んでいる（図78の「?」マークのあるライン）。そして棺体合わせ目を粘土で被覆した後、埋め戻している（48～66層）。それを埋土Ⅱとする。このように段階を経て埋め戻されたことがわかる。なお、下甕側の埋土（埋土Ⅰ）がほとんど砂礫で均質なのが興味深

第7章 土器の生産・分配・消費と葬送行為

表13 大板井遺跡3号甕棺墓関係土層

層番号	特徴	解釈
Ⅰa	7.5YR3/1（黒褐）砂礫混シルト質砂	表土．1bが表土化
Ⅰb	角礫混じりの細礫～砂．客土	客土
Ⅱa	7.5YR2/3（極暗褐）シルト混砂．上の方が暗い	客土．旧表土
Ⅱb	7.5YR3/4（暗褐）シルト混砂	客土
Ⅲa	7.5YR4/4（褐）シルト質砂．礫（φ＜3-5mm）多．7.5YR5/6（明褐）シルト質粘土ブロック（φ30-50mm）含	
Ⅴa	7.5YR4/4（褐）砂礫．礫（φ2-8mm）多．固化した部分あり．全体にかたい	●地山
Ⅴb	10YR6/4（にぶい黄橙）砂	
Ⅴb′	10YR5/2（灰黄褐）砂．上の方ほど暗い	
Ⅴc	10YR5/3（にぶい黄褐）砂礫．礫（φ2-3mm）多．かたい	
5	7.5YR7/4（にぶい橙）シルト質砂．細礫多	
7	7.5YR2/2（黒褐）シルト質砂	
8	5YR4/4（にぶい赤褐）シルト混砂礫（φ＜3mm）	
9	7.5YR3/3（暗褐）シルト質砂．礫（φ＜3mm）含	
12	7.5YR4/4（褐）砂礫（φ＜8mm）	土壙埋土
21	5YR3/1（黒褐）シルト質砂	
22	10YR7/6（明黄褐）砂礫	客土
23	7.5YR4/2（灰褐）砂質シルト．礫（φ＜5mm）若干含	耕作土
23′	7.5YR4/1（褐灰）シルト質砂．鉄分含	水田床土か
24	礫（φ10-20mm）多	
31	Ⅱbに似る．やや暗い	
32	7.5YR3/2（黒褐）砂質シルト．礫（φ＜5mm）含．ややかたい	●
33	5YR4/2（灰褐）シルト質砂．礫（φ＜5mm）多	
34	38に似るがややかため	
35	7.5YR2.5/2（黒褐）砂質シルト．礫（φ＜5mm）含．7.5YR2/2（黒褐）・4/4（褐）・6/4（にぶい橙）シルト質粘土ブロック（φ5mm）含．ややかたい	
36	7.5YR3/3（暗褐）シルト質砂．礫（φ＜6mm）多．35と同質・同大のブロック含	3号甕棺内崩落流入土
37	5YR3/3（暗赤褐）シルト質砂．礫（φ＜8mm）多	
38	2.5YR3/1（暗赤灰）粘質シルト．礫（φ＜5mm）多．下部7.5Y4/1（灰）シルト質粘土ブロック多	
39	7.5YR5/3（にぶい褐）砂礫（φ＜8mm）多．7.5YR5/4（にぶい褐）シルト質粘土（φ30mm）若干・7.5YR2/2（黒褐）粘質シルト（φ20mm）僅	●
40	7.5YR4/2（灰褐）砂礫（φ＜6mm）．7.5YR5/4（にぶい褐）のシルト質粘土（φ40mm）・7.5YR2/2（黒褐）粘質シルト（φ40mm）含	
41	7.5YR4/2（灰褐）砂礫（φ＜6mm）	
42	7.5YR4/4（褐）砂礫（φ＜6mm）	3号甕棺墓埋土Ⅰ
43	10YR5/4（にぶい黄褐）砂質シルト．礫（φ＜5mm）若干	
44	7.5YR5/4（にぶい褐）砂礫（φ＜6mm）	
45	7.5YR5/6（明褐）砂礫（φ＜6mm）	
46	7.5YR5/6（明褐）砂（φ＜1mm）	
47	10YR5/8（にぶい黄橙）シルト質粘土．礫（φ＜3mm）少	目貼粘土
47′	10YR5/8（にぶい黄橙）シルト質粘土．礫（φ＜3mm）少	崩落した目貼粘土
48	5YR6/8（橙）シルト質砂．礫（φ＜3-8mm）非常に多．鉄分沈着	
49	10YR5/4（にぶい黄褐）シルト質砂．礫（φ＜3-7mm）非常に多．7.5YR4/6（褐）シルト質粘土ブロック（φ50mm）・7.5YR2/3（極暗褐）粘質シルトブロック（φ20mm）若干	
50	7.5YR3/4（暗褐）シルト質砂．礫（φ＜3-7mm）非常に多．7.5YR2/3（極暗褐）粘質シルトブロック（φ20mm）若干	
51	7.5YR3/3（暗褐）シルト質砂	
52	5YR3/3（暗赤褐）砂質シルト．7.5YR4/6（褐）シルト質粘土ブロック（φ＜50mm）少	
53	7.5YR4/3（褐）シルト質砂．礫（φ＜3-7mm）非常に多．7.5YR4/6（褐）シルト質粘土ブロック（φ50mm）・7.5YR2/3（極暗褐）粘質シルトブロック（φ20mm）若干	3号甕棺墓埋土
54	7.5YR4/2（灰褐）シルト質砂．礫（φ＜3-7mm）非常に多．7.5YR5/6（明褐）シルト質粘土ブロック（φ30mm）・7.5YR3/4（暗褐）シルト質粘土ブロック（φ30mm）多	
55	7.5YR3/4（暗褐）シルト質砂．礫（φ＜3-7mm）非常に多．7.5YR2/3（極暗褐）粘質シルトブロック（φ20mm）若干	
56	5YR3/2（暗赤褐）砂質シルト．7.5YR4/6（褐）シルト質粘土ブロック（φ＜50mm）含	3号甕棺墓埋土Ⅱ
57	7.5YR5/4（にぶい褐）シルト混砂．礫（φ8mm）若干．7.5YR5/4（にぶい褐）シルト質粘土ブロック（φ30mm）若干	
58	7.5YR4/3（褐）シルト質砂	
59	7.5YR6/6（橙）粘質シルト	
60	7.5YR4/3（褐）シルト混砂．礫（φ8mm）若干．7.5YR3/3（暗褐）シルト質粘土ブロック（φ30mm）若干	
61	7.5YR4/4（褐）砂礫（φ＜3mm）．7.5YR5/4（にぶい褐）シルト質粘土ブロック（φ30mm）若干	
62	7.5YR5/3（にぶい褐）砂礫（φ＜3mm）	
63	7.5YR5/4（にぶい褐）粘質シルトブロック（φ20mm）・2.5Y4/1（黄灰）粘質シルトブロック（φ20mm）・砂礫含	
64	7.5YR4/4（褐）シルト質砂．礫（φ＜5mm）含	
65	2.5Y8/3（淡黄）砂（φ＜2mm）．7.5YR5/6（明褐）シルト質粘土ブロック（φ30mm）・7.5YR3/4（暗褐）シルト質粘土ブロック（φ30mm）含	
66	5YR3/1（黒褐）シルト質砂	
67	7.5YR4/3（褐）シルト質砂．礫（φ＜5mm）含	
68	67に似る	立石堀方埋土
69	7.5YR4/3（褐）シルト混砂．礫（φ＜8mm）多．鉄分沈着	
73	7.5YR3/2（黒褐）粘質シルト	遺構埋土

い。削平以前の地表面はかなり高かったと推定されるが，この下甕側の墓壙が横穴部である可能性は否定できない。しかし両側壁や底面がそろうことや奥側も辺をなすことなどから，横穴部の可能性は低いと考える。

　これをもとに埋設過程を復元すると次のようになる。
1) 長方形の大型の墓壙を掘る（おそらく大人の背丈以上）。底面はほぼ平らにする。
2) 砂（45・46層）で少し埋め戻す。このとき下甕側を高く上甕側を低く埋め戻している。
3) 砂（45層）の上甕側を掘り，上甕設置の空間と遺体挿入のための空間を作る。
4) 甕棺の合口部になるはずの場所に目貼粘土を敷く。
5) 下甕を据えつけると同時に砂（44層）を大量に入れ（棺体の半分以上），下甕を固定する。
6) 遺体の半身（おそらく頭側）を下甕に挿入し，残りの半身は上甕側に出したまま脇から持ち上げて支えておく。
7) 上甕を下甕に近づけながら遺体の残り半身を支えていた手を離す。そのまま上甕と下甕の口を合わせる。それと同時に上甕側に砂（62層。または61層も?）を入れて上甕を固定する。
8) 合わせ目を目貼粘土ですべて被覆する。
9) 墓壙を埋め戻す（36～41，42・43，48～60，64～66層。61層も?）。

それ以上は削平されているため確認できないが，この後少なくとも 1m，すなわち地表面までは埋め戻したはずである。そのとき少なくとも平らに埋め戻したか，若干高く盛ったと考えられる。この甕棺墓においては，おそらくその次に上石と支石を据えつけたものと考えられる。

　墓壙内での作業には，何人が必要であろうか。甕棺をどのようにして抱えるかなど具体的なことは不明であるが，本例は上甕・下甕ともに特大サイズであり，しかも器壁が厚く重たい。したがって上甕を壊さずに据えつけるだけでも最低 3 人は必要であろう。その際，下甕から出た遺体の半身を支えておくのも最低 1 人は必要であろう。計 4 人が，甕棺設置時に同時に墓壙内で働いた最小限の人数である。しかし，甕棺を設置しながら土砂で固定するとなるとさらに最低 1 人は必要である。したがって，最低 5 人が同時に墓壙内で作業をしたことになる。

(3)　大板井遺跡 XIa 区 2 号甕棺墓の甕棺埋設過程

　図80に関連する図を示す。ほぼ同形同大の甕棺を用いた合口甕棺を棺体とする。上甕・下甕ともに半分以上が大きく削平を受けており，どちらの底部も欠失していた。サイズは標準的なものとみなしてさしつかえない。棺体・墓壙ともに遺存状態はよくない。主軸方位は N38°30′W である。3 号甕棺墓とほぼ直交する。側面からみると上甕と下甕の軸はごく僅かに V 字形に折れているが，水平埋置の範疇であり，棺体全体としての傾きはほぼ 0° といえる。調査区の土層観察用の南北ベルトが墓壙を横切る。墓壙の西端についてはこのベルトの中におさまると解釈しているが，湧水が激しいことなどから十分な観察はできていない。

　合口部には目貼粘土が多めに使用されている。目貼粘土の平面形は上甕と下甕の境付近でくびれており，点線で示したように一部に境目らしきものが観察された。その境目らしきものと目貼粘土

のくびれとが対応する。粘土で目貼りをする際にいくつかの小工程があることが推定されるが，それを示していると考えられる。今後の甕棺墓の調査では注意されるべきである。

ベルトは甕棺と墓壙の主軸に概ね直交しており，墓壙の横断面土層を確認できる。墓壙は，上部が大きく削平されているためかなり規模が小さくなっていると思われるが，現状で竪穴部の長さ125cm以上，幅205cmの略長方形で，検出面からの深さは削平のため最も残りのよい部分で50cmを測るのみである。

この甕棺は水に浸かった状態で検出されたが，甕棺内部にはイネ科の草本類の茎とみられるものが一面に観察された[10]（図80）。この藁状遺体について甕棺内部に敷かれたものなどの可能性を考えて調査したが，確証は得られなかった。多くは棺体の主軸に沿っており，ある程度直交するものもあるが，人為的に編んだ形跡は認められなかった。棺底に貼り付いた状態で検出され，砂などを挟んではいなかったため，これが甕棺内部に入り込んだ時点では棺内に土は入っていなかったものとみられる。そうすると本来甕棺に伴うものである可能性があることになる。上から落ち込んだ破片の大半は藁状遺体の上に乗っていたが，一部に藁状遺体がわずかに被さった部分があったことは，これが削平直後に入り込んだ可能性も示唆する。ただし，削平と水の浸入のメカニズムが不明なので，本来甕棺に伴う可能性はやはり捨てきれない。

この藁状遺体が甕棺に伴うものであれば，これまで甕棺内から布や蓆の出土例が知られており，その類である可能性がある。集成を行った橋口は，イ草や藁を用いた「タタミ表状」の蓆がかなり含まれていることを明らかにしている（橋口，1980）。遺存状態が悪いため確かなことはいえないが，福岡県永岡遺跡K30で発見された「蓆」とみられるものの一部は，「経糸または経縄はみられず，むしろワラが炭化したというような感じを受けた」という（ibid.）。典型的な蓆以外にも藁を用いた蓆状のものがあった可能性が考えられる。本例もこうしたものである可能性を考えておきたい。橋口は，こうした蓆が棺内に敷かれたものとする意見に対して，遺体を包んだものではないかとみている。

藁状遺体直上の土の一部にわずかに赤みを帯びた部分があったため一応図示した（図80），赤色顔料が少量使用された可能性がある。藁状遺体の評価とも関係するが，今後の類例調査に期待したい。副葬品は確認されなかった。

墓壙については，墓壙を横断する土層の70～72層が埋土である（図78）。72層は細分可能である。削平のため墓壙の縦断面には72層しか残っていないが，それでも3号甕棺墓と同様，いったん埋めた土を掘って上甕を据えつけたことがわかる。その際墓壙本来の底面も少し削っている。したがって，上甕側の墓壙をいったん埋めてそこをもう一度切り込んで上甕を据えつけるというパターンが両甕棺墓で共通することから，甕棺の埋設過程はパターン化されたものであることがわかる。

本例は削平のため土層の残りが悪いが，やや詳しく埋設過程を復元してみる。
1) 長方形の墓壙（竪壙）を掘る（おそらく大人の背丈以上）。底面はほぼ平らにする。
2) 墓壙の下部に下甕挿入用の横穴を掘る。
3) 甕棺の合口部になるはずの場所に目貼粘土を敷くための溝を掘る（このとき経験的に位置を

468

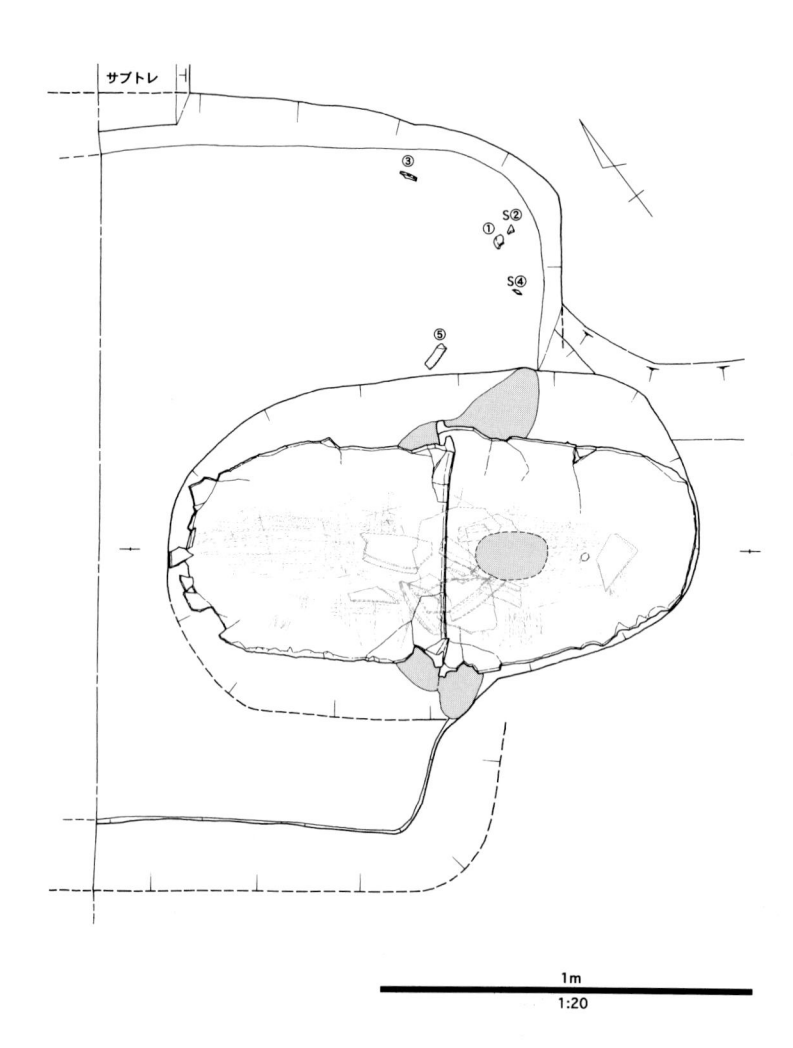

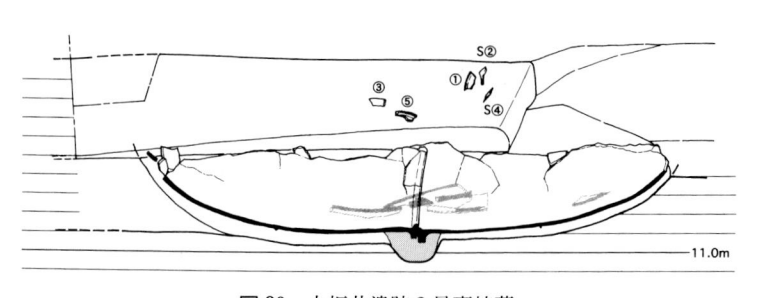

サブトレ

1m
1:20

11.0m

図80　大板井遺跡2号甕棺墓

第 7 章　土器の生産・分配・消費と葬送行為

　　　決めたか，目測または何らかの道具で下甕の高さを測った可能性がある）。
4) 目貼粘土を敷く。
5) 下甕を横穴に挿入する。
（この後，下甕と横穴との隙間に土を詰めた可能性もある。）[11]
6) 目貼粘土を，横穴を塞ぐようにして下甕の口縁部下から口縁部上面付近まで貼りつける。
7) 砂で上甕側を砂(72層。70・71層も?)で少し埋め戻す(これ以前に行われていたかもしれない。遅くともこのときまで)。
8) 砂(72層)の上甕側を掘り，上甕設置の空間と遺体挿入のための空間を確保する。このとき地山も多少削っている。
9) 遺体の半身を下甕に挿入し，残りの半身は上甕側に出したまま脇から持ち上げて支えておく。
10) 上甕を下甕に近づけながら遺体の残り半身を支えていた手を離す。そのまま上甕と下甕の口を合わせる(それと同時に上甕側に土砂を入れて上甕を固定する)。
11) 合わせた口に上甕口縁部側から目貼粘土を巻き，すでに下甕口縁部に貼りつけている目貼粘土に接着する。そして口縁部の合わせ目が見えないようすべて被覆する。
12) 墓壙を埋め戻す(70・71層?)。

　それ以上は削平されているため確認できないが，この後 3 号甕棺墓同様埋め戻す。そして何らかの地上標識を設置した可能性がある。

（4）栗山遺跡 2 次調査 5 号甕棺墓の甕棺埋設過程

　埋設過程がうかがえる図を示す(図 82・図 83)。以下に概略を記す(松尾(編)，1994)。本甕棺墓は福岡県甘木市栗山遺跡 2 次調査地点，すなわち溝状の土壙群に囲まれた墳丘墓とみられる長方形区画の中央に位置する(図 81)。甕棺は同形同大の合口で，上甕・下甕ともに 2c 型式に属す。墓壙は，長さ 520 cm，幅 335 cm の長方形で，墓壙内東隅は階段状になっている。遺構確認面より墓壙最深部まで 150 cm を測る。墳丘はほとんど失われているが，墳丘構築以前の地表面から大幅には削平されていないものと思われる。この時期の甕棺墓壙としては特大である。

　甕棺内部から頭位を下甕側に向けた男性・成年人骨が出土しており(中橋，1994)，頭部周辺と腰部に赤色顔料がみられた。赤色顔料は朱(赤色硫化水銀)であることが確認されている(本田，1994)。また，棺内からは小さな断片となった布が発見されているが，上甕・下甕内面の「ほぼ全面に付着していたといえるような状況」であった。調査者は判断を保留しているが，甕棺内面に貼ってあった可能性が考えられ，また絹布の可能性が高い。以上のことから，本甕棺墓がこの長方形区画の中にみられる甕棺墓の中でも，エラボレーションの度合いが突出して高いといえる。副葬品はみとめられなかった。

　墓壙内の発掘にあたっては，長軸—短軸の直交するベルトを残して土層を確認している。墓壙の長軸に合わせてほぼ中心に甕棺が据えられているが，甕棺の主軸は S62°W であり，長方形区画と

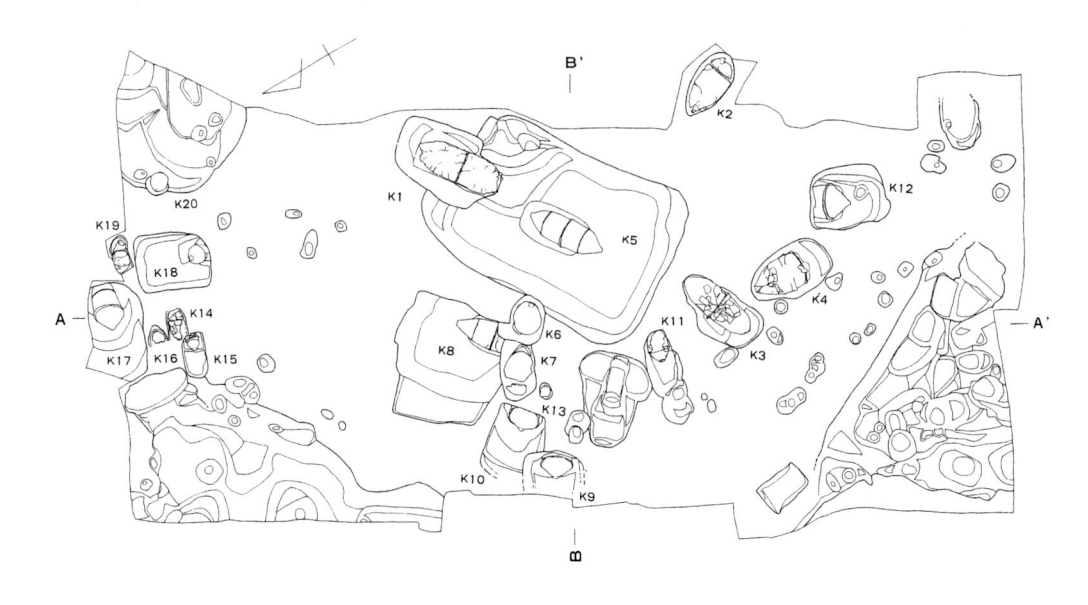

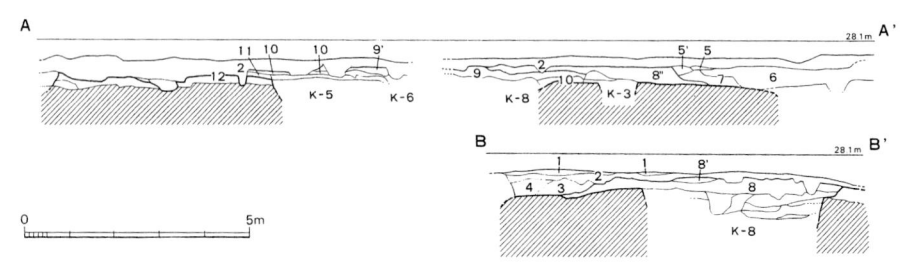

図 81 栗山遺跡 2 次調査の遺構配置と土層 (1/150) (松尾 (編), 1994 より)
墳丘墓と見られる方形区画の中央に特大の墓壙をもつ 5 号甕棺がある.

並行する.傾斜角度は $-15°$ である.目貼粘土は合わせ目の上位から中位やや下までみとめられ,下部にはみとめられなかった.

　土層から甕棺の埋設過程を検討する (図 82).筆者も現地で調査者とともに土層の細分を行ったが全部を詳細に確認したわけではないので,報告書の土層図をもとに筆者なりの解釈を行うことにする.

　上甕側の墓壙東隅が階段状になっていることから,ここから掘削時の土の運び出しや棺の運び込みなどに利用された可能性があろう.墓壙は上甕側が下甕側より若干長くなっているのは大板井遺跡 3 号甕棺墓とも共通する.

　注目されるのは下甕側の最下部にある 26 層で,この層は下甕の底部近くで急に下に屈折しており,しかもその延長線上に上甕・下甕を据えつける墓壙底のくぼみがあることである.したがって,大板井遺跡 XIa 区 3 号甕棺墓・2 号甕棺墓と同様に上甕側を少し埋め戻して,それを切り込んで棺体を据えつけるくぼみを掘ったと考えるのが妥当であろう.横断面図では甕棺の左側にある

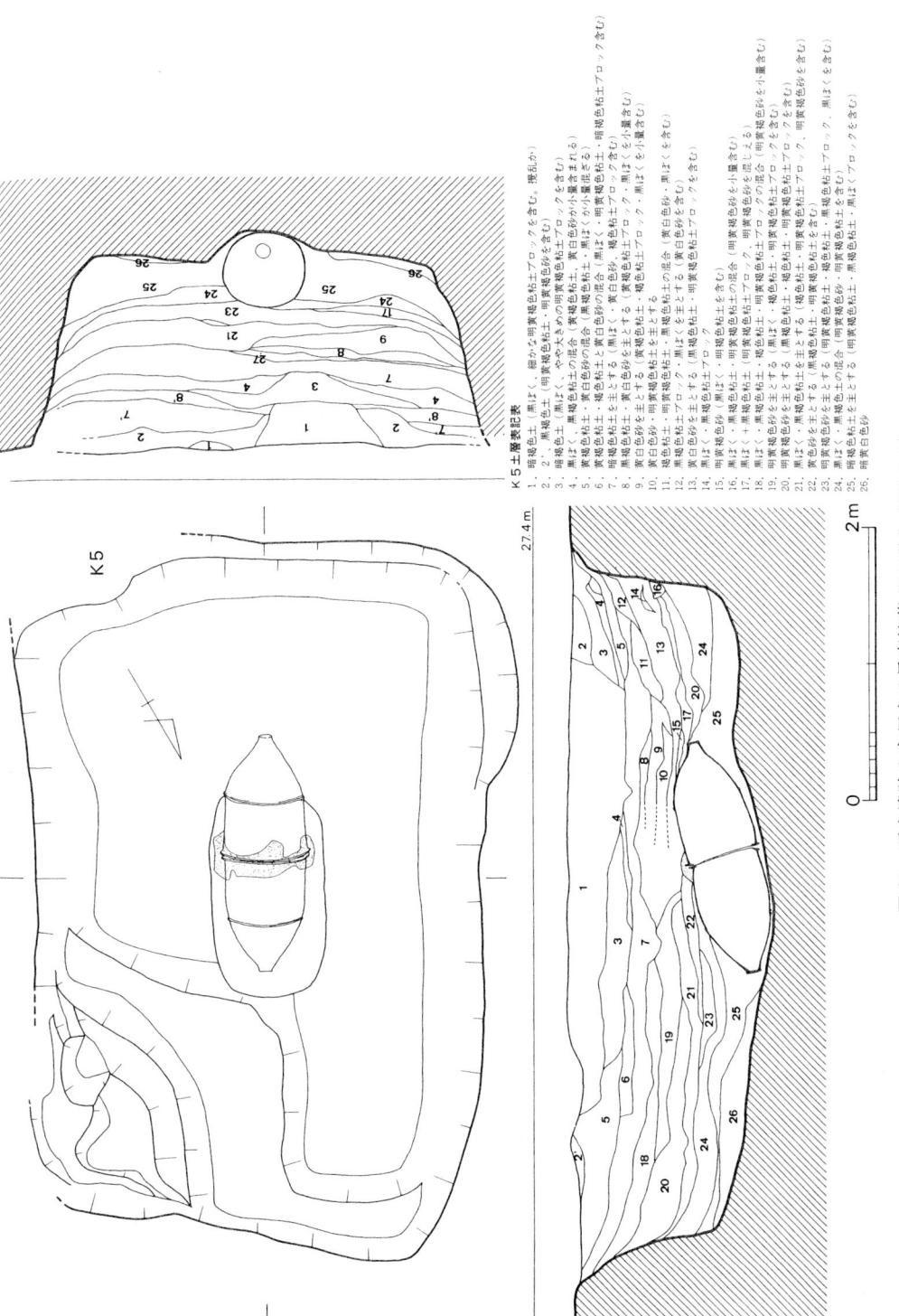

第7章 土器の生産・分配・消費と葬送行為

K5土層表記

1. 暗褐色土（黒ぼく、細かな明黄褐色粘土ブロックを含む、撹乱か）
2. 2．、黒褐色土、ややや大きめの明黄褐色粘土ブロック（明黄褐色砂を含む）
3. 黒褐色土・黒褐色粘土・黄白色砂の混合（黄白色砂が少量まじる）
4. 黒ぼく・黒褐色粘土・黄白色砂の混合（黒褐色粘土・黒ぼく微量混ざる）
5. 黄褐色粘土と黄白色砂の混合（黄褐色粘土・明黄褐色粘土を含む）
6. 明褐色粘土と黒ぼくを主とする（黒ぼく・黄白色砂を含む）
7. 明褐色粘土を主とする（黄褐色粘土・明黄褐色粘土ブロック含む）
8. 黄白色砂を主とする
9. 黄白色砂・明黄褐色粘土の混合（黄白色粘土を含む）
10. 褐色粘土・明黄褐色粘土の混合
11. 黒褐色粘土・明黄褐色粘土ブロック
12. 黒ぼく・明黄褐色粘土・黒褐色粘土とする（黒ぼく・明黄褐色粘土ブロック含む）
13. 黄白色砂を主とする（黄褐色粘土・黒ぼく含む）
14. 明黄褐色砂・明褐色粘土ブロック
15. 明黄褐色砂・明褐色粘土ブロック
16. 黒ぼく・黒褐色粘土を主とする（明黄褐色粘土・明黄褐色粘土ブロックの混合を混じえる）
17. 黒ぼく・黒褐色粘土を主とする（明黄褐色粘土・明黄褐色粘土ブロックの混合を混じえる）
18. 明黄褐色粘土を主とする（黒褐色粘土・明黄褐色粘土ブロック・明黄褐色砂を小量含む）
19. 明黄褐色粘土を主とする（黒褐色粘土・明黄褐色粘土ブロック含む）
20. 黒ぼく・黒褐色粘土を主とする（黒褐色粘土・明黄褐色粘土ブロック含む）
21. 黒ぼく・黒褐色粘土を主とする（黒褐色粘土・明黄褐色粘土ブロック・黒ぼくブロックを含む）
22. 明黄褐色粘土の混合（明黄褐色粘土土ブロック・明黄褐色粘土・黒ぼくを含む）
23. 明黄褐色粘土・明黄褐色粘土土ブロック・明黄褐色粘土・黒ぼくブロックを含む
24. 暗褐色粘土と黒ぼくとする（黒褐色粘土・明黄褐色粘土・黒ぼくブロックを含む）
25. 暗褐色粘土と黒ぼくとする（黒褐色粘土・明黄褐色砂・明黄褐色粘土・黒ぼくブロックを含む）
26. 明黄白色砂

図82 栗山遺跡2次調査5号甕棺墓（松尾（編）, 1994 より）

図 83　栗山遺跡 2 次調査 5 号甕棺墓の墓壙と埋土（松尾（編），1994 より）
埋土の 25 層上面を検出した状況.

　26 層の段落ちが棺体を据えつけるくぼみに微妙に対応しておらず，さきの縦断面図の土層と矛盾するが，おそらく縦断面図のほうが正しいであろう．縦・横断面図ともに 26 層の上に 25 層が乗っている．25 層は縦断面図の上甕側と下甕側の両方にみられるが，同じものだとすると，どちらの棺の据えつけよりも前に 26 層があったことになる．
　次に土層から甕棺の埋設過程を復元する．
1）　長方形の大型の墓壙を掘る．底面はほぼ平らだが下甕側がわずかに高い．
2）　砂（26 層）で上甕側墓壙底を少し埋め戻す．このとき下甕側とほぼ同じ高さになっている．
3）　いったん平らになった墓壙底の中央部を，砂（26 層）の上甕側と地山をいっしょに掘りくぼめ，上甕・下甕の設置と遺体挿入のためのくぼみを作る．
4）　下甕を据えつけると同時に粘質土（25 層）を入れ（棺体の底部が隠れるまで），下甕を固定する．
5）　遺体の上半身を下甕に挿入し，下半身は上甕側に出したまま脇から持ち上げて支えておく．
7）　上甕を下甕に近づけながら遺体の残り半身を支えていた手を離す．そのまま上甕と下甕の口を合わせる．それと同時に上甕側に粘質土（25 層）を入れて上甕を固定する．
8）　合わせ目上半を目貼粘土で被覆する．
9）　墓壙を埋め戻す（1～24）．
　土層から復元されるのはここまでである．本甕棺墓がこの墳丘墓の中で最も古い中心埋葬とすれば，この段階で墳丘があったかどうかが問題となる．すでにあったのであればさらに上まで埋め戻さないといけないし，この後に墳丘を構築したのであれば墓壙の上に墳丘構築用の土を広く盛った可能性がある．調査者は 5 号甕棺墓のあとに墳丘が構築された可能性と，また個別の甕棺墓に伴う小墳丘である可能性を示唆している．しかし，直後に 5 号甕棺墓を切る 1 号甕棺墓は 122 cm も高

くなっている。遅くとも5号甕棺墓が構築されてから同一型式内という短期間に5号甕棺墓を中心とする墳丘が構築されたものと考えられる。もし5号甕棺墓構築時に墳丘が築造されたのであれば，前期古墳で確認できるものがあるように，いわゆる「構築墓壙」の可能性も考えられる。すると墓壙の掘削，墓壙部分だけを残しての墳丘の構築，掘削された墓壙と構築墓壙の埋め戻しという過程があったことになる。このあと何らかの地上標識を設けた可能性があるが，それについては不明である。

3. 考察——葬送行為の復元——

(1) 甕棺の埋設過程

以上の3例で推定した甕棺の埋設過程は概ね共通するものであった。したがって，一般性のあるものとみてよかろう。

大まかな工程は次のようになる。

I　　墓壙の掘削
II　　墓壙底の土台作り
III　　目貼粘土の設置
IV　　下甕の据えつけ
V　　納棺
VI　　上甕の据えつけ
VII　　目貼粘土で被覆
VIII　　埋め戻し

この中でIIIは省略されることがあるようである。VIの際もしくはその前に甕棺の口縁部などを打ち欠いて大きさを調整することがある。墓地の「祭祀土壙」には打ち欠いた土器片が他の土器といっしょに廃棄されていることから，墓地で行ったことが考えられる。

こうした一連の工程の中で，作業にはどれだけの人数が関わっていたのであろうか。一般には，墓壙の掘削・埋め戻しにあたり大きな墓壙であるほど人数が多く必要であろう。大板井遺跡XIa区3号甕棺墓では最低5人が墓壙の内部で同時に作業をしたと考えた。また，その5人だけで掘削を含むすべての作業をしたとは限らない。交代要員がいた可能性も大である。墓壙内の広さは作業空間の広さでもある。もしくは墓壙内で執行される儀礼に関係するかもしれない。葬送参列者が埋葬場所まで来たという確証はないが，おそらくそう考えるほうが妥当であろう。参列者が埋葬過程を見たとすれば，墓壙上にしろ墓壙内にしろ墓壙のサイズが大きければ大きいほど，大勢の人が墓壙内で行われる行為を見ることができるということでもある。葬送儀礼は生者が生者に向けて行う社会的行為でもあることは論をまたないが，墓壙の大きさはまさにそれを象徴するものであろう。墓壙の大きさが労働投下量として計算され，それが「エラボレーションの度合い」として分析的に把握されるけれども，大勢の参列を実現するかどうかということこそが墓壙の大きさの一義的な意味なのかもしれない。

以上は 2a〜2c 型式で確認されたものであり，後半期の甕棺墓には共通しない点があるかもしれない。甕棺墓の基本構造は，横穴があるものとないものの違いはあってもほぼ共通しているので，さほど変わらないであろう。しかし，異なると思われる点は，棺体の傾斜に関してである。前半期の甕棺は水平または上甕のほうが若干下になる場合が多く，後半期の甕棺は傾斜がきつく上甕がだいぶ上にある場合が多い。したがって土台の作り方は異なると思われる。また，目貼粘土については，すでに指摘したように前半期においては小工程があり，棺体設置に前後にまたがって行われるものである。ところが 3a 型式以降，とくに 3bc 型式における傾斜の強い甕棺では竪壙部に合わせ目全体が露出することが多いため，目貼りは一度に行われた可能性がある。

佐賀県呼子町の大友遺跡 10 号甕棺墓で改葬・集骨が認められていること（藤田・東中川（編），1981）や，長崎県大村市富の原遺跡 B 地点 20 号甕棺墓では主体となる 1 体の人骨以外に 2 体分の改葬・集骨がなされた人骨が出土していることなど（稲富・橋本（編），1987），甕棺分布域の周辺域では 1 基の甕棺墓の中に複数の人骨が確認されることがある。このような場合，墓壙内の土層の確認がなくては埋葬に関する必要な情報を得ることができない。さらに，甕棺墓地の中でまれにみられる，甕棺墓壙の形態をとりながらも甕棺の棺体がない「土壙墓」についても，その性質を解明する上で土層の確認が役に立つはずである。また，3a 型式以降，石蓋や木蓋を用いた単棺があるが，それについても情報が得られよう。

このようにして，甕棺埋設過程のパターンと時期的・空間的変異が把握できると期待できる。後半期の甕棺墓での観察を含め，さらに多くの甕棺墓の墓壙を詳細に観察して甕棺埋設過程の実証的研究を進めていく必要がある。調査方法の洗練を推し進め，従来のような棺体の埋置角度や墓壙の形態・規模の研究にとどまらず，甕棺埋設のプロセスに言及することを可能にしていかなければならない。これにより葬送儀礼を考慮にいれた葬送過程の復元まで発展できるものと確信する。

（2） 葬送過程と葬送行為

以上の検討からさまざまなことが判明または推定された。それをもとに，甕棺墓をめぐってどのような葬送過程と葬送行為があったのかを総合的に推定したい。総合的な復元はなされていないため，できるだけリアルな復元をしたい。そこで考古学的証拠として残りにくいものについても，妥当性があると思われる範囲で以下に推測を行う。必ずしも前後関係の断定ができないものもあるが，順を追って記述する。

死の予測　病床にあるなどして死が予測される場合，薬を服用したり儀礼行為がなされたりしたであろう。しかし，病気や事故などでの急死，戦死，刑死などがありうる。このうち少なくとも刑死については同様の葬法になるかどうかは疑問である。死が予測されるとき，葬祭に関する何らかの準備を始めるかどうかはさらに問題である。

死の認定　死をどの段階で認定するかも明確ではない。いずれにせよ，ある基準をもって死が認定されたはずである。その直後に手を組ませる，布をかけるなどなんらかの行為がなされた可能性があろう。

死の通知 死を集落内や関係者に周知する。その通知の範囲やルートは階層的に差異があった可能性が高かろう。とくにエリートにおいては参列者の選定とも関わって，熟慮されたのではないかと思われる。

葬祭の準備 死者の周囲の者たちはその役割に応じて，心の準備と身支度，葬祭関連の諸般の手配など，葬祭の準備を行ったはずである。下でも述べるが，被葬者の死後甕棺の製作が開始された可能性もある。

葬祭の内容 葬祭の内容についてはほとんどわからない。『魏志倭人伝』も参考にすれば，一族は喪に服し，禁忌を守ったと思われる。第1節でも述べたように殯の期間があった可能性がある。

遺骸処理 基本的には火葬はしない。しかし前期後半～末頃の福岡県志免町松ヶ上遺跡9号甕棺墓では火葬骨が出土している（徳永，1996）（口絵5）。もちろん前期においても火葬が一般的だとは考えられないが，中期のものとは若干論理を異にする可能性がある。中期においては単体の一次埋葬が基本である。また，軟部組織が腐朽して関節がはずれた状態で埋葬されたことを示す人骨はない。ただし，人骨が未発見な場合が多いエリート層においては一応注意しておく必要がある。甕棺墓の場合，立て膝状に下肢をそろえて曲げ，手は胸や肩のあたりに曲げるものが多く，そのような姿勢をいつとらせたかは問題である。そのタイミングは死後硬直など経時的な遺体変化とも関係する。橋口（1980）の意見を参考にすると，布や蓆などで遺体を包み緊縛した可能性もある。するとその材質は被葬者の「格」と関係したであろう。なお，遺体を清めるなどの何らかの処置が行われたことは十分考えられる。遺体の保存を意図した積極的処置が行われた可能性も一応考えられるが，いまのところ証明できない。

人骨の顔面に赤色顔料が付着したものがあることから，顔を赤く塗った可能性がある。ただしこれはすべてに認められるわけではなく，墓群中の相対的な厚葬墓などに限られ，また朱の場合とベンガラの場合があることから，被葬者の「格」にも対応する葬送行為の複雑化としてとらえられる。さらに，顔を赤く塗ったのかそれとも遺体を包む布や蓆の顔に対応する部分を塗ったのかも問題である。こうした「簀巻き」のタイミングの問題とも絡んでおり，今後の課題である。加えて，人骨に付着した布片には縫い目があるものもあり，被葬者は衣服をつけていたものと思われる。これが特別誂えの「死装束」であるのかどうかも問題となる。そうであればその用意や着せ替えのタイミングも問題となる。また，それと関係して，玉類やかんざし・櫛，あるいは貝輪着装のタイミングの問題もある。特に貝輪は生前から着装していたもので，成人になれば物理的にははずせなくなるとの見方もあるが（高倉，1975a），筆者は，生前の常時着用はなかったとみている[12]。むしろ死後に遺体の腕に着装したものであろう。そう考えると，甕棺の中に副葬品が納められるのとはタイミングからみて性質が異なることになる。なお，着衣に袖があれば貝輪との関係がどうであったのか興味深い。

佐賀県西部や長崎県という甕棺分布域の周縁部においては中期の甕棺墓から改葬・集骨を経た人骨が検出されており，甕棺分布域を東にはずれた山口県土井ヶ浜遺跡でも中期に改葬・集骨が盛んに行われている。甕棺分布域の周囲にはそのような埋葬後の遺骸処理の習俗があったことは注目さ

れる。甕棺分布域内で頭骨のみを納めた甕棺墓や頭骨がない人骨なども近年見出されており，通常は戦争や抗争と結びつけて説明される。筆者もそれに基本的には賛同したいが，遺骸処理の一環として頭部を切断することがなかったとは言い切れないと考える。

葬具の準備　第1節でも述べたように，甕棺の製作が葬送システムの一環として行われるものならば，甕棺の調達も関係してくる。上位階層の者であればワンセットの甕棺を特注し，下位階層の者であればレディーメードの甕棺を用意したと思われる。ワンセットとなる甕棺の製作を開始したのが被葬者の死後だとすると，やはり殯期間とも関わる。また，儀礼に使用される土器や，おそらく使用されたであろう木製容器などの木器の準備についても同様である。それが日常品の転用であるのか，それとも祭祀用として新たに調達するものであるのかは今のところ判断が難しい。後者の場合，土器であれば使用法においては「祭祀土器」であるが，器種としては区別できない。新たに調達するのであれば，甕棺と同時に同じ場所で製作された可能性もある。したがって，今後，形態・技法の詳細観察と胎土分析を用いて検討する必要がある。

副葬品の準備　「葬式道具」のうち副葬品については，レベルⅠに属する「伊都国王・奴国王」などにおいては，葬具が漢王朝より下賜された可能性があり（町田，1988），直接には楽浪郡を通じたものだとしても，死の認定後に下賜されるということであれば数か月以上の期間を要した可能性もある。そのような構造を認めるとすれば，それ以下の階層に属する前漢鏡をもつエリート層においては，レベルⅠのエリート（王）から鏡などを下賜された可能性も考えなくてはならない。岡村秀典(1999)はそのような再分配システムの存在を考えているが，その再分配は婚姻・葬祭・出生・祭礼など何らかのイベントにおいて，エリート間の関係確認のために行われるものであった可能性もある。そのイベントのうち，葬祭は社会的効果が絶大であったものと考えられる。仮に再分配の主なものが葬祭であったとすれば，やはり「下賜」を受けるのは死の直後ではなく，早くとも数日以上かかったであろう。その間は殯を行ったものと思われる。必然的に上位階層ほど殯の期間が長くなったはずである。また，副葬品の品目の中には事前のストックがあることも考えられる。その際にもどのような品目を副葬するかという熟慮された選択が，死者の周囲の者によってなされたであろう。

葬祭　殯の期間も含めて埋葬までの間に儀礼が行われたはずである。それがどこか，どのような内容か，そしてどのような参列者がいたのかは明らかではない。「共食儀礼」が含まれていたのではないかと想像する。

埋葬場所の選定　墓地自体はほぼ選択の余地がなかろう。しかし墓地の中のどの場所を選ぶかは熟慮されて決定されるであろう（溝口，1995a, 1995b；ほか）。墓域全体のレイアウトないし完成予想はある程度なされていたものと考えるが，新たな墓域の形成の端緒となった被葬者の場合は諸般の事情・条件を熟慮して，関係者たちの同意を得て，あるいは同意が得られることを前提として決定されたと考えられる。墳丘墓の場合は，その構築も行われたことになる。

墓壙の掘削　墓壙の掘削は，死後から棺体設置までのどこかに位置づけられるはずであるが，具体的にいつかはわからない。しかし，管見では墓壙掘削後長期間放置されていたような形跡はな

く，埋葬からそう長くは遡らないときに墓壙の掘削が行われたものと考えられる。掘削の完了は埋葬の直前かもしれない。そうであれば掘削に使用した鋤などの道具は，そのまま甕棺の設置や埋め戻しにも使用された可能性がある。墓壙掘削をはじめる前になんらかの儀礼を行った可能性も考えられる。また，植物を払ったり，地面をならしたりしたとも考えられる。

　墓地への移動　参列者は墓地へどのようにして向かったのであろうか。参列者が三々五々墓地に集まるのか，同時に出発しても列をなさない一群として墓地に向かうのか，それとも葬列を組むのか，いずれかは定かではない。また，参列者の資格によって異なるかもしれない。ただし，被葬者の居住した集落もしくは葬祭場所から墓地へのルートは一定していたと思われる。このとき2個の甕棺，遺体，「共食儀礼」などに用いる土器や木器(場合によっては燃料や調理具)，飲食物，副葬品などかなりの種類と量になると思われる。もちろんエリート層であれば，上位になるほどその「格」にふさわしい質と量であったはずである。また，墓壙掘削時に目貼粘土の素材が得られない墓地では，どこかで目貼粘土も採取または調達して墓地まで運搬しなければならない[13]。

　葬送への参列　死者の家族，親族，儀礼を執行する人物が加わっていたことは確かであろう。その他の人々も参列したものと考えてよかろう。また，遠方からの参列者も入っていた可能性もある。とくに，エリート層においては遠方からの特別な参列者が入っていたと思われ，「伊都国王」・「奴国王」のような最高位のエリートにおいては関係をもつ多くのエリート層や，場合によっては参列のために渡海した漢人や韓人が加わった可能性も考えておくべきであろう。その際，下賜された葬具が正しく葬祭・埋葬に利用されたかが見届けられることになったかもしれない。

　埋葬と副葬　着装・佩用したものと，鏡などその他の副葬品とはタイミングの観点からみて区別されるべきであろう。前者は遅くとも埋葬の直前までには着装・佩用していたものと思われ，後者は下甕を据えつけた後，遺体を棺内に納める直前あるいは直後に配置されたものとみられる。棺外の目貼粘土中から鉄製武器等が出土することがあるが，それは当然，上甕・下甕の口を合わせた後ということになる。すでに検討したように，甕棺墓の埋設手順は複雑である。その過程において数度のなんらかの儀礼が行われた可能性がある。

　地上標識　墓壙を埋め戻した後に地上標識を設置するものと思われる。棺体の切り合いがある例はほとんどないため，地上標識を想定するのが妥当であろう。地上標識としては墓壙の上に大型の上石(標石)がのるものがあり，また小型の塊石を数個置くものもある。小さな「土饅頭」が形成されたと考えられようが(溝口，1995a；ほか)，時間の経過とともにある程度墓壙埋土の沈みこみが起こると思われる。墓壙外の支石上に上石がのるものは，その位置が旧地表よりわずかに高い程度であるため，この「土饅頭」の高さはさほどなかったとみるべきであろう。したがって，十分な維持管理をしないかぎり「土饅頭」だけでは流出・崩壊の可能性があり，地上標識となりにくいかもしれない。隈・池の上遺跡等が示唆するように，実際に地上標識として一義的に機能したのは標石や塊石ではないかと考えられる。なお，前章でもふれた高樋塚添遺跡などのように甕棺墓の脇に木柱を立てた可能性もある。こうした標石や塊石，木柱は墓壙の埋め戻し直後に設置されたかもしれないし，近世墓のように一定期間過ぎてからであるかもしれない。筆者には埋め戻し直後のように思

えるが確証はない。いずれにせよこれらの調達も事前になされていなければならない。大型の標石の場合は大がかりな作業であったはずである。なお，前述の大板井遺跡 XIa 区 3 号甕棺墓に本来伴うとみられる大型の上石は，産地との関係からみて数 km 以上の距離を運ばれていることになる。「奴国王墓」といわれる須玖岡本遺跡 D 地点甕棺墓に使用されていたようなかなり大きなものもあり，おそらく地上標識の大きさも階層関係を表示するものであったかもしれない。なお，その「サイズ」に甕棺分布域全体に共通する基準があったと考えるよりも，むしろそれは大まかなものであり，前章で述べたように墓群内あるいは近隣の甕棺墓との相対的上下関係にも配慮した社会戦略があろう (cf. 時津，2000a)。

　墓地での共食　埋葬の前または後に「共食儀礼」が行われたと考えられる。歌舞飲食があったかもしれない。このとき，食器として使用されたものは，丹塗土器を含む土器の各器種はもとより，木製容器も含まれていたであろう。墓地で煮炊きが行われたかどうかは不明であるが，煤のついた甕も墓地の「祭祀土壙」から出土することがあるため，それが行われた可能性は一応考えられる。鏡山のいう「播火」の中にはそうしたものもあるかもしれない。しかしながら，計量化を含む詳細な検討が必要ではあるが，墓地から出土する甕の量はさほど多くないようであり，甕用蓋となるとさらに少ない。それは，煮炊き行為が一回性のものであったからなのか，そもそも墓地では煮炊きを行わないものであるからなのかはわからないが，墓地での煮炊きにある種の禁忌が伴っていたことは想定できる。なお，墓地での儀礼だけでなく集落においても「共食儀礼」が行われた可能性があり，集落内の「祭祀土壙」あるいは墓地の「祭祀土壙」から出土する土器の中には，その際に使用されたものも含まれている可能性がある。

　葬具の廃棄　こうした儀礼に用いられた土器などは，終了後，墓地の一角のほぼ決まった場所に穴を掘って廃棄される。一般に「祭祀土壙」と称しているものである。実際の出土例はないが木製容器などもいっしょに廃棄されたと思われる。土器には穴をあけた例や意図的に破砕したとみられる例がしばしばみられ，廃棄時の行為と思われる。土器の穴に接合できる破片をさがすことで，その行為が行われた場所がわかると考えるが，そのような例は管見にして知らない。なお，棺体に用いられる際にサイズの調節のために打ち欠いた甕棺の口縁部なども，いっしょに廃棄する。以上のほかに食物の残滓や墓壙掘削に用いた道具などの廃棄もあるかもしれない。この穴を埋めたかそのままであったかは不明である。筆者は埋めていない可能性も考えるべきだと思っている。なお，葬具の廃棄については，「死の穢れ」などから説明されるかもしれないが，筆者は階層関係を維持・確認する場としての葬送儀礼という観点からすれば，儀礼の場における大盤振る舞いや大量消費の側面を重視したい。土器や木器などがこの場で捨てられることに大きな意味があったであろう。土器と木器の構成比やその質・量などに意味があったはずである。

　葬送儀礼の終了　以上で儀礼が終わり，すぐに帰途につくかどうかは不明である。いずれにせよ参列者や甕棺墓の構築に従事した者たちは，終了後，穢れを落とすような行為を行った可能性がある。

　服喪　被葬者に近い者たちは，葬送儀礼終了後も一定期間喪に服した可能性がある。『魏志倭人

伝』の記述や民族誌などからうかがえるように，服喪期間中は肉を食べないなど何らかの禁忌があったであろう。なお，服喪期間の長さと社会的階層の高低には相関があるかもしれない。

服喪期間の終了　服喪期間があったとすると，『魏志倭人伝』の記述のように，禊をするなどの行為をもって服喪期間を終了したのかもしれない。

墓の維持管理　ここまでの一連の葬送儀礼が終了した後には，墓はそのまま放置されたであろうか。多少の維持管理はされた可能性は考えられよう。また，折々に祭祀が行われた可能性も考えられる。

以上のように多くの段階を経て葬送儀礼が進行する。少なくとも中期を通じてその基本は変わらなかったと思われるが，被葬者がエリートの上位であるほど，その「格」にふさわしく内容が複雑かつ精巧であったと考えられる。

なお，葬送儀礼に携わる人々は，何らかのかたちで関わる人を入れると大勢いたと推測される。各自の立場は様々であり，一度の葬送儀礼においても様々な印象を受けたであろう。ここでの趣旨からいえば，そうした儀礼に関係した人々の見方は様々であっても，それぞれの印象の内容を推測するのはあまり意味がない。むしろそうした実践の結果がもたらした影響に意味がある。甕棺墓をとりまく様々な属性において「エラボレーションの度合い」として分析的に把握できるような階層的表示が貫徹していたが，葬送に関する儀礼・行為全般に拡張して考えれば，いっそう，それを実践した参加者たちは被葬者の地位を意識したであろう。これは被葬者が上位階層になるほど参加者たちにとって明確に意識されたに違いない。おそらくほぼすべての参加者に共通するのは，被葬者の社会的位置づけすなわち被葬者の階層的地位を参加者自らもしくは自らの経験と対照し，被葬者に対するイメージを再確認または更新した，ということである（cf. 溝口, 1995a, 1997；ほか）。それはひいては参加者自身の地位が意識されたということにもなる。場合によっては参加者に対抗心や上昇意識を呼び起こしたかもしれない。このようにして，社会における階層関係の確認とその再生産に甕棺墓は機能したのである。

墳墓の果たす社会的役割は，時代や文化によって様々である。北部九州における弥生時代中期甕棺墓の特質は，とりわけ階層関係の確認とその再生産にあるといえるのである。それがまさに，本書の趣旨の重要な部分を占める九州の弥生時代中期を読み解く鍵なのである。

注
1) 春成は銅鐸の「移動工人説」を批判し工人定着説を唱えている。なお，この移動工人説のモデルとなったヨーロッパの「巡回工人説」に対して M. J. Rowlands は，民族誌から工人は特定の社会・文化的脈絡と密接に関連すること，金属器の地域性や地域的トラディションが説明できないことなどの点から明快な批判を加えている。これは論理的に日本にも援用できるはずのものである。日本における「移動工人説」の提唱にあたって，V. G. Childe らのヨーロッパの学説に多分に影響されているとみられるにもかかわらず，「移動工人説」の支持者が Rowlands から現在に及ぶ研究動向について十分に対処していないのはそもそも問題であろう。
2)「小児棺」と称されるものは，実際には乳幼児用と考えられる。また極めてまれに成人の頭蓋骨のみを納めたものもある。甕棺は木棺などと違って腐朽しないため，弥生時代の墓制の中でも人骨が比較的遺存しやすいものであるが，一般に知られているように成人骨よりも乳幼児骨は遺存しにくい傾向がある。

「小児棺」に用いられる小型土器は主に甕であり，外面に煤が付着したものも多いことから「転用」とされる。しかし外面の煤がみられないものや，外面に煤があっても内面に焦げつきがないものもあるため，すべてが転用であるか再考が必要である。

3) 遺跡背後の丘陵に須恵器窯跡がかつて存在した可能性が指摘されている。周辺の埋蔵文化財行政担当者からの聞き取りによる。

4) 生前から葬送儀礼に関わる準備をしておくことはありうるであろう。「寿陵」はその例である。また，現代においても生前に墓を建てたり，戒名を用意しておいたりすることさえある。筆者は鹿児島県笠沙町で葬制・墓制についての民俗調査をした折に，かつては家の軒下に松の板材をストックしておき，死者がでたときはそれを使って大工に棺を作らせていたという例を聞き取りから知った（中園，1986c）。

5) ただし，型式の交代はいちどきではない。したがって，前後の型式にある程度の時間的重複があることは本来考えておくべきである。

6) 胎土分析における三辻の方法は，分析化学などの分野で特別の訓練を受けていない考古学者でも，少々の訓練で自ら分析・運用することも無理ではないほど完成されているともいえる。形質人類学における大学の講座の減少や，植物・動物の形態を同定できる専門家自体が世代交代により減少していることなどに示されるように，近い将来考古学を取り巻く環境は大いに変化してしまうに違いない。考古学はそれら関連する分野を取り込む必要があるし，具体的には考古学者がそれら関連する分野を自ら積極的に勉強することと，埋蔵文化財センターなど各地に設置された考古学の専門調査機関で積極的に分析・研究が行われる必要がある。またこれからは大学での考古学の専門教育においても，文化財科学を深く理解し，使いこなせる人材の育成が急務といえよう。

7) 「最初に発見したのは昭和53年頃で，九州歴史資料館で長年にわたり遺物整理指導を担当されている岩瀬正信氏である」（井上，1998: 101）。

8) 谷畑美帆氏により東京芸術大学にて実施。

9) 栗山遺跡現地での筆者との協議でそのような調査法がとられた。調査担当者の松尾宏氏の努力に感謝する。

10) 九州大学農学部縣和一教授の協力を得た。

11) 筆者はかつて福岡県小郡市井上北内原遺跡の甕棺墓において，横穴と下甕上部との間に空洞があるのを確認したことがある。時期は中期後半で，横穴の傾斜が強いものであるため，直接参考にはできないが，少なくとも隙間を十分に充填することはなかったとみてよかろう。

12) 魅力的な説であるが難点がある。まず，貝輪のセット関係がくずれていないことや，欠損や補修痕がないことなど，長年の着用とするには疑問がある。

13) 目貼粘土の蛍光X線分析では，同一墓地のものはかなり類似する傾向がある。採取地が特定されていたことを示唆する。

第 8 章

「都市」・集落と社会

　弥生時代集落の最大の特徴は，環濠集落[1]であるとされている。これを弥生時代の指標とする見方もあり（武末，1991；ほか），重要な要素であることは間違いない。また弥生時代においては，とくに中期以降にきわめて大規模な集落がみられるようになるのも特徴である。

　しかしその一方で，中小規模の集落も存在し，また環濠をもたない集落も存在する。集落の立地する地形的諸条件も考慮すべきではあるが，拠点集落といわれる大型集落には基本的に環濠が伴うことは注目してよかろう。弥生時代社会は階層構造が進行する段階であり，古墳時代，律令体制へと国家的段階への方向性が進行していく段階であるといえる。前述のように，弥生土器の複雑な器種分化や，胎土分析の結果が示す拠点集落と一般集落との甕棺墓地の格差，ひいては葬送儀礼の格差，甕棺墓に投影された階層化などがある。このように，物質文化として我々が知ることのできる多くのものに「構造的」に顕著な階層的表示またはその投影がみられ，意図的か非意図的かにかかわらず国家的段階への方向性を歩みだしていることがうかがえる。

　そのような時代の集落について，本書のコンテクストにしたがって論じることにする。

第 1 節　環濠集落と階層化

1.　環濠集落の開始と展開

　すでに第 3 章でも弥生時代開始期前後の集落についてはふれたため，環濠集落の始まりについてはそれも参照されたいが，弥生時代前期の開始に先立って福岡平野周辺で環濠集落の形成が開始されたと考えられる。ところが，環濠集落の形成が最も早かった九州でも，西北部九州（唐津を含む）や中・南部九州では，中期に至っても一部を除いて環濠集落は未発達である。むしろ環濠のない集落のほうが多いとさえいえる。最も未発達かつ未定着なのは，薩摩半島でも西部を除く地域や，大隅半島，宮崎平野などである。これらの地域では高杯などの食膳土器や弥生時代的墓制の定着が遅れたことも，連動した現象として解釈すべきであろう（cf. 宇野，1995）。

　一方で，こうした一部の地域をとり残しながら，弥生時代前期の中ごろから後半段階までには，西日本一帯を越える範囲に環濠集落が出現・定着する。それはいわゆる遠賀川式土器や方形周溝墓の東方への展開と概ね一致する。では，環濠集落というものにはどのような意味があるのであろうか。

環濠については，外敵から集落を守るため，あるいはイノシシなど動物の害を防ぐため，集落や貯蔵穴などの湿気を除くため，といった実質的な機能が想定されているほか，集落の内と外を隔て区別するという象徴的意味があるとする見方もある。このうち外敵からの防御という観点は，近年弥生時代を語る上でのキーワードである「戦争」と関連して多くの復元図や博物館展示などで採用されており，比較的受け入れられているといえる。しかし，いずれにせよエティックとエミックの区別があまり意識にのぼっていないということと，多くの遺物や遺構がそうであるように時間とともに意味が変容するということにおいて，環濠にはおそらく多様な意味が付与されたであろうし，機能主義的に多様な意味を付与することも可能である。したがって，どれか一つに限定することは難しいと考える。ただし，弥生時代研究者に広く受けいれられているわけではないが，環濠について防御とは別に威容を誇るためのもの(小林達雄ほか(編)，1998)，格式や威厳を示すためのものという意見がある[2]。階層化社会としての弥生時代という観点をふまえ，また地域内に環濠をもつ集落ともたない集落があることも包括的に説明しようとすれば，環濠は外観的に集落の力・伝統を誇示するための様々な属性のうちの重要なものの一つであったとするのが，最も広く適用できる考えではなかろうか。

　弥生時代早期段階の集落構造は，縄文時代の集落構造の伝統がなんらかの形で残ったものであることはすでに述べたところであるが，早期段階で環濠をもつ確実なものとしては福岡市那珂遺跡が

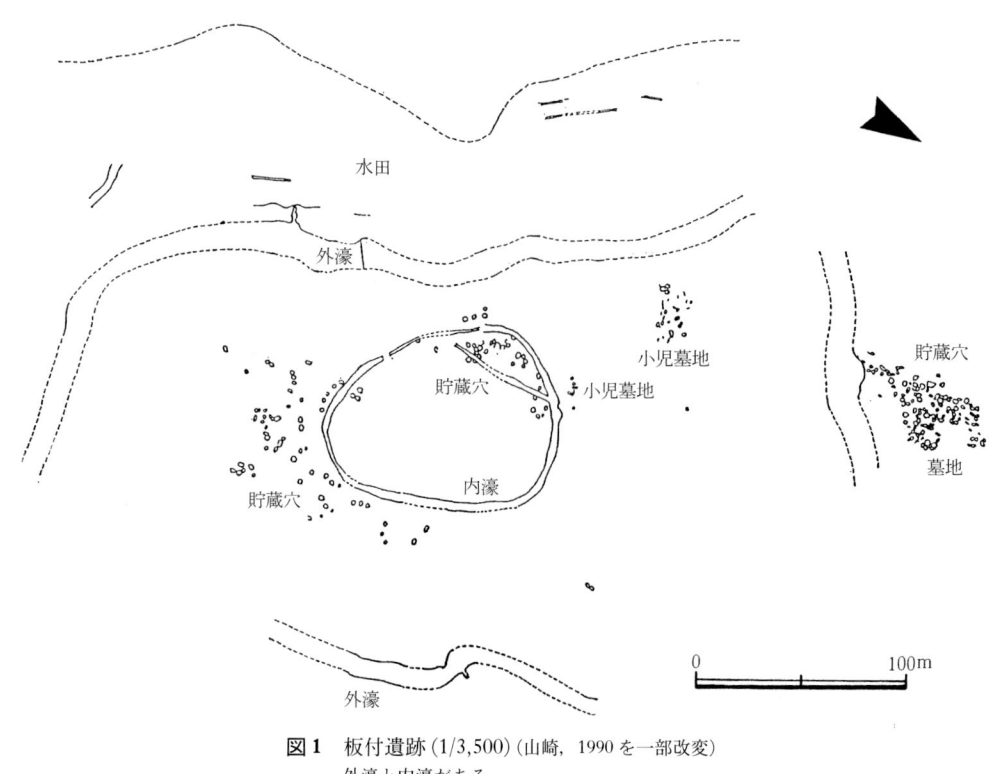

図1 板付遺跡(1/3,500)(山崎，1990を一部改変)
　　　外濠と内濠がある．

ある。那珂遺跡は二重環濠の可能性が高く，多重環濠の出現がすでにこの段階にあることは注目される。それにほど近い福岡市板付遺跡では環濠内から板付Ⅰ式を出土し，前期でも古い段階に属することは明らかである。板付遺跡は，従来知られてきた環濠部分がいわば内濠であり，その周囲を大きく取り囲んで外濠ともいえる環濠があることが近年明らかになった(山崎，1990)(図1)。集落を取り囲む外濠と，その集落内に内濠で区画された部分があると認定できるならば，「深い濠と土塁で囲まれ厳重に隔離される内濠の内部で暮らす層，内濠と外濠の間に住まう層，そして外濠の外に生活の場をもつ層に，三分されている」とし，「居住域の落差に，身分差の存在が早くもうかがえる」(高倉，1995: 71)，との見方も出ている。

早期あるいは前期初頭の環濠をもつ集落は，これら福岡平野とその周辺に限られており，調査面積や調査密度にもよるが，さきの想定どおり西北部九州などその他の地域には存在しない可能性があろう。環濠により明確に区画された集落は，環濠によって集落域を内外に明示し，またその威容を誇示するのに役立ったであろう。環濠の掘削あるいはそれに伴うとされる土塁の築造は，多数の動員を暗に示すだけでなく，自然と人工物という対比をもいっそう明確にしたと思われる。したがって，環濠の外濠はたんなる用水路や区画としてだけでなく，集落の大きさを誇示するためにできるだけ大きく掘られる必要があったのではないかと思われる。初期の環濠を掘りなおして集落域を拡大することは，各地の弥生時代環濠集落でときおりみとめられることであるが，そう頻繁に行われることではなかったようである。一般に環濠集落における環濠の掘削は，その中に存在する初期の住居の建築に前後して行われるものであって，集落の中味が出揃ってからなされるものではないとすれば，将来の住居や施設の増加はある程度見込まれていなければならない。実際に環濠内の構築物の痕跡が疎な遺跡もあることはその証左かもしれない。

環濠集落の形成期に環濠をもつ集落と，もたない集落が同一地域に存在することは，看過できない問題である。また，集落内に特別な区画がある集落とそれが顕著でない集落もあろう。セトルメント・システムについての十分な議論が必要ではあるが，縄文時代後晩期にも大型集落と中・小集落が存在しており，大型集落に土偶や稀少な翡翠製玉類が集中し，土器の集中廃棄が行われた場所があるなど集落間に格差が生じていた可能性が高い。同様に，熊本県中堂遺跡のように，集落内でも大型住居から遠隔地交渉によると思われる玉類や精製土器が出土する傾向があることから，集落内の居住者間でも格差があることが認められる。こうしたことを想起すると，縄文時代後晩期に統率者の存在を認める本書の立場からすれば，集落間格差や集落内格差がこのころいっそう拡大して存在したことは当然考えられることである。環濠について，たんなる置換可能な任意の集落属性の選択として片付けるわけにはいかない。

また，そうした環濠集落の内部に，特別に区画した居住域があるとすれば，墓地との対応関係が問題になる。弥生時代成立期前後には，それを検討するに足る十分な資料がないが，前期後半以降，特に中期に明確になってくる，環濠集落に付属する明確な墳丘墓に埋葬される少数のメンバーと，同時存在の列状墓に葬られる多数のメンバーの関係は参考になろう。副葬品と強く結びつくのはいうまでもなく前者のメンバーである。これは環濠集落内における特別な居住域に住む少数のメ

ンバーと，その外側に住む多数のメンバーとの関係に似ており，墓地でみられる現象と集落でみられる現象とが構造的に対応しているようである。おそらくそれは階層差に対応していることは論をまたないであろう。後続する時期のこのような状況の萌芽が弥生時代成立期前後にすでにあらわれている可能性は大であると考える。

　佐賀県吉野ケ里遺跡など北部九州で知られる大規模環濠集落は，弥生時代早期後半や前期のやや小規模な集落から開始されており，長期間存続する。そしてそれに付属する墓地がみられる。こうした大規模環濠集落における中期の墓地の中には墳丘墓など特定の区域があり，その内部には中期前半から後半まで長期にわたって継続した青銅器などの副葬がみられる墓が存在する。概ね以上のような傾向がある。ただし後述するように，周辺全体を囲む環濠や，運河など特定の機能をもつ濠，計画的な造成など都市的機能をもつ集落にふさわしい諸整備は，須玖Ⅱ式の開始期，すなわち紀元前1世紀の初め頃に行われている。比恵・那珂遺跡群以外ははっきりしないが，道路設備も含まれるかもしれない。また，この時期には，レベルⅠに属する須玖岡本遺跡D地点や三雲南小路遺跡のように，1基または2基の埋葬からなる特別な墳丘墓も出現する。このように，中期後半は集落における大きな画期といえる。

2. 北部九州の都市的大規模集落

　近年，弥生時代の大規模集落に対して「都市」と呼ぶむきも出てきているが，定義は様々である。弥生時代の大集落の一部を，「都市」と呼ぶことの是非については議論があろう。しかしながら，誰もが認定するような後代の「都市」だけを論じるのではなく，それが成立していく過程についても扱い，なおかつ本質的な理解を得るのが物質文化研究の学問たる考古学の役割だとすれば，考古学の外で行われた定義に常に拘束される必要もなく，不必要に禁欲的になることもなかろう。したがって，「都市」と呼びうる可能性を視野に入れつつ事実関係を把握することが有益な議論につながると思われる。

　少なくとも「都市的性格が強い」という意見が出されている例としては，下に挙げる須玖・岡本遺跡群や比恵・那珂遺跡群があり，その他には三雲遺跡群や壱岐原の辻遺跡なども挙げられよう。また，近畿地方などでも大阪府池上曽根遺跡などの類似した大規模集落が存在するが，共通するのは全域を取り囲む環濠をもつということである。弥生時代の「都市」的遺跡は考古学的に遺跡として我々の前にたち現れる際には，大規模環濠集落ということになろう。なお，以下で述べる須玖・岡本遺跡群や比恵・那珂遺跡については，吉留秀敏 (1999a, 1999b)，久住猛雄 (1999a, 1999b, 2000) の復元案に主に基づいている。

(1) 須玖・岡本遺跡群

　福岡県春日市に所在する大規模遺跡群である。明治時代に甕棺内から30面余りの前漢鏡などを一括出土し，その後昭和初年の京都帝国大学による甕棺墓等の調査，高度経済成長期以降の九州大学，福岡県教育委員会，そして春日市教育委員会による調査で，少しずつ「奴国」の中核遺跡の全

容が明らかになりつつある。

　ここで用いる「須玖・岡本遺跡群」という名称は吉留(1999a)による。吉留の復元によれば丘陵部の遺跡だけで南北1.8km，東西0.7～0.8kmであり，比恵・那珂遺跡群よりやや小さい100haほどである(図2)。部分的に知られる溝跡から，周囲には外濠をめぐらしていた可能性が高い。そして0.5×0.5kmの範囲に及ぶ青銅器鋳造関係遺跡はさらにその北側低位に展開し，それをまとめると比恵・那珂遺跡群を凌ぐ超巨大集落となる(ibid.)。なお，須玖・岡本遺跡群は従来調査地点ごと

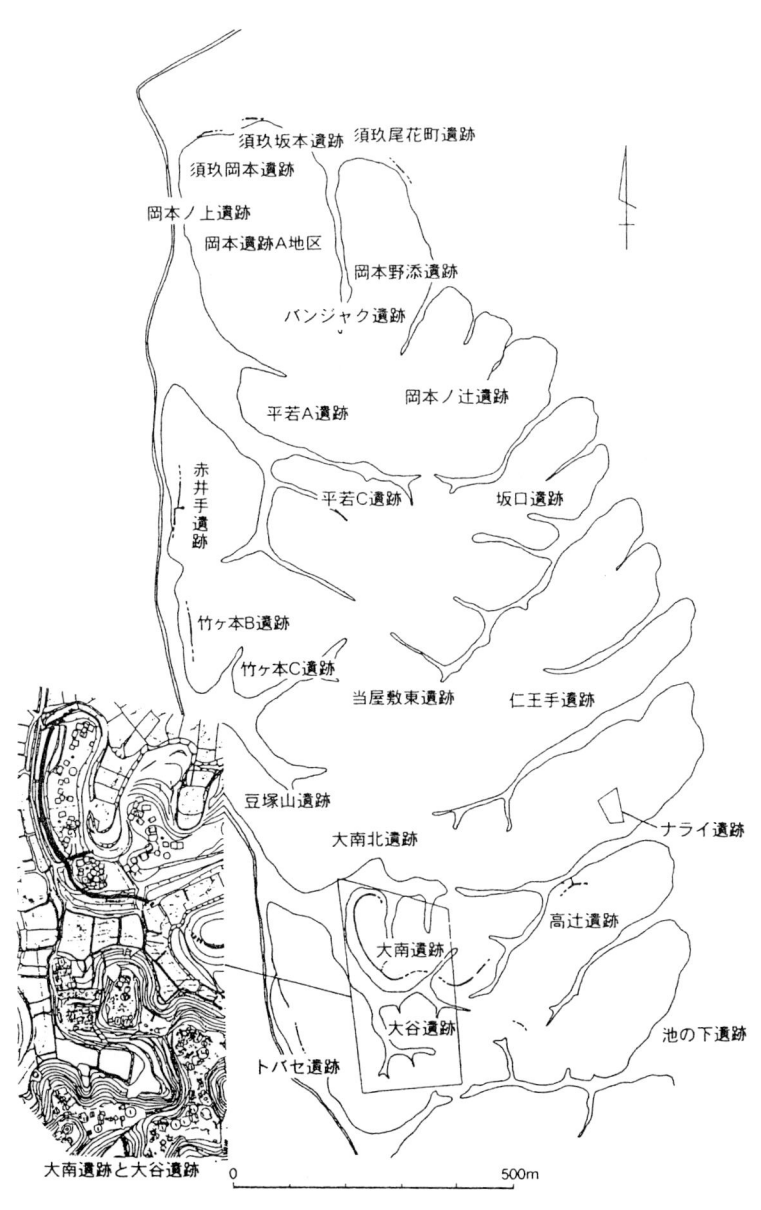

図2　須玖・岡本遺跡群(吉留，1999aより)

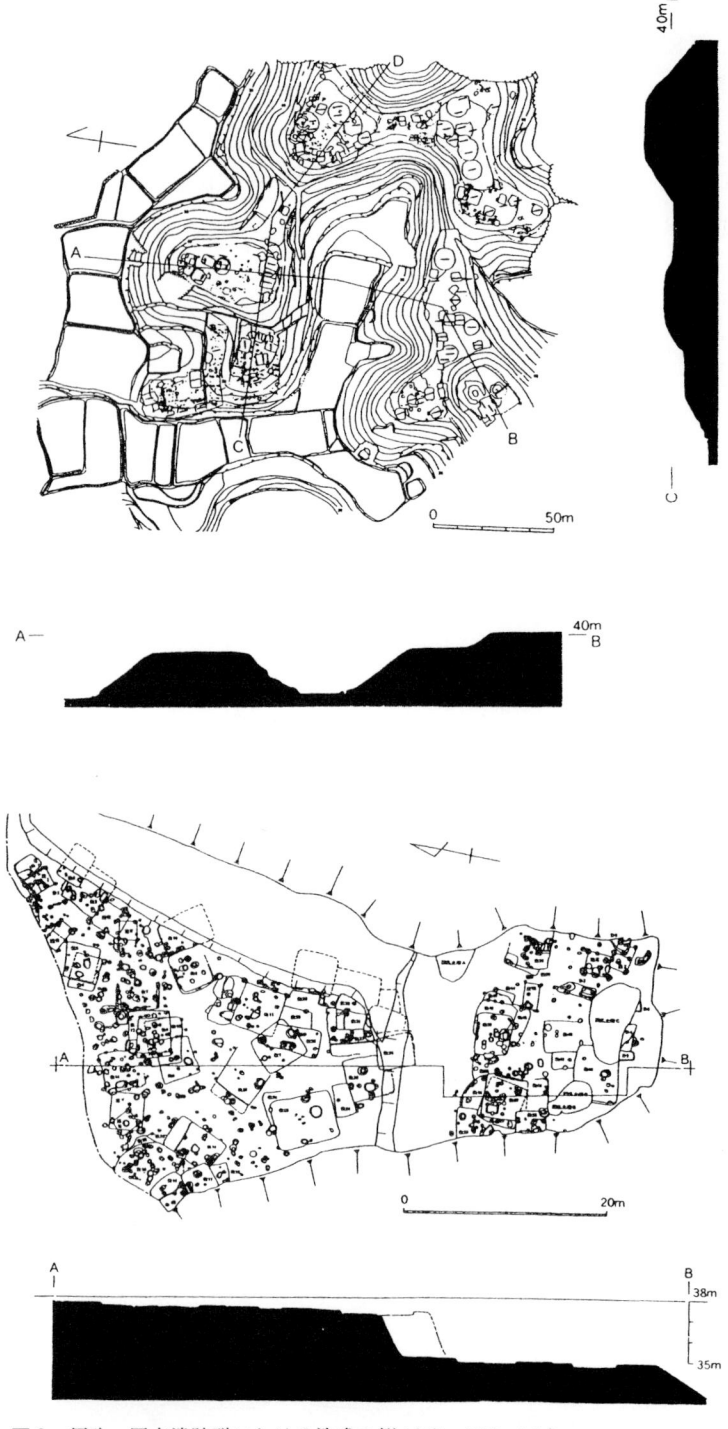

図 3　須玖・岡本遺跡群における造成の例 (吉留, 1999a より)
　　　上　大谷遺跡, 下　ナライ遺跡. 段状に造成している. 断面の縦は 2 倍に拡大.

に個別の遺跡名で呼ばれており以下でも使用するため，混乱しないように願いたい。

　この須玖・岡本遺跡群の最近で最も重要な知見は，大規模な造成工事が行われているということであろう。これは台地縁辺部の掘削や溝の掘削だけではなく，住居などの構築物がある台地平坦部自体が造成によってできているということである (ibid.)。墓地は自然の丘陵をそのまま利用しているのに対して，集落部分の多くは人工的に造成されている。この遺跡群に含まれる大谷遺跡やナライ遺跡の例から，丘陵の高い部分を削平して低いところに盛り (最大で約 1.5 m)，それでできた平坦地に住居等を営んでいることがわかる (図 3)。後世の造成などではないことは，盛土部分があることや次の段の崖下ぎりぎりまで弥生時代の遺構が分布していることで明らかである。本遺跡群を周囲から見るとまさに「威容」を誇る景観であったことが想像できる。吉留によればこうした大規模な土木工事は「中期中頃」に行われたとされ，長期間をかけて逐次行われていったというよりも，遺跡群内で同時併行的に一気に行われたというほうが適切なようである。

　こうして中期後半段階に，すでに「都市」としての機能を開始しているものとみられる。なお，この段階の本遺跡群内には，前述の D 地点「王墓」があり，九州において最も突出・隔絶した墳墓がみられる。これをはじめとして，D 地点の北西側で検出された 7 次調査地点の墳丘墓など厚葬墓が存在している。本遺跡群の一角にそのような厚葬墓に葬られた人物が居住していたことは確実視され，具体的にどこにどのような形態で居住していたのか，今後の解明が期待される。彼らは，このような計画性のある大規模な土木工事を計画・掌握した人物またはそれに連なる者達であったものと思われ，したがって，政治的センターとしての機能もこの遺跡群は果たしていたと考えられる。土木工事にあたって多数の人員が動員されたことは想像に難くないが，公共事業的性格も持ち合わせていたのかもしれない。

　須玖・岡本遺跡群は，後期前半に竪穴住居から掘立柱建物に転換してしまうようである (ibid.)。このような掘立柱建物への転換という状況は，ほぼ須玖・岡本遺跡群と比恵・那珂遺跡群のみで起こっていると考えられ，それらをとりまく諸遺跡では竪穴住居が継続する。しかも両遺跡群に共通して後期前半期の掘立柱建物は強く北を意識しているともいわれており，このことからも両遺跡群が規模だけでなく内容的にも突出していることがわかる。こうした状況は集落間格差として把握することもできるが，むしろ都市的集落とその他の集落という格差の拡大が物質文化に表れているというほうが適切であろう。拠点集落と通常の集落という格差に加えて，突出した都市的集落が成立・充実するのがほぼ中期後半ということができ，さらに後期まで継続もしくは格差が増大したといえよう。

　なお，下で紹介する「道路」状遺構も，後期後半〜終末のものが青銅器鋳造関係遺跡のある低位地区の須玖唐梨遺跡で検出されている (久住，1999b)。

(2) 比恵・那珂遺跡群

　比恵・那珂遺跡群は，須玖・岡本遺跡群と同一の河川 (那珂川と御笠川) に挟まれた低台地上に展開する遺跡である。巨視的にみると，須玖・岡本遺跡群のさらに北側に長く連なっており，両遺跡

図4　比恵・那珂遺跡群(1/12,000)(久住, 1999b より)

第8章 「都市」・集落と社会

群がまとまって広大な遺跡群を形成しているということができる。比恵・那珂遺跡群は福岡市博多区に所在する。南北約2km、東西約0.7kmと南北に長く、約130haの広大な面積に復元されている(吉留, 1999a)。

古く鏡山猛によって調査され弥生集落の学史上必ずふれられる比恵遺跡の「環溝住居址」の地点は、この比恵遺跡群の一角にあたる。現在までの調査で、比恵遺跡群と那珂遺跡群は一応区別できるが本来同一の大遺跡とみるのが適切であろう(図4)。

弥生時代早期段階の那珂遺跡環濠に示されるように、弥生時代の開始からほどなくしてここに集落が営まれ、当初は低台地の周辺部や一部であったものが、台地の中央部を開発し、全域が集落となるのが中期後半である。須玖・岡本遺跡群とともに中期後半(須玖IIa式)の同時期に大規模開発のピークを迎えて遺跡群のおおよそのレイアウトが決まるということは、同一水系に連なる両遺跡群の密接な関係を示唆する。

本遺跡群の都市的性格を考える上で、最近指摘されている運河遺構と道路遺構は重要であるので、ここで特にとりあげて述べる。吉留(1999b)は、本遺跡群内で検出されている「大溝」について以下のように復元し、運河説を唱えている。比恵遺跡群15次調査で検出された大溝SD05cは掘削当時、幅約5m、深さ約2.5mであったと推定される(図5)。溝下部には護岸用とみられる杭列があり、常時流水があったと考えられている。この延長は、各調査地点で検出されたものにつな

図5 運河遺構の可能性のある比恵遺跡群15次大溝SD05c(1/80)(吉留, 1999bより)
護岸のためと思われる杭列が検出されている.

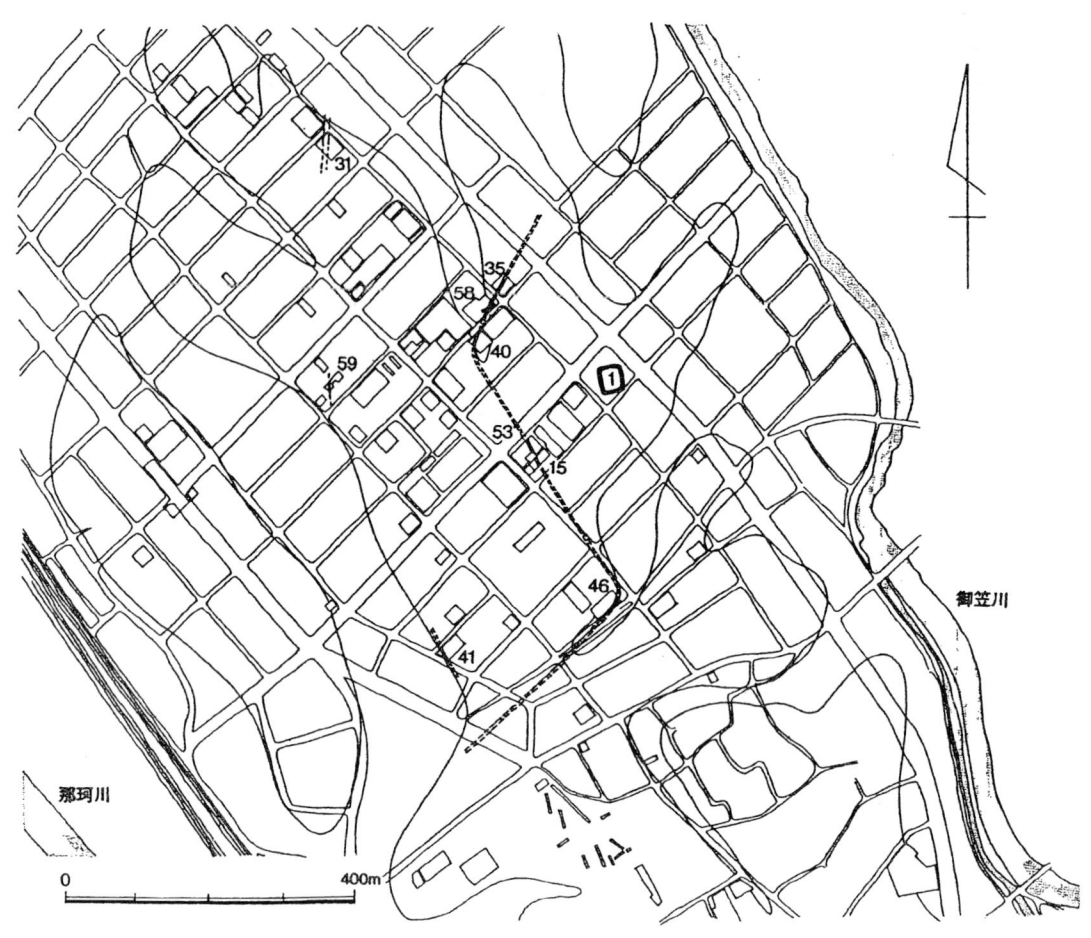

図6 吉留による比恵遺跡群の運河遺構の復元 (1/10,000) (吉留, 1999b より)
集落内部をクランク状に横切り, 那珂川と御笠川を結んでいる.

がる．それをつないでいくと比恵遺跡群をクランク状に横断していると推定され, 全長900m以上の溝として復元される(図6)．溝底は1.5〜4%の勾配をもって北へ傾斜しており, 水路と推定される．つまり, 那珂川から取水し, 比恵遺跡群の中を横切って御笠川に流れ込むと考えられる．本遺構は状況証拠から, 吉留がいうように一義的には灌漑用というより, むしろ水運の役割をもつ運河的機能を果たした可能性が十分にあると考える．吉留は58次調査で検出された大溝の下流に向かって開く「引き込み部」遺構は, 小舟の停船施設であると推定している(図7)．

なお, この大溝に隣接する部分には竪穴住居はみられず, そのかわりに溝を意識した方位をもつ掘立柱建物群がある．大溝は弥生時代中期後半に成立しているものと考えられ, 集落が台地上に広く展開した初期のレイアウトと密接な関係をもっていたものと考えられる．

次に, 比恵・那珂遺跡群において最近その存在が注意された「道路」遺構について述べる(久住, 1999b)．この遺構も弥生時代中期後半に出現すると考えられる．一般に道路遺構は, 削平などのため道路面が遺存することはほとんどなく, 調査において明確に把握することは難しい．したがっ

て，集落に入る小道などは分厚い火山灰に覆われるなどしなければ認定は困難である。近年古代官道の発見が相次いでおり，両側の側溝や切り通しの存在，道路部分には同時期の他の遺構が希薄であること，あるいは地点別につなげば直線状を呈すること，などの認定の要件が周知されてきた。久住による比恵・那珂遺跡群の道路遺構の認定もまさにそのような方法でなされており，妥当性が高いと考える。いいかえれば，のちの官道を思わせるような本格的な道路が存在したということになる。

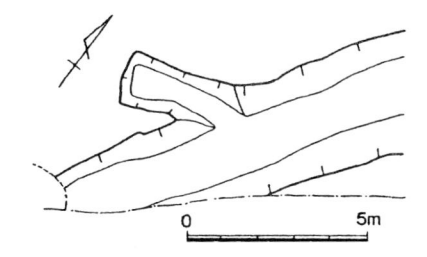

図7 比恵遺跡群 58 次の大溝「引き込み部」(1/200)
小舟の停船施設と推定されている．

　比恵・那珂遺跡群の場合，開発に伴う調査が地点を変えて行われており，その全容を把握しずらいという憾みがある。道路遺構とみられるものは，中期後半のもののほかに，弥生時代終末期に成立するものがあり，後者のほうが認定が容易であるため，そちらから述べる。

　遺構としては並列した2条の溝として検出されるもので，「並列二条溝」と呼称されている。幅は芯々で6〜8mを測り，比較的一定している。それが直線的にのびている。2条の溝間には同時期の遺構が希薄であり，溝の状況から維持管理が行われたことが示唆される。これは比恵・那珂遺跡群の長軸方向に中心を貫いており，長さは1.5kmないし2kmに及んでいる。古代官道など従来検出されている道路遺構と比較しても，これが道路である蓋然性は極めて高く，久住が主張するように道路遺構と認定すべきである。時期は弥生時代終末期（久住（1999a）のIA期か）から，古墳時代前期を通じて存続したものと考えられる（ibid.）。

　そのすぐ外側に隣接する遺構は，「並列二条溝」に影響されるもしくは配慮していることがうかがえる。それは居住地区のみならず，道路遺構に隣接する方形周溝墓や前方後円墳とも関係している。九州最古級の前方後円墳とみられる那珂八幡古墳の前方部前面と，その対面にある方形周溝墓との間にその道路遺構の想定ラインが位置していること，また方向も沿っていることなどを含めて，この直線的にのびる「並列二条溝」は，比恵・那珂遺跡群の基本的レイアウトと密接に関係していると考えなければならない。これに関連して，かつて鏡山が調査した「2号環溝」はこの道路遺構と同時期であるが，この遺構自体が当時の比恵遺跡の中心的な遺構で，久住は「首長居館」と推定している。建物自体は削平のため明らかではないが，「環溝」と道路遺構との方位はよく一致している（ibid.）。

　比恵・那珂遺跡群で現在確認されているメインとなる道路遺構は以上のものであるが，それに先立って，同様の構造をもつ道路が存在したと推定されている。すなわち，弥生時代中期後半の「並列二条溝」であり，それは遺跡群北部で一部が確認されており，これも道路遺構とみられる（ibid.）。長さなどは不明であるが弥生時代終末に成立する道路遺構に先行して，すでに中期後半から道路遺構が少なくとも一部では存在しているとすれば，やはり本遺跡群の最も基本となるレイアウトと大いに関係するものであろう。

　なお，比恵・那珂遺跡群に近く，さらに博多湾側に位置する博多遺跡群17次でも同様の道路遺

構が検出されている。芯々5.5mほどで，灰白色砂と黒色粘質土が互層になった高まりがあり，側溝に挟まれた舗装路面の可能性が高い。これは弥生時代終末から古墳時代前期の遺構と考えられ，方形周溝墓の方位に規制を与えていることから，集落内部の区画的機能も果たしたと推定されている（ibid.）。久住は玄界灘沿岸の道路と考えられる「並列二条溝」の例を挙げているが，それらは集落内部の区画としての機能ももちあわせているものと，むしろ集落間を結ぶものがあることを示唆している。

　以上のほかに，比恵・那珂遺跡群で目立つ特徴的な遺構として井戸がある。本遺跡群の井戸は中期後半（特にその新しい段階）に爆発的に多数出現し，その後継続する。井戸は西日本各地で点々と発見されており，巨視的にみると弥生集落の属性と考えられる。あまり指摘されないが筆者は弥生時代に出現する重要な物質文化の一つと考えている。ところが井戸は各集落に伴うわけではなくじつに限定的である。九州において弥生時代の井戸は北部九州に集中しており，しかもごく一部の遺跡でのみ発見される。その最も集中するのが比恵・那珂遺跡群であり，あとは佐賀平野南部や筑後平野南部という有明海沿岸に点在する程度であるといっても過言ではない。もちろん井戸の存在には地形環境が影響するが，比恵・那珂遺跡群でのコンテクストからみて，遺跡の大規模化，「都市化」と連動した現象である可能性が高い。集住による人口増加に伴って飲料水の確保の必要性や水質汚濁の問題から生じたことかもしれない[3]。井戸は「都市」の属性と考えてよいのではなかろうか。

（3）吉野ケ里遺跡

　佐賀県神埼郡吉野ケ里遺跡は，佐賀平野における最大級の環濠集落と考えられ，近年大きな注目を浴びている。大規模環濠集落全体に調査範囲が及んでおり，その全容がわかる貴重な遺跡である（図8）。これまでの調査で多岐にわたる事実が判明している。

　吉野ケ里遺跡では弥生時代早期以降，弥生時代を通じて遺構・遺物が検出されているが，明確に環濠集落を形成するのは前期末ごろと考えられる。前期末から中期前半（須玖Ｉ式）の時期には，丘陵上に径200mを超えない環濠集落が営まれているが，中期後半（須玖II式）には南北約1,000m，東西約250mほどの丘陵全体を取り囲む環濠が掘られている。やはりここでも中期後半に飛躍的に拡大する状況が認められる。

　本遺跡の内部には住居域や特定の建物の区域，あるいは青銅器鋳造関連の区域などが存在しており，複雑な構成をとっている。集落内部で階層差があることは，集落の北端に墳丘墓が形成されており，列状墓地とは大きな較差を生じていることでもわかる。集落構成の重層性と墓地の重層性は，階層性として解釈可能な整合性をみせているように思われる。墳丘墓内の甕棺墓は2b型式から3bc型式まで長期間にわたって継続するものであり，こうした墳丘墓内の埋葬の継続性は，北部九州各地の遺跡でも確認できることである。吉野ケ里遺跡全体の集落構造は時期的に変化していくが，墳丘墓は，丘陵全体を囲む大型環濠の出現に先立って構築・埋葬が開始されており，大型環濠はその墳丘墓を取り込むようにめぐらされている。大型環濠の掘削時に墳丘墓の存在が明らかに意

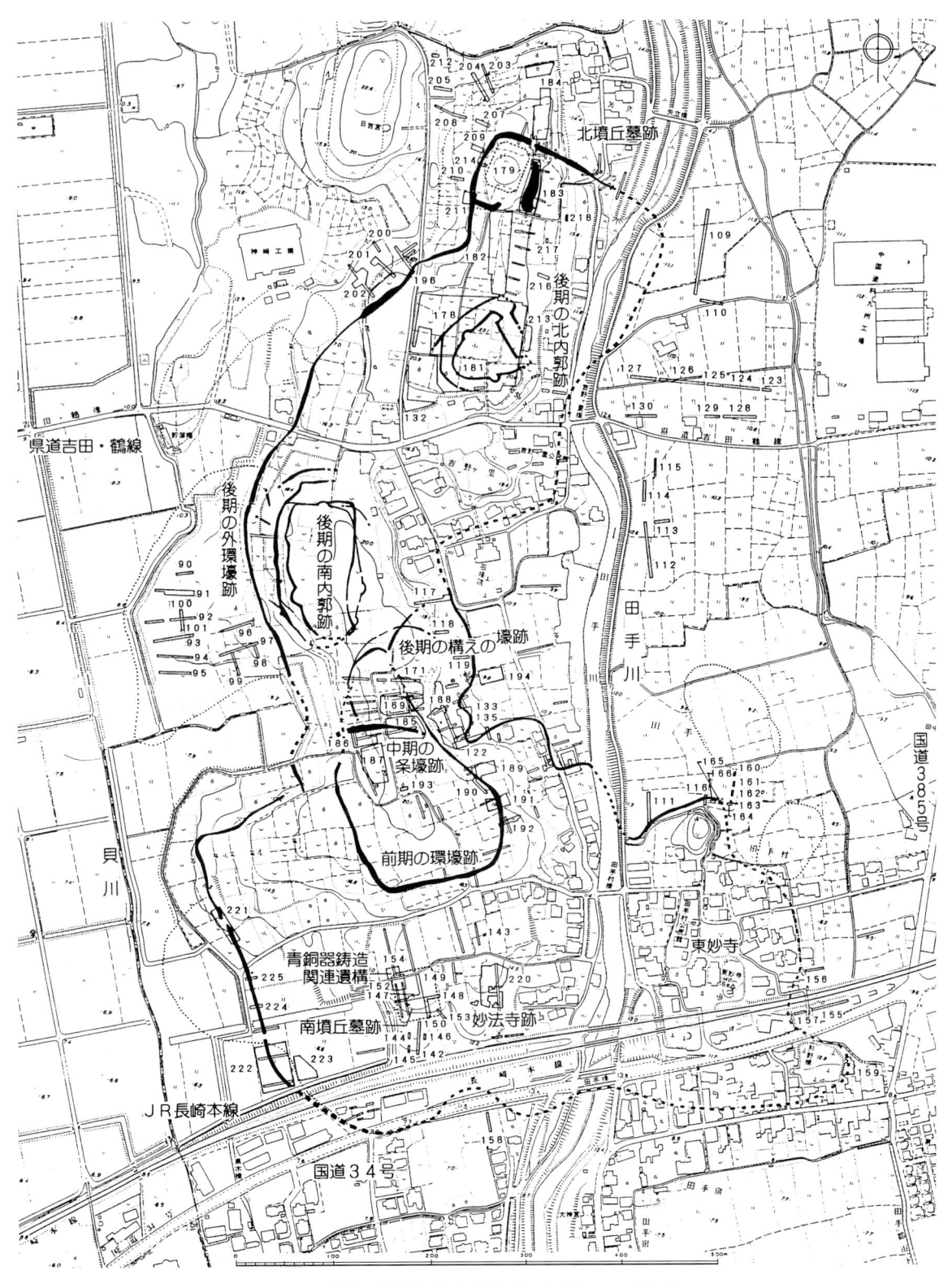

図8 吉野ヶ里遺跡(佐賀県教育委員会(編), 1997を改変)

識されたと考えざるをえない。したがって，大型環濠の形成の前後にわたって墳丘墓への埋葬は継続したことになる。このことは，大規模環濠集落を営んだ集団の内容は，少なくともエリートに関しては継続性があるものであること，そして墳丘墓が集落全体にとって何らかの重要な象徴的存在であることをうかがわせ，さらにはエリートの主導で大型環濠集落の形成が行われた可能性をも示唆するものである。

墳丘墓に連なるように配置された列状墓の存在も含めて，大型環濠出現の前後にわたる墓地の存在は，集落全体のレイアウトの決定に大きく作用しているように思われる。

ただし，前期末までに集落が形成され中期初頭までは継続がみられる四波屋六の坪遺跡乙地区には環濠は存在しない。吉野ケ里遺跡の同時期の環濠と近接するにもかかわらず環濠のない地区が存在するのは大変興味深いところである。北部九州において環濠のある集落とない集落が近接しつつ同時期に併存する例は多くあり，たんなる地形的条件などでは説明できない状況にある。環濠集落とそうでない集落の間に早い段階から格差が生じていたとする考えはここでも支持される。また，こうした集落の消長は，環濠集落の拡大とも関連しているとみられ，基本的には集住の形態に近くなると考えられる。

こうした大型環濠集落に含まれる各地区間の関係については，これまで実証的に解明する手がかりがほとんどなく，推測の域にとどまっていた。しかし，次の分析によりその端緒が開かれたといえよう。吉野ケ里遺跡の弥生土器について，前章で記したのと同じ方法で胎土分析が試みられた（鐘ヶ江ほか，2001）。その結果，胎土の化学特性には地区ごとに時期を通じて若干の差異があることが確認されている。このことは，吉野ケ里遺跡内部での土器の移動・消費に一定の排他性があった

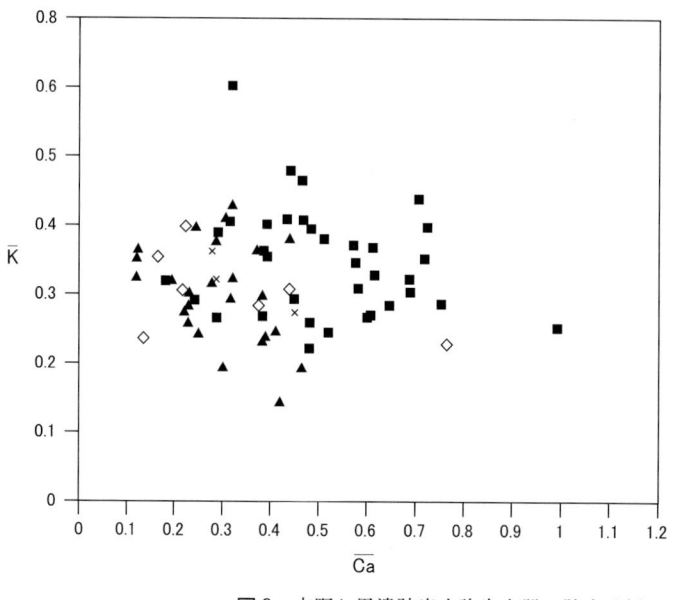

図9 吉野ケ里遺跡出土弥生土器の胎土分析
鐘ヶ江ほか (2001) の研究による．

ことを暗示している(図9)。また，その排他性は階層差というよりもむしろそれ以外の集団の差に対応するようにみえる。すると，例えば大型環濠形成以前の各地区の集団が，大型環濠形成以後もある程度維持されていた可能性も出てくることになり，大型環濠集落とは何であるか，その性格を解明する重要な手がかりとなるであろう。さらに，前記の集住の問題についても，複数の集落が移動して一つの大きな集落を形作るだけでなく，同一丘陵に散在した複数の集落が大型環濠によって囲まれることによって大きな集落となるパターンがあったというモデルが提示できよう。

なお，このことを大規模環濠集落全体に一般化することはできない。比恵・那珂遺跡群出土土器の胎土分析からは，吉野ケ里遺跡と異なるパターンをとる可能性が示唆されているからである。大規模環濠集落のうち，より都市化が進んだものでは土器の生産単位や移動・流通の規模が異なるのかもしれない。現段階では分析試料の数が十分ではないので，吉野ケ里遺跡を含めて胎土分析を今後継続する必要があるが，もし，両遺跡のパターンの差が本当に認められるならば，大規模環濠集落とされているものの中にもさらに質的差異が生じている可能性が出てくる。前章で土器の胎土分析から論じたこととも関連するが，土器の生産―分配システムに集落間格差が存在することは十分考えられ，今後の実証研究が期待される。

(4) 壱岐原の辻遺跡

壱岐に所在し古くから著名である原の辻遺跡は，近年本格的な調査が実施されており多大な成果があがっている(長崎県教育委員会(編)，1995；原の辻遺跡調査事務所(編)，1998，2000；田川，2001；ほか)。本遺跡には，低湿地に面した低い舌状丘陵を囲む三重の環濠があることがわかっており，規模は東西 350 m，南北 750 m，面積 24 ha と推定されている(図10)。ただし，この三重の環濠のうち中期段階に併存したのは2条と推定されている。その他にも溝状遺構が多数あり，いわゆる集落中心部分をとりまく溝や，集落内の区画のためのものがあると考えられる。また，ここでもやはり両側に側溝をもつ3～5m幅の道路状遺構が一部で検出されている。

本遺跡で最も注意をひいているのが，中期の「船着場跡」である(図11)。簡単に記すと，この遺構は，河川敷に設けられたもので，長さ 10 m ほどの堤防が平行して2本ある。堤防には「敷粗朶工法」が用いられている。これは水城など古代の築堤に採用されていることが明らかになったものと同様の工法で，木の枝や板などを敷いてその上に堤防を築いていくものである。引っ張りの力に強いとされ，急角度の堤防などに用いられる。本遺構の法面には礫が貼り付けられており，さらに表面に樹皮の貼り付けもみられるという。かなり頑丈かつ丁寧に築かれているといえる。船がこの堤防の間に入渠すると考えられており，幅は最も狭くなる下部でも約 7 m あり，スロープ状になっている。この遺構の構造や河川敷というコンテクストなどから，いわれているように船着場と認定できると考える。この船着場跡からは，石組み施設をもつ幅約 8 m の通路と考えられる遺構も検出されており，集落への通路と考えられている。

船着場跡は，岡山県上東遺跡で後期段階のものが知られており，本遺跡だけの特徴ではない。海に近い他の大規模集落でも発見される可能性を考えておくべきであろう。本遺跡では「港」と明確

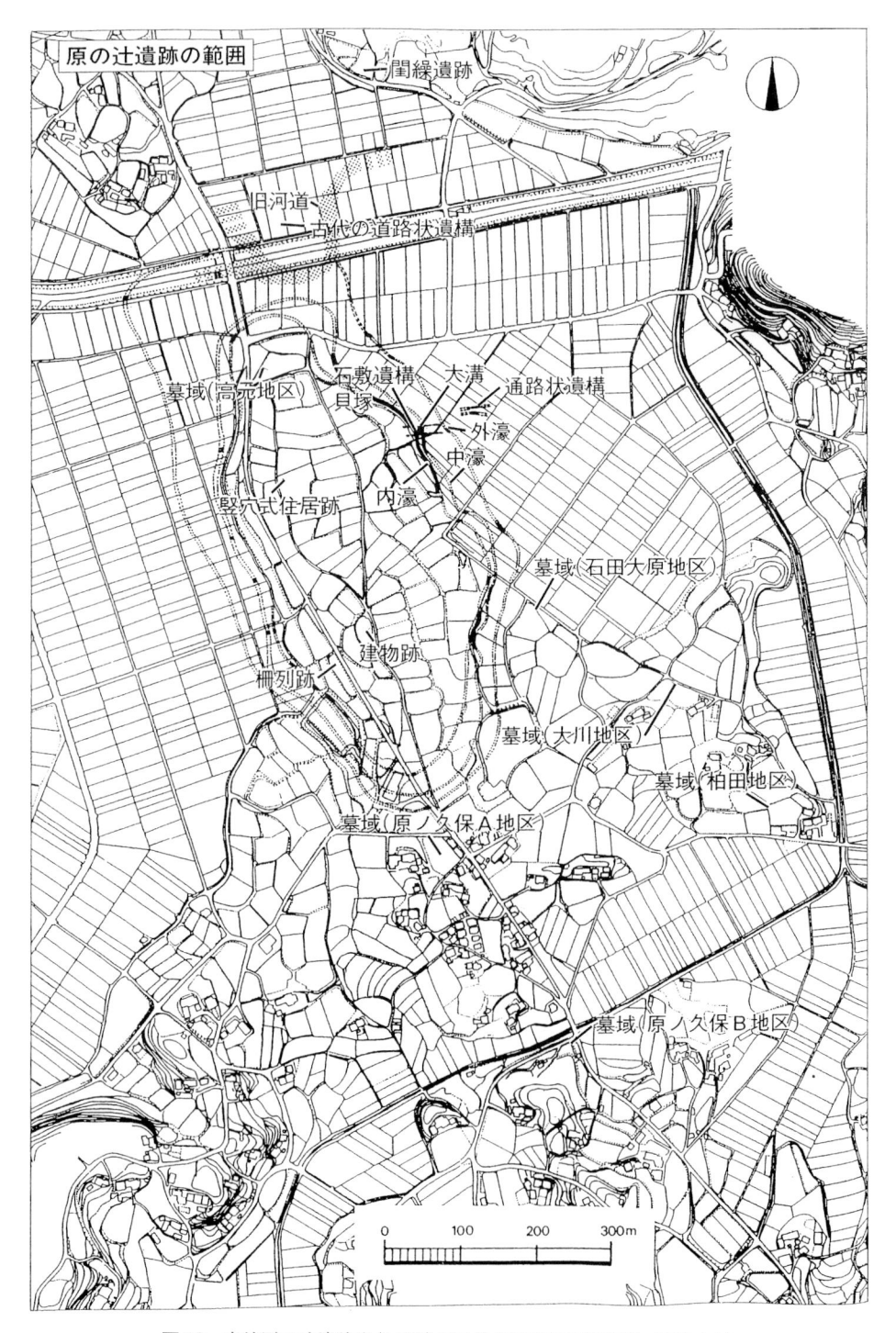

図10 壱岐原の辻遺跡 (1/9,000) (原の辻遺跡調査事務所 (編), 2000 より)

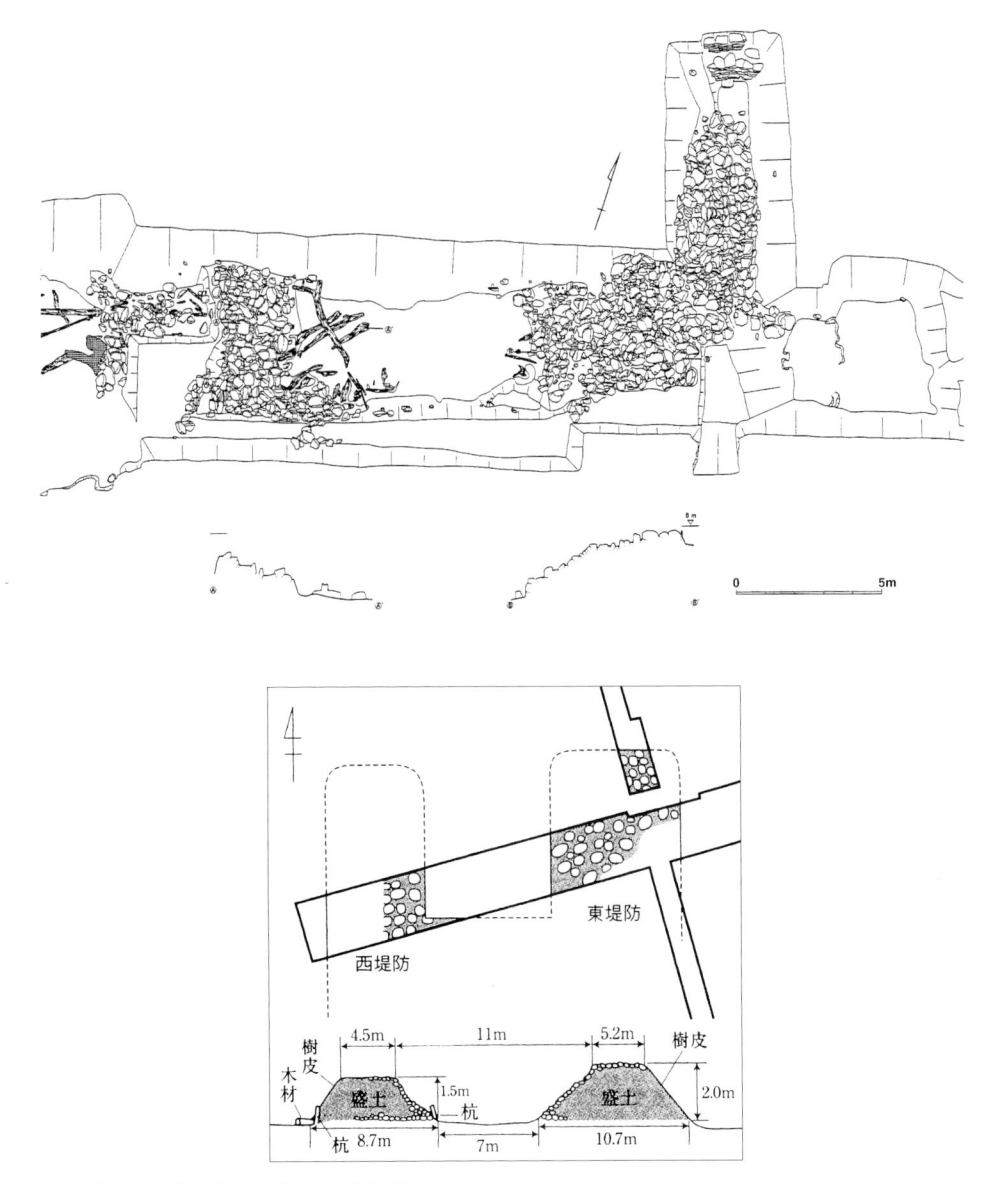

図 11 壱岐原の辻遺跡「船着場跡」
　　　上 遺構実測図(1/250)(原の辻遺跡調査事務所(編), 1998 より), 下 模式図(田川, 2001 より)

に認定できる施設は未発見であるが，それは今後の課題である。こうした集落外に存在する関連施設についても注目していく必要があり，それらと集落の間，さらには集落間をむすぶ道路の有無についても同様に注意する必要があることを本遺跡の調査は教えている。

　そのほか，調査の進展により少しずつ集落構造が解明されつつあるが，遺跡内の最高所には，弥生時代中期から古墳時代初頭にかけての高床建物群が多数発見されており，中枢的区域である可能性が指摘されている。明らかに周囲の集落域とは異なっており，その想定は首肯できる。

本遺跡は，九州と朝鮮半島との間に位置する拠点的大集落であり，その性格もやや特殊な点があった可能性がある。朝鮮半島・楽浪系の外来系遺物も多く出土しており，戦国式銅剣，無文土器や瓦質土器，滑石混入土器，五銖銭などがある。無文土器が集中して発見される地点の存在や無文土器製作者が弥生土器を模倣したことが明らかな土器も比較的多く出土するなど，朝鮮半島系の居住者がいたことが推定される。今後の調査の進展で本遺跡の構造がさらに判明していくであろうが，本遺跡最高所の建物群など特別な区画の存在から，エリートの居住や政治的行為の執行の場という可能性が考えられ，他の大規模集落と同様，重層的な構造をもつことはほぼ疑いなかろう。

　以上，九州の中でも北部九州地域にほぼ限定的に認められる中期の大規模環濠集落をみてきたが，中期後半，すなわち紀元前1世紀には集落の大規模化，集落内の格差の増大が認められる。また，集住の可能性も考えられる。そしてその周辺に環濠を伴わない中・小規模集落が存在するという点でも格差があったことになる。
　三雲南小路遺跡の「王墓」があり，「伊都国」の中心と目される前原市の三雲遺跡群も，都市的遺跡であると考えられる。北部九州において大がかりで計画的な土木工事を伴う大集落の建設が中期後半，正確にいえば須玖Ⅱa式段階に行われており，こうした状況の背後にはそれを掌握するエリート層の存在を想定しておかなければならないであろう。

(5) その他の拠点集落

　上では主に大規模環濠集落について述べてきた。大規模環濠集落が成立する中期後半において，大規模環濠集落とはいえないまでも，地域的拠点集落がある。大規模環濠集落の内部は複雑な構造があったが，それより規模の小さな拠点集落では複雑さの点では落ちるようである。ここでは集落内容の分析は行っていないが，小規模の集落から大規模環濠集落まで，階層的に認識することが可能と思われる。
　時期はやや古いが，前期末～中期初頭の福岡市吉武高木遺跡の，青銅器や多鈕細文鏡，玉類を副葬する木棺墓や甕棺墓からなる厚葬墓地に対応する集落域はかなり広く，性格の特定は難しいが掘立柱の大型建物も発見されている。また，吉武遺跡群全体で考えれば墓地，集落域ともに大規模である。このように，基本的には中期の各段階において，厚葬墓のエラボレーションの度合いと集落規模や集落構造におけるエラボレーションの度合いとは概ね対応するとみてよい。それがとりわけ顕著になったのが中期後半段階であるということができよう。
　前章であげた福岡県甘木市栗山遺跡は平塚台地上の縁辺部に展開する墓地であり，やはり墳丘墓や鏡1面を出土した甕棺墓も存在する。栗山遺跡に隣接する低地部には後期の新しい段階に盛期がある，多重環濠をもつ平塚川添遺跡が所在し，平塚山の上遺跡などとならんで集落遺跡を形成している。栗山墓地と対応する集落は必ずしも明らかではないが，それらの集落遺跡は須玖Ⅱ式期には出現しており，対応する可能性は高い。また，台地上にも同時期の遺跡が存在する可能性があり，群在する遺跡全体で拠点的性格をもつ集落を形作っている公算が高い。栗山遺跡の甕棺で行っ

た胎土分析の結果も，明確な墳丘墓とはいえない大刀洗町甲条神社遺跡や高樋塚添遺跡と異なり，上甕と下甕の類似度が高いものがみられた。

　福岡県小郡市に所在する大板井遺跡でも，前章の胎土分析で小郡市域に分布する諸遺跡の中で分析値の分散が大きく，他と異なるあり方をしていた。やはり大板井遺跡は拠点集落と位置づけられる規模と内容をもっている。

　大板井遺跡は，弥生時代中期を中心とする遺跡である。弥生時代早期から前期前半については断片的資料しかなくはっきりしないが，前期後半の板付IIb式からは明らかに集落を形成しており，弥生時代を通じて多くの遺構が存在する。発掘調査は，大部分が低台地上の集落部分で行われており，部分的に環濠も検出されている。しかし，台地縁辺部の調査がほとんど行われておらず，外濠に該当するものがあるかどうかは不明である。弥生時代中期の墓地については，以下の例から集落部を囲むように低台地の縁辺部に所在していると推定される。かつて中山平次郎(1923)によって，大板井集落南側にある神社南側の畑地や大板井北方の長福寺との地境付近で甕棺墓が出土したことが記述されており，大板井集落の北端と南端に墓地が分かれて存在していることが推定されている。さらに1970年代にも大板井遺跡北部の納骨堂付近の農道で甕棺墓が露出しているところが確認されている(山本，1979)。その西側の住宅地においても1960年代の造成で甕棺が出土したらしいことがわかっている(ibid.)。これらは発掘調査によるものではないが，その場所がほぼ判明している点で，大板井遺跡の集落と墓地との位置関係を知るために重要である。また，その後筆者らが行った調査で，本遺跡東端にあたるXIa区も甕棺墓地であることが判明した(九州大学考古学研究室(編)，1995)。

　このXIa区には2つの大石が存在していたが，調査の結果，うち1つは大型の墓壙をもつ古い甕棺(前章でとりあげた3号甕棺墓)に伴う上石と推定された。この地点は墳丘墓の可能性があり，他遺跡の墳丘墓でもみられるように中期の古い段階(2a型式)から新しい段階(3bc型式)まで継続して甕棺墓が認められた。個々の甕棺墓については前章で記したとおりである。副葬品は発見されなかったが，3bc型式に属する甕棺からは赤色顔料が検出されており，本来副葬品(鉄器か)をもっていた可能性がある。このように，本遺跡周囲の甕棺墓地の中には相対的にエラボレーションの度合いの高い墳丘墓もあることになる。また，この地点の北に近接して銅戈7本を一括副葬した甕棺墓が発見された地点や，鉄刀などの大量出土が伝えられる地点があり，注目される。

　本遺跡の西に隣接して小郡(官衙)遺跡があり，さらにその西に隣接して多鈕細文鏡2面の埋納遺構が発見された小郡若山遺跡がある。いずれも集落である。大板井遺跡まで含めて，大局的にみて一つの大きな遺跡と考えることができる。筆者は小郡(官衙)遺跡の北隣でも甕棺片の散布を確認しているため，甕棺墓地はこれら集落域全体を取り囲むように北端，東端，南端部分に位置することがわかる。

　以上のような状況から，この遺跡群はほぼ東西1km，南北500～900mの範囲に展開していることがわかる(図12)。これを「小郡・大板井遺跡群」と仮称する。この遺跡群は，もし全体に環濠がめぐれば大型環濠集落ということになろうが，今のところ確認されておらず，また地点ごとに小さ

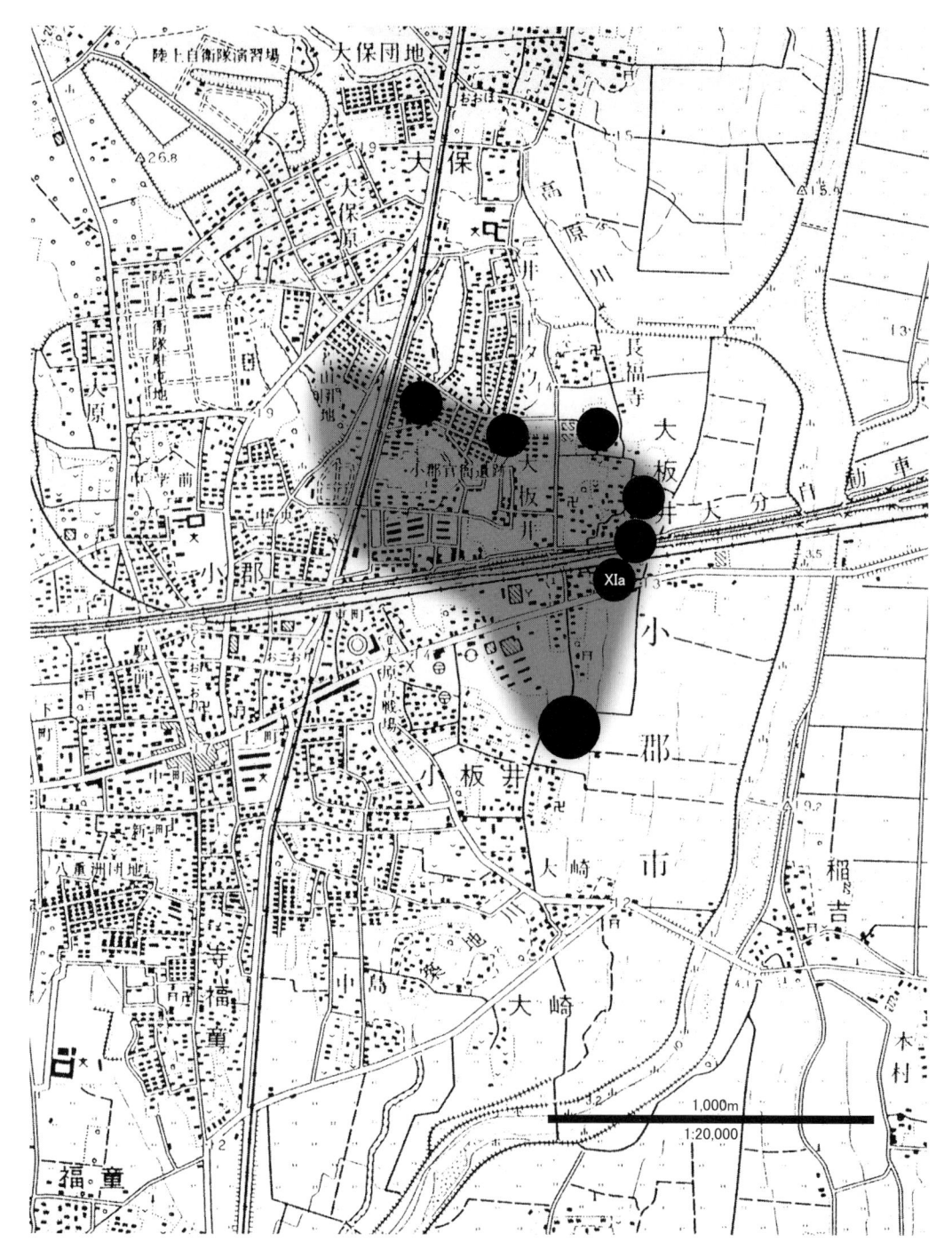

図12 小郡・大板井遺跡群の推定範囲 (1/20,000)
網掛けをした部分が小郡・大板井遺跡の範囲．周囲の黒丸印は甕棺墓が確認された地点．

第8章 「都市」・集落と社会　501

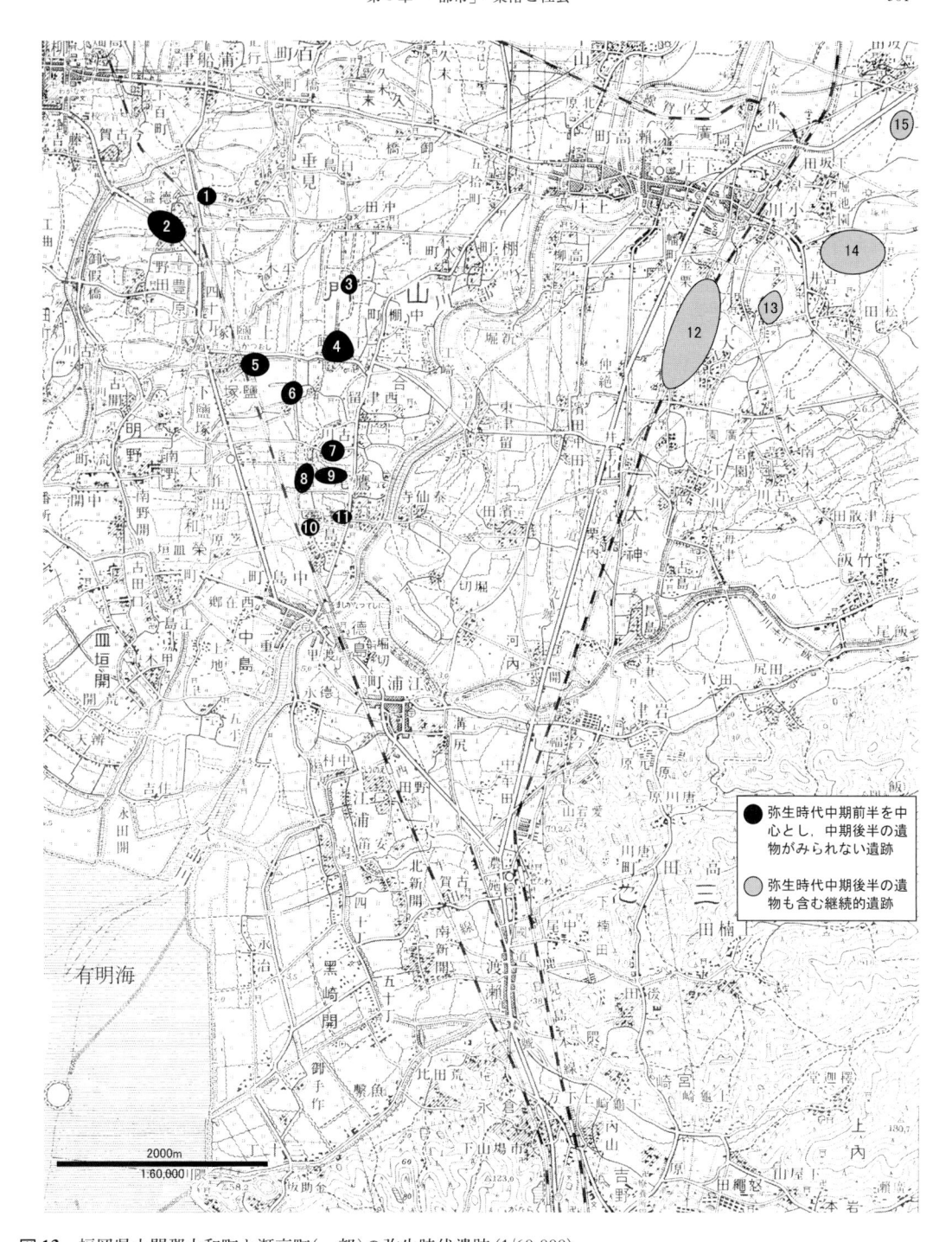

図13　福岡県山門郡大和町と瀬高町(一部)の弥生時代遺跡 (1/60,000)
　　1 徳益八枝遺跡，2 徳益遺跡，3 中棚町遺跡，4 下棚町遺跡，5 上塩塚遺跡，6 散田遺跡，7 古川中島遺跡，8 枇杷園II遺跡，9 枇杷園遺跡，10 島貝塚，11 鷹尾神社遺跡　以上大和町．12 鉾田遺跡，13 上枇杷遺跡，14 藤の尾遺跡，15 権現塚遺跡　以上瀬高町．

な谷もはいることから，むしろ栗山遺跡周辺で想定したように，個々の独立性をある程度もった居住域が群在しているとみたほうがよいのではないかと思われる。それは突出した副葬品や，多量の青銅器鋳型などが出土しないことからみても妥当であろう。この遺跡群では，すでに述べたように多鈕細文鏡や銅戈，あるいは墳丘墓などが認められ，やはり周囲の中・小規模集落とは異なった，拠点集落と認定できよう。

　以上のように，大規模環濠集落以外においては，集落の規模や構造，あるいは付属する墓地の内容などエラボレーションの度合いが，大規模環濠集落のそれと比べて相対的に低いということができる。栗山遺跡や小郡・大板井遺跡群のような拠点集落が北部九州各地に点在するほかに，それをとりまく多数の中・小規模集落があり，やはり基本的には副葬品をもたないことなども対応している。このように，これまで甕棺墓地と集落跡の対応が確認された遺跡においては，墓地中の最高ランクの甕棺墓と，集落の規模やその内容の複雑さとが対応するように思われる。つまり墳墓におけるエラボレーションの度合いと集落におけるエラボレーションの度合いが相関するということができよう。

　次に有明海に臨む筑後平野南部（福岡県山門郡）の遺跡の時代をとりあげる。この地域は遺跡の全容がうかがえる資料はないが，部分的調査や分布調査等によってある程度遺跡の内容や動態を把握しうる。ここでは低平地にあたる大和町内の遺跡と，それより多少標高が高くなる瀬高町内の遺跡をあつかう（図13）。この地域の遺跡については，西谷正（1976, 1996）が詳論している。より山側に近い瀬高町においては弥生時代前期以降，安定して遺跡が展開する。中期においては遺跡間に格差があることが指摘されており（ibid.），瀬高町鉾田遺跡は東西600m，南北1,000mほどの広大な遺跡であり，甕棺墓も多く存在する。そのうち最多の埋葬を有する墓群からは細形銅剣破片等が出土している。また，瀬高町藤の尾遺跡では環濠とみられる溝の一部が見出されているが，この遺跡も甕棺墓地をもち，かつて甕棺墓から鉄剣が出土している。また車塚古墳の傍らから鏡1面の出土が伝えられており，西谷は甕棺から出土した可能性を想定している。さらに，こうした拠点的集落が存在し，その他の遺跡との格差がみられることから，「最大の集落に統率された一つの国の成立」を仮定している（ibid.）。

　さて，より低地の大和町の遺跡は，かつて鏡山によって調査された枇杷園遺跡（後期後半以降）以外はほとんど知られていなかったが，筆者の分布調査と故千蔵保採集資料の分析及び徳益八枝遺跡の試掘調査から，ある程度遺跡の時期と所在が判明している。ほとんどの遺跡が中期前半（須玖Ⅰ式・黒髪Ⅰ式併行）を主体とし，上限は前期末〜中期初頭の集落遺跡である。したがって，中期の早い時期までに有明海に臨む低平地に集落が進出していたということができる。遺跡の規模は正確にはわからないが，大型の遺跡は存在しないようである。このように中期前半段階までの遺跡が存在するのに対し，中期後半段階の資料はほとんどみられないことから，その時期には大和町内から集落が消滅している可能性が高いと思われる。大和町の南西部は干拓地であるため，さらに低地へ進出したとは考えられない。したがって，むしろ町外の瀬高町などのより高い土地を新たに開発したか，もしくは瀬高町の鉾田遺跡や藤の尾遺跡のような大型集落に集住した可能性が考えられる。

西谷 (ibid.) はかつてそうした大型集落における集住を示唆していたが，それを支持することになる。北部九州における継続的大規模集落の発展期である中期後半にあって大和町側の集落がとり込まれたとすれば，北部九州全域の動きと整合性があることになろう。ちなみに大和町内に再び遺跡が出現するのは，ようやく後期も後半になってからである。

このように，地域内で継続型の拠点集落とそうでない周囲の集落という格差の存在が筑後平野南部においてもみとめられ，また地域内での各遺跡の消長も拠点集落との関係で考えられる可能性があることになる。瀬高町内の拠点集落はおそらく，栗山遺跡や小郡・大板井遺跡群に対比できる規模と格をそなえていると考えられよう。

まとめると，北部九州においては弥生時代中期後半には初期的とはいえ成熟した階層化社会が存在し，都市的大集落が道路や運河その他の計画性をもって建設されていたといえる。基本的には須玖・岡本遺跡群も比恵・那珂遺跡群も中期後半段階を「都市」の最初のレイアウトが完成する時期ととらえてよく，古墳時代初頭または前期までは形を変えながら踏襲されるのである。階層構造の観点からいえば，須玖・岡本遺跡群，比恵・那珂遺跡群，吉野ヶ里遺跡のような大規模環濠集落の中でも階層的格差が存在しているとみられ，少なくとも吉野ヶ里遺跡はその規模や内容的に下位に位置づけられよう。さらにその下位に栗山遺跡や小郡・大板井遺跡群のような拠点的集落が各地に存在し，さらにそれらの周辺に中小規模の集落が存在するという重層的構造があることが指摘できる。これは集落の規模・内容からいえるとともに，伴う墓地や墳墓のエラボレーションの度合いとも相関するのである。将来の詳細な分析によって，この階層構造がさらに細分化ないし若干の入れ替わりがあるかもしれないが，概ね上記のようであることは変わらないであろう。また，空間的にみると，このような集落が北部九州中枢部から周辺にいくにしたがって「格落ち」するといえる。これは第6章でみたように，各地のエリートの墓が空間的に格落ちするのと対応している。「中央」と「地方」という現代人がもつ概念に近いものが当時の北部九州一帯で人々に共有されていたとも推測される。

3. 西日本の都市的大規模集落

西日本では，愛媛県文京遺跡のように大型環濠をもたない大規模集落もあるが，基本的には北部九州と同様，中期以降の大規模集落は大型環濠がめぐらされる傾向がある。つまり，大型環濠は西日本一帯で大規模集落の属性といえるのである。また，しばしばそれらは多重環濠であり，集落内部にも内濠や塀をめぐらした特別な区域がみとめられる。さらに，掘立柱の大型建物の存在も西日本規模での特徴といえるであろう。

こうした大規模環濠集落がある一方で，やはり中・小規模の集落も存在する。環濠をもたない中・小規模集落もみられる点では北部九州と類似するといえよう。また，やはり大規模環濠集落はかなり限られた数しか存在せず，せいぜい小平野単位に1つあるいはそれ以下であり，旧郡単位でいえば数郡程度に1つという程度である。したがって，大規模環濠集落のあり方については，細か

な点で地域差はあっても基本的には広域で類似するといってよかろう。

近年注目されている大規模環濠集落としては，大阪府和泉市に所在する池上曽根遺跡がある（池上曽根遺跡史跡指定 20 周年記念事業実行委員会（編），1996）。環濠内は 10 ha ほどの面積とされている。環濠の土壌から，「都市型昆虫」が検出されるなど，集住を示唆する。池上曽根遺跡は，集落構造の復元が進み，のちの宮殿にも類するような建物配置があることが指摘されている (ibid.)。また，祭祀空間や工房等との位置関係も復元されている（乾，1995）。

長さ 20 m を超える大型の独立棟持柱建物（図14）も発見されており，それに隣接して，クスノキを刳りぬいて井戸枠とした井戸も検出されている（図15）。井戸枠の内径は 2 m 近くある大型のものであり，井戸の中心点は建物の南北中心線上にあることから，両者に有機的な関係が想定されている。

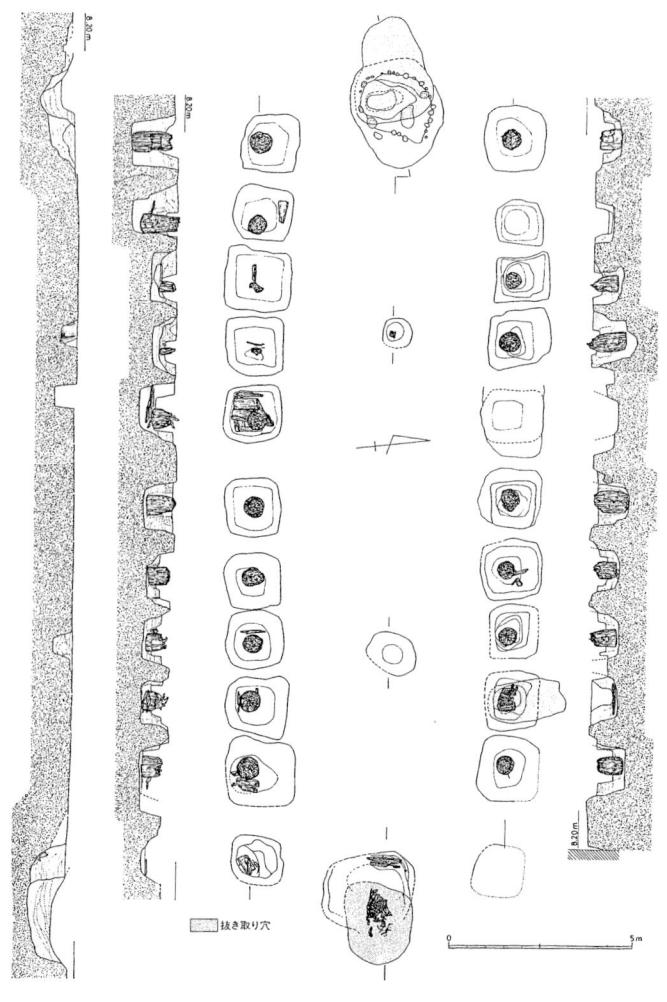

図14 池上曽根遺跡の大型掘立柱建物 (1/200)（池上曽根遺跡史跡指定 20 周年記念事業実行委員会（編），1996 より）

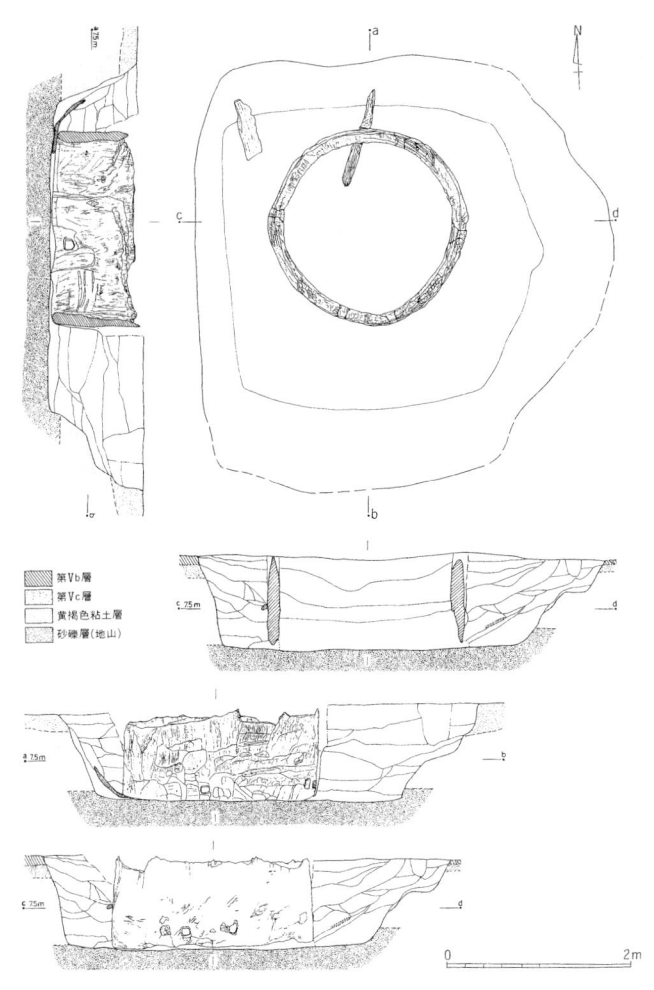

図15 池上曽根遺跡の大型刳り抜き井戸 (1/80) (池上曽根遺跡史跡指定20周年記念事業実行委員会 (編), 1996 より)

　池上曽根遺跡では前期後半に始まるやや小規模な環濠があり，それが中期後半に向けて拡大していったと解釈できる。上記の大型建物や大型井戸をはじめとする特別な施設は畿内第IV様式に属するとされており，第4章で検討した土器の併行関係に照らせば，ちょうど須玖II式の時期になる。本遺跡ではこの中期後半が最盛期であり，集落・環濠の規模が最も拡大する。また，兵庫県加茂遺跡では環濠集落の中央部で大型掘立柱建物が検出されており，板塀で囲まれていたと推定されている。それを「首長居館」とみるか「神殿」とみるかなどさまざまな見方はあろうが，いずれにせよ環濠集落内の構造が複雑になり，中央部や高所に特別な，そしてしばしば大型の施設が設けられるなど，エラボレーションの度合いが高くなっていることがうかがえる。このように，西日本全域で中期後半は集落の大規模化，集落内の「荘厳化」が図られた時期ということになる。相対的にエラボレーションの度合いの高い墳墓は，副葬品に関しては北部九州ほど顕著なものはないが，大

阪府加美遺跡のような大型墳丘墓やその内部に木槨といえる二重構造の木棺が存在するなどの現象がみられる。集落にみられる現象と墳墓にみられる現象とに相関がうかがえ，階層差の増大という解釈と調和するように思われる。

なお，吉野ヶ里遺跡や池上曽根遺跡などいくつかの大規模環濠集落について，内部の区画の構造に関して中国の影響とみる意見もある。そうであれば，北部九州から近畿地方まで中国的「都市」レイアウトの思想が入ってきた可能性もあり，弥生時代中期後半以降の社会を考える上で重大な影響を与えることになり，実に興味深いところである。ちょうど中期後半，すなわち中国文明との接触が本格化した時期に大規模環濠集落のレイアウトが荘厳化するため，そのような想定はできないことではない。しかし，具体的に中国のものを模倣したのかどうかは検討の余地があろう。中国の都市構造の要素を具体的に模倣しているとするには，在来的文化伝統のフィルターあるいはハビトゥスによる取捨選択が行われたとしても，あまりに変容しすぎているようにも思われるからである。たんなるパラレルな現象として片付けることもできるが，実際のところは，むしろ，より間接的な刺激伝播とみたほうがよかろう。少なくともある意味で，国家的体制における文化要素に類似したものを必要とする内的要因があった可能性は認めてよいであろう。

第2節　九州におけるその他の集落

1. はじめに

環濠集落が最も発達するのは北部九州でも福岡平野周辺や筑後・佐賀平野を中心とする地域であり，それを取り巻く地域では比較的未発達であることはすでに述べたところである。ここではそのような北部九州以外の地域のうち特に南部九州の例をとりあげ，環濠集落の未発達な地域での様相を概観することにする。

九州の弥生時代遺跡の密度は，大まかにいえば北部九州が最も高く，北部九州から離れるにつれて希薄になるようである。やや特異なセトルメント・システムをもつと思われる九州中央部の台地・山間部を除き平野部の遺跡だけで比較しても，やはりその傾向は変化しない。南部九州も基本的にはそのような弥生時代遺跡が相対的に希薄な地域である。集落遺跡自体の調査例が少ないが，断片的に知られている情報を総合することにより，ある程度この地域の実態を知ることができると思われる。

前章までに論じてきたこととも関係するが，南部九州では，高杯をはじめとする食膳土器や在地製作の丹塗精製器種，弥生時代的墳墓遺跡などが，欠落または出現・定着が遅れることが明らかである。しかし，そのような中にあって，薩摩半島西部の田布施平野に限っては九州南半地域において突出した内容をもつ遺跡が存在する。それについてまず検討し，あわせて大隅半島に所在する遺跡についてもふれ，比較を行うことにする。

第8章 「都市」・集落と社会

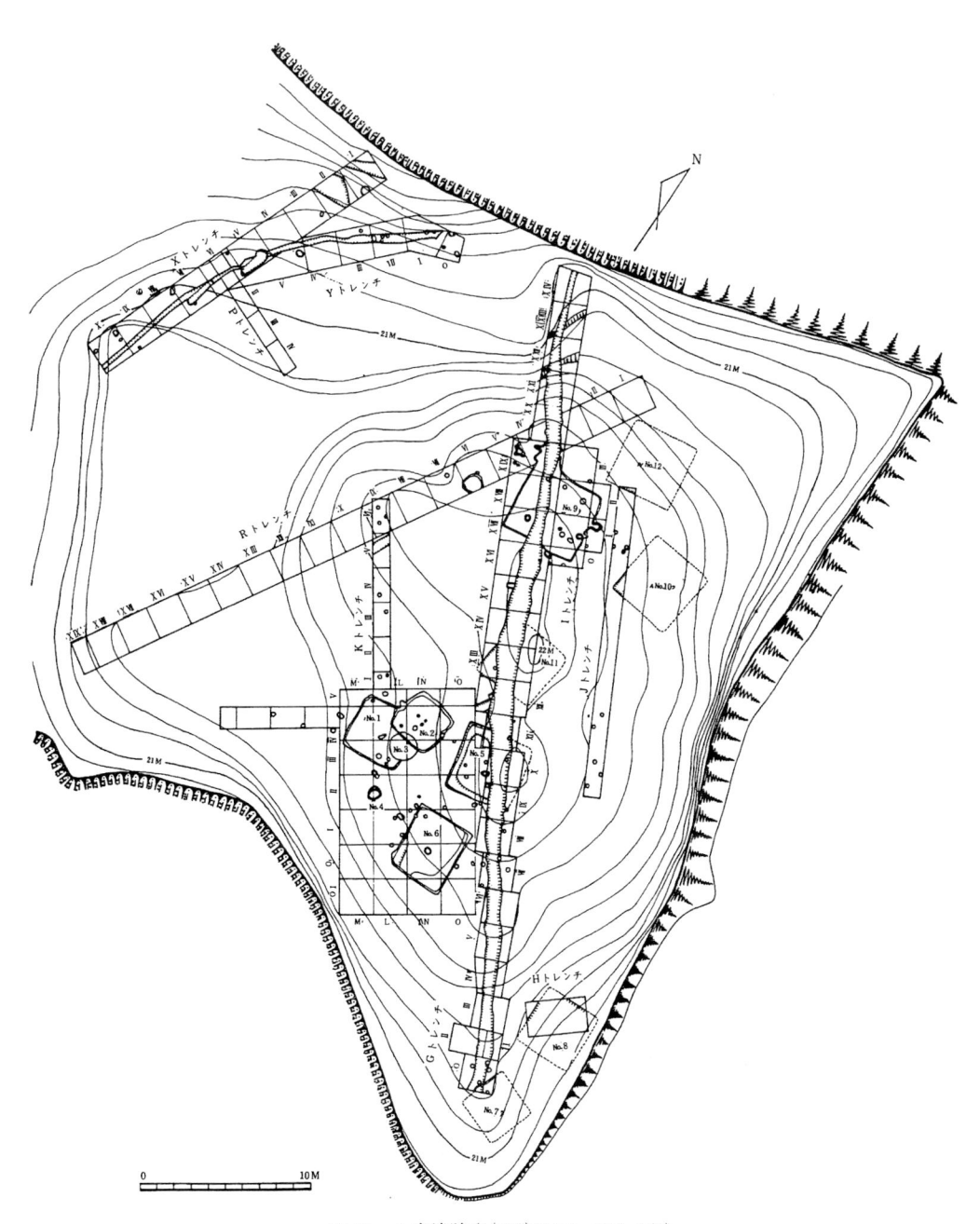

図16　入来遺跡 (1/400)(河口, 1976 より)

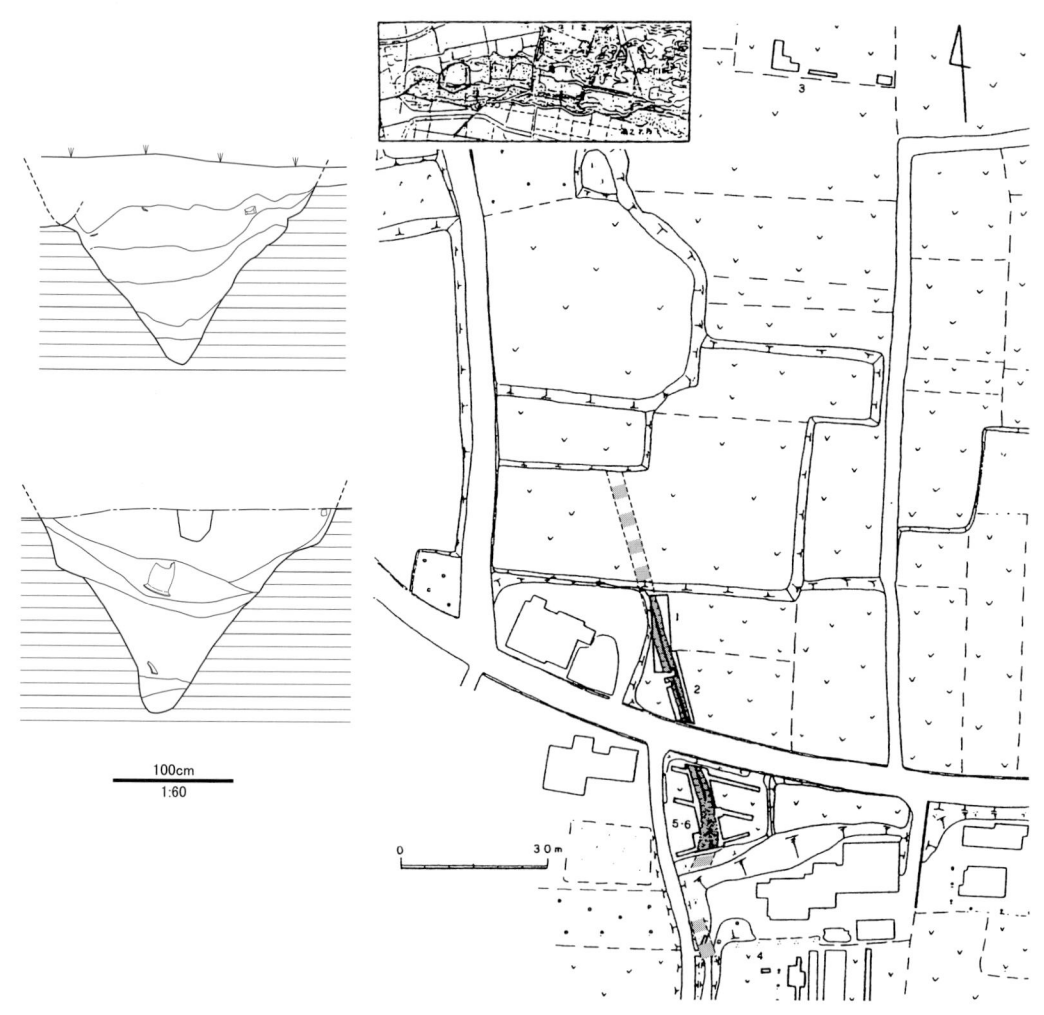

図17 松木薗遺跡のV字溝（本田道輝氏提供）
左 V字溝の断面形と土層(1/60)，右 V字溝の全形(1/1,500)

2. 薩摩半島西部の集落

　薩摩半島西部の鹿児島県日置郡金峰町，吹上町，加世田市周辺の平野部をまとめて「田布施平野」と呼ぶことにする。この田布施平野では環濠をもつ，あるいはそれを示唆する集落が存在している。環濠集落としては日置郡吹上町入来遺跡が知られている（図16）(河口，1976)。集落を取り巻く環濠が明確かつ確実である遺跡としては，南部九州で唯一のものである。環濠とその内部の竪穴住居跡は，弥生時代中期初頭の入来I式から中期前半の入来II式を中心とする。遺跡の規模はさほど大きくなく，また竪穴住居跡以外の施設も明らかではない。調査範囲の中では，特別な区画は見出されておらず，このような前半期の集落としてはごく一般的なあり方であると思われる。ただし南部九州においても環濠をもたない集落のほうが一般的であると考えられ，薩摩半島西部という

地理的環境や文化的コンテクストから環濠集落であるというだけではなく，ある程度の集落間格差が存在した可能性がある。この遺跡からは中期前半に属する丸味を帯びた甕棺片が2個体分まとまって出土しており，南部九州では極めて珍しい北部九州型の甕棺墓を伴っていたことはほぼ確実である。遺跡内には墳墓の上石とみられる大石があることも注目される。

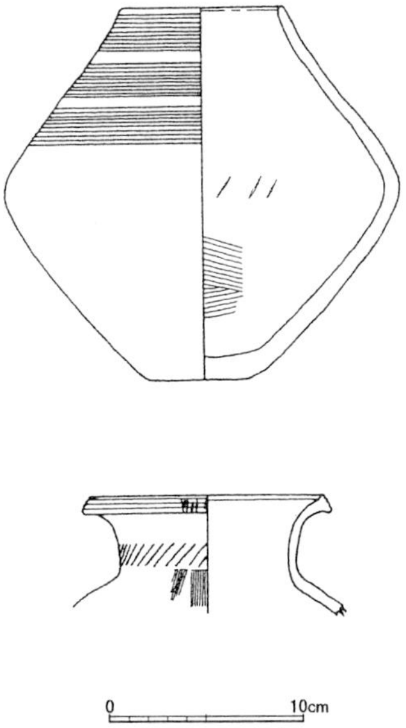

　吹上町の南に隣接する金峰町では，南部九州を代表する後期の集落として知られる松木薗遺跡で大型のV字溝が検出されている（図17）（本田，1980，1984）。松木薗遺跡は高橋貝塚から川を挟んで約1.5kmの台地上に位置するが，このV字溝は，全容は不明だが舌状台地を分断するようである。V字溝は時期を違えて複数存在しているようであり，その中で主体となるV字溝からは後期初頭以降の土器を多く出土するが，黒髪IIb式を伴う長方形を呈する竪穴住居群の存在などから，掘削時期は中期後半～末に遡る可能性が高いように思われる。

図18　松木薗遺跡出土の外来系もしくは外来的要素をもつ土器（本田，1980より）

　これら長方形の竪穴住居跡にはベッド状遺構もみられる。宮崎平野や大隅半島から薩摩半島東部にかけて，いわゆる「花弁形住居」のような円形基調あるいは方形基調の竪穴住居の壁に，張り出しもしくは間仕切りをもつ特異な竪穴住居が多い中で，シンプルな長方形住居の存在は注目される。この薩摩半島西部においては黒髪II式が主体となって分布しており，黒髪I式段階までは熊本と鹿児島の県境付近に分布の南限があったものが，分布域を拡大したものとみられる。松木薗遺跡の住居跡は，中部九州の黒髪II式を伴う住居と形態に共通点があることが注目され，このV字溝の存在はそうした脈絡でとらえてよいものであろう。

　本遺跡では弥生時代前期や中期前半の土器もある程度出土しているが，V字溝形成以降の集落との関係は明らかではない。調査面積が狭いため，遺跡の全容は明らかではないが，その主体は中期後半から後期末にあると考えられ，長期間継続する点，規模が大きい点，V字溝をもつ点もさることながら，後期初頭段階以降，第V様式の瀬戸内系の土器やあるいはその要素をもった土器も多く出土していることは注目される（図18）。また一部，北部九州系の土器もみられる。こうしたことから本遺跡は「拠点集落」と認定することができよう。本遺跡では台地部のV字溝以外にも集落を取り巻く外濠がないか今後検討を要するところである。

　この田布施平野は，高橋貝塚の存在や下小路遺跡の甕棺の存在など，弥生時代早・前期以降，他地域との交渉が強くうかがえる特殊な地域である。弥生時代後半期には，松木薗遺跡を中心とするこの地域が西日本規模での物資流通にとって重要な役割を果たしたと想定するむきもあり（西谷彰，1996），賛同できる。

　最近，この地域の一角で環濠集落とみられる遺跡が追加された。川辺町の寺山遺跡である[4]。本遺跡ではV字形の断面をもつ環濠が台地先端近くに検出されている。環濠内部から入来I式土器

が出土していることから，中期前半のものと考えられる。注目すべきは2条が並行することであり，二重環濠とみて間違いない。環濠は全容は不明であるが，調査区内では弧状を呈しており台地先端部を取り囲むようにみえる。その場合，内部は直径40～50m程度に復元され，環濠集落としては小型である。環濠内部とみなされる側は調査区外であるため，どのような遺構があるかは残念ながら確認できない。ただし，同時に調査された台地奥側の別地点で入来I式を伴う方形の竪穴住居跡や同時期の壺棺がそれぞれ1基ずつ検出されており，環濠との関係があることは疑いない。環濠は台地先端部ではなく台地全体を囲むものである可能性も捨てきれないが，むしろやや大型の集落の一部に二重環濠をもつ特別な区画があるとみてよいかもしれない。その場合，外濠をもたない可能性もある。なお，本遺跡では須玖I式，須玖IIa式土器も比較的多く検出されており，北部九州系土器が多いことも特徴である。本遺跡はこうした状況から「拠点集落」であることを示しているといえよう。

　南部九州においては以上を除いて，環濠集落と認定できるはっきりした遺跡は存在しない。集落全域を調査したものがほとんどないことも考慮しなければならないが，大隅半島においては今のところ皆無であるのは重視すべきである。環濠集落と明確にいえるものが存在するのは薩摩半島西部のみであり，北部九州や中部九州地域との関係が深い地域に限られるということになる。南部九州では全般に環濠集落は未発達であるということができ，おそらくこうした状況は，後期後半以前の高杯が基本的に欠落するのと同様，弥生文化を構成するといわれるいくつかの属性に欠落がみられることと関連するであろう。土器において，器種の用途が明確に峻別される弥生土器的な使用法は

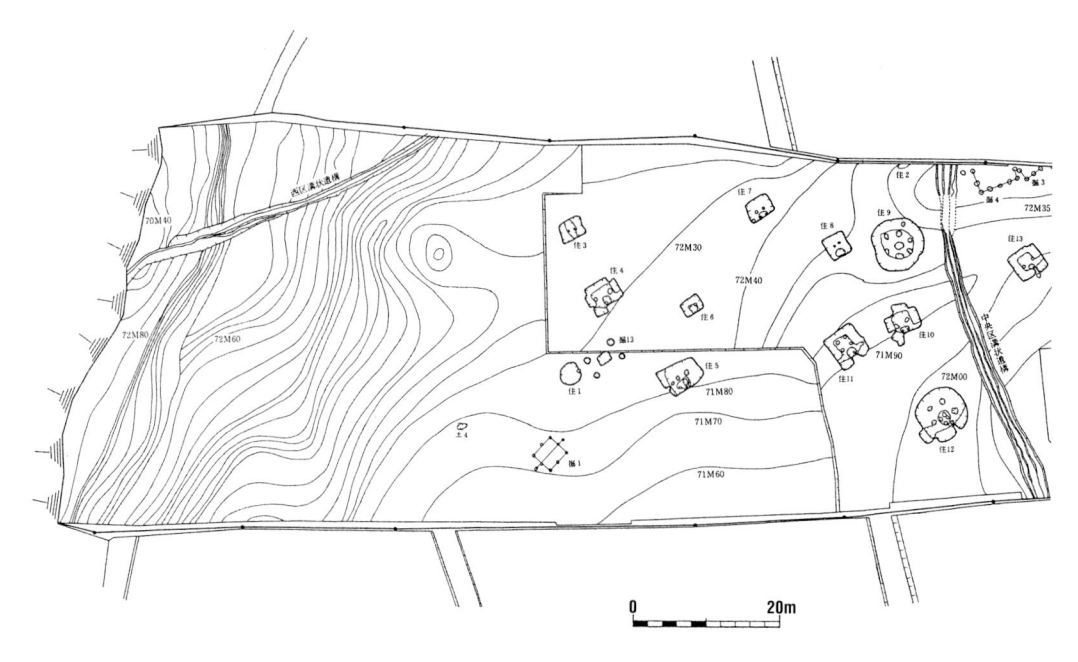

図19　王子遺跡の遺構配置 (1/1,000)
竪穴住居跡・掘立柱建物跡に切り

環濠集落や列をなす墓のような弥生時代的要素が出揃う段階に確立するものであり，北陸ではそれは第IV様式期に下るという指摘は重要である（宇野，1995）。

南部九州における環濠集落の出現は，松木薗遺跡と川を挟んで対峙する位置にある前期集落，金峰町高橋貝塚がその有力候補となろう。高橋貝塚は，如意形口縁の甕が一定量みられることや高杯が存在することなど，中部九州域でさえ欠落する北部九州的要素がみられる極めて特異な集落である。おそらく貝輪をめぐる南西諸島との交渉基地としての性格と関連するものであろう。貝塚部分とその周辺のみの部分的発掘しかなされていないため，今後環濠が確認されることは時間の問題と考えている。

このように，田布施平野では比較的古くから環濠やそれに関係する証拠があり，高橋貝塚に若干先行する早期段階の下原遺跡で縦研磨の丹塗磨研壺が出土していることからしても，西北部九州や北部九州との関係が集落構造にどのように反映しているか，またそれが地域内の他の集落と比べて，あるいは南部九州全域の集落と比べて集落間格差といえるものかどうか興味ある課題である。筆者はその可能性は十分にあると考えている。なお，確実なところでは，拠点集落である松木薗遺跡に示されるように，遅くとも中期後半には集落間格差があったということができ，入来遺跡の存在を積極的に評価するならば，中期初頭には集落間格差が生じていたということになろう。

3. 大隅半島の集落

以上のように薩摩半島西部の田布施平野は，弥生時代の古い段階から特別なあり方をするが，そ

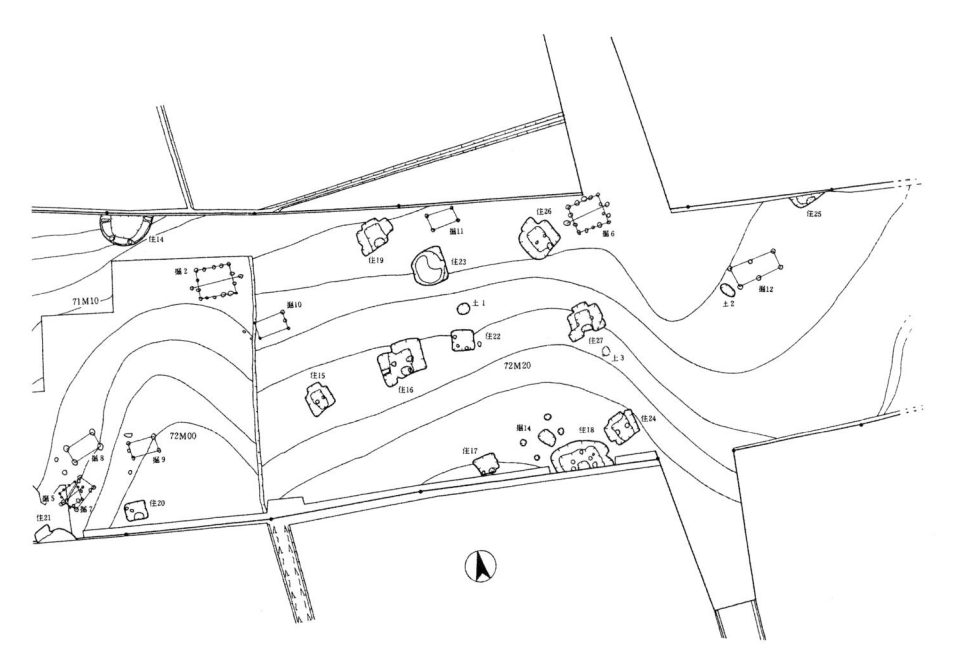

（立神，1985 より）
合いがない．浅いU字溝も検出されている．

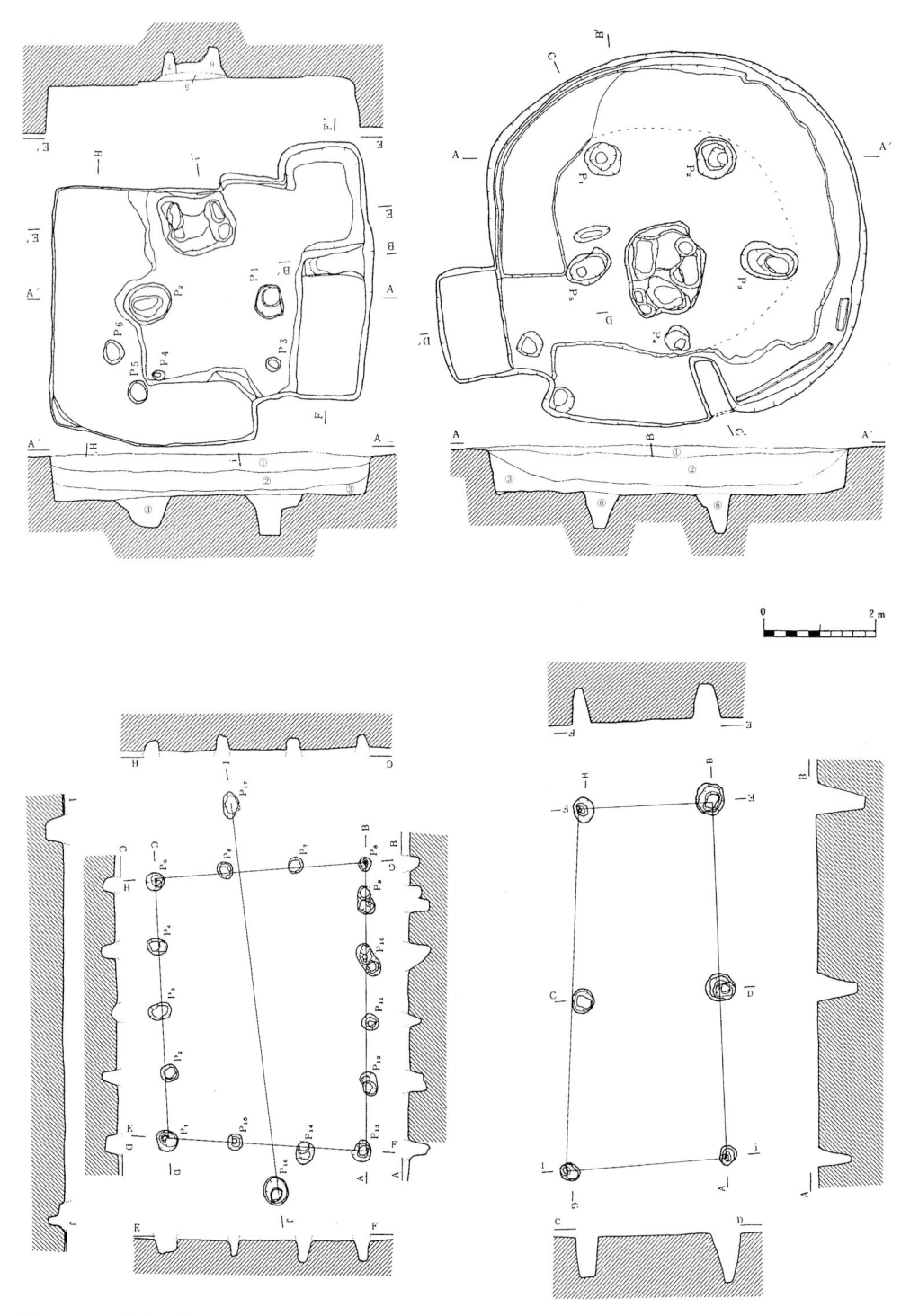

図 20 王子遺跡の建物跡（立神，1985 より）
　竪穴住居跡（上段）と掘立柱建物跡（下段）がある．竪穴住居跡は方形基調のものと円形基調のものがあり，大小の差はあるが，さほど著しくはない．掘立柱建物跡には棟持柱をもつものがある（下段左）．

れ以外の南部九州地域，すなわち薩摩半島東部や大隅半島などでは，様相が異なっている。これらの地域では弥生時代集落遺跡の調査があまり進んでいないが，断片的な資料からいえることは，弥生時代早期には明確に壺を伴う遺跡がないこと，また弥生時代前期にもその傾向が持続するということである。この段階の集落は円形の竪穴住居を伴うとみられるものがあるが，大型住居や掘立柱建物跡あるいは環濠などは，これまで知られていない。おそらく今後調査が進んでもさほど顕著なものは見出せないのではないかと思われる。中期初頭までにこの地域一帯で，壺が確固たる器種として成立するが，中期前半までは集落遺跡で顕著なものはない。

　ところが中期後半になると，様相が一変するようである。ただし，環濠集落や明確なⅤ字溝を伴うものはないことは注目される[5]。日向においてもほぼ同様な傾向にある。大隅半島では鹿児島県鹿屋市王子遺跡が集落遺跡としては著名である（立神，1985）。集落の全容は明らかではないが，比較的広い面積の発掘が行われている。集落は平野部を望む台地縁辺に展開するとみられるが，規模は中規模程度かと思われる。一部山ノ口Ⅰ式がみられるが，主体は山ノ口Ⅱ式の時期であり，その後には継続していない。したがって，短期間営まれた集落ということになろう。浅いＵ字溝も検出されており，環濠になる可能性もあるが積極的に環濠と認定できるものではない。建物は竪穴住居と棟持柱掘立柱建物から構成されており（図19），住居跡の切り合いがないことも短期間の集落であることを裏付ける。住居跡には方形基調のものと円形基調のものが混在し，後者のほうが面積的には若干大きい。しかし，サイズの点で著しい違いはない。また，特殊な大型建物や特定の区画が設けられたりはしていない（図20）。

　この時期の大隅半島には，第6章で述べたように山ノ口遺跡や京ノ峯遺跡などの墓地と考えられる遺跡が存在しており，墓制としては多少他地域のものとは異なるが，主体部に木棺がみられる点や墓群が列状を呈すること，住居跡は発見されておらず居住域と区別された墓地と認定できることなど，ようやく本格的な弥生時代的墓制の定着段階にあるといえよう。また，このような周溝をもつ墳墓に集団の構成員すべてが埋葬されたとは考えにくいことからも階層差があるとみてよかろう。ただし，今のところ集落内や集落間格差はさほど大きいとは考えにくく，まして大規模環濠集落も存在するとはいえない状況である。このことに関しては，北部九州を除く地域ではとりたてて特異とするわけにはいかないかもしれないが，しかし高杯をはじめとする食膳土器が未定着であることなど他の文化要素とあわせて考えれば，南部九州社会内での階層差は相対的に顕著ではないといえよう。逆にいえば，その中で薩摩半島西部は突出しているということができよう。

　もし今後，薩摩半島西部を除く南部九州地域で，拠点集落やそれを超える大規模環濠集落の存在が確認されるとすれば，おそらく時期は中期後半かそれ以降であり，地域は大隅半島の肝属平野であろう。ただし，現状で確認できる様々な文化的脈絡からすると，大隅半島に中期段階の大規模環濠集落が存在したとは考えにくい。肝属平野は大隅半島の中で比較すると相対的に大型の集落が存在しえたと考えられる程度といえよう。それにしても，多少なりともこうした変化を促したのは，中期後半期に大隅半島で瀬戸内系の土器が比較的多く発見されていることから，外部との交渉にあったことも十分考えられる。

4. まとめ

　以上，環濠集落の未発達な地域として，南部九州をとりあげた。南部九州と似た状況は程度の差こそあれ，九州南半一帯でみとめられる。宮崎平野においても一部を除いて中期後半段階までは集落間格差はさほど顕著とはいえず，高杯が定着していないことも南部九州と同様である。それでも中期後半には，各地で土器様式の拡大と縮小，住居形態の転換，弥生時代的墓制の出現などがあり，画期であるといえる。こうした問題を考えるにあたっては小地域ごとの検討だけで解決することはできないであろう。北部九州でこの時期にみとめられた大規模環濠集落の出現，中・小規模集落の断絶と集住の可能性をはじめ，西北部九州での集落の断絶なども含めて，九州一円で社会的に大きな動きがあった時期ということができよう。

　また，北部九州を除く東部九州から，とくに南部九州地域にかけては瀬戸内系土器の搬入もみられるようになるため，西日本規模での大きな変革の時期であったということも可能であろう。西日本的視野でも大規模環濠集落の成立時期ということができ，畿内においては加美遺跡の墳丘墓なども存在する。

　こうした脈絡に照らしても，この中期後半，すなわち紀元前1世紀は西日本一帯においても大きな画期ということができる。

注
1) 環濠集落の環濠について，「環濠」と「環溝」を呼び分ける意見もある。字義から防御的意味をもつかどうか，水を湛えるあるいは流水があるかどうかなどにより区別すべきではないかという意見であるが，それらを区別することは困難な場合が多く，また先験的に性格を規定してしまうことにもなるので，ここでは学史的に使われてきた「環濠集落」，「環濠」という用語で統一する。
2) 討論における小林達雄の発言による（佐原ほか，1997: 142所収）。
3) 井戸を「都市化」と連動してとらえる見方については吉留秀敏氏の教示による。
4) 寺山遺跡については現在報告書作成中である。調査中に現地でつぶさに観察したが，調査を担当された雨宮瑞生氏，川辺町教育委員会上村純一氏のご配慮によりここでふれることができた。
5) 最近，大隅半島で環濠集落が検出されたと報じられたことがあったが，遺構の認定に問題があるといわれており，確実視されるものは存在しない。

第9章

異文化との交渉

　九州の弥生時代の特質を考察するうえで，異文化との「対外交渉」に目を向けることは非常に重要である。弥生時代の対外交渉といえば，とかく中国・朝鮮半島との関係が重視されがちであり，前期末からの朝鮮半島系の副葬品が墳墓から出土することや，中期後半にはそれが中国系の副葬品に転換することなどが指摘されてきた。こうしたことに注意することなしに九州の弥生時代を語ることはできないが，一方で，もう一つの異文化である南西諸島との関係にも注目すべきであり，どちらも軽視することはできない。

　南西諸島といえば「貝輪交易」が有名であり，貝輪をめぐる諸問題が中心的に論じられてきた(e.g. 木下, 1982, 1989, 1996)。また，それに関係して南西諸島で出土する弥生土器や弥生土器類似の土器も注意にのぼっている。ただ，型式や製作地の同定などが不十分もしくは不正確であり，十分な情報を引き出すには至っていない。弥生文化と南西諸島の文化とは異文化といってよく，交渉がなぜ，どのようにして行われたのか——そこに重要な意味が潜んでいると思われる。南西諸島は，ある意味で九州の弥生社会の実態を映す鏡でもある。したがって，南西諸島，とくに沖縄諸島について重点的に考察する。

　また，朝鮮半島との関係を知る上で，これまで具体的な弥生人の行為のレベルはほとんど注意にのぼってこなかった。それを垣間みることで，些細なことであれ弥生時代社会と朝鮮半島社会の関係について，考える手がかりを得たい。これも以下で論じる。

　さらに遠隔地交渉の意義について，弥生文化成立時の特性と絡めて論じ，それが紀元前1世紀までに政治的・経済的に変質していく過程についてもまとめることにする。

第1節　沖縄貝塚時代後期社会との交渉——九州系弥生土器とその解釈——

1. はじめに

　南西諸島において，「貝塚時代」と呼ばれる特徴ある先史文化が展開したことはよく知られている。おおまかにいえば，弥生時代併行期は貝塚時代後期の前半期にあたる。南西諸島の中心に位置する沖縄諸島において貝塚時代後期の遺跡から九州系の弥生土器が出土するが，そのことが注意されるようになったのは，1960年代のことであった。沖縄諸島出土の弥生土器または弥生系土器の出土例を紹介しつつ意義を論じたものとしては，友寄英一郎(1970)の研究がその嚆矢である。その

後,岸本義彦(1984)によって多数の関連資料の集成が行われ,沖縄諸島における弥生土器の問題が強く認識されるに至ったといえる。その後の発掘調査の増大とともにますます関係資料が蓄積されつつあり,最近は弥生土器関連資料の研究や弥生併行期に関する,より適切な土器編年の試みが再燃している(中園・上村,1998;西銘・宮城,1998;新里,1999)。

ここでは2つの目的がある。まず1つ目は,南西諸島出土の弥生土器・弥生系土器は,従来の土器型式の同定に若干問題があるものや,九州での弥生土器研究の進展によって,従来同定されていた型式のままでは問題が出てくるものが含まれている。これでは南西諸島と九州の時期的関係,ひいては両者の文化・社会の研究にも影響しかねない。また,第4章でもふれたように,九州の土器様式の分布域やその時期的変動,あるいは同一様式でもその細かな地域的特徴に関して明らかになってきている。したがって,今の段階で整理を行い,沖縄諸島にみられる弥生土器の型式の同定や製作地の推定を進める必要がある。

2つ目は,沖縄諸島の考古学は,資料の蓄積がもちろん渇望されており,それは重要なことであるが,その一方で,これまで蓄積されてきた資料を用いた解釈を行って,次なる高次の研究へと進めていくべき時期が到来しているようにも思われる。したがって,新たな解釈やモデルを提示することにする。沖縄諸島と九州はどのような関係をもち,それは歴史的にどのような意義があるのか。これは沖縄貝塚時代後期社会・文化の理解に資するのみならず,九州弥生社会・文化の特質を考えるうえでも重要な鍵となると考える。

2. 九州における弥生土器の様相

(1) 弥生時代早期・前期

まず,関連する九州の土器様式について述べておく必要がある。第4章でふれたこととも重複するところがあるが,特に沖縄諸島との関連があるものについて概観しておく。

筆者は,様々な文化的画期は刻目突帯文土器と板付I式との間よりむしろ黒川式と刻目突帯文土器との間にあると考え,黒川式までを縄文時代晩期とし刻目突帯文土器の時期からを弥生時代とする考え方に与するものである。そこで刻目突帯文土器の時期を弥生時代早期あるいは刻目突帯文期と呼ぶことにする。山ノ寺式,夜臼式などの刻目突帯文土器の小様式名についても混乱を避けるため原則として使用せず,刻目突帯文土器と呼んでおく。それは地域差と時間差の問題が未だ十分に解決されていないからである。また,地理的により近い南部九州地域においては「井出下式」と呼ばれることもあるが,人口に膾炙しているとはいえず,事実上刻目突帯文土器と呼ばれることが多い。実際,九州内での細かな地域性はあるがよく類似しており,少なくとも甕については比較的広域にわたって類似度が高いということができよう。したがって,刻目突帯文土器という様式名で呼んでも差し支えない。ただしセット関係や属性の細かな変異に地域的特徴をよく示す要素もあるので,資料ごとに随時記すことにする。

なお,九州東北部においては,九州ではいち早く黒川式の段階に,すでに1条の無刻目突帯をもつ突帯文土器が出現しており,瀬戸内地域との関連で考えることができる。その系統はおそらく弥

生時代前期の下城式に何らかの形で受け継がれるものと考えられ，やや特異な展開をする。沖縄諸島出土の弥生土器関連資料にはいまのところこの地域のものは含まれていないようであるので，ここでは扱わない。

　弥生時代前期については，断面三角形口縁をもついわゆる亀ノ甲タイプの甕と板付式系の如意形口縁甕の比率は，南にいくほど前者が優勢である。如意形口縁甕が卓越するのは北部九州であり，しかも北部九州でも南半の筑後平野や佐賀平野ではむしろ亀ノ甲タイプが非常に多く（藤尾，1984b），有明海沿岸とそれ以南の熊本県でも基本的に如意形口縁甕は存在しないといってよい（西，1982a）。鹿児島県でももちろん同様で，後述する高橋貝塚でやや特異な現象がみられる以外，如意形口縁甕は存在せず，ほとんど亀ノ甲タイプを含む突帯文系のみで構成される。したがって，如意形口縁甕はおおまかに九州でも北部地域にかなり限定されると考えておいてよい。こうした有明海沿岸地域以南の弥生時代前期の甕は，刻目突帯文土器から漸移的に型式変化をしつつ，主体となって前期を通じて存在し続けるのである。これは河口貞徳により早くから指摘されていたことである（河口・出口，1971）。

　一般に亀ノ甲タイプと通称されるのは，刻目突帯文系の甕が北部九州でも比較的比率を増す前期末のものを指すことが多く，前期後半頃という認識を持っている研究者も一部いる程度，というのが実状である。したがって，刻目突帯文系の前期土器が出土すれば，それが前期の古い段階のものであっても前期後半や前期末に押し込められてしまう危険性がある。前期土器の研究は如意形口甕の多い北部九州地域がリードしてきたため，亀ノ甲タイプをめぐっては考古学的現象としては単純であるにもかかわらず，研究対象とするフィールドの違いなど考古学者側の問題によって混乱しているのである。そこで，誤解を避ける意味でも，必要な場合を除いては亀ノ甲タイプという用語は使用しないほうがよいかもしれない。第4章でこうした前期の全般におよぶ刻目突帯文系の甕を含む土器様式を「亀ノ甲式」と仮称することにしたが，本節では必要に応じて「亀ノ甲式」または「前期の突帯文系」と呼んでおくことにする。亀ノ甲式の甕については早期の甕との区別や前期の中での細分基準など課題を残しているが，できる範囲で時期を推定することにする。

　そのような前期土器のあり方をする有明海沿岸部以南においては，南部九州で高橋I式・II式と呼ばれる土器群が有名であるが，現在の見地から系統の整理と内容の再定義の必要と考える。したがって様式名で呼ぶことをいまは保留し，この地域の前期土器でもどのくらいの時期かについては逐次記述することにする。

（2）弥生時代中期

　中期の九州各地の様式と併行関係については，第4章ですでに記した。様式名はそこで用いたものを使用する。北部九州（福岡・筑紫平野）の中期土器は，初頭が城ノ越式でその後は須玖式である。須玖式は須玖I式（中期前半）と須玖II式（中期後半）に区別される。九州東北部（いわゆる「遠賀川以東」）の中期土器は北部九州と同一の名称で呼ばれているが，本書の立場では別様式ということになる。したがって，以下での城ノ越式・須玖I式・須玖II式などの様式名は，福岡・筑紫平

野側の様式を指すことに注意されたい。なお，沖縄諸島で九州東北部の豊前Ⅰ～Ⅲ式の出土例はいまのところ確認されていない。

　中部九州(熊本県)を中心に分布する黒髪式や南部九州の山ノ口式等は，他地域の土器との共伴関係からみて，本書では中期ととらえていることも確認しておきたい。従来明確な後期土器との共伴例はなく，いずれも中期土器との関係が濃厚だからである。これまで幾度となく主張してきたが，北部九州から南へ土器様式が遅れて伝播するに違いないとア・プリオリに決めるような，従来有力であった考え方には筆者は与しない。

　さて，中期初頭の九州各地の土器は概ね類似度が高く，斉一性の高かった前期からの名残を残している。熊本には上の原式，南部九州には入来Ⅰ式があるが，相互に非常に類似しているといえる。したがって，破片資料の場合，両者の区別は容易ではなく，胎土等に頼らなければ製作地の推定は困難な場合も多い。

　中期前半は北部九州の須玖Ⅰ式，熊本を中心とする中部九州の黒髪Ⅰ式，南部九州では入来Ⅱ式などがある。この時期になるとこれらの地域的様式は相互に比較的容易に区別できるようになっているが，中には同形の器種の共有もあることは注意が必要である。たとえば須玖式の広口壺は熊本でも鹿児島でも在地で製作され様式中に取り込んでおり，量の多少を問わなければ九州全域でみられることなどである。条件さえよければ微細な癖や胎土等から製作地の判断ができるが，そうでなければ難しい。こうしたことは意外に知られていないことである。しかし，沖縄諸島では実際に広口壺もみられるのでやはり注意しておかなければならない。したがって，須玖式と同定しても形態的にそうであるというだけで，必ずしも北部九州が製作地であるとか北部九州との関係をもつというわけにはいかないものも含まれることになる。

　さらに，北部九州で製作された須玖式は九州各地に持ち込まれている。九州島内で製品そのものの移動があり，それが二次的に沖縄諸島に搬出された可能性もある。したがって，沖縄の遺跡で同時期の，様式が異なる搬入土器がみられるときに，異なる場所から搬入されたと考える必要は必ずしもないことになる。

　また，興味深いことに，北部九州の土器は，中部や南部九州には持ち込まれることがあるが，中部・南部九州の土器が北部九州に持ち込まれることはまずない。また，中部九州の土器が南部九州に持ち込まれることはあっても南部九州から中部九州に持ち込まれることはほとんどない。最近，岡山県南方(済生会)遺跡で南部九州の入来Ⅱ式の出土が報じられ，またその他瀬戸内地域の複数箇所で入来Ⅱ式の出土があるようである。したがって，入来Ⅱ式の点的な北上(遠距離移動)はあるけれども，九州島内での隣接する様式内への持ち込みはほとんどないといえる。つまり，九州島内では北から南へは移動するが南から北へは移動しないという，あたかも相互の移動を阻み一方通行だけを許すようなフィルターがあるかのようである。そこで，南部の様式に属するものはその地域から直接的に沖縄諸島へ搬出された可能性が高く，北部・中部の様式はいったん南部に持ち込まれてから沖縄諸島へ搬出された可能性が考えられるのである。

　同様に，さきの広口壺などの共有についても，このように北部に起源するものが南部で模倣され

ることはあっても，南部に起源するものが北部で模倣されることはない。このことからも，ともかく南部九州の様式に属すものであれば，そして南部九州に固有の器種であるほど，沖縄諸島で出土しても南部九州産であり南部九州から直接的に搬出したということが，いっそう確実にいえるのである。

なお，この中期前半において九州最大の分布範囲をもつのが入来II式である。薩摩，大隅，宮崎平野，大隅諸島(種子島・屋久島)まで及んでおり，九州の弥生土器の中で無視できない存在である。このことはほとんど認識されていないため，特に注意を喚起したい。従来，南部九州の中期は，入来式(本書の入来I式)と山ノ口式が代表であり，その中間に位置する土器群にはさほど注目されてこなかった。その両者から外れるものが「中期中葉」などと呼び慣わされるだけで，様式名を与えて正式に認知するには至らなかったため，その解決が望まれていた(中園，1986a)。なお，吉ヶ崎式という名称もあるが，「中期中葉」の土器群の中でも山ノ口式に含められるべき後出のものであり，本書では山ノ口I式としているものに該当する。様式的に分離される山ノ口I式をもって「中期中葉」の土器群を総称するわけにはいかない。いわゆる「中期中葉」の土器群から山ノ口I式に先行する土器群を様式として認定し，本書では入来II式と命名したわけである。

しかしこの入来II式は，微細な地域差はもちつつも南部九州一帯に広範に分布するため，たんに型式を同定するだけでは満足できない場合も出てこよう。幸い，胎土から製作地の推定がある程度可能である。とりわけ大粒の黒雲母を多く含む点は花崗岩が分布する大隅半島の特徴といえる。形態や文様要素，色調，調整法などの微細な特徴とも相関があり，それらを総合すると入来II式を薩摩半島産と大隅半島産に大別することができる。この胎土の特徴は，概ねその前後の時期についてもいえる。

次に中期後半では，北部九州は須玖II式，中部九州は黒髪II式になり，それまで南部九州一帯に分布した入来II式の系譜をひく山ノ口式(I・II式)となる。ところが，山ノ口式においては入来II式のときまでの分布域が大幅に縮小する。黒髪II式は南に拡大し，薩摩半島北部から西部にかけては黒髪II式が主体となる。この地域の黒髪II式を特に「松木薗0式」ということがある(本田，1984)。それは熊本平野などで認められるものと同一の器種構成ではなく，その一部に山ノ口II式的な壺を含むなど地域的特性が認められるからである。ただし広義には黒髪II式と考えておいて差し支えない。宮崎平野でも中期後半には入来II式と系譜がつながらない中溝式が主体となる。すなわち山ノ口式の時期になって，大隅半島を主体として薩摩東部や大隅諸島等に分布が縮小することになる。また，このうち薩摩東部のものは広義には山ノ口式であるが，地域色の強い一の宮式と呼ばれるもので(中園，ibid.；第2章第2節参照)，種子島・屋久島のものは口縁部が短いなどの著しい地域性がある。したがって，大ざっぱにいえば典型的な山ノ口式といえるものの産地は，ほぼ大隅半島をイメージすればよいことになる。このようにある程度絞り込みが可能である。

山ノ口式は前後2つの様式に細分することができ，古い時期はかつての吉ヶ崎式に該当する山ノ口I式，新しい時期が山ノ口II式である。山ノ口I式はまだ資料不足で実態が十分にわかっていないが，従来山ノ口式として認定されてきたものの大半は山ノ口II式になると考えてよい。型式

学的に判別可能な場合は山ノ口 I 式と II 式を区別し，そうでない場合はたんに「山ノ口式」と呼ぶことにする。

(3) 弥生時代後期・古墳時代

後期の時期幅は，北部九州では高三潴式から西新式の前半に該当する。中部九州では囲式から野辺田式の前半，南部九州においては，薩摩半島では松木薗 I・II 式から中津野式の前半，大隅半島では高付式から中津野式の前半である。南部九州では中期土器にみられた薩摩半島と大隅半島での胎土の差は，少なくとも後期の前半まではっきりしている。また，両者の形態差も明らかであることから，沖縄諸島で出土していれば認定は比較的容易である。ただし，両者の様式的差異は後期を通じてなくなる方向にあり，後期末の中津野式では類似度がかなり増している。したがって，両者の判別はやや難しくなる。

特徴的なものとして免田式と呼ばれる重弧文長頸壺があるが，それは中部九州，とくに熊本を中心に分布するものである。北部九州へはごく少量搬入されている。沖縄諸島で出土する免田式に北部九州系の土器が共存していなければ，北部九州からの持ち込みである蓋然性はきわめて低いと考えられよう。南部九州にも少量みとめられるが，ごく北部を除いては基本的に客体的なあり方をしており在地土器とはいい難い。しかし一定量存在している点は無視できない。沖縄諸島で免田式が出土すれば熊本地方のものである可能性もあるが，南部九州に一旦持ち込まれたものである可能性は十分に考えられる。南部九州の免田式は基本的に薩摩半島側から点々と出土するものであるため，大隅半島側からの持ち込みである可能性は低い。やはり，共存する他の弥生土器との関係を考慮に入れる必要がある。

古墳時代前期初頭もしくは前半までは，北部九州では西新式の後半，中部九州では野辺田式の後半，南部九州では中津野式の後半のものが存在している。弥生時代から古墳時代への転換期の北部九州や中部九州において，庄内式・布留式はそれら在地土器と混在しながらも比較的早い段階で転換を果たすが，南部九州では在地性が強く，中津野式，東原式，辻堂原式，笹貫式と変化するいわゆる「成川式」が存在しており，古墳時代の終末にいたっても斉一性の高い狭義の土師器には転換しない。

3. 南西諸島における貝塚時代後期土器の様相

(1) 大隅諸島

南西諸島の最北部にあり，南部九州と最も近い位置にある大隅諸島(種子島・屋久島)においては，甕や壺の口縁部が短いことや口縁部などのつくりに歪みが大きいことなど，地域的特色をもちつつも，少なくとも弥生時代中期末までは南部九州と同じ様式に含まれる。後期のある段階から南部九州地域と異なる方向性をもち，古墳時代併行期を通じてしだいに差異を深めていく。すでに論じたように，壺は弥生土器様式の基本といえるが，その壺も欠落するなど，南西諸島との関連を深めていく(図1)(中園，1988)。もとより高杯なども存在しない。要するに，甕と，形態パターンが共

通した鉢とで器種が構成されるようになる。一方，南部九州は弥生時代後期になって高杯が出現し，その後安定して製作・使用されるようになっていく。大隅諸島の土器は，型式学的には同一様式に出発点がありながらも，異なる方向性をもっていることになる。これは大局的にみて，大隅諸島の様式が弥生・古墳時代の様式と異なる南西諸島側の様式に含まれていったことを示している(ibid.)。もちろんこの地域には古墳も存在せず，種子島の広田遺跡下層にみられる貝札(貝符)に象徴されるように，他の文化要素も南西諸島的になる。

(2) 奄美諸島

大隅諸島の南，南西諸島の北部に位置する奄美諸島の編年については，大隅諸島から沖縄諸島までの編年研究に主眼をおいた新里貴之の労作があるので，詳細はそれを参照されたい(図2)(新里，1999)。奄美諸島では，やはり弥生時代併行期を通じて高杯の存在が認められない。弥生時代前期併行段階は沖縄諸島の仲原式と共通性の高い，基本的にはそれと同一様式ととらえることのできるグループが存在しており，弥生土器との形態上の差は著しい。また，それに後続する時期には沖縄諸島の阿波連浦下層式と類似した様式が存在する。このように両諸島は様式的類似性が高いといえるが，しかし，ある転換期を経て弥生時代中期前半併行期までに南部九州の弥生土器と親縁性のある甕が成立するようである。ただし高杯はもちろん，弥生土器的壺も基本的に存在しない。したがって，様式的には南西諸島の伝統を色濃く残しているが，甕の類似性に限っていえば沖縄諸島のものからより南部九州的なものへの変化があったととらえうる。

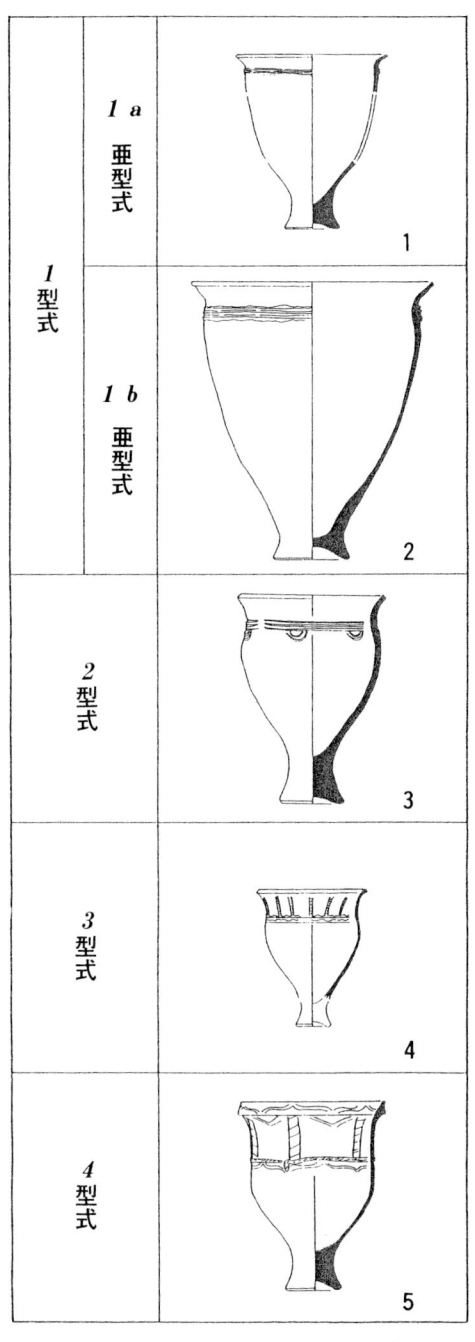

図1 弥生時代後期後半から古墳時代併行期の大隅諸島の編年図(中園，1988より)
甕が主要器種であり，その他は鉢がある程度である．

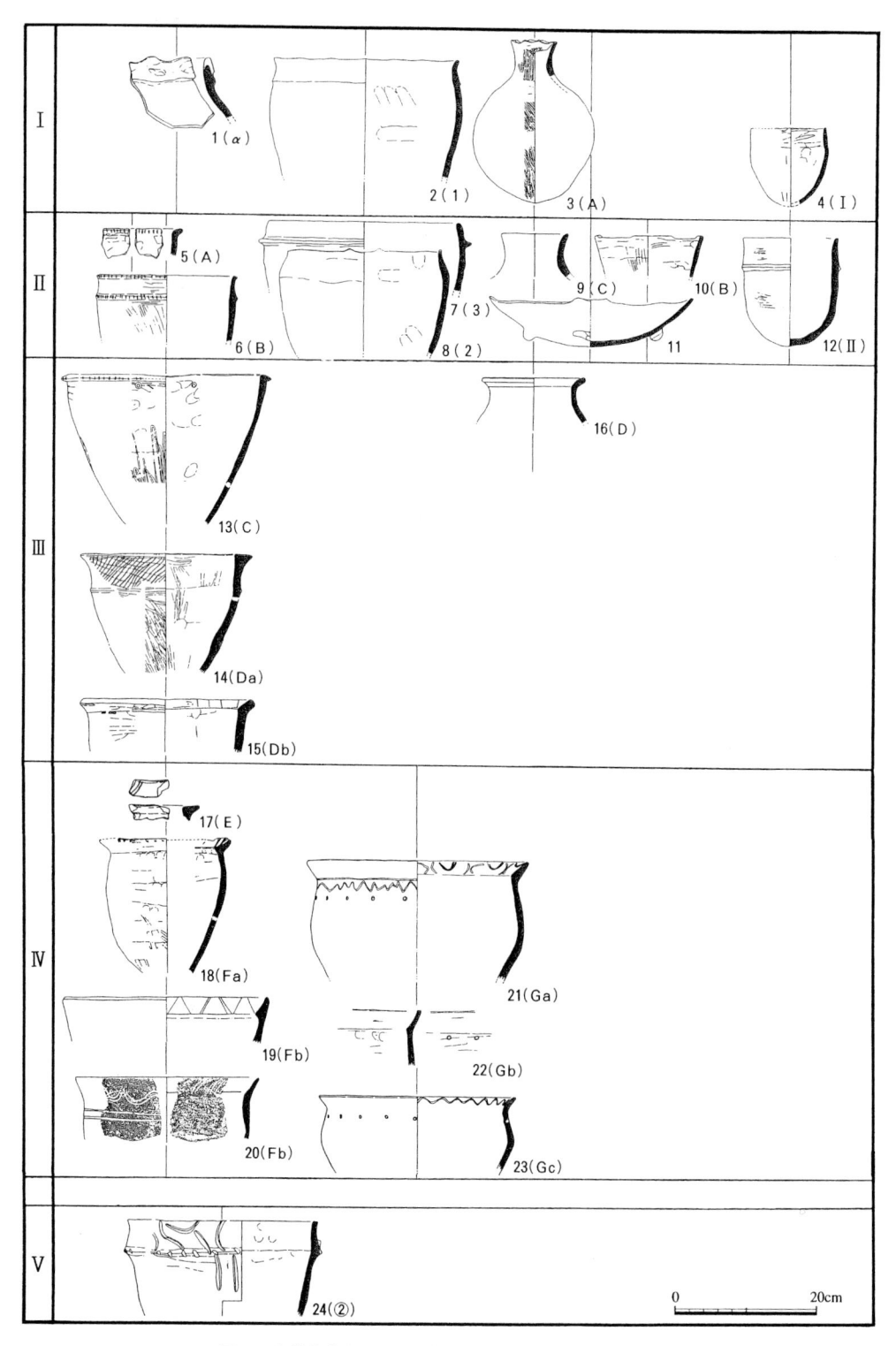

図2　奄美諸島(トカラを含む)の編年図(新里, 1999より)

こうした甕は赤みの強い色調や，特徴ある胎土，そしてしばしば施される独特な沈線文や刺突文など，一見して奄美諸島のものとわかる特徴がある。そうした諸特徴は南部九州の中期土器には基本的に存在しない。また，南部九州の土器よりもいっそう口縁部などに歪みがみられる。加えて，南部九州の入来II式〜山ノ口II式にみられるような稜角付口唇部が基本的に存在せず，口唇部を丸くおさめるものが多いことなども特徴的である。したがって，こうしたものが沖縄諸島で出土していれば，とりあえず奄美諸島のものと考えることができる。

(3) 沖縄諸島の編年

沖縄諸島の在地土器の編年は，近年進歩が著しい。たとえば西銘章・宮城弘樹(1998)は在地の先史時代全般の土器について研究の現状をまとめ，大筋での弥生併行期の土器編年を記述している。また，新里は大隅諸島から沖縄諸島に至る広域での土器編年を行っており，精緻な分析・議論から構成されたこの編年案の完成度は高いと評価できる。大隅諸島，トカラ列島・奄美諸島，沖縄諸島のそれぞれの編年を行い，それぞれの併行関係，および九州の弥生土器との併行関係も示している。南西諸島において弥生併行期全体をカバーできる現行でもっとも妥当な編年案と考えられ，ここでは基本的に新里(1999)の編年を用いる(図3参照)。

なお，南西諸島の編年はさらに細分できると考えられるが，今後の課題である。また，弥生土器編年との厳密な併行関係についても同様である。新里論文に示されているように，弥生土器との共伴により定点となる資料はいくつか存在するが，まだ流動的な部分もある。特に各時期の存続幅については明確なことがいえないのが現状である。

弥生時代との併行関係については新里の案を重視するが，本書の脈絡との整合性を求めるために多少変更した呼び方にする。
 I 期(仲原式)　弥生時代早期(刻目突帯文期)〜弥生時代前期前半併行
 II 期(阿波連浦下層式)　弥生時代前期後半〜中期初頭併行
 III 期(浜屋原式)　弥生時代中期前半〜後期前半併行
 IV 期(大当原式)　弥生時代後期後半以降
括弧の中の名称はイメージしやすいため，それを優先して用いることにする。

仲原式とそれより前の土器群との様式的分離に議論の余地があることもさることながら，仲原式より前の土器群と仲原式とが，外来系土器との共伴関係によってある程度排他性をもって確認されるには至っていない。したがって，仲原式が弥生時代早期(刻目突帯文期)と時間を一点で共有するとしてもその上限を押さえることはむずかしい。筆者は，仲原式は早期でも後半期にその開始が下る可能性があると考えている。なお，弥生時代前期併行とされてきた真栄里式については，最近地元の研究者にも認識されているように，型式学的にも出土状況のコンテクストからも大当原式より下ることは明らかと考えられる[1]。北部九州の板付式との型式学的類似性(如意形口縁や平底の底部形態など)が前期併行説の主たる根拠であったが，型式学的連続性からみて弥生時代併行期の在地土器の中に組み込むことが困難であること，甕の如意形口縁は前述のように一部を除き基本的に北

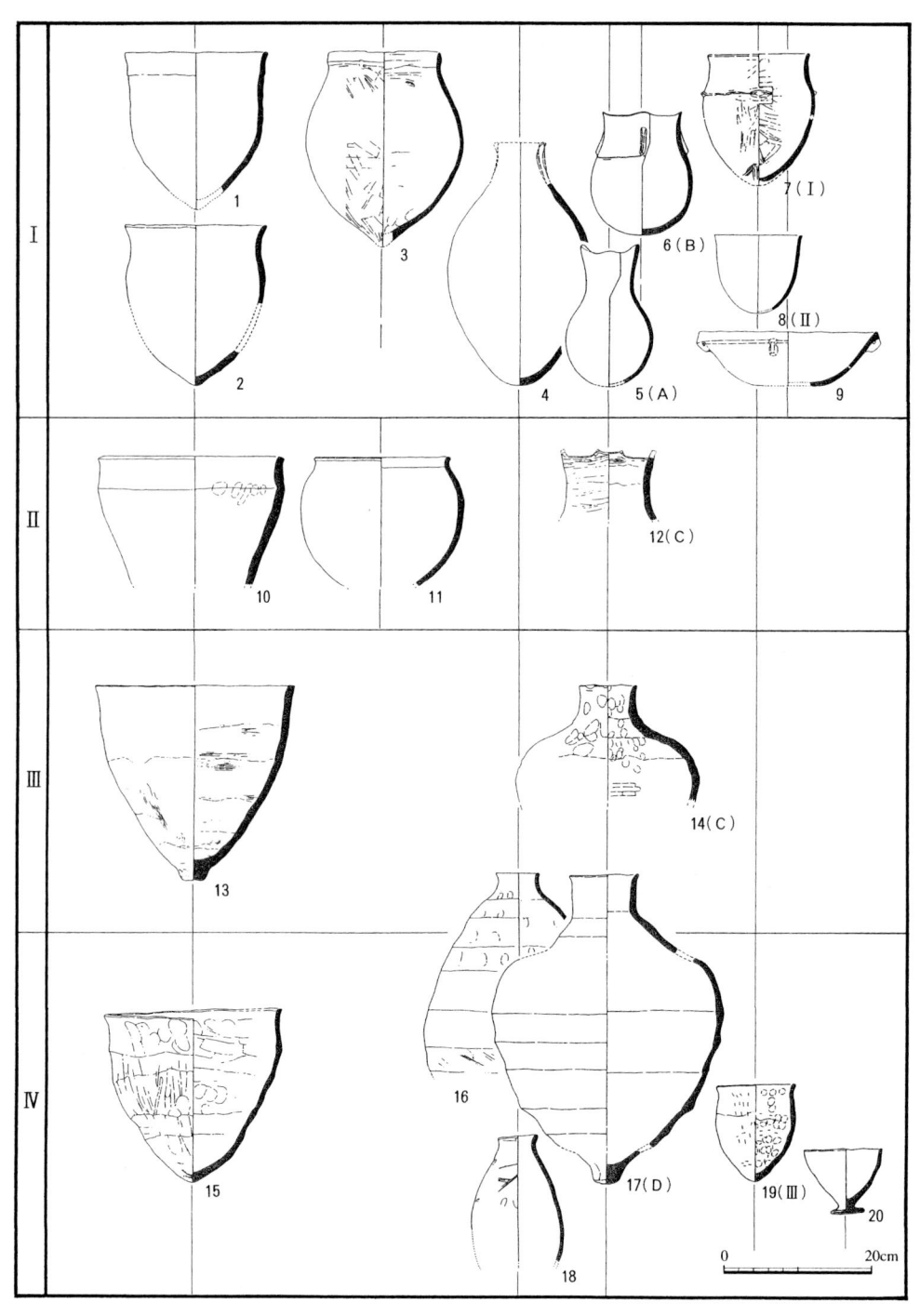

図 3 沖縄諸島の編年図（新里, 1999 より）

部九州にほぼ限定され，より南西諸島に近い九州中・南部の広域にわたって亀ノ甲式（前期の突帯文系）が分布するため，形態上の模倣は考えにくいことなどからみても前期併行説は成立しがたい。したがって，ここでの検討からは除外する。

4. 沖縄諸島の弥生土器関連資料

　沖縄諸島出土の弥生土器の中で最も目立つのは，南部九州の中期土器である山ノ口式であるとされてきた。研究の初期において，伊江島具志原貝塚出土の弥生土器は須玖式あるいは山ノ口式と認定され，広義の「須玖系土器」であるという認識がもたれた（友寄・高宮，1968）。友寄（1970）の文中では「須玖系土器」としており，山ノ口式とは記されていないが，山ノ口式は当初から視野に入っていたことになる。しかし須玖式そのものが出土したと受け取るむきもあったようである。のちに小田富士雄（1980）が広義の須玖式と認定しながらも，より直接的には山ノ口式であると述べたことなどで，しだいに山ノ口式が搬入土器の代表との認識が深まっていったようである。これは当時としては適切な判断であったといえよう。

　しかし，新たな問題は，先述のようにかつて曖昧であった入来II式の位置づけが明確になったため，沖縄諸島出土弥生土器についても山ノ口式などとされてきたものの中にそれが含まれていないかということである。筆者が実際の資料を観察し，また実測図等の再検討を行ったところ，結論からいえば入来II式がかなり目立つことが判明した。南部九州の編年の整理が十分になされていなかったことが，そのような認識を阻害してきたことは疑いない。従来，山ノ口式とされてきたものの中に，本来入来II式とすべきものも少なからず含まれているのである。この両者を判別することは，とりもなおさず中期の前半，後半という時期を明確にすることになるが，さらに重要な意義は製作地の推定にも役立つということである。

　以下では，これまでに論じてきたことを踏まえて，沖縄諸島出土の弥生土器について主要な遺跡をとりあげながら検討していく。関係者のご厚意によりこれまで多くの土器を実見することができたが，一部の実見していない資料については報告書等から判断したものがある。また，実見した資料の中で未報告のものについては，具体的記述を避けごく簡単な記述にとどめざるをえなかったものがある。なお，とりあげるいずれの遺跡でも圧倒的多数は在地の貝塚時代後期土器であり，弥生土器は少量混在するにすぎない。

(1) 各遺跡出土の弥生土器

宜野湾市ヌバタキ遺跡（呉屋義勝（編），1991）（図4-1～5）　方形の大型住居である14号竪穴住居址から関係する資料が出土している。この住居からは新里編年のI期に該当する仲原式が，大部分は小片であるが多数出土している。

　1は弥生時代早期から前期前半の浅鉢または高杯と考えられる。ただしやや立ち上がりが長いため，鉢としたほうがよいかもしれない。早期としてもその最古段階まではさかのぼらないと思われる。器形・胎土の印象からは薩摩半島西部を含む九州西部の可能性が強いように思われる。2は弥

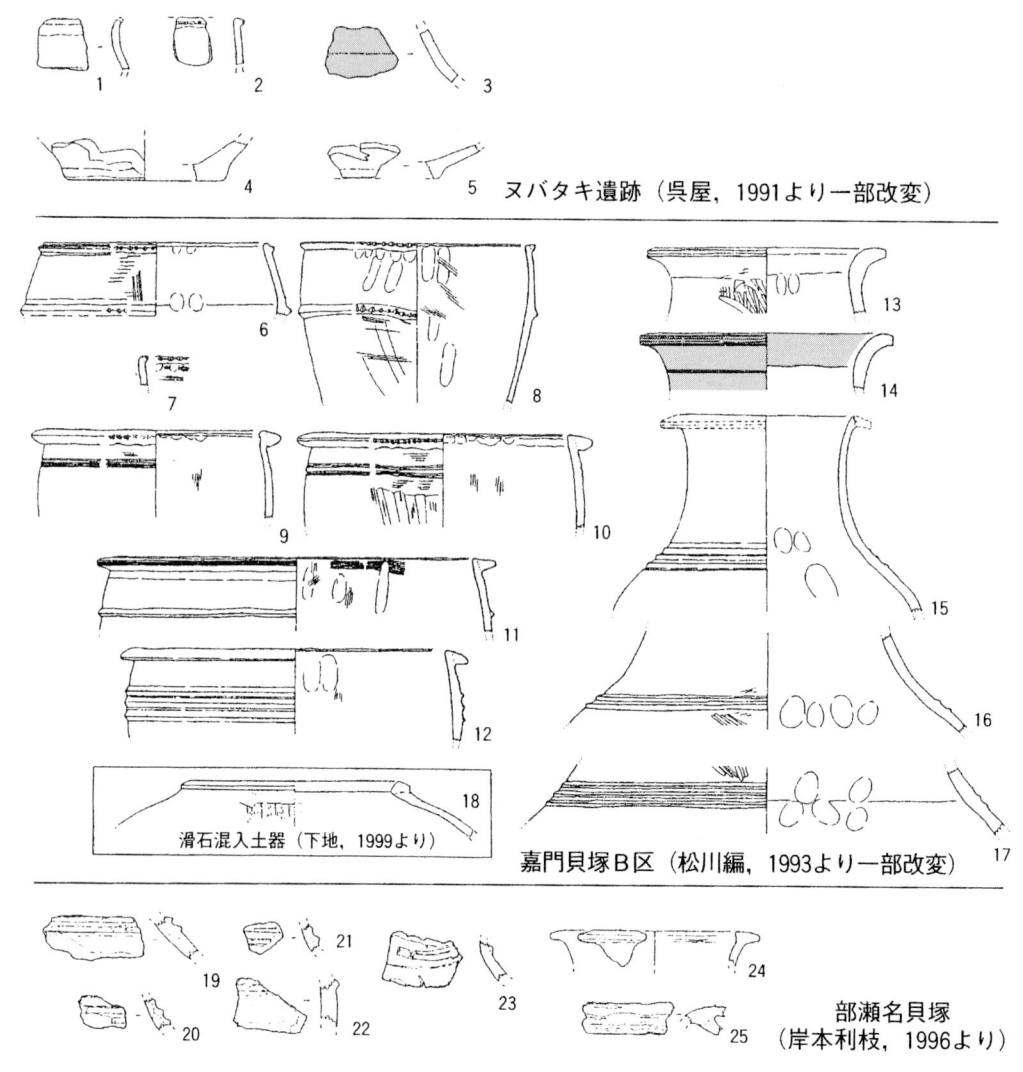

図4 沖縄諸島出土弥生土器 ①

生時代早期から前期前半の中型もしくは小型の甕，または鉢とみられる。全体が磨滅し詳細は不明であるが，口縁部には細かい刻目突帯がある。確証はないが残存部位の破片はわずかに内傾するように思われ，そうであれば胴部に屈曲と刻目突帯をもつ可能性が高い。口縁部形態や刻目の細かさなどからみて，早期のごく新しい段階から前期前半に該当する有明海沿岸以南のものの可能性が高いように思われる。

　3は外面に丹塗が施されており，壺の頸部から肩部への移行部の破片と考えられる。おそらく中型壺である。丹塗磨研の壺は基本的には早期に限られるが，前期前半まで少量みられる。本例は器形やサイズなどから早期でも最も古い段階とは考えにくいように思われる。本資料の所属時期は早期から前期前半の時期幅のうちに収まると考えられる。製作地については，九州東半部では弥生時

第9章　異文化との交渉

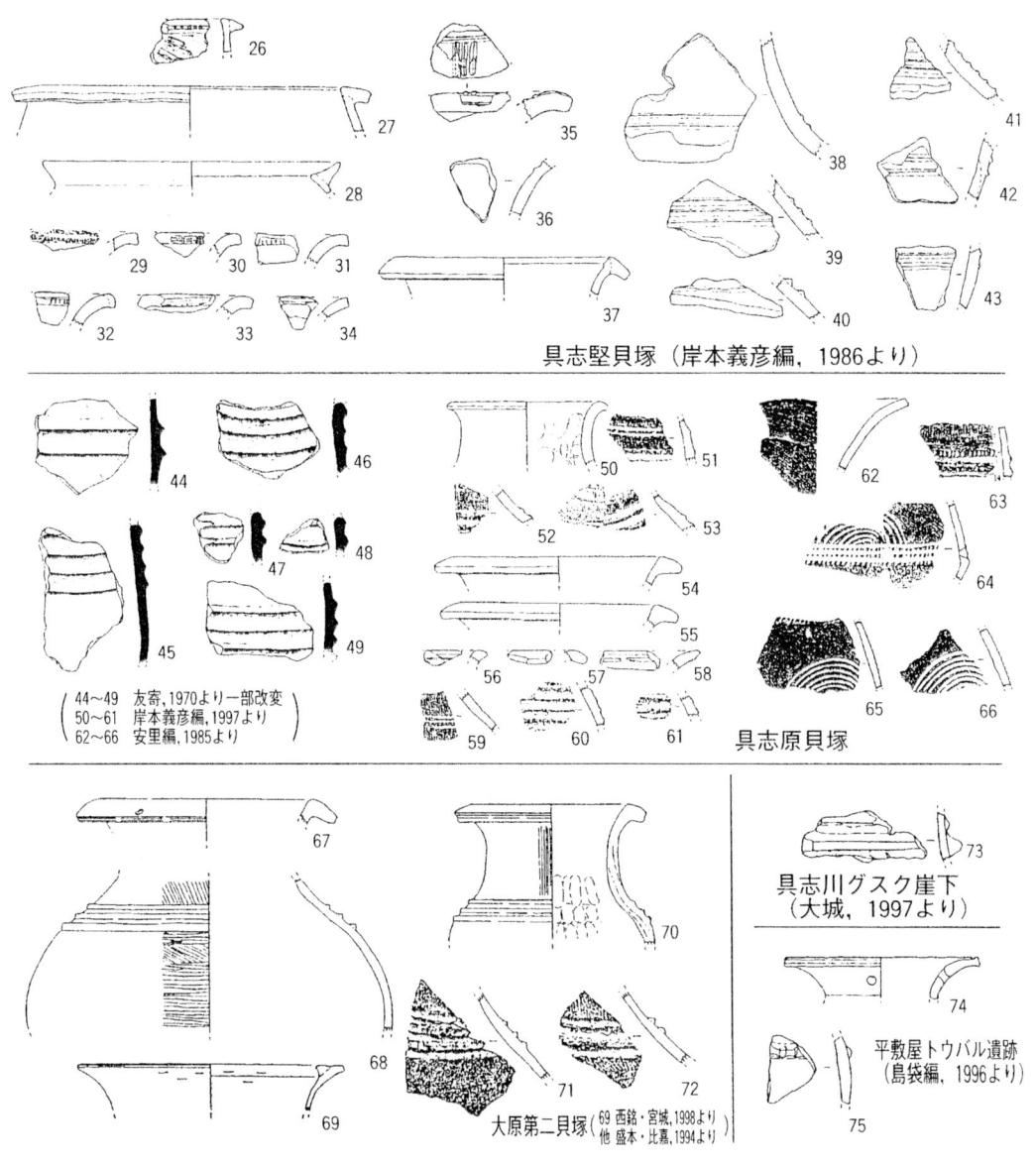

図5　沖縄諸島出土弥生土器②

代早期から弥生時代前期初頭まで壺は盛行しないため，蓋然性の高さからいって，九州西半部であることはほぼ間違いなかろう。特に九州西北部に集中するが，薩摩半島西部には高橋貝塚やそれに先行する下原遺跡があり，非常に早い段階に拠点的に九州西北部に似た要素が入っている地域であるので，それも可能性の範疇に入る。4は壺の底部である。時期は立ち上がりのある平底なので弥生時代早期の最も新しい段階から前期であろう。前期でもさほど新しくはない。摩滅している現状では丹塗磨研の痕跡は確認できなかった。胎土や色調は明らかに弥生土器的で，有明海沿岸以南の可能性が高いように思われる。

同遺跡の1号通路とされる遺構から出土した5は，暗い灰黄色で器肉は黒灰色を呈している。平底で壺か鉢と思われる。色調の暗さが本来黒色磨研あるいはそれに近い焼成であることを示すとすれば，弥生時代早期から前期前半がその候補にあがる。ただし，九州南半の土器には中期にもこのような色調のものがないわけではない。

　ヌバタキ遺跡では仲原式が非常に多い。いずれも住居の埋土中などの出土で，厳密な共伴関係にはないが仲原式の年代が，弥生時代早期後半から前期前半の土器と存続幅の一部を共有することを示唆している。また，総合的にみてこれら搬入土器が薩摩半島西部を含む九州西半部のものである可能性が高いことは注目すべきである。

浦添市嘉門貝塚B区(松川(編)，1993)(図4-6～17)　弥生時代早期後半の可能性がある甕が1点あるが，最大限下ったとしても前期初頭であろう(6)。その他，刻目突帯文系の甕が2個体出土しているが，口縁部形態や器形などから前期前半の薩摩半島のものとみてよかろう(7・8)。前期中頃から後半の壺も3点あるが，いずれも薩摩半島的である(13・14)。大隅半島的胎土をもつのは，入来II式もしくは山ノ口式まで下る可能性をもつ個体(15)ともう1点中期の壺の底部があるのみで，あとはほとんど薩摩的胎土のものである。入来I式とみられる甕(9・10)もあり，中期初頭に位置づけられる。本遺跡の弥生土器のうち，中期前半の入来II式が最も多く出土している(11・12)。16・17は壺の肩部であるが，入来II式か山ノ口式に該当する。入来II式と明確に判断できるものは，いずれも薩摩半島的な特徴をもつ。

　本遺跡では弥生時代早期後半から中期後半までの長期間にわたる弥生土器が出土していることは注目される。また，中期土器の一部に大隅半島産と考えられるものがあるが，多くは薩摩半島産と考えられることも注意しておきたい。

　弥生土器出土地区から出土する在地土器としては，阿波連浦下層式，浜屋原式がみられ(図6)，一部大当原式かと思われるものもある。それが大当原式とすれば，遺跡は存続しているにもかかわらず，その時期に併行する弥生時代後期後半・終末あるいは古墳時代に下る搬入土器が出土していないことになる。

　なお，滑石混入土器も弥生土器出土地区から出土しており，器形・胎土から楽浪系の可能性が指摘されている(図4-18)(下地，1999)。いずれも破片資料であるが，その中には焼成後穿孔が施されたものがあることは注目される。

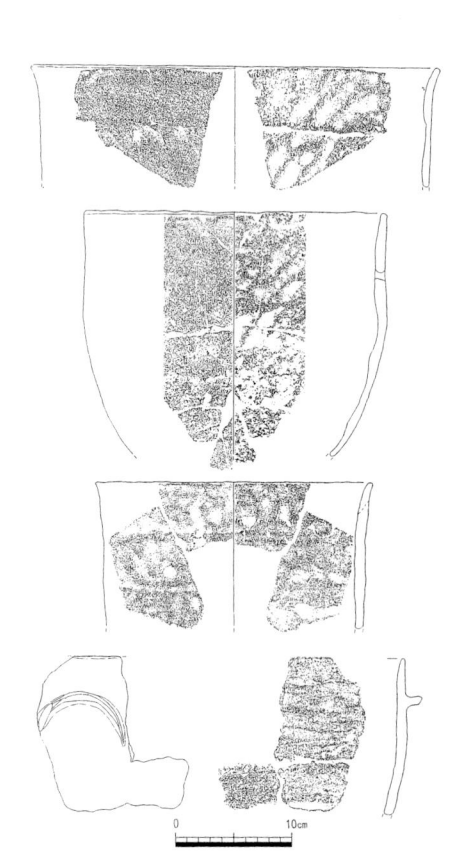

図6　嘉門貝塚B区出土在地土器(松川(編)，1993より)

読谷村木綿原遺跡(當眞・上原(編), 1978) 南島型石棺墓(時津, 2000b)を含む埋葬遺跡に伴って出土している。石棺墓と直接関わりのあるものとしては仲原式の甕とハケメ状の調整を施す在地的壺がある。後者の壺は弥生土器と認識するむきもあるが, 技法・胎土ともに在地のものと考えられ

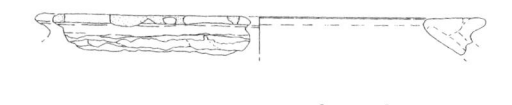

図7 大堂原貝塚出土甕棺片(名護市教育委員会提供)
丸みを帯びた甕棺の口縁部とみられる.

る。周辺から前期後半から中期初頭(入来Ⅰ式)頃の弥生土器壺の破片が数点出土しているが, 弥生土器の甕はない。このうち, あるいは大隅半島産かと思われるものはわずか1点にすぎない。

名護市部瀬名貝塚(岸本利枝, 1996)(図4-19〜25) 入来Ⅱ式と山ノ口式が9点出土している。いずれも壺である点は注目される。うち2点は実見していないが, 山ノ口式とみられる4点は大隅半島的胎土であり(20・21・25), その1点は山ノ口Ⅱ式の二叉状口縁壺(壺L)である(25)。奄美産とみられる中期前半頃の甕口縁部が2点あり, その他有文の奄美系の土器もある。在地系土器は浜屋原式その他が出土している。

名護市大堂原貝塚 弥生時代中期の土器を中心に前期から後期に及ぶ土器が出土している。奄美諸島産と考えられるものも一定量出土している。本遺跡では中期の丸味を帯びた甕棺の口縁部片が1点出土している(図7)。丸味を帯びた甕棺の中でも小型のものである。甕棺片出土地の南限はこれまで薩摩半島南端の成川遺跡であり, 南西諸島では初見である。色調・胎土および破片の下端の接合技法は, 甕棺によくみられる特徴をもっている。口縁部の形態は玄界灘沿岸部や筑後平野北部のものとは多少異なっており, 製作地はおそらく有明海を中心とする地域から, 可能性としては長崎県の東シナ海側までの範囲が候補となろう。ただし本例は, 埋葬に使用された可能性はほとんどなかろう。現在, 本遺跡の資料は調査・整理が進行中であり, 正式報告が待たれる。

本部町具志堅貝塚(岸本義彦(編), 1986)(図5-26〜43) 手にとって実見してはいないが, 展示ケース越しに観察した。ただし報告書できわめてレベルの高い記述がなされており, それも参考にした。本遺跡では比較的多くの弥生土器が出土している。一部前期末に遡るかと思われるものと, 南部九州のものとみられる後期の壺があるほかは, ほとんどが中期のものである。ただし中期は初頭から末まで全般のものが出土している。すなわち, 南部九州の入来Ⅰ式, 入来Ⅱ式, 山ノ口式に該当する。このうち入来Ⅰ式とⅡ式の大半が薩摩半島的胎土であり(26・27・29〜36), 中部九州系の土器では黒髪Ⅰb式〜Ⅱa式の甕が2点みられる(28)。中期初頭以降に併行する奄美系の甕も比較的多い。器種でみると奄美系のもの以外は壺が目立つことが注目される。また, 扁平磨製石鏃も1点出土しており, 南部九州の山ノ口式に伴うものとの対比がなされている。在地土器は弥生土器との関連でいえば, 浜屋原式が目立ち阿波連浦下層式もみられる。

伊江島具志原貝塚(友寄・高宮, 1968; 友寄, 1970; 安里(編), 1985; 岸本義彦(編), 1997)(図5-44〜66) 沖縄諸島で最も早く弥生土器が確認された遺跡である(友寄・高宮, 1968)。友寄の調査で出土した弥生土器は現在の見地からみてもほとんどが山ノ口式であり, 大隅半島的胎土である。ただし, 44は黄橙色を呈する明るい色調で, 黒雲母も目立たない。また, 突帯の形状からも, 中期後半または

下っても後期初頭頃の薩摩半島西部の壺と考えるのが妥当であろう．同一個体かと思われるものがもう1片ある．

以下の資料はまだ実見していない．その後行われた調査では後期の免田式が多く出土し，注目を集めた（安里（編），1985）．やはり後期関係の土器が出土しており，刻目突帯をもつ壺の胴部（63）や，後期後半～古墳時代初頭とみられる壺の口縁部（62）なども含まれる．免田式（64～66）を除くと南部九州のものであろう．免田式はいずれも文様部分が見出されているが，文様が特徴的であることもあり，本遺跡ではそれのみが目立つ印象がもたれている．しかし，同時期のもので無文の南部九州の土器が多く含まれているのではないかと思われる．また，このときの調査で出土した弥生土器のほとんどが壺であることも注目される．この調査地点は弥生時代後期に併行する時期の地点であったのであろう．

1995年の調査では入来II式から山ノ口式を中心とする資料が得られており，山ノ口式と大隅半島的胎土はよく相関するようである（岸本義彦（編），1997）．

この遺跡では弥生時代中期から後期を中心とする弥生土器が出土していることになる．

具志川市宇堅貝塚（金武（編），1980；大城，1992；福岡市博物館（編），1998）　弥生時代前期後半から後期の長期にわたる土器が出土している．大半は薩摩半島的胎土であることは注目される．中には中期末～後期初頭頃とみられる薩摩半島西部的な多条突帯壺もある．また，山ノ口II式を南西諸島的製作技法で模倣した可能性のある完形の甕もある（口絵6）．この土器の胎土は明らかに南西諸島のものであり，調整技法なども南部九州とは異なったものである．沖縄諸島で製作されたものか，奄美諸島で製作されたものかは判断できないが，南西諸島の貝塚時代後期土器の製作者によることは明らかである．

本遺跡からは鉄斧と砥石，青銅製鏃（三翼鏃）や後漢鏡片も出土しているなど，金属器類の集中度が高い．弥生時代中期土器を多く出土している第1 shell mound では浜屋原式等が出土しており，後期の免田式が出土した第2 shell mound では大当原式等が出土している．このように弥生時代後期土器も少量あるが，他の遺跡と同じく主体は中期にあるといえる．比較的近くに所在する具志川グスク崖下からも壺や，大型甕または大型壺の胴部突帯が出土しており（大城，1997；西銘・宮城，1998），薩摩半島西部の中期末～後期前半頃のものである可能性が高い（図5-73）．いまのところ宇堅貝塚周辺でみられる土器はほとんどが薩摩半島的という印象がある．須玖II式らしき破片もあるが，長崎や熊本で製作されたものかと思われる特徴を有しており，これも薩摩（西部）経由での持ち込みを示唆するものである．

読谷村中川原貝塚（仲宗根，1992a，1992b；仲宗根ほか，2001）（図8）　弥生時代前期後半から後期の各時期にわたる土器が出土している．ほとんど南部九州のもので，前期後半の壺（1），入来I式の壺（4）やその可能性のある口縁部（2），入来II式の甕・壺，山ノ口II式の壺などがあり，後期土器も一定量あるようである．中期土器が最も多い．大隅半島的胎土としては入来II式（18・20），山ノ口II式（15）があるが，その他の多くは薩摩半島のものではないかと思われる．また，中部九州の黒髪IIa式と思われる甕もある（19）．形態・ハケメの特徴や色調からみて明らかに北部九州～西北

第9章 異文化との交渉

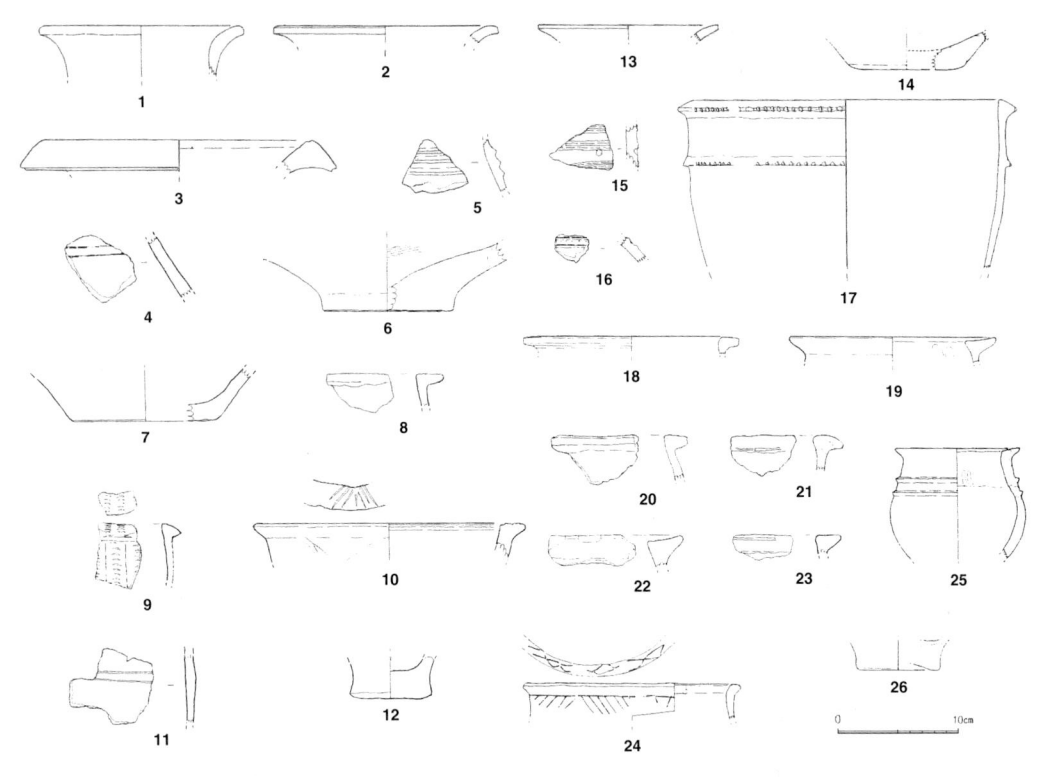

図8 中川原貝塚出土弥生土器(仲宗根ほか，2001より)

部九州的特徴をもつ前期末～中期初頭の甕も1点ある(17)。

なお，口唇部の丸い逆L字状口縁をもつ甕も出土している(8)。形態からは須玖I式にも似ているが，口縁部内面側の張り出しがない点や断面の上面に須玖式特有のうねりがない点，口縁部外面側の付け根のナデが甘いことなど須玖式とは異なっている。同様な土器は，少量ながら薩摩半島西部を中心に薩摩半島で点々とみとめられるため，薩摩半島産の可能性が高い。筆者はこの種の特徴は入来II式の甕に須玖I式(ないし黒髪I式)の甕の要素を模倣した可能性を考えている。

奄美諸島の特徴をもつ甕(9・21)やその可能性のあるもの(10)も一定量みられる。

五銖銭，青銅製鏃(漢式三翼鏃)，細形銅剣茎片や，鉄斧，ガラス製小玉が出土していることは注目される。小型の柱状片刃石斧も出土している。

その他，楽浪系かとされる滑石混入土器も出土している。

読谷村大久保原遺跡(仲宗根，1992b；仲宗根ほか，2001)(図9) 弥生時代前期初頭頃とみられる刻目突帯文系の甕(5)や中期前半の入来II式の甕(6)など，南部九州のものと思われるものが出土している。おおむね薩摩半島的と思われる。5は薩摩半島西部の高橋貝塚などでみられるものとよく似ている。大隅半島的胎土をもつものは，山ノ口II式または後期初頭の高付式とみられる壺が1点ある(1)。4も前期でも比較的古い時期の刻目突帯文系の甕であるが，製作地は不明である。

なお，楽浪系かとされる滑石混入土器(7・8)も出土している。

久米島大原第二貝塚(盛本, 1994; 盛本・比嘉, 1994)(図 5-67～72) 入来 II 式～山ノ口式の壺が数個体出土している (67・68, 70～72)。ほとんどが大隅半島的胎土である。須玖 Ia 式～IIb 式とみられる壺口縁もある (69)。この地点から出土した弥生土器は比較的短期間のものといえる。五銖銭が 10 枚出土しており注目される遺跡である。弥生土器とは層位がやや異なっているようであるが，関連があるとすれば，はからずも弥生土器の実年代の参考資料となろう。

勝連町平敷屋トウバル遺跡(島袋(編), 1996)(図 5-74・75) 後期後半頃の壺の口縁部 (74) と刻目突帯をもつ壺の胴部 (75) が出土している。後者は古墳時代前期に下る可能性もある。これらは形態・胎土から南部九州のものと考えられる。74 は焼成後穿孔があるのが注目される。在地土器は大当原式である。

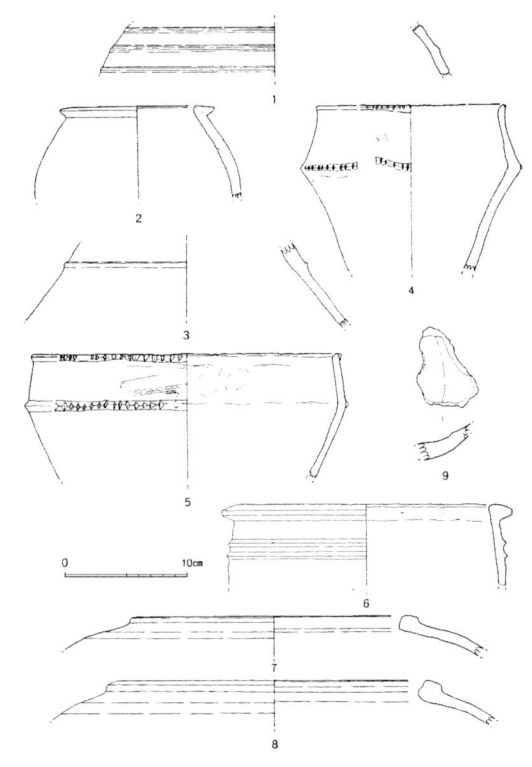

図9 大久保原遺跡出土弥生土器・滑石混入土器 (1/6)
(仲宗根ほか, 2001 より)

　以上あげた各遺跡の資料はすべてあげておらず，一部割愛したものもある。このほかにも弥生土器が出土している遺跡は多い。しかし 1 点だけやせいぜい数点のものがほとんどである。時期や器種等は上述の例の範囲をほぼ越えるものではないが，概ね入来 II 式または山ノ口式である。

(2) 沖縄諸島出土弥生土器の傾向

　以上の事例をまとめると，沖縄諸島では量の多寡を問わなければ，ほぼ弥生時代全般の土器がみとめられる。上限は弥生時代早期であり，具体的資料としては早期後半からである。確実に早期の前半段階といえる資料が今後出土するかどうかはわからないが，いずれにせよ従来考えられていたよりも，ずっと古い段階から九州系の弥生土器がみとめられることになる。

　また，沖縄諸島では口縁部にいわゆる鰭状突起やリボン状突起をもつ土器がしばしばみられ，従来縄文時代晩期土器またはその影響を受けた土器と認識されてきた。しかしそれは，新里 (1999) により弥生時代前期後半～中期初頭併行とされた阿波連浦下層式にあたる。阿波連浦下層式は仲原式に後続するものであり，縄文時代晩期土器との関係はないと考えられる。すると，縄文時代晩期の搬入土器は皆無かほとんどないことになる。それに対して弥生時代早期後半になると，数は少ないとはいえ複数の遺跡から弥生土器が突然出土するようにみえ，それ以降，弥生土器の搬入が継続す

ることは注目される。

　弥生土器は南部九州のものが圧倒的多数を占める。奄美系のものも一定量存在するが，その他の地域のものは中部九州，北部九州のものがごく少量である。器種構成については，中期以降における南部九州での甕と壺の構成比率とは反対に，壺が甕を凌駕している。早期から前期前半に甕が比較的目立つのは，この時期，中部九州以南では壺がさほど多くないことと関係すると思われるが，早期においてはなおさらである。ところが，紹介した資料の中で古く，かつ意義ある一群としては，ヌバタキ遺跡例がある。甕，壺，鉢(高杯?)の各器種が出土していることは注目できる。その中に含まれる丹塗の壺の破片がまさにこの時期の丹塗磨研壺であるとすれば，とりわけ貴重である。このセットは，短期間とはいえ時期差を含むと思われる。これは重要な点であり，短期間に搬入が繰り返された可能性を示唆している。また，嘉門貝塚B区や大久保原遺跡などでも刻目突帯文系の土器が出土しており，他にも注意にのぼっていない遺跡があるものと思われる。結局，ヌバタキ遺跡だけではなく，いくつかの遺跡でみられるため，弥生時代成立期に交渉が開始され，かなり活発に行われはじめたものとみてよかろう。また土器の製作地が有明海以南の九州西半部と考えられることも重要で，とりわけ薩摩半島西部の高橋貝塚周辺(田布施平野)でみられる土器の状況と調和的である。

　前期後半になると弥生土器を出土する遺跡はさらに多くなり，中期前半(入来II式)が最も多い。この時期までは大半が薩摩半島的特徴をもっている。この場合も，薩摩半島西部の土器の様相とは調和的である。

　中期後半(山ノ口式)は，具志原貝塚で発見されて以来，沖縄諸島出土の弥生土器の主体とみなされることが多かったが，むしろ中期前半の入来II式に譲るべきであり，山ノ口式はそれに次ぐ量といえる。入来II式の段階で多少大隅半島的なものがみられたが，山ノ口式はその分布が主として大隅半島に集中するため，当然胎土も大隅半島的なものが多い。この時期，あるいはこの時期から後期初め頃の段階に属する壺に薩摩半島西部的特徴がみとめられるものがあることも注意しておくべきであり，薩摩半島西部との交渉も続いているとみなければなるまい。

　この時期，薩摩半島西部では黒髪II式(松木薗0式)に転換しているが，沖縄で僅かに出土する黒髪II式の甕の中に薩摩半島西部のものがある可能性がある。この時期の沖縄諸島では弥生土器の甕自体は少ないので，黒髪式の甕を確認することは容易ではない。なお，沖縄諸島で少量出土する中期前半から中期後半にかけての須玖式や黒髪式の多くは，薩摩半島西部に持ち込まれるか，そこで製作されたものと考えられる。したがって，直接海に乗り出す出発地となったのは薩摩半島西部であることが多かったと考えられ，またその地域の人々が携わったと考えるのが，蓋然性の高い解釈であろう。

　なお，中期の九州には多くの器種が存在しているが，沖縄諸島に搬入されているものには器種のバリエーションが少ない。その多くはごく通常の壺類と甕(破片では区別が難しいので鉢も含む可能性あり)であり，長頸壺・無頸壺や小型の椀などはほとんどみられない。高杯，器台などについてもそうである。要するに食膳具としての土器は基本的に搬入されていないことになる。南西諸島

では本来在地の土器様式の中に食膳用土器が存在せず，それが弥生土器様式と著しく異なる点であると筆者は考える。南部九州でも高杯や器台が欠落し，食膳用土器が少ないため，したがって南西諸島にも搬入されていないということも要因ではあろうが，無頸壺や長頸壺，椀など南部九州に存在するものもほとんど搬入されていないことから，別の要因も考えるべきである。後述するように，破損した搬入土器には補修孔を穿って使用し続けたとみられる。

　また，ある意味で当然のことであるが，専用甕棺についても上記のように大堂原貝塚の小型の丸味を帯びた甕棺が1点あるにすぎず，基本的に搬入されていない。この1点については甕棺ではなく他の使用法であったと考えられる。また，入来II式以降，南部九州で盛行した大甕がないのも興味深い。北部九州を中心として九州全域にみられる丹塗精製器種群についても，それとわかる確実なものは南西諸島でみられない。おそらく搬入されていたとしてもごく少量であった可能性が高いと思われる。

　後期土器になると量は減少しているようにみえる。したがって，中期が弥生土器流入の最盛期であったといえよう。後期土器についても製作地はやはり南部九州，とくに薩摩半島のものが圧倒的に多い。南部九州を除く九州の後期には，複合口縁壺や胴部にタタキメを有する甕が存在するが，それらも南西諸島では見出されていない。後期土器では唯一南部九州以外の様式と認定される免田式長頸壺についても，それと伴うべき中部九州の土器が出土していないこと，そして免田式は基本的に大隅半島にも分布しないことからすれば，やはり薩摩半島から持ち出されたとみたほうがよかろう。

　南部九州においても後期も下るにつれて高杯や器台が製作・使用されるが，南西諸島ではその搬入はみられない。さらに時期が下降して古墳時代併行期では，九州の土器は僅少になり，南部九州の後期の新しい段階から古墳時代前期の古い段階に該当する中津野式がごく僅かみられるだけになる。古墳時代の九州系の土器は南部九州の古手のものに限られ，しかも僅少ということになる。庄内式・布留式，あるいはそれに後続する土師器や須恵器については，奄美大島のマツノト遺跡で南部九州の古墳時代後期に該当する笹貫式の甕が1点出土している[2]が，沖縄諸島ではまったく出土しない。

　一方，ここではあまり取り上げなかったが，沖縄諸島では奄美諸島の土器も一定量存在する。弥生時代前期併行期までは沖縄諸島と奄美諸島の土器の類似度が高いため，今のところ判別がしにくい。中期においても九州の弥生土器と同様，奄美諸島の土器の搬入もしばしばみられるが，弥生土器を凌駕するほどではないようであり，遺跡によっては弥生土器のほうがはるかに多い。沖縄諸島で九州系の土器が減少する後期から，それがほとんどなくなる古墳時代併行期にかけても，奄美諸島からスセン當(とう)式前後の土器の搬入がある可能性が高い。ただし，このあたりの時期は奄美・沖縄諸島の土器の整理が十分なされておらず，その判別を含めて課題が多い。いずれにせよ，奄美諸島と沖縄諸島の土器はおそらく判別は可能であるが，大きくみれば同一様式と認定することも無理ではないほど類似度が高くなることは注意しておきたい。

5. 考察——沖縄諸島の弥生土器のもつ意味——

(1) 交渉のはじまり

　沖縄諸島との交渉の開始時期については，現在の資料からはそれを厳密に押さえることは難しいが，弥生時代早期後半，すなわち弥生時代成立期においてすでに後に継続するような形で開始されているとみられる。直接的には薩摩半島西部の高橋貝塚もしくはその周辺の土器が搬入されているものと考える。

　高橋貝塚は，東シナ海に面した鹿児島県日置郡金峰町に所在する。一帯は現在，田布施平野と称される水田地帯である。高橋貝塚は弥生時代の集落遺跡のごく縁辺部にあたると推定される。貝塚部分の一角しか調査されていないため詳細は不明であるが，弥生時代早期後半から前期初頭までに成立したとみられる集落遺跡で，前期・中期にピークがあるようであるが弥生時代を通じて存続したとみられる。弥生時代中期後半でも古い段階（須玖 IIa 式期）の上石を伴う甕棺墓が検出された下小路遺跡も，高橋貝塚と同一集落の一角にあたると考えられる。第 6 章にも記したように，甕棺の分布域としては飛地的南限であるにもかかわらず，被葬者はゴホウラ製貝輪 2 個を着装しており，下甕の器高は同種のものの中で最大である点でも注目できる。甕棺は筑後平野か佐賀平野のものと考えられ，在地のエリートの墓と考えられる。高橋貝塚と下小路遺跡を含む低台地上の遺跡は，遅くとも中期には一つの集落としてのまとまりがあると筆者は考えている。これを「高橋遺跡」と仮称したい。この高橋遺跡は調査が進んでいないため，集落の内容などほとんどわかっていないが，中期段階には環濠をめぐらす可能性も考えておいてよかろう。また前期段階の環濠も存在する可能性がある。高橋遺跡の北方には入来遺跡があるが，中期初頭の入来 I 式には環濠集落を形成していることがわかっている（第 8 章参照）。

　田布施平野の遺跡に点在する前期末〜中期初頭から後期に至る甕棺関係資料など，この地域は九州南半部において飛び抜けたあり方をする。高橋遺跡と川を挟んで 1.5 km ほど離れた対面にある松木薗遺跡も前期以降の遺跡であるが，ピークは中期後半から後期と考えられる。中期後半には黒髪 II 式（松木薗 0 式）に転換し，後期以降は瀬戸内系の土器が多く出土するなど，特徴ある集落遺跡である。松木薗遺跡の立地する台地上はかなり広い範囲に弥生土器の散布が認められ，中期以降の大規模集落である可能性がある。中期後半〜末の掘削とみられる台地を横切る V 字溝も検出されており，南部九州では珍しく典型的な弥生集落の要素がそろう遺跡と思われる。なお，沖縄諸島で出土する中期後半から後期前半頃の薩摩半島的な特徴をもつものは，特に松木薗遺跡でみられるものとそっくりであるという印象を筆者はもっている。

　このように高橋遺跡周辺は，弥生時代を通じて特異な展開をする地域である。さらに，既述のように弥生時代前期においては，有明海沿岸とそれ以南では刻目突帯文系の亀ノ甲式のみであり，基本的に如意形口縁甕は存在しない。薩摩半島の西方，東シナ海に浮かぶ甑島の中町馬場遺跡では，縄文時代晩期以降の土器が出土している。特に黒川式から中期まではほぼ間断なく各時期の土器がみとめられるが，前期土器はほとんどが刻目突帯文系（亀ノ甲式）であり，早期から前期を通じて連

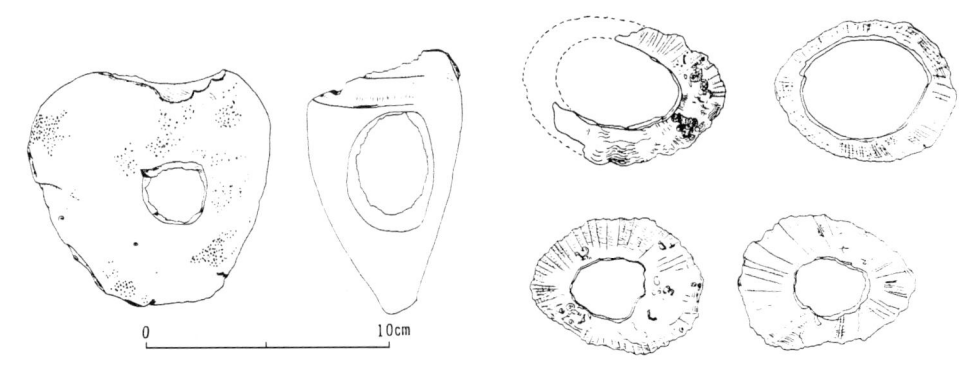

図 13 高橋貝塚出土の貝輪の半加工品（河口，1965 より）
ゴホウラ，イモガイ，オオツタノハが出土している．

　最も早い時期に南海産貝輪を使用するのは西北部九州沿岸部と考えられており（木下，ibid.），遅くとも弥生時代前期初頭，すなわち弥生時代成立期の墳墓から出土するようである．したがって高橋貝塚の如意形口縁甕等にみられる特異性が，この地域との交渉に関係するとみれば整合性がある．西北部九州海洋民との強い結びつきがあった遺跡であると考えられる．
　高橋貝塚に先行する早期の遺跡として近接する下原遺跡がある．この遺跡でも古手の壺が存在しており，また縦研磨を施す丹塗磨研壺など朝鮮無文土器との関係が考えられるものも出土している（森，1966）．沖縄諸島との交渉に関係する遺跡かどうかは不明であるが，今後の検討課題である．いずれにせよ弥生時代成立期の高橋貝塚周辺では，沖縄諸島との交渉に関係した集落があるということは確実であろう．なお，高橋貝塚では南西諸島からの搬入品とみられる仲原式かそれに近い様式の甕が出土している点も注目できる（図 14）．
　このように，高橋遺跡周辺は弥生時代の早い段階から南海産貝輪の運搬に関わる重要な地域であったと考えられる．では，中期後半にこの田布施平野一帯にまで黒髪 II 式の分布域が拡大する理由は何であろうか？　可能性としては南海産貝輪の運搬など流通に関わる重大な変化も考えられる．西北部九州のうち特に五島列島や平戸諸島では，弥生時代早期から前期の古い段階に形成された多くの遺跡が，中期後半には断絶しているという（塚原，2001）．五島列島や平戸諸島は，弥生時代成立期に南海産貝輪を求めて遠隔地交渉を開始した地域に含まれると考えられ，その後もしばらくは南海産貝輪の運搬に携わったと考えられる．しかし，いずれにせよ中期後半に遺跡が断絶・衰退していることを認めるならば，貝輪運搬に直接携わらなくなった可能性が高い．上述のように，高橋貝塚の形成にも重要な関わりをもった集団であった可能性もあり，薩摩半島西部の動向と無関係ではないかもしれない．また，高橋遺跡の一角にある下小路遺跡にみられる中期後半の古い段階の甕棺墓は，棺体が筑後平野や佐賀平野の有明海

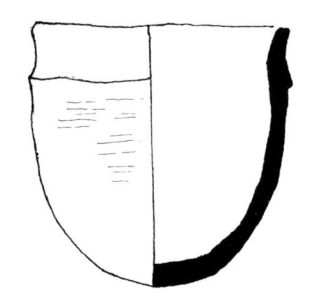

図 14 高橋貝塚出土の南西諸島系甕（河口，1965 より）
仲原式かそれに近い様式である．

沿岸地域のものと類似していることを想起すれば，薩摩半島西部，特に田布施平野では有明海北部地域との関係が強かった可能性が出てくる．中期には西北部九州の東シナ海側を通る，いわば西回りルートではなく，有明海ルートになっていたことも考えなくてはなるまい．

こうした脈絡から有明海沿岸地域との交流が進んだためか，あるいは田布施平野における貝輪など物資の運搬に関わる利権に絡んで中部九州集団が南下したものなのかはわからないが，これらの選択肢は考えておいてよかろう．ただし，黒髪II式の南下は筑後地方南部における須玖II式の南下とも連動している可能性があり，また，むしろ入来II式の分布域が，同一系統の山ノ口式で縮小することのほうが主たる要因かもしれない．そもそも土器様式と人間集団は必ずしも対応するとは限らず，実際に薩摩半島西部には黒髪II式の甕以外，壺には南部九州在地系統のものも含まれており，また高杯も存在しないようである．これらは南部九州的要素ともいえるため，集団の入れかわりを主張するには無理があるかもしれない．しかし，いずれにせよ薩摩半島西部の土器様式の変化や，ベッド状遺構をもつ長方形竪穴住居への住居形態の変化，あるいはV字溝をもつ拠点集落の出現などは，中部九州や有明海北部地域との交流が密になったか，その物質文化を積極的に導入するようなハビトゥスを形成するに至ったかのどちらかといえよう．中期後半の薩摩半島西部における様相の変化は，中部九州から西北部九州，あるいは北部九州地域の動向を視野に入れるべきだということは，少なくともいえそうである．

縄文時代に併行する貝塚時代前期の南西諸島は，縄文文化とまったく無関係というわけではなかった．縄文時代前期に併行する時期には，沖縄本島でも九州系の轟・曽畑様式の土器がまとまって出土する遺跡がある．轟・曽畑式という様式は大まかには朝鮮半島新石器時代の櫛目文土器様式に含めうるものであり，このゆるやかなネットワークは朝鮮半島—九州—沖縄諸島という情報の行き来が多少ともあった可能性を示唆するものと考える．縄文時代後期併行期には南部九州の市来様式に類似する奄美諸島の嘉徳式，沖縄諸島の伊波式などがあり，沖縄諸島まで類似様式圏が成立する．器種構成など異なる点もあるが，高次の様式としては市来式と同一様式と考えてよい．また沖縄県浦添貝塚で出土した市来式深鉢のように，沖縄諸島に搬入されたものもある．しかしそれ以外の時期にはほとんど土器の類似性もなく，また南西諸島一帯での剝片石器を基本的にもたない石器組成は著しく異なったものといえる．したがって，大隅諸島より南の南西諸島は，縄文文化とかなり異なる点もあるが，長期的にみれば九州と類似性の高まる時期とそうでない時期が繰り返していたことになる．

弥生文化との交渉に先行する縄文時代晩期併行期については，黒川式に類似した要素をもつとされていた土器が，阿波連浦下層式として弥生時代前期後半までは下ることが判明した現在において，九州との関係が非常に薄い時期といえる．黒川式の搬入は沖縄諸島ではみられないが，奄美諸島と大隅諸島の間に位置するトカラ列島あたりまでは認められる．また，晩期併行期の奄美諸島から沖縄諸島で進行する無文化の傾向は，朝鮮半島や西日本一帯での広域での無文化と無縁ではないと考える．さらに腰岳産かと思われる黒曜石や，石鏃が極めてわずかながら認められるのもこの時期とみられている（上村，1998）．九州と沖縄諸島とは晩期併行期に玉突き的な集団間の交渉があり，

相互の存在をある程度認識していたし，何らかのイメージを醸成していたと考えられる。弥生時代成立期に沖縄諸島との交渉をより直接的に行うに至るには，おそらくそうした情報に基づいて，さらに九州における集団間・集団内の競争関係を前提とした社会戦略があっての決断であったと考えられるのである。これについては松本直子（2000b）が，M. Helms（1988）の遠隔地交易に関する研究を紹介しつつモデルを挙げて論じているが，後の節で詳論したい。

　かねてから注目されている沖縄県那覇市城嶽貝塚出土の明刀銭についても，中国戦国時代の燕で鋳造されたものとされ，通常，中国東北部を中心に遼東半島や朝鮮半島北部などに分布するものである。すでに弥生時代成立期から沖縄諸島との交渉が開始されているため，搬入されていたとしてもなんら不思議ではない。比較的早い段階の交渉において，土器以外の搬入品をうかがう上で貴重な資料といえるかもしれない。

　なお，南西諸島では仲原式の時期に「箱式石棺墓」が点々と認められ，時津裕子は「南島型石棺墓」と命名している（時津，2000b）。仲原式は弥生時代成立期に併行すると考えられるため，その時期に突如として出現する墓制である南島型石棺墓は注目される。これまで弥生時代前期の九州の箱式石棺墓との関連が指摘されてきたが，九州の弥生時代成立期の墓制を詳細にみると，箱式石棺墓が卓越するのは西北部九州沿岸部である。南島型石棺墓はその名のとおり，西北部九州と比べて伸展葬である点など差異もあるが，これが南西諸島で独自に成立した墓制でないとすれば，やはり西北部九州との交渉にその成立の要因を求めてよかろう。この南島型石棺墓は南西諸島でごく一般的な墓制とは考えられず，限定された人物が埋葬される特別な墓であった可能性が考えられる。おそらく，南西諸島の諸集団においてもある程度の階層的差異があり，それを反映しているものとみられる。

　なお，仲原式あるいはそれを若干遡る可能性のある沖縄県宜野湾市真志喜安座間原第一遺跡は，列状に展開する墓地であるが，南島型石棺墓を含んでいる。この墓地では，多くの南島型の形質をもつ人骨に混じって，1体の大陸的形質をもつ人骨が検出されていることも注目される（呉屋ほか，1989；ほか）。これが正しいとすれば，西北部九州から薩摩半島西部経由で渡海してきた半島系渡来人または渡来系弥生人であった可能性が考えられる。

(2) 交渉の実態と影響

　沖縄諸島では，嘉門貝塚B区，具志堅貝塚，具志原貝塚，宇堅貝塚，中川原貝塚などのように，弥生土器が中期全般，あるいは前期から後期初め頃まで長期間継続している遺跡がある。こうした継続型の遺跡では弥生土器の量も多い。一方で，きわめて弥生土器の量が少なく一時期に限られる遺跡も多い。このように遺跡によって弥生土器出土の割合も異なっている。弥生土器がまとまって発見される遺跡は大規模な遺跡に偏る傾向があるように思われる。遺跡間で弥生土器の出土量に多寡があり，またその時期的継続性にも長短があるとすれば，弥生時代併行期において集落間格差が生じていた可能性が指摘できる。

　それを促したのは弥生社会との接触であった可能性がある。従来指摘されているように貝塚時代

前期とは異なって，内陸部から海岸部へと集落立地が変化する。それに呼応するように遺跡内にゴホウラ，イモガイ等を並べてストックした集積遺構も出現する。集積遺構は弥生人との交渉のためのものと推定される。こうした弥生時代開始期と呼応するようなこれらの変化が，実際に弥生社会との接触を契機とするものかどうかは，今後在地土器の編年をさらに充実していくことで解決していくと思われるが，その可能性は非常に高いと考えておいてよかろう。

なお，上記の継続型の遺跡で，弥生土器のみならず大陸系遺物や金属器が出土する傾向があることは特筆すべきである。宇堅貝塚や中川原貝塚では，青銅製鏃（漢式三翼鏃），後漢鏡片，五銖銭などが出土している。また，鉄斧やガラス製小玉など弥生社会との交渉で入手したと思われるものも出土している。なお，継続型といえるかどうかは議論の余地があるが，大原第二貝塚では五銖銭が多数出土している。これらは決して九州で普遍的に出土するものではない。とりわけ中部九州以南においてはそうであり，それが沖縄諸島で集中的にみられることはきわめて注目すべきである。また，第6章で述べたように，ガラス璧，ガラス勾玉，完形鏡，武器形青銅器，鉄製武器などは北部九州を中心に威信財・階層表示的シンボルとして厳密な規則をもって用いられ副葬されたものであるが，それらの発見例がないことに注意しなければならない。弥生時代後期段階の後漢鏡片は議論のあるところであろうが，それを除けば，むしろそうした意味と結びつきにくいものが沖縄諸島で出土しているといえる。また，筆者が注目したいのは，宇堅貝塚でも中川原貝塚でも金属器などの品目の内容がほぼ同じであることである。ある「限られた品目」が持ち込まれており，そこには何らかの選択がかかっていることになる。

また，楽浪系の可能性のある滑石混入土器が出土していることは，最近の最もホットなニュースである。類例は，宜野湾市真志喜荒地原第一遺跡（呉屋ほか，1989），浦添市嘉門貝塚B地区，読谷村大久保原遺跡，中川原貝塚の4か所にあり，いずれも沖縄本島に集中している（下地，1999）。これらの大部分を実見したが，日本列島で他に壱岐原の辻遺跡くらいしか類例がない中で，しかも1遺跡で複数個体分出土するなど，あまりの密度の高さにかえって躊躇するところである。もっとも，それらが本当に楽浪系であるかどうかはさらに慎重な検討が必要であろうが，楽浪系であるとするとその意味するところは大きい。時期は楽浪郡設置以前の可能性も指摘されており（下地，ibid.），そうであれば弥生時代中期前半以前に持ち込まれたものということになる。そしてそれは共存する弥生土器の時期とも概ね調和する。なお，滑石混入土器が楽浪系であれば，当然，他の種類の楽浪系土器の搬入も考えられてよい。しかしながら，現状ではその報告例はない。それがもしあるとすれば，歴史時代のいわゆる南島須恵器（類須恵器）と誤認しやすいと思われ，たんに見出せないだけかもしれないが，そうでなければどうしてそのような選択がかかっているのか興味深いところである。

沖縄諸島に集中する大陸系遺物について，地理的脈絡などから中国大陸から直接の搬入を想定する意見も強い（e.g. 上村，1993）。しかし，こうした大陸系遺物がみられる遺跡のほとんどは九州系の弥生土器を出土する継続型の遺跡であり，出土遺物や遺跡のあり方を総合すると，むしろ北部九州にいったん持ち込まれたものが弥生土器と同じルートを経由して搬入されたと判断すべきである。

そのほとんどが北部九州の遺跡で何らかの形で発見されているものであるし，滑石混入土器のように朝鮮半島産とみられる遺物があることもそれを支持する。したがって，これらは多くの九州系の弥生土器と同じく，九州の西海岸を経て持ち込まれたものであろう。

　逆にいえば，沖縄諸島での大陸系遺物，特に青銅製品のあり方こそ，北部九州では痕跡を残しにくい，「鋳潰されるべき原料」としての青銅製品の存在を垣間見させるものであり，その意味でも重要である。なお，滑石混入土器それ自体に価値があったかどうか甚だ疑わしい。弥生土器同様，滑石混入土器の中には補修孔が施されたものがあることは実際に使用されたことをうかがわせ，弥生土器と同様の取り扱いがなされたか，むしろ沖縄諸島の人々もしくはそのエリートが朝鮮半島という遠隔地からの搬入品ということに特別な意味を見出していた可能性も考えられよう。朝鮮半島産の瓦質土器は，壱岐原の辻遺跡や「伊都国」の三雲遺跡などで出土するように，北部九州においては特別な意味のある土器として珍重された可能性があり，逆に滑石混入土器は北部九州にいったん入ってきても価値が見出されなかった可能性を考えておきたい。

　こうしたことを総合すれば，沖縄諸島で出土する大陸系遺物あるいは金属器・玉類は，その品目やセット関係をみれば日本列島の中でも特異なものということができる。しかも，そのほとんどは弥生社会の中で価値が低いものではないけれども，特定の権威と結びつくようなとりわけ価値の高いものではないことにも注意しなければならない。沖縄諸島との遠隔地交渉においては，弥生人にとって大陸系遺物のうち価値が高く入手が困難なものは除外されたということになろう。いいかえれば，中国王朝からの政治的「下賜」とも異なる，むしろ日常的な経済的交渉というコンテクストで入手しうる品目であったとみなしてよかろう。このことは，沖縄諸島が九州の政治・文化・経済・イデオロギーのまとまりとは明らかに別物であったことを示すといえよう。

　なおこのことは，五銖銭や漢式三翼鏃などに着目すれば沖縄諸島だけの特殊な状況とは必ずしもいえない。漢代の五銖銭は壱岐原の辻遺跡や北九州市守恒遺跡，山口県沖ノ山遺跡のほか，兵庫，滋賀でも出土例がある。このように，北部九州の中枢部を除いて周辺に分布している。また，漢式三翼鏃は壱岐原の辻遺跡，福岡市クエゾノ遺跡のほか，兵庫県会下山遺跡でも知られている。このように，北部九州を中心とするエリートの威信財あるいは階級のシンボルの中でとりわけ価値の高いものを除けば，広く分布する傾向があり，大陸系遺物はすべて等質に扱われたのではなく，やはりある種の選択が行われているということができよう。これらが沖縄諸島で出土するものと共通することは，北部九州で選択が行われたのかもしれない。

　それに加え，中期後半代の搬入とみられる五銖銭は沖縄諸島でもまとまって出土するが，弥生社会で貨幣経済が一般に行われていたとは考えにくいけれども，北部九州の沿岸部などのいわば「港」では大陸・半島との交渉において限定的に貨幣が使用された可能性は考えるべきである。特に楽浪郡設置以後の中期後半においては，北部九州と大陸・半島との間の経済活動に中国系の商人が介在した可能性も考えられ（中村慎一，1995），それに携わる弥生人には貨幣の意味が理解されていた可能性がある。壱岐原の辻遺跡で出土した五銖銭や弥生時代後期代の貨泉について，商取引を想定する意見もある。たとえば田川肇は「弥生時代の一支国が貨幣経済の枠内にあったとするには

いささか抵抗もあるが，中国や朝鮮半島との国々との交易を行っていた一支国の人びとは，少なくとも銭貨の威力は熟知していたものと考えられる」(田川，2001: 31)とする。沖縄諸島でもそうした脈絡から，弥生文化との接触が強かった中期から後期前半においては一時的に交換にあたっては貨幣が用いられた可能性も考えうる。なお，後に沖縄で多く出土する開元通宝をめぐって，高宮廣衞は，メラネシアのティコピア島，台湾紅頭嶼のヤミ族などの民族誌を参照しながら貨幣経済移行期に関する考察を行っているが，それによると日常的には物々交換が行われていても，こと対外的な交渉においては貨幣の意味が速やかに理解され，限定的に使用されることがあることになる（高宮，1996a, 1996b, 1997, 2000）。

なお，こうした大陸系の様々な遺物は，南西諸島の中では沖縄諸島（特に沖縄本島）で限定的に出土しており，九州により近い大隅諸島や奄美諸島ではみとめられないことにも注目しなければならない。貝輪の原材料は南西諸島一帯で採れるという見方もあるが，一般的には沖縄諸島以南とされており，特に大型で良質なものが安定して多く採れるのはやはり沖縄諸島であろう。したがって，弥生人の真の目的は良質な貝輪の原材料の入手にあったといえよう。また，後述するように遠隔地であるという点も弥生人にとって重要な意味があったと考えられる。

沖縄諸島との交渉の原動力が，貝輪の原材料を希求した弥生社会の事情にあったとすれば，一義的には貝の入手が目的であり，その他に南西諸島から持ち込まれたものがあるとしてもそれらは付随的なものであろう。実際のところ，明確なものとしては高橋貝塚で仲原式かと思われる土器が1点認められる以外は，皆無といってよい。このように本来は弥生社会側の要求で開始された遠隔地交渉は，南西諸島の社会や文化に少なからぬ影響を及ぼしたと考えられる。具体的には次の諸点である。

1) 沖縄諸島での遺跡立地がほぼ弥生社会との交渉開始の時期から海浜砂丘地に下りてくる点，
2) 大規模な継続型遺跡とそうでない遺跡という集落間格差が生じた可能性が高い点，
3) またそうした格差に対応して大陸系遺物・弥生土器が集中する遺跡とそうでない遺跡が生じている点，
4) 南島型石棺墓といういわばエラボレーションの高い墓の成立が認められる点など，

こうした諸点において沖縄諸島の社会内部における集団間関係の変化や階層化などに影響を及ぼしたとみてよかろう。

奄美諸島の土器が九州の土器様式と類似性をもつのは，弥生時代併行期から古墳時代併行期以降までをみても，弥生時代中期併行期から遅くとも後期前半にすぎない。その前後の時期はむしろ沖縄諸島と類似した様式である。奄美諸島は沖縄諸島と九州の間に位置し，弥生人が補給・休息をする寄港地であったと考えられる。したがって，やはりこれも中期に極に達した貝輪をめぐる弥生人の積極的交渉と無縁であるとは考えられない。

(3) 薩摩半島系と大隅半島系，そして南島世界の再編

こうした「貝の道」に深く関わる弥生土器の動態について，製作地との関係で考えてみる。薩摩

半島産とみられる土器が継続して多く持ち込まれているが，大隅半島的特徴をもつものも出現することを述べた。大隅半島的特徴は入来II式の中にも一部みられるが，特に中期後半には山ノ口式が多く持ち込まれている。これが示唆することは，大隅半島を経由した別ルートの存在も考えておかなければならないということである。瀬戸内地域に点在する貝輪は，伝統的には北部九州沿岸部経由であったと考えられ（木下，1996；ほか），土器からも確認できるが，この時期に至ってはすべてが北部九州経由で持ち込まれてはいないかもしれない。具体的には大隅半島東部の志布志湾沿岸に中継基地があるかもしれないと想像している。薩摩半島南端では大隅半島的特徴をもつ山ノ口II式も多く出土するが，大隅半島東部の肝属平野から大隅半島西部へ抜け，薩摩半島南端に至るルートがあった可能性を考えたい。これはまだ想像の域を出ないが，志布志湾沿岸には第III様式後半の土器が少量ながら出土し，とくに第IV様式の土器は多く見出されている。山ノ口II式の壺に瀬戸内系の矢羽透し文を借用した沈線文を施すものがあることなどからみても，瀬戸内系の文化に対して排他性があったとは考えにくい。また，矢羽透し状沈線をもつ壺は薩摩半島南端の成川遺跡でも出土していることも注目される。

　最近，大隅半島的特徴をもつ入来II式が岡山県南方（済生会）遺跡で複数出土しており[3]，その他四国を含む瀬戸内海沿岸地域の複数箇所でも出土があるようである。したがって，中期前半には大隅半島から瀬戸内への海上ルートが開発されていたといえる。また，後期の動向とあわせて考えると，北部九州と瀬戸内・近畿の勢力との競合がより熾烈になってくる時期であり，ありえることと考える。

　後期以降になると土器はたしかに沖縄諸島に持ち込まれているが，絶対量が少ない。長期的にみると地域間の競合による北部九州勢力の相対的衰退も理由の一つであろう。その始まりは中期後半からと考えるが，さらに別の要素も考えられる。弥生時代中期後半，特に立岩式甕棺の段階になると，北部九州社会の中で南海産貝輪の位置づけが，埋葬に用いられる階層表示のシンボルの中で最下位に降格してしまうのである。その原因には長期的なエミュレーションプロセスが考えられ，ありふれることによる価値の低下があったであろう。さらに，南西諸島への関心の薄れともいえる現象の背景には，東アジア社会の一員としての政治的指向性をもった弥生社会の「王」による大陸との交渉・大陸系文物獲得への情熱も含まれる。これが始まった中期後半こそ山ノ口II式の時期に合致しているのである。

　なお，大隅諸島（種子島・屋久島）の土器は，後期のある段階から古墳時代併行期全般まで九州とは差異を深め，南西諸島の土器様式に近づく方向性をもつといえる。それに呼応するように，種子島広田遺跡等でみられる貝札の共有など，大隅諸島から沖縄諸島までが類似性を強めていく傾向にある（中園，1988）。南海産イモガイに独特の文様を施した貝札は，大隅諸島（種子島）から沖縄諸島に至る広範囲で斉一性が高く，九州とは大いに異なった，南島世界の広域でのイデオロギーの形成をうかがうことができる。このような状況をみるとき，沖縄諸島における弥生土器の減少と奄美地方の土器の増加は，下記のような「南島世界の再編」ともいうべき現象と無関係ではないといえよう。

第9章 異文化との交渉

南海産貝輪は,「鍬形石の祖形」として古墳時代の古い段階には畿内の前方後円墳の副葬品として存在するが,碧玉製品に材質転換することで,本来の意味を失ってしまう。しかし,九州の古墳時代後期の横穴墓や群集墳の横穴式石室からも南海産貝輪が出土することがある。土師器・須恵器はもとより南部九州のいわゆる成川式土器も南西諸島では基本的に出土せず,南西諸島と古墳社会との交渉の実態を知ることは難しい。この時期,大隅諸島まで南島文化が拡大しており,当然のことながら大隅諸島には古墳は存在しない。しかし,南海産の貝製品はみとめられることから,弥生人が直接遠隔地まで出向くようなあり方はすでに終了しており,むしろ南部九州と大隅諸島の間のような近距離間で交渉が行われた可能性が考えられる。同時に南西諸島の中では沖縄諸島―奄美諸島―大隅諸島という玉突き的な経済活動がなされた可能性も考えられる。その際,九州からは土器ではない何がしかの物が交易に用いられたものと考えられる。そしてそれは古代の畿内で珍重された貝匙や螺鈿に用いられる「屋久貝」,すなわち夜光貝を利用した貝製品の移動にもつながる性質のものであったかもしれない。

(4) 人と社会

南西諸島の研究においては土器の編年研究が急務とされてきたが,今後,上記のような考古学的証拠を残した行為者達に焦点をあて,さらに社会構造やシンボリックな意味体系などへと議論を発展させるべきであろう。

こうした問題に迫りうる鍵は些細なところにもある。一例としては穿孔土器が挙げられる。沖縄諸島の弥生土器の中には焼成後穿孔を施したものが僅かながらあり,補修孔と考えられる。九州においては弥生時代を通じて土器に補修孔をあける例は皆無に近く,破損した土器の補修は基本的に行わず廃棄するというのが,土器に対する弥生人的な態度といえよう。一方,沖縄諸島の在地土器には補修孔があけられたものが目立つ。したがって,沖縄の在地人がこれを行ったと考えるのが自然であり,ならば搬入された弥生土器は少なくとも廃棄直前には在地人によって使用されたことになるのである。渡航してきた弥生人が土器の供給が困難な環境におかれて補修を余儀なくされたという見方も可能であろう。ところが,内外面からの回転による両側穿孔であり,孔の形状や孔の径が大きいことなどが沖縄の在地土器と共通していることは,在地人による行為であることを暗示するものである。なお,浦添市嘉門貝塚で出土した穿孔具は,そのような用途に使用された可能性もあろう(図15)。

弥生土器の搬入がしばしばある割には弥生土器の模倣品は僅少である。宇堅貝塚で出土した山ノ口II式の模倣土器の可能性のある甕は,模倣品であれば稀少例である。模倣品とすれば口縁部の内面形態が明らかに異なるけれども外見上は比較的忠実である(口絵6)。なお,製作技法は明らかに弥生土器とは異なるもので,南西諸島の在地の技法である。山ノ口II式併行期の奄美諸島の土器で完形を知りうるものがない

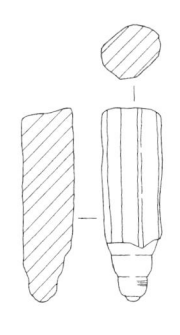

図15 嘉門貝塚B区出土穿孔具(松川(編),1993より)

ないかと思われる。ここでは朝鮮半島南部の小島である勒島遺跡というやや特殊な環境でみられる折衷土器をとりあげ，その製作者たちに焦点をあてることにする。

従来の日本考古学のコンテクストでは，遠隔地で類似した遺物が発見された場合，説明要因として人の移動が想定されることが多く，同一型式の分布範囲が通婚圏などの実体的単位と結び付けられる傾向も強かった（都出，1983；ほか多数）。その一方で，一部の見方としては，情報伝達システム communication system という包括的概念で把握しようとするむきがある（上野，1980；田中，1982；田中・松永，1984；山本，1991；ほか）。なお，土器の類似度の解釈にインターアクションモデル interaction model を導入したものとして羽生淳子の非常にすぐれた研究があるが（羽生，1986），結論的には人の移動というモデルを支持しており，後者の立場からすると異論が出てくるかもしれない。

後者の潮流の中で，土器において，属性によって分布にずれがみられるという認識が得られるようになってきたことは比較的近年の成果である（田中・松永，ibid.；深澤，1986；溝口，1987b）。型式や従来の「様式」を最小単位として分析・記述を行ってきた諸研究に比べて，はるかに実態に即しており土器ひいては人工物のもつ考古学的意義を格段に引き上げるのに役立っている。このような研究によって，型式や「様式」を実体的な単位としているばかりではそのような現象を説明できないということが明らかになったといえる。しかしながら，そうした錯綜した属性変異によって示される地理的変異が，具体的にどのようなプロセスによって生み出されているかという問題に関しては，十分には追究されていない状態である。

都出比呂志は，情報伝達システムというだけでは何も説明したことにならず，具体的な要因を追究すべきであるという意味の批判も行っている（都出，1989: 344）。土器の諸属性の伝播は必ずしも人の移住や通婚に限られるものではなく，複雑な過程があるということについてはもはや揺るぎようがないとしても，現象の背後にあるものを説明せよという主張は正論である。その意味では，情報伝達システムの概念を用いた土器あるいは土器の諸属性の伝播に関する諸研究でさえ，いまのところ伝播の具体相を説明しそこなっているのが実状である。要素によって，導入する／しない，受容する／しない，ということがあるのはなぜなのだろうか。そこにどのような過程があるのであろうか。そこで本節では，文化と行為者との関係についていくつかの概念を提示した上で，土器の「折衷」という現象に対して，土器製作者個人による折衷要素の意図的／非意図的選択という視点から考察するものである。

2. 無文土器と弥生土器

本節では，弥生時代前期後半（板付IIb式）から中期後半の古い段階（須玖IIa式）の北部九州における土器，およびそれに併行する朝鮮半島南部の後期無文土器（いわゆる「終末期無文土器」を含む）を対象とし，ここでの分析では甕のみを用いることにする。

以下では北部九州系の弥生土器について，繁雑になるのを避けるためたんに「弥生土器」と呼ぶことが多いことを了承されたい。さて，弥生土器と無文土器はそれぞれ確固とした分布範囲をもち，朝鮮海峡を挟んで接している。両者は一見，無関係のようにみえるが，日本列島では北部九州

を中心として後期無文土器が点々とみられ,コロニー的遺跡も存在すること,朝鮮半島南部には北部九州系の弥生土器が存在していることが,これまで指摘されてきた。もちろん,それらの量は微量であるが,中には,たんなる土器自体の移動ではなく折衷土器も存在するなど,両者の関係に再考をせまる重要な問題もある。

　近年では良好な遺跡の調査が進みつつあり,韓国慶尚南道泗川市勒島遺跡(図16)では,無文土器に混ざって弥生土器や弥生土器の要素をもつとみられるものが出土していることは有名である(釜山大学校博物館,1989)。釜山市莱城遺跡の調査でも弥生土器が多く出土している(宋・河,1990)。一方,日本における無文土器は近年,福岡県小郡市三国丘陵(中島,1985;片岡(編),1988;ほか)や佐賀平野(佐賀県教育委員会,1973,1977)など北部九州においてある程度まとまった資料が得られている。

　このような現状は,弥生土器と無文土器との編年的な併行関係の解明や,文化的な接触のありさまについての記述を行うという点においては一定の役割を果たしている。しかし,東アジアの一角における地域間関係の記述というローカルな問題にとどめるべきものではなく,異文化間での接触

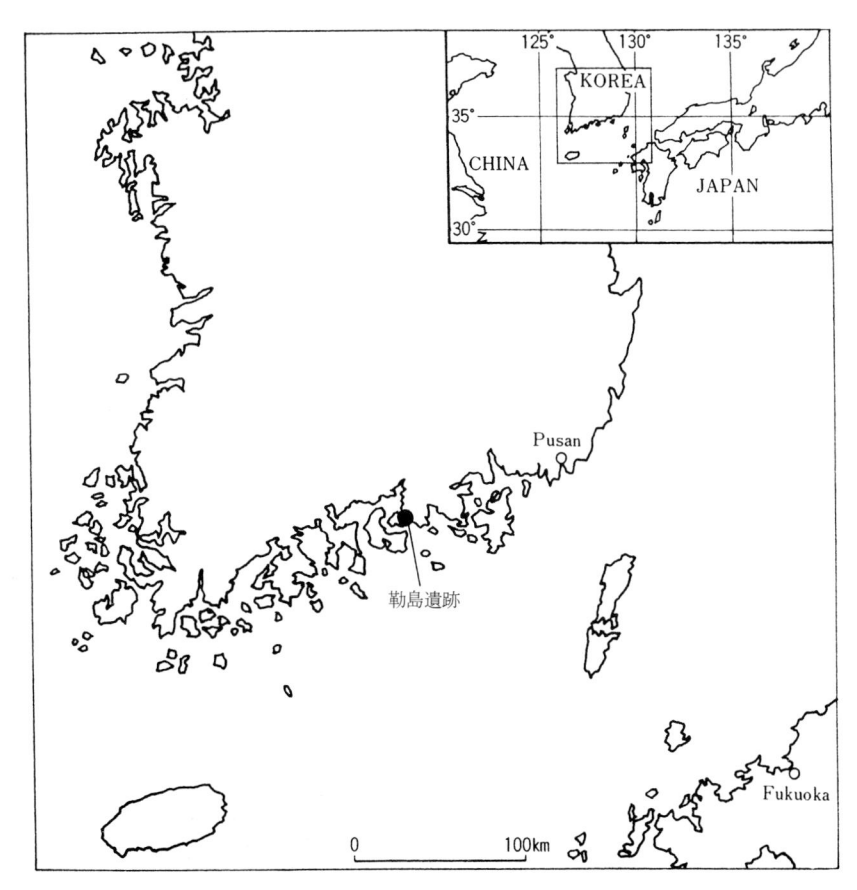

図16　韓国勒島遺跡の位置

現象という点を重視すれば考古学的に一般性をもった問題へと発展させることができると考える。具体的には，弥生土器と無文土器でそれぞれ安定した構造をもつようにみえるが，その構造を保たせているところの弥生文化における弥生土器製作者の認知構造と，無文土器文化における無文土器製作者の認知構造に接近することができるわけである。弥生土器と無文土器との間の相違点と共通点をふまえて，製作者たちが異なる土器様式に接して「折衷土器」を生み出すに際してどのように対処しているか，またそのような対処がどのような契機に基づくのかを鍵としてこの問題に立ち入

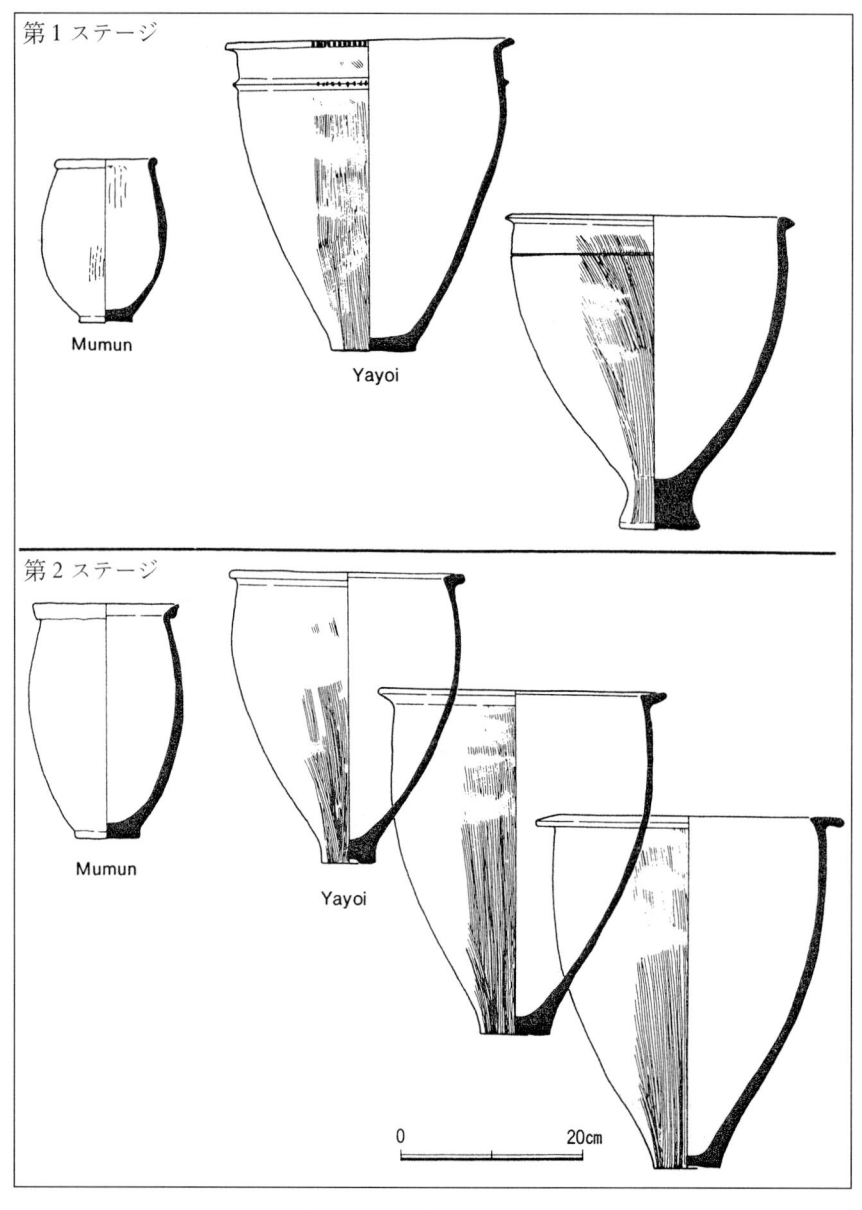

図17 弥生土器と後期無文土器の併行関係

りたい。

　無文土器と弥生土器との併行関係については，福岡市諸岡遺跡や小郡市三国丘陵などの共伴例から推定されているが，無文土器の新しい時期についてはあまりよくわかっていなかった。福岡市那珂遺跡（常松・古川，1992）では須玖IIa式の甕と新しい段階の無文土器との共伴例が知られ，このように，併行関係がわかる事例が少しずつ増えている。こうした例をもとに，弥生土器と後期無文土器との併行関係について簡単な編年案を示しておく（図17）。

　以下では朝鮮半島と九州の異なる様式の土器を総合して段階設定をする必要があることから，便宜的に，円形粘土帯をもつ無文土器とそれに併行する板付IIb式〜城ノ越式を「第1ステージ」，それに後続する段階の無文土器とそれに併行する須玖I式〜須玖IIa式とを「第2ステージ」とする。「第1ステージ」は資料的に十分ではないので，分析においては「第2ステージ」について主に述べる。

　分析にあたって，最初に行わなければならないことは，弥生土器と無文土器の差がどのようなものであるかを明らかにすることである。なぜなら，これまでもいろいろな資料に対して，経験的に弥生土器的であるとか無文土器的であるとかの判断が行われてきたが，具体的にどういう点が弥生土器的でどういう点が無文土器的であるという判断基準が整備されていないからである。そこで計測的項目，非計測的項目の両面から検討を試みる。また，可能なものについては，多変量解析を用いた分析を行う。次にいわゆる折衷土器と考えられるものをとりあげ，その判別を行うとともに，どのような部分において「折衷」が起こっているかを明らかにし，「折衷」のモデル化を行うことにする。

3. 分　　析

(1) 弥生土器と無文土器の差異

　まず，弥生土器と無文土器の法量について検討する。口径と器高の散布図（図18）は，第1ステージについても，第2ステージについても，弥生土器が大型で無文土器が小型の傾向があり，両者は法量において明確に分離可能であることが一見してわかる。また，弥生土器の甕はサイズに大小があり，無文土器の甕も同様である。両者の相対的な大小関係は通時的に保持されているということになる。

　このように口径と器高との関係において，弥生土器と無文土器との間に明確な差異を見出すことができたが，胴部最大径やその位置などとの多次元的な関係についてとなると，このような単純な方法では十分ではない。そこで，多変量解析を用いることが有効であるが，その中でも主成分分析を用いて関係を把握することにする。計測点は，弥生土器と無文土器とに共通する8項目である（図19）。資料は量的に十分な第2ステージのものを用いる。

　その結果（表1・2），第2ステージにおいては，第1主成分はいずれの変量においても正の値が出ており，胴部最大径を除けばほぼ同程度の値である。このことから，多少の形態変化はあるものの大まかにみてサイズ・ファクターに関するものと考えてよい。これが寄与率約71％とかなり大き

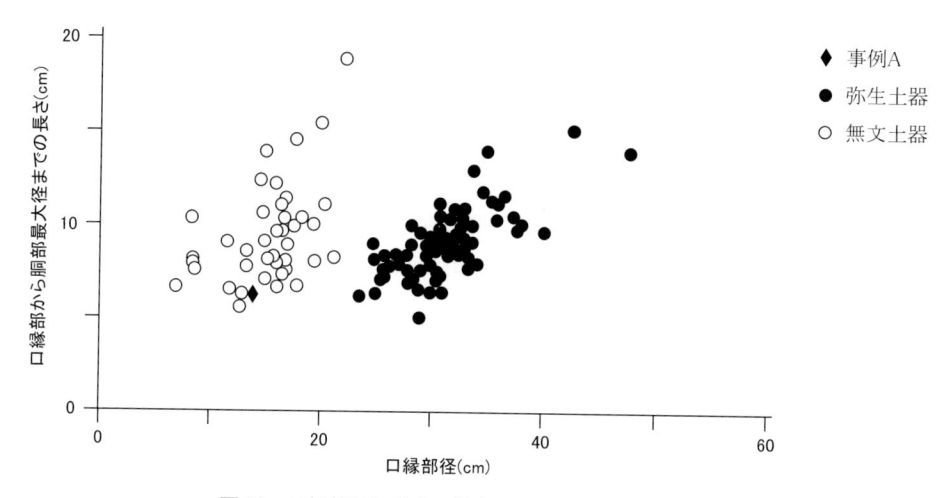

図 26　口縁部径と器高の散布図における事例 A の布置

している。
4) 胴部の横断面も同様である。
5) 調整法は，外面は縦方向の整ったハケメで，口縁部および胴部上位ははっきりとしたヨコナデで条線は円に沿っている。胴部のハケメはとくに上半部がヨコナデで消えている。回転によるヨコナデとみられる。
6) 口縁部下面はわずかに指頭圧痕が確認できるがその上からきれいにヨコナデがなされており，胴部から口縁部への移行がなだらかで，接合線は見えない。
7) 口縁部が逆 L 字形を呈する。もちろんその形状は無文土器には全くみられないものである。

以上，本例の弥生土器的要素とみられるものを抽象化すると，口縁部の形態と，特に技法に関する部分であるということができる。

次に，この個体にみられる弥生土器的ではない要素をあげる。
1) 口縁部の張り出し方については，弥生土器としてやや短めである。
2) 弥生土器としては小型で，しかもサイズは明らかに無文土器の領域に一致する (図 26)。
3) 全体的なプロポーションは破片資料のため不明であるが，胴部が大きく張っている点はむしろ無文土器的である。

これらは，弥生土器的ではない要素というよりむしろ無文土器的な要素といえよう。それを抽象化すれば，特にサイズとプロポーションに関する部分において無文土器的であるといえる。

以上から，この個体は弥生土器的な要素と無文土器的な要素との両者を合わせもったものといえる。

② 事例 B
次の例は，同じ勒島出土土器でも別のパターンをもつとみられるものである (図 27)。この個体の特徴を次に述べる。

1) 口縁部の技法は粘土帯を巻き込んで作るもので，無文土器に特徴的な製作技法である。
2) 底部から胴部への立ち上がりが外ぶくらみである。
3) サイズは明らかに無文土器と同じである(図28)。
4) その他，調整法の特徴は明らかに無文土器のものである。

以上のように，この個体は無文土器的要素を多くもっているのであるが，次の2つの点において弥生土器的である。

1) 口縁部が逆L字形に折れ，長く外にのびている。
2) 胴部最大径が上位にある。

こうした点は在地の無文土器に比べて特異なもので，弥生土器的要素と考える。諸特徴をまとめれば，調整法などの技法と胴部下位の形態，サイズは無文土器的であり，口縁部の大まかな形態や胴部下位を除くプロポーションが弥生土器的であるといえる。

③ 事例C

なお，勒島で出土した「弥生土器」のうち，胎土などからみて明らかな搬入品とみられるものを除けば，形態・技法ともに弥生土器と判断できるものでも，通常の弥生土器としては口径が小さめであることは注目できる。ただし，無文土器ほど小さくはない。これは釜山市萊城遺跡出土の「弥生土器」においても認められる。いずれも破片資料であり，また搬入品の可能性も捨てきれないた

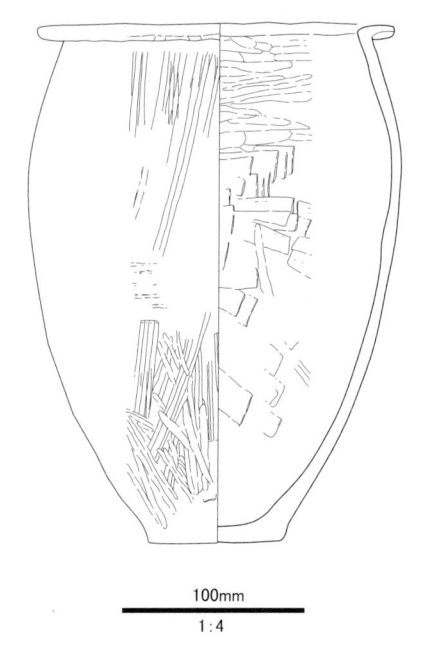

図27 折衷土器事例B (1/4)

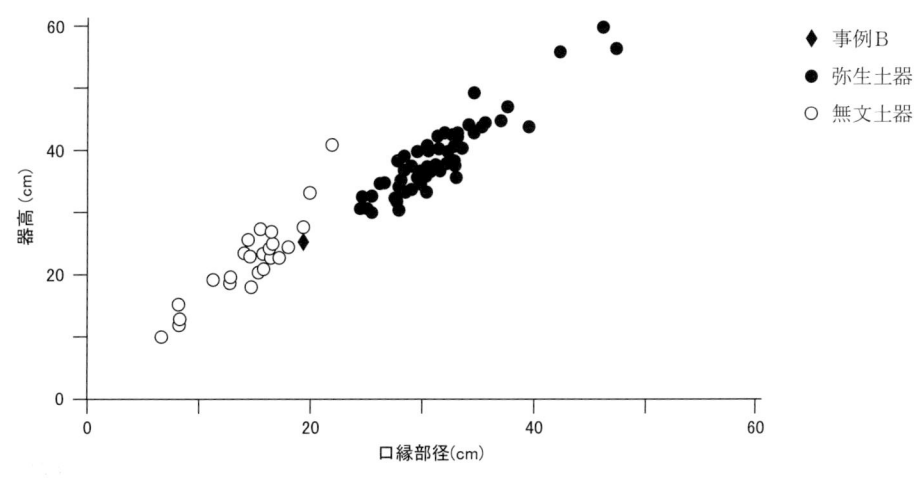

図28 口径と器高の散布図における事例Bの布置

め確実なことはいえないが，おそらくは全体的なサイズが小さめであるようである。こうした例については，折衷とはいえないかもしれないが，注意しておきたい。

4. 考　察

(1) 土器作りにおける意識しない身体の動きと実践的な知識

　土器作りにあたっては，一連の複雑な工程があり，それにまつわるさまざまな知識を含めて習得されていなければならない。そうした土器作りにおいて，製作過程のあらゆる局面ごとに，この道具の持ち方はどうで使い方はどうだったかとか，次は何をすればよかったのか，などといちいち考えはしない。土器作りを習得することは，こうしたあらゆることを一連の過程として習得するということなのである。その結果，通常，意識しない身体の動きと，実践的な知識に基づいた行為として土器作りは行われるようになる。

　このうちの意識しない身体の動きという点については，モーターハビット motor habits という概念が想起される。これは，特定の筋肉運動と結びついて文化的にパターン化されたものであり，ふつう意識することなく用いる活動のパターンである。この概念を考古学的に使用した例として，D. Arnold の研究がある (Arnold, 1985, 1989)。モーターハビットのパターンは長い年月をかけて反復経験することにより習得されるものであり，習得は容易ではない。通常意識されることもなく，また変化もしにくい（第2章参照）。

　もっとも，土器作りはたんなる筋肉運動の構成ではない。そのような筋肉運動は製作者の実践的意識下において統合されている。実践的な知識という点については，言説的ではないが無意識ではない意識 (Giddens, 1979) と位置づけることができる。要するに，日常生活の場面においてはとくに意識することなく行っているが，新たな事態に対処する際には明確に意識される部分もあると思われる。

　この両者を包括する概念として，P. Bourdieu によるハビトゥス habitus という概念がある。それは一定の社会的カテゴリー内部において，個人が経験を通じて後天的に獲得するものであり，持続的な性向の体系である。これにより人はさまざまな実践を生み出すのである。この概念は，ある種の価値観や好み，態度や身のこなしなどまで含んでいる (e.g. Bourdieu, 1980)。

　ここで整理しておけば，土器作りは社会における一連の行為のうち，通常は特に個々のプロセスを意識の上にのぼらせることなしに行われるものであるが，しかしその製作者が異なった環境に身をおいた場合に，製作者の意図によってあるいは無意識のうちに容易に変化させうる側面があり，一方でモーターハビットや，属性の物理的特性による認知のされにくさなどによって容易には変化させにくい側面があるということができる。このように考えるならば，土器の属性について，容易には変化させにくいものはどれであるかがわかると，製作者が本来，無文土器と弥生土器のどちらの製作を習得した人物であったのかを知ることができるのである。

　それを基礎として，「折衷土器」製作についてのより具体的なプロセスにアプローチすることができる。

実際の方法としては，土器のもつさまざまな属性について，模倣の容易さ，すなわち上に述べたモーターハビットとの関わりやその属性に関する情報の伝達のされやすさなどという視点から評価を行い，それに基づいて，それぞれの土器製作者間でのインターアクションの性格や，それぞれに固有の認識のしかたについて論及するということになる。すなわち，ここであげた事例でいえば，器面調整のしかたや，器壁の厚さの変動やゆがみなど，いわば技法的な側面から説明されるような諸属性は，道具の使い方や，手の動かし方や姿勢などのモーターハビットと深く関わるものと考えられる。それに対して，サイズや，全体的なプロポーション，口縁部の大まかな形態といったいわば形態的な諸属性は，視覚的情報として伝達が容易であり，それを模倣しようとする意志さえあれば，作り方に深く習熟していなくても，あるいはほとんど知らない場合でも，ある程度模倣することは可能である。また，変異のあり方によっては，無意識的な変化である可能性も考えられよう。なお，口縁部の接合法については属性の物理的特性による認知のされにくさと関わっているとみられる。

(2) 勒島における「折衷土器」の解釈

上での「折衷」の事例はどのように解釈することができるのであろうか。事例A・Bともに，技法的な面と形態的な面とで完全とはいわないけれども異なった対応がなされているといえる。このうち技法的な面は，上で述べたようにモーターハビットや実践的知識と結びついたものとみることができる。形態的な面のうち，あるものは意図的なものである可能性が高い。もっとも，この技法的/形態的という二分法は純粋に分析的なものであり，実際には両者は互いに深く結びついており分かちがたいものである。また，形態的な情報自体はすべて伝達可能であるとしても，すべてが意識的に認知されるわけではない。その中のいくつかの要素のみが認知され，さらにその中のいくつかのみが模倣されるということになるのである。

事例Aの場合，器壁が薄く，横断面が整った正円であり，土器または制作者の回転による製作法が想定できる。また口縁部接合法からみてもまさしく弥生土器的であり，こうした技法的な面は全て弥生土器的である。このことから，この土器製作者は弥生土器製作のモーターハビットを習得していた人物であったといえる。ところが，サイズは無文土器と同じで胴部の張りなども無文土器的である。これらは無文土器のもつ視覚的な特徴であり，無文土器の製作技法についての知識がなくても十分模倣は可能であるとみられる。以上から，この個体の製作者は，弥生土器製作を日常的に行う社会においてある一定の長い期間にわたって土器の製作をマスターした人物であり，その人物が無文土器を「模倣」したと判断できる。この「模倣」の性格については後で述べる。

事例Bの場合，口縁部の接合技法や調整法などの技法的側面においてまさしく無文土器的であり，一方，視覚的にも伝達されやすいとみられる口縁部の大まかな形態や胴部上半のプロポーションにおいて弥生土器的である。このことから，この土器製作者は無文土器製作のモーターハビットを習得していた人物であったといえる。なお，胴部下位の形態，サイズは無文土器的であった。なぜ胴部下位が「模倣」されなかったかということについては，弥生土器においても無文土器におい

ても胴部上半により情報が集約していることを勘案すれば理解できよう。サイズについては，無文土器を使用するライフスタイルとの関係を考慮する必要があろう。そうすると，完全な弥生土器のイミテーションが目的ではなく，むしろ無文土器社会において日常的に使用する土器の製作というコンテクストにおいて，不都合でない程度のなにがしかの「模倣」が行われたとみることができる。このように考えると，事例Aの場合もサイズにおいては無文土器と同じであり，無文土器社会での使用が前提とされて製作された可能性が考えられる。実際にこの個体には煮炊きに使用した痕跡が認められる。

　以上2つの事例から明らかなように，ひとくちに「模倣」・「折衷」といってもそのあり方は一様ではない。

　次に事例Cを検討する。ほとんど弥生土器といってよいものであるが，サイズがわずかに小さいだけである。これは弥生土器製作者のもつ「弥生土器」についてのプロトタイプが，弥生土器よりもむしろ無文土器を頻繁に目にするようになることによって若干修正を受けたものと理解できる。いわば「プロトタイプのゆらぎモデル」である。しかし，このモデルについては，すでに記したようにいずれも破片資料であり搬入品の可能性も捨てきれないので，モデルとしての提示にとどめ，以下では事例A・Bについて考察する。

　それでは，事例AとBの「模倣」の仕方によってどのような解釈ができるのであろうか。共通点に着目すると，ここでの「模倣」は一見してわかる表層的な部分で行われており，基本的な技術の変化はしていない。このような「折衷土器」の数の少なさからいっても，「模倣」がごく表層的な面にとどまっていることからみても，意図的であったとしても，模倣せざるをえなかった緊迫した社会状況などは想定しがたい。ここで扱った事例は，どの場合も意図的に差異を強調したりはしていないことは確かであり，友好的関係にあったことが想像される。さらに，この2つの事例の製作者個人については，その個体を製作した時点において土器作りの技術が伝達されるような接触のしかたではないこともわかる(その人がその後どうなったかは知らないが)。

　無文土器製作者は主な形態を，弥生土器製作者はサイズとプロポーションを変えて「折衷」している。このような「折衷」にあたっての対処のしかたの違いは何に起因するのであろうか。まずサイズについては，弥生土器製作者側のみが「模倣」しており，その逆はない。その理由としてまず考えられるのは，無文土器の製作者あるいは使用者が勒島において圧倒的多数を占めるものであり，弥生土器の製作技法をマスターした人物は，圧倒的少数派という意味においてマイノリティーであったという社会状況である。マイノリティーである弥生土器製作者が無文土器社会のライフスタイルに適合させるべく，積極的にサイズを「模倣」したものと考えられる。

　次に口縁部であるが，なぜ，技法的には弥生土器的で口縁部形態のみ無文土器の粘土帯をつけたものなどはみられないのであろうか。このことを説明することは難しい。弥生土器は，正円に近いひずみの少ない平面形で，なめらかな胴部であり，ハケメは垂直方向に丁寧に施されている。またそうした変異の幅が狭く規格化の程度が高い。一方，無文土器はひずみが大きく厚さも不安定であり，調整具および調整のしかたに変異が多く，調整具の運動にスピーディーな勢いがみられる。こ

れらは一連の土器作りにみられる性向の違いととらえることができるが，それぞれの土器製作者のハビトゥスの一環を形成するものであり，文化の他の側面においても類似した性向として現れている可能性が強い。そもそも少なくとも，弥生土器製作者と無文土器製作者によって土器の大きさや形態など物理的なものだけではなく，土器に関わる象徴的な意味合いも違うものと考えられる。また，土器は，文化資本のうち客体化されたもの（Bourdieu, 1979）である。それぞれにおいて土器にかかわる文化資本——土器という客体化された形態と一連の土器作りという身体化された状態——の位置づけが異なる。自分たちの文化に属さない，自分たちが再生産してこなかった文化資本に出合ったときの対処のしかたの違いが，「性向の体系」であるハビトゥスの違いとして理解できるのである。そのようなハビトゥスの違いが，弥生土器製作者と無文土器製作者の対処の違いを生み出したと考えられるのである。

　土器は他の土器と転換可能な諸属性から構成されているものであるにすぎない。しかし，要素が伝達はされたとしても，それが模倣されるかどうかについては，ハビトゥスにもとづいて好ましいか好ましくないかが意図的/無意識的に判断され，決定されるのである。その評価は属性によっても異なるであろうことから，冒頭にあげたような属性による動態の違いというものが説明できるのである。

　すると，勒島出土土器においては，口縁部に代表される形態的な模倣は，無文土器製作者のほうが行っている。ということは，勒島の無文土器社会のハビトゥスにおいて口縁部などの特徴が少なくともマイナスの評価を与えられるものではなかったこと，および土器に関わる文化資本はそれほど高い象徴的意味をもつものではなく，非常にゆるやかな規範をもつものであったことを示唆している。

　要するに勒島を舞台に異文化出身の者たちが出会い，土器製作者が自文化で習得し再生産してきたハビトゥスと，その基盤となる文化的に習得された認知構造にもとづいて，土器という物質文化を用いて新たな事態に対処したありさまをこれらの折衷土器は示している。もしこれが九州の玄界灘沿岸の小島であったとすれば，双方の折衷のしかたは多少とも異なっていたであろうことは容易に想像できる。ポストプロセス考古学でいうように，社会における物質文化の戦略的な利用の例であろう。

　はじめのほうで述べたように，型式の伝播か属性の伝播か，あるいは，人の移動か情報の伝達か，などという図式を提示するところでとどまっているだけでは，錯綜した地理的変異が具体的にどのようなプロセスによって生み出されているのかという問題の本質的な解決にはならない。ここでは，従来，抽象的でしかも記述的なレベルで議論がなされてきた問題に対して，モーターハビットやハビトゥスなどの概念を使用することによって，個人とその属する文化や社会といったものとの関わり方を行為者のレベルに焦点を当て，より実態に即した形で説明することに一定の貢献ができたのではないかと考える。

　異文化間でのさらなる土器の模倣・折衷例とその解釈については，次節で論じることにする。

第3節　遠隔地交渉とその意義

1. はじめに

　本節では遠隔地交渉の本質的意味と，弥生時代の朝鮮半島，中国，南西諸島との交渉のあり方について考察を行う。

　すでに述べてきたように，縄文時代後晩期以来の東日本や朝鮮半島との遠隔地交渉の延長線上に南西諸島との交渉が成立するものと考えられる。また，弥生時代に朝鮮半島との交渉が継続し頻繁になるのも，やはりある意味で延長線上に位置づけることもできる。しかし，その意味は南西諸島と異なる方向性をもっていたとみられ，狭義の遠隔地交渉とは異なる内容になったと考えられる。さらに，楽浪郡設置以降に本格的になる中国社会との交渉は，さらに異なる意味をもっていたということができる。こうしたことについて，整理し解釈を行うことにする。

　まず，前節を受けて土器の模倣・折衷という視点から朝鮮半島，南西諸島との交渉について考察する。

2. 土器の模倣・折衷例の比較

　前期後半から中期初頭にかけて福岡平野（諸岡遺跡），筑後平野北部（三国丘陵），佐賀平野において，無文土器の製作技法による無文土器を多く出土するコロニー的集落が存在する。集落の構成員の全員とはいえないが，渡来人が多く居住していたであろう。こうした遺跡やその周囲では，勒島でのあり方と異なって，意図的な「相互の」模倣が盛んに行われた形跡はない。佐賀平野の遺跡では無文土器の壺に，弥生時代前期後半の壺にみられる連弧文が施された例などが知られているが，弥生土器製作者側からの無文土器の模倣例はほとんどないようである。コロニー的遺跡の一部で行われた土器の蛍光X線分析からは，胎土は在地産の弥生土器と異なるものではなく，やはり無文土器製作者が渡来したものと考えられる。

　須玖I式になるとコロニー的遺跡はほとんどなくなる。このことは，おそらく渡来集団がその独自性を失って弥生人・弥生文化に同化していくことを示していると考えられる。佐賀平野にある土生遺跡は，多くの無文土器が出土しているコロニー的遺跡であるが，基本的には須玖I式期になると無文土器様式の独自性を失っていく。無文土器的なゆがみをもち口縁部下面などに指頭圧痕を残すやや小ぶりな甕が作られるが，しかし全体のプロポーションや口縁部，底部など，主な属性はいずれも外見的には弥生土器的である。意図的に弥生土器を模倣したためか，あるいは参照すべき無文土器のスタイルに関する情報が希薄になったため（プロトタイプのゆらぎモデル）かは不明であるが，おそらく前者が主，後者が従で双方の要因が合わさったものと考えられる。筆者はまだ十分に検討を行っておらず，明確なことはいえないが，製作技法やそこからうかがえるモーターハビットは基本的に無文土器的であり，おそらく技法の伝習は基本的に同一集落内で行われたと考えられ

る。しかしそれを最後に無文土器的特徴がうかがえる資料がみられなくなる。このようにして，同化していく過程をみてとることができる。

　こうしたコロニー的遺跡が存在する理由については，青銅器工人説などもあるが明確な回答は得られていない。ただ，北部九州のコロニー的遺跡の示すところは，弥生時代開始期とは渡来人の立場や社会内での扱いがかなり異なるものであったということである。

　勒島と異なる点は無文土器が多く出土する特別な集落という点である。勒島においてはそのような形態ではなく，おそらく少数の弥生人が入り込んだものであろう。同一集落で，おそらく土器製作の場面であるとか，それを用いた煮炊きの場面など，相互に直接見ることのできる状況にあったと考えられる。勒島での折衷は，そのような製作者間の対面的状況下で起こったものであろう。したがって勒島の折衷土器はたんなるモノとして以上に，行為と強く結びついているといえる。述べたように平和裏に居住が行われていたと推定され，異文化間での融和や敵対心のないことを物質文化とその製作・使用という行為において示したという解釈も可能である。

　折衷は相互に行われているため，少数派とみられる弥生人だけではなく，無文土器製作者による「歩み寄り」が行われていることになる。勒島の無文土器にはハケメが比較的多く用いられていることや，土器の高杯が比較的多いことなどもそうした「歩み寄り」なのかもしれない。

　それにしても，忠実な模倣を行おうとしていないことにも注意しなければならない。前述の勒島の折衷例は，相互に歩み寄りながらも弥生人はサイズを，無文土器人（と仮に呼べば）は口縁部や大まかなプロポーションを，という顕著性の高い部分を模倣しているだけである。相互に，そこを模倣すれば目的は達成されると判断されたのであろうか。顕著性が中程度以下の属性についても，模倣しようとすればできるものは多いが，そこまでは行っていない。したがって，自文化を積極的に捨て去ろうとはしていないことも注意しておかなければならない。儀礼や祭宴の一環としてこうした土器製作が行われたのか，それとも日常的な営みの中でなされたことなのかは判断できないが，前者の可能性も捨て去ることはできない。まったく等価ではなくとも互いを認め合うような状況であったことを，この折衷のパターンは示しているように思われる。

　こうしたパターンを，異文化間の土器の折衷における「**勒島パターン**」と呼ぶことにしよう。勒島パターンはそうしばしばみとめられるものではない。北部九州でみとめられるコロニー的遺跡においても，そうした状況は少なくとも明確には存在しない。釜山市萊城遺跡では須玖Ⅰ式が多く出土しており，また無文土器の技法で弥生土器の口縁部の模倣を多少ともしようとしたとみられる個体も多く出土している。ここでは弥生人が無文土器を積極的に模倣したものは見出されない。調査面積が狭いため，それ以上の推定をすることは困難である。しかし，こうした勒島や萊城遺跡の状況は，北部九州に存在するコロニー的遺跡の周囲で無文土器を積極的に模倣したものが存在しないこととは対照的である。これは無文土器人と弥生人のハビトゥスの違い，または渡来者のおかれた状況の違いを示しているものと思われる。ハビトゥスの違いとすれば，無文土器人は土器に対する社会的意味が弥生人のそれと多少異なっており，また土器に対する思い入れが弥生人ほど強くなかった可能性もある。

南西諸島においては，弥生時代中期併行期を中心に奄美諸島で弥生土器の甕のおよその形態のみを模倣しており，在地様式としている。しかし，その時期だけであり，その前後は沖縄諸島の様式と類似している。したがって，弥生土器との類似がみられるのは弥生人の南西諸島への往来の最盛期に限られることになる。また，そうした弥生土器的甕には多様な沈線文や刺突文などを施しており，弥生土器との差異をみせてもいる。さらに甕以外の器種は，壺を含めて基本的に欠落していることも著しい差異である。したがって，土器の使用法やその社会的意味は，基本的には南西諸島的であったということが推定でき，また生活形態も弥生社会的であったとは考えられない。一方，弥生人が奄美諸島の土器を模倣した形跡はみとめられず，一方的な模倣であったといえる。

　沖縄諸島では自らの土器様式を弥生土器的なものに転換させることは，一時期といえども行われていない。弥生土器の模倣の可能性のあるものは，前述のように宇堅貝塚出土例がある。これ以外にも注意して探せば弥生土器の模倣とみられるものがあるかもしれないが，弥生土器が非常に多く搬入され，かつ在地人によって使用されている割には，実際のところ模倣・折衷例が非常に少ないという印象を受ける。また，逆に弥生人が沖縄諸島の土器の要素を模倣した形跡も今のところない。

　そもそも弥生土器様式は，その成立期以来，丹塗磨研やタタキの技法，壺をはじめとする多様な器種構成，焼成法，粘土帯の接合技法など，無文土器起源とみられる要素を多くもっている。また，集落形態や農耕など生活のあり方，明らかな階層化社会であること，さらに武器形青銅器など，社会や文化など多くの点で類似性がある。こうしたあり方は，朝鮮半島と北部九州の間で土器の意味や使用法が多少異なるものであっても，置換・対比が可能な程度には類似していたことになる。それに比べて，南西諸島と弥生文化の間では土器をはじめ様々な点で著しい差異がある。弥生社会からみて，そもそも沖縄諸島との交渉はむしろ異文化であることを前提として開始されたものということができ，近づきがたい差異があることに意味を見出していたとするここでの解釈が正しいとすれば，模倣をするなど思いもよらなかったことかもしれない。沖縄諸島側にとっても，定期的に来る遠い異世界からの来訪者たちの土器を模倣することによって融和をはかるなどの必要のない状況にあった，少なくともその衝動にかられなかった，ということになろう。

3. 中期の朝鮮半島との交渉

　朝鮮半島と九州との関わりは弥生時代以前に遡ることはすでにみた。弥生時代の古い段階までは統率者あるいはその集団の権威の維持・強化をはかるべく，物資や知識，名誉を獲得するための遠隔地交渉という性格があったと推定されるが，それはしだいに変化したと考えられる。

　朝鮮半島南部では，金海会峴里貝塚で検出された弥生時代前期末〜中期初頭の甕棺墓群のように，短期的かつ部分的であれ明らかに九州系の遺物が出土する。銅剣などを副葬したこの甕棺墓群の被葬者が，どのような人物であったかは議論の余地があるが，弥生時代以前や弥生時代開始期のあり方とはかなり異なっていることだけは確かである。また，この時期は九州への様々な物資や人間の渡来があったはずであり，北部九州にコロニー的遺跡が存在することに示されるように，「異

界」との遠隔地交渉という多少とも神秘的な側面は減少されたに違いない。

　朝鮮半島南端の小島，勒島で無文土器と弥生土器との折衷があることはすでに論じたが，最近の調査では弥生時代中期前半だけでなく，後半の須玖 II 式も少なからず出土することが明らかになってきた。比較的多くの器種が存在しており，丹塗精製器種群も存在する。現在整理・研究中であり詳細は明らかではないが，今のところ折衷土器と積極的にいえるものは見出されていないようである[4]。弥生時代中期併行期の朝鮮半島南端においては，このように弥生土器もしくは弥生土器的要素が継続的かつ多くみとめられる状況は必ずしも普遍的ではなく，勒島の特殊性を暗示している。しかし，一定量の弥生土器あるいは折衷土器は点々と見出されており，また朝鮮半島からは様々な物資が搬入されている。並々ならぬ密接な交流があったことは確かである。

　青銅器や鉄資源の獲得をはじめ，特に楽浪郡設置以後の中期後半には中国系の物資の入手など様々な目的があったと推定される。勒島においては少なくとも中期前半には土器の折衷が相互に起こりうる状況であり，土器製作が行われていたことになる。このことは，北部九州のエリートが主導する朝鮮半島との交渉以外にも日常的な交易活動を含むいくつかのチャンネルがあったことをうかがわせる。最近，壱岐原の辻遺跡でも無文土器や楽浪系土器などが多く出土しているが，朝鮮半島と九州との間には活発な活動があったと断言できる。こうした状況のもと，北部九州以外の集団と朝鮮半島との関わりがどのようなものであったのか興味深いところである。

　前節で勒島出土の折衷土器や須玖 I 式土器についてふれた。勒島出土の弥生土器関連資料はほとんどすべてが北部九州系のものであるが，例外的に瀬戸内系の凹線文土器が 1 点見出されたので，ここではそれについて述べる。

　本資料は韓国の東亜大学校博物館に所蔵されているもので，1983 年に実施された地表調査で採集されたものである。筆者は東亜大学校博物館を訪れた際に，1 点の凹線文を施した弥生土器片があるのを見出した。韓国で出土した九州系以外の弥生土器はほとんどなく，その意味で貴重なものである (図 29・30)。

　この土器は，壺の口縁部から頸部にかけての破片であり，口径 23.4 cm ほどと推定される。図 29 は，約 1/5 周の口縁部から図上復元したものである。外反する口縁部の主要面には 3 条の凹線が施されており，その断面は波板状を呈する。図中の最大径部分は鋭利に突出している。その直下にも 1 条の凹線が施される。口縁部内面にも 3 条の凹線がみられるが，その断面は浅い U 字状を呈し，凹線間には広い平坦面がある。意図的なものかどうかは不明である。

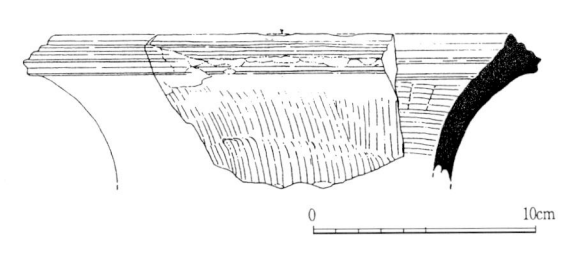

図 29　勒島遺跡出土凹線文土器片 (1/3)

図 30 勒島遺跡出土凹線文土器片とその拡大
左上 外面，左下 内面，右上 凹線文拡大，右下 口縁部内面拡大

　調整は内外面ともにハケメであり，ハケメの密度は 3〜4 条／cm である。外面は縦方向に施され，内面は横方向である。内面のハケメは停止しながら連続して横方向に施されている。内外面ともにハケメの上端は口縁部の横ナデによって消えている。この横ナデは凹線文を施すのと同時に生じた可能性がある。
　器壁は頸部で 9〜10 mm とやや厚い。胎土の肉眼観察では径 1 mm ほどの黒雲母が含まれ，石英，長石も含まれる。また，径 0.8 mm 以下の角閃石とみられる粒子のほか，赤褐色粒も含まれる。現段階では確実なことはいえないが，韓国南部地域から北部九州地域にかけての土器の胎土と比べて鉱物組成は異質ではないが，胎土の構造が異なる印象を受ける。色調は，外面が明黄灰色，内面が明灰黄色を呈し，外面のほうが灰色みが強い。韓国南部や北部九州の土器で主流となる色とは異なっている。
　こうした諸特徴はいずれも，韓国南部の無文土器にはみられないものである。また，凹線文の施文は弥生土器に特有のものである。なお，モーターハビットの観点からは，本例は，形態はもちろんのこと真正の凹線文であり，ハケメ調整技法も弥生土器そのものであって，無文土器製作者によ

るとは考えにくい。胎土分析が行われていない現状では断定はできないが，色調や胎土の肉眼観察からは日本列島からの搬入品である可能性が極めて高いといえよう。

本資料の具体的な時期や地域の断定は難しいが，凹線文土器は基本的に九州と本州西端部を除く西日本に多く分布するものである。その地域の弥生時代中期（第II～第IV様式）では，第II・第III様式で櫛描文が多用され，第III様式でも新しい段階に凹線文が出現し，第IV様式になって活発に使用される。換言すれば中期後葉から末が盛行期である。後期の第V様式初頭にもみられるが，しだいに擬凹線に置き換わる。詳細な時期・地域の絞り込みは避けるが，中国地方の中期後半の凹線文土器に胎土・色調が類するものがあることを付言しておく。

勒島遺跡では弥生土器の搬入と折衷が比較的頻繁に行われるのは，須玖I式にその主体があるようであるが，その後の調査で中期後半の須玖II式も多く発見されており，基本的には弥生時代中期を通して北部九州地域との接触があったことがわかる。九州と瀬戸内・近畿との併行関係は，第4章で検討したとおり，須玖II式と第IV様式がほぼ併行するとみられる。したがって，本例の搬入の時期は，北部九州との関係が濃密であった時期に該当する。また，慶尚南道金海市の池内洞遺跡でも須玖IIb式の袋状口縁長頸壺が出土しており（図31），この時期の海峡を越えた活発な活動を示唆している（沈，1982）。

問題となるのは，この凹線文土器がどのような契機で，どのルートから，誰によって持ち込まれたかであるが，それを証明するものはほとんどない。しかし注意すべきは，九州地方では凹線文土器の製作・使用はなされておらず，きわめて客体的であるということである。北部九州の須玖I・II式は，瀬戸内・畿内の櫛描文・凹線文系土器群（第III・第IV様式）と排他性が強く，搬入品や積極的折衷例は皆無に近い。むしろ北部九州を離れた宮崎県・鹿児島県を中心とする東・南部九州に，搬入品とみられるものが一定量存在するにすぎない。南部九州では須玖II式に起源する土器の製作や使用が盛んである一方で，在地の山ノ口II式の壺に第IV様式の矢羽透し文が描かれた「折衷土器」が存在するなど，排他性は強くない。なお地理的に瀬戸内地域から最も離れた熊本県南部でも後期初頭（第V様式初頭）になって搬入品が比較的多く出土する遺跡がある。このような状況と対比すると，北部九州には後期段階に，九州の中でも遅れて瀬戸内・近畿系の土器が出現するといえる。本資料は北部九州では瀬戸内・畿内系の土器に対して排他性が健在であった時期のものであり，少なくとも北部九州に大量に存在したものが持ち込まれたものではないといえよう。したがって，中国地方の某所との直接的交渉も想定され，論理的にはその可能性もあるが（広瀬，1997），いずれにせよ韓国で出土する弥生土器の中でも例外的な遺物であることには変わりなく，朝鮮半島と北部九州地域以外との交渉を示す積極的な証拠とするには無理があろう。同時に単純な漂着の可能性も捨て切れないが，ただ，漂着とするには他の

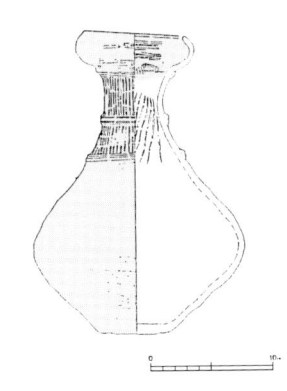

図31 金海市池内洞遺跡出土の須玖IIb式袋状口縁長頸壺（長頸壺A）(1/6) 北部九州からの搬入品とみられる．

弥生系土器が特に集中する本遺跡に存在するという点においては，やはり意図的に持ち込まれたとみるほうが自然であろう。

北九州市守恒遺跡では凹線文を施した瀬戸内系高杯が出土しており，瀬戸内系土器が北部九州に入っていなかったとはいい切れないことからしても，北部九州経由の可能性もいまだ残る。北部九州系の土器が多く出土する小島というコンテクストを考えれば，北部九州経由である印象を受ける。半島との交渉ルートにあることが明確な壱岐原の辻遺跡で後期の瀬戸内系土器は出土しているが，明確な中期後半段階の瀬戸内系土器が存在しないか，今後，注意が必要である。

これは勒島がどのような性格にあったかということとも関係するであろうが，勒島の性格については現段階では明確ではない。ただし，政治性を帯びた楽浪郡との交渉の重要な中継地とみなすには証拠に欠け，無理があると思われる。そのような性格よりもむしろ『魏志倭人伝』にある「南北市糴」のような，より日常的な経済活動の一つの拠点とみてよいかもしれない。海を越えた近距離間の往来という点でいえば，九州と大隅諸島の間にもそのような関係はあったとみてよかろう。

4. 遠隔地交渉の意味の変質

(1) 貝輪と翡翠

西北部九州あるいは玄界灘沿岸部の北部九州の集団にとって，朝鮮半島は縄文時代後晩期以来最も近い異文化の地であり，様々な考古学的証拠からみて独自の文化を維持しつつも実際にしばしば往来があったと考えられる。また，特に晩期になると朝鮮半島の物資の獲得あるいは文化要素のごく一部の模倣などは行われており，遠隔地交渉を行うべき対象でもあった。それに対して南西諸島は基本的に縄文時代には遠隔地交渉の対象ではなく，しかしそれでも玉突き的な情報の往来によりその存在自体は知っていたということになろう。したがって，朝鮮半島と沖縄諸島では遠隔地交渉の性質が大いに異なっていたといえよう。沖縄諸島との交渉は支石墓が出現する弥生時代早期の初めよりも若干遅れて開始されるが，その若干の遅れは意味のあることと考える。

貝輪をめぐる南西諸島との交渉について，松本 (2000b) が Helms (1988) の遠距離交易の研究を引き合いに出しながら論じたモデルは非常に有効なものであると考える。それを筆者なりに多少改変して述べると次のようになる。

北部九州社会において特に南海産貝輪が希求されたものであっても，北部九州の集団が直接貝輪獲得のために遠隔地に出向いたという証拠はない。少なくともその当初は西北部九州沿岸海洋民の主導によるものと考えられ，薩摩半島西部の高橋貝塚のあり方や南西諸島における南島型石棺墓，あるいは南西諸島に搬入された土器からみても，西北部九州―薩摩半島西部―沖縄諸島というルートが考えられる。

西北部九州では，縄文時代後晩期から統率者主導で朝鮮半島との遠隔地交易を行っていたが，集団間・集団内の競争が高じて，朝鮮半島から支石墓をはじめ様々な文化を取り入れるに至ったというモデルについては第3章でも述べたところである。おそらく支石墓は統率者やそれに近しい人物たちの墓制であったと考えるのが妥当であろう。また支石墓への供献に使用される小型壺の導入も

同時に行われ，埋葬にも使用される大型壺が縄文土器的な形態生成構造にもとづいてすぐに創出された。ここにおいて埋葬に関する新たなイデオロギーが形成されたと考えられる。このように，縄文時代には達成できなかった，あるいはしなかった朝鮮半島由来の文化・習俗の模倣やアレンジが，弥生時代早期前半に西北部九州で達成されると，より強烈に統率者の権威を示すことのできる遠隔地交渉を開始する必要があったと考えられる。

　対象となった品目は貝輪として利用するための南海産大型巻貝であり，生活物資ではない奢侈品の一種である。このような遠隔地すなわち「異界」との交渉の実行は，統率者の特別な能力の証でもある。こうした入手された品目は，象徴的価値を付与され，一般に政治権力の維持・拡大と結びつくものであるという（図32）。したがって早期後半，遅くとも前期前半までに沖縄諸島との交渉によって南海産貝輪の獲得に向かわせたと考えられる。このあたりは松本（ibid.）の主張どおりと考える。

　したがって，西北部九州の前期前半までの貝輪は福岡平野よりも先に出現したものであることや，素材こそ南海産大型巻貝であっても縄文時代以来の伝統的形態を保っていることはその証左である。これは南西諸島への早期後半からの土器の搬入や，特殊な性格のある高橋貝塚の出現，南島型石棺墓の出現など様々なコンテクストとみごとに調和する。

　実際に九州から沖縄へ向かったのは，西北部九州の集団から要請されたあるいはその出先的性格をもっていたかもしれない薩摩半島西部，限定すれば高橋遺跡の人々であったと考える。少なくと

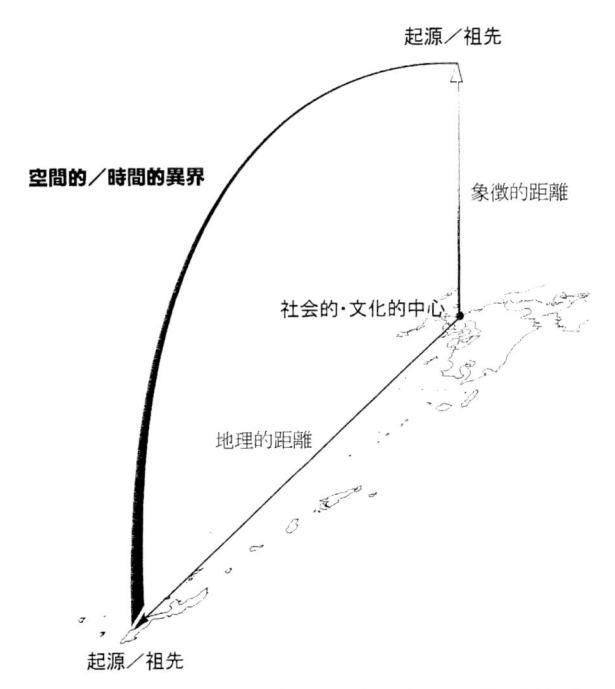

図32　「弥生時代北部九州集団の南島に対する認識の概念図」
（松本，2000b より）

も高橋遺跡近辺が西北部九州と南西諸島をつなぐ寄港地であったことはほぼ確実と考える。高橋貝塚で出土したゴホウラ製貝輪の未製品や仲原式土器，そして西北部九州的色彩のみられる前期土器の構成はそれを示して余りある。

やはり第3章で述べたことと関係するが，西北部九州では縄文時代晩期からの社会のあり方を大きく変更せず統率者の権威を増すといういわば保守的戦略をとったために，旧来の伝統を守るよりも，いっそう積極的に新しい文化や渡来人を取り入れる戦略をとった福岡平野などの集団に権威の首座を奪われることになってしまったと解釈できる。この新興集団が南海産貝輪に目をつけ，弥生時代前期以降，主たる消費地へとなっていくものとみられる。武器形青銅器が盛行しだす前期末～中期初頭頃までは貝輪は威信財として大いに使用されたと考えられ，それ以降も少しずつ価値を減じながら，貝輪が副葬品の中で最低ランクに落ちたとみられる中期末でさえ多くの貝輪の搬入が行われた。

おそらく，西北部九州の集団は弥生時代前期に入ってしばらくして，南海産貝を福岡平野などの他集団に供給するべくその入手・運搬に関わる集団へと変質し，しだいに経済活動としての側面を帯びていったものと思われる。縄文時代後晩期以来のシステムが変容したと考えたい。福岡平野などの北部九州の集団においては，集団の統合や権威の拡大がしだいに進み，小地域をこえた集団間の統合や紐帯が結ばれていく中で，朝鮮半島系の威信財等という別のものにより強い関心が移っていったと考えられる。しかし，沖縄諸島からの貝輪原材料の入手は，途中に薩摩半島西部や西北部九州の集団が介在するとしても，北部九州中枢部における首長がそれをコントロールし一定の掌握をすることによって，首長の権威の維持・増大に貢献したことであろう。そして，それは遅くとも中期後半にはかなり変質し，むしろ「貝輪交易」という経済活動を掌握する者としての首長の権威に関係するものとなったと推定される。「異界」との遠隔地交易を主催し実行できる神秘的な特別の能力をもった統率者という意味は，むしろ薄れたであろう。そして，貝輪交易自体の維持は，甕棺が南部九州，西北部九州，中部九州に中期前半から後半の古い段階に分布するように，そうした九州西半部の各地域との関係を維持・強化することにも役立ったと考える。

また，貝輪はそうした九州西半部に限定されず，瀬戸内・畿内など東方地域へも流出しており，北部九州から東方地域への金属器や貝輪など様々な物資の移動という経済活動においても，意味のあるものであったと考えられる。北部九州にとって，東方地域は広大なシェアであったとみられる。なお，兵庫県夢野で出土した立岩型貝輪が古くから有名である。ステージII後半期には瀬戸内・畿内地域にはかなり多くの貝輪が入っていた可能性が考えられ，前期古墳の碧玉製鍬形石になんらかの形でつながるものと思われる。夢野の貝輪が立岩型である点は北部九州からのそうした経済活動による流出とみてよいと考えるが，上で述べたように，沖縄諸島で大隅半島系の山ノ口II式が出土することや，瀬戸内地域で大隅半島系の入来II式が出土することの背景には，東方地域へのより直接的な貝輪交易ルートが形成された可能性もある。そうであっても，北部九州において貝輪の価値が下がって以降も，沖縄諸島出土の弥生時代後期土器はそのほとんどが薩摩半島から持ち出されたとみられることなどからすれば，東方地域への貝輪の持ち込みは北部九州経由ルートが

主で大隅半島経由ルートは従であったとみるのが妥当であろう。

　弥生時代開始期には朝鮮半島系の管玉の出現など，玉類に変化が起こるが，しかしそれ以降の北部九州においても，翡翠勾玉をはじめとする縄文系の玉類が存在し，相変わらず前半期の甕棺墓からも出土する。前期末から中期初頭の福岡市吉武高木遺跡では，木棺墓と甕棺墓からなる厚葬墓群から，朝鮮半島系の銅矛・銅剣・多鈕細文鏡などとともに翡翠勾玉も出土する。これは佐賀県唐津市宇木汲田遺跡でも同様で，少なくとも弥生時代前半期までは認められる。こうした翡翠勾玉は，蛍光X線分析による産地推定の結果，糸魚川産と推定され，遠く北陸地方に産するものを入手していることになる。これは縄文時代以来の遠隔地交易システムの延長上に位置するものであり，弥生時代前半までは続いたことを示す。

　翡翠勾玉の格付けは，3bc型式期のレベルIに属する甕棺墓からガラス製勾玉が出土することから考えると，おそらく下降したものと考えてよかろう。これは貝輪の格付けが下降することと似ている。その理由は次のようなものであったと考えられる。

1) 縄文時代以来の遠隔地交渉の性質が変容すること
2) いかなる威信財もあまりに長期に及ぶと飽きられると考えられること
3) 下位の者が上昇戦略をとることにより，威信財の下位への拡散が行われること
4) そして中国系の威信財の獲得に強い関心が向けられること

以上はエミュレーション・システムとも関連している。遠隔地との交渉は，長期的にみれば，弥生時代以前あるいは成立期から継続するものもあるが，交渉先を変え，その意味も変容したということができよう。

(2) 交渉パターン

　遠隔地との交渉における意味の変容は，次のようにまとめられる。

1) 経済的活動としての意味合いに重点がおかれていくものがあること
2) 一方的都合による「獲得」のみを目的とした伝統的な遠隔地交易の性質によるよりも，むしろ漢というはるかに高度な政治体制・文化をもった対象に承認されることに価値が見出され，その具体的な証として物資が搬入されるというふうに変化したこと

遠隔地交渉のパターンをここでの議論に即して極めて単純化して示すと，次のようになろう。
遠隔地交渉の対象には，

1) 弥生人にとって沖縄諸島は貝輪の獲得「のみ」が目的とされたように，特定の財・物資の獲得のみを目的とし，文化・政治システムやイデオロギーの模倣，その他の物質文化の導入には全く関心が示されなかったもの（交渉パターンA）
2) 中国のように高度な文明をもつ交渉相手に対し，特定の財・物資の獲得だけでなく，文化・政治システムやイデオロギー，物質文化の模倣・導入に大きな関心をもったもの（交渉パターンB）

とがあったことになる。

おそらく弥生時代開始期前後には，朝鮮半島は交渉パターンBに近い対象であった。しかし，中期も進むにつれてそれは薄らいでいき，ある意味で張り合うべき対象となったと考える。沖縄諸島をはじめ南西諸島は交渉パターンAであり続けたが，しだいにその内容はむしろ経済的なものに変質していった。一方，紀元前1世紀の漢王朝との交渉開始以来，中国文明は交渉パターンBの対象であり，また，中国とのそうした交渉には政治的権威の承認を受けるという目的も帯びはじめていたはずである。3世紀の倭王卑弥呼・台与(壱与)の魏王朝との交渉も交渉パターンBの側面を強くもっており，物資の獲得という意味では倭王卑弥呼が獲得した「銅鏡百枚」にあたる三角縁神獣鏡が倭の内部で再分配されるように，具体的物資の獲得と再分配によって権威の維持・拡大を図る戦略は本質的には継続している。首長権あるいは王権の維持・拡大という意味では，弥生時代の中で広義の遠隔地交渉の首座が交渉パターンAからBへと移っていったといえるのである。

(3) 紀元前1世紀における漢との交渉

ここでは楽浪郡設置以降，すなわち紀元前1世紀の中国社会との交渉について論じる。

なお，中国との直接交渉というよりも，実際上は朝鮮半島の楽浪郡を通じた交渉であったと考えられる。すでに述べたが沖縄出土の明刀銭などのように，漢の成立より前にも中国由来の物資の入手が行われていたことを示唆する資料があるが，やはりこれも朝鮮半島経由の可能性がある。また楽浪郡設置に先立って朝鮮半島には衛氏朝鮮があり，中国由来の物質文化や情報の間接的入手がまったく無理な状況であったとはいえないであろう。

中国の存在は，四郡設置以前からある程度は認識されていたと考えられるが，本格的交渉の契機は，やはりすでに指摘されてきたように朝鮮半島に楽浪郡が設置されたことに求められよう。朝鮮半島に楽浪・臨屯・真番・玄菟の四郡が設置されたのはBC108年である。おそらく須玖IIa式の開始はそのあたりの時期である。その前後から須玖式の器種が増大する背景に，社会内での要請だけでなくこうした東アジア情勢も関わっていたことは第5章で推定したところである。北部九州で前漢鏡の副葬がみとめられるのが甕棺型式の3bc型式，すなわち土器様式の須玖IIb式期にあたる。前漢鏡などの副葬品からみれば，四郡のBC82年・BC75年の再編によるいわゆる大楽浪郡の成立以後，紀元前1世紀後半に本格的な交渉が行われたことになろう。

楽浪郡設置は，粗密の程度差はあっても朝鮮半島全域に影響を与えたと考えられる。色味がなく灰色味の強い特徴的な土器様式だけでなく，在地エリート層の権威の象徴や墳墓の副葬品にも変化をもたらした。その一端は，朝鮮半島東南部にあたる慶尚南道義昌郡茶戸里遺跡の1号木棺墓によくあらわれている。副葬品として，星雲文鏡1面，帯鉤，五銖銭などの前漢系遺物のほかに，銅剣，銅矛，鉄矛，黒漆高杯，土器などが出土している(李健茂ほか，1989；李健茂，1992)。同じく共伴した5本の筆は筆記用と推定されており，鉄製刀子は書刀とみてよいとされている。この筆と書刀のセットから，こうした在地エリート層周辺での文字使用があった可能性が考えられ，おそらく楽浪郡と文字による伝達が行われていたことを暗示させる(岡村，1999)。なお，このことから同時期の北部九州と楽浪郡との交渉に文字が使用されたと推定するむきがある(高倉，1991，1995；武末，

1994；岡村，ibid.；ほか）。

　茶戸里遺跡の墳墓の時期はおそらく紀元前1世紀後半代と考えられ，$3bc$型式の甕棺墓と併行する時期である。その時期の甕棺墓の副葬品と比べれば，鏡や武器類は共通しているが，甕棺墓からは排除されるものがある。帯鉤は甕棺墓からは出土しない。また，五銖銭は相当量日本列島に入っていたはずであるが，甕棺墓からは出土していない。なお，茶戸里遺跡の場合，有機質のものが遺存しやすい水に浸かった状態であった。甕棺墓の場合，そのような埋没環境にあることはほとんどないので，甕棺墓にも有機質の副葬品があった可能性もある。しかし，いずれにせよ北部九州には，楽浪郡とも朝鮮半島とも多少異なる独自の副葬品の選択基準があったことは確実である。そもそも甕棺という特殊な棺が採用されていることも独自の葬法がとられたことを示している。

　こうした北部九州側独自の選択がなされたことは，朝鮮半島南部がそうであるように，長期的に形成された弥生社会側のハビトゥスと，社会戦略としての交渉パターンBの間で生じた現象と解釈することができる。加えて，海峡を越えた往来や土器の折衷などからみて，朝鮮半島南部社会と北部九州社会との間には敵対関係があったとは考えにくい。楽浪郡と地続きの朝鮮半島と，海峡を隔てた日本列島とでは，歴史的・文化的・地理的コンテクストが多少とも異なっている。それは両エリート層のハビトゥスの違いを形成したはずである。少なくとも北部九州側にとっては朝鮮半島南部の集団に対する敵対心はなく，友好的関係を保持しようとしたかもしれないが，しかし漢王朝との関係という点からすれば，その権威や信頼をめぐって朝鮮半島南部社会との競争意識をもった可能性は十分考えられる。

　$3bc$型式の甕棺墓から出土する鏡の総数は，同時期の楽浪郡地域や朝鮮半島南部地域と比較して非常に多く，大型鏡，ガラス璧など朝鮮半島南部にもみられないものが存在していることは注目される。これは北部九州集団の熱心な獲得活動のほかに，近くを薄く，遠くを厚く遇する漢王朝側の異民族政策の影響も作用しているかもしれない（岡村，1999）。

　第6章の分析においては中国鏡の大小とレベルの高低が対応することを述べた。鏡の大小についてはヒストグラムによれば概ね14cm前後を境として分けられたが，それに関して，前漢鏡をめぐる中国側のコンテクストでいえば，大型をさらに二分して大・中・小に分けるほうがよいという意見がある（岡村，ibid.）。そうした場合，大・中・小と甕棺墓から復元できるレベルの高低との間にも相関があり，大型鏡は須玖岡本D地点甕棺墓と三雲南小路1号甕棺墓という最高位（レベルI_1）にみられる。前漢鏡のうち少なくとも大型鏡は外交以外での入手は困難と考えられ（高倉，1995；岡村，ibid.），中・小型鏡も含んで北部九州中枢部においてその再分配が行われたものと考えられる。三雲南小路遺跡2号甕棺墓や東小田峯遺跡10号甕棺墓という，最高ランクではないが次なるランクに位置づけられる墓からガラス璧の再加工品が出土している。これは北部九州で入手された後に再分配されたものであることは明らかである。また，甕棺墓の副葬品目には北部九州製の青銅器や鉄戈なども含まれており，さらに，まさに伝統的ともいえる貝輪も存在している。このように，副葬品による階層表示システムは，明らかに北部九州を中心とする弥生社会内部で作られたものであったといえる。

なお，宮本一夫はこうした大型鏡の一つである彩画鏡の検討を行った。三雲南小路遺跡1号甕棺墓副葬鏡の中にも彩画鏡が1面みとめられ，南越王墓においても階層関係と鏡のサイズが対応していることと比較している。そして，「蛮国の地域首長を漢王朝側の階層秩序に応じて遇する必要」があり，「漢王朝側の鏡の階層秩序が，この後の我が国の鏡による階層秩序の原型をもたらしたもの」とし，漢王朝側の意思に注意を向けている (宮本，2000)。注目すべき説である。そうした漢王朝側の意図と同時に，再分配においてもそれが大きくくずれてはいないとみなせることから，かの地の副葬品システムに対して一定の高度な理解が存在したと考えることもできよう。

　また，三雲南小路遺跡1号甕棺墓出土の金銅四葉座飾金具のように，「王」の死に際して下賜されたとみられるものも存在している (町田，1988)。中期後半の副葬品システムは中国系文物を頂点とする新たに作り出されたシステムであったが，「王」の死にあたり葬具として下賜されたものとの折り合いをつけなければならなかったはずである。漢側の意図もある程度理解し，かつ既存の副葬品を含んだ副葬品による明確な秩序の再構成が行われたはずである。したがって，副葬品に関する既成のスキーマと新たな中国的スキーマとの融合の結果が，副葬品のシステムにあらわれているといえよう。

　こうして形成された北部九州中枢部を中心とした階層構造は，あたかも地理的に同心円構造をとることは，第6章の分析から明らかになったところである。そして周辺地域のエリートの墓においても副葬品秩序が厳守されていたようにみえる。これは，後の章でも考察するが，漢王朝の支配システムの模倣を意図した可能性が考えられる。

　それは墳墓の副葬品のみからうかがえることではなく，様々な物質文化にも構造的にあらわれている。それについてもここでは指摘しておくにとどめ，詳細は後述する。

5．まとめ

　ここまで述べてきた遠隔地交渉の変化の主たるプロセスは，次のようになろう。

1) 縄文時代後晩期の遠隔地交渉は，交渉パターンAとした「異界」との交渉であった。特定物資の獲得を主たる目的に交渉をするのであり，相手である「異界」の文化や政治システムの模倣や物質文化の総合的導入を図る必要もその欲求もなかったであろう。なぜならば統率者の政治的権威や威信の維持・拡大のための行為であり，社会変革自体が目的ではなかったからである。

2) しかし，権威・威信の増大戦略が高じて，ついに弥生時代の開始と我々が考える段階を迎えた。朝鮮半島との交渉を行っていた西北部九州ではエリート集団の墓制として支石墓を導入した。また朝鮮半島から人の渡来もあった。さらに，すでに成立していた農耕(稲作を含む)ではなく，新システムの水稲農耕とそれに伴う様々な知識の体系を導入することも，統率者の権威・威信の増大戦略の一環として行われた。

3) 朝鮮半島由来の物的・人的資源の獲得が一応達成されてしまうと，権威・威信増大のための新たな対象を沖縄諸島という「異界」に求めた。薩摩半島西部を中継拠点とする貝輪入手ルー

4) 弥生時代前期に入ってほどなくすると，福岡平野など，より東に成立した新興有力集団の貝輪の需要に応えるため，おそらく西北部九州の集団が関与して貝輪入手を続けた。この時点で西北部九州の集団の活動は，より経済的側面を帯びていった。

5) 前期後半以降は，朝鮮半島から青銅器の入手や製作のための技術の獲得が行われた。青銅製武器の保有という朝鮮半島系の新たな威信財の意味を理解したうえでの，エリート層主導の交渉であった。これにも西北九州の集団の一部（唐津など）が関わった可能性がある。朝鮮半島南部の金海貝塚や北部九州の渡来系集落の存在も示すように，中期初頭にかけて頻繁な交流があった。エリートにとっては朝鮮半島との交渉は権威・威信の獲得であると同時に，経済活動としての側面もあった。

6) 中期前半には，朝鮮半島南部の勒島，萊城遺跡のように物資の獲得などのために頻繁な交流があった。エリート層主導の交渉のほかに日常的経済活動もみとめられる。北部九州では独特な甕棺が盛行し，武器形青銅器，貝輪，玉類を用いた甕棺墓独自の副葬品システムが成立していく。この時期までに朝鮮半島の文化を，模倣すべき高度な文明としてよりむしろ相対的にとらえうるようになっていった可能性がある。また，この時期を迎えるはるか以前から中国に関する情報はある程度入っていたものと思われる。

7) 中期後半には，四郡設置と楽浪郡の再編をうけて，北部九州のエリートは漢王朝との接触を図った。権威・威信獲得のための活動としての本質的意味を持続すると同時に，明らかに高度な文明との接触であるので，それまでの遠隔地交渉とは異なった意味合いをもった。すなわち，漢王朝の権威を後ろ楯として北部九州のエリートは自らの権威の正当化と拡大に役立てたと考えられる。また，そのことは「外交」としての側面をもっていた。こうした背景には中国側の政治的意図もあったであろう。外交にあたっては，文字を用いたコミュニケーションが行われた可能性がある。漢人による商業活動もあった可能性があり，その際，限定的に五銖銭などを用いた経済的行為が行われた可能性がある。さらに前代に引き続いて朝鮮半島との日常的経済活動を含めた様々なレベルの交渉も存在した。北部九州のエリート層は抽象的レベルで中国の政治システムや思想をある程度理解し，目的的にあるいは非意図的レベルにおいても中国系の文化・政治システムにヒントを得て自らの権威の及ぶ範囲でそれを実行しようとした。ただし，中国の写しではなく，当然自文化のコンテクストで形成されたハビトゥスによって取捨選択された実行であった。また，南海産貝輪については，伝統的な権威の象徴あるいは葬具としてややランクの落ちるエリートに採用され，北部九州ルートと一部別ルートによって瀬戸内・畿内地域へも多く持ち込まれた。五銖銭や漢式三翼鏃なども沖縄諸島や瀬戸内・近畿へ持ち込まれている。

以上のような過程を経て，紀元前1世紀後半代に北部九州を中心として特徴ある文化・社会が成立したと考えられるのである。

「弥生時代は国際化の時代である」というフレーズがしばしば用いられるが，この表現はあたっ

ていよう。しかし，縄文時代後晩期以来の「異界」との遠隔地交渉がその基盤にあり，その拡大の意図せざる結果として行き着いたところに，紀元前1世紀後半の漢王朝との朝貢関係の樹立と弥生社会内部での政治的・文化的変化があるのである。そこに至る過程ないしは要因は従来，次のように説明されてきた。

1) 郡県制が朝鮮半島に及んだことによる「伝播」
2) 朝鮮半島からの渡来人による優れた文化・技術の「伝播」
3) 稲作を中心とした生産力の増大と抗争による余剰の蓄積という社会内部の発展

これらのモデルないし説明は，たしかにそれぞれ重要な要素ではあろう。そして，これらの諸要因が複合したものともいえるであろう。実際にそのような説明は伝統的になされてきたし，概ね賛同できる。しかし，そこには欠落した重要な要素がある。以上述べてきたように，縄文時代後晩期は弥生時代とは異なっていようとも稲作を含む農耕が行われており，その社会には統率者(エリート)が存在したことをまず認定すべきであるということである。積極的な遠隔地交易は，エリート主導で行われた権威・威信の維持・拡大戦略であり，様々な状況の変化と意図せざる結果をもたらしながら，漢王朝との接触・高度な理解と模倣に至るのである。ここには，たんなる「伝播」などでは説明できない，複雑かつ「アクティブ」な過程があったといえるのである。弥生時代を経てのちに古代社会が到来する速度に驚嘆するむきもあるが，長期的な交渉のプロセスにおけるこのような積極的行為の積み重ねを視点に据えてこそ，より妥当な解釈に至ることができると考える。エリート(統率者・首長あるいは王)の権威増大の戦略の一環として，一貫した説明が可能になるのである。

注
1) 高宮廣衞氏のご好意により実見し意見交換を行った。
2) 笹貫式の甕の口縁部破片である。筆者実見。
3) 筆者実見。形態・胎土の特徴からみて，大隅半島からの搬入品と考えられる。
4) 沈奉謹，李東柱氏教示。現地にて筆者実見。

第10章

総合的考察
―― 紀元前1世紀における九州弥生文化の特質 ――

　本章では、これまでの検討を総合して紀元前1世紀（中期後半）の九州弥生文化の特質について収斂させる。

　朝鮮半島や中国、とりわけ楽浪郡の存在は北部九州弥生社会に大きな刺激を与えたこと、そして紀元前1世紀後半の北部九州社会は、物質文化の複雑さと重層的構造から、発達した階層化社会であるということが読みとれた。日本列島においては、北部九州の存在は九州全域の集団に影響を及ぼし、また瀬戸内・畿内を中心とする西日本諸勢力との政治的・経済的・文化的関係においてもそうであった。さらに弥生文化の域外にある南西諸島社会に与えた影響も多大であった。こうした様々なことが判明したが、それらを総合して、そのような北部九州はどのような性格をもつ文化・社会といえるのか、そしてそれはどう成立して次代とはどう結びつくのかについて論じる。

第1節　各章のまとめ

　ここでは、第3章から第9章までの検討で明らかになったことを簡単にまとめておき、以下の考察に備えることにする。

1.　各章の要約

第3章　弥生文化の成立

　紀元前1世紀の九州弥生文化はきわめて特徴あるものであるが、その研究の前提として弥生時代成立以前から再検討を試みた。

　弥生時代とあらゆる面で対立的に描かれる縄文時代であるが、縄文時代晩期は停滞的であり持続性が強い文化であるとする従来の見解は、ある意味で誤っている。すでに農耕を行っていることは当然のことながら、西日本一帯で交流が盛んである一方、北部九州では晩期に入る少し前の段階からすでに朝鮮半島との交流が開始されている。こうしたことをもとにして、縄文時代晩期社会は一種の階層化社会であったということを前提にしなければ、弥生時代成立の問題は解けないことを論じた。

　北部九州の統率者たちは、遠隔地交渉の一環として、地位と社会システムの安定のための朝鮮半島の情報・物資の獲得を競争的に行っており、その競争の行き着く先に弥生文化の成立があると考えられる。弥生時代のごく初期には、特に縄文時代晩期以来の集落が存在する西北部九州の玄界灘

沿岸部の集団が重要な役割を果たしたとみられる。したがって，弥生時代の開始は，統率者主導による外来文化獲得運動の延長にあるといえるのである。

そして弥生時代成立について次のようなシナリオが想定された。
1) 異文化要素の導入は統率者を中心とする在来集団の文化・社会システムの維持，他集団との競争のための戦略として始まったが，
2) 九州北部，とりわけ西北部九州沿岸において，その戦略が高じて弥生時代早期前後の朝鮮半島とのよりインパクトの強い直接接触の結果，
3) しかもそれを好んでうけいれたがために，縄文時代以来の伝統的スキーマに何がしかの変更が加えられていき，
4) 統率者たちは地位の維持および他集団より優位に立つ戦略として，自らの文化・社会システムの変更を採用し，半ば意図的，半ば意図せざる帰結として，
5) ドラスティックに弥生文化が成立したといえる。
6) いち早く朝鮮半島的文化要素が導入された西北部九州では，構造維持という戦略上の特性のために，むしろ社会内の本質的構造変革を阻害し，
7) 後出の福岡平野周辺に進出した新興の集団は，それと異なる戦略，すなわち積極的に社会内の構造変革を促進することで他集団への優位を勝ち取る戦略をとった。

第4章　土器の分類・編年と様式の動態

研究の前提として，九州の弥生時代中期土器の正確な併行関係をおさえておく必要があるが，従来十分に検討されておらず問題点が多かった。そこで九州の中期土器を対象として型式分類と編年を行い，また，瀬戸内・畿内との併行関係についても，再検討を行った。

従来の編年は，型式学的手続きや共伴関係よりも，型式や要素は北部九州から周辺地域へ遅れて伝播するというア・プリオリなモデルが採用されており，それを実証的に否定した。むしろ要素の変容や欠落ととらえられるものは，共時的な地理的勾配ととらえるべきである。瀬戸内・近畿地方との併行関係については，特に第IV様式は九州の後期高三瀦式ではなく，中期後半の須玖II式と併行することが明らかになった。九州でいう中期と後期の境と，瀬戸内・畿内のそれとはほぼ一致することになる。

編年や併行関係を修正したうえで，様式の動態や様式の階層的分類関係の把握も行った。ここでは九州内の4ないし5つの地域をコアとする様式が併存することをみとめることができた。そして須玖式の地域性と捉えられてきた九州東北部を中心とする様式は，須玖式と呼べないことを主張した。さらに各器種の存在状況を地域ごとに検討したところ，北部九州（福岡・筑紫平野地域）を中心とする須玖様式の器種は周辺地域にも受容され，また，量の多少を問わなければ九州一円にその現象がみとめられることが確認された。反対に，北部九州には九州内の他地域の様式が入りこまないことも確認された。

九州全域での様式的類似性や瀬戸内・畿内様式との一定の排他性などを考慮して，九州内の5つ

の様式はさらに上位カテゴリーとして「九州中期様式」と呼ぶことができ,「瀬戸内・畿内様式」と対比すべきものであることを述べた。基本的に両者の様式は排他的であるが,中期後半段階において九州中期様式の要素は瀬戸内・畿内地域にほとんど入りこまないのに対して,瀬戸内・畿内様式の要素は,特に顕著性の低いものについては九州に多少受容されることが確認された。

第5章　紀元前1世紀における九州弥生土器様式の特質

　紀元前1世紀の土器,すなわち須玖II式を特徴づける丹塗精製器種群について,祭祀土器であるとする定説を再検討し,批判を行った。ある意味で特殊な位置づけが可能な須玖II式について,東アジアとの関係においてどのような意味をもっているのかを論じた。そのうえで,西日本の弥生土器様式とはどのような歴史的意味があるのかを検討し,さらに紀元前1世紀の九州の文化・社会の状況に考察を及ぼした。

　宇野隆夫の所論を引用しつつ,漆器を含む大陸的食器体系とそのシンボリックな意味を知り,在来伝統をもとにして丹塗精製器種群を含む様式体系が生み出され,社会に内在する階層関係の維持・強化に機能したと推定した。

　こうした北部九州の状況の一方で,中部九州,南部九州などの周辺地域にもある程度その要素は受け入れられるが,須玖II式の特徴ともいえる諸属性の厳密な選択によって丹塗精製器種群と非丹塗器種群との差異化を徹底することや,器種自体を多く作り出す構造があることなどは貫徹しておらず,その貫徹の度合いは北から南へと地理的勾配をもってゆるくなっていることを明らかにした。それは環濠集落の成立やその発達度をはじめいくつかの要素と相関があり,社会の複雑さの度合いと関連するものと解釈された。すなわち,複雑で多様な器種を用いるべき社会からその要請がより低い社会という,南北の地理的勾配と対応するものである。

　北部九州における須玖II式の位置づけは,複雑な階層化社会の維持・発展に関して,重要な役割の一環を容器・食器類が担ったと考えられた。

第6章　墳墓にあらわれた社会構造

　甕棺墓は,北部九州の中でも福岡・筑紫平野(コア地域)を中心とする地域の墓制であり,他地域ではほとんどみられない極めて特殊な墓制である。北部九州以外では九州西半部に点在するのみである。まず,九州の弥生時代早期以降の墳墓を概観し,甕棺墓がいかに特殊化した墓制であるかを把握した。

　そして紀元前1世紀の,後半期甕棺墓を中心としながら,墳墓にあらわれた意味,特に社会構造を読み解く鍵として分析・検討を行った。副葬品だけでなく甕棺墓の様々な属性間の関係について分析し,相関関係の検討も行った。その結果,各種の属性が有意に相関しており,エラボレーションの度合いの差として把握できた。そして「レベルI」～「レベルV」の5段階の階層構造をもつことが判明した。また,周縁地域では甕棺墓以外の墓制が本来であるが,副葬品をもつ厚葬墓に限っては甕棺墓が採用されていた。

空間軸に沿ってみた場合，レベルⅠの存在する地域から周辺部にいくほどエラボレーションの度合いに地理的な「格落ち」がみとめられる。しかし，甕棺墓におけるエラボレーションのランクの表示法において一貫性のある秩序がみとめられ，変容がほとんどない。またエラボレーションの諸ランクの構成比は，裾野が極端に広いピラミッド形を呈する。この成層は階層差が反映している可能性がある。甕棺墓において析出された「エラボレーションの諸ランク」が社会構造をそのまま反映しているという保証はないが，様々な分析・検討の結果は，それを考古学的事象から再構成される水準での「社会的階層」と考えてよいことを示すと結論した。

周縁地域の厚葬墓は在地のエリートの墓と推定でき，各地のエリートにおける価値観の等質化が，甕棺墓をめぐる厳密な諸秩序の受け入れを促したものと解釈できる。また社会戦略という観点からは，北部九州の諸秩序を採用することによって，地方のエリートが自分達の権威や名声を高め，ひいては地位を安定化する機能を果たしたとも考えられる。エリート間における奢侈品の交換システムを通じて威信財が拡散したものとみられるが，厳密にはエリートも北部九州中核部と周辺部とでは戦略的地位は，エミュレーションとして知られる社会戦略の観点からとらえて矛盾のないものである。

また，甕棺墓における副葬品による独自性のある階層表示法は，大陸との接触による刺激伝播によって形成された可能性も考えられることを指摘した。

第7章　土器の生産・分配・消費と葬送行為

弥生土器の生産―分配システムについては未解明の点が多い。従来，九州の弥生土器について，甕棺の工人論など土器もしくは甕棺が分業的に生産されていたという考えに立脚した研究もあるが，その前提は検証されていなかった。そこで，通常の考古学的手法と胎土分析（蛍光X線分析）を併用して，甕棺を含む弥生土器についての生産―分配システムの実証的研究を行った。また，甕棺の胎土分析から，甕棺の製作が一連の葬送儀礼の中に位置づけられる可能性があることが示唆された。そこで胎土分析の結果も用いつつ甕棺墓の葬送行為にかかわる復元も行った。

胎土分析からは次のことが判明した。

1) 甕棺とそれ以外の小型土器とでは基本的に胎土の化学特性が一致する。
2) 甕棺も小型土器も遺跡周辺の素材が使用されたものと考えられる。
3) 時期に関わりなく土器製作は各集落またはごく近隣の集落群内で行われている。
4) 大規模集落では内部の集団ごとに排他的に土器の生産―分配システムをもっていた可能性がある。
5) 都市的大規模集落の中には内部での土器の移動が特に激しいものが存在する可能性がある。
6) 甕棺の分配範囲は小型土器のそれを越えるものではない。
7) 甕棺と小型土器の生産―分配システムは必ずしも異質なものではない。
8) したがって，甕棺にみられる地域性を工人集団組織の反映とみなすのは危険である。
9) ただし，小型土器，甕棺にかかわらず，専門工人の存在自体を否定することは今のところで

きない。
10) 甕棺の同一個体での胎土は比較的均質である。
11) 中期においては甕棺の上甕・下甕の胎土が一致する場合が多くみられ，上甕・下甕の同時製作と考えられる。
12) 甕棺の上甕・下甕の胎土が必ずしも一致しない墓地や墓群がある。
13) 甕棺の上甕・下甕が同時製作のもので構成される墓地・墓群はエラボレーションの度合いが高い。
14) 甕棺墓地間・墓群間での上甕・下甕胎土の一致・不一致は，集落間あるいは集落内の集団の格差に対応するとみられる。
15) 土器の生産—分配システムの違いは，集落間や集落内での格差を示す可能性がある。

　土器の生産体制に関して，一地域においては一様であるとの暗黙の前提があったが，むしろ集落やその構成メンバーの階層的格差と関連づけて考える必要がある。
　甕棺の上甕・下甕のセット関係が維持された例の検討から，甕棺製作に関わる一つ一つの段階が，一連の葬送行為・儀礼の諸段階の部分に組み込まれていた可能性もあることが示唆された。少なくとも甕棺の調達と葬送儀礼とは関係していると考えられ，被葬者のランクの高低は甕棺のサイズや使用法だけでなく，儀礼過程の複雑さの高低とも関係していることが推定された。
　さらに，甕棺墓に関わる葬送行為の復元を試みた。葬送システムの中における甕棺墓の造墓行為に関する実証的復元の一つとして甕棺の埋設過程を検討した。また，葬送過程と葬送行為の内容についても具体的に推定した。その結果，社会における階層関係の確認とその再生産に甕棺墓は機能したとし，それが北部九州における弥生時代中期甕棺墓の特質と結論した。

第8章　「都市」・集落と社会

　環濠集落が存在することが弥生時代の特徴であるが，環濠をもつ集落ともたない集落の格差が存在する。環濠集落とこうした格差は弥生時代早期段階に福岡平野とその周辺でまず成立した可能性がある。弥生時代中期以降集落間の格差は大きくなるが，弥生時代の早い段階から格差自体は存在していたと考えられる。
　まず，北部九州の大規模環濠集落について検討した。大規模環濠集落は中期後半に成立し，その内部は道路や運河，その他の計画性をもって建設されていた施設があり，複雑な構造がある。また，それより小規模の拠点集落，そして小規模集落と，大まかに階層的に認識することが可能であるが，集落におけるエラボレーションの度合いと集落に対応する墳墓のエラボレーションの度合いとが対応すると判断した。
　また，畿内の大規模環濠集落をはじめ，西日本一帯で大型環濠は大規模集落の属性ということができ，集落内部にも内濠や塀をめぐらした特別な区域，掘立柱の大型建物などがみとめられる。多くの大規模環濠集落で長期的な継続がみられるが，基本的に中期後半期に大規模化し大型環濠が掘削される点では概ね一致している。したがって，大規模環濠集落のあり方は，細かな点で地域差は

あっても基本的には広域で類似すると判断された。

　なお，北部九州や畿内などいくつかの大規模環濠集落について，内部の区画構造に関して中国の影響とみる意見もある。中国文明との接触が本格化した紀元前1世紀に大規模環濠集落のレイアウトが荘厳化することはそれを支持するようにもみえる。ここでは，ある意味で国家体制における文化要素に類似したものを必要とする内的要因と，大陸的都市情報との相互作用により成立した，より間接的な刺激伝播とみたほうがよいと考えた。

　北部九州を取り巻く周辺地域では環濠集落はさほど発達しないが，それについて南部九州を主な例として検討した。やはり北から南への地理的勾配がみとめられ，他の文化要素のあり方との共通性が見出せた。

　中期後半，すなわち紀元前1世紀は，集落のあり方においても画期的時期であるということを確認した。

第9章　異文化との交渉

　「遠隔地交渉」の意義とその内容の変質を視点に据えつつ，九州と中国・朝鮮半島との関係だけでなく，沖縄諸島をはじめとする南西諸島との関係についても論じた。

　南西諸島との関係については，貝輪をめぐる交渉がキーワードとされ，搬入された弥生土器の存在も注意されているが，型式や製作地の同定に問題があるため再検討した。また，交渉がなぜ，どのようにして行われたのかについても検討した。朝鮮半島との関係については，朝鮮半島南部の勒島遺跡でみられる折衷土器をとりあげ，その製作者たちに焦点をあてた。具体的な弥生人の「行為」のレベルというミクロな視点から，異文化間の接触のあり方やその局面を考察しようとした。そして漢との交渉について論じた。

　そして遠隔地交渉の変化の主たるプロセスを次のようにまとめた。

1) 縄文時代後晩期の遠隔地交渉は「異界」との交渉であった（交渉パターンA）。特定物資の獲得が交渉の主たる目的で，必ずしも「異界」の文化や政治システムの模倣や物質文化の総合的導入を図る必要はなかった。統率者の政治的権威や威信の維持・拡大のための行為であり，社会変革自体が一義的目的ではなかったからである。

2) しかし，権威・威信の増大戦略が高じて弥生時代の開始を迎えた。朝鮮半島との交渉を行っていた西北部九州ではエリートの墓制として支石墓を導入した。また朝鮮半島から人の渡来もあった。新システムによる水稲農耕とそれに伴う様々な知識の体系を導入することも，統率者の権威・威信の増大戦略の一環として行われた。

3) 朝鮮半島由来の物的・人的資源の獲得が一応達成されてしまうと，権威・威信増大のための新たな対象を沖縄諸島という「異界」に求め，薩摩半島西部を中継拠点とする貝輪入手ルートが確立された。

4) 弥生時代前期に入ってほどなくすると，福岡平野など，より東に成立した新興有力集団の貝輪の需要に応えるため，おそらく西北部九州の集団が関与して貝輪入手を続けた。この時点で

西北部九州の集団の活動はより経済的側面を帯びていった。
5) 前期後半以降は，朝鮮半島から青銅器の入手や製作のための技術の獲得が行われた。青銅製武器の保有という朝鮮半島系の新たな威信財の意味を理解したうえでの，エリート層主導の交渉であり，頻繁な交流があった。エリートにとっては朝鮮半島との交渉は権威・威信の獲得であると同時に，経済活動としての側面もあった。
6) 中期前半（紀元前2世紀）には，朝鮮半島との交渉は，エリート層主導のほかに日常的経済活動もみとめられる。北部九州ではこの時期までに，朝鮮半島の文化を模倣すべき高度な文明としてよりもむしろ相対的にとらえうるようになっていった可能性がある。また，この時期のはるか以前から中国に関する情報はある程度入っていたと推定される。
7) 中期後半（紀元前1世紀）には，北部九州のエリートは前漢王朝との接触をし，高度な理解と模倣に至る。権威・威信獲得のための活動としての本質的意味を持続すると同時に，漢王朝の権威を後ろ楯として北部九州のエリートは自らの権威の正当化と拡大に役立てた（交渉パターンB）。また，そのことは外交としての側面をもっていた。こうした背景には中国側の政治的意図もあった。さらに前代に引き続いて，朝鮮半島との日常的経済活動を含めた様々なレベルの交渉も存在した。北部九州のエリート層は抽象的レベルで中国の政治システムや思想をある程度理解し，目的的にもあるいは非意図的レベルでも中国系の文化・政治システムにヒントを得て自らの権威の及ぶ範囲でそれを実行しようとした。ただし，中国の写しではなく，当然自文化のコンテクストで形成されたハビトゥスによって取捨選択された実行であった。また，南海産貝輪については，ややランクの落ちるエリートに採用されるようになっており，「格落ち」がみとめられる。

紀元前1世紀後半の漢王朝との朝貢関係の樹立と弥生社会内部での政治的・文化的変化は，縄文時代後晩期以来の「異界」との遠隔地交渉を基盤として，その拡大の結果として行き着いたものである。そこには，複雑かつ「アクティブ」な過程があったのである。

2. 紀元前1世紀の様相

以上，各章で行った検討結果のまとめを記した。紀元前1世紀，すなわち弥生時代中期後半代は，あらゆる意味で大きな画期であったといえよう。これまでの諸検討を通して明らかになったことは，この時期に，遺跡・遺構を含む様々な物質文化の多様性とその重層性がとりわけ明確になるということである。つまり，土器，墓地，集落，威信財などのいずれにおいても，そのような面が顕著にみとめられ，またそれぞれの間で強い相関がみとめられた。

考古学的に把握できる物質文化が示す以上のようなことは，社会の複雑な階層化に起因するといっても過言ではなかろう。しかし，ポストプロセス考古学で主張されるように，物質文化はたんなる社会の反映物ではなく，戦略的に用いられるものでもある。このことを認めるならば，以上のように多くの物質文化において構造的に，重層化し，社会の複雑化が看取できるということは，紀元前1世紀後半にむかって北部九州社会の階層化が進行していったということを示すと同時に，社

会の複雑さや階層性を，物質文化を用いて明確化させ強調していった結果であるともいえるのである。また，それは弥生時代成立以前からの延長線上にあると考えられた。

判明したことを簡単にまとめると次のようになる。
1) 墓地においては，須玖岡本遺跡D地点や三雲南小路遺跡という中国系の副葬品をもつ特別な厚葬墓が出現し，墳墓にみられる階層性から，少なくとも5段階の明瞭な差がみとめられた。このように，墳墓における格差が最大に達した段階である。
2) 胎土分析などから，葬送儀礼においても階層差に応じた集落間あるいは集落内格差があったことが判明した。
3) また，集落においては，巨大な環濠をめぐらした都市的集落が出現し，内部のレイアウトや造成工事，運河や道路など計画性がみとめられた。
4) さらに，土器においては丹塗精製器種群が盛行し，器種の増大，特に食膳用土器の増大がみとめられた。木器を含む食膳具を用いた日常的食事場面においても，階層差をあらわす明瞭な差異があったことが推定された。
5) 楽浪郡を通じて漢王朝との外交的接触があった。
6) 北部九州の筑前西部を中心として周縁地域にいたる厚葬墓に副葬品システムが貫徹しており，エリアaからエリアdへの空間的成層としてとらえられる。

これらの考古学的証拠ないしはその検討結果から得られた解釈を総合して，次節以下で考察を行う。

第2節　副葬品システムと社会関係

1. 副葬品システムとその解釈

紀元前1世紀後半の甕棺墓には，朝鮮とも異なる独自のシステムがあり，また，北部九州中枢部から周縁地域まで威信財の再分配システムがあったことが推定される。これまでの分析から，甕棺墓だけでなく多くの文化要素が連動しており，社会のあり方は重層的であったことを示しているといえる。

レベルI_1とした須玖岡本遺跡D地点甕棺墓と三雲南小路遺跡1号甕棺墓との間には，次のような関係がみとめられる。
1) 鏡の枚数がほぼ一致すること
2) 鏡の中に大型鏡が含まれること
3) ガラス勾玉を保有すること
4) 完形のガラス璧を保有すること
5) 鉄製武器をはじめ，鉄製品を含まないこと
6) 武器形青銅器を含むこと

これらが両者に共通してみとめられるのである。なお，須玖岡本遺跡 D 地点甕棺墓は発掘調査に基づくものではないので棺体が不明であり，三雲南小路遺跡の 1 号甕棺墓も江戸時代の発見時に棺体が破壊されているため，一部の破片しか残存していない。しかし，1 号甕棺墓と同一墳丘内に隣接して設けられた 2 号甕棺墓の棺体である特大サイズの甕棺は，上下ワンセットの「特注品」と考えられるものであるが，その形態は福岡平野南部のものとの類似性が指摘されており，1 号甕棺墓の口縁部片もそれを示唆するものである。これらは須玖岡本遺跡付近で製作されたか，あるいはその地域の製作者の手による可能性もある。上で列挙した副葬品の質・量の共通性も考え合わせると，須玖岡本遺跡 D 地点甕棺墓と三雲南小路遺跡 1 号甕棺墓とでは甕棺の規格も同じなのではないかとさえ思われる。

棺体のことは措くとして，北部九州社会のエリート層が類似した価値観をもっているからといっても，両者の共通性が偶然であるとは考えにくい。また，それが漢王朝はもとより朝鮮半島の厚葬墓とも異なる規則であることも重視しなければならない。したがって，他のどこの地域の墓制を模倣したわけでもなく，また共通要素の全部を外部からの規制や強制とするのも無理である。それは両者の間で競争関係がある場合は，なおさら起こりにくいことであろう。両者の関係がどのように取り結ばれていたかということに考慮を及ぼす必要があるが，まず須玖と三雲のエリート間での同盟関係の存在などが想定されなければならない。その場合，従来想定されているような，両者が別政権であったという前提も再考の余地があり，また，仮に別政権であっても，両者は姻戚関係などを通じて強く結びついていた可能性も考えられる。

大型鏡は，楽浪郡の漢人墓においても，朝鮮半島の在地の厚葬墓においても出土しない。この時期の甕棺墓から出土する鏡のサイズについて，「前漢代の中国では 16 cm 前後の銘帯鏡は商業的に広く流通し，郡県の中級官人クラスの墓から出土する」ものであり，「王侯クラスに特別に贈与された大型草葉文鏡などとは区別したほうが好ましい」とし，漢王朝の立場からいえば大型鏡と中型鏡とでは大きな意味の違いがあった，という想定がなされている（岡村，1999: 21-22）。したがって，須玖岡本遺跡 D 地点甕棺墓と三雲南小路遺跡 1 号甕棺墓に含まれる大型鏡は特別なものであり，交易など別のルートからの入手ではないということがいえる。ここからわかるのは，紀元前 1 世紀後半においては，北部九州中枢部における中国系の威信財の入手は，たんなる遠隔地交渉ではなくまさに「外交」といえるような交渉のしかたであったということである。

また町田章(1988)は，三雲南小路遺跡 1 号甕棺墓から出土した金銅四葉座飾金具（図1）について，王侯・功臣あるいは帰服した蕃国の王に与えられた葬

図1　三雲南小路遺跡 1 号甕棺墓出土の金銅四葉座飾金具(柳田(編)，1985 より)

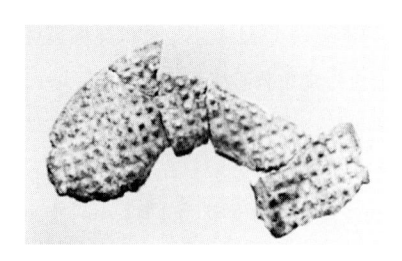

図2 三雲南小路遺跡1号甕棺墓出土の
ガラス璧(柳田(編),1985より)

具との具体的な類似性に着目し,ガラス璧(図2)とともに漢の皇帝から葬具として下賜されたとした。町田がいうようにこれが「伊都国王」として冊封されたことを示すかどうかは別として,この甕棺墓の被葬者の死に際して漢王朝から贈与された可能性は高いと考えられる。なお,岡村(ibid.)もいうように,漢代の王侯等の埋葬に用いられる玉璧ではなくガラス璧であることや,その他それにふさわしい装具がそろっていないことから,王侯等と同列の扱いを受けたとまではいかなかったであろうが,高い扱いであることは確かであろう。

ただし,漢代において金銅四葉座飾金具は,棺に取り付けられる飾りのための部品であるが,甕棺墓からの出土であることについて町田は,「送り主の意図に反して金銅四葉座飾金具は木棺からとりはずし,本来の機能から逸脱し宝物の装身具として王の身辺を飾ったところに埋めることのできない文化の断絶を感じない訳にはいかない」(町田,ibid.: 14)としている。なお,山口県下関市地蔵堂遺跡で前漢鏡1面とともに出土した蓋弓帽についても同様の出土状態である。蓋弓帽は漢代の車馬具の部品であり,身分の象徴であった。本来セットで用いなければ馬車の用をなさないものである。壱岐原の辻遺跡でも車馬具の一部が出土しており,弥生社会に馬車自体が持ち込まれていたかどうかは知りえないが,少なくともその部品は何らかの形で持ち込まれていたことになる。地蔵堂遺跡は,甕棺墓ではないため,北部九州以外の交渉ルートの存在を想定することもできる(e.g. 岡村,ibid.)。ただし,北部九州からの同心円構造をとる空間的成層や,地蔵堂遺跡に比較的近い福岡県中間市に所在する,レベルIVに相当する上り立遺跡石棺墓の存在,丹塗精製器種群の分布する地域であることを想起すれば,地蔵堂の被葬者が北部九州中枢部との関係で系列化されていた可能性も捨て去ることはできず,今後の検討課題といえるであろう。

いずれにせよ,そうした(大型)鏡,ガラス璧,金銅四葉座飾金具,蓋弓帽などは,漢代において一定の身分を直接・間接に表示するもので,その墳墓から出土する品目であることは注目すべきである。またそれが甕棺墓という埋葬に用いられていることは興味深い。蓋弓帽に関しては甕棺分布圏外からの出土であり,別ルートの入手である可能性もあることから措くとしても,上記4つの品目のうち前三者は,特定の甕棺墓からの一括出土であることが特に重視される。金銅四葉座飾金具が本来木棺の飾金具であるとすれば,むしろ木棺とは構造の異なる甕棺に副葬したことこそ,注目すべきであると考える。同様に,これらの品目はいずれも漢代において墳墓から出土する葬具として使用されているものであり,それを「正しく」埋葬に用いていることを積極的に評価すべきである。このことは,弥生人が自らの墳墓スキーマに照らして,中国の墳墓に用いられる品目を正しく認識できたことを示しており,少なくともそのレベルでは理解していたことになる。また,それが中国の墳墓において高い地位を占めるということは少なくとも理解していたはずである。さもなければ,下で述べる独自の副葬品システムの中に中国大陸由来の品目を体系化する中で,弥生人にとってのみ価値ある珍奇な「何か」を副葬することになったであろうが,それはしていないのであ

る。なお，須玖岡本遺跡や立岩遺跡で発見されている塞杆状ガラス器も含めて同様の理解ができるかもしれない。

　また，紀元前1世紀前半，甕棺でいえば3a型式期までは，本来朝鮮半島に起源する「国産」青銅器と南海産貝輪が主な副葬品であり，独自の副葬品システムを形成していた。そして武器形青銅器は紀元前1世紀後半に至っても，レベルIの甕棺墓に鉄製品と排他的に副葬されるなど，やはり独自の副葬品システムの中に体系化されていることは疑いない。そのようにみると，上記の中国製の品目は既存の副葬品スキーマを変容させて，既存の副葬品システムに組み込まれていることになる。エリートの権威を維持・強化するための道具としての副葬品システムという観点からは，漢王朝に由来する品目の導入は役立ったであろう。この評価は，独自の副葬品システムが存在するから副葬品の意味が正しく解釈されていなかったとみるか，それともこうした独自の副葬品システムの中にわざわざ組み込んだことにこそ意義を見出すか，というところにかかっていよう。筆者の立場はどちらかといえば後者であるが，両者はかならずしも相容れない考えとはいえない。

　五銖銭や漢式三翼鏃のように西日本から南西諸島まで広く行きわたった青銅製品もある。特に五銖銭は韓国の茶戸里遺跡でも副葬されているように，大陸・朝鮮半島の厚葬墓において貨幣の副葬は実行されている。なぜこうした青銅製品をはじめとする中国系遺物が副葬品として選択されなかったのであろうか。まず，多くの五銖銭や漢式三翼鏃などは交渉のチャンネルが異なっていた可能性がある。漢式三翼鏃は青銅器の原料として入ってきたものの可能性があり，少なくとも九州地域では威信財とはなりえなかった。また五銖銭は，前章でもふれたように，対外的経済活動において限定的に使用された可能性も考えられるものであるが（田川，2001），おそらく，そうした入手ルートや使用の脈絡などから甕棺墓の副葬品システムには採用されなかったのであろう。これ以外にも多様な青銅製品や鉄製品などが入ってきていたと考えられるが，そうしたものは副葬品からは脱落している。副葬品としてふさわしいものとふさわしくないものとの区別が明確になされているといえよう。

　一般的に副葬品の内容は，長期にわたって不変というわけではない。エミュレーション・システムのように，下位の者の上昇戦略として獲得競争が行われることが考えられるからである。したがって，甕棺墓の副葬品においても，上位の者にとっては新たな品目を導入しそれを系列化する必要も考えられる。おそらく漢王朝との接触によって獲得した威信財を副葬品として体系化することは，北部九州中枢部のエリートにとっては必要なことだったと考えられる。もちろん，この時期にも北部九州中枢部への求心的な威信財獲得競争があったことは想像に難くない。すでに述べたように，そこには北部九州に対して接近すべきものという一種の志向性が看取できる。おそらく，周縁地域のエリートは，自らの地位の安定あるいは拡大のために利用しようという戦略があったと考えられる。また，そうした周縁地域のエリートにも副葬品システムが貫徹しており，基本的に甕棺葬という特別な墓制自体を採用していることは注目される。

　こうした副葬品システム自体は中国側からみれば，不徹底かつ無理解なものと映ったかもしれない。いずれにせよ墓制が中国と異なるものであることには変わりはないからである。しかし，北部

九州では甕棺墓とそれに関する諸属性からわかるように，中国，朝鮮半島，また日本列島において
も特別な墓制を作り上げていた。甕棺墓が主体となるコア地域は極めて狭い範囲であるといえる。
この特別な墳墓に関するイデオロギーは弥生時代開始期以来長期間をかけて作り上げられ，強化さ
れたものである。周縁地域においては在地の墓制である石棺墓や木棺墓などではなく，エリートの
みが北部九州的墳墓に関するイデオロギーを導入したものとみなしてよい。これは，周縁地域の各
社会内では一見矛盾しているようでもあり，ここに，被葬者は北部九州系の人物の墓ではないかと
いう想定の余地が出てくるであろうが，すでに検討したようにそれが成り立つ可能性はほとんどな
く，在地系の人物とみなさなければならない。したがって，周縁地域のエリートは北部九州的墓制
を積極的に採用することによって自社会内の自らの地位を強化するのに役立てた，ということにな
るのである。

　この状況は，交渉パターン A のような一方的な獲得というよりも，北部九州が漢王朝に対して
行った交渉パターン B, すなわち漢王朝の権威を後ろ楯として北部九州のエリートが自らの権威の
正当化と拡大に役立てた戦略に近いとみるべきであろう。北部九州中枢部からみても，それは望ま
しいことであったと考えられる。考古学的証拠から読みとることのできる北部九州中枢部への求心
性は，このようにして形成されたと考えるのが最も妥当であろう。

2. 紀元前 1 世紀の北部九州社会のイメージ

　紀元前 1 世紀後半代には，こうして周縁地域のエリート層を系列化したものと考えてよかろう。
筆者は，北部九州のエリートにおいては漢王朝に対して，政治システムや，ひいては文化面におい
てもモデルまたは参考とすべき対象としての認識があったと理解している。縄文時代後晩期からの
朝鮮半島・大陸とのきわめて長期にわたる交渉の結果が紀元前 1 世紀後半において最終的にもたら
したものは，漢王朝に対する高度で抽象的レベルでの理解であり，それを北部九州社会内部で具体
的に実現したのが，すでにみてきたようなさまざまな文化要素で連動した差異化と重層構造であっ
たと解釈できる。中国にしろ楽浪郡にしろ，弥生社会からはもともと遠隔地であるという特性もあ
いまって，現象面では刺激伝播と映る形で実現されたのである。中国文化の刺激は北部九州弥生社
会的ハビトゥスによって取捨選択され，変容ともいえる咀嚼法をもって自社会内で発現していると
いうことができよう。すでに述べたように朝鮮半島の韓社会に対して，仮に一方的であれ，かつて
の模倣・摂取の対象から競争の対象へと認識の変化があった可能性が高い。この時点でレベル II
以下のエリートには，鏡の再分配をはじめガラス璧再加工品の再分配も行われたことになる。比喩
的に表現するならば，北部九州中枢部においては空間的にも内容的にもきわめてミニチュア版では
あったが，いわば「ミニ漢帝国」を作り上げようとしたものと理解される。こうして周縁部エリー
トを巻き込み系列化することで，北部九州中枢部の戦略はとりあえず「成功」をおさめたというこ
とができよう。

　これについては最近，岡村秀典 (1999)が，中国考古学の立場から，漢鏡の再分配などをもとに同
様な理解を提示している (図3)。筆者は，分析から析出されたように，鏡は副葬せず鉄戈等を副葬

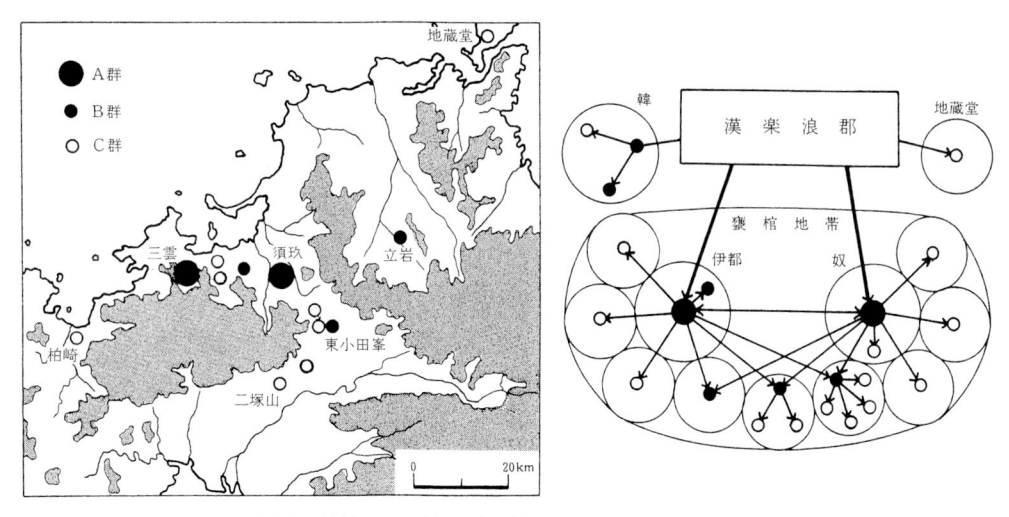

図3　岡村による鏡の再分配システム（岡村，1999より）

品に含めた地域（エリアd）まで含めて系列化されていると理解したい。漢王朝の世界構造は，すなわち皇帝を中心として内臣，外臣，朝貢国が同心円状にとりまいていたとされる。エリアaからエリアdという同心円構造は，上記のような周縁部のエリートによる論理を通じて形成されたものとみられるが，北部九州中枢部の論理としては，そうした抽象的レベルでの理解があったうえで同心円的に系列化することが意図されていた可能性も考えられるのである。

　中期後半の北部九州社会の状況について，旧郡ほどの小平野ごとに有力首長がそれぞれ「クニ」を形づくっており，その中で伊都国と奴国は特定個人墓が成立するなど突出しているが，その他の「クニ」はいまだその段階までいたっておらず，前段階にとどまっていたとする考えは，広く普及している。なかでも田中琢（1991）は，北部九州では小さな平地単位にそれぞれ完結して厚葬墓があるようにみえることについて，所与の自然地形という外枠を越えた，農業経営とは異質の統治原理がみとめられないことから，国家としての「国」は成立していないとみる。さらに，そうした小地域内で厚葬墓の連続性がみられないこともあげている。しかし，「国家」と認定するかどうかはひとえに定義の問題であり措くとしても，現象としてそのような「自然地形」を越えて，エリアa〜dを貫く秩序が存在したことは充分に認識しておく必要がある（中園，1993c）。そうでなければ，すでにみたようにエリアa〜dにおける秩序が貫徹していることについて説明が非常に難しくなり，やはり本書での解釈のほうが実態に近いと考える。なお，筆者のような解釈に対して否定的見解もあり，たとえば溝口孝司は墓地構造の分析などをふまえて，ビッグマンbig-manシステムに近いというイメージをもっている（溝口，1995b: 92; 2000）。ビッグマンとは首長のような世襲・生得的なものではなく，個人的な能力によって獲得される地位である。溝口は，前記のような小地域内で連続性がたどれないという「事実」についての田中琢の指摘を肯定的に捉え，当時の「社会的権威」のあり方を実体的に示す可能性を考えている（ibid.）。しかし筆者の考えはそうではない。すで

に述べてきた考古学的に把握できる諸現象の語るものは,「所与の自然地形という外枠」を越えて各地のエリートが系列化されていると解釈すべきであり,大陸的政治システムへの一定の理解とその接近への努力がなされたことを示す,ということを強調したい。また,しばしば指摘されるように糸島地域の厚葬墓には連続性がたどれることがあげられ,未発見のものもあることを加味すれば継続性がないと積極的に主張することも無理であろう。

こうして,北部九州は紀元前1世紀後半に政治的・文化的に画期を迎え特殊な地位を達成した。畿内においても都市的な大規模環濠集落や大型墳丘墓などが成立する時期でもあり,北部九州以外での明確な階層分化やエリート層の突出がおそらくあったと考えられるけれども,大陸の刺激を受けつつ具体的かつ内容的に高度なレベルでそれを達成したのは,当時の弥生社会においては北部九州だけであったといえる。

第3節　九州と畿内

1. 土器様式の排他性と要素の浸透

紀元前1世紀にあたる九州のステージII(中期後半)の土器は,九州内で各様式が並立しつつも全体として九州中期様式ととらえうる類似性をもっており,瀬戸内・畿内様式とは一定の排他性があった。九州内の様式間では型式・属性レベルの共有が著しいが,双方向的な共有ではなく,須玖II式の中でもより精製と考えられる器種が,地理的勾配をもちながら他の様式に浸透していた。須玖II式の様式は,大陸的食器体系のシンボリックな意味を理解したうえで生み出されたものであり,複雑な階層化社会の維持・強化に関して,重要な役割を担ったと解釈された。

九州内では須玖II式の要素の浸透がみとめられる一方で,瀬戸内・畿内様式との間ではとりわけ顕著性の高い丹塗研磨や,櫛描文・凹線文などについては,基本的に相互に模倣が行われていない。こうした丹塗精製器種群と櫛描文・凹線文をもつ瀬戸内・畿内様式との排他性があることは,おそらく精製器種あるいは土器に対する,両者の姿勢もしくはハビトゥスが両地域間で拮抗していた,もしくは異なっていたと推定できる。丹塗研磨は顕著性の極めて高いものであり,丹塗精製器種群の存在は当時の東アジアにおいて特異なものであったといえよう。

こうした表層的な排他性の一方で,ステージIIの九州中期様式と瀬戸内・畿内様式とは共通性もしくは連続性が看取される。それは前段階の須玖I式から須玖IIa式の甕が逆L字ないしT字形の口縁部をもつのに対して,須玖IIb式では内面の突出がなくなって若干上方に起き,「く」の字状に近くなる。型式学的変化に機能的な何らかの意味づけをするのは困難な場合が多く,この須玖II式の甕の変化もそのようなものであるかもしれない。しかし,この「く」の字化が達成されることで,甕における西日本全域での類似性は増したということもできる。これは須玖IIb式の主たる分布範囲である福岡・筑紫平野に,豊前III式に類似した「く」の字状の口縁部で端部を上に拡張するものがみられるようになることと関係しているものと思われる。なお,弥生時代後期に

おいては西日本全域で「く」の字口縁は維持・発展をしていく。また胴部が張り出してしだいに丸みを帯びてくる傾向や，底部の立ち上がりが外ぶくらみになる傾向など，概ね連動しているといえる。こうした傾向は，朝鮮半島でもみとめられ，大局的にみれば大陸的土器様式に近づいているということもできよう。

　すでに述べたように，高杯の接合技法などにも瀬戸内・畿内様式との類似性がみとめられるようになり，概ね九州北半において東から西への地理的勾配が看取されることから，接合技法は瀬戸内・畿内様式のものが浸透しつつあったと解釈できよう。

　この時期は北部九州では，形態生成構造を駆使して丹塗精製器種群の器種の数を増大させていた時期でもある。精製器種やその特徴的要素において排他性が強まる中で，甕の要素や，高杯の接合技法という外部からは見えない属性といった，象徴的価値が相対的に低いと思われる器種あるいは部分において，東方からの「影響」が看取されるのである。特に後者はたんなる情報としてではなく土器製作者の具体的接触において達成される可能性が高いとすれば，北部九州と瀬戸内あるいは北部九州と東部九州の人的交流が活発になっていたことが考えられる。しかし，こうした東からの土器要素の浸透についての具体的要因に関しては今のところ明らかにすることはできない。

　また，九州中期様式と瀬戸内・畿内様式との関係において，以上のような瀬戸内から九州への浸透はあるが，その逆の浸透は見出しにくい。このこととあわせて，ステージ III（後期）を考えれば，丹塗精製器種群が極めて急激に消滅すると同時に，瀬戸内・畿内系の高杯や壺などの精製器種に転換することを認識しておく必要がある。また，ステージ III の早い段階にかろうじて残った袋状口縁壺の一部や高杯などにはミガキは施さずハケメ仕上げになるなど粗製化する。須玖 IIb 式において丹塗精製器種群が多量に製作され，器種の増加が図られていたのに対し，次の後期になると突然それが消滅してしまうようにみえるのは，きわめて大きな画期といえる。さらに須玖 IIb 式の一部に東方の要素が導入されることと統一的に理解しようとするならば，須玖 IIb 式の様相はすでにその「はしり」であり，その直後に急激に顕在化したといえるかもしれない。

　紀元前 1 世紀後半の北部九州では，楽浪郡との交渉などをはじめとする中国・朝鮮半島社会との接触によって様々な刺激を受け，彼らなりの理解をもとにして不完全ではあるがかなり高度なレベルで中国の政治・支配のシステムを参照しつつ，自らの社会の再編と構築を達成しようとし，それは一定の成功をおさめたとみられる。その北部九州は瀬戸内・畿内に対して完全に閉じた社会ではなかったということがいえよう。日常の交通や経済活動など様々なレベルでの人的・物的交流があったと考えられ，九州中期様式に，目立たないが東から西への勾配をもって発現させることにまで至ったのであろう。

　しかし，なぜ土器様式に転換の兆しがあり後期に大転換を遂げるのか，その理由については土器の様相だけでなく，その他の文化要素の動態に着目しなければならない。

2. 墳墓その他の文化要素と階層

　弥生時代的墓制は，おおまかにいって弥生時代前半期には西日本全域に拡散を開始している。長

方形区画やそれを列状に展開した墓地に示されるように，環濠集落と同じく朝鮮半島の文化要素が北部九州の「弥生人的ハビトゥス」で再解釈されて実践されたうえで，他地域に積極的に採用されていったとみてよかろう。もし北部九州において，このような再解釈なしにストレートな受容がなされていれば，広域にわたる急速な拡散はありえなかったであろう。これは集落や墳墓だけでなく土器（遠賀川式土器）についても同様であったと考えられる。したがって，弥生時代開始期の事情は九州においては特殊な面があったが，巨視的にみれば墳墓や墓群構造のベース自体は西日本一帯で共通であったと考えてよい。

甕棺墓は北部九州とその周辺地域を除いて，その他の弥生社会では採用されなかった特殊化した墓制である。副葬品システムや葬送システムを含めると，いっそう特異な存在であったといえる。しかしその一方で，甕棺墓地における列状の展開や長方形区画，あるいは長方形を呈する墳丘墓の存在自体は，やはり西日本的視野でみても特別なものとはいえない。

弥生時代前期後半以降顕著となる方形周溝墓は，北部九州の甕棺墓としばしば対立的図式で描かれてきたが，方形周溝墓というのは周溝をめぐらした墳丘墓であり，本質的には墳丘墓と同義である。福岡県東小田峯遺跡の墳丘墓（第6章図3）が前期前半以前に遡る可能性もあることから，やはり西日本の方形周溝墓ないし墳丘墓の祖型とみる意見には賛同できる。ところで，甕棺墓は特に主体部の形態に着目した名称であり，本来は木棺墓や土壙墓などと対比されるべきカテゴリーである。西日本の方形周溝墓や墳丘墓と比較する際にはやはりそうした外部構造に着目しなければ，異なるカテゴリーどうしの比較になってしまう。すると，上記のような，甕棺墓地とそれ以外の西日本各地の墓地とは類似性があるといえるのである。

したがって，両地域では埋葬主体部の形態をはじめ具体的葬送システム，あるいは墳墓の外部標識などは異なる面があったであろうが，墳墓の基本的外部構造や墓地構造は意外に異なるものではなかった可能性がある。これは上でふれたようなベースを共有しているからであろう。

このようにみると，外部構造，墓地構造，主体部その他という，両地域間で相互に参照できる諸カテゴリーが構造的にあるということが認識できる。もちろん全く異文化に属する異質な墓制間でも参照は可能である。しかし，その場合は異質な認知構造をもとに再解釈がなされるため，誤解を含む明らかな着目点の相違がおこりうる。ところが，単純に参照可能なほどに諸カテゴリーの構造が類似している場合は，そうではないと思われる。一般的な理解に比べれば逆説的ではあるが，このような共通の基盤があるからこそ両地域間の墓制は対立できるともいえよう。このことは墓制以外の様々な文化要素にも看取される。

ステージⅠ後半～ステージⅡにあたる大阪府加美遺跡の大型墳丘墓は注目される。うち1基からは23基の木棺が検出されたが，その中央に位置する木棺は，木棺の外側をさらに板で囲っていた。この構造は木槨といってもよいものであり，大陸的墓制の要素を取り込んだ可能性も考えられる。エラボレーションの度合いが高い埋葬である。この周囲に他の墳墓がみられない点も，須玖岡本遺跡D地点甕棺墓や三雲南小路遺跡の墳丘墓のあり方と共通している。たとえば福永伸哉はこの時期の畿内の墓制について記述する中で，加美遺跡の墳丘墓について，「この時期にいたって，

階層分化の進んだ地域ではとくに有力な家族の墳墓が共同墓地から分離し，しかも中心埋葬がほかと異なる構造をもち始めた。大部分の集落成員が方形周溝墓を基本とした共同墓地を営むという葬制の原則が崩れるときがきたのである」としている（福永，1993: 236）。なお，他地域から搬入されたとみられる土器も出土しており，葬送儀礼に何らかのかたちで携わった人々は集落の範囲内にとどまるものではなく，広域にわたっていた可能性も考えられている。このように大型の墳丘墓をめぐって北部九州と畿内とではある程度パラレルな現象が看取される。加美遺跡の時期は畿内でも大規模環濠集落の形成期にあたっており，時期的にも北部九州とほぼ同じである。

　こうした点からみても，畿内において大陸的墓制についての何らかの理解があったことは十分考えられる。畿内の大規模環濠集落の構造に，変容されているとはいえ大陸的要素が導入されているとすればなおさらである。東アジアにおける同時代の副葬品の体系からみれば，弥生時代中期後半の畿内の墳墓から出土する品目や量はきわめて限られたものにすぎないが，ただし，大規模環濠集落の出現，大型墳丘墓の出現，鉄器使用の飛躍的普及の開始などはまさにこの時期からとみてよい。こうしたことは近畿地方での弥生文化の成立以降，生産力の増大や発展という図式で解釈できるという主張も当然ありえよう。もちろんその要因は認めてよいが，そうした様々な物質文化の変化からうかがえる社会の急激な「発展」の理由については，おそらくそれを促したのは大陸文化との何らかの接触であると考えられる（cf. 広瀬，1997）。

　もちろん，北部九州と比較すると地理的にも遠隔地であり，北部九州における大陸文化の理解に比較すると具体性に欠けるところもあったであろう。したがって刺激伝播と考えることもできる。しかし，もとより伝播には変容がつきものであるから，刺激伝播と通常の伝播とは区別しにくい場合があり，また区別にさほど意味がない場合もあろう。いずれにせよ畿内も何らかの刺激を受けた可能性は大であろう。その情報が楽浪郡や朝鮮半島からであったのか，それとも北部九州を経由してなのかは不明であり，この時期の大陸との交渉については立場が分かれるところである。たとえば広瀬和雄(1997)は，畿内や吉備などにおいても独自の交渉を行っていたと推定しており，その可能性も考えられなくはない。しかし，直接の交渉あるいは政治的意図をもった交渉とするには物証に乏しいところが難点であろう。ただし，後期初頭になると対馬のハナデンボ遺跡2号石棺から出土した第V様式初頭ごろかとみられる高杯（豊岡，1985）や，その時期には比恵・那珂遺跡群でも吉備系の第V様式土器が出土しだすことからみても，瀬戸内・畿内系の集団がそれに先立つ中期後半段階に大陸との接触を図っている可能性は十分考えられる。朝鮮半島で出土した瀬戸内・畿内系土器としては，いまのところ第9章で紹介した第IV様式の凹線文土器があるだけであるが，これもそうした脈絡でとらえることができるかもしれない。さらには，前記のように須玖II式の様式中に瀬戸内・畿内様式の要素が看取できることも，そうした瀬戸内・畿内集団の西方への積極的な活動の徴証となるかもしれない。この時期には畿内においては打製石器がいまだ存在する段階であるが，鉄器の使用も急増しているとみられるため，少なくとも鉄や青銅器原料などの獲得のために西方への活動が盛んになったとみてよかろう。

　ここでは，畿内が九州ほど明確な副葬品システムをもたないことは決定的な差であるが，社会内

では階層分化が存在あるいは進行しており，墳墓や集落その他の物質文化を用いてそれを具現化する意図もあったということだけは最低限踏まえておかなければならない。つまり両地域が対立あるいは拮抗する条件は十分存在するといえる。九州と，瀬戸内・畿内，とりわけ畿内との間では，相互に他者を意識した可能性があり，この時期になって顕著になる集落構造などの物質文化面において重層性を顕現させるという共通性があるということになる。北部九州からみれば，政治的・経済的に急成長してきた畿内集団を意識せざるをえない段階に到達したと考える。

3. 弥生時代後期の北部九州と畿内

中期後半においては，九州側では漢の政治システム模倣の志向性，あるいは漢王朝由来の副葬品を独自の副葬品システムに体系化すること，その他様々な物質文化の複雑化と差異化などを積極的に行い，求心的にエリートを系列化する戦略があったと推定した。一方，瀬戸内・畿内では何らかの形で漢王朝への接近を図ったと思われるが，その具体的内容については明確にしえない。遠隔地という条件もあり，北部九州とはやや異なる戦略をとった，あるいはそうせざるをえなかったと考えられる。北部九州でのそうした大陸文化への志向性をより促進する要因は，推測の域を出ないが瀬戸内・畿内という東方集団の勃興への対処であった可能性も考えられよう。

紀元前1世紀の特に後半代における北部九州社会の突出したあり方は，後期に入って西日本規模でみればしだいに相対的なものへと変わっていくといえる。後期に入るとすぐに，北部九州では甕棺墓の激減，丹塗精製器種群の消滅と様式の転換という顕著な現象がみられる。そして後期も半ばを過ぎ後半にはいると，畿内は古墳時代における政治的・文化的な圧倒的優位性の兆候をみせはじめる。

弥生時代後期は，各地域で土器様式の独自性をもちつつも，大局的には西日本一帯での様式間の類似性が高まる時期である。甕，鉢，壺，高杯，器台の諸器種が存在し，長頸壺も共有される。高杯の大半は杯部が屈曲して外反するものである点も共通している。器種の多く，とくに甕や高杯などは形態パターンが共通しており，器種構成の面においては斉一性がある。また，甕，鉢，壺にみられる胴部の張りと丸底化の傾向，甕の「く」の字口縁，タタキ技法の多用なども共通している。さらに精製器種で装飾を施すものはあるが，基本的には無文化傾向が著しい点も共通している。またこうした傾向の一部は，朝鮮半島とも共通性をもつようなスタイルへの接近ともいえるかもしれない。このように，地域的様式間の差異を強調するだけではなく，少なくとも西日本では器種，器形，技法，そして様式の面で類似性があるということを認識しておく必要がある。つまり九州の特異な土器様式が解消されて平均化するということができよう。しかも，瀬戸内・畿内様式にある程度接近する方向で様式の独自性が解消されていくことは，注意しておかなければならない。

甕棺墓については後期に入ると急激に衰退し，エリートの墓制として多少残存する。三雲南小路遺跡に後続する同地域の井原鑓溝遺跡甕棺墓に新代の鏡が大量副葬され，ほぼ同時期の佐賀県唐津市の桜馬場遺跡甕棺墓や佐賀平野の三津永田遺跡104号甕棺墓などでも鏡の出土がみとめられることから，1世紀前半代までは北部九州のエリートが甕棺葬と中国系威信財の副葬行為は確実に継続

したものとみてよく，また北部九州エリートの系列化についても，縮小したかもしれないが維持されているようである。1世紀半ばには福岡市志賀島出土の「漢委奴國王」金印に示されるように，中期後半と同様に福岡平野と糸島地域を中心とした「王」の存在がうかがえる。「奴国」については「王墓」に該当する墳墓は未発見であるが，「伊都国」においては井原鑓溝遺跡甕棺墓に後続するものとして平原遺跡1号墓がある。後漢鏡や大型倣製鏡を大量に出土した方形周溝墓（墳丘墓）であり，区画内は単独埋葬である。弥生時代終末期頃に位置づける見方が強いが，筆者は古く位置づけられるものと考えている（渡辺，1998）。1世紀後半から2世紀初頭頃のものと考えられる[1]。平原遺跡例はこの時期の突出したもので，ある意味で例外的なものであることに注意しなければならず，これ以外には鏡の大量副葬はみられない。弥生時代後期には，前述の土器様式の大きな変化とともに，銅矛が祭器化し埋納がみとめられる。これは畿内をはじめ西日本地域での銅鐸の埋納と類似しており，また埋納のしかたについても類似したものとなっている。すでに中期後半の新しい段階で，北部九州でも銅鐸が鋳造されているとみられ，近藤喬一，春成秀爾らが指摘するような近畿起源の信仰もすでに入っているともみなせる（近藤，1988；春成，1989，1990；ほか）。したがって，中期後半期の北部九州では，物質文化において突出したあり方をみせる一方で，様々な面で東方起源の文化要素の浸透が始まっていたことになる。北部九州で後期にみとめられる大きな転換は，基本的にはそうした中期後半の状況の延長線上にとらえることができるであろう。

　西谷正は，「前漢から後漢にかけての時代というのは，中国側からみれば，北部九州だけではなくて，近畿地方まで含んだ西日本の全体にそのシェアがあった」と明確に述べている（西谷，1990：53）。そして漢鏡についても北部九州とほぼ同時期に近畿にも入っているとみる。このような考え方は，論理的に肯定することができる。九州とそれ以東ではすでに論じたように大陸文明との接触の歴史的経緯が異なることから，多少とも異なるハビトゥスが形成され，「威信財」に対する地方的な取り扱いの違いなどが成立しているものの，中国王朝との接触など類似した志向の存在もまた，みとめることができよう。ただし，実際には中期後半段階には瀬戸内・畿内はそうした志向をもちつつも，具体的な漢鏡の入手は北部九州に比べればおそらくかなり少数であったと考えられる。それは古墳出土の伝世鏡とみられるものを含めても，その時期の鏡は北部九州にはるかに及ばないからである。しかし中期後半の新しい段階に顕著になる北部九州での転換の「兆候」からしても，そうした西方への積極的活動には漢鏡を含む様々な財や物資，情報の入手が目的であったと考えてよかろう。

　また，厳然たる事実として，3世紀半ばまでに成立する「前方後円墳体制」は畿内を中心とするものである。「邪馬台国」に関してはここで詳細に議論することはできないが，考古学的には議論の余地なく畿内に所在したものと考えられ，さらに限定すれば大和東南部にその中心があったとみてよい。初期の大型前方後円墳，特に最も大型の箸墓古墳が所在する大規模遺跡である纒向遺跡が存在し，三角縁神獣鏡の分布中心が畿内にあることはその証左である。

　岡村（1993）がまとめた中国鏡出土数の比較によると（図4），紀元前1世紀代の鏡は北部九州出土のもので占められるが，紀元後1世紀半ばには九州（北部九州）とそれ以東で出土数が拮抗し，それ

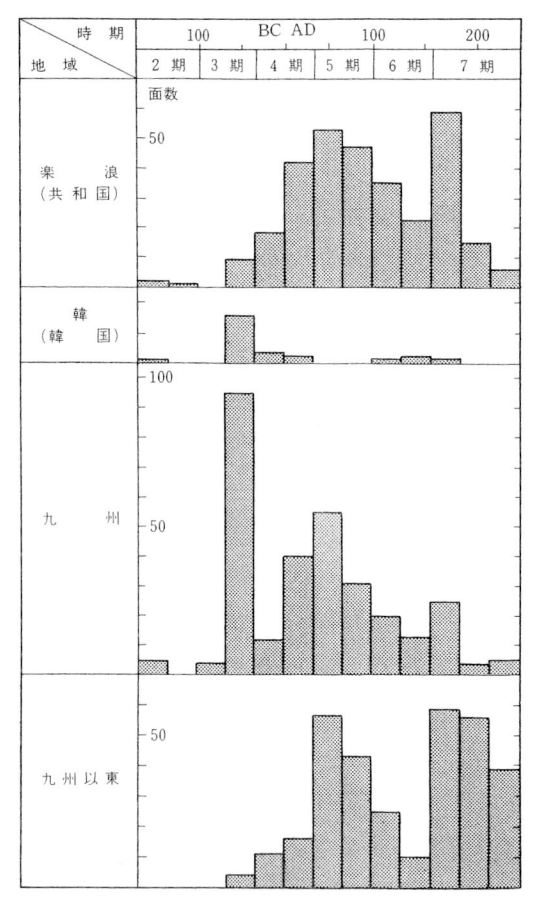

図4 楽浪郡，朝鮮半島南部，九州，九州以東の漢鏡出土数の比較（岡村，1993 より）

以降は九州以東のほうがやや多くなる。2世紀代に鏡が著しく減少し，2世紀後半から3世紀にかけては九州以東が九州を大きく凌駕している。これには伝世鏡も含まれており多少ノイズがある可能性もあるが，ほぼ列島内での各時期の状況をよく表しているとみてよい。岡村(1999)はこの2世紀の鏡の著しい減少をいわゆる「倭国大乱」にあて，九州以東の鏡が急増しそのまま維持される時期を倭国大乱の終結と邪馬台国を盟主とする倭政権の樹立ととらえている。ここでいう九州以東の中では，とりわけ畿内に集中して出土していることも注目される。

このようにして，紀元前1世紀に突出していた北部九州は，九州以東地域，とりわけ畿内の急成長により，1世紀以降その地位は相対的なものになり，倭国大乱後にはその地位は完全に畿内に取って代わられたことになる。注意すべきは，紀元前1世紀代の北部九州は，仮に漢王朝からの冊封説（高倉，1995；町田，1998；ほか）を認めるとしても，実質的に西日本全域に力を及ぼしていたとは考えにくく，かなり狭い範囲に限られていたということである。しかし，邪馬台国段階では西日本一帯に及ぶものであったところが，大きく異なる。ただし，

1) 中国王朝と外交的に接触し，その権威を利用すること
2) 中国王朝からの下賜品（鏡）を独自の副葬品システムに組み込むこと
3) また，前方後円墳（紀元前1世紀後半の北部九州では甕棺墓）とそれに伴う墳墓儀礼という独特なシステムを作り上げること
4) その下賜品である鏡を再分配し求心的に各地のエリートを系列化する志向性があること

以上のことは類似しているといえる。

紀元前1世紀後半の北部九州から，おそらく2世紀後半の邪馬台国の成立に至る過程は，なんとか考古学的資料から復元できる。しかし紀元前1世紀後半に盛期を迎えた北部九州がなぜ相対的に「衰退」するのか，そしてなぜ畿内へと転換するのか，その理由を説明することは簡単ではない。従来の説明では「なぜ」かという本質のところが曖昧なままにされていた。そこで，次節で筆者な

りの考え方を提示し，本書を終えることにしたい。

第4節　「中心地」の転換

1. 解釈の枠組み

　しばしば「古代文明」を扱う考古学では，文明の発生，盛期，衰退のいずれか，あるいはそれらを統一的に扱ってきた。日本考古学では，たとえば弥生時代における急激な生産・文化・社会の「発展」について，「狩猟採集経済」としての縄文時代と，「稲作を中心とする農耕社会」としての弥生時代と規定したうえで，農耕による余剰の蓄積が持てる者と持たざる者とを生み出し，水利をめぐる争いなどの抗争を経て社会の統合・発展が進行していき，そして古墳文化へと突入したとするのが一般的である。基本的にはこうしたマルクス主義的・発展段階論的枠組みで説明がなされてきたといえる。そこにベースを置きながら，大陸文化からの外的「影響」と「伝播」の考えを外挿し，説明を体系づけてきたといえる。この考えは現在の日本考古学においては広く行きわたったものである。

　我々が経験した，あるいは経験はないが知識としてよく知っている近い過去についても，なぜあのときそのようになったか，ということについては多様な解釈がありうる。また現代の社会が将来どのようになるかということについても確かな予測は難しい。ましてや考古学的過去の文化・社会変化について，万人が納得しうる法則を見つけ出すのはじつに困難なことである。また，歴史的・地理的・自然的諸条件によってもどのような説明が可能かという選択が変わってくるであろう。しかし，よりよい説明の可能性としてエルマン・R. サーヴィスの考えをあげたい。

　筆者は，サーヴィスの『文化進化論』の枠組みが有効なものと考える（サーヴィス，1977；応用例として高木，2003がある）。「文化がうまく適応したとき，その文化はそれ以後の変化を拒否しようとする。一見逆説的な事実が，このことからよく説明できる。つまり，ある段階の「高級」文化がつぎの段階に上昇できないのは，その文化が従前の段階において適応に成功したからにほかならない」と述べている。サーヴィスは，たとえばウエブレンのいう，ドイツは「借用の功」により先輩格のイギリス以上に立派な工業化をとげたが，イギリスは「先頭をきった罰」によりドイツほどの効果をあげなかったという考えや，「後進国は先進諸国に追随せざるをえないとはいっても，おなじ順序でものを受け入れたりはしない。歴史的後進性の特権（中略）によって，時代の先進的なことがらを，途中の段階を一足とびにとびこえて取り入れることができるのだし，またそうせざるをえなくなるのである」というトロツキーの考え方を紹介している。サーヴィスはいくつかの考古学的な例も用い，また歴史学，人類学的な例をあげて自説を展開している。

　これをもとにして以下で解釈を試みたい。

2. 弥生時代の文化・社会変化への適用

　北部九州で弥生時代成立期から紀元前1世紀後半に，周辺のエリートを求心的に系列化し，初期的な国家にも似た段階に達するに至る過程は，ある意味で短期的であった。ところが九州以東の集団からみれば，先進地である北部九州が，大陸文化との接触を継続しながら相対的に「長い」期間にわたって社会を「進化」させてきたということもできる。

　北部九州では，様々な物質文化や大陸文化の「知識の体系」を他地域に先んじて，自文化のハビトゥスを通じて再解釈し定着させ続けてきた。墳墓，副葬品システム，建物，集落構造，土器，金属器の使用と製作，鉄器化などなど様々な物質文化における「進化」・「発展」の過程を弥生時代成立期からあとづけることができる。ところが，畿内においては，そうした北部九州で弥生社会・文化に適合する形で——もちろん弥生社会も再帰的に適合してはいったのだが——受容されたものを導入するという，基本的にはより間接的な受容のしかたをしていたものと推定される。畿内をはじめとする九州以東地域では概ねそうであったと考えてよい。中期後半には畿内で大型墳丘墓が出現し，物質文化の複雑化や大規模環濠集落などから，階層分化の進行または物質文化を用いたその表現がある程度行われていたことは注目できるが，北部九州との「進化」の差はいまだ大きい段階である。

　副葬品システムの形成や墳墓イデオロギーの変化は，時間を通じて新たに起こりうるけれども，邪馬台国の時期になると，鏡の副葬が西日本一帯で行われ，しかも畿内に多くみとめられることなど，北部九州で中期後半に実施されたことと「パラレル」な現象が，広域に及ぶスケールで「遅れて」実施されたことは重視すべきである。その「パラレル」な内容は，前節の終わりに示した4項目である。ただし，北部九州では中期後半で副葬品のランクの最下位に落ちてしまった南海産貝輪やその石製模造品を副葬品システムに組み込んでいることなど，畿内独自の構築が行われていることは注目できる。したがって北部九州の単純な写しではない。いずれにせよこの段階には，北部九州は畿内に対して決定的に従属的な位置に下降してしまっていることは確かであろう。

　このような北部九州から畿内への「交替」について，鉄素材をはじめとする物資をめぐる抗争やそれにも絡んだ「倭国大乱」の結果として記述することはできるかもしれないが，「交替」の本質的要因について説明することは簡単ではない。ただし，次のような大まかな説明は可能であると思われる。

　まず前提として，北部九州と畿内は弥生文化というベースを同じくし，進化的起源を共有するということができる。北部九州から畿内に勢力が移動したとするいわゆる邪馬台国東遷説は，考古学的証拠から成立の余地がきわめて低いと思われ排除できるため，両者は異所的に分化していったということも事実として受けとめることができる。

　北部九州では東アジア的にみても特異な甕棺墓制を早くから確立させ，再分配システムを通じて少なくとも九州内では求心的な権威を得ていった。しかし北部九州への求心的権威は増し一定の範囲を系列化することは達成できたけれども，九州全域を本格的に系列化するには至らなかった。も

しかすると都市国家的な位置に満足し，自らの文化と大枠での類似性をもちつつも文化内容が異なる地域を周辺に擁することで，対照性を際だたせる効果があったかもしれない。それが意図的であったかどうかは不明であるが，意図せざる結果であったとしても，それに満足していた可能性がある。自文化拡大の意図ないし戦略は過去・現在においてもよくみとめられる過程であるが，しかしこのように，紀元前1世紀の北部九州では広域への自文化の拡大戦略をとらず，むしろ小さくまとまることで安定し，国家的志向を達成しようとする戦略とハビトゥスを形成したと考えられるのである。様々な物質文化から読みとることのできるものは，「特殊化」し「内旋 involution」[2]したこのような北部九州社会のあり方といえるであろう。九州以東地域の発展と交流の活発化があったが，紀元前後の文化要素の変化を経ても1世紀代まではこうした体制を概ね維持していたとみてよかろう。武器形青銅器の祭器化は，北部九州中核部よりも周辺ひいては東方からおこり浸透したと理解でき，北部九州の中核部における「有力首長やそれに準ずる人間は，中細形武器形青銅器の副葬に固執」したとする岩永省三（1988）の推定があることや，甕棺墓が後期のエリートに残存する状況は，従前の成功に基づきそのシステムを維持しようとする北部九州社会の一端をうかがうことができる。

一方，大陸的情報がより希薄で物資の獲得も相対的にままならなかった，畿内から瀬戸内へと展開する社会では，広域で比較的等質な社会と文化を醸成させており，紀元前1世紀後半以降において仮に間接的でも大陸的情報の刺激と北部九州社会の特殊かつ高度な発展の刺激を受け，特に畿内

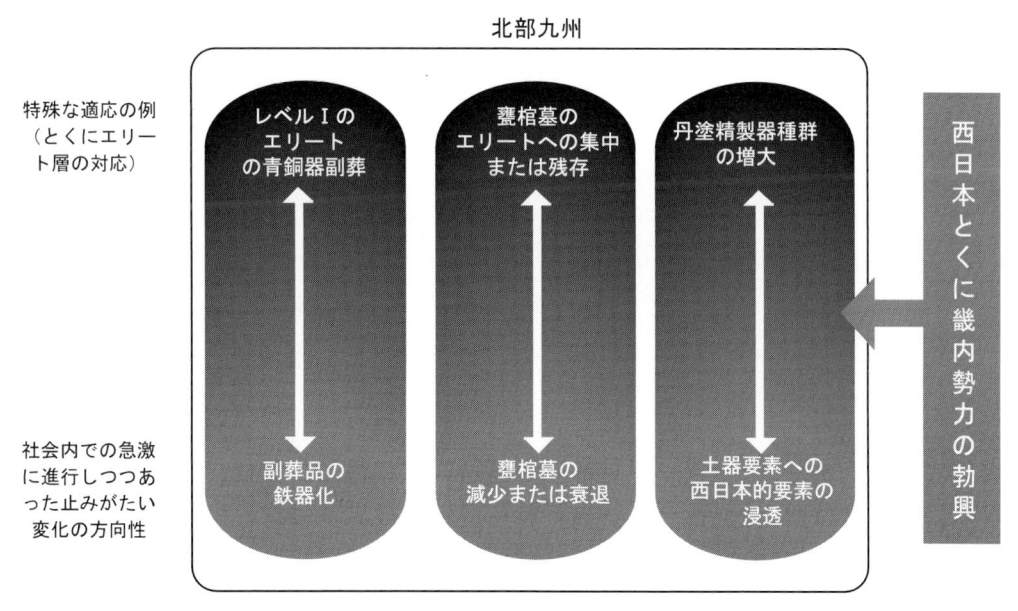

図5 紀元前1世紀後半において，周囲の状況の変化に対して，既存のシステムを大幅に変革することなく「つくろった」北部九州の状態を示すモデル
周囲の様々な状況の変化にさらされても，既存のシステムを「精緻化」し「つくろう」ことで切り抜けようとしている．そして「袋小路」にはまっていくという文化内旋の考えに適合している．

は短期間のうちに政治システムや社会構造の変革・発展を経て北部九州に追いつき追い越したものと考えられる。

「内旋」とは，状況の変化に直面しつつも大幅なシステムの変革を行わずに，既存の構造を「つくろう」だけで適応しようとする過程であるが，急速な西日本地域(とくに畿内)の勃興に対して，それまでの構造を壊すことなくより精緻化することで対応しようとした北部九州社会(エリート)の姿がうかがえる。西日本的土器要素の北部九州への浸透とうらはらに，特殊性のある丹塗精製器種群の多様化，甕棺墓の減少とエリートの甕棺墓へのこだわり，上部エリートの青銅器副葬の残存，など様々な面はそれを示唆していると思われる(図5)。

こうした異所的な交替についてサーヴィスは，先進形態は通常，次の先進段階を生み出すものではないとし，次なる段階は別の系統から開始されるということを述べている(サーヴィス，1977: 58)。また生物進化とのアナロジーを用いて，「特殊化した種は安定にむかい，また特殊化の程度のひくい種にかぎってあらたな前進がおこるために，全般的な進歩というものは，ひとつの先進的な種から次の子孫にいたる直線的なものではなく，むしろ不規則，不連続といった特徴をしめすことになる」と述べ，「そうした継続段階が同一の地域内であらわれるとは考えられない」としている(ibid.: 56)。「特定文化の内部では，あるいは特定の民族や地方に関していえば，前進的変化の連続性をしめす証拠は，単一の歴史系統内での発展をあらわすことが多い。しかし，急激な躍進は，異なる，比較的特殊化していない文化によって達成されることが多い。すなわち，急激な前進は歴史的不連続として，あるいは系統発生的不連続としてあらわれる」(ibid.: 65-66)ともいう。

紀元前1世紀後半にすでに弥生文化の中で漢王朝と接触し，それを高度なレベルで再解釈し体現しようとした北部九州の「成功例」が存在したために，畿内にとっては北部九州がその段階に至った過程を飛び越えてきわめて短期間の達成を可能にしたということになろう。したがって，弥生文化の急激な発展は文化の後進性ゆえのことと捉えられるし，また，北部九州における中期後半にいたる「発展」については「前進的変化の連続性」ととらえることが可能である。そして北部九州から畿内への異所的交替(サーヴィスの言葉では「進歩の地域的不連続」)ということができ，中国王朝との外交的接触による権威づけ，中国鏡を含む副葬品システム(これは初期のみ)，威信財の再分配システムによる系列化など，まるで「東遷説」を思わせるような共通現象は，先行する「成功例」にもとづくものと考えられる[3]。しかもそれは小地域でなく，少なくみても西日本規模に拡大している。サーヴィスのいう「法則」に合致しているといえよう。

以上のような説明が成り立つならば，次のような点についてもいえるであろう。

弥生時代成立期において，玄界灘沿岸西部地方や西北部九州などではなく，新たに開発された福岡平野とその周辺において，新しい集落構造をはじめ文化・社会における新システムを導入・形成できたことについて「新興の集団」という言葉を用いたが，これも既存の社会・文化の維持・発展に拘泥しなくてもよかった「後進性の特権」であるということができる。

すでに述べたこととの重複もあるが，この枠組みに関連して弥生時代の成立から古墳時代の成立までをみてみよう(図6)。

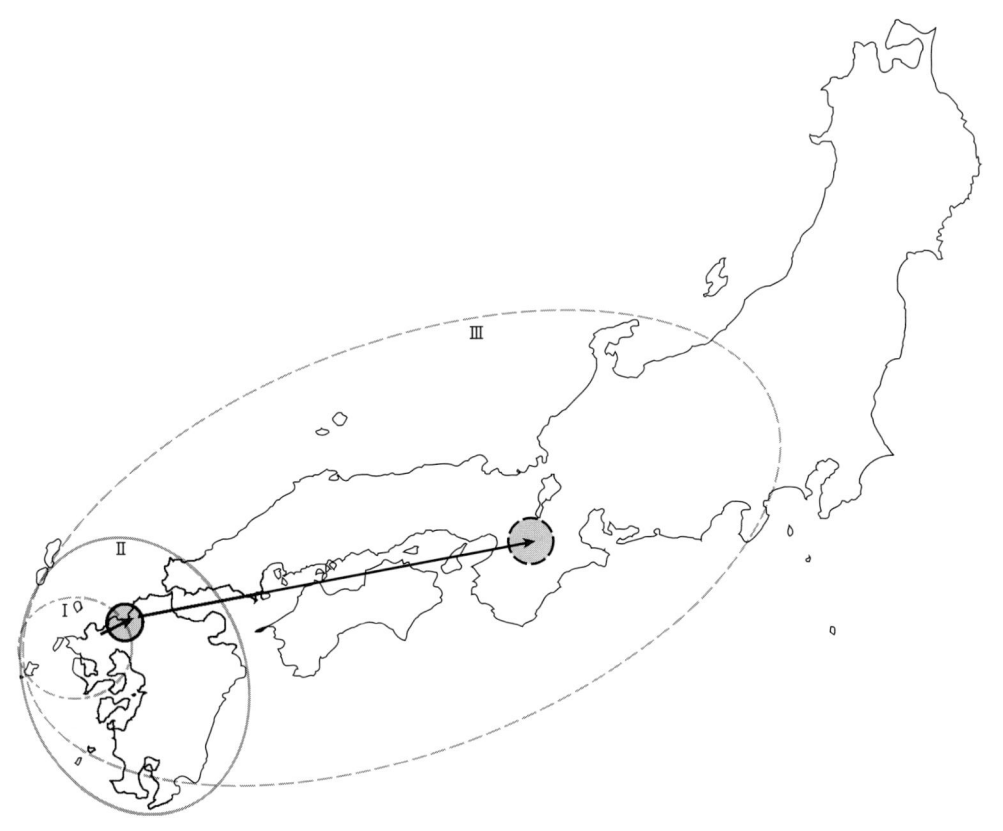

図 6 中心地の転換（概念図）
I 弥生時代開始直後．西北部九州．II 紀元前 1 世紀．北部九州中枢部をコアとする九州中期後半のまとまり．
III 2 世紀末から 3 世紀．邪馬台国をコアとする「倭国」．中心地が転換することに注意．

I．縄文時代晩期に先立ち，中部九州（熊本北部）の集団が中心となって東日本的文化要素を積極的に取り込んで文化システムを発展していた．晩期段階に北部九州が朝鮮半島との交流を活発化し，積極的に朝鮮半島の文化要素をとりいれようとした．もともと熊本北部では，台地上での畑作や遠隔地物資の獲得など，文化・社会的・自然的環境に適応し，安定していたと考えられる．彼らまたは統率者は旧来のシステムを温存すべく，朝鮮半島的土器要素の導入を拒絶し，土偶を大量に製作し祭祀を強化することによって対抗しようとしたが，結局晩期後半を迎えるころには社会が崩壊してしまう．縄文時代研究の枠組みからは生業の変化や自然環境の変化などで説明されがちであるが，そうした説明は不十分または不適切であろう．崩壊の真に具体的な要因は不明であるが，長期間安定した大きな単位の集団を形作っていたと考えられ，「特殊化」した「成功例」であったといえるかもしれない．

II．西北部九州（玄界灘沿岸西部）においては，縄文時代晩期直前から非常に長期にわたる朝鮮半島との交流があり，その情報・物質文化の利用のしかたについて，晩期の日本列島の中でもある意味で特殊なものであった．権威獲得競争が高じて弥生時代開始期にいち早く支石墓をはじめとする

朝鮮半島の文化要素を採用するに至る先進地である。しかし，その後に出現する福岡平野地域の集団のように集落構造や社会構造の根本からの大きな変革を起こしたわけではなかった。西北部九州での朝鮮半島的文化要素の導入のしかたは，長期的に形成された社会・文化システムの維持・発展のためのものであり，さらなる段階への発展を阻んだ。このような社会システムと人々のハビトゥスは，弥生時代開始まであるいはそれ以降も，変容しつつも維持されていたものと考えられる。早すぎた成熟は，社会・文化システムの自由な変化適応をも阻むことになったと考えられる。

III. そして，むしろ新しいシステムを展開・発展させたのは，縄文時代晩期において集落が乏しい，いわば緩衝地帯であった福岡平野部に開拓された新しい集落とその構成員であった。環濠集落や朝鮮半島的要素の強い竪穴住居，あるいは掘立柱建物，その他の新しい物質文化を導入した彼らは，渡来人または渡来系の人物の受け入れにも積極的であった可能性がある。環濠をもつ集落ともたない集落のような差異化を図り，また，すでに西方集団が用いていた支石墓ではない墓制を形成した。福岡平野部の開発にともなう新たに形成された集団は，旧来のシステムを温存する必要を欲しない，あるいはそれに拘泥しない「意識改革」をともなった集団であった。ここに東方への弥生文化拡散のコアができたものと考えられる。このような新開拓の地での新集団の勃興は，上でのべたように「後進性」の特権であったといえる。

これがひとたび形成されると，縄文時代晩期以来のネットワークを通じてすみやかな東方への拡散が行われやすかったものと思われる。異文化摂取のしかたやそれとの関係のもちかた，あるいは朝鮮半島との接触をするということ自体，東方や南方の集団とは異なったものであり，このように多少とも異なる文化システムは，縄文時代晩期社会の中で理解しがたくうけいれがたいものであった可能性がある。しかし，福岡平野における弥生時代早期後半から前期前半にかけての社会・文化システムの形成・発展は，東方と西方の多少とも異なる社会・文化システムの緩衝地帯であった福岡平野での新たな文化・社会システムのコアの成立であったということができる。そのため，晩期以来のネットワークで結ばれていた西日本一帯で少しずつ関心が高まっていた朝鮮半島系の文化について，その獲得・導入が現実に可能になったことが重要な要因であろう。また，新たな文化・社会システムの形成が西北部九州よりも近い福岡平野で達成されたことも，西日本の各集団で自集団がより優位に立つべく，新文化に関する情報と，より顕著性のある様々な物質文化の入手，そして大陸的水田耕作を含む農耕文化の導入，社会システムの変化へと駆り立てたのであろう。

福岡・筑紫平野を中心とする甕棺墓に象徴される社会・文化システムは，甕棺製作を含む様々な面でそれ自体特殊なものであった。広域への拡大戦略よりも大陸文化の積極的摂取とそれによる権威づけという戦略を選択して，福岡・筑紫平野を中心にいわば都市国家的な高度な発展を遂げ，漢王朝と外交的交渉を行うに至ったのである。すでに述べたように，北部九州では，様々な物質文化や大陸文化の「知識の体系」を他地域に先んじて，自文化のハビトゥスを通じて再解釈し定着させ続けてきた。墳墓，副葬品システム，建物，集落構造，土器，金属器の使用と製作，鉄器化などなど様々な物質文化における「着々」とした「進化」の過程をみてとることができる。紀元前1世紀の北部九州では広域への自文化の拡大戦略をとらず，むしろ小さくまとまることで安定し，国家的

志向を達成しようとする戦略とハビトゥスを形成したと考えられるのである．自文化の拡大にさほど積極的ではなかったため，九州南半などで環濠集落の形成が遅れ，単次葬や明確な墓群を形成する弥生時代的墓制の導入が遅れているように，九州内の北部九州の外縁部ではそのような相対的「後進地」が多く存在することになった．北部九州社会はこのように「順調」な発展を遂げ，楽浪郡の存在は北部九州の文化・社会に飛躍的展開をもたらしたが，やはり拡大戦略はほとんどとることなく（もしくはとることができず）「ミニ漢帝国」を作り出すのに専念していた．九州以東集団の急成長と活発な活動で九州内に多少とも東方からのインパクトがあったが，そうした新しい動きには十分対処しきれず，1世紀においてもエリートの甕棺墓への「固執」がみられた．これが「特殊化」し「内旋」した北部九州社会のあり方であり，新しい変化への適応を自ら阻んだといえる．やがて「倭国大乱」後には畿内との優位性の差が決定的なものになっていくことになる．

IV．畿内においては，弥生時代前期の比較的早い段階から弥生文化的要素がそろっており，南部九州などの九州外縁部ほどではないが，ある意味で相対的「後進地」である．広域で比較的等質な社会と文化を醸成させ，紀元前1世紀後半以降，短期間のうちに政治システムや社会構造の変革・発展を経てやがて北部九州を追い越した．邪馬台国の時期には少なくとも西日本一帯におよぶ優位性を獲得した．その際の副葬品システムや政治システムに関わるいくつかの点で，かつて北部九州が実践・志向したものと構造的な類似性がみられ，もちろん，より複雑でスケールの大きなものになっているが，北部九州は先行する「成功例」であったといえる．畿内のこうした成功は，「歴史的後進性の特権」であった．

3.「古代化」の早さ

本書は紀元前1世紀の九州の位置づけに主眼があるため，後期における詳細なプロセスについては単純化し，ここでの議論に必要な程度にとどめた．また，古墳時代成立前後の様々な物質文化の様相を検討すべきであるが，それは本書の範囲を越えている．しかし，大まかには以上のようになろう．このようにみてくると，まさに弥生時代は変化と変動の時代であったといえる．佐原真(1987) は，弥生時代を経て巨大古墳の成立までが非常に短期間であることについて，「古代化が速かった」と表現し，江戸から明治の近代化の速さに対比できるものとみている．そして，その理由を，「中国・朝鮮半島という優れた手本があったから」とし，また「中国大陸・朝鮮半島の存在は，脅威でもあった」とする．さらに「縄紋社会が食料採集民の社会として大いに充実していたこと，その上に花開いた弥生社会が，初期農耕社会として大いに成熟していたことによっている」としている．そしてその成熟とは米の生産量が大きかったことが第一にあげられるという（佐原，1993: 129-130）．ただし，北部九州では弥生時代に続くような朝鮮半島との接触は，おそらく縄文時代晩期に先立って行われたとみられるため，佐原がいうほどは急激ではなかったかもしれないが，それでも佐原のいう意味での「古代化」は早かった．

中国という文化・社会システムをゆっくりと醸成させ成立した「一次国家」と異なって，その刺激をうけた「二次国家」たる地理的条件を有する日本は，「一次国家」からの外部的刺激と，そし

て高度に体系化された水稲農耕が相俟って,「古代化」が早かったということになる。しかしサーヴィス (1977) もいうように,水稲農耕という「可能性賦与者」が常に文化や社会の変化の原動力であるとは限らないことは注意しておくべきである。このことは,これまで弥生時代の発展を語る際にしばしば第一に語られてきた水稲農耕は,たしかにそうした「古代化」を可能にする条件にはなるけれども,原動力となると決めつけるわけにはいかないことを示している。

したがって,佐原がいう急激な「古代化」達成の理由のうち,外部的刺激が重視される。本書でも弥生時代開始期以前から朝鮮半島,のちには中国王朝との積極的交渉があったことを論じてきたところである。また,中村慎一がいうように,「古代化」の早さは日本だけの特徴ではなく,「むしろ『古代化』の遅さこそが一次国家の,それもメソポタミアや中国といった広大な地理的単元を擁する場合の特徴なのであって,そちらのほうが例外なのだと見ることさえできる」(中村,1995: 396-397)。多かれ少なかれ,あらゆる社会は他の社会と関係をもっており,鎖国下の日本もそうであったように,厳密には孤立しているということはありえないであろう。そこに広い意味での伝播を認める余地がある[4]。

紀元前1世紀後半の北部九州で,述べてきたような国家の萌芽を思わせるような状況は,地理的に同心円状の再分配の構造や,漢王朝からの下賜とみられるような品目が副葬品システムに体系化されることなど,漢王朝との接触による「伝播」[5]ととらえうる。もし中国王朝が存在しなければ,あるいはさらにはるかな遠絶の地であれば,そのような形態をとらなかったであろうし,またそれほどまでに早くそうした「進化」段階に到達することは無理であったと思われる。したがって,のちの畿内が北部九州という「成功例」,ひいては中国王朝をモデルにできたように,紀元前1世紀後半の北部九州の状況は,漢王朝というモデルとそこから受けた強い刺激があるからこそ可能であったと考えなければならないと結論づけられる。

注
1) 年代観については渡辺正気氏に所論の詳細なご教示を得た。筆者も様々な点から検討してみたが,やはり下降しても2世紀半ばと考える。ここでは鏡をもとにした岡村 (1999) 説を採用し,1世紀後半から2世紀初頭とする。
2) サーヴィスは,文化内旋ないし内旋 involution という用語について,現在の構造を「つくろう」ことによって新たな問題を解決しながら,その構造を維持しようとするところの革新の一形態であるとする (サーヴィス,1977: 28)。
3) ここでは単純化しているため,「中心地」の交替のプロセスはさらに細かく記述できるが,それにはふれない。さきにふれた鏡の出土量の転換に概ねあらわれているといえよう。
4) なぜ「文明開化」はあのように急速だったのかということについても,西洋文明に由来する文化システムの「伝播」の一種であることは疑いない。ただし,それまでのシステムや物質文化に不都合な面があったというよりも,むしろ西洋文明への憧れとその「知識の体系」を積極的に摂取する必要があったからにほかならない。さもなければ,電信や鉄道などの諸技術だけでなく,洋髪やカレーといったものを導入する本質的理由はないであろう。
5) 本書では,「伝播」や「影響」の重要性は認めつつも,その言葉に付与されがちな不適当な含意があることと,その「中味」を解明しないですむ免罪符のように扱われてきたため,できるだけ使用しないできた。そのかわり,「伝播」や「影響」といえる事象について,行為者やその意図,そしてその受容のしかたなどを述べるようにした。しかし「伝播」は実際に存在する過程である (第2章第4節参照)。

結　語

　本書は多少とも新しい視点から，考古学的資料を読み解いていくことを意図したものであった。紀元前1世紀後半においてきわだった文化・社会をもつ，北部九州を中心とする九州の特色・様相とその歴史的役割を明らかにするとともに，それを生み出した諸条件について弥生時代の成立あるいはそれ以前に遡って論じた。縄文 vs 弥生というような対立的かつ静的にとらえるだけでは不十分であり，文化における連続性と変化については，それを担った行為者たちに目を向けていかなければならない。さもなければ弥生時代というものをより正しく認識することはできない——そのような観点から，紀元前1世紀の九州，とりわけ北部九州というある意味で特殊化した文化を扱うことで弥生時代に対する理解を深めようとした。

　土器と墳墓に関する事柄に重点をおきつつ，集落その他の物質文化を加えて分析・検討を行ったが，そこから北部九州における高度かつ特殊化した階層化社会の姿を浮き上がらせることができた。また，適切な解釈をめざすための必要不可欠の前提として，広域での土器編年の修正ができたことも成果の一つである。さらに，弥生文化の範囲外としてこれまで十分な検討がなされないままとり残されがちであった南西諸島，ことに沖縄諸島についても重要な役割をさせた。加えて，土器・甕棺の胎土分析を行い，生産―分配システムの実証的復元に役立て，葬送システムや集落間格差というすぐれて考古学的な問題にまで考察をおよぼすことができた。こうした理化学的分析を考古学に本格的に利用すれば，いかに実証的に豊かな解釈が生まれるかということを示すことができたのも，本書の副産物といえよう。

　弥生文化の成立には，積極的な縄文人の外来文化要素の獲得という積極的行動が不可欠であり，それを前提としなければおそらく紀元前1世紀の北部九州の状況も生まれなかったであろう。弥生文化はその当初から外に開かれた文化であり，それをとりまくあらゆる地域との接触が認められた。朝鮮半島や南西諸島，のちには中国文明との接触があった。一方，沖縄諸島の遺跡立地の変化などに示されるように，弥生文化との接触は南島社会にも変化をもたらした。弥生社会は広域と関係をもって成り立っており，東アジア的範囲での様々なレベルで文化・社会間の相互作用があったことが痛感される。

　紀元後になると北部九州の位置づけが相対化してゆき，最終的に畿内に首座を奪われた理由についても，これまでと異なった切り口によってふれることができた。

　以上の分析と議論から，本書では従来のものと多少とも異なった弥生時代観が打ち出せたのではないかと思う。

ここでは問題の中心とはしなかったが，弥生時代後期は古墳時代に連続するような大きな文化・社会的，政治的変動の時期と位置づけることができよう。畿内と北部九州のみならず，吉備や出雲といった政治・文化的中心地，あるいは東海や関東地方までは少なくとも視野に入れた大胆かつ詳細な検討が必要である。その問題については古墳時代成立という脈絡から様々なとりくみがなされつつあるが，いかにあったのかという記述だけでなく，なぜそうなったのかということについて説明を行うという方向性が必要とされよう。また，日本列島の広域にわたって質・量ともに充実した資料の蓄積がなされているが，残念ながら世界的にはその内容はほとんど知られていない。そこから考古学一般に資するようなモデルをいかに提示できるのかが期待されるところである。筆者としても今後の課題としたい。

本書では弥生時代は革命的時代であるというテーゼを基本的には追認することができ，なおかつその歴史的重要性をこれまで以上に認識すべきだ，という結果を導き出したともいえよう。弥生時代は本質的意識改革がもたらした大変革の時代であった。歴史上，このようなことが実行されたということに思いを致さなければならない。また，北部九州弥生社会がそうであったように大成功は衰退への第一歩，すなわち"成功は失敗のもと"である。現代社会が直面する様々な困難に立ち向かうとき，われわれが陥りやすいこの法則を忘れてはならないであろう。弥生時代の動態からわれわれは何を導き出し，それを現代あるいは未来にどのように資することができるのか。それを考える何らかの手がかりを本書から読みとっていただけたならば望外の幸せである。

本書は筆者のこれまでに発表した論文等による部分も含まれる。しかし大幅に書き改めたものや複数の論文を分割・再構成しなおした部分が多く，初出論文のままではない。本書との関係を以下に明らかにしておく。

第1章第2節1は，「1992年の考古学界の動向 弥生時代(西日本)」『考古学ジャーナル』361 (1993年)の一部をとり込んでいる。

第2章第1節2は，「属性分析と多変量解析を用いた土器の型式分類—その意義と実践—」『情報考古学』2(1)(1996年)の一部をもとに再構成した。第2節は，「様式論と南部九州の弥生時代中期土器」『鹿児島考古』27(1993年)をもとにした。

第3章第1節は「弥生土器の出現」『小郡市史』(1996年)の一部，第2節は「弥生時代開始期の壺形土器—土器作りのモーターハビットと認知構造—」『日本考古学』1(1994年)，第3節は「弥生時代の生業」『小郡市史』(1996年)をもとにしている。

第4章第2節2(1)「甕」の一部は，「九州南部地域弥生土器編年」『人類史研究』9(1997年)，同じく(7)「壺類 ①壺A」は「多変量解析による須玖式広口壺の型式分類」『古文化談叢』30(中)(1993年)，同じく(9)「甕棺」は「甕棺型式の再検討—"属性分析"と数量分類法による型式分類—」『九州考古学』66(1991年)による。第3節2は，「弥生時代中期土器様式の併行関係—須玖II式期の九州・瀬戸内—」『史淵』133(1996年)による。第4章のその他の部分は，修士論文の一部をもとにした。

結　語

　第5章第1節は、「丹塗精製器種群盛行の背景とその性格―東アジアの中の須玖II式土器―」『人類史研究』10(1998年) による。

　第6章第2節は、「地域の様相―南限の甕棺墓の実態にふれつつ―」『考古学ジャーナル』451 (1999年)、第3節は「墳墓にあらわれた意味―とくに中期後半の甕棺墓にみられる階層性について―」『古文化談叢』25(1991年) をもとにしている。

　第7章第1節4の個々の事例は、「福岡県大刀洗町甲条神社遺跡出土甕棺の蛍光X線分析」『甲条神社遺跡』(大刀洗町教育委員会、1995年)、「福岡県大刀洗町高樋塚添遺跡出土甕棺の蛍光X線分析」『高樋塚添遺跡I』(大刀洗町教育委員会、1997年)、「福岡県大刀洗町甲条神社遺跡2次調査出土甕棺の蛍光X線分析」『甲条神社遺跡II』(大刀洗町教育委員会、2000年)、「福岡県志摩町久米遺跡および周辺遺跡出土甕棺の胎土分析」『久米遺跡』(志摩町教育委員会、1999年)、「福岡県志免町松ヶ上遺跡出土土器の胎土分析」『松ヶ上遺跡』(志免町教育委員会、1996年)、「弥生時代大型甕棺胎土の均質性―蛍光X線分析を用いて―」『人類史研究』11(1999年) に発表した内容である。胎土分析の方法と意義については「蛍光X線分析による弥生土器の胎土分析―考古学研究の方法論的新展開へ向けて―」『国際文化学部論集』(2000年) の一部をもとにした。第2節3および第3節2は、主に『大板井遺跡』(小郡市史編集委員会、1995年) の一部による。

　第8章第1節2の一部は、「古墳文化の変容と受容」『東北・九州地域における古墳文化の受容と変容に関する比較研究―平成9年度～11年度科学研究費補助金(基盤研究(B)(1))研究成果報告書―』(研究代表者　上村俊雄、2000年) を部分的に用いた。

　第9章第1節は、「沖縄諸島出土の九州系弥生土器―様式の同定と解釈―」『高宮廣衞先生古稀記念論集　琉球・東アジアの人と文化』(高宮廣衞先生古稀記念論集刊行会、2000年)、第2節は「折衷土器の製作者―韓国勒島遺跡における弥生土器と無文土器の折衷を事例として―」『史淵』130(1993年) の大部分を収録した。第3節3の大部分は、「三千浦勒島遺跡出土의凹線文弥生土器에대해서」『文物研究』1(1997年) による。

　それ以外の部分は新たに書き起こしたものである。

　本書をまとめるにあたり、多くの方々、諸機関のお世話になった。末尾ではあるがここに記して深甚の謝意を表したい。

　九州大学名誉教授西谷正先生には大学院在籍時よりこれまでご指導を賜り、多岐にわたるご教示をいただいている。また、鹿児島国際大学教授上村俊雄先生には日ごろからお世話になっているが、特に南西諸島の考古学に関しては筆者の目を開かせていただいた。大谷女子大学教授三辻利一先生には、胎土分析および考古学と文化財科学とのあるべき関係について常に議論を通じて多くの示唆を与えていただいている。

　松本直子、時津裕子、高木暢亮、宮代栄一、大西智和、鐘ヶ江賢二の各氏には、考古学や関連諸科学に関して常に議論に応じていただいている。本書をまとめるにあたって、多くの刺激とヒントを得た。特別の謝意を表したい。

次の諸先生・諸氏にもこれまで多くのご指導・ご教示をいただき，資料調査等にあたっても大変お世話になった。

赤川正秀，安里嗣淳，大城剛，岡田裕之，岡村秀典，片岡宏二，上村純一，河合修，河口貞徳，岸本義彦，久住猛雄，桒畑光博，呉屋義勝，重藤輝行，渋谷格，高宮廣衞，竹中正巳，田中良之，徳永博文，谷畑美帆，仲宗根求，中村修身，中村直子，西健一郎，箱田裕司，比嘉久，本田道輝，松尾宏，宮本一夫，盛本勲，横山浩一，吉留秀敏，そのほか芳名をあげきれなかった多くの方々。

以下の諸機関には，資料調査等において格別の便宜をはかっていただいた。

甘木市教育委員会，浦添市教育委員会，大分県教育委員会，大分市教育委員会，大野城市教育委員会，大牟田市教育委員会，沖縄県教育委員会，沖縄県立埋蔵文化財センター，沖縄国際大学考古学研究室，小郡市埋蔵文化財調査センター，小郡市史編さん室，鹿児島県教育委員会，鹿児島県立埋蔵文化財センター，鹿児島県立博物館，鹿児島県歴史資料センター黎明館，鹿児島市教育委員会，鹿児島市立ふるさと考古歴史館，鹿児島大学埋蔵文化財調査室，川辺町教育委員会，宜野湾市教育委員会，金峰町教育委員会，具志川市教育委員会，熊本県教育委員会，熊本市立博物館，久留米市教育委員会，佐賀県教育委員会，志摩町教育委員会，志免町教育委員会，大刀洗町教育委員会，東亜大学校博物館，名護市教育委員会，福岡県教育委員会，福岡県教育庁南筑後教育事務所，福岡県立甘木歴史資料館，福岡市教育委員会，福岡市埋蔵文化財センター，釜山大学校博物館，釜山直轄市立博物館，前原市教育委員会，宮崎県立博物館，宮崎県立埋蔵文化財センター，都城市教育委員会，屋久町教育委員会，大和町史編さん室

本書の出版にあたって，財団法人九州大学出版会の藤木雅幸氏，永山俊二氏には大変お世話になった。また，河越彩子，川宿田好見，野間清香，濱崎太輔氏をはじめとする鹿児島国際大学中園ゼミ生諸君の多大なる援助があった。

最後に，本書を亡き両親，中園一昌と中園延枝に捧げたい。

文　献

(アルファベット順)

A

赤川正秀 (1995). 『甲条神社遺跡』，大刀洗町文化財調査報告書，7. 福岡県大刀洗：大刀洗町教育委員会.
赤川正秀 (1997). 『高樋塚添遺跡 I』，大刀洗町文化財調査報告書，122. 福岡県大刀洗：大刀洗町教育委員会.
赤川正秀 (2000). 『甲条神社遺跡 II』，大刀洗町文化財調査報告書，20. 福岡県大刀洗：大刀洗町教育委員会.
赤崎敏男 (1972). 甕棺葬における祭祀について：筒形器台を中心として．高山明・赤崎敏男(編)，『阿志岐シメノグチ遺跡(阿志岐古墳群 A 群 3 号墳)』，筑紫野市文化財調査報告書，1. 筑紫野：筑紫野市教育委員会.
穴沢咊光 (1985). 『考古学としての人類学：プロセス考古学(ニュー・アーケオロジー)とその限界』．『古代文化』，37.
穴沢咊光 (1988). 象徴考古学への懸念：M. シャンクス・C. テイリィ『考古学の再構築』をめぐって．『古代文化』，40 (2).
安在晧・徐姶男 (1990). 勒島住居址遺物．『追報．伽耶通信』，19・20.
Anthony, D. W. (1990). Migration in archaeology: the baby and the bathwater. *American Anthropologist*, 92: 895–914.
安斎正人 (1990). 『無文字社会の考古学』．東京：六興出版.
青柳種信 (1822). 筑前国怡土郡三雲村所掘出古器図考．『柳園古器略考』.
Arnold, D. (1985). *Ceramic Theory and Cultural Process*. Cambridge: Cambridge University Press.
Arnold, D. (1989). Patterns of learning: residence and descent among potters in Ticul, Yucatan, Mexico. *Archaeological Approaches to Cultural Identity*. Unwin Hyman, London.
安里嗣淳(編). (1985). 『伊江島具志原貝塚の概要』，沖縄県文化財調査報告書，61. 那覇：沖縄県教育委員会.

B

Barnes, G. (1990). The 'Idea of Prehistory' in Japan. *Antiquity*, 64.
Bartlett, F. C. (1932). *Remembering: A Study of Experimental and Social Psychology*. Cambridge University Press.
Binford, L. R. (1962). Archaeology as anthropology. *American Antiquity*, 28.
Berlin, B. and P. Kay (1969). *Basic Color Terms: Their Universality and Evolution*. Berkeley: University of California Press.
Boas, F. (1927). *Primitive Art*. Dover Publications.
Bourdieu, P. (1977). *Outline of a Theory of Practice*. Cambridge: Cambridge University Press.
Bourdieu, P. (1979). *La Distinction*. Ed Minuit (石井洋二郎(訳)(1990). 『ディスタンクシオン I』・『ディスタンクシオン II』．東京：藤原書店).
Bourdieu, P. (1980). *Le Sence Pratique* (今村仁司・港道隆(訳)(1988). 『実践感覚 1』．東京：みすず書房).
文化庁(編)(1973). 『成川遺跡』，文化財発掘調査報告書，7. 東京：吉川弘文館.

C

Childe, V. G. (1956). *Piecing Together the Past: The Interpretation of Archaeological Data*. London: Routledge & Kegan Paul. (近藤義郎(訳)(1981). 『考古学の方法』〈改訂新版〉．東京：河出書房新社).
Clarke, D. L. (1968). *Analytical Archaeology*. New York: Columbia University Press.

D

第20回研究集会事務局(編)(1987). 弥生時代の青銅器とその共伴関係：埋蔵文化財研究会第20回研究集会の記録.『古文化談叢』, 17.

D'Andrea, A. C. (1995a). Later Jomon subsistence in northeastern Japan: new evidence from palaeoethnobotanical studies. *Asian Perspectives*, 34 (2): 195-227.

D'Andrea, A. C. (1995b). Archaeological evidence for Zoku-Jomon subsistence at the Mochiyazawa Site, Hokkaido. *Journal of Archaeological Science*, 22 (5): 583.

D'Andrea, A. C., G. W. Crawford, M. Yoshizaki, and T. Kudo (1995). Late Jomon cultigens in northeastern Japan. *Antiquity*, 69: 146-152.

Deetz, J. (1967). *Invitation to Archaeology*. The Natural Historical Press.（関俊彦(訳)『考古学への招待』. 東京：雄山閣).

Deetz, J. (1972). Archaeology as a social science. In M. Leone (Ed.), *Contemporary Archaeology*. Southern Illinois University Press.

出口浩他(1983).『成川遺跡』. 鹿児島：鹿児島県教育委員会.

土井基司(1989). 竪穴系横口式石室小考：筑前地方を中心にして.『岡山大学構内遺跡調査研究室年報』, 6. 岡山：岡山大学埋蔵文化財調査センター.

土肥直美・田中良之(1988). 古墳時代の抜歯風習.『日本民族・文化の生成』, 1. 東京：六興出版.

F

Faris, J. (1983). From form to content in the structural study of aesthetic systems, In D. Washburn (Ed.), *Structure and Cognition in Art*. Cambridge: Cambridge University Press.

Fawcett, C. (1990). *A study of socio-political context of Japanese archaeology*, Ph. D. diss. McGill University.

藤尾慎一郎(1984a). 弥生式土器.『諸岡遺跡』, 福岡市埋蔵文化財調査報告書, 108. 福岡：福岡市教育委員会.

藤尾慎一郎(1984b). 弥生時代前期の刻目突帯文土器：「亀ノ甲タイプ」の再検討.『九州考古学』, 59.

藤尾慎一郎(1989). 九州の甕棺.『国立歴史民俗博物館研究報告』, 21.

藤尾慎一郎(1993). 考古学における「かたち」の認識. 国立歴史民俗博物館研究報告, 53.

藤尾慎一郎(1995). ケンブリッジの空のもとで.『考古学研究』, 42 (2).

藤瀬禎博(1982). 筒形器台について.『古文化談叢』, 10.

藤田等(1966). 埋葬.『日本の考古学』, 3. 東京：河出書房新社.

藤田等・東中川忠美(編). (1981).『大友遺跡』, 呼子町文化財調査報告書, 1. 佐賀県呼子：呼子町教育委員会.

藤原宏志(1988). イネの自然科学的調査法.『弥生文化の研究』, 2. 東京：雄山閣.

深澤芳樹(1986). 弥生時代の近畿.『岩波講座日本考古学』, 5. 東京：岩波書店.

深澤芳樹(1998). 東海洋上の初期タタキ技法.『一色青海遺跡　自然科学・考察編』, 愛知県埋蔵文化財センター調査報告書, 79. 愛知弥富：愛知県埋蔵文化財センター.

福永信哉(1993). 畿内の弥生墓制の特徴は何か.『新視点日本の歴史』, 1. 東京：新人物往来社.

福岡県教育委員会(1979).『山陽新幹線関係埋蔵文化財調査報告』, 12. 福岡：福岡県教育委員会.

福岡県教育委員会(編)(1979). K5上甕凸帯上部に包埋された布片について.『九州縦貫自動車道関係埋蔵文化財調査報告』, 31 (中). 福岡：福岡県教育委員会.

福岡県教育委員会(編)(1980).『三雲遺跡I』. 福岡：福岡県教育委員会.

福岡市博物館(編)(1998).『弥生人のタイムカプセル』. 福岡：福岡市博物館.

福岡市教育委員会(編)(1991).『比恵遺跡群(10)』, 福岡市埋蔵文化財調査報告書, 255. 福岡：福岡市教育委員会.

G

Giddens, A. (1979). *Central Problems in Social Theory*. Berkeley and Los Angeles: University of California Press.（友枝敏雄・今田高俊・森重雄(訳)(1989),『社会理論の最前線』. 田無：ハーベスト社).

後藤明(1983). シンボリック・アーケオロジーの射程：1980年代の考古学の行方.『東京大学考古学研究室紀要』, 2.

後藤直 (1980). 朝鮮南部の丹塗磨研土器.『鏡山猛先生古稀記念 古文化論攷』. 福岡: 鏡山猛先生古稀記念論文集刊行会.
呉屋義勝 (編) (1991).『ヌバタキ』. 宜野湾: 宜野湾市教育委員会.
呉屋義勝他 (1989).『土に埋もれた宜野湾』, 宜野湾市文化財調査報告書, 10. 宜野湾: 宜野湾市教育委員会.

H

羽生淳子 (1986). 縄文土器の類似度.『史学』, 55 (2・3).
浜田耕作 (1917). 考古学上利器の材料による時代の区分に就いて.『歴史と地理』, 1 (2).
浜田信也・酒井仁夫 (編) (1971).『中・寺尾遺跡』, 大野町の文化財 3. 福岡県大野: 大野町教育委員会.
浜田信也・新原正典 (編) (1977).『福岡南バイパス関係埋蔵文化財調査報告』, 5. 福岡: 福岡県教育委員会.
花立山調査実行委員会 (1982).『遺跡を民衆の手に』, 2. 小郡: 花立山調査実行委員会.
Harris, M. (1979). *Cultural Materialism: The Struggle for a Science of Culture.* (長島信弘・鈴木洋一 (訳)) (1987),『文化唯物論: マテリアルから世界を読む新たな方法』, (上・下). 東京: 早川書房).
春成秀爾 (1973). 弥生時代はいかにしてはじまったか: 弥生土器の南朝鮮起源をめぐって.『考古学研究』, 20 (1).
春成秀爾 (1987). 縄文・弥生時代の親族組織をさぐる.『日本の古代』, 11. 東京: 中央公論社.
春成秀爾 (1989). 九州の銅鐸.『考古学雑誌』, 75 (2).
春成秀爾 (1990).『弥生時代の始まり』. 東京: 東京大学出版会.
春成秀爾 (1992). 銅鐸の製作工人.『考古学研究』, 39 (2).
原の辻遺跡調査事務所 (編) (1998).『原の辻遺跡』, 原の辻遺跡調査事務所報告書, 4. 長崎: 長崎県教育委員会.
原の辻遺跡調査事務所 (編) (2000).『原の辻遺跡』, 原の辻遺跡調査事務所報告書, 19. 長崎県芦辺: 原の辻遺跡調査事務所.
橋口達也 (1976).『スダレ遺跡』, 穂波町文化財調査報告書, 7. 福岡: 穂波町教育委員会.
橋口達也 (1979a). 九州の弥生土器.『世界陶磁全集』, 1. 東京: 小学館.
橋口達也 (1979b). 甕棺埋葬の傾斜角について.『九州縦貫自動車道関係埋蔵文化財調査報告』, 31. 福岡: 福岡県教育委員会.
橋口達也 (1979c). 甕棺黒塗りの風習について.『九州縦貫自動車道関係埋蔵文化財調査報告』, 31. 福岡: 福岡県教育委員会.
橋口達也 (1979d). 甕棺製作技術について.『九州縦貫自動車道関係埋蔵文化財調査報告』, 31. 福岡: 福岡県教育委員会.
橋口達也 (1979e). 甕棺の編年的研究.『九州縦貫自動車道関係埋蔵文化財調査報告』, 31. 福岡: 福岡県教育委員会.
橋口達也 (1980). 甕棺内人骨等に附着せる布, 蓆.『鏡山猛先生古稀記念 古文化論攷』. 福岡: 鏡山猛先生古稀記念論文集刊行会.
橋口達也 (1982a). 栗山遺跡出土の布片及び布圧痕.『栗山遺跡』, 甘木市文化財調査報告, 12. 甘木: 甘木市教育委員会.
橋口達也 (1982b). 甕棺のタタキ痕. 森貞次郎博士古稀記念論文集刊行会 (編),『森貞次郎博士古稀記念古文化論集』, 上. 福岡: 森貞次郎博士古稀記念古文化論集刊行会.
橋口達也 (1984).『石崎曲り田遺跡 II』, 今宿バイパス関係埋蔵文化財発掘調査報告, 9. 福岡: 福岡県教育委員会.
橋口達也 (1985a).『石崎曲り田遺跡 III』. 福岡: 福岡県教育委員会.
橋口達也 (1985b). 南筑後における甕棺の編年. 川述昭人 (編),『権現塚北遺跡』, 瀬高町文化財調査報告書, 3. 福岡県瀬高: 瀬高町教育委員会.
橋口達也 (1987a).『新町遺跡』, 志摩町文化財調査報告書, 7. 福岡県志摩: 志摩町教育委員会.
橋口達也 (1987b).「聚落立地の変遷と土地開発」. 岡崎敬先生退官記念事業会 (編),『東アジアの考古と歴史』, 中. 京都: 同朋舎出版.
橋口達也 (1988). 九州における縄文と弥生の境.『季刊考古学』, 22.
橋口達也 (1993). 甕棺: 製作技術を中心としてみた諸問題.『考古学研究』, 40 (3).

速水信也 (1984a). 墓地. 速水信也 (編), 『井上北内原遺跡』, 小郡市文化財調査報告, 20. 小郡: 小郡市教育委員会.

速水信也 (1984b). 井上北内原遺跡出土甕棺の変遷. 速水信也 (編). 『井上北内原遺跡』, 小郡市文化財調査報告書, 20. 小郡: 小郡市教育委員会.

速水信也 (1985). 横隈狐塚 II 区出土甕棺の変遷. 『横隈狐塚遺跡 II』, 下, 小郡市文化財調査報告書, 27. 小郡: 小郡市教育委員会.

林謙作 (1990). 素山上層式の再検討: M・Y・I の主題による変奏曲. 伊東信雄先生追悼論文集刊行会 (編), 『伊東信雄先生追悼考古学古代史攷』. 仙台: 伊東信雄先生追悼論文集刊行会.

Helms, M. (1988). *Ulysses' Sail: An Ethnographic Odyssey of Power, Knowledge and Geographical Distance*. Princeton, New Jersey: Princeton University Press.

飛高憲雄他 (1975). 『蒲田遺跡』, 福岡市埋蔵文化財調査報告書, 33. 福岡: 福岡市教育委員会.

東中川忠美 (編) (1986). 『久保泉丸山遺跡』, 九州横断自動車道関係埋蔵文化財発掘調査報告書, 5. 佐賀: 佐賀県教育委員会.

Hill, J. N. (1977). Individual variability in ceramics and the study of prehistoric social organization. In J. N. Hill and J. Gunn. (Eds.), *The Individual in Prehistory*, New York: Academic Press.

平田信芳 (1978). 甕形土器. 『萩原遺跡』. 鹿児島県姶良: 姶良町教育委員会.

平尾良光・鈴木光子・早川泰弘・井上洋一 (2001). 山形県三崎山出土青銅刀子の鉛同位体比. 『日本文化財科学会第 18 回大会研究発表要旨集』.

広瀬和雄 (1997). 『縄紋から弥生への新歴史像』. 東京: 角川書店.

Hodder, I. (1982). *Symbols in Action*. Cambridge: Cambridge University Press.

Hodder, I. (1986). *Reading the Past: Current Approaches to Interpretation in Achaeology*. Cambridge: Cambridge University Press.

Hodder, I. (Ed.). (1982). *Symbolic and Structural Archaeology*. Cambridge: Cambridge University Press.

ホジキンソン, リサ・J. (1992). 訳者付記. (サラー・M. ネルソン, 朝鮮における初期農耕の証拠). 『九州考古学』, 67.

本田道輝 (1980). 松木薗遺跡出土の土器について. 『鹿児島考古』, 14.

本田道輝 (1984). 松木薗遺跡 1 号住居址出土土器とその意義: 松木薗式土器の系譜をめぐって. 『鹿大史学』, 32.

本田道輝 (1996). 入来遺跡 (日置郡吹上町) 採集の弥生土器とその位置づけ. 『大河』, 6.

本田光子 (1994). 栗山遺跡出土の赤色顔料について. 『栗山遺跡 II』, 甘木市文化財調査報告書, 28. 甘木: 甘木市教育委員会.

Hudson, M. J. (1990). From Toro to Yoshinogari: changing perspectives on Yayoi period archaeology. In G. L. Barnes (Ed.), *Hoabinhian, Jomon, Yayoi, early Korean states*. Oxbow Books.

I

池上曽根遺跡史跡指定 20 周年記念事業実行委員会 (編) (1996). 『弥生の環濠都市と巨大神殿』. 池上曽根遺跡史跡指定 20 周年記念事業実行委員会.

池畑耕一・牛之浜修 (1976). 『牟田尻・カラン迫遺跡』. 鹿児島県埋蔵文化財発掘調査報告書, 3. 鹿児島: 鹿児島県教育委員会.

稲富裕和・橋本幸男 (編) (1987). 『富の原』, 大村市文化財調査報告書, 12. 長崎: 大村市教育委員会.

井上裕弘 (1978a). 甕棺製作技術と工人集団把握への試論. 『山陽新幹線関係埋蔵文化財調査報告』, 9. 福岡: 福岡県教育委員会.

井上裕弘 (1978b). 甕棺を黒く塗る風習. 『山陽新幹線関係埋蔵文化財調査報告』, 9. 福岡: 福岡県教育委員会.

井上裕弘 (1981). 弥生時代の遺構と遺物について. 『金山遺跡』. 福岡県夜須: 夜須町教育委員会.

井上裕弘 (1985). 甕棺製作技術と工人集団. 『論集日本原史』. 東京: 吉川弘文館.

井上裕弘 (1990). 墓と青銅器: 北部九州弥生社会の展開. 石川日出志 (編), 『弥生人とまつり』. 東京: 六興出版.

井上裕弘 (1998). カメ棺を黒く塗る風習. 『弥生人のタイムカプセル』, 平成 10 年度福岡市博物館特別企画展. 福岡: 福岡市博物館.

井上裕弘(編)(1978).『山陽新幹線関係埋蔵文化財調査報告』, 9. 福岡: 福岡県教育委員会.
井上裕弘(編)(1981).『金山遺跡』, 夜須町文化財調査報告書, 4. 福岡県夜須: 夜須町教育委員会.
乾徹也(1995). 弥生ビトの祈りのかたち: 池上曽根遺跡における祭祀の事例.『考古学ジャーナル』, 398.
石橋新次(1982). 佐賀県鳥栖市フケ遺跡出土の祭祀遺構.『古文化談叢』, 10.
石川悦雄(1984). 宮崎平野における弥生土器編年試案, 素描(Mk. II).『宮崎考古』, 9.
石川悦雄(編)(1986).『新田原遺跡・瀬戸口遺跡・蔵園地下式横穴墓』. 宮崎県新富: 新富町教育委員会.
伊藤純(1992). 小林行雄の〈様式〉概念の変化:「初期」小林の〈様式〉論.『考古学史研究』, 1.
岩永省三(1988). 青銅武器形祭器生成考序説.『日本民族・文化の生成』, 1. 東京: 六興出版.
岩永省三(1989). 土器から見た弥生時代社会の動態: 北部九州地方の後期を中心として. 横山浩一先生退官記念事業会(編),『横山浩一先生退官記念論文集 I 生産と流通の考古学』. 福岡: 横山浩一先生退官記念事業会.

K

鏡山猛(1952). 甕棺累考(一): その群団と共有体.『史淵』, 53.
鏡山猛(1955). 祭祀.『日本考古学講座』, 4. 東京: 河出書房.
鹿児島大学法文学部考古学研究室(編)(1985).『中町馬場遺跡』, 鹿児島県薩摩郡里村埋蔵文化財発掘調査報告書, 1, 鹿児島県里村: 里村教育委員会.
上村俊雄(1982).『隼人の考古学』. 東京: ニュー・サイエンス社.
上村俊雄(1993). 沖縄諸島出土の五銖銭.『鹿大史学』, 40.
上村俊雄(1994). 縄文時代のコメの初源をめぐって.『人文科学論集』, 鹿児島大学法文学部紀要, 41.
上村俊雄(1997). 日本列島の支石墓: 鹿児島県.『東アジアにおける支石墓の総合的研究』. 福岡: 九州大学文学部考古学研究室.
上村俊雄(1998). 南西諸島出土の石鏃と黒曜石: その集成と意義.『人類史研究』, 10.
金関丈夫(1955). 人種の問題.『日本考古学講座』, 4. 東京: 河出書房.
金関丈夫(1966). 弥生時代人.『日本の考古学』, 3. 東京: 河出書房新社.
金関丈夫(1971). 日本人種論.『新版考古学講座』. 東京: 雄山閣.
加納俊介(1988). 石室の形状. 愛知大学日本史専攻会考古学部会(編),『西三河の横穴式石室資料編』. 豊橋: 愛知大学日本史専攻会考古学部会.
鐘ヶ江賢二・三辻利一・中園聡・渋谷格・上野禎一(2001). 吉野ケ里遺跡出土土器の胎土分析.『日本文化財科学会第18回大会研究発表要旨集』.
金子浩昌(1988). 狩猟: 鳥・獣類と弥生人の関わり.『弥生文化の研究』, 2. 東京: 雄山閣.
唐木田芳文(1995). 大板井遺跡 XIa・XIb 区から出土した遺物の岩石.『大板井遺跡』. 小郡: 小郡市史編集委員会.
片岡宏二(1982). 弥生時代中期の土器編年について: 特に三国丘陵の資料を中心に.『大板井遺跡 II』, 小郡市文化財調査報告書, 14. 小郡: 小郡市教育委員会.
片岡宏二(1983). 弥生時代中期前半器の甕棺について: 特に三国丘陵周辺の資料を中心に.『津古・東宮原遺跡』, 小郡市文化財調査報告書, 18. 小郡: 小郡市教育委員会.
片岡宏二(1985). 弥生時代後期の土器編年について: 特に三国丘陵の資料を中心に.『三沢栗原遺跡 III・IV』. 小郡: 小郡市教育委員会.
片岡宏二(1999).『弥生時代 渡来人と土器・青銅器』. 東京: 雄山閣.
片岡宏二(編)(1981).『大板井遺跡 I』, 小郡市文化財調査報告書, 11. 小郡: 小郡市教育委員会.
片岡宏二(編)(1982a).『大板井遺跡 II』, 小郡市文化財調査報告書, 13. 小郡: 小郡市教育委員会.
片岡宏二(編)(1982b).『大板井遺跡 III』, 小郡市文化財調査報告書, 14. 小郡: 小郡市教育委員会.
片岡宏二(編)(1984).『大板井遺跡 IV』, 小郡市文化財調査報告書, 22. 小郡: 小郡市教育委員会.
片岡宏二(編)(1988).『三国の鼻遺跡 III』, 小郡市文化財調査報告書, 43. 小郡: 小郡市教育委員会.
川田順造(1987). 文化とリズム.『文化人類学』, 4.
川越哲志(1997). 鉄器の生産.『弥生文化の研究』, 5(第2版). 東京: 雄山閣.
河口貞徳(1951). 一の宮遺蹟報告.『考古学雑誌』, 37(4).
河口貞徳(1952). 鹿児島県の弥生式諸遺蹟について.『鹿児島県考古学会紀要』, 2.

河口貞徳(1960). 『鹿児島県文化財調査報告書』, 7. 鹿児島: 鹿児島県教育委員会.
河口貞徳(1962). 山ノ口遺跡. 『立正考古』, 21.
河口貞徳(1963). 鹿児島県高橋貝塚発掘概報. 『九州考古学』, 18.
河口貞徳(1965). 鹿児島県高橋貝塚. 『考古学集刊』, 3(2).
河口貞徳(1974). 『大原・宮薗遺跡』. 鹿児島県下甑: 下甑村教育委員会.
河口貞徳(1976). 入来遺跡. 『鹿児島考古』, 11.
河口貞徳(1981). 新南九州弥生式土器集成. 『鹿児島考古』, 15.
河口貞徳(1986). 先史時代. 『松元町郷土誌』. 鹿児島県松元: 松元町.
河口貞徳(編)(1976). 入来支石墓調査概要: 支石墓研究の一環として. 『鹿児島考古』, 11.
河口貞徳・旭慶男・最所大輔(1976). 下小路遺跡. 『鹿児島考古』, 11.
河口貞徳・出口浩(1971). 南九州弥生土器の再編年. 『鹿児島考古』, 5.
河口貞徳・吉永正史・中村耕治・旭慶男・本田道輝(1986). シンポジュウム 弥生時代の地域区分. 『考古月報』, 2. 鹿児島県考古学会.
河合修(1999). 『久米遺跡』, 志摩町文化財調査報告書, 21. 福岡県志摩: 志摩町教育委員会.
川述昭人(1986). 『瀬高地区遺跡・長延1~3号墳』. 福岡: 福岡県教育委員会.
川述昭人(編)(1978). 『九州縦貫自動車道関係埋蔵文化財調査報告』, 25. 福岡: 福岡県教育委員会.
川述昭人(編)(1985). 『権現塚北遺跡』, 瀬高町文化財調査報告書, 3. 福岡県瀬高: 瀬高町教育委員会.
Kidder, A. V. (1927). The American association for the advancement of science: final grants to advance research. *Science*, 56: 489–491.
金武正紀(編)(1980). 『宇堅貝塚群・アカジャンガー貝塚発掘調査報告』. 具志川: 具志川市教育委員会.
木下尚子(1982). 弥生時代における南海産貝製腕輪の生成と展開. 森貞次郎博士古稀記念論文集刊行会(編), 『森貞次郎博士古稀記念古文化論集』, 上. 福岡: 森貞次郎博士古稀記念古文化論集刊行会.
木下尚子(1989). 南海産貝輪交易考. 横山浩一先生退官記念事業会(編), 『横山浩一先生退官記念論文集I 生産と流通の考古学』. 福岡: 横山浩一先生退官記念事業会.
木下尚子(1996). 『南島貝文化の研究: 貝の道の考古学』. 東京: 法政大学出版局.
清田純一(1991). 肥後における弥生時代遺跡の一様相: 城南町宮地丘陵の弥生遺跡について. 交流の考古学. 『肥後考古』, 8.
岸本利枝(1996). 『部瀬名貝塚』. 名護: 名護市教育委員会.
岸本義彦(1984). 沖縄出土の弥生土器瞥見I. 『南島考古』, 8.
岸本義彦(編)(1986). 『具志堅貝塚』, 本部町文化財調査報告書, 3. 沖縄県本部: 本部町教育委員会.
岸本義彦(編)(1997). 『伊江島具志原貝塚発掘調査報告』, 沖縄県文化財調査報告書, 130. 那覇: 沖縄県教育委員会.
小林正史(1997). 弥生時代から古代の農民は米をどれだけ食べていたか. 『北陸学院短期大学紀要』, 28.
小林正史・北野博司・久世建二・小島俊彰(2000). 北部九州における縄文・弥生土器の野焼き方法の変化. 『青丘学術論集』. 韓国文化研究振興財団.
小林正史・柳瀬昭彦(2000). 弥生時代の米の調理法. 『考古学ジャーナル』, 454・455.
小林青樹(1998). 土器作りの製作と規格性に関する民族考古学的研究. 『民族考古学序説』. 東京: 同成社.
小林達雄(1975). タイポロジー. 『日本の旧石器文化』, 1. 東京: 雄山閣.
小林達雄(1977). 縄文土器の世界. 『日本原始美術大系』, 1. 東京: 講談社.
小林達雄(1985a). 縄文文化の終焉. 八幡一郎先生頌寿記念考古学論集編集委員会(編), 『日本史の黎明: 八幡一郎先生頌寿記念考古学論集』. 東京: 六興出版.
小林達雄(1985b). 縄文時代のクニグニ. 埴原和郎(編), 『縄文人の知恵』. 東京: 小学館.
小林達雄(1989). 縄文土器の編年. 『縄文土器大観』, 1. 東京: 小学館.
小林達雄・藤田富士雄・富樫康時・西本豊弘・春成秀爾・松井章・山田昌久(編)(1998). 『縄文時代の考古学』 シンポジウム日本の考古学, 2. 東京: 学生社.
小林行雄(1933a). 先史考古学における様式問題. 『考古学』, 4(8).
小林行雄(1933b). 弥生式土器様式集成研究の前に: 図の説明に代へて. 『考古学』, 4(8).
小林行雄(1933c). 流水文を有する弥生式土器. 『考古学』, 4(10).
小林行雄(1943a). 第四章 土器類. 京都帝国大学文学部考古学研究室(編), (末永雅雄・小林行雄・藤岡謙二郎

共著)『大和唐古弥生式遺跡の研究』. 京都: 桑名文星堂.
小林行雄 (1943b). 第五章 弥生式土器再論. 京都帝国大学文学部考古学研究室(編), (末永雅雄・小林行雄・藤岡謙二郎共著)『大和唐古弥生式遺跡の研究』. 京都: 桑名文星堂.
小林行雄 (1959). けいしき. 水野清一・小林行雄(編), 『図解考古学辞典』. 東京: 東京創元社.
小林行雄 (1959). けいしきがくてき—けんきゅうほう. 水野清一・小林行雄(編), 『図解考古学辞典』. 東京: 東京創元社.
小林行雄・杉原荘介(編) (1964). 『弥生土器集成本編 1』. 東京: 東京堂.
Koestler, A. (1979). *Janus: A Summing up*. (田中三彦・吉岡佳子(訳) 1983, 『ホロン革命』. 東京: 工作舎).
粉川昭平 (1988). 穀物以外の植物食. 『弥生文化の研究』, 2. 東京: 雄山閣.
古環境研究所 (1994). 鹿児島大学構内遺跡, 郡元団地 L-11・12 区における自然科学分析. 『鹿児島大学構内遺跡, 郡元団地 L-11・12 区』. 鹿児島: 鹿児島大学埋蔵文化財調査室.
近藤喬一 (1988). 『三角縁神獣鏡』. 東京: 東京大学出版会.
Kristiansen, K. (1984). Ideology and material culture: an archaeological perspective. In M. Spriggs (Ed.), *Marxist Perspectives in Archaeology*. Cambridge: Cambridge University Press.
Kuhn, T. S. (1962). *The Structure of Scientific Revolutions*. Chicago: The University of Chicago Press. (中山茂(訳) (1971). 『科学革命の構造』. 東京: みすず書房).
隈昭志 (1983). 熊本県山鹿市大道小学校出土の弥生土器. 『考古学雑誌』, 69(1).
久世建二・北野博司・小林正史 (1997). 黒斑からみた弥生土器の野焼き技術. 『日本考古学』, 4.
久住猛雄 (1999a). 北部九州における庄内式併行期の土器様相. 『庄内式土器研究』, 19.
久住猛雄 (1999b). 弥生時代終末期「道路」の検出. 『九州考古学』, 74.
久住猛雄 (2000). 奴国の遺跡: 比恵・那珂遺跡と須玖岡本遺跡群. 『考古学から見た弁・辰韓と倭』. 釜山: 九州考古学会・嶺南考古学会.
九州大学考古学研究室(編) (1995). 『大板井遺跡』. 小郡: 小郡市史編集委員会.
九州大学文学部考古学研究室 (1997). 長崎県・天久保支石墓の調査. 『東アジアにおける支石墓の総合的研究』. 福岡: 九州大学文学部考古学研究室.

L

Lakoff, G. (1987). *Women, Fire, and Dangerous Things: What Categories Reveal about the Mind*. Chicago: University of Chicago Press.
Leach, E. (1973). Concluding address, In Renfrew (Ed.), *Models in Prehistory*. London: Duchworth.
李健茂 (1992). 茶戸里遺跡出土の筆. 『考古学誌』, 4.
李健茂・李栄勲・尹光鎮・申大坤 (1989). 義昌茶戸里遺跡発掘進展報告(1). 『考古学誌』, 1.
Leone, M. (1984). Interpreting ideology in historical archaeology: the Wmiam Paca garden in Annapolis, Maryland. In D. Miller and C. Tilley (Eds.), *Ideology, Power and Prehistory*, Cambridge: Cambridge University Press.

M

町田章 (1988). 三雲遺跡の金銅四葉座金具について. 『古文化談叢』, 20(上).
馬田弘稔 (1982). 弥生時代の土器祭祀について: 祭祀行為の基礎概念化. 森貞次郎博士古稀記念論文集刊行会(編), 『森貞次郎博士古稀記念古文化論集』, 上. 福岡: 森貞次郎博士古稀記念古文化論集刊行会.
馬田弘稔(編) (1982). 『上川原遺跡』, 甘木市文化財調査報告, 13. 福岡: 甘木市教育委員会.
馬田弘稔(編) (1986). 『栗田遺跡(B 地区)』, 三輪町文化財調査報告書, 5. 福岡県三輪: 三輪町教育委員会.
前田義人・武末純一 (1994). 北九州市貫川遺跡の縄文晩期の石庖丁. 『九州文化史研究所紀要』, 39.
松川章(編) (1993). 『嘉門貝塚 B』, 浦添市文化財調査報告書, 21. 浦添: 浦添市教育委員会.
松本直子 (1991). 縄文時代後晩期「黒色磨研」土器様式における空間的変異. 『平成 3 年度九州史学会大会公開講演・研究発表要旨』.
松本直子 (1993). 連続性と変化. 『第 7 回九州—釜山考古学合同研究会研究発表資料』.
松本直子 (1996). 認知考古学的視点からみた土器様式の空間的変異: 縄文時代後晩期黒色磨研土器様式を素材として. 『考古学研究』, 42(4).

松本直子 (1997). 認知考古学の理論的基盤. 『HOMINIDS』, 1.
松本直子 (2000a). 『認知考古学の理論と実践的研究』. 福岡: 九州大学出版会.
松本直子 (2000b). 縄文・弥生変革と遠距離交易に関する一試論: Helms の説と南海産貝輪交易. 『琉球・東アジアの人と文化』, 上. 那覇: 高宮広衛先生古稀記念論集刊行会.
松本直子 (2003). ハビトゥスとモーターハビットの認知考古学的検討. 『HOMINIDS』, 3.
松本直子・三辻利一・和田好史 (1999). 熊本県中堂遺跡の縄文時代晩期土器の胎土分析: 土器製作の動作連鎖研究への蛍光 X 線分析の応用. 『人類史研究』, 11.
Matsumoto, N., S. Nakazono, and L. J. Hodgkinson (1994). The formation process and current state of the academically isolated archaeology of Japan. *World Archaeological Congress-3*.
松村道博 (編) (1995). 『雀居遺跡 3』, 福岡市埋蔵文化財調査報告書, 407. 福岡: 福岡市教育委員会.
松永幸男 (1984). 押型文土器にみられる様相の変化について. 『古文化談叢』, 13.
松永幸男 (1987). 塞ノ神式土器小考. 『古文化談叢』, 18.
松永幸男 (1989). 土器様式変化の一類型: 縄文時代後期の東南九州地方を事例として. 横山浩一先生退官記念事業会 (編), 『横山浩一先生退官記念論文集 I 生産と流通の考古学』. 福岡: 横山浩一先生退官記念事業会.
松永幸男 (1991). 考古資料の分類作業における数量化 II 類の利用例. 『九州文化史研究所紀要』, 36.
松尾宏 (1994). 『栗山遺跡 II』, 甘木市文化財調査報告書, 28. 甘木: 甘木市教育委員会.
松下勝 (1989). 水田遺構と自然科学. 『第四紀研究』, 27 (4).
松下孝幸・分部哲秋・中谷昭二 (1987). 大村市富の原遺跡出土の弥生時代人骨. 『富の原』, 大村市文化財調査報告書, 12. 大村: 大村市教育委員会.
松山町教育委員会 (編) (1993). 『京ノ峯遺跡』. 鹿児島県松山: 松山町教育委員会.
Meiland, J. W. and Michael Krausz (Eds.) (1982). *Relativism: Cognitive and Moral*. University Notre Dame Press. (常稔宗三郎・戸田省二郎・加茂直樹 (訳) (1989). 『相対主義の可能性』. 東京: 産業図書).
Miller, D. (1985). *Artefacts as Categories: A Study of Ceramic Variability in Central India*. Cambridge: Cambridge University Press.
三辻利一 (1993a). 2. 2 蛍光 X 線分析法. 『第四紀試料分析法』, 2. 東京: 東京大学出版会.
三辻利一 (1993b). 3. 2. 5 蛍光 X 線分析法. 『第四紀試料分析法』, 2. 東京: 東京大学出版会.
三辻利一 (1994). 栗山遺跡出土甕棺の蛍光 X 線分析. 『栗山遺跡 II』, 甘木市文化財調査報告書, 28. 甘木: 甘木市教育委員会.
三辻利一 (1998). 元素分析による古代土器の胎土研究. 『人類史研究』, 10.
三辻利一 (2000a). 統計学の手法による古代・中世土器の産地問題に関する研究 (第 8 報): 岩戸山古墳出土埴輪の産地問題. 『人類史研究』, 12.
三辻利一 (2000b). 統計学の手法による古代・中世土器の産地問題に関する研究 (第 9 報): 岩戸山古墳出土埴輪の産地問題. 『人類史研究』, 12.
三辻利一・中園聡 (1995a). 大板井遺跡出土弥生土器の蛍光 X 線分析. 『大板井遺跡』. 小郡: 小郡市史編集委員会.
三辻利一・中園聡 (1995b). 福岡県大刀洗町甲条神社遺跡出土甕棺の蛍光 X 線分析. 『甲条神社遺跡』, 大刀洗町文化財調査報告書, 7. 福岡県大刀洗: 大刀洗町教育委員会.
三辻利一・中園聡 (1996). 福岡県志免町松ヶ上遺跡出土土器の胎土分析. 『松ヶ上遺跡』. 福岡県志免: 志免町教育委員会.
宮原晋一 (1988). 石斧, 鉄斧のどちらで加工したか: 弥生時代の木製品に残る加工痕について. 金関恕・佐原真 (編), 『弥生文化の研究』, 10. 東京: 雄山閣.
宮小路賀宏 (編) (1969). 『一の谷遺跡』, 春日町文化財調査報告書, 2. 春日: 春日町教育委員会.
宮本一夫 (2000). 彩画鏡の変遷とその意義. 『史淵』, 137.
宮本一夫 (編) (2001). 『佐賀県大友遺跡: 弥生墓地の発掘調査』, 考古学資料集, 16. 福岡: 九州大学大学院人文科学研究院考古学研究室.
溝口孝司 (1987a). 土器における地域色: 弥生時代中期の中部瀬戸内・近畿を素材として. 『古文化談叢』, 17.
溝口孝司 (1987b). 土器における属性伝播の研究: 凹線文の発生と伝播. 岡崎敬先生退官記念事業会 (編), 『東アジアの考古と歴史』, 中. 京都: 同朋舎出版.
溝口孝司 (1988). 古墳出現前後の土器相: 筑前地方を素材として. 『考古学研究』, 35 (2).

溝口孝司 (1995a). 福岡県筑紫野市永岡遺跡の研究：いわゆる二列埋葬墓地の一例の社会考古学的再検討. 『古文化談叢』, 34.
溝口孝司 (1995b). 福岡県甘木市栗山遺跡 C 群墓域の研究：北部九州弥生時代中期後半墓地の一例の社会考古学的再検討. 『日本考古学』, 2.
溝口孝司 (1997). 二列埋葬墓地の終焉：弥生時代中期 (弥生 III 期) 北部九州における墓地空間構成原理の変容の社会考古学的研究. 『古文化談叢』, 38.
溝口孝司 (2000). 墓地と埋葬行為の変遷. 『古墳時代像を見なおす：成立過程と社会変革』. 東京：青木書店.
Montelius, O. (1903). *Die Methode, Die altern Kulturperioden im Orient und in Europa I*. Stockholm. (濱田耕作 (訳) (1932). 『考古學研究法』).
森貞次郎 (1942). 弥生文化における立岩文化期の遺跡. 『古代文化』, 13 (7).
森貞次郎 (1961). 宮崎県檍遺跡. 日本考古学協会 (編), 『日本農耕文化の生成』. 東京：東京堂.
森貞次郎 (1966). 弥生文化の発展と地域性九州. 和島誠一 (編), 『日本の考古学』, 3. 東京：河出書房新社.
森貞次郎 (1968). 弥生時代における細形銅剣の流入について：細形銅剣の編年的考察. 金関丈夫博士古稀記念委員会 (編), 『日本民族と南方文化』. 東京：平凡社.
森貞次郎・岡崎敬 (1961). 福岡県板付遺跡. 『日本農耕文化の生成』. 東京：日本考古学協会.
盛本勲 (1994). 久米島大原第二貝塚 B 地点の発掘調査. 『考古学ジャーナル』, 373.
盛本勲・比嘉優子 (1994). 沖縄出土の貝庖丁様製品について. 『南島考古』, 14.
森本六爾 (1933a). 日本考古学における聚成図の問題. 『考古学』, 4 (2).
森本六爾 (1933b). 壱岐島の一甕棺. 『考古学』, 4 (10).
森本六爾 (1933c). 弥生式土器に於ける二者. 『考古学』, 5 (1).
森本六爾 (1993d). 日本に於ける農業起源. 『ドルメン』, 2 (9).
森本六爾 (1993e). 弥生式文化と原始農業問題. 『日本原始農業』. 東京：東京考古学会.
森田孝志 (1989). 吉野ヶ里遺跡の環濠集落. 『考古学ジャーナル』, 312.
村上征勝 (1993). 考古学データとクラスター分析. 『第 6 回考古学におけるパーソナルコンピューター利用の現状』.
村上征勝 (1995). 考古学データとクラスター分析. 『情報考古学』, 1.
村上征勝 (1996). 考古学と統計. 『日本情報考古学会第 1 回大会発表要旨』.
村上陽一郎 (1979). 『科学と日常性の文脈』. 東京：海鳴社.

N

長崎県教育委員会 (1995). 原の辻遺跡 長崎県文化財調査報告書, 124. 長崎：長崎県教育委員会.
長友良典 (編) (1988). 『宮崎学園都市遺跡発掘調査報告書』, 4. 宮崎：宮崎県教育委員会.
長津宗重 (1986). 弥生時代後期〜古墳時代初頭の土器編年表. 『国富町文化財調査資料』, 4. 宮崎県国富：国富町教育委員会.
中原志外顕・石井忠・下條信行 (1970). 丸尾台遺跡報告. 『宝台遺跡』. 福岡：日本住宅公団.
中橋孝博 (1994). 福岡県甘木市, 栗山遺跡出土の弥生時代人骨. 『栗山遺跡 II』, 甘木市文化財調査報告書, 28. 甘木：甘木市教育委員会.
中橋孝博 (2000). 福岡市雀居遺跡 (第 7・9 次調査) 出土の弥生前期人骨. 『雀居遺跡 5』, 福岡市埋蔵文化財調査報告書, 635. 福岡：福岡市教育委員会.
中橋孝博 (2001). 大友遺跡第 5 次発掘調査出土人骨. 『佐賀県大友遺跡：弥生墓地の発掘調査』, 考古学資料集, 16. 福岡：九州大学大学院人文科学研究院考古学研究室.
中島直幸・田島龍太 (編) (1982). 『菜畑遺跡』, 唐津市文化財調査報告書, 5. 唐津：唐津市教育委員会.
中島達也 (1985). 『横隈鍋倉遺跡』, 小郡市文化財調査報告書, 26. 小郡：小郡市教育委員会.
中間研志 (編) (1978). 『九州縦貫自動車道関係埋蔵文化財調査報告』, 24. 福岡：福岡県教育委員会.
中村耕治 (1986). 弥生時代：櫛描文土器・瀬戸内系土器のありかたと時期について. 『鹿児島考古』, 20.
中村耕治・吉永正史 (1984). 『高付遺跡』, 鹿屋市埋蔵文化財発掘調査報告書, 2. 鹿屋：鹿屋市教育委員会.
中村直子 (1987). 成川式土器再考. 『鹿大考古』, 6.
中村直子 (1991). 古式土師器甕形土器の型式学的検討. 『古文化談叢』, 25.
中村慎一 (1995). 世界のなかの弥生文化. 『文明学原論』. 東京：山川出版社.

中村友博 (1993). 柳井田式の皿形土器. 『古文化談叢』, 30 (上).
中尾佐助 (1990). 『分類の発想』. 東京: 朝日新聞社.
中尾佐助・佐々木高明 (1992). 『照葉樹林文化と日本』. 東京: くもん出版.
仲宗根求 (1992a). 沖縄県中頭郡読谷村字渡慶次中川原貝塚. 『日本考古学年報』, 43.
仲宗根求 (1992b). 最近の弥生土器出土遺跡について(沖縄県読谷村の事例). 『沖縄考古学会・鹿児島県考古学会第3回合同研究会 テーマ弥生土器 沖縄考古学会資料集』. 那覇: 合同研究会実行委員会.
仲宗根求・西銘章・宮城弘樹・安座間充 (2001). 読谷村出土の弥生土器・弥生系土器について. 『読谷村立歴史民族資料館紀要』, 25.
中山平次郎 (1917). 九州北部に於ける先史原史両時代中間期間の遺物に就いて一〜四. 『考古学雑誌』, 7 (10) (11), 8 (1) (3).
中山平次郎 (1923). 筑後国三井郡小郡村大字大板井の巨石 『考古学雑誌』13 (10).
中山平次郎 (1927a). クリス形鉄剣及前漢式鏡の新資料. 『考古学雑誌』, 17 (7).
中山平次郎 (1927b). 須玖岡本の遺物. 『考古学雑誌』, 17 (8).
中山平次郎 (1928). 爾後採集せる須玖岡本の甕棺遺物(一)(硝子製勾玉の新発見). 『考古学雑誌』, 18 (7).
中山平次郎 (1930). 考古二件. 『考古学雑誌』, 20 (5).
中山平次郎 (1931). 雑餉隈駅付近に発見せる石蓋土壙と無蓋土壙. 『考古学雑誌』, 21 (9).
中園聡 (1985). 鹿児島県中町馬場遺跡をめぐる諸問題. 『昭和60年度九州史学会考古部会発表資料』.
中園聡 (1986a). 弥生土器について. 本田道輝(編), 『鹿児島大学郡元団地内遺跡(J・7地点)』. 鹿児島: 鹿児島大学理学部・法文学部考古学研究室, 3.
中園聡 (1986b). 屋久町栗生出土の遺物について(2): 種子島広田遺跡の年代をめぐって. 『鹿児島大学考古学会会報』, 2.
中園聡 (1986c). 葬制・墓制. 『笠沙町の民具』, 笠沙町民俗文化財調査報告書, 1. 鹿児島: 鹿児島大学法文学部文化人類学研究室・笠沙町教育委員会.
中園聡 (1988). 土器様式の動態: 古墳の南限付近を対象として. 『人類史研究』, 7.
中園聡 (1990a). 土器様式の構造とレベル: 九州における弥生時代中期土器を主な素材として. 『第4回九州―釜山考古学合同研究会』.
中園聡 (1990b). 1989年の歴史学界: 回顧と展望 日本・考古三. 『史学雑誌』, 99 (5).
中園聡 (1991a). 墳墓にあらわれた意味: とくに弥生時代中期後半の甕棺墓にみる階層性について. 『古文化談叢』, 25.
中園聡 (1991b). 甕棺型式の再検討: "属性分析" と数量分類法による型式分類. 『九州考古学』, 66.
中園聡 (1992). 属性分析と数量分類法による型式分類: 甕棺を素材として. 『考古学における計量分析: 計量考古学への道(II)』. 東京: 文部省統計数理研究所.
中園聡 (1993a). 折衷土器の製作者: 韓国勒島遺跡における弥生土器と無文土器の折衷を事例として. 『史淵』, 130.
中園聡 (1993b). 様式論と南部九州の弥生時代中期土器. 『鹿児島考古』, 27.
中園聡 (1993c). 九州の弥生墓制の特徴は何か. 『新視点日本の歴史』, 1. 東京: 新人物往来社.
中園聡 (1993d). 多変量解析による須玖式広口壺の型式分類. 『古文化談叢』, 30 (中).
中園聡 (1994). 弥生時代開始期の壺形土器: 土器作りのモーターハビットと認知構造. 『日本考古学』, 1.
中園聡 (1996a). 弥生時代中期土器様式の併行関係: 須玖II式期の九州・瀬戸内. 『史淵』, 133.
中園聡 (1996b). 弥生土器の出現. 『小郡市史』, 1. 小郡: 小郡市史編さん委員会.
中園聡 (1996c). 属性分析と多変量解析を用いた土器の型式分類: その意義と実践. 『情報考古学』, 2 (1).
中園聡 (1997). 九州南部地域弥生土器編年. 『人類史研究』, 9.
中園聡 (1998). 丹塗精製器種群盛行の背景とその性格: 東アジアの中の須玖II式土器. 『人類史研究』, 10.
中園聡 (1999). 地域の様相: 南限の甕棺墓の実態にふれつつ. 『考古学ジャーナル』, 451.
中園聡 (2000). 古墳文化の変容と受容: 拠点集落. 『北部九州、東北・九州地域における古墳文化の受容と変容に関する比較研究』. 鹿児島: 鹿児島大学法文学部考古学研究室.
中園聡・上村俊雄 (1998). 沖縄出土弥生土器の検討. 『日本考古学協会第64回総会研究発表要旨』.
中園聡・河合修・三辻利一 (1999). 福岡県志摩町久米遺跡出土甕棺の胎土分析: 「伊都国」周辺の事例と併せて. 『第11回人類史研究会発表要旨』.

中園聡・三辻利一 (1996). 胎土分析の応用による弥生時代大型甕棺の研究: 土器生産と葬送過程. 『日本考古学協会第62回総会研究発表要旨』.

中園聡・三辻利一 (1997). 福岡県大刀洗町高樋塚添遺跡出土甕棺の蛍光X線分析. 『高樋塚添遺跡I』. 福岡県大刀洗: 大刀洗町教育委員会.

中園聡・三辻利一 (1999). 福岡県志摩町久米遺跡および周辺遺跡出土甕棺の胎土分析. 『久米遺跡』, 志摩町文化財調査報告書, 21. 福岡県志摩: 志摩町教育委員会.

中園聡・三辻利一・河合修 (1999). 福岡県糸島地域の甕棺の胎土分析. 『日本文化財科学会第16回大会発表要旨集』.

中園聡・三辻利一・松尾宏 (1994). 蛍光X線分析法による筑後平野北部の弥生土器の胎土分析. 『日本文化財科学会第11回研究発表要旨集』.

中園聡・三辻利一・松尾宏 (1996). 福岡県甘木市栗山遺跡出土土器の胎土分析. 『日本文化財科学会第13回大会発表要旨集』.

中園聡・三辻利一・松尾宏 (1997). 蛍光X線分析による甕棺胎土分析の基礎的検討. 『日本文化財科学会第14回大会発表要旨集』.

中園聡・三辻利一・松尾宏・赤川正秀 (1995). 北部九州における弥生土器と甕棺の胎土分析. 『日本文化財科学会第12回大会研究発表要旨集』.

中園聡・三辻利一・松尾宏・時津裕子 (1999). 弥生時代大型甕棺胎土の均質性に関する基礎的研究. 『人類史研究』, 11.

中園聡・三辻利一・矢作健二・橋本真紀夫・辻本崇夫・鐘ヶ江賢二・金子愛 (2001). 屋久島横峯遺跡出土縄文土器の胎土分析. 『日本文化財科学会第18回大会研究発表要旨集』.

Neff, H. (Ed.) (1992). *Chemical Characterization of Ceramic Pastes in Archaeology*. Madison: Prehistory Press.

襧冝田佳男 (1992). 弥生時代(西日本). 『考古学ジャーナル』, 347.

ネルソン, サラー・M (1992). 朝鮮における初期農耕の証拠. (リサ・J. ホジキンソン(訳))『九州考古学』, 67.

日本考古学協会(編) (1989). 『シンポジウム青銅器の生産・終末期古墳の諸問題』. 学生社: 東京.

西健一郎 (1982a). 斎藤山遺跡出土刻目突帯文土器の再検討. 『九州文化史研究所紀要』, 27.

西健一郎 (1982b). 熊本県における弥生中期甕棺編年の予察. 森貞次郎博士古稀記念論文集刊行会(編), 『森貞次郎博士古稀記念古文化論集』, 上. 福岡: 森貞次郎博士古稀記念古文化論集刊行会.

西健一郎 (1983). 黒髪式土器の基礎的研究. 『古文化談叢』, 12.

西健一郎 (1990). 北部九州弥生社会における政治組織の検討. 『九州文化史研究所紀要』, 35.

西秋良宏 (1998). 第1章解説. M. L. Inizan, H. Roche and J. Tixier (著), 大沼克彦・西秋良宏・鈴木美保 (訳), 『石器研究入門』, 東京: クバプロ.

西銘章・宮城弘樹 (1998). 沖縄諸島における土器研究の現状. 『考古学ジャーナル』, 437.

西本豊弘 (1989). 下郡桑苗遺跡出土の動物遺体. 『下郡桑苗遺跡』, 大分県文化財調査報告書, 80. 大分: 大分県教育委員会.

西谷彰 (1996). 九州最南端の環濠集落: 鹿児島県松木薗遺跡. 『弥生の環濠都市と巨大神殿』. 池上曽根遺跡史跡指定20周年記念事業実行委員会.

西谷正 (1976). 山門郡の考古学. 『九州文化史研究所紀要』, 21.

西谷正 (1990). 弥生時代における東アジアと日本. 『東アジアと日本』. 福岡: 福岡市埋蔵文化財センター.

西谷正 (1996). 小国の形成. 『小郡市史』, 1 通史編. 小郡: 小郡市.

西谷正 (1997). はじめに. 『東アジアにおける支石墓の総合的研究』. 福岡: 九州大学文学部考古学研究室.

布目順郎 (1977). 絹製品. 『立岩遺蹟』. 東京: 河出書房新社.

O

小田富士雄 (1972–1973). 入門講座 弥生土器 九州. 『考古学ジャーナル』, 76・77・79 82–84. (佐原真(編) (1983). 『弥生土器I』. 東京: ニュー・サイエンス社. に再録).

小田富士雄 (1979). 北九州と西部瀬戸内における弥生土器編年. 『高地性集落跡の研究 資料篇』. 東京: 学生社.

小田富士雄 (1980). 九州系弥生文物の対外伝播覚書. 『日本民族文化とその周辺 考古篇』. 東京: 新日本教育

図書.
小田富士雄(1982). 弥生時代北部九州の墳墓祭祀：近年の調査例を中心にして.『古文化談叢』, 10.
小田富士雄(1987). 初期筑紫王権形成史論：中国史書にみえる北部九州の国々. 岡崎敬先生退官記念事業会(編),『東アジアの考古と歴史』. 京都：同朋舎出版.
小田富士雄(1990). 西日本の弥生時代土壙墓：日韓交渉と国形成の視点から.『古文化談叢』, 23.
小田富士雄(1991). 弥生王墓の系譜：『弥生文化：日本文化の源流をさぐる』. 東京：平凡社.
小田富士雄・佐原真(1979). 北九州と畿内の弥生土器編年の調整.『高地性集落跡の研究 資料篇』. 東京：学生社.
緒方勉(1978). 黒髪式土器雑考：整形土器の底部変化をもとにして.『谷頭遺跡』. 熊本：谷頭遺跡調査団.
緒方勉(編)(1986).『神水遺跡II』, 熊本県文化財調査報告, 82. 熊本：熊本県教育委員会.
小郡市教育委員会(編)(1974).『横隈山遺跡』. 小郡：小郡市教育委員会.
小倉正五・佐藤良二郎(編)(1987).『駅館川流域遺跡群発掘調査報告書II』, 宇佐市文化財調査報告書, 3. 宇佐：宇佐市教育委員会.
岡本勇(1966). 弥生文化の成立：『日本の考古学』, 3. 東京：河出書房新社.
岡村秀典(1984). 前漢鏡の編年と様式.『史林』, 67 (5).
岡村秀典(1993). 楽浪漢墓出土の鏡.『弥生人の見た楽浪文化』. 大阪：大阪府立弥生文化博物館.
岡村秀典(1999).『三角縁神獣鏡の時代』. 東京：吉川弘文館.
岡山理科大学(2001). http://www.aus.ac.jp/news/kaseki/kouko2.html.
岡山市教育委員会(1995). 岡山市南方(済生会)遺跡.『考古学研究』, 42 (2).
岡崎敬(1977). 鏡とその年代.『立岩遺蹟』. 東京：河出書房新社.
岡崎敬(1989). 日本はじめ東アジアの青銅器とその生産.『シンポジウム青銅器の生産・終末期古墳の諸問題』. 東京, 学生社.
大西智和・中園聡(1993). 石室内出土土器.『番塚古墳』. 福岡：九州大学文学部考古学研究室.
折尾学(1971).『福岡市金隈遺跡第二次調査概報』, 福岡市埋蔵文化財調査報告書, 17. 福岡：福岡市教育委員会.
Orton C. (1980). *Mathematics in Archaeology*. (小沢一雅・及川昭文(訳)(1987).『数理考古学入門』. 東京：雄山閣).
大阪府立弥生文化博物館(編)(1996).『卑弥呼の動物ランド：よみがえった弥生犬』. 大阪：大阪府立弥生文化博物館.
O'Shea, J. M. (1984). *Mortuary Variability: An Archaeological Investigation*. Orland: Academic Press.
大城剛(1992). 具志川市宇堅貝塚出土の土器.『沖縄考古学会・鹿児島県考古学会第3回合同研究会 テーマ弥生土器 沖縄考古学会資料集』. 那覇：合同研究会実行委員会.
大城康雄(編)(1986).『神水遺跡発掘調査報告書』. 熊本：熊本市教育委員会.
乙益重隆(1982). 弥生時代を概説する.『農耕文化と古代社会』. 東京：雄山閣.
乙益重隆(1984). 弥生文化の成立と展開.『考古学の世界』, 3.
大塚初重・高橋徹・藤本強・河原純之(1992). 座談会 考古学は本当に進歩したか：日本考古学近年の成果.『文化庁月報』, 292.

P

Pearson, R. (1992). The nature of Japanese archaeology. *Asian Perspectives*, 31 (2).
釜山大学校博物館(編)(1989).『勒島住居址』, 釜山大学校博物館遺蹟調査報告, 13. 釜山：釜山大学校博物館.

R

Renfrew, Colin (1973). *Before Civilization: The Radiocarbon Revolution and Prehistoric Europe*. Jonathan Cape. (大貫良夫(訳)(1979).『文明の誕生』. 東京：岩波書店).
Renfrew, C. and E.B.W. Zubrow (Eds.) (1994). *Ancient Mind: Elements of Cognitive Archaeology*. Cambridge: Cambridge University Press.
力武卓治・横山邦継(編)(1996).『吉武高木遺跡群VIII』, 福岡市埋蔵文化財調査報告書, 461. 福岡：福岡市教育委員会.

Rosch, E. (1972). The structure of color space in naming and memory for two languages. *Cognitive Psychology*, 3: 337-354.
Rowlands, M. J. (1971). The archaeological interpretation of prehistoric metalworking, *World Archaeology*, 3.
Rowlands, M. J. (1984). Objectivity and subjectivity in archaeology. In M. Spriggs (Ed.), *Marxist Perspectives in Archaeology*. Cambridge: Cambridge University Press.

S

Sackett, J. R. (1977). The meaning of style in archaeology: a general model. *American Antiquity*, 42 (3).
佐賀県教育委員会(1973).『土生・久蘇遺跡』, 佐賀県文化財調査報告書, 25. 佐賀: 佐賀県教育委員会.
佐賀県教育委員会(1977).『佐賀県農業基盤整備事業に係る文化財確認調査報告集第2部 土生遺跡』, 佐賀県文化財調査報告書, 37. 佐賀: 佐賀県教育委員会.
佐賀県教育委員会(編)(1990).『環濠集落吉野ケ里遺跡概報』. 東京: 吉川弘文館.
佐賀県教育委員会(編)(1994).『吉野ケ里』. 佐賀: 佐賀県教育委員会.
佐賀県教育委員会(編)(1997).『吉野ケ里遺跡』, 佐賀県文化財調査報告書, 132. 佐賀: 佐賀県教育委員会.
佐原真(1959). 弥生式土器製作技術に関する二三の考察.『私たちの考古学』, 20.
佐原真(1964).『紫雲出』. 香川県詫間: 香川県三豊郡詫間町文化財保護委員会.
佐原真(1970). 土器の話.『考古学研究』, 16(4)・17(1)・(2).
佐原真(1972a). 弥生時代(下).『考古学ジャーナル』, 74.
佐原真(1972b). 平瓦桶巻作り.『考古学雑誌』, 58(2).
佐原真(1973). 土器の話10.『考古学研究』, 75.
佐原真(1979). 弥生時代論.『日本考古学を学ぶ』, 3. 東京: 有斐閣.
佐原真(1983a). 食器における共用器・銘々器・属人器. 奈良国立文化財研究所創立30周年記念論文集刊行会(編),『文化財論叢』. 京都: 同朋舎出版.
佐原真(1983b). 弥生土器入門. 佐原真(編),『弥生土器 I』. 東京: ニュー・サイエンス社.
佐原真(1986). 総論. 金関恕・佐原真(編),『弥生文化の研究』, 3. 東京: 雄山閣.
佐原真(編)(1983).『弥生土器 I』. 東京: ニュー・サイエンス社.
佐原真(1993). 世界の中の弥生文化.『弥生文化の成立と東アジア』. 東京: 学生社.
サーリンズ, M.(1993). 山本正鳥(訳).『歴史の島々』. 東京: 法政大学出版局 (原著 Sahlins, M. (1985). *Islands of History*. Chicago: University of Chicago).
佐々木高明(1971).『稲作以前』. 東京: 日本放送出版協会.
佐々木隆彦(編)(1982).『栗山遺跡』, 甘木市文化財調査報告, 12. 甘木: 甘木市教育委員会.
佐藤正義(1986). 最近発見の主要遺跡. (『図説発掘が語る日本史』, 別巻 別冊付録). 東京: 新人物往来社.
佐藤正義(1991). 弥生時代.『夜須町史』. 福岡県夜須: 夜須町.
佐藤良二郎(編)(1986).『駅館川流域遺跡群発掘調査報告書 I』, 宇佐市文化財調査報告書, 2. 宇佐: 宇佐市教育委員会.
佐藤伸二(1980).『矢護川日向遺跡調査報告』. 熊本: 九州電力株式会社・日向遺跡調査団.
佐藤洋一郎(2001). 西日本の弥生遺跡から出土する稲の遺伝的特性.『日本文化財科学会第18回大会研究発表要旨集』.
サーヴィス, エルマン・R.(1977). 松園万亀雄・小川正恭(訳).『文化進化論』. 東京: 社会思想社 (原著 Service, E. R. (1971). *Cultural Evolutionism: Theory in Practice*. Holt, Linehart & Winston.).
沢田正昭・秋山隆保(1978). 北九州地方における甕棺の胎土分析.『山陽新幹線関係埋蔵文化財調査報告』, 9. 福岡: 福岡県教育委員会.
澤田康夫(編)(1984).『松木遺跡 I』, 那珂川町文化財調査報告書, 11 (上). 福岡県那珂川: 那珂川町教育委員会.
澤下孝信(1994). 文化動態論: 石器組成および土器様式との関連で.『九州文化史研究所紀要』, 39.
澤下孝信(1995). 考古学における社会論への一視座: 中園聡氏の批判に応えて.『日本考古学』, 2.
関晴彦(編)(1977).『九州縦貫自動車道関係埋蔵文化財調査報告』, 14. 福岡: 福岡県教育委員会.
関俊彦(1988). あとがきにかえて.『考古学への招待』. 東京: 雄山閣.

扇崎由・安川満(1995). 岡山市南方(済生会)遺跡のイノシシ類下顎骨配列.『動物考古学』, 5.
Shanks, M. and C. Tilley (1987a). *Social Theory and Archaeology*. Cambridge: Polity Press.
Shanks, M. and C. Tilley (1987b). *Re-Constructing Archaeology*. Cambridge: Cambridge University Press.
Shennan, Stephen (1988). *Quantifying Archaeology*. Edinburgh: Edinburgh University Press.
七田忠昭(1983).『船石遺跡』. 佐賀上峰: 上峰村教育委員会.
島袋洋(編)(1996).『平敷屋トウバル遺跡』, 沖縄県文化財調査報告書, 125. 那覇: 沖縄県教育委員会.
島田貞彦(1930). 筑前須玖史前遺跡の研究.『筑前須玖史前遺跡の研究』, 京都帝国大学文学部考古学研究報告, 11. 京都: 刀江書院.
島津義昭(1991). 火山灰と有文土器: 九州のあけぼの.『新版古代の日本』. 東京: 角川書店.
沈奉謹(1982). 金海池内洞甕棺墓.『韓国考古学報』, 12.
沈奉謹(1990). 宜寧石谷里支石墓群.『考古歴史学志』, 5・6.
沈奉謹・中園聡(1997). 三千浦勒島遺跡出土の凹線文弥生系土器について(原文ハングル).『文物研究』, 1.
志摩町教育委員会(1983).『御床松原遺跡』. 志摩町文化財調査報告書, 3. 福岡県志摩: 志摩町教育委員会.
下地安広(1999). 沖縄県嘉門貝塚出土の楽浪系土器.『人類史研究』, 11.
下條信行(1986). 弥生時代の九州.『岩波講座日本考古学』, 15. 東京: 岩波書店.
下條信行(1989a). 刊行にあたって.『古代史復元』, 4. 東京: 講談社.
下條信行(1989b). 弥生時代の玄界灘海人の動向: 漁村の出現と役割.『横山浩一先生退官記念論文集 I 生産と流通の考古学』. 福岡: 横山浩一先生退官記念事業会.
下條信行(1991). 北部九州弥生中期の「国」家間構造と立岩遺跡.『古文化論叢』. 児嶋隆人先生喜寿記念事業会.
下村智(1986). 弥生中期の「墳丘墓」を掘る: 吉武樋渡遺跡の調査.『早良王墓とその時代』. 福岡: 福岡市歴史資料館.
下山覚(1987). 南部九州のいわゆる「孔列土器」について.『鹿児島大学考古学会会報』, 5.
新東晃一(1990). 中ノ原遺跡 (II).『中ノ原遺跡 (II)・中原山野遺跡・西原掩体壕遺跡』, 鹿児島県埋蔵文化財調査報告書, 52. 鹿児島: 鹿児島県教育委員会.
新里貴之(1999). 南西諸島における弥生併行期の土器.『人類史研究』, 11.
白井克也(1995). 比恵遺跡群をめぐる国際環境: 燕, 衛氏朝鮮, 真番郡, 楽浪郡, 韓.『福岡市埋蔵文化財調査報告書』, 452. 福岡: 福岡市教育委員会.
白井克也(1996).『周船寺遺跡群 2』, 福岡市埋蔵文化財調査報告書, 493. 福岡: 福岡市教育委員会.
白石太一郎(1988). 製塩.『弥生文化の研究』, 2. 東京: 雄山閣.
Sneath, P.H.A. and R. R. Sokal (1973). *Numerical Taxonomy: The Principles and Practice of Numerical Classification*. San Francisco: W. H. Freeman and Company.
Sokal, R. R. and P.H.A. Sneath (1963). *Principles of Numerical Taxonomy*. San Francisco: W. H. Freeman and Company.
Spier, R. (1967). Work habits, postures, and fixtures. In C. L. Riley and Walter W. Taylor (Eds.), *American Historical Anthropology: Essays in honor of Leslie Spier*.
宋桂鉉・河仁秀(1990).『東萊福泉洞萊城遺蹟』, 釜山直轄市立博物館遺蹟調査報告書, 5. 釜山: 釜山直轄市立博物館.
徐姶男(1990). 勒島遺跡 II 地区 V 層出土土器.『考古研究』, 5.
杉原荘介(1943).『原史学序論』. 東京: 葦芽書房.
杉山富雄(編)(1986).『板付周辺遺跡報告書』, 2. 福岡: 福岡市教育委員会.
Sympson, G. G. (1961). *Principles of Animal Taxonomy*. New York: Columbia University Press. (白上謙一(訳)(1974).『動物分類学の基礎』. 東京: 岩波書店).

T

田川肇(2001). 一海を渡ること千余里, 一支国に至る: 原の辻遺跡を掘る.『三国志がみた倭人たち』. 東京: 山川出版社.
高木正文(1980). 九州縄文時代の収穫用石器: 打製石庖丁と打製石鎌について.『鏡山猛先生古稀記念 古文化

論攷』. 福岡: 鏡山猛先生古稀記念論文集刊行会.
高木貞夫 (1978). 『動物の分類』. 東京: 東京大学出版会.
高木暢亮 (1999). 埋葬に示された社会的関係: 弥生時代北部九州の墓地を対照として. 『人類史研究』, 11.
高木暢亮 (2003). 『北部九州における弥生時代墓制の研究』, 九州大学出版会.
高橋龍三郎 (1982). 青森県浪岡町細野遺跡の台付鉢について. 『早稲田大学大学院文学研究科紀要　別冊』, 9.
高倉洋彰 (1973a). 弥生時代祭祀の一形態: 甕棺墓地における土器祭祀を中心として. 『古代文化』, 25 (1).
高倉洋彰 (1973b). 墳墓からみた弥生時代社会の発展過程. 『考古学研究』, 20 (2).
高倉洋彰 (1975a). 右手の不使用: 南海産巻貝製腕輪着装の意義. 『九州歴史資料館研究論集』, 1.
高倉洋彰 (1975b). 弥生時代の集団組成. 『九州考古学の諸問題』. 東京: 東出版.
高倉洋彰 (1976). 北部九州における地縁的共同体の出現. 『季刊どるめん』, 8.
高倉洋彰 (1978). 大型甕棺の編年について: ことに型式設定の手続きの問題に関して. 『九州歴史資料館研究論集』, 4.
高倉洋彰 (1979). 筑紫野市永岡西方台地遺跡出土の弥生土器. 『古文化談叢』, 6.
高倉洋彰 (1980). 北部九州における弥生時代社会の形成. 『考古学研究』, 26 (4).
高倉洋彰 (1981). 『弥生時代社会の研究』. 東京: 寧楽社.
高倉洋彰 (1982a). 墓制からみた社会環境の変化. 『農耕文化と古代社会』. 東京: 雄山閣.
高倉洋彰 (1982b). 原ノ辻上層式の検討. 森貞次郎博士古稀記念論文集刊行会 (編), 『森貞次郎博士古稀記念古文化論集』, 上. 福岡: 森貞次郎博士古稀記念古文化論集刊行会.
高倉洋彰 (1991). 文字との邂逅. 『考古学ジャーナル』, 328.
高倉洋彰 (1995). 『金印国家群の時代』. 東京: 青木書店.
高倉洋彰 (編) (1973). 『鹿部東町遺跡』. 福岡: 日本住宅公団.
高宮廣衛 (1996a). 唐・大和時代の沖縄: 開元通宝の示唆するもの. 『月刊文化財出土情報6月号』. 東京: ジャパン通信社.
高宮廣衛 (1996b). 開元通宝と貨幣経済の開始. 『考古学ジャーナル』, 404.
高宮廣衛 (1997). 開元通宝と按司の出現. 『南島文化』, 19.
高宮廣衛 (2000). 金属貨幣使用開始期の民族例: 一国二制度的慣行?. 『出土銭貨』, 13.
高島忠平 (1977a). 甕棺. 『立岩遺蹟』. 東京: 河出書房新社.
高島忠平 (1977b). 甕棺の製作技術. 『立岩遺蹟』. 東京: 河出書房新社.
高島忠平 (1989). 吉野ヶ里遺跡. 『月刊文化財』, 314. 東京: 第一法規出版.
竹田宏司 (編) (1993). 『神水遺跡II』. 熊本: 熊本市教育委員会.
武末純一 (1982). 北九州における弥生時代の複合口縁甕. 森貞次郎博士古稀記念論文集刊行会 (編), 『森貞次郎博士古稀記念古文化論集』, 上. 福岡: 森貞次郎博士古稀記念古文化論集刊行会.
武末純一 (1987a). 北九州市・曽根平野の首長層居宅 (予察). 『古文化談叢』, 18.
武末純一 (1987b). 石包丁の計測値: 北九州市出土例を中心に. 岡崎敬先生退官記念事業会 (編), 『東アジアの考古と歴史』, (中). 京都: 同朋舎出版.
武末純一 (1987c). 須玖式土器. 金関恕・佐原真 (編), 『弥生文化の研究』, 4. 東京: 雄山閣.
武末純一 (1987d). 北九州長行遺跡の孔列土器. 『記録』, 24.
武末純一 (1990). 墓の青銅器, マツリの青銅器: 弥生時代北九州例の形式化. 『古文化談叢』, 22.
武末純一 (1991). 近年の時代区分論議: 特に弥生時代の開始を中心に. 高倉洋彰 (編), 『横山浩一先生退官記念論文集II　生産と流通の考古学』. 福岡: 横山浩一先生退官記念事業会.
武末純一 (1994). 弥生中期の人々と文字. 『西日本文化』, 300.
玉永光洋 (1987). 豊後内陸部の土器. 金関恕・佐原真 (編) 『弥生文化の研究』, 4. 東京: 雄山閣.
田辺繁治 (1989). 民族誌記述におけるイデオロギーとプラクティス. 『人類学的認識の冒険』. 東京: 同文舘.
田辺哲夫 (1980). 『熊本の上代遺跡』. 熊本: 熊本日日新聞社.
田中琢 (1983). 方格規矩四神鏡系倭鏡分類試論. 奈良国立文化財研究所創立30周年記念論文集刊行会 (編), 『文化財論叢』. 京都: 同朋舎出版.
田中琢 (1991). 『倭人争乱　日本の歴史2』. 東京: 集英社.
田中良之 (1979). 中期・阿高式系土器の研究. 『古文化談叢』, 6.
田中良之 (1982). 磨消縄文土器伝播のプロセス: 中九州を中心として. 森貞次郎博士古稀記念論文集刊行会

(編),『森貞次郎博士古稀記念古文化論集』,上．福岡：森貞次郎博士古稀記念古文化論集刊行会．
田中良之(1986)．縄紋土器と弥生土器1．西日本．『弥生文化の研究』,3．東京：雄山閣．
田中良之(1987)．土器からみた文化交流．『MUSEUM KYUSHU』7(1)．
田中良之(1991)．いわゆる渡来説の再検討．『横山浩一先生退官記念論文集II　日本における初期弥生文化の成立』．福岡：横山浩一退官記念事業会．
田中良之・土肥直美(1988)．二列埋葬墓の婚後居住規定．永井昌文教授退官記念論文集刊行会(編),『日本民族・文化の生成1』．東京：六興出版．
田中良之・松永幸男(1984)．広域土器分布圏の諸相：縄文時代後期西日本における類似様式の並立．『古文化談叢』,14．
田中良之・松永幸男(1991)．土器文様の伝播と位相差．『MUSEUM KYUSHU』,39．
谷口武範(編),(1990)．『県営圃場整備事業(坪谷川地区)に伴う発掘調査概要報告書　樋田遺跡』．宮崎県東郷：東郷町教育委員会．
田崎博之(1985)．須玖式土器の再検討．『史淵』,122．
田崎博之(1994)．夜臼式土器から板付式土器へ．城戸康利・前田達男・吉留秀敏(編),『牟田裕二君追悼論集』．太宰府：牟田裕二君追悼論集刊行会．
立神次郎(1985)．『王子遺跡』,鹿児島県埋蔵文化財発掘調査報告書,34．鹿児島：鹿児島県教育委員会．
立石雅文・萩原裕房(編)(1983)．安国寺遺跡の調査．『東部土地区画整理事業関係埋蔵文化財調査報告書』,2．久留米：久留米市教育委員会．
立岩遺蹟調査委員会(編)(1977)．『立岩遺蹟』．東京：河出書房新社．
寺沢薫(1986)．畑作物．『季刊考古学』,14．
寺沢薫(1990)．青銅器の副葬と王墓の形成：北部九州と近畿にみる階級形成の特質(1)．『古代学研究』,121．
當眞嗣一・上原静(編)(1978)．『木綿原』,読谷村文化財調査報告書,5．沖縄県読谷：読谷村教育委員会・読谷村立歴史民俗資料館．
友寄英一郎(1970)．沖縄出土の弥生式土器．『琉球大学法文学部紀要社会篇』,14．
友寄英一郎・高宮廣衞(1968)．伊江島具志原貝塚調査概報．『琉球大学法文学部紀要社会篇』,12．
豊岡卓之(1985)．「畿内」第V様式暦年代の試み．『古代学研究』,108・109．
豊岡卓之(1989)．『弥生・動乱の時代：吉野ヶ里遺跡の同時代史』,橿原考古学研究所附属博物館特別展図録,32．橿原：橿原考古学研究所．
時津裕子(1999)．墳墓イメージの形成と変容：近現代墓の考古学的研究．『HOMINIDS』,2．
時津裕子(2000a)．近世墓にみる階層性：筑前秋月城下の事例から．『日本考古学』,9．
時津裕子(2000b)．南西諸島における箱式石棺墓の再検討．『琉球・東アジアの人と文化』,上．那覇：高宮広衞先生古稀記念論集刊行会．
時津裕子(2000c)．考古学者はいかにして認知するか：認知考古学の新たな可能性に向けての考察．『人類史研究』,12．
徳永博文(1996)．『松ヶ上遺跡』,志免町文化財調査報告書,6．福岡県志免：志免町教育委員会．
伴野幸一(1995)．滋賀県二ノ畦・横枕遺跡と伊勢遺跡．『季刊考古学』,51．
戸崎勝洋・青崎和憲(編)(1978)．『阿多貝塚』．鹿児島県金峰：金峰町教育委員会．
戸沢充則(1986)．総論：考古学における地域性．『岩波講座日本考古学』,5．東京,岩波書店．
Trigger, B. G. (1991). *Archaeology as Historical Science*. Banaras Hindu University, 195. (菊池徹夫・岸上伸啓(訳)．『歴史科学としての考古学』．東京：雄山閣)．
坪井清足(1959)．やよいしき―どき．水野清一・小林行雄(編),『図解考古学辞典』．東京：東京創元社．
坪井清足(1973)．『陶磁大系』,2．東京：平凡社．
都出比呂志(1979)．ムラとムラとの交流：集落と地域圏．樋口隆康(編),『図説日本文化の歴史』,1．東京：小学館．
都出比呂志(1982)．原始土器と女性：弥生時代の性別分業と婚姻居住規定．女性史総合研究会(編),『日本女性史』,1．東京：東京大学出版会．
都出比呂志(1983)．弥生土器における地域色の性格．『信濃』,35(4)．
都出比呂志(1989)．『日本農耕社会の成立過程』．東京：岩波書店．
都出比呂志(1990)．日本古代葬制の考古学的研究：研究の成果と経過．『日本古代葬制の考古学的研究：とくに

埋葬姿勢と葬送儀礼との関わり』,平成元年度科学研究費補助金(一般 B)研究成果報告書. 大阪: 大阪大学考古学研究室.

都出比呂志(編)(1998).『古代国家はこうして生まれた』. 東京: 角川書店.

塚原博, (2001). 五島列島・平戸諸島における弥生時代の交易.『第 49 回埋蔵文化財研究集会 弥生時代の交易: モノの動きとその担い手』. 埋蔵文化財研究会第 49 回研究集会実行委員会.

常松幹雄・古川千賀子(1992).『第 31 次調査報告. 那珂 6』, 福岡市埋蔵文化財調査報告書, 292. 福岡: 福岡市教育委員会.

常松幹雄・下村智・横山邦継(編)(1986).『吉武高木』, 福岡市埋蔵文化財調査報告書, 143. 福岡: 福岡市教育委員会.

U

上野佳也(1980). 情報の流れとしての縄文土器型式の伝播.『民族学研究』, 4 (4).

上野佳也(1983).『縄文人のこころ』. 東京: 日本書籍.

宇田津徹朗ほか(1993). イネ(*Oriza sativa* L.) の生育段階と機動細胞珪酸体の形状および密度.『日本文化財科学会第 10 回大会研究発表要旨集』.

宇野隆夫(1995). 木製食器と土製食器: 弥生変革と中世変革.『古代の木製食器: 弥生期から平安期にかけての木製食器(第 I 分冊 発表要旨)』. 埋蔵文化財研究会第 39 回埋蔵文化財研究集会実行委員会.

丑野毅・田川裕美(1991). レプリカ法による土器圧痕の観察.『考古学と自然科学』, 24.

W

和田晴吾(1988). 漁撈.『弥生文化の研究』, 2. 東京: 雄山閣.

渡辺仁(1990).『縄文式階層化社会』. 東京: 六興出版.

渡辺正気(1998). 解説. 原田大六著『実在した神話』(解説付新装版). 東京: 学生社.

綿貫俊一・坂本嘉弘(編)(1989).『五馬大坪遺跡』. 大分県天瀬: 天瀬町教育委員会.

Wells, P. S. (1980). *Cultural Contact and Culture Change: Early Iron Age Central Europe and Mediterranean World*. Cambridge: Cambridge University Press.

Willey, R. G. and J. A. Sabloff (1974). *A History of American Archaeology*. Thames & Hudson. (小谷凱宣(訳)(1979).『アメリカ考古学史』. 東京: 学生社).

Wiessner, P. (1983). Style and social information in Karahari San projectile points. *American Antiquity*, 48 (2).

Y

山岸良二(1993). 弥生時代研究の動向.『日本考古学年報』, 44.

山本信夫(1979). 位置と環境.『向築地遺跡』, 小郡市文化財調査報告書, 5. 小郡: 小郡市教育委員会.

山本典幸(1991). 縄文土器の類似性とコミュニケーションシステム.『國學院大学考古学資料館紀要』, 7.

山中悦雄(1983). 宮崎平野における弥生土器編年試案.『宮崎県総合博物館研究紀要』, 8.

山内清男(1932). 日本遠古の文化.『ドルメン』, 1 (9).

山内清男(1937). 縄紋土器型式の細別と大別.『先史考古学』, 1 (1).

山崎純男(1979).『板付遺跡調査概報』, 福岡市埋蔵文化財調査報告書, 49. 福岡: 福岡市教育委員会.

山崎純男(1980). 弥生文化成立期における土器の編年的研究: 板付遺跡を中心としてみた福岡・早良平野の場合.『鏡山猛先生古稀記念 古文化論攷』. 福岡: 鏡山猛先生古稀記念論文集刊行会.

山崎純男(1990). 環濠集落の地域性: 九州地方.『季刊考古学』, 31.

柳田康雄(1982). 三・四世紀の土器と鏡. 森貞次郎博士古稀記念論文集刊行会(編),『森貞次郎博士古稀記念古文化論集』, 下. 福岡: 森貞次郎博士古稀記念古文化論集刊行会.

柳田康雄(1983). 伊都国の考古学: 対外交渉のはじまり.『大宰府古文化論叢』. 東京: 吉川弘文館.

柳田康雄(1985). 南小路甕棺墓と墓域.『三雲遺蹟: 南小路地区編』, 福岡県文化財調査報告書, 69. 福岡: 福岡県教育委員会.

柳田康雄(1986a). 青銅器の倣製と創作. 横山浩一(編),『図説発掘が語る日本史』, 6. 東京: 新人物往来社.

柳田康雄(1986b). 集団墓地から王墓へ. 横山浩一(編),『図説発掘が語る日本史』, 6. 東京: 新人物往来社.

柳田康雄(1986c). 倭人伝の国々. 横山浩一(編), 『図説発掘が語る日本史』, 6. 東京: 新人物往来社.
柳田康雄(1987). 高三瀦式と西新町式土器. 金関恕・佐原真(編), 『弥生文化の研究』, 4. 東京: 雄山閣.
柳田康雄(1990). 墓から見た後期社会. 『日本考古学協会1990年度大会研究発表要旨』.
柳田康雄(編)(1984). 『国道200号線バイパス関係埋蔵文化財調査概報』, 福岡県文化財調査報告書, 67. 福岡: 福岡県教育委員会.
柳田康雄(編)(1985). 『三雲遺蹟: 南小路地区編』, 福岡県文化財調査報告書, 69. 福岡: 福岡県教育委員会.
柳瀬昭彦(1997). 米の調理法と食べ方. 『弥生文化の研究』, 2. 東京: 雄山閣.
家根祥多(1984). 縄文土器から弥生土器へ. 『縄文から弥生へ』. 奈良: 帝塚山考古学研究所.
家根祥多(1993). 遠賀川式土器の成立をめぐって: 西日本における農耕社会の成立. 『論苑考古学』. 東京: 天山舎.
安川満・扇崎由(1995). 岡山市南方(済生会)遺跡の発掘調査. 『考古学ジャーナル』, 394.
八幡一郎(1982). 『弾談義』. 東京: 六興出版.
横山浩一(1980). 須恵器の叩き目. 『史淵』, 117.
横山浩一(1982). 佐賀県横枕における大甕の成形技術: 現存する叩き技法の調査. 『九州文化史研究所紀要』, 27.
横山浩一(1985). 型式論. 『岩波講座日本考古学』, 1. 東京: 岩波書店.
横山邦継(編)(1986). 『比恵遺跡: 第6次調査・遺物編』, 福岡市埋蔵文化財調査報告書, 130. 福岡: 福岡市教育委員会.
吉留秀敏(1989a). 九州の割竹形木棺. 『古文化談叢』, 20(中).
吉留秀敏(1989b). 比恵遺跡群の弥生時代墳丘墓: 北部九州における弥生時代区画墓の一例. 『九州考古学』, 63.
吉留秀敏(1990). 北部九州の前期古墳と埋葬主体. 『考古学研究』, 36(4).
吉留秀敏(1994). 板付式土器成立期の土器編年. 『古文化談叢』, 32.
吉留秀敏(1999a). 福岡平野の弥生社会. 『論争吉備』. 岡山: 考古学研究会.
吉留秀敏(1999b). 福岡平野の弥生社会. 『比恵遺跡群28』, 福岡市埋蔵文化財調査報告書, 596. 福岡: 福岡市教育委員会.
吉永明(編)(1989). 『下堀切遺跡II』. 八代: 八代市教育委員会.
湯浅光暢(1996). 大久保遺跡の土器焼成遺構. 『栖』, 28.

索　引

あ

Arnold, D.　41, 560
アイテム・カテゴリーデータ　20, 194, 260
アイデンティティー　3, 79, 129, 349, 350
檍遺跡　295
朝寝鼻貝塚　10, 81
亜種　14
明日香　3
阿多貝塚　309
阿高式　356
アテ具　51, 438, 453, 454
アナロジー　12, 31, 45, 602
阿波連浦下層式　521, 523, 528, 529, 532, 539
天久保遺跡　282, 283, 284
奄美諸島　521–523, 529, 530, 531, 534, 539, 543, 545, 546, 566
アメリカ　12, 34, 350
安国寺遺跡　256, 271, 272, 376–378, 404, 419, 458
Anthony, D. W.　112
暗文　164, 165, 258, 260, 261, 264, 270

い

飯倉遺跡　315
異界　571, 572, 576, 578, 584, 585
遺骸処理　475, 476
筏遺跡　80
池上曽根遺跡　237, 268, 484, 504, 505, 506
石川悦雄　116, 125, 126, 127
意識　11, 251
意識的　5, 16, 561
移住（者）　59, 78, 102, 105, 112, 113, 249, 346, 548
異所的交替　602
威信財　104, 105, 348, 349, 350, 541, 542, 547, 572, 573, 577, 582, 585, 586, 587, 589, 596, 597, 602
遺体　307, 346, 459, 466, 467, 469, 472, 475, 477
板付遺跡　47, 53, 80, 96, 108, 110, 114, 235, 483
板付Ⅰ式　47, 53, 55, 57, 58, 68, 74, 96, 108, 124, 132, 252, 483, 516
板付式　252, 524
板付田端遺跡　112, 287, 305
板付Ⅱ式　57, 58, 68, 124, 132, 165, 409, 499, 548, 551
板ナデ　258, 456–457

一次国家　605, 606
一次葬　98, 303
一の宮遺跡　31, 233, 234
一の宮式　28, 29, 30, 31, 32, 122, 219, 223, 233, 234, 250, 519
一括資料　117, 217, 224, 226, 325
五馬大坪遺跡　296, 298
イデオロギー　93, 103, 105, 110, 542, 544, 571, 573, 590, 600
井出下式　516
意図　15, 41, 258, 269, 339, 548, 560, 561, 606
井戸　273, 274, 492, 504, 505, 514
移動工人説（巡回工人説）　366, 479
伊都国　305, 337, 345, 397, 476, 498, 542, 591, 597
伊都国王　352, 476, 477, 588
糸島地域　174, 397–408, 592, 597
稲作　4, 5, 78, 79, 81, 82, 578, 599
イネ　4, 5, 79, 80, 81, 82, 357
井上裕弘　118, 252, 306, 311, 324, 345, 346, 371, 457, 424
イノベーション　252
異文化　515, 565, 584
異文化接触　270, 422
今川遺跡　94
意味　250, 251, 253, 267, 269, 273, 303, 311, 418, 482, 545, 546, 563, 565, 572, 581
意味のネットワーク　270
イメージ　39, 252
イメージスキーマ　43–44, 108, 453
イモガイ　541, 544
イモガイ製貝輪　319, 320
威容　104, 482, 483, 487
入来遺跡　124, 229, 302, 308, 507, 508, 511, 535
入来Ⅰ式　219, 302, 508, 509, 510, 518, 528, 535
入来式　122, 219, 223, 508, 519
入来Ⅱ式　223, 229, 244, 265, 508, 518, 519, 523, 525, 528, 529, 530, 531, 532, 533, 534, 539, 544, 546, 572
岩戸山古墳　358
岩永省三　24, 349, 350, 601
井原鑓溝遺跡　295, 306, 596, 597
姻戚関係　346, 587
インターアクション（モデル）　38, 548, 561

韓　267, 268, 269, 590
漢　267, 269, 573, 574, 584, 588, 596
漢王朝　476, 574, 575, 576, 577, 578, 585, 586, 587, 588, 589, 590, 591, 596, 598, 602, 604, 606
感覚的　16, 17
環境　6, 34, 73, 96
漢鏡　268, 590, 597, 598
環境決定論　2
還元　17, 32, 34, 254,
環濠　96, 97, 104, 110, 114, 370, 481, 482, 483, 484, 492, 494, 495, 498, 499, 502, 503, 504, 505, 508, 509, 510, 511, 513, 514, 535, 583, 586, 604
環濠集落(→大規模環濠集落)　93, 94, 96-97, 104, 112, 279, 280, 299, 302, 481, 483, 492, 494, 505, 506, 508, 509, 510, 511, 513, 514, 535, 581, 583, 584, 594, 604, 605
鑑識眼　8, 15, 17
漢書(地理志)　268
漢人　269, 477, 577
韓人　477

き
魏(王朝)　574
紀元前1世紀(後半)　1, 6, 7, 10, 47, 55, 237, 253, 268, 269, 281, 484, 498, 514, 515, 574, 575, 577, 578, 579, 581, 584, 585, 586, 589, 590, 592, 593, 596-597, 598, 600, 601, 602, 604, 606
擬口縁　444
刻目突帯文土器　47, 50, 51, 53, 54, 55, 57, 58, 68, 72, 74, 75, 80, 96, 108, 114, 124, 132, 248, 295, 310, 312, 516, 517, 547
儀式　254, 266, 270, 275
岸本義彦　516
器種　22, 24, 25, 29, 32, 49, 51, 53, 54, 55, 58, 59, 60, 68, 71, 72, 73, 75, 104, 238, 242, 243, 244, 246, 249, 253, 254, 256, 257, 259-261, 263, 265, 266, 270, 276-277, 278, 279, 312, 362, 365, 378, 380, 381, 401, 402, 419, 423, 447, 453, 454, 476, 478, 510, 513, 518, 519, 521, 529, 533, 546, 547, 567, 574, 580, 581, 586, 592, 593, 596
技術論　424
器種分化　54, 72, 104, 273, 274, 481
魏志倭人伝　89, 92, 475, 478, 479, 570
擬人化　45, 102
Kidder, A. V.　12
器台　49, 59, 177-178, 258, 265, 276, 277, 278, 533, 534, 596
北牟田遺跡　451, 457
狐塚式　12

Giddens, A.　38, 560
畿内　1, 94, 129, 130, 350, 352, 353, 514, 545, 583, 584, 592, 594, 595, 596, 597, 598, 600, 601, 602, 605, 606
畿内第IV様式　130, 237, 268, 505
絹　82, 451, 469
機能　24, 25, 42, 252, 267, 277, 280
機能主義　349, 482
木下尚子　10, 515, 544
気風　25, 26, 31, 118
木舟三本松遺跡　399, 405, 407
技法　51, 52, 249, 264, 281, 349, 369, 376, 423, 424, 556, 558, 559, 561, 562, 564, 565, 596
客観性　16
客観(的)　16, 351, 414
九州中期様式　246, 247, 248, 251, 581, 592, 593
境界例　14
供献　54, 71, 100, 250, 273, 281, 287, 351, 570
共食儀礼　476, 477, 478
京ノ峯遺跡　300, 301, 302, 513
共伴関係　117, 125, 233, 518, 523, 528, 580
清田純一　120
拠点(的)集落　365, 370, 383, 481, 487, 498-503, 509, 510, 511, 513, 539, 583
漁撈　79, 88-89, 103
儀礼行為　458, 461, 474-479
儀礼的権威　345
金印　597
金海会峴里貝塚　287, 305, 566
金海式(甕棺)　59, 287, 305
近畿(地方)　74, 113, 128, 246, 295, 311, 484, 506, 595, 597
金属器　1, 47, 93, 94, 287, 530, 541, 542, 547, 572, 600, 604
禁欲(主義)(的)　2, 6, 7, 484

く
空間的成層　345, 350, 586, 588
空間的様式　128, 237-252
クエゾノ遺跡　542
区画　284, 287, 295, 317, 332, 483, 492, 495, 498, 506, 508, 510, 513, 584, 597
区画墓　332, 335
櫛描文　49, 229, 234, 246, 248, 271, 569, 592
具志堅貝塚　529, 540
具志原貝塚　525, 529, 533, 540
城嶽貝塚　540
久住猛雄　484, 488, 491, 492
国　7, 311, 591
久保泉丸山遺跡　68, 106, 107, 276, 277, 281

索　引

隈池の上遺跡　331, 332, 477
隈西小田遺跡　317
久米遺跡　397, 399-405, 407, 408
Clarke, D.　11, 14
クラスター分析　20, 21, 22, 67, 157, 160, 162, 163, 180, 194, 197-200, 240-242, 245, 362, 388
栗田遺跡　256
栗山遺跡　59, 256, 334, 335, 371-376, 378, 383, 411, 415, 416, 417, 424, 451, 457, 461, 469-473, 480, 498, 502, 503
黒雲母　230, 264, 407, 430, 434, 438, 439, 446, 519, 536, 568
Kroeber, A. L.　44
黒髪Ⅰ式　216, 217, 223, 229, 244, 252, 265, 502, 509, 518
黒髪式　119, 120, 122, 123, 124, 125, 128, 131, 216, 226, 227, 228, 252, 256, 264, 265, 304, 305, 307, 518, 533
黒髪Ⅱ式　216, 217, 223, 226, 227, 228, 229, 231, 235, 242, 244, 248, 263, 264, 265, 308, 509, 519, 533, 535, 538, 539
黒川式　48, 58, 75, 94, 97, 104, 105, 107, 108, 109, 114, 516, 535, 539, 547
クロスデーティング　130, 231
黒塗　270, 271, 313, 324, 382, 423, 424, 425, 427, 429, 430, 431, 432, 434, 436, 437, 439, 440, 446, 457-458
神水遺跡　228, 317
汲田式(甕棺)　59, 306, 307, 408
訓練　13, 29, 75, 480

け

Kay, P.　262
蛍光Ｘ線分析　8, 356, 357, 358, 359, 361, 371, 400, 422, 423, 480, 564, 573, 582
経済(的)　515, 542, 545, 547, 570, 572, 574, 577, 579, 585, 596
型式　11, 12, 14, 15, 16, 17, 22, 25, 26, 27, 28, 31, 32, 44, 45, 59, 68, 102, 115, 117, 118, 120, 179, 246, 251, 313, 356, 362, 423, 516, 519, 548, 563, 584, 592
形式　24, 25, 95, 248, 251
型式学(的)　8, 11, 12, 15, 16, 17, 18, 19, 20, 21, 22, 25, 42, 43, 58, 62, 63, 65, 118, 161, 246, 252, 281, 287, 311, 355, 356, 357, 358, 367, 383, 401, 521, 523
型式組列　25, 207
型式分類　11, 12, 13, 14, 15, 16, 17, 18, 20, 22, 29, 62, 68, 117-118, 131-207, 132-207, 253, 580
型式論　15, 17, 41, 117
形質　98, 108, 109, 110, 111, 112, 113, 307, 346, 540
形質人類学　20, 78, 97, 480
傾斜編年　237

継続型(の遺跡)　503, 540, 541, 543
計測値　17, 18, 20, 62, 65, 157
計測的属性(項目)　20, 22, 146, 157, 177, 180, 194, 555
計測点　17, 65, 551, 555
形態　24, 25, 54, 252, 376, 400, 402, 561
形態生成構造　71-73, 77, 277, 279, 571, 593
形態パターン　54, 55, 71-73, 77, 277-279, 520, 596
計量革命　11
計量考古学　16
計量的　11, 22
計量分析　17, 18
権威　94, 104, 108, 109, 110, 111, 112, 268, 348, 350, 542, 566, 571, 572, 574, 575, 576, 578, 582, 584, 585, 590, 598, 600, 602, 603, 604
玄界灘沿岸　57, 60, 71, 75, 77, 88, 98, 105, 107, 108, 281, 284, 304, 305, 343, 409, 492, 547, 563, 570
玄界灘沿岸西部　107, 108, 109, 112, 602, 603
言語表現　177
原史時代　79, 91
現生人類　13
元素　356, 362, 365, 385, 405, 416, 419
現代人　3, 503
検丹里遺跡　96
顕著性　100, 108, 248, 262, 565, 581, 592, 604

こ

コア地域　304, 305, 346, 581, 590
行為者　6, 47, 61, 78, 102, 545, 548, 563, 606
交易　91, 365, 543, 545, 567, 587
工具　281, 423, 437
工具ナデ　428, 429, 430, 431, 432, 433, 434, 435, 436, 437, 438, 441, 442, 443, 456
考古遺物　8, 12, 15, 16, 20, 31, 117-118, 131-207, 132-207
考古学　1, 3, 4, 5, 6, 7, 8, 11, 12, 13, 14, 15, 16, 18, 22, 23, 32
考古学者　3, 4, 5, 7, 8, 11, 13, 14, 15, 18, 32, 34, 35, 36, 39, 45, 48, 81, 311, 358, 422
考古資料　4, 8, 11, 12, 15, 17, 33, 35, 74, 312, 344, 351
交渉　10, 11, 94, 104, 107, 268, 269, 271, 287, 310, 511, 513, 515, 533, 535, 540, 541, 543, 564, 566-578, 584, 589
交渉パターン　573-574, 575, 576, 584, 585, 590
工人(集団)　252, 358, 371, 420, 422, 423, 582
構造維持志向型異文化導入モデル　110, 111, 113
構造変革志向型異文化導入モデル　112, 113
厚葬墓(地)　112, 267, 268, 269, 279, 280, 287, 291, 293, 295, 296, 304, 305, 306, 307, 308, 310, 339, 349, 420, 461, 475, 487, 498, 573, 581, 582, 586, 587, 589, 591,

634

592
甲条神社遺跡　378-383, 389, 391-396, 447, 457, 499
工程　261, 424, 430, 435, 453, 464, 473
行動　34, 38, 270
後半期甕棺墓　293, 295, 474, 581
小型鏡　329, 347, 575
小型土器（専用甕棺に対する）　373, 375, 376, 378, 379, 383, 385, 386, 388, 389, 390, 409, 420, 453, 480, 582
小型倣製鏡　295
後漢鏡　295, 306, 530, 541, 597
石勺（瓦田）遺跡　377, 378
黒色磨研土器　4, 51, 55, 104
黒斑　430, 431, 436, 437, 439, 440, 446
五銖銭　498, 531, 532, 541, 542, 574, 575, 577, 589
個人　39, 40, 41, 61, 78, 107, 369, 419, 548, 560, 563
コスモロジー　349
個体　13, 14, 15, 118, 323, 562
古代化　605, 606
個体群　14, 31, 32, 359
国家（的）　7, 267, 481, 506, 591, 600, 601, 606
国家形成過程　7, 311
後藤直　74
小林青樹　370
小林達雄　25-27, 31, 32, 39, 104, 482, 514
小林正史　55, 91
小林行雄　23-25, 27, 31, 32, 39, 41, 45
古墳　19, 284, 358, 461, 597
古墳時代　3, 20, 55, 60, 91, 295, 302, 357, 371, 411, 481, 491, 520, 596
古墳時代の成立　602
ゴホウラ　536, 541
ゴホウラ製貝輪　308, 309, 319, 339, 343, 535, 536, 572
米　4, 5, 47, 80, 91, 92
コロニー的遺跡（集落）　108, 111, 113, 549, 564, 565, 566
権現塚北遺跡　226, 291
婚後居住規定　344
コンテクスト　8, 9, 35, 75, 77, 107, 251, 252, 266, 267, 269, 273, 281, 310, 420, 542, 562, 577, 585, 575, 577
近藤喬一　597
金銅四葉座飾金具　267, 293, 352, 576, 587, 588
婚入者　346, 347, 348
コンピュータ　9, 17, 19, 34
混和材　359, 370, 377, 395, 404, 418, 419, 422

さ
サーヴィス, E. R.　6, 599, 602, 606
サーリンズ, M.　112
再現性　16, 417

祭祀　84, 87, 253, 254, 266, 275, 350, 459, 476, 479, 603
祭祀遺構　59, 253, 264, 299, 300, 302
祭祀遺跡　299, 302
祭祀行為　273, 459
材質転換　329, 545
祭祀土器　253, 254, 256, 260, 263, 273, 275, 278, 459, 476, 581
祭祀土壙　253, 254, 271, 272, 273, 275, 276, 292, 296, 376, 400, 403, 459, 473, 478
採集　6, 34, 79, 90
サイズ・ファクター　22, 67, 163, 195, 551
再生産　40, 355, 479, 563, 585
在地　58, 60, 226, 230, 233, 246, 264, 265, 268, 281, 307, 308, 343, 345, 346, 447, 409, 414, 506, 518, 520, 523, 528, 529, 534, 535, 536, 545, 546, 557, 559, 569, 574, 582, 587
斎藤山遺跡　94
栽培　4, 5, 79, 80, 81, 93
再分配（システム）　476, 574, 575, 576, 586, 590, 598, 600, 602, 606
彩文　52, 53, 63, 64, 65, 217, 230, 265
冊封　588, 598
桜馬場遺跡　295, 306, 596
桜馬場式　179, 312
雀居遺跡　98, 110, 112, 114, 276, 277
薩摩半島　123, 124, 308, 369, 481, 519, 520, 528, 529, 530, 534, 543
薩摩半島西部　123, 124, 229, 231, 235, 249, 264, 295, 299, 302, 304, 305, 308-310, 349, 506, 508-511, 513, 525, 527, 528, 530, 531, 533, 535, 538, 539, 570, 571, 572, 579, 584
薩摩半島東部　29, 123, 124, 125, 223, 233, 234, 509, 513
佐原真　12, 24, 25, 26, 32, 45, 47, 247, 424, 453, 605, 606
サブクラスター　199, 389
Sabloff, J. A.　12
澤下孝信　39, 40, 41
三角縁神獣鏡　574, 597
産地推定（法）　356, 357, 361, 362, 367, 369, 422, 573
三内丸山遺跡　3, 104
残留脂肪酸分析　8
参列者　473, 475, 476, 477, 478

し
死　266, 268, 421, 474, 475, 476, 478, 480, 576, 588
シェイプ・ファクター　67, 163, 195, 552
Shennan, S.　194
ジェンダー論　36, 37
視覚（的）　77, 261, 262, 561
自覚的　15, 35

四箇東遺跡　80
時間的変化　15, 67
敷粗朶工法　495
色調　25, 31, 32, 51–52, 75, 76, 77, 91, 104, 105, 213, 258, 259, 260, 262, 271, 356, 376, 378, 380, 381, 393, 400, 402, 424, 430, 434, 438, 439, 442, 446, 519, 523, 527, 528, 529, 530, 568, 569
支脚　177, 260, 277
刺激伝播　44-45, 267, 269, 350, 506, 582, 584, 590, 595
鹿部東町遺跡　237
姿勢　40, 75, 423, 431, 438, 452, 453, 455, 561
支石墓　1, 54, 98, 100, 107, 108, 109, 110, 112, 281, 282, 284, 287, 295, 299, 308, 351, 434, 461, 570, 576, 584, 603, 604
自然科学　8, 12
地蔵堂遺跡　588
漆器　52, 82, 265, 267, 271, 275, 276, 581
実証(的)　3, 5, 61, 101, 311, 350, 355, 356, 371, 414, 420, 425, 453, 459
実践的知識　560
実体(的)　4, 14, 27, 32, 33, 36, 44, 548, 591
実年代　55, 237, 281, 532
指頭圧痕　446, 556, 558, 564
篠原新建遺跡　399, 405, 407
支配体制　269
沈奉謹　250, 569, 578
下伊田式　252
下大隈式　57, 252
下郡桑苗遺跡　83
下城系統(甕)　132, 145, 231, 232, 234
下小路遺跡　308, 319, 320, 339, 349, 509, 535, 538
下城式　124, 132, 231, 248
下城式甕　146
下條信行　130, 311, 331, 337, 343
下原遺跡　310, 511, 527, 538
下堀切遺跡　227, 228, 235
下山覚　75
指紋　425
社会(的)　1, 6, 7, 10, 251, 253, 266, 269, 273, 276, 279, 280, 281, 303, 305, 312, 503, 516, 543, 545, 546, 560, 565, 600–606
社会科学　12, 39
社会学　11, 34, 38, 39
社会構造　281, 310, 311, 344, 604, 605
社会システム　3, 6, 83, 107, 111, 267, 579, 580, 604, 605
社会的階層　36, 345, 349, 479, 582
社会的行為　92, 93, 279, 473
地山　376, 378, 399, 400, 403, 404
種　12, 14

朱　325, 376, 469, 475
周縁地域　304, 306, 308, 310, 317, 323, 343, 581, 582, 586, 589, 590
集塊状　376, 378
住居跡　81, 96, 97, 103, 273, 275, 509, 513
集骨　98, 110, 303, 306, 307, 346, 474, 475
集住　59, 498, 502, 504, 514
集落　1, 36, 59, 88, 299, 370, 419, 420, 481–514, 535, 583
集落間格差　483, 487, 495, 509, 511, 513, 514, 540, 543
集落構造　96, 97, 110, 482, 497, 498, 504, 511, 596, 600, 602, 604
集落内格差　483, 498
縦列的成層　36, 345, 350
収斂　151, 248, 252
主観　16, 31, 351
主成分分析　20, 21, 22, 62, 65, 66, 157, 162–165, 180, 194–197, 357, 362, 375, 381, 387, 389, 404–405, 407, 409, 551–553
首長　346, 349, 505, 572, 576, 591
首長権　574
出自規制　344, 350
受容　38, 61, 73, 107, 129, 350, 548, 606
狩猟　6, 34, 79, 85–88, 95, 105
狩猟採集民　4
巡回工人説(移動工人説)　366, 479
松菊里型住居　97, 110
常識　13, 33
焼失住居　217, 230
使用者　12, 39, 261, 273, 562
焼成　55, 77, 262, 358, 420, 424, 437, 439, 451, 458, 566
焼成遺構　365
象徴(的)　73, 87, 91, 95, 111, 250, 251, 305, 350, 418, 482, 563, 571, 588, 593, 604
焦点色　262
上東遺跡　495
小児棺　226, 296, 331, 373, 379, 385, 479, 480
城ノ越式　57, 59, 129, 165, 214, 217, 219, 223, 224, 225, 240, 246, 252, 277, 517, 551, 557
城ノ越式(甕棺)　425, 430, 434
消費(地)　355, 357, 358, 365, 370, 409, 420, 478, 494, 572, 582
情報　107, 267, 269, 350, 540, 547, 564
情報処理　15, 109
情報伝達システム　548
掌紋　438, 454
縄文時代　3, 4, 5, 6, 15, 26, 102–105, 277, 482, 570, 599
縄文時代後半期　4, 6, 81, 115, 117
縄文時代後晩期　1, 6, 10, 97, 101, 267, 299, 483, 570, 572, 576, 603

縄文時代前期　10, 81, 103, 539
縄文時代像　6
縄文時代晩期　47, 54, 55, 71, 96, 103, 105, 107, 278, 279, 516, 532, 539, 547, 576
縄文社会　3, 78, 105
縄文人　47, 77-79, 98, 101, 102, 109, 110, 113
縄文土器　4, 49, 53, 77, 356, 358, 359, 422, 463, 571
照葉樹林文化論　80
初期農耕　4, 605
食生活　91-93
食膳具（食膳土器）　277, 481, 506, 513, 533, 534, 546, 586
植物遺（存）体　5, 8
女性　38, 346, 347
食器　267, 269, 270, 275, 280, 478, 581
食器スキーマ　270
食器文化　270, 271
食器様式　267
書刀　574
白井克也　268, 425
白口遺跡　460
資料群　16
四波屋六の坪遺跡乙地区　494
進化（論）　11, 252, 350, 600, 604, 606
人工物　12, 14, 262, 483, 548
人骨　98, 101, 110, 112, 266, 303, 306, 307, 339, 347, 348, 383, 409, 474, 475, 476, 479, 540
新里貴之　521, 523, 532
真実　5, 16
身体　39, 40, 41, 48, 453, 560
身体化　563
身体技法　423, 425, 438, 453
人文科学　12
シンボリズム　261, 358
新町遺跡　64, 68, 98, 281
心理学　15, 20, 38
人類史　7

す

数量化III類　20, 75, 180, 328, 330, 331
数量考古学　17
数量分類（学）　12, 16, 17, 22, 23
須恵器　18, 20, 116, 356, 357, 358, 359, 361, 367, 371, 375, 411, 454, 480, 534, 541, 545
スキーマ（理論）　38, 42-44, 107, 110, 265, 269, 270, 576
須玖I式　12, 57, 118, 130, 214, 217, 223, 224, 225, 226, 229, 230, 237, 244, 249, 254, 266, 268, 270, 271, 273, 274, 275, 312, 385, 400, 492, 502, 510, 517, 518, 531, 551, 557, 564, 565, 569, 592

須玖岡本遺跡　459, 460, 587, 589
須玖岡本遺跡N地点　336
須玖・岡本遺跡群　370, 420, 484-485, 487, 489, 503
須玖岡本遺跡D地点　267, 293, 306, 332, 333, 338, 420, 461, 478, 484, 575, 586, 587, 594
須玖式　12, 59, 60, 115, 117, 118, 122, 127, 128, 161, 165, 213, 214, 217, 225, 226, 242, 245, 250, 252, 253, 256, 265, 277, 278, 279, 304, 517, 518, 525, 533, 574, 580
須玖式（甕棺）　268
須玖唐梨遺跡　487
須玖II式　12, 57, 59, 60, 72, 89, 123, 125, 130, 214, 217, 219, 223, 224, 227, 228, 229, 230, 231, 232, 234, 237, 242, 244, 248, 250, 253, 256, 261, 263, 264, 267, 268, 270, 271, 273, 275, 276, 277, 278, 308, 312, 335, 365, 385, 484, 489, 492, 498, 505, 510, 517, 539, 551, 567, 569, 574, 580, 592, 595
スダレ遺跡　317
ステージI　240, 242, 244, 245, 246, 247, 249, 265, 312, 594
ステージIII　240, 246, 247, 312, 349, 593
ステージ0　240, 246
ステージII　240, 242, 244, 245, 246, 248, 263, 265, 312, 349, 572, 592, 594
Sneath, P. H. A.　12, 14
Spier, R.　40, 41
スリップ　257, 261

せ

成員　14
生業　2, 3, 4, 5, 6, 79, 88, 90, 91, 603
成形　51, 418, 420, 421, 454, 457, 458, 557
整形　261, 425, 458
製作技法　38, 52, 249, 423, 424, 425, 452, 530, 545, 559, 561, 562, 564
製作行為　458
製作工程　419, 425
製作者　12, 38, 39, 48-60, 249, 254, 261, 263, 273, 307, 371, 402, 419, 423, 431, 434, 438, 441, 453, 454, 455, 456, 458, 498, 548, 550, 556, 560, 561, 562, 563, 565, 584, 587, 593
生産　1, 41, 94, 273, 355, 356, 365, 370, 376, 380, 395, 414, 578, 582, 599, 605
生産体制　305, 420, 423, 424, 583
生産-分配システム　355, 356, 367, 370, 371, 376, 380, 395, 414, 419, 420, 495, 580, 582, 583
政治システム　267, 269, 345, 573, 584, 590, 592, 596, 602, 605
政治状況　295

政治組織　251, 311
政治的　1, 6, 44, 305, 515, 544, 574, 579, 592, 596
政治的センター　487
生殖的隔離　14
精製土器（器種）　51, 72, 75, 104, 105, 246, 250, 265, 270, 279, 349, 483
精製土器スキーマ　270
青銅器　9, 59, 94, 112, 287, 366, 371, 484, 485, 487, 492, 498, 502, 542, 547, 567, 575, 577, 585, 589, 602
青銅製鏃（漢式三翼鏃）　530, 531, 541, 542, 589
生得的認知能力　13
生得的分類能力　13
生物　13
生物学　12
生物学的基盤　13, 37
生物（の）分類　11, 12, 13
西北部九州　54, 98, 107, 110, 111, 113, 281, 284, 295, 305, 306-307, 317, 319, 324, 339, 481, 483, 511, 538, 540, 570, 572, 602, 603
赤色顔料　52, 266, 307, 313, 323, 324, 325, 337, 342, 351, 383, 446, 467, 469, 475, 499
石棺（墓）　264, 303, 306, 339, 343, 346, 348, 529, 590
接合痕　416, 426, 431, 444, 556
接合線　416, 435, 557, 558
設置　458, 461, 464, 466, 469, 472, 477, 574
折衷　38, 97, 226, 249, 547, 548, 550, 552, 561, 562, 564, 575
折衷土器　38, 75, 548, 550, 557-563, 566, 584
瀬戸内（地域）　58, 128, 245, 246, 247, 248, 252, 276, 516, 518, 544, 546, 569, 593, 601
瀬戸内・畿内　60, 130, 131, 213, 225, 237, 245, 246, 247, 248, 250, 349, 579, 580, 592, 595, 597
瀬戸内系　127, 225, 509, 513, 514, 535, 567, 570
瀬戸内第V様式　227, 235, 509
瀬戸内第III様式　217, 229, 237, 544
瀬戸内第IV様式　125, 127, 218, 231, 232, 233, 234, 237, 544
セトルメント・システム　103, 483, 506
前漢鏡　267, 268, 269, 293, 324, 383, 476, 484, 574, 575, 588
前期末　9, 58, 112, 179, 252, 287, 295, 312, 492, 515, 573
戦国式銅剣　498
戦国時代（中国）　540
先史時代　7, 41, 57, 523
先進性　1, 110
全数比較（全数分析）　17, 194
戦争　476, 482
前半期甕棺墓　287-292, 303, 474
前方後円墳　3, 358, 491, 545, 597, 598

専門工人（集団）　365, 371, 375, 420, 424, 582
専門的分類　13
戦略　16, 34, 47, 268, 348, 422, 478, 540, 572, 573, 585, 601, 605

そ

層位学　11, 15, 43
層位学的検証　15, 207
相関（関係）　11, 18, 36, 62, 104, 259, 260, 279, 281, 287, 313, 320, 322, 323, 324, 325, 335, 337, 338, 345, 350, 421, 479, 502, 506, 585
早期（弥生時代早期）　47, 48, 55, 81, 96, 98, 132, 265, 276, 277, 278, 279, 281, 284, 287, 295, 303, 306, 453, 482, 483, 484, 489, 492, 499, 516, 525, 528, 532, 547, 570, 581
想起のネットワーク　270
葬具　476, 477, 478, 576, 587, 588
荘厳化　505, 506, 584
葬祭　474, 475, 476, 477
葬送過程　474-479, 583
葬送儀礼　100, 355, 356, 421, 422, 458, 473, 474, 478, 479, 480, 481, 582, 583, 586, 595
葬送行為　273, 355, 420-422, 458, 459, 473-479, 582, 583
葬送システム　355, 371, 423, 458, 459, 476, 583, 594
相対化　5
相対主義（的）　15, 35
造墓（過程）　459
造墓行為　459, 461, 583
Sokal, R. R.　12, 14
属　12
属性　9, 17, 20, 22-23, 25, 29, 32, 45, 73, 74, 77, 93, 226, 245, 246, 248, 250, 251, 256, 268, 275, 281, 311, 313, 336, 337, 346, 348, 355, 356, 483, 492, 503, 548, 560, 561, 563, 581, 592
属性分析　9, 15, 17, 18-19, 20, 22, 115, 131, 159-160, 162, 177, 180, 313
属性変異　17, 28, 29, 32, 548
粗製土器（器種）　77, 250
曽畑式　356, 539
素朴な実証主義　5

た

対外交渉　7, 515
大規模環濠集落　484, 492, 494, 495, 498, 502, 503, 504, 506, 513, 514, 583, 584, 592, 595, 600
胎土　8, 25, 28, 81, 250, 258, 259, 260, 262, 264, 358, 365, 367, 376, 378, 379, 380, 381, 383, 385, 389, 393, 400, 404, 408, 409, 414, 417, 419, 424, 434, 440, 444,

446, 447, 518, 519, 523, 530, 532, 536, 559, 564, 569, 578, 583
態度 14, 38, 263, 546, 560
大道小学校遺跡 264
胎土の均質性 414-419
胎土分析 8, 346, 355, 356, 357, 358, 359, 361-370, 371, 373, 376, 382, 395, 397, 402, 409, 411, 414, 416, 419, 422, 423, 425, 434, 440, 447, 458, 476, 480, 481, 494, 495, 499, 569, 580, 582, 586
type 13
大陸 1, 9, 52, 83, 94, 103, 267, 269, 270, 271, 275, 281, 350, 542, 544, 582, 589, 590, 592, 595
大陸系遺物 55, 57, 116, 541, 543, 542
大陸系管玉 105, 282, 284
大陸系磨製石器 47, 81, 94, 95, 98, 108, 109, 281, 536
大陸的葬法 268
大陸文化 47, 267, 270, 280, 595, 596, 599, 600, 604
高上石町遺跡 399, 405, 407
高樋塚添遺跡 291, 292, 383-391, 393, 394, 396, 477, 499
高木貞夫 13
高木暢亮 351
高倉洋彰 47, 118, 253, 269, 311, 350, 459, 483, 574, 598
高島忠平 424
高祖榎町遺跡 399, 405, 407
高杯 25, 49, 52, 53, 60, 146-151, 224, 225, 235, 246, 247, 264, 265, 266, 270, 271, 277, 278, 280, 302, 367, 481, 506, 510, 511, 513, 514, 520, 546, 565, 593, 596
高付遺跡 125, 235
高付式 125, 223, 235, 520, 531
高付タイプ 125
高橋遺跡 535, 538, 571
高橋Ⅰ式 122, 517
高橋貝塚 305, 308, 309, 310, 509, 511, 517, 527, 531, 533, 535, 536, 537, 538, 543, 570, 571, 572
高橋徹 4
高橋Ⅱ式 122, 124, 132, 517
高三潴式 57, 118, 120, 125, 127, 128, 214, 235, 240, 252, 312, 520, 580
高宮廣衞 525, 529, 543
田川肇 542
武末純一 75, 118, 127, 130, 177, 247, 250, 256, 353, 481, 574
田崎博之 57, 116, 117, 118, 127, 128, 132, 161, 245, 256, 304
田島遺跡 342
多重環濠 438, 498, 503
打製石器 86, 93, 94, 95, 103, 105, 595
タタキ(技法)(痕) 51, 258, 423, 424, 435, 438, 452-456, 556, 596
タタキ具 51, 451, 452, 453-456
叩き締めの円弧 453, 454
タタキメ 60, 424, 453, 454, 455, 534
多段階 13, 32
多鈕細文鏡 287, 498, 499, 502, 573
辰ヶ下遺跡 399, 405, 407
脱出 151
竪穴住居(跡) 18, 93, 97, 102, 487, 490, 508, 509, 510, 513, 525, 539, 604
立岩遺跡 304, 307, 322, 323, 327, 328, 342, 345, 346, 352, 424, 589
立岩式(甕棺) 59, 252, 305, 306, 312, 307, 444, 544
竪壙 459, 460, 467, 474
立屋敷式 252
田中琢 19, 591
田中良之 27, 28, 47, 73, 75, 78, 97, 109, 250, 251, 348, 548
田布施平野 295, 308, 310, 506, 508, 509, 511, 533, 535, 538, 539
多変量解析 9, 12, 15, 17, 18, 19, 20, 22, 23, 62, 65, 115, 131, 159-160, 162, 177, 180, 194, 313, 551
茶戸里遺跡 269, 574, 575, 589
玉類 104, 287, 317, 324, 325, 328, 475, 483, 498, 542, 547, 573, 577
樽形甕 154-157, 261, 270, 278
炭化米 4, 82
単棺 306, 309, 321, 322, 323, 336, 338, 421, 422, 474
断続平衡説 252

ち

地域差 29, 94, 306, 367, 504, 516, 519, 583
地域色 71, 73, 307, 311, 339, 348, 391, 395, 423, 424, 519
地域性 57, 68, 73, 305-310, 373, 401, 420, 424, 516, 519, 580, 582
地域的変異 62, 71, 132, 180
地域的様式 24, 127, 234, 242, 245, 246, 256, 518, 596
地下式板石積石室墓 303
地質 365, 367, 370, 396, 407, 408, 411, 414
地質学 11, 43
池内洞 250, 569
Childe, V. G. 479
中期 9, 130, 207, 237, 265, 266, 284, 296, 311, 355, 479, 495, 517-520, 566
中期後半 1, 6, 7, 9, 47, 122, 123, 125, 131, 217, 223, 225, 228, 252, 253, 256, 263, 265, 266, 267, 269, 281, 293, 299, 300, 302, 306, 310, 312, 376, 421, 422, 424, 448, 484, 489, 490, 491, 492, 498, 502, 505, 506, 533,

索　引

546, 570, 576, 592
中国　6, 9, 10, 52, 79, 266, 267, 268, 506, 515, 564, 573, 574, 577, 579, 585, 588, 589, 590, 593, 605, 606
中心地の転換　599, 603
鋳造鉄斧　94, 268
中部九州　105, 116, 120, 128, 207, 214–217, 219, 225, 226–228, 235, 264, 265, 266, 296, 299, 367, 481, 509, 510, 511, 518, 520, 539, 603
長期的歴史　3, 32, 33
長頸壺　174–177, 224, 231, 278, 533, 534, 596
朝貢外交　269
調査法　459, 460, 461
調整(技法)(痕)　50, 74, 75, 250, 262, 279, 357, 385, 400, 408, 417, 439, 441, 442, 443, 452, 454, 458, 519, 530, 558, 568
調整案　127, 130, 237, 245, 252
朝鮮系青銅器　291
朝鮮半島　1, 4, 5, 6, 9, 10, 38, 47, 49, 50, 51, 54, 59, 63, 64, 68, 71, 74, 84, 96, 97, 100, 101, 103, 105, 107, 110, 111, 213, 246, 249, 266, 267, 268, 269, 271, 276, 281, 287, 305, 350, 498, 515, 539, 542, 547, 548, 551, 564, 566, 570, 573, 574, 576, 577, 579, 587, 590
長方形区画　284, 287, 291, 293, 296, 335, 373, 376, 383, 395, 469, 593
貯蔵穴　58, 82, 87, 90, 92, 482
地理的勾配(クライン)　128, 247, 266, 279, 280, 281, 306, 343, 345, 350, 580, 581, 584, 592, 593

つ

追葬　461
通過儀礼　344
通婚圏　251, 548
通文化的　48, 453
津古遺跡　365
津古内畑遺跡　87
津古土取遺跡　58, 87
津古中台遺跡　86
筒形器台　202–205, 258, 270, 273, 275, 277, 278, 309
都出比呂志　24, 33, 548
壺　25, 49, 53, 54, 58, 60, 62, 160–177, 270, 276, 277, 281, 287, 312, 373, 409, 546

て

DNA分析　8
Deetz, J.　344, 391
鉄戈　264, 306, 324, 343, 575, 590
帝塚山考古学研究所　17
鉄器　93, 94, 103, 339, 499, 595, 604
鉄剣　307, 502

鉄製武器　293, 310, 477, 541, 586
鉄製利器　325, 328, 331, 337, 338, 348, 351
鉄刀　295, 352, 499
鉄斧　94, 95, 97, 530, 531, 541
鉄矛　343, 574
寺山遺跡　509, 514
典型　13
電子顕微鏡　448, 450, 451
伝播　33, 42, 44, 47, 77, 79, 101, 115, 128, 269, 352, 453, 548, 563, 578, 595, 599, 606
伝播論　2

と

土井ヶ浜遺跡　300, 303, 475
土肥直美　348
銅戈　94, 287, 291, 305, 307, 328, 352, 499, 502, 573, 574
銅釧　295
統計　9
統計数理研究所　17
銅剣　94, 287, 291, 305, 310, 573, 574
動作連鎖　423
同時製作　375, 376, 382, 386, 400, 401, 402, 405, 409, 417, 420, 440, 441, 447, 583
道場山遺跡　320, 328
統率者　83, 104, 107, 108, 109, 111, 113, 483, 566, 570, 571, 572, 576, 578, 579, 580, 584, 603
銅鐸　352, 479, 597
堂地東遺跡　231
東南アジア　51, 358, 556
東部九州　58, 207, 224–225, 247, 263, 279, 295, 296, 299, 514, 593
胴部装飾文　141
銅矛　94, 287, 291, 305, 328, 352, 573, 574, 597
道路(遺構)　96, 484, 487, 489, 490, 491, 492, 495, 497, 503, 583, 586
土器　1, 11, 12, 15, 17, 267, 269, 270, 273, 423, 478
土器棺(墓)　16, 295, 302, 540
土器型式　13, 355, 516
土器研究　15, 22, 278, 423, 547
土器スキーマ　100, 270
時津裕子　15, 36, 422, 478, 529, 540
土器編年　9, 130, 179, 423, 516, 523
土偶　8, 102, 103, 104, 105, 483, 603
土壙　98, 100, 275, 276, 281, 284, 296, 302, 399, 400, 403
土壙墓　98, 110, 287, 295, 296, 302, 303, 339, 345, 474, 594
都市(的)　6, 7, 370, 420, 484, 487, 489, 492, 495, 498, 503, 506, 583, 592
都市化　492, 495, 514

都市的(大規模)集落　370, 419, 484, 487, 503–506, 582, 586
塗装　270
土層　459, 461, 464, 465, 466, 467, 469, 470, 472, 474
塗装土器　269, 270
土木工事　94, 96, 487, 498
富の原遺跡　264, 306, 339, 340, 341, 343, 346, 346, 474
ドメスティック　369, 371
巴形銅器　295
友寄英一郎　515, 525, 529
豊岡卓之　130, 235
渡来系弥生人　84, 540
渡来人　61, 75, 77–79, 93, 97–100, 101, 102, 108, 109, 110, 111, 112, 540, 564, 565, 572, 578, 604

な

内旋　601, 602, 605, 606
那珂遺跡(群)　96, 97, 110, 482, 483, 489, 551
永岡遺跡　275, 467
中尾佐助　13
中川原貝塚　530–531, 540, 541
中園聡　8, 17, 38, 39, 62, 74, 117, 123, 125, 130, 219, 233, 252, 255, 267, 269, 307, 456, 519, 544, 591
中津野式　122, 520, 534
長津宗重　127
中・寺尾遺跡　285
中堂遺跡　104, 483
中ノ原遺跡　123
那珂八幡古墳　491
仲原式　521, 523, 525, 528, 529, 532, 538, 540, 543, 572
中町馬場遺跡　122, 124, 535, 536
中溝式　127, 131, 229, 231, 232, 234, 242, 245, 248, 263, 519
中村耕治　125
中村慎一　542, 606
中村友博　130
中村直子　125
中山貝塚　237
中山平次郎　460, 461, 499
中山Ⅳ式　229, 237
奴国　306, 337, 345, 478, 484, 591, 597
奴国王　476, 477, 497
ナデ　51, 258, 265, 426, 429, 431, 435, 437, 438, 439, 446, 448, 451, 457
ナデ板　258, 457
ナデ具　258, 435, 438, 451, 452, 456, 457
菜畑遺跡　47, 53, 80, 84, 88, 108
鍋田遺跡　80
ナライ遺跡　486, 487

成川遺跡　29, 123, 233, 234, 264, 302, 308, 309, 529, 544
成川式　125, 520, 545
南海産貝輪　287, 293, 310, 538, 544, 545, 547, 570, 571, 572, 577, 585, 589, 600
南西諸島　1, 10, 84, 103, 213, 246, 248, 250, 309, 310, 367, 368, 369, 511, 515, 516, 520, 521, 523, 525, 529, 530, 533, 534, 538, 539, 540, 543, 544, 545, 546, 547, 564, 566, 570, 571, 572, 574, 579, 584, 589
南島型石棺墓　529, 540, 543, 570, 571
南島世界　543, 544
南部九州　24, 28, 75, 116, 120–125, 128, 205, 207, 217–221, 225, 229–236, 249, 263, 265, 266, 279, 295, 299, 303, 367, 369, 481, 506, 508, 509, 510, 511, 513, 514, 518, 519, 520, 529, 530, 532, 545

に

丹　52, 54, 261, 262, 271, 273, 419, 458
仁伍式　233
西秋良宏　40
西健一郎　114, 119, 120, 121, 216, 226
二次国家　605
西島遺跡　58, 365
西新式　12, 57, 60, 252, 520
西谷彰　509
西谷正　502, 503, 597
西日本　10, 20, 49, 54, 80, 81, 82, 85, 96, 102, 114, 250, 253, 254, 492, 503–506, 539, 579, 592, 593, 594, 596, 604
日常土器　254, 256, 260, 365
丹塗(土器)(器種)　52, 59, 60, 62, 64, 68, 97, 108, 118, 123, 165, 213, 224, 225, 244, 246, 248, 252, 253–280, 295, 310, 323, 365, 419, 441, 442, 443, 478, 506, 526, 533
丹塗甕　157–160, 224, 232, 234, 264, 270, 278, 302
丹塗精製器種(群)　245, 246, 253–276, 277, 278, 279, 280, 309, 349, 376, 419, 506, 534, 567, 580, 581, 588, 592, 593, 602
丹塗土器スキーマ　270
二分法　3, 78, 254, 275, 561
日本考古学　3, 5, 8, 11, 12, 15, 16, 22, 23, 28, 34, 45, 101, 422, 548, 599
日本情報考古学会　17
日本列島　1, 9, 20, 82, 84, 95, 100, 102, 253, 541, 575, 590, 603
新田原遺跡　127, 231, 232
如意形口縁　58, 59, 60, 124, 132, 213, 511, 517, 523, 535, 536, 538
如意形口縁系統(甕)　132, 144–145
人間　16, 33, 34, 262, 270, 422

認識活動　13
認識論　8, 422
認知(的)　12, 13, 15, 16, 36–42, 43, 48, 61, 95, 108, 109, 252, 356, 419, 422, 423, 442, 458, 546, 560, 561
認知科学　11, 13, 34, 37, 38
認知傾向　13
認知考古学　15, 33, 34, 35, 36–37, 42, 43, 44, 100, 262, 356, 422, 423, 453
認知構造　39, 48, 61, 73–75, 78, 79, 95, 100, 101, 261, 453, 550, 563, 594
認知的特性　13

ぬ
貫川遺跡　107
布圧痕　425, 447, 448, 449, 451, 457
ヌバタキ遺跡　525–528, 533

ね
Nelson, S. M.　4, 5
年代観　55, 269, 344, 606
粘土　77, 261, 370, 378, 395, 400, 409, 418, 435, 437, 461, 464, 466, 467
粘土槨　461
粘土帯　52, 77, 114, 416, 424, 425, 426, 429, 430, 431, 435, 443, 444, 454, 455, 562, 566
年輪年代　57, 237, 268

の
農具　47, 81, 82, 94, 95, 109, 281
農耕　4, 5, 6, 79–83, 101, 104, 105, 111, 353, 566, 576, 578, 579, 584, 599, 604, 606
農耕社会　79, 83, 101, 350, 599, 605
農耕民　4
野口遺跡　296
上り立遺跡　343, 348, 588

は
パーセンテージ・マトリクス　241
Berlin, B.　262
Barnes, G. L.　43
廃棄　34, 87, 473, 478, 483, 545
ハイレベル　251
博多遺跡群　491
舶載鏡　324
白寿遺跡　308
ハケ　50–51, 219, 233, 250, 258, 259, 262, 265, 306, 307, 424, 425, 428, 430, 431, 435, 438, 440, 441, 442, 444, 445, 446, 447, 451, 455, 456, 530, 556, 557, 558, 562, 565, 593
ハケメ工具　425, 428, 444, 445
箱式石棺(墓)　100, 281, 284, 295, 303, 341, 540
土師器　60, 411, 520, 534, 545
橋口達也　47, 64, 68, 75, 116, 128, 179, 200, 268, 346, 347, 371, 424, 453, 454, 467, 475
畑中遺跡　317
抜歯　98, 112, 348
発展段階論　2, 311, 599
Hudson, M. J.　5
ハナデンボ遺跡　235, 595
ハビトゥス　33, 37–42, 43, 74, 78, 81, 111, 112, 267, 453, 456, 506, 539, 540, 560, 563, 565, 575, 585, 590, 592, 597, 600, 601, 604, 605
羽生淳子　548
浜屋原式　523, 528, 529, 530
林謙作　74
パラダイム　8, 35, 81, 422
原山遺跡　71, 281, 284
春成秀爾　47, 87, 97, 102, 346, 347, 352, 479, 597
原の辻遺跡　83, 88, 484, 495–498, 541, 542, 567, 570, 588
原ノ辻上層式　12, 129
反証可能性　16
搬入　225, 231, 233, 234, 264, 308, 345, 346, 349, 367, 369, 373, 378, 386, 396, 409, 411, 514, 518, 520, 528, 532, 533, 534, 535, 539, 540, 541, 542, 545, 546, 547, 559, 562, 566, 567, 569, 570, 572, 578, 584, 595
判別分析　20, 162, 166, 356, 391, 554, 555

ひ
Pearson, R.　8
比恵遺跡(群)　268, 273, 274, 489, 490, 491
比恵・那珂遺跡群　370, 420, 484, 485, 487–492, 495, 503, 595
非科学的　14, 29, 33
東アジア　1, 253, 544, 546, 547, 549, 574, 581, 592, 595, 600
東上田遺跡群　296
東小田峯遺跡　284, 287, 342, 575, 594
東菰田式　53, 252
非計測的属性　20, 132, 157, 165, 177, 180, 194, 555
瓢形壺　160, 275, 278
樋尻道遺跡　296, 297
被葬者　284, 293, 308, 313, 320, 323, 346, 349, 420, 421, 475, 476, 477, 478, 479, 535, 566–578, 588, 590
ビッグマン　591
筆跡鑑定　17
ヒト　13
非丹塗(器種群)　254, 256, 261, 262, 265, 266, 270, 273,

275, 581
卑弥呼（→倭王卑弥呼）　574
非明示的　16
日向　116, 127, 131, 205, 207, 217–221, 229–236, 263, 266, 279, 280, 299, 513
標式　13
標式遺跡　13, 299
標石　100, 287, 308, 331, 332, 352, 434, 464, 466, 477, 478
平塚川添遺跡　498
平原遺跡　295, 306, 597
Hill, J. N.　39, 41
広口壺　28, 161, 274, 278, 518
広瀬和雄　595
広田遺跡　300, 521, 544
枇杷園遺跡　502
Binford, L. R.　34

ふ

V字溝　96, 97, 509, 513, 535, 539
Fawcett, C.　3
深澤芳樹　74, 453, 548
吹上遺跡　307, 342, 362
武器形青銅器　287, 292, 293, 324, 325, 328, 331, 337, 339, 348, 349, 351, 541, 566, 572, 586, 589, 601
福岡・筑紫平野　166, 207–215, 224, 225, 251, 256, 263, 266, 279, 517, 592, 604
福岡平野　60, 98, 100, 108, 110, 111, 112, 156, 296, 304, 343, 346, 378, 414, 447, 481, 506, 564, 571, 577, 602
複合口縁壺　60, 246, 534
複合土器　275, 276, 277, 278, 279
副葬品　16, 68, 267, 268, 281, 282, 284, 287, 291, 292, 293, 295, 306, 307, 310, 311, 313, 315, 316, 317, 319, 320, 321, 322, 323, 324, 325, 328, 329, 331, 332, 336, 348, 349, 350, 397, 402, 464, 475, 476, 477, 483, 499, 502, 505, 515, 572, 575, 589, 595, 600
副葬品システム　576, 586–592, 595, 596, 600, 602, 605, 606
福永伸哉　594–595
服喪　478–479
袋状口縁長頸壺　123, 127, 175–177, 216, 231, 235, 264, 273, 274, 569
藤尾慎一郎　17, 81, 132, 252, 305, 517
藤の尾遺跡　502
部瀬名貝塚　529
豊前Ⅰ式　225, 518
豊前Ⅲ式　225, 232, 242, 256, 263, 304, 305, 518, 592
豊前Ⅱ式　225, 244, 304, 305, 518
部族　251

二塚山遺跡　295, 306, 319, 342
物質文化　3, 7, 8, 9, 11, 36, 45, 93, 102, 268, 422, 481, 484, 492, 539, 563, 573, 576, 579, 584, 585, 595, 600, 603
船着場跡　495, 497
浮文　248
プラトン　13
プラントオパール（分析）　4, 10, 80, 81, 82, 284, 288, 357
Bourdieu, P.　37, 39, 40, 560, 563
プロセス　4, 6, 15, 40, 71, 112, 113, 284, 289, 307, 350, 548, 560, 576, 584, 605, 606
プロセス考古学　8, 23, 33, 34–36, 37, 422
プロトタイプのゆらぎモデル　562, 564
雰囲気　25, 31, 32, 118, 213
文化　1, 3, 5, 6, 35, 36, 37, 38, 253, 516, 546, 548, 579, 592
分化　53, 151, 600
文化財科学　8, 480
文化進化論　599
分割暗文　165, 230, 258, 264
分割研磨　261
文化変容　270
墳丘（墓）　3, 112, 284, 287, 291, 293, 302, 307, 317, 331, 332, 335, 336, 337, 338, 339, 373, 375, 411, 421, 434, 461, 469, 472, 473, 476, 483, 484, 492, 494, 498, 499, 502, 506, 514, 594, 595
分業（論）　355, 369, 371, 414, 582
文京遺跡　503
文献史料　7
分析的　16, 17, 35, 73, 74, 120, 269, 310, 311, 350, 473, 479, 561
分析手順　16
分配　355, 365, 370, 376, 380, 395, 409, 414, 420, 495, 582, 583
分布圏　251, 588
分布中心　244, 345, 416, 597
墳墓　1, 35, 93, 100, 266, 280, 281, 299, 311, 503, 505, 506, 515, 593–596
墳墓祭祀　254, 273, 275, 459
文明社会　7
分類　8, 9, 11–15, 16, 187, 115, 128
分類階級　127
分類学　11–15
分類群　14
分類傾向　13, 388
分類行為　12, 13
分類作業　13, 16
分類単位　12, 14, 16, 17, 24, 27, 68, 179, 245, 251, 256

分類能力　13
分類法　16, 17

へ

併行関係　115, 116, 123, 128, 130, 131, 224, 225–237, 252, 253, 268, 505, 517, 523, 549, 551, 580
ペコス会議　12
平敷屋トウバル遺跡　532
Helms, M.　540, 570
変異　14, 15, 20, 29, 62, 71, 102, 260, 261, 263, 313, 325, 338, 401, 402, 414, 455, 561
編年　9, 11, 15, 17, 24, 48, 62, 115, 116, 127, 130, 131, 136, 179, 207–237, 245, 311, 423, 516, 521, 523

ほ

Boas, F.　40
墓域　307, 311, 332, 335, 343, 476
方形周溝墓　295, 306, 481, 491, 492, 594, 595, 597
放射性炭素(^{14}C)年代測定　8, 55
棒状タタキ(痕)　430, 431, 435, 438, 453, 454
方法(論)　8, 9, 11, 12, 13, 15, 16, 17, 18, 19, 20, 21, 22, 23, 33, 256, 313, 356
保管　458
北部九州　1, 7, 9, 49, 57, 77, 105, 112, 116, 117, 127, 128, 226–228, 235, 250, 252, 253, 254, 261, 263, 264, 265, 266, 267, 268, 269, 273, 274, 276, 279, 280, 281, 284, 287, 295, 302, 303, 311, 331, 339, 342, 345, 346, 348, 349, 350, 355, 367, 370, 402, 409, 423, 479, 484, 492, 494, 498, 502, 503, 506, 510, 511, 514, 517, 518, 539, 544, 565, 570, 575, 577, 579, 580, 592, 593, 595, 596, 598, 600–601
北部九州社会　3, 6, 7, 9, 112, 116, 117, 127, 128, 226–228, 235, 250, 252, 253, 254, 261, 263, 264, 265, 266, 267, 268, 270, 311, 544, 570, 575, 579, 585, 587, 590, 591, 596, 601, 602, 605
北部九州中枢部　346, 503, 542, 572, 575, 576, 586, 587, 588, 589, 590, 591
墓群　68, 107, 287, 291, 292, 302, 306, 307, 311, 335, 336, 338, 339, 345, 373, 376, 389, 391, 400, 420, 422, 475, 478, 502, 513, 583, 605
墓壙　98, 100, 226, 250, 299, 300, 306, 307, 337, 351, 376, 383, 422, 430, 434, 458, 459, 460, 461, 464, 466, 467, 469, 470, 472, 473, 474, 476, 477, 499
鉾田遺跡　502
Hodgkinson, L. J.　5
ポストプロセス考古学　8, 23, 34–36, 37, 104, 422, 563, 585
墓制　100, 101, 107, 279, 281, 284, 295, 299, 302, 303, 304, 306, 307, 309, 312, 339, 350, 371, 414, 479, 480, 481, 513, 514, 540, 570, 576, 581, 584, 587, 589, 590, 593, 594, 596, 604
細形銅戈　397, 402
細形銅剣　305, 315, 397, 502, 531
Hodder, I.　33, 34, 35, 104
墓地　36, 59, 96, 98, 107, 264, 273, 281, 284, 287, 291, 293, 295, 296, 299, 300, 302, 303, 306, 336, 337, 349, 355, 376, 378, 383, 420, 422, 458, 473, 476, 477, 478, 483, 484, 487, 492, 498, 499, 502, 503, 513, 540, 583, 585, 586, 594
法華原遺跡　80
掘立柱建物　97, 487, 490, 498, 503, 505, 513, 604
墓道　291, 292, 461
骨　8, 83, 84, 87, 88, 92
ポリセティック　14, 260, 261
ホロン　246
本質　13, 14, 16
本質主義　13, 15, 16
本田道輝　123, 124, 125, 252

ま

埋設過程(プロセス)　459–474, 477, 583
埋葬　58, 98, 100, 110, 266, 270, 277, 295, 299, 303, 312, 320, 339, 345, 348, 349, 371, 383, 420, 422, 473, 474, 475, 476, 477, 478, 483, 492, 494, 502, 513, 529, 540, 544, 571, 588, 594, 595
埋葬過程　473
埋葬施設　281, 284, 287
埋置　308, 309, 377, 434, 438, 466, 474
埋土　87, 460, 461, 464, 467, 477, 528
真栄里式　523
前原北遺跡　229
曲り田遺跡　94, 97, 108
纒向遺跡　597
真志喜安座間原第一遺跡　540
磨製石鏃　78, 85, 94, 284, 287, 529
馬田弘稔　253, 254, 258, 261, 275, 423, 453, 454, 459
町田章　268, 352, 587, 588, 598
松ヶ上遺跡　409–414, 475
松木遺跡　457
松木薗遺跡　231, 308, 508, 509, 511, 535
松木薗Ⅰ式　122, 123, 124, 125, 235
松木薗式　124, 125, 223, 309
松木薗０式　123, 124, 223, 235, 519, 533, 535
松木薗Ⅱ式　122, 123, 124, 125
松永幸男　73, 251, 548
松ノ尾遺跡　302
松本直子　6, 38, 40, 42, 53, 72, 75, 77, 97, 99, 100, 103, 104, 105, 107, 270, 540, 570, 571

丸尾台遺跡　352
マルクス主義　351, 599
マルチレベル　28, 32, 251
丸味を帯びた甕棺　179, 202, 306, 308, 309, 310, 312, 320, 382, 509, 529, 534, 546

み
ミガキ　74, 233, 257, 261, 262, 264, 265, 270, 425, 428
三国丘陵　59, 85, 86, 116, 549, 551, 564
三国の鼻遺跡　58, 59
三雲遺跡（群）　484, 498, 542
三雲加賀石遺跡　286, 287
三雲南小路遺跡　267, 293, 305, 326, 327, 329, 333, 335, 337, 339, 346, 352, 420, 421, 484, 498, 575, 576, 586, 587, 594, 596
未焼成　377, 378
水巻町式　252
溝口孝司　25, 73, 291, 476, 548, 591
三津式　179, 309, 312
三辻利一　356, 357, 362, 480
ミッシングリンク　252
三津永田遺跡　295, 306, 596
御床松原遺跡　89
港　495, 542
南方（済生会）遺跡　84, 518, 544
南溝手遺跡　81
ミニ漢帝国　590, 605
身分秩序　267, 269
脈絡　16, 350
宮崎平野　126, 127, 146, 217, 481, 509, 514, 519
宮の前墳丘墓　295
宮本一夫　576
Miller, D.　349, 352, 455, 456
民族　262
民族考古学　12, 34
民族誌　33, 45, 86, 350, 358, 453, 479, 543

む
無意識的　2, 16, 39, 561, 563
無頸壺　171-174, 247, 265, 274, 278, 533, 534
蓆　467, 475
牟田尻遺跡　124
無文土器　38, 49, 50, 51, 52, 59, 60, 74, 77, 96, 113, 213, 249, 250, 455, 456, 498, 538, 547, 548-563, 564, 567, 568
村上征勝　17, 22
村上陽一郎　15

め
明示的　15, 16, 179
明刀銭　540, 574
女鹿遺跡　296
メタレベル　3, 34
目貼粘土　376, 399, 400, 403, 404, 405, 407, 422, 432, 460, 461, 466, 467, 469, 470, 472, 473, 474, 477, 480
免田式　520, 530, 534, 546

も
モーターハビット　33, 37-42, 73-75, 77, 453, 560, 561, 563, 564, 568
殯　421, 476
木製高杯　265, 266, 271
木製品　265, 267, 275
木柱　291, 292, 477
模式標本　13, 14
文字使用　269, 574
文字史料　8
木棺（墓）　100, 110, 268, 281, 284, 287, 296, 304, 346, 409, 498, 506, 513, 573, 574, 588, 590, 594
木器　92, 94, 102, 267, 269, 273, 276, 277, 476, 477, 478, 586
モデル　2, 31, 77, 101, 109, 111, 116, 267, 342, 346, 495, 516, 540, 548, 570, 578, 601
モノセティック　14
模倣　264, 498, 506, 519, 545, 547, 561, 562, 564, 566, 573, 576, 577, 596
籾　4, 80
籾圧痕　4, 80, 81
木綿原遺跡　529
守恒遺跡　225, 542, 570
森貞次郎　47, 115, 118, 120, 122, 125, 128, 179, 295
森本六爾　79
諸岡遺跡　59, 551, 564
門田遺跡辻田地区　306, 335, 336, 338, 339, 460

や
安永田遺跡　59, 256
八ツ並金丸遺跡　291
柳井田式　130
柳田康雄　118, 179, 353
家根祥多　74, 77
矢羽透し（文）　127, 217, 231, 232, 233, 544, 569
山崎純男　47, 96, 483
邪馬台国　597, 598, 600, 605
山内清男　24, 27, 41, 79
山ノ口遺跡　28, 29, 123, 264, 299, 300, 302, 513
山ノ口Ⅰ式　223, 230, 263, 513, 519, 520

山ノ口式　28, 29, 30, 122, 123, 124, 125, 127, 130, 175, 223, 229, 232, 242, 244, 245, 248, 250, 256, 263, 266, 299, 302, 518, 519, 525, 529, 530, 532, 539, 544
山ノ口Ⅱ式　28, 223, 231, 232, 233, 234, 263, 302, 513, 519, 523, 529, 544, 566, 569, 572
山ノ寺式　47, 516
山本典幸　548
弥生系土器　515, 516, 570
弥生時代開始期　47, 78, 95, 97, 108, 110, 113, 310, 489, 565, 573, 574, 590, 603, 606
弥生時代観　4
弥生時代像　6
弥生時代(の)成立(期)　5, 6, 9, 52, 60, 98, 105-114, 295, 483, 484, 540, 579, 580, 586, 600, 602
弥生時代併行期　10, 515, 521, 523, 540, 543, 547
弥生社会　1, 10, 355, 540, 541, 544, 546, 575, 585, 588, 590, 600, 605
弥生人　48, 77, 262, 515, 543, 545, 546, 566, 573, 584, 588, 594
弥生文化　1, 2, 10, 15, 44, 47, 52, 61, 78, 82, 90, 94, 96, 101, 102, 103, 510, 515, 539, 543, 579, 580, 595, 600, 602

ゆ

夜臼式　47, 78, 516

よ

様式　11, 23-33, 53, 55, 102, 117, 118, 120, 127, 131, 207, 219, 225, 242, 244, 245, 246, 247, 249, 250, 251, 253, 256, 276, 312, 346, 348, 356, 514, 518, 519, 521, 548, 566, 580, 592, 596, 597
様式構造　250, 349
様式の階層　27, 28, 32, 127, 223, 225, 242, 251, 580
様式の動態　245-252, 580
様式名　53, 115, 128, 214, 216, 516, 517, 519
様式論　12, 23-33, 41, 45
ヨーロッパ　12, 366, 479
横隈山遺跡　82
横山浩一　15, 17, 18, 117, 453, 457
吉ヶ崎遺跡　230
吉ヶ崎式　122, 219, 519
吉武遺跡群　112, 287, 498
吉武大石遺跡　323
吉武高木遺跡　112, 287, 288, 289, 290, 305, 315, 323, 498, 573
吉武樋渡遺跡　331
吉留秀敏　57, 331, 484, 485, 486, 487, 489, 490, 514
吉野ケ里遺跡　292, 293, 294, 317, 331, 370, 383, 395, 484, 492-495, 503, 506

四郡設置　268, 269, 270, 271, 574, 577

ら

莱城遺跡　549, 559, 565, 577
楽浪(郡)　267, 268, 269, 271, 476, 498, 528, 531, 541, 542, 564, 567, 570, 574, 575, 577, 579, 586, 587, 590, 593, 595, 605
ランク(差)　267, 269, 337, 342, 344, 348, 350, 421, 583

り

立石　300, 302, 461, 464
稜角付口唇部　258, 259, 264, 265, 270, 523
稜角付突帯　214, 216, 258, 259, 261, 263, 264, 270, 442, 443, 444
理論　2, 4, 7, 11, 12, 33, 34, 35

る

類型主義　13, 16
類型分類　13, 14, 131, 177, 301
類似性　14, 21, 29, 71, 94, 97, 103, 245, 246, 250, 269, 281, 303, 350, 367, 375, 402, 403, 417, 422, 447, 523, 543, 544, 566, 592, 596, 601, 605
類似度　20, 33, 68, 131, 134, 219, 241, 245, 247, 251, 371, 376, 380, 386, 388, 393, 400, 402, 403, 404, 414, 420, 499, 516, 518, 520, 534, 548

れ

Lakoff, G.　43, 108
歴史　7, 34, 40, 253
歴史時代　411, 541
歴史的脈絡(コンテクスト)　1, 75, 77, 84, 266, 313, 351
列状墓(地)　291, 292, 383, 483, 492, 494
レプリカ法　448
レベル　13, 27, 250, 251, 256, 338, 342, 343, 345, 347, 348, 350, 476, 484, 575, 577, 581
レンガ積み　14, 251

ろ

Rowlands, M. J.　366, 479
ローレベル　251
勒島遺跡　38, 249, 250, 455, 547, 548, 549, 557, 565, 569, 584
勒島パターン　565
Rosch, E.　262

わ

倭　267, 269, 574
倭王卑弥呼　574
ワクド石遺跡　80

倭人　269
渡辺仁　6, 104, 105

藁状遺体　464, 467
椀　92, 270, 277, 278, 534

著者略歴

中園　聡（なかぞの　さとる）

1964年　福岡県生まれ
1987年　鹿児島大学法文学部人文学科考古・文化人類学専攻卒業
1992年　九州大学大学院文学研究科博士後期課程史学（考古学）
　　　　専攻中退
1992年　九州大学文学部助手
1996年　福岡市教育委員会文化財部大規模事業等担当課調査員
1999年　九州大学ベンチャービジネス・ラボラトリー研究員
2000年　鹿児島国際大学国際文化学部助教授
2002年　博士（文学）九州大学
現　在　鹿児島国際大学国際文化学部教授

主要著作
『認知考古学とは何か』青木書店，2003年（共編）

九州弥生文化の特質
（きゅうしゅうやよいぶんか　とくしつ）

2004年2月28日　初版発行

著　者　中　園　　　聡
発行者　福　留　久　大
発行所　（財）九州大学出版会
　　　　〒812-0053　福岡市東区箱崎 7-1-146
　　　　　　　　　　九州大学構内
　　　　電話　092-641-0515（直通）
　　　　振替　01710-6-3677
　　　　印刷・製本　研究社印刷株式会社

© 2004 Printed in Japan　　　ISBN 4-87378-818-8

福岡平野の古環境と遺跡立地
――環境としての遺跡との共存のために――

小林　茂・磯　望・佐伯弘次・高倉洋彰 編　　　B5 判・312 頁・8,000 円

地質学，地形学，考古学，文献史学，歴史地理学の専門家の共同作業により，福岡平野の古環境の変遷と，そこで展開された人間活動の歴史を多面的に示すとともに，重要遺跡の多い福岡平野の遺跡の発掘・保存へ向け有用なデータを提供する。

認知考古学の理論と実践的研究
――縄文から弥生への社会・文化変化のプロセス――

松本直子 著　　　B5 判・264 頁・7,000 円

本書は，伝播論や型式学などの考古学における普遍的かつ基本的問題に関わる理論的枠組みを認知的視点から再構築することをめざす著者が，認知考古学とは何かを日本考古学の資料を用いて世に問う本格的理論と実践の著である。
(第 9 回雄山閣考古学賞特別賞受賞)

北部九州における弥生時代墓制の研究

高木暢亮 著　　　B5 判・276 頁・7,400 円

弥生時代の北部九州地域の墓制を素材とした，縄文から弥生への文化・社会構造の変化と階層的な社会が成立するプロセスの研究。甕棺葬の成立過程，支石墓の変遷と地域的な特色などの考古学的な分析を通して，弥生社会の構造を照射する。

(表示価格は本体価格)

九州大学出版会